Principles and Compromises:
The Spirit and Practice of
the American Constitution

# 原则与妥协

## 美国宪法的精神与实践

（增订版）

王希 著

图书在版编目（CIP）数据

原则与妥协：美国宪法的精神与实践/王希著. —3 版（增订版）. —北京：北京大学出版社,2014.12
（博雅英华）
ISBN 978-7-301-24737-2

Ⅰ.①原… Ⅱ.①王… Ⅲ.①宪法—研究—美国 Ⅳ.①D971.21

中国版本图书馆 CIP 数据核字（2014）第 199038 号

| | |
|---|---|
| 书　　名 | 原则与妥协：美国宪法的精神与实践（增订版） |
| 著作责任者 | 王　希　著 |
| 责任编辑 | 陈　甜 |
| 标准书号 | ISBN 978-7-301-24737-2 |
| 出版发行 | 北京大学出版社 |
| 地　　址 | 北京市海淀区成府路 205 号　100871 |
| 网　　址 | http://www.pup.cn　新浪微博:@北京大学出版社 |
| 电子信箱 | pkuwsz@126.com |
| 电　　话 | 邮购部 62752015　发行部 62750672　编辑部 62752025 |
| 印刷者 | 涿州市星河印刷有限公司 |
| 经销者 | 新华书店 |
| | 965 毫米×1300 毫米　16 开本　61.75 印张　920 千字 |
| | 2000 年 1 月第 1 版　2005 年 9 月第 2 版 |
| | 2014 年 12 月第 3 版　2022 年 8 月第 7 次印刷 |
| 定　　价 | 198.00 元 |

未经许可，不得以任何方式复制或抄袭本书之部分或全部内容。
版权所有，侵权必究
举报电话: 010-62752024　　电子信箱: fd@pup.pku.edu.cn
图书如有印装质量问题，请与出版部联系，电话: 010-62756370

# 目　录

"权力"与"权利"的博弈（2014年版前言）/1
美国宪法的政治学（2005年版前言）/27
活着的宪法（2000年版前言）/39

**第一章　美国宪政的起源和基础**/3
　　一　殖民地政治体制的形成/4
　　二　"光荣革命"与殖民地宪政/24
　　三　殖民地居民的权利/36
　　四　美国革命的宪政意义/44

**第二章　联邦宪法的形成**/59
　　一　州宪法的制定/60
　　二　《邦联条例》的制定与实施/70
　　三　联邦宪法的制定/77
　　四　联邦宪法的内容分析/104
　　五　联邦宪法的批准/111
　　六　联邦政府的建立和《权利法案》的产生/118

**第三章　早期宪政的演进**/131
　　一　政党体制的形成与合法化/133
　　二　杰斐逊式共和宪政的实践/151
　　三　司法审查原则的确立/160
　　四　杰克逊时代二元联邦制的困扰/174

**第四章　奴隶制、内战与美国宪法**/193
　　一　早期宪政中的奴隶制问题/194
　　二　西进运动与奴隶制问题的激化/209

三　内战时期的宪政变化/229
　　四　奴隶解放的宪政意义/244
第五章　**重建与新宪政秩序的建立**/259
　　一　重建初期的理论与实践/260
　　二　激进重建和弹劾约翰逊的风波/271
　　三　重建宪法修正案的实施/295
　　四　最高法院与重建宪政/305
第六章　**工业化时期的宪政发展**/323
　　一　自由竞争资本主义时期的宪政/325
　　二　最高法院与自由竞争的经济秩序/343
　　三　工业化期间的公民权利/351
　　四　进步运动与美国宪政/359
第七章　**罗斯福新政与美国宪政**/377
　　一　20世纪初期宪政发展的起伏/378
　　二　罗斯福新政的宪政意义/399
　　三　最高法院对新政的限制/410
　　四　改组最高法院的政治/416
第八章　**20世纪初至60年代美国公民权利的演变**/427
　　一　第一次世界大战期间的公民权利/428
　　二　第十四条宪法修正案的"复活"/438
　　三　冷战初期的公民权利/450
　　四　民权运动与宪政革命/457
第九章　**冷战时代的美国宪政**/481
　　一　冷战与总统宪政的出现/483
　　二　"水门事件"与"帝王总统"宪政的衰落/496
　　三　沃伦法院与公民权利的联邦化/510
　　四　20世纪末公民权利的困惑/523
第十章　**2000年美国总统大选与美国宪政**/541
　　一　美国总统选举制度的演变/542
　　二　2000年总统选举的过程/557
　　三　选后诉讼的政治/563

四　关于美国总统选举制度民主性的思考/579
**第十一章　9·11时代的爱国主义与选举民主/587**
　　一　9·11与全球化时代的"爱国主义"/589
　　二　布什的战争与宪法约束力的限度/607
　　三　竞选资金的改革与选举"民主性"的修补/622
　　四　软钱政治与选举民主的博弈/640
**第十二章　"色盲"宪法中的种族政治/655**
　　一　围绕"肯定性行动"政策的争议：1990年代/657
　　二　"肯定性行动"遭遇的新挑战：1990—2013/677
　　三　《1965年选举权法》与选举民主/693
　　四　谢比尔县案与《选举权法》的虚空化/705
**第十三章　在21世纪追求幸福**
　　　　——关于福利权、健康权和婚姻平等权的宪法争论/721
　　一　不是赠与，而是权利："福利权"与公民的社会权利/723
　　二　围绕医疗保障的"权利"与"权力"之争/754
　　三　关于同性婚姻权的宪法争议/771

**附录一　美利坚合众国宪法/799**
**附录二　美国各州加入联邦的日期/822**
**附录三　美国历任总统和历届国会两院党派力量对比（1789—2022）/824**
**附录四　美国联邦最高法院法官（1789—2022）/833**

**参考文献和书目/840**
**案例索引/878**
**总索引/889**

**2000年版后记/929**
**2014年版后记/932**

# "权力"与"权利"的博弈
## （2014年版前言）

约四年前，北京大学出版社告知，本书的出版合同到期，应读者需求，希望推出新版。我最初建议添加一章，对"9·11"之后的美国宪政做一个概述；但展开研究之后，我很快发现，需要增加的主题不少，而且它们多有深远的历史，要深入理解其中的意义，需要做背景知识的铺陈，仅写一个概述远远不够。最终新写了三章，加上其他的内容，全书新增20万字，交稿的时间也因此一再推迟。在此我向读者和出版社表示歉意。

在新写的三章中，第十一章首先讨论了"9·11"事件对公民自由造成的影响及相关的宪政争议。"9·11"打破了美国传统的国土安全屏障，《爱国者法》的实施强化了联邦政府对公民言论和信息自由的监控，再次凸显了公民自由与国家安全之间的紧张关系，但公民权保护所面临的更新的挑战，则来自对反恐战争中的"敌人公民"的处理。本章同时以"9·11"之后的联邦竞选制度改革为背景，梳理了竞选资金改革的历史，重点讨论了"软钱"（不受限制的政治捐款）为何禁而不止的宪政原因。第十二章关注的是围绕"肯定性行动"措施和《1965年选举权法》的宪法辩论。这是两项民权运动的重要遗产，但批评者认为它们破坏了"平等法律保护"的公正性、造成了对白人公民的"逆向歧视"，而联邦最高法院则企图在"政治正义"与"宪法公正"之间找到一个新的平衡点。第十三章将读者带入"社会公民权"的新领域之中，但限于篇幅，主要梳理福利权、医保权和同性恋者平等婚姻权三种"新权利"的来龙去脉，在此基础上，讨论近期的相关案例，以展示"追求幸福"给21世纪的美国带来的"权利困境"。

除内容和文字的修订之外，各章增加了一幅插图，以点出本章讨论的重心。此外,所有的附录、阅读书目和索引也做了更新。虽然是第三次修订,我相信仍会有遗漏和错误,对此我应负责,并欢迎读者的批评指正。我在修订过程中一如既往地获得了许多帮助,我将在后记中表示感谢。

\* \* \*

为国内读者提供一种关于美国宪法的历史叙事,将宪政史引入国内学者的研究视野,这是我最初写作本书的愿望。我当时也曾希望,在叙事之外,对美国宪政发展的特征做一些"理论上"的观察与思考。我当时关注的问题有两个:一是美国宪法的"超稳定性",二是保证其做到"与时俱进"的体制和思想动力。初版的前言多少反映了我对这两个问题的想法。写作修订版(2005)前言的时候,我将思考的范围扩展到宪法的"政治学"问题,主要包括:宪法的"公共性"与"崇高性"的关系,宪政发展的阶段性与条件,宪政体制下不同利益的组织化与政治化过程,以及宪法、宪政与宪政文化的关系。这些问题,归根结底,关心的仍然是宪法生命力的更新。然而,我并不满意,觉得这些思考还不够深入,还没有触及美国宪政发展历史中更为本质的东西。

至于什么是"更为本质"的东西,我并不十分确定,有的时候甚至怀疑是否真的存在,但我一直没有放弃寻求的企图。近年来,在教学和写作中,尤其是与同事、学生、读者和听众的频繁交流中,我不断重新回到对这个问题的思考之中。本次修订使我有机会重读全书,而为写作新增章节所作的大量阅读,也激发我思考以前不曾关注的事物之间的联系。我希望借这篇前言的写作,将一些新近的思考归纳一下,尝试从一个新的角度来重构美国宪政史的轮廓,也许可从中获取新知。

这个新的角度由三个部分构成:"权力"(powers)、"权利"(rights)以及"权力"与"权利"的互动(interplay and interaction)。[①]

---

[①] 我在这里无法列举对我从这个新视角进行思考产生影响的所有著述,但我必须提及给我启发最大的一篇论文,即莫尔顿·凯勒教授(Morton Keller)教授论述"权力"和"权利"的文章:Morton Keller, "Powers and Rights: Two Centuries of American Constitutionalism," *Journal of American History*, vol. 74, no. 3 (Dec., 1987), pp. 675-694。尽管凯勒教授的讨论更多的是关注19世纪国家能力与经济发展的关系,并注重与同时代欧洲国家的国家建设进行比较,我从他使用的"权利宪政"(constitutionalism of rights)一语中获得许多启发,并由此想到"权力宪政"与"权利宪政"的互动与博弈。对我的构思有直接(转下页)

对从古至今的政治实体来说,"权力"都不是一种陌生的存在,"权力政治"——围绕掌握权力、争夺权力、运用权力而展开的政治——是贯穿于人类历史的一种普遍现象。但"权利"则是只有近现代国家(尤其是现代民族国家或公民国家)才必须面对的问题,"权利政治"——为创造权利、争取权利、享有权利、维护权利而展开的政治——也因而是一种近现代国家的历史体验。公民享有的"权利"与臣民享有的"特权"的关键区别在于:"权利"不是由某一个人赐予的,也不可以被某一个人任意收回。至少从理论上讲,现代国家的公民"权利"应该有这样的特征:它们是标准的、统一的、可以而且必须普遍和平等地为一个国家的所有公民所享有,且一旦被拥有,便不能不经正当的法律程序而被剥夺。从"权力"和"权利"的角度来看,近现代不同的国家体制之间的关键区别并不在于它们各自宣示的哲学理念是如何地不同,而在于它们如何界定和保障国家权力的公有性与正义性,如何界定和保障公民权利的普遍性和实效性,以及如何保障"权力"和"权利"能够在"体制内"进行实质性的博弈。美国也不例外。

非但不例外,美国还是这种意义上的国家制度创建历程中的先行

---

(接上页)影响的写作还包括:Douglas Bradburn, *The Citizenship Revolution: Politics and the Creation of the American Union, 1774-1804* (2009); Eric Foner, *Reconstruction: America's Unfinished Revolution, 1863-1877* (1988); *The Story of American Freedom* (Norton, 1998); Louis Henkin, *The Age of Rights* (1990); Marc W. Kruman, *Between Authority & Liberty: State Constitution Making in Revolutionary America* (1997); Michael J. Lacey and Kund Haakonssen, *A Culture of Rights: The Bill of Rights in Philosophy, Politics, and Law - 1791 and 1991* (1991); Early M. Maltz, "The Federal Government and the Problem of Chinese Rights in the Era of the Fourteenth Amendment," *Harvard Journal of Law & Public Policy*, vol. 17, no. 1, pp. 223-251; Gerald N. Magliocca, *American Founding Son: John Bingham and the Invention of the Fourteenth Amendment* (2013); Mae M. Ngai, *Impossible Subjects: Illegal Aliens and the Making of Modern America* (2004); William J. Novak, "The Legal Transformation of Citizenship in Nineteenth-Century America," in *The Democratic Experiment: New Directions in American Political History*, eds. Meg Jacobs and others, (2003), pp. 85-116; Judith Shklar, *American Citizenship: A Quest for Inclusion* (1991); Stephen Skowronek, *Building a New American State: The Expansion of National Administrative Capacities, 1877-1920* (1982); Rogers M. Smith, *The Civic Ideals: Conflicting Visions of Citizenship in U. S. History* (1997); Cass R. Sunstein, "Political Equality and Unintended Consequences," Chicago Public Law and Legal Theory Working Papers No. 36 (2003); Richard M. Valelly, *The Two Reconstructions: The Struggle for Black Enfranchisement* (2004).

者。美国诞生于与旧"专制国家"的决裂之中,从建国的第一天起就面临了国家和政府权力如何建构与运用的问题:国家权力的基础是什么,来源何在?权力如何得到组织和建构,如何在不同的"政府"之间进行划分?如何保障政府的权力是有效的、能够得到尊重但又不被滥用?权力的掌管者如何产生,又如何受到监督?与此同时,美国也是近代世界最早的"公民国家"之一——虽然它的最终成型经历了一个漫长的历史过程。美国人最早地经历了从"臣民"向"公民"的身份转换,也最早并持续地面临着传统专制国家的统治者无需考虑的"公民资格"和"公民权利"的问题:谁是国家的公民?谁有资格和权利成为国家的公民?公民应该享有什么权利?是否所有的公民都应该享有同样的权利?谁来决定权利的享有或剥夺?"权利"来自何处,如何被"创造"出来,又如何被转换成"公民权利"?这些问题,如同"权力"的问题一样,始终伴随着美国历史的演进,也成为美国宪政发展的永久性主题。

如果我们同意这样的说法,即宪法是一种国家政治关系的总安排和总设计,宪政是一种以宪法为基础的国家治理、制度建设和政治运作,那么,美国宪政的核心问题也就不外乎"权力"和"权利"这两大问题,而所谓美国宪政的实践也就同时包含了至少两个主要内容:一个是关于"权力"(包括国家和政府权力)的建构与运用,另一个是关于"权利"(公民的个人和集体权利)的建构、享有与保护,也就是说,有"权力宪政"(constitutionalism of powers)和"权利宪政"(constitutionalism of rights)两条主线。

并不止于此。"权力宪政"与"权利宪政"并不是两条互不相交的平行直线,它们的存在与发展也不是相互隔绝的。相反,它们之间存在着一种也许可以被称作"共生"(symbiotic)的关系:相互依赖,相互激励,又相互制约。美国宪政发展的核心问题往往是由"权力宪政"与"权利宪政"的互动(或博弈)产生的问题:"权力"与"权利"的关系如何界定?"权利"如何被"权力"创造出来,又如何为"权力"所限制或剥夺?"权利"如何转换为"权力"?转换的条件是什么,所依赖的机制是什么?这些问题也始终伴随美国历史的发展。事实上,"权力宪政"与"权利宪政"的互动(有时候是博弈)不仅影响着两者各自的发展,而且还衍生出一种新的、更复杂的限定两者关系的关系，在找不到更合适的词的情况下，我们暂且将之称为一种"权力—权利体制"（powers-rights complex）。① 这种体制构成了美国历史上不同的宪政秩序（constitutional orders）的基础，并左右了美国历史上不同阶段的"国家建构"（state-building）与"民族建构"（nation-building）的进程。

我不知道这种"三维思路"——权力宪政／权利宪政／权力—权利互动——是否能够更清晰有力地勾画美国宪政史的真实轮廓，或能够更准确地描述美国宪法的真实内涵。但我想用它来试一试。这样做当然是一个冒险，因为美国宪政史是一个如此复杂的进程，不同的利益和思想在其中进行了如此长久而复杂的博弈，任何笼统的描述都是不科学、不严谨的，必然将历史简单化。所幸的是，我希望做的不是捕捉美国宪政历史的全部或唯一的本质，而是选取一个特殊的角度（权力和权利），来观察美国宪政体制中不同力量的博弈，观察博弈的结果如何改变了"权力"和"权利"体制的设置，又如何改变了美国宪法本身。

## 原始宪政秩序中的"权力"与"权利"

亲身参与美国革命的那一代人对"权力"和"权利"具有一种近似于偏执的敏感，正是这种敏感将他们带上了与宗主国决裂的不归路。1776年，北美13个殖民地联合起来，发表《独立宣言》，宣布与英国决裂，原因是多方面的，但根本的原因是殖民者的"权利"与英国政府的"权力"之间发生了无法调和的冲突。殖民地与宗主国之间存在着一种微妙的"权力—权利体制"，双方对此的认知存在着巨大的差异，这种差异在"七年战争"之后的税收争议中演变成冲突。英国议会一开始并不把殖民者提出的"无代表权不纳税"的抗议放在眼里，坚信自己拥有统治所有英国臣民的"权力"，包括北美的殖民者在内。它没有料

---

① 我在 complex、infrastructure、matrix 和 framework 等英文词中反复斟酌，最后还是觉得 complex 更恰当，它的词义包含了这样的意思：两种或多种不同的东西组成的复合体，并能产生出新的变异体。在我看来，这种复合体也构成了一种无形的"体制"（institution）。

到,在它对殖民地的长期"忽略"(neglect)下(或者说,在殖民地的长期"自治"下),"权利"的概念已在北美的政治生活中深深扎根。虽然殖民者享有的"权利"是一种王室赐予的"特权"(privileges),而且"权利"的享有也不是一种普遍的情形,但北美的精英阶层已将享有"权利"视如一种身份和地位的象征和一种理所当然的生活方式。英国对殖民地的权利诉求的否定刺激了精英阶层的敏感神经,使他们倍感"权利"的珍贵;而对于那些并不享有"特权"的殖民地居民(包括奴隶)来说,与英国的决裂带来了获得"权利"的前景。于是,对"权利"的捍卫与对"权利"的期盼交织在一起,推动不同阶层的殖民者携起手来,参与独立战争,美国革命因此成为一场事实上的"夺权"运动:殖民者将控制北美大陆的权力从英国人手中夺过来,掌握在自己的手中,以捍卫自己的"权利"。"权力"与"权利"从一开始便成为了美国政治中的一对孪生兄弟。

13个州(或邦)在获得独立之后面临的最大政治是"权力"和"权利"体制的创建。新政府的性质如何确定,政府的权力如何建立,以及政府的权力应该掌握在谁的手中,这些是首先需要面对的问题。与之相关的是,谁来组成新的政府,是否所有人——包括那些先前不曾享有"特权"的人——都应该参与新政府的建构并应该一视同仁地享有所有的权利。这些也都是各州立宪时不可回避的问题。如同本书的第二章所描述的,州立宪是一个政治震荡相对较少的制度转换过程。通过州立宪,殖民地的政体转换为"共和政府",殖民者议会转换为州议会,总督为州长取代,英国臣民的"特权"被转换成了州的公民权利。但州立宪不是一场颠覆性的宪政革命,它吸收和转化了部分的革命成果——譬如将拥有财产的男性公民纳入"政治民族"的范围之内、赋予他们参与建构政府的权力,但它也继续保留了殖民地时代的政治遗产,包括政治参与的等级制和排他性。各州的宪法对选民做了严格的限定,以财产、种族、性别和道德等理由,将本州公民的一大部分人排斥在选民队伍之外。南部各州的宪法则继续保留了奴隶制。即便如此,精英阶层并没有从新的权力体制中获得一种真实的安全感。中下阶层有产者大量进入州的"权力政治"的现实令大有产者忧心忡忡;以"民主"为名的"多数暴政"同样会滥用权力和侵犯权利,其邪恶程度可能一点也不亚于先前的"王权暴政"。

但令麦迪逊等后来的制宪者们更为忧虑的是另外一种"多数暴政"——即各州为保护各自的"私利"而在邦联体制中结成的一种多数,它可以从一州的私利出发,否定任何不利于自己的立法,从而对13州的"公共福利"构成一种真实的威胁。《邦联条例》没有赋予邦联政府任何实权,所以它无法为13州的"公共福利"提供有效的保护,更糟糕的是,当州内一些公民的"权利"(尤其是财产权)遭到本州其他公民的"侵犯"、而州又无法予以保护的时候,《邦联条例》并无进行补救的权力设置。双重的"多数暴政"对"人民"的权利和13州的共同生存构成了一种"双重危机"。1787年费城制宪会议的目标也就变得十分明确:改造现有的权力机制,保护受到威胁的个人的权利(或自由)和集体的(或州的)"权利",以挽救处在失败边缘的新国家。

1787年制定的联邦宪法无疑是一个前所未有的制度发明。虽然它的目的是要保护"权利",但这份4379(英文)字的文献从头到尾写着的是"权力"两个字。① 制宪者们大胆地启用了"人民主权"的概念,赋予13州的"我们人民"(We the People)以创建新的联邦权力的"权力"(注意,不是"权利"),然后将"自然法"的权威移植到宪法身上,赋予其国家"最高法"的神圣地位。宪法的核心是联邦制和联邦政府的三权分立。联邦制将国家的主权一分为二,分别置放在(新创立的)联邦政府和(已经存在的)州政府两个权力体制之中,同时赋予联邦政府"制造国家"(state-making)的关键性权力——财权(征税、管理州际贸易、获取领土等)、军权(对外宣战、组建军队、镇压内乱等)和法权(保障国内安定、保证联邦和各州实施"共和政体"、制定一切"必要的和适合的法律"等),并允许各州保留管理本州内部事务(包括决定公民资格、规范公民权利和保护奴隶制等)的"主权"。在联邦政府的"权力体

---

① 从文字上看,"权力"("power"或"powers")在原始宪法文本中出现了16次,多指联邦政府各部门拥有的权力;而"权利"("right"或"rights")在宪法文本中仅出现1次(第一条第八款),而且指的是作家和发明家的"版权",不是现代意义上的"公民权利"。"特权"("privilege"或"privileges")出现过3次,分别指国会议员的不受逮捕特权(第一条第六款)、人身保护令状特权(第一条第九款)和州公民享有的"特权和豁免权"(第四条第二款)。

制"内,宪法新创了立法、执法和司法三个部门,分别执掌部分的联邦政府的权力,相互独立,并相互钳制,防止任何一个部门垄断所有的联邦权力。在三权之中,宪法最为看重的是立法部门,用了将近一半的篇幅(2268字)来规范国会的组成与权限。司法部门的分量显得最轻,宪法对它仅用了377字。最高法院后来拥有的"司法审查权"——即解释宪法的权力——并没有在宪法中明示,而是由马歇尔大法官"发明"出来的。制宪者们无论如何也不会想到,这项"权力"将在20和21世纪创造出一系列的新的公民"权利"。

  显然,制宪者们想要建构的是一个有实权但权力又受到限制的联邦政府。用麦迪逊的话来说,在设计一个"由人统治人"的权力体制时,必须给予政府两种能力:管理被统治者的能力和控制自己的能力。[①] 对人民和各州的"权利"的最好保护便是将联邦权力被垄断的可能性降至最低。尽管如此,"权利体制"的缺失几乎断送了宪法本身。在批准宪法的过程中,反对宪法者指出,一个有巨大权威的联邦政府本身就是对"权利"——个人的和州的——的威胁。直到制宪者们承诺在宪法中加入对"权利"的保护之后,宪法才得到最关键的批准而生效。在《权利法案》于1791年正式成为宪法的一部分之后,"权利宪政"与"权力宪政"同时成为了美国宪政建构的主干。反联邦党人对宪法的反对变成了对宪法的建构,他们也因此被一些历史学家认为是与费城的制宪者们齐名的"建国者"(founders)。

  《权利法案》以一种特殊的方式建立了美国宪政的"权利体制"。它不是宣示说人民拥有何种权利或政府赋予人民何种权利,而是说联邦政府不得侵犯人民所拥有的何种权利。这里面隐含了一个美国式逻辑:权利不是政府赐予的,而是在政府成立之前就为人民拥有的。即便如此,将不容联邦政府侵犯的权利写进宪法的时候,宪法已经在实质上赋予了"权利"一种宪法的地位。换言之,"权利"从一种宪政体制之外的存在变成了受宪法保护的权利(当然,对权利的宪法保护要到若干

---

[①] James Madison, *The Federalist*, No. 51, in *The Federalist*, ed. Jacob E. Cooke (Hanover: Wesleyan University Press, 1982), 347-353, at 349.

年后才会出现)。在《权利法案》列举的"权利"和"自由"中①,除信仰自由和组建民兵、携带枪支的自由之外,其他的"权利"——包括言论自由、集会和请愿的权利、人身和财产不受侵犯以及享有司法程序的保护等——大都来自英国传统和殖民地的遗产。有些权利曾在美国革命的初期遭到英国议会的剥夺,因而显得十分重要,被各州写入了州宪法,现在又被纳入联邦宪法之中。尤其值得注意的是第五条宪法修正案中提到的任何人"不经正当法律程序,不得被剥夺生命、自由或财产"。② 它展示了《权利法案》(以及联邦宪法)与《独立宣言》之间的一种最为直接的联系,将后者对所谓不可剥夺的"天赋人权"的哲学宣示转化成了触手可及的"宪法权利"。有着深厚法学修养的制宪者们非常现实地将杰斐逊的"追求幸福"的权利重新改换成洛克最初使用的"财产权",因为"财产"的范畴包括了奴隶主拥有的奴隶财产,而奴隶则不包括在"任何人"的范畴之中。

同样值得注意的是第九、十条修正案。前者宣布,宪法没有列举的"权利"由人民所保留并具有同等的重要性;后者宣称,州或人民没有让与联邦政府的"权力"仍由各州或人民保留。③ 在这两条修正案中,"权利"(rights)和"权力"(powers)都是用复数来表现的,寓意深刻,潜台词甚多。"权利"原本属于人民所有,不是政府赐予的,最终应由人民保留;"权力"原本也属于人民所有,因为人民对"个人主权"的让与,州和联邦的"权力"才得以建立。但因为联邦政府的建立同时也是因为州主权的让与,所以联邦主权同时受到人民和州的"权力"的限制。第十条修正案注定要在日后的"权力宪政"中扮演一个极为矛盾的角

---

① 《权利法案》(Bill of Rights)在列举"权利"的时候使用了不同的词。在第一条修正案中,谈及"言论自由"和"出版自由"时,用的是"freedom";提及和平集会和请愿时,用的是right,而且是"the right of the people"。第二条的持枪权及第四条对人身、住宅、文件不得无故搜查和扣押时,用的也是"the right of the people"。第六条宪法修正案提到嫌疑人有权(the right)要求迅速和公开的审判,其余皆没有使用 right。但第九条在提到人民拥有保留的"权利"(certain rights),用的是复数。

② 原文为:"No person shall be ... deprived of life, liberty, or property, without due process of law."

③ 原文为:"The powers not delegated to the United States by the Constitution, nor prohibited by it to the States, are reserved to the States respectively, or to the people."

色：内战之前，它被州权主义者用来挑战联邦政府的权力；内战之后，它被新一代的联邦权力建构者用来否定南部各州的原始州权。

原始宪法和《权利法案》记录了制宪者那一代人对"权力""权利"以及两者关系的理解，也构成了第一宪政秩序的基本内容。为了保护多元的权利，他们必须创建一种新的、更可靠的权力体制。他们接受了这样的哲学：权力和权利都必须保留，缺一不可；权力和权利也可以分散开来，保存在不同的权力体制中。这样，联邦制、三权分立和《权利法案》就共同构成了一种"多元"的权力体制，制宪者们相信，它能够同时保护"权力"与"权利"。

## 原始宪政秩序的发展与失败

第一宪政秩序的形成并不是一蹴而就，而是经历了一个调整和修订的过程。就"权力体制"而言，19世纪上半叶的几项发展改变了其原始的设计。如先前提到的，马歇尔大法官从马伯里案（1803）的判决中建立起来的"司法审查权"对原始的"三权分立"做了重要的修正，解释宪法的权力给了最高法院钳制国会和总统的能力。第十二条宪法修正案（1804）是对1800年总统选举出现的困局所做出的回应，但它为政党"合理合法"地进入总统选举程序打开了大门，使防止区域利益联合组成"权力多数"的原始设计功亏一篑。同一时代的另外两个发展——范布伦对民主党的改造和选举权在白人男性公民队伍中的扩展——则将政党政治全面而深刻地带入联邦的"权力体制"之中，政党政治从此成为美国民主制度的终身伴侣。当政党将选民手中的"选票"转换成政党的"权力"，便以宪法限制之外的方式完成了一种宪政体制下的极为隐秘的"权力转移"。

"权力宪政"在19世纪上半叶遭遇的最大挑战是关于联邦主权的定义与位置。正如第三、四章所讨论的，由杰斐逊和麦迪逊分别起草的"肯塔基决议"和"弗吉尼亚决议"（1798—1799）在反对联邦党人政府利用《外侨与惩治煽动叛乱法》对反对派进行政治迫害的时候，也第一次对联邦主权的崇高性提出了挑战。后来由南卡罗来纳州发起的"废止联邦法令"抗议（1828—1832）则发展出更为彻底和激进的州权至上理论。但这一时期"权力宪政"面临的最大威胁是围绕奴隶制能否向西部新领土蔓延的争执。1803—1853年,联邦的领土范围从北美大陆的东部推进到了太平洋海岸,统一的联邦主权在其中发挥了极为关键的作用。随领土扩张而来的是市场革命、西进运动和"棉花王国"的兴起。奴隶制不但没有衰亡,反而获得了新生。原宪法针对奴隶制问题达成的妥协,到最后都成为自由州与蓄奴州相互博弈的宪政武器。1820—1856年,南北部就是否准允奴隶制蔓延到西部尚未建州的领土上的问题进行了多次的谈判与妥协,但到了1860年总统大选时,达成新的妥协的宪政资源已经耗尽,第一宪政秩序所构建的"权力—权利体制"走向了失败。

与美国革命时期殖民者与英国的冲突一样,内战前夕的"权力—权利体制"在两种层面上遭遇了不可调和的冲突:一是联邦与州在权力层面上发生了冲突,二是南部奴隶主与北部自由劳动者之间在权利层面上发生了冲突。南部的奴隶主希望将奴隶制扩展到新获得的西部领土上,扩大自己的财产权,而北部的自由劳动者则希望通过获取西部的土地来实现自己对财产的追求。隐藏在两种"权利"冲突之后的是关于未来的美国生活方式和国家的政治和道德价值观的辩论。但这基本上是一场白人内部的"权利"之争,即便是对奴隶制蔓延到西部领土持反对态度的林肯,在权利问题上最多也只是承认,黑人奴隶有享受自己劳动果实的权利,但不享有与白人同等的政治权利和社会地位。然而,林肯的深刻之处在于,他看到了第一宪政秩序的致命弱点:它无法永久地允许两种对立的经济体制以及由此产生的两种对立的意识形态和道德价值观和平共处。1860年的总统大选是一场争夺联邦政府领导权的斗争。林肯在南部各州的联合反对下(南部各州没有将他的名字放在选票上)赢得总统大选后,南部蓄奴州启用了宪法的第十条修正案,宣布退出联邦,理由是它们的"权利"将不会得到林肯和北部共和党人组成的政府的保障。

这里,我们看到,"权利宪政"发生了不可思议的嬗变。首先,所谓"州权"(state rights)的内涵发生了转换,从一种南部各州公民的"个人主权"的集合体,在政党政治的运作下,变成了一种捍卫南部奴隶主的财产权的"州权"(state powers)。这种意义上的"州权"被南部的支持奴隶制的势力用作工具,以占领和掌握联邦政府的"权力体制"。林肯等人感到,如果北部各州不夺回对联邦权力的控制,联邦政府将成为推进奴隶制的工具,北部各州和联邦最终将付出丧失"权力"和"权利"的代价。坦尼大法官对斯科特一案的判决(1857)将这一令人震惊的前景非常直白地表现了出来。

的确,在第一宪政秩序时期,关于公民"权利"的争执相对较少,即便有,也多是集中在合同权和财产权的问题上。第一批要求联邦政府直接面对公民身份和公民权利的人不是别人,正是被宪法排除在公民队伍之外的印第安人和黑人奴隶①;而第一次对联邦最高法院出面化解"权力宪政"与"权利宪政"的冲突提出要求的是斯科特案。黑人奴隶斯科特因曾被主人带到了联邦的"自由领土"上而要求拥有获得"自由"的权利。这个大字不识的奴隶希望联邦政府能够启用"权力"机制,来为被剥夺了"权利"的奴隶伸张正义。坦尼大法官的回答不仅是失败的,而且是致命的。他直接否定了斯科特的权利诉求,并公开支持南部奴隶主将奴隶制带到未建州的西部领土上的"权利"。林肯和北部的选民因此感到,如果他们不能利用手中的选票,夺回联邦政府的"权力",他们及后代作为自由人的权利和机会将遭到永远的剥夺。

第一宪政秩序的失败在于它带有一种与生俱来的致命弱点。联邦主权与州主权之间始终存在着一种相互竞争的紧张关系,但因为州主权是构成联邦主权的一部分,从而有效地钳制了联邦主权的扩张。在处理国际和外交事务上,联邦主权尚可发挥领导作用,但在处理涉及各州重大经济利益的问题(如关税、奴隶制、西部开发等)时,联邦主权便陷入了州权政治的困境之中,无法展现权力主体应有的决策和行动能力。第一宪政秩序的失败也说明,19世纪上半叶的国家发展不仅带来了利益的多元化,而且带来了利益冲突的极端化。1861年4月,内战打响之后,林肯曾对联邦体制进行了反思:一些公民因为选举的失败便要诉诸于分裂国家的举动,难道"所有的共和国都不可避免地具有这种天生的、致命的弱点"吗?难道一个政府不能做到既有能力保护人

---

① 见本书第三章第四节对切诺基部落诉佐治亚案的讨论。

民的"自由"(liberties)也有能力维持自己的生存吗?① 内战的爆发无情地回答了林肯的问题。新的宪政秩序也许可以做到这一点,但它的前提是联邦的军事胜利、奴隶制的废除和400万奴隶的解放;它的代价是75万美国人的生命。

## 宪法再造

联邦(Union)在与南部同盟(Confederacy)的内战中得以胜出,重要原因之一是它利用成熟的权力体制,持续有效地进行了大规模的战争动员和不失时机的战时"国家建构"。后者实质上是在"自由劳动"的意识形态指导下对"国家"的经济利益和经济机会的再分配,它带给北部人民一种对新权利的期盼。但联邦获胜的关键在于对奴隶的解放。尽管废除奴隶制并不在林肯和共和党人对战争目的的预想之中,但奴隶们在内战中争取自我解放的逃离行动(见第四章第四节的讨论)将林肯和共和党人国会推到了历史创造者的位置上。林肯及时接过了历史抛给他的机会,宣布废除奴隶制,号召美国人为了一个没有奴隶制的新国家而战。解放奴隶的决定不仅转换了内战的性质,而且将联邦的命运、公民的建构和权利的享有联系起来了。当林肯提到"当我们给予奴隶们以自由时,我们也保障了自由人的自由"(In giving freedom to the slave we assure freedom to the free)时,他将一种比制宪时代更为崇高的"自由"观注入到美国人对"权力"和"权利"的哲学认识中,实现和维护"自由的新生"也成为了内战后宪法再造的目标和动力。②

新宪政秩序的核心内容是1865—1870年制定和批准的第十三、十四和十五条宪法修正案,但实际构成的内容还应包括林肯的《解放宣

---

① 原话是:"Is there, in all republics, this inherent, and fatal weakness?" "Must a government, of necessity, be too strong for the liberties of its own people, or too weak to maintain its own existence?" Abraham Lincoln, *First Message to Congress, at the Special Session. July* 4, 1861, in *Speeches & Letters of Abraham Lincoln, 1832-1865* (New York: E. P. Dutton, 1907), 176。

② Abraham Lincoln: "Second Annual Message," December 1, 1862. Online by Gerhard Peters and John T. Woolley, *The American Presidency Project*. http://www.presidency.ucsb.edu/ws/?pid=29503.

言》(1863)、《葛底斯堡演讲》(1863)、《1866年民权法》、《1867年重建法》以及《1875年民权法》等。宪法再造的过程也不是一蹴而就的,同样也经历了一个漫长并带有反复的过程。与第一次制宪相比,重建时代的"制宪"是在特殊条件下进行的:联邦的军事胜利和南部先前的退出联邦国会的举动给了北部共和党人一个少有的全面控制国会、并按北部的政治意志来制定新的宪政秩序的机会,南部各州除了接受之外,没有其他选择。但同时必须指出的是,宪法再造并不是随心所欲的,而是必须依托旧宪政秩序来进行。所以,重建时代的制宪者们比1787年那一代人受到的约束要多。他们站在一个失败的过去和一个未知的未来之间,必须在许多现实利益和体制的牵制中,发挥想象,构建一种新的"权力—权利体制"。

从"权力宪政"的角度看,第二宪政秩序否定了"州主权"高于"联邦主权"的理论与实践,确立了联邦一旦建立便不能被毁灭的新宪政原则,对州有退出联邦的权力予以彻底的否定。《解放宣言》和第十三条宪法修正案在宣布废除奴隶制时,不仅对南部各州管理内部经济体制(奴隶制)的"主权"予以剥夺,并一笔勾销了奴隶主及其家庭成员拥有奴隶财产的权利。对奴隶制的否定也使《独立宣言》宣示的"自由"权真正成为一种"普世"原则。联邦与州政府之间的"权力转移"还表现在对公民资格和公民权利(包括政治权利)的管理方面。《1866年民权法》和第十四条宪法修正案建立了以出生地决定公民权(birthright citizenship)的原则,将"制造"联邦公民和保护联邦公民权利的权力从州政府手中转移到了联邦政府的手中。州虽仍然拥有管理本州公民资格和公民权利的权力,但联邦公民的身份很快上升为首要公民身份。《1867年重建法》和第十五条修正案将原来由各州控制的选民资格决定权部分地转移到了联邦政府手中。这些"权力转移"为联邦政府后来创造新的公民权利奠定了宪政基础,也推动联邦从先前的由州组成的联邦(a union of states)向一个由公民组成的国家(a nation of citizens)迅速转化。

与第一次制宪相比,宪政再造最为突出的特征是"权利"的创造。一系列的新权利被写入了重建宪法修正案,包括拥有人身自由的权利,本土出生者不因种族而被剥夺成为联邦公民的权利,个人的生命、自由和财产权不经正当程序不得为州政府剥夺的权利,个人拥有受平等法律保护的权利,以及不因种族和肤色原因而被剥夺选举权的权利。这场 19 世纪的"权利革命"从法律上终结了曾使联邦备受煎熬的"半自由、半奴役"分裂状态,将美国公民的队伍扩大了 400 万人,并在联邦国家与公民(尤其是与南部的黑人公民)之间建立起一种相互承诺的命运共同体。①

与此同时,"权利革命"也开启了公民权利的"国家化"(nationalization)和"标准化"(standardization)的进程。《权利法案》可被视为公民权利的"联邦化"的一个起点,但它的目的是为了防范联邦政府对权利的侵犯;重建时期的宪法再造则将《权利法案》的逻辑颠倒过来,把联邦政府视为潜在的和当然的公民权利的保护者,而将州政府视为潜在的和可能的公民权利的侵犯者。"权利革命"还颠覆了第一宪政秩序的另外一个原则,即受宪法保护的不再只限于传统的"特权或豁免权",而是包括一大批从前的宪政秩序不曾覆盖的"权利"。权利的光谱大大扩展,权利的质量大大提高,"自由""平等"和"民主"的原则通过新的权利写入到宪法之中。

宪法再造还在另外两个意义上修订了美国人对"权利"的传统认知。首先,权利扩展的方式不是针对个人的权利的扩展,而是针对群体的权利的扩展。正是因为南部各州以种族的理由拒绝给予前奴隶平等的权利待遇,联邦国会才制定了《1866 年民权法》以及随后的第十四条宪法修正案,将公民资格和权利"集体地"赋予前奴隶。其次,"权利"的产生不再只是从传统中继承而来,而是可以通过政府的"权力"被创造出来。"权利革命"撕去罩在"天赋人权"之上的神秘外衣,将"权利"以"权力"较量的结果来呈现,而在这个较量的过程中,联邦政府是能够而且必须运用自己所掌握的"权力"的。第十三、十四和十五条宪法修正案中都带有一个"国会有权以适当立法实施"的条款,看上去是一句平淡无奇的法律用语,实则是一种"权力转移"的制度安排,为联

---

① 第十五条宪法修正案具有特别的含义:它是一种权利,也是一种权力的来源,将选举权赋予黑人,等于改变南部和联邦选举中权力的构成。这是麦迪逊联邦制的方法——利用多数派的构成来保护"权利"。

邦政府实施这些修正案的原则奠定执法的权力基础。

"权力"与"权利"的互动在内战和重建时期有了非常现实和生动的表现。林肯的当选(掌权)是因为得到绝大部分北部选民的支持;第十三条宪法修正案得以产生是因为林肯与国会共和党人能够携手合作;第十四条宪法修正案的成功缘于国会共和党人构成了足以战胜约翰逊总统否决权的绝对多数;第十五条修正案的成功也依赖于国会共和党内各派的共识和格兰特总统的支持;而这些修正案的批准则需要采用非常规的"权力"手段——将对它们的批准作为南部各州回归联邦的前提条件。非裔美国人(包括奴隶在内)在内战中并不是被动地等待"权利"的到来,而是抓住历史的机会,以自我解放的举动,迫使联邦政府采取行动,改造旧的宪政秩序。黑人在获得解放后立即提出要获得与白人同等的政治权利,而北部共和党人也急需得到黑人公民的政治权力的支持,才能推行自己的改造南部的计划。相互的政治需要使这两个在内战前没有关系的群体走到一起,共同构成了推动和领导重建时期宪法再造的力量,如同在美国革命时期,中下层殖民者对"权利"的追求与精英阶层对"权利"的捍卫一起推动殖民地走向独立的情形一样。

## 第二宪政秩序的异化

重建的宪政再造终结了战前联邦和州在主权问题上的争论,从理论上创造了一个具有强大潜力的"国家权力"(national power),并赋予其保护联邦公民的权利的责任。但新的宪政秩序能否发挥效力取决于联邦国家对它的实施和坚持。换言之,新宪政秩序的实施需要有一个强大而富有正义感的联邦国家机器的配合,否则它的革命潜能无法发挥出来,它的原则甚至会产生异化——这正是重建结束到20世纪初的情形。

重建时期,在共和党人国会的支持下,新宪政秩序得到了强有力的实施,南部的黑人选民积极参与了重建政治,进行了美国历史上第一次大规模的跨种族民主的实验。但这个过程非常短暂。随着激进重建的结束、战后经济危机的到来和劳工运动的兴起,北部共和党在很多问题上产生了分裂,先前的内部团结被打破,而民主党逐渐恢复元气,两党竞争在1870年代中期得以恢复,国会的参众两院分别长期为不同的政党所把持,再加上这一时期的总统相对无能,重建之后的联邦政治走入一种僵持状态。这种僵局给联邦的权力体制带来了一系列的后果,造成了两种意义上的"权力转移",直接影响了新宪政秩序的实施。

首先,有效和有力的总统权威的缺失和分裂的国会政治造成了联邦权力的"真空"状态,为政党渗透到联邦权力机制提供了机会。重建之后,政党政治进入专业化运作,政党不仅控制了国会和立法程序,而且对总统候选人的产生也有很大的控制力,在这种情况下,政党与联邦法院结成了一个某种意义上的"权力同盟",主导了19世纪后半叶联邦政治的运作。指引权力的运作的不是国家的原则和理想,而是政党内部各派利益博弈的结果,这样,权力的"公共性"就大打折扣。

与此同时,强有力的联邦权力的缺失给了南部各州的白人重新掌握政治权力的机会。在19世纪后半叶,南部各州逐渐恢复了白人统治,新的州政府利用州的权力体制,对先前的"共和党—黑人"权力联盟予以了持续的政治打击,导致了激进重建时代的"权力转移"的逆转,即州的政治权力从获得解放的黑人公民手中被夺走,重新回到白人至上主义者手中。新的种族主义政治重新拾起"州权"的旗帜,以南部"特殊性"的名义,声称要恢复对本州内部事务的完全控制,而联邦最高法院通过对重建宪法修正案的一连串的保守性解释,恢复了州政府被"剥夺"和"限制"的权力。

这里我们看到,虽然重建的宪法再造了一个拥有巨大的革命潜能的新宪政秩序,但它的实施则是通过一种陈旧、过时的国家机器来进行的。最高法院利用立法权力的分裂和执法部门的无能为力,扮演起新宪政秩序的解释者和仲裁者的角色,并通过对屠宰场案(1873)等一系列案例的判决否定了新宪政秩序的"革命性",将联邦政府管理联邦公民权利的权力限制在最小的范围,为南部各州公然剥夺作为联邦公民的黑人的权利提供了宪政上的理由。激进重建时代的"权力转移"出现逆转。到19世纪末20世纪初,公民权利的管理再度回到州政府手中。在南部,白人至上主义者利用州权的机制,不仅建立起全面的种族隔离的法律,将公民划为不同种类,而且还系统而全面地重新修订重建时代制定的州宪法,将大量的对选民资格的限定重新置于宪法之中,剥夺了绝大部分黑人公民的选举权,使南部政治重新变成了白人政治。在全国范围内,种族歧视也死灰复燃,重新出现在州和联邦法律之中(如《1882年排华法案》和20世纪初的禁止亚洲人获取美国公民身份的法律)。最高法院对宪政再造的保守性解释在很大程度依赖的是传统的宪政秩序和思想。这里我们看到,第一宪政秩序的幽灵通过联邦最高法院得以继续存活,并发挥重要的作用。

在"权利宪政"方面,重建"权利革命"建立的一些新权利也在工业化时期发生了意想不到的转化,其中最为突出的是"经济权利"。所谓"经济权利",最初出现在《1866年民权法》,该法赋予黑人公民一种传统的拥有财产的权利。但就当时的立法语境而言,拥有财产的权利具有一种不同的含义。《1866年民权法》的目的是为了反击南部各州制定的《黑人法典》,这些所谓的"法典"实际上是州行使的剥夺前奴隶的合同权和签约权的"权力"。所以,国会共和党人提出《1866年民权法》,希望为获得自由的黑人提供参与市场竞争的权利。这项权利带有战前"自由劳动"意识形态的痕迹,但因为大多数黑人没有财产,因此也并不可能真正享受到"财产权"的保护。但在工业化时期,这种经济权被最高法院解释为对资本家的私有财产进行保护的"实质性正当程序权利"——联邦和州政府不得立法管制市场——成了维护自由放任式资本主义经济秩序的金科玉律。19世纪后期的政治专业化将金钱带入政治竞选程序之中,大资本势力通过政党政治,将手中的经济优势转换成政治权力的优势。

这种权力和权利的异化引起了反弹。工业化时期,劳工、农场主和平民党人先后发起了对既存权力体制的挑战。面对资本势力和最高法院坚持的"契约自由",劳工针锋相对地提出了自己的经济权利要求,即劳工需要有"挣钱"的权利(the right to earn)。此刻,劳工要争取的不再是内战前的"自由劳动者"提出的拥有土地的权利,而是要争取一份体面的生计工资的权利。这种权利诉求是共和党人在内战前提出的"自由劳动"的翻版,本质上是劳动者的"财产权"的要求。面对日益集中化、组织化的资本势力,劳工采取集体行动,将原来分散的、个人化的对财产权的追求变成一种集体性的市场经济谈判权,借用重建修正案的基础,来争取经济地位的改变。

工业化时期的劳工抗议开启了以争取权利为目的的"权利政治"。劳工要求获得拥有工作和小康生活的权利,南部的黑人要求获得平等的法律保护,妇女要求获得参与政治的权利等,这些活动在19世纪末20世纪初成为了新的政治参与形式,对当时的政党—法院权力体制也提出了挑战。

工业化时期的不同的权利诉求提出了关于"权力"与"权利"关系的新问题:联邦或州政府是否有权管制市场经济?在市场经济中,谁的权利应该受到保护——资本家的还是劳工和农场主的?"契约自由"与挣得一份基本收入的权利哪一个更为重要?工业化打乱了内战前的"自由劳动"意识形态构建的经济秩序,权钱结合、贫富悬殊的现实对政府"权力"的产生、掌管和功能都提出了严峻的挑战。政府的权力体制变成了垄断资本势力的"私器",政党成为特殊利益集团的代言人,可以被后者所收买和利用。当权力被私有化之后,它的公有性如何恢复?

进步运动的目标之一是将"权力"从政党及特殊利益集团的控制之下"解放"出来,恢复其应有的"公有性"和"公共性"。但强大的市场自由主义的传统,和传统的法律规范主义(对"实质性正当程序"的坚持)对进步时代的改革设置了几乎不可逾越的障碍。为金钱控制和职业政客操纵的政党机器并不倾听改革的声音,进步主义者要改革只有通过"公共空间"来集聚和组织力量,通过地方和州一级的选举迫使候选人将改革议程带入权力政治之中。其他的人则企图通过组织第三党的方式来改变"权力"执掌者的产生。平民党和社会主义党都代表了这样的企图,但都无法坚持下去。尽管如此,以进步运动为开端,20世纪初的一系列改革,包括在总统竞选程序中实行初选、国会参议员的选举方式改由选民直选(第十七条宪法修正案)以及赋予女性公民选举权(第十九条宪法修正案),都是将"权力"从政党的控制之下解放出来,恢复其"公有性"和"公共性"的措施与努力。

进步运动的另外一个内容是重新定义国家的目的,启用宪法中的"公共福利"和"社会正义"的原则,把国家(state)当作重要的改革机制引入公民的生活和市场经济秩序中来,创建一种新的"权力—权利体制"。这种努力后来得到了19/20世纪之交的一系列国际事件的支持，尤其是美西战争（1898）和第一次世界大战（1914—1918）。垄断资本主义势力的发展和对外扩张在推动美国走向世界的同时，也带来了联邦政府权力格局的变化，三权内部出现了新的"权力转移"。总统在三权之中开始崛起，成为主导联邦政府决策的主要力量。进步时代的总统西奥多·罗斯福和伍德罗·威尔逊都直接推动了总统权威的增长。与此同时，美国公民权利的享有也开始更多地与"民族主义"政治结合起来，从"普世"权利演化成"美国人的权利"，成为一种依赖于国家而存在和发展的国民"集体权利"（collective rights of citizens），并且与公民对国家的责任和义务联系在一起。1917年的《反间谍法》和1919年对社会主义者和无政府主义者的打击，都将针对国家政策的批评纳入"叛国罪"的范畴，将对国家的忠诚变成了享有公民权利的前提条件和资格要求。这种以民族国家的利益为基础的权利观，与早期的"普世权利"形成了明显的冲突。这种基于"国家利益"之上的"权力—权利体制"将通过20世纪的第二次世界大战和冷战再次得到强化，并为美国带来的新一轮的公民权利的扩展和一种新的以"权利"为核心的宪政秩序。但这一切的发生都必须以新的"权力政治"的发生为前提，而这一机会的出现还要等到1930年代。

## "权利宪政"的来临与挑战

20世纪二三十年代的金融危机和经济大萧条为美国宪政的再次转型提供了机会。经济危机沉重打击了美国人对自由放任式资本主义体制的信心，四分之一工业人口的失业、四处蔓延的贫困和此起彼伏的劳工抗议则对美国的国家制度构成了一种真实的威胁。罗斯福曾在1936年对经济危机时代的"权力"与"权利"关系做过一番反思。在他看来，那些垄断了经济资源的大亨们变成了不受宪政控制的"新经济王朝的特权君主"，他们"出于对权力的渴望，企图控制政府本身……制造了一种新的专制体制（a new despotism），并用神圣法律的外套将自己包裹起来"，而"当辛勤劳作的人已经不能再理所当然地获得劳动回报的时候",政府就不能再坐视不管,而必须承担其道德的责任。①罗斯福将应对经济危机看做是一场挽救国家命运的战争,要求国会赋予他巨大的权力,"相当于我们在遭到了外敌的侵犯时我应拥有的权力"。②

启用政府的权力来推动"正义"和促进"公共福利"并不是罗斯福的原创,而是进步运动的口号,但他将这种思想变成了新政自由主义的一种政府原则:联邦政府不再是利益集团(包括政党)的代言人,而必须超越利益集团,成为一个富有道德责任感的利益协调者(power broker)。这既是为了捍卫联邦"权力"体制的生存,也是为了捍卫美国的自由和民主。

新政对联邦权力体制的改造的核心是"权力转移",即将由国会掌握的立法权部分地转移到总统手中。突如其来的经济危机暴露了"政党—法院"决策体制的无能和失效。因其利益分散,国会难以迅速形成统一的意见,而立法的迟缓和不力导致危机的加深和恶化。相反,危机赋予了总统强大的权力,他可以根据需要,组织专门班子,制定和起草法律,交由国会通过。罗斯福正是利用总统部门的高效,在"百日新政"中,以前所未有的速度,推出 15 部法律,要求国会通过。"百日新政"遏制了经济危机的恶化,稳定了民心,建立起了总统的权威,为进行进一步的改革——包括建立社会保障体制和改革税收制度——积累了权力资本。"权力转移"使立法程序变得更加合理,但也使立法权的界限变得比从前更为模糊。

权力转移的另外一个结果是强大的行政国家的崛起,执法部门的扩大和人员增加更增大了总统的权力,而这些都是重建宪政革命之后所缺少的"国家机器"和"国家能力"。新政建立的行政国家和总统权威是长久的,甚至是永久性的。这是 20 世纪的联邦权力建构的一个重

---

① Franklin D. Roosevelt,"Acceptance Speech for the Renomination for the Presidency, Philadelphia, Pa. ," June 27, 1936. Online by Gerhard Peters and John T. Woolley, *The American Presidency Project*. http://www. presidency. ucsb. edu/ws/? pid = 15314.

② Franklin D. Roosevelt, Inaugural Address (4 March 1933), in *Inaugural Addresses of Presidents of the United States, from George Washington 1789 to George Bush 1989* (Washington, D. C. : Government Printing Office, 1989), 269-273.

要特点，也是国际形势的发展所决定的。罗斯福在国家遭遇重大危机的时刻就任，并连续四次连选连任，担任总统长达12年，这些都给了他持续建构总统权力的机会。新政尚未结束，美国就卷入了第二次世界大战，二战结束之后又作为西方世界的领袖与共产主义阵营进行了长达40年的冷战对抗。在这期间，国家利益的全球化和"国家安全"政治的出现都要求美国长期维持一个强大的行政国家的存在，联邦政府因此拥有了州政府无法企及的权威和权力资源，总统也在联邦三权之中始终掌握着比国会更大的权力份额和实际影响力。联邦最高法院曾企图挑战总统的新权威，但1936年的总统大选和罗斯福要改组法院的威胁很快使它放弃了这一企图。核武器时代的到来更凸显了总统权力的重要性。这也许可以解释为什么20世纪中期之后至少有两条宪法修正案（第二十二和二十五条）是关于总统继任程序的规定。

总统权力的上升为利益群体争取权利开辟了新的通道。新政期间，劳工群体便有组织、有计划地向执法部门施加压力，要求改变市场经济的秩序。罗斯福利用总统的权威，推动了《全国劳工关系法》（1935）的立法，以支持劳工的权利要求。该法明确承认劳工有组织工会、以及与资方就工资待遇和其他权益进行集体谈判的权利。当劳工赢得了这项重要的经济权利的时候，罗斯福和民主党也赢得了劳工群体的选票。"权力"和"权利"的互动得以生动地展现。1941年，在美国加入二战之前，黑人工人也曾发出"进军华盛顿"的号召，向联邦政府施压，要求获得平等的就业权利。罗斯福签署了《第8802号行政命令》，要求所有接受联邦政府的国防合同的企业必须在雇用工人时废除种族歧视的实践，否则将取消其获得的商业合同。这一做法展示了新政时代的"权力—权利体制"的多重意义：联邦政府可以利用手中的权力资源来推动社会改革（如禁止种族歧视的实践）；弱势群体——尤其是那些被剥夺了政治权利的弱势群体——可以利用总统的"权力"渠道来争取权利，但是需要选取有效的时机来施加压力；国际环境（第二次世界大战）可以成为影响国内"权力—权利体制"建设的一个决定性因素。对于非裔美国人来说，罗斯福的行政命令具有特殊的历史意义，这是自重建以来联邦政府针对黑人的权利发出的第一项行政命令，不能不令他们回忆起激进重建的政治，重新点燃对联邦政府的信念。

罗斯福之后,杜鲁门于1948年通过签署总统行政命令的方式,废除了联邦军队的种族隔离制度。此举也帮助他在当年的总统大选中赢得了黑人选民的支持。

如果我们把新政以来的宪政秩序称为"第三宪政秩序"的话,它的核心内容应该是公民权利的扩展。实际上,"权利扩展"的进程贯穿于整个20世纪,包含了丰富的内容,包括(1)唤醒"沉睡"的权利,(2)恢复被剥夺的权利,以及(3)创造新的权利。

所谓唤醒"沉睡"的权利,指的是将《权利法案》中所列举的"权利"纳入联邦政府的保护范围之内。这个过程从20世纪初开始,一直延续到60年代,十分漫长,也十分缓慢,牵涉到许多的法庭内外的斗争和不同法学思想的交锋,本书的第八、九章对此有详尽的叙述。我想指出的是,这一过程实际上是重启被中断的公民权利"联邦化"和统一化的进程。公民权利的"联邦化"始于《权利法案》的制定,并被写入第二宪政秩序,但最高法院的保守解释限制了联邦政府保护公民权利的范围,所以这些公民权利被退回到州政府的管辖之下,联邦政府无法触及,成为了"沉睡"的权利。当最高法院通过一系列的判例,重新将这些权利——包括言论自由、刑事司法正义权等——纳入联邦政府的保护之下时,联邦与州实际上是在公民权利的管理权问题上做最后的较量。

恢复被剥夺的权利主要指南部各州的黑人公民争取传统的民权的斗争。这同样是一个漫长而复杂的过程,同时涉及民权组织的长期斗争、基层黑人民众的集体行动以及联邦政府三部门的回应。这场运动也是19世纪重建宪政革命的继续。罗斯福和杜鲁门早先签署的废除种族隔离的行政命令、以及最高法院在1950年代对布朗诉教育委员会案(1954)等的判决(宣布种族隔离教育是违宪的),对恢复黑人公民的权利具有重要的铺垫作用,但真正推动民权革命来临的,是南部成千上万的普通黑人公民和他们的领袖。黑人公民的"公民不服从"抗议活动直接挑战了各州的种族隔离法律,制造出危机性的压力,迫使联邦政府插手干预,启用第十四条宪法修正案的宪政原则,彻底否定种族歧视。在他们制造的压力之下,即便是保守的艾森豪威尔总统也不能对南部种族歧视造成的混乱无动于衷、坐视不管。肯尼迪和约翰逊更是启用总统的权力资源,要求国会通过联邦立法,在就学、就职、获取联邦政府的商业合同等实践中废除种族、性别和民族歧视,并强制性废除了南部各州为剥夺黑人公民选举权而设置的法律障碍,恢复了他们被剥夺了半个多世纪的选举权。与第二宪政秩序的实施不同的是,民权运动时代的联邦立法——尤其是选举权法——得到了联邦行政国家的持续支持,而南部黑人选民对州和联邦选举的大规模参与打破了白人至上主义者对南部州权力的垄断,跨种族的民主有了第二次机会在全国范围内成为现实。

这一时期新权利的创造也包括选举权的普及。选举权是美国宪政历史上最古老、最重要的公民权利之一,但它经过将近两百年才被所有成年公民普遍享有。20世纪批准生效的11条宪法修正案中,有4条是关于选举权的,说明国会对该权利的重视。第十九条(1920)将选举权赋予全国范围的女性公民,第二十三条(1960)赋予首都华盛顿的公民选举总统的权利(在这之前他们一直不能在总统大选中投票),第二十四条(1964)废除了对选民投票的人头税(一种变相的财产资格)要求;第二十六条修正案(1971)将选民的最低年龄统一为与入伍年龄一致的18岁。

黑人民权运动带来了一场"权利革命",但"新权利"的创造起步更早。新政建立的劳工集体谈判权就是一种新的公民权利——指参加有组织的集体谈判、而不必担心被解雇的权利。《社会保障法》开启了美国式福利社会的创建,也赋予公民一种享有经济安全的权利(the right to economic security)。这是一种经济权利,也是一种社会权利。它的最重要的功能是将普通公民的经济生活和个人幸福与联邦国家的责任联系起来。60年代约翰逊的"伟大社会"改革与不同群体的权利诉求相互呼应,带来了美国历史上最多元化的"权利扩展",一大批闻所未闻的"权利"变成了美国公民权利的内容,包括:不受歧视的权利、接受平等教育的权利、获取信息的自由、享受良好的生活品质(包括食品药物安全、饮水质量和呼吸洁净的空气)的权利、在贫困时接受政府救助的权利、妇女的堕胎权、隐私权,以及最近的同性恋者的婚姻平等权等。公民权利从对最初的对生命权、自由权和财产权的追求扩展到关于个人尊严、基本经济保障、生活质量、接受良好教育和追求个人幸福的权利。

我们注意到,20世纪中期的"权利扩展"更多的是以群体权利、而不是以个人权利的方式进行的,这是因为美国历史上的"权利歧视"往往是以种族、阶级、性别等为界限实施的,而群体性的权利诉求往往能够集合起最广大的选民力量,在关键的政治选举中施加压力,取得突破性的收获。1936年的总统大选中,一向支持共和党的北部黑人选民决定改变政党立场,支持罗斯福和民主党,开启了20世纪最大的一次政党重组。1965年南部黑人重新获得选举权后,在不到20年的时间内,将本种族的代表送入了南部各州的议会和联邦国会。目前进入联邦国会的黑人议员已有40人左右,组成了自己的党团会议,在涉及种族问题的立法上做到事先协调立场,形成了国会中的"黑人利益"代表机制。这种机制在女性议员和拉美裔议员中也存在。联邦和州权力执掌者的多元化对于捍卫弱势群体的权利和创造新权利都有重要的作用。

第三宪政秩序也遭遇了一系列的新挑战。因为"权力"的掌握与"权利"的创造和维护有着非常密切的关系,对联邦一级的"权力"的竞争变得格外激烈,尤其是对总统职位的竞争。总统与政党的关系也发生了微妙的变化。初选制的实施大大减弱了政党对总统候选人的产生的控制力,总统获得了更大的能力,可以与包括政党在内的各种利益"谈判"。如第十一章所揭示的,金钱对总统竞选程序的介入使得候选人的筹款能力成为赢得初选和大选的关键。

与此同时,国会的"权力"产生与运作也发生了变化。在高度专业化的政党政治的操纵之下,国会议员的连选连任越来越依赖于政党的支持,而政党则通过帮助本党议员的竞选来控制他们的立法权力(即在重大立法问题上的投票权)。当一名议员主要依靠政党的助选来赢得选举的时候,他在国会立法的投票所遵从的,就不是他所代表的地方利益,而必须是政党的利益,其结果是,民主的代表性发生了严重的断裂。议员的权力被"绑架"之后,联邦政治的运作便会时常陷入不同部门(尤其是总统与国会或国会的多数党)的讨价还价之中。权利的扩展与权利的保护往往成为权力政治消耗战的牺牲品,而任何"权利"的立法都需要经过极为复杂的利益交换。正是在这样的情况下,一些利益群体更多地诉诸于"其他途径的政治"——包括通过影响和左右联邦法院的法官的提名与任命,来争取权利。司法部门也被深深地卷入权力政治之中。

"权利"本身也发生了变化。当基本的政治权和民权得到恢复之后,权利诉求进入了一种多元化和碎化的阶段,不同的"追求幸福"的权利往往发生冲突,要求个人自主的权利可以被理解为拥有在性生活方面不受传统规范约束的自由,堕胎权在保护女性的自主权的同时也引发了关于生命权的界定的争执。当权利诉求变得越来越分散,有效的权力群体(power groups)的组建便越发困难。许多的新权利早已超越了传统的民权,而与经济利益和工作机会的分配、个人生活的品质、个人的自由程度和个人对幸福的追求等密切联系在一起,对它们的争取实际上是对利益和资源的争取。与此同时,所有的权利——无论新旧——得以存在和享有,与美国"国家利益"在国际上的发展与扩大有密切的联系。这一切都使"权利政治"的结果更多地依赖于不同类型和不同层次的"权力政治"的结果。

## 政治价值与宪政秩序

以上对美国宪政历史的重构,当然不是关于美国宪政的唯一真实和贴切的叙事——其他的角度也可以为我们提供不同的叙事——但它至少帮助我们认识到"权力""权利"和"权力—权利体制"与美国宪政的关系,以及它们在何种程度上左右了美国宪法与宪政的演变。几乎所有的现代国家都不否认对"正义""平等""自由"和"民主"等政治价值的推崇和追求,但这些价值的体现与实现最终都必须诉诸于宪政秩序的建设、维系与更新。美国宪政的历史可以说是美国人围绕这些价值不断更新自己的宪政秩序的过程。在这个过程中,"权力宪政"和"权利宪政"分别演绎出许多值得讲述的故事,但帮助构成美国人独特的宪政经历的,却是两者的互动与博弈。

2014 年 8 月 21 日于 Indiana, Pennsylvania

# 美国宪法的政治学
（2005年版前言）

《原则与妥协》能够再版，自然是一件值得高兴的事，更是一件幸运的事。因为我的失误和其他原因，2000年版留下了一些缺憾，我一直深感不安。因应读者的需求，北京大学出版社决定再版本书，给了我修订的机会，我因此而感到幸运，并希望借此机会向读者表示歉意。

修订本保持了初版的结构、论述和观点，尽可能地改正了史实、文字以及排印等方面的错误，改写和充实了部分章节，并增加了第十章（叙述和分析了2000年美国总统大选及其引发的宪政问题）。修订本还对附录、参考书目和索引做了补充调整，并根据读者的建议，添加了相关的地图和表格。为避免重复和方便多数读者的阅读习惯，原正文中的人名、地名、案例名和法案名的英文原文一律移至总索引或案例索引之中，仅保留了关键概念和引语的英文原文。总索引中的关键词和人名（姓氏）依汉语拼音的顺序排列，案例索引则仍然按案例的英文原名的字母顺序排列，特此说明。

借修订本出版之际，我对本书的责任编辑谢茂松先生表示特别的谢意。自1999年约稿开始，他对本项目始终充满了信心，倾注了极大的热忱，即便在最困难的时候，也不言放弃。他的敏锐力和敬业精神令我钦佩。北京大学出版社的刘方女士也为本书的再版做出了重要的贡献。如同最初的写作，本书的修订同样得到了许多人的帮助，谨在此表示诚挚的谢意。南开大学历史研究所（2000级）研究生班的李立、李庆春、张爱民等同学通读了全书，分别写作了长篇评论，并详细列举了应修订之处；一批来自不同领域的专业学者——包括李道揆、张友伦、季卫东、强世功、刘军、李剑鸣、满运龙、任东来、赵晓力、陈伟、宋云伟、任军锋等——从不同的角度对初版进行了评论或提出了修订意见；还有一些素不相识的读者来信,与我分享读后感,并提出改进意见;在阅读校样的阶段,我有幸得到了陈伟先生的帮助。所有这一切都极大地帮助了我的修订工作。尽管如此,因本书题目庞大、细节繁多,错误仍然在所难免,对此我个人应承担责任。

* * *

因美国当前在世界上的特殊地位和无所不在的影响力,它成为了世界各国了解和研究的对象,美国宪法和宪法史等题目更是吸引了不同类别的转型国家的注意力。《原则与妥协》的初衷是希望用一种连贯的历史叙事形式,将美国宪法演变的过程引入中国人对美国进行观察和研究的视界之中,从制度建设的角度,帮助我们认识美国发展的历程。我在2000年版的前言中表述了这样一种观点:美国宪法是美国建国初期多元利益集团谈判和妥协的结果;宪法所创立的也是一个利益群体之间相互"谈判"和妥协的政治机制;在美国两百多年的历史上,不同的利益集团(或群体)因应不断变化的历史环境,利用依宪法衍生的宪政机制,就各自的利益和联邦的"公共"利益的定义和定位,相互进行一种连续不停的谈判和妥协;谈判和妥协使旧的宪法原则和实践得以修正,使新的宪法原则和实践得以产生,宪法的生命力因此不断得到更新,成为一部"活着的"宪法。①

我当时是想用一种简洁的语言,勾画出一条清晰的思路,来帮助自己和读者寻求、认识和把握美国宪法历史演变的某些规律和特征。我现在依然认为,这样做是有必要的和有用的。但如果有机会重新写作本书,我也许会在结构和材料上做一些调整,用更多的篇幅来讨论美国宪法为什么是"活着的"、为什么能够"活着"以及如何"活着"这类问题。我担心,如果没有进一步的讨论,我"简洁"的思路很可能导致一种对美国宪法史过于"简单化"的理解。

讨论美国宪法为什么是"活着的",要求我们拓宽思路,关注与宪法密切相关、但又不为宪法文字所覆盖的问题。美国宪法并不是一种

---

① 《读书》杂志在摘录发表这篇前言时,用原文中"活着的宪法"一语来作为标题。我认为这是一个十分贴切的改动。见:王希:《活着的宪法》,《读书》(北京),2000年1月刊,第48—54页。

脱离历史时空的抽象存在,相反,它以及对它的解释是特定历史时空下的美国政治经济学的反映,是特定历史背景下不同的美国价值观博弈的结果。宪法史研究需要关注的不仅仅是宪法的条文,而更应该关注条文背后那些改变历史的故事。《原则与妥协》提出了美国宪法史是一部"有原则的妥协史"(history of principled compromises)的思考,但未能对几个关键性的相关概念——包括"原则"与"妥协"——的内涵进行系统和深入的分析和讨论。

首先是"原则"的问题。美国宪法的历史实际上是围绕宪法原则进行辩论的历史。但什么是美国宪法的"原则"?它们在宪法文本的何处得以列举、在宪政实践的何处得以表现?所谓"原则"的内涵是什么?"原则"在实践中是如何发生变化的?变化前后的"原则"内涵之间的相互关联何在?其次是"妥协"的问题。如果我们承认"妥协"是美国宪政秩序的一种常态,那么不同的利益群体和利益诉求是如何进行或达成"妥协"的?"妥协"的机制是什么?妥协的底线在哪里?妥协的结果和代价又是什么?这些都是值得深入讨论的问题。除此之外,妥协不是万能的,正如并非所有的原则都是可以妥协的。为什么有的妥协可以化解危机,而有的妥协却导致了或加深了危机?为什么有的原则是可以妥协的,而有的原则是绝不能妥协的?最为关键的是,"原则"与"妥协"的关系是什么?相互之间的影响何在?这些仍然是值得进一步讨论的问题。

另外一个关键概念是"谈判"。利益谈判是美国宪政的重要内容,也是西方民主制度的一种核心程序。但谈判是有条件的,是需要有资格的。只有首先获得了参与政治谈判的资格,才能进入谈判的程序,并最终改变谈判的方式与内容。换言之,参与民主是需要有条件的,并将受制于条件。的确,如我在 2000 年版前言中提到的,普遍性的政治原则和周期性的政治选举为不同的美国利益群体参与国内的政治谈判提供了宪政机制上的机会和渠道,即便原先被排除在体制外的利益群体经过斗争,最终也可以获取资格,有机会进入谈判程序,并依宪法原则,提出利益诉求,迫使利益先占者对现实进行妥协,以宪政为依托的利益群体斗争使宪法本身处于一种有序而现实的动态之中。然而,仅仅提出"谈判"是不够的,我们更应该关注和深入研究的是宪政秩序下利益谈判过程中的艰苦性、长期性、反复性和可逆转性。①我们需要了解："谈判"的方式是什么？利益是如何组织的？宪法为利益的组织提供了哪些条件或设置了什么障碍？被排除在正规程序之外的利益个体如何得以组织起来？又如何被纳入"正规的"政治程序？"谈判"遵循的原则是什么？不同的利益集团（群体）对这些"原则"是如何解读的？这些"原则"如何转化成为法律、公共政策以及宪政秩序的一部分？这些内容往往是美国宪政历史的关键细节。不了解这些细节，我们可能很难准确地回答美国宪法如何"活着"这个问题。

除此之外，还有其他几个相关问题值得思考：包括：（1）宪法的"崇高性"和"公共性"问题；（2）宪法发展的历史环境和阶段性问题；（3）"利益"的组织化、政治化和公共化；（4）宪法、宪政和宪法文化的关系等。这些问题不是由我首先提出的，有的早已在学者的研究视野之中，有的则在读者反馈中频繁地被提及，但它们与"活着的宪法"多少有联系，故而促使我更多、更经常地想到这些问题。以下是这种思考的一个零散的总结。显然，这些思考仍然是初步的，尚需推敲。

## 宪法的"崇高性"和"公共性"问题

成文宪法于18世纪末首先在美国出现，两百多年后，大部分国家都有了宪法，或实行了以"法治"为基础的宪政。宪法在现代国家制度建设中占据了重要的位置，这一点似乎已经不容置疑。宪法是国家的基本法，是国家政府组织的政治和法律基础，是政府合法性的法律来源，因而也具备了"崇高性"。在现代国家中，宪法秉其"崇高"的"合法性"，将"公共"意志推进到政治、经济和社会生活的不同层面，成为制度建设和公民队伍建设的有力工具，其权威性和影响力远远超过其他

---

① 就选举权的扩展而言，19世纪上半叶美国大多数州在扩展白人男性公民选举权的同时，剥夺了黑人男性和所有女性的选举权。19世纪末和20世纪初的进步运动改革了政党候选人的提名制度，将总统和国会议员候选人的提名权下放至地方预选；虽然男性黑人公民通过重建时期的第十五条宪法修正案获得了选举权，但南部各州则通过修改本州宪法或选举法将地方预选规定为只限白人选民参加的政治活动（即所谓的 white primary），再次剥夺了黑人参加有效选举（或参与政治谈判）的资格。

的政治力量。

宪法最重要的特征是它的"崇高性"。这是美国立宪的重要创造之一。因为它是"崇高的",宪法也就带有了一种"神圣"性。[①] 宪法的"崇高性"从何而来?就美国宪法而言,"崇高性"的建立借助了宗教信仰的传统。如本书第一、二章所示,"最高法"概念的来源之一是人与上帝的"神圣"契约。制宪者将这种宗教意义上的、神圣的法律概念移植到(世俗的)宪法本身,通过"人民"的批准,宪法获得了一种与上帝(或与神)的契约同等的神圣地位,成为世俗政治社会中的"最高法"或"神法"。所谓"我们人民"(We the People)的口号是制宪会议细节委员会的添加。但这项添加也制造了美国历史上的"虚构"和"想象"。55名制宪者代表了当时美国320多万人,创造了一个政治社会和政治的"想象共同体"。"我们"(We)成为一种潜在的、强制性的、排他性的公民认同话语。借用法国学者恩斯特·勒南(Ernest Renan)描述"民族国家"(nation)的语言来说,宪法因而也成为国家的"一种灵魂,一种精神原则"(a soul, a spiritual principle)[②],成为了美国政治文化中的"真理"的源泉。当宪法获得一种世俗意义上的"宗教"地位之后,其"崇高性"也得以增强。

美国宪法的"崇高性"力量更多地来自于宪法的不断扩大、延伸的"公共性"。美国宪法是一种多元利益集团相互谈判和妥协的结果,是各州内不同的有产阶级之间所达成的一项政治契约,在某种意义上,我们应该承认,它是一项阶级社会的产物和契约,历史学家查尔斯·比尔德早在20世纪初就已经指出这一点。[③]但这个有产阶级不是一个铁板一块、内部统一、利益完全一致的群体。"有产阶级"是一个多元的群体,或者说,有数个有产阶级同时存在。原始宪法不光代表了不同的有产阶级的阶级利益,它在理论上也涵盖了不同地区、区域、行业、经济种

---

[①] E. L. Doctorow 明确说明,宪法在现代公民生活中带有"圣经般的特征"(characters of scripture),成为一种"世俗人文主义的神圣文本"(sacred text of secular humanism)。E. L. Doctorow, "A Citizen Reads the Constitution," in Leslie Berlowitz, et al., eds., *American in Theory* (New York: Oxford University Press, 1988), 287.

[②] Ernest Renan, "What Is Nation?" (1882), in *Becoming National: A Reader*, eds. Geoff Eley and Ronald Grigor Suny (New York: Oxford University Press, 1996), 52.

[③] Charles A. Beard, *An Economic Interpretation of the Constitution of the United States* (1913).

类和其他的组织起来的"群体"和"阶级"的利益。

"公民"概念的启用与宪法的"公共性"和宪政秩序下"公共利益"的产生有重要联系。"公民"赋予所有人一种称谓上的平等和一种在政治上要求平等的法理基础。宪法的"公共性"为不同的利益群体用来推进"私利",用来钳制其他的利益。被排除在宪政体制之外的利益群体也利用宪法的"公共性",组织起来,以取得参与谈判的资格。谈判的结果是高于"私利"的"公共利益"的产生。宪法的"崇高性"与"公共性"是相辅相成的。没有"公共性",便谈不上"崇高性",反之亦然。

因为"公共性"的存在,不同利益群体的利益在受到宪法保护的同时,又受到宪法的限制。保护与限制的共存赋予了宪法一种内在"自主性",而后者的存在为宪法的原则和实践发生变化创造了可能。宪法的原则不是一堆教条,而是一种制度改革和创新的工具;维护和尊重宪法的"崇高性",成为不同利益群体的共同需要。所以,宪法不光是制度改革的基础,也是改革成果的载体。①

## 宪法发展的历史环境和阶段性问题

在观察美国宪法的发展时,我们时常自觉不自觉地忘记"历史",忽略美国宪法走过的艰难历程和付出的代价。作为一个现代国家,美国在发展过程中既面临了因自己独特的历史而出现的挑战,也较早地面临了后来许多转型国家面临的问题,包括:国家主权的统一、宪法

---

① 在这个问题上,我受到查尔斯·布莱特(Charles Bright)和苏珊·哈定(Susan Harding)的对国家(state)的讨论的启发。他们认为,国家不光是一种经济利益和生产关系的总和或经济关系的上层建筑,而是"一种政治关系得以组织化的特殊领域"(a distinct realm of structured political relations),在这个领域中,政客和官僚将社会经济的冲突以政治形式演绎出来。我的理解是,国家既是一种治理和管制的组织化体制,各种社会和经济矛盾,也通过政治人物的竞选和国家官僚队伍的活动,被带入到国家制度的运作中来,成为国家政治的内容和产品。Charles Bright and Susan Harding, "Processes of Statemaking and Popular Protest: An Introduction," in *Statemaking and Social Movements: Essays in History and Theory*, eds. Charles Bright and Susan Harding (Ann Arbor: The University of Michigan Press, 1985), 4-5.

"崇高性"权威的建立、市场经济与政府治理、"公共福利"的定义和定位、政党与宪法的关系、统一宪政体制下意识形态和公民权利的统一、公民认同的形成、民族核心价值观的建设等。美国对于这些问题的解决有的是成功的,有的并不成功。与现代国家宪政发展经历不同的是,美国宪法的发展同时拥有"传统的铺垫"和"地理屏蔽"的"优势"。"传统的铺垫"指的是自殖民地时代开始的宪法文化和英国宪政传统的影响,这一点在第一章中将有专门的讨论,此处不再赘述。

"地理屏蔽"指的是一种相对封闭、相对独立的发展空间。自1783年赢得独立后,美国在18世纪后期和整个19世纪处在一个相对和平、(有意)与欧洲大陆隔绝的国际环境之中,除了1812年战争外,欧洲列强也没有入侵过美国本土。即便在遇到美国内战这样大的内部分裂危机时,欧洲国家也没有武力介入,给了美国人足够的机会来解决内部的宪政危机。联邦的胜利最终防止了国家的分裂。在整个20世纪里,除二战时期的珍珠港事件外,美国的国土安全一直保持到2001年的"9·11事件"发生。这种极为少见的"地理屏蔽"使美国宪政制度获得了一个相当长的、相对封闭的、不受外国干涉的发展环境。在这个长达近两百年的历程中,美国面临了一系列具有关键意义的宪政难题,包括政党的出现与其在宪政结构中的定位、国家主权和领土的统一、国家经济和政治体制的统一、联邦权威从小到大的发展、联邦和州政府的争权、地方自治权的保护、公民认同的建立、社会制度的极不公正,以及地区经济发展的失调失衡等。这些问题也是许多发展中国家在转型中长期面临的问题。但这些后发展国家并不具备当时美国的外部历史条件,并不具有"地理屏蔽"。不顾本国实际情况的生搬硬套,或不管他人情况的强行移植,无法建立起任何真实意义上的宪政国家。

指出"地理屏蔽"的历史环境并不是说美国的发展是例外的,是完全地孤立或独立于世界历史的发展趋势的。实际上,美国宪法从一开始便是一种世界历史的产物。美国宪政主义的理论和实践都得益于对欧洲政治和法律传统的借鉴与改造。从1607年建立第一个永久性殖民地开始,到1776年13个殖民地正式与英国决裂,美国人有一个半世纪的时间来孕育自己的宪政思想。制宪会议使用的基本理论在立宪之前已经存在,并非是由制宪会议的55名代表在费城会议中原创出来的,但制宪会议借用了欧洲的思想与理论,结合美洲的现实,创造了适合于美国现实的、独特的宪政体制。殖民地的历史经历和欧洲文化的影响都起了不可或缺的作用。美国民主的几次重要扩展——包括19世纪上半叶在白人男性中实施全民选举权、19世纪六七十年代赋予男性黑人选举权、20世纪初赋予妇女选举权、20世纪60年代恢复黑人选举权等——都受到国际上民主化运动的推动。美国的废奴主义运动与英国的废奴主义运动有密切的联系。进步运动和新政也都大量地借鉴了欧洲改革的经验。所以,美国的宪政发展并不是一个独特的、与世界发展完全脱节的历史经历。值得我们重视的是美国吸纳他人改革成果的方式和渠道。

## "利益"的组织化和政治化问题

在任何社会,利益集团都是存在的。宪政社会更是如此。宪政机制实际上也是一种组织化的利益谈判机制。分散的利益必须组织起来,才有望得以维持和发展。行业工会是一种利益组织,政党也是一种利益组织,一个州、一个地区、一个城镇,甚至一所大学等在不同程度上都是一种利益集团或利益组织。麦迪逊在《联邦党人文集第10篇》中指出,制宪时期各州之间有利益冲突,各州内部的利益分野也非常鲜明,有土地主、制造业主、商人、银行资本等利益群体的存在。他同时注意到,随着社会生产力的发展,其他的利益也会应运而生,将社会组成不同的阶级,推动不同的观点,鼓吹不同的主张,结成不同的同盟。所以,利益的组合是必然的,但利益的组合往往又是暂时的。如果一个社会允许利益的存在,利益集团便会以不同的方式出现,对利益进行或正式(formal)或非正式(informal)的组织。但利益集团不是天使,并不具备"崇高性"或"公共性"。困惑在于,利益集团一旦赢得了选举,控制了国家机器,它便有可能将自己所代表的群体诉求变成"公共利益"的诉求。制宪会议对联邦权力进行如此细致和复杂的划分正是为了防止这种情形的发生,以组织化的利益制服组织化的利益。

制宪者们对什么是美国的"公共利益"是有分歧的。这种基本上可被称为是与生俱来的分歧带来了内战和其他的危机。的确,宪法的导言宣示了制宪者们的理想追求:社会正义、共同防御、公共福利、自由和对基本人权和财产权的保护等。这些理想是美利坚民族政治认同的思想和政治基础。[①]但对"公共利益"的定义却得遵循现实政治的原则和程序。所谓"共和"政治从一开始就带有排斥性,直到20世纪60年代中期,这种情形才得到较为彻底的改变。从历史上看,美国宪政对"利益"的认可是有条件的,对利益组织的开放也是有限制的。废奴主义者曾被长期排除在政治谈判的机制之外。直到19世纪50年代中期,关于奴隶制的争论已经不为既存的谈判体制所控制,共和党才将废奴主义者纳入体制内,并逐渐接受了禁止奴隶制在联邦领土上任意蔓延的主张。全国范围的劳工组织从19世纪60年代末开始在美国出现,直到20世纪30年代才成为左右美国选举政治的一支力量。非裔美国人在内战完成了从奴隶到公民的身份转换,但在南部各州,白人种族主义者以"公共利益"的名义,将他们长期排除在政治谈判之外。托克维尔称,美国的政治问题最终会变成司法问题,依循法治的渠道来解决。但不可忽略的是,是否能够进入"法治"之内,却是一个政治问题。

与之相关的是不同利益之间的"妥协"与"共识"的问题。"公共利益"的公共性在于不同利益群体通过政治程序对这种利益的认可,或者说,公共利益有一个价值追求的"共识"作为基础。在一个多元利益社会中,不同的利益冲突是否可以得到协调,取决于不同利益集团是否共同认可宪政机制的合法性和可运作性,取决于不同利益之间的相互依赖性,取决于宪政机制"和谐化"的功能和效力。如果不同的利益群体(集团)对基本原则的分歧达到了不能调和的地步,利益冲突会演化成为你死我活的斗争。美国内战发生的原因之一是,南北双方的分歧被浓缩和简化成了是要"自由"还是要"奴隶制"的问题,两者在同一宪政体制中并存的空间已经消失。当南北利益"共识"的基础遭到破坏,国家的基本原则被组织起来的利益集团撕裂时,原有的妥协机制就完

---

[①] 即便有所谓的"价值共识",围绕核心价值的争论始终贯穿政治历史。正如美国历史学家方纳对"自由"概念的研究所指出的,不同美国人对"自由"的定义和理解是不同的;"自由"成为一种不同群体的美国人都使用的意识形态和道德口号,但其内涵的确定却是基于各自的利益诉求。参阅:埃里克·方纳:《美国自由的故事》,王希译(北京:商务印书馆,2002年)。

全失效了,多元的社会变成了分裂的社会。内战后美国的新国家"共识"的产生则又经过了漫长的历史阶段。在内战和重建时期,共和党利用宪政机制,推行了以"自由劳动"为基础的北方自由观,力图重塑南部的政治与经济基础。重建失败后,南部各州通过州的立法机制,建立了以种族主义为基础的、以白人统治至上为目标的新南部"共识"。在相当长时间内,南部成了美国"民主"体制下的"非民主"的或"反民主"的"另类共识"。直到20世纪60年代民权运动之后,这种"共识"才被否定,联邦国家的"共识"才再次渗透到南部。

## 宪法、宪政与宪法文化

宪法与宪政唇齿相依。没有宪法,宪政无从谈起;没有宪政,宪法形同虚设。宪法是国家政治关系的总安排和总设计。宪政则是一种以宪法为法理和法律基础的国家治理,是一种以宪法为基础的制度建设和政治运作。宪政的特征包括:政府的权力必须受到限制,人民的基本权利必须得到保护,宪法必须具有"崇高性",宪法文化必须成为公民生活和政府行为的一部分。

宪法文化(the culture of the Constitution)是一种以遵从宪法、尊重宪法为基础的政治氛围和政治行为。1991年,哥伦比亚大学法学院的宪法学者路易·亨金教授曾用这样一个例子来说明宪法文化。1974年8月他正在科罗拉多州山区的一家小餐馆里用餐,电视上出现了尼克松宣布辞去总统的实况转播,吸引了餐馆里所有人的注意。但当尼克松的决定宣布完毕,人们又各自回头用餐,一切恢复平静,好像什么事也没有发生一样。亨金教授特别提到,作为一个宪法学者,他当时有一种非常震撼的感觉:国家元首因政治丑闻而宣布辞职,人民对此坦然接受,宪政基础的牢固性得以体现。2000年总统大选后,因为佛罗里达州民选票的计票问题,共和党人布什和民主党人戈尔之间展开了美国历史上首次总统选举诉讼大战。在长达36天的时间内,尽管法庭辩论激烈,意外不断,在佛州还出现过选民示威的情形,但全国并没有出现剧烈的社会动荡。也许,这也体现了亨金教授所说的"宪法文化"。

如果说"宪法文化"对2000年大选诉讼的平静结束有重要的影

响,我们同时应该意识到这种"宪法文化"得以存在的前提。这就是20世纪末美国政治文化中出现的前所未有的高度"共识"。由于国家对公民权利和利益的广泛管理和干预,并将这种管理和干预变成了联邦政府的一种永久性政策,公民对宪政制度产生出一种下意识的"信任"和"依赖"。两党的对立并非原则的对立。谁当选都不会立即造成撕裂国家的严重后果。而在140年前,因为奴隶制的问题,南北处于几乎分裂的状态,主张自由劳动的共和党人林肯当选后,国家便分裂了。1860年美国面临的是一种综合性危机,唯有通过内战,废除南部奴隶主的政治和经济基础,新的宪政"共识"和宪法文化才可望建立起来。2000年的总统大选自然暴露了美国宪政中的很多问题(详细讨论见第十章),但它的处理和结局的产生是有序的,没有一个人可以随心所欲地控制大选的结果。毫无疑问,这次大选难局的解决将在美国宪政历史上留下阴影,包括戈尔本人在内的很多美国人并不接受最高法院的最后决定,但他们接受了最高法院裁决的程序和制度。秩序的存在和有效运作是政治稳定的基础,对秩序和程序的认可则是宪法文化的核心内容。1860年和2000年总统选举后果的比较同时也说明,当今美国宪法文化的形成也经历了一个漫长而痛苦的演进过程。

宪法文化并不是凭空产生的,而是人民参与宪政、使用宪政、保护宪政、改造宪政的结果。这个过程包含了美国历史发展的丰富内容。宪政的重要内容是利益之间的"谈判"和"妥协",但谁有权参与、谁来制定"谈判"的条件和规则,本身是一个政治决定。参与并不是平等的。制宪时期,联邦宪法和州宪法都确认了"人民主权"的原则,但在界定谁是"人民"、谁能够成为"主权"行使者的时候,排斥性的政治界限就产生了。围绕这种排斥性的政治斗争也是一种对宪政原则的重新定义的斗争。由被排斥者发动的社会运动在挑战旧宪政秩序的同时,也使宪法产生了更大的散射影响。

宪法文化的培育更多地是通过日常的、程序化的政治和司法活动来进行的。虽然联邦最高法院对宪法的解释具有最权威的效力,但最高法院不是宪法原则的唯一解释者。联邦地区法院的法官和各州法院的法官都是宪法原则的解释者。国会和州议会的辩论、联邦总统的文件和演讲等也都是一种对宪法的解读。律师们也是宪法的解读者,他们写作的大量法庭文献,包括对重要案例所涉及的合宪性和违宪性的分析,都是一种对宪法原则的解读。① 即便是普通公民,也都是宪政秩序的维护者。

  普遍存在的公民教育和频繁举行的公民活动(包括参加陪审团、纳税、宣誓等)也是美国宪法文化的一部分。宪法通过这种广泛的传播和散射,形成和营造了一种经久不衰的、无处不在的政治空间,持续而深入地影响了公民的政治生活。当宪法与公民的生活紧密相连、成为一种无时不在、无处不用、看得见、摸得着、用得上、靠得住的法律工具时,它就不再是一种高深莫测的"圣旨",也不再是一种形同虚设的摆设,而成为了一种行为规范的尺度,一种价值观的集合与体现,一种或自愿或强制性的心灵习性。

2005 年 8 月于北京

---

① 重要案例的律师文献中的观点往往为最高法院多数派的判决意见所吸收,在这个意义上,写作这些文献的律师实际上是宪法原则的第一解释者。

# 活着的宪法
## （2000年版前言）

　　1776年，北美13个英国殖民地不堪忍受宗主国的威权统治，联合起来，发表《独立宣言》，宣布与英国决裂，组成独立的国家。1787年5月，来自联邦各州的55名代表聚会费城，打算修改自1781年开始实施但已基本失效的《邦联条例》。不料经过四个月的闭门辩论，代表们却起草制定了一部崭新的《美利坚合众国宪法》。1789年3月，联邦宪法得到11个州的批准，开始生效。乔治·华盛顿同时宣誓就任第一届美国总统。同年，联邦第一届国会通过了十二条宪法修正案，其中十条在1791年得到各州的批准而加入宪法，称为《权利法案》（即美国宪法第一至第十条宪法修正案）。至此，美国联邦宪法为各州正式接受，成为美国的最高法，也成为近代世界的第一部成文国家宪法。两百多年过去了，美国已从一个地处世界文明边缘的弱国变成了世界强国，但联邦宪法仍然是美利坚民族赖以生存和发展的基本法。

　　诚然，美国从一开始就具备了一些特殊的或"例外的"发展基础和条件：得天独厚的地理位置，广袤的领土，富足的资源，源源不断而且层次丰富的移民队伍；此外，作为一个新生国家，美国没有沉重的历史包袱，世界大战又曾给其带来绝妙的发展机遇等。无疑，所有这一切对美国的后来居上具有至关重要的意义，但我们不能因此而忽视甚至否认其政治体制在其间的作用。事实上，特殊的发展条件也使美国背上了特殊的历史包袱。欧洲殖民者从印第安人手中夺得土地的同时，也野蛮地摧毁了传统的土著文明，制造了延续至今的种族仇恨；持续两个多世纪的奴隶制为美国的独立创造了经济资本，为美国早期的工业化奠定了资本原始积累的基础，但最终却导致了国家的分裂；美国内战之后，奴隶制虽被废除，黑人从法律上获得了平等，但种族主义思想和体制性种族歧视根深蒂固，不仅在内战后继续剥夺黑人权利长达一个世纪之久,而且仍在困扰和分裂当今的美国社会;"天定命运"的神话激发了世界各地无数人的美国梦想,但先来后到的阶梯式竞争却使众多新移民的美国经历充满了辛酸与苦痛。即便在今天,尽管已经发展成为一个成熟的以政治民主为基础的资本主义(或后资本主义)社会,美国仍然必须面对一系列棘手的问题:如何在保护私有财产的前提下减少经济资源和社会财富占有上的极端不平等;如何做到既保障自由竞争又维护"公共福利";联邦和州政府的权力应怎样合理地划分,以求能为人民的权利和福利提供最佳的保护;如何在一个由来自两百多个不同的种族、族裔、民族血统、文化和宗教传统组成的公民群体中建立起一种共同认可的美利坚民族传统;如何使国家政治的运作更为公正合理;如何在个人、群体和社会共同利益三者之间寻求一个理性的平衡点;如何维持美国在世界上的竞争优势而同时又能说服他人接受那种美国人自认为是"公平"和"正义"的美国价值观。

对美国这样一个文化多元、利益不但交错复杂而且冲突剧烈、同时又处于世界发展前列的国家来说,将其由弱到强的发展结果单纯地归结于其自然和历史环境的偶然性和优越性是缺乏说服力的,也是违背历史发展的基本事实的。没有一部行之有效的宪法,没有一个具有高度应变能力的宪政体制,美国不可能及时有效地应对其历史上面临的挑战,不可能准确有力地把握其所面临的机会,也不可能敢于面对并致力纠正其历史上的不公和错误。当我们仔细地阅读了美国的历史之后,也许会同意这样的说法:没有美国宪法,便没有美国的发展。

早在一百多年以前,中国人便开始注意美国宪法和宪政。鸦片战争结束后不久,魏源就在他编写的《海国图志》中对美国的宪政作了热情的介绍。他注意到,在美国宪政之下,"议事听讼,选官举贤,皆自下始,众可可之,众否否之,众好好之,众恶恶之"。对美国总统"不世及、不久任"的做法,他推崇备至,称其"一变古今官家之局","而人心翕然,可不谓公乎?"①尽管如此,当时的清政府并不重视体制改革。甲午战争后,变法的呼声再起。戊戌变法的领袖人物康有为对西洋和美国

---

① 魏源:《墨利加洲总叙》,《弥利坚即美里哥国总记》,见魏源:《海国图志》(郑州:中州古籍出版社,1999年),第369—370页,第379—396页;引文分别见第369、383页。

的政治制度也十分重视。他提出,变法维新的核心是设议院和建立宪法,以保证全国上下"同受其治"。他虽然主张仿效日本、建立君主立宪制,但却强调采用三权分立的原则,做到"有国会以会合其议,有司法以保护其民,有责任政府以推行其政"。[1] 民国初期,孙中山先生对美国宪法也作了研究,并对其弊病提出了批评。在此基础上,他提出了"五权宪法"思想,建议除选举权外,人民还必须拥有创制、罢免和复决的权力,以加强对政府的监管。中华人民共和国成立后至"文革"时期,由于历史的原因,严格学术意义上的对美国宪法和宪政的研究几乎为零。1979年中美建交之后,中国的美国研究出现了前所未有的繁荣,涌现了大量的专题性研究,其中也不乏讨论美国宪法和宪政的学术论文。[2] 同一时期,也出现了一些关于美国宪法和宪政的整体性研究成果,但数量十分有限。[3]在今后一段时间内,我们仍将继续期待一部由中国人写的、结构完整、史料翔实、分析深入、结论中肯的美国宪法史。

研究上的滞后势必影响我们得到一个对美国宪法乃至对美国整体的全面而中肯的认识。没有客观和全面的知识,我们也就难以对美国作出科学的分析和评价。在中美两国的交往不断扩展和加深之时,不"知己知彼",就不可能建立真实持久的深层关系。如果继续忽视对包括美国宪法和宪政这类极为重要的问题的学习与研究,我们可能会继续自觉不自觉地保留我们以前对美国宪法所持有的态度:或嗤之以鼻,认为它是资产阶级的骗人把戏,不值得花工夫去了解和研究;或不屑一顾,认为它是美利坚的特产,与中国国情相距甚远,没有实用价值,研究了也没用;或顶礼膜拜,将其看做当今世界唯一完美的民主政治的模式,恨不能全盘移植,一劳永逸地解决中国的问题。这些态度都是特定

---

[1] 康有为:《请君民合治满汉不分折》,转引自殷啸虎:《近代中国宪政史》(上海:上海人民出版社,1997年),第17页。
[2] 根据杨玉圣、胡玉坤的统计,仅1979—1989十年间中国学者独立撰写发表的关于美国宪法的专题论文就有70篇左右,此外还有大量的论文介绍外国学者对美国宪法的研究,而关于美国宪政体制的研究(包括总统制、联邦制和国会等)就更多了。见杨玉圣、胡玉坤(编):《中国美国学论文综目(1979—1989)》(沈阳:辽宁大学出版社,1990年),第124—129页。
[3] 在过去二十年内出版的比较有影响的研究美国宪法的中文专著包括:李道揆:《美国政府和美国政治》(北京:中国社会科学出版社,1990年;北京:商务印书馆,1999年再版);李昌道:《美国宪法史稿》(北京:法律出版社,1978年)。

历史背景下的产物，没有必要在这里议论其正确与错误。对于处在世纪之交的中国人来说，我们面临的是一个崭新的历史机会和挑战：我们必须建设一个前所未有的现代化的中国。但是，现代化的中国只能是在精心地研究和吸收了中国和世界文明的优秀成果的基础上得以建立。为此，我们必须有勇气和决心去正视和掌握包括美国宪法在内的人类文明的成果。

我们对于美国宪法的研究必须是认真的和深刻的，必须是诚实的和扎实的。我们应该努力去研究并最终能够回答这样一些问题：美国宪法为什么会有如此长久的生命力？美国宪法是美国社会某一阶级（阶层、利益集团、或社会群体）独占的工具还是所有阶级和利益集团的工具？美国宪法的"至高无上性"表现在何处？美国宪政机制是如何运作的？为什么美国宪法会在"自由"和"平等"的旗帜下容忍类似奴隶制这样不可思议的"邪恶"？权力制衡到底是一种促进美国发展的动力，还是一种阻力，还是两者兼而有之？20 世纪 90 年代的美国联邦制与 18 世纪 90 年代的联邦制有何不同？美国内战是为了废除奴隶制还是为了保存联邦的统一？两者之间的关联何在？早期被排除在政治参与之外的弱势群体（包括黑人、印第安人、其他少数族裔、妇女等）是如何被逐渐地纳入到宪政体制中来的？为什么这种纳入进行得如此缓慢？为什么联邦最高法院在 19 世纪容忍和助长种族隔离的政策而在 20 世纪中叶却带头宣布种族隔离违背了美国宪法的精神？为什么如日中天的尼克松必须因"水门事件"而辞职，而他的辞职竟对美国体制的稳定丝毫无损？为什么在 20 世纪 60 年代的"权利革命"发生之后，美国公民权利和公民自由的定义和运用反而陷入了困境？美国在世界范围内的势力扩张与其国内进行的宪政改革之间有什么样的相互作用和联系？

本书的目的就是与读者一起来探讨上述问题的答案。我在书中对美国宪法在过去近四百年（从 1607 年北美殖民地的起源至 20 世纪 80 年代）的源起、发展和演变作了一种连贯的、有实质内容的叙述，并通过这种大跨度的历史叙述，来探讨美国宪法的重要概念和原则的起源与变化，分析美国宪法变化的动力、机制、形式和结果。我以为，只有在对美国宪法的历史获得了一个比较清楚而准确的认识之后，我们才可能比较客观而有见地地评论其利弊，并最终领悟和把握其包含的（对美国人和对中国人的)历史启示。

本书在章节设计上力求保持时序上的连贯性,章节的划分尽量以历史发展阶段为界,在每一章中重点讨论这一时段内有影响的宪政问题,在每一专题下又兼叙相关的事件,并注重对相关概念的前后呼应和比较对照,做到点面兼顾。本书使用的材料包括美国的政治和法律文献(如国会记录、法律条文、总统文件、最高法院的判例以及政治人物的手稿等),也参考和吸收了大量当代美国宪法学和历史学的研究成果。在资料注释方面,直接引语和直接引用的原始资料(如重要的法律、法令、案例等)将用脚注标明出处,其他的参考书籍和文献则统一按章节专题列在本书的附录之后。这样的安排一是为了方便大多数的读者,二是为那些有兴趣对美国宪法和宪政做深入研究的读者系统地提供阅读和研究的资料信息。

与此同时,为了帮助读者把握美国宪政发展历史的特点,我在此将自己在写作本书时对美国宪法的一些观察和思考总结如下:

首先,我们应该毫不犹豫地承认美国宪法是人类文明史上一个重要的里程碑。它的最重要的历史意义在于它将欧洲文艺复兴和启蒙运动以来人类对于理性政治的追求变成了现实。立宪实际上是一个公众讨论政治的过程,宪法则是这种讨论的结果。公众就国家存在之目的、政府权力之来源、政府组织和运作之程序、公民权利等一系列问题进行讨论,然后将讨论的结果用清楚的法律语言写在纸上,使其成为一种对政府和公民同时具有神圣约束力的政治契约。通过宪法,政治变成了一种公共财产、公共责任和公共活动。这种公共(或共和)政治相对于当时世界上形形色色的专权政治来说,的确是一个开辟历史新纪元式的飞跃。

美国宪法的另一个重要而独特的贡献在于它创立了一套新的宪政原则和实践,使共和政治成为了一种可操作的现实。我在这里刻意使用"共和"(republican)政治、而避免使用"民主"(democratic)政治的概念。虽然这两个词在含义上有相通之处,但它们在18世纪的政治话语中却是有重要区别的。美国的制宪者在讨论宪法时,更多地使用"共和政体"(republican form of government),而极少用"民主政体"(democratic form of government)。这种情形一直延续到19世纪中期。重建时期,国会议员开始在辩论中交替使用这两个词。相关讨论见本书第二章第一、三和四节。这些新的宪政原则(包括人民主权、限权政府、公共福利、共和政体和公民基本权利的不可剥夺性等)和机制(包括联邦制、政府权力的分立与制衡和《权利法案》等)既是对欧洲(尤其是英国)宪政思想和实践的创意性的继承和发挥,更是美国人基于自己历史经验的一种创新。这些原则和实践构成了具有美利坚特色的宪政主义(Constitutionalism)的核心内容,不仅为美国在过去两百年中由小变大、由弱变强奠定了制度上的基础,而且也深刻地影响了后来乃至当今世界上其他许多国家的政治发展。

在肯定美国宪法的独创性和历史开拓性的同时,我们必须认识到,美国宪法并不是一个完美无缺的政治体制设计,一开始不是,现在也不是。对于参加1787年费城制宪的美国的"国父们"来说,制宪的目的不是为了创造一个十全十美的、正义民主的、能够流芳百世,供后人和他人景仰的政治体制,而是为了寻求一种现实的和有效的政治途径,以及时挽救正在走向失败边缘的美利坚联邦。为了保护已有的利益,各州的代表(和他们所代表的不同的利益集团)必须建立一种高于各自利益的"公共利益"和一个高于各自权威的"公共权威"来贯彻和确保"公共利益",宪法因此而得以产生。参与立宪的利益(或利益集团)是多元的,立宪的过程必然是一个协商和妥协的过程,由此产生的宪法也必然是一个多元利益相互妥协的产物。

妥协而来的宪法本身也成为一种妥协的机制。利益的多元化迫使美国社会中的各利益集团之间、部分利益集团与公共利益之间、所有利益集团与公共利益之间始终就各自利益的定义和定位进行着一种多层次的、多方位的和连续不停的"谈判"。[①]"谈判"的过程也就是美国宪

---

[①] "谈判"一词借自英国社会学家斯图尔特·霍尔(Stuart Hall)1994年在哈佛大学的一次演讲。霍尔在那次演讲中批评了塞缪尔·亨廷顿(Samuel Huntington)的"文明冲突论",指出21世纪不同文明的关系将是一种相互借鉴、相互影响和相互吸收的关系,不同文明将通过"谈判"(negotiation,也译"协和")的方式来争取共存,而并非一定要诉诸于毫不妥协的对抗。霍尔对"谈判"一词的使用对我很有启发。我认为,美国宪政体制下不同利益集团之间的政治关系也是一种"谈判"的关系,不同的政治力量依据共同认可的规则在政治层面上进行一种"有得有失"或"得失并存"(give-and-take)式的协商或讨价还价,目的在于避免(处于同一体制中的)任何一方全赢或全输。我使用这个词还有另外一层意思,即不同的政治力量有可能在规定的政治规则以外的层面上进行较量,其结果最终可能改变政治协商的规则。

法循序渐进、调整改革、追求现实的完善的历史过程。随着历史的发展,原来的宪政原则和实践不断地受到挑战,其内涵不断地被重新界定,新的宪政原则和实践不断地衍生和发展出来,以应对新的历史条件下出现的问题,其结果是,宪法的生命力不断得以更新,成为一部"活着的宪法"(a living Constitution)。美国宪法之所以具有一种"超稳定性",恰恰因为它处在一种永恒的、因循现实的动态之中。

保证美国宪法始终处于动态,有意识形态和体制两方面的因素。美国宪法是一种政府设计,但它(通过它的设计)也表现出了一种特定的政治理念,这点在制宪会议的文件中有充分的反映。如同我们将要在后面的讨论中所看到的,1787年制定的宪法并没有忠实地贯彻《独立宣言》所宣示的美国立国的理想与原则(包括崇尚天赋人权,追求自由与平等等),但它提出了美国立宪的目的和原则(为了建立一个"更加完善的联邦、树立正义、确保国内安定和平、提供共同防务、促进公共福利"以及保证美国人及其后代永远"得享自由的恩赐")。无论费城制宪会议的代表对这些宣示的理念抱有多少诚意,或对其作如何狭隘的理解,这些理念与《独立宣言》宣示的原则和理想结合在一起,构成了一种至少在语义上具有"普遍性"和"超然性"的意识形态。既然宪法要建立"更加完善的联邦",废奴主义者就可以要求废除奴隶制;既然宪法要"树立正义",种族歧视就不能永无止境地在美国延续下去;既然宪法要"促进公共福利",罗斯福就有理由管制经济,建立社会福利保障系统。换言之,这些带有普遍意义的思想和原则可以在适当的时候为美国社会中不同的利益集团——包括那些在制宪时期被排除在政治"谈判"之外的群体,如黑人、妇女等——用来作为争取自己的权利、抗议不合理的宪政规则的思想武器。而每一次这样的抗争本身就是对美国宪法的原则和实践的一种重新界定。所以,在某种意义上,美国宪法的历史也是不同群体的美国人就美国宪法的原始思想和原则的内涵不断进行辩论和斗争、并把辩论和斗争的结果写入宪法的历史。

在宪政机制上,权力制衡对利益集团间的"谈判"有重要的意义。联邦制的设计将联邦和州政府的权限分开,相互不得侵权,形成权力分配纵向上的数个权力源(制宪时是联邦政府加13个州,现在则是联邦政府加50个州)。三权分立的机制又对联邦政府本身的权力作了横向划分,形成四个权力源(国会的众议院和参议院、总统、最高法院)。但纵向和横向划分的权力又不是截然分开或完全独立的。例如,州与联邦的关系通过国会(尤其是参议院)发生联结,但国会本身则又是联邦权力的一个来源,有自己独特的利益。除此之外,立宪之后出现的政党渗透贯穿于联邦的分权体制中,成为一种新的、更有力的利益划分和组合机制。除繁琐细致的权力划分外,每一种权力源的内部又还设有众多的议事和决策程序,其目的在于保证组成该权力源的更多更小的利益集团(总统相对单纯一些)有比较平等的施加影响的机会。就联邦政府一级而论,任何一个利益集团(如政党)要想将自己的政治意志转换成政策或法律,必须以较大的优势并较长时期地同时控制联邦政府的四个权力源;而即使做到了这一点,该利益集团也还需要在其内部的不同利益集团之间达成妥协,形成共识。与此同时,有些权力源又可以摆脱利益集团的影响和控制,获得相对的独立性。如联邦最高法院,它既是联邦政府三权的一部分,但同时又游离在联邦政府之外,在联邦与州政府、公民与政府发生利益争执时扮演一个仲裁者的角色。① 如此繁琐的分权,目的在于使决策层面多元化,以阻止和防止任何个别利益集团独占政治资源或垄断决策的过程。但这样的设计也使统一政策的产生异常困难,而由此产生的政策只能是妥协的结果。

选举是另一项重要的"谈判"机制。因为选举是周期性的和广泛的(上至总统、国会议员,下至地方行政长官),每次选举便成为不同利益集团之间进行"谈判"的机会,总统和国会议员的选举尤其如此。为了赢得选举,不同的利益集团必须提出包容性广的政治诉求,以吸引最大范围内的同盟军,同时,还必须不断地扩大自己的政治资源。扩大资源的方式有两种,一是吸收反对派的主张,将反对力量变成同盟军。另外一种方式则是扩大选民队伍,制造新的政治资源。后一种方式的采用往往是迫于形势,但却可成为扩展民主的历史机会。美国公民选举权的历史实际上是一个选举权从仅为少数人所享有的特权演变成为所

---

① 这里应指出,联邦最高法院对宪法案件的裁决必须依赖宪法理论和逻辑,而大法官一经任命,便可任职终身,不受选举因素的干扰,这为最高法院保持"独立性"提供了相当有力的体制保障,尽管事实上大法官们的判决从来就不是纯法理性的。

有成年公民不分肤色、种族、性别都必须拥有的公民权的历史。重要的是,新的选民一旦被纳入到政治"谈判"的机制之中,他们便要利用自己的选票、通过宪政机制提出自己的政治诉求,从而改变政治利益集团的组合,最终影响政治本身。当选民的背景和利益变得愈加多元的时候,要赢得选举就不得不考虑使用能够集合最大多数的选民的政治主张,甚至不得不考虑吸收反对派的主张,这本身就是一个妥协的过程。定期的选举使竞选的主张变得具体而现实。所以,美国宪政的常态不是大破大立,而是平稳中庸。

但是,并非所有的"谈判"都遵循"正常的"宪政程序;仅凭中庸政治,不可能产生当今的美国宪政。相反,当原来的宪政原则和实践逐渐变成宪政改革的障碍时,"非正常"的"谈判"方式或渠道将被启用,来废除或改正过时的原则和实践,但这种"非正常"的谈判在原则上并不与宪法的精神相冲突,不过是一种对宪法原始精神的不同的解释。19世纪60年代,南部蓄奴州拒绝接受选举失败的事实,退出联邦,导致了联邦的分裂,南北双方在战场上进行了四年的血腥谈判,南部战败;北部共和党人利用对联邦政府的绝对控制,制定了第十三、十四和十五条宪法修正案,强制性地要求南部接受,从而彻底否定了奴隶制,改变了联邦制的性质,在法律上将黑人从奴隶转化为与白人平等的公民。没有内战和重建,这种革命性的宪政变革是无法想象的。20世纪30年代,为了挽救即将崩溃的国家经济,罗斯福利用突然获得的权威,大刀阔斧地进行改革,强行建立了包括社会保障在内的一系列新制度,在一定程度上,改变了社会财富的分配方式,强化了联邦政府(尤其是总统)在国民经济生活中的领导作用,再次改变了美国联邦制的内容,为美国资本主义的再生开辟了新的政治潜力。20世纪60年代的民权运动中,南部黑人通过大规模的街头抗议活动,公开挑战南部各州实施的种族隔离法,制造出一种危机性的政治压力,迫使国会通过了《1964年民权法》和《1965年选举权法》,彻底消除了法律上的种族歧视,使黑人成为了当今美国政治中一股不容忽视的重要力量。这些运作在某种意义上都违反了美国宪政的"常规",然而,正是因为有了这些"非正常"的政治运作,美国宪政才出现了具有关键意义的改革。应该引起我们重视的是,这些表面上由"非正常"的方式产生的宪政改革最终将被纳入原宪法,并变为美国宪法的新的、正常的原则和实践。破旧转化为立新。

因为"谈判"和妥协是美国宪政的中心内容,推动进步意义的改革十分困难。"谈判"为改革的力量提供了机会,但同时也给反对改革的势力提供了同样的机会来阻挠改革。即便是那些进步意义十分明显、而且对美国整体发展甚为有利的改革,也不可能一蹴而就,必须经过艰苦的"谈判"才能获得成功,而所获得的成功往往与预定的目标相去甚远。在以利益谈判为核心的政治中,并不是每个先占据了"谈判"位置的利益集团都会以大局为重,放弃自己的利益,照顾他人的利益;相反,只有当到了不改革自己的利益便难以为继的时候,这些利益集团才不得不让步,或不得不允许被排除在外的其他利益集团进入"谈判"机制,参加"谈判"。我们必须认识到美国宪政机制的这种惰性,否则我们很难理解美国历史上一系列令人困惑的问题:为什么奴隶制要到《独立宣言》发布89年、联邦立宪78年之后才在宪法上予以废除,为什么美洲印第安人的公民资格要等到美国建国近150年后才得到联邦法律无条件的承认,为什么美国妇女的选举权要等到联邦宪法生效131年后才得到联邦宪法的统一认可,为什么从19世纪80年代就开始实施的歧视中国移民的联邦法令要等到20世纪60年代才能得到彻底的改正,以及为什么主张男女公民拥有平等就业权利的宪法修正案至今还无法为各州批准从而成为联邦宪法的一部分。

1999 年 9 月于 Indiana, Pennsylvania

# 原则与妥协

## 美国宪法的精神与实践

《五月花号公约》(局部)(1620)

　　《五月花号公约》(Mayflower Compact)是由 41 名英国清教徒于 1620 年移居北美时在"五月花号"船上签署的一份文件。他们援引上帝的旨意,相互承诺要组建一个"公民政治实体"(a civil body politick),以"更好地建立秩序和保存自己"(for better ordering and preservation)。公约后来被视为美国历史上最早的公民政治契约。公约原件早已遗失,现有版本来自公约签署人之一的威廉·布拉德福特(后担任"五月花号"清教徒建立的普利茅斯殖民地总督)写作的《普利茅斯殖民地历史》一书。见:William Bradford, *Bradford's History "Of Plymouth Plantation" from the Original Manuscript* (Boston: Wright & Potter Print Co., 1901), 111。

　　图片来源:http://www.michmayflower.org/images/mayflowercompactfull.jpg

# 第一章　美国宪政的起源和基础

美国的前身是英国在北美建立的13个殖民地。殖民地居民中有来自欧洲大陆各国的人，也有被欧洲人从非洲贩运来的奴隶，但绝大多数是来自英国的移民。在创建殖民地的过程中，英国殖民者将英国的政治和法律传统移植到北美，奠定了殖民地政治和法律体制的基础。然而，美国宪政体制不是英国宪政体制在美洲的简单翻版，而是英国宪政思想、体制和实践在北美殖民地的特殊环境下发生嬗变和演进后的结果。英属北美殖民地的特别经历导致和影响了新政府体制在北美的形成。

对于早期的英国移民来说，北美大陆提供了一个比英国本土优越得多的政治和经济环境。北美殖民地在名义上属于英国王室所有，但在实践中，它们并不奉行英国式的王公贵族世袭制度，长期以来也没有受到王权的严格约束，宗教自由的程度相对较高，有产者直接参与政治的机会比较广泛和均等。更重要的是，殖民地的发展与以大西洋为中心的世界贸易网络的形成同步进行，殖民地占据了近代欧洲资本主义扩张的枢纽位置，殖民地居民因此可获得比在英国本土多得多的获取经济自立的机会。殖民地一方面利用欧洲的资金和市场，另一方面则源源不断地从非洲获取廉价的奴隶劳动力，在资源丰富的美洲最大限度地发展自由资本主义经济，为殖民地社会积累了雄厚的财富。经济上的富足为殖民地最终与英国分庭抗礼、争取政治自治和国家独立奠定了基础。

早期殖民地与英国的关系松散，遥远的地理位置和交通、通讯等诸多不便使英国既无力也无兴趣对殖民地进行事无巨细的严格控制。在相当长一段时期里，英国与其在北美的各殖民地之间的权力关系始终没有得到清楚细致的界定。名义上，殖民地是英王的财产，殖民地居民是英王的臣民,代表英王利益的总督在殖民地政治中应享有至高无上的统治权力,但事实上主导殖民地的内部事务的却是各殖民地的殖民者议会。议会成员大部分来自殖民地的中上阶层,他们熟练地运用英国宪政中已有用的思想和传统,结合殖民地的特点,发展和建立了一套富有美利坚特色的、高度自治的政府机制。

在经历了17世纪末、18世纪初的政治动荡之后,英国确立了君主立宪的宪政体制,开启了构建现代帝国的努力。英国王室和议会把殖民地视为英国重要的海外财源,企图加强对殖民地的控制。"七年战争"(1756—1763)之后,随着英国在北美的势力范围的扩大,这种企图愈加明显,但为时已晚。自1763年起,英国对殖民地不断提出名目繁多的税收要求,但遭到了殖民地的坚决抵制。殖民地的政治领袖们借用英国政治思想家洛克的"天赋人权"和"社会契约"的学说,声称在没有政治代表权的情况下英国不能随意向殖民者征税,强行征税则意味着对殖民者的天赋权利的剥夺,从而破坏了统治者与被统治者之间的政治约定。殖民地与宗主国之间的矛盾最终导致了1776年的美国革命。13个北美殖民地联合起来,利用既存的政治自治的机制,组成一个政治上的联合体,组建军队,并宣布独立。最终,联合起来的殖民地在法国人的援助下,以弱胜强,击败了英国军队,赢得了独立战争。独立之后,殖民地时期形成的政治制度与实践成为了构建新国家的宪政体制的基础。

## 一 殖民地政治体制的形成

### 英属北美殖民地的起源

1492年,热那亚探险家克利斯托弗·哥伦布得到西班牙王室的支持,开始探索新的通向亚洲的贸易航道,无意中在西印度洋群岛登陆,"发现"了美洲。尽管数以千万的土著印第安人早已在美洲大陆居住了数世纪之久,欧洲人仍将其称为"新大陆"。美洲的发现对于欧洲人来说无疑是一个极大的刺激。此刻的欧洲正从中世纪神学统治的枷锁中挣脱出来,经历着文艺复兴的洗礼,并即将面临因宗教改革引发的纷争与战乱。新大陆的出现在欧洲帝国之间导致了一轮国际大发现和大争夺。从15世纪末起,欧洲主要帝国竞相侵入美洲,抢地为先,划地为营,建立起各自的势力范围。在这场国际大争夺中,西班牙和葡萄牙一马当先,先后占领了南美、北美和加勒比海的部分区域,一度垄断了美洲殖民地的开发。然而,英国、法国和荷兰不甘落后,迅速跟进,很快各自抢得了北美大陆的一部分。欧洲帝国对于美洲大陆的争夺要到"七年战争"之后才最终尘埃落定。

英国对北美的侵入始于1496年,也就是在哥伦布第一次登陆美洲短短几年之后。当年,英国国王亨利七世颁发特许状,赐予威尼斯籍的英国探险家约翰·卡伯特以"完全的和自由的权力",去探索和发现"一切迄今为止仍尚未被基督教徒所发现的、仍由异教徒所占领的岛屿、国家、地区和领土",并在那些土地上"竖立起我们(英国)的旗帜"。① 如同哥伦布一样,卡伯特原本也希望找到一条通往中国和东方的新的道路,不料他却于1497年无意中落脚北大西洋的纽芬兰岛(今属加拿大管辖),"发现"了一大片欧洲人还未曾涉足的土地(事实上维京人在公元10世纪曾入侵该岛)。根据当时欧洲帝国奉行的神学契约的原则——任何基督教王室,只要发现了被所谓异教徒和野蛮人占领的土地,即有权宣布对其拥有主权——卡伯特在北美登陆后,随即宣布北美领土为英王的财产。现在看来,这一举动是极为荒谬的,但在当时却有着极为重要的意义,因为它构成了日后英国声称对北美领土拥有占领权或主权的"法理"基础。

卡伯特在纽芬兰的登陆并没有立即带动英国殖民北美大陆的活动。由于与法国的战事未了,国内政局不稳,王室的财力有限,民间对开发北美也没有明显的兴趣。直到16世纪后期,当其国力逐渐增强、并能与西班牙争夺海上霸权、且民间对殖民北美的呼声也日渐高涨时,英国王室才开始大张旗鼓地推动和支持建立海外殖民地的

---

① Letter Patent to John Cabot (5 March 1496), in Francis Newton Thorpe, ed., *The Federal and State Constitutions, Colonial Charters, and Other Organic Laws of the States, Territories, and Colonies Now or Heretofore Forming the United States of America*, 7 vols. (Washington: Government Printing Office,1909)(此后简写为:Thorpe, *Federal and State Constitutions*), vol. 1, 46-47.

事业。

1578年,英国王室向英国贵族和殖民事业的推动者汉弗莱·吉尔伯特颁发了开发北美的特许状,授权他及其后裔永久占有北美大陆一切"尚未被基督教王室和人民征服的……异教徒和野蛮人的土地、国家和领土"。王室准允吉尔伯特及后裔按自己认为合适的方式管理殖民地,并保证所有移居北美的英国人及其后代享有本土英国人的一切权利,但王室规定,殖民地的任何法律都不得与英国法律相冲突,殖民地所有人及其后裔必须"永远效忠于我们(指英国王室——著者)、我们的后代和继承人"。① 1583年,吉尔伯特抵达北美的纽芬兰,再次确认了卡伯特发现的领土属英国王室所有,但他建立一个永久性英国殖民地的梦想却未能实现。1584年,王室又向吉尔伯特的同母异父弟弟沃尔特·雷利颁发特许状,允其继续其兄开发北美的事业。除了授予雷利所有曾为吉尔伯特拥有的特权之外,王室还令英国的贸易官员协助雷利的殖民活动。② 1587年,雷利组织了一百多名英国人移居北美,并在罗阿诺克岛(Roanoke Island,位于今北卡罗来纳州海湾)建立起一个殖民地,但该殖民地仅存两年就夭折了。

雷利的失败并没有使英国人放弃殖民美洲的企图。相反,1588年打败了长期称雄大西洋的西班牙之后,英国加快了殖民北美的活动,不仅民间的各种努力增多,而且王室也对此予以极大的鼓励和支持。1607年5月,由伦敦弗吉尼亚公司组织的104名殖民者(其中包括4名儿童)来到北美大陆的切萨皮克海湾,在詹姆斯河岸建立起英国在北美的第一个永久性殖民地,殖民者将其命名为"詹姆斯敦"(Jamestown),这就是后来的弗吉尼亚殖民地的雏形,1607年也因此被传统史学认为是美国国家历史的起点。弗吉尼亚殖民地的建立极大地鼓励和推动了英国殖民北美的运动。1620年,一批流亡荷兰的英国清教徒远渡重洋,来到北美,在弗吉尼亚殖民地特许领土的北端建立起了第二个

---

① Letters Patent to Sir Humfrey Gylberte (Humphrey Gilbert) (11 June 1578), in Thorpe, *Federal and States Constitutions*, vol. 1, 49-52.
② Charter to Sir Walter Raleigh (25 March 1584), in Thorpe, *Federal and States Constitutions*, vol. 1, 53-57.

永久殖民地,即普利茅斯殖民地。① 1630 年,约千名英国清教徒乘船横渡大西洋,在波士顿落脚,建立起马萨诸塞殖民地。两年后,马里兰殖民地在弗吉尼亚的北面出现。17 世纪 30 年代中期,从马萨诸塞殖民地中分裂出几个更小的殖民地,包括纽黑文、罗得岛、康涅狄格等。这些永久性殖民地的建立标志着英国殖民北美运动第一阶段所取得的成果。

英国内战和克伦威尔领导的清教革命(1642—1659)使殖民北美的运动一度中断。1660 年王朝复辟后,殖民北美的热潮再度兴起。1662—1663 年间,王室两度颁布宪章,先后将罗得岛和康涅狄格认可为王室殖民地。两者(其中康涅狄格是由早先的纽黑文和康涅狄格合并而成)均是早些时候从马萨诸塞分离出来的,一直在寻求王室的承认,王室的宪章赋予了它们合法的殖民地地位。1663 年,英王查理二世将弗吉尼亚以南的土地的开发权赐给了 8 个英国贵族,由他们建立了卡罗来纳殖民地。该殖民地在 1691 年分为北卡罗来纳和南卡罗来纳两个部分,并在 1729 年经王室认可,正式成为两个分离的王室殖民地。1664 年,英国人打败了荷兰人,获得了后者在北美大陆中部的领土。查理二世把赢得的荷兰人领土赐给胞弟詹姆斯。詹姆斯当时是英国的大贵族,称约克公爵(Duke of York),于是这块原来属于荷兰人的土地也就易名为"新约克",即"纽约"(New York)。后来,詹姆斯又将纽约的一部分(位于哈得逊河与特拉华河之间的领土)转赐给另外两个英国贵族——约翰·伯克莱和乔治·卡特列特,在这部分转赐的土地上,新泽西殖民地于 1701 年得以组建。1679 年,查理二世又颁布宪章,将新罕布什尔认可为王室殖民地,使其摆脱了马萨诸塞殖民地的控

---

① 英国国王詹姆斯一世在特许状中将北美大陆北纬 34 度至 45 度的领土赐予弗吉尼亚殖民地,涵盖了从今日的弗吉尼亚到新英格兰地区的大片土地。当时的弗吉尼亚公司实际上有两个分支:普利茅斯和弗吉尼亚,前者的总部位于英国的普利茅斯,后者的总部位于伦敦。普利茅斯分支曾企图开发特许领土的北部(今新英格兰地区),但没有成功。住在荷兰的清教徒意图获得伦敦的弗吉尼亚公司的同意,前往弗吉尼亚定居,但航向发生了偏差,最终在今马萨诸塞的科德角(Cape Cod)海湾登陆,并建立了普利茅斯殖民地,因登陆的地方已经超出了弗吉尼亚殖民地的领土范围,所以该殖民地在北美定居和开发的特许权最终将来自于新英格兰普利茅斯委员会(Plymouth Council of New England)。尽管如此,殖民地内部所尊崇的政治治理文件却是《五月花号公约》。

制。1681年,查理二世为了报答贵族威廉·佩恩家族早年对王室的支持,把北美大陆北纬40度至43度之间的领土赐予佩恩,宾夕法尼亚殖民地因此而诞生。次年,原属荷兰人的特拉华领土又被划归到佩恩的名下。1701年后,特拉华虽然在名义上仍受宾夕法尼亚总督的管理,但因其可以建立独立的立法机构而成为了一个事实上独立的殖民地。1732年,一批英国慈善家从王室获得特许状,在北美大陆南部建立佐治亚殖民地,以期为贫穷的英国人提供一个重新获取经济自立的机会。至此,英国在北美大陆永久性殖民地增至13个。随殖民地数目的增加,殖民地的人口也迅速增长。1607年落脚弗吉尼亚的英国人不过104人,1640年时英属北美殖民地人口已经达到了3万人左右,1700年达到了27万人左右。到1776年美国独立前夕,北美殖民地的总人口将达到220万人左右。①

## 早期殖民地政府体制的异同

英国殖民北美的运动是一个漫长而复杂的过程。虽然13个殖民地中的大多数都在17、18世纪先后变成了王室殖民地(royal colonies),但它们的起源并非出自同一模式。正是因为英国殖民北美的运动主要是由民间力量(包括商人、投资者、宗教领袖、贵族、冒险家等)推动和发起的,早期殖民地在起源背景、目的和建立方式等方面不尽一致,在政治体制(即政府形式)方面也有重要的区别,这一现象在1660年以前尤其明显。

就起源方式而言,早期的北美殖民地大致遵循了三种模式:公司式(corporation)、业主式(proprietary)和契约式(compact)。所谓公司式,是指由民间投资人先组成股份投资公司,然后从王室获得特许状或宪章(charter),在北美某一指定区域内建立殖民地。北美最早和最大的两个殖民地——弗吉尼亚和马萨诸塞——都是以这种方式建立的。业主殖民地本质上是欧洲封建领地传统的延续。王室将北美土地作为礼

---

① 殖民地时期没有进行过系统的人口普查和统计,以上数字是根据后来所能得到的资料估计的。见 U. S. Bureau of Census, *A Century of Population Growth, 1790-1900* (Washington: Government Printing Office, 1909; reprinted by Genealogical Publishing Company, 1969), 9。同时参阅: V. D. Harrington, *American Population before the Federal Census of 1790* (1932)。

物馈赠给拥有相当财力的王亲国戚和显赫贵族(如上面提到的詹姆斯和佩恩等),赋予他们独占和统治该领地的权力。拥有这些土地的贵族本人或他们的代理人即为业主(proprietors)。业主在获得这些土地的同时也就获取了统治该领地的政治权力。1660年前,以业主方式建立的殖民地仅有马里兰一地,而1660年后新建殖民地中的大多数——包括卡罗纳、纽约、新泽西、宾夕法尼亚和佐治亚——则无一例外地遵循了业主殖民地的创建模式。契约殖民地的情况稍微复杂一些。它们是以自愿和自发的形式组成,或从某公司殖民地内部分裂出来的,最初也不曾从王室那里获得特许状,而是从公司殖民地那里获得土地才得以建立的。但这些殖民地拥有一个共同的特征:即它们的组成是基于殖民者之间签订的共同协定或契约。换言之,这些殖民地最初的政治和法理基础不是王室的特许状,而是一种以宗教契约为基础的"公民契约"。早期的契约殖民地包括普利茅斯(1693年后并入马萨诸塞)、罗得岛和康涅狄格。

尽管北美殖民地在起源方式、殖民动机以及殖民者的社会背景等方面有诸多不同,但它们在政治(或政府)体制方面的发展经历却十分相似。北美殖民地政治体制的最重要的共同特征是殖民地内部事务的自治。这种体制上的同质性是由殖民地起源的法律和现实环境所决定的。这种同质性通过下面三个方面得以表现。

首先,殖民地在北美最初的法律地位都是由英国王室授予的。契约殖民地也许是个例外,因为它们一开始并没有得到王室的特许状(如普利茅斯、纽黑文和罗得岛),但它们的领土却是来自于公司殖民地(如弗吉尼亚和马萨诸塞),而且它们最终也会被王室划归为其在北美的殖民地。所以,尽管王室本身对北美土地的拥有权是建立在荒谬的神学契约学说之上,而这种所谓学说在今天看来也不过是欧洲帝国为争夺和瓜分美洲所用的一种托辞而已,但英国通过殖民地的建立将其王权的权威延伸至北美大陆却是不争的事实。更重要的是,这种延伸的王权成了联结英属北美各殖民地的重要的政治和法理纽带,使所有的殖民地在法律和主权归属上成为了英帝国的一部分。所以我们可以说,北美13个殖民地在法律起源上是殊途同归,其"合法性"都源于英国王室的认可。

其次,无论它们的起源模式有何不同,所有北美殖民地在其原始的政府机制中都包含了相当成分的自治权或允许"自治"(self-rule)机制生长的法律空间。王室特许状允许殖民地在不违背英国法的前提下制定一切必要的法律。表面上,这种"自治"权是王室赋予的特权,实际上,这是王室对现实的一种妥协。殖民地与英国相距遥远,王室即便有兴趣也没有能力对殖民地进行面面俱到的管理和干预。但是,如下面的讨论将显示的,王室赋予殖民地的这种特权对于日后殖民地政治自治的发展有着极为关键的意义。

再者,在法律传统上,所有殖民地都遵循和沿用英国的法律传统,尤其是普通法(Common Law)的传统。因为王室的特许状明确规定殖民地的法律不得与英国法相抵触,并强调所有殖民者及其后代都将享有英国人的权利,所以,殖民地的法律多以英国法律为标本,殖民者也十分看重他们作为英国人所拥有的权利。必须指出的是,早期北美殖民地的居民中虽然包括了来自其他欧洲国家的人,但主要还是英国人。[①] 当时英国人殖民北美的方式不是一种单打独斗、散兵游勇式的活动,而是一种带有共同意志和目的的、群体性的、甚至社区性的移居。这种移居为民族传统(包括法律习俗、语言文化、生活方式和宗教信仰)的移植提供了必要、坚实和永久的基础,加强了北美各殖民地之间的认同感。可以说,后来13个殖民地之所以能够在很短的时间内联合起来,同心协力,与英国决裂,争取独立,在很大程度上得益于它们在政治文化和法律传统方面的同质性。

然而,殖民地政治自治的发展并非一帆风顺,殖民地本身也不是一开始就志在追求独立,要与英国决裂。殖民地自治体制的形成乃是各种因素在殖民地特定的历史环境下共同作用的结果。为了比较准确地理解这一点,我们可稍微仔细地观察一下弗吉尼亚和马萨诸塞政府体

---

① 据1790年美国第一次人口普查对美国人口姓氏的分析资料,殖民地时期居住在北美殖民地的白人居民中大部分是有英格兰血统的移民及后裔,其他的人数较多的移民群体有苏格兰人、爱尔兰人、荷兰人、法国人、德国人和希伯来人,但这些民族的居民人数都大大少于英格兰人。英国血统的人占马萨诸塞殖民地人口总数的95%,占弗吉尼亚殖民地人口的85%,在纽约的人口中也占将近80%。即便是在德国和苏格兰血统人口较多的宾夕法尼亚,英格兰人口也占了60%。U. S. Bureau of the Census, *A Century of Population Growth*, 116.

制的形成过程。在北美殖民地中,这两个殖民地不仅历史最为悠久,而且其政治体制的发展也是最为成熟的。它们在殖民地时期、美国革命与立宪时期都扮演了举足轻重的领袖角色。

## 早期弗吉尼亚政体的演变与殖民者议会的建立

弗吉尼亚殖民地是由伦敦的一些私人投资者创建。这些投资人组成弗吉尼亚公司,发行股票,筹集资金,希望通过开发北美获取经济利益。

1606年,英国国王詹姆斯一世向弗吉尼亚公司颁发了特许状。王室将北美北纬34度至45度间的所有陆地、海岸及岛屿划给弗吉尼亚公司,允其建立殖民地。王室特许状宣称,弗吉尼亚开发北美的目的是为了给生活在"黑暗和愚昧"中的异教徒带去上帝的神明,把他们带入"人类文明和有序而稳定的政府之中"。特许状准允殖民地拥有自然和经济资源(港口、河流、土地、矿藏、渔业和森林),并赋予其在航行和贸易方面的诸多特权,但王室要求该殖民地将其在殖民过程中发现的金银矿资源的五分之一进贡给王室。从这点可以看出,王室准允殖民地开发是有其经济目的的,即希望借此来开辟新的王室财源。

特许状对殖民地的管理机制作了极为详细的规定。王室规定,殖民地的管理机构由一个13人的董事会组成,由公司原始成员选举产生,定期换届;公司的董事会须设在伦敦,掌管公司的一切事务,殖民地的日常治理则由公司委派的总督负责。特许状规定了该公司所拥有的权利和权力,包括有权任命官员、制币、处置和分配土地以及进行自卫。特许状还宣布,所有殖民者及他们出生在殖民地的后裔"将享有与在英国和其领域内的英国人所享有的同等的自由、特权和豁免权"。①

1607年,弗吉尼亚公司在切萨皮克海湾建立起第一个永久殖民地后,原本希望能迅速开发出英国本土需要的物产,使其投资能够立竿见影,但结果并不理想。弗吉尼亚的经济开发十分缓慢,效益极低,公司

---

① First Charter of Virginia (10 April 1606), in Thorpe, *Federal and State Constitutions*, vol.7, 3783-3789.

原计划的玉米酒生产和丝绸业接连遭到失败。1609年,在公司的要求下,王室又颁发了新的特许状,扩大了殖民地的权力。特许状列举了公司原始成员的名单,允许建立董事会,并授权该董事会根据当地情况制定法律。王室还令公司向殖民地派出总督。① 两年后,王室在第三个特许状中,进一步扩大了殖民地的权力,允许该殖民地"为建立良好的秩序和政府"而保持一个议会机构,允许由议会来选举董事会成员和制定法律,但议会制定的一切法律都不得与英国法律相抵触。② 新特许状的目的在于增加殖民地政府的效力,但效果并不明显。1612年,弗吉尼亚开始种植烟草,但英国的吸烟者人数尚少,烟草市场有限,殖民地经济收效甚微。此外,早期殖民者成分复杂,有身份的人不愿意从事体力劳动,而出卖劳力的人又时常不服从指挥,以至于有一段时间弗吉尼亚不得不实行强制性军事管制。此外,由于疾病的肆虐和与印第安人之间的连绵不断的战争,英国的后续物资又供应不足,殖民地生活十分艰难痛苦,士气低落。投资人对殖民地短期内会带回巨大利润的前景几乎失去信心,只把希望寄托在出卖土地方面。

1619—1621年间,为了洗刷弗吉尼亚的坏名声,鼓励移民和提高经济效益,公司决定对弗吉尼亚殖民地的管理进行改革。公司向社会各阶层开放移民,以招收契约奴工(indentured servants)的方式来增加殖民地人口。契约奴工是一种合同性质的非自由劳工,是17世纪贫穷的英国人移居美洲的主要方式。自愿出卖劳力的穷人与殖民地的有产者或公司的投资人签订合同,前者答应无偿为后者在殖民地工作一段时间(通常为4—7年),而后者则负责为前者提供前往美洲的船票以及在殖民地服役期间的食宿。在合同期间,契约奴工没有自由,不能私自出卖劳力;但合同期满后可获得人身自由,成为自由人,并有希望得到一定数量的土地。与此同时,弗吉尼亚殖民地还建立了所谓"人头权"(headright)政策——即公司的任何股东只要移居殖民地或资助他人到弗吉尼亚定居可立即获得50英亩土地,放松了对殖民地自由人居

---

① The Second Charter of Virginia (1609), in Thorpe, *Federal and States Constitutions*, vol. 7, 3790-3802.

② The Third Charter of Virginia (1611), ibid., vol. 7, 3802-3810.

民的强制性管理,并承认他们拥有作为英国臣民应享有的一切权利。

然而,这一时期最重要的改革则是重组弗吉尼亚殖民地的政府机构和建立殖民者代表大会(General Assembly)。殖民者代表大会由居住在殖民地的公司股东组成,大会以每个城镇两名代表的比例选出22名殖民者代表(Burgesses),组成殖民者议会(House of Burgesses),代表殖民者与由伦敦公司派往殖民地的总督和总督参事共同议事,决定殖民地开发和管理的政策,但议会必须遵守英国法律和政治习俗。① 这项改革意义深远,开始了弗吉尼亚殖民者议会的历史。这样,1619年后,在弗吉尼亚的政府机构中,出现了总督、参事会(由总督助理组成)和殖民者议会三种权力实体,分别代表殖民地的不同利益。总督和参事会代表着设在伦敦的公司总部的利益,而殖民者议会则代表了殖民地居民(准确讲,应是有财产和有自由人身份的殖民者)的利益。三者形成了后来弗吉尼亚殖民地政府的雏形。虽然三个部分的权力并不是平等的,但它们的同时存在说明早期的弗吉尼亚政府开始具有一种"合治"(shared rule)的特征。这种合治的政府形式最终影响后来的英属北美殖民地的政体构建,成为一种普遍的政府模式。

但弗吉尼亚政府体制的改革未能挽救该殖民地的经济失败。1624年,弗吉尼亚公司终因财政困难和内部纠纷而宣告破产。英国国王决定解散该公司,并任命一个王室总督去监管殖民地的一切事务。王室的这一决定事实上将弗吉尼亚殖民地由原来的民间投资者组成的经济实体变成了英国王室的财产,弗吉尼亚也因此成为北美第一个王室殖民地。弗吉尼亚的法律地位发生变化后,其早期建立的政府机制并没有立刻改变。尽管一开始英王并不承认殖民者议会,但新任王室总督一到任便发现殖民者议会已成为殖民地管理中不可缺少的权力机制。1629年后,殖民者议会重新开始举行定期会议,参与殖民地的管理。1639年,英国王室终于正式承认了殖民者议会的合法性。17世纪60年代,殖民者议会又进而赢得了独享的立法动议权,使早期建立的"合

---

① Ordinance for Virginia (24 July - 3 August 1621), in Thorpe, *Federal and States Constitutions*, vol. 7, 3810-3811.

治"实践更为名副其实。①

从弗吉尼亚议会的起源和生长过程中,可以看出王室特许状对弗吉尼亚公司性质和功能转变所起的关键作用。弗吉尼亚公司开始只是一个从事风险经济活动的贸易组织,由民间投资人自由和自愿结合而组成,但经过王室特许状的认可之后,公司被转化成了一种具有政府功能的政治实体,不仅拥有了在殖民地从事经济活动的权力,而且具有了从事经济活动以外的政府管理的权力。通过特许状,王室建立了对公司的控制和对殖民地的拥有。虽然两者都只是名义上的王权,但弗吉尼亚公司却因王室的认可成为英国在北美扩展殖民地的政治和法律工具。所以,拥有王室特许状的、以开发经济和谋取利润为原始目的的公司实际上也就成了最初的殖民地政府,公司在北美建立起殖民地的过程也是英国的政治实体移植美洲的过程。

王室特许状的另一个重要功能是确认公司原始成员的"法人"地位,确定他们将因此而拥有的特权(包括选举殖民者议会成员的权力等)。这样,通过特许状,公司的原始成员(投资人)原本拥有的经济权利(right)也就演变成为一种政治权力(power),使得原始的和富裕的公司成员因而拥有较后来的、穷苦的殖民者更大的机会和更优越的条件,来参与殖民地政府的组建和管理。当然,殖民地特殊的环境为其管理体制发生变化创造了条件。公司总部远离北美的弗吉尼亚,对殖民地事务鞭长莫及,唯有依靠地方精英参与和努力,才可能使殖民地在危机与混乱中起死回生。

由此看来,1619 年的改革和殖民者议会的出现对弗吉尼亚后来的政治发展极为关键。殖民者议会的建立开创了有产殖民者进行政治自治的历史。当殖民者组成议会时,他们原有的拥有公司股票的经济实力也就转换成了影响和决定殖民地事务的政治权力。应该指出的是,弗吉尼亚殖民者议会的模式不是凭空想象出来的,殖民地的有产居民多为英国人,对英国的宪政传统十分熟悉,而且英国议会模式唾手可得,在当时十分方便地派上了用场。然而,殖民者议会在英国宪政体制

---

① Jack P. Greene, *The Quest for Power*: *The Lower Houses of Assembly in the Southern Royal Colonies, 1689-1776* (Chapel Hill: University of North Carolina Press, 1963), 26-27.

中却是一个"新生事物",严格地说,在英国本土并无与之对应的机制,殖民者议会最终将成为英国宪政体制中无法容忍的"异类"。从这个意义上来看,殖民者议会的建立播撒了英属北美殖民地最终走向独立的种子。

### 早期马萨诸塞政体的形成

相对弗吉尼亚来说,马萨诸塞殖民地的自治机制的发展拥有一个更为有利的基础,而且进行得也相对平稳。马萨诸塞殖民地是由马萨诸塞海湾公司建立的。1629年,该公司得到英王允其开发殖民地的特许状,其中规定该公司有权开发查尔斯河南三英里至梅里麦克河(Merrimac River)北三英里间、从大西洋至太平洋间的所有土地。与弗吉尼亚公司的特许状一样,王室特许状也对马萨诸塞海湾公司的管理和运作作了具体的规定。

特许状规定该公司每年必须举行四次投资人大会(Great and General Courts),公司殖民地内的所有自由人皆可参加大会,并有权选举殖民地的总督和总督助理,由总督助理组成的殖民地参事会负责协助总督管理殖民地的事务。特许状同时赋予了该公司极大的权力。根据王室特许状,该公司可"对所有居住在该公司殖民地领域内的英国臣民进行管理",可以立法,但所有法律须与英国宪政的原则保持一致。特许状没有明确说明公司立法权的终属,即在总督、参事会和投资人大会三者之间,应由何方来负责起草制定法律和政策。与弗吉尼亚公司不同的是,马萨诸塞海湾公司的总部不是设在伦敦,而是设在北美殖民地上。这个重要的区别实际上是由于王室特许状的疏忽造成的。在弗吉尼亚的特许状中,王室明确说明公司的管理机构必须设在伦敦,但在马萨诸塞公司的特许状中,英王竟将这一重要的前提条件给遗漏了![1]

这一遗漏在法理上给了马萨诸塞公司自行决定殖民地政府所在地的机会,而这个机会正是该公司内相当一部分清教徒投资人求之不得的。自欧洲宗教改革以来,英国清教徒承袭激进清教领袖卡尔文(Jean

---

[1] The First Charter of the Massachusetts Bay Company (4 March 1629), in Thorpe, *Federal and State Constitutions*, vol. 3, 1846-1860.

Calvin)教义的传统,一直强烈批评英国国教的腐败和堕落,从而招致了国教徒的迫害和歧视,也一度引起了王室的猜忌和不满。清教徒们一直希望离开英国本土,到新大陆去寻找一块净土,建立一个理想中的宗教国。王室特许状的疏漏正好提供了这个机会。于是,在激进的清教徒投资人的游说下,马萨诸塞海湾公司中的重商派投资者同意将公司的政府机构设立在北美殖民地,实际上,等于将该公司的管理大权交给了移居北美的清教徒去掌管。若干年后,英国王室才会认识到这是个致命的疏漏。

1630年春,在马萨诸塞公司总督约翰·温斯罗普的带领下,近千名清教徒移民分乘11条货船,漂洋过海,在波士顿附近的海湾登陆。登陆前,温斯罗普在船上宣读一篇题为《基督教博爱的楷模》的布道词,其中宣称:清教徒之所以甘愿冒险到新大陆去建立新的宗教世界,是因为上帝将保持神灵圣洁的使命交给了自己;清教徒是上帝的特别选民,他们为了坚守和追求信仰甘愿忍受痛苦和磨难;正是因为这种对上帝的崇敬和服从,清教徒与上帝之间存在一种特殊的"契约"(covenant)关系,而清教徒相互之间也因为要完成上帝赋予的神圣使命而结成了一个志同道合的特殊的"团体"(community);在这个具有神圣意义的团体中,所有的成员必须团结一致,以兄弟仁情相待,甘愿为了他人的需要而牺牲自己的利益,肩负共同的使命,承担同等的责任,享有同等的权利。温斯罗普称,清教徒们必须把自己将在新大陆建立的新英格兰(New England)看成是在上帝指引下必须完成的一项辉煌使命。在他看来,新英格兰将是矗立在浑浊黑暗的旧世界中唯一的一座纯洁明亮的"山巅之城"(a City upon a Hill),而"全人类都在注视着我们",所以新英格兰不仅要成为基督教世界的成功典范,也必须成为全人类的榜样。①

也许因为宣示了后来美国政治思想中那种美国要成为世界领袖的核心内容,温斯罗普这篇布道词一直被认为是美国政治史上的重要文献之一。清教徒的这种宗教契约思想与洛克在17世纪末宣称的"社

---

① John Winthrop, "A Modell of Christian Charity" (1630), in Daniel J. Boorstin, ed., *An American Primer* (Chicago: The University of Chicago Press, 1966), 10-23.

会契约"(social contract)思想在契约内容的表述上不同,但两者的精神实质是一致的。两者都强调社会(或宗教)组织成员之间为了实现共同的目的,而须建立一种相互承诺,形成一种契约,通过这种承诺和契约,社会成员的地位和权利得到相互承认,从而获得了一种法律上的意义。而这种为了保护和争取共同利益的承诺和契约也就成为了政治和政府的基础。清教徒们自称他们与上帝之间有一种契约关系,但在现实中,他们所宣称的抽象意义上的宗教契约(包括他们与上帝之间和他们彼此之间的"契约")却通过英王的特许状而转换成了一种实实在在的政治契约。

尽管清教徒自命要建立一个比英国更为理想和自由的宗教国度,他们最初的政治运作并没有忠实地表现平等和自由的精神。根据王室特许状,马萨诸塞公司投资人大会拥有立法权和选举总督及代理总督的权力,但该公司在建立起殖民地后,所实施的却是政教合一的政策。这种政策将公司成员的宗教背景作为拥有选举权(或参与殖民地管理的权利)的先决条件之一,即只有那些同时身为殖民地所承认的教会的成员和公司股份的拥有者(或自由人)的人才能拥有选举权,其他的投资人或非官方认可教会的成员则不能参加殖民地代表大会,也不能拥有选举权。一开始,拥有政治权利的自由人不多,殖民地的政治权力实际上掌握在以总督温斯罗普为首的一小部分人手中。1631年,在殖民地居民的压力之下,该公司吸收了一百多个自由人为投资人代表大会的正式成员,但公司董事会规定,投资人大会的成员只有权选举总督助理,总督与代理总督则由总督助理选举产生,然后由总督和由总督助理组成的公司参事会对公司进行治理,包括制定公司的法律和政策,负责征收各种税务,在殖民地贯彻清教政策等。

1634年,马萨诸塞自由人因殖民地政府课税太重,向总督的征税权提出抗议和质询。抗议者要求总督温斯罗普出示王室签发的原始特许状,以证实总督是否有权征税,并了解总督征税权的权限等。在投资人的压力之下,温斯罗普不得不出示王室特许状,结果发现特许状中明确规定殖民地的立法和征税权均属于由投资人组成的代表大会。于是,马萨诸塞投资人大会决定,总督和参事会要定期召开殖民地代表大会,形成一种制度,会议由每个城镇选出的2—3名代表组成,在会议期间,总督、参事会和殖民者代表共同审议和商讨殖民地的立法问题。这是一个极有影响的事件,它建立了马萨诸塞海湾公司投资人大会在立法权方面的绝对权威。

1644年,在处理一个贫穷寡妇和一个商人针对一头母猪的所有权发生的争执时,投资人大会与总督助理出现了意见分歧,总督助理们担心将来在重大问题上会因自己是少数派而斗不过投资人代表组成的多数派,提出将马萨诸塞代表大会分为两院,由总督助理组成上院,殖民地居民的代表组成下院,两院分开举行会议,殖民地所有的法律和决定都需经过两院的多数通过才能有效。当这个提议被接受后,马萨诸塞的代表大会(殖民地议会)就变成了事实上的两院制。这项改革显然对后来的美国宪政有重要影响。与此同时,马萨诸塞殖民地中那些并非官方教会成员的自由投资人也提出了政治权利方面的要求,这些要求得到一些教会成员的支持,因为拥有政治权利也意味着行使公民义务。1647年,马萨诸塞议会准允非投资人的殖民地居民参与管理所居住城镇的事务,并在1662年以所谓"过渡契约"(half-way covenant)的方式,将殖民地议会的选举权再度扩大至那些准教会成员。至此,马萨诸塞殖民地政府模式的雏形得以形成。

## 马里兰殖民地的政体特征

弗吉尼亚和马萨诸塞的政府模式对以业主殖民地方式起源的马里兰无疑是有影响的。1625年,英国贵族乔治·卡尔弗特改信天主教后,请求王室在北美划出一片土地,供英国的天主教徒逃避国教徒的迫害所用。查理一世答应了他的要求,于1632年颁布特许状,将与弗吉尼亚比邻的马里兰赠予卡尔弗特(他后来成为第一位巴尔的摩公爵),允其在马里兰建立自治的领土。王室特许状宣布,卡尔弗特及其后代拥有近似于独立的封建业主的一切权力,他们拥有"自由的、完全的和绝对的权力",可根据"他们自己的良好的判断来制定一切法律";他们也具有行政、司法和军事方面的自主权以及将领土分赐他人的权力;领地上的殖民地居民必须宣誓效忠公爵(而不必向英王宣誓效忠);公爵有权建立议会,但王室并不将此作为赐予领土的条件。王室同时给了卡尔弗特更大的经济贸易权。①

马里兰殖民地开始运作后，也很快出现了类似弗吉尼亚所经历的那种殖民者议会要求分享立法权的活动。1638年，第二任巴尔的摩公爵塞思利斯·卡尔弗特在殖民者的压力下，允许马里兰建立了一个由殖民地自由人组成的议会，希望其成为殖民地总督制定政策时的咨询机构。几年后，该议会作用日渐重要，便开始要求分享立法权。因为马里兰是业主殖民地的缘故，公爵如同国王，而殖民者议会则希望扮演英国议会的角色，所以，从这个意义上讲，马里兰的政治体制与英国更为接近。1650年马里兰的议会变成两院制后，这个特点尤其明显。与弗吉尼亚和马萨诸塞一样，马里兰早期的宪政发展也是以殖民地居民中的有产者要求分享殖民地政府的立法权为出发点的。1640年左右，弗吉尼亚、马萨诸塞和马里兰都建立了不同程度的自治性或合治性的政治机制。这种机制的核心是强调和保障殖民者（主要是有产殖民者）拥有与其经济地位相应的参与殖民地管理的政治权利，而行使这种权利的媒介正是殖民者议会（或殖民者代表大会）。

### 《五月花号公约》与契约殖民地的政体

与此同时，北美大陆还出现了另一种具有自治性质的殖民地，即所谓的契约殖民地。从广义上讲，这类殖民地包括普利茅斯、罗得岛、纽黑文和康涅狄格。在法律起源上，它们与弗吉尼亚、马萨诸塞和马里兰有所不同，一开始并没有直接从英王那里得到王室特许状。它们都位于新英格兰地区，除普利茅斯外，都是从马萨诸塞殖民地中分裂出来的。这些殖民地最初的政府组建方式也是遵循一种契约方式，但它们的契约不是基于王室与公司或业主之间那种通过特许状来表现的政治承诺，而是基于宗教原则和神学理想。契约殖民地的殖民者将共同信奉的宗教理想作为联结相互之间的政治纽带，以相互承诺的方式组成事实上的政治共同体，产生政府。这种实践成为后来美国宪政的重要内容之一。

---

① The Charter of Maryland (20 June 1632), in Thorpe, *Federal and State Constitutions*, vol. 3, 1677-1685.

契约殖民地的先驱是1620年由一批被称为"分裂派"(separatists)的清教徒(Pilgrims)建立的普利茅斯殖民地。如前所述,这些清教徒是英国清教中的激进派,他们因不满英国国教的奢侈腐败而移居荷兰,原希望借助那里的宽容气氛来保持自己的宗教信仰,但很快发现事与愿违。荷兰在宗教上的自由与宽容反而使清教徒的后代对教义生硬、教规严格的英国清教产生了抵触和反抗情绪。得知弗吉尼亚开发北美后,这批清教徒便与弗吉尼亚公司协商,希望在后者拥有的北美领土上建立一个宗教殖民地。弗吉尼亚公司同意了清教徒的要求,准允他们建立一个"特殊的殖民地"(particular plantation),并享有高度的自治权。①

1620年底,流亡荷兰的英国清教徒和来自英国的其他移民,总共101人,乘坐名为"五月花号"的船从荷兰启程,经英国来到现今位于马萨诸塞海岸的普利茅斯。登陆前,船上的41名清教徒殖民者在甲板上签署了一份文件,即著名的《五月花号公约》(Mayflower Compact)。公约宣布:

> 我们所有在下列文件上签署姓名的人……是为了荣耀上帝的神明、传播基督的信仰和我们国君的荣誉而远涉重洋,(我们)立志在弗吉尼亚北部地区建立第一个殖民地;我们面对上帝和彼此共同而神圣地宣布:为了建立良好的秩序,保护我们的生命,推进上述的目的,我们在此立约组成一个公民的政治实体(a Civil Body Politick);我们将不时地实施、制定和建立那些(在我们)看来是最有效的和最有利于殖民地共同利益的公正的法律、法令、宪法及官员,我们承诺将服从和遵守这些法律和官员的管理。②

《五月花号公约》被看做是美国历史上的第一个政治契约性文件,在美国政治思想史上占有比温斯罗普布道词更为重要的地位。这不仅因为它在时间上比后者早10年问世,更因为它是宗教契约转化为政治契约最有力和最直接的历史证明。公约虽短,但宣示了殖民地的目的,政治实体的基础和殖民地政府的权力。虽然公约援引上帝的旨意为其

---

① The Charter of New England (1620), in Thorpe, *Federal and State Constitutions*, vol. 3, 1827-1840.
② Agreement between the Settlers at New Plymouth (11 November 1620), ibid., vol. 3, 1841.

存在的根据,但不难看出,清教徒们更注重的是世俗政治实体的运作;上帝的意志是一种高于一切的神圣法律,是一种不容怀疑的对全体清教徒的神圣约束,是世俗政府的法理基础。通过公约,签字的清教徒相互认可了自己与上帝的特殊关系,并将这种特殊关系(或相对于非教会正式成员的宗教特权)转化为了一种政治特权。

当"五月花号"的清教徒和英国移民登陆后,在公约上签字的41名清教徒理所当然成为普利茅斯殖民地第一批拥有选举权的自由人,这批人中有一半未能活过6个月,剩下的一半人成为殖民地政治的核心成员。他们每年举行一次大会,通过法律,选举总督和总督助理,并在1636年通过了"统一基本法"(General Fundamentals),对殖民地的政治结构和居民权利作了文字上的规定。普利茅斯殖民地建立后,始终未能获得王室特许状,而只是从后来建立的新英格兰议会那里得到了土地的赠予。1639年后,殖民者代表大会变成了殖民者议会,非教会成员的自由人也可以被选入议会。

随后建立的其他几个新英格兰契约殖民地也都有类似《五月花号公约》的文件。1635年,马萨诸塞的一些清教徒因不能忍受总督温斯罗普的专横,离开了马萨诸塞,移居到康涅狄格河下游地区,在那里建立了自己的殖民地。1638年,来自三个城镇的殖民者签订了《康涅狄格基本法》(Fundamental Orders of Connecticut)。这项基本法宣布:康涅狄格殖民地的目的是为了"维护耶稣福音的纯洁"和"追求自由";殖民地的所有官员将由殖民者代表大会选出,而代表大会将由所有的自由人组成。这部基本法尤其注重选举的程序,其中的大量篇幅用于说明选举的具体程序和细节。基本法还规定:殖民地所有的自由人都有权选举总督和参事会;殖民地立法机构由三个城镇选出的代表、总督与参事会的成员组成。基本法赋予立法机构一切立法权:包括征税,接纳自由人,赠授未被开发土地及惩罚不规的行为等。[①]

1639年,另一个宗教殖民地——纽黑文殖民地——得以建立。在其基本法中,殖民者宣称他们将以《圣经》作为组建政府的指南,为贯

---

① Fundamental Orders of Connecticut (1638-1639), in Thorpe, *Federal and State Constitutions*, vol. 1, 519-523.

彻上帝意旨,他们应选出 7 名代表来组成议会,再由议会选出执法官员;议会成员必须是教会成员,他们也负责评判殖民地其他居民是否可以得到自由人的地位和权利。《纽黑文基本法》的宗教色彩极为浓厚,规定议会必须力图保持宗教的纯洁,防止邪教在殖民地的传播和发展。① 从马萨诸塞分离出来的另一些清教徒在罗杰·威廉斯的带领下,在罗得岛建立起一个新的殖民地。该殖民地的几位领袖人物在 1640 年起草了基本法,宣布殖民地允许和保护"良心自由"(liberty of conscience),容忍和欢迎持不同宗教信仰的人。基本法还简单地规定了殖民者议会的选举规则。②

与公司和业主殖民地的政府起源相比,契约殖民地——尤其是康涅狄格殖民地——的基本法有一个明显的特点:它既是殖民地的"最高法"(supreme law),又是一种"常规法"(normative law);它既宣示了殖民地的法律来源(上帝的意志)和基本目的(为传播上帝的福音或保持基督教的纯洁),又对殖民地的政治机制、功能和运作程序作了十分具体的规定。这种作法表明,政府不仅可以通过一种有目的的方式来建立,并且可以拥有明确规定的权力。如同公司和业主殖民地的议会体制一样,契约殖民地的最高法思想和实践将对美国革命时期各州的立宪活动产生重大影响,并在后来的联邦宪法中留下永久的烙印。

## 殖民地"宪政"的特征

经过上面的讨论,我们可以注意到早期殖民者在建立和争取政治自治权的过程中表现出两个重要的特征。首先,殖民者十分看重成文法,赋予其几近神圣的地位。这些成文法——无论是以王室特许状、王室宪章、殖民者公约或殖民地基本法的任何一种形式出现——实质上都成为了一种殖民地政府组织的基本法,或成文宪法(written constitutions)。它们对政府的功能和权限、政府权力的来源、殖民地居民参与政治的资格与方式以及殖民地政治的运作都做了规定。有的规定尽管

---

① The Fundamental Agreement, or Original Constitution of the Colony of New Haven (4 June 1639), in Thorpe, ed., *Federal and State Constitutions*, vol.1, 523-526.
② Government of Rhode Island (1641), ibid., vol. 6, 3207-3209.

粗糙,却也是白纸黑字,使殖民者能够做到有据可查,有法可依。这种政治模式与英国政治遵循的不成文宪政传统有着重要的区别。殖民者不仅利用成文法或契约来争取权力,而且也注重用文字的方式将获得的权力和建立起来的政治实践记录下来,变约定俗成的行为规范为共同遵守的政治规则。

其次,早期殖民者对于法律的理解往往从契约或合同的角度出发,即将殖民地内外的各种关系——王室(或王室的代表)与殖民地之间、殖民地居民与殖民地政府之间、殖民地政府各部门之间和殖民地居民之间——看成是一种相互的承诺。公司殖民地承诺效忠英国王室,而王室则承诺殖民地居民享有作为英国人的权利;王室允许殖民地立法,殖民地承诺其法律不与英国法相冲突;虽然王室不一定公开承认,但这种承诺包含了事实上的双向约束。对于殖民地的居民来讲,殖民地政府与居民之间也是一种相互承诺的关系。因为如此,殖民者才格外注意自己的权益是否得到了保障,对殖民地体制运作时出现的侵犯个人权益的决定表现出一种格外的敏感。这种特别的"权利敏感"正是来自殖民者拥有的"利益敏感"。弗吉尼亚是以经济殖民地的方式起源的,作为投资者的殖民者对经济利益的重视是不言而喻的。马萨诸塞尽管有较强的宗教色彩,但它全然不是一个不食人间烟火的宗教圣地,而是拥有与弗吉尼亚类似的追求经济利益的目的,殖民者不乏对自身权益的重视。而在宗教契约殖民地中,契约精神的深厚与坚实更是不言而喻的。

1640年距1787年美国立宪还有近一个半世纪的时间,但美国宪政理论和实践的两个重要内容——对成文法的偏好和将政府与人民的关系视为神圣的契约关系——在此时已经出现,并将成为殖民地普遍接受的重要政治原则。

需要指出的是,早期殖民地的自治机制的发展不是一种范围广泛的群众运动的结果,也不应被视为一种公民权利的普及化过程。早期殖民地政府的主要发起者与议会领袖都是殖民地社会的中上层人物。他们首先都是自由人,或拥有原投资公司的股份,或为公司的原始成员,或为清教教会的正式成员。这些人在各自殖民地的政治、经济、宗教生活中占有主导的地位,发挥着重要影响。正因为如此,他们对自己的权利十分关切,并且敢于依照殖民地的法律文件提出分享政治权力的要求。但有产的自由人在各殖民地的人口中仅占少数。正如历史学家汉德林夫妇(Oscar and Mary F. Handlin)曾经指出的,在早期殖民地时期,人身不自由是一种普遍现象。① 1651年,在北美殖民地的5万人口中,相当一部分人并不拥有财产,他们有的是贫苦移民,有的是商船上的海员,有的是契约奴工,这些人在早期殖民地的政治中没有发言权。而被强迫贩卖到美洲来的非洲奴隶更是连基本的人身自由也没有。如殖民地的法律显示的,早期殖民地对政治参与的限制是十分严格的。马萨诸塞规定,总督只能由自由人从总督助理中选出。在宗教殖民地,自由人都必须是官方认可的教会的成员。所有殖民地对拥有选举权都作了财产资格的限制。所以,北美殖民者建立议会、争取自治的活动在本质上是一种要求按照经济地位和宗教信仰分享权力的运动;在某种意义上,殖民者要求政治自治的运动与当时英国和欧洲大陆贵族向王室争取权力的斗争是遥相呼应的,但这种运动远不是现代意义上的政治民主化运动。

## 二 "光荣革命"与殖民地宪政

早期殖民地之所以能与王室相安无事,一则因为在英国的利益范围里,殖民地扮演的角色实在有限,王室对此没有兴趣;二则因为当时英国的内政矛盾丛生,贵族与王室争权夺利,危机不断,王室无暇过问殖民地的事务。1642年,英国议会因国王查理一世恣意无视英国宪政传统而奋起抗争,引发了英国历史上的著名内战。1649年,议会领袖克伦威尔领导清教徒新革命军,打败王室军队,在英国建立了清教共和国,查理一世被定为"人民公敌",送上了断头台。但克伦威尔以清教思想和行为准则强加于民众,因而引起英国上下不满,怨声载道。1658年克伦威尔去世,尸骨未寒,英国人便恢复了君主制,拥查理二世为王;这一期间,王室和议会双方都无暇顾及北美殖民地的事务(仅有罗得

---

① Oscar and Mary F. Handlin, Handlin, "Origins of the Southern Labor System," *William and Mary Quarterly* (April 1950), 199-222.

岛的殖民地地位在1643年得到了议会的承认),使殖民地政治自治机制得以借机发展。

殖民地虽远离母国,但对英国的政治动乱也作出了不同的反应。英国内战爆发后,新英格兰地区的四个殖民地(马萨诸塞、康涅狄格、纽黑文、普利茅斯)便宣布成立了新英格兰联盟,以便在遭到法国、荷兰或印第安人进攻的情况下相互提供保护。弗吉尼亚则在国王查理一世被清教革命军处死时提出抗议,并宣布承认查理二世为国王。

## 17世纪后半叶业主殖民地在北美的扩展

1660年王朝复辟后,英国重新掀起在北美建立殖民地的热潮,王室对殖民地的发展给予相当的重视,并将殖民地看成名正言顺的王室财产。这一段时间王室颁发的殖民地特许状要比内战前更为细致和详尽(纽约殖民地除外)。1662年,查理二世颁布特许状,正式认可康涅狄格作为王室殖民地的地位(此刻康涅狄格已经将纽黑文兼并)。特许状叙述了康涅狄格的起源和演变,规定其政府产生的程序(几乎是照抄康涅狄格1639年的基本法),赋予其组织军队自卫、立法和拥有自然资源的权力。特许状强调殖民地不得制定任何违背英国法律的地方法规。[①] 次年,罗得岛的领袖人物向王室请愿,希望得到王室的恩准,确认其王室殖民地的地位。他们向查理二世呈上自己起草的宪章,宣称他们在罗得岛进行一个"富有活力的实验",目的是建立和维持一个"提倡最大限度的宗教自由的最美好的文明国家(civil state)"。宪章还规定了罗得岛政府的组织和权限,其中尤其详细地规定了殖民者议会代表产生的方式等。查理二世以特许状的形式认可了罗得岛的请求。[②] 于是,这两个从马萨诸塞分离出来的契约殖民地变成了王室殖民地。

同年,查理二世又将弗吉尼亚以南、北纬31度至36度的领土以业主殖民地的方式赐给8个英国贵族,由他们在此建立卡罗来纳殖民地。比较先前的马里兰和后来的纽约殖民地的特许状,卡罗来纳的特许状

---

① Charter to Connecticut (1662), in Thorpe, *Federal and State Constitutions*, vol. 1, 529-536.
② Charter of Rhode Island and Providence Plantations (1663), ibid., vol. 6, 3211-3222.

写得十分冗长,除了给予业主们一切传统的特权外,王室对业主们提出了 1660 年前王室不曾提出的一些要求,如要求业主"永远效忠英国王室",并"尊重在殖民地的英国人的权利";业主必须尊重英国官员,不得对后者有不敬和蔑视之举动;王室允许业主在殖民地授予爵位,但不能与英国的爵位等同。① 1665 年,卡罗来纳的业主们达成协议,制定了该殖民地的政府原则,其中规定:凡效忠英王的人都可殖民卡罗来纳;殖民地将设立殖民者议会,议会由殖民地的不动产拥有者(freeholders)选举产生;议会须定期举行会议,制定殖民地的法律法规,拥有征税权和建立司法机构的权力,但议会制定的一切法律不能违背英国法律,也不能与业主的利益相冲突。卡罗来纳殖民地的政府明确规定总督为执法长官,具有召集军队和宗教领袖的权力,并在议会的建议下任命法官;总督也有权划分和赠予土地。与特许状不同的是,卡罗来纳的基本法规定了为数不多的几条殖民地居民的权利,如不得被无故征税等。②

1664 年,查理二世颁布特许状,把荷兰人占领的土地(即后来的纽约)赐予他的弟弟詹姆斯二世。王室给詹姆斯的特许状是 17 世纪特许状中最短的,仅仅宣布詹姆斯拥有一切权力,可以控制殖民地的一切事务,制定任何法律(只要不与英国法相冲突),王室也没有要求詹姆斯在殖民地上建立议会。③ 詹姆斯接手后,本人并未涉足纽约,只是派其代表在殖民地行使管理权,而其代理人基本上沿用荷兰人的管理方式,不设议会,唯一的明显的法律变化是将所谓的《公爵法》定为纽约的基本法。纽约的英国殖民者曾提出抗议,指出在没有代议制的情况下向殖民者征税是一种变相的"奴隶制"。1682 年,詹姆斯的代理人在

---

① Charter to Carolina (1663), in Thorpe, *Federal and State Constitutions*, vol. 5, 2743-2753.
② Concession and Agreement of the Lords Proprietors of the Province of Carolina (1665), in Thorpe, *Federal and State Constitutions*, vol. 5, 2756-2771. 1669 年,在后来被誉为"古典自由主义思想之父"的约翰·洛克(John Locke)的帮助下,卡罗来纳的业主们起草了《卡罗来纳基本法》(The Fundamental Constitution of Carolina),对殖民地的政府组织和居民的权利职责等作了极为详细的规定,英国普通法中的一些条款(如陪审团制等)也被包括在其中。但该宪法只是部分地应用于实践,并于 1693 年取消。见 The Fundamental Constitution of Carolina (1669), ibid., vol. 5, 2772-2786。
③ Grant of the Province of Maine (1664), in Thorpe, *Federal and State Constitutions*, vol. 3, 1637-1640.

殖民者的压力之下,同意起草新宪法和建立议会。1683年,纽约的殖民者召开了第一次立法代表大会,并制定了保护殖民者权利的法律。詹姆斯原答应批准纽约殖民者议会的成立,但1685年他继任英国国王后,却违反承诺,拒不批准纽约的新宪法。直到1690年"光荣革命"结束以后(此时詹姆斯二世的王权已经被推翻),纽约的殖民者议会才正式得以建立。

1681年,查理二世将位于北纬40度至43度之间的大片土地赐予了大贵族和教友会(Quakers,又译贵格教)领袖威廉·佩恩,以回报佩恩的父亲当年在他落难时对他的帮助。佩恩在这片土地上建立了宾夕法尼亚殖民地。查理二世在王室特许状中声称:宾夕法尼亚殖民地的目的是:"扩大我们帝国的疆域","获取于我们有利的商品",训导"野蛮人以文明和公正的方式来热爱文明社会和基督教"。与纽约的特许状相比,王室对佩恩显然有许多"额外"的要求。王室规定:佩恩拥有全部的属于业主的权力,但约克公爵(即后来的国王詹姆斯二世)有权对其进行监管;殖民地的政府必须建立殖民者代表大会;殖民地可制定与英国法相吻合的法律,但不能滥用或任意扩大授予的权力;殖民地也不能剥夺殖民者作为英国人所享有的权利。① 1682年,佩恩以业主身份颁布了《佩恩的自由宪章》(Penn's Charter of Liberties),其中宣布:殖民地政府将由参事会和殖民者议会共同组成;所有自由人都有权选举议会代表;法律由参事会起草和提出,但须经议会通过才能生效;殖民地总督负责执法,管理殖民地的安全、交通、秩序和教育等。②

同年,佩恩又与殖民地代表签订了《宾夕法尼亚基本法》(Frame of Government of Pennsylvania)。无论从风格还是从内容上,这部基本法都代表了当时北美殖民地最先进的宪政实践。基本法由三部分组成:前言、政府结构和居民权利。佩恩在前言中宣称:世界上常用的政府模式有君主制、贵族制和民主制三种,人们常就哪一种制度为最好的制度展开激烈的争论,其实没有一种政府模式适合于所有的地方和所有的

---

① Charter for the Province of Pennsylvania (1681), in Thorpe, *Federal and State Constitutions*, vol. 5, 3035-3044.
② Penn's Charter of Liberties (1682), ibid., vol. 5, 3047-3052.

历史时期;他希望在宾夕法尼亚建立一种同时容纳三者但又高于三者的政府模式。他的政府观是:"任何政府,无论其形式如何,只要它是依法治国,并且人民是(参与制定)法律的一方,那么,对于受治于这个政府的人民来说,这个政府就是一个自由的政府。"①熟悉英国政治历史的读者会发现,佩恩的这种思想带有明显的英国"混合政府"(mixed government)的色彩,值得注意的是,"混合政府"模式是后来通过1688—1689年的"光荣革命"才得以正式实现的,佩恩提出这种思想的时候"光荣革命"还未发生。

《宾夕法尼亚基本法》规定,殖民地的所有法律须经总督、参事会和殖民者议会的共同批准才能生效,充分表现了佩恩将英国混合政府模式移植到殖民地的想法。基本法最有特点的部分是关于殖民者权利的规定。这一部分列举了殖民地居民享有的基本权利,包括:选举权(限于自由人),不经法律不得被任意征税的权利,要求公正司法审判和陪审团的权利和严禁对犯罪人处以过重的罚款等。基本法还规定英语为殖民地官方语言,将接受教育作为殖民者的强制性义务,反对买卖法官职位,严禁任何不良和有损道德风尚的活动,如赌博、斗鸡之类。②佩恩的宪政思想也延伸至附近的特拉华殖民地。这块名义上属于佩恩管辖的殖民地在1701年建立独立的立法机构时,通过了自己的基本法,内容和格式都受到宾夕法尼亚基本法的影响。③

### 英国王室与新旧殖民地的关系

与1660年前建立的殖民地相比,新建殖民地中的大多数是以业主殖民地的方式建立的,但它们在政府体制上都不同程度地受到早期殖民地的体制的影响。新殖民地名义上是受业主的绝对控制,实际上它们(除1690年前的纽约外)的控制权分散于议会和总督(及参事会)之

---

① 引文的原文是:"Any government is free to the people under it (whatever be the frame) where the laws rule, and the people are a party to those laws……." 参阅 Frame of Government of Pennsylvania (1682), in Thorpe, *Federal and State Constitutions*, vol. 5, 3054。

② Frame of Government of Pennsylvania (1682), in Thorpe, *Federal and State Constitutions*, vol. 5, 3052-3063。

③ Charter of Delaware (1701), ibid., vol. 1, 557-561。

手。议会的设置成了王室特许状的一个重要的内容(纽约除外)。到17世纪90年代,殖民者议会已成为各殖民地政府中的一个不可忽略的重要组成部分。与出售廉价土地和宽容的宗教政策一样,允许自由人和有产殖民者参与政治是新殖民地吸引移民的重要手段之一。议会的存在使殖民地政府的权力出现了某种形式的分割,总督代表王室或贵族业主的利益,议会代表殖民者的利益,参事会居其中。并不是每个殖民地都设有参事会这一机制,即便在设有参事会的殖民地中,其功能也不尽相同。有的殖民地参事会纯粹是总督的咨询机构,在重大问题上与总督站在一起;而在另外的殖民地,参事会往往会对殖民者议会的立场表示出同情的态度。表面上看起来,这种政府模式与英国的"混合政府"有类似之处,实际上两者并不能简单等同(这点将在后面讨论)。但议会的存在给了有产和自由殖民者参与管理殖民地事务的机会,而这也正是殖民地自治的重要内容。

随着王朝复辟,英国在1660年后加紧了对殖民地的管理和控制。与其他欧洲国家在经济贸易上的竞争,使英国王室和议会都看到了北美殖民地在经济和战略上占据的重要位置,并认识到殖民地发展与重商主义经济政策成功与否有着密切的关联。1660—1665年间,英国议会通过了一系列《航海条例》,旨在扩大和增加英国在国际商业中的竞争能力,将英国的强劲对手荷兰人挤出北美的经济领域。《航海条例》要求殖民地的出口运输必须使用英国船只,殖民地出产的最重要的产品(如烟草、糖、棉花、稻米等)只能销往英国,而且殖民地所需要的工业和机械物资与产品只能从英国进口。从英国的角度看,《航海条例》在某种意义上是对殖民地的一种经济特权和保护,而且殖民地是宗主国的经济附属体,完全有义务首先满足母国的经济需求。但在殖民地的眼中,《航海条例》是不公平的,它限制了殖民地的经济自由,剥夺了殖民地获取利润的机会。《航海条例》最终未能得到严格的实施,一方面是因为王室和英国议会之间的矛盾重重,两者都无暇顾及殖民地,但主要的障碍来自殖民地的变相抵制。因为从法理上,多数殖民地事实上是"独立"的,而且它们大多已成为一种经济殖民地,十分看重各自的经济效益。在涉及经济利益的问题上,掌握立法权的殖民者议会通常以殖民地的利益作为考虑问题和制定政策的出发点,而非以王室和宗主国的利益为准则。在这种情况下,王室的法律在殖民地上无法得到有力的实施。

17世纪70年代,王室派出税收官员到北美殖民地收税,马萨诸塞殖民地进行了积极抵制。殖民者议会通过法令,不但不上缴英国议会要求的税收,而且将所有的税收留为己有。为了惩罚马萨诸塞,查理二世在1684年下令吊销其(原始公司的)特许状,强行将其转化为王室殖民地。1685年,詹姆斯二世继任王位后,纽约也随之变成了王室殖民地。同年,詹姆斯胁迫新英格兰地区的殖民地——包括马萨诸塞、罗得岛、康涅狄格、新罕布什尔等一起组成了新英格兰自治领,自治领所辖区域的一切事务由王室派出的总督管理。王室还派出王室军队支持总督执行命令。[①] 自治领总督埃德蒙·安德罗斯到殖民地后,完全无视殖民者议会的存在,连连颁布命令,宣布由殖民地政府认可的殖民者土地拥有权无效,要殖民地向王室重新申请土地拥有权。他还限制殖民者市政会议的举行,取消各殖民地原来制定的宗教政策(包括对宗教事务的种种限制),并解散了马萨诸塞清教徒的公理会教会。1688年,安德罗斯又将其控制范围扩展至纽约、新泽西和宾夕法尼亚。安德罗斯的目的是要打破殖民地的地方政治势力,强行在殖民地推行王室的政策。他的强权做法破坏了已经建立起来并为殖民者熟悉的传统,即殖民地的内部事务由殖民者议会自行管理,因而引起了殖民地的强烈不满。

## "光荣革命"的宪政影响

在殖民地将自己的不满变成反抗行动之前,"光荣革命"(Glorious Revolution)便发生了。1688—1689年间,英国议会抓住机会,推翻了以强权统治著称的詹姆斯二世王朝,用以国王威廉三世和女王玛丽共同组成的新王室取而代之。威廉三世是荷兰的国君,其妻玛丽是詹姆斯二世的长女,两人都信仰新教,他们的执政保证了英国的王位继续由新教徒执掌。英国议会也借此机会制定了《1689年权利法案》,借此限制了王室的权力,建立了议会在英国政治中(尤其是立法方面)的最高权威,以不流血的方式完成了政治体制的转换,奠定了英国君主立宪制的

---

① Commission of Sir Edmund Andros for Dominion of New England (7 April 1688), in Thorpe, *Federal and State Constitutions*, vol. 3, 1863-1869.

宪法基础。"光荣革命"对于大西洋两岸英国领土上的政治发展都产生了深远的影响。在英国政治体制中,原来的混合政府的成分没有变化,但王室与议会的权力关系却发生了质的改变。国王仍是国家的象征,仍享受君主的待遇和尊重,但必须信守《权利法案》。根据《1689年权利法案》,议会拥有所有的立法权,国王无权推翻议会通过的决议,不得在未经议会的同意下终止法律的实施,不得任意课税和征集军队;国王也不能任意解除法官的职位;议会成员享有在议会内的言论自由;议会的选举必须是自由的。《权利法案》还要求王室尊重一系列英国人的权利,包括人民有向国王请愿的权利,有携带武器的权利,有免受过重罚金和酷刑的权利等。[①]

"光荣革命"实际上是17世纪英国王室与贵族阶层之间权力斗争的结果。长期以来,王室和议会之间的权力界限模糊不清,两者经常为此发生争斗。"光荣革命"基本解决了这个问题,将王室长期垄断的两项重要权力——征税权与在和平时期征召和保留军队的权力——转移到了议会手中。议会虽然获得了重要的权力,但其内部的两院机制对于权力的运用形成了有力的钳制。上院集中了出身名门、受过良好教育的贵族,下院则由各选区选出的代表组成,代表以小土地拥有者和富裕城镇居民为主的普通臣民的利益。两院因各自所代表的利益不同而相互制约。下院可限制上院贵族的为所欲为和国王的贪婪,而保守的上院可防止下院变成暴民政治的工具,王室则可利用两院的矛盾起平衡作用。比起"光荣革命"前的政治体制,新的英国宪政同时承认和保证了王室、贵族、平民三者利益在英国政治中的位置,并使三者之间互有约束。这种权力制衡的思想对后来美国宪法的设计有重要的影响,虽然美国宪政中的权力的分立与制衡在形式和内容上与此时英国奉行的混合政府模式是完全不同的。

"光荣革命"对北美殖民地的政治发展产生了十分深刻和直接的影响。欧洲启蒙运动的前期人物、英国思想家洛克则为提炼"光荣革

---

[①] An Act Declaring the Rights and Liberties of the Subject and Setting the Succession of the Crown (1688-1689), in David C. Douglas, ed., *English Historical Documents*, 13 vols. (New York: Oxford University Press, 1953), vol. 8, 1660-1714.

命"的政治意义和传播其经久不息的影响起了关键的作用。1690年,洛克发表了著名的《政府论》的第二篇,其中借用自然法和自然权利的理论,阐述了君主立宪制的哲学基础(应该指出,洛克的著作实际上是在"光荣革命"发生之前完成的,但惧于英王詹姆斯的迫害,未敢公开发表和传播。"光荣革命"发生后,詹姆斯弃位而逃,王位易主,洛克的著作得以发表,为"光荣革命"起到了正名的作用)。

洛克指出,人在自然状态中是独立的,享有一种"自然权利"(natural rights,又译"天赋人权");为了保证各自和相互之间的利益不因社会无序而受到损害,人们必须建立起一种彼此之间的承诺,或一种社会契约;按照这种承诺或契约,人们自愿地放弃自己的一部分自然权利,将这部分权利交给一个共同认可的、至高无上的权力源(即政府)来行使,从而使自己其他的更重要的权利得到(政府的)保护;当人们自愿交出一部分权利,结成公民社会时,他们也就从自然状态转入具有实际政治意义的"社会"(commonwealth)状态;所以,政府的权力来源于受政府管理的社会成员,而不是所谓"君权神授"理论中所讲的上帝的意志。洛克认为,即便组成了政府,人的自然权利中有一部分是不能交出去的,这部分不可被剥夺的权利包括了人的生命权、自由权和财产权。洛克强调,人们组成社会、建立政府的目的是为了保护他们自身拥有的财产,而财产则"包括生命、自由和拥有财产"。①

根据洛克的理论,建立社会契约的过程,实际上也是人所拥有的自

---

① 关于这里提到的"财产"(property),洛克曾有一段说明,原文如下:"(Every man) has a Property in his own Person. There is no body has any Right to but himself. The Labour of his Body, and the Work of his Hands, we may say, are properly his. Whatsoever then he removes out of the state that Nature hath provided, and left it in, he hath mixed his Labour with, and joyned to it something that is his own, and thereby makes it his Property."由此可见,洛克理论中的"财产"的概念不单单指具体的物质,而是更倾向于指人本身拥有或习得的创造物质和财富的权利。洛克在同书的另一处地方强调说:"It (i.e., Property) is not defined as material possessions, nor in units of the conveniences or necessities of Life, but much more general as 'Lives, Liberties and Estates,' which I call by the general name, Property."杰斐逊在1776年的《独立宣言》中将洛克的不可转让的权利中的"财产"(estate)改为了"追求幸福"(the pursuit of happiness)的权利,他的改动实际上更加准确地表达了洛克的原意。引文见 John Locke, *Two Treatises of Government*, ed. Peter Laslett, 2d edition (Cambridge: Cambridge University Press, 1963), 305-306, 368。

然的自由和权利转换成为现实的"公民自由"或"公民权利"的过程。公民自由意味着公民有在一个有政治和法律秩序的社会中生活的权利,但法治社会的目的只能是保护公民的生命、自由和财产不受到他人武断地剥夺和侵犯,而并不意味着政府可以不受限制地、不经正当法律程序剥夺公民的基本权利。与此同时,当人民将权力赋予政府之后,交出的权力不能随意地重新回到个人手中,因为这样做就会失去组建政府的意义,并使政府处于无权的位置,达不到保护权利的目的;但为了防止政府对权力的滥用,人民在交出权力时,必须对政府的权力作出限制,建立一种人民与政府间的相互承诺,如果执政的个人(如国君)或团体(如议会)违反了这种限制,人民交出的权力应"退还给全社会"(reverts to the society),在这种情况下,"人民可有权行使权威,启用自身的立法权,建立新的政府或将旧的政府交给他们认为是信得过的人去掌管"。① 洛克此时所讲的"权利""自由""自然权利"的核心是保障个人的权利不受包括王室暴政在内的侵犯,他的思想集中表现了正在兴起的中产阶级的政治愿望,是对17世纪末英国政治发展的反映和总结。对于北美殖民者来说,洛克的"自然权利"和"社会契约"的思想不仅成为他们后来反抗英国暴政、争取独立的意识形态武器,也成为他们后来建立美国宪政所依赖的一种理论基础。

  北美殖民者显然毫不费力地领悟和接受了洛克的理论,并在不久的将来将其付诸实践。殖民者不仅熟悉洛克理论的英国背景,而且他们已在殖民地开始了社会契约的实践。对于一部分殖民者来说,社会契约的理论早已通过类似《五月花号公约》和《康涅狄格基本法》的文件在北美成为一种政治现实。而且,政府权力的分立也早在殖民地的政治现实中不同程度地存在。至于民众的基本权利,在早期的王室特许状中都有承诺,而1660年后新建的殖民地(如宾夕法尼亚、卡罗来纳等)都在其基本法中作了明确的规定,所以,对于殖民者来说,"光荣革命"在某种意义上证实了北美政治体制的合理性。同时,殖民地此刻又处于王室的压迫之下,因此,殖民地把"光荣革命"看成是一种"分享的革命",议会反对的是王室的独裁,捍卫的是所有英国人的权利,既

---

① Locke, *Two Treatises*, 285-446, esp. 287-320, 368-384, 424-438.

然殖民者也是英国人的一部分,自然也应分享革命的精神和成果。"光荣革命"期间,殖民地在大西洋彼岸积极呼应。新英格兰的几个殖民地积极行动起来,反抗詹姆斯二世派来的王室官员,宣布支持革命和效忠由威廉和玛丽组成的新王室,并将统治新英格兰自治领的安德罗斯押送回英国,还恢复了殖民地政府,新英格兰自治领也随之瓦解。

### "光荣革命"后殖民地的政治变化

然而,"光荣革命"并没有给殖民地带来令人高兴的成果。虽然纽约的殖民者议会得以建立,但领导反抗王室运动的人物却遭到处死。1691年,马萨诸塞重新得到了王室的新特许状,但丧失了原来的公司殖民地的地位,变成了王室殖民地。新泽西、南卡罗来纳和北卡罗来纳(后两者在1690年左右分离)不久也成为了王室殖民地。即便是那些继续保持业主殖民地地位的殖民地(如马里兰、宾夕法尼亚和特拉华等),和1732年新建立的佐治亚,实际上也都在不同程度上受到了王室和议会的控制,失去了原来的"自主"地位。此外,殖民者也没有得到权利上的保障。当殖民者声称作为英国人他们应享有《1689年权利法案》保障的一切权利时,英国议会则认为,殖民地是王室的领地,殖民者的权利可由王室规定,与真正的英国人的权利不能混为一谈。"光荣革命"后,英国免除了内政的后顾之忧,开始考虑对殖民地实行集权式的管理。1696年,新王室重新实施修改过的《航海条例》,给予王室税收官逮捕违法殖民地居民的权力。同年,英国国王威廉三世又建立了贸易部,专门处理殖民地与宗主国的事务。贸易部不仅向殖民地提供资金,帮助开发英国本土需要的产品,而且负责审理所有殖民地通过的法律,将那些与英国法律相抵触的殖民地法律宣布无效。从1696年至1725年间,贸易部对殖民地实施了比从前更有效的控制,可谓形成了一个殖民地统治的新秩序。

在这种新秩序下,殖民地的政治结构也发生一些相应的变化。从表面上看,殖民地的政府中也有与英国政府中君王、上院和下院相应的三种成分,即总督、参事会和议会。但在实际运作中,殖民地的政治与英国是不相同的。首先,殖民地总督拥有很大的权力。在王室殖民地上，总督是英王利益的直接代表人，在业主殖民地上，总督由拥有该殖民地的业主任命，英王批准。总督有权任命殖民地参事会的成员，但需经王室贸易部的批准。只有马萨诸塞的参事会成员是由殖民者议会选举的。总督有权在殖民地建立法院，有权随时任命和替换法官，有权解散和召集殖民者议会，这些权力是英国国王所没有的。此外，总督也是殖民地军队和民兵的总指挥。参事会主要为总督提供政策咨询，通常由为数很少的有影响的地方上层人士组成，从功能上看，参事会犹如英国议会中的上议院，但殖民地的参事会远不如英国上院那样有影响力。参事会成员享有一定的社会地位和物质利益，并经常利用关系为其家庭成员谋取利益，他们通常支持英王的利益并在重大问题上与总督站在一起，但有时他们也会与议会站在一起，与总督作对，维护与自己相关的地方利益。

对于殖民地居民来说，殖民地政治体制中最重要的部分是殖民者议会，因为议会是唯一的代表他们利益的政治机构。殖民者议会的合法性在"光荣革命"后得到理论上的承认——即政府的合法性在于受统治的人民的承认和认可。既然殖民者不能选举英国议会的代表，英国议会也就不是代表殖民者利益的机构，但因为他们可以选举殖民地的议会，殖民者议会便被视为唯一能代表殖民者利益的机构。所以，尽管英王和英国议会不承认"光荣革命"的原则也同样适用于殖民地，殖民地居民却坚持认为，自己是生活在英王管辖之下的英国人，在权利享有上不应受到任何歧视。殖民者议会要求获得与英国议会同样的权利：包括在议会内有言论自由、在议会开会期间免遭逮捕、决定议员资格、仲裁具有争议性的选举结果以及免受攻击和迫害等权利。

殖民者有足够的理由将殖民者议会看得比英国议会还要重要。经过长时间的发展，到18世纪初，殖民者议会已在殖民地政治中掌握了实权。如同英国议会一样，殖民者议会掌握了决定征税和提出议案的权力，前者使其控制了殖民地的财政大权，后者给它充分的法律空间来回应总督和参事会提出的任何有损殖民地居民利益的政策。这两项权力使议会能控制和左右殖民地事务。总督虽然拥有执法和行政权，但他的行政费用却需由议会批准，为此议会与总督之间经常争吵不休。

殖民者议会并非有意寻求独立的立法地位,其掌握的征税和提案权都是通过与总督的具体日常的对抗取得的。殖民者议会要审议公共设施和交通设备的计划,讨论纸币发行、移民和与印第安人作战等问题。在处理这些日常问题时,殖民者议会的代表通常把自身的利益,而不是将王室和英国的利益放在首位来考虑。在制定殖民地的政策和法律时,为了取得现实而有效的成果,议会必须与总督进行谈判和协商,并建立一套有利于自己利益的谈判程序和条件。议会的特权正是这种与总督和参事会谈判斗争的结果。而议会特权一旦建立起来,便成为一种固定的原则,一种政治程序,或不成文的"宪法"的一部分。尽管从 18 世纪初英国开始对殖民地实行较为严厉的集权式的控制,但通过殖民者议会的长期存在和运作,自治已逐渐成为了北美殖民地居民的一种政治习惯,或者说,一种政治权利;如果这种权利遭到剥夺,殖民地居民便会奋起反抗。殖民者议会则成为殖民者的权利得以运用的实体,并逐渐演变为维护殖民者利益和领导殖民地反抗运动的政治机构。它的这个作用在美国革命时期充分地表现出来。

## 三 殖民地居民的权利

### "英国人的权利"

北美殖民地宪政发展的另一个重要方面是殖民地居民权利的界定、保护和扩展。如前所述,北美殖民地受英国法律传统的影响很深,尤其在对所谓"英国人的权利"(Englishmen's rights)的界定和保护方面更是遵循英国普通法的传统。所谓普通法,指的是历史上沿留和积累起来的关于英国臣民的基本权利的一系列习惯性规定,这些规定的一部分在 1215 年的《大宪章》(Magna Carta)中得到承认,另一部分则来源于后来的王室诏令、议会法令及法院的判决等,虽然大部分规定并没有以法典的方式书写下来,但却始终在英国法庭使用,用于处理犯罪、个人损伤、财产纠纷等民事和刑事方面的案件。① 普通法要求国王尊重地方习俗和贵族特权,但最重要的内容是:任何英国人都有权要求获得公正的法律程序的保护,不经正当法律程序任何人不得受到法庭的拘捕(即拥有人身保护令状的权利),法庭审判必须在有陪审团出席的情况下进行,被告人有权要求律师为其辩护,法庭不得使用体罚和酷刑对被告人逼供。这些法律习俗自13世纪起就在英国使用,并逐渐成为英国社会公认的英国人的基本权利。这种传统后来自然也成为北美殖民地的法律传统,为所有的英国殖民地居民所认同和尊重。如同我们在前面观察到的,从1496年卡伯特的特许状起,英国王室在其颁发的所有北美殖民地特许状中几乎无一例外地明确宣称在殖民地居住的英国人将享有英国人的传统权利。

### 殖民地的权利限制

但在现实中,并非所有的殖民者都能享受到所谓"英国人的权利"。殖民地权利的发展也经历了一个极为漫长的过程。1660年前,殖民地尚处于起步阶段,政治多为上层社会垄断,殖民地居民的权利并没有得到重视。早期殖民地的地方长官和法官也并不严格按照普通法的规定来审理刑事案件,量罪和处罚过重的现象并不稀奇。一方面,当时受过专业训练的律师很少,远不能满足殖民地对法官的需求。另一方面,殖民地政府也希望借此保持社会安定。后来,殖民者议会减少了重罪的项目,并减轻惩罚,将交保释放作为殖民地居民的一项基本权利,并规定即便是犯有重罪的人也有权寻求律师的帮助。

早期殖民地的法律有鲜明的地方色彩。各殖民地的政治环境不同,对殖民地居民权利的规定也不同,对罪与罚的规定也有很大的差

---

① 《大宪章》是英国贵族与王室斗争的结果,其中对贵族的多项权利作了明确的保护。这些权利包括自由权、财产继承权,地方自治权。为了防止王室滥用权威,《大宪章》还规定了一些不能为王室任意剥夺的作为"自由人"的英国人的权利,这些权利包括未经正当程序自由人不得被监禁和流放,其财产不得被随意剥夺,王室不得剥夺任何人争取正义的权利等。在英国的宪政史上,《大宪章》是一个里程碑式的宪法性文件,它标志着王室与贵族间的一种政治契约关系。见"The Magna Carta (1215)", in Samuel E. Thorne, et. al, *The Great Charter: Four Essays on the Magna Carta and the History of Our Liberty* (New York: Pantheon Books, 1965), Appendix。

异。譬如，在清教大本营的新英格兰地区，未经清教教士办理的婚姻登记不具法律效力。通奸与渎神被视为同等的重罪，都可遭致死刑的惩罚。而在弗吉尼亚与马里兰，道德意义上的犯罪受到的惩罚则较轻。17世纪后期，由于英国王室对殖民地控制加紧，殖民地的法律受到英国方面的严格审查，在一定程度上减少了殖民地在刑事犯罪和其他民法中与英国法律的不协调之处。

政教合一是早期殖民地政治文化的重要特征，在法律上也留下了深深的痕迹。17世纪，马萨诸塞政府为了树立官方认可的公理会教派（Congregationalism）在该殖民地的绝对权威，试图利用政府的力量创建理想的宗教王国，对那些持不同教派观点和敢于向公理会教会政策提出异议的人实行残酷打击。殖民地建立不久，便驱逐了被称为异教徒的安妮·哈钦森和罗杰·威廉斯。

哈钦森是一个女教徒，她对某些公理会教士的神学观点提出了挑战，指出上帝之灵可通过个人的悟性感悟到，并非一定需要通过特定的教会或教士的点拨。这种带有自由化倾向的宗教观点遭到马萨诸塞上层的谴责。总督温斯罗普认为哈钦森的观点是对殖民地宗教领袖权威的挑战，对殖民地的宗教一致性和政治稳定有害。温斯罗普称，哈钦森可有自己的信仰，但只许埋藏在心底，不能将其散布出来，扰乱殖民地的宗教秩序。威廉斯则对公理会教派的专断提出批评，公然提倡政教分离，反对用控制思想和信仰的方式来建立殖民地成员间的精神团结。虽然威廉斯没有对马萨诸塞教会政府的合法性提出质疑，但仍被认为是侵犯了教会的崇高权威，在1635年被教会除名。后来威廉斯到了罗得岛，建立了一个新的殖民地，立志要在那里建立起真正的宗教自由。良心和信仰的自由后来作为一种核心原则被写进了罗得岛殖民地的基本法，罗得岛因而成了美洲大陆第一个真正允许完全宗教自由的殖民地。

对马萨诸塞清教政府提出挑战的还有托马斯·胡克尔。胡克尔原也是清教教士，但他不满马萨诸塞教会政府的专制作法，主张各教会之间应平等相处，政府不必使用强制手段在教会之间划分等级；他还要求政府准允非清教徒的殖民地居民参与政治，至少参加地方官员的选举。1636年，胡克尔带领他的追随者自动离开马萨诸塞前往康涅狄格，在那里组建新的殖民地。1701年,康涅狄格的清教徒建立起耶鲁学院,意在与公理会教派在波士顿建立的哈佛学院(1636年建立)分庭抗礼。

与马萨诸塞殖民地相比,宾夕法尼亚殖民地则具有更为开放和宽容的宗教气氛。威廉·佩恩本人信奉教友会,主张宗教宽容与基督教内各教派的平等。在1682年的《宾夕法尼亚基本法》中,佩恩保证,凡是一神论者都不会因其宗教实践和信仰在宾夕法尼亚遭到迫害。1701年,他又保证所有基督教徒都有权参加公职。但如同在马萨诸塞一样,宾夕法尼亚对政治参与者的道德水准要求很高。自由人如果从事和参与了有失道德水准的活动或犯下有违道德的罪行,可能失去自由人的身份。而非自由人要想获取自由人的身份,必须在道德操守方面经得起检验。① 1660年后建立的新殖民地在宗教方面都采取了比较宽容的做法,这样做也是出于吸引移民的需要。到1700年左右,在纽约、新泽西、宾夕法尼亚等殖民地内,多种教派的并存已不足为奇。但这种宗教宽容并非没有限度,也不是对所有的教派都一视同仁。即便在最宽容的宾夕法尼亚,星期日不敬上帝,不读《圣经》,也要被看成是一种亵渎神明和违背普通法传统的罪过。

### 政治权利及其限制

对于殖民地居民的政治权利,各地的规定也不完全一致。马萨诸塞和普利茅斯规定所有的自由人都有权参与公共事务,但要取得自由人身份并不容易。因早期马萨诸塞的居民点以公理会的教堂堂址为中心而建立,教会也是政治管理的机构,唯有教会的正式成员才有选举权并有资格担任公职。后因教会对成员资格的要求过于苛求(如要求申请入教的人必须在教会成员面前令人信服地阐述自己如何信奉神明,如何按教规约束自己的不道德行为等等),许多教会成员的成年子女因达不到教会的要求而被排斥在教会外,无权参加教会和政治事务的管理,招致许多不满。1660年左右,马萨诸塞教会对成员资格要求作了调整,允许那些被称为"过渡信徒"的准教会成员参与教会的决策活

---

① Charter of Privileges Granted by William Penn, esp. To the Inhabitants of Pennsylvania and Territories (1701), in Thorpe, *Federal and State Constitutions*, vol. 5, 3076-3081.

动,扩大了事实上的选举权。

各殖民地几乎无一例外地将财产作为拥有选举权的重要前提条件。普利茅斯要求选举人至少要拥有 20 英镑以上的不动产财产。康涅狄格在 1658 年规定,只有拥有 30 英镑以上财产的人才有资格参加投票,这项规定在 1689 年又改为 40 先令。新泽西、马里兰、特拉华以及北卡罗来纳等则只允许拥有 50 英亩土地的人参与政治。马里兰虽允许所有自由人参加选举,但规定议会成员必须是那些对土地和财产拥有绝对和完全的自由处置权的人(freeholders)。弗吉尼亚开始还允许自由人参加选举,但在 1676 年的"培根反叛"之后,便剥夺了没有不动产的自由人的选举权。

1690 年后,各殖民地对选民资格的限制有所松动。大部分殖民地取消了选民的宗教资格上的限制,但仍保留了财产资格的限制。当时流行的观点认为,参与政治需要有公德感,而只有拥有财产的人才会具有这种素质。比起英国本土,殖民地的财产资格要求并不是很高,而殖民地拥有财产的人数比例也相对较高,除财产限制外,有的殖民地还有其他一些限制。如南部殖民地明确规定只有白人才能拥有选举权,黑人和印第安人无论是否拥有自由均不能拥有投票权。还有一些殖民地(如北卡罗来纳、特拉华和宾夕法尼亚)都要求选民必须是英国血统的人。在马萨诸塞,教友会的成员不能拥有选举权。相当一部分殖民地也禁止天主教徒参与政治。①

### 对妇女权利的限制

殖民地时期男女权利也是不平等的。几乎所有的殖民地都剥夺了妇女参加公共事务的权利。妇女没有选举权,不能出任公职,不能参加陪审团,甚至连在教堂布道也不可能。经济上,妇女不能签约,不能独

---

① 关于殖民地时期政治权利的研究,可参阅 Cortlandt F. Bishop, *History of Elections in the American Colonies* (New York: Columbia University Press, 1893), esp. Chapter 2; Robert J. Dinkin, *Voting in Provincial America: A Study of Elections in the Thirteen Colonies, 1689-1776* (Westport: Greenwood Press, 1977), esp. Chapters 2 and 3; Marchette Chute, *The First Liberty: A History of the Right to Vote in America 1619-1850* (New York: E. P. Dutton & Co., 1969)。

立从事商业活动,一般不能拥有自己的财产。根据普通法传统,家庭如同殖民地,本身是一个"小型政治社会",在其中必须讲究等级和秩序,男性是主导社会和家庭的力量,女性只能扮演从属的角色。妇女结婚后便成为丈夫的从属,无权掌握和拥有财产,结婚时带来的财产也通过婚姻转换成为丈夫的财产,丈夫虽不能未经妻子同意出卖或转让(即妇女拥有一定的"嫁妆权"),但她们能真正掌握这些财产的机会只能在丈夫去世之后。在离婚法方面,殖民地比英国本土的法律稍为松动一些,但也只限于丈夫有通奸和过度摧残妻子的情形。殖民地对妇女不轨行为的惩罚也十分严厉。如弗吉尼亚在1701年的一个法律中规定,任何女工在契约期间未婚生育,将被罚以无偿劳动一年,以弥补她因生育给主人"带来的损失和麻烦"。如果致使女工怀孕者是她的主人,该女工公约期满后,还要为当地的教区出卖劳力一年;如果任何白人妇女与黑人或其他有色人种有了私生子,将被处以五年劳役,生下的孩子也将成为奴隶。①

### 自由与奴隶制的并存

北美殖民地法律和政治发展最重要的特点之一是推崇有产殖民者的自由与剥夺非洲黑奴和其他劳工的自由两种现实并存。一方面殖民地居民以英国人天生享有的权利为名,建立起代表自己利益的议会,从英国王室和议会那里争取自治;另一方面各殖民地却允许发展奴隶制,允许殖民者剥夺殖民地上其他人的自由和权利。早期殖民地时期,不自由的现象十分普遍。除黑人和印第安人外,不自由的人口中还包括了白人契约奴工。契约奴工曾是早期殖民地劳力输入的主要形式,但后来因雇主的剥削,许多契约奴工逃离出走。此外,因土地资源有限,获得自由的契约奴工往往不能及时得到土地,其中有些人还被迫重新回到受奴役的状态。契约奴工的地位在很多方面与奴隶相似,他们不能违背主人的意志,不能自由活动,犯了罪与奴隶在同样的特殊法庭受

---

① *The Statutes at Large*; *Being a Collection of All the Laws of Virginia from the First session of the Legislature*, *in the Year 1619*, ed. William Wallor Hening (Philadelphia,1823), vol. 3, 452, 引自 Marlene Stein Wortman, *Women in American Law*, *Vol. 1*, *From Colonial Times to the New Deal* (New York: Holmes & Meier Publishers, Inc., 1985), 55-61。

审,并会当众受到鞭罚。但契约奴工与奴隶的根本区别在于:前者的奴役是一种自愿的、具有合同性质的对劳动力的出卖,而奴隶劳役是强制性的;契约劳工最终是有希望获得自由的,而自由对于大多数奴隶来讲,是可望而不可即的。因为契约奴工也是英国人,他们往往比奴隶更容易逃跑。为防止白人与黑人奴工联合起来反抗雇主,一些殖民地曾通过法律,限制进口过多的契约奴工。白人奴工数量在18世纪大大减少,奴隶制的合法化和国际奴隶贸易的发展使南部大殖民者有机会用大量廉价的非洲黑奴取代白人契约奴工。

来自非洲的奴隶几乎是在英国人开发北美的同时便被贩运到了殖民地。1619年,第一批非洲人(20人)被一艘荷兰人的船只带到了弗吉尼亚殖民地,从此开始了黑人在英属北美殖民地的历史。当时的弗吉尼亚并没有建立起奴隶制,非洲人的法律地位与白人契约奴工相似。1641年通过的《马萨诸塞自由法规》是殖民地中最早提到合法奴隶制的文件。该法律禁止马萨诸塞的居民在内部实行奴隶制,但允许那些"在正义的战争中的俘虏、自愿卖身为奴和那些被卖给我们的人"作为奴隶存在。① 在同一时间内,弗吉尼亚和马里兰也出现了歧视黑人的法律。1639年,弗吉尼亚禁止黑人佩带武器。1640年,马里兰禁止黑人随意流动。两地都坚决禁止黑白种族间的通婚和性行为。马里兰1664年制定的一项法律明确规定"所有的黑人将终身服劳役",从而将黑人终身奴隶制法律化。弗吉尼亚在1676年的"培根反叛"后也作出了类似的规定。1691年,弗吉尼亚对奴隶主主动释放奴隶做了更苛刻的规定,要求奴隶主将释放的奴隶运送到弗吉尼亚以外的地方去,否则,奴隶主不得任意释放奴隶。17世纪60年代建立的卡罗来纳殖民地从一开始便承认了奴隶制的合法性。到美国革命前夕,即便在黑人人口极少的北部殖民地,奴隶制也都是合法的。关于奴隶制的起源,美国历史学界有过激烈的争论,总的来说,南部殖民地以烟草、稻米和棉花为主的农业经济,迅速膨胀的英国市场对南部种植园经济的刺激,契

---

① The Liberties of the Massachusetts Colony in New England (1641), in *Old South Leaflets*, No. 164 (Boston: Directors of the Old South Work, 1905), 引自 *Civil Rights and the Black America: A Documentary History*, eds. Albert P. Blaustein and Robert L. Zangrando (New York: Simon and Schuster, 1970), 7-8。

约奴工的短缺和不稳定,以及白人殖民者对黑人的传统偏见,都是促成奴隶制在17世纪后半期迅速发展的重要原因。①

在奴隶制下,奴隶没有任何权利,处于殖民地社会的最底层。奴隶在法律上的定义是主人的(能够随主人移动的)"财产"(chattel property),他们不能享有任何财产,不能结婚,也没有做父母的权利,其子女被视为是奴隶主的财产,可被任意买卖。1700年前后,南部各殖民地制定颁布了《奴隶法典》,详细规定了对奴隶的管理和惩罚。南卡罗来纳在1690—1740年间,数次颁布和修订了《奴隶法典》,加强对奴隶的控制。1690年的奴隶法规定,奴隶必须在有主人签发的"通行证"的情况下才能单独行动。1712年的一项法律宣布,如果一个奴隶屡次逃跑,被抓回后可由法庭决定砍去一只脚。1722年的法律严禁奴隶穿戴与他们的身份不符的或"超出他们地位的"服饰。1740年的奴隶法典严禁任何人教奴隶识字。②

北部经济以小农业和商业为主,奴隶制远不如南部发达和深入,黑奴人口总数很少。北部黑奴通常可享有一些基本的权利,如可以结婚,有一定的行动自由,允许受教育,犯罪的惩罚也较南部轻。尽管如此,在大部分北部殖民地,黑奴也没有政治权利,也不享有普通法中规定的陪审团和寻求法院保护的权利。殖民地时期在北部和南部还居住着一些自由黑人,他们的地位更是难以从法律上来确定。这批人获得自由的途径主要是原主人对他们的自愿释放,或者是原黑人契约奴工的后代等。自由黑人中有相当一部分是黑白混血后代,但在法律上仍被视为黑人。一般情况下,自由黑人不能享有与白人同等的自由,不能参加

---

① 关于合法奴隶制在北美殖民地起源的争论,参阅 Oscar and Mary F. Handlin, "Origins of the Southern Labor System," in *William and Mary Quarterly* vol. 7 (1950), 199-222; Carl N. Degler, "Slavery and the Genesis of American Race Prejudice," in *Comparative Studies of Society & History*, vol. 2 (1959); Winthrop Jordan, "Modern Tensions and the Origins of American Slavery," in *Journal of Southern History* vol. 28 (1962); Alden T. Vaughan, "The Origins Debate: Slavery and Racism in Seventeenth-Century Virginia," in Vaughan, *Roots of American Racism: Essays on the Colonial Experience* (New York: Oxford University Press, 1995), 136-174; William M. Wiecek, "The Origins of the Law of Slavery in British North America," *Cardozo Law Review*, vol. 17 (May 1996), 1711-1792。

② 有关上列的不同法律法令,参见 *Statutes At Large of South Carolina*,引自 Alan Watson, *Slave Law in the Americas* (Athens: University of Georgia Press, 1989), 70-71。

选举,不能参加殖民地的武装组织(如民兵之类),也不能出任公职。他们所拥有的权利是十分有限的。

## 四 美国革命的宪政意义

美国革命前,殖民地与英国的关系中始终存在两个悬而未决的问题:一是殖民地在英帝国政治体系中的地位问题,二是殖民地居民(这里指享有政治权利的殖民者,并不包括契约奴工、黑人和妇女等)在这个体系中的权利问题。"光荣革命"以前,这两个问题并不突出,因为英国王室和议会并不看重殖民地。理论上,殖民地不过是英王恩赐给某些私人企业组织的一种特权和赐予皇亲贵族的一种礼物;不管殖民者自己如何看重自己,他们在英王眼中不过是一群在蛮荒之地谋生的普通英国臣民,不可能也没有资格介入上层政治,更无权对自己在帝国体系中的位置提出任何要求。但进入18世纪后,随着英国对殖民地的控制加紧,王室对殖民地事务管辖的程序化和集中化,殖民地与宗主国之间的矛盾和摩擦开始凸显出来。18世纪英国政体内部发生的一些变化,包括英国政治出现的一系列腐败、议会内部的党派交恶以及王室对议会的干扰等,也使殖民地对宗主国的政治产生强烈的反感。到1756—1763年的"七年战争"(又称"[与]法国与印第安人[的]战争")时,殖民地与英国的矛盾日益突出,最后导致殖民地的武装反抗和走上独立之路。

### 英国征税的源起

"七年战争"是英法之间的一场争夺殖民地的战争。18世纪50年代起,法国人便不断侵入俄亥俄河流域,而英国人则声称对该地区拥有无可争议的主权。1756年,英国对法宣战,希望用战争一劳永逸地解决与法国人的争执,在北美建立起一个强大的帝国。经过"七年战争",英国在殖民地民兵的配合下,打败了法国,不仅从法国手中得到了加拿大,还从西班牙手中得到了佛罗里达。这场战争消除了英国在北美的两个劲敌,为英国向北美西部扩张扫清了障碍。

但"七年战争"也使英国负债累累。为了打败法国,英国借钱雇佣德意志士兵在欧洲战场上为英国打仗,在美洲则鼓励各殖民地组织民兵参战。战后,英国一方面要还债,另一方面还必须保留强大的军队以保卫新获得的北美领土。为解决这些现实问题,英国政府决定调整其殖民地政策,将之从以前那种宽松的、仅限于商业方面的规范性政策转为比较集中的、以行政和军事控制为主体的政策。当时主持英国政府的乔治·格伦维尔决定派军驻扎在殖民地保卫英帝国的利益,但要求各殖民地承担英国军队在美洲的军费开支。格伦维尔提出通过增加殖民地税收、控制海关税等方式来获得更多的财政收入。与此同时,英国宣布关闭阿勒根尼山脉以西的土地,禁止殖民地向这一地区移民和进行土地买卖,目的是保留英国对该地区土地投资、皮毛贸易的绝对控制权。英国的决定引起了殖民地的不满。随着殖民地人口的增加,西部开发对殖民地的经济发展十分重要,而英国的新帝国政策阻挡了殖民地向西扩张的可能。

1764年,英国议会颁布了《糖税法》,宣布对包括糖、靛蓝、咖啡、酒等在内的从英国进口的货物以每加仑3便士的税率课税,这项法案在殖民地引起强烈震撼。《糖税法》的税率并不高,但法案称此税是为了用作支付保护殖民地安全的军队费用。这项理由引起殖民者的反感,他们认为该法案超出了英国管理殖民地商业事务的范围。同年,英国议会还颁布了《货币法》,令殖民地停止发行任何新的纸币或重印还在流通的旧币。议会的行动引起殖民者的警觉,于是,英国是否有权对殖民地征税便开始成为殖民地政治的中心议题。

1765年3月,英国又颁布了《印花税法》,规定殖民地所有的法律性质的文件、报纸、货单、发票等都要贴上半便士至六英镑不等的税票才能生效。这项税涉及了殖民地商业与生产的各方面,从而引起殖民地社会的强烈不满。同年,英国议会又公布《营房法》,要求殖民地政府为英国军队提供营房,允许英国军队在殖民地公房不足的情况下占用酒坊、旅店等公共设施,并无偿地承担驻军费用和物资供应。

### 殖民地的抗税运动

英国议会的行动引起殖民地的强烈反响。罗得岛、马萨诸塞等殖民地发出公开抗议,谴责英国的这些法律破坏了殖民地的商业利益。

殖民地认为,尽管英国议会有权向殖民地征收贸易税,但殖民地内部的征税只能由殖民者议会来决定。当时,殖民地呼出的最响亮有力的口号是:"无代表权不纳税"(no taxation without representation)。这原本是英国政治传统中的一项基本原则,曾用于英国贵族与王室的斗争,此刻被殖民者借用来保卫自己的利益和权利。表面上看,殖民者似乎是争取殖民地在英国议会的代表权,实际上,殖民者真正要捍卫的原则是:殖民者议会拥有唯一的对殖民地内部征税的权力。英国议会是否拥有至高无上的权力?是否有权不经殖民地的同意向殖民地征税?对许多殖民地的领袖来说,这些问题已不仅仅是经济利益的问题,而是一个涉及殖民地人民的政治权利的问题。

在马萨诸塞殖民者议会中担任议员的詹姆斯·奥狄斯在1764年发表的抗议《糖税法》的传单中充分阐明了殖民者在权利问题上的立场。奥狄斯宣称,根据"上帝和自然之法"、普通法和殖民地的宪章,出生于北美的英国人都享有大不列颠臣民享有的"一切自然的、基本的、继承而来的和不可剥夺的权利",这些权利中包括了"自由而神圣的立法权";所以,殖民者有资格在(英国)议会内得到代表权"或在他们自己中间建立某种新的次级的立法机构";即便殖民者是在次级政府的管辖之下,他们的立法权也是不能被改变或剥夺的,他们也不能"被强制性地贬低到受奴役的地位"。奥狄斯指出,议会有权为了总体的利益立法,但只能在明确宣示的法律范围内运用权力,不能在未经人民同意的情况下向人民征税。① 显然,奥狄斯不仅使用了洛克的自然法和天赋人权的思想,而且还将其用来描述和界定殖民地的现实的法律地位。

奥狄斯的观点在罗得岛总督斯蒂芬·霍普金斯的抗议传单中得到进一步的发挥。霍普金斯认为,在没有代表权的情况下,英国向殖民地征税无异于公开剥夺殖民者的财产,"有财产而没有自由实际上距当奴隶只有咫尺之遥"。殖民地人民享有的权利既不是"一种赏赐的特

---

① James Otis, *The Rights of the British Colonies Asserted and Proved Originally* (23 July 1764), in Merrill Jensen, ed., *Tracts of the American Revolution, 1763-1776* (Indianapolis: The Bobbs-Merrill Company, 1967), 19-47, esp. 23-25, 36.

权",也不是"一种恩惠",而是受英国宪政传统承认的和人民自然拥有的一种"不可剥夺的权利"。①

不难看出,殖民地自治的实践使殖民者对权利已经有了新的看法。长期以来,殖民者认为自己是英国臣民,权利(包括在殖民地组成议会的权利)受英国宪政体制的保护。但如果英国议会可以任意向殖民地征税,那只能说明,英国并不尊重他们作为英国人的权利,或者并不将他们看成是英国臣民。如果英国议会承认他们还是英国人,也享有所有英国人都应享有的权利,那强行征税就意味着议会和王室对殖民地居民施行了暴政。如果是这样,殖民者继续坚持自己是英国人,继续声称自己应该享有与英国人同等的权利,还有什么意义呢?在这样的情形下,殖民者就更倾向于接受洛克的天赋人权和社会契约理论。随着殖民地与英国关系的不断恶化,这种理论将会越来越深入人心,成为殖民地最终揭竿而起、与英国决裂的重要的思想武器。

殖民者对英国的抗议也包含了他们对英国宪政的批评和反感。18世纪20年代,以博林布罗克子爵为首的一批英国政论家曾对英国宪政体制中的种种弊端进行揭露和批判。他们批评王室和大臣们将亲信安插在议会中,破坏了立法与执法部门的分立,导致了政治腐败。他们也批评国王为了推行他的政策,利用特权,制造出一批官僚机构,政客们用金钱来影响甚至控制选举结果,其结果是王室和国家财政负债增多,税收相应增加;正是上层社会对奢侈豪华的生活方式的追求,极大地破坏了英国人传统的节俭习惯,贬低了诚实劳动的价值。博林布罗克等人曾提出,要想杜绝政治腐败,保障人民的自由,最好的办法是将执法的官员从立法机构中驱逐出去,严格保持立法和执法机关的"分立"(separate),避免两者对同一权力的"分享"(share);立法权应属于人民选举出来的议会,而执法权可交由国王指派的各部大臣及其官僚机构去行使,只有这样,自由与权力才可均衡。②

根据历史学家伯纳德·贝林(Bernard Bailyn)的研究,18世纪20

---

① Stephen Hopkins, *The Rights of Colonies Examined* (30 November 1764), in Jensen, *Tracts of the American Revolution*, 41-62, at 47, 54.
② Bernard Bailyn, *The Ideological Origins of the American Revolution* (Cambridge: Harvard University Press, 1967), esp. Chapter 2.

年代英国政坛的这场论战给北美殖民地政治领袖留下的印象十分深刻。博林布罗克等人对英国议会和王室的批判正合殖民者的口味。虽然殖民地有自己的议会,但英国王室和议会并不尊重这种自治权,王室派来的总督可直接干涉殖民地的事务,英国贸易部可随时取消殖民地的法律,尽管殖民者议会成功地将执法机构的成员排除在议会之外,但总督手中拥有的巨大权力对议会仍是一个威胁。所以,殖民者议会的领袖们希望能够有一种新的政治模式,以便可靠而有效地保证他们所拥有的议会立法权。博林布罗克等人的分权理论正好提供了一种选择。所以,当1765年后,英王的殖民地政策发生重大变化、总督权力骤然增大时,殖民者议会立即把这种政治变化视为英国对殖民地居民权利和自由的侵犯。

### 关于殖民地与宗主国之间的政体关系的辩论

尽管对英国的做法极为不满,殖民者在1765年并没有提出过激的抗议。奥狄斯甚至说,如果让殖民地在独立和在高于"绝对奴隶制"(absolute slavery)的条件之下继续从属于英国之间作一选择的话,"我坚信它们会选择后者"。① 但殖民者感到殖民地与英国之间的法律关系需要有一个更清楚的界定。殖民地应为英国的一部分,还是一个受英国管辖、但同时又拥有一定自主权的政治实体?如果殖民地有自主权的话,这种权力是否包括征税权(或英国政府不能向其征税的豁免权)?这种权力是不是殖民地的主权?如果殖民地享有一定的自主权,它们与英国之间的关系应该是同一主权体制中一个地方政府对一个中央政府的隶属关系,还是同一帝国体制中两个主权政府之间的平行关系?

18世纪60年代中期,殖民者谈论更多的不是独立,而是如何在殖民地和宗主国之间建立一种理性的、合理的和互利互惠的关系。他们构想的殖民地与英国的关系,基本上还是一种半独立半从属的关系。霍普金斯曾提出过一种帝国联邦主义的理论:英国与其本土外的殖民地是一个帝国体系,在这个体系中,各殖民地均为一种政治实体,拥有

---

① Otis, *The Rights of the British Colonies*, in Jensen, *Tracts of the American Revolution*, 36.

自己的立法机构,享有管理自己内部事务的权力,并对各自的利益负责;对那些各独立实体无法解决的、带有整体性质的和事关各方的事务,英国议会有权管理,但即便如此,"也应让殖民地在讨论这些事务时有某种形式的代表权"。[①] 其他的殖民地领袖人物,如马萨诸塞的约翰·亚当斯和宾夕法尼亚的詹姆斯·威尔逊也提出了类似的理论。他们认为,英帝国内有不同的政治实体,但国王只有一个,而且是共同的;英国的主权通过国王和各实体立法机构的权力结合来表现:在英国本土,主权通过在议会中发生作用的国王来表现,而在马萨诸塞,英王的王权则需由在马萨诸塞地方议会中的总督(或国王的代表)来表现;在这种安排下,各殖民地可拥有相当程度的政治独立,但由于为共同的王权联结,在外交、贸易及军事方面依然可以与英帝国一起组成一个帝国实体。

但殖民者的这种理论根本不为英国议会所接受。英国议会的领袖人物认为,大英帝国的主权是统一的和不可分割的,议会不仅是英国本土最高的立法机构,而且也是整个英帝国的最高立法机构;在英国宪政体制下,英国议会和国王是英国所有殖民地主权的最终源泉,可以在殖民地实施任何政策和权力,包括征税权。在英国议会眼中,殖民者是因受到英国法律和普通法的保护才得以在美洲安家落户和发展经济,殖民者开发美洲的特权是王室赋予的,所以,殖民地居民不过是居住在英帝国所辖领土上的普通英国臣民,他们并不享有比其他的英国人更多的特权,也不应该受到额外的保护;况且,殖民者在进入美洲时已与英王签订了契约;殖民者接受英国法律的保护,同时承诺对英国的永久性效忠;所以,不管殖民者在英国议会中是否拥有代表权,他们的利益如同英帝国的其他臣民的利益一样实际上都在议会中得到了代表。

根据这种"实质代表权"(virtual representation)的理论,英国议会拒绝了殖民者的要求和主权理论,坚持认为议会拥有完全的、绝对的向殖民地征税的主权,当时唯有政论家埃德蒙·伯克注意到,美洲殖民地已不再是由农人渔夫组成的只图赚钱的经济联合体,它们已发展成为名副其实的政治实体了,而这些实体一旦联合起来,将对英国的利益形

---

① Hopkins, *Rights of Colonies Examined*, in Jensen, *Tracts of the American Revolution*, 49.

成巨大的威胁。因此,他告诫英国政府不能对此掉以轻心。①

英国议会的"实质代表权"理论马上遭到殖民者的驳斥。在1766年3月的一份传单中,理查德·布兰德抨击了英国人的理论,强调北美殖民地是殖民者以个人投资者的身份通过自己的劳动创造的,并没有从英国政府那里接受过任何财政上的资助,英国法律也不见得对其有直接的管辖权。布兰德强调,如果一个人的权利被剥夺,他可以终断与剥夺他权利的那个社会的契约关系,重新回到洛克讲的自然和自主境地,原国家施加于他的主权控制和法律效力也就因此终止;如果所有退回自然状态的人能够联合起来,他们就可组成新的"与他们退出的国家相独立的"主权国家,并拥有新的权利。②

## 走向独立

1766年,英国议会取消了印花税,但同时宣布英国议会有权通过任何有关殖民地事务的法律,并宣布殖民地对《印花税法》的抗议无效。1767年,英国议会称在北美的驻军每年要消耗英国40万英镑的税收,提出让殖民地来承担一部分军费。议会一面减低英国的土地税,另一面通过了《汤森税法》,对殖民地进口的玻璃、颜料和其他一些商品征税(称之为"外部税"),希望以此解决军费问题。殖民者立即举行了新一轮抗议,指责议会变相收税。1770年,议会虽取消了《汤森税法》,却令其官员在殖民地加强缉私活动。同年,英国官员与抗议的波士顿市民发生冲突,导致5人死亡,造成轰动一时的"波士顿惨案"事件。这场公开使用武力镇压殖民者的活动无可挽回地恶化了殖民地与英国的关系。在某种意义上,这是殖民地与英国的关系发生性质转化的一个历史时刻。

1773年,英国议会颁布《茶税法》,意在通过向殖民地征收进口茶税,帮助陷入严重经济危机的东印度公司起死回生。波士顿市民一怒之下,将价值10万英镑的英国茶叶倾倒在查尔斯河里。英国议会大

---

① Edmund Burke, *On the American Revolution: Selected Speeches and Letters*, ed. Elliott R. Barkan (New York: Harper & Row, 1966).

② Richard Bland, An Inquiry into the Rights of the British Colonies (7-14 March 1766), in Jensen, *Tracts of the American Revolution*, 108-126, esp. 116.

怒，通过了一系列被殖民地视为是"不可容忍的法令"。议会派遣英军进驻波士顿，关闭港口，强行改变马萨诸塞宪章的规定，取消殖民者议会的集会权，取消殖民地居民选举参事会成员的权利，赋予殖民地总督不经议会即可任命法官的权力，并无视该殖民地的传统的领土权利，将西北土地划归英占魁北克管辖。英国原打算"杀一儆百"，严惩马萨诸塞的反英行动，阻止其他殖民地的类似活动，但没有料到，对马萨诸塞的镇压反而加速了各殖民地之间的联合和团结。1772—1774年间，各殖民地组织了反进口协会，新英格兰和弗吉尼亚先后组成了通讯委员会，协调和沟通抵制活动。其他殖民地也很快效法，组成了类似的机构。

随着抗议活动的升级，殖民者的观念发生了重要变化。许多人呼吁召开殖民地的联合会议，以集体行动来对付英国。此时各地报纸出现了大量关于独立和殖民地权利的文章，其中最有影响的是托马斯·杰斐逊的《关于英属美洲殖民地权利的概论》。在这篇政治文献中，杰斐逊将理查德·布兰德的观点更推进了一步。他指出：英国实际上是由数个分离的"政治实体"（States）组成的国家，每个政治实体实际上都是一个"国家"，有自己平等的和独立的立法机关，英国对殖民地征税是对殖民地立法权力的篡夺。杰斐逊还谴责了英国国王听任议会胡作非为，拒绝使用英国宪政赋予其的否决权来制止议会对权力的滥用，这样做实际上是在剥夺殖民地人民的自由。杰斐逊还列举了英王的其他一系列罪行，包括在殖民地推行奴隶制和侵占殖民地的西部土地。[①] 杰斐逊对殖民地权利的系统叙述为殖民地的统一行动奠定了理论基础，而他本人也因思想深邃、观点清晰、文笔优美而声名大噪。

1774年9月，第一届大陆会议（Continental Congress）在费城举行。除佐治亚外，所有的殖民地都派代表出席了会议。代表中包括了许多后来的美国政治领袖，如马萨诸塞的约翰·亚当斯、纽约的约翰·杰伊、弗吉尼亚的乔治·华盛顿以及以"不自由，毋宁死"之言闻名的帕特里克·亨利。大陆会议在其通过的一系列文件中引用了殖民者的宪政理论，指出每个殖民地拥有自己的"内部政府"（internal polity），也就

---

① Thomas Jefferson, *A Summary View of the Rights of British America* (c1774, reprinted, New York: Scholars' Facsimiles and Reprints, 1943).

是说,各殖民地在内部的税收和政治事务方面,拥有自己"自由的和唯一的"立法权,任何外来的企图干预殖民地内部事务的法律都是"非法的";英国议会只有控制殖民地对外贸易的权力,无权向殖民地人民课税,也无权在和平时期在殖民地驻扎军队。大陆会议还宣称,殖民地居民享有所有自由的英国人所享有的一切权利,包括生命权、自由权和财产权。他们有权集会,有权反对不经殖民地同意就派军队进驻。大陆会议宣布,由英王任命殖民地参事会成员的做法是"违宪的",对美洲殖民者的立法权是有损害的。①

1774年10月,马萨诸塞的波士顿通讯委员会要求选举一个临时性殖民者议会以代替被王室总督取消的原殖民者议会。这一举动等于宣告马萨诸塞政府已不在总督的控制之下。1775年1月,弗吉尼亚也在威廉斯堡成立了临时议会。纽约、宾夕法尼亚和佐治亚也都相继成立了类似的议会。在康涅狄格和罗得岛,原有的殖民者议会接受了革命的主张,也变成了同等性质的革命政府。至此,殖民地的抗税斗争开始演变成为一场争取独立的运动。

在第一次大陆会议上,殖民地领袖曾试图找到一种为英国和殖民地都能接受的、可操作的宪政模式,以避免两者的决裂。当时曾有约瑟夫·卡洛维提出建立一个"英国与殖民地的联邦"的设想。卡洛维是效忠派(loyalists)的代表,极力反对殖民地独立。他认为,殖民地与英国的关系犹如子女与父母的关系,独立就意味着对父母的背叛。他主张建立一个英美最高立法机关,包括一个王室任命的大总督和由殖民地选出的大议会,两者共同讨论殖民地的政策;虽然所有立法均必须由这个立法机关和英国议会的共同批准才能生效,但前者只是"英国立法机制中的一个次级的和独特的部分"(an inferior and distinct branch of the British legislature)。② 卡洛维希望通过这种宪

---

① Declaration and Resolves of the First Continental Congress (14 October 1774), in *Journals of the Continental Congress, 1774-1789*, ed. Worthington C. Ford, 34 vols. (Washington: Government Printing Office, 1904-1937), vol. 1, 63-73.

② Joseph Galloway, "A Candid Examination of the Mutual Claims of Great Britain and the Colonies" (February, 1775), in Jensen, *Tracts of the American Revolution*, 350-399, esp. 365, 389, 391-393.

政安排来挽救正在破裂的关系,但1775年4月19日英军与殖民地民兵在马萨诸塞的列克星顿和康科德发生了武装冲突,打响了美国独立战争的第一枪,他的希望因此而落空,但他提出的在各殖民地之上建立一个联合的最高立法机关的设想,可以说是对1787年美国立宪的一种有益的预见。

1775年5月,第二届大陆会议召开时,许多人认为独立已不可避免,但独立是否会得到所有殖民地的支持,大陆会议并不确定。代表们担心,如果得不到所有殖民地的支持,宣布独立无异于政治自杀。至少有四个殖民地的议会指示其代表在大陆会议上不要带头提独立的事。就在大陆会议对独立僵持犹豫之时,托马斯·潘恩于1776年1月发表了名为《常识》(Common Sense)的长篇政论文,以简练有力、生动易懂的语言准确地回答了殖民者关心的问题,并从一个完全崭新的角度提出了殖民地独立的必要性和重要性。

潘恩首先指出,英国宪政中的所谓混合政府完全是一种闹剧似的政权,议会成员和王室大臣组成了英国的贵族特权阶层,掌握了国家权力,政府因被掌握在同一社会阶层和政治背景的政客手中而失去了相互制约的功能;王室是王权的代表,绝不可能为了人民放弃自己的利益;英国对殖民地的任何政策和管理,从来不是出于对殖民地人民权利的关心,而是为了保护自己的利益。潘恩写道:"英国并不是为了我们的利益在反抗我们的敌人,而是为了她自己的利益在反抗她的敌人";所以,在这样的情况下,殖民者继续谈论自己是英国人的后裔,享有英国人的权利,继续想方设法维系与英国之间的不平等的关系,无疑是助纣为虐,自欺欺人。

潘恩呼吁:殖民地必须与英国一刀两断,建立自己的共和政府。他强调,真正的共和国家的权力必须而且只能来源于人民。他说:"(建立)一个我们自己的政府是我们的自然权利;当人们对人类事务的不确定性进行一番严肃的回顾之后……(应该认识到)建立起一个我们自己的宪政体制(constitution),比起把这类重要的事件交给时间和命运去安排,不知要聪明和安全多少倍。"潘恩认为,独立不仅能使殖民地彻底摆脱英国的压迫,而且会给它们创造机会,建立一个举世无双的新的共和政府,使美洲成为人类自由的避难所。①

潘恩是在 1774 年才从英国来到北美的。他在短短的时间内,接触到费城的工匠阶层和中下层人民的代表,对殖民地底层人民要求自由和权利的渴望有着比许多殖民地的政治精英们更多的了解。他的思想代表了美国革命中激进派的主张,他对英国宪政的无情有力的剖析、对欧洲启蒙运动理论的现实运用以及对未来美国的政治期望,将殖民地反抗英国的斗争的意义升华了。潘恩的论述也将犹豫不决的殖民地领袖们推上了与英国决裂的不归路。《常识》的语言简练生动,观点坚决鲜明,很快成为人手一册的畅销书,对鼓动殖民地居民——尤其是中下阶层的人民——参加独立战争起了极为关键的作用。

## 《独立宣言》及其意义

1776 年春,大陆会议相继宣布殖民地港口对外国开放,原属英王的一切权力将因战争而全部转移到殖民地人民手中。1776 年 6 月 7 日,弗吉尼亚的理查德·亨利·李向大陆会议提出一份议案:正式宣布北美英属殖民地是——而且依照(它们)自身的权利应该是——"自由和独立的国家"(free and independent States);它们与英国王室之间的一切承诺、与英国议会之间的一切联系都应该立即终结。这项议案的提出,表明殖民地在走向独立方面迈出了关键的一步。大陆会议代表将李的提案交由一个由约翰·亚当斯、托马斯·杰斐逊、本杰明·富兰克林、罗杰·谢尔曼和罗伯特·利文斯顿五人组成的委员会进行审议讨论。五人讨论的结果由年仅 33 岁的杰斐逊执笔写成,这就是后来闻名于世的《独立宣言》(Declaration of Independence)。

《独立宣言》抛弃了殖民者(包括杰斐逊本人)曾坚持过的殖民者享有英国人平等权利的理论,而完全诉诸于洛克的自然法、天赋人权和社会契约的理论来支持独立,并证明其哲学上和法理上的必要性。杰斐逊最著名的一段话将美国人宣布独立的哲学思想精辟地描述了出来:

---

① Thomas Paine, "Common Sense: Addressed to the Inhabitants of America", in Thomas Paine, *Collected Writings* (The Library of America, 1984), 1-59.

我们视下列各点为不言而喻的真理：人人生而平等；人人生而具有造物主赋予的某些不可转让的权利，其中包括生命权、自由权和追求幸福的权利；为了保障这些权利，政府才在人们中间得以建立，而政府的正当权力则来自被其统治的人民的同意；但当任何一种形式的政府对政府的原来的目的造成损害时，人民有权来改变或废除它，以建立新的政府。新政府必须基于这样的原则并按这样的方式来组织政权，即在他们看来是最能够保障他们安全和幸福的。诚然，出于谨慎，人们不应为了轻微的和暂时的原因而将建立长久的政府予以变更；过去的经验证明，只要当罪恶尚可容忍时，人类总是宁愿忍受，而不愿废除自己所习惯了的政治形式。然而，当一个政府滥用权力，巧取豪夺，一意孤行，企图将人民抑压在暴政之下时，人民就有权利和义务来推翻那样的政府，而为他们未来的安全建立新的保障。①

《独立宣言》的几个主要观点，如自然法、天赋人权、国家和政府的契约性质、人民主权和人民有权反抗暴政等，远在17世纪洛克等人的著作中，近在殖民地领袖和潘恩的政治传单中都详细地宣示过。然而，当这些观点和思想用《独立宣言》的方式表达出来时，它们就具有了格外特殊的意义。《独立宣言》最重要的功能并不在于它提出了某种全新的政治思想或政府理论，而在于它将由欧洲启蒙运动产生的天赋人权和社会契约等思想从一种抽象的理论转化为现实政治的原则，并通过后来的美国革命将其变成了新生的美国宪政的理论基础。当原来那种虚无缥缈的、停留在言辞之中的自然权利通过与英国决裂的革命被转换成具体而现实的实质性权利时，它们就不再是空幻之物，捍卫和扩展这些权利便成为新政治社会的目的。在这个意义上，《独立宣言》代表了美洲和人类历史上的一种新的政治生态环境的开端。

在某种意义上，《独立宣言》可被认为是殖民地上层社会的政治讨论的结果，但它却使殖民地的革命政府获得了殖民地人民的广泛支持，

---

① Thomas Jefferson, *Declaration of Independence* (1776), in Boorstin, *An American Primer* (Chicago: University of Chicago Press, 1966), 68. 译文参阅李道揆著：《美国政府与政治》（北京：中国社会科学出版社，1990年），第746页。

重要的原因在于《独立宣言》中提出的原则——包括人生而自由，人具有不可剥夺的生命、自由和追求幸福的权利以及政府必须经人民的同意而组成等——涵盖了当时殖民地绝大多数人的基本愿望。这些原则本身也因此具有了十分广博的适用性，一方面成为了新生美国的意识形态基础，另一方面成为社会各方争取权利的思想武器。后一点的意义尤其重大。杰斐逊在宣言中提出的"人人生而平等"中，"人人"指的是有产的白人殖民者，并不包括在殖民地的无产者、黑奴和其他无权的殖民地居民。在写下《独立宣言》的时候，杰斐逊本人正拥有数百名奴隶。他可能不会想到，"人人生而平等"的口号最终将成为解放奴隶的最有力的意识形态武器。

在某种意义上，美国革命的初衷，与其说是为了创造一种新的政治秩序，不如说是为了维护一种旧的政治秩序。殖民地的领袖和有产居民决定与英国决裂，是因为英国王室和议会破坏了殖民地与英国之间的传统的政治范式，侵害了殖民者的传统"特权"，尤其是侵害了殖民者已经拥有的政治自治权。革命的目的是要夺回这些权利。从这点意义上讲，美国革命的目的是保守的。但美国革命本身却导致和带动了殖民地内部的社会结构和政治思想上的变化，扩展了革命的原始目标。革命在将13个殖民地转化为美利坚联邦的同时，也奠定了未来美国的宪政基础，从而开创了人类政治史上的新纪元。美国革命的结果和影响无疑是革命性的。

**美国联邦宪法(1787)第一页(原版)**

1787年5月至9月,来自12个州的55名代表在费城聚会,原本打算修订《邦联条例》,结果却制定了新的美国联邦宪法。宪法的构成包括:导言(52字)、第一条(国会的构成与权限,2268字)、第二条(总统的产生与权限,1025字)、第三条(司法部门的构成与权限,377字)、第四条(联邦与州的关系暨州际关系等,330字)、第五条(宪法的修订程序,145字)、第六条(宪法的崇高性,156字)、第七条(宪法的批准程序,26字)。1791年,《权利法案》(第一至第十条宪法修正案)经国会和各州的批准,成为宪法的一部分。自1794年至今,宪法一共加入了17条(第十一至第二十七条)修正案。

图片来源:http://www.archives.gov/exhibits/charters/constitution.html

# 第二章　联邦宪法的形成

　　独立战争使 13 个北美殖民地彻底摆脱了英国的控制,同时也将两个崭新的宪政问题摆在它们面前:(1)独立后的各州(或各独立邦)应各自建立一个什么形式的政府?(2)独立后各州之间的政治与法律关系应该如何确定? 这是两个现实而迫切的问题。新的独立州不是凭空而降的,它们都是从旧的英国殖民地中脱胎而来;争取独立是一个与旧体制进行决裂的过程,其结果也带来了制度创新的机会。独立后的新政府应该是什么模式? 它应该在何种程度上继承殖民地时期的传统,又应该在何种程度上建立起一种新的、不同于旧世界的宪政机制,以保证实现《独立宣言》所宣示的政治原则,并赢得人民对新政府和独立的支持? 这是 1776 年至 1780 年间各州制宪时面临的主要问题。

　　与之相关的是各州之间的联盟问题。为了反抗英国的暴政,各殖民地联合起来,结成了一个政治和军事联盟。这种联盟使殖民地的独立成为可能,也因为争取独立的过程而变得更为紧密。但独立之后各州之间应该建立一种什么样的关系? 是否有必要在独立后的各州之上建立一个高于各州的中央政府? 这个中央政府应该以什么方式建立? 它与各州政府的关系应该如何确定?

　　革命期间,殖民地的领袖们来不及仔细思考这些问题,独立后也未能立即找到解答这些问题的答案。各州在革命时期曾签订的《邦联条例》在处理独立后的政治、经济和外交事务时漏洞百出,无能为力。为了挽救美利坚联邦,各州代表于 1787 年制定了新的美国联邦宪法,建立起一个具有权威的联邦政府。经过各方反复的辩论与妥协,在吸收了州宪法和《邦联条例》的有益因素的基础上,联邦宪法创立了一套独特的宪政体制,确立了一系列新的宪政原则,包括人民主权(popular sovereignty)、联邦制(federalism)、政府权力的分立(separation of powers)和制衡机制(checks and balances)以及通过1791年生效的《权利法案》(Bill of Rights)所体现的对公民基本权利的保护。新的宪政机制不仅现实地解决了当时美国面临的危机,也极有力地带动了以人民主权为基础的宪政理论和实践在世界范围内的发展。

# 一 州宪法的制定

1775年4月,美国独立战争打响后,第二届大陆会议在费城召开,决定在各殖民地征集军队和物资,并任命弗吉尼亚的乔治·华盛顿为大陆革命军的总司令。战争初期,殖民地军队打得并不顺利,在英国军队的强大攻势下,曾一度节节败退。直到1778年法国派兵介入,华盛顿的军队才开始转败为胜,并在1781年的约克敦战役中大胜英军,基本结束了战事。1782年,由约翰·亚当斯、本杰明·富兰克林、约翰·杰伊和托马斯·杰斐逊组成的殖民地代表团与英国在巴黎进行停战谈判,并于1783年1月达成停战协定,宣布双方停止敌对状态。① 同年9月,殖民地代表与英国签订了《巴黎协定》,英国正式承认北美13个殖民地为"自由的、具有主权的和独立的国家"(free, sovereign and independent States),英王承诺放弃他及后代曾经拥有的对殖民地的一切"政府、财产和领土的权利"。② 值得注意的是,和平协议并不是与每个州单独签订的,而是英国与北美13个殖民地共同签订的。协定使用了集合名词,将13个原殖民地统称为"合众国"(United States),而不是"联合诸邦"(united states)。此外,协定在确定美国的领土范围时,也是以合众国的集体名义,而不是以单个独立州的名义。这种措辞包含了双重意义:一方面原来的各殖民地被看做是拥有独立和单独主权的"国家",另一方面它们又是一个主权联合的国家;或者说,各殖民地之

---

① Armistice Declaring a Cessation of Hostilities (1783), in William Malloy (comp.), *Treaties, Conventions, International Acts, Protocols and Agreements between the United States of America and Other Powers, 1776-1909*, 2 vols. (Washington: Government Printing Office, 1910), vol. 1, 584-585.

② Definitive Treaty of Peace, in Malloy, *Treaties, Conventions, International Acts*, vol. 1, 586-590.

所以变成了有主权的政治实体(states),完全是因为它们相互之间得以"联合"(united)的缘故。没有联合,各殖民地的独立便不可能实现,也不会得到英国的承认。所以,各独立州的主权从一开始便具有了"单独的"和"联合的"双重性。这个问题涉及未来美国的性质,将成为1787年制宪会议最为棘手的问题之一。

13个殖民地的独立自然是美国革命的最直接和最重要的结果,但革命的深层意义在于转换了美国人对于政府、主权、人民权利等一系列问题的看法。革命迫使殖民地的政治领袖们放弃了对英国混合政府制度的崇拜和向往,放弃了在大英帝国体系中寻找一个既满足英国政治传统的要求又能维持自己既得权利的位置的幻想。美国革命从一场本来是为了保护作为英国臣民的基本权利的斗争,转化成了一场争取民族独立的战争,这个转化具有十分深刻的意义。它迫使赢得独立的美国人开始考虑一系列国家制度建构的问题,包括如何建立一种既能保证人民的自由和权利、又能保证国家的生存和繁荣的新的政治制度。革命成了制度创新和制度改革的催化剂,这是殖民地政治领袖们事先没有想到的。

## 州制宪与制度转换

组建新政府的活动早在革命初期就开始了。《独立宣言》通过前后,各殖民地开始宣布独立,并将原来为抗税组成的殖民地革命委员会转化成新的州政府。转化的方式是制定新的州宪法。这项举动是后来美国联邦立宪运动的开始。殖民地居民对成文宪法有一种近乎偏执的要求,这是有历史渊源的。殖民地时期,殖民地与英国的政治和法律关系并没有十分清楚的定义,相当一部分时期内,两者的关系是靠含糊不清、杂乱无章的普通法和法院判例作为准则,而英国政治又变化多端,英国王室对殖民地居民的政策随意性非常大,英国政治的变化对殖民地发展和殖民地居民的权利都有直接影响;每当这种情况发生时,殖民地居民备感困扰,又无能为力。因此,独立后的各州深感制定宪法、并用文字的形式将宪法固定下来十分重要。唯有将国家组成的最基本原则,包括国家目的、政权组成方式、权力机构的形成、政府与人民之间的相互责任和权利等,用明确无误的语言确定下来,法治才有坚实的基础,这无疑是殖民地居民从殖民地时期的政治中得出的最重要的历史经验。

1776年5月,大陆会议在考虑宣布独立时,曾建议各殖民地建立"以人民意志为主导的"新政府,这个新政府要为各殖民地人民的"幸福和安全提供最好的保护",同时也能兼顾美洲大陆人民的利益。① 但如何将"人民意志"与新政府从宪政机制上联系起来,并没有现成的答案。从1776年6月起,各殖民地以不同的方式开始起草和建立州宪法,这个过程一直延续到1790年。1776年1月,新罕布什尔率先制定了州宪法。大陆会议关于各州立宪的建议发出后,州立宪活动相继展开。1776年,弗吉尼亚、新泽西、特拉华、宾夕法尼亚、马里兰和北卡罗来纳都起草和批准了各自的新宪法。同年,康涅狄格和罗得岛将原殖民地的宪章进行改写,删除了其中关于效忠英国王室的条款,保留了其他部分。1777—1778年间,佐治亚、纽约和南卡罗来纳也启用了新宪法。马萨诸塞的立宪从1777年开始,但宪法直到1780年经由人民的批准后才生效。

这一时期可谓美国联邦立宪的见习和实验阶段。各州根据自己的实际情况,以自己认为最合适的方式制定宪法。尽管各州宪法在风格上很不一致,有的篇幅宏大(如弗吉尼亚、马萨诸塞和宾夕法尼亚等州的宪法),有的简短精练(如康涅狄格和罗得岛的宪法),并都带有各自的特色(如南卡罗来纳宪法十分强调对奴隶制的保护,马萨诸塞宪法对宗教自由持保留态度等),但所有的州宪法确立的基本原则十分相似,充分表现了北美殖民地共同的历史经验和在宪政意识方面的同质性。

人民主权是各州宪法的一个重要的原则。几乎所有宪法都套用《独立宣言》的语言,使用洛克的社会契约的理论,宣称政府将建立在人民同意的基础之上。除康涅狄格、罗得岛和新罕布什尔外,其他州都宣称它们立宪的目的是为了反抗英国的压迫,争取原本属于自己的权利。马萨诸塞的宪法进一步说明该州是一个"由个人自愿组成的政治

---

① "Resolution for Independence (10, 15 May 1776)", in *Journals of the Continental Congress*, ed. Worthington Chauncey Ford, 34 vols. (Washington: Government Printing Office, 1904-1934), vol. 5, 342, 358.

实体",是一个"社会契约体"。弗吉尼亚则宣称"人民主权"是本州政府的基础。新罕布什尔(州)的宪法制定于《独立宣言》发表之前,该殖民地宣称其制宪目的是为了在英国与殖民地敌对期间"保证和平和良好的秩序,保护殖民地人民生命和财产的安全"。①

在政府的权力机制上,各州宪法以立法和执法权的分立取代了英国宪政中的混合政府体制。虽然都是为了防止权力专制化,但两者之间有着重要的区别。英国式混合政府的模式强调不同社会阶层之间应分享政府权力,即在政治机制上(通过议会的两院席位的分配和普通法的习俗)保证王权、贵族和以中小资产阶级自由人为代表的普通民众都有一定的机会参加政治,各自的基本权利受到法律的保护和其他两方的尊重,三者之间可形成一定的制约。这种体制在美国的政治领袖们看来是不适用的。他们认为,美洲既无传统的君王体制,也没有根深蒂固的贵族社会,财产的享有较为普遍,财产的拥有较为平均(尽管这并不是普遍的事实),阶级差别远不如英国那样显著,而且个人跨越阶级和阶层的可能性也很大,没有必要设立硬性的阶级等级;即便美洲有阶级差别,其矛盾冲突也不是不可调和的。相反,殖民者对英国体制的弊端十分了解,对英国王室与议会串通起来、压制殖民地的作法记忆犹新。对于各州的领袖来说,政府的权力必须由不同的部门分立地享用和行使,只有这样,才可有效地避免政府的专制、腐败以及对人民权利的侵犯。这种意义上的分权与英国式混合政府的分权在本质和实践上都是不同的。在这种指导思想下,所有的州宪法无一例外地实行了立法和执法权的分离。

如同英国"光荣革命"一样,新的州宪法建立了议会拥有至高无上的立法权的原则,在具体的分权机制设计上,各州的情况有所不同。原有的总督参事会或被废除,或被转化为议会中的上院(参议院)。有9

---

① Constitution of New Hampshire (1776), in Francis Newton Thorpe (ed.), *The Federal and State Constitutions, Colonial Charters, and Other Organic Laws of the States, Territories, and Colonies Now or Heretofore Forming the United States of America*, 7 vols. (Washington: Government Printing Office, 1909), vol. 4, 2451;又见 Constitution or Form of Government for the Commonwealth of Massachusetts (1780), ibid., vol. 5, 2623; Constitution of Virginia (1776), vol. 7, 3812。

个州(弗吉尼亚、新泽西、特拉华、马里兰、北卡罗来纳、纽约、南卡罗来纳、马萨诸塞和新罕布什尔)建立了两院制的立法机构,即立法部门由两个相互独立的议院组成。宾夕法尼亚和佐治亚的立法机构由一院组成。大多数的州宪法规定,州立法机构必须定期举行会议,州议会的选举也必须定期举行,并规定所有立法必须经议会两院的批准。但在两院权力的分配上,民选的下院通常比上院拥有更多的权力。州宪法通常将议案提出权置于众议院手中。弗吉尼亚、新泽西、马里兰和马萨诸塞明确规定有关预算和征税的议案(即所谓 money bills)只能由众议院提出,参议院无权对此做任何修改,只能接受或拒绝。这种规定表明了州宪法对这项源自殖民地议会的传统权力的重视。①

州宪法保留了总督(以下中文改译"州长")这一殖民地宪政的重要建制,但对其产生的方式和拥有的权力作了新的规定。绝大多数的州宪法规定,由立法机构选举总督,宾夕法尼亚的总督由民选的 12 人执行机构选出;总督负责实施议会通过的法案,但几乎没有立法建议权,至少有 10 个州拒绝给予总督否决议会法案的权力。② 殖民地时期总督拥有的行政和司法官员任命权也遭到极大的削弱。许多州将行政任命权保留在议会手中,或与总督分享。有的州宪法规定议会可以弹劾总督,禁止总督解散议会。各州对总督的任期也有不同程度的限制。相当一部分州将总督的任期限制为一年,佐治亚规定总督三年内不得连任,弗吉尼亚也规定总督连任最多不能超过三次(每届任期一年)。州宪法对总督权力的削弱也反映出州对殖民地时期总督大权在握的反感,刻意要对此进行矫正。

此时州宪法的分权机制与后来美国联邦立宪时的分权机制有关联,但不能等同。实际上,州宪法建立的不是后来联邦宪法所奉行的立法、执法和司法三权分立的原则,而更多的是议会权力至上的原则。议

---

① Constitution of Virginia (1776), in Thorpe, *Federal and State Constitutions*, vol. 7, 3812; Constitution of Massachusetts (1780), ibid., vol. 5, 2623; Constitution of Maryland (1776), ibid., vol. 3, 1686-1701; Constitution of New Jersey(1777), ibid., vol. 5, 2594-2598.
② 这些州包括弗吉尼亚、新泽西、特拉华、宾夕法尼亚、马里兰、北卡罗来纳、佐治亚、马萨诸塞和新罕布什尔。纽约州准允总督否决议会通过的法案,但议会两院可以三分之二的多数推翻总督的否决。

会除了掌握立法权外,还选举、任命总督和高级行政官员,大部分州还将法官的任命权也交给议会。这样,议会实际上拥有了极大的权力。而如何限制议会本身的权力,各州宪法并没有提出有效的措施。

在与人民主权密切相关的政治代表权问题上,各州的新宪法废除了英国宪政中"实质代表权"的做法,扩大了州议会的代表基础,规定州议会的代表名额重新按人口和地区分配,使各州的边远地区有较为均等的机会选出自己的议会代表。比起殖民地时期,各州的选民范围有所扩大。宾夕法尼亚州宪法采用了在当时看来最为民主的选民资格规定:所有纳税的白人成年男子都有权选举州议会议员,北卡罗来纳规定纳税的白人男子可选举州众议院的议员,但选举参议院的议员时,选举人则需拥有 50 英亩土地才有投票权。弗吉尼亚沿用殖民地时期的选民资格限制:每个选民必须拥有 25 英亩已开发了的地产或具有同等价值的城镇产业。马萨诸塞的众议院议员由拥有 50 英亩土地的人选出,而参议院议员则由专门组成的选举团来选举产生。新泽西的宪法一开始并没有对选民的性别资格作出限制,这使得一些拥有 50 英镑财产(州设立的选民财产资格)的妇女(主要是寡妇)获得了投票权,但这项权利在 1807 年被取消。① 各州对议员和总督候选人的资格要求则更加严格。新泽西和马里兰两州的宪法规定,参选众议员必须要拥有 500 英镑的财产,参议员的财产资格则要加倍至 1000 英镑。北卡罗来纳将参选参议员和众议员的人必须拥有的财产底线分别定为 300 英亩和 100 英亩土地。② 除了财产上的限制外,各州还有其他的要求。宾夕法尼亚要求所有的议员必须是一神论者,并笃信《圣经》。马萨诸塞要求所有议员和州政府官员必须是"公开表态的基督徒"(declared

---

① 例如,弗吉尼亚的《权利法案》规定,州议会要定期地、经常地选举,选举必须是公开的和自由的,所有男子只要"有足够的证据表示其对社区具有永久的共同的兴趣和联系"都可以拥有选举权。Constitution of Virginia (1776), in Thorpe, *The Federal and State Constitutions*, vol. 7, 3812-3814.

② Constitution of Maryland (1776), in Thorpe, *Federal and State Constitutions*, vol. 3, 1686-1711; Constitution of New Jersey (1776), vol. 5, 2594-2599; Constitution of North Carolina (1776), ibid., vol. 5, 2787-2799.

Christian),特拉华、南卡罗来纳和马里兰也有类似的要求。①

从这些规定可以看出,各州中只有一部分人享有实际上的政治权利,各州都没有实行全民选举权制。现代意义上的"民主"——即所有人无论出身、经济地位、民族、性别、肤色皆可享有同等的投票权——是不存在的。事实上,"民主"(democracy)在当时是一个颇具负面意味的概念,常与"暴民政治"(mobocracy)通用。虽然在革命期间,有中下层人民打着《独立宣言》的旗帜,疾呼人人生而平等,要求扩大选民基础,而且各州宪法也都强调人民主权的原则,但在设计政治参与的制度时,占主导地位的是"共和政体"(republican form of government)的思想,而不是民主政体的思想。

对于州的政治领袖来说,共和政府的思想与洛克的社会契约思想是相辅相成的。"共和政府"除了保护个人的权利外,更重要的作用在于建立和保护社会中所有人和群体共同追求的利益。《独立宣言》称人人有权追求幸福,这个幸福既包含个人的幸福,也包含"公共幸福"(public happiness),为了使公众的幸福(或社会的共同利益)得到保障,政治必须成为广泛参与的活动,但只有那些在经济上能独立自主、或拥有一定数量财产的人才可能对公共事业发生兴趣,才会关心政治,并具有责任感。殖民地的领袖认为,如果不加限制地允许任何人参与政治,尤其允许那些经济上不能自立的人参加投票,穷人可能将他们的选举权自愿或不自愿地交由控制他们经济命运的主人或善于煽动民众的政客去掌握,从而增强了大有产者的政治力量,损害中小有产者的自由和权利,使政府变成一小撮人统治大多数人的工具。所以,他们坚持对选举权作出限制。这种对"民主"的限制现实地反映了各州制宪时期的政治和经济基础。

州宪法的另一个共同特点是强调对公民权利和自由的保护。革命时期的领袖们认为,共和政府必须是一个权力能被有效地加以限制的政府,公民的一些基本权利是不能被政府剥夺的,包括生命权、自由权、财产权以及普通法赋予的种种豁免权和刑事司法权等。在几个大

---

① Constitution of Massachusetts (1780), in Thorpe, *Federal and State Constitutions*, vol. 5, 2594-2599.

州——如弗吉尼亚、宾夕法尼亚和马萨诸塞——的宪法中,《权利法案》作为宪法最重要的组成部分被置于关于政府结构的条款之前。有些州的宪法没有专门的或单列的《权利法案》,但也都在宪法的有关条款中悉数列举了不受政府侵犯的公民权利。妇女的地位有所改变,但仍未能获得选举权。宗教宽容的原则得以建立,但并非所有宗教都是一律平等的。① 州宪法对个人权利的重视反映了早期美国宪政思想的一个重要原则:对个人权利的保护。虽然各州声称要建立的共和政府形式同时包含了追求公共利益和保护个人基本权利两方面的内容,但此时各州更多地强调后者,即强调对政府权力的限制,注重保护个人自由和财产权;并没有把政府看成是一个可在建立普遍自由和共同幸福等方面发挥积极作用的机构。

## 州制宪大会的实践

最初的州宪法大都出自殖民地议会和殖民地居民中的政治精英之手,并未经过独立州的广大选民的批准。至少有10个州的宪法是通过州议会的宣言形式颁布的。也许出于这个原因,这些新宪法如同殖民地议会通过的一个普通法律,并没有特殊的效力。当独立战争继续深入发展、参加革命的殖民地人民的范围越来越大时,殖民地领导的政治代表性和决策的合法性问题便突显出来,迫使各州采取新的方式来建设州宪法的权威性。马萨诸塞在这方面起了十分重要的领导作用。

1777年,马萨诸塞议会制定了一部新的宪法,将其交由所属各城镇批准,批准的方式是由各城镇的男性选民投票表决。结果因一些城镇的反对,新宪法被否决。1779年,马萨诸塞议会决定采用一种前所未有的方式来批准宪法:各城镇选出代表,组成一个与州议会分离的专门代表大会来讨论和批准由州议会制定的新宪法,并规定只有经过三分之二以上的代表同意之后,新宪法才能生效。于是,各城镇的代表大会对宪法逐条进行了讨论和辩论,提出了许多修正案,又否认了提出的

---

① Constitution of Virginia (1776), Constitution of Massachusetts (1780), and Constitution of Pennsylvania (1780), in Thorpe, *Federal and State Constitutions*, vol. 7, 3812-3819; vol. 5, 2594-2599; vol. 6, 3081-3092.

修正案,最后终于在 1780 年批准了新宪法。马萨诸塞的这个做法开创了美国宪政史上的"制宪会议"(constitutional convention,又译"制宪大会")的先例,影响深远。制宪会议为人民主权思想的实践提供了一种运作机制,同时也使宪法经过制宪会议的批准而具有了州基本法的崇高地位,对人民、议会和州的政府机构都有最高的约束力。这种做法迅速为其他各州采用,并成为后来美国联邦和其他在独立后加入美国的州在制宪时必须遵循的标准程序。

制宪会议的做法也充分表现了殖民地的另一个政治传统:即宪法是公民之间、公民与政府之间的一种契约,人民必须作出承诺,在授予和限制政府权力的同时,必须接受和服从政府的管理。1780 年的马萨诸塞《权利法案》明确宣示了这一点:"(本州的)政治体制是由个人自愿结成的联盟;它是一个社会契约;在这个契约之下,全体人民与每个公民之间,每个公民与全体人民之间建立一种相互的承诺,即所有人都将为追求共同的福祉而受某种法律的管理。"①

## 州制宪与奴隶制问题

尽管各州的新宪法都注重保护原殖民地居民的基本权利,但对于北美大陆的奴隶制和奴隶的人权的态度很不一致。1775 年,为了打击英王的经济利益,大陆会议曾宣布在各殖民地终止贩卖奴隶的国际贸易。② 1776 年,杰斐逊在起草《独立宣言》时,曾在初稿中写下了一段慷慨激昂的文字,谴责英王支持贩卖奴隶的贸易、无视非洲黑奴人权、将奴隶制强加于殖民地居民头上,并煽动奴隶起来反抗他们的主人。但来自奴隶制盛行的佐治亚和南卡罗来纳的代表坚决反对在《独立宣言》中加入这一段文字,并扬言如果《独立宣言》公开谴责奴隶制,他们就不签字。结果,杰斐逊只好将这一段文字删去。③ 独立战争初期,大陆会议一开始拒绝让黑人参加殖民地的军队,直到弗吉尼亚的王室总

---

① Constitution or Form of Government for the Commonwealth of Massachusetts (1780), in Thorpe, *Federal and State Constitutions*, vol. 3, 1888-1922.
② The Association (20 October 1774), in Ford, *Journals of the Continental Congress*, vol. 1, 75.
③ Declaration of Independence (original text), in Thomas Jefferson, *Writings* (New York: Literary Classics of the U.S, 1984), 19-22.

督宣称任何加入英军的奴隶可在战后获得自由后,大陆会议才改变初衷,允许各州征集黑人参加独立战争。北方一些州为了吸引黑人入伍,向黑人许诺,只要他们加入殖民地的军队,战后可获得自由。结果有近5000名黑人参加了殖民地军队,他们大部分是来自北部的自由黑人。南部的一些州(如南卡罗来纳和佐治亚)则坚决拒绝武装奴隶或自由黑人。南部州在新的州宪法中也十分强调对财产的保护。于是,在这些州内出现了一个看上去非常矛盾的现象:一方面,殖民者大声抗议英国对其实行"政治奴役"(political slavery)——即剥夺他们在政治上的参与权,并进而剥夺他们的财产权;另一方面,他们又坚持声称自己有权对奴隶进行人身奴役。作为奴隶主的殖民地居民在谴责英国人不该剥夺自己的自由的同时坚持自己有权剥夺非洲黑人的自由,这种极为矛盾的做法充分表现了美国革命时期"自由"这一原则所包含的复杂性和局限性。

美国革命时期,北方一些州的黑人也曾经组织起来,向州政府要求自由的权利。1777年,马萨诸塞的黑人团体向州议会递交了请愿信。他们使用殖民地居民的政治用语,声称黑人从未经过任何契约或同意就被强行贩卖到美洲。他们提出在北美的黑人应该与其他人类一样有资格享有天赋人权和自由。[①] 与此同时,由教友会发起的废奴运动开始在北部兴起。1776—1786年间,有11个州放宽了奴隶主自由释放奴隶(manumission)的限制,并停止了从海外进口奴隶的贸易。1777年,佛蒙特宪法首先宣布彻底废除奴隶制(当时佛蒙特已从新罕布什尔和纽约分离出来,但要到1791年才被吸收入联邦)。1783年,马萨诸塞最高法院也通过一系列涉及奴隶权利案件的判决,宣布奴隶制与该州新宪法有关人人生而平等的原则相违。1780年,宾夕法尼亚也通过了渐进废除奴隶制的法案,宣布凡在1780年后由奴隶母亲生育的子女将在成年后获得自由人的地位,并同时废除了该州的黑奴法典,要求奴隶主登记或释放奴隶。1784年,康涅狄格和罗得岛也以类似的法律

---

① Petition to the House of Representatives of Massachusetts (13 January 1777) in *Collections*, Massachusetts Historical Society, 5th Series, III (Boston,1877), 436-437, 引自 John Hope Franklin and Alfred A. Moss, Jr., *From Slavery to Freedom: A History of African Americans*, 7th ed. (New York: McGraw-Hill, Inc., 1994), 78。

废除了奴隶制。新泽西州要到 1804 年才完全放弃奴隶制。纽约州虽在 1799 年就宣布了要取消奴隶制,但该州的奴隶制要等到 1824 年才被彻底废除。在北部逐渐废除奴隶制的同时,南部各州并未采取同样的行动,只是有个别州放松了对释放奴隶的限制。18 世纪 80 年代,大约有一万名弗吉尼亚奴隶获得了释放。对于南部的政治领袖来说,奴隶是原殖民地居民财产的一部分,而财产权是不能被州政府任意剥夺的,所以,他们并不认为拥有奴隶和在新的州宪法中强调保护公民的财产权有任何矛盾之处。

## 二 《邦联条例》的制定与实施

革命后各州面临的最大的政治难题是各州之间的法律关系和地位问题。为了争取独立,各殖民地结成了一个政治同盟,并依靠这个同盟取得了独立。独立后各州之间的关系应如何定位？如何保持各独立州之间的平等与和睦？战时的同盟是否应该继续存在下去？这个同盟的性质应该是什么:是一个民族国家(nation-state),还是一个联邦(union),还是一个邦联(confederation)？既然各州因独立而建立了自己的主权,那各州间的联盟是否也因此有了一个超出各州主权之上的、更高层次的集体拥有的主权？

1776 年,大陆会议宣布各殖民地的居民将因独立而成为各独立州的公民,并规定各州有权归化居住在本州的外国人,但大陆会议并没有明确宣布有一种超乎于各州之上的美利坚(联邦)公民的存在。尽管如此,大陆会议的代表们显然希望在各州之间建立一个高于各州的政治机构,以便于协调和指挥统一的反英斗争。1776 年 6 月,当理查德·亨利·李向大陆会议提出独立的动议时,他附加了另一个建议:即大陆会议应着手准备"一个邦联的计划"(a plan of confederation),交由各殖民地考虑。[①] 大陆会议任命特拉华的约翰·迪金森组织一个委员会对此进行研究,并起草一份宪法性文件。

1776 年 12 月,迪金森委员会向大陆会议提出了《邦联条例》的初

---

① *Journal of the Continental Congress*, vol. 5, 425.

稿。经过将近一年的辩论,大陆会议在 1777 年 11 月通过了条例,随即将条例送往各州批准。马里兰州表示拒绝批准条例,理由是它邻近的州(弗吉尼亚)拥有大量的西部领土,对马里兰的发展和安全构成了潜在的威胁。马里兰声称,除非其他州将所拥有的西部土地作为共同财产划归给邦联政府,否则绝不批准条例。直到弗吉尼亚宣布放弃该州对西部领土的拥有权后,马里兰才批准了条例。1781 年 3 月 1 日,《邦联条例》(Articles of Confederation)正式生效。同一天,大陆会议的名称被终止使用,改称"合众国国会"(The United States in Congress Assembled)。从这一天起至 1788 年 11 月 21 日联邦宪法批准之时,《邦联条例》是界定当时美国 13 个州之间关系的宪法性文件,在某种意义上,也可被视为以州为基础的美国联邦的第一部成文宪法。但严格地说,它不是一部国家宪法,而只能是一部同盟条例,因为它的主权基础是各州,而不是联邦。

## 《邦联条例》的内容

《邦联条例》共有 13 条,其核心问题是解决各州之间的权力关系问题。条例的第一条将各独立州的联盟定名为"美利坚合众国"(The United States of America),确立了美国的国名。第二条宣布"各州保留自己的主权、自由和独立以及一切权力,司法权和(其他)权利";这些权利和权力"都不因邦联的原因而交付给合众国"。这一条宣布了各州拥有自己的主权,但又同时又暗示该主权需因邦联的存在才能得到承认。换言之,邦联本身没有法定的统一主权,而各州的主权却必须因邦联之存在成为"法定"的。各州代表对此表示赞成。这种处理方式避免了直接面对主权问题。大陆会议宣布与英国决裂是一个集体行动,而正是因为这个共同的行动,各殖民地才变成了独立的政治实体(国家)。条例第三条宣布:各独立州之间的法律关系是"(各州)为了它们的防御、为保障它们的自由、为(维护)它们相互之间的和共同的福利(而组成)的一个牢固的友谊性联盟"(a firm league of friendship with each other, for their defense, the security of their liberties, and their mutual and general welfare)。这个定义决定了邦联在体制上的联盟性质。

条例的第四条建立了邦联内的公民资格。邦联公民资格以州为基础,各州保证相互给予他州公民及其权利同等的法律尊重和保护。条例的第五条至第九条建立了国会,并规定国会拥有的权力。《邦联条例》建立的是一院制国会,各州在其中拥有同等的一票;各州在国会的代表由州立法机关任命;国会的一般决策依简单多数的原则表决通过,但重要决策须至少9个州(四分之三的州)的同意才有效;修改《邦联条例》则需经所有13州的同意才能进行。国会有权通过决议、规定和宣言;有权宣战、缔结和约、接受外交使节和与外国结盟;有权制造钱币和统一度量衡;有权处理与印第安人事务;有权管理与邦联有关的军事事务;有权获取土地和水源;有权处理海盗事务。

但是,《邦联条例》却没有给予国会有效的征税权、关税权以及管理州际贸易这些最重要的权力。条例也没有建立一个独立的中央执法机构,而只是在第十条里规定,国会休会期间的邦联事务将由国会下属的委员会和一群国会秘书们去处理。与此同时,条例明确规定:各州"保留自己的主权、自由、独立、及所有其他没有明确地让予大陆会议的权力";各州的法律应得到相互的尊重,邦联的军事和财政将由各州分担。条例也明确限制州不能私自从事外交方面的活动,不得接受外国使节或与外国签约等。①

## 联邦面临的无序与危机

《邦联条例》充分反映了当时美国人对联邦制的理解。根据条例,美利坚合众国不是一个主权统一的国家,其主权基础也不是合众国的人民;条例下的邦联是各主权州的联盟,并不直接对各州的人民负责,只对各州的立法机关和政府负责。在这种意义的联邦体制下,全国性政府有名无实,实际上所扮演的只是一个协调者的角色。邦联国会既没有独立有效的财权,也没有至高无上的军权,在处理州际和邦联事务时缺乏相应的权威。虽《邦联条例》要求各州遵守国会的决定,但并没有建立和设置有效的宪政机制来惩罚那些不遵守国会规定和法律的州,美利坚联邦的命运和效力完全掌握在州(政府)的手中。《邦联条

---

① The Articles of Confederation, in Thorpe, *Federal and State Constitutions*, vol. 1, 9-17.

例》实施后相当长一段时期内,有些州不派代表参加国会,致使国会连开会的法定多数也达不到,对重大政策的制定和修改无法表决。1785年,甚至连邦联国会主席约翰·汉考克本人也不屑于到当时的美国首都纽约去主持国会。

外交上,邦联国会是各州的传声筒,无法形成一个统一有力的声音。在邦联国会的代表与英国进行和平协定的谈判时,他们所提出的任何条件或建议都必须经13个州共同认可后才能采用。当时英国人曾提出要邦联保障那些在独立战争中坚持效忠英国的殖民者(即"效忠派")的财产权,但邦联国会的代表因各州的意见不一致,表示无法做出这样的承诺,只是回应说要说服各州提供相应的保障。根据1783年的和平协定,英国承认北美各殖民地的独立,承认美国拥有从大西洋至密西西比河之间的一切土地拥有权,同意将英国港口对美国开放;美国则承诺要退还被没收的效忠派的财产,保证偿还他们应得到的欠债。但许多州已将效忠派成员的土地充公,将他们的财产变卖。英国便以效忠派债权人无法收回被充公的财产为理由,拒绝将英国港口对美国商人开放,此举显然加剧了美国商业的萧条,但邦联政府却无力要求英国严格履行协定。此外,因各州意见不一,邦联国会也迟迟不能制定一个统一的对外商业贸易政策来应对英国的经济干扰。更糟的是,各州为了保全自己的利益,制定出五花八门的商业和贸易政策,致使美国的进出口和州际商业一片混乱,英国人则乘虚而入,借机向美国市场倾销英国商品。同时英国又与西班牙秘密达成使用密西西比河的协定,企图阻挠美国内陆商业的发展,从经济上瓦解这个新生的国家。尤其使美国人大丢脸面的是,由于邦联国会没有财力建设海军,每当外国船只在公海上对美国商船进行袭击和讹诈时,邦联政府都束手无策,不能为美国商人的利益提供有效的保护。

财政上,邦联更是一片混乱。独立战争期间,大陆会议曾向各殖民地征集军队和物资,但因战事发展不平衡,各州在战争中付出的代价和战争债务的分担也不平等。1783年独立战争结束时,邦联债务高达4000万美元。为偿还债务,大陆会议采用各州分摊的做法,要求各州按比例向邦联上缴财政。当时,为了安全,邦联政府还必须维持近10万人的军队,费用也需各州分担。根据《邦联条例》,邦联政府不能直接征税，只能等待各州收到税后向邦联上缴它们各自应承担的款额。由于经济萧条，人民不愿交税，州税收的情况不好，流向邦联国会的钱就更少。一些州只是象征性地履行自己的财政责任，另一些州则干脆赖账。此外，各州支付邦联财政的货币比率也有出入。如罗得岛和宾夕法尼亚等州是按独立前的比率，而马萨诸塞则按独立后的比率来上缴财政。另外一些州（如弗吉尼亚）则干脆以加印本州货币的方式来对付债务危机，结果是导致州与邦联货币的大幅度贬值。1781—1783年间，邦联国会向各州征收1000万美元的财政，结果只收到不足200万元。

1781—1786年间，邦联政府的平均年度财政收入仅有50万美元，勉强维持国会的运作，根本谈不上国家制度的建设，甚至无力支付欠债的利息。邦联政府的官员无薪俸可拿，军队也没有足够的补贴。邦联政府只好诉诸于印钞票来解决问题，其结果必然是导致进一步的通货膨胀。在邦联财政的使用分配上，各州也争执不休。康涅狄格强调自己的边界与英国人接壤，应得到较多的军费支持；马萨诸塞称自己的疆域临海，需有常备军的保护；弗吉尼亚和佐治亚则宣称它们要与印第安人和英国人同时作战。这些州不仅声称要保留庞大的民兵，而且要求得到邦联国会的军费支持，并以此作为它们上缴财政的先决条件。当时代表马萨诸塞出席国会的内森·戴纳私下抱怨说，各州的种种要求"使得国会举步维艰，困难重重"；因为任何决定都要有至少9个州的同意，而"出席国会的州常常不到11个"，这样国会就更不可能通过任何有效的决议了。①

为了保证国会的正常运作，国会主席常常不得不亲自写信给各州政府，恭请它们派出自己的代表。1786年5月国会开会时，只有7个州出席，国会主席戴维·拉姆齐写信给北卡罗来纳、特拉华、佐治亚和罗得岛的州长，敦促这些州按时派出代表出席国会。拉姆齐在信中说，因为这些州的缺席，邦联无法对其面临的债务、西部土地的处置、货币

---

① Nathan Dana to Jacob Wales, New York, 31 January 1786, in *Letters of Delegates to Congress, 1774-1789*, ed. Paul H. Smith, 34 vols. (Washington D. C.: Government Printing Office, 1995), vol. 23,123-128.

危机、国际和州际贸易协定的履行等一系列"紧急和重大的事务"作出决定;"长期欠债不还已使邦联在欧洲和美洲臭名远扬,如果我们还拿不出解决债务的计划,邦联将要再受到何等的伤害?"拉姆齐警告说,如果州继续对国会表示轻视,"我们的邦联"将遭到扼杀,随之而来的便是"无政府状态和无止境的州际战争,直到有一天某个未来的恺撒大帝把我们的自由掠夺而去,或我们沦为欧洲政治的玩物"。①

与此同时,各州之间因边界和商业问题而产生许多纠纷和摩擦。邦联西部的土地包括了俄亥俄以南和密西西比河以东的土地,在和平协定中统一划归邦联,但与西部土地接壤的州都声称自己对该领土拥有主权。此外,康涅狄格与新泽西和宾夕法尼亚为土地发生争执,几乎到了要干戈相见的程度。邦联政府对此一筹莫展。由于各州坚持自己的利益优先,邦联政府始终无法形成一个统一的西部开发政策,也无法对西进的移民提供保护。

在贸易方面,为保护本州的经济利益,各州纷纷建立起贸易壁垒。新泽西州对所有过港的外州商品和货物课税。纽约则马上进行报复,对所有从新泽西来的货品商品征收进港费。1785年,宾夕法尼亚对来自外国和外州的产品一律征税,以保护本州的商业竞争能力。为了周转资金,刺激贸易,解决硬通货币不足的困难,各州发行州制纸币,增加了州际货币流通的困难,使已经十分混乱的各州经济雪上加霜。各州内负债人大增,许多人因无法偿还债务而被投入监狱,一时间监狱内人满为患。

经济上的无序激化了社会各阶层之间的矛盾,导致了政治上的不稳定。1786年8月到12月间,马萨诸塞爆发的"谢斯反叛"便是州内阶级和区域矛盾冲突的结果。马萨诸塞州西部的一群自耕农,因不堪忍受州政府的歧视性经济政策,揭竿而起,发起暴动。他们包围了西部地区的政府机构,反对政府强行将他们的土地用来抵押他们的债务。他们要求州政府制止通货膨胀,扬言如得不到回应,便要进军波士顿,包围州政府。马萨诸塞州政府向邦联国会求援,但国会却无能为力,迟迟不能作出反应。

---

① David Ramsay to Certain States, New York, 31 January 1786, in *Letters of Delegates*, vol. 23, 129-130.

虽然自耕农的反叛最终被州政府镇压下去了,但这一事件却给新生的美国发出了一个紧急信号:如果邦联不能建立起一个有效的、权威上高于各州政府的政治机制,各州的经济与社会发展都将受到严重的阻碍,不仅各州内有产者与无产者之间的矛盾会剧烈上升,各州间在经济和商业上的矛盾也会演变成内战性质的冲突,其结果必然是全面的社会动荡。而失去了殖民地的英国人则会乘虚而入,争取独立的革命有前功尽弃的危险。"谢斯反叛"也使美国革命的领袖人物感到了危机。令政治精英们感到尤为不安的是,参加"谢斯反叛"的人——包括反叛的领导人丹尼尔·谢斯本人——都是曾经参加过独立战争的老兵。正如华盛顿所指出的,反叛如同是我们自己的人民起来向我们的宪政体制进行挑战。在他给当时的邦联战争部部长亨利·诺克斯的信中,华盛顿疾呼:"如果反叛者真的有冤,必须尽可能为他们申冤或为他们主持正义……如果他们是无冤闹事,就应动用政府的力量来立即镇压";如果两者都不可能解决问题,"只能说明(我们的)政府结构(superstructure)是不合适宜的,需要修补"。华盛顿担心,如果马萨诸塞不能镇压起义者的暴乱,它将如同雪球一样,越滚越大,所以,如果是宪政结构出了问题,必须立即对其予以"修正"。①

在给友人的另一封信中,华盛顿进一步明确地指出了邦联体制上的弱点。他写道:

> 我认为(邦联)国会必须拥有比目前更多的和更广泛的权力;合众国的每一部分都深深感到了国会的无权和无能为力所带来的影响。可以说,新英格兰出现的骚乱,我们商业上的不景气以及笼罩全国各地的那种普遍的低迷消沉的情绪,在极大程度上(如果不是完全的话)归咎于最高权力机构的无权。我注意到有的人对赋予国会适当的权力抱有一种过分的忌妒,这种忌妒有可能摧毁而不是保卫我们的自由……没有切实有力的支持,最明智的政策也不可能带来任何好的结果;这些政策只能为人们所赞许,但无法

---

① George Washington to Richard Henry Lee, Mount Vernon, 31 October 1786, in *The Writings of George Washington from the Original Manuscript Sources*, *1745-1799*, ed. John C. Fitzpatrick (Washington: Government Printing Office, 1938), vol. 29, 33-35.

得以实施。①

1787 年初,如同华盛顿一样,许多革命时期的领导人都意识到邦联处于一个巨大的危机中——百病丛生的经济、动荡不安的社会、无能的国会、空虚的财政以及失败的外交——所有这一切都使他们不得不重新考虑美国政府体制的设计。

## 三 联邦宪法的制定

新体制要解决的核心问题是如何建立一个既有足够权威来保护和发展各州的共同利益、但又不损害各州主权和人民权利的全国性政府。这对当时美国的政治领袖们来说是一个极大的挑战。邦联的历史说明,将美利坚联邦的利益置于各州的意志之下只能导致各州联盟的毁灭,但要建立一个在主权方面高于各州的联邦政府又是极其困难的,因为根据《邦联条例》,任何对于条例的修改都需 13 州的一致同意。在 1787 年联邦制宪会议前,一些州曾采取行动,要求修改《邦联条例》,但均因得不到多数州的支持而失败。如在 1782 年,在亚历山大·汉密尔顿的推动下,纽约州议会曾要求修改《邦联条例》,马萨诸塞附议表示支持,但其他州没有响应。

1785 年,弗吉尼亚和马里兰为了解决两州间的商业和内河航运纠纷,签订了和约。马里兰同时建议,为解决地区州际商业纠纷,召开一个包括特拉华和宾夕法尼亚在内的大范围的协调会议,弗吉尼亚则提议邀请邦联内所有州召开一个有关州际商业贸易政策协调的会议。1786 年 9 月,协调会在马里兰的安纳波利斯召开,在被邀请的 9 个州

---

① George Washington to Jabez Bowen, Mount Vernon, 29 January 1787, in *Writings of George Washington*, vol. 29, 138-139. 自 1783 年起,华盛顿便多次提到邦联体制上的弱点,尤其是各州对中央政府权力的过分限制。在 1783 年给汉密尔顿的信中,他引用自己在独立战争时期的经验,指出:如果邦联国会不能享有高于各州的权力,邦联可能面临瓦解的危险,独立了的各州也可能成为"我们敌人的工具"。同年,在给拉法耶特的信中,华盛顿对地方政治有可能左右邦联政府表示极大的担忧,地方利益的冲突"有可能削弱邦联,并最终导致我们的分裂"。见 Washington to Alexander Hamilton, Newburgh, 31 March 1783; Washington to Marquis De Lafayette, Newburgh, 5 April 1783, ibid., vol. 26, 276-277, 297-301。

中,仅有5个州派出代表参加会议。但汉密尔顿和弗吉尼亚的詹姆斯·麦迪逊立即抓住这一机会,建议次年(1787)5月在费城召开一个新的会议,对《邦联条例》进行修正和补充,使其能够应对邦联面临的紧急状况。马萨诸塞发生的"谢斯反叛"显然对各州呼应汉密尔顿和麦迪逊的提议起了意想不到的推动作用,邦联内的绝大多数州都同意派代表出席会议。汉密尔顿和麦迪逊也没有想到这次会议竟然成为了后来的联邦制宪会议。

## 费城制宪会议的召开

1787年5月25日至9月17日,联邦制宪会议在费城举行。这是美国历史上最重要的事件之一,会议产生的美国联邦宪法对于美国乃至后来世界政治的发展都有深远和独特的影响。这次会议原本是为修改《邦联条例》而开,但后来却成了一个重新设计美国政府体制的机会,从中产生了一个新的联邦制的政府设计。

参加费城制宪会议的代表共有55人,来自12个州。罗得岛的代表没有参加。55人中最终有39人在宪法上签字,其他16人因不接受宪法或提前离开了会议而没有签字。在签字的39人中,大部分人出身名门世家,生活富足,受过良好的教育,经历丰富,在殖民地和革命时期曾扮演过重要的领袖角色。[1] 他们中有33人曾经是大陆会议(Continental Congress)或邦联国会(Confederation Congress)的成员,6人曾在《独立宣言》上签字[2],4人曾参与制定并签署了《邦联条例》[3],至少有

---

[1] 关于制宪会议代表的背景情况,参见:United States National Park Service, *Signers of the Constitution: Historical Places Commemorating the Signing of the Constitution* (Washington, D. C.: Government Printing Office, 1976), 135-139; Saul K. Padover, *The Living U. S. Constitution*, rev. ed. (New York: New American Library, 1968), 39-68; "The Charters of Freedom," United States National Archives and Records Administration (NARA) website < www. archives. gov >.

[2] 包括宾夕法尼亚州的乔治·克莱默、本杰明·富兰克林、罗伯特·莫里斯和詹姆斯·威尔逊,特拉华州的乔治·里德,康涅狄格的罗杰·谢尔曼。弗吉尼亚的乔治·怀特和马萨诸塞的埃尔布里奇·格里也签署了《独立宣言》,但他们没有在联邦宪法上签字。

[3] 包括马里兰的丹尼尔·卡罗尔,宾夕法尼亚的罗伯特·莫里斯和古维诺尔·莫利斯(签署《邦联条例》时代表纽约州),以及康涅狄格的罗杰·谢尔曼。特拉华的约翰·迪金森和马萨诸塞的埃尔布里奇·格里也参与并签署了《邦联条例》,但他们没有在联邦宪法上签字。

7人曾经主持或直接参与过独立后各州的制宪会议。① 显然,这是一个政治经验十分丰富的群体。就职业背景而言,39人中的大部分同时从事多种职业,有6人是土地投机商人,11人从事大规模的证券投资商业活动,11人拥有实行奴隶制的种植园,小农场主为数不多,只有9人依靠担任公职获取主要经济来源。至少有22人曾经是律师或接受过法律训练,至少有14人担任过法官的职务。虽然大部分人出生在北美,但他们中至少有三分之一的人曾在联邦内不同的州居住或工作过,并有在国外生活或学习的经历。除极少数人是自学成才外(如本杰明·富兰克林),其余人都接受过当时看来是最正规的教育,有一半的人拥有美国本土大学或欧洲大学的学位,有的还有拥有高级学位。39人的平均年龄约45岁,年龄最大的是来自宾夕法尼亚州的富兰克林,当年81岁,最年轻的则是来自新泽西州的26岁的乔纳森·戴顿。② 参加制宪会议的55人中,30岁以下有3人(占会议代表总数的5%),30—39岁的有17人(31%),40—49岁的有21人(38%),50—59岁有7人(13%),60岁以上的有7人(13%),其中年富力强者(30—59岁)占会议代表总数的80%以上。在55人中有两人——乔治·华盛顿和詹姆斯·麦迪逊——后来成为美国的第一任和第四任总统,5人——约翰·拉特利奇、詹姆斯·威尔逊、约翰·布莱尔、威廉·佩特森和奥利弗·埃尔斯沃思——将成为联邦最高法院的大法官,至少11人将一次或数次当选为州长,至少27人将一次或数次当选国会议员。这个群体不仅熟悉当时欧洲的政治理论,尤其是启蒙运动前后的分权和社会契约理论,而且对"光荣革命"以来英国宪政的发展十分重视。他们中有多人同时又是大财产(包括奴隶财产)的拥有者,因此对于个人权利和财产的保护问题十分敏感和关切。

担任会议主席的华盛顿虽然在理论上并无独到的见解,但他因在

---

① 包括宾夕法尼亚的本杰明·富兰克林(州制宪会议主席),弗吉尼亚的约翰·布莱尔,南卡罗来纳的查尔斯·平克尼(州制宪会议主席),特拉华的理查德·巴西特和乔治·里德,马萨诸塞的纳撒尼尔·戈勒姆,以及新泽西的威廉·帕特森。此外,富兰克林、里德、约翰·拉特利奇(南卡罗来纳)和约翰·兰登(新罕布什尔)还在殖民地时期或独立后担任过州的行政长官。

② 39人中最早去世的是富兰克林(1790),同年去世的还有马里兰的圣托马斯的丹尼尔·詹妮弗、新泽西的威廉·利文斯顿和戴维·布里尔利,最后去世的是麦迪逊(1836)。

独立战争中功勋卓著而享有崇高的威望,他在会议前表明的建立联邦权威的观点也备受尊重,他的出席将制宪会议的目的与美国革命的主题联系起来,为会议奠定了一种精神基础。81岁高龄的富兰克林早在殖民地时期就已经成为美国人的骄傲,他在会上言语不多,但在关键时候提供经验之谈,为团结各派力量起了积极的作用。同是来自宾夕法尼亚的詹姆斯·威尔逊是当时美国立宪理论的专家,对世界上各种体制的政府形式了如指掌,他同时也是一个激进的"国家主义者"(nationalist),坚决主张建立一个具有崇高权威的中央政府。来自纽约的年轻律师汉密尔顿虽只有31岁,却也是独立战争的参加者,他能言善辩,坚决反对简单形式的民主政体,力主在美国建立中央集权型的共和政府模式。

尽管制宪会议上精英如云,会议的核心领导人物却是麦迪逊。这位年仅36岁的弗吉尼亚代表,曾在新泽西学院(普林斯顿大学的前身)学习过,参与过弗吉尼亚独立的文件起草,并出席过邦联国会。他在制宪会议期间不仅负责起草了许多重要的决议和文件,而且在会议之前和期间,阅读了大量欧洲启蒙运动时期的哲学、自然法、政治史、经济学和科学书籍(开会期间,他还特意随身带了大量书籍以备参考),每当辩论陷入僵局时,他往往能够引经据典,以丰富的学识和敏锐的见解说服各方。尽管麦迪逊本人主张建立一个有权威的中央政府,但他也充分尊重不同的意见,并积极寻求妥协的出路。① 同时,麦迪逊自始至终地出席了整个会议,并以第三人称对会议的辩论和表决作了详细记录。他的记录后来成为研究制宪会议的权威文献。

---

① 在制宪会议期间,佐治亚州的代表威廉·皮尔斯(William Pierce)曾勾画了他对各位会议代表的印象。他对麦迪逊的描述如下:"麦迪逊先生长期担任公职,他的能干和重要,是众人公认的,这是了不起的。在他身上,思想深邃的政治家与学者融为一体。在主持每个重大问题的讨论中,他都是制宪会议的领袖;尽管还不能称他为雄辩家,但他的确是(制宪会议上)最通情达理、最善言辞、最具有说服力的演讲者之一。他极为勤奋,以最突出卓越的方法来运用他的学识;在辩论的任何时候,他的学识和知识始终是最为渊博的。他比联邦内任何人都更准确地熟知合众国的事务。他曾经两次担任过大陆会议的议员,一直被看成是国会中能力最强的成员之一。麦迪逊先生大约37岁(实为36岁),是一个谦逊有礼的绅士——性情极其温和。与朋友相处时,他待人随和,坦然诚挚;与他交谈,是一件令人颇感愉快的事。"William Pierce, "Major Pierce's Character Sketches", 引自 Padover, *The Living U. S. Constitution*, 44。

## 制宪会议的进程与试图解决的主要问题

制宪会议的进程分为三个阶段。从1787年5月25日至6月19日,会议代表先就联邦新宪法的提议(此时也可将这些提议看成是对《邦联条例》的修改意见)在不同的委员会里逐条辩论和修改,形成委员会草案。从6月19日至7月26日,召开全体会议,对各委员会提出的宪法草案逐条进行大会辩论和表决。此后,会议指定一个五人委员会处理遗留的问题(包括悬而未决的总统选举的方式),并对整个宪法草案进行归类和整理。9月6日后,由一个专门委员会对原则上通过的宪法定稿进行文字润色。加工后的宪法草案于9月12日交与大会讨论,并作最后的修改。9月17日,制宪会议对宪法进行表决,并将通过的宪法草案送至纽约的邦联国会,由其交与各州批准。

制宪会议一开始花了两天时间讨论程序问题。为了确保会议进行顺利和产生权威性的结论,代表们决定建立三条会议纪律和程序:(1)会议以闭门方式举行,以保证与会者能够做到畅所欲言;(2)所有问题的议决必须以州为单位来投票;(3)投票的结果以当时在场的州的总数的大多数(the majority of the states present)的意愿为准,也就是说,这个在场的多数有权决定任何问题。事后证明,这些程序对于会议的成功极为重要。在会议上,代表们不受外界政治的干扰,对重大问题进行充分和详尽的辩论,各种意见都得到了表述的机会,这种坦率的辩论营造了一种协商和妥协的环境,对后来制宪的成功具有非常重要的意义。

从表面上看,制宪会议要解决的主要问题是如何增加中央政府的权力。实际上,为了建立有效的中央政府,制宪会议必须解决其他一些更为深层的问题。首先,中央政府必须拥有高于各州的权威,必须改变《邦联条例》下几个甚至一个州就能控制其权威的状况。但是,中央政府权威的来源何在,这是一个需要从理论和现实操作两方面解决的问题。其次,如果中央政府的权威来自各州,或者说,中央政府的权力是通过各州的让权而取得的,又将涉及另外两个新的问题:一是各州对其让与的权力是否拥有最终的控制或收回的权力,二是人口、面积和财富均不相等的各州在中央政府中是否应该享有同等的代表权。再者,如果说中央政府的权力来源超越了各州(政府)的约束,直接来自于另外一个权力源(如美国各州的"人民"),那么,是不是各州所有的人民都将超越州的范围而组成一个具有统一的政治权利的"人民",能够直接参与中央政府的组建和运作?如果是这样的话,各州政府的权威何在?中央政府与各州政府之间在主权上应是隶属、平行还是分享的关系?中央政府的意志如何能够得到各州的承认并通过各州的政府机器得以贯彻?此外,各州在制定州宪法时,对州政府的权力作了种种限制,其目的在于保护州内的"人民"(尤其是有产者)的权利;但是当一个高于州的新的中央政府产生时,这个政府完全有可能以超越州宪法和政府的方式,侵犯各州和各州人民的利益,当面对中央政府滥用权力的可能和行为时,州和人民如何能够对其进行有效的钳制,这显然也是一个十分重要的问题。所以,制宪会议的任务远远不是修补《邦联条例》,而是建立一个新的国家体制。

## 关于联邦政府性质和联邦主权归属的辩论

会议一开始便针对如何增强中央政府权力的问题进行讨论。弗吉尼亚的代表首先提出了一个方案,称之为"弗吉尼亚方案"(The Virginia Plan)。这个方案是由麦迪逊起草的,由埃德蒙·伦道夫提出,其原型参考了当时的许多州宪法。弗吉尼亚方案建议,在美国建立一个真实意义的国家政府,政府由立法、执法和司法三部门组成;立法机关由两院组成:一院的议员由人民直接选举,议员人数根据各州人口总数按比例分配,另一院议员由前一院的议员选举产生;新的联邦国会"将拥有邦联国会享有的一切权力,并有权在一切各州无法单独立法的事务中行使立法权";该方案还建议,联邦国会有权否决各州与中央政府宪法相违背的法律,并在州不履行其职责和义务的情况下,征召联邦军队,强制其履行职责。该方案同时提出,联邦执法机关首脑将由国会选出,最多只能任职一届,负责执行联邦法律;联邦司法机关由两层法院组成,其成员也将由国会任命,司法机关将有权审理一切涉及海盗、公海事务以及州际公民权利的案件。此外,该方案还规定了接受新州加入联邦的程序,提出了联邦政府必须"保证在联邦内各州实行共和形式的政府"的原则,要求各州必须宣誓支持(新的)联邦条款,并提出将

《邦联条例》的修改条款交由各州人民批准。①

弗吉尼亚方案包括了后来联邦宪法的几条重要原则,如联邦政府立法、执法和司法三权分立,国会拥有最高立法权,宪法必须由人民批准,联邦政府有权强迫州遵守联邦宪法,以及在全国实施统一的共和政府体制等。但该方案在宪政思想上,仍然遵循当时州宪法的模式,将立法权看成是至高无上的。显然,它的目的很单一:解决现存联邦体制的弱点,在不损害州政府原有权力的基础上,建立一个有权威的全国政府,赋予其解决各州无法解决的问题的权力,两者各司其政,互不干涉。

弗吉尼亚方案提出的第二天,宾夕法尼亚州的古维诺尔·莫里斯建议推迟该提案的讨论。他认为在决定全国政府的权力和构造之前,制宪会议必须先解决一个更为基本的问题:即全国(或中央)政府的权力基础和来源。莫里斯说:"一个仅以邦联形式组成的联邦(a Union of the States merely federal)是不可能完成《邦联条例》提出的各种使命的,由具有独立主权的各州签订的任何协约都不足以完成这些使命。"莫里斯指出,在邦联所有的政治实体中,"只应有一个唯一的最高权力",唯有建立一个由"享有最高权威的立法、执法和司法部门"组成的"全国性的政府"(a National Government),《邦联条例》的致命弱点才可得以消除。②

在接下来的辩论中,莫里斯对"联邦最高政府"(Federal Supreme Government)和"全国最高政府"(National Supreme Government)两个概念作了区分。他说:前者指的是"一个仅仅基于结盟各方良好信誉之上的契约性同盟体",而后者本身就已经是一个具备了"完整的运作功能和具有(内在的)强制性的"的政府。莫里斯认为,在美利坚联邦中,最高权力应掌握在全国政府而不是州政府手中。③ 莫里斯提出的这一原则得到了在场8个州中6个州(马萨诸塞、特拉华、南卡罗来纳、北卡罗来纳、弗吉尼亚和宾夕法尼亚)的支持,纽约州因内部意见分裂而弃权,只有康涅狄格投了反对票。

---

① Max Farrand (ed.), *The Records of the Federal Convention of 1787*, 3 vols. (New Haven: Yale University Press, 1911-1937), vol. 1, 18-23. 以下简引为:Farrand, *Records*。
② Farrand, *Records*, vol. 1, 33.
③ Ibid., vol. 1, 34.

莫里斯提案的意义十分重大,因为它确立了联邦主权的独立性和崇高性的原则,奠定了美利坚合众国的主权基础。在这一原则指导下,制宪会议的任务将不再是修补旧的《邦联条例》,也不再是讨论如何协调各州的主权问题,而是为一个新的、具有统一主权的国家制定一部基本法。

莫里斯原则仅仅建立了联邦主权崇高性的原则,但这个原则如何通过具体的政府设计来体现,仍是未知数。事实上,当制宪会议代表开始讨论弗吉尼亚方案时,他们才意识到他们在联邦政府应该如何组成,应拥有什么权力,以及如何拥有这些权力等问题上存在着巨大的分歧。在近两个半星期的讨论中,制宪会议代表对弗吉尼亚方案进行了逐条辩论。他们讨论了如何选举议员、分配议员名额、选举法官、确定议员和法官的任期年限,以及如何选举执法部门首长等诸多问题,但最终还是未能接受弗吉尼亚方案。主要困难在于:该方案中提出的国会组成方式不能为制宪会议所接受。康涅狄格的罗杰·谢尔曼反对国会议员由人民直接选举,认为联邦国会的议员应由各州指派,因为州政府是人民的主体政府,而联邦政府的作用是通过州来体现,对于各州的人民来说,联邦政府是次要的,人民对于联邦政府的参与主要通过选举州议会的方式,由本州人民选出的州立法机构有权在联邦政府中代表本州人民。①

弗吉尼亚的乔治·梅森反驳了谢尔曼的说法。他指出,弗吉尼亚方案中的中央政府与《邦联条例》下的中央政府在本质上是不同的,前者的权力基础是人民,所以其代表应由人民来直接选举。梅森强调,根据共和政府的原则,国会代表的先决条件"是他们必须至少同情他们所代表的人民的要求,应该想他们之所想……而且甚至应该居住在人民中间"。②

谢尔曼和梅森代表的两种意见实际上反映了制宪会议代表对新联邦体制的不同理解。这种分歧的背后还存有现实的政治考虑。如果联邦国会由人民直接选举,人口众多的大州(如弗吉尼亚)则可能在国会

---

① Farrand, *Records*, vol. 1, 142-143.
② Ibid., vol. 1, 142.

中获得较大的发言权(或代表权),这种情形自然是康涅狄格这样的小州所不愿看到的。因此,小州的代表不赞成建立一个过于强大的全国政府,认为联邦国会的权力太大会危害人民的自由,因而希望启用州主权的理论来限制中央政府。事实上,所谓大州与小州之间的划分并不十分严格,根据南卡罗来纳州的代表查理·科茨沃斯·平克尼在1788年的统计,美国13州的人口总数为250万人左右(其中包括近52万黑奴)。人口总数在10万以下的有3个州,分别是特拉华(3.7万)、罗得岛(5.8万)和佐治亚(9万);人口总数在10万以上的10个州依次为:新罕布什尔(10.2万)、新泽西(13.8万)、南卡罗来纳(15万)、北卡罗来纳(20万)、康涅狄格(20.2万)、纽约(23.3万)、马里兰(13.8万)、马萨诸塞(36万)、宾夕法尼亚(36万)和弗吉尼亚(42万)。①在代表权问题上,大州与小州的对立比较明显,但如同后面的讨论将要指出的,州面积的大小和人口的多少并不是州际利益冲突的唯一原因。

对于弗吉尼亚方案的起草者麦迪逊来说,新联邦政府设计中的基本原则应是防止派别组合的利益集团控制甚至垄断政府。他认为,国会两院中至少应有一院要由民选产生,这样既符合代议政府的原则,又可避免州在联邦政府内组成特殊利益集团。麦迪逊认为,在任何社会中,都有不同利益的存在,而且在多数利益联合起来的时候,少数派的利益就要面临危险,在共和体制下,多数派当政的机会更多;为了防止政府为某一派别或利益集团控制,"唯一的补救办法"就是以毒攻毒,即"将(参与政府的)范围扩大,将社会分割成众多的利益和派别组合,多到任何一种派别如果不同时分享全体或少数派的利益就无法组成

---

① 平克尼在计算南部的5个蓄奴州(马里兰、北卡、南卡、佐治亚和弗吉尼亚)的人口时,以"五分之三"的比例(即按每5个奴隶对应3个白人自由人计算)将这些州的奴隶人口算在该州的总人口数里。5个蓄奴州的奴隶人口总数为52万(佐治亚2万,北卡罗来纳6万,南卡罗来纳8万,马里兰8万,弗吉尼亚28万),但平克尼的计算仅包含了奴隶总人口数的五分之三(约31.8万人),没有包括另外的五分之二(约20.8万人)。加上被排除的奴隶人口,平克尼计算的美国各州人口的总数应为277万。Farrand, *Records*, vol. 3, 253; vol. 1, 573-574; Ford, *Journals of the Continental Congress*, vol. 29, 767; Winton U. Solberg, ed., *The Federal Convention and the Formation of the Union of the American States* (Indianapolis: Bobbes-Merrill Company,1958), 407-409.

(一个具有有效意义的)多数的程度,多到多数派虽然分享同样的利益但却不可能(轻易)联合起来去追求那种(共同)利益的程度";只有这样,派别的"邪恶"才能被摈除。① 显然,麦迪逊的用意是通过扩展和增加政治运作的层面和渠道来减少派别的影响,削弱个别多数派垄断政治的可能性,从而使少数派的利益得到保护。

但小州的代表却坚持认为弗吉尼亚方案只会损害小州的利益,要求利用传统的平等代表权的方式来解决国会代表权的划分。6月15日,对弗吉尼亚方案的辩论陷入僵局后,来自新泽西的威廉·佩特森提出了一个代表小州利益的变通方案,即所谓的"新泽西方案"(The New Jersey Plan)。这个方案提出:坚持现有的邦联政体,尊重各州主权,各州在国会仍只有一票的投票权。但该方案提出了几项重要的改革措施:全国(联邦)政府应有直接征税的权力,增设由立法机关选举的全国行政执法部门,建立由行政首长任命的联邦最高法院,各州必须服从国会的税收分派,国会有权管理关税、海关、贸易和邮政。

新泽西方案最重要的建议是:"联邦政府的一切法律……及所有由联邦政府授权签订或批准的条约都将是各州的最高法(the Supreme law of the respective States)。只要这些法涉及各州和它们的公民,联邦法就对该州具结效力。当州法与联邦法有冲突时,州法院必须裁定以联邦法为准;在遇到州不尊重联邦政府的决定时,联邦政府有权调动各州民兵,强迫不守法的州遵守联邦法。"② 这个法案无疑是支持建立一个具有极大权威的全国政府的,但它坚持中央政府的建立和其功能的发挥必须由州来控制。在坚持州权是神圣的、平等的、不能被削弱和让与的同时,该案又确立了联邦法是最高法的原则,后者无疑具有十分激进的宪政意义。

在某种意义上,新泽西方案对弗吉尼亚方案的基本思想予以了支持,并将莫里斯提出的关于联邦政府权威具有崇高性的原则加以法律化和具体化了。新泽西方案的这些重要建议最终都将写进联邦宪法,但在主张建立全国政府的代表们的眼中,该方案不过是《邦联条例》的

---

① Farrand, *Records*, vol. 1, 134-136.
② Ibid., vol. 1, 242-245.

翻版。汉密尔顿对此发表了长篇议论。他认为,联邦政府是一个统一的政府,必须拥有"完整的主权",如果各州在联邦政府中有平等代表权,联邦政府实际上就不会有任何权力。他坚信,两个主权体是不能在同一(政治实体)范围内同时存在的(Two Sovereignties cannot co-exist within the same limits),所以"为了保存自己,联邦政府必须吞掉州的权力,否则它将被州所吞食"。[1] 在大州的反对下,新泽西方案也遭到了否定。

小州方案虽遭否决,但小州却由此而知,没有他们的支持,大州的任何提案都休想通过。于是双方都力图在以集权的中央政府为基础的和以州主权为基础的两种联邦制之间寻求一个可以妥协的方案。这显然是十分困难的,因为问题的实质是如何定义和区分"联邦"(Union)和"邦联"(Confederation)。

事实上,这两个概念的使用在当时也很混乱,在《邦联条例》中,两者被交换使用。在弗吉尼亚方案中,"联邦国会"一词是用"National Legislature"来表述的,在新泽西方案中,"联邦首脑"一词用的是"National Executive",但"联邦司法"一词却用的是"Federal judiciary"。理论上,制宪者们面临一个进退两难的局面:如果承认州为具有完全主权的政治实体,联邦就不能具有最高主权,也不能通过具有最高法律效力的法律;如果不建立一个具有主权的联邦政治实体,各州又无法解决超出该州主权管辖以外的州际和联邦事务,不仅联邦的存在与繁荣会受到威胁,而且各州的安全与繁荣也将因此受损。联邦与州之间到底哪一方应是美利坚合众国主权的最终拥有者?

经过反复的辩论,问题开始明朗。马萨诸塞的鲁弗斯·金指出:代表们使用的"州""主权""国家主义"(nationalism)等概念是含混不清的,实际上"联邦"与"邦联"并不是完全分离的,州也从来不是完全和绝对地独立的;事实上,从一开始州的主权就是不完全的,譬如州并不具备宣战权和缔约权,对英国人的宣战和缔结和约都是以大陆会议(即联合起来的州)为名的集体行动,州在国际事务中是一个"既聋又哑的政治实体",连自卫的功能也没有。但由州组成的联邦则不同,如

---

[1] Farrand, *Records*, vol. 1, 294-301.

果说联邦包含了邦联的成分,它同时也包含了不可分割的性质。金认为,"一个由州组成的联邦实际上是由构成州的人民组成的联邦,联邦在形成时已具备一种统一的国家性质",所以,"当一个州继续保留其主权的一部分时,它一定已经失去了最基本主权的另一部分"。换言之,如果各州在某些方面组成了一个邦联(Confederacy),它们在另一些方面却组成了一个国家(Nation)。也就是说,联邦早已存在邦联之中了。①

金的这种分析为解决联邦制与邦联制的争执打开了新的思路。但也遭遇到小州的挑战。来自马里兰的路德·马丁声称当13个殖民地与英国决裂时,它们也摆脱了原来在英国体制下的相互关系,回到了"一种自然状态"(a state of Nature),州与州相互之间是独立的,是名副其实的独立主权国家,所以,在组建新的联邦时,各州的权力必须平等。② 马丁的论点立刻遭到全国性政府派的詹姆斯·威尔逊和汉密尔顿的反驳。威尔逊强调说,北美殖民地是以"联合的殖民地"(United Colonies)的名义独立于英国的,独立不是各殖民地的单独行为,而是所有殖民地的联合行动,所以,在赢得独立的同时,所有殖民地也就结成了相互依赖、唇齿相依的整体了。③ 这场辩论显然对大小州达成第一步的妥协有重要的促进作用。

6月20日,代表们同意将原莫里斯提案中的"全国性政府"(nationalist government)改为"合众国政府"(the Government of the United States),表明大多数人希望在中央集权和州权之间妥协,建立一个同时包含联邦制(federal)和中央集权制(national)原则的联邦政府。应该指出,制宪会议这里用的"federal"一词实际上意味"邦联",而"national"一词则意味后来意义上的"联邦"。这个妥协的达成也是因为现实所致,因为制宪会议的初衷是修改《邦联条例》,而只有以修改《邦联条例》的名义,制宪会议才可望得到各州的支持,得以继续进行;况且,任何修改的条款或产生的新宪法都必须经州的批准才能生效,如果在此

---

① Farrand, *Records*, vol. 1, 323-324.
② Ibid., vol. 1, 324.
③ Ibid.

时完全抛弃州,宪法被批准的机会将受到影响。这个难题解决后,制宪会议接受了新泽西方案中的关于联邦法是"最高法"(supreme law)的原则,并据此起草了后来联邦宪法的第六条(Article VI),宣布联邦宪法及联邦法律将成为美利坚合众国的最高法律。

### 关于联邦政府组成和各州参与权分配的辩论

制宪会议虽接受了"半联邦制、半中央制"(或"半邦联制、半联邦制")的模式,但大小州之间权力均衡的难题仍未解决。与这个问题相关的是国会议员的产生方式。激进的中央政府派(如威尔逊)主张国会两院的议员均由人民直接选举,这一主张遭到大多数州的反对。制宪会议后来决定联邦众议院由民众直选,参议员由各州议会选举。在辩论中,康涅狄格的奥利弗·埃斯沃斯特别强调,参议员由州(议会)选举有利于政治的稳定以及有助于加强联邦与州政府之间的合作。他说,众议院是由人民选举,主导民选的力量往往不是智慧而是激情与偏见,由州立法机关选出的参议院一方面可对民选的众议院有所牵制,另一方面又可"维系州的存在,发挥其功能"。他认为,共和政府要在(美国)这样范围广大的国家内取得成功与支持,必须(通过参议院的代表权)"将中央政府嫁接到每一个州政府之中"。[①]

制宪会议最后对参议员选举方式的表决结果是:9 票同意参议员由州议会选举,2 票反对。由此可知,埃斯沃斯的这种观点很有市场。麦迪逊本人也不赞成民众直接选举联邦参议员。汉密尔顿则更为极端,对国会两院都抱有一种不信任态度,主张建立强大的终身制形式的联邦执法首脑制度,与民选和州选的国会抗衡。除极少数人外,制宪会议的大部分代表对普遍民主持相当保留的态度,希望借助参议院来抵消或至少减弱"暴民政治"的影响。[②]

尽管在参议员产生方式上取得了一致意见,制宪会议代表在国会代表权的分配问题上再次陷入僵局。关于国会两院议员席位分配的辩

---

[①] Farrand, *Records*, vol. 1, 406-407.
[②] 麦迪逊和汉密尔顿对此问题的观点分别见 Farrand, *Records*, vol. 1, 134-136, 304-305, 323。

论从 6 月 27 日开始一直延续到 7 月 16 日,争论的焦点是:(1)各州无论大小是否应在国会两院中具有同等数量的代表席位？(2)众议院席位的分配的基础是什么？大州倾向于支持弗吉尼亚方案中提出的依各州人口总数按比例分配国会两院席位,小州则坚持各州在国会应享有平等的代表权。马里兰的路德·马丁说,没有平等代表权,小州将会受制于大州,成为其"政治上的奴隶"。① 康涅狄格的谢尔曼则更形象地解释说:大州与小州如富人和穷人一样,若两人在一个社会中拥有同样的政治代表权,表面上看起来这样作对富人好像有些不合理,但"他却与穷人一样感到绝对的安全";如果按富人的地位给他比穷人更多的政治权,"那么,穷人的权利立刻就会变得不安全起来"。②

争执不下,大会只好任命一个新的委员会(由各州各派一名代表组成)去寻求一个妥协方案。7 月 5 日,该委员会向大会提出了妥协方案(因这一方案最初由康涅狄格的埃斯沃斯提出,被称做"康涅狄格妥协案"),其内容包括:国会由两院组成;两院实行不同的代表权分配方式;众议院(House of Representatives)的议员由各州选民直接选出,每 4 万人可选一名众议员,不足 4 万人的州至少要有一名众议员;各州在参议院的代表权相等;众议院将拥有所有议案的提案权,并单独拥有联邦政府财政预算的提案权;对众议院提出的财政预算,参议院无权修改,只能接受或拒绝。③ 委员会的用意很明显,用各州在参议院的平等代表权来满足小州的要求,众议院代表权按人口比例分配,可部分满足大州的要求,将财政预算的控制权置于众议院,又允许参议院拥有对预算法案的否决权,以此来吸引大小州同时接受妥协。

## "五分之三"妥协与众议院席位的分配

康涅狄格妥协案只是为大小州之间的最终妥协提供了出路,但要各州接受这个妥协案并不容易。妥协案中最有争议的问题是众议院议员席位的分配,制宪会议又一次陷入僵局。不过在这个问题上对立的

---

① Farrand, *Records*, vol. 1, 444-445.
② Ibid., vol. 1, 450.
③ Ibid., vol. 1, 526.

双方不是大小州,而是南北两个区域。根据妥协案,各州在国会众议院的议员人数依照各州人口总数按 40 000:1 的比例来分配,一州的总人口数越大,其在众议院拥有的议员席位也就相应越多。在辩论中,南部坚持要把南部各州的奴隶人口算入州的总人口数内,目的在于借此增加南部各州在众议院的代表席位。制宪会议在讨论众议院席位分配时,使用的数字是根据邦联国会向各州分配税收时用的数字,这些数字与前面提到的平克尼数字一样,也是估计数字。为了更准确地说明问题,在此我们可使用 1790 年(也就是第一次)美国联邦人口普查所提供的数字,来观察各州自由人与奴隶人口的比例(参见表 2.1)。

表 2.1 1790 年美国原始 13 州自由人口与奴隶人口统计

| 州 | 总人口数 | 白人 | 自由黑人 | 奴隶 | 黑人占总人口%[a] | 奴隶占总人口% |
|---|---|---|---|---|---|---|
| **北部州** | | | | | | |
| 新罕布什尔 | 141 885 | 141 097 | 631 | 157 | 0.6 | 0.1 |
| 马萨诸塞 | 378 787 | 373 324 | 5 463 | 0 | 1.4 | 0 |
| 罗得岛 | 68 825 | 64 470 | 3 397 | 958 | 6.3 | 1.4 |
| 康涅狄格[b] | 237 946 | 232 374 | 2 624 | 2 648 | 2.3 | 1.1 |
| 纽约 | 340 120 | 314 142 | 4 785 | 21 193 | 7.6 | 6.2 |
| 新泽西[b] | 184 139 | 169 954 | 2 762 | 11 423 | 7.7 | 6.2 |
| 宾夕法尼亚 | 434 373 | 424 099 | 6 567 | 3 707 | 2.4 | 0.8 |
| 特拉华 | 59 096 | 46 310 | 3 899 | 8 887 | 21.6 | 15.0 |
| **南部州** | | | | | | |
| 马里兰 | 319 728 | 208 649 | 8 043 | 103 036 | 34.7 | 32.3 |
| 弗吉尼亚[b] | 691 737 | 442 117 | 17 534 | 287 959 | 44.2 | 41.6 |
| 北卡罗来纳[b] | 353 751 | 288 204 | 4 764 | 100 783 | 29.8 | 28.5 |
| 南卡罗来纳 | 249 073 | 140 178 | 1 801 | 107 094 | 43.7 | 43.0 |
| 佐治亚[b] | 82 548 | 52 886 | 398 | 29 264 | 35.9 | 35.4 |
| **总计** | | | | | | |
| 北部州 | 1 845 171 | 1 765 770 | 30 128 | 48 973 | 4.2 | 2.7 |
| 南部州 | 1 696 837 | 1 132 034 | 32 540 | 628 136 | 38.9 | 37.0 |
| 全国[c] | 3 929 214 | 3 172 006 | 59 584 | 697 624 | 19.3 | 17.8 |

[a] 包括自由黑人和奴隶。

b 奴隶人口包括在该州领土和后来并入该州领土上居住的奴隶,因此人口总数并不一定等于该州白人、自由人和奴隶人口数相加。
c 此处数据包括了缅因、佛蒙特、肯塔基、田纳西等尚未建州地区的人口数据,并非只是所列各州人口数据的总和。笔者同时注意到南北各州自由黑人的人口之和与资料(Donald B. Dodd, comp., *Historical Statistics of the States of the United States*, 103)所显示的全国自由黑人总数有出入。

资料来源:Donald B. Dodd, comp., *Historical Statistics of the States of the United States: Two Centuries of the Census, 1790-1990* (Westport, CT: Greenwood Press, 1993), "General Population Statistics, 1790-1990" Section, 1-104. 又见:U. S. Department of Commerce, Bureau of the Census, *Negro Population in the United States, 1790-1915* (Washington, D. C.: Government Printing Office, 1918), reprint edition (New York, 1968), 45, 57, 840. 同时参见 Winton Soldberg, *The Federal Convention and the Formation of the Union of the American States* (Indianapolis: Bobbs-Merrill, 1958), 409. 奴隶占人口比例由笔者计算。

根据1790年(制宪会议后三年)第一次联邦人口普查统计,当时美国人口总数为390万人左右,南部5个蓄奴州(马里兰、弗吉尼亚、北卡罗来纳、南卡罗来纳和佐治亚)的人口总数为170万人左右,其中包括近63万奴隶人口;大西洋中部4州(纽约、新泽西、宾夕法尼亚、特拉华)的人口总数为100万左右,其中有奴隶人口4.5万;东北部新英格兰地区的4州(新罕布什尔、马萨诸塞、罗得岛、康涅狄格)总人口为82万左右,其中仅有3763人是奴隶。

这些数字表明,南部蓄奴州的人口总数在除去奴隶之后,远远低于北部各州(包括中部和东北部)人口的总和,而奴隶制在北部已经或即将被废除。南部蓄奴州担心,联邦政府建立后,中北部的自由州如在国会中拥有较大的控制权,会通过税收来夺取南方的经济利益,因此它们坚持要将奴隶人口计算在州人口总数内,以争取能与中北部抗衡的代表权。

北部州的代表坚持只有自由人才能作为州人口的基数,否决了南卡州提出的将奴隶纳入州人口总数的提案。新泽西的佩特森说,奴隶连人身自由都没有,完全是听凭主人处置的财产,何以能算作有自主能力的人?他指出,弗吉尼亚州议会的代表名额的分配并没有将该州的奴隶人口计算在内,"如果黑人在他们所属的州内都没有被代表的权利,他们凭什么要求在联邦政府里拥有被代表权?"①南部提出将奴隶以五分之三的比例计算,北部也坚决反对。宾夕法尼亚州的威尔逊严肃地质问道:如果奴隶被计算在国会代表权里,那他们究竟应被看做是公民还是财产? 如果是公民的话,为什么他们不能得到与白人公民同等的待遇? 如果他们是财产的话,是不是其他的财产也可以同样地被纳入国会代表权的计算之中?②

南北双方在这个问题上僵持不下,直到7月11日,麦迪逊提出了将众议院的代表权与联邦对各州的税收挂钩的想法。这个想法在次日由宾夕法尼亚的莫里斯作为议案正式提出。莫里斯提议,联邦政府向各州征收(直接)税的比例应与各州在国会代表权的分配相称,也就是说,如果南部要以五分之三的比例将奴隶计算在州人口的总数中来争取较大的国会代表权,联邦政府也将按同一比例向南部征收直接税。莫里斯说,他之所以提出这个妥协的方案是因为他意识到,东北部各州"坚持要南部各州接受它们永远也不会接受的条件的努力是徒劳的,而南部企望东北部各州放弃自己的主张也是枉费心机",双方必须采用一种妥协的立场,使各州都能自愿地结合起来,"组成一个对美国有利的联盟"。③ 莫里斯的提案得到了南北部的赞同,康涅狄格的埃斯沃斯和南卡的皮尔斯·巴特勒提议,各州在众议院的代表权和联邦在各州征收直接税(direct tax)的数额将依各州人口基数按比例进行分配和征收,人口基数的计算方法为,自由人口的总和加上本州内"黑人居民(black inhabitants)总数的五分之三"。提议同时规定,国会将在六年之内进行人口普查,并在以后每十年进行一次人口普查,对各州在众议院的代表权分配作出调整。这项提议为在场的10个州中的6个州所接受,得以通过。④

众议院席位分配妥协的达成为解决参议院的代表权问题铺平了道路。在参议院代表权的辩论中,大小州之争与南北之争纠缠在一

---

① Farrand, *Records*, vol. 1, 561.
② Ibid., vol. 1, 587.
③ Ibid., vol. 1, 591-593.
④ Ibid., vol. 1, 594.

起,使制宪会议出现了一种双重利益交错的局面。大州再次要求使用民选的方式选举参议员和按州人口数来分配参议院席位,南北两地的小州则坚持众议院的财政权与各州在参议院的平等代表权不可分离,没有后者,前者也不能为小州接受。新泽西代表谢尔曼认为:"除非州政府在联邦政府中都能得到代表和拥有否决权,否则它们不能保存自己。"①

此时,在场的麦迪逊注意到,各州在参议院代表权问题上"真正的利益分歧"不是大小州之间的分歧,而是南北部之间的分歧,是"奴隶制及其产生的后果"在南北地域之间形成了"一条鲜明的利益分界线"。在这种情况下,北部的 8 个州将始终是国会中的多数,参议院的平等代表权虽不能完全中和北部州占多数的影响,但至少可以对其起到一定的遏制作用。当然,对于所有的小州来说,参议院的平等代表权是消除大州多数的威胁的必不可少的机制。

正是在这些错综复杂的考虑之下,制宪会议终于在 7 月 16 日以 5—4 票的微弱多数接受了参议院平等代表权的议案,从而使整个康涅狄格妥协案得以通过。最后投赞成票的 5 个州是康涅狄格、新泽西、特拉华、马里兰和北卡罗来纳。投反对票的 4 个州是宾夕法尼亚、弗吉尼亚、南卡罗来纳和佐治亚;马萨诸塞因内部意见分歧无法形成统一的决定。纽约在投票时缺席。罗得岛和新罕布什尔未参加辩论。②

邦联国会对康涅狄格妥协案的达成也有重要的促进作用。在费城制宪会议举行的同时,邦联国会也在纽约市举行专门会议,讨论西北领土的开发问题。所谓"西北领土"(Northwest Territories)是指位于密西西比河以东、俄亥俄河以北的大片未开发的土地。这些土地原是英王赐予某些殖民地的领土,因王室宪章对这些土地的界限划分十分混乱,殖民地就这些土地的拥有权素来争执不休。独立战争后,邦联经过与英国的谈判,获取了美国对这些领土的拥有权,相关州也放弃了对这些土地的主权要求,将其转让给了邦联。③ 但是如何开发这片领土,南北

---

① Farrand, *Records*, vol. 2, 5.
② Ibid., vol. 2, 19.
③ 参见第三章中的"1783—1853 年间美国领土的扩张"。

分歧很大。南部把西部看成未来联邦扩展的方向,希望早日建立新州组建的法律程序,以便尽快在西部发展农业资本主义和奴隶制。北部州则希望缓慢开发西部,以保护北部工商业州在联邦中的政治经济上的优势。

1787年7月上旬,当费城制宪会议因国会代表权问题陷入僵局时,纽约的邦联国会通过了著名的《西北土地法令》(Northwest Ordinance)。该法令将西北部领土(包括今密歇根、威斯康星、俄亥俄、印第安纳和伊利诺伊5州)变成联邦控制的领土,允许在该领土建立新州,并规定新州在加入联邦后享有与原始州同等的权利。在北部的坚持下,法令规定西北领土上将禁止实行奴隶制,但允许捕捉逃入该领土的奴隶。南部接受了《西北土地法令》,主要因为法令将组成新州的人口总数设在60 000人,缩短了新州成立的时间。同时,法令并没有对与弗吉尼亚和北卡罗来纳毗连的西南部土地作出禁止奴隶制的限制,当新州在西南部土地上组建时,完全可以引进奴隶制,从而增加与北部工商经济州抗衡的力量。[①]《西北土地法令》为新州加入联邦建立了法律和政治程序,也缓解了南北和大小州间在国会代表权问题上的冲突,促使制宪会议就此达成妥协。

需要指出的是,制宪会议上关于众议院席位分配的妥协,即所谓"五分之三条款"(three-fifths clause),是南北双方在奴隶制问题上的第一个重要妥协。[②] 南部的蓄奴州因其奴隶人口按五分之三的比例计入

---

[①] An Ordinance for the Government of the Territory of the United States northwest of the River Ohio (July 13, 1787), in Thorpe, *Federal and State Constitutions*, vol. 2, 957-963.

[②] 所谓"五分之三原则"(three-fifths rule)最早是在大陆会议(Continental Congress)期间提出并使用的。当时北部州和南部州为如何分摊联邦税的问题争执不休,南部各州拒绝将奴隶作为人口计算,但又力图降低联邦税的比例,而北部则主张以实际人头数为税收基础。南部认为,既然其他的财产(如土地与羊、牛和马之类)不算在课税的范围内,奴隶也是一种财产,也不应该计算在内(富兰克林曾经反诘道:"羊群决不会发动起义",言外之意,奴隶是人,而不是类如动物的财产)。后来在1783年,邦联国会提出以"五分之三"的比例将奴隶人口折算成自由人口(即一个奴隶算作一个自由人的五分之三),加入各州的自由人口(包括所有自由人和契约奴工,但不包括印第安人),作为分摊联邦直接税的人口基数。1787年,这项原则被邦联国会通过,并为制宪会议采纳,同时用以作为分配联邦国会众议院席位和征收联邦直接税的人口基数。"五分之三条款"被写入了1787年联邦宪法的第一条第二款第3段。1865年第十三条宪法修正案宣布废除奴隶制后,这一条款自动作废。

州总人口而增加了它们在众议院的代表权,虽然这些州也要按此比例分摊联邦直接税。由于奴隶并不能行使选举权,所以南部 5 州自由人口所享有的人均国会代表权实际上高于北部各州自由人口所享有的相应权利。

制宪会议最后对众议院席位分配的结果是:13 个州共选出 65 名众议员,南部 5 个蓄奴州共占其中的 29 名(44.6%),北部 8 州占 36 名(55.4%)。① 按照平克尼在 1788 年使用的各州人口数字,南部 5 州众议员名额与 5 州自由人总人口的比例为 26400∶1(即每 2.6 万自由人选一名众议员),而在北部 8 州,这项比例为:41400∶1(即每 4.1 万人选一名众议员)。② 同样,使用平克尼的数字,南卡罗来纳州的自由人口总数为 10 万人,却可选出 5 名众议员,新罕布什尔州有 14 万人,却只能选 3 名众议员。弗吉尼亚的自由人口为 25 万,可选出 10 名众议员,而人口总数都为 36 万的宾夕法尼亚和马萨诸塞却分别只有 8 名众议员。由此可见,南北之间的人均政治代表权是不平等的,"五分之三"条款是造成这种不平等的直接原因。

但是,如果没有"五分之三条款"的妥协,其他后来的妥协是不可想象的。对于麦迪逊来说,把奴隶制的问题纳入制宪会议上各州之间的讨价还价是极为危险的。早在 1787 年 6 月当埃斯沃斯提出"半联邦制、半中央制"政府模式时,麦迪逊就曾警告说,南北双方"在北美大陆

---

① 具体分配为:南部 5 州:弗吉尼亚 10 名、马里兰 6 名、北卡罗来纳 5 名、南卡罗来纳 5 名、佐治亚 3 名;北部 8 州:新罕布什尔 3 名、马萨诸塞 8 名、罗得岛 1 名、康涅狄格 5 名、纽约 6 名、新泽西 4 名、宾夕法尼亚 8 名、特拉华 1 名;一共 65 名。U. S. Constitution (1787), Article I, Section 2.

② 如前所述,平克尼数字是制宪会议使用的几个数字之一。根据该数字,南部 5 个蓄奴州的总人口数为 1 078 000 人,除去其中包含的以五分之三比例计算在内的 312 000 奴隶人口,实际自由人口的总数为 766 000。北部 8 个州的总人口数为 1 490 000 人,其中奴隶人口数极小,平克尼没有单独列出。按 1790 年联邦人口统计资料,南部 5 州自由人口的总数为 1 164 574 人,北部和中部 8 个州的自由人口总数为 1 795 898,即便按这个数字,南部 5 州的自由人口总数与 5 州众议员名额的比例是约 40 157∶1,而北部是约 49 886∶1。如果将南部 5 州的 63 万奴隶人口按五分之三比例折算成自由人口,其数字为 376 881,将这个数与南部 5 州的自由人口(含白人和自由黑人)相加后,南部的人口数为 1 541 455,在这个基础上,南部 5 州总人口与 5 州众议员名额的比例是 53 153∶1(同时需要指出的是,除特拉华外,北部 8 州在 1804 年以前废除了奴隶制。特拉华的奴隶人口并不多,但其奴隶制一直保留到内战时期)。

的利益冲突"将对新生的联邦政府构成最大威胁。联邦后来发展的历史证明他的担忧不无道理,但此时麦迪逊已经无法左右妥协的具体内容。

### 关于联邦执法部门和总统产生方式的辩论与妥协

在代表权问题解决之后,制宪会议转向讨论另外一系列棘手的问题,包括行政和司法部门的设置问题以及三权之间的关系问题。从7月17日起,大会开始辩论有关行政首脑的设置问题。根据弗吉尼亚方案,新的联邦政府应设立一个联邦总统,专门负责执法。此时各州的宪法都保留了州长的设置(虽然对州长的权限规定不同),邦联时期的种种问题和弊病也表明,如果没有一个专职的执法部门,联邦政府是无法有效运转的,所以,大部分代表并不反对设置行政首脑。但是在总统的权限、选举方式和与国会的关系上,制宪会议代表有较大的分歧。麦迪逊等人坚持总统必须由民众直接选举,而不能由国会议员来选举,理由是"如果行政部门依赖于立法部门而存在,等于立法部门可以既为执法者又为立法者"。麦迪逊的用意很明显,总统民选可以使总统权威直接来源于人民,使总统摆脱国会的控制而具有独立性,只有在具备了独立性的基础上,总统才可能不受立法机关的控制,也才可能对立法部门进行有效的钳制。[①] 但代表中相当一部分人反对总统民选,理由是人民没有足够的能力来判断谁是最合适的总统人选。马萨诸塞的埃尔布里奇·格里对人民参与政治的能力颇为怀疑:"人民通常并不懂得政治,很容易为一小撮居心叵测的人所误导。"[②]

争执之下,制宪会议最后接受了由中北部几州提出的一个颇为复杂的妥协方案。这个方案的总原则是总统由各州选民选举产生,但选举过程却遵循一种间接选举的程序,并非由人民或选民直接投票选举。根据妥协方案,总统选举时,各州议会先指定或任命一定数量的"总统选举人"(electors),各州总统选举人的数量与各州在国会两院中的议员人数之和相等,但议员和联邦政府的官员不得成为总统选举人;各州

---

① Farrand, *Records*, vol. 2, 34.
② Ibid., vol. 2, 57.

的总统选举人组成一个"总统选举团"(Electoral College);总统选举人在全国的总统候选人中投票选举两人,其中一人必须是来自本州之外的候选人,也就是说,每位总统选举人可以投两票;选举结果由参议院进行统计,并由参议院议长——也就是后来的在任副总统——在参众两院联会时公布,获得总统选举人最高多数票的候选人当选总统。如果有两位候选人同时得到多数票,并且得票数相等,则由众议院在两人中投票选举总统,得多数票者即成为总统。如果没有任何候选人得到总统选举人的多数票,众议院将在各州选出的总统候选人的前5名中投票决定总统的人选。当众议院投票选举总统时,必须有三分之二的州出席和参加,并以每州一票的方式进行。这个总统选举程序最后被写入联邦宪法的第二条第一款。

按照这种选举程序,各州的选民事实上只能投票选举本州的总统选举人,然后由选举人代表选民投票选举总统。宪法并没有明确要求总统选举人按选民的意愿投票,但按照惯例,投票前总统选举人必须明确声明他们将选举哪一位总统候选人,所以,选民的意愿是通过选举总统选举人来表达的。但由于总统选举人的数量与各州国会议员的数量相等,所以,最终决定总统当选的不是全国选民总数的大多数,而是各州总统选举人总数——或总统选举团——的多数。这样的妥协显然增大了小州控制总统选举结果的可能性(早期的总统选举人仍然可以保持相当的"独立性",不受选民意志的约束,按自己的意愿投票选举总统。随着政党政治在19世纪上半叶的常规化和总统选举人产生过程的变化,总统选举人不再拥有"独立性",而成为党派意志的传声筒)。

针对行政部门的权力是否应由总统一人掌管的问题,代表们也争论不休。有人认为,总统一人执掌大权,形同英国国王,与共和制政体不相称。但主张强权总统的人认为,美国宪政中必须要有一个独立的、有实权的行政长官,这样才可能对立法机构可能出现的滥用权力的行为进行钳制,邦联失败正是因为它没有强有力的执法首脑所致。而各州议会权力过大、滥制法律、且不受另一个有力权威的限制,也是近在眼前的事实。麦迪逊引用孟德斯鸠的话说,既然暴政的法律可以(由议会)产生,也可以(由议会)以暴政的方式予以实施,为了防止这种情况发生,立法与执法部门的权力必须分开。麦迪逊以现行的州宪法为例,指出许多州将过多的权力置于议会手中,州长通常只能扮演一个"无足轻重"(cipher)的角色,但因议会本身并不是一个稳定的机构,其作出的决定往往只反映出当时的、短视的利益,如果州宪法不能对州议会采取有效的限制和约束,"这样或那样形式的革命将是不可避免的"。① 他认为在联邦政府的机制中,总统应该有足够大的权力来钳制国会可能出现的独断和多数暴政的情形。汉密尔顿则主张将行政首脑的任期变为终身制。他在早些时候曾主张中央政府的模式仿效英国,将行政首脑设为终身制并赋予其许多重要权力。汉密尔顿认为,代议制政府的体制会给一些"格调低俗的人"提供机会去执掌重大的权力,而这些人往往会变成某种利益的代言人,为了政府的稳定和政治的长治久安,必须建立一个稳定的执法部门。②

制宪会议对总统权力的讨论一直进行到7月26日,仍未能够达成妥协,最后宪法草案细节委员会综合各方面意见,提出建议:总统拥有对国会议案的否决权(国会可以三分之二的多数推翻总统的否决),总统为国家武装力量的最高指挥,有权任命联邦法院的法官和外交官员,有权与外国签约,但任命和签约必须得到参议院的同意。

与总统问题相关的是联邦政府行政机构的建立。根据制宪会议确立的联邦制原则,为了执行联邦法律,联邦政府必须建立和拥有自己的执法机构,包括执法官、法院、税收官等。弗吉尼亚方案曾提出以强制命令的方式来要求各州政府执行联邦政府的法令,但这个方案显然与联邦制的原则是冲突的,因为在联邦制原则下,各州政府仍拥有自己的主权,其官僚机构不能被任意变成联邦政府的工具,所以联邦政府必须建立自己的行政执法机构。

## "最高法"原则的建立

但这又引发另一系列难题:如果联邦和州政府作为两个拥有主权的政府同时存在,两套分别执行各自主权意志的政府机制同时运行,两者权力的范围应如何划分? 对两者违反或超越自己主权的行为应如何

---

① Farrand, *Records*, vol. 2, 34-35, 57.
② Ibid., vol. 1, 294-301, 304-305.

加以判断？由谁来裁定两个政府的违权行为？裁定将根据什么标准？这些问题的实质是如何划分州与联邦政府之间的权力界限，犹如一场体育比赛需要选择一个公正的裁判来监管比赛双方的行为。制宪会议的代表曾考虑由国会来担任这个裁判，即国会可以有权审查并推翻那些违背联邦宪法的州法，但这种想法很快就遭到否定，因为这样做一方面给了联邦国会随意干扰州立法的权力，另一方面又迫使国会去审议各州的许多甚至全部的法律，这无疑将大大增加国会的开会时间和议事负担。此外，如果国会在审议某州的某个法律时产生了意见分歧且一时无法形成统一意见，该法律就可能在违宪的情况下继续有效行使，这种情形最终将损害联邦宪法的最高权威。

解决这个问题的答案最后在新泽西方案中找到。该案曾提出将宪法和联邦政府制定的一切法律规范作为美利坚领土上的最高法，并要求各州法院和法官维护其绝对的崇高性。这一观点在此时得到采纳，写进了宪法的第六条第二款。这一规定的重要意义在于建立了联邦宪法的崇高性和权威性：即宪法的原则必须在全国任何一级法院（包括各州的各级法院）得到尊重。换句话说，美国所有司法审判的最终原则是联邦宪法确立的原则，而不是各州宪法或其他联邦法确立的原则；联邦宪法在美国所有的法院中都应当是而且必须是通用的。

### 宪法解释权与联邦司法部门的建立

但如何维持宪法和联邦法的最高权威？采用什么机制？这是涉及联邦司法机构的建设问题。与立法和行政部门的讨论不同的是，制宪会议代表对于司法问题的讨论非常顺利，几乎没费什么周折，后来联邦宪法中关于司法部门的文字最为简短。弗吉尼亚方案曾提出，建立一个或多个联邦高级法院来专门处理一切涉及州际纠纷、公海事务、国家安全等的案件。制宪代表对设立联邦最高法院没有任何争论，但对是否应建立联邦初级法院有些分歧。约翰·拉特利奇认为联邦最高法院的建立已足够保障宪法的权威，所有的案件应首先由州法院进行初审。麦迪逊反驳说，如果没有联邦初级法院的帮助，最高法院是会被无数上诉案件压垮的。而埃德蒙·伦道夫则认为维护联邦法的责任根本不能交由州法院去承担。最后代表们决定将建立初级联邦法院的事务留给国会去处理。代表们同时接受了州法院可以向联邦最高法院上诉以求得到最终裁决的建议,但他们不认为联邦最高法院因此获得了裁定州权范围内的案件的权力。

制宪会议代表在谁拥有对联邦法的最终解释权的问题上也产生了争论。麦迪逊认为,州法院不具备联邦法的最终解释权,因为州法院并不完全独立,仍受到州立法机构的影响,联邦法必须由联邦法院来解释。7月21日,詹姆斯·威尔逊提出联邦最高法院应与总统分享对国会法案的"修正权"(revisory power)。他说,有的法律可能是"不正义的、不明智的、有危害性的和具有破坏性的",但却不一定是违宪的,所以法官不能宣布其违宪,只有让法官享有否决法案的权力时,他们才有机会"抵制立法机关的不合适的观点"。埃斯沃斯表示赞同,并说,法官实际上对法律具备比总统更系统和准确的知识,只有他们才能为国家法律将面临的问题提供"令人信服的信息"。麦迪逊也支持司法部门对法律的修改权,认为这样的设置将对整个国家有利,能防止专权和不明智的法律出现。① 马里兰的路德·马丁则反对行政和司法部门联合分享修正权,在他看来,法官的专业知识不能成为他们拥有比立法机关更高权力的资本,而且如果司法部门利用权力反对人民拥护的法律,反而会造成另一种形式的专断。马萨诸塞的纳撒尼尔·戈勒姆也表示反对,他认为法官人数多于总统,弄不好总统还会因此失去否决权。② 必须指出,尽管大多数代表认为最高法院有权拒绝承认一个违宪的法律,但并没有明确同意最高法院拥有对宪法的解释权。这项权力(即最高法院的司法审查权或复审权)是在后来的宪政发展中建立起来的(关于这个问题的详细讨论,请参阅第三章)。

### 在奴隶制问题上的再妥协

从5月25日至7月26日,制宪会议经过辩论,在上述几个重大问题上达成了初步共识,对原来的弗吉尼亚方案提出了23条修正案。随后,大会任命了一个五人专门委员会,结合弗吉尼亚和新泽西方案以及

---

① Farrand, *Records*, vol. 2, 73-75.
② Ibid., vol. 2, 76-77, 79.

制宪会议提出的修正案,写出宪法初稿。8月6日至9月10日,制宪会议对委员会提出的宪法初稿进行了逐条审阅和辩论,并进行了再修改。

在这期间,制宪会议作出了另外两个关于奴隶制问题的妥协:贩卖奴隶的进口贸易和逃奴的追捕。有关贩卖奴隶贸易的争论是由联邦政府管理州际商业的权力的辩论引起的。宪法初稿提出,联邦政府对州际和国际商业管理的法律须经国会两院各自三分之二多数的同意(其他法律只须简单多数),国会只能向进口商品征税,不能向出口商品征税,而且不能干扰贩奴贸易。北部的大部分州希望联邦政府拥有较大的管理州际和进出口贸易的权力,这样有利于北部的经济发展,而南部州则在这个问题上产生了意见分歧。尽管南部各州都希望有较大的海外贸易自主权,但位于南部北面的弗吉尼亚和马里兰提出以联邦政府的名义来禁止将海外奴隶贩卖到美国的贸易,而南部腹地的南卡罗来纳和佐治亚则反对联邦政府干预这种贸易。表面上,弗吉尼亚和马里兰的代表谴责贩卖奴隶的贸易是"罪恶的",用路德·马丁的话说,从海外贩奴的做法"是与革命的原则相违背的,是对美国民族精神的亵渎"。[1] 但实际上,两州还有更现实的经济打算。弗吉尼亚是当时最大的蓄奴州,马里兰的奴隶人口也不少,奴隶人口的自身繁殖率很高,将大量过剩奴隶转卖到南部腹地的蓄奴州可为两州的奴隶主带来丰厚的利润。所以,两州要求取消海外奴隶贸易的真正意图是为国内的奴隶转卖市场扫除竞争对手。[2] 南卡罗来纳和佐治亚两州对弗吉尼亚的提议表示反对,坚持认为从海外贩奴的商业对州的经济发展十分重要。南卡罗来纳的拉特利奇毫不掩饰地宣称:"宗教和人性与这个问题均不沾边,唯有利益才是所有国家的主导性原则。"[3]拉特利奇还威胁说,如果其他州坚持要取消海外奴隶进口贸易,南卡罗来纳将要考虑自己是否要加入联邦。他还提醒北部各州说,北部的商人和造船业实际上也是这项贸易的受惠者。最后,制宪会议达成妥协:取消原来的三分之

---

[1] Farrand, Records, vol. 2, 364.
[2] Ibid.
[3] 此句原文是:"Religion and humanity had nothing to do with this question. Interest alone is the governing principle with nations." 出自 Farrand, Records, vol. 2, 364。

二多数的前提条件,给予国会较大的管理州际贸易的权力;但禁止国会在1807年前立法取消从海外进口奴隶的贸易。换言之,南部在联邦立宪后将拥有20年时间继续从事国际贩奴的贸易。北部在得到了所期望的联邦政府对州际贸易的管理权后,接受了这项妥协,但坚持国会要对每个从海外新购入的奴隶征收10美元的进口商品税。这条妥协被写入了联邦宪法的第一条第九款。

进口奴隶贸易的妥协达成后,南卡罗来纳的皮尔斯·巴特勒马上提出了逃奴的追捕与归还的问题。他要求在宪法中写进各州应在奴隶主的要求下帮助捕捉并归还逃到他州(尤其是北部非蓄奴州)的奴隶。这项要求使一些北部代表感到为难:如果联邦宪法要求各州这样做,等于宪法承认和支持奴隶制,至少是承认奴隶主拥有奴隶的权利是正当的和合法的,奴隶制也因此得到了宪法的保护;但如果不写进这一条,南部必然不会痛快地接受宪法。最后制宪会议接受了南部的要求,但在文字上作了一些技术性的改动,将原来对逃奴的文字表述从"正在某一州内服法定劳役的人"(Person held to Service or Labor legally in one state)改为"正在某一州的法律下服劳役的人"(Person held to Service or Labor in one state, under the laws thereof)。① 已故美国宪法史学家唐·费伦巴克(Don Fehrenbacher)认为,这样的改动说明制宪会议的部分代表力图把奴隶制定义为并不受宪法本身认可和支持的一种地方性体制。② 宪法规定各州必须归还逃奴,联邦政府也有权制定和实施追捕逃奴的法律。

南北关于奴隶制的争论使麦迪逊深为忧虑,他感到这个问题将成为日后困扰联邦的一个主要问题。虽然联邦宪法中通篇没有使用"奴隶"(slave)和"奴隶制"(slavery)这样的字眼,而采用了其他隐晦用语,但宪法对于奴隶制问题的妥协是显而易见的。

### 宪法的签署

从8月31日至9月初,制宪会议将对初稿讨论的结果交麦迪逊、

---

① Farrand, *Records*, vol. 2, 453-454.
② Don E. Fehrenbacher, *Slavery, Law, & Politics: The Dred Scott Case in Historical Perspective* (New York: Oxford University Press, 1981), 14.

莫里斯和戴维·布利尔理等人去整理。在这期间，代表还继续不断提出建议。宪法的定稿是由莫里斯润色而成。莫里斯将初稿的 23 条归纳为 7 条，并在文字上作了加工。9 月 12 日，委员会向大会报告了宪法的定稿。9 月 15 日，弗吉尼亚的乔治·梅森向大会提出了对宪法的反对意见。他指出，宪法没有保护人民权利的条款，参议院的权力过大，总统没有受到参事会的约束，国会对州际商业管理的权力过大等。但他的反对未能阻止制宪会议对宪法的表决。

1787 年 9 月 17 日，制宪会议举行宪法签署仪式。签署前，81 岁高龄的富兰克林发表了一番肺腑之言。他说，尽管这部宪法仍有许多不尽人意之处，但他将全力予以支持，因为要所有人在所有的事情上取得完全一致的意见是不可能的；事实上，当一群人因集合在一起而产生出智慧时，他们同时也不可避免地带来了自己的"偏见、偏激的情绪、错误的意见、地方的利益以及自私自利的观点"等，因此，制宪会议必须同时接受他们的智慧和偏见，不能指望得到一部完美无缺的宪法。富兰克林劝说代表们要从美国的长远利益出发，为了美国人民及后代的幸福，批准宪法。在结束讲话时，他使用了颇具个人风格的警句式语言："我支持这部宪法，因为我并不期望得到一部比此更好的宪法，也因为这部宪法不一定就不是一部最好的宪法。"①制宪会议的主席华盛顿也在会上发言。他敦促代表不要再纠缠枝节问题，以大局为重，尽快接受宪法。

虽然弗吉尼亚的伦道夫、梅森和马萨诸塞的格里等人拒绝接受宪法，55 名制宪会议的代表中仍有 39 人在宪法上签名，表示接受和支持，使宪法最终获得通过。制宪会议随即将宪法交由邦联国会，由邦联国会作为国会法案交由各州批准。至此，历时近四个月的制宪会议结束。

## 四　联邦宪法的内容分析

费城制宪会议实际要解决的是美国建国初期宪政体制转换的问题：即如何使美国从一个以州主权为主导的邦联式政治实体转化为一个以联邦主权为主导的民族国家式政治实体。这个转化需要解决三个

---

① Farrand, *Records*, vol. 2, 641-643.

关键问题:(1)确立联邦国家的权力基础和权力来源;(2)界定联邦(或中央)政府的权力范围,并建立对联邦政府权力的制衡机制;(3)界定联邦政府与州政府之间的权力划分。

## 联邦主权的基础与性质

对于联邦权力基础和来源的问题,制宪会议采用了一种创造性的方法来处理:启用"人民"(people)这个现实而又抽象的政治群体作为联邦政府的权力基础,转换了美国的国家性质。宪法的导言清楚地表述了这一转换:

> 我们合众国人民,为了建立一个更完善的联邦,树立正义,确保国内安定和平,提供共同防务,促进公共福利,并保证我们自己及后代得享自由的恩赐,特为美利坚合众国制定本宪法。

当美利坚合众国成为由美国人民组成的"联邦"(Union)时,旧的邦联体制在理论上已被取而代之了。联邦与邦联的区别极其重要:邦联的基本构成单位是州,权力是由各州让与的,是一个联盟性质的政治实体;而联邦的基础是人民,权力直接来自人民,联邦不再是州的联盟体,而是一个统一的民族国家(nation-state)。由于联邦具有了新的权力基础,其政府目的也就得以扩展。联邦不再是一个调节各州关系的机构,而具备了自己的使命,包括"树立正义"和"促进公共福利"等。

我们应该注意到,在制宪会议的辩论中,麦迪逊和汉密尔顿等力主建立中央权威的制宪领导人极少使用"民主"(democracy)一词,在谈到政体时,他们经常使用的词汇是"共和政体"(republican form of government)或"共和传统"(republican tradition)等。至于什么是共和政体的内涵,并没有人作详细的定义。将人民作为联邦政府的权力基础是在讨论国会众议院的选举方式时提出的一种设计,目的是使国会拥有独立的、不受州控制的立法权。正如麦迪逊所说,联邦和各州政府的权力"都是从美国人民那里衍生出来的"。[1] 但这个为解决现实问题的设

---

[1] James Madison, "Federalist No. 51", in *The Federalist*, ed. Jacob E. Cooke (Hanover, Wesleyan University Press, 1982), 248.

计却有深远的意义,它扩展了"人民"这个群体具备的政治功能,使"人民主权"(popular sovereignty)或"主权在民"的思想从抽象的观念变成了现实。

然而,对绝大多数代表来说,制宪会议的目的不是建立一个流芳百世的民主政府体制,事实上,制宪会议的大多数代表并不真心欣赏现代意义上的民主。他们关心的更多的是如何建立一个有效但又受到约束的政府。代表们既想建立一个有足够权威的中央政府,又要竭力保护各州已经拥有的重要权力;他们既希望联邦政府的权威得到有效的施展,但又要防止不同利益集团对政府权力的垄断;他们既反对贵族或寡头政治,又害怕简单无序的"暴民政治"。正因为有这些忧虑,1787年的宪法格外注重权力的分割与制约。可以说,建立一个有效和有限的联邦政府是当时这部宪法的核心。

## 联邦权力的横向分割

在政府权力的制约方面,联邦宪法采用了在同一体制内对政府权力进行两向分割的做法,首先在联邦政府的层次上依三权分立的原则对中央政府的权力进行横向分割,同时又对联邦和州政府的权力进行纵向分割。根据宪法,联邦政府由立法(国会)、执法(总统)和司法(联邦法院)三部分组成,三权相互独立却又相互制约。所有的立法权属于国会;国会由参众两院组成,参议院议员由州立法机关选举,每届任期6年,名额各州相等;众议院议员由各州选民直接选举,每届任期2年,名额依各州选民人数按比例而定,大小州议员名额因州人口数量不等而不同。两院代表虽都来自州,但在利益代表上有重要区别,参议院在功能上代表各州的利益,众议院则代表各州选民的利益,两院可相互制约。虽然两院对所有法案有同等的表决权,但它们分别独享某些权力,如众议院享有联邦预算提案权(参议院只能批准或拒绝,不能修改),但参议院拥有审查和认可联邦最高法院大法官的资格的权力;众议院可对总统定罪并作出是否弹劾总统的决定,但弹劾的审判则只能由参议院来进行。国会虽有权通过任何法律,但所有的法律需在两院通过后经总统签字方能生效。如总统否决某一法案,法案将回到国会,由两院以各自三分之二的多数再次通过后,方能生效。

总统为联邦政府最高执法官,负责执行法律,统率联邦所有武装力量(在紧急情况下,还有权将各州的民兵①转换为联邦军队),但总统也分享立法权:一方面总统有权建议国会立法,另一方面,总统可通过行使否决权在一定程度上阻止他反对的法案变成法律,或迫使国会进行修改。总统代表美国处理外交事务,任免驻外大使,签订协约,但他无权向外国宣战,签订的重要国际条约也必须由国会参议院批准才能生效。总统有权任命联邦法院(包括联邦最高法院)的法官和重要的外交官员,但所有任命须经参议院认可,如果参议院反对,总统只能重新提出新的任命,直至参议院接受为止。由此可见,行政和立法部门对司法部门皆有一定的钳制功能,但宪法同时又规定,联邦法官一旦得到任命,只要不违反联邦法律,可任职终身,而且他们有权审查联邦法律而不必顾及总统或国会的意见,反过来对行政和立法部门形成一定钳制。宪法之所以对中央政府的权力作如此繁琐细致的划分,目的是为了防止国家大权轻易落入某一派别或某一利益集团手中。从另一个角度来看,这样的分权也是对传统的欧洲"混合政府"分权理论的一种极有创意的改进。

## 联邦权力的纵向分割

宪法对权力的纵向分割是通过所谓联邦制的设计来完成的。人民主权原则的确立使联邦政府成为了名副其实的主权政府,国会也因此得到了许多前所未有的权力。联邦宪法的第一条第八款列举了一系列国会权力:国会有权征税、管理州际和国际商业贸易、制造和发行货币、举债、管理破产、推动和保护科技发明(建立全国性的专利管理制度)、建立全国性的邮政服务和道路、组建联邦最高法院的下属和联邦低等法院、打击海盗和其他公海犯罪、对外国宣战、征集军队、建设海军、为镇压内乱征召民兵等。联邦宪法特别明确规定,为实施上述的国会权力和执行宪法赋予联邦政府的其他权力,国会有权制定一切"必要的和适当的"(necessary and proper)法律。在宪法第四条中,宪法赋予国

---

① 各州的"民兵"(the Militia of the several States)现通常称为"国民自卫队"(National Guards)。

会接纳新州、管理和处置联邦拥有的土地(指 13 个州共同拥有的土地,不是指各州的土地)的权力。在这一条中,宪法宣称联邦政府将"保证本联邦内各州实行共和政体",保护州免遭入侵,并应州的要求平定内乱。所有这一切都是《邦联条例》不可企及的。宪法给了国会极大的权力,尤其是"必要的和适当的"权力条款,等于给了国会制定任何法律的权力。

但联邦政府的权力并不是无止境、无限制的。宪法的第一条第九款对国会不能拥有的权力也作了明确规定,包括国会不能在联邦宪法生效后 20 年内立法禁止进口奴隶的贸易(在奴隶制问题上的三大妥协之一),不得在和平时期中止人身保护令状特权[1],不得通过任何剥夺公民法庭审判权的法律[2],不得通过任何追溯既往事实或行为(包括在事后看来是犯罪的事实或行为)的法律[3],不得向州输出的货物征税,不得在商业或税收和港口管理上采取歧视政策(即给予一州比其他州更为优惠的条件),不得在没有通过法定的财政拨款法案的情况下从联邦财政提取任何款项,一切国家财政报告和账目须定期公布,合众国不得授予任何人贵族爵位,国家公职人员和雇员不得在未经国会同意时接受任何外国赠予的礼物、俸禄、官职或爵位。

与此同时,宪法明确规定了各州不能拥有的权力。宪法第一条第

---

[1] "人身保护令状特权"最早起源于英国贵族与王室的斗争。这是当时贵族为了限制国王任意拘捕自己的敌人而要求设置的一项保护人身安全的权利,后来演变成为一项重要而著名的普通法权利。"人身保护令状"(writ of Habeas Corpus)的拉丁文原意为:"拥有(囚犯的)人身"(have the body of the prisoner),它原指法院向监狱机关发出的一项命令,要求监狱长将被监禁的人带到法院,陈述其被监禁的法律理由。在实践中,法官通常要求监狱机关出具证明,说明被监禁的人的确违反了法律,如果监狱机关提出的理由不能说服法官,法庭有权将被监禁人释放。后来,这项法律程序逐渐演变成一种自由人的权利,用于反对执法机关(主要是王室)不经正当法律程序将自由人任意监禁。美国立宪时,这项权利通过宪法被转化为美国公民的宪法权利。在 1861—1865 年美国内战期间,为了战争的需要,林肯总统曾一度中止这项特权的使用。

[2] 这项法律的原文是 bill of attainder(公权剥夺令),意指不经法庭审判而由议会直接宣布将某人治罪并剥夺其公民权和财产权。

[3] 根据普通法传统,一个人不能因在过去的某种行为和所做的某件事而受惩罚,尤其是当他的行为或参与的事件是在并不违背当时的法律的情况下发生的。换言之,只要一个人过去做的事不违反当时的法律,国会无权在事后通过法律来对这种过去的行为进行惩罚。这种追溯事后法律效力的法律(称为 ex post facto law)为联邦宪法所禁止。

十款规定,任何一州都不得与其他州或外国缔约或结盟,不得颁发捕获敌船的命令,不得自行铸币、发行纸币或使用金银币以外的其他物品来偿还债务,不得通过剥夺公民法庭审判权的法律,不得通过追溯既往事实和行为的法律,不得通过任何损害契约义务的法律,不得向任何人授予贵族爵位,不得未经国会的同意对进口或出口货征收关税,各州征得的关税和输入税的利润将上缴联邦国库,各州未经国会同意不得征收任何船舶吨位税,不得在和平时期保留军队或战舰,不得在没有遭到实际入侵的时候进行战争等。

除了建立中央政府和联邦制外,宪法还对其他有关问题做了规定。宪法第四条对州际关系作出规定,要求每个州须充分信任和尊重他州的法律、文件和司法程序,各州公民享有其他州公民的一切特权和豁免权。这项规定实际上间接地将各州的公民资格转换成为联邦公民资格。宪法第四条还规定各州有义务遣返他州逃往本州的罪犯,包括逃跑的奴隶。宪法第五条规定了宪法的修改程序;宪法修正案可由国会提出,但需经两院三分之二议员的同意(其他议案只需简单多数的同意);宪法修正案也可由三分之二以上的州以修宪大会的方式提出,但无论何种方式提出,宪法修正案须经联邦四分之三的州的立法机构或四分之三的州的制宪会议的批准才能生效。宪法的第六条承诺合众国将继承邦联时期的一切法律和债务,确定了联邦对邦联的取代。

宪法第六条还宣布,联邦宪法和依宪法制定的一切联邦法律以及联邦政府签订的一切条约,都是美国的"最高法律"(the Supreme Law of the Land),要求各州法官接受宪法约束,并在州宪法与联邦宪法相抵触时,以联邦宪法为准。此条还要求各州和联邦政府的一切议员和行政、司法官员在就职时必须宣誓效忠联邦宪法,并规定不得以宗教信仰作为担任联邦官职或公职的必要条件。

## 制宪会议遗留的问题

宪法在许多方面建立起了一个新的中央权威,但并没有完全摆脱邦联体制的影响。从联邦与州的权力划分中,我们可以看出,宪法在力图建立新体制时,仍然保留了邦联体制的重要内容。联邦政府所拥有的权力实际上都是与州际利益有关的权力,如征税权、外事权、战争权和州际贸易管理权。而州被限制的权力大多也是其无法行使的权力。最重要的是,州仍旧拥有对本州人民和他们的权利进行直接管理的权力。各州人民选举国会议员和总统选举人的资格仍由各州来决定,联邦并无统一的规定。也就是说,联邦宪法虽然声称其权力的基础和来源是美利坚合众国的"人民",但谁是"人民"——准确地说,谁是"选民"——的问题仍然由州政府说了算。联邦宪法保证联邦和各州的政府必须是"共和形式的政府",但"共和"的内涵和表现方式却是由各州来自行界定。同为美利坚合众国的"人民"或"公民",13 州人民在政治权利的享有方面并不统一,可谓"一国多制"。直到 19 世纪上半叶,在政党政治的推动下,各州对于白人男性成年公民的政治权利的规定才趋向统一。联邦宪法对联邦"选民"资格界定的直接介入则是在美国内战之后才出现的,通过第十五条宪法修正案(1870)、第十九条宪法修正案(1920)和第二十四条宪法修正案(1964),分别禁止各州以种族、肤色、性别和人头税的缴纳为理由剥夺联邦公民的选举权,并通过第二十六条宪法修正案(1971),将联邦公民行使选举权的最低年龄从 21 岁降低至 18 岁。

此外,虽然宪法对联邦政府拥有的权力作了颇为详细的规定,但对州应该拥有、而且不受联邦政府控制的权力,宪法却没有一一列举。联邦与州之间的许多关系并没有得到完全明确的界定,虽然宪法规定了联邦法为最高法,但对州违背宪法后应如何处置,州是否有权退出联邦等问题均无规定。宪法也没有明确阐述联邦公民的资格,只是笼统地将各州公民转换为联邦公民,没有考虑各州的公民资格要求有出入,关于公民的权利,宪法没有专门的条款,而只是以限制国会和州的权力的方式,间接提出对几项传统的普通法权利的保护。如联邦宪法第一条第九款中规定,除在发生反叛和外敌入侵的情况下,人民享有的"人身保护令状特权"不得被中止;第三条第二款规定,除弹劾外,所有罪行的审判都必须以陪审团制的方式并在罪行发生的当地进行;第四条第二款规定,一州公民享有他州公民拥有的所有特权和豁免权。宪法最大的疏漏是没有说明哪一个政府部门有权解释宪法。这些问题有的会在宪法批准的阶段得到改正(如对公民权利的保护问题),有的则需要在宪法进入运作之后才能得到改正和补充(如司法审查原则的建立)。

这些疏漏也说明,制宪会议当时追求的最主要目标并不是建立一个十全十美的制度,而是挽救联邦的生存。尽管有这些疏漏和缺陷(有的缺陷是相当严重的),联邦宪法的创造性是不能低估的。

## 五 联邦宪法的批准

制宪会议代表签署宪法后,宪法送交各州批准。根据宪法第七条规定,宪法需经联邦内至少四分之三的州的批准才能生效,也就是说,宪法必须得到13个州中至少9个州的批准后才能具备最高法的效力。为了保证宪法的权威性和体现主权在民的思想,麦迪逊和其他制宪会议代表反对使用传统的州议会批准的方式,他们主张联邦宪法必须通过"人民的最高权威"来批准。所以,制宪会议规定宪法必须由各州召开的专门的宪法批准代表大会来批准。应该强调的是,批准大会的代表是由有选举权的白人男子推选产生;根据1790年的人口统计,自由人口总数为320万左右,但因各州对行使选举权有严格的限制,在大多数州,只有男性白人中的有产者才有资格参加选举制宪会议的代表。真正参与了批准宪法活动的选民是总人口中的少数人。所以,宪法批准过程中的"人民"是有其特定历史含义的,其代表性也是有限的。

宪法批准从1787年9月开始到1788年7月结束。由于宪法本身是妥协的结果,带有诸多前所未有的体制设计,各州的利益及各州内不同地区、不同行业、不同社会层次之间的利益又不尽一致,宪法批准的过程实际上成了一次对宪法的全国性政治辩论。各州内部不同的利益群体针对宪法的具体条款和总体精神产生了激烈的争论。这些争论在全国范围内形成了两个不同的政治派别:即支持批准宪法的"联邦党人"(Federalists)和反对批准宪法的"反联邦党人"(Anti-federalists)。①

---

① 这两个词都有特定的历史含义,在这里需稍加说明。Federalists(习惯上译作联邦主义者)最初用来指那些邦联体制下倾向于强调邦联(或中央)政府权威的人,即所谓 federal-minded 的人,与那些倾向于强调州权——即 state-minded——的人加以区别,后者也因他们常持有的"非联邦(化)立场"(unfederal disposition)而被称为"反联邦党人"(anti-federalists)。从这个意义上讲,所谓"federalists"指的是当时主张加强中央和全国性政府权威的人,而"anti-federalists"则指那些强调州必须能对中央政府的权力进行绝对意义上的钳制的人。

在某种意义上,联邦党人扮演了现代意义上的"民族国家主义者"(nationalists)或民族国家构建者(state- and nation-builders)的角色。他们重视中央政府的功能并主张扩大这种功能。他们在政治哲学上倾向于建立严格的法治国家,并认为在一个利益复杂多元的社会中,如果没有一个有权威的中央政府,社会的整体利益将得不到保护,其结果必然是损害小的集团和个人的利益。对于联邦党人来说,邦联时期的政治给美国政治带来了两点重要的启示:第一,人是不可能在道德上做到完美无缺的,美德与良心不能成为政府的基础,指望用人们的良知来保证政府的效率是极不现实的;第二,在一个复杂的政治社会中,人们必然按不同的利益结成派别,利益之争不可避免,解决利益之争的方法是强调公共福利的理想,并将这种理想的实现交给一个高于小集团利益但又代表了小集团利益的政府来完成,那种指望小利益集团会自动尊重并以公共福利为重的想法显然是自欺欺人的,邦联政治已证明了这一点。

### 反联邦党人的抨击

反联邦党人的政治哲学则不同。他们希望建立一种以小政府、小国家、自食其力的小农经济为特征的共和政府,他们不相信联邦制是一个可行的方案,不相信两个政府可对同一人民同时拥有和行使主权。他们认为两个主权政府同时存在的结果必然是中央政府(即具有较大权力的政府)吃掉州政府(权力较小的政府),损坏州政府的自治权力。他们坚持认为,联邦制不但没有体现、反而将直接危害共和主义的政体和理想。反联邦党人还认为联邦宪法下的代议制政府(representative government)不能有效地代表人民的意志:每三四万人才能选出一个众议院代表,每州仅有两名参议员,人民的意志何以能得到准确及时的反映?况且,联邦政府远离人民,很难得到人民的信任,更得不到人民有效的监督,宪法也没有设立人民罢免(recall)议员的机制,上层政治与普通选民完全脱节,其后果自然是联邦一级政治的异化和腐败。

反联邦党人对宪法的分权设计也进行了猛烈的抨击。他们认为总统部门和参议院的权力过大,这两个部门有可能因有独掌的某些权力和任期较长而结成一个帮派来对抗民选性质较强的众议院,也许会使殖民地时代那种总督与参事会同流合污、共同对抗殖民地议会的现象在美国政治中重演。用弗吉尼亚代表理查·亨利·李的话来说,当行政官员和参议院议员勾结起来,组成一个"极为危险的寡头利益集团"时,民选的众议院就只能成为所谓代议制的"一块破布条"而已。①

反联邦党人对宪法赋予国会极大的权力甚为不满,他们尤其反感那些定义模糊、伸缩性很大的权力条款,如"公共福利""共同防御""必要的和适当的"以及"最高法"等。他们认为这些条款都将削弱和剥夺州原来拥有的主权。虽然制宪会议对联邦最高法院的讨论不多,反联邦党人意识到,联邦最高法院将有权解释宪法,而一旦作出决定,有关宪法准确性的争执便没有上诉的可能,即便联邦最高法院作出了错误的决定,州也无法对此进行改正。正如一篇反联邦党人的文章指出的,在这样的宪政体制下,未经民选的最高法院可"按自己的意愿来塑造联邦政府"。②

反联邦党人对联邦宪法的最主要的抨击在于宪法中缺乏保护人民基本权利的条款。他们认为,如果一部基本法不包含对公民权利进行保护的内容,无疑是为政府侵犯和剥夺公民权利开了绿灯。实际上,在费城制宪会议的后期,已有梅森等人提出了公民权利的保护问题,但并没有引起制宪会议大多数代表的重视。另外,制宪会议代表中一些人也担心,如果在联邦宪法中加进了权利保护条款,可能会与各州州宪法中的权利保护条款发生冲突。从这个意义上看,制宪会议的代表仍然将对人民基本权利的保护看成是州政府的责任,这也许说明为什么他们在这方面未作任何努力。

### 联邦党人的回应

针对反联邦党人的抨击,联邦党人进行了有力的回应。1787—

---

① Letter of Richard Henry Lee to Governor Edmund Randolph (6 October 1787), in *The Complete Anti-Federalist*, ed. Herbert J. Strong, 7 vols. (Chicago: University of Chicago Press, 1981), vol. 5, 112-116.

② "Brutus" XI, *New York Journal* (31 January 1788) in *The Debate on the Constitution: Federalist and Antefederalist Speeches, Articles and Letters during the Struggle over Ratification*, 2 parts (The Library of America, 1963), part 2, 129-135.

1788年间,力主推动联邦宪法的麦迪逊、汉密尔顿和约翰·杰伊一共写作了85篇政论文,以匿名方式发表在纽约等地的报纸上,为联邦宪法进行辩护。这些文章对宪法的结构和思想、联邦制的设计和功能、联邦政府的功能与权力制约都作了详尽的阐述和说明。这些文章构成了后来著名的《联邦党人文集》(*The Federalist Papers*,又译《联邦主义者文集》)。

与反联邦党人一样,联邦党人也看重政府对人民权利的保护,但他们也注意到社会被分割成不同的派别和利益集团,派别之间的分歧不可能也不会被真正地消除,相反,如果因为体制设计上的失误或不当,个别派别或利益集团独掌或垄断了权力,将使社会的共同权利受到损害;为了防止某一派别对权力的独霸,其他派别必须能够从体制上对其进行钳制,用麦迪逊的话来说,就是以毒攻毒,"用野心来对付野心"。①

在他那篇著名的《联邦党人文集第10篇》中,麦迪逊对派别与自由的关系作了更生动的论述。在文中,麦迪逊痛陈了派别之争给美国公众利益带来的损害,但他意识到,派别又是不能以强制的手段来消灭的。他说,一个提倡自由的社会,必须容忍派别的存在,这是享受自由必须付出的代价;只有允许派别利益的存在,自由才有意义;自由对于派别就像空气对于火一样,没有空气,火就不能燃烧;但"仅因为自由助长派别就取缔自由是再愚蠢不过的事了,如同因空气能使火产生破坏作用便将生命需要的空气也一起隔绝掉一样"。麦迪逊认为,派别利益的分歧原本可通过立法中少数服从多数的原则来解决,但如果立法机构为多数派所把持,少数派的利益便得不到保护,而多数派的行为又不是以全社会的共同福利为出发点,而经常是以结成多数的各派之间共同接受的利益为准绳,这种情形下的立法往往使那些被排除在多数之外的少数人或少数派的利益受到损害。麦迪逊提出,解决这种弊端的办法是增加政府组成的渠道和分散政府的权力面,让不同的派别或利益集团都有一定的渠道来影响和参加政府的组成与决策。当影响政治和政府的渠道多元化了,就没有任何一种派别利益可以轻易和完全地控制政府。建立一个有权威但权力又分散的联邦政府,不但不会

---

① James Madison, "The Federalist No. 51", in *The Federalist*, 347-353, at 349.

引起无政府主义和政治混乱,相反,人民的权利可以得到更好的保护。① 汉密尔顿也指出,政府的目的是保护人民的自由,但为了有效地行使职责,政府必须首先保护自己,必须拥有权力和活力;纯粹的民主只会导致暴政或无政府主义,但如果将"民主"运作的渠道扩大,一个议员要想当选,必须代表更广泛的利益,必须用理智而不是激情来争取民众的支持。②

这里我们应注意到,麦迪逊和汉密尔顿深化了传统共和思想的内涵。在他们看来,真正的共和政体不是要求和追求社会意见与意志的同一性,而是允许多种意见和意志在一种有秩序的体制下妥协共存。当然,我们应该也意识到,联邦党人指的派别是以州为代表的派别集团,即便在提到不同的经济利益集团时,其所指的也是有产阶级内部的派别,如土地拥有者、商业资本家、手工业者、债权人、工业制造者等。但联邦党人对利益多元化的论述对于美国未来的发展具有重要的前瞻意义。

麦迪逊在《联邦党人文集第39篇》中进一步反驳了反联邦党人对联邦制的批评。他强调说,联邦宪法并没有剥夺州的主权,因为众议院拥有较多的重要的立法动议权(如财政权),众议院议员又为人民直接选举,美国人民因此可以影响国会;总统由各州推举的总统选举人来选举,参议员也由各州议会选举,这实际上保证了各州主权在联邦政府组成中的作用,所以宪法同时具备"全民性质和联邦性质的特点"。③ 麦迪逊认为,一个有权威的中央政府可改正邦联时期的"民主专制主义"(democratic despotism)造成的弊端,但他强调,为了保证民众的意志得以表达,州和联邦政府必须实行代议制,使人民有机会对两级权力进行监督,同时保持两级政府在性质上的一致性。④

针对反联邦党人对中央政府权力过大的批评,联邦党人注意说明他们的用心。在《联邦党人文集第49篇》中,麦迪逊指出,宪法在分权

---

① James Madison, "The Federalist No. 10", in *The Federalist*, 56-65, at 58.
② Alexander Hamilton, "The Federalist Nos. 1, 9, 70", in *The Federalist*, 3-7, 50-56, 471-480.
③ James Madison, "The Federalist No. 39", in *The Federalist*, 250-257.
④ James Madison, "The Federalist No. 57", in *The Federalist*, 384-390.

上设计了地域和体制双向平衡的机制,即州—联邦政府的分权和联邦政府内部的分权,这样做的目的是创造一个"宪政平衡机制"(constitutional equilibrium)。① 在辩论中,联邦党人注意强调宪法并没有完全无视州的存在。他们指出,宪法对中央政府的权力作了详细列举和具体指定,保证州仍保留大部分原来的权力,这说明中央的权力还是由州和人民让与的,这是邦联性质。国会有国家意义上的最高权是出于保护全体利益的需要。汉密尔顿认为,中央政府可抗击以州为基础的派别活动,防止州与州之间的恶性竞争;最重要的是,它能保证各州的共和政体,消除贵族制在美国土地上生长的可能,打击那些有可能成为"凌驾于全州人民头上的暴君"的人。② 联邦党人这种不否认州的主权但又强调州与联邦相互配合的说法极其有力地帮助他们赢得了支持。

## 联邦宪法的批准

真正帮助联邦党人最后获胜的重要武器应该是联邦宪法本身。宪法权力的来源是各州的选民,而不是州议会,宪法的批准要由各州选民组成的特别代表大会来批准。选民是联邦主权的最终拥有者,如果他们愿意,他们可以将一部分主权让与中央政府,另一部分让与州政府。在这种意义上,各州的选民与州政府产生了宪政意义上的分离,他们不再只是某一个州的公民了,不是仅与州政府具结政治契约,他们同时成为了美利坚联邦的公民,并有权与联邦政府具结新的更高层次的政治契约了。在这个意义上,1787年费城制宪会议的代表对批准宪法程序的设计是非常有创意的。将联邦宪法交由各州的人民批准,现实而富有历史想象力地将"人民"(或"选民")的原始政治权力扩大了,赋予了各州"人民"(或"选民")一个本来并不存在的、创造新的中央政府的权力。通过这个过程,"人民主权"的抽象概念转换成了一种现实的制度机制和政治手段。这种转换使联邦政府的诞生和联邦公民的产生成为可能,也反驳了反联邦党人关于联邦宪法没有民主成分的

---

① James Madison, "The Federalist No. 49", in *The Federalist*, 338-343.
② Alexander Hamilton, "The Federalist No. 85", in *The Federalist*, 587-595.

指责。

整个批准过程进行了 10 个月左右。特拉华州于 1787 年 12 月 7 日率先批准了宪法。紧接着,宾夕法尼亚州以 46—23 票的多数批准了宪法。新泽西积极跟进,也在当年以全体赞成的结果批准了宪法。这几个州希望能尽快解决邦联体制带来的问题。因其希望一个强大的中央政府可帮助处理令人头痛的印第安人问题,南部的佐治亚在 1788 年初批准了宪法。联邦党人和反联邦党人的斗争在康涅狄格、马萨诸塞、马里兰、南卡罗来纳和新罕布什尔等州比较激烈,但最后都以联邦党人的胜利告终。

1788 年 6 月 21 日,新罕布什尔批准宪法后,宪法已得到 9 个州的批准,按理可以生效了。但由于弗吉尼亚和纽约两个重要的大州还没有批准宪法,所以即便已有 9 个州的同意,宪法实际上并没有立即生效。1788 年 6 月 26 日,在提出宪法必须加进保护公民基本权利的条款的先决条件后,弗吉尼亚制宪会议以 89—79 票的微弱多数批准了宪法。纽约州反联邦党人势力强大,但在汉密尔顿和杰伊的领导下,联邦党人努力抗争。汉密尔顿甚至威胁说,如果纽约州不批准宪法,联邦党人控制的纽约市将退出该州而单独加入联邦。最后,纽约州终于在 7 月 27 日以微弱的多数(30—27 票)批准了宪法。

参加上述 11 个州宪法批准会议的代表总数是 1301 人,支持宪法的人数为 844 人,反对者为 467 人。在得到弗吉尼亚和纽约的批准后,宪法开始生效。北卡罗来纳开始拒绝批准宪法,直到 1789 年 12 月才改变决定,批准了宪法。罗得岛没有派代表出席费城制宪会议,也拒绝批准宪法。直到 1790 年 5 月联邦政府已运行一年多之后,该州才批准了宪法,成为最后一个批准宪法的原始州。

表 2.2　各州批准宪法的时间与投票结果

| 顺序 | 州名 | 时间 | 州批准宪法大会投票结果(赞成—反对) |
|---|---|---|---|
| 1 | 特拉华 | 1787 年 12 月 7 日 | 全体赞成 |
| 2 | 宾夕法尼亚 | 12 月 7 日 | 46—23 |
| 3 | 新泽西 | 12 月 18 日 | 全体赞成 |
| 4 | 佐治亚 | 1788 年 1 月 2 日 | 全体赞成 |

续表

| 顺序 | 州名 | 时间 | 州批准宪法大会投票结果（赞成—反对） |
|---|---|---|---|
| 5 | 康涅狄格 | 1月9日 | 128—40 |
| 6 | 马萨诸塞 | 2月7日 | 187—168 |
| 7 | 马里兰 | 4月28日 | 63—11 |
| 8 | 南卡罗来纳 | 5月23日 | 149—73 |
| 9 | 新罕布什尔 | 6月21日 | 57—46 |
| 10 | 弗吉尼亚 | 6月26日 | 89—79 |
| 11 | 纽约 | 7月27日 | 30—27 |
| 12 | 北卡罗来纳 | 1789年11月21日 | 195—77 |
| 13 | 罗得岛 | 1790年5月29日 | 34—32 |

资料来源：Solberg, *The Federal Convention and the Formation of the Union of the American States*, 375。

## 六 联邦政府的建立和《权利法案》的产生

各州的批准使联邦宪法的运作具备了程序上的合法性，但宪法是否能在现实政治中产生预期的作用，其实际运作的合法性是否能为人民和各州认可，仍是一个未知数。由于在一些州内支持和反对宪法的力量非常接近，如果联邦政府运作不当，很可能引起州和民众的反感，造成政治上的反弹，不但宪法的实际合法性得不到认可，联邦政府还有可能因此而失败。所以，早期联邦政府（包括国会和总统部门）的运作和政策对宪法权威性的建立极为重要。

### 首届国会与联邦政府的组建

1788年11月，各州开始选举出席第一届国会的议员和总统选举人。根据宪法，国会议员和总统选举人的方式和资格由各州自定，没有全国意义上的统一规定。所以，在联邦的第一次选举中，各州的规定不同。譬如，在弗吉尼亚和马里兰，总统选举人由选民直选；在马萨诸塞，选民和州立法机构分享选举总统选举人的权力；而在其他州，总统选举人由州立法机构的成员选举产生。各州有资格参加选举的人在州的总人口中占少数。据估计,当时美国320万自由人口中,仅有8万至12万人参加了第一届联邦国会议员的选举。①

1789年2月4日,各州推选出的总统选举人投票选举总统。按宪法规定,总统选举人的人数应与各州在国会两院的议员的总数相等,即91人(65名众议员加上26名参议员),但因当时北卡和罗得岛还未批准宪法,因此没有参加总统选举;纽约州因州议会意见分歧不能妥协,放弃了选举总统的权利。剩余的10个州共有总统选举人73人,但弗吉尼亚和马里兰分别有2名选举人未参加投票,这样实际参加的总统选举人总数为69人。根据宪法,每位选举人可投两票,理论上是分别投给总统和副总统,但宪法并未要求选举人对总统和副总统分开投票,只是规定得超过半数以上最高票者当选为总统,得次高票者为副总统。这样,69名选举人每人都投了弗吉尼亚的华盛顿一票,另外69票则投的比较分散,在剩下的11个候选人中,马萨诸塞的约翰·亚当斯因得到34票而当选为副总统。②

需要说明的是,这种不区分正副总统的选举方式有重大弊病,极易引起混乱。随着党派政治的出现,选举人将按党派倾向投票,同一党派的两名候选人可能得到的票数相等,如出现这种情况,总统人选将由国会的众议院来选举产生,这正是1800年出现的情形。这种总统选举的方式将在1804年为第十二条宪法修正案所改正(详细讨论见第三、十章)。

1789年3月3日傍晚,纽约民兵在位于曼哈顿南端的炮台鸣放礼炮,向旧的邦联告别。次日,纽约全市所有教堂钟声齐鸣,伴随炮台的礼炮,宣告新的联邦的降生。4月30日,华盛顿在位于华尔街与百老汇交界处的联邦大厅前宣誓就任联邦第一届总统。华盛顿在

---

① 根据1790年的人口统计数字,美国13个州人口总数为3 893 635人(不包括属于联邦的西北和西南领土上居住的35 691人),其中16岁以上的男性自由白人为807 094人,16岁以下的男性自由白人为791 850人,自由白人女性总数为1 541 263人,其他自由人(包括自由黑人)为59 150人,奴隶人口为694 280人。根据这个数字,8万至12万人的选民总数是有道理的。*A Century of Population Growth*, *1790-1900* (Washington, D. C.: Government Printing Office, 1909), 47.

② *Congressional Quarterly Guide to U. S. Elections* (Washington, D. C.: Congressional Quarterly, Inc., 1994), 343, 359, 1342.

就职仪式上发表了一篇充满谦词的就职演说。他称刚刚建立的"联合政府体制"是由美国社会无数个团体经过"冷静的思考和自愿的同意"而产生的结果,呼吁联邦的成功必须依赖于有智慧的政策,保证绝不让"地方的偏见"和"党派敌意"之类的不良因素干扰和误导联邦政府。①

1789 年 4 月,第一届国会在纽约开幕,首先建立了三个重要的行政部门——外交事务部、财政部和战争部(War Department,20 世纪中叶与 1798 年成立的海军部一起为国防部所统辖)。宪法只设立了总统,并没有具体条款指示如何建立行政部门,所以国会在这方面拥有一定的任意权。但因这三个部门早在邦联时期就变相存在,建立起来相对容易。国会原还打算建立一个专门负责国内事务的内务部,但未能成功。后来国会采取权宜之计,将外交事务部改名为国务院(Department of State),责成其除负责处理外交事务外,还兼管国家档案文件,包括联邦内各州之间的通信文件等。

在讨论建立外交事务部时,国会就总统是否拥有将行政部门首长解职的权力一事进行了激烈的辩论。由于宪法在这方面没有明确规定,无规可循,故引起争论。担任众议院议员的麦迪逊认为总统有权解除部门首长的职务,无须经国会的同意。另一些议员不同意,他们认为参议院与总统应分享此权,如同总统任命的部门首长必须在得到参议院的认可之后才能生效一样。麦迪逊及其同僚则反驳说,如果总统不能独立行使解职权,他就无法有效地贯彻行政部门的意志和纪律,总统的权威就得不到部门首长的绝对服从和尊重,部门首长甚至还可能仰仗国会的介入违抗总统的旨意,造成行政部门的瘫痪。这里争论的问题实际上是制宪会议上未解决的立法与行政部门之间的权限划分的问题。最后国会决定仍依据传统习惯,将解职权交给总统使用。虽然这项原则在联邦政府初期得到承认,但在重建时期将再度引起争论并导致弹劾总统的事件(关于这个问题的详细讨论,见第五章)。

---

① George Washington, The First Inaugural Address (30 April 1789), in *The Writings of George Washington*, ed. John C. Fitzpatrick, vol. 30, 291-296.

在制宪会议时,制宪代表曾打算建立一个强有力的行政部门来钳制可能出现的国会对立法权的滥用。根据宪法,总统不仅是行政首长,他也拥有一定的事实上的立法权:总统可以在提交国情咨文时向国会建议他认为是"必要的和合宜的"(necessary and expedient)立法建议,有权否决国会通过的法案,并可通过任命高级行政首长和最高法院法官来影响法律和政策。在所有这些权力中,最有分量也是最直接的总统立法权是否决权。但早期美国总统使用否决权的次数都很少。华盛顿在1791年第一次使用否决权,否决了国会提出的一项关于选举国会议员的名额分配提案,理由是不合宪。在他以后的亚当斯和杰斐逊两任政府都没有使用过否决权。

对于行政部门首脑,国会认为他们的直接上司是总统,并不要求他们对国会负责(但唯独要求掌握财政的内阁部长同时向国会和总统负责)。国会的这种要求开创了总统负责下的内阁制。起初,华盛顿只要求各部门首长定期提交工作报告,并无定期举行内阁会议的做法。但在第二届任期内,华盛顿开始经常性召集部门首长的碰头会,总统内阁会议逐渐成为惯例。

华盛顿任内的部门首长多为革命和制宪时期的领袖人物,国务卿是《独立宣言》的起草人杰斐逊,财政部长是联邦制宪运动的领衔人物汉密尔顿,战争部长是邦联国会的战争部长亨利·诺克斯,联邦政府首席检察长(Attorney-General,又译为"政府总律师",此职位在1870年联邦司法部成立后改称为"司法部长")是制宪会议的重要人物埃德蒙·伦道夫。华盛顿的原意是集思广益,有意吸收意见不同的各路精英入阁,但他很快意识到,这样的做法并不明智。1791年,汉密尔顿和杰斐逊在联邦政策上发生了严重的分歧,华盛顿又不能说服两人接受对方的观点,结果造成行政部门内意见不统一,并导致政党政治的公开化。这个教训很快为后来者吸取。自杰斐逊起,所有美国总统在选择内阁成员时,首要条件就是要求所有内阁成员在政见上必须与总统保持高度一致。总统通常会起用在学识和专业知识上超过自己的人担任部门首长,这些人的意见在总统做出决策时具有重要的分量,但内阁成员必须是而且只能是总统意志的绝对服从者和忠实执行者,他们不能(也不会)在任职期间公开与总统唱反调,这在后来成为美国宪政机制中行政部门的一条不成文的原则。

## 《权利法案》的制定与批准

第一届联邦国会也为稳定联邦政府和完善宪法起了极为关键的作用。这届国会所完成的最重要的工作是制定了《权利法案》。各州对公民权利的保护的要求和关切是有历史根源的。早在殖民地时期,虽然并非所有的殖民地居民都能得到同等的保护,但各殖民地都制定和实施了不同形式的"权利法案"。1641年建立的《马萨诸塞自由法规》是北美殖民地最早的权利法案之一,其中对殖民地中自由人的权利——包括私人财产不受侵犯、言论自由、集会和请愿权、保释权、律师咨询权、陪审团制和禁用酷刑等——作了明确的列举和规定。1682年的《宾夕法尼亚基本法》除保护上诉权利外,还加进了宗教自由权。值得特别注意的是,1682年宾夕法尼亚开创了将居民权利的保护写进政府基本法的作法。这种作法使"权利法案"在法律上获得了特殊的地位,它不再是一种由殖民地总督或议会任意处置的普通法,而成为一种对政府权力的限制。这种重视保护基本权利的传统在北美殖民地独立后更明显地表现出来。1776年,弗吉尼亚在制定州宪法时宣称该州将起草一个"权利法案"、并将其作为州宪法的不可分割的一部分。1776—1787年,至少有8个州都通过了专门的"权利法案",其他州则在州宪法中写进了权利保护的专门条款。费城制宪会议注重建立政府模式,忽略了"权利法案",结果使宪法在批准过程中备受反联邦党人的攻击。《独立宣言》的起草人杰斐逊没有参加制宪会议(当时他出任邦联驻法国的公使),在制宪会议结束后立即提出了"权利法案"的问题。1787年12月杰斐逊在给麦迪逊的信中指出,他非常赞成建立一个摆脱州控制的中央政府的想法,对三权分立也无异议,但他不能接受一个没有"权利法案"的宪法。他说,宗教自由、出版自由、反对垄断的自由、人身保护令状、陪审团制等"本来就是属于人民的权利,是人民抵抗地球上任何形式政府的武器",任何正义的政府都不能对此加以拒绝。杰斐逊鼓励州在批准宪法时提出前提条件,要求在宪法中加进对公民权利的宪法性保障。①

麦迪逊对"权利法案"的态度经历了一个变化的过程。1788年12月,他向杰斐逊解释说,宪法没有加入"权利法案"主要是因为代表们担心如果在宪法中以肯定式宣言的形式来罗列公民的基本权利,实施起来极不现实,并会束缚联邦政府的手脚。在麦迪逊看来,强权政府不可取,滥用自由也是危险的。他认为联邦制的设计为保护人民的基本权利"设置了一个前所未有的安全机制",可在自由与政府权威方面争取平衡。② 但反联邦党人的意见引起了麦迪逊对"权利法案"问题的重新思考。他承认自己从来没有料到制宪会议对"权利法案"的忽略会引起如此强烈的反响。当时,除弗吉尼亚外,其他一些州(如马萨诸塞、纽约、南卡罗来纳等)也都要求在联邦宪法中加入"权利法案"。弗吉尼亚批准宪法的辩论使麦迪逊意识到,"权利法案"对巩固联邦和建立宪法的合法性极为重要。1789年,宪法得到11个州的批准后,他开始谈到新的国会中必须制定"权利法案",这样做"可以一箭双雕,一方面满足那些善意的宪法反对者的要求,另一方面可进一步保护自由"。③ 华盛顿就任总统后也写信给已担任众议院议员的麦迪逊,表示他将支持国会制定"权利法案"。④

所以,当第一届国会于1789年4月开幕时,制定"权利法案"成为国会的首要议题。6月8日,麦迪逊向众议院提出了他起草的"权利法案"的议案,他的议案参考了各州的《权利法案》,也吸取了反联邦党人的一些批评意见。麦迪逊将各种提议归纳总结,形成十二条法案,提交国会辩论。国会开始打算将这些条款分置于原宪法中,后决定采用

---

① Thomas Jefferson to James Madison, Paris, 20 December 1787, in *The Papers of Thomas Jefferson*, ed. Julian P. Boyd, 27 vols. (Princeton: Princeton University Press, 1950- ), vol. 12, 438-442.
② James Madison to Thomas Jefferson, New York, 17 October 1788, in *The Papers of James Madison*, ed. William T. Hutchinson and others, 17 vols (University of Chicago Press, 1-10vols.; University Press of Virginia; 11-17 vols.,1962-1991), vol.11, 295-300.
③ James Madison to George Eve, 2 January 1789; Madison to Thomas Mann Randolph, 13 January 1789; in *Papers of James Madison*, vol. 11, 404-405, 415-416.
④ George Washington to James Madison, New York, May 1789, in *The Writings of George Washington*, vol. 30, 341-342.

"(宪法)修正案"(Amendments)的方式将其补入原宪法。根据宪法,宪法修正案如由国会提出,必须首先经国会两院各自三分之二的多数通过、再由联邦内四分之三的州批准之后,才能生效。宪法修正案一旦生效,则具备与宪法原文同等的崇高性和效力。十二条宪法修正案的提案在国会通过后,交由各州批准,结果其中的十条得到10个州的批准。1791年12月15日,被批准的十条宪法修正案正式被加进了原联邦宪法,成为第一条至第十条宪法修正案,尽管这些"法案"(bills)已经成为宪法法,但它们仍被通称为《权利法案》,与英国"光荣革命"中建立的《1689年权利法案》的称谓遥相呼应。

《权利法案》的主要内容包括:禁止国会对宗教问题立法,禁止国会立法侵犯和限制人民的言论、新闻、和平集会以及向政府请愿的自由(第一条);人民拥有持有和携带武器的权利(第二条);未经主人允许,军队不得在和平时期进驻民房,战时占用民居需经法律程序(第三条);人民的人身、住宅、文件和财产不得受到无理的搜查和扣押,在没有可能成立的理由和没有详细说明搜查和扣押的地点和人物时,不得发出搜查和扣押状(warrants)(第四条);禁止轻易和随意对任何人判以死罪或重罪(战争情形除外),任何人不能被迫自证有罪(即不能逼供取证),不经正当法律程序,任何人不得被剥夺生命、自由和财产,私有财产在未给予公平赔偿时不得被充公使用(第五条);在刑事诉讼中,被告有权得到当地公正陪审团的迅速和公开审判,并有权被告知控告的性质和理由、与原告对质、争取于自己有利的证人出庭作证以及得到律师的辩护(第六条);一般情况下,联邦法院不得重新审查经陪审团裁决的事实(第七条);禁止要求过多的保释金和处以过重的罚金,禁用残酷和非常的惩处方式(第八条);本宪法未列举的由人民保留的其他权利(rights)不得受到否认和轻视(第九条);宪法未授予联邦政府的、也未禁止各州使用的权力(powers),由各州或人民保留(第十条)。

《权利法案》列举的基本权利实际上来源于英国普通法和殖民地时期权利的积累。从这个意义上看,《权利法案》是对北美殖民地权利传统的继承。虽然各州的宪法都明确宣称保护这些权利,但在联邦宪法中逐一列举这些权利却有着特殊的宪法意义。《权利法案》的加入没有削弱原宪法的原则,反而保证了获得所有州对宪法的支持。另一个重要意义是,殖民及革命时期建立的所谓"天赋人权"通过《权利法案》转换成了人民的宪法权利,从而完成了美国革命的另一个原始目的:维护殖民地居民的基本权利。我们也许可以把这个过程称为所谓"天赋人权"的实证化、现实化和具体化的过程。我们注意到,《权利法案》对权利的列举不是采用肯定语式,而采用否定语式,即不准联邦政府侵犯或剥夺人民的这样或那样的权利,而不是说人民拥有这样或那样的权利。这种语式上的安排充分表现了18世纪末美国人的政府观:政府的权力必须受到限制,而首先要受到限制的是联邦政府的权力。

从国家制度和公民群体构建的角度来看,《权利法案》实际上是向美国公民权利的统一化和标准化方面迈出的重要步骤。通过《权利法案》,美国公民的权利有了全国意义上的实质性内容,有利于构建一个权利统一的公民群体,消减州主权的负面作用。但《权利法案》制定者的初衷正好与这种思路相反。他们要抑制和限制的不是州政府的权力,而是联邦政府的权力。在处理联邦政府与人民权利的关系时,《权利法案》带有产生它的时代的偏见,即只注重防止和限制联邦政府对人民基本权利的侵犯,而忽视了另外一种可能,即州政府也可能侵犯和剥夺人民的权利,而当州政府侵犯或剥夺人民权利的时候,联邦政府应该、而且必须以保护人民的宪法权利的名义限制州的公民权利管辖权,制止和改正州对美国联邦公民的权利的剥夺。虽然第九、十条宪法修正案隐含了这方面的内容(如第九条宪法修正案称,凡未被宪法列举的[人民]权利不能被视为剥夺人民拥有的这些权利的理由;第十条宪法修正案称,未经宪法明确授予合众国的权力和未被州所禁止的权力将为人民所保留;换言之,在可能的情况下,人民完全有可能授权联邦政府来保护自己的公民权利,从而抵制州政府对自己作为美国公民的权利的剥夺和侵犯),但联邦政府对美国公民的权利进行保护的宪法理论和宪政机制还要等到1868年第十四条宪法修正案加入宪法后才能产生(详细讨论见第五章)。

### 联邦制宪的历史意义

《权利法案》之所以如此设计,受制于当时美国的政治和法律环境,是对反联邦党人的意见的一种妥协。事实上,整个联邦宪法本身从头到尾就是一个不同派别和利益集团谈判和妥协的结果。宪法是为了解决具体的、现实的、迫切的宪政危机而制定的。制宪的过程就是一个利益谈判的过程。联邦宪法并没有解决美国面临的一切问题,甚至也没有根除邦联体制留下的矛盾。尽管如此,1787年制定的美国联邦宪法在美国历史上的重要性是其他事件无法取代的。它对世界宪政发展的影响也是深刻和久远的。

总结而言,在下列几个方面,联邦宪法为美国的发展和宪政传统奠定了坚实耐用的基础:

首先,联邦宪法创造了一个崭新的美国政府体制,第一次将联邦制、政府权力制衡及人民主权等抽象理论变成了现实。联邦宪法的制定证实了汉密尔顿等人笃信的理想主义观点:人类可以依靠理性的意识和能力来选择和建立一个较为合理的政府,而并不一定只能无可奈何地依赖机缘巧合或通过诉诸武力来建立政府。联邦宪法的建立为美国社会各种利益的竞争和发展提供了新的渠道,使利益之争有了不同的形式和意义。

其次,联邦宪法的制定为使美国转变成一个现代意义上的民族国家准备了条件。制宪和批准宪法的过程是一个利益讨价还价的过程,同时也是一个对美利坚民族的政治原则和理念进行讨论和锤炼的过程。在这个过程中,那些平时抽象的概念——包括共和政体、人民主权、限权政府、公民权利、自由与平等——因与实际的政治机制相联系而被普及化、大众化、日常生活化了。它们不再是高不可攀的抽象理论,而是日常的政治实践。当制宪时期使用的政治思想和言辞加入了实际的内容和形式时,这种思想便成为了一种强有力的意识形态,将对美国政治文化的发展发挥重要的作用,尽管在宪法制定的时期,这种意识形态还只能为十分有限的一部分美国人所分享和欣赏。

第三,联邦宪法为当时被排斥在美国政治体制之外的群体争取平等和自由奠定了宪政基础。宪法在阐述政府的目的时,使用了意义"中性"的原则(如"建立一个更加完善的联邦""树立正义""确保国内安定和平""促进公共福利"以及"得享自由"等),这些原则话语貌似平淡普通,但却具有极大的延伸性和通用性,具有丰富的解释空间和余地,因此成为一系列时效性长和包容度高的宪政原则,不仅为制宪时代的美国政治精英(包括联邦党人和反联邦党人在内)所认同,也被后来不同历史时期中不同群体的美国人——包括那些在此刻被排斥在政治社会之外(如穷苦和无产白人、妇女、自由黑人等)和那些甚至没有合法的公民地位(如黑奴和印第安人)的美国人群体——为争取自己的权利而采用。采用这些原则的过程也是认同、修正、充实和更新这些原则的过程。这些"宪政原则"与联邦宪法所建立的多元化决策和权力制衡机制为改革力量挑战美国宪政中的不合理现象提供了必不可少的政治和体制资源,虽然这种挑战需要经过长期的艰苦努力才能够获得成功,并且在成功之后还可能出现反复。

第四,宪法的制定和批准使宪法的崇高地位得以确立,使宪法本身的法律含量发生了质的变化。宪法不再是一种与其他法律分量相等的法律,而是国家组成的根本法,是国家其他法律制定和执行的准绳。宪法不仅取代了旧时英国普通法的地位,而且将"自然法"(Natural Law)通常所包含的那种崇高的、不允许被世俗政体任意篡改和侵犯的、近乎神圣的权威移植到自身,使其成为了可以操作和实践的、具有现实和即时效力的实证法(positive law)。当然,联邦宪法的崇高地位和不可动摇性还必须经过后来一系列历史实践——包括政党政治和内战——的冲击才能真正地建立起来。但是,美国人(或者说,拥有政治权利的美国政治精英们)对联邦宪法的建立和批准投入如此巨大的热情,展开如此严肃的争论,赋予如此执著的信仰,表明他们对宪法的性质和地位的认知,早已大大超过他们对英国宪政和对殖民地时代基本法的尊重。

在肯定联邦宪法历史意义的同时,我们也应认识到制宪者们(包括后来反对和支持宪法的人们)当时并不着意建立一个现代意义上的民主政体。反联邦党人反对宪法并不是因为宪法没有赋予当时众多的美国无产者平等的投票权,也不是因为美国黑人的人权还在继续遭到剥夺。联邦党人和反联邦党人都不是现代意义上的民主派,两者都没有、也拒绝考虑全面地平等地给予所有的美国人平等的政治和经济权利。制宪者中的大部分人是美国社会的精英分子,也是大财产的拥有者,他们深知政治权利的不平等正是基于经济地位、知识占有和社会影响诸多方面的不平等。

联邦宪法在几个重大问题上存在严重的隐患。最大的问题是奴隶制问题。制宪会议在奴隶制问题上的三项重大妥协保证了联邦宪法的产生,但却为宪政的发展埋下了一颗定时炸弹,随着南北经济发展差距的加大,围绕奴隶制与自由劳动经济的冲突将升级。与之相关的是联邦制运作的规则问题,尤其是州和联邦政府的权力分割问题。宪法虽建立了中央政府的权威,但联邦的主权仍然处于事实上的分裂状态,联邦和州政府虽有自己的权力范围,许多问题仍需要它们之间的协商与配合,但因为联邦政府的利益由地方和州的利益组成,各种利益交错,致使州与联邦都不能任意左右另一方。在一些重要问题上——包括奴隶制、联邦公民的资格和权利、联邦和州政府的"共和"形式和性质的定义、州是否有权退出联邦、联邦政府是否有权保护公民权利——联邦与州之间、州与州之间无法达成必要的妥协。

1787年的联邦宪法建立了一种可供不同利益集团进行利益交换和妥协的机制,但这种机制不可能也无法无限制地允许和容忍体制内的利益冲突,尤其是在各种利益集团的力量和质量发生了重大变化的情形下。如果利益集团的冲突变得不可调和,宪法的崇高性便将受到挑战,原有宪政秩序中的妥协机制将受到破坏乃至完全失效,这时美国的宪政就必须重建,这正是美国内战和重建时期发生的情形(详细讨论见第四、五章)。

约翰·马歇尔(John Marshall, 1755—1835)

约翰·马歇尔是美国联邦最高法院第四任首席大法官,任职长达 34 年(1801—1835)。1803 年,马歇尔通过"马伯里诉麦迪逊案"的判决,明确宣示了联邦最高法院有权解释宪法,由此衍生的"司法审查权"的宪法原则对此后美国宪政秩序的发展与转型起了至关重要的作用。

图片来源:http://www.supremecourthistory.org/history-of-the-court/chief-justices/john-marshall-1801-1835/

# 第三章  早期宪政的演进

联邦宪法的制定与批准为美国的发展奠定了一个政治和法律基础。但在投入使用和经历考验之前,宪法仍是一纸空文,其原则是否有效、功能是否实用、设计是否合理,尚属未知。费城制宪会议的代表在讨论宪法时,自然希望宪法能有较长的时效性,能较灵活地适应美国的发展。但他们毕竟是生活在特定历史环境中的人,是凭借过去的经验和当时的政治理论作为依据来设计宪法的。他们不可能准确地预测未来,更不可能预测所有因宪法的实施而出现的新问题。实际上,在制宪时期的领袖人物远未退出历史舞台之前,联邦宪法便面临了一系列严重的挑战。从1789年宪法开始实施到19世纪40年代之间的半个世纪中,美国宪政发展遭遇了几次严峻的挑战,其中包括:(1)政党在宪法体制中的位置和功能;(2)联邦宪法最终解释权的归属;(3)联邦制性质的定义(即联邦与州政府之间的权力应该如何划分);(4)奴隶制在联邦和联邦宪法中的"合法性"问题(最后一个问题的详细讨论见第四章)。

政治派别斗争在殖民地时期就已经出现,其发展在邦联时期有增无减,并在制宪时期愈演愈烈。宪法生效实施后,政治派别活动更是大张旗鼓地进入了联邦政治机制,导致了联邦政治的党派化。政党——或有组织的政治利益集团——在成为不同利益群体争夺和控制联邦政府权力的有力工具的同时,也带来对政治权力的滥用。对于早期美国的政治领袖来说,如何建立一个既允许政党合法地存在、又要求其运作必须遵从宪法原则的宪政机制和宪政文化,无疑是一个前所未有的挑战。

其次是宪法的解释问题。费城制宪会议设计了联邦政府在宪法下三权分立的体制,但留下了一系列相关问题:三权分立是不是意味着立法、执法和司法三个部门都各自拥有解释宪法的权力？如果是这样的话，当三个部门对宪法的解释发生冲突的时候，应该以哪一部门的解释为准？宪法虽然规定联邦政府将建立自己的司法体系，但司法部门在联邦宪政体制中应该扮演什么样的角色，又如何建立和维护自己的独立性？对这些问题，制宪会议和联邦宪法没有提供现成的答案。

然而，对新生美国宪政最具威胁性的是如何维护联邦宪法的"崇高性"问题。从第二章的讨论中我们看到，制宪会议解决了关于宪法"崇高性"的争论，但在实践中，"崇高性"如何体现，如何得以维护，由谁或通过什么机制来维护，都是没有测试过的问题。联邦宪法的"崇高性"的问题关系到在新宪法体制下联邦与州之间的关系如何定位、两者之间的权力如何划分的问题，关系到联邦制的性质。虽然宪法对州和联邦政府的权力进行了划分，但由于联邦制是州权派和全国政府权力派之间的妥协的结果，这种划分是否会在实践中得到州和联邦政府始终如一的尊重，制宪会议的代表无法担保。此外，随着美国的扩张和发展，州与联邦政府之间将不断针对新出现的问题在相互间进行权力的重新划分。但因为各州的发展并不平衡，联邦内不同区域的发展也不平衡，各州的经济和政治诉求极不一致，而联邦政府的立法机构——国会——又是由各州的代表所组成，这一切都使各州与联邦的利益界定变得十分复杂，也给两级政府的权力划分带来了意想不到的困难。州与联邦政府之间的权力划分的标准是什么？应该由谁来划分和裁定？这些问题直接关系到对宪法原则的解释和运用。

从1789年联邦宪法生效开始，上述问题相继出现，对美国宪政机制提出了严峻的挑战。经过一系列的政治妥协和体制调整，到19世纪初，宪政体制内的合法反对党制度和联邦最高法院的司法审查权相继得以建立，成为了美国宪政体制中的两项新的、具有关键意义的原则与实践。这一时期的宪政改革和调整也力图解决联邦与州政府之间的权力定义和划分问题，但因为奴隶制的缘故，联邦的主权始终处于分裂的状态，宪法的"崇高性"始终未能建立起来，而分裂的主权最终将把美国带入一场血腥的内战之中。

# 一 政党体制的形成与合法化

## 殖民地时期党派政治的遗产

自殖民地时期起,党派活动就是美国政治文化的重要内容。需要说明的是,早期的美国政党政治与现代意义上的美国政党政治有很大的差别,虽然两者有相似和相通之处。同时还应说明的是,美国历史上的政党与20世纪的列宁主义式革命政党在组织和功能上有着天壤之别。列宁主义式政党是改造旧体制的先锋队组织,信奉特定的意识形态和政治理论,追求宏伟广大的历史性目标,实行严格有效的党内纪律,要求党员对党抱有无条件的忠诚,并在必要时为了党的理想和原则牺牲个人和局部利益。而美国历史上的政党,除了在内战时期外,基本上是一种为了实行某种特定的、具体的政治目标或争取实施某项现实的政策而组成的政治利益集团或派别,它们并不有意识地和主动地承担久远宏伟的历史重任,并不要求挑战宪法的基本原则或寻求推翻宪法(虽然不同的政党会对宪法的原则做出不同的解释),也并不企图代表全社会的利益。美国的政党不是靠意识形态来吸引和激励成员,也无需用铁的纪律来要求成员的忠诚。它们是一种因利益——尤其是经济利益、政治利益和社会利益——而组合的政治派别。这种特点在联邦宪法实施的早期尤其明显。

实际上,在18世纪大西洋两岸的政治语言中,"党"(party)和"派"(faction)两字是通用的,语义相近,差别甚微。两者都是指为了某种利益而组合的政治团体或群体。"光荣革命"之后,党派政治也成为英国议会政治的一种当然特征,曾在18世纪早期遭致英国政论家们的严厉抨击。对于英国政治评论家博林布罗克(Bolingbroke)来说,"党"和"派"的区别是:"党是一种政治邪恶,而派则是邪恶之邪恶。"①

殖民地时期的党派多是因经济利益、宗教信仰和地域环境的差异

---

① Bolingbroke, *The Idea of a Patriot King* (1749; reprint: Indianapolis, Bobbs-Merrill, ed. 1965), 46.

而起。当时虽然派系众多,矛盾复杂,但却从未出现过有纲领、有组织、跨区域的政党组织。如第二章所提到的,制宪会议期间,麦迪逊和汉密尔顿等人对党派别活动及其可能带来的恶果十分警惕,他们之所以如此注重联邦政府权力的分立和制衡,其目的就是为了防止某一政治利益集团垄断政治。麦迪逊在制宪会议上指出,各种各样的利益派别——穷人与富人,不同政客的追随者,不同的宗教派别等——早已在美国存在,这些派别在立宪后还会继续存在,正因为如此,"我们必须引入钳制机制,为多数利益集团(可能)对政策制定的垄断设置障碍"。[1] 汉密尔顿则将州本身看成是政治派别的一种。在他看来,邦联的失败应归咎于以州为基础的派别政治,一个州因某项措施不符合自己的利益,就动用否决权,从而毁掉其他州人民的幸福和自由,这种做法犹如一种变相的"暴政"。他认为,在一个宪法或代议政府体制下,政治的参与者经常变化,国家的发展难以形成长期和集中的发展目标,只有建立起有权威的中央政府,才能有力防止利益集团代言人对权力的篡夺,遏制派别的泛滥,打击社会的叛乱。[2]

正如历史学家理查德·霍夫斯塔特(Richard Hofstadter)所言:在制宪会议上,麦迪逊等人对党派政治已有防备之心;他们力图建立起一个"能制约党派的宪法政府"(a constitutional government that would check and control parties),而竭力避免建立"一个宪法(名义)下的政党政府"(a party system under a constitution)。[3] 这两种制度的关键区别在于:前者是宪法制约政党,后者是政党控制宪法。换言之,麦迪逊和汉密尔顿希望利用新的联邦宪政机制分散和削弱党派活动的力量,使派别利益难以轻而易举地集中和串通起来,控制联邦政府,将联邦政府变为单纯的执行党派意志的工具。他们希望通过宪政机制限制党派的发生和发展,使宪政原则成为所有党派活动不能逾越的原则。但麦迪

---

[1] Max Farrand (ed.), *The Records of the Federal Convention of 1787*, 3 vols. (New Haven: Yale University Press, 1911-1937), vol. 1, 108.

[2] Alexander Hamilton, "The Federalist No. 20", in *The Papers of Alexander Hamilton*, ed. Harold C. Syrett and others, 15 vols. (New York: Columbia University Press, 1961- ), vol. 4, 396-401.

[3] Richard Hofstadter, *The Idea of a Party System: The Rise of Legitimate Opposition in the United States, 1780-1840* (Berkeley: University of California Press, 1969), 53.

逊和汉密尔顿都没有料到,在联邦政府刚刚建立后几年内,有组织的政党就会随之出现,并且迅速渗透到联邦政府的各部门中,为政府的决策带来干扰。他们更没有想到,他们自己会成为新生政党的领袖人物,并学会利用反对党作为工具去争取政治竞选的成果和解释宪政原则。

## 汉密尔顿与杰斐逊的争论与党派政治的起源

联邦政府中的政党活动起源于华盛顿政府时期。1789年,华盛顿就职担任美国首任总统的时候,把内阁中两个最重要的职位——财政部长和国务卿——分别交给汉密尔顿和杰斐逊来担任。两人对美国独立和创建都有过卓著的贡献,且都才华过人,深得华盛顿的信任和欣赏。汉密尔顿来自纽约,当时年仅34岁。他出身清寒,靠自己的奋斗进入纽约的国王学院(King's College,即后来的哥伦比亚大学),后又成为律师,与纽约市的豪门家族结缘,是一个名副其实的自我造就的美洲贵族。独立战争期间,他担任过华盛顿的助手,后来又出任过邦联国会的议员和邦联政府的税收官。在费城制宪会议上,他与麦迪逊一起,竭力主张建立中央集权型的联邦政府,后来又在纽约为宪法的批准而奔走,写下了数十篇关于联邦宪法的经典文章,为联邦立宪立下了汗马功劳。杰斐逊比汉密尔顿年长12岁,经历丰富傲人。他是大陆会议的代表,更是《独立宣言》的主要起草人。他出生于富裕家庭,博学多才,精通多种语言,从政之余,还亲手设计了弗吉尼亚大学。虽同为美国革命的领袖人物,汉密尔顿和杰斐逊对美国联邦的性质和发展前景却有着十分不同的认知。他们对联邦宪法的性质和功能也有不同的定义。两人关于美国宪法性质的争论将忠实地伴随未来两个世纪里美国宪政发展的历程。

汉密尔顿不仅是一个联邦党人,而且是一个激进的联邦党人。他预测:未来的美国是一个多元化的经济体,农业、工业和商业经济并存,并相互支持;而商业和工业经济的发展可能是美国发展壮大的最大希望所在;所以他主张在美国建立起一个强大的中央集权的联邦政府,由这个政府来建立一个良好有效的经济秩序,鼓励和辅助资本主义经济的发展。汉密尔顿对平民政治和"泛民主"式的政治体制十分反感,这点在制宪会议的辩论上充分表现出来。他认为,绝对意义上的社会平等是天方夜谭,政治最终还是必须由精英阶层来领导和控制,共和社会绝不意味着所有社会成员在地位和财产占有方面的绝对平等,也绝不意味着所有的社会成员对政治会抱有同样的兴趣和同等的责任感。

杰斐逊对未来美国的期望则不同。他认为:美国应该始终是一个以农业经济(尤其是独立的小农经济)为基础的国度。他对汉密尔顿鼓吹发展制造业和商业十分反感,认为工业社会除了制造出拥挤嘈杂的城市之外,还会造成财富享有和分配上的极度不均,其结果是大有产者不仅在经济上可以剥削穷人,而且在政治上也可任意操纵后者。对于杰斐逊来说,独立自主的小农经济是共和政治的最好基础,因为独立的自耕农拥有自己的土地,能够支配自己的时间、资源和劳动成果,只有这样的人才算得上是独立的人,而唯有享有经济上独立自主的人才可能成为有道德的和诚实的人,只有他们对政治的参与才可能保障共和政治的纯洁,才能使人们领悟和感受到共和思想的真谛。杰斐逊因而主张,在新的宪政体制下,人民应该得到尽量多的自由和自主的空间,政府的权力必须受到严格的限制。

杰斐逊的思想同时继承了欧洲启蒙运动的宪政理念和洛克的自然法理论的传统,他提出的经济上的自食其力与政治上的独立自主呈相互对应关系的理论,以及他对自由劳动(free labor)价值的重视,构成了后来在19世纪中叶出现的以反对奴隶制扩张为目标的共和党人的思想源泉。汉密尔顿和杰斐逊对宪法的功能也存在不同的认知。汉密尔顿认为宪法应该成为一种执行政府意志的工具,杰斐逊则认为宪法应该是一种限制政府意志和权力的机制。①

汉密尔顿提倡集权中央政府并不完全因为他信奉精英政治,他的主张也出于对现实的政治需要的考虑。他从邦联政府的实践中得出结

---

① 杰斐逊的观点表述在他给其他弗吉尼亚的领袖人物的信中,如 Thomas Jefferson to James Monroe, Philadelphia, 17 April 1791; Jefferson to Monroe, 10 July 1791; Jefferson to Edmund Pendleton, 24 July 1791; in *The Papers of Thomas Jefferson*, ed. Julian P. Boyd, 27 vols. (Princeton: Princeton University Press, 1950- ), vol. 20, 234-236, 296-298, 669-679。早些时候的同类观点见 Jefferson to George Washington, Paris, 14 August 1787, ibid., vol. 12, 36-38。

论:一个软弱无能的中央政府不能保证联邦的政治稳定,放任派别集团的发展,则会引起跨州利益集团的产生,从而导致联邦政治的全面失序。为了防止这种情况出现,他主张采取一系列措施来增强联邦政府的实际能力,包括建立强大的联邦军队(以便与各州的民兵力量相抗衡);由联邦政府接管和继承各州在独立战争时期欠下的一切公共债务,从而拥有巨大的财政权力;建立一个由国会监管的合众国银行,负责全国货币流通的管理;建立健康的和全国性的税收与信用制度;大力鼓励和扶持制造业的发展;实行开放性的移民政策,为美国的发展提供人力资源。在所有这些主张中,汉密尔顿最为关心的是建立一个有效的联邦银行体制,他认为政府的无能本身就是一种"犯罪",一个"软弱无能的政府"不能"推动公共福利",因而将失去人民对它的尊重。[①]

汉密尔顿的合众国银行计划的构想是,银行由联邦政府出面建立,由联邦政府和私人投资者共同提供启动资金,然后合众国银行发行股票,用来支付革命时期各州发行的债券,从而收回留在民众手中的债券,促进经济开发;同时联邦政府应向各州和人民征税,对所有进口货物征收进口税,税收得来的资金将存入合众国银行,再由银行借钱出来资助商人和种植园业主发展经济。汉密尔顿计划的核心是建立一个由有产商业阶级支持的联邦政府,通过联邦政府的调节功能为上层的经济精英提供保持经济持续发展的机会和保障,从而期望后者对新生联邦政府予以坚定的支持。在对外贸易政策方面,汉密尔顿提出联邦政府应该实行高关税制,以保护国内制造业的发展,赢得制造业主和工商业主对政府的支持。除希望利用联邦政府对财政控制建立起一个有实权的中央政府外,汉密尔顿的财政计划自然也夹带了基于地域的"私利"。他希望借此为纽约州的工商业发展提供较大的机会。回溯历史,汉密尔顿的经济思想在当时有些"反潮流",与亚当·斯密在1776年发表的《国富论》中提出的自由放任式资本主义经济思想是相对立的。难怪历史学家理查德·莫里斯(Richard B. Morris)后来在评说汉密尔顿时要将他称为一个"经济民族主义者"(或"经济国家主义者"

---

[①] Alexander Hamilton, "Defense of the Funding System" (1790), 引自 Richard Morris, *Alexander Hamilton and the Founding of the Nation* (New York: The Dial Press, 1957), 143.

[economic nationalist])。① 的确,汉密尔顿的经济思想不仅对19世纪中叶辉格党人的"美国体系"经济发展计划颇有影响,而且在某种意义上也可被视为20世纪30年代富兰克林·罗斯福"新政"的思想先驱。

汉密尔顿的财政计划遭到了来自南部的国会议员们和国务卿杰斐逊的强烈反对。在国会里领头反对汉密尔顿财政计划的是麦迪逊。麦迪逊与汉密尔顿在制宪时期曾经是志同道合的战友,此时两人却因意见分歧而分道扬镳。麦迪逊反对的理由是:南部各州对革命时期的债务问题已作了妥善处理,唯独新英格兰地区仍然有大量的债务没有得到解决;如果联邦政府出面来承担和支付一切债务,南部各州就会被赋予不合理的和额外的债务摊派。他认为,以联邦政府的名义,要求南部各州为北部地区承担偿还债务的义务,等于侵犯南部各州的经济权益。麦迪逊以特有的政治敏感嗅到了汉密尔顿财政计划背后隐藏的政治目的。作为制宪运动的领袖人物,他虽然继续支持建立一个强大有力的联邦政府,但同时也开始意识到州权不能随意为联邦政府所侵犯。麦迪逊希望在州权与中央集权之间找到一个平衡两者的位置。作为行政部门的官员,汉密尔顿本人在国会辩论中没有发言权。但为了保证国会接受他的财政计划,他积极施展游说之术,网罗赞成或同情他的计划的国会议员,让他们成为自己在国会辩论中的代言人。汉密尔顿的做法开了国会游说的先例,也违反了立法和执法权相互分立的宪政原则。然而,他的努力没有白费。1791年2月,国会依宪法第一条第八款中关于国会有权通过一切"必要的和适当的"法律的原则,通过了建立合众国银行的法案。

华盛顿在签署国会通过的法案之前,为慎重起见,向内阁成员征询建立合众国银行的"合宪性"(constitutionality)的意见。杰斐逊立即对汉密尔顿的银行计划表示反对。在给华盛顿的意见书中,杰斐逊对联邦宪法中规定的联邦权力作了一种狭义的解释。他强调:联邦宪法第十条修正案对没有明确让与联邦的州权予以了特别的保护,设立银行属于各州管理州内商业事务的权力范围,并未通过宪法明确让与联邦政府,应属于第十条修正案所保护的州权。他指出,虽然宪法允许国会

---

① Morris, *Alexander Hamilton and the Founding of the Nation*, 285.

通过一切必要的和适当的法律,但建立合众国银行并不在这类法律之列。杰斐逊尤其反对联邦政府为了自己的"方便"而任意使用"必要的和适当的"这一宪法原则。在他看来,滥用这一原则等于允许联邦政府"吞食所有的(由人民交与的)议政权(delegated powers),从而将所有的权力缩减为一句话",即允许联邦政府处于一种权力不受约束的地位。杰斐逊认为,合众国银行一旦建立,联邦政府将变成债主,而人民则可能受政府的剥削,这种做法是违背共和政府的基本精神的。他承认合众国银行可能为中央政府管理经济带来许多便利,但他强调绝不能因为政府管理的便利而侵吞州的自治权。从表面上看,杰斐逊是在维护州权,实际上他真正反对的是建立一个以北部经济和商业利益为基础的中央集权式的全国性经济体系。①

汉密尔顿对杰斐逊的意见进行了反驳。在给华盛顿的报告中,他援引联邦宪法第一条第八款来捍卫联邦政府建立合众国银行的宪法权力。他认为:宪法不仅明确列举了联邦政府所拥有的许多具体的权力,也赋予了联邦政府许多"隐含的或延伸的"(implied or resultant)权力,国会有权通过一切"必要的和适当的"的法律就属于这一类权力。那么,什么是"必要的"(权力)呢?汉密尔顿解释道:所谓"必要的"(necessary)一词,可以理解为是"需要的、被(形势所)要求的、附属(于主要权力)的、有用的或便利的"(needful, requisite, incidental, useful, or conducive to)的意思。换言之,"必要的"与"绝对的"和"不可没有的"是同义词和等位语。汉密尔顿强调说:一个法案是否能得到宪法的允许而被制定,不是看该法案是否必要或是否有用,因为那是一个仁者见仁、智者见智的问题;一个法案是否应该成为法律,应由该法案与其欲达到的目的之间的关系来决定,或者说,应该由法律作为手段欲达到的目的来决定。他说:"如果一个法案(企图达到)的目的是在宪法权力规定的范围以内,法案又与这个目的有着非常清楚的联系,法案的目的也不为宪法的任何一部分所禁止,那么,(追求)这种目的便可理所当

---

① Thomas Jefferson, "Opinion on the Constitutionality of the Bill for the Establishing a National Bank" (15 February 1791), in *Papers of Thomas Jefferson*, vol. 19, 275-280.

然地被认为是在联邦政府的权力范围之内。"①

汉密尔顿的这段陈述建立了一条原则:联邦政府有权制定和实施为了到达某一目的的法律,只要目的不违宪,为实现这一目的而制定的法律也必然是合宪的。这条原则成为当时联邦党人信奉的宪政理论的基础,在后来的宪政发展中将被广泛地引用。汉密尔顿的"隐含权"(implied power)原则也将在 1819 年的麦卡洛诉马里兰案的判例中为联邦最高法院首席大法官约翰·马歇尔充分运用。华盛顿显然为汉密尔顿的意见所说服,签署了合众国银行法案,第一合众国银行(First Bank of the United States)得以建立。1791 年 7 月 4 日,合众国银行发行股票,200 万元的股票在几小时内销售一空。②

合众国银行风波未平,联邦党人的外交和外贸政策又遭到南部国会议员的反对。外交上,联邦党人奉行的是反法亲英的政策。1792 年,法国大革命进入激进阶段,雅各宾派掌权后,实施了许多在联邦党人看来是过激的政策,这令联邦党人感到十分恐惧。他们视法国革命为暴民政治的样本,要求华盛顿在当时的英法战争中宣布中立,不支持雅各宾政权。但杰斐逊却说服华盛顿对法国革命产生的新政府予以承认。后来,因法国公使热内在美任职时从事与外交身份不相称的政治活动,联邦党人指控他违反了美国宪法,要求法国将其召回。1795 年,联邦党人约翰·杰伊受华盛顿派遣与英国进行谈判,协商处理英国人撤离美国西部和美国在英占西印度群岛的合法贸易的问题。在财政部

---

① Alexander Hamilton,"Opinion Sustaining the Constitutionality of a National Bank" (1791), in *The Works of Alexander Hamilton*, ed. Henry Cabot Lodge, 12 vols. (New York: G. P. Putnam's Sons, 1904), vol. 3, 445-494.
② 作为财政部长,汉密尔顿面临的问题是如何应对联邦政府面临的债务和资金短缺的危机。他的合众国银行的设想显然受到了英国的英格兰银行(Bank of England)运营模式的启发。根据他的设想,合众国银行作为一家私营银行,从国会获得运营特许状,融资 1000 万美元,作为资本,其中联邦政府提供的资金占银行资本的五分之一(200 万美元),其余五分之四(800 万美元)由国内外私人投资者提供。银行董事会的席位按资本比例分配,25 个董事位置中,代表联邦政府利益的名额只有 5 个,其余均由私人投资者占有,但国会可以监管银行的运营。合众国银行以政府信誉为抵押,可发行银行钞票(bank notes),该钞票可作为与金银等同的通币,进入流通领域。私人投资者购买合众国银行股份,可使用联邦政府的债券(bonds),但比例不能超过四分之三,另外四分之一则需由金银通币来支付。这样,政府债券的价值得以稳定并发挥了再生产的功能,合众国银行的钞票也在事实上成为一种稳定的全国货币,有利于制造业和商业的发展。

长汉密尔顿的授意下,杰伊与英国人签订了条约,确立了英美两国最惠国贸易的平等地位,但没有要求英国赔偿和归还独立战争时期被英国人带走的南部奴隶。南部奴隶主对"杰伊条约"极为不满,指责联邦党人为了满足东北部商业资本的利益不惜牺牲南部农业资本的利益。此外,对于联邦党人政府未能向西班牙施加压力,以取得开发和使用密西西比河的权利,促进内陆经济的发展,南部也是极为不满。联邦党人政府的另一些做法也遭到了非议。1792年,国会宣布,当一州内的反联邦法活动超出了普通执法部门和官员所能控制的范围时,联邦政府可动用民兵进行镇压。根据这一法律,1794年8月,当宾夕法尼亚州山民因反对政府征收威士忌税而举行有组织的武装暴动时,华盛顿便立即动用了此项权力,调集宾州以及邻近州的民兵对暴动的山民进行镇压。这种做法引起了一些反联邦党人的反感。

汉密尔顿和联邦党人的一系列政治行动使杰斐逊和麦迪逊开始考虑反对党的价值和必要性。在独立战争和立宪时期,杰斐逊也是反对党派政治的。在批准联邦宪法的争论中,有人曾经问他站在哪一边,他回答说自己既不是联邦党人也不是反联邦党人。1789年,在一封给友人的信中,杰斐逊曾对党派政治表示极大的厌恶:"无论是在宗教、哲学、政治或其他任何问题上,凡是我自己能独立思考的,我决不将自己全部的思想和意见置于某一党派观点的教条之下……如果不入党派便不能升入天堂的话,那我宁可不入天堂。"[①]但随着杰斐逊与汉密尔顿在银行问题上的争执不断激化,两种对立的党派活动也逐渐公开化了,杰斐逊不得不重新考虑政党在宪政中可能发挥的正面功能。

1792年,为了推行他的财政计划,汉密尔顿对一些国会成员展开了积极的游说工作。汉密尔顿的做法引起了非议,国会中有人称他使用了不正当的手段(如贿赂和泄密之类)来影响和干扰国会的运作。杰斐逊立即抓住这一机会,写信给华盛顿,指责汉密尔顿的行为"削弱和破坏了共和政府"。杰斐逊认为,汉密尔顿的做法实际上是利用手中掌握的行政部门的权力去影响国会(立法部门)政治的运作和结果。

---

[①] Thomas Jefferson to Francis Hopkinson, Paris, 13 March 1789, in *Papers of Thomas Jefferson*, vol. 14, 650.

在杰斐逊看来,汉密尔顿的目的是以发展制造业的计划作为诱饵,对国会议员进行拉拢和分裂活动,企图逐步建立一种"腐蚀国会议员的机制",将部分国会议员变成财政部长(指汉密尔顿)在国会内的御用军,听凭其调动,实现自己的决策意愿。杰斐逊认为,这样下去将破坏执法与立法权分立的原则。①

杰斐逊显然注意到了美国宪政机制中的一个漏洞,即行政部门的官员有可能利用职权,影响立法部门的运作,掌握财政大权的财政部长则可能比其他行政官员更能影响、甚至控制国会的经济立法。但从执法部门的角度来看,汉密尔顿的做法也是为了解决现实而迫切的问题。执法部门欲推行任何有效的治理政策,都必须首先通过国会的立法来实现;为了推动立法的成功,执法部门必须对那些与某项政策有切身利益的议员实施游说,取得他们的支持,实际上执法部门是在对国会的立法力量进行一种利益的划分和组合,以增加成功的把握。比起那种毫无组织的任意性投票,游说的结果显然更为有效。汉密尔顿的做法表明他首先意识到了后来美国政治运作的一项经典内容:要想在宪政体制中赢得决策的胜利,首先必须识别和建立利益集团,并在决策程序的各个环节有效地加以使用。

内阁成员的对立引起了华盛顿的忧虑。他在1792年分别写信给汉密尔顿和杰斐逊,道出了他的担心:"内部的不合必将破坏我们的团结和干扰政府,除非对立的双方采取相互谅解和让步的态度,否则政府将无法实施行之有效的管理,州与州之间的联盟也将难以长久地维持下去。"②

## 党派活动的组织化与公开化

第二届华盛顿政府期间(1793—1797),有组织的派别在国会内已经公开出现。派别活动的主要表现是,当一项议案被付诸投票前,意见

---

① Thomas Jefferson to George Washington, Monticello, 9 September 1792, in *Papers of Thomas Jefferson*, vol. 24, 353.
② George Washington to Alexander Hamilton, 29 July, 26 August 1792; Washington to Thomas Jefferson, 23 August 1792, *The Writings of George Washington*, ed. Fitzpatrick, 34 vols. (Washington, D.C.: Government Printing Office, 1931-1944), vol. 32, 128-132.

相同的议员常常会碰头磋商,统一意见。在汉密尔顿的授意下,联邦党人议员经常性地协调他们之间的表决意向,取得共识。而民主共和党人则由麦迪逊出面,并经杰斐逊幕后支持,代表南部或农业经济的利益,在一系列问题上与联邦党人针锋相对地投票。正是在这一时期,政党"核心会议"(Caucus)开始在国会内出现。① "核心会议"是国会内政党组织的雏形,其功能是串联党派成员,统一他们的投票意志。

1796年,麦迪逊在众议院内领导了反对"杰伊条约"的活动。在国会的辩论中,麦迪逊开始"修正"他自己在费城制宪会议上曾经竭力坚持过的关于联邦政府主权至上的理论。他一方面承认签约权在总统和国会手中,但另一方面又坚持认为国会的立法权高于一切,而国会的立法权必须代表各州人民的利益。下面一段话充分反映了麦迪逊的宪法观的转变:

> 不管我们对制定宪法的人有何等的崇敬,制宪代表们的感觉(sense)绝不能成为解释宪法的神旨。他们所产生的不过是一个(政府的)蓝图,除非其吸收了人民的声音而获得生命和活力,宪法不过是一纸空文。人民的声音是通过州的制宪大会来表达的。如果我们真的要在宪法的文字以外寻找宪法的意图,就不能在提出宪法的制宪大会里去寻找,而必须从接受和批准宪法的州的制宪大会中去寻找。②

可以看出,为了反对联邦党人的计划和他们对宪法的解释,麦迪逊对宪法的性质,以及如何判断其性质作了新的解释,在舆论上制造了一个支持州权的麦迪逊的形象。因为1787年制宪大会的记录当时并没有公布,除极少数人之外,公众并没有察觉到麦迪逊在立场上的转变,

---

① 政党"核心会议"(也译"党团核心会议")一词最初来自印第安人的语言,原意为"发言"或"商量",后演变成为美国政治中的一个重要术语,早期指政党内部在决策或选举领导人之前的秘密性的"碰头会"。现在的用法包括:(1)为选举全国代表或候选人、或决定党纲的基层党组织会议;(2)指国会中同政党的议员因种族、民族血统背景和政策取向相同而组成的联盟;(3)政党领导人为解决重要问题(包括填补临时出现的议员或官员的空缺等)而举行碰头会或骨干会。

② *Annals*, 14 and 15 April, 1796; Irving Brant, *James Madison*, 6 vols. (Indianapolis, Bobbs-Merrill, 1941-1961), *Father of the Constitution*, *1787-1800*, 436.

直到1821年,制宪大会代表耶茨发表了他的制宪会议记录,麦迪逊在1787年的真实立场才为人所知。不过,即便是强调州有权解释联邦宪法,麦迪逊在1796年仍然坚持,州对联邦宪法的解释权来自州的制宪大会,而不是州的立法机构。无论如何,麦迪逊的这番言论为后来的州权主义理论奠定了基础。"杰伊条约"因直接关系到新英格兰地区的商业利益,受到该地区和其他北部州的支持,在众议院以51—48票的微弱多数得以通过。麦迪逊和杰斐逊为此感到极为愤怒,指责新英格兰的政治已为"贵族、亲英派和重商派所控制,共和思想已摇摇欲坠,即便在波士顿也是如此"。[1]

与此同时,杰斐逊开始公开谈论组建反对党的必要性。他认为反对党在自由社会中是不可避免的,互为反对党的政党能够利用同一宪政体制制约对方,防止一种利益集团对决策的独霸和垄断。当一些国会议员因不满汉密尔顿的做法扬言要退出国会时,杰斐逊竭力劝阻他们,鼓励他们联合起来,建立对应的政治集团,以对抗追随汉密尔顿政策的联邦党人。麦迪逊也公开撰文指责联邦党人违反了共和宪政的原则,声称自己一方是维护共和原则和保护人民利益的。也许因为如此,支持杰斐逊和麦迪逊观点的人开始称自己为"民主共和党人"(Democratic-Republicans),或"杰斐逊式共和党人"(Jeffersonian Republicans),后来又简称为"共和党人"(Republicans)。杰斐逊时代的"民主共和党"与后来的"民主党",即 Democratic Party,在渊源上是一脉相承的,但与在19世纪50年代中期出现的共和党,即 Republican Party,在组织体系上并无直接的承继关系,尽管后来的共和党人称他们在意识形态上与杰斐逊提倡的以自由劳动制为基础的共和主义观是一脉相承的(为了讨论的方便,本书将当时追随杰斐逊的政党称为"民主共和党")。民主共和党人使用这样的称呼是为了与汉密尔顿为首的联邦党人所代表的共和主义传统区别开来。在政党政治公开化和组织化的初期,杰斐逊本人一直保持低调,但在背地里资助和利用反联邦党人的

---

[1] James Madison to Thomas Jefferson, 1, 9, and 22 May 1796, *The Papers of James Madison*, ed. William T. Hutchinson et al., 17 vols (Chicago: University of Chicago, 1-10 vols; University Press of Virginia, 11-17 vols., 1962-1991), vol. 16, 342-343, 352, 363-365.

报纸,把它们变成民主共和党人的喉舌。此刻的杰斐逊抛弃了对政党的厌恶态度。他认为,当一个人必须在"好与坏之间"和"共和制与君主制之间"作出选择时,继续"寻求中间道路"是不道德的。

党派活动公开化使华盛顿十分忧虑。在 1796 年发表的离职演说中,华盛顿苦口婆心地劝诫国人不要介入和制造党派。他说:派别是人们为了不同的目的而组成的,在短时间内,党派也许会满足或响应一些大众要求;但从长远看,"党派终将成为奸诈狡猾、野心勃勃和无原则的人所操纵的工具"。华盛顿指出,结党营私是人类的通病,也是人类的弱点;党派竞争会使政治残酷化,两派交替执政,势必导致强烈的报复心态;一派为了保证自己政治上的安全,必然要绝对地剥夺另一派的自由,最终导致全社会所有人的自由受到剥夺。① 但此时政党政治大势已成,华盛顿的劝告已无济于事。

## 党派政治与联邦宪法性质的再辩论

1797 年 3 月,约翰·亚当斯继任总统后,继续执行联邦党人的政策,在外交上采取更明显的亲英反法做法,而美国与法国之间的关系因海事纠纷等一系列事件迅速恶化。1797 年 10 月,亚当斯政府企图与法国签订商务条约,缓和两国之间的紧张关系,但法国要求美国让步,并暗示美国代表采用贿赂手段,美国代表拒绝后,谈判失败。国会于 1798 年 7 月废除了与法国的一切条约,并建立了海军部,大有与法国开战的架势。联邦党人的外交政策顿时引起了亲法的民主共和党人的诘难。

与此同时,联邦党人把持的国会以反法备战为名,在 1798 年 6 月至 7 月,连续通过了四项法律,通称《外侨与惩治煽动叛乱法》(The Alien and Sedition Acts),严厉打击不同政见的反对力量,尤其是民主共和党人的那些同情法国革命的过激言论和活动。其中的《归化法》将外国人归化成为美国公民的时间从原来的 5 年延长至 14 年。《外侨法》授权总统驱逐任何对美国安全造成威胁或被怀疑有"叛乱或秘密"

---

① George Washington, Farewell Address (1796), in *A Compilation of the Messages and Papers of the Presidents*, 20 vols. (New York: Bureau of National Literature, Inc., 1897-1917, 此后简引为: *Messages and Papers*), vol. 2, 213-217.

倾向的外国侨民,《敌国外侨法》授权总统在战争时期对来自敌国的侨民施行逮捕、监禁或驱逐出境。虽然亚当斯从未下令驱逐过任何人,但一些外国人因担心被逐而主动离境。《惩治煽动叛乱法》将所有反对联邦政府政策的个人或团体活动定为重罪,任何阻挠联邦官员公务的行为都将受到惩罚,同时严禁任何人印刷和出版"任何不实的、带有中伤性质的和充满恶意的"反对政府(和政府高级官员)的文字。① 显然,该法的目的在于打击和压制民主共和党人对联邦党人政府政策以及对亚当斯本人的批评。

从亚当斯任期开始,民主共和党人便立即着手为1800年总统大选作组织和宣传上的准备。他们利用民众对联邦政府税收政策的不满,在各州联合起那些支持反联邦党人政策的选民,对有地方影响力的选民加紧游说和登记工作。在当时的情况下,报纸是党派宣传的主要工具,民主共和党人的报纸在反联邦党人的活动中影响很大,自然首当其冲,遭到亚当斯政府的打击。在《外侨与惩治煽动叛乱法》的实施过程中,先后有25名支持民主共和党的报纸发行人和主编被起诉,10人被判罪。这些人最终在杰斐逊就任总统后被特赦。

民主共和党人认为这些法律根本违反了宪法原来的精神,用麦迪逊的话来说,把政府高官从"人民的公仆"变成了人民的"主人"。民主共和党人企图借助联邦法院来废除这些法律,但未能成功。麦迪逊还指出,联邦党人的做法说明了"一个普遍的事实",即"抵御外来的或真或假的威胁往往成为剥夺国内自由的借口"。②

杰斐逊和麦迪逊十分清楚这些法律都是亚当斯政府为扼杀民主共和党人的政治活动而制定的。但他们没有自己出面直接与亚当斯政府作对,避免给联邦党人落下口实,而是以匿名的方式起草了两份谴责《外侨与惩治煽动叛乱法》的决议(resolutions),分别送至肯塔基和弗吉尼亚

---

① United States Congress, The Alien and Sedition Acts, including The Naturalization Act (18 June 1798), The Alien Act (25 June 1798), The Alien Enemies Act (6 July 1798), and The Sedition Act (14 July 1798), in *United States Statutes at Large* (此后简引为 *Statutes at Large*), vol. 1, 566-569, 570-572, 577-578, 596-597.

② James Madison to Thomas Jefferson, 13 May 1798, 引自 Ralph Ketcham, *James Madison, A Biography* (New York: Macmillan, 1971), 393.

的议会,让两州以州议会的名义予以发表,向亚当斯政府提出抗议。由麦迪逊起草的弗吉尼亚州议会决议指责联邦《外侨与惩治煽动叛乱法》违背了宪法精神,侵犯了宪法第一条修正案保障的言论和出版自由。决议宣称,出版物的管理是州权的一部分,联邦无权过问,只有州和人民才有权来裁定某一出版物或报纸言论是否违害了公众利益。决议还反驳了联邦党人关于国会权威与普通法的目的并存的说法(意即只要普通法可以定罪的,国会就可以立法惩罚),指出州与联邦的权力是分割的,限制公民权利不在宪法授予联邦的权力之中,联邦政府应取消这项法律。由杰斐逊起草的肯塔基决议也指出,唯有州才有权裁定联邦法是否违宪。①

杰斐逊和麦迪逊起草的决议对后来有关宪法性质的争论有重要影响。决议提出了两个悬而未决的宪政问题。第一个是国会立法权的权限问题,即国会在哪些问题上可以立法,这是制宪会议没有彻底解决的问题。第二个问题是宪法(或宪政原则)的解释权的问题,即当州与联邦对宪法的理解和解释产生抵触时,应由谁来负责裁决(虽然联邦最高法院将在1803年建立解释宪法的司法审判权原则,但在此时,宪法解释权在理论和实践上尚处于不规范甚至未知状态)。民主共和党人使用州议会决议来反对联邦法显然不是一个安全稳妥的办法。如果州可以任意推翻联邦法的话,那么联邦还有什么权威可言?联邦的性质又是什么呢?更令人不安的是,肯塔基决议对联邦宪法的性质作了一番新的解释。该决议称,联邦宪法是"一个由各主权州(邦)签订的契约"(a compact of sovereign states),因此各州"有同等的权利来判断"这个契约是否受到了破坏和侵犯。按杰斐逊的观点推论,各州,而非美国人民,才是美利坚联邦的基本组成单位。杰斐逊虽未直截了当地将联邦重新定义为邦联,但其隐含的意思却推翻了制宪会议时期国家联邦主义者对宪法性质的定义。

在这一点上,麦迪逊和杰斐逊两人是有区别的。麦迪逊在强调州有权"否决"(interpose)联邦法律时,用的是复数(states),他不是指一

---

① The Virginia and Kentucky Resolutions (1798, 1799), in Jonathan Elliot (ed.), *The Debates in the Several State Conventions on the Adoption of the Federal Constitution ... Together with the ... Virginia and Kentucky Resolutions of '98-'99*, 5 vols. (New York, B. Franklin, 1968), vol. 4, 540-545.

个州,而是多个州,而杰斐逊则认为每个州都有权宣布联邦法无效。麦迪逊认为,州与州的立法机构之间有区别,因宪法是州的人民组成的制宪大会批准的,只有州的人民才是宪法的最终裁判,而不是州议会。麦迪逊的言外之意是,联邦是由人民组成的,而不是由州组成的,应该说这个立场与制宪会议的立场是一致的。① 但事实上,他与杰斐逊起草的决议却被后来的州权主义者当成向联邦政府权威挑战的理论武器。在内战前的一系列涉及联邦主权的宪政危机中——包括南卡罗来纳州在1832年挑起的"废止联邦法令"(Nullification)运动、约翰·卡尔霍恩在1837年提出的州主权联邦论以及南部各州在1860—1861年间退出联邦的举动等——反联邦主权者所使用的州权宪政理论均可追溯到杰斐逊此刻所表述的宪政观。

联邦党人对民主共和党人的宪法观进行了反驳。他们坚持认为:美国人民是联邦宪法的主体,联邦宪法不是独立的主权国之间的契约,而是具有主权的联邦国家的基本法;在联邦宪法下,州不再是有主权的实体,也不保留否定联邦法的权力。肯塔基和弗吉尼亚决议最终没有赢得其他州的支持。南部其他各州内部意见分歧,而北部州多为联邦党人的天下,都没有对民主共和党的决议给予支持。结果联邦《外侨与惩治煽动叛乱法》没有被强行取消,其中的《外侨法》和《惩治煽动叛乱法》分别于1800年和1801年自动终止,《归化法》在1802年被新的归化法所取代,《敌国外侨法》则被纳入美国法典之中。

### 1800年总统选举与政党政治的宪法化

民主共和党人与联邦党人的对立在1800年总统选举时达到高潮。联邦党人提名在任总统亚当斯为总统候选人。民主共和党则提名杰斐逊(当时为亚当斯政府的副总统),并同时提名纽约州的阿伦·伯尔为副总统候选人。选举前,两党展开了一场公开而激烈的宣传战,相互指责,开启了美国政治史上以夸张、渲染、煽情、不实承诺和政治攻击为特征的竞选文化。联邦党人将民主共和党人称作无政府主义者和无神论

---

① James Madison to Thomas Jefferson, 29 December 1798, in *The Writings of James Madison*, ed. Gaillard Hunt, 9 vols. (New York: G. P. Putnam's Sons, 1900-1910), vol. 6, 327-329.

者,指责他们企图推翻联邦政府;民主共和党人则反诘联邦党人是王权主义和贵族政治的追随者,企图利用手中的权力剥夺人民的自由。双方唇枪舌剑,各不相让,都把对方看成美国共和主义理想的敌人,完全不考虑对方观点所包含的合理性。

大选前夕,联邦党人内讧突起,汉密尔顿突然反对亚当斯连任,提名南卡罗来纳的查尔斯·平克尼为总统候选人,结果削弱了联邦党人的力量,民主共和党则因此渔翁得利,大获全胜,不仅赢得了总统和众议院,还在参议院与联邦党人旗鼓相当,赢得了一半的席位。按照联邦宪法的规定,副总统同时担任参议院的议长,并在参议院表决出现支持票与反对票对等的僵局时有表决权。所以,民主共和党人完全有希望同时控制联邦政府的立法和执法部门。

但1800年总统选举并非一帆风顺。如前所述,根据宪法第二条第一款规定,总统由各州总统选举人选举产生,每个总统选举人可投两次票(其中一票必须投给本州之外的候选人),赢得选举人过半数最高票的候选人应当选总统,赢得次高多数票者任副总统。宪法同时规定,在两种特殊情况下,众议院有权投票决定总统人选:第一种情况是候选人中获得过半数的选举人票的不止一人,而且分别所获的票数相等;第二种情况是所有候选人中无人获得过半数的选举人选票。当第一种情况发生时,众议院应立即投票选举其中一人为总统。在有三分之二或以上的州出席的情况下,众议院就可以进行这种投票,但各州只能投一票(也就是说,无论各州众议员的人数多寡,议员之间的态度如何不同,每州只能投一张集体票)。获得过半数的州的选票的人当选为总统,获得次高票者当选为副总统。

1800年总统大选出现了上述的第一种情况。当年各州的总统选举人(即选举人团的总人数)共有138人,其中73人是民主共和党人,65人是联邦党人。在选举人团的投票中,所有的选举人都旗帜鲜明地遵循本党意志投票,所以73名民主共和党选举人无一例外地将自己可投的两次票都投给了本党的两名候选人:杰斐逊和伯尔。结果两人的票数相等,都为73票。虽然同年民主共和党人以65—39票的多数赢得了众议院,但新一届国会要等到新总统就职之日(1801年3月4日)才能开幕。所以,杰斐逊和伯尔之间谁能出任总统,还得由联邦党人控制的当任众议院投票说了算。

众议院当时有106名议员,其中58名为联邦党人,其他48人为民主共和党人。联邦内共有16州,候选人必须得到9州的支持才能当选。投票开始后,杰斐逊只能保证得到8个州的支持,其余8个州中有6个州在联邦党人的控制之下,投票支持伯尔,还有2个州(佛蒙特和马里兰)因两党势力相当,无法投出统一的一票,故失去了表决权。众议院连续35次投票之后,杰斐逊和伯尔之间无人获得过半数票,难分伯仲。最后,在汉密尔顿的说服下(汉密尔顿并不愿意看到杰斐逊当选,但他认为如伯尔当选情况会更糟),佛蒙特和马里兰两州的联邦党人宣布缺席,造成了民主共和党人在这两州事实上的多数,这两州的票立即为杰斐逊获得,与此同时,原来支持伯尔的特拉华和南卡罗来纳又投了缺席票。这样,经过36轮投票之后,支持杰斐逊的8州增至10州,支持伯尔的6州减少为4州,杰斐逊得以当选为总统,伯尔自动当选为副总统。联邦党人采用投空白票或缺席的方式避免了公开支持杰斐逊当选。美国历史上总统选举的第一次危机得以化解。

为了避免再次出现这样的危险局面(当时弗吉尼亚州曾扬言,如杰斐逊不能当选总统,该州将不会承认这次总统选举的结果),1801年新国会开幕后,立即提出了新的宪法修正案(即后来的第十二条宪法修正案),规定在未来的总统大选中选举人团对总统和副总统候选人分别投票,即每位选举人仍投两票,但其中一票投给总统候选人,另一票投给副总统候选人。第十二条宪法修正案在1804年总统选举前得到各州的批准,成为宪法的一部分,也成为美国总统选举制度的第一次重要改革。因为有组织的政党政治是在立宪之后出现的,原宪法中并没有对政党在宪政中的地位做出安排和界定。第十二条修正案及时弥补了原宪法中的缺陷,承认了政党政治的合法性,并为其在未来美国政治中的发展做出一个宪政机制上的安排。从此,总统选举成为政党政治的主要内容,为了赢得选举,政党内部必须事先进行不同利益集团的谈判和妥协,达成一致意见,推举一个可以为各派接受的候选人来与对手较量。总统选举不再是个人的能力之争,而是政党的整合能力和动员能力之争。在某种意义上,"英雄创造历史"让位于"政党创造历史"。如未加进这条修正案,后来的总统选举很可能再次出现1800年的情形或两个反对党的候选人都未获得过半数票的情况,受政党控制的国会投票则可能因极微弱的票数差距而完全改变选举的结果。

1800年总统选举在美国宪政史上具有特殊的意义。这次选举是美国政党政治的一次公开较量,其结果是联邦政府的权力依照宪政程序以非暴力的方式从执政的联邦党人手中转移到扮演反对党角色的民主共和党人手中。这种转移不仅说明政党在竞争政府领导权的活动中极有效力,而且也使合法反对党政治成为美国宪法体制可以接受的政治实践。但我们丝毫不应夸大美国早期政党政治的效用。民主共和党与联邦党之争与其说是宪政原则上的分歧,不如说是对共同认可的原则在理解上的分歧。杰斐逊本人对此也有十分清楚的认识。

1801年3月,杰斐逊在联邦的新首都华盛顿发表了寻求和解与共识的就职演说。他一方面承认民主共和党人与联邦党人有不同的政治意见,但同时他也强调:"意见的不同不等于原则的不同。我们是名字不同但原则一致的兄弟,我们都是共和党人,我们也都是联邦党人。"他还对1800年总统选举产生的结果进行了哲学意义上的总结。他说,我们不应该因为有人希望解散联邦或改变其共和形式而感到惊慌,因为这次选举说明"在安全的丰碑之下错误的意见是可以容忍的,而同时也会被自由存在的理智所改正"。① 事实上杰斐逊也是这样做的。在他执政期间(1801—1809),他并没有对宪法作狭义的解释,也没有缩小联邦政府的权力,更没有随意否定联邦党人的建树等。相反,在他和继他之后的麦迪逊和詹姆斯·门罗两任政府内,民主共和党人都有效地利用了总统部门的权力来扩大联邦政府的功能和利益范围。

## 二 杰斐逊式共和宪政的实践

### 路易斯安那购买与总统权威的运用

杰斐逊执政后,修正了自己在宪政问题上的原有立场,接受并不失

---

① Thomas Jefferson, First Inaugural Address (4 March 1801), in *Messages and Papers*, vol.1, 309-312.

时机地采用了联邦党人的许多观点,加强了立法与执法部门间的配合。他一面表示尊重国会,但同时又通过多种方式来建立一个强有力的执法部门。他将自己的亲信安置在重要政府职位上,利用党领袖的身份对民主共和党国会议员施加影响,通过他们来影响立法。早年杰斐逊曾批评过汉密尔顿利用财政部长之便,沟通国会与总统之间的意见,从而变相影响立法。就任总统后,他也利用他的财政部长作为他与国会之间的主要媒介,使他能及时准确地了解国会的意见。他甚至亲自出席国会专门委员会的会议,旁听其讨论,并及时为国会各委员会提供其需要的文件。他的这些做法将立法与执法两部门和谐地交融在一起,而不是对立起来。也许因为如此,杰斐逊在任内没有动用权力否决过国会通过的任何法律。杰斐逊政府可以被称作美国宪法史上总统与国会合作的典范。这并非仅仅凭借杰斐逊独特的个人素质和能力——如德高望重、深谋远虑、仔细周到——就可以做到,关键在于他对宪法原则的娴熟运用。对于宪法,杰斐逊并不固守成规。宪法原则需要延伸时,他毫不犹豫;需要坚持时,他寸步不让。他曾形象地比喻说,法律如同人身上的衣服,人的身体长大了,仍穿过去的衣服,就显得不合体,必须改变衣服的尺寸。也正是在他执政期间,杰斐逊灵活而充分地运用宪法赋予的权力,突出发挥执法部门的领导作用,在领土扩张和外交等方面作出了一系列重要的决策,现实而永久地影响了美国的经济和政治发展。

杰斐逊政府对美国发展作出的最重大的贡献应数1803年做出的"路易斯安那领土购买"(The Louisiana Purchase)的决定。路易斯安那领土位于当今美国的中西部地区,总面积为82万平方英里(约为214万平方公里),相当于当时美国领土的总面积,包括了密西西比河以西至落基山脉之间从南到北的大片土地。路易斯安那的部分领土原为西班牙占领,1802年,西班牙与法国达成秘密协定,将新奥尔良和其他密西西比河西属土地让与法国。杰斐逊得知后,立即派遣特使去巴黎与拿破仑谈判,希望能取得美国商船在新奥尔良航行和贸易的权利,为美国西南部的内陆经济提供一个与世界市场联接的出海通道。国会对这笔交易只批准了200万美元的预算,杰斐逊指示他的特使;这项交易最高不能超过1000万美元。谁知拿破仑竟然给了一个意想不到的回价:

法国愿以6000万法郎(相当于1500万美元)的价钱将整片路易斯安那领土卖给美国。美国特使刚听到法国人提出的交易条件后,竟然一度语无伦次,不敢相信这桩前所未有的幸运交易就发生在眼前。杰斐逊政府与法国在1803年就购买一事签订了条约,但购买款需由国会来批准。

由于联邦宪法中并没有关于购买和兼并外国土地的条款,在总统或联邦是否有权购买路易斯安那土地问题上,民主共和党人和联邦党人又爆发一场具有宪政意义的争论。此间,两党的立场发生了耐人寻味的逆转。在这场争论中,联邦党人采用了狭义的宪法解释的立场,提出杰斐逊无权购买路易斯安那领土。他们真正担心的是丧失东北部和大西洋中部在联邦政治中举足轻重的地位和影响力。购买路易斯安那会推动联邦疆界向西部的扩展,西部领土增加必然带来新州的建立,而新州的增加会使联邦政治重心从大西洋和东北部转移到西部和南部,这对于以东北部为基地的联邦党人来说是不利的。在国会的辩论中,来自康涅狄格的菲尼亚斯·特蕾西说,购买路易斯安那只是有益于南部各州的经济,而北部各州却享受不到即时的好处,最终将损害联邦的"共同利益"。他宣称:"联邦政府对商业和财政的任何管理都不能以牺牲一些州的利益而使另一些州受益的方式来进行。"① 支持购买的民主共和党人则坚持认为,联邦由州和领土(territory)两个部分组成,国会拥有的管理联邦领土的权力也包含了购置新领土的权力。民主共和党人认为购置土地可解决南部已经出现的土地紧张问题。他们坚持虽然宪法没有明示总统有购买土地的权力,但宪法规定总统有缔约权,其中就隐含了购置土地的权力。② 这种隐含和延伸权的理论正是联邦党人汉密尔顿在1791年关于合众国银行法合宪性的报告中建立起来的!而当时的杰斐逊则是竭力反对扩大联邦政府的权力的。

民主共和党人还进一步指出,索取新的领土是美国作为一个主权国家自然应有的权力。杰斐逊虽接受这一观点,但并不过分渲染,因为

---

① Elliott, *Debate in Several State Conventions on the Adoption of the Federal Constitution*, vol. 4, 448-450.
② Ibid.

他知道这种观点实际上推翻了他早些时候提出的联邦是各主权州组成的契约联盟的说法。杰斐逊建议国会最好通过一条宪法修正案来明示联邦政府购买土地的权力,但他提出:"无论国会应该做什么,最好是尽量以息事宁人的方式去做,尤其在涉及宪政上的困难时。"他认为,国会最终有必要建立一个反对任意扩大联邦政府权力的机制,但如果"我们的朋友"认为现在还不到时候,"我也将不表示异议,相信当(我们现在对宪法的解释)产生不良的后果时,我们国家的良知会改正这种解释带来的恶果"。① 1803 年 10 月参议院以 24—7 票的绝大多数批准了购买路易斯安那领土的法案。国会两院迅速批准了购买需用的拨款,并通过了在新联邦领土上组建政府的程序,规定新领土临时政府的一切军事、民事和司法权掌握在总统任命的联邦官员手中,随后又沿用 1787 年《西北土地法令》的做法,规定由总统任命总督和一个参事会组成领土临时政府。同时规定在这片土地上居住的原法国和西班牙籍的住民将逐步转换为美国公民,并组建地方自治的政府。

1803 年 12 月,美国正式接管路易斯安那领土。大量南部移民开始涌入新领土,并将奴隶制也带进了这个区域。联邦党人反对将原属国会的归化移民的权力交给总统,但杰斐逊不予理会。联邦政府又廉价出售西部土地,以吸引移民和鼓励土地投机。杰斐逊的财政部长还建议用出售土地的钱来建立交通干线。1812 年路易斯安那州作为这片领土上组建的第一个州加入了美利坚联邦。

购买路易斯安那领土对美国宪政的发展具有几个关键的意义:首先,此举将美国的领土范围扩大了将近一倍,为美国未来的发展奠定了极重要的物质和地理基础。在路易斯安那购买完成后,杰斐逊迅速向国会建议,向更西面的地带探索。国会立即给予支持。1805 年 11 月,由梅里韦瑟·刘易斯和威廉·克拉克带领的探险队伍跨越落基山脉,看到了太平洋,为美国的进一步扩张带来了极为诱人的期望。

其次,路易斯安那购买体现了总统权力的巨大效力,开辟了执法部门权力的广阔空间,以现实的利益收获支持了美国是一个联邦主权国家

---

① Thomas Jefferson to Dr. Sibbley, June 1803, in Elliott, *Debate in Several State Conventions on the Adoption of the Federal Constitution*, vol. 4, 450.

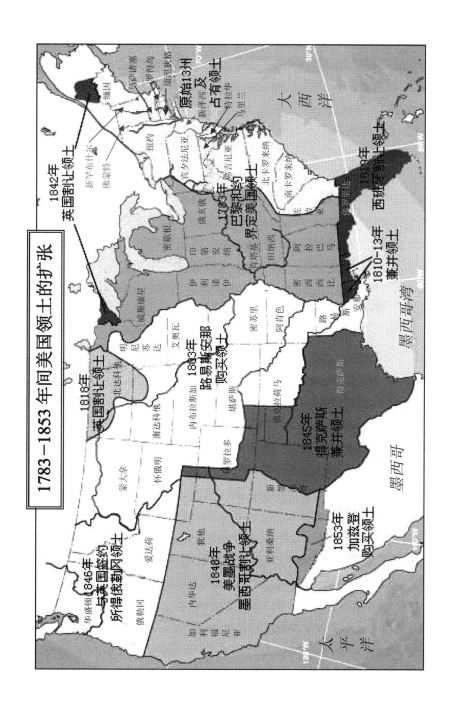

的理论,显示了联邦政府在获取领土、为西部和南部经济的发展提供机会、促进内陆商业等方面可以发挥的独特功能。显然,没有联邦政府,这桩交易是不可想象的。

但另一个、也许更为重要的意义是联邦党人和民主共和党人在购买路易斯安那问题上表现出来的立场置换:原来主张要扩大联邦政府权力的联邦党人反对购买,而原来要求限制联邦政府权力的民主共和党人则竭力拥护杰斐逊政府的决定。双方似乎忘记了自己过去的立场,拾起曾被自己抨击过的宪政解释,为新的宪政立场辩护。这种在联邦制理论和立场问题上的"换位"表现出两党对于宪法原则的实用主义理解,同时也说明原则本身是具有弹性的。两党无疑都是从实际利益出发,表面上看起来两党似乎都没有一以贯之地坚持自己原有的原则性,实际上两党争论的不是原则的抽象意义,而是原则的内涵。什么是原则? 同一原则是否可在新的环境下运用或具有新的意义? 对同一原则的不同解释是否就一定等同于对原则本质的改变? 还是对原则本质的进一步发掘和充实,并在实质上做到与之一脉相承? 围绕路易斯安那领土购买所进行的政党政治表现出了一种延续至今的美国宪政文化的特点:政党和政府在追求现实的政治利益的时候,力求做到宪政上的名正言顺,并得到宪法原则的支持,但在不同的历史环境下,同一个政党(或同一个利益集团)会对同一宪政原则做出不同的解释,宪政原则本身的内容在争论中得到充实、延伸和扩展。

### 1812 年战争与第一个两党制的结束

杰斐逊的总统权力还通过 1807 年的《禁运法》更进一步地表现出来。该法禁止美国商品出口,停止与任何干扰美国商船的国家进行贸易往来,目的是为了防止正在交战的英法双方继续骚扰和掠夺美国船只。[①] 1808 年 1 月,民主共和党人控制的国会又通过了另外两项辅助法案。《禁运法》的实施对于英法的效果不大。英国人从南美的贸易中得到了补偿,而法国人则借帮助美国实施禁运,大肆骚扰和劫掠美国

---

① United States Congress, An Act Laying an Embargo on all ships and vessels in the ports and harbors of the United States (22 December 1807), in *Statutes at Large*, vol. 2, 451.

船只。与此同时,美国经济却因禁运受到损失。1808年,美国出口贸易从上年的1亿美元降至2000万美元,进口贸易也从1.3亿美元跌至5000万美元。受打击最大的是与英国经济关系密切的新英格兰地区。该地区的许多人在禁运期间继续从事与英国的商业往来。当联邦执法部门截获违令开往英国的美国商船后,联邦党人立即使用殖民地时代革命者反对英王的语言,说联邦政府只有权"管制"(regulate)贸易,而无权规定商业发展。当联邦政府在1809年强制执行禁运时,新英格兰地区的城镇掀起了反禁运的活动。马萨诸塞州议会通过了一项决议,称《禁运法》是一项专制的法律。康涅狄格的州长呼吁该州议会要保卫本州居民的权利和自由。新英格兰各州都拒绝派出民兵帮助联邦政府执行《禁运法》。《禁运法》在国会内也受到挑战,联邦党人与民主共和党内的异见分子联合起来,向总统施加压力。1809年3月1日,在他卸任前,杰斐逊签署了《不接触法》,恢复了美国与除英法以外其他各国的贸易交往。

英美在海事和西部土地上的纠纷在1809年麦迪逊就任总统后愈演愈烈,助长了美国国会内"主战派"(war hawks)势力的增长,并最终引发了两国之间的"1812年战争"(The War of 1812)。1811年5月,美国军船与英国船只发生武力冲突后,英国人又支持西北部的印第安人向印第安纳领土发起进攻,两国关系更加恶化。"主战派"希望与英国打一仗,出口恶气,并借机向西北部扩展,有人甚至提出兼并加拿大。1812年6月,英美谈判破裂后,麦迪逊向国会提出宣战要求,众议院很快批准了宣战决议,而参议院则经过了激烈的辩论,最后在西部和南部各州的坚持下,以微弱多数批准了对英宣战。新英格兰各州和纽约、新泽西和特拉华等中部州则反对宣战。马萨诸塞、新罕布什尔议会通过决议,反对联邦政府进行的战争。马萨诸塞和康涅狄格两州政府拒绝派遣民兵去充实联邦军队,有的新英格兰商人甚至反过来支持英国军队。对麦迪逊来说,这场战争反而成为他连任的资本,国会中主战的西、南部议员联合起来,共同支持麦迪逊的连任,使他在1812年顺利当选。

1813年,为了打击新英格兰商人与英国军队的贸易,麦迪逊建议国会重新实施《禁运法》,严禁该地区的一切对外贸易。这一举动引起了新英格兰各地的极大反感。许多地方议会纷纷要求召开该地区的代表大会,以解决面临的经济和政治危机。1814年12月15日,在马萨诸塞议会的邀请下,来自马萨诸塞、康涅狄格、新罕布什尔、佛蒙特和罗得岛的联邦党人代表在康州的哈特福特城举行秘密会议,商讨应对危机的办法。哈特福特会议(The Hartford Convention)通过了一系列决议,要求修正联邦宪法对几个问题的规定,其中包括:(1)保护人民不受宪法未授权的强行征兵;(2)在新英格兰地区征收的税收必须用于该地区的防卫事务;(3)建立一个独立于联邦的州际军事联防机制;(4)修改联邦宪法,规定联邦税收和众议院名额分配的比例只能按各州自由人口的总数计算,不能包括奴隶;(5)联邦政府只有在国会两院各自三分之二多数的议员的同意下才能实行60天以上的商业禁运、对外宣战、限制对外贸易和接纳新州;(6)联邦政府的职位只限于由在美国出生的人来担任;(7)联邦总统不能连任,严禁从同一州连续选举总统等。①

这项"一揽子"修宪要求可以说是1800年大选受挫以来联邦党人对把持联邦政府的民主共和党人提出的最强烈的挑战。极有讽刺意味的是,决议使用的逻辑完全遵照1798—1799年杰斐逊和麦迪逊策划的肯塔基和弗吉尼亚决议的理论,即联邦法需要由各州来裁定其合宪性。哈特福特决议暗示,如果不按这些要求修宪,新英格兰各州将退出联邦。会议甚至已经任命了一个委员会,负责执行与联邦政府的谈判。但是不等会议结束,英美两国便在1814年12月24日达成了停战协定。1815年2月,参议院批准了停战协定,战事正式结束。在全国上下欢呼胜利的同时,哈特福特会议被看做一个背叛联邦的行为,遭到舆论的耻笑,而鼓动和策划这次会议的联邦党人的声望也一落千丈。在后来的几年中,除在新英格兰地区尚有残余影响外,该党在其他地区失去了影响。19世纪20年代,联邦人党逐渐销声匿迹,民主共和党成了唯一有全国影响的政党,美国第一个两党制体系到此结束。

---

① Report of the Hartford Convention, 引自 Donald R. Hickey, *The War of 1812: The Forgotten Conflict* (Urbana: University of Illinois Press, 1989), 277-278.

## "美国体制"与民主共和党的分裂

1812年战争之后,民主共和党人的"国民共和主义"(Nationalist Republicanism)的理想与实践得到迅速发展。新生代的民主共和党人,如肯塔基的亨利·克莱等,抛弃了杰斐逊式以小农经济为基础的共和宪政思想,代之以"美国体制"(American System)的经济发展思想,主张用国家的力量帮助振兴美国的国内工业和商业,建议联邦政府出资兴建基础工程,如修建联结各州的军用和民用道路、桥梁和运河等,开发自然资源,为西部的经济发展及其与全国经济联网创造必要的条件。他们还建议实行高关税,保护国内工业,减少美国经济对外国的依靠,并要求恢复1811年终止运行的合众国银行,由其发行货币,并要国家财政补贴商业和工业开发等。这些经济主张引起了民主共和党内的分化。自称杰斐逊信徒的老牌民主共和党人反对新生代的经济主张,坚持宪法没有授予联邦政府管理各州商业的权力,认为新生代的主张最终将损害普通美国人的平等权利,给土地投机者和有产阶级制造肥缺,使投机取巧的人首先得到发财的机会,从而建立起一个特权集团。新生代则沿用当年汉密尔顿的理论,宣称宪法不仅给了联邦政府管理州际和对外贸易的权力,而且也给了联邦政府征税和为了公众利益花钱的权力,包括为了通信和进行战争的需要修建邮路和公路的权力,这些权力都可以作为联邦政府开发西部的宪法根据。他们还提出,建立关税是为了防止外国企业的竞争,属于联邦的外贸管理权;征税修路和建立合众国银行都有利于市场经济的发展,这一切都是宪法原则所允许的联邦政府行为。稍微比较一下就可看出,新生代的"美国体制"几乎是当年汉密尔顿财政计划的翻版。新生代的民主共和党人变相地成了早年联邦党人经济政策的忠实追随者和代言人,成了披着民主共和党外衣的联邦党人!

新老民主共和党人在经济发展方面的争斗经历了好几个回合,最终还是新生代占了上风。1816年,国会通过了第二个《合众国银行法》,允许合众国银行运行20年,又接着通过了《关税法》。但1817年通过的《开发西部交通法》为麦迪逊否决。1819年,詹姆斯·门罗就任总统后,继续坚持保守的宪政解释原则,限制国会在经济发展方面的权力。1822年,门罗否决了坎伯兰公路法案(Cumberland Road Bill)。该法案提议国会拨款修建从马里兰的坎伯兰到今西弗吉尼亚的惠灵的收费公路。门罗认为国会无权修建这样的跨州公路,建议国会先通过必要的宪法修正案来解决权力的来源问题。1824年,国会通过了一项全国性勘察法案,授权总统在全国范围内为修建国防和邮政事业发展需要的道路和运河进行勘察,以便国会拨款修建。新老民主共和党人在经济发展问题上的分歧仍然集中在对宪法原则的理解和解释方面。在某种意义上,这种分歧仍是围绕早年联邦党人与民主共和党人曾经争论过的问题,即联邦与州的权力划分问题,联邦的性质问题,以及联邦政府的功能问题。这种分歧充分暴露了民主共和党内因地域和经济利益的不同而形成的派别对立。虽然到1824年总统大选时,所有的候选人都自称是"共和党人",但实际上激烈的党内派别之争已使杰斐逊时代的"民主共和党"逐渐分化成两个新的政治利益集团:"国民共和党派"(National Republicans)和"民主共和党派"(Democratic Republicans)。这两个党派是美国第二政党体制——辉格党与民主党的对立——在19世纪30年代出现的前兆。

## 三 司法审查原则的确立

### 联邦宪法与司法部门结构和权限

民主共和党内部对上述问题的争执最终将由联邦最高法院来回答。但在没有建立"司法审查"(judicial review,又译"司法复审")原则之前,最高法院一时还没有足够的权威来回答这些问题。在讨论司法审查原则建立的经过之前,有必要先简述一下联邦宪法对司法部门的规定和联邦司法系统的建立。宪法第六条确立了联邦宪法为最高法的原则,并要求所有联邦和州的法官宣誓遵守这一原则。该条同时要求各州法院要忠实于任何为保护宪法原则而制定的联邦法。宪法第三条第二款宣布联邦司法权是审理在宪法、联邦法律和联邦条约的权力范围内的一切案件。但如第二章所述,联邦宪法中有关司法部门的规定相对简短,虽明示要建立联邦司法部门,但对该部门的组织和职能并没有作详细的说明和具体的规定,只是授权国会建立联邦法院机制。

1789年,国会根据宪法的相关条款,制定了《1789年司法法》,确定了联邦司法系统的机构和具体权力。《司法法》规定建立一个联邦最高法院(The Supreme Court of the United States),由一名首席大法官(Chief Justice)和5名大法官(Associate Justices)组成,同时设立13个联邦地区法院(District Courts)和3个联邦巡回法院(Circuit Courts);各地区法院设一名联邦法官(federal judge),巡回法院由两名最高法院的大法官和一名地区法院的法官组成。地区和巡回法院的终审机构为联邦最高法院。《司法法》还规定联邦最高法院对州和联邦法冲突的案件有终裁权,同时规定州法院在大多数由联邦法引起的案件中可以保留与联邦法院合议的权力(concurrent jurisdiction),凡涉及不同州的公民之间的案件,既可以由州法院审理,也可以由联邦法院审理,但一旦案件送交州法院,将很难转至联邦法院,唯一补救的办法是经过州法院的一系列初审和复审之后,最终达到联邦最高法院终审。最后一项规定是联邦党人与反联邦党人的妥协。前者希望建立一个完整的与州法院平行的司法系统,专门审理联邦法案件;后者则希望保留州在普通联邦法案件中的初审权。①

《司法法》中最重要的条款是第25条。该条规定,一切涉及联邦宪法、联邦法和联邦条约的案件的终审权都将掌握在联邦最高法院手中;最高法院有权对所有经过州法院审理的、但其审理结果被认为是没有给予联邦宪法和联邦法最完全尊重的案件进行"复审、或推翻或肯定原来的决定"。这一规定解决了联邦和州权力的冲突问题。②

### 党派对立与司法权的政治化

尽管如此,一开始联邦司法部门远不如总统和国会那样引人注目,更没有前两者的影响力。联邦政府建立后的前三年,联邦最高法院几乎无案可审。大部分案件仍由州法院受理。18世纪90年代联邦法院

---

① U. S. Congress, An Act to Establish the Judicial Courts of the United States (24 September 1789), in *Statutes at Large*, vol. 1, 73-93.

② *Statutes at Large*, vol. 1, 85-87.

受理的案件大部分涉及联邦政府各部门之间的分权问题,法官们在联邦和州的政治压力下,竭力将政治和法律分开。这一段时间法院关注的焦点是解决州法与联邦法的矛盾问题。较为有名的案件包括1793年的奇赫姆诉佐治亚案。①

奇赫姆是一个来自南卡罗来纳的商人,他因革命时期的一桩商业债务与佐治亚州发生纠纷,于是向联邦法院起诉佐治亚州。佐治亚州拒绝出庭,理由是州作为一个主权和独立的政治实体享有起诉豁免权的保护。但联邦最高法院根据宪法第三条第二款规定,宣称联邦司法机构有权审理一个州与另一个州的公民之间的案件。由联邦党人中坚分子约翰·杰伊和詹姆斯·威尔逊主持的最高法院宣布,佐治亚不是一个主权实体,主权在美国人民手中,所以佐治亚在宪法的要求下必须出庭。威尔逊认为此案绝非小事一桩,实际上是"一桩严重得不同寻常的案件",其核心问题涉及联邦法院是否有权过问和管理州的问题。早在费城制宪会议上,威尔逊就是联邦主权思想(即联邦政府拥有完整的高于州的主权)的鼓吹者之一,此刻他毫不犹豫地沿用联邦党人的宪法观来解释州权与联邦权之间的关系。他说,当邦联转变成联邦时,州的主权的一部分也相应地转移到联邦手中了;也就是说,当佐治亚制宪大会批准接受联邦宪法的时候,佐治亚的人民已将他们以前赋予州的权力"部分地…… 转让给联邦政府了",所以联邦法院有权审理此案,也有权要求州出庭受审。②

这是联邦最高法院针对联邦制原则的第一个重大判决,自然贯穿了联邦党人的中央集权的思想。但此案也暴露了原始宪法设计的一个明显失误:如果一州政府可以任意为另一州的公民起诉,那么州政府就会被不断地被他州公民送上法庭,联邦法院面临的后患无穷,而且可能不堪重负。在佐治亚和其他州的抗议下,1794年3月,国会提出了一条新的宪法修正案的法案,规定联邦司法权不适用于审理一州公民

---

① *Chisholm v. Georgia*, 2 *U. S.* 419 (1793). U. S. 为"United States Supreme Court Reports"(《美国联邦最高法院案例判决报告集》)的缩写,Chisholm v. Georgia, 2 U. S. 419 (1793) 读作:"1793年奇赫姆诉佐治亚案判决,见《美国联邦最高法院案例判决报告集》第2卷419页。"下文各联邦最高法院判例均同此例。

② *Chisholm v. Georgia*, 2 *U. S.* 419 (1793).

(或外国公民)对联邦内另一个州的起诉案件。换句话说,联邦最高法院无权审理类似于奇赫姆案这样的案件。国会中的联邦党人支持了这项宪法修正案,认为这不过是原已建立的州"主权豁免"原则的延伸。而民主共和党人则认为这条修正案证实了一条重要的宪法原则:宪法允许各州保留主权。1798年1月,这条新的宪法修正案得到各州的批准正式生效,成为联邦宪法的第十一条修正案(也是继《权利法案》之后的第一条宪法修正案)。与此同时,奇赫姆案也成为了美国宪法史上第一个最高法院的判决被国会以宪法修正案的形式加以否决的案例。

1801年亚当斯政府结束前夕,联邦党人控制的国会通过了《1801年司法法》,将最高法院的6名大法官减为5名,杜绝了可能出现的僵持现象;同时将联邦巡回法院增加至6个,授予其独立的审理权,允许巡回法院受理宪法和由宪法产生的一切法律下的案件,从而简化了案件从州法院向联邦法院转审的程序。同时该法案还将巡回法官增至16名,也增加了地区法官的人数。① 这部新的《司法法》一方面意在改革司法体制,减轻最高法院大法官的工作量,另一方面也是为了满足联邦党人的政治私利。由于亚当斯政府任期将满,联邦党人希望利用总统的任命权尽可能地将联邦党人安插进联邦司法机构,使该党对联邦政治的影响永久化。因此,1801年3月,亚当斯在离任前匆匆任命了一批联邦党人法官,俗称"午夜法官"(midnight judges)。联邦党人这种做法遭到新当权的民主共和党人反对。后者一上台就宣布《1801年司法法》无效,同时宣布恢复《1789年司法法》。② 随后,民主共和党人国会又通过了一个新的巡回法院法,仍将法院数目维持在6个,但每个法院由联邦最高法院一名大法官和一名地区法院法官组成。这种司法格局一直延续到内战之后。

紧接着民主共和党国会还对司法部门的一些联邦党人采取了一系列打击行动。根据宪法,弹劾(impeachment)是国会强迫联邦高级执法

---

① U.S. Congress, An Act to provide for the more conveniency of the Courts of the United States (13 February 1801), *Statutes at Large*, vol. 2, 89-100.
② U.S. Congress, An Act to repeal certain acts respecting the organization of the Courts of the United States, and for other purposes (8 March 1802), *Statutes at Large*, vol. 2, 132.

官员和联邦法官离职的唯一的合法方法。如果联邦官员犯有叛国、受贿或其他的重罪，众议院将投票决定是否对其进行弹劾，然后由参议院对其进行弹劾审判，如果三分之二或以上的参议员判定有罪，被弹劾的官员将被剥夺行政或司法职务。1801年民主共和党上台后，利用他们对国会的控制权，对有意与其作对的、不听话的联邦法官进行弹劾。联邦党人把这种行为斥为政治报复，指出法律应高于政治，不应受政治的干扰。但民主共和党人则称，法官自被任命之时起就介入了政治，自然也不能逃脱政治斗争的后果。1803年2月，民主共和党人首先在参议院以投票决定的方式将在任职期间酗酒讲怪话的新罕布什尔地区法院的法官约翰·平克尼判为有罪，将其解职。1804年年初，国会又对联邦最高法院大法官塞缪尔·蔡斯进行调查。蔡斯是联邦党人，曾对杰斐逊政策提出过批评，遭到民主共和党人的怨恨。民主共和党人以蔡斯在有关《外侨与惩治煽动叛乱法》案件的审理中有重大失误为由对其进行调查，并以煽动人民"对美国政府的恐惧和仇恨"为名对他提出弹劾。但在参议院的审判中，蔡斯弹劾案因为没有得到必需的三分之二多数的支持而以失败告终，但此案足以说明在早期宪政时期政党政治干扰联邦司法体系的程度。

### 马伯里案与司法审查权原则的建立

然而，这一时期民主共和党人在司法问题上的所有反动，与联邦最高法院首席大法官约翰·马歇尔在1803年建立起"司法审查权"原则的伟业相比，都是不能同日而语的。所谓"司法审查权"指的是联邦最高法院对联邦法律的合宪性进行审查的权力。也就是说，凡是国会通过的法律，最高法院都有权审查，如果发现某联邦法与宪法（具体讲，指宪法条款或条款隐含的原意）有不符合之处，最高法院可宣布该法"违宪"（unconstitutional），终止其法律效力。这是美国宪政机制中最重要的权力之一，是"分权与制衡"的关键权力，也是最高法院钳制国会与总统的最有效的宪政武器。

1787年制定的联邦宪法和《1789年司法法》对联邦最高法院是否有此审查权都未作明确的表述。宪法的第三条第一款称联邦的司法权将通过最高法院和其他联邦法院来建立。同条第二款宣布联邦法院有权处理一切"由本宪法、联邦法律和条约导致"(arising under this Constitution, the Laws of the United States, and Treaties made)的案件和纠纷,但并没有说最高法院可以宣布国会、州议会或总统的任何行为(或行为结果)违宪。在制宪会议的领袖人物中,唯有汉密尔顿对司法审查权有较为明确的说明。在《联邦党人文集第78篇》中,汉密尔顿强调对所有法律的解释都应是法院的"正当的和专有的"(proper and peculiar)权力,既然宪法必须被看做国家的基本法(a fundamental law),它的解释权与其他法律的解释权一样,是属于法院的。汉密尔顿还强调,如果宪法与其他法律发生法理上的冲突的话,其他的法律必须服从宪法,因为"人民的意愿必须比那些服务于他们的人的意愿更为重要"。① 言外之意,宪法代表人民的意愿,而其他法律则可能是国会或行政部门制作的,并不能完全代表人民的意志,而最高法院则可通过解释宪法,使"人民的意愿"得到尊重。

在马歇尔之前,最高法院也使用过司法审查权,如在1796年的希尔顿诉美国案中,最高法院曾宣布联邦一项关于征收载人马车税的税法是合宪的,只是提醒联邦政府在征税时要建立全国统一的税收政策和按宪法规定直接税与人口比例相称的原则。② 这是联邦法院第一次涉及国会法律的合宪与违宪的问题。早期的司法审查概念包含了一种部门分别解释宪法的理论。根据这种理论,联邦宪法具有两重性:一方面它是国家的基本法,包含政府的构建规则和行为规范;另一方面它又是普通的法律,其中包含许多具体的法律措施,而这些措施又是可以在普通法院量衡的。由于这种两重性,宪法中的政治问题应由政治部门(如立法和总统)来决定,法律部分由司法部门(联邦法院)来决定,这样可以避免发生英国那种由议会来解释宪法的弊病。杰斐逊也认为三权中的任何一权都有权根据自己的判断决定一个联邦法律的合法性。麦迪逊也同意司法部门有责任对尤其涉及个人权利和财产方面的联邦法作出裁决,但他反对三权中任何一方比其他两方有更大的权力来决

---

① Alexander Hamilton, "The Federalist No. 78", in Cooke (ed.), *The Federalist* (Hanover, N. H.: Wesleyan University Press, 1961), 521-529, esp. 525.
② *Hylton v. United States*, 3 *U. S.* 169-184 (1796).

定其他两方的权限。这种部门解释宪法的理论与最高法院在 1803 年的马伯里诉麦迪逊案的判决中建立的司法审查理论是一致的。

马伯里诉麦迪逊案源于前面提到的"午夜法官"一事。① 1801 年 3 月,亚当斯总统任职期满,卸任前,他将当时担任国务卿的马歇尔任命为联邦最高法院的首席大法官,又根据《1801 年司法法》任命了 16 名巡回法院的法官。自然,包括马歇尔在内的所有新任命的法官都是联邦党人。按规定,亚当斯的法官任命书必须由国务卿签字,然后送达被任命人手中。在亚当斯政府的最后一天,国务卿马歇尔忙到半夜才将所有的法官任命书签署完毕,并加封盖印,但他来不及将任命书发出去,就匆匆离开国务卿的办公室,到最高法院上任去了。新任国务卿麦迪逊第二天早晨来接任时,发现了这些未寄出的任命书。民主共和党人本来就十分反对任命"午夜法官"的做法,麦迪逊自然也就没有将这些任命书送交那些联邦党人的"午夜法官"。在马歇尔的支持下,被亚当斯政府任命为哥伦比亚特区联邦法院法官的威廉·马伯里向联邦最高法院起诉,要求法院发出命令书(writ of mandamus),令麦迪逊按照法律程序将委任书送交给他。

这个案子为马歇尔建立司法审查的原则提供了一个极好的机会。马歇尔代表最高法院宣布对此案的判决。他首先明确肯定马伯里有权得到他的委任书,理由是当一份联邦政府的委任书在被签署和贴封之后就已完成了必要的法律程序,被委任者因而"也获得了由此产生的获得职位的法律权利";如果政府不将已成为法律的委任书送交被委任者,就等于侵犯了被委任者的正当的法律权利,因此,政府"必须为他受损的权利进行补偿或补救"。②

有没有办法补救呢?马歇尔的回答是肯定的。他说,最高法院无权命令一个联邦官员履行他职权以外的责任,但有权命令他履行法律规定的责任;也就是说,最高法院有权命令国务卿将委任书送交被委任者,因为这是国务卿的职责。根据普通法,法院可向国务卿发出命令,命令他将委任书送达被委任者;而且国会在《1789 年司法法》的第十三

---

① *Marbury v. Madison*, 5 *U. S.* 137-180 (1803).
② Ibid. , 157-159, 167.

款中明确指出最高法院有权发出这种命令。①

讲到这里,马歇尔突然话锋一转,说最高法院不能对国务卿发出命令,因为《1789年司法法》在允许最高法院发出命令时已经超出了宪法授予的权力范围。马歇尔指出,宪法第三条规定最高法院的原始司法权只限于受理上诉的案件,并不包括向国务卿发出命令;国会通过的《司法法》在规定最高法院有权向政府官员发出命令书的时候,实际上将联邦宪法规定的原始司法权扩大了。既然《司法法》中关于最高法院有权发出命令书的规定"在宪法上找不到根据",最高法院也就不能发出要求国务卿向马伯里送达委任书的法院命令。

然后,马歇尔针对《1789年司法法》与宪法的冲突发表了一通议论。他说,如果最高法院执行《1789年司法法》,就等于最高法院承认国会可以扩大宪法明确授予它的权力;然而宪法是人民制定的,制宪是人民"原始权利"(original right)的"伟大运用",但这种权利的运用"不能也不应该经常地重复";所以,宪法一旦得以建立,其基本原则也就得以确定,这些原则所产生的权威在设计时就被看成是"崇高的"(supreme)和"永久的"(permanent),在这种情况下,宪法也就不能随意为国会的法律所修改;如果宪法的权威可任由国会的立法而违背,那么宪法的本质便有严重的缺陷;人们应该问:宪法应该是一部崇高的、永久性的、不为普通方式而改变的法律呢,还是一部与普通的立法相等的法律?如果宪法是最高法,它所包含的公共原则就不能为普通的国会法所改变,而当"普通的国会立法与宪法的原则发生抵触时,就不能成为法律";如果宪法与普通法等同,那宪法就是一种"荒唐的……对一种本质上不可限制的权力进行限制的企图"。②

按理,话说到这里,马歇尔完全可以打住,但他却继续展开他的理论,他即将表明的是他精心构建的司法思辨的核心内容。他说:当一条联邦法律和宪法发生冲突时,最高法院必须就其合法性作出裁决;决定哪一种法律是法院必须依循的最终根据和准则"毫无疑问是联邦最高法院的权力和职责";如果一部联邦法和(联邦)宪法同时涉及同一案

---

① *Marbury v. Madison*, 5 *U. S.* 137-180 (1803), 172-176.
② Ibid., 176.

件并相互发生冲突,而两者之一必须被实行的话,最高法院必须在两者之间作出选择;在这种情况下,最高法院的决定当然是以宪法为准。因此,在马伯里案中,最高法院不能依据《1789 年司法法》的规定向国务卿发出命令,因为宪法并未明确地将这种权力授予最高法院。马歇尔进一步推论说,如果宪法没有明确规定,那么国会是否有权授权法院去发布命令呢?马歇尔认为是没有的,理由是联邦政府的权力来自人民,是人民通过宪法让与的,宪法的目的就在于限制政府的权力,而如果宪法所设的限制可以被任意忽视的话,宪法还有何用?宪法还有什么权威可言?他宣布,《1789 年司法法》的第十三条是违宪的。①

细读马歇尔的判词,不难看出,他的司法审查权理论既包含了部门解释宪法理论的成分,也带有汉密尔顿早年对最高法院功能解释的成分,后者的分量更重。马歇尔虽然坚持最高法院拥有司法审查权,但并没有明说在联邦政府三权中最高法院拥有最终的、唯一的宪法解释权,也没有强调最高法院的宪法审查权比国会和总统可能拥有的相同权力更高。这是马歇尔十分老练的一手。他深知国会通过的法律,无论形式如何不同,最终都将与公民的个人权利有关,而只要是权利问题,最终都将变成需由法院来裁决的司法问题,所以最高法院将在三权之中拥有实质上的宪法解释权。

马歇尔在马伯里案中采用的战术也是颇为老练的。他知道,无论最高法院以何种法律上的理由向麦迪逊发出命令,民主共和党人的政府都会找到托辞拒绝送交马伯里的委任书,而如果法院的命令被任意忽略或有意违背,联邦最高法院的威信和权力就会受到损害。所以,马歇尔同时采用了欲擒故纵和声东击西两种战术。表面上承认最高法院无力帮助马伯里等"午夜法官"得到委任书,实际上建立了最高法院解释宪法的最高权威,可谓以暂时的(甚至是有意的)让步换取了永久的实力。从深层和长远的意义讲,马歇尔的司法审查理论为联邦司法部门配备了强大的、永久性的法律工具,建立起一道防止国会立法侵犯公民权利的法律防线(从内战之后的美国宪政发展来看,司法审查权也将成为防止州政府侵犯公民权利的一道防线)。

---

① *Marbury v. Madison*, 5 *U. S.* 137-180 (1803), 176-178.

## 早期联邦最高法院对私有产权的保护

司法审查权无疑大大提高了最高法院在三权中的分量。杰斐逊企图通过任命与自己观点相近的大法官的方式来改变联邦法院的政治力量组成,但此招并不见效。他任命的约瑟夫·斯托利(Joseph E. Story)最终成了马歇尔在宪法原则上的盟友。两人都相信联邦至上的原则,努力维护与北部商业社会息息相关的经济原则,积极保护有产阶级的经济利益。在哲学观点上,马歇尔与汉密尔顿是一脉相承的。马歇尔主张建立强大的中央政府,认为私有制资本主义与一个有效、有权威的中央政府并不矛盾;相反,他认为两者可兼容。在他看来,一个强大的中央政府可建立一个稳定的政治环境,帮助经济发展,而私有制经济的发展则可反过来巩固中央政府。在这种观点的影响下,马歇尔法院在一系列判决中十分注意协调政府与私有制经济的关系,尤其强调对州法的限制和利用联邦法来防止州法对公民权利(尤其是财产权)的侵犯。

1810年马歇尔法院对弗莱切尔诉培克案的判决就是其中较有影响的一例。[①] 此案缘于佐治亚州的一桩土地买卖。1795年,佐治亚议会决定将本州3000万英亩土地以每亩1.5美分的价格卖给一个土地投资集团,该投资集团随后以每亩14美分的价格将土地转卖给东部各州的一些买主。次年,与此项土地买卖相关的议员受贿案被曝光,公众极为愤怒。新的州议会决定废止上届议会通过的土地出卖法,弗莱切尔正好买了一些佐治亚土地,面临失去买到的土地的可能。为此,弗莱切尔起诉卖主培克,告他从事具有欺诈性的商业活动。

对于最高法院来说,此案表现了一个双重难题:既牵涉政治腐败,又涉及私有财产权,前者必须予以坚决制止,后者必须得到坚决保护。马歇尔决定将两者分开处理。马歇尔本人对政治腐败十分痛恨,对"腐败侵入到我们年幼的共和国的政府中,毒害了立法的最根本的源泉,致使不纯的动机推动了一个法律的形成"的现象感到"震惊和悲哀",但是不是出现了腐败的法律,最高法院就有权顺应公众的情绪

---

① *Flectcher v. Peck*, 10 *U.S.* 87-149 (1810).

(public sentiments)来取消已经制定的法律呢？马歇尔承认这是一个困难的问题。但他在判词中将这个问题推回给人民去解决。他宣称，政治腐败必须通过政治方式（如人民对政府官员的选举）来解决，而不能由法院的判决来解决；因为州立法机关是代表本州人民的立法机构，人民是此案的"真正的被告"（a real party），州立法机关通过的法律应被视为是"人民的法律"（acts of the people，也可以读作"人民的行动"或"人民的决定"），如果人民觉得他们的代理人（即州议会的议员）没能够忠实地代表他们的意愿，他们可以在下一次选举时将自己的代表撤换。①

但后一届政府是否有权宣布由前一届立法机关通过的涉及公民财产权的法律无效则是一个宪法问题，这是因为宪法明确规定州和联邦的立法部门都不能通过追溯以往的法律（即所谓 ex post facto laws），此外，宪法对公民的财产权明确地给予了保护。马歇尔认为，弗莱切尔作为买土地的人是想得到合法的土地拥有权，他并不知道这些土地交易中的不合法性，因此，他的财产权（即土地拥有权）不应因其他人的罪行而受到剥夺，"如果一项行为在过去是合法的，后来的立法机关不能取消这项已经发生的行为，最权威的权力也无法否定（recall）过去"。他指出，佐治亚的法律虽不是一项明显的追溯以往法，但实施起来就会具有相同的效果："弗莱切尔的土地会因一项他并没有犯的罪行……而遭到没收"。马歇尔又从另一个角度阐述了佐治亚州的新法律的违宪性。他说，一项允许公民买卖土地的法律"本质上也是一项合同"，"当绝对的权利（absolute rights）在那项法律下得以授予（vested）之后，对原法律的废除也不能强制性地废止那些既得权利，即便要合法地废止这些权利，废止的权力应该平等地掌握在社区里的每一个成员手中"。显然，在论述第二点理由时，马歇尔启用了公民财产权受宪法合同法条款保护的理论。他强调，只要合同是经过法律程序制定的，就应受到保护。他还从自然法的角度来加强他的论述，认为财产权是不可被任何法律剥夺的"既得权利"（vested rights）之一种。② 马歇尔这份判

---

① *Flectcher v. Peck*, 10 U.S. 87-149（1810），130-133.
② Ibid., 135-137.

词建立了联邦法院宣布州法违宪的权威,同时也宣示了最高法院保护私有财产权的决心。这项判决对于促进美国早期资本主义的发展十分有效,在保护弗莱切尔土地拥有权的同时,最高法院也保护了土地投资者的利益。

这一时期最高法院保护私有财产权的另一个著名案例是达特茅斯学院诉伍德沃特案。① 达特茅斯学院是 1769 年根据英国王室的一项特许状而建立的。1816 年,新罕布什尔州州政府打算将其从私立大学改制为州立大学,并要在学院董事会中加入由州政府派出的人选。州政府的理由是,既然原殖民地的所有权利和特权都随殖民地的独立和州的建立而转化为州政府的责任了,州有权对该学院的组成和管理负责。而学院董事会的原成员则认为,州政府的决定损害了受联邦宪法保护的合同自由,未经正当程序剥夺了他们的财产权。在州法院败诉后,学院董事会将此案上诉到联邦最高法院。

马歇尔代表最高法院对此案做了宣判。在宣判时,他沿用弗莱切尔案建立的原则,宣称达特茅斯学院 1769 年从王室获得的建校特许状实际上是一份合同,合同管辖之下的学校不是一个公共组织,而是一个私有产业,即便达特茅斯学院所从事的是公共教育,州立法机构也不能因此而强行对其加以控制。马歇尔强调,英国王室的合同并不因为殖民地的独立而失去效力;州政府改变学校董事会的组成等于剥夺了原董事会成员所拥有的对学院财产的控制权,因此新罕布什尔州的决定是违宪的。② 最高法院推翻了新罕布什尔州法院的判决。

值得注意的是,在此案中,马歇尔第一次将合同法的原则用于企业。马歇尔和大法官斯托利提及了企业法人的概念。马歇尔将达特茅斯学院看成是一个"公司"(corporation),认为企业是"一个人为的、不可分割的、无形的、只能在法律的思考中存在的实体"(an artificial being, invisible, intangible, and existing only in contemplation of law)。③ 大法官斯托利在他的判词中则进一步发挥说,一个公司或企业实际上

---

① *Dartmouth College v. Woodward*, 17 *U. S.* 518-672 (1819).
② Ibid.
③ Ibid., 636.

是"在一个特定的名称下由单独的个人联合起来的集合体,它具有组成它的自然人的某些豁免权、特权和能力"。① 这可能是最高法院最早涉及企业法人的概念的案例之一。达特茅斯案的判决钳制了州政府对私人企业权利的侵犯,使各种各样的私有性质的企业组织可以不受州政策的严格管制,鼓励了私人经济的发展。表面上看,马歇尔法院反对一部分人通过政治手段剥夺另一部分人的权利,在政治上有反特权的色彩,但与此同时,法院的判决也支持和延续了另一种特权,即达特茅斯学院原董事会成员的"既得"特权。

### 麦卡洛案与"联邦至上"原则的运用

在限制州对公民的私有财产进行侵犯的同时,马歇尔法院积极支持用联邦的权力帮助发展国家经济,并在联邦和州权发生冲突时,坚决维护联邦权力至上的原则。1819年的麦卡洛诉马里兰案是其中最突出的例子。②

麦卡洛案的背景与1816年建立的第二个合众国银行有关。当年,民主共和党国会重建了第二个合众国银行,目的是在遭遇经济危机时减轻联邦政府及相关产业的损失。这个新建的合众国银行,实际上是一个联邦授权的私有性合资银行,但却行使着许多的公共责任,其中之一是在经济危机时调节货币市场。由于合众国银行的汇票可作为货币,许多州银行不得不向合众国银行借款,这使合众国银行实际上有了控制货币市场的功能。这种功能对于阻止过分消费和漫无边际的投机是有用的,但也束缚了州银行的手脚,因而遭到一些州的反对。包括马里兰在内的6个州决定限制合众国银行在本州的运作,以保护本州的金融业。1818年,马里兰州通过法律,要对所有"未经本州立法机关批准建立的"银行所发行的汇票课税。位处巴尔的摩的合众国银行分行的负责人詹姆斯·麦卡洛(James McCulloch)拒绝缴纳这笔州税,并就此向州法院起诉,质疑马里兰州法的合宪性。在州法院裁决支持州法之后,麦卡洛又将此案上诉到联邦最高法院。最高法院以7—0票的多

---

① Dartmouth College v. Woodward, 17 U. S. 518-672 (1819), 667.
② McCulloch v. Maryland, 17 U. S. 316-436 (1819).

数推翻了州法院的判决。马歇尔在最高法院的裁决中借题发挥,重申了早年联邦党人的中央集权联邦制理论。

在论述合众国银行的合宪性时,马歇尔首先推翻了1798—1799年间肯塔基和弗吉尼亚两州决议中提出的以州主权为基础的联邦制理论。马歇尔承认州是有主权的,但他强调,当州主权与联邦主权发生冲突时,州主权必须让位于联邦主权。马歇尔说:"联邦政府是一个绝对的真正的由人民组成的政府,无论从形式上还是内容上,(联邦)政府都是从人民中产生出来的,它的权力是人民赋予的,也必须为人民的福利服务。"他强调,既然联邦政府的权力是有主权特性的,而宪法又允许联邦政府有权建立一切"必要的和适当的"的法律,联邦政府就有权建立合众国银行。他用当年汉密尔顿的语言宣布说,只要(联邦立法的)目的是合法的,并在宪法允许以内,所有纯粹用于实现此目的的手段,只要不被宪法所禁止,并与宪法的精神和文字相吻合,都是合宪的。马歇尔强调,一个"有益的对宪法的解释"必须考虑给予国会一定的、实际操作上的"任意性(权力)"(discretion),这种权力的使用是为了执行法律,是为了保证政府能以使人民最为受益的方式来履行自己的职责。① 所以,合众国银行的存在是合宪的,州对联邦政府授权建立的银行课税则是违宪的。马歇尔指出,课税权是一种具有破坏性的权力,容忍州对与联邦政府相关的机构课税,无疑等于容忍州随意控制联邦的生存,其结果是彻底地打败(合众国)人民在制宪时期望达到的"政府的所有目的",而制宪者的目的绝不是将联邦政府设计为一种只能依赖州才能生存的机制。据此,马歇尔宣布马里兰州向合众国银行收税的法律是违宪的。②

马歇尔的联邦权威至上的宪政原则并不为州法院接受。弗吉尼亚州的上诉法院就拒绝承认联邦最高法院有权推翻一个州法院的决定。1821年的科恩诉弗吉尼亚州案便是其中的一例。弗吉尼亚州逮捕了科恩兄弟两人,罪名是贩卖彩票,违反了州禁卖彩票的法律。科恩兄弟申辩说,他们的彩票是在与弗吉尼亚州交界的华盛顿市(哥伦比亚特

---

① *McCulloch v. Maryland*, 17 U.S. 316-436 (1819), 421.
② Ibid., 436.

区)卖的,华盛顿属联邦管辖范围,因而准允在华盛顿卖彩票的联邦法高于弗吉尼亚州不准卖彩票的州法。当该案上诉到联邦最高法院后,弗州法院拒绝送交有关案情,也不派人参加辩论。马歇尔又借机重新申述了他的联邦主义观点,教训了弗州法院一通,但最后以国会立法无意准允哥伦比亚特区的彩票在外州出售为由,肯定了弗吉尼亚州逮捕科恩兄弟的合法性。这是马歇尔用一种法律上的战术来维护联邦政府权威至上的原则的做法。①

我们应该看到,马歇尔意见的核心是维护联邦政府的权威的崇高性。他虽然承认州保留了一定的主权,但他强调联邦政府在重大问题上具有高于州权的权力。马歇尔这种抑制州权的做法遭到了 1828 年进入白宫的杰克逊总统的抵制。从 19 世纪 20 年代开始,随着西部开发和奴隶制的扩张,以南部和西部为主体的反中央集权联邦制的活动加剧,区域之间关于联邦和州权划分的争议再度兴起,并愈演愈烈,成为杰克逊时代的政治特征。

## 四 杰克逊时代二元联邦制的困扰

### 政党政治与杰克逊式民主的出现

1828 年,普通平民出身的安德鲁·杰克逊当选总统,开始了美国历史上著名的"杰克逊式民主"(Jacksonian Democracy)时代。杰克逊民主有象征和实质两个层次上的含义。它的象征意义表现在杰克逊是第一个靠自己奋斗进入白宫的平民总统,也是第一位来自密西西比河以西地区的总统。在他之前的六任美国总统或是革命时期的领袖人物,如华盛顿、亚当斯、杰斐逊、麦迪逊、门罗,或是名门之后,如约翰·昆西·亚当斯。杰克逊入主白宫既标志着传统意义上的权贵政治时代的结束,也显示了美国基层选民范围的扩大和新型政党组织运作的成功。

在这里,我们可以简略地回顾一下美国基层政治在 1812 年战争前

---

① *Cohens v. Virginia*, 19 U.S. 264-447 (1821).

后发生的一些重要变化。1812年战争结束后,美国开始进入市场经济发展的重要时期。随着西部的开发,西部和南部各州逐渐在国家政治中变得重要起来。西部带来了经济发展的机会,使许多新移民有了自食其力和成功的机会。与此同时,小有产者和劳工阶层要求扩大选举权的呼声也日益加强。

  1812年以前,新泽西和马里兰两州废除了对选民的财产要求。随后,康涅狄格、马萨诸塞和纽约等州也作出了相应的决定。19世纪初加入联邦的印第安纳、伊利诺伊、阿拉巴马州均没有在州宪法中设置对选民的财产要求。一些州还取消了原宪法中对选民宗教背景的限制。还有不少州修改州宪法,将原来由州议会选举总统选举人的方式改为由选民直接选举。到1828年杰克逊当选时,联邦内24个州里,仅剩南卡罗来纳和特拉华两州仍由州议会选举总统选举人。这些变化使大量普通白人男性成年公民拥有了投票权,扩大了各州的选民范围,成为杰克逊在1828年当选的重要因素。

  但需要指出的是,这种在当时被来访的法国政治思想家阿历克斯·托克维尔(Alexis de Tocqueville)誉为"美国民主"的政治平民化和大众化的进程并没有包括妇女和有色人种。事实上,政治民主在白人社会中的扩展与白人社会对黑人权利的加紧剥夺是同时进行的。在革命时期和联邦早期,北部和某些南部州曾允许自由黑人投票,但到了19世纪20、30年代,除新英格兰地区外,联邦其他州都直接或间接地取消了自由黑人的投票权。如纽约州在1821年取消对白人选民的财产资格要求的同时,规定本州黑人公民必须拥有价值250美元的"自由支配地产"(freehold)或财产时才能有投票权。宾夕法尼亚州在独立战争后曾给予本州黑人选举权,但州议会在1837年通过决议,取消了黑人的政治权利。内战前新加入联邦的州无一例外地在州宪法中将选举权限于白人男子。在大部分州,妇女的经济地位有所改变(如已婚妇女可以拥有自己的财产和签订合同),许多州也放宽了对离婚的限制,允许妇女在丈夫长期不归、酗酒过度和摧残妻子的情况下提出离婚。但妇女仍不能参与政治,没有选举权。

  选民基础的扩大在一定程度上改变了全国政治力量的成分。在联邦的初期,政治与经济利益的分配极不平衡。马歇尔法院对于私有经济的积极保护被看成是对特权阶层的保护。而由国民共和党人克莱等提倡的"美国体制"的政策又只使得一部分人获益。这些人从联邦政府处得到合同,建桥修路,从中得到免税、政府补贴和股票担保的好处。此外,因政府的全部财产存入私营的"合众国银行",从而使该银行获得了金融市场上的竞争优势,并起着稳定货币的作用,这对于银行合资人来说,是一种一本万利的投资。在这一时期,联邦政府的高关税政策保护了美国工业和制造业,但也提高了物价。经济机会的分配不均以及由此造成的受益不均引起了许多人尤其是基层人民的不满和反对。马歇尔和克莱等人代表的思想和实践被认为是破坏了"平等权利"的共和原则。在这种背景下,杰克逊提出的铲除特权利益集团、建立以平民利益为主的联邦的口号正好迎合了刚刚获得选举权的中下阶层选民的政治期望和经济要求。在意识形态上,杰克逊继承了早年杰斐逊提出的平民共和主义的思想。他谴责旧式贵族政治和特权利益,声称要建设一个公民权利平等、关注平民百姓利益的新联邦。

尽管如此,杰克逊在 1828 年的成功当选与旧民主共和党的成功改造是分不开的。如前所述,制宪时期,为了防止联合的派别控制联邦政府和解决大小州代表权不均等的问题,宪法采用了选举人团的机制,但宪法没有规定总统候选人的提名程序。第一任总统华盛顿的提名和当选是众望所归,提名程序的问题基本上不存在。但如同我们在第一节中讨论过的,华盛顿任内出现了政党"核心会议",负责协调和组织国会内部的政党活动。核心会议的最重要任务之一就是提名总统候选人。

1796 年,国会的民主共和党人联名提名国务卿杰斐逊为总统候选人,联邦党人则提名副总统亚当斯为候选人,两人实际上是当时正在出现的党派的领袖人物。在总统选举人团投票时,总统选举人按党派意志投票,亚当斯和杰斐逊都得到党内的高票,但因联邦党人力量稍强,亚当斯得到的选举人票比杰斐逊多 3 票,按宪法前者当选为第二任总统,而后者当选为副总统。杰斐逊因与亚当斯政见不合,一开始不愿担任副总统,后在国会民主共和党人的劝说下,接受了副总统的职位。但在亚当斯政府内,杰斐逊并没有受到重视,实际上成为了联邦党人政府的一种摆设。

从 1796 年起,国会的政党核心会议便正式成为不成文的总统候选人的提名机制。国会多数党的核心会议往往拥有总统候选人的提名权。这种提名方式给予了国会在总统选举方面相当大的主导力量,使各州总统选举人的选票能够集中在国会核心会议提名的候选人身上,避免出现各州候选人互相厮杀、无人取胜的局面;但这种方式也剥夺了各州总统选举人提名自己中意的总统候选人的权利和机会,将总统选举变成了一种自上而下的政治行动。杰斐逊和麦迪逊两任总统都是由国会民主共和党人核心会议提名的。1816 年门罗的当选因处于"1812 年战争"后的所谓"好感时代",无须核心会议的提名。但 1824 年的总统大选对核心会议的提名机制提出了严重挑战。当年,联邦党人已经是日薄西山、奄奄一息,第一政党体制时期的联邦党人和民主共和党的对立基本结束。当时美国政治的基本特征是民主共和党的"一党政治"。虽然一党独大,但因对联邦制等宪政原则的理解存有分歧,加上地域政治和经济因素的影响,民主共和党内部派别林立,矛盾重重。党内的分歧在 1824 年总统大选时公开表现出来。

1824 年总统大选时,民主共和党内有若干人要参加总统竞选,包括联邦战争部长约翰·卡尔霍恩,国会众议院议长亨利·克莱,联邦财政部长威廉·克劳福特和来自田纳西州的参议员安德鲁·杰克逊,再加上国务卿约翰·昆西·亚当斯,呈现出一个五雄相争的态势。当年的总统选举人票的总数为 261 票,结果五人中无一人得到多数票。按照宪法第十二条修正案的规定,如果出现无候选人获得选举人团多数票的情形,将由众议院按每州一票的方式在得票最多的 3 位候选人中投票选举总统(注意:宪法原规定众议院在得票最多的 5 人中投票选举总统,第十二条宪法修正案将候选人降为 3 位)。在众议院的投票中,约翰·昆西·亚当斯(第二任总统约翰·亚当斯之子)因赢得了 24 州中的 13 州而当选为总统。当时有些州已经实行了总统选举人直选制,杰克逊在这些州中获得了民选票的多数,但在众议院的投票中仅仅获得 7 州的支持而败于亚当斯。这是美国总统选举历史上的第二次危机,也是众议院第二次投票决定总统的人选。

## 总统选举制度的改革

1824 年的总统选举暴露了国会政党核心会议的致命弱点:当党内出现众多候选人时,核心会议无法说服任何人放弃自己的竞选愿望转而支持他人。核心会议本来就是政党内部的一个利益协调和谈判机制,但它本身并不具备任何法律约束力,所以当党内各派的分歧不能通过核心会议的机制达成妥协时,各派的总统候选人便要抛开它的提名,擅自上阵竞选,其结果必然是互相拆台。这种情形推动了总统候选人提名制的改革。1824 年总统选举结束后,一种新的总统候选人提名机制应运而生。

1825 年 10 月亚当斯入主白宫后不久,田纳西州议会便公开提出要提名杰克逊为下届总统候选人,杰克逊接受了提名,并推选南卡罗来纳州的约翰·卡尔霍恩为他的副总统。杰克逊的提名由华盛顿的一家报纸公布,并向全国传播。与此同时,宾夕法尼亚州议会则提名亚当斯连选连任,并提名本州的理查德·拉什为副总统候选人。这样,全国各州的议会或州的总统候选人提名大会便纷纷在亚当斯和杰克逊间进行选择,原本由核心会议操纵和控制的总统候选人提名权迅速转移到州和地方的政党组织手中。

但是,真正帮助杰克逊当选的是纽约州的老牌政客马丁·范布伦对旧民主共和党的改造。范布伦首先将纽约的民主共和党从原来的以个人权威和关系为基础的临时性派系组织变成了一个有组织、有纪律、有政治纲领的永久性组织。范布伦改造过的民主共和党在 1822 年纽约州州长选举时发挥了巨大的效力。1828 年,范布伦将纽约的经验推广到全国范围。他说服杰克逊接受了州权不可侵犯的政治纲领,并以此为竞选口号,组织专门人员,为杰克逊助选。

这种有纲领、跨地区、跨行业的专业竞选活动,加上杰克逊本人的声望,使杰克逊得到了广泛的选民支持,击败了以"国民共和党派"名义参加竞选的在任总统亚当斯。当年 261 张选举人票中,亚当斯仅得 83 票,24 州中有 15 个州投了杰克逊的票,包括北部的纽约、宾夕法尼亚、俄亥俄和伊利诺伊等。

1828 年的总统候选人提名方式是现代美国政党代表大会提名制

度的开始,1831年后,提名权便完全由政党的全国代表大会(convention)来行使了。党代会提名机制的出现不仅打破了党内上层精英对本党总统候选人提名的垄断,也为各州的政党精英集团提供了一个新的谈判渠道。各州在全国党代会召开前就各自的利益进行讨价还价,以本州对某候选人提名的支持换取该候选人的承诺。制宪会议的代表在讨论总统选举时,曾提出要防止州与州之间在总统选举时进行政治交易,但党代会提名制的出现却使这种交易公开化和正常化了。

总统候选人提名制度的改变与总统选举人产生方式的改变也有关联。1800年总统选举时,16个州中只有4个州采用选民直接选举总统选举人的方式,而到1828年时,24个州中有18个州采用了这种方式。随着这一时期内选举权的扩大,选民数量增加(达110万人),传统的以裙带关系和地方精英为主体的政治运作显然已经失效。1828年的总统选举的重要意义之一就是开始将刚刚或正在获得选举权的普通白人选民纳入了美国总统选举的过程,改变了早期那种上层精英控制政党政治的局面,使总统的选举直接与选民挂钩,开始了联邦政府行政权与立法权在产生程序上的真正分离,使人民的直接投票(通过总统选举人)对总统的选举开始产生真实和有效的影响,也使政党成为引导选民投票、整合分散的政治力量和争取选举成功的最有效工具。①

## 杰克逊时代二元联邦制的实践

1829年3月,在其就职演说中,杰克逊保证他将以实际行动实现他许诺的"民主政治",表示要精简政府,限制联邦政府的权力,尊重州的权力,对印第安人采取"公正和自由的政策",但他在其他一些敏感问题,如关税、内陆开发、货币和合众国银行等问题上,没有明确表态。② 就任后,杰克逊注重州权的宪政观很快导致了他与国会中的国民共和党人的冲突。

1830年5月,国会通过了一项法案,授权联邦政府投资在肯塔基

---

① 关于这一时期总统选举程序变化的详细讨论,见第十章第一节。
② Andrew Jackson, Inaugural Address (4 March 1829), in *Messages and Papers*, vol. 3, 999-1001.

州内修建一条 60 英里长的公路,这项法案名义上是为发展中西部交通和经济,是由国民共和党人的领袖人物克莱极力推动的。杰克逊立即否决了这项法案,理由是这条公路的全线都在肯州境内,属于州内的经济事务,纯属"地方事务",与联邦"内陆开发的体系毫无关联",不属联邦管辖范围,所以联邦政府无权拨款修建。① 杰克逊的否决激怒了克莱。克莱引用"美国体制"的思想,力主对宪法赋予联邦政府的权力作广泛解释,但杰克逊毫不退让,坚持宪法没有授予国会拨款修建州内交通要道的权力,如果实在要建路,应首先通过宪法修正案。克莱本人来自肯州,提出和支持此法案不无"私"心,他希望借用联邦的资助修建这条公路以帮助本州经济的发展。杰克逊虽指责克莱的法案是维护特权利益、滥用联邦政府权力的表现,更重要的是他的否决也夹带了其他的目的。杰克逊希望借此机会赢得南部民主党人的支持,打击日益与他同床异梦的克莱等人。杰克逊的否决加速了民主党人内部的分裂。一些国民共和党人开始由他的盟友变成了对手。

  杰克逊的州权至上的立场也在处理佐治亚州与印第安人的土地纠纷中表现出来。居住在佐治亚州的切诺基部落(The Cherokee Nation)曾在 1791 年与联邦政府签订了一系列协定,承认该部落的土地拥有权,并承认印第安人内部自治的法律和习俗有效。但随着欧洲移民的增加,佐治亚州的居民不断侵犯切诺基部落的领土,吞食印第安人的土地,邻近的阿拉巴马和密西西比两州也违反了联邦政府与另外两个印第安人部落(Choctaw 与 Chickasaw)的协定,兼并了它们的土地。1828 年,佐治亚州议会通过了一项法律,宣布切诺基部落的内部自治法律在 1830 年 6 月后失效,企图强行将州法律推行到切诺基部落控制的领土范围内,为州政府出售印第安人部落的领土提供法律支持,为土地投机者侵占和夺取印第安人的领土扫清法律障碍。切诺基部落在 1829 年向联邦最高法院提出控告,要求最高法院禁止佐治亚州的行为。

  在 1831 年的切诺基部落诉佐治亚州案的判决中,马歇尔法院虽然以切诺基部落不是一个真正的外国为由拒绝发出禁令,但宣布佐治亚州的法律违宪,因为只有联邦政府才能与印第安人部落签订条约,而且

---

① Andrew Jackson, Veto Message (27 May 1830), in *Messages and Papers*, vol. 3, 1046-1056.

签订的条约必须受到州的尊重,州无权破坏这类条约。① 在1832年的伍斯特诉佐治亚案的判例中,马歇尔再次重申,印第安人部落有权与联邦政府签订协议,签订的协议属于联邦法的一部分,高于州和地方法律,只有联邦政府才对印第安人的领土有司法权,州不具备这种权力。②

在这两个案例中,马歇尔法院说明了印第安人部落在美国的法律地位及其与州和联邦政府的关系,即切诺基部落的内部"自治"得到联邦政府的认可,它对自己的领土"在自愿地割让给我们的政府之前有无可置疑的拥有权";马歇尔同时指出,虽然切诺基部落是以"外国"的名义起诉佐治亚州,但它和其他印第安人部落并不是真正意义上的独立的国家,印第安人还处于"一种未成熟的阶段"(a state of pupilage),"他们与美国的关系犹如一个未成年人与他的监护人之间的关系一样,他们需要从我们的政府那里寻求保护,有困难时要向我们申诉,将我们的总统当成他们的祖父",为此,联邦政府有义务履行与印第安人的条约。③ 马歇尔认为,佐治亚州的法律违背了联邦政府与切诺基部落的条约,属于违宪。在伍斯特一案中,马歇尔认为佐治亚州所有关于印第安人的法律都是违宪的,要求该州释放因违反这些法律而被监禁的伍斯特等人。

最高法院的判决引起南部的反对。阿拉巴马和密西西比两州此时与佐治亚州联合起来抗议最高法院的判决。佐治亚州无视最高法院的决定,杰克逊也不命令联邦司法部长去执行最高法院的判决。他甚至说:"既然马歇尔作了这样的决定,那就让他自己去执行吧!"④在杰克逊执政的时期内(1829—1837),联邦政府采取高压政策,强迫印第安人签订了共94项条约,切诺基部落开始坚持不放弃土地,最后终于顶不住联邦政府的压力,于1835年同意将原来拥有的密西西比河以东的

---

① *The Cherokee Nation v. Georgia*, 30 *U. S.* 1-81 (1831).
② *Worcester v. Georgia*, 31 *U. S.* 515-596 (1832).
③ *The Cherokee Nation v. Georgia*, 30 *U. S.* 54-55 (1831).
④ Charles J. Johnson to [?], 23 March 1832, in *David Campbell Papers*, Duke University Library, 引自 Robert V. Remini, *The Legacy of Andrew Jackson: Essays on Democracy, Indian Removal and Slavery* (Baton Rouge: Louisiana University Press, 1988), 71.

土地以500万美元的价钱转让给联邦政府,然后,与其他部落一起被联邦政府移置到密西西比河以西的印第安人保留地,在迁移过程中,印第安人历经磨难,在美国历史的版图上留下了一条"眼泪之路"。

1832年,杰克逊还否决了国会关于延续合众国银行特许状的法律,并在否决意见中向马歇尔创立的司法审查理论提出挑战。杰克逊本人自一开始就憎恨合众国银行的存在,他认为银行刺激和鼓励投机取巧,贬低"诚实劳动"的价值,危害以独立的自耕农为基础的农业社会的发展,破坏美国民主和自由生长的环境。他认为,因为外国人也可在合众国银行投资,银行资金可能流向外国,各州对外国人在美国拥有财产都有许多规定,但合众国银行却给了外国人操纵美国金融的特权。杰克逊在否决意见中写道:"有钱有势的人常常迫使法律向他们的私利屈服,这是十分令人遗憾的。政府本身并不一定是邪恶的,政府的邪恶来自于对其(权力的)滥用,如果政府能使自己为穷人和富人提供平等的保护,如同上帝下雨时对高山和平川一样地公平,那就是一种真正的恩赐了。"对于宪法的解释权,杰克逊提出:"国会、执法部门和最高法院都必须按自己对宪法的理解行使自己的职责。每个联邦官员在宣誓效忠宪法时是效忠他所理解的宪法,而不是其他人所理解的宪法……(因此),最高法院(关于宪法)的意见对于国会来说并不比国会本身的意见具有更高的权威,如同国会的意见对于最高法院也没有更高权威一样;在这一点上,总统是独立于国会和最高法院的。"①国会企图推翻杰克逊的否决,但没有成功。1833年,杰克逊下令将联邦资金从合众国银行中取出,分别存在23个州银行中。1836年,合众国银行的特许经营权到期时,无法得到延期,变成了宾夕法尼亚的州银行。

### 关税危机对联邦主权的挑战

但是,杰克逊的重州权的联邦制原则很快就变成他的一个政治包袱。1832年至1833年冬季,南卡罗来纳州棉花生产因西南部棉花种植面积扩大而受损,加上国际信贷市场紧缩,棉花的出口量下降。南卡

---

① Andrew Jackson, Veto of the National Bank Bill (10 July 1832), in Richardson, *Messages and Papers*, vol. 3, 1139-1154.

罗来纳州将经济衰退的原因归咎于联邦政府的高关税法,认为其限制了该州的经济发展,干扰了州的社会和政治秩序。此时,北部各州的废奴主义运动正在兴起,废奴主义者的宣传材料大量寄往南部种植园,使南部奴隶主势力恼怒不已,而1831年在弗吉尼亚发生的奈特·特纳(Nat Turner)领导的奴隶暴动则更使南部的奴隶主们感到威胁。南卡罗来纳是南部的蓄奴大州,其奴隶人口超过白人人口,奴隶主势力担心如果不采取强硬措施和态度,本州的奴隶制经济及由奴隶主势力控制的政治将受到联邦政府和反奴隶制势力的挑战。

1830年,南卡罗来纳州议会曾企图发起召开州公民代表大会,抗议联邦政府的关税政策,会议虽未开成,但议会发表了一份由约翰·卡尔霍恩(当时任美国副总统)秘密起草的宣言,指责联邦《关税法》不合宪,坚持州对联邦政府政策拥有否决权是联邦宪法的基本原则之一,并认为防止政府对人民的侵犯"是任何宪法的唯一的目的和价值"。① 围绕州是否有权宣布联邦税法无效的议题,南卡罗来纳州内政治分成两派,州权派坚决主张州有权宣布联邦税法无效,而联邦派则反对这种做法。双方的对立因1831年卡尔霍恩公开支持前者而变得十分尖锐。

1831年4月,卡尔霍恩与杰克逊的对立公开化,杰克逊的内阁陷入瘫痪。同年10月,卡尔霍恩发表了名为《福特小丘演讲》(Fort Hill Address)的文章,轰动一时。在这篇文章中,卡尔霍恩抛出了他的宪政理论,系统而全面地阐述了州权联邦制的学说。他的论述对1832年至内战爆发这一时段美国政治的发展具有重要的影响。

卡尔霍恩的主要观点如下:(1)根据1798—1799年肯塔基州和弗吉尼亚州决议的立场,州有权"干预那些侵害他们权力、权利和自由的邪恶的发展和蔓延";这种干预的权力称为"废止(联邦法律)权"(nullification)或称为"州权否决权"(state right veto);这项否决权是"我们体制中的一个基本原则"。(2)多数统治(majority rule)的政治制度比起君主制和贵族制来说,是进步的体制,应该受到尊重,但绝不能将多

---

① John C. Calhoun, Draft of the South Carolina Exposition (1828?), in *The Papers of John C. Calhoun*, ed. Clyde N. Wilson, 17 vols. (Columbia: University of South Carolina Press, 1959- ), vol. 9, xxxiii-xxxiv.

数统治看成是"一种自然的而不是人为的权利";在大家利益一致的情况下,使一方受益的法律也会惠及所有人;"但如果大家的利益存有分歧,对一方有益的法律对其他方来说也许是灾难性的、不公正的和荒谬的"。(3)人民虽是美利坚联邦最终主权的拥有者,但人民主权是以州为单位的,州是一个不可分割的集体主权,如果硬要认为主权来自具体的个人或将主权分散到每个民众手中,等于毁灭主权;联邦之所以得以产生,是因为有邦联的存在,而邦联则是由各个独立的有主权的殖民地组成;宪法只是一个契约,它的签订是由拥有主权的州的同意而成。中央政府不过是各主权州的代理人,而州并没有将主权交与联邦政府。(4)由于联邦政府功能和机构的扩大,州对联邦政府施加影响的余地也就愈来愈小,虽然宪政机制中的参议院、总统否决权和司法审查权都可以用来作为保护联邦中少数派利益的工具,但由于南卡罗来纳州没有能够占据到这些位置(或在这些位置中未占有绝对优势),南卡罗来纳的利益就可能在这个复杂的联邦体制中受到多数派决定的损害和侵犯,州可能由一个原来具有独立权力的实体被贬低成一个"依赖他人的团体"。(5)当州与联邦政府就州的根本利益发生冲突时,应诉诸于"一个更高的解决办法",即为了保卫本州的利益,各州可以援用(invoke)权力,废止那些与本州的保留权力相抵触的联邦法律,或将其宣布为无效;正因为州的主权是不可分割或让与的,各州只是给了联邦政府一些为了实现自己目的的有限度的权力,所以人民有权通过州选民代表大会的方式来反对联邦政府的某些决定;州选民代表大会是人民主权的具体表现,因为它是在州的立法机构以外由人民自己组织的政治行动;如果四分之三的州都以州选民代表大会的方式来宣布联邦法无效,联邦法即为无效。(6)如果某州提出的宣布联邦法无效的要求没有得到其他州的支持,而该州人民又坚持认为本州的权利遭到了联邦法律的侵犯,该州就有权退出联邦。①

卡尔霍恩的理论全盘否定了制宪时期建立的分治主权和宪法至高

---

① Calhoun, "Address on the Relation, Which the States and General Government Bear to Each Other," Sent to Frederick W. Symmes, Editor of the Pendleton, S. C. Messenger, from Fort Hill, 26 July 1931, in *Papers of John Calhoun*, vol. 11, 413-440, at 415-417, 420-421, 434-437.

无上的联邦理论。他当时的目的不一定是要立即分裂联邦,而是企图用这种分裂主义的理论来要挟联邦,以达到保护南卡罗来纳州在联邦中的利益的目的。卡尔霍恩的州权理论将在1860年南部各州因奴隶制问题退出联邦时得到全面的应用。

1832年冬,南卡罗来纳州的部分议员摆脱州议会擅自召集了州选民代表大会,通过决议,要州议会宣布1828年和1832年联邦《关税法》在南卡罗来纳无效,不准任何有关《关税法》的案件上诉,并威胁说如联邦政府强制实施此法,南卡罗来纳便宣布退出联邦。他们宣称,人民只效忠州政府,而不能效忠联邦政府。①

面对这种情势,杰克逊发布总统文告,谴责南卡罗来纳州的行为,并宣布南卡罗来纳州的宣言违宪。杰克逊此刻起用了早年联邦党人的理论来阐述他的联邦性质观点:联邦在组成时,各州已放弃了一部分权力,联邦政府也因此成为联邦内所有人民的代表,而联邦宪法因而也具有了一种约束性责任:即可以惩罚任何企图毁灭联邦政府的力量;州否决联邦法律的做法与联邦宪法的精神相抵触,如果各州可任意否决联邦法,联邦与邦联还有何区别?杰克逊承认没有一项法律对所有州是完全的公平,税法也不可能是绝对的公平,但州绝不能因此而宣布联邦法无效。他呼吁,宪法的重要性在于维系联邦,只有对宪法抱有"明智的理解",甚至在"地方利益"和"个人怨恨"上作出牺牲,才可能"使宪法不受腐蚀地传给我们的后代"。杰克逊宣布,联邦是一个政治契约实体(compact),没有任何州有权退出联邦;如果容忍一个州随意退出,就等于说美国不是一个国家。他坚持联邦《关税法》一定要在南卡罗来纳州实施。②

1833年3月,国会在杰克逊的建议下通过强制实施《关税法》的决议,授权总统反击任何阻挠联邦法的实施的行为,对执法的联邦官员实

---

① South Carolina, An Ordinance to Nullify Certain acts of the Congress of the United States, Purposing to be Laws of Laying duties and Imposts on the Importation of Foreign Commodities (24 November 1832), in Thomas Cooper and D. J. McCord (eds.), *Statutes at Large of South Carolina*, 10 vols. (Columbia, S. C.), vol. 1, 329.

② Andrew Jackson, Proclamation to the People of South Carolina (1832), in *Messages and Papers*, vol. 3, 1203-1219.

行法律保护,并有史以来第一次授权联邦法院为联邦执法官员提供人身保护令特权(即执法的联邦官员不得随意被州法院拘留)。杰克逊一方面表现出维护联邦主权的强硬态度,另一方面又积极寻求政治解决的途径。他敦促国会修改《关税法》,所以在国会通过实施《关税法》的同时,又宣布到 1842 年时关税会逐步降低 20% 左右。与此同时,南部其他州的无动于衷,对南卡罗来纳反联邦法分子的士气也是一个打击。最后,南卡罗来纳分裂主义者宣布停止废止联邦法令的行动,这场危机才算得以化解。

1832—1833 年南卡罗来纳关税危机在美国宪政史上具有特殊的意义:它改变了美国人争论宪政问题的焦点。在此之前,联邦只是推进共和思想的工具或途径,本身并没有什么永久的自身价值。各州对联邦的依附更是一种功利性的行为,没有把联邦看成是一个自然的政治母体。即便是联邦主义者,也从未有人坚持过联邦永远不可分解的观点,如同州权主义者中也没有人大张旗鼓地谈论要退出联邦一样。围绕废止联邦法令的争论,使两派的观点都得以深化。联邦不再是一种工具,而变成了一个目的;联邦不仅代表革命时期创立的共和价值,它本身也成为共和思想的实体,成为美国人民争取自由和实现自由价值的政治基础;保卫联邦的存在等于保卫美利坚民族的政治目的和政治价值,简而言之,等于保卫美国的存在。这个观念上的转换将通过美国内战而永久性地固定下来,成为美国宪政思想的一部分。

### 联邦最高法院与二元联邦制的实践

但是,杰克逊的联邦主义观并未能整合民主党内的不同意见,而卡尔霍恩的州权至上理论更不为北部接受。19 世纪 30 年代中后期,国会内的部分反杰克逊政策和反州权至上者组成了辉格党(Whig Party),与由杰克逊及其继承人范布伦领导的民主党抗衡。1840 年,辉格党人终于赢得民众支持,将该党的候选人威廉·亨利·哈里森送进白宫,开始了美国历史上的第二政党体制。民主和辉格两党都接受对方为宪政体制下的合法反对党。

辉格党人的出现对杰克逊时代的宪政理论作了一些修正,促进了"二元联邦制"(dual federalism,也译"双重联邦制")宪政理论在 19 世纪40年代的形成。该理论的主要观点为:联邦与州在不同领域中拥有各自的管辖权,宪法的"最高法"条款虽指明联邦法是最高法,但宪法第十条修正案又指出州在某些领域内(并未明确指定)拥有管辖权,所以,联邦政府不能侵犯或剥夺州权,如同第一条修正案禁止联邦政府用人民让与的权力来侵犯或剥夺人民言论自由的权利一样;最高法院有权对州与联邦政府的管辖权限进行裁决,如果联邦政府的法律侵犯了州的权力,即可被认为是不正当地使用了州让与的权力,该法可被宣布为违宪。虽然二元联邦制理论将裁定权给了联邦最高法院,但却给最高法院套上了一道紧箍咒:联邦政府不得侵犯州保留的权力。

二元联邦制理论在马歇尔法院后期的一些判决中也开始表现出来。在1833年的拜伦诉巴尔的摩案中,马歇尔宣布,州有权行使对本州港口的巡查和管理权,联邦政府不得干预。巴尔的摩市为整顿和治理市内河道,要求码头营业主缩短工时并限制码头营业额;而由于市政府为改造公路将河流引入海湾,造成了淤泥积压。码头主拜伦的码头因水太浅不能进船无法营业,造成经济损失,便状告市政府未经正当法律程序剥夺了他的财产权,违反了联邦宪法第五条修正案。马歇尔法院在早些时候也许会以财产权是"不被法律剥夺的绝对权利"为由,要求市政府赔偿拜伦的经济损失;但最高法院在审理此案时一致表示,《权利法案》是"为了钳制联邦政府对公民权利的侵犯"而制定的,不适用于州,既然拜伦的经济损失是由州的法律造成的,他应在州法院寻求审理,而联邦法院无权过问。言外之意,宪法将管理州内经济的权力留在了州的手中。①

1835年,主持联邦最高法院34年之久的马歇尔去世,杰克逊总统任命来自马里兰州的罗杰·坦尼接任首席大法官。坦尼是杰克逊政治和宪政观点的忠实支持者,他所领导下的最高法院十分注重维护州权,通常支持州进行经济管理和规定。1836年,坦尼法院支持肯塔基州印发类似纸币的银行股票。1837年,又在纽约州诉米恩案的判决中宣布纽约州管理贸易和外国船只的法律是合宪的。该法要求所有进入纽约港口的外籍船只和非纽约州船只的船主必须在抵港24小时内向州官

---

① *Barron v. Baltimore*, 32 U. S. 243-250 (1833).

员报告船上的船员和乘客名单,否则将处以罚款。最高法院的多数派意见认为州有权对本州的水域秩序进行管理。但大法官斯托利却表示异议。他认为,纽约州这项法律涉及非纽约公民的权利和非美国船只的管理,纽约州无权管理,只有国会才有权过问州际和国际贸易的事务;如果允许州在这种事务上插手,等于允许纽约州向他州或外国公民课税。斯托利坚持认为纽约的港口管理法是违宪的,严重违反了当年马歇尔建立的联邦权至上的原则。①

最为充分地表现坦尼法院司法原则和精神的是1837年最高法院对查尔斯河桥梁公司诉沃伦桥梁公司案的判决。② 查尔斯河桥案产生的背景是这样的:1785年,马萨诸塞州立法部门曾以特许状的形式准允查尔斯河桥梁公司建造一座横跨查尔斯河、连接波士顿与其北部查尔斯镇的桥梁,并允许该公司在桥建成投入使用后的40年内征收过桥费。后来马萨诸塞州立法机构又将该公司征收过桥费的时间延长了30年。查尔斯河桥建成后,成为波士顿市区与邻近城区连接的重要通道,过桥费为桥梁公司的股东们(哈佛大学也是其中一员)带来了丰厚利润。但随着波士顿地区商业的发展,查尔斯河桥开始不能满足经济发展的需要。因此,马萨诸塞州政府在1828年又特许由查尔斯镇的商人组成的沃伦桥梁公司在查尔斯河桥旁边建造一座新桥,同时规定该公司可征收过桥费,直至所有建桥费用得到回收时为止,然后沃伦桥将转为州的财产,届时该桥将成为免费桥。这项决定打破了查尔斯河桥对从北进入波士顿通道的垄断,也将大大减少其过桥费收入。查尔斯河桥梁公司声称州政府建新桥的决定违背了州宪法中关于保护人民生命、自由和财产权的承诺,违反了联邦宪法中合同条款的原则。他们认为,1785年的特许状是该公司与州政府之间的合同,而根据马歇尔在达特茅斯学院案判决中建立的原则,州是不能侵犯私人或企业的私有产权的。但马萨诸塞州最高法院拒绝接受这种理论,查尔斯河桥梁公司的股东将此案上诉到联邦最高法院。

1831年,最高法院听完本案的辩论后,因意见不一致,加上有法官

---

① *New York v. Miln*, 36 *U.S.* 102-161 (1837).
② *Charles River Bridge v. Warren Bridge*, 36 *U.S.* 420-649 (1837).

因病缺席，未能达成意见。1837年(也就是坦尼继任首席大法官后)，最高法院再度听取了本案的辩论后，以4—3票的多数作出了裁决。坦尼代表多数宣读了最高法院的决定。坦尼首先推翻了1785年特许状是一个具有合同性质的文件的说法，指出该特许状并没有明确阻止建造新桥。坦尼认为，州政府为了推进本州的公共繁荣和经济发展，可以授权(某一私人企业)修建便捷的路桥，但(除非明文规定)这种授权不能被解释为州政府因此而放弃了自己原有的保障公众福利便利而畅快地发展的权力。如果硬把1785年特许状看成是一种具有垄断性质的"隐含合同"(implied contract)，并以此为由禁止修建新桥，那就意味着在没有满足旧桥股东的利益之前，州政府将永远无权对包括铁路和运河在内的公共交通设施进行现代技术意义上的改进，这样做的结果实际上将阻碍财富的增加和经济的发展。

接着，坦尼强调，美国法律遵循英国传统，而英国法律的精髓就是"以最严格的方式来限制垄断的企图(the spirit of monopoly)和带有垄断性质的特权，而将公司的特权限制在那些被明确给予的权利范围内"；因此，最高法院绝不会违背英国传统，利用宪法隐含权的逻辑"来扩大(这种)特权，制造一个有损于大众和公众社会权利的法律"。① 坦尼指出，准建新桥并不损害查尔斯河桥梁公司的经济利益，相反，新桥的修建会刺激经济增长，从而使所有的人得利。坦尼在本案中建立的最重要的原则是政府必须将对公共利益的保护看成比对某一特殊利益的保护更为首要的职责。坦尼宣称，虽然(政府)对于私有财产必须给予"神圣的"保护，但当私有财产权与"社区权利"(the rights of community)发生冲突的时候，应以后者为重。随即，坦尼借最高法院的法坛将杰克逊的重民政治理论宣示出来："所有政府的目的都是为了推进公众的幸福和繁荣……我们绝不能随意认为政府会有意识地去损害自己为实现上述目的而必须拥有的权力。"换言之，既然政府是由人民授权产生的，政府的目的又是为人民谋利益的，它就不可能置人民的利益于不顾，因为那样做会毁掉政府权力的基础。所以，马萨诸塞州政府不可能以牺牲波士顿经济发展的需要为代价来保护查尔斯河桥梁公司独

---

① *Charles River Bridge v. Warren Bridge*, 36 *U. S.* 420-649 (1837), 536-546.

享收过桥费的权利。①

表面上看,坦尼的决定带有反"既得特权利益"和反垄断利益的成分,与马歇尔在达特茅斯学院一案中对既得私人产权的坚决保护形成鲜明的对比。从严格的宪法意义上讲,坦尼实际上采用了马歇尔等联邦党人的观点,即强调政府的目的和功能是为了保护人民的利益,强调政府有管理经济的权力。不同的是,坦尼"偷换"了马歇尔的概念:马歇尔强调的政府权力是联邦政府的权力,而坦尼强调的是州政府的权力。从宪法解释的角度看,坦尼对政府管制经济的权力的强调实际上是支持了二元联邦制的理论。这一点将通过坦尼法院在奴隶制问题上的判决得到充分的表现。尽管坦尼法院从未公开表明只遵循"州权至上"或"二元主权"的法律原则,但它在内战之前所做的许多判决都明显地带有杰克逊时代的二元联邦制宪政观的色彩。

---

① *Charles River Bridge v. Warren Bridge*, 36 *U. S.* 420-649 (1837), 546-548.

美国第十六任总统亚伯拉罕·林肯（Abraham Lincoln，1809—1865）

美国内战（1861—1865）期间，为捍卫联邦的完整，林肯回应了逃奴、废奴主义者和激进共和党人的要求，于1863年1月1日正式签署了《解放奴隶宣言》。随后，他推动国会通过了第十三条宪法修正案，从宪法上彻底否定了奴隶制。1865年4月14日（内战结束一周之后），林肯在首都华盛顿遇刺，次日身亡。

图片来源：Library of Congress, Washington, D. C. (Digital File Number: cph. 3a53289) http://www.britannica.com/bps/media--view/112498/1/0/0

# 第四章　奴隶制、内战与美国宪法

从美国建国开始，一个幽灵就在这个立志追求自由和平等的新国家的头顶上盘桓。这个幽灵就是奴隶制。美国革命时期，殖民者以不堪忍受英国的"政治奴役"(political slavery)为由，公开挑战和反抗英国议会和王室的暴政，发表《独立宣言》，宣称人人都有不可剥夺的生命权、自由权和追求幸福的权利。但与此同时，他们中的相当一部分人（包括许多领袖人物）却集体地奴役着居住在北美大陆上的成千上万的非洲黑人。据1790年美国第一次人口普查资料，当时美国的总人口为390万人，其中约75万人为黑人，占联邦总人口的五分之一左右。黑人人口中90%的人是奴隶（近70万人），绝大部分的奴隶生活在南部各州，是大大小小的奴隶主的财产。① 如第二章的讨论所示，为了保证联邦的建立，费城制宪会议曾在奴隶制问题上作出了一系列的妥协，1787年制定的联邦宪法不仅事实上容忍了奴隶制在美国的存在，而且为其进一步的发展和扩张提供了宪政上的基础和空间。19世纪上半叶，随着美国经济的发展和联邦领土向西部的迅速扩张，南北两个区域的经济形式和社会意识形态的差异日益增大。以"自由劳动"(free labor)原则为基础的自耕农经济体制和早期工业资本主义在北部的发展，以及废奴主义运动的兴起，对南部的奴隶制提出了严峻的挑战。围绕西部领土开发的争论则更加剧了区域之间的利益冲突，奴隶制问题最终在19世纪中叶演变成困扰美国宪政秩序生存的主要难题。

19世纪上半叶，南北双方曾因奴隶制问题以及联邦政府是否有权限制奴隶制的发展多次发生冲突，联邦体制甚至也因此面临过数次重大的危机。虽然最后通过妥协，这些危机都得以化解，但早期的妥协都

---

① 详细资料参见第二章的"表2.1 1790年美国原始13州自由人口与奴隶人口统计"。

没有解决根本的问题,即奴隶制是否可以永久地存在于联邦之中,以及联邦的主权到底应该归属于州还是联邦。它们最多只是延缓和推迟了更大的、更为致命的危机的发生。19 世纪中叶,南北双方再度因奴隶制能否向西部领土扩张的问题发生激烈的辩论。这场辩论迅速演变成一场对联邦制和联邦宪法的性质的争论,导致了以民主党和辉格党互为反对党的美国第二政党体制的瓦解。北部的各种反对奴隶制扩张的政治力量得以有机会进行重组,建立起一个以区域利益为基础的新政党——共和党(Republican Party),反对奴隶制(anti-slavery)的议题也因而被带入联邦的政党政治之中。而作为全国性政党的民主党(Democratic Party)则因奴隶制问题产生了分裂,南部的民主党变成了维护奴隶主利益的政治工具,北部的民主党则处在区域利益和政党利益相互冲突的夹缝之中,失去了传统的政治感召力和动员能力。

与此同时,联邦政府几乎陷入了瘫痪状态。因为支持和反对奴隶制扩张的两派力量势力相当,国会在奴隶制问题上无法达成新的妥协。这一时期的总统相对无能,既缺乏政治远见和勇气,不敢面对奴隶制问题;又缺乏政治手段和资源,对愈演愈烈的区域政治一筹莫展。联邦立法和执法部门都丧失了作为常规的宪政妥协机制应该发挥的功能和效力。1857 年,为南部民主党人所控制的联邦最高法院企图通过司法渠道来解决空前的宪政危机,但其带有严重区域政治偏见的判决不但没有缓解危机,反而激化了南北双方的对立和敌视,并极大地损害了联邦宪法的权威。随着原有宪政机制的逐渐失效,南北之间在奴隶制问题上的对峙和对联邦性质的争论最终导致了国家的分裂,并演变成为一场长达四年的血腥内战。在双方共付出了 62 万人生命的代价之后(最近的研究将内战死亡人数提高至 75 万人),奴隶制才从法律上被彻底废除,新的联邦体制才得以重新建立,美国宪政也才获得新生,发生了重要的转折。

## 一 早期宪政中的奴隶制问题

### 1787 年制宪会议在奴隶制问题上的妥协

1860 年,美国联邦的南北区域因奴隶制问题面临了国家分裂的危机,但危机的种子在制宪时期就早已埋下了。1787年制定的联邦宪法究竟对奴隶制是支持还是反对,制宪会议的代表们到底是想阻止还是鼓励奴隶制在美国的生长,一直是美国宪法史学界争论不休的问题。

如前所述,宪法原文中并未使用"奴隶制"或"奴隶"这样的字眼,在凡是涉及"奴隶"或"奴隶制"的地方,宪法使用的是其他的隐晦语言。譬如,在涉及南部的奴隶人口时,宪法文本使用了类如"所有其他人口"(all other Persons)、"服劳役的人"(Person held to Service or Labour)或"目前在某些州内存在的类似的人口"(such Persons as any of the States now existing)之类的词语。有的宪法史学者认为,制宪者们选择使用这些词是颇有用意的,因为至少有相当部分的制宪会议代表不愿在作为基本法的宪法中承认奴隶制的合法性(legality),更不愿意因承认其合法性而赋予奴隶制一种宪法意义上的正当性(constitutionality)。之所以将奴隶人口称之为"人"(person)而不将他们定义为"财产"(property)也说明制宪者们不愿也不敢完全无视奴隶的人性。所以,尽管联邦宪法中含有关于奴隶制的妥协条款,但并不意味着原始宪法支持奴隶制在美国永久性地存在下去。这些学者甚至认为,妥协条款不过是一种缓兵之计,它们的最终结果是在将来条件成熟的时候废除奴隶制。譬如,宪法中的"海外贩奴贸易条款"(宪法第一条第九款)规定,在联邦宪法实施的20年内,南部蓄奴州可继续直接从海外进口非洲奴隶,而国会不得立法禁止这种贸易。看起来,该条款将从海外进口奴隶的贸易视为一种合法行为,但20年的期限限定也可被理解为制宪会议代表希望利用宪法最终杜绝这项贸易(的确,国会最终通过法律,从1808年1月1日起终止了从海外进口奴隶的贸易)。此外,宪法中的"逃奴条款"(联邦宪法第四条第二款)允许奴隶主追捕和重新拥有逃跑的奴隶,并要求自由州(非蓄奴州)尊重蓄奴州的类似法律(即不得将逃奴当成自由人来对待)。这一条款看上去似乎也是一种对奴隶制合法性的认可和支持。但有历史学家指出,制宪会议做出这样的妥协实属无奈,因为奴隶在当时被认为是财产,受到州法的保护,而联邦宪法(原文)则承诺,联邦政府不能剥夺公民的财产,并要求各州相互尊重他州公民的权利,故自由州必须尊重蓄奴州维护奴隶制的州法。但与此同时,"逃奴条款"并没有强制性地要求自由州必须帮助蓄奴州追捕逃奴,从而给逃奴通过逃入自由州而获得自由留下了并非完全是想象的法律空间。① 此条款同时间接地表明,奴隶制是一种地方性或区域性的实践,并不具备适用于全国的普遍性。

另一些宪法史学家则认为,联邦宪法实际上是为奴隶制提供了宪法意义上的保护。他们指出,宪法中直接而明确地涉及奴隶制或奴隶的条款有五条,间接涉及的则多达十多项条款,其中最重大和最直接的关于奴隶制的妥协有三条,即所谓"五分之三条款""逃奴条款"和"海外贩奴贸易条款"。他们认为,无论这些条款在遣词造句上如何地慎重和隐晦,它们都承认了奴隶制在美国体制中的事实上的合法性。如"五分之三条款"允许南部蓄奴州将奴隶计算在州总人口内,从而使南部获得了在国会中较大的政治代表权,这本身就表现了美国宪法中的非民主性。宪法准允南部奴隶主自由前往自由州去追捕逃奴,更是对《独立宣言》所宣示的天赋人权理念的公然亵渎。此外,宪法还规定,在各州发生叛乱时,联邦政府有责任帮助各州平定内部的叛乱,这意味着,当奴隶们举行反抗压迫的群体暴动或大量逃离种植园时,将遭到联邦政府的镇压和捕获,或者说,联邦政府(包括军队)可在必要时维护奴隶制的旧秩序。这些宪法史学者认为,所有类似的妥协条款成为了奴隶制在宪法实施后肆无忌惮地发展的法理基础,而正是因为这些条款的存在,美国内战才成为美国历史上不可避免的悲剧。所以,他们更倾向于赞同著名的激进废奴主义运动的领袖威廉·劳埃德·加里森的说法:1787 年的美国宪法是"一部与死亡签订的契约"(a covenant with death)。②

---

① 关于这种论点的代表文章,可参阅 William Freeling, "The Founding Fathers and Slavery," *American Historical Review* (February 1972), 81-93; Staughton Lynd, "The Compromise of 1787," *Political Science Quarterly* (June 1966), 225-250。有关这方面的最近研究,可参阅 James Oakes, "'The Compromising Expedient', Justifying a Proslavery Constitution," *Cardozo Law Review*, vol. 17, no. 6 (May 1996), 2023-2056。

② 最为突出地表现这种观点的文章包括: Paul Finkelman, "Making a Covenant with Death: Slavery and the Constitutional Convention," in Finkelman, *Slavery and the Founders: Race and Liberty in the Age of Jefferson* (Armonk: M. E. Sharpe, 1996), 1-33。同时参阅: Barbara F. Fields, "Slavery, Race, and Ideology in the United States of America," *New Left Review*, no. 181 (May/June 1990), 95-118。

多数宪法史学者认为,在建立联邦时,要铲除奴隶制是不可想象的。联邦宪法本来并没有打算、也不可能建立起一个乌托邦式的人间天堂。制宪的过程不过是一个不同的有产阶级和利益群体通过协商进行利益交换和妥协的过程,所以制宪者必须承认奴隶制的存在,在宪法中尽量予以现实的默认,然后通过其他的限制性措施来推动这种与美国立国原则相违背的体制逐步走向衰亡,而当时反对奴隶制的任何过激行动只会破坏创建联邦的基础。历史学家唐·费伦巴克尔(Don Fehrenbacher)曾一针见血地指出,在处理奴隶制的问题上,费城制宪会议的代表们实际上是制定了两个联邦宪法,一个是他们自己马上可以使用的,另一个则是留给他们的后代去处理的。换言之,制宪者们在奴隶制问题上只做出了解决当前危机的妥协,而把最终解决这一难题的责任留给了后人,希望他们能有足够的智慧和机会来一劳永逸地解决这个问题。①

## 联邦政府的摇摆政策

然而,制宪会议对奴隶制问题的模棱两可的处理给新生的联邦政府带来极大的困惑,并导致了早期的联邦政府在相关政策上的左右摇摆。1789—1791年第一届国会期间,来自北部的教友会教徒们曾率先向国会递交请愿信,要求废除美国国内的奴隶制。在南部的反对下,国会通过决议,称只有蓄奴州自身才有权作释放奴隶的决定。1789年,国会重新通过了由邦联国会在1787年制定的《西北土地法令》。这条法令在美国历史上具有重要的意义,因为它提供关于在俄亥俄河以北、纽约州以西的"西北领土"(领土面积覆盖今日的俄亥俄、伊利诺伊、印第安纳、密歇根和威斯康星5州)上组建新州的规定,这些规定将成为新州组建和加入联邦的标准程序。在该法令的第6条中,国会规定在西北领土上成立的新州将不得实行奴隶制,但允许奴隶主到该地区去

---

① Don Fehrenbacher, *Slavery, Law, & Politics: The Dred Scott Case in Historical Perspective* (New York: Oxford University Press, 1981), 15; Fehrenbacher, "Slavery, the Framers, and the Living Constitution," in Robert A. Goldwin and Art Kaufman (eds.), *Slavery and Its Consequences: The Constitution, Equality, and Race* (Washington, D. C.: American Enterprise Institute for Public Policy Research, 1988), 1-22.

追捕逃奴。对于反对奴隶制的人士来说,这项限制性的规定表明联邦政府决心要遏制奴隶制在新获取的联邦领土上的发展、并最终废除奴隶制。但对其他人来说,该法令允许逃奴法适用于西北领土则表明联邦政府无意废除对奴隶制的容忍。① 与此同时,弗吉尼亚和北卡罗来纳决定将原属于两州西部的土地交由联邦政府管理,但它们提出了一个先决条件,即联邦政府不得在这块俄亥俄河以南的领土上禁止奴隶制的实施,国会接受了这一条件。1793 年,国会制定了联邦第一个《逃奴法》,其中规定,当奴隶逃至外州时,奴隶主及其代理人有权在外州将其追捕和缉拿,并只需在当地的任何联邦或州法院出具证明逃奴身份和归属的文件后即可将逃奴带回本州。②《逃奴法》是对宪法中"逃奴条款"原则的具体实施,南部对此十分欢迎。1801 年,联邦政府在事先选取的弗吉尼亚州和马里兰州交界之处建立哥伦比亚特区,设立新的美国联邦首都。在向国会转让土地时,弗吉尼亚和马里兰两州要求联邦政府不得改变已在该地区实施的奴隶制,国会接受了这一条件。自此,从建立的第一天起,首都华盛顿就开始实行奴隶制,直到内战期间该地区的奴隶制被国会废除为止。同年通过的另一项法律规定,凡

---

① 该法令最初由杰斐逊在 1784 年起草,后在 1786 年修改后提出讨论。法令的主要内容包括:(1)联邦西北领土的最初管理将由国会任命的总督和三名法官组成的领土法院来执行;(2)当领土上的自由人居民达到 5000 人时,领土上应建立一个两院制的立法机构;(3)西北土地最终将组成 3 至 5 个州;(4)新组建的州将与原始州在各方面享有同等的权利和权力;(5)新州内必须实行宗教信仰自由、陪审团制和公众支持的教育;(6)除用于惩罚外,该领土禁止实施强制性劳役,但奴隶主可在该领土上抓捕逃奴。《西北土地法令》被认为是邦联国会唯一引人注目的成就,它所建立的新州加入联邦的程序成为国会吸纳新州的规则。见 Francis Newton Thorpe ( ed. ), *The Federal and State Constitutions, Colonial Charters, and Other Organic Laws of the States, Territories, and Colonies Now or Heretofore Forming the United States of America*, 7 vols. ( Washington: Government Printing Office, 1909; 此后简引为 *Federal and State Constitutions*), vol. 2, 957-962; *Journals of the Continental Congress*, vols. 32-33 ( May-September 1787 ), 242, 274-275, 281-283, 313-320, 334-343, 701, 746, 756-757。

② U. S. Congress, An Act Respecting Fugitives from Justice, and Persons Escaping from the Service of Their Masters (1793), in *United States Statutes at Large* ( 此后简引为 *Statutes at Large*), vol. 1, 302-305.

逃入哥伦比亚特区的奴隶,被抓获后,将被送还其主人。①

尽管有包括麦迪逊在内的许多制宪领袖人物的强烈反对,1787年制定的联邦宪法还是允许从海外进口非洲奴隶的贸易在宪法实施后20年内继续进行,这使得需要奴隶劳力的南部腹地各州(尤其是佐治亚和南卡罗来纳两州)有机会构建一个足够大的、能自身繁殖的奴隶人口基础。1807年,在当任总统杰斐逊的敦促下,国会通过法律,禁止各州继续参与贩卖非洲奴隶的国际贸易。② 1818年,针对南部奴隶主无视联邦法继续从事奴隶走私的活动,国会又通过法律,对走私奴隶者处以重罚。

在这一时期,联邦政府在打击国际奴隶贩卖贸易方面表现出坚决的态度,这一态度在联邦最高法院对1823年安特罗普案和1841年阿米斯达特号案的审理中得以体现。③

安特罗普号是一艘西班牙籍的船只,在公海上被海盗劫持,用来装运从其他船上抢来的非洲奴隶。该船被美国联邦缉私船截获后,船上载有的280名非洲奴隶被带到佐治亚州的萨凡纳城听候处置。包括西班牙人和美国公民在内的船主纷纷前来,要求索回这些在他们看来属于他们财产的非洲奴隶。此案成为联邦最高法院审理的最早的关于奴隶制的案件之一。

首席大法官马歇尔代表最高法院对此案做出了判决。他在判决中援引自然法的原则宣布:人人都有"获取自己劳动成果的自然权利",没有任何人可以剥夺这种权利,因此,从道德哲学的观点来看,贩卖黑奴"是违反自然法的",奴隶制是不能被接受的。但马歇尔同时又声称,奴隶制和国际奴隶贸易是历史形成的结果,所有欧洲殖民大国都曾参与过贩卖奴隶的国际贸易,虽然英美两国已通过法律禁止本国公民

---

① U. S. Congress, An Act concerning the District of Columbia (27 February 1801), *Statutes at Large*, vol. 2, 103-108; An Act supplementary to the act…concerning the District of Columbia (3 March 1801), ibid., 115-16, section 6.

② U. S. Congress, An Act to Prohibit the Importation of Slaves into any Port or Place within the Jurisdiction of the United States, from and after the First Day of January, in the Year of Our Lord One Thousand Eight Hundred and Eight (2 March 1807), *Statutes at Large*, vol. 2, 426-30.

③ *The Antelop*, 23 *U. S.* 66-133 (1823).

继续从事这种贸易,但西班牙等国则仍然容忍这种贸易的进行,因此美国不能代他国立法,法官必须在历史的遗留与现实可行的原则之间"寻找解决的办法"。①

依据这种思路,马歇尔法院将安特罗普号上的非洲奴隶进行了区别对待。他将约 30 名奴隶归还给了西班牙籍的船主,理由是当该船被截获时这些非洲人已经为西班牙籍的公民所拥有,因而这些奴隶已经成为他们主人的财产。对剩余的、为美国公民所拥有的奴隶,马歇尔宣布将以"非法猎取的"走私物品予以没收,言外之意,美国已经禁止本国公民从事国际贩奴贸易,由此获得的奴隶应被视为非法物品。获得释放的奴隶最终未能在美国居留,而是被美国非洲殖民协会(American Colonization Society)安置到该协会在北非的殖民地(今利比里亚)上。这项判决虽然宣示了反对奴隶制的道德原则,但只将此原则运用于当时已经明令禁止的国际贩奴贸易,并不涉及美国国内的奴隶制或州际间的贩奴贸易。与此同时,马歇尔也非常用心地强调了对奴隶制形成历史的尊重,避免刺激南部奴隶主势力或引起他们的恐慌。

最高法院在美国诉阿米斯达特号案一案的审理中的态度更为强硬,但也基本上遵循了马歇尔在安特罗普案中建立的原则。② 阿米斯达特号也是一艘西班牙籍货船,1839 年为两名西班牙籍的奴隶主雇佣来运载从古巴奴隶市场买来的 56 名走私奴隶。当船行至公海时,船上的奴隶发动了一场武装暴动,杀死了船主和船上的白人水手,并将两名奴隶主擒获关押。暴动的奴隶原打算驾船返回非洲,但在夜间航行中迷失了方向,误入美国水域,在纽约海湾的长岛附近被美国海岸警卫队截获,被带到康涅狄格的联邦法院进行审理。

此事立刻引起北部废奴主义者的重视,他们积极活动,希望以此为突破口,迫使联邦法院从司法角度做出一个否定奴隶制合法性的判决先例。审理开始后,两名西班牙人要求美国按 1795 年美西海事协定将关押的奴隶作为他们的财产予以退还,并按国际法将奴隶们的暴动视

---

① *The Antelop*, 23 U. S. 66-133 (1823), 124-25.
② *United States Appellants v. The Libellants and Claimants of the Schooner Amistad*, 40 U. S. 518-596 (1841).

为海盗行为,严惩杀死船长的奴隶。为非洲奴隶担任辩护的废奴主义者律师(其中也包括前总统约翰·昆西·亚当斯)则认为,船上的奴隶是在国际贩奴贸易被禁止后贩运到古巴的,所以,他们的法律身份不是奴隶,而应是自由人;奴隶的暴动不是海盗行动,而是一种争取自由、反抗劫持的自卫行动。废奴主义派的律师还指出,美国已在1807年通过法律,否定了国际贩奴贸易的合法性,将奴隶退还给西班牙人,等于违背先前的承诺,承认国际贩奴贸易的合法性。他们因此要求联邦法院将船上的所有奴隶予以无罪释放。① 此案也引起了联邦政府的重视,总统马丁·范布伦及国务卿极力向最高法院施加影响,要求将奴隶迅速退还给西班牙人以了结此事,避免外交上的麻烦。但最高法院最后以西班牙人出示的拥有奴隶的证明有诈为由,驳回了他们对归还奴隶的要求。

大法官斯托利在判词中对法院判决的理由做了说明。他说,根据美国与西班牙的海事协定,双方应为各自遇险的船只和公民提供援助,如果阿米斯达特号上的非洲人是西班牙船主合法拥有的财产,美国应照章办事,将他们退还,但"这些黑人并不是西班牙人的合法财产……他们是非洲的居民,被非法地从非洲劫持到古巴,(他们的被劫持和贩卖)是违反了西班牙关于取消奴隶贸易的法律和条约的行为",所以,船上的非洲人"不是奴隶,而是被劫持的非洲人,即便根据西班牙的法律,他们也是自由的"。最高法院宣布,虽然奴隶们争取自由的方式也许是"令人感到恐怖的"(dreadful),但他们不是国际法意义上的海盗。② 与安特罗普案的判决一样,最高法院在判决中避免涉及美国国内的奴隶制的合法性问题。

---

① United States Appellants v. The Libellants and Claimants of the Schooner Amistad, 40 U. S. 518-596(1841); John Quincy Adams, Argument of John Quincy Adams, before the Supreme Court of the United States, in the Case of the United States, Appellants, vs. Cinque, and Other Africans, Captured in the Schooner Amistad (New York: S. W. Benedict, 1841; Reprinted, New York: Arno Press, 1969).
② United States Appellants v. The Libellants and Claimants of the Schooner Amistad, 40 U. S. 593-594.

## 领土扩张与密苏里妥协

尽管在国际贩奴贸易问题上,联邦政府(尤其是最高法院)采取了比较坚决的态度,但在处理国内奴隶制的问题时却陷入极大的困境。随着南北经济体系的分离式发展和联邦领土不断向西扩张,这种困境也就变得愈加明显和严重。在联邦的早期阶段,南北双方和联邦政府对奴隶制问题的处理基本上沿用制宪会议的妥协方式。因蓄奴州和自由州在国会中的代表权旗鼓相当,双方对奴隶制问题也都相当敏感,所以并不轻易触碰这个问题,甚至采取尽量回避的做法。遇到因奴隶制问题引起的宪政危机时,国会采取的作法也是不断妥协和推迟危机。"1820 年密苏里妥协"(The Missouri Compromise of 1820)就是南北双方在奴隶制问题上的第一次重大妥协。

1789 年,联邦宪法生效时,联邦内 13 个州中有 7 个州(宾夕法尼亚、新泽西、康涅狄格、马萨诸塞、新罕布什尔、纽约和罗得岛)已经宣布废除或即将宣布废除本州内的奴隶制,另外 6 个州(特拉华、佐治亚、马里兰、南卡罗来纳、弗吉尼亚和北卡罗来纳)则继续保留了奴隶制。废奴州位于北部,其地理和经济环境不适合奴隶制的发展,而由美国革命所带来的对自由的新认知也在北部产生了重要的影响,使得奴隶制难以继续维持下去,这些州因而成为美国历史上的"自由州"(free states)。继续保持奴隶制的州被称为蓄奴州(slave states 或 slaveholding states),它们大部分位于南部,以奴隶劳力为基础的种植园经济是这些州的重要经济命脉。1793 年,耶鲁大学毕业生伊莱·惠特尼在北卡罗来纳发明了轧棉机,原来由奴隶人工操作的棉花脱籽工作由机器代替,棉花生产的效率迅速提高。轧棉机的广泛使用,使种植棉花成为利润丰厚的产业,推动了南部棉花种植园经济的迅速发展,奴隶制因而也加速蔓延。自由州与蓄奴州以宾夕法尼亚和马里兰两州交界的梅森·狄克逊地理线为界,逐渐发展成为两种不同经济形态的区域。由于各州在参议院的席位相等,双方在联邦立法机构中的政治力量可谓旗鼓相当。

如前所述,联邦初期,联邦政府对奴隶制是否可在新获得的联邦领土上实施这一问题并无统一的规定。1787 年制定的《西北土地法令》

规定,联邦西北领土上组建的新州不得实行奴隶制,但国会在 1789 年制定的《西南土地法令》却没有对西南领土上组建的新州做同样的限制,实际上默许其实行奴隶制。这种双重标准政策实施后带来的结果是:在西北和西南领土上组建的新州加入联邦后,大致按照原始的自由劳动制与奴隶制的地理分界,分别成为了自由州和蓄奴州。

从 1791 年至 1819 年,共有 9 个新州分别在西北和西南领土上得以组建并加入了联邦,其中的佛蒙特、俄亥俄、印第安纳和伊利诺伊 4 个州是作为自由州加入联邦的,而肯塔基、田纳西、路易斯安那、密西西比和阿拉巴马 5 个州是作为蓄奴州加入联邦的。到 1819 年时,联邦内共有 22 个州,自由州和蓄奴州的数量正好相等(同为 11 个州),双方在参议院的代表权是同等的。国会在组建和接受这些新州时也没有就奴隶制问题发生特别的争执。但在 1819 年 2 月,当位于路易斯安那购买领土上的密苏里要求以蓄奴州的身份加入联邦时,奴隶制问题便成为南北双方争执的一个重大难题,导致了一场宪政危机。

如第三章所提到的,路易斯安那领土是杰斐逊政府在 1803 年从法国买下的领土,面积相当于当时的美国领土。在 1819 年以前,这片领土上只有路易斯安那州在 1812 年得以组建,因该州位于南部腹地,其蓄奴州的地位并没有引起争论。路易斯安那州建立后,原来的路易斯安那领土改名为密苏里领土。作为该领土上组建的第一个新州以及其位于南北之间的地理位置,密苏里的"身份"问题——即该州应为奴隶州还是自由州——成为十分重要的问题,因为这直接关系到奴隶制在整个尚未建州的路易斯安那领土上的宪法地位问题。南北双方都看到,密苏里领土(即原路易斯安那领土北部的主要部分)面积广大,将会有较多的新州在其上建立,对改变自由州和奴隶州在国会中政治力量的对比和均衡无疑有至关重要的影响。当时在国会的力量对比中,北部因人口增长较快、人口总数较多,因而在众议院内拥有较多的代表席位。1819 年,北部各州的人口总数为 5 152 000 人,在众议院有 105 个席位,南部人口为 4 485 000 人,在众议院的席位总数为 85 席。在这种情况下,南北双方在参议院的相等代表权便成为保持南北政治力量平衡的唯一有效机制,密苏里无论是作为自由州还是蓄奴州加入联邦,都将打破这个平衡。

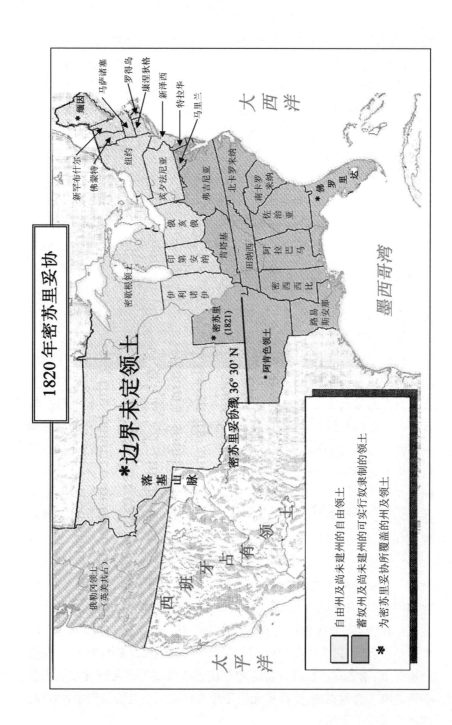

为了防止路易斯安那领土变成奴隶制盛行的天下,同时也是为了给北部各州争取向西部输送自由移民的机会,北部国会议员要求密苏里承诺,加入联邦后要逐步废除奴隶制。1819 年 2 月,来自纽约的众议员詹姆斯·塔尔梅奇提出,国会在接受密苏里的同时需增加一个限制性的条件,即密苏里在加入联邦后,不得再接受新的奴隶人口,而且"所有在密苏里加入联邦后出生在该州的奴隶在年满 25 岁时将获得自由"。① 但这一条件遭到参议院里南部势力的坚决反对。塔尔梅奇的提案在众议院经过激烈的辩论后以微弱的多数得以通过,但在南北势力相当的参议院遭到了封杀,未能变成法律。

国会的辩论始终未正面涉及奴隶制的道德问题和奴隶的权利问题,而是集中在奴隶制对南北政治和经济的影响上。北部反对密苏里作为奴隶州加入联邦是因为奴隶州的实际政治代表权大于自由州,因为根据宪法中的"五分之三条款"的规定,60%的南部奴隶人口将被计入南部的总人口作为分配众议院席位的基数。在塔尔梅奇提案失败后,北部议员又在两院讨论阿肯色领土(位于原路易斯安那领土的南部)和密苏里加入联邦案时数度提出禁止奴隶制的问题,均因南部议员的反对未能通过。此时,位于联邦最北部的缅因地区提出加入联邦。缅因原属于马萨诸塞州的一部分,但在地理上却因新罕布什尔州的间隔而与马萨诸塞分离,自成一体。

缅因的要求为解决南北在密苏里问题上的僵局提供了转机。1820 年 3 月,南北双方终于达成了妥协:国会同意缅因从马萨诸塞分离出来并以自由州的身份加入联邦;与此同时,国会接受密苏里以蓄奴州的身份加入联邦,以继续保持自由州和奴隶州在参议院投票权的平衡;为了防止类似的危机再次发生,国会决定以北纬 36°30′为界对余下的路易斯安那领土进行划分,此线以北的领土,除密苏里外,一律禁止实行奴隶制,但允许《逃奴法》的实施。② 这就是后来著名的"1820 年密苏里

---

① U.S. Congress, *Journal of the House of Representatives*, 15 Cong. 2 sess. 272 (13 February 1819); *Annals*, 15 Cong. 2 sess. 1170 (13 February 1819).
② U.S. Congress, An act to authorize the people of the Missouri territory to form a constitution and state government and for the admission of such state into the Union.... to prohibit slavery in certain territory (6 March 1820), *Statute at Large*, vol. 3, 545-548; An act for the admission of the State of Maine into the Union (6 March 1820), ibid., 544.

妥协"。这项妥协并没有根本解决危机,而只是权宜之计。事实上,密苏里妥协将南北之间关于奴隶制问题的争论大大地政治化了,并将之变成了一个宪政问题。自此奴隶制问题始终是一个威胁联邦团结的危险问题。

## 南北各州在逃奴问题上的较量

与此同时,奴隶制在州与州之间的法律相互承认方面也引起了诸多困难,尤其是关于归还逃奴的问题。因基本经济形式和社会结构不同,南北两地的法律也有很大的差异,在对待黑人的权利方面更是如此。南部法律基本上是一个种族压迫、种族控制的武器。许多州规定,除非一个黑人能证明他是自由的,否则他就会被认定是奴隶。南部法律对奴隶主的奴隶拥有权尤其给予重要保护,这种保护可以延伸到在奴隶逃跑后奴隶主有权不经任何法律程序就捕捉逃奴。

北部自由州的法律却认定所有人都首先是自由人,并在此基础上保证每个人的自由和基本权利,包括一个人在遭到他人拘留时法院有权向拘留人询问拘留原因。在对待南部人进入北部追捕逃奴的问题上,一些北部州的法律要求奴隶主在自由州内捕捉到逃奴后不能随意带离,而必须经过一定的法律程序,包括由当地的陪审团出面审理和决定。有的北部州法院还会动用人身保护令状特权来保护逃奴的自由。同时北部各州也强调各州有权对本州公民的个人自由和公民权利进行规定,意即州可以对那些逃到本州并已经在本州以自由人的身份居住了相当一段时间的逃奴提供必要的保护,尤其是在奴隶主不能出示有效的证据的情况下。宾夕法尼亚州的《人身自由法》(Personal Liberty Law)正是这类法律的突出代表。该法规定,凡是到宾州追捕逃奴的奴隶主及受雇者必须向州法院"出具书面证明",并对以"欺骗和虚假方式"诱捕该州黑人居民并强行将其带出本州或导致其被买卖的人处以 500—2000 美元的现金罚款或 7—21 年的监禁。①

---

① U. S. Congress, An act to give effect to the provisions of the Constitution of the United States, relative to fugitives from labor, for the protection of free people of color, and to prevent kidnapping (25 March 1826), *Pennsylvania Laws*, 1825-26, ch. L., 150.

类似法律的实施带来了南北州法在奴隶制问题上的冲突。一些经常出现的法律问题包括:南部各州的财产保护法(或奴隶制保护法)在外州是否还有效?一个逃亡奴隶在本州内可被主人任意捕获,那如果他逃到了外州(尤其是自由州)时,他的主人是否也有权不经正当的法律程序就拘捕他?逃奴是否可以顺应自由州的法律而成为自由人?这些问题实际上自联邦一创建便出现了,但在1790年至1830年间,南北各州大都通过协商或治外法权的方式来处理这类问题。北部各州通常以主权邦的身份变相承认南部州的法律,在允许逃奴临时居住于本州的同时,也积极配合南部捕捉逃奴。而南部有的州也把长期居住在北部的逃奴视为获得了自然解放,不予过度的追究。

　　1830年之后,随着北部反对奴隶制运动的高涨,北部各州开始将原来协助追捕逃奴的权力变成保护逃奴的权力,以此来支持废奴主张,打击奴隶制。根据1793年联邦《逃奴法》,联邦和州法院同时具备审查逃奴身份和奴隶主证明的责任和权力。因此北部对归还逃奴的程序作了许多不利于南部奴隶主的规定,如规定逃奴在被捕后,需由陪审团来听审,逃奴本人也要出庭作证,低等法院不能处理逃奴案件等。有些州干脆在可能的情况下宣布逃奴为自由人,如在1836年的马萨诸塞诉艾威斯案的宣判中,马萨诸塞州最高法院将一名从路易斯安那州逃来的奴隶宣布为自由人,理由是该州并不存在奴隶制。①

　　要强调的是,在19世纪上半叶,虽然国会通过了《逃奴法》,但因为州主权因素的干扰,在审理涉及逃奴的案件中,全国并没有一个统一的、权威性的原则,各州都是从美国法或英国法的先例中寻找于己有利的案例原则。马萨诸塞州法院对艾威斯案的判决遵循的是1772年英国法院审理的桑门塞特诉斯图尔特案建立的原则。桑门塞特原是牙买加的一个奴隶,1769年他被主人带到英国后,寻机逃跑,但后来被抓回。在废奴主义人士的帮助下,他向英国法院申诉,要求获得自由。英国法院大法官曼斯菲尔德(Lord Mansfield)在审理此案时,宣布桑门

---

① *Commonwealth v. Aves*, 35 (*Massachusetts Supreme Judicial Court Reporter of Decisions*) (18 Pick), 193 (1836). 读作"马萨诸塞州最高法院判决报告书第35卷,1836年"。Pick 是当时的法院书记员(Reporter) Octavius Pickering 的姓的缩写。当时法院判决由书记员编辑成册,并冠以书记员的姓,以便识别。

塞特是自由的,理由是奴隶制在英国是非法的,既然英国没有奴隶制,桑门塞特的奴隶身份在英国就失去了法律的效力。曼斯菲尔德还宣称,任何一个自由社会都不应有奴隶制,奴隶制的存在必须要有实证法的支持等。① 这个案件和曼斯菲尔德的判决虽然来自英国,但此刻却为北部的废奴运动提供了有力的法律武器。

### 普利格诉宾夕法尼亚州案

北部各州的做法显然给奴隶主索回逃奴增加了许多麻烦和困难,引起了南部的强烈不满。与此同时,随着棉花生产逐渐成为南部经济的主要支柱,奴隶的价值也开始提高,南部奴隶主要求追回逃奴的呼声也就更加强烈。有的奴隶主甚至不顾自由州的法律,强行到自由州捕捉逃奴,并不经任何法律程序擅自将逃奴带回。自由州和奴隶州之间为逃奴问题发生的纠葛逐渐增多。为解决州法之间的矛盾,1841年,马里兰和宾夕法尼亚两州决定设计一个"试验案件"(test case),希望从联邦最高法院获得一个解决这一问题的权威意见。这个试验案例就是1842年的普利格诉宾夕法尼亚州案。②

爱德华·普利格是马里兰州的职业逃奴追捕人,他进入宾州捕捉到逃奴,故意不遵守宾州的法律程序(如向法官出示证明文件),便将逃奴带回马里兰州。然后他再回到宾州自首,宾州法院以违反宾州的《人身自由法》判他有罪。普利格上诉到联邦最高法院。大法官斯托利代表最高法院多数派在判词中指出,宾州要求普利格出示过多证明的法律是违宪的,因为逮捕逃奴的权力是奴隶主财产权利的一部分,属于公民的不可剥夺的基本权利的一种,无需经过州或联邦的法律即可享有。斯托利尤其指出,根据联邦宪法中的逃奴条款(第四条第二款第三节),奴隶主有多次捕捉自己所拥有的逃奴的权力,在该条款隐含的权力下,奴隶主可不必遵守1793年《逃奴法》的规定而再次捕捉逃奴。这样的解释无疑是说,拥有奴隶财产是美国公民的权利,这种权利

---

① *Somerset v. Stewart*, Lofft. 1, 98 Eng. Rep. 499, 20 How. St. Tr. 1 (1772), 引自 Albert P. Blaustein and Robert L. Zangrando (eds.), *Civil Rights and the Black American: A Documentary History* (New York: Washington Square Press, 1968), 36-40。

② *Prigg v. Pennsylvania*, 41 *U. S.* 539-671 (1842).

是受宪法保护的,宾州法律对奴隶主追回自己失去的财产制造障碍,等于剥夺了公民的财产权,因而是违宪的。

此外,斯托利还指出,逃奴涉及州际间的商业问题,管理这种事务的权力属于国会,州无权通过法律来管理这类问题。但他同时强调,虽然州政府可以帮助联邦政府实施《逃奴法》,但联邦政府无权强迫州来帮助实施这项法律;在不违背《逃奴法》的前提下,州有权针对捕捉逃奴的程序做出规定。他强调,最高法院对《逃奴法》的支持不应被理解为对州主权的干涉,对于州主权范围内的逃奴事务,"各州有完全的权力来管理"。①

斯托利的判词引起了许多争论。首席大法官坦尼认为斯托利的意见实际上是禁止州政府官员干预逃奴问题,从而减弱了《逃奴法》应有的效力。② 而斯托利本人在这个案子中,更多地是考虑法律实施的程序问题。他在私下督促国会制定更为可行的法律来实施宪法的逃奴条款,1850年国会通过的《逃奴法》则吸收了他的建议。普利格一案的决定被认为是南部奴隶主势力的法律胜利。

## 二 西进运动与奴隶制问题的激化

### "限制规定"与废奴运动的组织化

在南北就逃奴问题发生纠葛前后,其他有关奴隶制的问题,尤其是联邦政府是否有权处理奴隶制的问题,也频频出现。首先引起争论的是关于哥伦比亚特区的奴隶制问题。北部废奴主义者要求联邦政府废除美国首都的奴隶制,理由是联邦政府对特区有绝对的管辖权。但国会拒绝采取任何行动,理由是1801年联邦政府与弗吉尼亚和马里兰两州签订条约时,已同意位于两州之间的特区将允许奴隶制存在。特区后来成为美国国内最大的奴隶交易市场。当废奴运动的律师强调奴隶也拥有不经正当法律程序就不能被剥夺生命和自由的权利时,奴隶制

---

① *Prigg v. Pennsylvania*, 41 U. S. 539-671 (1842), 608-625.
② Ibid., 625-633.

的维护者则声称,奴隶是奴隶主的财产,而奴隶主拥有奴隶的财产权是受宪法第五条修正案的保护的,国会无权取消特区的奴隶制。北部废奴主义者采取邮件轰炸战术,利用受第一条宪法修正案保护的请愿权,连续不断地向国会投递废奴的请愿书及文件,一时弄得国会不知如何处理这些邮件。1836年,国会通过了所谓的"限制规定"(gag rule,又译"钳口律"),禁止北部各州议员在国会开会时宣读废奴主义者的请愿信,也禁止国会讨论任何有关奴隶制和废除奴隶制的问题和提案。在马萨诸塞州众议员约翰·昆西·亚当斯(卸任总统)的坚持抗议下,"限制规定"在1844年被取消。

在实行"限制规定"后,南卡罗来纳州的卡尔霍恩还主张参议院通过决议重申州权原则,并再次暗示如果南部权利被剥夺,南部就要退出联邦。在1837年的宣言中,卡尔霍恩振振有词地宣称:在南部和西部各州实行的奴隶制"是蓄奴州内部体制的一个重要组成部分,是从祖先那里继承下来的,在联邦宪法制定和批准时就存在,并在分配联邦权力时作为一个重要的成分和基本因素来考虑。不管联邦内其他州对奴隶制有什么看法和感情上的改变,它们或它们的公民都无权攻击甚至叫嚷要废除奴隶制",而"所有类似的攻击"都是对各州在结盟时做出的相互保护的严肃承诺的"公开侵犯"。他警告说,各州的联邦是基于各州权利和优势平等的基础上,"无论什么事物,只要它破坏了这种(权利上的)平等,它也将毁灭联邦本身";所以,禁止南部各州向西部扩张奴隶制,无非等于阻止南部各州在西部开发中获取平等的机会,这样的做法是不道德的和邪恶的。①

但引起南北对立的最主要问题仍是密苏里妥协未能彻底解决的问题,即奴隶制是否能被允许在新增加的联邦领土上发展。1820年后,奴隶制问题没有成为干扰国会政治的主要议题,这是有原因的。一方面,国会的"限制规定"约束了这个问题的提出。另一方面,此刻北部的废奴运动采用的是体制外斗争的方式,民间废奴运动的力量还很分散。威廉·劳埃德·加里森领导的激进废奴运动使一些具有反奴倾向

---

① John C. Calhoun, Resolutions on State Sovereignty and Slavery (1837), *Congressional Globe*, 25 Cong. 2 sess., 98 (12 January 1838); Appendix.

的人望而生畏。1839 年,由温和色彩的废奴主义者组成的自由党(Liberty Party)在纽约成立,该党宣称支持宪法,反对自由州退出联邦,主张在新获取的联邦领土上禁止奴隶制,但其声势有限,难以与民主党抗衡。此外,北部工业资本家和南部种植园主在市场经济中的利益共享大于利益分歧,还能在民主党内达成一定的共识,维持该党的团结,联合起来保护奴隶制。但到 19 世纪 40 年代中期,当联邦领土再次扩张时,围绕奴隶制问题而产生的又一次宪政危机便不可避免了。

### 得克萨斯的兼并、美墨战争与宪政危机

奴隶制在西进问题上的第二次宪政危机的导火索是辉格党总统约翰·泰勒(John Tyler)在 1844 年提出的兼并得克萨斯的计划。[①] 得克萨斯原为墨西哥的一部分,但居民中也有不少是从美国南部去的移民。1836 年,得克萨斯要求从墨西哥独立,并希望加入美国。北部废奴主义者担心得克萨斯成为南部奴隶制扩展的新地盘,反对美国兼并得克萨斯。联邦政府也一时不敢轻易答应兼并。1838 年,得克萨斯正式宣布从墨西哥独立,并积极寻求英法等欧洲国家的承认。墨西哥政府对得克萨斯的独立不予承认,并在 1842 年发动了进攻,企图以武力解决得克萨斯的分裂问题,后经英法斡旋,战事暂停。欧洲的干涉引起美国的不安,泰勒的前任都怕兼并会导致美墨战争,不敢轻易动手,但 1843 年后,美国国内推动兼并得克萨斯的呼声日益高涨,迫使联邦政府采取行动。

1844 年 4 月,泰勒政府与得克萨斯签订了兼并协议,宣布得克萨

---

① 约翰·泰勒原为副总统,是 1840 年总统大选时威廉·亨利·哈里森(William Henry Harrison)的竞选伙伴。哈里森在 1841 年 4 月就职后一个月因病去世。根据宪法第二条第一款(第 6 段),总统因死亡、辞职或丧失执行总统权力和职责的能力时,总统权力应移交(devolve)给副总统。但副总统的继任是代理性的(acting)还是正式的,宪法没有明确说明。泰勒认为,根据宪法,他继任的不是代理总统的职务,而应该是总统的职务。泰勒因此成为第一个继任总统职位的副总统,此举也成为总统继任的先例,分别在 1850 年、1865 年、1881 年、1901 年、1923 年、1945 年和 1963 年发生总统在任职期间因遇刺和病亡而不能行使权力,其职位由副总统继任时采用。这种继任方式直到 1967 年才通过第二十五条宪法修正案得以成为正式的宪政程序。关于第二十五条宪法修正案及其总统继任问题的相关讨论,见第九章第二节。

斯将所有的公共土地交由美国管理,在变成美国领土的一部分后,将遵循宪法对其他美国领土的条例,美国保证派兵到墨西哥湾和得克萨斯西部,以防范墨西哥可能发动的进攻,美国同时承诺将承担得克萨斯欠下的1000万元的债务。当泰勒的兼并协议被送到参议院,却遭到北部州议员的反对。尽管泰勒再三重申兼并对美国国家利益关系重大,但北部各州的参议员认为这是南部奴隶主势力的一项阴谋,加上协议的最后谈判是由卡尔霍恩主持的,更使北部议员怀疑其动机。北部议员以联邦宪法没有明确规定联邦政府可以兼并另一个主权国家为由,拒绝批准兼并协议。但南部势力雄厚的众议院却支持泰勒的兼并计划,他们借用当年联邦党人的理论,声称联邦宪法隐含了允许美国进行兼并的权力。南部自然清楚,得到得克萨斯广袤的土地,对于奴隶制经济的发展将有极大的好处。

兼并问题自然影响了1844年的总统大选,主张兼并的詹姆斯·波尔克的当选说明了人心所向。大选后,泰勒主张以国会两院联合决议的方式来批准兼并协议。他呼吁说,总统大选"说明了绝大部分州都希望(对得克萨斯)立即兼并",得克萨斯与墨西哥的不合会使英国人"有机可乘"。① 言外之意,如果美国动手过晚,会给英国涉足墨西哥事务留下机会,最终对美国不利。最后,国会终于在1845年2月(泰勒卸任前)批准了兼并。② 国会的决议规定,得克萨斯可不必经过规定的过渡阶段而立即被接纳成为联邦的一个州;如果在得克萨斯土地上建立新州应征得它的同意,但新州的总数不得超过4个;同时,1820年的密苏里妥协线将延伸至得克萨斯。1845年12月,得克萨斯被正式并入美国。③

关于得克萨斯兼并的辩论使一度沉寂的关于奴隶制问题的辩论再度复活,并且开始将奴隶制问题带入政党政治之中。在两院的投票中,

---

① John Tyler, Fourth Annual Message (3 December 1844), in James D. Richardson (ed.), *A Compilation of the Messages and Papers of the Presidents*(以下简引为 *Messages and Papers*), 20 vols. (New York: Bureau of National Literature, Inc.,1897-1917), vol. 5, 2187-2205.
② 参议院表决的结果是27—25票,众议院为132—76票。
③ U. S. Congress, An Act to extend the Laws of the United States over the State of Texas, and for Other Purposes (29 December 1845), in *Statutes at Large*, vol. 9, 1-2; *Joint Resolution for the Admission of the State of Taxes into the Union* (29 December 1845), ibid., vol. 9, 108.

党派和区域利益交混,支持兼并的多为南部的民主党人,反对者多为北部的辉格党人。这不仅显示政党开始介入关于奴隶制问题的辩论,而且也表明政党的划分开始受到区域利益的影响。启用国会两院联合决议的方式来批准一个对外协议在美国历史上也是第一次,这一切充分表明奴隶制问题正在成为日益敏感的政治问题。得克萨斯的兼并一度被美国公众舆论看成是挫败欧洲对美洲事务干预的胜利。1845 年,新当选的总统詹姆斯·波尔克在就职演说中重申了 1823 年的"门罗主义",宣称"只有本洲(指美洲)的人民才有权决定美洲的命运"。① 随后,一些报纸便开始大肆宣扬"天定命运"的理念,称得克萨斯的兼并说明美国人拥有"上帝赋予的在北美土地上……自由发展"的"天定命运",任何外国政府都不能阻挡这种使命的完成。② 1846 年,美英两国完成了关于俄勒冈领土的谈判,明确划分了两国在这块原来主权不清的领土上的利益范围。俄勒冈问题的解决更加助长了"天定命运"思想的蔓延。

美国兼并得克萨斯的直接后果之一是 1846—1848 年美墨战争。在国会通过兼并决议后,墨西哥宣布与美国断交,拒付债务,并威胁要将居住在加利福尼亚的美国人驱逐出境。美墨双方在西部边境上冲突加剧。1846 年 5 月,在波尔克的催促下,国会通过了对墨西哥的宣战令。8 月,战争开始后,波尔克政府要求国会拨款 200 万美元,用于与墨西哥谈判战后土地的割让问题。北部议员深知美国将打赢这场战争,但他们担心领土的扩张会助长南部奴隶制的蔓延,从而导致更多的新奴隶州在新取得的联邦领土上建立。这幅政治前景引起北部议员的极大恐慌。辉格党人本来对兼并得克萨斯就耿耿于怀,此刻更是谴责波尔克政府的扩张政策。北部的民主党人虽然支持战争,但要求对奴隶制在战后获得领土上的发展加以限制。所以,当波尔克提出拨款要求后,来自宾夕法尼亚州的民主党人戴维·威尔莫特提出,国会为美墨战争拨款 200 万美元时要加入一个"明确的和基本

---

① James Polk, Inaugural Address (4 March 1845), in *Messages and Papers*, vol. 5, 2223-2232.
② John L. O'Sullivan, Editorial, *The United States Magazine and Democratic Review* (July-August, 1845).

的"(express and fundamental)限制性条件:即因使用这笔拨款而使美国在战后取得的土地上"禁止实行奴隶制或强制性劳役(除了惩治犯罪行为之外)"。①

这条后来被称为"威尔莫特附文"(Wilmot Proviso)的修正案立即引起轩然大波。这个表面上看起来温和而实际上激进的附文打破了联邦实践上一直奉行的自由州与奴隶州的地理分界线。众议院通过了威尔莫特附文,但参议院却由于自由州和蓄奴州数量相等,将其打入冷宫。1847年2月,当国会再度讨论拨款案时,北部议员再度提出与威尔莫特相同的限制性条款,但再次在参议院遭到挫败。最后,国会通过了拨款案。

1848年2月,美墨战争以墨西哥的战败而结束。通过美墨停战协定,美国从墨西哥手中获得了大片土地,加上1845年兼并的得克萨斯,美国得到的土地面积将近120万英亩(准确数字为1 193 061英亩)。在这些新获取的领土上,美国后来建立了亚利桑那、加利福尼亚、犹他和内华达4个州,其余的土地促成了新墨西哥、科罗拉多和怀俄明等州的建立。美墨战争和1848年的俄勒冈法案在将美国的版图推进到太平洋海岸的同时,也把"天定命运"的思潮推至顶峰。

威尔莫特附文虽遭失败,但其在国会的辩论却深深地激化了南北民主党人之间、辉格党人和民主党人之间关于奴隶制问题的分歧。威尔莫特附文的辩论之后,以卡尔霍恩为首的南部民主党人在1847年2月连续提出了四项决议,表明他们对奴隶制的立场。

卡尔霍恩的决议再次启用州权联邦制的理论,声称联邦新取得的领土是联邦内各州的"联合和共同的财产";国会作为各州的代理机构,必须保障各州人民在联邦内享有平等的利益,而不能剥夺任何州人民的权利;联邦政府或国会禁止在新取得的联邦领土上实施奴隶制是违宪的,也侵犯了州的固有权利,南部奴隶主有权把自己的奴隶财产带进新的联邦领土;而奴隶制是否应在联邦新取得的领土上实施,则应由在那块领土上组成新州的人民来决定,国会无权将其宣布为"自由领

---

① Statement of David Wilmot, *Congressional Globe*, 29 Cong., 1 sess., 1214 (8 August 1846).

土"(free soil),也无权在新州加入联邦时设定禁止奴隶制的前提条件,设定条件无异于将国会的意志强加于人民,这样的情形下组成的州将是违背共和政府的原则的。卡尔霍恩警告说,南部在国会内已是政治上的少数派,如果北部执意打破南北在联邦政府中的势力均衡,美国将面临"政治上的革命、无政府主义、内战和全面的灾难"。① 卡尔霍恩的决议将州主权和"平等权力"等老牌概念应用到极点,同时还在其中掺和了"住民自决"(popular sovereignty)的概念,后者将在 19 世纪 50 年代的宪政危机中多次被运用。

与此同时,威尔莫特附文也将北部的各种反奴隶制扩张的政党和团体组合起来。一些在奴隶制扩张问题上意见相近的人,包括自由党人、辉格党人及部分民主党人,在 1848 年利用总统大选的机会组成了"自由领土党"(Free Soil Party)。自由领土党人在竞选纲领中强调,南部蓄奴州的奴隶制是一种"依州内法律而存在的体制",联邦政府不能对其进行干预,但也不对"其生存和发展"负责;正因为奴隶制是一种地方体制,国会必须采取措施,保证不让奴隶制侵入现在处于自由状态的联邦领土。自由领土党人采取了一种不同的宪政观。他们认为,国会对联邦的领土拥有全部的主权,有权对新的州是否应实行奴隶制作出规定,因为美利坚联邦的通用政治原则应是"自由"(freedom),而不是"奴隶制"(slavery)。为此,他们提出了一个响亮的政治口号:"自由是全国性的(原则),奴隶制是局部性的(原则)"(Freedom National, Slavery Local),即自由是美国人的普遍和永久的追求,而奴隶制则是一种非普遍性的、暂时性的实践。② 这种观念赢得了北部选民的支持。自由领土党人虽没有在总统大选中取胜,但他们的政治思想和对民主党的挑战开始将奴隶制问题的讨论带入了联邦政治,并将这种辩论上升到意识形态的层次,为 19 世纪 50 年代中期共和党的建立做了思想上和组织上的铺垫。

---

① John Calhoun, Resolution, *Congressional Globe*, 29 Cong., 1 sess., (19-20 February 1847).
② Free Soil (Party) Platform of 1848, in Kirk H. Porter and Donald B. Johnson (comp.), *National Party Platforms, 1840-1964* (Urbana, University of Illinois Press, 1966), 13-14.

## 1850 年大妥协

1850 年,国会在讨论加利福尼亚加入联邦的问题时再度陷入僵局。美墨战争后,国会没有制定一个如何在新领土上组建新州的计划,但与此同时西部的加利福尼亚因在 1848 年发现金矿而涌入了大量淘金人流,该地区人口骤然膨胀,在 1850 年达到了 9 万多人。在该地区居住的绝大部分是白人,另外有大约一千人是自由黑人,但没有奴隶。① 为了保证边界的安全和社会的稳定,总统扎卡里·泰勒建议加利福尼亚尽快以新州身份加入联邦。为了避免国会在奴隶制问题上纠缠,他建议将奴隶制问题交由加利福尼亚居民去决定。1849 年 10 月,加利福尼亚制宪大会通过了未来的州宪法,决定以自由州的身份加入联邦。11 月,州宪法得到住民的批准。1850 年 3 月,在泰勒的推荐下,加利福尼亚正式向国会申请加入联邦。

此刻,联邦内的自由州与蓄奴州的数量相等,同为 15 州,与 1820 年密苏里妥协前的情形很相似,无论加利福尼亚以什么身份加入联邦都将打破双方在参议院的权力平衡。南部民主党人在卡尔霍恩的带领下,反对加利福尼亚以自由州的身份加入联邦。早些时候,南部议员曾采取步骤,在国会内发表声明,要求取消所有限制奴隶制在联邦新领土上发展的规定,要求通过一个更强硬的逃奴法,来打击事实上为北部各州暗中支持的奴隶逃亡活动。而北部各州的反奴议员则要求停止在首都华盛顿的奴隶贸易。

1850 年,面临这一系列问题,在亨利·克莱等的主导下,国会的辉格党人和民主党人达成了一个"一揽子妥协"的方案,即所谓的"1850 年大妥协"(The Compromise of 1850)。这项妥协案的主要内容包括:(1)联邦接受加利福尼亚以自由州的身份加入联邦;(2)将其他的从墨西哥战争中获得的领土以北纬 37 度为界划分为新墨西哥领土(New Mexico Territory)和犹他领土(Utah Territory)两个部分,至于未来在新墨西哥领土上组建的新州是否应该实行奴隶制,由"该领土上的居民

---

① U. S. Congress, *Preliminary Report on the Eighth Census* (Washington: Government Printing Office, 1862), 130.

在州宪法中决定";换言之,这些新领土上的奴隶制问题将以"住民自决"的方式来决定;(3)国会修订 1793 年的《逃奴法》,将管理逃奴的事务全部置于联邦政府的手中;(4)终止在哥伦比亚特区范围内的奴隶贸易。① 与 1820 年密苏里妥协案一样,这个充满矛盾的妥协案仍是在推迟危机,没有解决根本的问题。对于北部来说,新的《逃奴法》(The Fugitive Slave Act of 1850)是一剂难吞的苦药。此法赋予捕捉逃奴的人较为宽松的法律权力,并要求所有身强力壮的人帮助捕捉逃奴,奴隶主只要出具自己一方的证据即可将逃奴带回,所有的逃奴都不许为自己申辩,也没有要求陪审团审理的权利。同时,如果地方官员认可奴隶主出具的证明,他将得到 10 美元的工作费,如他否认证明的可靠性,就只能得到 5 美元。② 这些极为偏袒南部奴隶主势力的规定自然引起了北部废奴主义者的极大愤怒,他们认为新《逃奴法》的规定等于将南部各州的奴隶法强加到了北部各州的头上。

1850 年妥协案虽由克莱、丹尼尔·韦伯斯特和卡尔霍恩促成,但在国会得以通过却是伊利诺伊州民主党参议员斯蒂芬·道格拉斯的功劳。道格拉斯采用"分而治之"的策略,将"一揽子妥协"中的七个妥协条款分开投票,最后使全部妥协条款都得以通过。南部议员们之所以接受了这个妥协案,是因为他们从中可以得到几点好处,包括将从新墨西哥领土中得到的一大部分并入得克萨斯州,从而可望与自由的加州抗衡。大妥协所包含的最重要的原则实际上是道格拉斯提出的"住民

---

① U.S. Congress, An Act proposing to the State of Texas the Establishment of her Northern and Western Boundaries, the Relinquishment by the said State of all Territory claimed by her exterior to said Boundaries, and of all her Claims upon the United States, and to establish a territorial government for New Mexico (9 September 1850), *Statutes at Large*, vol. 9, 446-452; An Act for the Admission of the State of California into the Union (9 September 1850), ibid., 452-3; An Act to establish a Territorial Government for Utah (9 September 1850), ibid., 453-458; An Act to suppress the Slave Trade in the District of Columbia (20 September 1850), ibid., 467-8; An Act to amend, and supplementary to, the Act entitled "An Act respecting Fugitives from Justice, and Persons escaping from the service of their Masters," approved February twelfth, one thousand seven hundred and ninety-three (18 September 1850), ibid., 462-465.
② U.S. Congress, An Act to amend, and supplementary to, the Act entitled "An Act respecting Fugitives from Justice, and Persons escaping from the Service of their Masters," approved February twelfth, one thousand seven hundred and ninety-three (20 September 1850), *Statues at Large*, vol. 9, 462-465.

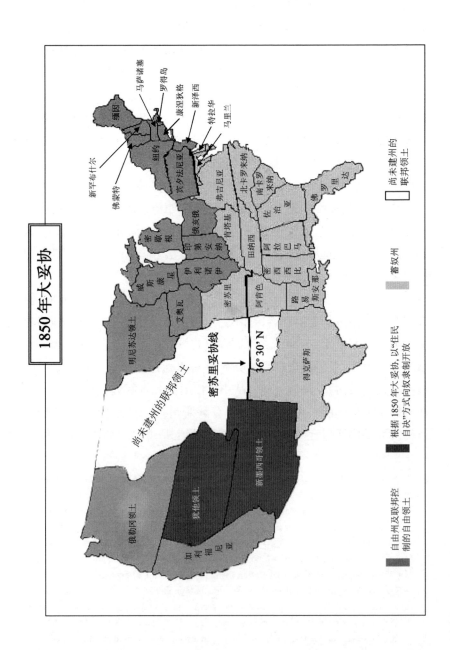

自决"原则。根据这项原则,新建立的州是否实行奴隶制,要由居住在该州的居民投票表决。

道格拉斯的妥协措施实际上是一种转嫁危机的权宜之计。由各领土居民来决定新州要不要实行奴隶制,等于把关于奴隶制的辩论和政治危机从国会转移到联邦管辖的领土上,每一个新成立的州中,废奴主义和拥奴主义的居民都将因本州是否要有奴隶制而产生激烈的对抗。这种做法的结果是奴隶制问题的全国化,而一旦奴隶制成为新州居民所选择的体制,联邦政府就不能插手干预,只能予以保护,这样一来,奴隶制将不再是一个南部的地方体制问题,而有可能成为全国性的体制,也就是说,奴隶制可能成为美利坚合众国的主要体制或通用体制,而不实行奴隶制(即保持自由州的地位)则可能成为美利坚的次要的或局部的体制了。南北双方最后同意接受大妥协的原因在于,它们都认为自己的政治主张会为联邦领土上的人民所接受。可以说,双方在进行一场政治赌博。

### 堪萨斯—内布拉斯加法案与新政党体系的出现

一波未平,一波又起。1853—1854年国会在讨论内布拉斯加领土的建州问题时,围绕奴隶制问题的危机再度出现,并来势更猛,最终导致了辉格党的消亡和共和党的诞生。内布拉斯加领土是原路易斯安那购买领土的一部分,位于密苏里以北。1853年,斯蒂芬·道格拉斯和同样来自伊利诺伊州的众议员威廉·理查森分别向参众两院提出在内布拉斯加领土上建州的法案。两人碰巧分别担任参众两院领土委员会的主席,但推动此法案的动机相同:力图将横跨北美大陆的铁路干线修建在密苏里以北,穿越伊州,并以芝加哥为干线的东部起点。但南部参议员害怕更多的自由州出现会打破参议院的南北平衡,故刻意发难,要求道格拉斯在议案中明确废除(1820)密苏里妥协中禁止奴隶制向北部发展的限制性条件。道格拉斯居然同意修改议案。他的动机包含两个层次,一是为了在南北极端对立的立场之间寻求妥协,另一方面则是为了讨好南部,为自己争取1856年总统候选人提名筹备和构建资源。1854年1月,他提出了新的议案,其中提出将内布拉斯加领土分成堪萨斯(Kansas)和内布拉斯加两部分,每一部分是否实行奴隶制,由两州居民制定的州宪法来决定。这就是历史上著名的"堪萨斯—内布拉斯加法案"(The Kansas-Nebraska Act)。道格拉斯认为这个方案既可以讨好南部蓄奴州,又不至于得罪北部自由州。①

但道格拉斯万万没有想到,这项法案虽然最终为国会接受,但也将国家推向了分裂的不归路。按他的方案,1820年密苏里妥协中的反奴原则(即在北纬36°30′以北的联邦领土上组建的新州禁止实行奴隶制)被"住民自决"或"占地为先"的原则所取代。由于堪萨斯与奴隶州密苏里接壤,许多密州的奴隶主听到消息后,赶紧携带奴隶涌入堪萨斯。伊利诺伊和印第安纳等自由州的居民也纷纷进入堪萨斯。东北部的马萨诸塞也组织了"新英格兰外移民援助公司"(New England Emigrant Aid Co.),专门向自愿移居堪萨斯的人提供援助。该组织从1855年至1857年间帮助大约两千人移居堪萨斯,以帮助建立反奴的州宪法。双方都希望凭借人多势众的力量制定一个于自己有利的州宪法。结果两派分别召开了自己的制宪大会,制定出反对和赞成奴隶制的两部宪法。1856年5月至9月,堪萨斯的反奴和亲奴力量发生暴力冲突,导致两百多人丧生。国会内南北议员针锋相对,无法决定应接受哪一派制定的堪萨斯州宪法。

堪萨斯—内布拉斯加法案最直接的政治后果是分裂了本身就已风雨飘摇的北部民主党,导致1840年以来的民主党—辉格党两党制的彻底崩溃。1854年至1856年间,在反对堪萨斯—内布拉斯加法案的旗帜下,北部各州的废奴派人士、辉格党人、自由党人、自由领土党人、一无所知党人(Know-Nothing Party)及反对奴隶制扩张的民主党人组成了一个新的政党。这个新政党声称要追随当年杰斐逊等共和党人主张的"平等权利",坚决反对在联邦的新领土上引进奴隶制,提出联邦所有的新领土都应为"自由土地"。参加这个党的人都认为他们是在坚持真正的共和理想,因而将这个新成立的政党命名为"共和党"。

### 共和党的成立与奴隶制问题的政治化

共和党人在他们1856年的党纲上宣称:我们与共和国的先父们一

---

① U. S. Congress, An Act to Organize the Territories of Nebraska and Kansas (30 May 1854), *Statutes at Large*, vol. 10, 277-290.

样,将所有人都有不可剥夺的生命、自由和追求幸福的权利看成不言而喻的真理,我们也认为联邦政府的主要目的和设计就是为了保障在其管辖之下的所有人的这些权利,如同我们的先父们废除了联邦领土(National Territory,指西北土地。——著者)上的奴隶制,禁止任何不经正当法律程序剥夺任何人生命、自由和财产的权利,现在我们视实现下列目标为己任:坚持宪法的这一原则,反对任何通过现实的法律将奴隶制建立在美国领土上进而破坏联邦宪法废奴准则的企图,坚决禁止奴隶制在那些领土上的生存和扩张。共和党人强调,"堪萨斯必须作为自由州加入联邦"。① 共和党的出现使北部原来分散的政治力量得到了整合。该党的两项重要原则——反对奴隶制在未建州的联邦领土上任意蔓延和推崇"自由劳动"的思想(即所有人不仅拥有自由的权利,而且所有人的劳动必须是自由的)——为整合提供了有力的意识形态武器。1854 年前,虽有辉格党、自由党和废奴主义组织,但这些政党和团体的目标甚有局限,因而限制了其发展,难以与民主党抗衡。1850 年大妥协后,南北对立加剧,奴隶制问题成为困扰北部社会的最大政治问题,但各政党的目标与政纲是分散的。辉格党人仍然采取避实就虚的态度,只主张南北双方应"忠实于宪法","保卫联邦的生存,建立强大的联邦政府"(包括联邦银行、高关税、州内开发等)。自由党人致力于联邦和州政府对人民权利的保护,与自由领土党人一样反对扩张奴隶制,而一无所知党则是反移民和天主教,坚持只有出生在美国和按宗教信仰归化了的公民才有权参与选举和宪法的制定。②

  这些不同的政治势力在 1854 年之后逐步将分散的政治目标集中到奴隶制这个焦点上,形成了共和党的意识形态基础。共和党人反对奴隶制不受限制地蔓延,认为奴隶制是一种残酷的压迫制度,不仅违背了《独立宣言》的精神,剥夺了奴隶的权利,也使奴隶主道德堕落,对基督教的"上帝面前人人平等"的教义也是一种极大的亵渎。共和党人将南部民主党看成是奴隶主势力的代言人,指出这种势力占领了联邦

---

① Republican Platform of 1856, in Porter and Johnson, *National Party Platforms*, 27-28.
② Whig Platform of 1856; American (Know Nothing) Platform of 1856; in Porter and Johnson, *National Party Platforms*, 22-23, 28-29.

政府的主要位置,并要将奴隶制变成全国性的体制,因此,奴隶制是对北部社会的最大威胁。用历史学家埃里克·方纳的话来说,奴隶制是对整个北部社会的"自由劳动"价值的挑战。共和党的建立不仅打出了北部追求自由劳动、自由领土、自由人的意识形态旗帜,也将包括黑人和白人废奴主义团体在内其他各种原来被排斥在主流政治之外的政治势力吸收进来,形成了能与南部奴隶主势力相抗衡的、强大的、有组织的政治力量。①

共和党人直接在国会宣扬反奴隶制的政治主张,引起全国范围内的巨大反响。1856年5月,马萨诸塞的参议员查尔斯·萨姆纳在国会发表长篇演说,谴责南部"奴隶主寡头政治"在堪萨斯制造的混乱。事后,萨姆纳在参议院遭到南卡罗来纳州众议员普雷斯顿·布鲁克斯的毒打,而国会竟然因南部议员的抵制而无法严厉惩处布鲁克斯的暴力行径。这项发生在国会内的恶性政治事件引起了北部民众和共和党人的强烈愤慨。北部各界群众纷纷写信给萨姆纳本人和共和党领袖,把此事看成是南部奴隶主势力压制宪法保证的言论和出版自由的极端表现。萨姆纳有两年不能到国会议政,他在参议院的座位始终空着,成为谴责南部奴隶主势力的象征。在堪萨斯冲突和毒打萨姆纳事件之后,共和党在北部的威望大增。1856年大选中,共和党赢得几乎所有的北部州的州政府领导权,而且在总统大选中险些将民主党的候选人詹姆斯·布坎南击败。②

新生共和党的咄咄逼人的政治攻势引起民主党人和南部的极大恐慌,加速了民主党人的内部分裂。1856年的大选不可逆转地将奴隶制问题区域化了,使共和、民主两党间的对立与南北区域间的对立等同起来。民主党坚持认为,1850年大妥协和堪萨斯—内布拉斯加法案是解决奴隶制扩张问题的"唯一有效和安全的办法";而共和党人则坚持

---

① Eric Foner, *Free Soil, Free Labor, Free Men*: *The Ideology of the Republican Party before the Civil War* (New York: Oxford University Press, 1970), esp. Chapter 1.

② 1856年总统大选的结果是:选举人票的总数为296票,民主党的布坎南得174票,共和党人约翰·弗里蒙特(John C. Fremont)得114票,后者赢得了新英格兰地区的所有州、俄亥俄、密歇根、艾奥瓦和纽约等州的支持,见 *Congressional Quarterly's Guide to U. S. Elections*, 3rd ed. (Washington, D. C.: Congressional Quarterly, Inc., 1994), 376, 434。

说,宪法赋予了国会管理联邦领土的"主权"(sovereign power),因此阻止奴隶制在新领土上的出现是国会的"权利和义不容辞的责任"。① 民主党的布坎南虽赢得了总统选举,但却无法提出解决南北争端的办法,而只是在就职演说中强调,联邦政府对州内的奴隶制应采取不干涉政策(noninterference),对联邦领土上的奴隶制问题采取"住民自决"的原则。布坎南之所以提出这样的政策,一方面是遵循民主党人的竞选纲领,另一方面他也事先被告知联邦最高法院将对此做出决定。此时,国会在奴隶制问题上已基本陷于瘫痪,无法做出任何有效的决定,也无法形成类似于1820年和1850年的妥协。1787年联邦宪法建立的宪政机制基本上失去了谈判和妥协的功能,美国宪政陷入极大的困境。

## 斯科特案及其判决

当联邦的立法和执法机构对奴隶制问题束手无策的时候,联邦政府三权之一的最高法院企图从司法的角度来解决关于联邦领土上奴隶制问题的争端。正是在这样的历史背景下,联邦最高法院于1857年3月宣布了德雷特·斯科特诉桑弗特案(原译"德雷特·司各特诉桑弗特案")的判决意见。②

斯科特原是密苏里州的一名奴隶,后被转买给一个名叫约翰·爱默生的随军医生做随身奴隶。1833年底,斯科特随爱默生到伊利诺伊州的一个联邦军队的兵站,在那里住了两年后,又随爱默生换防到位于西北领土的威斯康星领土,并在那里与一名女奴结婚,生有一女。伊利诺伊州属于原《西北土地法令》管辖的联邦领土范围,该州在1818年加入联邦时,在州宪法中规定禁止实行奴隶制,为自由州。威斯康星领土(1838年后改名为艾奥瓦领土)是1803年路易斯安那购买领土的一部分,处于密苏里妥协线(北纬36°30′)以北,根据密苏里妥协的规定,也属于禁止实行奴隶制的领土。所以,斯科特从1834年至1840年实际上是生活在自由州或严禁实行奴隶制的联邦领土上的。1840年,斯

---

① Democratic Platform of 1856; Republican Platform of 1856; in Porters and Johnson, *National Party Platforms*, 23-27, 27-28.

② *Dred Scott v. Sandford*, 60 U. S. 393-633 (1857).

科特一家被爱默生夫妇带回圣路易斯市,作为家庭奴隶使用。爱默生在 1843 年去世,斯科特一家的拥有权由他的妻子继承。斯科特夫妇原期望爱默生夫人能够释放他们或允许他们自我赎身以获得自由,但爱默生夫人却不断将他们出租给他人当奴隶。1846 年 4 月(美墨战争开始前一个月),斯科特夫妇向密苏里州低等法院递交了请愿状,要求法院下令,解除爱默生夫人对他们的拥有权。斯科特在请愿状(因不识字,由律师代写)中指出,他曾经在伊利诺伊州和威斯康星领土居住过,根据 1787 年《西北土地法令》和 1820 年密苏里妥协案,两地均禁行奴隶制,所以他因在两地的居住而获得了自由人的身份,密苏里州应该承认他的自由人地位。

密州低等法庭在 1847 年审理斯科特的诉状,但因为举证方面的失误,法庭判斯科特败诉,后经律师的申述和要求,低等法庭在 1850 年重新审理了此案。在这一次的审理中,法庭根据英国桑门塞特判例建立的"一旦自由,永远自由"(once free, always free)的原则和两项国会法律(《西北土地法令》和密苏里妥协),宣布斯科特胜诉,准其获得自由。爱默生夫人不服,上诉到密州高等法院。因她此刻已改嫁到马萨诸塞州,她便委托她的哥哥约翰·桑弗特为自己的代理人。桑弗特也就因此成为斯科特一家的名义主人。1852 年,密州高等法院推翻了低等法院的判决,认为斯科特在自由州的居住并没有使他获得"治外法权"(extraterritorial status)的地位,他虽在自由州和自由领土生活过,但不能永久享有自由州的法律保护,一旦回到密苏里,他仍将恢复原来的奴隶地位。密州高等法院的判决做出时,南北之间在奴隶制问题上的对立已经因 1850 年大妥协的争论而显得十分尖锐。

1853 年底,斯科特的律师决定寻求联邦法院的途径为斯科特争取自由。位于圣路易斯的联邦巡回法院接受了此案,并将其定名为德雷特·斯科特诉约翰·F. A. 桑弗特案。但是,联邦巡回法院沿用 1851 年的斯拉德尔诉格莱姆案的原则,声称从自由州自愿返回蓄奴州的奴隶,将立即自动丧失自由人的身份。这项判决等于支持了密州高等法院的意见。1854 年,帮助斯科特进行诉讼的废奴主义者和律师又将此案上诉到联邦最高法院。此时,南北双方关于奴隶制是否应进入联邦领土的争端已因堪萨斯建州的问题达到白热化状态,斯科特案一下子具有了非常特殊的政治份量,以南部势力为重的联邦最高法院不失时机地在 1856 年选择了此案的审理。

斯科特案涉及至少 3 个与奴隶制相关的重大宪政问题:(1)斯科特是否具有密苏里州或美国联邦的公民身份、从而具有在联邦法院提出诉讼的资格?(2)国会是否有权禁止在联邦领土上实行奴隶制(即 1820 年密苏里妥协是否合宪?)(3)斯科特因在伊利诺伊和威斯康星领土上的居住而获得的自由是否必须得到密苏里州的承认?这几个问题分别涉及黑人——包括自由黑人和奴隶——的法律地位和密苏里妥协的合宪性问题。从表面上看,此案涉及的是历史问题,但其真实含义则是一场针对现实政治的辩论。

最高法院在 1856 年 2 月听取了斯科特案的辩论。首席大法官坦尼亲自执笔写作了以 7—2 票达成的多数派决定,并在 1857 年 3 月 6 日宣布了这一长达 55 页的判决。

在对第一个问题的裁决中,坦尼宣布,斯科特不是美国公民,无权将他的案子上诉到联邦法院。坦尼随即解释了美国公民资格的起源以及"公民"(citizens)与"人民"(people)之间的关系。根据他的观点,"美国人民"和"美国公民"两者是"同义词",两者皆指"在我们的共和政体中……有权通过代议的方式参与政府的……'主权人民'";当联邦宪法制定时,联邦本身并没有公民,当宪法批准生效后,联邦内各州的公民在宪法生效时转化成为联邦公民;但在宪法批准的时候,黑人并不是各州的公民,他们因而也就不能成为联邦公民;州虽然在联邦成立之后有权赋予本州居民(包括黑人)以州的公民权,但州公民资格不能自动转换为联邦公民资格,只有国会才有权这样做,而国会从来没有明确宣布过黑人是联邦公民,反而在 1790 年的《移民归化法》中将公民资格限制在"自由白人"的范围内,足以说明黑人不是美国联邦公民,也不能享有美国白人享有的一切受宪法保护的公民权利,自然也不能利用联邦法院的体制来争取自由。

坦尼特别强调,在美国革命和制宪时期,"世上所有的文明国度"都将非洲人视为"一个极为低贱的"、只配做奴隶的"人种",建国领袖们虽然在《独立宣言》中提出了"人人生而平等"的原则,并将此作为美国的立国原则,但他们所指的"人人"从来就不包括"被奴役的非洲人种",因为他们"非常清楚地知道他们使用的语言的意义,也清楚其他人会怎样来理解他们使用的语言的意义;他们知道任何文明社会都不会将黑人种族包括在内,也知道黑人种族将根据公意总是被排除在文明政府和文明国家之外、而且注定要成为奴隶的"。①

如果说黑人不是公民,他们在联邦中的法律地位是什么呢?坦尼说,黑人在联邦中的地位应定为介于公民和外国人之间的地位,即他们必须效忠美国,但又不能享受美国公民的权利。坦尼的目的是彻底摧毁任何有关黑人拥有或可以拥有美国公民权的法理基础,但他对制宪者们对黑人态度的解释却是极为坦率和真实的,用他的话来说,黑人的公民地位和权利问题"根本就没有被制宪者们放在心上"。②

在解释完公民定义的问题后,坦尼基本上宣判了此案法律基础的无效,如果最高法院不打算卷入更深层次的政治纠纷,完全可以就此终止审理。但坦尼的意图并不仅仅在于否定黑人的公民身份,他的意图是要对联邦土地上奴隶制的宪法地位做出裁决。

在对第二个问题的讨论中,坦尼引用了卡尔霍恩等人的州权联邦制理论来解释《西北土地法令》的含义。他说,当西北土地由州转让给合众国时,"邦联并没有在立法、执法和司法方面取得独立的主权",所以,西北土地的最终拥有者不是邦联,而是13个原始州,"这些州有权通过它们之间的协议决定在这片土地上建立它们认为最为合适的政府",所以,《西北土地法令》是13个原始州的共同协定,具有一种共同管理、共享利益的效用,但该法令原则的使用必须有益于所有原始13州人民的利益,或者说,不能损害这些州人民的利益。换言之,即便一个奴隶到了西北土地上建立的自由州(如伊利诺伊),他还是不能改变他的奴隶身份,因为改变身份就意味着对其他原始州公民财产权利的损害。③

此外,坦尼称,联邦政府管理领土的权力不是来自宪法第一条第八款的"必要的和适当的"权力条款,而是来自有关摄取土地和建立新州

---

① *Dred Scott v. Sandford*, 60 *U. S.* 393-633 (1857), 410-411.
② Ibid., 411.
③ Ibid., 434-448.

的条款,所以国会无权在管理新增联邦领土时做出不利于原始州人民的决定,既然联邦政府是各州人民的代表,它就不能剥夺一部分美国公民的权利,也无权把新取得的联邦领土定位为"自由领土"或禁止奴隶制进入这些领土。坦尼还启用了宪法第五条修正案来支持他的观点。他强调:"国会对公民及其财产的(管理)权力绝不是一种任意性权力,而是一种受宪法约束的权力;既然联邦领土是合众国的一部分,自然要受到对联邦政府和人民均有约束力的联邦宪法的管理;既然联邦宪法已对联邦政府和人民的权利作了详细和明确的规定,联邦政府就不能对美国公民的权利作超出宪法赋予其权限以外的管理,不能否认公民应拥有的权利……(一个公民)拥有财产的权利是与他的人权(the rights of person)联合在一起的,是被置于宪法第五条修正案的保护范围之内的。"[1]坦尼认为,移居到联邦新获取的领土上的美国人不再是没有身份的殖民者,他们是美国公民,他们的权利(包括拥有奴隶财产的权利)绝对不能被联邦政府侵犯和剥夺;如果国会或联邦政府禁止南部各州移民将奴隶带入新的联邦土地,无疑等于剥夺这些公民的私人财产。据此,坦尼宣布,国会通过的1820年密苏里妥协是违宪的,斯科特一家虽然在不实行奴隶制的联邦领土上生活过,但他们从未获得过法律承认的自由,他们的奴隶地位并不因这种居住而改变。坦尼对最后一个问题的讨论采用了他自己写作的斯特拉德尔案的原则,但斯科特不能因在自由州和联邦自由领土上居住过而改变自己的奴隶身份。只要斯科特回到密苏里州,他的法律地位应由密苏里州的法律、而不是由伊利诺伊州的法律来决定。

坦尼的裁决实际上宣布了奴隶制可在联邦境内的任何地区存在和蔓延,同时也以第五条宪法修正案为依据建立了奴隶制受宪法保护这一重要原则,将自1790年以来的奴隶制与美国宪法之间的混沌关系作了一个清楚的结论,从宪法的角度为南部奴隶主势力的政治要求开了绿灯。本杰明·柯蒂斯和约翰·麦克莱恩两名来自北部的大法官发表了少数派意见。麦克莱恩坚持此案应该遵循"一旦自由,永久自由"的原则。他对美国革命的意义做了一种新的解释,认为这场革命开辟了

---

[1] *Dred Scott v. Sandford*, 60 *U. S.* 393-633 (1857), 448-451.

一个新的时代,人人平等是它的基本原则。柯蒂斯反驳了坦尼对联邦公民权的解释。他指出,在1787年联邦制宪之前至少有5个州将自由黑人视为本州公民,州公民资格和地位是先于并可以自动转换成联邦公民地位的;宪法允许联邦政府对包括联邦领土和奴隶制在内的一切问题做出决定,所以密苏里妥协是合宪的。①

少数派意见虽然代表北部共和党人的意见,但他们无法阻止最高法院的亲奴隶制势力。在9名大法官中,有5人(包括坦尼本人)来自南部蓄奴州,他们事实上组成了联邦最高法院的多数派。除麦克莱恩和柯蒂斯之外,另外两名大法官也来自北部,他们一开始并没有对南部多数派的意见投支持票,但在多数意见已经达成后,经当选总统布坎南的私下说服和在其他问题上的许诺,转而加入了多数派。

斯科特案后来成为美国宪政史上的著名案例,原因之一在于它是最高法院利用判决来推行自己政治意图的典型案例,是用法律武器来解决重大宪政问题的例子。但从法理和历史的角度来看,坦尼的判决乃是一个彻底的失败。坦尼对公民权问题的解释完全忽视了革命时期北部各州将黑人变成州公民的事实,并严重曲解了联邦政府对领土管辖区来源与权限的问题。他的那种将黑人永远地排除在美国公民之外的理论也是漏洞百出。

斯科特案的判决具有深刻的政治和宪法意义。在此之前,联邦政府从未对奴隶制问题作过明确的、决断的表态,从未表示过对奴隶州的奴隶制有管辖权,也从未以成文法的形式承认和建立过奴隶制。奴隶制自联邦成立以来一直被看成是一个由地方法律允许和支持的地方性体制。而斯科特案判决却将这种现象彻底逆转过来。按坦尼的判决,奴隶制可以不受任何限制地在西部乃至任何未建州的联邦领土上蔓延,成为一种带有普遍性、通用性的经济体制和社会制度,而反奴隶制(即禁止奴隶制)的做法反而变成了一种地方性的、局部性的例外体制。这样的判决及其包含的政治意义极大地激化了本来已经尖锐对立的南北争执。斯科特案判决使北部共和党人更加明显地感到南部奴隶主势力的威胁,他们决心更加紧密地团结起来,争取该党在1860年的

---

① *Dred Scott v. Sandford*, 60 U. S. 393-633 (1857), 448-451.

总统大选中取得胜利。

## 三 内战时期的宪政变化

### 林肯—道格拉斯辩论

斯科特案宣判之后,南北在堪萨斯问题上的对立更为激化。1857—1858年间,堪萨斯领土内的亲奴隶制势力又提出了准允奴隶制在该地区存在的雷康普顿宪法(Lecompton Constitution),布坎南总统催促国会迅速接受堪萨斯为奴隶州。但北部民主党人议员在道格拉斯的领导下,拒绝批准这部州宪法,理由是它未经该领土全体居民的批准。道格拉斯因此得到北部自由土地支持者的拥护。与此同时,堪萨斯的地位问题成为1858年国会选举的重要问题。在这次选举中,道格拉斯在寻求联邦参议员的连选连任时遇到了名不见经传的共和党对手阿伯拉罕·林肯(Abraham Lincoln)的强劲挑战。从1858年8月至10月,林肯和道格拉斯两人就联邦领土上的奴隶制问题展开了一系列的公开辩论,引起了全国舆论的注意。在这场辩论中,林肯把辩论会场变成了讲台,对一系列与奴隶制有关的问题作详细的阐述,将共和党的观点广为传播。事后有史学家称"林肯—道格拉斯辩论"(The Lincoln-Douglas Debate)是一个关于奴隶制问题的全国性论坛。

事实上,在辩论发生前,林肯已就奴隶制问题和道格拉斯的堪萨斯—内布拉斯加法案发表了许多演讲,包括著名的"分裂之家"的演讲。林肯认为,道格拉斯的"住民自决"的原则实际上"持续不断地扩大了"奴隶制引起的危机。他借用《圣经》中的名句,警告国人说:"分裂之家难以立足"(A house divided against itself cannot stand);美国不可能永远处于目前这种"半自由、半奴隶制"的状态,迟早必须结束这种分裂的状态,或崇尚自由,或屈从于奴隶制。① 在与道格拉斯的辩论

---

① Lincoln's speech at Springfield (16 June 1858), in Paul M. Angel, ed., *Created Equal? The Complete Lincoln-Douglas Debate of 1858* (Chicago: University of Chicago Press, 1958), 1-9, esp. 2.

中,林肯进一步发挥了这个观点。他认为,联邦的政治基础是共和与自由的原则,奴隶制则是违背这一基础的;联邦目前处于半自由、半奴役的状态,北部实行的自由劳动制与南部的奴隶制是两种完全对立的经济、社会和道德体制,联邦不可能同时容纳两者,而只能从中择一。他认为,从美国建国的原则和道德角度来看,联邦只能选择自由,并使其成为普遍的、通用的国家原则。道格拉斯则坚持认为,人民有权通过地方立法的变通方式(如针对进入自由领土的奴隶主制定不友好的地方法律等)来阻止奴隶制的蔓延,从而使得斯科特案这样的判决因得不到地方政府的执行和认可而失去应有的效力。但林肯认为道格拉斯的这种说法是站不住脚的。①

林肯的雄辩被北部的报刊称为"第二个斯科特判决",它的重要意义在于申述了北部共和党人的主张,将奴隶制定义为局部性的体制,而将自由的命题全国化了,有力地回击了坦尼法院支持奴隶制的判决。在提出共和党人的主张时,林肯起用了为美国革命所接受的天赋人权的思想。当一家地方报纸攻击他主张要在黑人和白人之间实行完全平等的时候,林肯回答说,他并不以为在目前的情况下黑人和白人处于完全平等的地位,因为两者在社会地位(social)和生理特征(physical)上的差别太大,但他强调说:"我不愿意娶一个黑人妇女为妻,并不等于我否认她拥有享受天赋人权的权利。"②

## 1860年的总统选举与退出联邦的危机

林肯虽然没有赢得1858年的参议员选举,却因此而成为共和党内的优秀政治家,在1860年赢得了共和党总统候选人的提名。共和党人在竞选纲领中明确提出坚持《独立宣言》和联邦宪法的基本原则,即人人生而平等,并都享有天赋人权;只有奉行这样的原则,共和体制的存续才有希望。共和党人提出联邦领土上的"正常状态"(normal condi-

---

① Abraham Lincoln, Reply to Stephen Douglas in the First Lincoln-Douglas Debate (21 August 1858), in Lincoln, *The Collected Works of Abraham Lincoln*, ed. Roy P. Basler, 9 vols. (New Brunswick: Rutgers University Press, 1955-55), vol. 3, 1-37.

② Abraham Lincoln, Speech at Charleston, Illinois (18 September 1858), in Lincoln, *Collected Works*, vol. 3, 13-36, esp. 16.

tion)应该是自由,国会或任何人都不能赋予奴隶制在联邦领土上的合法性。①

民主党则在1860年总统大选时遭遇了分裂。北部民主党人不同意在党纲中写进允许奴隶制进入联邦领土的条文,只是强调遵守最高法院的判决,要求联邦政府对公民权利提供"足够的和完全的保障"。② 北部民主党人与南部分道扬镳,提名斯蒂芬·道格拉斯为总统候选人。而南部民主党人提名约翰·布雷肯里奇为总统候选人,并坚持"不管联邦宪法是否禁止奴隶制",美国公民"都有同等权利带着他们的财产进入任何联邦领土居住"。③ 一些持中间立场的人组成了"宪法党"(The Constitution Party),提名田纳西州的约翰·贝尔为总统候选人。

最后的结果是总统选举人选票一分为四,林肯赢得除新泽西外所有的北部州,道格拉斯只赢得了两个州,宪法党赢得了3个边界州,布雷肯里奇赢得南部11个奴隶州。南部各州拒绝将林肯作为总统候选人列在选票上,但林肯仍然赢得了选举人团303票中的180票,超过其他3名候选人所得选票的总和,因而当选④,成为了第一位当选的、影响力也将是最长久的共和党总统候选人。

表4.1　1860年美国各州自由人口和奴隶人口统计

| 州　名 | 总人口 | 白　人 | 自由黑人 | 奴　隶 | 黑人占总人口% | 奴隶占总人口% |
|---|---|---|---|---|---|---|
| 联邦州 | | | | | | |
| 缅因[a] | 628 279 | 626 947 | 1 327 | | 0.2 | |
| 新罕布什尔 | 326 073 | 325 579 | 494 | | 0.2 | |
| 佛蒙特[a] | 315 098 | 314 369 | 709 | | 0.2 | |
| 罗得岛[a] | 174 620 | 170 649 | 3 952 | | 2.3 | |
| 马萨诸塞[a] | 1 231 066 | 1 221 432 | 9 602 | | 0.9 | |

---

① Republican Platform of 1860, in Porter and Johnson, *National Party Platforms*, 31-33.
② Democratic Platform of 1860, in Porter and Johnson, *National Party Platforms*, 30-31.
③ Ibid.
④ 1860年总统选举的选举人投票结果如下:林肯180票,布雷肯里奇72票,贝尔39票,道格拉斯12票。*Congressional Quarterly's Guide to U. S. Elections*, 377, 435.

续表

| 州　名 | 总人口 | 白　人 | 自由黑人 | 奴　隶 | 黑人占总人口% | 奴隶占总人口% |
|---|---|---|---|---|---|---|
| 康涅狄格[a] | 460 147 | 451 504 | 8 627 | | 1.9 | |
| 纽约[a] | 3 880 745 | 3 831 590 | 49 005 | | 1.3 | |
| 新泽西 | 672 035 | 646 699 | 25 318 | 18 | 3.8 | |
| 宾夕法尼亚[a] | 2 906 215 | 2 849 259 | 56 949 | | 2.0 | |
| 俄亥俄[a] | 2 339 511 | 2 302 808 | 36 673 | | 1.6 | |
| 印第安纳[a] | 1 350 428 | 1 338 710 | 11428 | | 0.9 | |
| 伊利诺伊[a] | 1 711 951 | 1 704 291 | 7 628 | | 0.5 | |
| 密歇根[a] | 749 113 | 736 142 | 6 799 | | 0.9 | |
| 威斯康星[a] | 775 881 | 773 693 | 1 171 | | 0.2 | |
| 明尼苏达[a] | 172 023 | 169 395 | 259 | | 0.2 | |
| 艾奥瓦[a] | 674 913 | 673 779 | 1 069 | | 0.2 | |
| 俄勒冈[a] | 52 465 | 52 160 | 128 | | 0.2 | |
| 加利福尼亚[a] | 379 994 | 323 177 | 4 086 | | 1.1 | |
| **未退出联邦的蓄奴州（边界州）** | | | | | | |
| 特拉华 | 112 216 | 90 589 | 19 829 | 1 798 | 19.3 | 1.6 |
| 马里兰[a] | 687 049 | 515 918 | 81 060 | 90 374 | 25 | 13.2 |
| 密苏里[a] | 1 182 012 | 1 063 489 | 3 572 | 114 931 | 10 | 9.7 |
| 肯塔基[a] | 1 155 648 | 919 484 | 10 648 | 225 483 | 20.4 | 19.5 |
| 西弗吉尼亚[b] | 376 688 | ? | ? | 18 371 | ? | 4.9 |
| **南部邦联各州** | | | | | | |
| 南卡罗来纳[c] | 703 708 | 291 300 | 9 914 | 402 406 | 58.9 | 57.2 |
| 佐治亚[c] | 1 057 286 | 591 550 | 3 500 | 462 198 | 44.1 | 43.7 |
| 佛罗里达[c] | 140 424 | 77 746 | 932 | 61 745 | 44.6 | 43.9 |
| 路易斯安那[c] | 708 002 | 357 456 | 18 647 | 331 726 | 49.5 | 46.8 |
| 得克萨斯[c] | 604 215 | 420 891 | 355 | 182 566 | 30.3 | 30.2 |
| 阿拉巴马[c] | 964 201 | 526 271 | 2 690 | 435 080 | 45.4 | 45.1 |
| 密西西比[c] | 791 305 | 353 899 | 773 | 436 631 | 55.3 | 55.2 |
| 弗吉尼亚[d] | 1 219 630 | 1 047 299 | 76413 | 472 494 | 45 | 38.7 |

续 表

| 州 名 | 总人口 | 白 人 | 自由黑人 | 奴 隶 | 黑人占总人口% | 奴隶占总人口% |
|---|---|---|---|---|---|---|
| 北卡罗来纳[d] | 992 622 | 629 942 | 30 463 | 331 059 | 36.4 | 33.3 |
| 田纳西[d] | 1 109 801 | 826 722 | 7 300 | 275 719 | 25.5 | 24.8 |
| 阿肯色[d] | 435 450 | 324 143 | 144 | 111 115 | 25.6 | 25.5 |
| 总计 | | | | | | |
| 联邦州 | 18 800 557 | 18 512 183 | 225 224 | 18 | 1.2 | |
| 边界州 | 3 513 613 | 2 589 480[f] | 115 109[f] | 450 957 | 16.1 | 12.8 |
| 南部邦联州 | 8 726 644 | 5 123 076 | 150 987 | 3 391 624 | 40.6 | 38.9 |
| 全国[e] | 31 443 321 | 26 922 537 | 488 070 | 3 953 760 | 14.1 | 12.6 |

[a] 资料(Dodd, comp., Historical Statistics of the States of the United States)显示的各州总人口数，与该州各人口种类相加的结果有些微出入，原资料编纂者没有说明原因。本表百分比以表中列举的黑人人口、奴隶人口和总人口为基础计算。

[b] 1861年6月退出弗吉尼亚州，1863年4月作为新州正式加入联邦。

[c] 1861年3月4日林肯就任之前退出联邦的州。

[d] 1861年4月12日内战打响之后退出联邦的州。

[e] 全国数据包括了尚未建州的联邦领土和哥伦比亚特区。另外需要指出的是，1860年全国奴隶人口的总数为3 953 760，但资料(Dodd, comp., Historical Statistics of the States of the United States, p. 103)显示为2 953 769，这应该算是一个不能原谅的计算或印刷错误。

[f] 不含西弗吉尼亚地区。

资料来源：Donald B. Dodd, comp., Historical Statistics of the States of the United States: Two Centuries of the Census, 1790-1990 (Westport, CT: Greenwood Press, 1993), "General Population Statistics, 1790-1990" Section, 1-103. Also see: U.S. Department of Commerce, Bureau of the Census, Negro Population in the United States, 1790-1915 (Washington, D.C.: Government Printing Office, 1918), reprint edition (New York, 1968), 45, 57, 840.

尽管林肯在竞选时保证共和党政府不干预南部内部的奴隶制问题（意即会允许奴隶制在蓄奴州内继续存在），但南部政治势力认为共和党人执政后一定会推翻斯科特案的判决，并取消哥伦比亚特区的奴隶制。他们还看到联邦最高法院和低等法院中有北部共和党的代表，担心这些司法部门的共和党人在时机成熟时会推翻1850年《逃奴法》,甚至于把奴隶变成公民。此外,南部内部本来就存在阶级利益之争,南部上层政治势力还担心一些处于社会低层的人可能受到北部共和党人的挑唆和鼓动,对奴隶主势力提出政治上的挑战。

出于这些考虑,南部各州在1860年11月至1861年2月间开始了"退出联邦"(secession)的行动。1860年11月,在听到林肯当选的消息后,南卡罗来纳州议会立即通过决议,召开州公民大会,并在12月召开的大会上通过决议,宣布"由南卡与其他州在美利坚合众国名义下结成的联盟现在正式瓦解"。随后,州代表大会又通过了一项退出联邦的宣言,称南卡罗来纳殖民地组成时遵循两条原则:一是州的自治权,二是人民在自己组建的政府变得具有破坏性的时候废除政府的权力,这两项原则都是得到《独立宣言》承认的。而联邦还应遵循第三条原则,即契约的原则,"我们认为在两方或多方组成的契约中,责任是相互的,如果契约的一方不能按约行事,另一方也就完全不必对其履行契约要求的责任,在没有仲裁者的情况下,契约的任何一方依靠自己的判断来决定践约,并承担一切后果。"南卡罗来纳州认为,目前北部各州已屡屡失言,践踏了联邦的契约,侵害了本州的利益,在这种情况下,该州人民通过他们的代表宣布,南卡罗来纳与联邦的联盟关系至此解除,恢复自己在世界民族之林中的独立的国家地位。① 当时还未卸任的总统布坎南在口头上宣布州无权退出联邦,但马上又说宪法没有授权联邦政府来制止退出联邦的行为。他认为南卡罗来纳州的行动是因对北部各州情绪的"错误理解"而致,他呼吁将关于奴隶制问题的争

---

① South Carolina Convention, 1860-1861, An Ordinance to Dissolve the Union between the State of South Carolina and other States united with her under the compact entitled the Constitution of the United States of America (20 December 1860), in Frank Moore (ed.), *The Rebellion Records*, 11 vols. (New York: G. P. Putnam, 1861-1868), vol. 1, 2; Declaration of the Immediate Causes which Induce and justify the Secession of South Carolina from the Federal Union and the Ordinance of Session (Charleston: Evans and Cogswell, 1860), 引自 Michael Les Benedict, *Sources in American Constitutional History* (Lexington, Mass.: D. C. Heath and Company, 1996), 107。

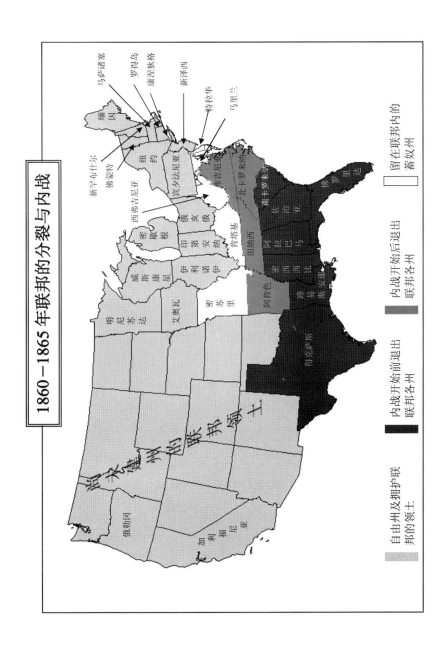

论"从立法机关转到投票箱去"。①

1861年1月至2月初,密西西比、佛罗里达、阿拉巴马、佐治亚、路易斯安那和得克萨斯等6个地处南部腹地的州也相继宣布退出联邦。2月8日,退出联邦的7个州在阿拉巴马州首府蒙哥马利召开制宪大会,宣布组成"美利坚邦联"(Confederate States of America),通过了邦联的宪法,并建立了临时政府。南部邦联的宪法在结构和宪政原则上与联邦宪法十分相似,但两者在奴隶制问题上有重要区别。南部邦联宪法宣布邦联各州具有"主权和独立的特征",但又规定邦联的法律和条约为"最高法"。邦联宪法要求各州官员要宣誓效忠新的宪法,并隐含了各州退出邦联的权利。南部邦联宪法明确无误地提出保护奴隶制,但为了争取欧洲国家(尤其是英法)的同情和支持,又禁止各州从外国进口非洲奴隶。② 与此同时,南部邦联各州将联邦在南部的邮局、海关、要塞和弹药库等全部没收,要求原来服务于联邦的执法官员辞去联邦政府的职务,转而效忠南部邦联。

林肯上任前,南北双方的保守派人士力图再次通过国会机制达成妥协,避免内战危机。在肯塔基参议员约翰·克里滕登的主导下,国会甚至准备以宪法修正案的方式保证联邦政府将永远不会干涉各州内的奴隶制,并以原密苏里妥协线为准划分自由州和蓄奴州。但林肯和大多数共和党人坚决反对在奴隶制扩张问题上向南部让步,南部各州也不再相信这样的修正案还可以被北部各州接受。最后一次争取妥协的努力以失败而告终。

### 林肯就职与内战的爆发

1861年3月4日,林肯宣誓就任美国第16任总统。在就职演说中,林肯呼吁南北双方保持冷静和理性,并坚决反对南部退出联邦的举动。林肯指出,"联邦的存在先于宪法"(the Union is older than the Constitution);美利坚合众国的联盟自1774年大陆会议签署的《联合条

---

① James Buchanan, Message to Congress (8 January 1861), in *Messages and Papers*, vol. 7, 3186-3190.

② *The Constitution of the Confederate States of America*, 1861, in Moore, *The Rebellion Record*, vol. 2, 321-327.

例》(Articles of Association)开始,经过《邦联条例》的联结变得更为成熟,最后通过1787年的宪法变成了永久性的联邦。林肯强调,联邦宪法的目的之一是为了组建"一个更完善的联邦"(a more perfect Union),如果联邦同意州退出联邦,那就说明联邦比起宪法以前的政体来说是"更不完善的",那么"宪法也就失去其最重要的内容"。林肯坚持,联邦是人民组成的,总统的职责是执行人民的意愿,没有州可以通过决议退出联邦,因为"从宪法和法律的角度来看,联邦是不能被分解的"。在演说中,林肯还间接地批判了最高法院的斯科特案判决,他认为对于奴隶制这样一个关系到全体美国人民的命运的重大政策,不能受最高法院决定的永久束缚,因为如果是那样的话,"人民将不再成为自己的主人,而因此将自己的权力拱手交给那个具有影响力的不可一世的法坛"。① 可以看出,林肯在这里对联邦的性质作了与州权派完全不同的解释。

同年7月,在他给国会的咨文中,林肯进一步阐述了他的宪政理论。他说,联邦先于州的产生,没有联邦就没有州,如果1774年各殖民地不结盟抗击英国,美国各州的独立是不可能的;独立本身已将各州不可分割地连接为一个整体,也就是说,各州根本还没有机会去获取它所谓的"主权"就已经从英国的殖民地转化成为了未来联邦的一部分了;联邦不是邦联,联邦是一个有主权的政治实体,是美国作为一个国家和民族赖以生存和发展的基础;联邦一旦成立,便不可分解,各州也无权退出。林肯强调,内战实际上是一场对美国的民主体制的考验,如果一部分人因为在政治选举中失败就一定要诉诸于分裂国家的方式,联邦政府就必须为了保卫自己的生存而进行镇压内乱的战争。②

在林肯发表上述观点时,邦联军队已经开始向联邦发起攻击。为了取得政治上的优势,林肯向北部的民主党人和处于南北交界地带的蓄奴州——包括密苏里、马里兰、特拉华和肯塔基四州——承诺,他绝不首先使用武力。但林肯强调,凡是在联邦政府控制的地方,他一定要

---

① Abraham Lincoln, First Inaugural Address (4 March 1861), in *Messages and Papers*, vol. 7, 3206-3213.
② Ibid., 3221-3233.

贯彻执行联邦政府的法律。林肯的用意是让南部的分裂分子打第一枪,从而向世人证明是南部奴隶主势力蓄意践踏民主选举的原则,是南部为了维护奴隶制而首先诉诸武力。所以,当南部邦联军队在1861年4月12日向联邦军队控制的位于南卡罗来纳州查尔斯顿城海湾的萨姆特要塞发动攻击后,林肯立即采取行动,下令召集军队,镇压"叛乱"(Rebellion)。与此同时,包括弗吉尼亚、阿肯色、田纳西和北卡罗来纳在内的4个位于北端的南部州在内战打响后,宣布退出联邦,投向了南部邦联。连同早先退出联邦的7州,南部邦联的州增加到11个。

内战是美国宪政制度对奴隶制问题的长期妥协的必然结果。从体制上来讲,它是至此为止美国宪政的一个最大的失败。内战的爆发表明自联邦建立以来,主权问题、州与联邦政府的关系、联邦制的性质、奴隶制问题以及宪法的地位等问题并没有得到过真正的解决。过去的联邦一直用临时性妥协让步的政治手段来缓和矛盾。当联邦领土上的奴隶制问题令宪政危机深化之后,国家的分裂便不可避免了。

### 战时总统权力的扩展

尽管因南部11州的退出,联邦陷入了事实上的分裂,但林肯拒绝承认这一事实,至少他不认为联邦是从宪政体制上瓦解了。他坚持南部退出联邦的行动不是南部各州的行动,而是各州内个别人的反叛行为,所以他作为总统,根据宪法,有权行使权力,对反叛者煽动和组织背叛联邦的行为进行镇压。对于林肯来说,内战面临的最根本的问题是一个宪政国家(或民主政体)能否有力量反对民主的敌人并保持自己领土的完整。他认为,一个政府为了保证自己的生存,必须诉诸武力,因此他在南部向联邦军队进攻之后征召军队的做法并不违背宪法。1862年,林肯再次重申,为了联邦的生存,他不得不动用一些宪法没有明确规定的权力,如果事事依照宪法的规定,联邦将无法自卫。

尽管如此,林肯仍然不能任意行动。他一方面要证明他采取的行动是必要的,另一方面又要使国会承认他的行动并不超出宪法规定的原则。1861年4月,林肯利用总统权力,暂时中止了人身保护令状特权在马里兰等地区的使用,并命令对具有叛乱罪嫌疑的公民实行军事拘留。林肯下令扩大征兵,将兵役期从最初的3个月增加至3年。林肯同时还动用了联邦财政部的 200 万美元的资源来支付最初的战争费用,下令联邦政府发行 2500 万元的债券。所有这些行动都没有成文法的支持。但国会在共和党的控制下,批准了林肯的特别权力,包括征兵、军事指挥、封锁南部和终止人身保护令状特权的效力。尽管国会内的民主党人反对扩大和批准总统权力,但他们是少数派,无法阻挡占国会多数的共和党人的决策。国会赋予林肯的权力一方面支持了林肯对内战的全民指挥和组织,另一方面又将与战争有关的重大问题——如奴隶的解放、重建以及公民权利的保护——统统交到林肯手中。虽然有些问题在战争初期并不明朗,但随着战事深入,涉及宪政的许多问题会不断出现,总统与国会之间将因为战争和重建时期的权力划分问题发生冲突。

最高法院对于林肯在战争时期拥有和行使巨大的权力意见不一。在 1863 年宣判的涉及林肯一项封锁南部海域命令的战利品案例中,最高法院多数派意见认为,目前进行的内战是一场"关于个别人的战争,是总统为了打击那些企图叛乱的南部的个别人的战争";尽管宣战权在国会手中,总统无权发动战争,但一旦叛乱发生,在立法机关来不及采取行动的情况下,总统有权对形势进行判断并采取必要的行动。最高法院认为,叛乱的性质和程度应由总统来决定,最高法院在这种情况下应尊重"政府的政治部门"做出的判断和决定。[1] 最高法院从司法的角度为林肯开了绿灯,接受了林肯关于内战是一场镇压国内武装叛乱的战争,而不是两个国家之间的国际战争的说法。但在此案中支持总统权力的多数十分微弱,有 4 名大法官对总统的战争权力持异议,他们坚持在国会没有宣战的情况下,林肯无权下令封锁南部港口和劫持南部船只。

林肯将内战看成是镇压内乱的战争也是出于外交上的考虑。南部邦联认为退出联邦的举动已使它们成了事实上的独立国家,在法律上拥有独立国家的地位,并以此为理由来寻求国际上的承认(尤其是英国的承认)。为避免内战国际化和欧洲国家的介入,林肯政府与共和党国会十分谨慎地处理外交问题。战争期间,联邦拒绝或避免给予南

---

[1] *Prize Cases*, 67 *U. S.* 635-699 (1863).

部邦联事实上独立国家的承认,不承认南部邦联拥有交战国的地位,拒绝考虑任何与南部签订停战或和平协定的可能,除非这些条约的前提是南部邦联根本就没有合法地存在过,或南部向联邦完全地、无条件地投降。对于一些外国把南部邦联看成交战国的做法,联邦政府的国务院还表示了极大的愤怒和不满。战争期间,联邦政府发言人将南部邦联称为所谓的"美利坚邦联"或"伪政府"(pretended government)。但战争开始后,林肯政府不得不将南部看成交战的敌国。所以在内战期间,联邦对南部邦联的法律处理有两重性,一是将其看成事实上的敌国,对于俘虏的处理、财产的没收,及后来奴隶的释放都是以这种法律基础来进行。但另一方面,南部邦联又被视为一个叛乱分子的集体,受国会通过的新的《反叛国罪法》的惩罚。这种从宪法上把南部邦联看成叛乱行为的理论对后来的重建有很大的影响。

### 战时的国家建构

内战期间,共和党国会以战争为名,将宪法中的"战争权力"条款大加使用,强调为了联邦的生存,国会有权通过一切"必要的和适当的"法律。在这期间,国会下令由联邦政府控制一切铁路和电信设施,将其置于联邦军事机构的管理之下,还通过《敌产没收法》,抓获和释放南部奴隶主的奴隶,并以改善军事运输条件的名义,命令铺设铁路、开发河流、修建港口等。国会还在 1862 年通过《法币法》(The Legal Tender Act),发行纸币,规定这种货币可作为支付私有和公共债务的合法货币,强迫债权人接受这种货币。① 用宪法史学者迈克尔·莱斯·本尼迪克(Michael Les Benedict)的话讲,这是一项"财政革命",极大地增加了联邦政府的财权和操纵货币供应的能力。由于改变货币供应可直接影响经济发展,这时期联邦政府对联邦经济发展的影响也是巨大的。②

1862 年 2 月至 1863 年 5 月间,联邦政府共发行了 4 亿多美元的纸

---

① U. S. Congress, An Act to authorize the Issue of United States Notes, and for the Redemption or Funding thereof, and for Funding the Floating Debt of the United States (25 February 1862), in *Statute at Large*, vol. 12, 345-348.

② Michael Les Benedict, *The Blessings of Liberty: A Concise History of the Constitution of the United States* (Lexington: D. C. Heath, 1996), 185.

币。1863年2月,国会建立了《国民银行法》,鼓励私人银行购买国家债券,并允许它们发行与购买的债券数量相等的银行债券,通过控制国家债券的发行,联邦政府加强了对经济的控制。与此同时,国会还通过了新的《关税法》,将联邦政府的关税率提高到战前的两倍,以保护国内的工业生产。1862年,在南部各州缺席的情况下,国会通过了早在内战前就提出、但由于南部的阻拦迟迟不能通过的《莫里尔土地赠与法》。该法规定,每个继续留在联邦的州可从联邦政府获得一块联邦赠予的土地,各州获得的赠地面积以本州在国会每名代表(包括参议员和众议员)3万英亩计算;如果一州界内的联邦土地数量不够,联邦将从边疆领土中划出需要的部分给予补足;州可将赠地出售,但要用售地的收入在本州至少建立一所致力于"农业和机械技术"教育的大学,并在大学设置军事训练的课程。[①] 通过这项法律,联邦向各州共赠地1700万英亩。各州通过售地获得了700万美元的收入,用于兴建州立大学。美国中西部数十所大学(包括许多后来著名的州立大学)都是通过《莫里尔土地赠与法》而得以建立的。联邦政府的这项举措对美国高等教育(尤其是农业和自然科学的研究和教学)的发展具有深远和永久的影响(1890年,第二部《莫里尔法》又以同样的方式向南部的16个州提供联邦赠地)。联邦农业部也是在这个时期建立起来的,其责任是帮助发展农业,提供技术信息等。联邦教育部也在战后不久建立。同时联邦政府还对一系列公共交通工程施以补助。1862年又通过了《宅地法》,鼓励向西部移民。按照该法,每个移民家庭可得到160英亩的土地,而只需交付一小笔登记费和保证在这块土地上连续居住五年。居住六个月后,居民可以1.25美元一英亩的价格购买居住的土地。[②] 在内战结束时,约有一万五千多宗宅地权建立起来了,但战后,许多宅地落入土地投机者手中。同时,联邦政府还建立了养老金制度,对联邦军队的伤残士兵和军人遗孤寡妇提供财政补助(这项举动可被

---

[①] U. S. Congress, An Act donating Public Lands to the several States and Territories which may provide Colleges for the Benefits of Agricultural and the Mechanic Arts (2 July 1862), in *Statutes at Large*, vol. 12, 503-505.

[②] U. S. Congress, An Act to Secure Homesteads to Actual Settlers on the Public Domain (20 May 1862), *Statutes at Large*, vol. 12, 392-394.

视为联邦政府最早实施的联邦性福利项目)。这些活动无疑扩大了联邦政府的功能,加强了政府对经济的干预以及对人民生活的影响。

1863年,国会通过了《强制兵役法》,要求所有25—45岁的男性公民及有意归化成为美国公民的外国人响应总统的号召,参加联邦军队。凡拒绝服兵役的人将被视为逃兵,并被处以罚款和监禁。① 最终大约有40万左右在外国出生的移民参加了联邦军队。《强制兵役法》也在一些州遭到反对和抵制。1863年7月,一些面临被征召入伍的纽约市民(多为爱尔兰裔移民)对联邦军队的招募官发动攻击,引发了长达4天的全城骚乱,导致了至少上百人的死亡。后经联邦军队荷枪实弹的镇压,骚乱才被平息,招募工作得以重新开始。

但引起更大争议的是联邦政府对战时公民权利的管制问题。在战争初期,林肯曾命令在部分地区暂时取消人身保护令状的使用。由于战事紧张,许多公民遭到军事人员的逮捕,既未被告知遭捕的原因,也不能寻求法庭的保护。虽然地方法官试图以启用人身保护令状的方式将被捕者释放,但联邦军队和执法官拒绝了法院的请求。这种情形导致了民事和军事法庭的冲突。1862年9月,林肯发表文告,宣布所有逃避和抵制服兵役的人都将受到《戒严法》的惩处,他们将由军事法庭来审判,林肯还取消了所有已经以这种理由被起诉者的人身保护令状特权。② 全国各地有许多人因此被捕。林肯这项政策引起最高法院大法官坦尼的反对。1861年,坦尼曾在梅里曼案的判决中对林肯的权威进行挑战。他认为,总统无权禁止人身保护令状特权的行使和享有,总统部门只有支持和执行法院决定的权力。③ 林肯的司法部长爱德华·贝茨称坦尼的理论荒谬,强调联邦政府的三个部门都有权保卫联邦。国会则对坦尼的判决不予理睬,给予林肯全面的支持,并于1863年颁布了《人身保护令状法》,支持以国家安全为理由取消人身保护令状的

---

① U. S. Congress, An Act for enrolling and calling out the national Forces, and for other Purposes (3 March 1863), *Statutes at Large*, vol. 12, 731-737.

② Abraham Lincoln, Proclamation (24 September 1862), in *Messages and Papers*, vol. 7, 3299-3300.

③ *Ex parte Merryman*, 17 Federal Cases 144 (Circuit Court, Maryland, 1861) (Case No. 9487).

政策，准许军事人员无视法院关于人身保护令状的命令，但要求军事法庭在查清被捕人无罪后应释放他们。① 这条法律的合宪性曾在1864年左右遭到民主党人攻击。

直到1866年，在米利根案的判决中，最高法院才正式宣布总统停止人身保护令状的做法是违宪的。米利根是印第安纳州的一位反战的民主党人，1864年年底因企图与人合谋夺取联邦军营的武器、释放被关押在北部联邦军队监狱中的邦联战俘而被联邦军队逮捕。当时，印第安纳州并不是内战的战区，司法审判的正常程序和运作并没有中止，但联邦军队担心当地居民组成的陪审团会对米利根的行为持同情态度，于是将米利根及其同谋者交给一个临时军事法庭审理。军事法庭以叛国罪判处米利根及同党死刑。米利根不服，以军事法庭的审判违反了宪法规定的陪审团程序为名，向联邦巡回法庭提出上诉。巡回法庭就此向联邦最高法院征询意见。最高法院以9—0票的表决对此案做出了判决。

最高法院的意见称，国会虽然有权允许总统终止人身保护令状特权的使用，但这样做的条件是极其有限的，即只有在联邦法院不能正常运作的情况下才能做出这样的决定。大法官戴维·戴维斯在此案的判决中写道，国会和总统的权力中都包含了"许多附属性和辅助性权力"，这些权力对正常的权力运用"有重要的作用"，但无论在战时还是和平时期，总统都不能越权侵犯国会的权力，国会也不能侵犯总统的权力，"两者都是人民的公仆，人民的意愿是通过国家的基本法来表现的"，所以，"除非遇到十分紧急的情况，没有任何人可以在未经国会同意的情况下建立法庭对平民或军人进行审判和惩罚"。他宣称：宪法并不因为紧急情况而可以被任意中止，只要民事法庭继续存在和继续运作，公民的司法正义特权——包括宪法规定的人身保护令状特权和受审时有陪审团参与的权利——不能被任意剥夺。在这一判决中，戴维斯还写下了一段名句："无论是在战时还是和平时期，美国宪法对于统治者和人民来说都是法律，它在任何情况下、任何时候、为所有不同

---

① U.S. Congress, An Act relating to Habeas Corpus, and regulating Judicial Proceedings in Certain Cases (3 March 1863), in *Statutes at Large*, vol. 12, 755-758.

类别的(美国)人提供保护。"①此刻,最高法院的首席大法官是萨蒙·蔡斯,他原为林肯政府的财政部长,1864年在坦尼去世后被林肯任命为首席大法官。蔡斯是一个坚定的废奴主义者,在保卫联邦和解放黑奴问题上与林肯的立场是一致的,但在人身保护令状特权的问题上,他支持了最高法院多数派的意见。

## 四 奴隶解放的宪政意义

### 逃奴问题与林肯政策面临的挑战

尽管美国内战是因奴隶制而起,但在战争初期林肯和共和党国会对奴隶制问题一直采取不干预的态度。林肯最初的意图是将内战控制在原有的宪法结构下进行,即继续遵循宪法的重要原则,如不侵犯财产权之类。虽然林肯本人是坚决反对奴隶制的,但在战争初期,他和共和党中的大多数人并不愿意把内战看成是一场消灭奴隶制的斗争,而更倾向于将其看成是一场拯救联邦的斗争。用黑人领袖弗雷德里克·道格拉斯的话来说,内战开始的时候,南部之所以要打仗"是为了要把奴隶制带出联邦之外",而北部打仗"则是为了将奴隶制限制在联邦之内";南部想使奴隶制摆脱联邦宪法的约束,而北部则想继续用宪法来约束奴隶制;南部希望通过内战打出一种对奴隶制无限制发展的"新的保证",而北部则是力图确保"旧的保证"的有效性;双方都"讨厌黑人",双方都"欺辱黑人",双方都并不想要解放黑人。②

林肯最初的不干预政策主要出于下列几种考虑。首先,林肯将内战的首要目的看成是保护联邦,而不是消灭奴隶制。其次,林肯认为,联邦并没有因南部的退出而瓦解,退出联邦的举动只是南部各州个别公民的反叛行为,不能被当作是州的行为,联邦宪法仍然是有效的,宪法中对于奴隶制的保护的承诺仍然是有效的,为了维护宪法的权威,奴

---

① *Ex parte Milligan*, 71 *U. S.* 2-142 (1866).
② Frederick Douglass, "Speeches Delivered in Boston at Massachusetts Anti-Slavery Society's 32nd Annual Meeting on 1 January 1865," *The Frederick Douglass Papers*, ed. John Blessingame, et al., 5 vols. (New Haven: Yale University Press, 1983-1992), vol. 4, 64.

隶主的正当财产权利不应受到侵犯。与此同时,林肯也考虑到边界州(即马里兰、肯塔基、特拉华和密苏里四个位于南北交界之处的、尚未退出联邦的蓄奴州)的政治稳定问题,不希望采取过激措施,使这些州的亲邦联分子得势,进而把这些州带出联邦。此外,激进的废奴政策也受到共和党派别政治的约束。共和党是战前北部各种反对奴隶制政治势力的暂时性政治联盟,虽然这些力量都反对奴隶制在联邦领土上的无限制的蔓延,但并不要求立即废除奴隶制,更少有人将解放黑奴作为该党的政治目标。在这些考虑之下,奴隶制被看成是各州的"内政",只要不扩张,联邦政府便不能随意干涉。[①] 显然,林肯的不干预政策与他当时所处的位置和他当时持有的宪政观有重要的关联,他希望在不触动旧的宪政体制的前提下解决奴隶制问题。

在这种情况下,林肯政府一开始没有考虑立即解放奴隶的政策。林肯担心,以总统名义干预或废除南部的奴隶制会使北部的政治联盟产生分化,使保卫联邦的战争失去宪法上的合理性。林肯鼓励国会通过决议表示联邦不会废除奴隶制,并继续称奴隶制是各州自行管理的事务。与此同时,林肯也希望通过金钱补偿和移民(即将释放的黑奴移出美国)的方式来解决奴隶制的问题。

然而,战事的发展和奴隶们主动采取的行动很快打乱了林肯的计划,将解放奴隶的问题不容回避地推到了林肯和共和党人面前。战争开始后,南部邦联政府下令强行征用奴隶和自由黑人作为劳动力,为邦联军队修筑工事和担任运输工作。许多自由黑人拒绝服从南部邦联政府的命令,不但不为邦联工作,反而自由流动,并帮助被征用的奴隶逃脱劳役。南北交战开始后,逃奴开始大量出现。奴隶们利用战争带来的机会,逃离种植园和邦联工事,向联邦军队驻扎的地方靠近。[②] 联邦

---

[①] 关于这方面的讨论,见 Harold M. Hyman, *A More Perfect Union: The Impact of the Civil War and Reconstruction on the Constitution* (Boston: Houghton Mifflin Company, 1975), Chapters III & IV; David H. Donald, *Lincoln* (New York: Simon & Schuster, 1995), Chapter 12; Donald, *Lincoln Reconsidered: Essays on the Civil War Era*, 2d ed. (New York: Vintage, 1956), Chapter 7.

[②] 关于描述和报告逃奴情况的各种原始文献,见 *Freedom: A Documentary History of Emancipation, 1861-1867, Series I, Volume I: The Destruction of Slavery* (以下简引为 *Freedom*), ed. Ira Berlin, et al. (Cambridge: Cambridge University Press, 1985)。

军队每到一处,都有逃奴进入联邦军队的防线。而逃奴的主人也经常跑来向联邦军队索回逃跑的奴隶。用历史学家芭芭拉·菲尔兹的话来说,奴隶用自己的逃跑开始了自我解放的行动,他们在林肯还没有想到解放他们的时候开始了自我解放的运动,奴隶们"对林肯是他们的解放者这一点的认识先于林肯本人"。①

逃奴的出现使联邦军队的将领面临了一个两难的局面。根据林肯的命令,联邦军队的任务是镇压南部的反叛分子,保卫宪法的权威,维护联邦的统一与完整。维护宪法权威,意味着联邦军队必须维护宪法明确保护的公民权利,包括奴隶主拥有奴隶的权利,也就是说,联邦军队必须执行1850年国会通过的《逃奴法》,把逃向联邦军队的奴隶归还给奴隶主,尽管归还的奴隶很可能被南部邦联政府再次征用为劳动力。如果联邦军队不归还逃奴,应如何处置这批"敌产"?是把逃奴继续看作奴隶、还是把他们当作自由人?显然,意想不到的奴隶自我解放的运动对林肯和共和党国会奉行的不干预地方奴隶制的政策提出了严重的挑战。而如何处理逃奴问题则成为了对具体执行命令的联邦军队指挥官的一个重要的政治考验。

## 奴隶的自我解放与"敌产没收"政策的起源

最先在逃奴问题的处理上违反"既定方针"的联邦指挥官是来自马萨诸塞州的本杰明·巴特勒。巴特勒是一名"政治将领"(political general),因他的政治影响力而非军事才干或资历,被任命为联邦军队的将领。1861年4月,巴特勒率领军队进入弗吉尼亚东部海岸,意图堵截南部邦联军队的退路。可是当巴特勒的军队进驻门罗要塞后,当地的一些逃奴涌入联邦军队管辖的领域,要求得到保护和收留。这些逃奴中有一部分人是南部邦联军队征用的劳力,他们是在自由黑人的帮助下才得以逃脱的。巴特勒命令部下将逃奴收留,并用其中的身强力壮者来为自己的军队建筑工事。随即,巴特勒向联邦军队总指挥官温菲尔德·斯科特和陆军部长西蒙·卡梅伦写信,解释了他收留逃奴

---

① Barbara J. Fields, "Slavery, Race, and Ideology in the United States of America," *New Left Review*, no. 181(May/June, 1990), 111.

的理由。巴特勒说:邦联政府正在使用当地的奴隶修建炮台工事,大量被征用的逃奴带着他们的家庭逃入了他所管辖的区域,他起初"不知道应如何处置这种(特殊)财产",但考虑到这些逃奴中的身强力壮者可"为己所用";他决定留用这些逃奴,并向他们和他们的家庭提供食物,算是对他们付出的劳动的回报。巴特勒强调说,他收留的逃奴中,至少有十几人是从附近一个南部邦联的炮台中逃跑出来的,而南部邦联军队还从炮台向他的军队开炮,"要是没有这些奴隶的帮助,炮台也许会被拖延好几个星期才能建成",收留这些被南部邦联征用的奴隶,等于抽走了南部邦联军队的辅助力量。① 作为一个政治人物,巴特勒意识到收留黑奴会引发的一系列政治和法律问题。但他认为,既然目前南北之间进行的是一场真刀真枪的战争,凡是能够削弱敌人力量的措施都应采用,更何况收留逃奴可将为南部邦联军队服务的劳动力转变成为联邦军队服务的力量。关于收留逃奴所包含的政治意义,巴特勒避免谈论,要求上司给予考虑,但他认为,从军事角度来看,剥夺奴隶主使用奴隶来反对联邦的权利是"一项必要的措施"。② 这样,巴特勒按照战争的规律,把逃奴看成是一种"战时敌产"(contraband),予以没收,为己所用。

巴特勒的做法在当地黑人中产生了极大的影响,弗吉尼亚东部的黑人纷纷逃奔到门罗要塞,要求成为联邦军队的"敌产"。奴隶的行动和巴特勒的对策对林肯的不干预政策提出了直接的挑战。虽然此时林肯本人正在通过各种渠道,说服一些州采取主动,以渐进和补偿的方式废除奴隶制,但联邦军队将领面临的逃奴问题需要立即得到解决。联邦政府原来希望通过不干预政策来削弱支持邦联的力量,但奴隶们争取解放的自发行动迫使联邦政府改变原来的政策。

巴特勒的这一行动使共和党的宪法理论家弗朗西斯·利伯尔立即认识到,逃奴本身的做法已提供了宪法上解放黑奴的理由。利伯尔说,奴隶制只能在一个稳定宪法结构下存在或受到其他州的认可,但当南

---

① Commander of the Department of Virginia to the General-in-Chief of the Army, Fortress Monroe, Va., 27 May 1861, in *Freedom*, 70-71.
② Ibid., 71.

部邦联使用武力进行反叛时,它们事实上已自动放弃了宪法原有的对奴隶制的保护。利伯尔写信敦促林肯的司法部长和国会共和党领袖,要求联邦政府宣布逃奴为自由人。他说,内战是一场遵循"自然法则"的战争,它并不承认"种族和肤色的差别",所以"当一个黑人逃向我们的军队时,他如同从敌人的阵营跑出来向我们求助,这种做法与一个白人从敌人的领土上跑出来向我们寻求保护,在本质上是完全一致的"。因此,他坚持联邦政府必须解放所有的逃奴。①

巴特勒的"敌产"政策得到了联邦军事部门的批准。战争部长卡梅伦在1861年5月30日的回电中指出,虽然联邦和州都不能违背自己的承诺,但"没有比消灭和镇压那些为了推翻联邦宪法而组成的武装力量更为重要的责任了"。他指示巴特勒一方面继续遵守不干预政策(尤其在边界州内),但在那些继续为南部邦联控制的区域内,联邦军队可"拒将自动进入联邦军队警戒线内的逃奴交还给那些自称是逃奴的主人的人"。卡梅伦并指示说,巴特勒可暂时使用这些逃奴,但他们的最终处置将留待未来去决定。② 卡梅伦本人并不是一个激进共和党人,对解放奴隶之事并不格外热心,但发生在门罗要塞的逃奴事件显然改变了他的看法。事后,他对激进共和党人的领袖人物查尔斯·萨姆纳说,内战将只能以"扫除奴隶制"而结束。③

### 《敌产没收法》的实施

逃奴的自我解放和巴特勒的"敌产"政策也促进了国会对此采取必要的行动。1861年8月,国会制定了《1861年敌产没收法》,从法律上对巴特勒的"敌产"政策进行了肯定。这项法律规定:奴隶主如果允许自己的奴隶或奴隶的劳力被用于任何支持南部邦联政府的活动,该

---

① Francis Lieber to Charles Sumner, New York, December 19, 1861; Lieber to Edward Bates, New York, June 8, 1862, in *Francis Lieber Papers*, Huntington Library; 引自:Xi Wang, *The Trial of Democracy: Black Suffrage and Northern Republicans, 1860-1910* (Athens: University of Georgia Press, 1997), 7-8。

② Secretary of War to the Commander of the Department of Virginia, Washington, May 30, 1861; in *Freedom*, vol. 1, 72。

③ Charles Sumner to the Duchess of Argyll, Boston, 4 June 1861, *Sumner Papers*, Huntington Library。

奴隶主对其奴隶财产的所有权即宣告作废,奴隶将被从南部邦联的劳役中解脱出来。① 换言之,如果一个奴隶主允许自己的奴隶被南部邦联政府或军队所征用,联邦军队有权将这些奴隶作为敌产收缴,并将其用来为联邦军队的事业服务。根据卡梅伦的解释,《敌产没收法》主要在南部邦联军队控制的区域内实施,因为在这些区域里原来的联邦法律(即联邦与州之间的政治契约)暂时地失效了,这些地区公民的权利必须服从于"因反叛而造成的军事形势"的需要,言外之意,联邦军队不必死板地遵守战前《逃奴法》的规定,将逃奴归还给他们的主人。卡梅伦认为比较棘手的问题是区分逃奴的主人究竟是忠于还是背叛联邦的,他指示巴特勒将逃奴统统收留,对他们付出的劳动给予详细的记载,战后再由国会来统一处理。他相信如果逃奴的主人并没有参加反对联邦的行动,战后会得到"公正的补偿"。②

值得注意的是,《1861年敌产没收法》对逃奴的地位没有作明确的定义,没有说明作为敌产的奴隶到底是自由人还是奴隶。尽管如此,对巴特勒这样的联邦将领来说,逃奴已不是奴隶,而是自由人了。巴特勒认为,如果继续把逃奴当作财产来看待,那他们只能是"他们的拯救者的财产",即联邦军队的财产,但既然联邦"并不需要而且也不愿意拥有这样的财产",所有围绕逃奴的产权关系就应随逃奴的被收留而终结,逃奴也因而恢复了上帝赋予的"正常的"自由状态,不再为任何人所拥有。③

共和党人中的激进派也做出了同样的结论。他们认为,虽然北部进行内战的目的只是为了"限制奴隶制",但将奴隶制与内战分开是"荒唐的和极不可能的";无论内战结果如何,共和党人和北部都必须

---

① United States Congress, An Act to Confiscate Property Used for Insurrectionary Purposes (6 August 1861), in *Statutes at Large*, vol. 12, 319.
② Secretary of War to the Commander of the Department of Virginia, Washington, 8 August 1861, *Freedom*, vol. 1, 73-74.
③ Benjamin F. Butler to Simon Cameron, 30 July 1861, in *Private and Official Correspondence of Gen. Benjamin F. Butler during the Period of the Civil War*, 5 vols. (Norwood, Mass., 1917), vol. 1, 185-188.

面临奴隶制和逃奴的问题。① 共和党的政治顾问利伯尔也认为逃奴从主动进入联邦军队警戒线内时起,他们就"必须是而且事实上也只能是自由人",因为联邦政府"不可能是奴隶的买卖者",而且联邦士兵只能将逃奴作为人而不是物来对待。利伯尔认为,奴隶制是人类社会发展到一定阶段的产物,原本为自然法所不容,人与物(thing)是不能混为一谈的,非洲人沦为奴隶完全是"地方法"(municipal law)与暴力共同作用的结果;而内战"使所有人都回到了人原来所处的本来位置",内战是依照自然法进行的,而"自然法并不承认肤色的差别",所以在战争中还继续谈论保护宪法承诺的权利未免过于迟钝和迂腐。② 利伯尔认为国会应该明确无误地宣告所有进入联邦军队管辖区的奴隶都因此而获得了自由。③

虽然没有确立逃奴的法律地位,《1861年敌产没收法》仍然有重要意义。它消除了围绕逃奴问题产生的法律争论,将原来由州掌握的对奴隶制的控制权部分地转移到联邦政府手中,为奴隶的最终解放奠定了法律基础。与此同时,在允许联邦军队收留逃奴的同时,《敌产没收法》改变了南北对抗的性质,南部邦联政府在法律上成为联邦政府的敌人。

但在具体实施过程中,《敌产没收法》的效果有限。卡梅伦一方面支持和鼓励下属利用《敌产没收法》来打击南部邦联,但另一方面又强调在联邦控制的区域内继续实施原来的各种有关奴隶制的联邦法律,包括《逃奴法》。在边界州和联邦控制的一些南部地区,解放奴隶的工作因受到抵制进行得非常缓慢。1861年11月,驻扎在密苏里州的联邦军队西部指挥官约翰·弗里蒙特曾宣布在该地区实行军管,并将所有反对联邦、聚众闹事的奴隶主的财产没收充公,将其奴隶宣布为自由人。这项措施引起了密州奴隶主的强烈反抗。林肯担心弗里蒙特的激

---

① Charles Sumner to the Duchess of Argyll, Boston 18 November 1861, *Sumner Papers*, Huntington Library.
② Francis Lieber to Charles Sumner, New York, 19 December 1861, *Lieber Papers*, Box 42, Huntington Library.
③ Francis Lieber to Charles Sumner, New York, 29 November 1861, *Lieber Papers*, Box 42, Huntington Library.

进政策导致密州或其他边界州退出联邦,下令弗里蒙特修改他的军管令,在抗争无效后,弗里蒙特只得执行林肯的命令。① 在其他一些边界州,联邦军队甚至开始拒绝接受逃奴。②《敌产没收法》在南部得到实施,但实施的力度并不平衡,在一定程度上取决于联邦军队指挥官的政治意识。例如,联邦将领塞缪尔·柯蒂斯本来是一个坚定的废奴主义者,在1862年2月率军深入到阿肯色州时,利用《敌产没收法》赋予的权力,将许多被邦联政府强征去修筑工事的奴隶予以"永久的解放"。柯蒂斯命令部下对这些黑人发放自由证书,允其持证跨越联邦军队的区域北上。③ 在这种情形下,柯蒂斯签署的通行证变成了奴隶得到自由的证明。他所带领的联邦军队成为了一支事实上的解放军。但是,在亨利·哈勒克进驻的密西西比州,解放黑奴的工作进行得则比较缓慢。哈勒克基本上遵循原来的不干预政策,命令部队不准任意接受逃奴。他强调联邦军队不能对奴隶与主人的关系进行判断(即不能因逃奴的要求对其进行收留),坚持联邦军队的任务是粉碎反叛,而不是解放奴隶。④

1862年4月,戴维·亨特尔率领的联邦军队占领了南卡罗来纳、佐治亚和佛罗里达三州沿海的海岛群后,要求联邦政府允许他征用当地的黑人参加联邦军队,增强兵力,这一要求没有得到联邦政府的理会。5月,亨特尔发布文告,宣布出于军事需要,对南卡罗来纳、佐治亚和佛罗里达等州实施军管,并宣布上述地区的所有奴隶从此"获得永久的自由"。⑤ 亨特尔的文告在黑人中间引起了一阵兴奋。但10天后林肯发布了一个公告,宣称亨特尔的解放文告无效。林肯指出,他对亨特尔的文告事先并不知情,对解放奴隶这样重大的问题,他绝不会轻易

---

① John C. Fremont, Proclamation by the Commander of the Western Department, Saint Louis, 30 August 1861, in *Freedom*, vol. 1, 415-16.
② *Official Records*, ser. I, vol. 3, 469-70, 477-78, 485-86; in *Freedom*, vol. 1, 415-16.
③ Henry Halleck, Order by the Commander of the Department of the Missouri, 20 November 1861, in *Freedom*, vol. 1, 417.
④ Order by the Commander of the Army of the Southwest, 15 August 1862, in *Freedom*, vol. 1, 292.
⑤ David Hunter, General Orders, No. 11 (9 May 1862), in *Messages and Papers*, vol. 7, 3292.

交由指挥作战的将领来处理。但他隐含地表示,只有当解放黑奴问题成为"维系政府必不可少的需要时",他才会考虑这样的决定。① 林肯在文告中重申以渐进和补偿性的方式废除奴隶制的主张。②

此时,林肯已经开始考虑解放奴隶,并认为解放黑奴也等于为"已经获得自由的人的自由提供保障",但他仍希望采取逐步解放的方式,即用30年左右的时间来逐渐消除奴隶制。林肯希望时间的长度可以大大地削减奴隶主对废止奴隶制的不满。③

随着战事的发展,《1861年敌产没收法》已不能处理更为复杂的逃奴问题了。在路易斯安那州,联邦军队完全被前来投奔的逃奴和自由黑人包围了。1862年5月,驻扎在新奥尔良的巴特勒写信向新任战争部长埃德温·斯坦顿求援。巴特勒说,前来投奔联邦军队的黑人太多,他们"要求得到联邦军队的收留和食物,并希望留下来";因为路易斯安那南部的许多奴隶主对南部邦联的活动并不十分热心,而只是被动地被牵着鼻子走,所以,联邦军队很难区分哪些逃奴的主人直接参与了邦联;按照《1861年敌产没收法》,联邦军队只能接受一部分逃奴,将其他的逃奴拒之门外。巴特勒认为这种作法极不公平,但他确实又无力接受所有的逃奴。"我连自己区域内的白人也喂不饱,尽管我已竭尽全力,但妇女和儿童仍然在挨饿。"巴特勒还提出:"如果进入我们管辖的区域就等于获得了自由的话,自由就是一种恩惠(a boon),应该是依照先来后到的秩序来得到。"巴特勒还在信中隐约敦促联邦政府全面废除奴隶制,因为奴隶制对美国实在是"一种诅咒"(a curse)。④

### 《解放宣言》与内战性质的转换

1862年下半年,联邦军队对南部邦联的春季攻势遭遇失败之后,联邦军队对人员和物资补给的要求日益增大,北部各州也急于要求起

---

① Lincoln, *Proclamation* (19 May 1862), in *Messages and Papers*, vol. 7, 3292-93.
② 林肯在1862年3月6日向国会的特别咨文中提出:联邦政府与各州共同合作,采取一种逐步废除奴隶制的政策。Lincoln, *Message to Congress* (6 March 1862), ibid., 3269.
③ Lincoln, *Proclamation* (19 May 1862), ibid., 3292-93; Lincoln, Second Annual Message (1 December 1862), ibid., 3337-38.
④ Benjamin F. Butler, Commander of the Department of the Gulf to the Secretary of War, New Orleans, 25th May 1862, in *Freedom*, vol. 1, 203-207.

用黑人来替代逃役的白人以补充兵员;同时,华盛顿方面也希望作出道义上的姿态,在外交上争取欧洲国家的支持和同情,阻止这些国家介入内战,甚至帮助南部邦联。这一切使林肯和国会都意识到对奴隶制必须采取更为激进和坚决的政策。连政治上保守的联邦军队指挥官乔治·麦克莱伦在1862年7月给林肯的信中也指出,虽然强制性地废除奴隶制还为时过早,但解放黑奴已经成为一种"军事需要"。他暗示,内战应该有一个更有政治意义的政策来指导,这个政策应该"渗透基督与自由的精神",能"得到每一个忠于联邦的人的支持,能深深打动反叛州和外国民族,并得到上帝的赞许"。①

在各种力量的推动下,国会于1862年7月通过了第二个《敌产没收法》。该法宣布:凡是参与了反叛联邦活动的奴隶主所拥有的奴隶都永远地获得自由。比起《1861年敌产没收法》,新的《敌产没收法》几乎覆盖了所有南部邦联支持者拥有的奴隶,而不仅仅是那些被南部邦联军队征用的奴隶。新的《敌产没收法》还规定由联邦法院来决定一个奴隶主是否忠于联邦,决定一个奴隶是否应被定义为"敌产";同时严禁联邦军队中的任何人将逃奴退还,并保证那些愿意移居国外的黑人将获得自由人的权利。显然,新的《敌产没收法》保护了所有投奔到联邦军队来的逃奴,并赋予他们自由人的地位。② 同一天,国会还颁布了《民兵法》,规定如果逃奴的主人参与了反叛联邦的活动,这些前奴隶可以直接受联邦政府雇佣,为联邦军队服务。③ 这两项法律基本上跟上了军事形势的发展,也为林肯采取进一步的解放政策作了铺垫。

1862年7月22日,也就是在签署了《1862年敌产没收法》和《民兵法》之后,林肯发布了一个行政命令,将国会新通过的法律转换成联邦军队和海军的行动指南。林肯指示联邦军队在南部各州执行军事任

---

① George B. McClellan to Abraham Lincoln, Headquarters Army of the Potomac, July 7, 1862, in Edward McPherson, *The Political History of the United States of America, during the Great Rebellion, from November 6, 1860, to July 4, 1864* (Washington, D. C., Philip & Solomons, 1864), 385.
② U. S. Congress, An Act to Suppress Insurrection, to Punish Treason and Rebellion, to Seize and Confiscate the Property of Rebels, and for Other Purposes (17 July 1862), in *Statutes at Large*, vol. 12, 589-592.
③ U. S. Congress, Militia Act (17 July 1862), ibid., vol. 12, 597-600.

务时"为了军事需要和方便可以收缴任何财产,无论是不动产还是奴隶财产",并指示军队将领"尽可能多地雇佣具有非洲血统的人",并对他们的服务"给予合理的报酬"。①

同一日,林肯对内阁宣布,他将发布一个在南部邦联各州通用的解放奴隶的宣言。林肯的想法得到了内阁的一致支持。国务卿威廉·苏厄德(William Seward,旧译西华德)建议林肯选择一个联邦在军事上处于优势的时机来发布宣言,以显示联邦政府做出解放黑奴的决定并不只是出于军事上的原因。1862年9月22日,在南部邦联的马里兰攻势被击退之后,林肯发布了《解放宣言》(Emancipation Proclamation)的预告,给南部各州100天的期限,要它们放下武器,否则联邦政府将全面废除南部的奴隶制。1863年1月1日,《解放宣言》正式生效。宣言宣布:所有的生活在那些仍在与联邦军队对抗的南部各州或指定地区的奴隶立即并从此(henceforward)获得永久的自由;联邦政府及军队将"承认和保证"(recognize and maintain)前奴隶的自由;获得解放的黑人应忠实地参加劳动,并获取"合理的工资"(reasonable wages)。宣言同时宣布,获得自由的黑人可以参加联邦军队,为保卫联邦而战。②

《解放宣言》引起北部保守政治势力的反对,他们认为林肯的行动破坏了联邦政府不干预奴隶制的承诺,将南部奴隶主的财产权未经正当法律程序就予以剥夺,最使他们感到愤怒的是,宣言违背了宪法对奴隶制的保护。激进共和党人则认为林肯的宣言过于保守,过于局限,只解放了那些联邦军队还未征服的南部邦联地区的奴隶,而对已为联邦军队占领地区的奴隶和边界州的奴隶的自由问题只字不提,事实上并没有真正解放奴隶。

林肯和共和党人解放黑奴的动机是复杂的。毫无疑问,作为战时措施,宣言带有很强的功利性,但它不可避免地也是一种人道主义的努力和一桩极其紧迫的政治要求。从宪政的角度来看,宣言更是具有特别的意义。它实质上废除了南部邦联内的奴隶制,以总统行使战时权

---

① Lincoln, Executive Order, 22 July 1867, *Official Records*, ser. 3, vol. 2 397; in *Freedom*, vol. 1, 31.
② Abraham Lincoln, Emancipation Proclamation (1 January 1863), in *Messages and Papers*, vol. 7, 3358-60.

力的方式将奴隶制的控制权从州转移到联邦政府手中。林肯虽在宣言中称解放黑奴是为镇压叛乱而采取的"一个适合的和必要的战争措施"(a fit and necessary war measure),但他同时也坚信这个举措是"一个正义的行动"(an act of justice),是受联邦宪法支持的一种军事必要。① 尽管早在 1861 年就有共和党人提出解放奴隶来打击南部邦联,但那更多的是出于惩罚南部的动机,林肯的宣言则将奴隶的解放与内战联系起来了,使奴隶的解放成为内战的新内容。当林肯宣布联邦政府和军队将承认并"维系"(maintain)解放了的奴隶们的自由时,他实际上已开始改变内战的性质,将其从一场仅为保存联邦的战争逐步转化成为一场在意识形态、宪政秩序和公民构成方面重建美国的战争。如果我们说,奴隶的自我解放是内战性质转换的开始,那么,《解放宣言》则对这种转换予以了宪政上的不可逆转的认可和支持。

《解放宣言》更重要的意义是它为黑人参战创造了机会。虽然事实上大量黑奴在《解放宣言》公布前就逃离种植园,进入联邦军队的领域,但当宣言准许征集黑人入伍时,联邦政府事实上已正式邀请黑人参加联邦军队,这个举动比其他任何事件都更有力、更直接地奠定了战后黑人要求平等政治权利的法律基础:因为他们曾以生命和鲜血来捍卫联邦和赢得联邦的生存。自《解放宣言》颁布起,在黑人领袖们的积极鼓动下,大量黑人加入联邦军队。到战争结束时,有近 20 万的黑人在联邦军队服役,还有近 30 万的黑人为联邦军队修筑工事和承担运输工作。在当时 18—45 岁的美国黑人男性中每五个人就有一个黑人直接或间接地参加了打击邦联的战争。大量黑人士兵的参战创造了美国历史上前所未有的先例:白人与黑人士兵在联邦政府的统一指挥下肩并肩地为共同事业而战。这种新型的种族关系以及大量有关黑人士兵英勇行为的新闻报道,对激进共和党领袖们震动很大,可以说影响了他们对于战后美国社会重建的蓝图的设计。共和党人不仅深深意识到黑人群众要求自由的愿望之强烈,也认识到黑人具有高度的政治能力,并有强大的政治潜力,而这种政治潜力可以为共和党建立战后国家新秩序

---

① Abraham Lincoln, Emancipation Proclamation (1 January 1863), in *Messages and Papers*, vol. 7, 3358-60.

提供极有价值的帮助。内战将南部白人紧密地联合起来,组成反对联邦的统一战线,林肯的财政部长蔡斯私下说,在南部"黑人成为(联邦)唯一可信赖的忠于联邦的人口基础",他们的解放"也许成为他们最终获取选举权的必要的措施"。①

## 内战的宪政意义

内战解决了困扰战前美国宪政的两个根本问题。第一个是奴隶制问题,林肯的宣言和 1865 年国会通过的第十三条宪法修正案(将在下章讨论)宣布在美国永远地禁止奴隶制,从而将这个制宪者们遗留下来的问题彻底解决。奴隶解放将伴随美国宪法的一个巨大道德耻辱和政治恶性肿瘤割除了。第二个问题是美国联邦制性质的定义问题。内战是对美国体制生死存亡的考验,北方的获胜彻底粉碎了州主权和州权至上的种种理论,以林肯为首的共和党人领导的联邦经过与南部邦联的决战,战胜了分裂,建立了联邦主权的最高权威。内战前,美国的国家力量和概念是模糊的,联邦政府的威力和影响十分有限;而内战后,联邦国家得到真正的承认,联邦主权的崇高地位获得认可。战争扩大了联邦政府的权力,也使政治家和人民都看到了联邦政府所拥有的巨大的政治潜力,这对于联邦制在战后的发展有重大的意义。

内战把美国变成了一个真正具有统一主权、统一(政治)制度、统一宪政原则、统一意识形态的国家。州的权威依然存在,但在主权问题上被限制为一种从属于联邦国家的权威。州可以擅自退出联邦的理论和权力遭到彻底的否定。内战建立了美国公民首先是美国的联邦公民、然后才是各州的公民这一重要的现代公民国家建设的原则,并极大地扩充了联邦在没收财产、征税、管理货币、控制关税、引导经济发展、组建联邦银行系统、资助教育等方面的权力。内战可谓是美国从一个州主权为特征的松散的联邦制国家转向以联邦主权为特征的民族性联邦国家的关键过程,林肯在其中发挥了极为重要的作用。他通过一系

---

① Salmon P. Chase Diary, 3 August 1862, in Salmon P. Chase, *Inside Lincoln's Cabinet: The Civil War Diary of Salmon P. Chase*, ed. David H. Donald (New York: Longmans, Green, and Co., 1954), 105-106.

列措施有效而果断地将联邦政府变成了新的联邦体制的领导者。从这个意义上看,内战不仅保证了美国领土的完整,也保证了美国各区域间政治体制的统一。

新的联邦制原则在1869年(此刻距林肯遇刺身亡已有4年)的得克萨斯诉怀特案中为联邦最高法院明确地加以肯定。此案的背景是:重建时期(第五章将专门讨论),得克萨斯的重建政府采取行动,追回战前为州政府拥有、但在内战期间为邦联州政府出售了的政府债券;债券拥有者声称,内战之后,得克萨斯尚未正式回归联邦,不能算是一个州,按总统命令建立的重建州政府不是州的合法代表,不能在联邦法院起诉。首席大法官蔡斯在5—3票的判决中驳斥了这种说法。蔡斯指出,宪法所创造的是"一个由不可毁灭的州组成的不可毁灭的联邦"(an indestructible Union, composed of indestructible States),联邦内各州的联系"绝不是纯粹的人为的和任意的",联邦宪法的采纳正是"为了建立一个更完善的联邦",而联邦只能是"永久的"(perpetual)和"不可分解的"(indissoluble)。他同时指出,得克萨斯州参与南部邦联的反叛,的确使该州在战时丧失了一个合法的州政府,丧失了作为联邦成员的一切权利,但宪法授权联邦政府保障各州建立和实施共和政体,所以国会和总统有权建立临时的重建政府,而这个政府的宪法地位与正常的州政府完全相同。① 这项判决不仅从司法审查的角度将林肯在内战前提出的联邦观——即联邦是永久的、不可分解的政治民族共同体——变成了新的宪政原则,同时也非常及时巧妙地为战后总统和国会运用重建的权力提供了宪法理论上的支持。

内战虽然解决了奴隶制问题,但却因此引出许多新的宪政问题:如何创立一个新的宪政机制?如何使南部各州"民主"而"自然"地回归联邦?如何保证今后不再发生内战?如何界定获得解放的奴隶的权利与地位?如何清楚划分州和联邦政府在新的体制下的权限问题?内战因旧宪政秩序的失败而发生,但也为新宪政的设计带来了机会,开辟了新的广阔天地,然而,解决和回答这些问题并非易事。紧随内战而来的重建,将是对新一代美国制宪者们智慧和勇气的考验。

---

① *Texas v. White*, 74 U. S. 700-774 (1869).

**山姆大叔的感恩节晚餐(1869)**

　　这是美国内战与重建时期著名的政治漫画家托马斯·纳什特(Thomas Nast)的作品,首次发表在1869年11月20日的《哈泼周刊》上。当时正值国会共和党人努力推动第十五条宪法修正案(禁止联邦和州以种族理由剥夺美国公民的选举权)立法的关键时刻。纳什特的漫画表现出当时的共和党人致力于建立一个种族平等的"民主共和国"的精神风貌。图中,代表美国的山姆大叔在切火鸡,围绕餐桌而坐的是来自世界各地的人,包括欧洲人、非洲人、土著印第安人、亚洲人(包括华人)等。墙上挂的照片分别为林肯(左)、华盛顿(中)和格兰特(右,时任总统)。图下方两角的文字分别是"一人来,人人都来"(come one, come all)和"自由与平等"(free and equal)。餐桌中间的装饰物上的文字是"全民选举权"(universal suffrage)。见:"Uncle Sam's Thanksgiving Dinner," *Harper's Weekly*, November 20, 1869, p. 745。

　　图片来源:http://cartoons.osu.edu/nast/uncle_sam.htm

# 第五章　重建与新宪政秩序的建立

美国内战从1861年4月开始到1865年4月结束,历时4年,联邦和南部邦联双方阵亡和因伤而死的人数达62万(如前所述,最新研究已将此数字提高到75万人),受伤人数近40万,是美国历史上人员伤亡最多的一次战争。南部四分之一的白人青壮年战死沙场,一半以上的农庄、机器、铁路遭到破坏,三分之二的财富付之东流。但这场巨大的历史悲剧阻止了联邦的分裂和瓦解,保存了美国的完整与统一。随着战争的结束,如何重建联邦成为美国宪政的首要问题。实际上,当内战还未结束时,重建(Reconstruction)就已经开始了。在旧联邦制的基础上恢复联邦显然是不可能的了,这不仅因为内战摧毁了南部邦联的政治和军事实体,以武力否定了州主权的宪政理论,更重要的是内战废除了奴隶制,使南部400万奴隶获得了自由。黑人的解放毫无疑问地改变了南部的政治与经济秩序,所以,重建不再是一个按既存的宪法原则和程序将退出联邦的各州重新接纳进联邦的问题,而必须是一个重新设计和建立新的宪政秩序的问题,这个新秩序必须同时保证南部各州的政府和联邦政府本身都是真正意义上的"共和政体"。

这个新的宪政秩序应该如何制定?它应具备什么样的特征?它与原始联邦宪法如何发生关联?在新宪政秩序下,联邦与州的关系应如何确定?前南部邦联各州应在什么样的条件下重新回归联邦?谁有权来制定这些回归的条件?获得自由的南部黑人是否应该成为美国公民并立即获得与白人公民同等的权利?他们的公民资格应由州还是联邦政府来授予和确认?他们是否有资格参加新的南部各州政府的重建?对于国会和当时主导全国政治的共和党来说,所有这些问题都是陌生的、没有答案的。内战是1787年的制宪者们无法预料到的事件,原联邦宪法和宪政机制不可能对上述问题提供现成的答案。与此同时,内战又有它的特殊性。它是同一宪政体制下的两个组织化的政治和军事集团之间的一场较量,是一场围绕美国联邦体制的性质而进行的"血腥"的谈判。即便是在战争时期,南北双方的政治运作仍然遵循原有的宪政秩序,联邦政府更是将保存和恢复既有的宪政秩序作为内战的目的。在这种情形下,战后的宪政重建不可能完全抛弃原有的宪政理论和机制,代之以凭空想象或移植而来的宪政原则和实践,而必须依托和借用既存的宪政体制的平台,以此为基础来创建一个新秩序。因此,从宪政的角度看,重建既是一个体制创新的过程,也是一个体制继承的过程,是一种在继承中的创造。

这个过程将面临的困难是不言而喻的。总统、国会和最高法院的三权分立对联邦政府制定和实施统一的重建政策十分不利。与此同时,战败的南部白人对联邦充满了敌意,更增加了重建的困难。要建立一个新的宪政秩序,必须依靠政党的功能,而政党本身又是多种利益的组合体,各种利益需经过妥协才能形成共识,政治意愿才能转化为法律。所以,重建成为美国宪政史上最有创造性、也最有争议性的宪政改革时期。这时期美国宪法和宪政体制产生了一系列重要的改革,如废除奴隶制(第十三条宪法修正案),确立美国联邦和州的公民资格,赋予联邦政府保护公民权利的责任(第十四条宪法修正案),取消对于公民选举权的种族和肤色限制(第十五条宪法修正案),加强联邦政府对于公民权保护的执法力量(强制实施法案)等,这些改革永远地改变了美国联邦制的理论和实践,充实了美国宪法的内容。同时随这些宪政改革而产生的一系列政治变化,尤其是广大黑人对政治的参与,对于后来及至当今的美国民主的形式和内容都发生了深刻的影响。

## 一 重建初期的理论与实践

### 内战期间重建问题的出现

有关重建的问题自内战一开始就出现了,但并没有得到林肯和共和党人的重视。在战争初期,林肯强调,南部各州退出联邦、组成南部邦联的行动违反了联邦宪法,威胁了联邦的生存,联邦政府有权对其进行镇压,以恢复原来的宪政秩序。重建被看成是内战事务的一部分,并不是一个特殊的或另外的政治过程。在1861年7月致国会的特别咨文中,林肯陈述了联邦政府进行战争的宪政理由。他说,联邦宪法明确规定了联邦政府有责任保证联邦内各州必须实行共和政府的形式,所以,当一个州退出联邦时,"它也就放弃了共和政体",这时总统"将不无遗憾地行使(宪法赋予他的)战争权力来保卫联邦政府"。林肯强调,他举兵讨伐南部邦联的宪法权力来自宪法的第四条第四款("保证共和政体"条款),即联邦政府将保证联邦内各州实行"共和政体"。[①] 根据这一原则,当1862年10月联邦军队深入到田纳西、阿肯色和路易斯安那等州后,林肯立即发布命令,组建军事法庭和临时政府,并任命了军事总督来负责处理占领区的政治和法律事务。[②]

启用"共和政体"条款来进行内战和重建十分必要。事实上,在内战和重建期间,这一条款成为联邦政府重建南部州政府权力来源的主要宪法根据。从这一时期国会辩论和行政部门发布的文献中可以看出,无论是总统还是国会主导重建,两者都是依据这一条款来制定或支持自己的重建政策的。但"共和政体"条款的使用也带来不少宪政上的难题。首先是"共和政体"的定义问题。1787年费城制宪会议使用"共和政体"这一概念时,主要是指美国联邦和各州的政府形式应体现"人民主权"的原则,以区别于当时欧洲大陆的君主制或贵族制式的政府。但是,"共和政体"的具体内容是什么,应包括哪些具体的形式,宪法并没有详细说明和列举。此外,宪法中的"共和政体"条款包含了这样一种原意,即联邦内各州在政治体制上必须是统一的共和形式的政府,一旦州出现了"非共和式"的政府形式,联邦政府将有权予以改正。但如何予以改正,由谁来主持和指挥这个改正的过程,宪法也未作出详细说明。林肯在1861年的咨文中,把宪法赋予的战争指挥权与"共和政体"条款的权力联系在一起,理所当然地将负责重建的权力划归为总统战争指挥权的一种或战争权的延伸。

---

① Abraham Lincoln, Special Message (4 July 1861), in *Messages and Papers*, vol. 7, 3221-3232, at 3232.
② Lincoln, Executive Order Establishing a Provisional Court in Louisiana (20 October 1862), ibid., vol. 7, 3323-3324.

但是,随着战事的发展,尤其是奴隶的解放,重建的目标和内容开始变得复杂起来,应该由谁来主持重建的争论也开始出现,并成为十分敏感的问题。这里,有必要简单介绍一下内战和重建初期联邦内部政治力量的分布情况。自 1856 年起,共和党与民主党两党对峙,取代了民主党独霸政坛的局面,开始了美国政治史上的新一轮两党制。1860—1861 年间的一系列事件——共和党赢得总统选举、民主党的分裂、南部退出联邦和内战的爆发——使刚刚出现的新的两党制的有效性中断。内战期间,南部邦联完全为区域政治诉求所主导,党派政治彻底丧失了作用,也没有活动的空间。与此同时,北部各州均为共和党控制,联邦政府也因南部的退出而成为北部共和党人的天下。与南部不同的是,北部的民主党人并没有完全销声匿迹,他们在谴责南部退出联邦并表示效忠联邦的同时,并未放弃反对党的地位。但他们的势力单薄,不可能对共和党人形成任何有威胁性的挑战。所以,内战和早期重建时期,联邦政治基本上是共和党一党的天下。这也是重建政治的一个主要特点。

表 5.1　内战和重建时期国会共和党与民主党的力量对比

| 国　会 | 国会任期 | 参议院 | 众议院 | 总　统 |
|---|---|---|---|---|
|  |  | （共和党—民主党—其他） | | |
| 37 届 | 1861—1863 | 31-11-7 | 106-42-28 | 林肯 |
| 38 届 | 1863—1865 | 39-11-0 | 103-80-0 | 林肯 |
| 39 届 | 1865—1867 | 42-10-0 | 143-46-0 | 林肯/约翰逊 |
| 40 届 | 1867—1869 | 42-11-0 | 143-49-0 | 约翰逊 |
| 41 届 | 1869—1871 | 61-11-0 | 171-73-0 | 格兰特 |

资料来源:*Congressional Quarterly's Guide to U. S. Elections*, 3$^{rd}$ ed.（Washington, D. C.: Congressional Quarterly, Inc., 1994）, Appendix, 1344.

### 共和党人对重建性质与进程的不同认知

但是,共和党并不是一个内部团结统一的党。如本书第四章所述,共和党是由不同的北部政治派别组成,这些派别之所以能够在 19 世纪中叶联合起来,是因为它们都共同反对南部奴隶制向联邦领土的扩张和蔓延。这些党派在反对奴隶制扩张的同时,又带有各自的政治诉求,只是因为奴隶制问题变成了联邦政治的核心问题,反对奴隶制扩张才在这些党派的政治纲领中上升成为首要目标。从某种意义上说,这些党派希望利用反对南部奴隶制的扩张这场运动来实现它们原有的其他政治目的。正是在这样的情形下,反对奴隶制无止境地向联邦领土蔓延,强调劳动者的自身拥有,主张尊重和保护所有人的基本人权,便成为北部共和党内各派共同认同的政治原则。如历史学家埃里克·方纳所论证的,这种以强调"自由领土"(free soil)、"自由劳动"(free labor)和"自由人"(free men)为核心的原则也就成为内战前共和党的意识形态基础。[1]

然而,这个共同的意识形态并没有消除不同派别共和党人之间原有的政治诉求上的差异,也没有消除党内各派对其他一些重要问题——包括对黑人的态度、联邦制的本质和未来美国政治走向——认知上的不同。与此同时,内战从一场保卫联邦统一的战争转化成了一场事实上的全国性的奴隶解放运动,这种意想不到的发展迫使共和党人对战前的意识形态和政治观念进行调整和修订,以前停留在字面上的种族间的"自由"与"平等"、以及"共和政体"等概念因为战争和奴隶的解放成为了必须面对的挑战,这种情形要求掌握联邦权力的共和党人提出比战前那些空泛的口号更为具体可行的政策。但由于共和党内存在不同的派别,各派对于重建的性质和方法持有不同的看法或理论。这些不同的理论反映出共和党内不同的派别在一系列重要问题上存在着很大的分歧。这些问题包括内战的意义、"共和政体"概念的内涵、新旧美国宪政体制的区别以及重建的意义。在重建过程中,许多围绕重建政策的辩论往往不是在共和党人与民主党人之间进行,而是在共和党人内部进行,这可谓重建政治的另一个重要特点。

共和党内对重建的不同理论大致可分为下列三种。第一种理论认为,重建基本上应该是一个恢复战前联邦宪政秩序的过程,即一个"复原"(restoration)的过程,不存在"重建"(reconstruction)的问题。持这

---

[1] 详细论述见 Eric Foner, *Free Soil, Free Labor, Free Men: The Ideology of the Republican Party before the Civil War* (New York: Oxford University Press, 1970), Chapter 1。

种观点的人认为,根据从前联邦党人的联邦制理论,联邦是不可以分解的,既然如此,那么南部退出联邦的行为虽然违宪,但是无效的,所以,参加了南部邦联的各州在宪法意义上仍是美利坚联邦的成员;内战结束后,这些州可以自动回到联邦,按原有的方式恢复州政府,不必受到什么特别附加的条件限制,国会能要求它们做的最多只是新的州政府官员宣誓效忠联邦政府而已,国会无权剥夺这些州固有的管理本州内部事务的权力,包括对于奴隶制的处理、黑人地位和权利的界定、州政府的组成、公民选举权的规定等。鼓吹这种理论的是北部的民主党人、共和党和联邦政府内的保守派。他们把内战看成是一个不幸的事件,希望尽快恢复各州的自主权,及早化解南北恩怨。他们要求联邦政府严守战前联邦制的权力界限,不得侵犯州的主权。这种理论貌似合乎逻辑,在共和党的保守派中很有影响,但它无视黑人解放的现实,对奴隶制问题没有提出有效和永久性的解决方案,显然不可能为大部分共和党人接受。

第二种重建理论认为,尽管南部各州退出联邦的行为不为宪法所承认,但由于它们公然诉诸武力反叛联邦,已经丧失了共和形式的政府,也暂时地失去了作为联邦成员的资格和一切应有的权利,在法律地位上被降格成了未建州的联邦领土,属于联邦政府管辖,但还不具备州的资格,不能享有州的特权。在这种情况下,这些州的地位与其他的联邦领土一样,需由该州人民重新组织新的州政府,制定新的州宪法,按照宪法程序,向国会申请加入联邦,经国会批准后,才能成为联邦的成员。在被接纳进联邦之前,联邦政府有权对这些州进行管理,以保证其产生出共和形式的政府。与第一种保守的重建理论相比,这种理论强调联邦政府对州原有的部分权力的干涉,如要求各州必须宣布永久地放弃奴隶制,要求参加新政府的人宣誓永远效忠联邦,只要做到了这两点,这些州便可按原来的程序恢复或建立州政府。除邦联的高级官员外,其他参加过邦联政府和军队的南部人只要重新宣誓效忠联邦并得到联邦总统的赦免(pardon),即可参加各州政府的重建,而州内其他一切事务将由各州自行处理。显然,这种理论的主要目的是废除奴隶制,保证联邦永远不会再因此而发生内战,它并不要求改变原有的联邦制结构和权力划分。这种理论是大部分共和党人的共识。但不同权力部门的共和党人在实施方法上又存在区别。例如,总统部门强调,重建应由联邦政府的行政部门(即总统)来主持进行。各州重建的广度和深度、重建的具体政策和步骤以及各州是否达到了回归联邦的标准,均由总统来判断和决定。这正是林肯和他的继任者安德鲁·约翰逊在1863—1866年的所谓"总统重建"(即由总统领导的重建)时期的主要理论依据,也深为相当一部分温和派共和党人所赞同(应该指出的是,林肯与约翰逊对于重建的思想和具体政策并不完全一致,这点将在后面展开讨论)。

持第三种重建理论的共和党人多为激进派共和党人。他们同意第二种理论中的部分观点,即原南部邦联各州因退出联邦并武装反叛联邦已失去联邦成员的资格和地位,但他们认为,南部各州退出联邦的行动是一种政治上和宪政上的"自杀"行为,退出联邦等于自动中止了自己原来的宪法地位和权利,而后又被联邦打败,所以南部各州实际上处于战败方的地位,在这种情况下,联邦与南部各州的关系就不再是"复原",而必须是"重建";而且重建必须进行得深入彻底,联邦不仅要强行废除南部各州的奴隶制,而且要彻底改变南部原有的政治基础和政府结构。国会中的激进派共和党人相信,南部是不会甘心失败的,如果对南部奴隶主势力采取姑息和宽容的政策,这些州在恢复州的宪法地位后,会卷土重来,通过国会政治的方式与北部再次较量,争夺联邦的领导权。为了防止这种情况发生,激进共和党人主张在两个方面重建南部政治。首先是打击和消除旧的政治势力,严惩那些领导反叛联邦运动的南部上层政治人物,剥夺他们的政治权力;与此同时,由联邦政府出面,从法律上承认前奴隶的自由地位,赋予他们与白人公民平等的公民权和政治权,并允许他们参加重建。激进共和党人认为,只有将广大的黑人变成拥有投票权的公民,并由黑人和拥护联邦原则的南部白人组成南部各州的共和党,建立起与原奴隶主势力抗衡的新的南部政治力量,才可能保障南部各州的新政权掌握在忠于联邦的人手中,从而也保证共和党在联邦政府中的领导权。他们认为,唯有如此,南部的政治才可以得到根本的改变,真正的共和政府才能得以产生,联邦的安全才有长久的保障。

毫无疑问,激进共和党人的重建理论带有明显的党派利益色彩,他们显然希望通过重建南部的政治将共和党从一个局限于北部的区域党变成一个真正的全国性政党。但是，激进派的理论也带有更高层次的政治和意识形态目标。他们的观点至少表明，他们不再把重建看成是一个对旧宪政秩序进行修补的工作，而是一个重新定义"共和政体"的具体内容、改变和扩大美国民主的含义的过程，或者说，重建是一场社会革命。激进共和党人的重建理论一开始并不为其他共和党人所接受。尽管如此，国会共和党人有一种共识，即重建的领导权应由总统和国会分享，而不应由总统单独掌握。

总体来说，共和党内部至少在两个问题上存在分歧，其一是重建的性质，其二是重建的领导权。到底应让南部各州恢复其本来的政治实体（包括恢复战前执掌政权的那些人的权利等），还是应该对南部的政治进行改造（或要求其进行改造）？如果要改造，应在哪些方面进行？是有限度的改造还是彻底的改造？这些都成为重建政治的焦点问题。此外，应该由谁——国会、总统，还是南部各州自己——来决定重建的内容与程度？这些问题在宪法上都找不到准确的答案，加上重建的过程是一个政治过程，又涉及政党政治和联邦各部门间的权限问题，各种政治和法律因素交错复杂，重建的任务十分困难和艰巨。

## 林肯主导下的总统重建

对于林肯来说，重建的领导权应掌握在总统手中，因为联邦宪法中的战争权条款授权总统处理战争时期的宪政危机，而重建不过是解决战争后事的一种安排。而且宪法也规定总统有权对危害联邦的犯罪行为发布缓刑和大赦令（宪法第二条第二款），所以，重建是行政部门的事务，可由总统单独负责完成，无须国会插手。1863年12月8日，林肯不等国会有机会采取任何行动，便颁布了一个《大赦和重建文告》，其中宣布，除高级邦联官员外，所有南部人要宣誓效忠联邦和联邦宪法，宣誓支持奴隶解放的政策，在完成这些宣誓之后，他们将得到总统的赦免，不会因为反叛联邦而受到联邦的起诉和惩罚，他们的财产权（除拥有奴隶之外）将得到"完全的恢复"；当任何一个前邦联州宣誓效忠联邦的选民人数达到1860年总统选举中（即内战爆发前）该州选民总数的10%时，该州便可组织新的"共和政体"式的州政府，新建州政府必须无条件地支持联邦政府解放黑奴的政策和法律,并为黑人提供接受教育的机会。南部任何州在满足上列条件后,总统可宣布该州重建结束,该州在联邦国会的代表权应该得到恢复。这就是林肯的"十分之一"重建计划(The 10 Percent Plan)的主要内容。①

此刻,林肯重建计划的意图在于迅速从政治上瓦解还在与联邦作战的邦联,他的前提条件是南部对联邦的效忠和对奴隶解放的支持,这与他的《解放宣言》的精神是一致的。林肯决心不容许奴隶制再发生,因为那将是对黑人的"一种残酷的和令人震惊的失信"。② 但是,林肯显然在当时没有考虑到联邦政府应制定广泛的保护黑人权利的措施,他将这种保护的工作交由州去处理。他也未考虑给予黑人选举权的问题,认为那也是属于州的权力范围,联邦政府无权干预。林肯认为,黑人在各州的地位如何确定、他们是否应被赋予选举权,应由各州的新政府来决定。林肯也将国会排除在重建决策的过程之外,他之所以启用赦免权条款,目的就是为了避免重建问题落入利益交错复杂的国会手中,给重建带来不必要的干扰。

在林肯重建方案的指导下,联邦军队在已占领的邦联各州建立了临时政府,由林肯任命的军事州长签署和批准效忠联邦的宣誓证书。被赦免的南部人和南部的联邦支持者(Unionists)开始选出代表,通过新的州宪法。内战结束前,包括田纳西、阿肯色、路易斯安那和弗吉尼亚在内的四个前邦联州按照林肯的重建计划,完成了新的州政府的组建,向国会申请重回联邦。林肯希望国会能迅速接受这些州的回归申请,从而为其他州的重建树立一个模式。

## 国会对林肯重建政策的修正

对于总统重建的计划,国会内的共和党人持不同的看法。激进派(即持上述第三种理论的人)不赞成林肯重建计划的关键内容。他们

---

① Abraham Lincoln, Proclamation of Amnesty and Reconstruction (8 December 1863), in *Messages and Papers*, vol. 7, 3414-3416.
② Abraham Lincoln, Reply to Committee Notifying Lincoln of His Renomination (9 June 1864), in Abraham Lincoln, *The Collected Works of Abraham Lincoln*, ed. Roy P. Basler, 9 vols. (New Brunswick: Rutgers University Press, 1955-55), vol. 7, 380.

认为林肯将黑人的权利和地位完全交由各州的白人政府去处理是不明智的,更令他们担心的是,如果让南部各州轻而易举地返回联邦,这些州有可能再次利用国会的论坛,将战前的州权至上的政治理论和实践重新演绎一遍,夺回失去的联邦领导权。因此,他们主张对南部回归联邦提出更为严厉的条件。激进派虽然讲得极有道理,但他们毕竟是国会中的少数派。国会共和党人的大多数是温和派,他们是国会的主流力量。温和派虽然支持总统重建的思想和计划,但他们认为重建是关系到未来联邦命运的大事,国会至少应该分享一部分领导权;同时他们也有限地采纳一些激进派的意见,认为联邦政府至少要对南部各州的黑人提供一些必要的保护。在这种指导思想下,从重建一开始,国会一直寻机通过立法机制对总统重建的方案进行补充和修正。

从1863年年底开始,国会共和党人便开始讨论重建的程序和要求。1864年7月,国会通过了"韦德—戴维斯重建法案"(Wade-Davis Reconstruction Bill),该法案原则上同意林肯提出的由战前白人选民为新政府的选民基础的计划,但要求将林肯提出的10%的选民人数提高到至少50%以上,也就是说,南部各州在组建新的政府之前,要有大多数选民宣誓效忠联邦,并只准那些通过以"铁誓"保证绝对效忠联邦的人才能参加新的州政府的组成。该案同时要求各州在新的州宪法中废除奴隶制,取消南部邦联的一切债务,剥夺前南部邦联文武官员的政治权利,并保证州内所有人的自由。同时还命令联邦法院发出人身保护令将非法拘留的黑人劳工释放,并把任何捕捉和劫持黑人的行动定为联邦罪。与林肯1863年的重建计划相比,韦德—戴维斯法案对南部回归联邦提出了更为严厉和具体的要求,并提出了要对黑人提供一定的保护。但是,这项法案仍将黑人的权益问题留给南部各州去管理,并且也没有考虑将黑人纳入到重建的政治进程中来,没有要求各州赋予黑人以投票权。① 事实上,激进共和党人是希望在韦德—戴维斯法案中加入黑人选举权的条款的,激进共和党人疾呼,既然联邦已解放了黑

---

① U. S. Congress, An Act to guarantee to certain States whose governments have been usurped or overthrown a Republican Form of Government (8 July 1864), in *Messages and Papers*, vol. 6, 223.

人,就应该给他们平等的公民权和政治权,否则他们的自由是没有保障的。他们提出至少应该让参加了内战的黑人士兵参加各州新政府的组建,但国会中大部分共和党人对此呼吁无动于衷,坚持认为对于公民基本权利和政治权利的处理是州的权力,联邦政府无权插手。

尽管韦德—戴维斯法案并不十分激进,林肯仍将其看成是国会在重建问题上的不必要的插手,以"搁置否决"(即在接到法案的 10 天有效期内不予签署,让其法定效力逾期自动失效)的方式否决了此案。林肯否决的理由是该项法案中的要求与总统重建的计划有出入,如实施的话将影响已经完成重建的州的政府组成。① 林肯的否决激怒了国会的激进共和党人,他们决定抵制林肯的重建计划,拒绝接受路易斯安那州要求恢复国会代表权的申请。总统与国会针对重建问题开始出现对峙,南部回归受阻。

虽然林肯希望自己掌握重建的政策,但他希望国会至少通过一个新的宪法修正案,将解放奴隶的原则写进宪法,一劳永逸地废除奴隶制。这是林肯与国会在重建政策上陷入僵局后唯一可以达成共识的方面。激进共和党人企图利用国会讨论宪法修正案的时机将联邦对于黑人的全面保护和平等权利的条款写进宪法修正案,但温和派共和党人对此表示反对。他们担心,由联邦政府将保护黑人的条件强加于各州,会引起南部的激烈反弹,同时也会促使北部的保守势力借机发难。更重要的是,大部分共和党人此时并不赞成大幅度地修改原来的宪政秩序。国会最终拒绝在废除奴隶制时考虑黑人的地位和权力问题。

## 第十三条宪法修正案的制定

1865 年 1 月,国会通过了第十三条宪法修正案。该修正案包含两条内容,第一条宣布在美国及其所管辖的领土上永远地废除奴隶制,第二条宣布国会将有权以"适当的立法"(appropriate legislation)来实施这条宪法修正案。第十三条宪法修正案通过后,国会立即要求前邦联各州必须在批准这条修正案后才能得以重返联邦,等于对南部回归联

---

① Abraham Lincoln, Veto of the Wade-Davis Bill (8 July 1864), in *Messages and Papers*, vol. 6, 222.

邦设置了一个硬性的、不容讨价还价的前提条件。1865年12月，第十三条宪法修正案得到27个州的批准，正式生效。南部6个州（弗吉尼亚、南卡罗来纳、北卡罗来纳、佐治亚、阿拉巴马、路易斯安那）是在联邦政府的命令和压力之下批准此修正案的，没有它们的批准，第十三条修正案不可能在这样短的时间内得以生效，成为联邦宪法的一部分。

第十三条宪法修正案在美国宪法史上的意义不可低估。它以联邦宪法的名义明确禁止了在北美存在了250年之久的奴隶制，彻底否定了地方或州的奴隶制法律的合法性，取消了州政府在这个问题上的固有司法权。这是一个姗姗来迟的宪法革命，但也是一个前所未有的宪法革命。以联邦宪法名义宣布禁止实行奴隶制，将决定奴隶制命运的权力从州权变成了联邦权，结束了州与联邦在这个问题上的争论。

从两个方面看，这项修正案都革命性地扩展了联邦政府的权力。在意识形态意义上，通过废除奴隶制，第十三条修正案将《独立宣言》中宣示的人人生而平等的原则以宪法形式固定下来，废除原宪法对奴隶制的默认和保护，给原来那种近乎于机械性的宪政设计加入了明显的政治价值和道德原则，为联邦政府制定重建时期的政策奠定了理论基础。在机制上，第十三条修正案为国会建立后来第十四、十五条修正案作了必须和重要的法律铺垫。它从宪法上承认了已经存在的废奴事实，将林肯的《解放宣言》所宣示的废奴原则推广到全国范围内，使之成为一条具有最高性和永久性的宪法原则。该宪法修正案的第二款，即允许联邦政府通过任何适当的立法来实施这条修正案，也是十分重要的，等于给了国会围绕废奴进行立法的巨大权力，而这些权力在原宪法中是不存在的（尽管原宪法规定国会有权通过一切"适当的和必要的"法律）。随后的第十四、十五条宪法修正案都将附有相同的实施条款，这种安排是重建时期联邦政府行使新增权力的宪法根据。

在第十三条宪法修正案批准前，林肯开始意识到仅仅废除奴隶制显然是不够的，他希望各州应对黑人提供保护和给予平等权利，他甚至私下写信给路易斯安那州的军事州长，建议该州在组建新州政府时，将选举权赋予那些参加过保卫联邦战斗的黑人士兵和有文化的黑人，

"因为他们可能会在关键的时刻帮助保卫自由的成果"。① 但是,林肯不希望联邦政府来承担这种责任,他也不希望彻底改变南部的政治和社会秩序。国会内的大部分共和党人,包括激进派,都希望林肯能够作出一些让步,接受国会的重建计划。但是,林肯还没有来得及有进一步的行动和表态,便于1865年4月14日在华盛顿的福特剧院遭到南部极端分子约翰·威尔克斯·布思的刺杀,次日身亡。

## 二 激进重建和弹劾约翰逊的风波

### 约翰逊主导下的总统重建

林肯的突然去世使"总统重建"的重任落到了副总统安德鲁·约翰逊的肩上。约翰逊来自田纳西,原为支持联邦的民主党人。1864年,林肯竞选连任时,选他作为竞选伙伴,以显示南北团结、共同保卫联邦的精神。约翰逊本人出身贫寒,靠自己的奋斗进入政界。他代表了南部社会的中下层白人群体,对战前垄断南部政治的奴隶主势力十分仇视。约翰逊刚接任时,国会激进共和党人感到高兴,认为他会采纳比林肯更为激进的重建思想,接受国会制订的重建方案,对南部黑人的自由和权利提供足够的保护,并允许他们参加重建。但约翰逊的重建计划很快打破了激进共和党人的希望。

从1865年5月起,约翰逊宣布了一连串的新的总统重建计划,他将要求南部宣誓效忠联邦的人数提高到50%,但允许原来林肯计划排除的邦联高级官员中的大有产者(财产在200万美元以上)申请特赦。在批准特赦的同时,约翰逊还恢复了这些人的财产权。内战时期,根据《1862年敌产没收法》,联邦政府收缴了大量南部邦联支持者的土地(约85万英亩),并将这些土地租借给解放了的黑人使用;但约翰逊命令,如充公的土地中有获得他特赦的南部邦联分子的财产,联邦官员必须将其归还。约翰逊的重建计划还要求南部各州废除退出联邦的决

---

① Abraham Lincoln to Michael Hahn, 13 March 1864, in Lincoln, *Collected Works*, vol. 7, 243.

议,批准第十三条宪法修正案,免除南部邦联政府的战争债务。①

约翰逊的计划看起来与林肯的重建政策十分相似,在某些方面甚至更接近韦德—戴维斯法案的要求。但此刻战争已结束,南部邦联已战败,大量前邦联将领纷纷前来宣誓效忠,以求获得总统的大赦,重返政坛,恢复在战前拥有的地方领袖的地位。约翰逊重建计划对南部的要求对他们来说并不苛刻,对他们也没有什么特别的惩罚,似乎内战只是一场不幸的误会。而约翰逊对要求大赦和特赦的人也非常慷慨,1865年当年就有约13000名前邦联的高级官员和大有产者被特赦,重新获得了参政的资格。

约翰逊的内阁成员和国会激进共和党人不断提醒他说,此刻的形势与林肯时期相比已发生了变化,为了保证战后南部各州对联邦的忠诚,应该考虑赋予新解放的黑人以选举权,用忠于联邦的黑人的政治力量与仇视联邦的前奴隶主势力抗衡,捍卫内战的成果。他们建议约翰逊在他的重建计划中加入黑人选举权的条件。北部和南部的黑人领袖也向约翰逊提出了类似的要求。但约翰逊对此置之不理,坚持认为联邦政府无权规定各州公民的选举权资格,拒绝以联邦政府的名义在保护黑人权利的问题上采取任何行动。他认为,南部各州并没有退出联邦,抛开原宪政机制的重建根本就不必要。1866年2月,他在白宫会见了来访的黑人代表,向他们说明了为什么他不能命令南部各州赋予黑人选举权。约翰逊说,美国政府的"首要原则"是让"人民自己统治自己",他绝不可能在未经南部白人选民同意的情况下强迫他们赋予前奴隶以平等的政治权利,那样做只会导致连续不断的"种族(间的)战争"(war of races)。② 显然,约翰逊并没有把解放了的奴隶看成是南部各州"人民"的一部分,更重要的是,他完全无视了一个明明白白的现实,即作为前奴隶主的"人民"决不会轻易地让作为前奴隶的"人民"享有与自己同等的权利。

---

① Andrew Johnson, Proclamation (29 May 1865), in *Messages and Papers*, vol. 8, 3508-3510; Proclamation for the Mississippi Reorganization (13 June 1865), ibid., 3514-3516; Proclamation on Texas (17 June 1865), ibid., 3521-3523; Proclamation on South Carolina (30 June 1865) ibid., 3524-3526; Proclamation on Florida (13 July 1865), ibid., 3527-3529.

② Andrew Johnson, "Response of the President," *The Frederick Douglass Papers*, vol. 4, 103.

在约翰逊重建政策的指引下,南部各州相继召开州制宪大会,制定新的州宪法。这些完全由白人选民组成的政治机构,在制定新的州宪法时,拒绝给予黑人选举权,将黑人排除在重建政治之外。南卡罗来纳和密西西比两州还拒绝取消邦联债务,后者甚至拒绝批准第十三条宪法修正案。更有甚者,南部各州的重建政府还相继通过了一系列限制黑人自由的地方法和州法,统称为《黑人法典》。《黑人法典》虽然也规定了一些黑人应有的权利,如黑人可以结婚,可以拥有财产,可在牵涉黑人的案件审理中设置陪审团,但大部分的条例则是限制黑人的自由的。譬如,黑人不许在法庭作证反对白人,不能参加陪审团审理牵涉白人的案件,不能随意拥有和携带武器,不能随意和自由走动,夜间走动需出示雇主的证明等。《黑人法典》尤其在劳工合同方面限制了黑人的经济自由权。一些州的《黑人法典》要求黑人必须以年度为限与种植园主签订雇主契约,如提前离去将受到雇工和州政府的惩罚;如果黑人以罢工方式来要求增加工资,雇主可要求地方法院采取行动予以制止;未成年的黑人学徒和童工可受雇主的鞭罚,无业黑人将被重罚或卖给私人作苦力。另外,有的州还规定了黑人不能在白人居住的区域开业,也不能与白人进行行业竞争。① 南部前奴隶主势力声称《黑人法典》是维持战后南部社会秩序的必要措施,实际上这是南部白人政权变相启用战前奴隶制的法律法规来限制黑人自由的企图,其目的是置获得自由的黑人于市场经济的不利地位,并在社会权利方面维系战前的种族等级制度。

### 国会对约翰逊重建计划的挑战

约翰逊的重建计划本身就使国会共和党人有受骗之感,南部实施的《黑人法典》更使他们感到震惊。共和党人将《黑人法典》的制定和实施看成是前奴隶主势力在政治和法律上的反扑,他们认为除非联邦

---

① 关于《黑人法典》的条文,可参阅 Black Code of Mississippi, Mississippi Apprentice Law, Mississippi Vagrant Law, Penal Laws of Mississippi (1865), in Laws of Mississippi, 1865, 82-90, 165; An Act to Provide for and Regulate Labor contracts for Agricultural Pursuits and An Act Relative to Apprentices and Indentured Servants, in Acts of the General Assembly of Louisiana Regulating Labor, Extra Session, 1865, 3。

政府立即采取一定的措施,对黑人的基本权利予以保护,奴隶的解放将沦为一句空话。重建初期,大多数国会共和党人虽然没有接受激进派提出的给予黑人以完整和平等的公民权利的主张,但他们认为黑人的基本公民权利应该得到联邦政府的保障,这也是为什么国会在1865年3月建立了联邦"自由民局"(The Freedmen's Bureau)的缘故。①

自由民局(全名为"难民、自由民和弃置土地局")是内战时期联邦政府建立的专门管理内战黑人(实际也包括白人)事务的机构,其职责包括向南部难民提供救济和医疗帮助,登记和安顿无家可归的黑人,帮助黑人劳工与雇主签订雇佣合同,并建立黑人学校。自由民局在内战结束前后也行使一定的司法权,尤其是审理那些侵犯黑人权利的案件。所以,从一开始自由民局实际上成为了联邦政府保护黑人权利和利益的一个专门机构。自由民局的原定期限到1866年结束,但南部开始实施《黑人法典》后,国会共和党人便提出要延长其期限,以其拥有的联邦权力为南部黑人至少提供一种有限的保护,以减弱和抵消《黑人法典》的负面作用。

1866年2月,国会根据第十三条宪法修正案第二条的原则,通过了延长自由民局期限的法案,即通称的"自由民局(补充)法案"(Freedmen's Bureau Bill),提出要将联邦各州黑人的民权置于联邦政府的保护之下,任何人如侵犯黑人的权利,将交由联邦军事法庭审理,或无须经过陪审团定罪,受到自由民局官员的严厉制裁。② 国会中的民主党人极力反对这一法案,声称此法严重违宪。共和党人则坚持第十三条宪法修正案赋予了国会这样的权力。

与此同时,为了对南部黑人的权利提供一种较为长期和牢固的保护,国会共和党人又通过了一个《民权法案》(Civil Rights Bill of 1866),这是自1791年《权利法案》生效后国会通过的第一个关于公民权利的联邦法案(由此我们可以看出,在重建以前,因为"二元联邦制"影响,

---

① U.S. Congress, An Act to Establish a Bureau for the Relief of Freedmen and Refugees (3 March 1865), in *Statutes at Large*, vol. 13, 507-509.

② U.S. Congress, An act to continue in force and to amend 'an Act to establish a Bureau for the Relief of Freedmen and Refugees,' and for other Purposes (16 July 1866), ibid., vol. 14, 173-177.

公民权利的管理权主要由州政府掌握,联邦政府很少过问。这同时也说明,除奴隶主的财产权外,公民权利在内战前的联邦宪政中并不占有突出和重要的位置)。该法案宣布,所有在美国出生的人(除印第安人外),只要不受任何外国法律的管辖,都是美国(联邦)公民。该法案同时规定,所有美国公民,无论种族、肤色和从前是否曾经受过奴役,将在联邦境内各州和领地上享有同样的权利,这些权利包括:签订和履行合同的权利,向法院提出上诉和在法庭作证的权利,以及继承、买卖、出租和拥有财产的权利。该法案还规定,所有公民的人身和财产将一视同仁地享受到与白人同等的法律保护;任何人如侵犯其他公民的权利,都将受制裁和惩罚;联邦法院将有专门的权力来审理涉及该法案的一切案件。①

仔细分析一下《民权法案》的内容,不难看出,这是一个极具革命意义的法案。它首先明确无误地建立了美国公民和各州公民的资格,确定了美国黑人在摆脱了奴隶制之后的法律地位,使黑人在联邦宪法建立近80年后正式在宪法上被纳入联邦公民的政治群体,从而彻底推翻了最高法院在1857年的斯科特案判例中对黑人公民权的否定。其次,该法案详细列举了联邦公民资格带有的一系列涉及经济生活和法律保护方面的基本权利,使联邦公民资格不只是一句空泛的口号或一个抽象的概念,而是一种具有实在和具体内容的权利;而且,法案中规定的公民权利都与公民的基本自由和经济财产权利有关,这也说明提出法案的共和党人意识到这些权利对于黑人自由的维持和发展十分重要。因该法案专门强调了种族间的平等,其列举的种种权利也就成为了黑人公民的重要权利。再者,该法案指定联邦法院来负责审理违反本法案的案件,实际上等于建立了联邦政府对所列举的公民权利进行保护的机制。所有这些新的规定都是对传统宪政理论和实践的重大修正:美利坚联邦的公民不再是通过联邦内各州的公民转换而来,联邦建立了自己的公民实体;联邦政府也不再是高高在上,而是实实在在地与普通人的公民权利联系起来了。毫无疑问,《民权法案》改变了联邦政府的功能,扩展了它的权力。但它有一个明显的遗漏:在界定联邦公民

---

① U. S. Congress, The Civil Rights Act (9 April 1866), in *Statutes at Large*, vol. 14, 27-29.

的公民权利时,它回避了政治权利的问题。显然这不是一项无意的疏漏。

国会共和党人自认为"自由民局法案"与《民权法案》可以弥补约翰逊总统重建方案的不足,因为并不涉及黑人的政治权利问题,他们相信约翰逊总统会批准。不料,约翰逊却断然否决了这两个法案。在对"自由民局法案"的否决意见中,约翰逊称,自由民局的建立是一项战时措施,内战结束后已经没有必要继续维持它的存在,保护黑人权利的权力应该交回给南部各州的地方政府。约翰逊还写道,获得解放已经为黑人自立创造了条件,黑人"不应浪费时间",而应该"通过自己的努力为自己创建一个能够赢得他人尊重和经济繁荣的环境",并说"只有通过他们自己的智慧和努力"才能创造那样的环境。①

约翰逊对《民权法案》的否定主要依据旧的联邦制理论,声称民权问题属于州权范围,联邦不能干预,"即便目前联邦 36 个州里有 11 个州在国会内没有代表权",联邦也不能越权处理有关公民权利的问题。约翰逊对《民权法案》的反对集中在四个方面:(1)州的公民资格的审查和赋予应由州来决定,联邦政府不能插手;(2)其他移民(包括"那些聪明的、有价值的、具有爱国热忱的外国人")在归化成为美国公民之前都需要等待一段时间,而该法案却突如其来地将所有黑人立即变为公民,不合传统的宪政程序;(3)《民权法案》对权利作了如此细致的规定,打破了州宪法原来对这些权利的定义和规定,使对黑人的保护"大大超出了联邦政府对白人的保护",这种做法在使黑人受益的同时损害了白人种族的利益,是对"州立法权的干预",是对州与州内公民之间的关系的干预;(4)这种干预是"联邦政府(对州政府权力)的吞食和取代","如果默许这种情况发生,它将毁灭我们有限制性的联邦政府体制,破坏保护州权的机制"。约翰逊警告说,允许国会将《民权法案》强加给南部各州是联邦政府走向集权的开始。②

---

① Andrew Johnson, Veto of Freedmen's Bureau Bill (19 February 1866), in *Messages and Papers*, vol. 8, 3596-3602.
② Andrew Johnson, Veto of the Civil Rights Bill (27 March 1866), ibid., vol. 8, 3603-3611.

## "激进重建"的开始

约翰逊的否决使国会各派共和党人感到失望和愤怒。原来支持约翰逊重建方案的温和派共和党人更是有一种被出卖的感觉。前奴隶主政治势力的死灰复燃,"三 K 党"政治恐怖主义在南部各州的猖獗和蔓延,加上约翰逊的固执己见,使得国会共和党人深感有必要联合起来,制定新的重建法案。1866 年三、四月间,国会内部的温和派和激进派共和党人开始联合起来,结成同盟,宣布与约翰逊的重建政策决裂,另起炉灶,制订由国会主导的南部重建计划和原则。国会共和党人与约翰逊的决裂直接导致了重建领导权的转移,使重建政治发生了意料之外的转向。

1866 年 4 月后,重建领导权开始从总统部门转移到国会手中。在此后的 3 年时间内,共和党人以占据了立法程序中的绝对多数的优势(即在两院中共和党人都具有超过三分之二的多数票,即便法案遭到总统否决,国会也有足够的票数来否决总统之否决)制定了一系列新的重建政策。这些政策永久性地扩大了联邦政府对公民权利的保护,限制了州对公民权利的侵犯,限制了前南部邦联高级官员参与重建的机会,最重要的是,赋予了黑人公民以平等的选举权。这些政策在宪政上的激进性远远超出了大多数共和党人的意料之外。

1866 年 4 月,国会先以三分之二的多数重新通过了《民权法案》,这就是后来著名的《1866 年民权法》(Civil Rights Act of 1866)。随后,国会又于 1866 年 7 月重新通过了"自由民局法案",延长了该局的有效期。这两项"民权法案"都为南部黑人提供了有效但暂时的权利保障。为了对黑人的公民权利实行长期和永久性的联邦保护,防止南部各州在未来伺机破坏和废止这种保护,防止约翰逊政府利用其他借口阻挠这些法案的实施,国会共和党人决定通过一条新的宪法修正案,将《1866 年民权法》的基本内容用宪法条款的形式固定下来,使其成为新的、具有崇高性的宪政原则。经过讨论,国会于 1866 年 6 月通过了新的宪法修正案(即第十四条宪法修正案)法案。

## 第十四条宪法修正案及其宪政意义

第十四条宪法修正案的内容共有五条,内容可简述为:界定联邦公民资格、建立联邦政府对公民权的保护权、禁止各州剥夺公民权利(第一款);以削减其国会(众议院)代表权的惩罚敦促各州停止对公民选举权的剥夺(第二款);剥夺原南部邦联政府高级官员的政治权利,并规定这些人的政治权利需经国会两院各自三分之二的多数同意后才能得以恢复(第三款);保证内战时期联邦债务的有效性,但宣布南部邦联的一切债务均无效(第四款);授权国会通过"适当的法律"来实施上述条款(第五款)。

无论是在当时还是在重建之后,第十四修正案中的第一和第二款都是最重要的,因此有必要对它们做较为详细的讨论。第十四条宪法修正案第一款的全文如下:

> 所有在合众国出生或归化合众国并受其管辖的人,都是合众国的和他们居住州的公民。任何一州,都不得制定或实施限制合众国公民的特权或豁免权的任何法律;不得不经正当法律程序而剥夺任何人的生命、自由和财产;也不得在州管辖范围内拒绝给予任何人以平等的法律保护。

此条款首先对联邦和州的公民资格进行了界定:所有在美国出生或归化的人都是联邦和他们所居住州的公民。这是在重申《1866年民权法》对联邦公民资格的定义后,又加上了对州的公民资格的定义。应该指出的是,这种公民资格的定义是一个十分微妙却又极为关键的安排,将会在日后引出无尽的法律纠葛和解释。正如后来最高法院指出的,此款建立了美国公民的双重公民资格(dual citizenship),即美国公民既为联邦公民,又为联邦内各州的公民。两者有无主次之分,在当时似乎没有引起太大的注意。但从语序上看,修正案的制定者显然希望强调,联邦公民的资格是第一位的,州公民资格是第二位的。

接下来的3个短句建立了3项重要的原则:(1)州不得制定或实施任何限制联邦公民的"特权或豁免权"(privileges or immunities)的法律;(2)州不经"正当法律程序"(due process of law),不得剥夺任何人的生命、自由或财产权;(3)州在其管辖的范围内,不得拒绝给予任何人以"平等的法律保护"(the equal protection of the laws)的权利。按字面意义,此款等于宣布,所有联邦公民都享有一套属于联邦政府管理的公民权利(即所谓的"特权或豁免权"),这些权利是不能被州(或州的立法机关及其法律)随意剥夺的。这三项原则等于开创了一套新的宪政机制和内容,表现了一种与1789年通过的《权利法案》护权性质相同、但限权主体相反的立法意图。换句话说,如果《权利法案》的目的是为了防止联邦政府对各州人民基本权利的侵犯,那么第十四条修正案的目的就是为了钳制州政府对联邦公民应有权利的侵犯。共和党人的用心非常清楚,如果南部坚持界定和保护公民权利是旧的宪政机制赋予州的神圣权力,国会只好为联邦政府创造一种新的、具有同样神圣性的宪法权力来保护人民的权利。从某种意义上讲,这条修正案的原则丰富了制宪时期麦迪逊等人强调的州与联邦政府相互钳制的机制功能,扩展了联邦宪法对公民权利的涵盖面,创立了对公民权利的双重保护机制。这是共和党国会在重建时期影响久远的重要创举之一,也是美国联邦制从"二元主权"向联邦主权崇高性转化的最重要标志。

虽然第十四条修正案第一款确立了联邦公民资格和与之相应的联邦公民权的原则,但却没有像《1866年民权法》那样详细列举联邦公民权的具体内容,而仅用了含义甚为模糊的"特权或豁免权"的字眼一笔带过。到底哪些权利是属于联邦公民的特权和豁免权,到底哪些州公民享有的权利应该同属联邦公民的权利、或应该受到联邦政府的保护、或州政府不能随意剥夺,宪法修正案都没有明确说明。在讨论这一条款的初稿时,国会重建委员会曾将"政治权利"(political rights)与"特权"(privileges)并列,视之为受联邦政府保护的公民权利,但在后来定稿时,委员会将"政治权利"一词删去,代之以"豁免权"(immunities),但并不说明"豁免权"的内容。此外,"正当法律程序"和"平等的法律保护"两处用语的含义也很模糊,没有严格清楚的定义,与"特权或豁免权"的措辞一样,伸缩性很大。

国会共和党人为什么要采用这样模糊的语言来定义联邦公民权?为什么不能像刚通过的《1866年民权法》那样对联邦公民权作详细的列举呢?为什么不能将原《权利法案》所列举的各项公民权利(如第一

至第九条宪法修正案的内容)明确无误地纳入联邦公民权的范围内呢？关于这个问题的解释是，国会共和党人在讨论修正案时有一个基本共识，即管理公民基本活动和权利的权力仍留在州政府手中，也就是说，州仍是公民自由和公民权利的首要管理者，即便是在建立了联邦公民权的情况下，州仍将继续具备这种功能；但州对公民权的管理将在联邦政府的"监督之下"进行，一旦发生州破坏或侵犯了公民权利的情形，或州拒绝为公民提供平等法律保护的时候，联邦政府有权对州的法律和行为进行干预。换言之，第十四条修正案的目的不是否认州对公民权利的管理和保护，而是将对公民权利进行保护的原则加以联邦化(federalized)和宪法化(constitutionalized)了，使其不仅成为州政府的责任，也成为联邦政府的责任，这正是《1866年民权法》力图表现的原则。国会共和党人认为，通过第十四条宪法修正案，原来宪法规定的各项(为各州公民拥有的)公民权利被转换为联邦公民的权利了。共和党人如此认为不是没有道理的。因为联邦和州公民资格在本质上并不是对立的，对每个公民而言，联邦公民和州公民所具有的权利在内容和范围上也不应该冲突。虽然激进共和党人曾主张详细列举一套新的联邦公民权利，但大多数人意识到这样做极为困难，弄不好会造成共和党内部的意见分歧，给民主党人提供一个挫败整个修正案的机会。如果仅仅采用原则性的提法，可避免围绕具体权利的定义而产生的矛盾，并实际上肯定了现存的公民权利，这也许是国会为什么不直接具体列举联邦公民权利的原因。[①]

但这种原则性的提法在法律上留下了很大的解释空间。如同我们将在后面看到的，第十四条宪法修正案原则的解释权将为最高法院所掌握，而最高法院对修正案的解释则有可能完全违背立法者(尤其是激进共和党人)当初的立法意愿。所以，公民权利的联邦化的过程并非一帆风顺。同理，随着联邦和州政府功能的不断变化，随着美国经济与社会生活的日益复杂和联邦化，上述的3个重要条款将变成后来的

---

[①] 关于这个问题的新近研究，见 William E. Nelson, *The Fourteenth Amendment: From Political Principle to Judicial Doctrine* (Cambridge: Harvard University Press, 1988); Xi Wang, *The Trial of Democracy*, esp. 18-28。

宪政改革者的重要武器,不断地被用来为后来的宪政发展服务,尤其是用来强调联邦政府对公民权的保护。这种趋势在20世纪60年代达到高潮。重建以后的许多重要的宪政案件都与第十四条宪法修正案的原则有关。难怪有美国学者将重建之后的美国宪法史称做第十四条宪法修正案的历史。

### 第十四条宪法修正案在选举权问题上的妥协

第十四条修正案第二款与选举权有关。其中规定,国会众议院的议员名额按各州人口比例分配;但在联邦和州的选举中(包括选举联邦总统和副总统的选举人、国会议员、州的行政和司法官员或州议员),除因参加叛乱或其他犯罪外,如果一个州内年满21岁或21岁以上的男性公民的选举权"遭到拒绝(denied)"或"受到任何方式的限制或剥夺(abridged)",该州在众议院的议员席位将根据被剥夺选举权的公民数与该州男性选民总数的比例而相应削减。换句话说,如果一个州剥夺了本州选民的选举权,该州在众议院的代表权将被相应削减。显然,这一条款的主要目的是促使南部各州将选举权赋予本州的男性黑人公民。随着奴隶制的废除和黑人公民地位的确立,原宪法中规定的众议院席位分配原则中的"五分之三"条款(即每5名奴隶算作3个自由人,以增大南部蓄奴州的人口基数,从而获得高于北部自由州的人均众议院代表权)已经失效,黑人人口将以整数加入南部各州的人口总数。这样,理论上南部各州因总人口数的增加,其众议院的代表名额也要相应增加;但如果南部各州拒绝给予解放的黑人以平等的选举权,拒绝让黑人有参与政治的权利,那么在黑人的无权状态没有太大改善的情况下,南部各州白人在联邦政府中实际享有的代表权却将比内战前还要大,北部各州也必须面对以前战场上的对手的卷土重来,甚至气焰更甚。① 基于这种现实的原因,共和党人希望通过削减代表权的威胁来迫使南部各州政府赋予它们的黑人公民以选举权。

---

① 比较1860年与1870年南部各州的众议院席位名额,可以看出各州都有增加,有的州(如得克萨斯和佛罗里达)至少比战前增加2名众议员,弗吉尼亚的众议员名额相反减少了2名。Congressional Apportionment, 1789-1990, in *Congressional Quarterly's Guide to U. S. Elections*, 930.

这种安排实际上是国会激进派和温和派共和党人之间的一项政治妥协。在讨论这一条款时,激进派曾主张以直截了当的方式,明文宣布南部黑人无条件地拥有选举权,对于他们来说,这是保证南部政治不再为前奴隶主势力所垄断的最稳妥的方式。《黑人法典》的实施使激进派对总统重建方案下组建的南部新政府充满疑虑。他们感到,唯一能够长期与南部旧政治势力抗衡的办法就是创造一个新的、同时又对联邦和共和党人抱有绝对忠诚的政治力量,并使这种力量主导南部各州的新政府。在他们看来,黑人正是这种可靠的新力量的主要成分。参议院激进共和党人的领袖查尔斯·萨姆纳1865年在给友人的信中称:黑人选举权的问题是一个有现实意义的问题,"没有黑人的投票,我们就不能在反叛州内建立起稳定的政府……"所以"我们需要他们的选票如同我们需要他们的枪杆一样"。萨姆纳不否认激进派的主张带有党派利益的考虑,但他认为,共和党代表的利益就是联邦的利益,两者紧密相连,利用黑人的选票来维持共和党的权威,也就等于利用黑人的选票来维护联邦的利益和原则;所以,共和党的"自身利益"(self interest)与"自卫"(self-defense)一样,是完全正义的。① 另一位激进共和党人的领袖塞迪亚斯·史蒂文斯毫不掩饰地说,第十四条宪法修正案的第二条是"最重要的",因为它将"强迫(南部)各州要么实施全民选举权制…… 要么在联邦政府中永远处于无望的少数派的地位"。②

激进派的主张一开始并不为温和派共和党人所接受。后者在黑人选举权的问题上还是采取类似约翰逊的立场,认为国会不能将黑人选举权强加于南部各州,因为那样做将违背原宪法中关于由州决定选民资格的原则。温和派更担心的是,除新英格兰地区外,北部和西部各州的黑人还没有获得选举权,如果将黑人选举权强加给南部各州,而北部在这方面却无动于衷,共和党的政治形象会受到损害;但如果强迫北部各州立即接受黑人选举权,又将引起北部民主党人和其他保守势力(包括共和党内的保守势力)的攻击,导致选举的失利。但温和派又不得不承认

---

① Sumner to John Bright, Washington, 13 March 1865, in *The Papers of Charles Sumner*, microfilm, Larmont Library, Harvard University.
② U.S. Congress, *Congressional Globe*, 39 Cong., 1 Sess. (1866), 2459.

激进派对南部代表权的担忧是有道理的。最后,党内两派同意以削减代表权的方式来处理这个问题,既向南部施加了压力,又避免了给北部各州出难题(因北部各州的黑人人口数少,对国会代表权的分配并不产生很大的影响),同时又维护了原来由州来管理选民资格的宪政原则。

当第十四修正案在两院通过后,国会要求南部各州在重建时必须批准此案,在原来的回归前提条件上又加了一条。1866年7月,田纳西州批准了第十四条宪法修正案,其重建结果为国会所承认,重新回到了联邦。但前邦联的其他10个州则置之不理,它们期待着1866年国会中期大选时北部的保守势力能够击败激进重建的力量,从而使约翰逊的总统重建计划得以重新启用。约翰逊本人也有同样的期待,他甚至鼓励南部各州不要急于批准第十四条宪法修正案,并四处散布言论,攻击激进共和党人的重建政策和第十四条宪法修正案。与此同时,南部各州发生了多起政治骚乱,迫害黑人事件不断发生。南部的形势和约翰逊的阻挠帮了共和党人的大忙,1866年国会中期选举中,共和党人获得了国会两院三分之二以上的席位,牢牢控制了国会。①

### "激进重建"的扩展

中期选举的胜利极大地鼓舞了国会共和党人中的激进派。他们把选举的胜利看成是民众对国会重建政策的支持。选举之后,他们在制定重建政策时也开始较为放心和大胆。1867年年初,国会先后通过了4个法案,分别宣布在哥伦比亚特区、未建州的联邦领土、正在组建的内布拉斯加州和科罗拉多州内实施黑人选举权(即允许上述地区内的男性黑人公民享有与白人公民同等的投票权)。②

这些法案都遭到约翰逊总统的否决,但国会又都以绝对的多数票推翻了约翰逊的否决。因为这些地区皆在联邦的直接控制之下,这些

---

① 1866年的中期选举中,共和党继续在国会两院占绝对多数,具体席位数为:参议院的共和党与民主党席位之比为42—11,在众议院为143—49,*Congressional Quarterly's Guide to U. S. Elections*,1344。

② U. S. Congress, An act to regulate the elective Franchise in the District of Columbia (8 January 1867), *Statutes at Large*, vol. 14, 375-376; An act for the admission of the State of Nebraska into the Union (3 February 1867), Section 3, ibid., 391-392; An act to regulate the elective Franchise in the Territories of the United States (25 January 1867), ibid., 379-380.

黑人选举权的法律并没有引起北部各州的强烈反对,然而它们的实施却为国会将黑人选举权延伸到南部各州作了法律上的铺垫。严峻的政治形势使国会大部分共和党人开始接受激进派的重建理论,认为唯有将南部各州当成重新组建的新州,要求它们达到国会提出的条件,准予黑人参加南部州政府的组成,并通过他们选出的代表组成新的州政府,第十四条宪法修正案才可能得到南部的批准,联邦才可能在北部奉行的政治原则上得以真正可靠地重建,而共和党也才可能在南部发展自己的力量,成为一个力量强大的全国性政党,为联邦最终的政治安定提供长期的保障。

基于这一指导思想,1867 年 3 月 2 日,国会通过了《1867 年(军事)重建法》,全面推翻了约翰逊总统的重建计划,宣布南部的重建将按照国会规定的原则和条件重新开始。根据《重建法》,南部的 10 个州被划分成 5 个军事行政区,由联邦军队暂时军管,负责保护公民的权利和财产,一切违法案件都将由军事法庭审理;约翰逊重建方案下产生的州政府为临时政府,任期到新的州政府产生为止;各州在联邦军队的监护下,选举州制宪会议的代表,然后由代表制定出新的州宪法,各州年满 21 岁的男性公民不分肤色均有权参加州制宪会议代表的选举,新的州宪法必须保证给予黑人公民以同等的政治权利,各州的新政府必须批准第十四条宪法修正案。《重建法》规定,各州只有在达到上列各项要求之后,才可被准允回到联邦,其国会代表权的资格才能得以恢复。① 不久,国会又通过了其他的补充性法律,命令联邦军队对他们认为够格的选民进行登记,查询选民对联邦的忠诚度,负责监管选民的宣誓仪式,并给了负责重建的联邦军队将领极大的权力来决定前邦联官员的选民资格。②

---

① U. S. Congress, An Act to provide for the more efficient Government of the Rebel States (2 March 1867), in *Statutes at Large*, vol. 14, 428-429.

② U. S. Congress, An Act supplementary to an Act entitled "An Act to provide for the more efficient Government of the Rebel States" …… (23 March 1967), in *Statutes at Large*, vol. 15, 2-4; An Act supplementary to an Act entitled "An Act to provide for the more efficient government of the Rebel States," passed [March 2, 1867] and the Act supplementary thereto, passed [March 23, 1867] (19 July 1867), ibid., vol. 15, 14-16; An Act to amend the Act [of March 23, 1867]; (11 March 1868), ibid., vol. 15, 41.

国会《重建法》的实施被认为是"激进重建"（Radical Reconstruction）的开始。约翰逊和南部白人势力对此表示了强烈的反对和坚决的抵制。他们认为，激进共和党人将其政治意志通过国会法律强加到州的头上，这是对州主权和联邦原则的粗暴践踏。无疑，《重建法》依循的是激进共和党人提出的南部是"被占领领土"的理论，但共和党的目的是通过"激进重建"尽快恢复联邦制的运作和功能。国会重建遵循的程序仍是一种自下而上的程序，各州的宪法仍是由各州人民制定，但整个过程必须在联邦政府的监督之下进行，并必须按联邦政府提出的条件进行。国会重建与总统重建之间最关键的区别在于，参与重建的"人民"包括了获得解放的前奴隶。

国会《重建法》的效果是显著的。到1867年年底，南部各州（除得克萨斯州外）都举行了选举，总共有75万左右的黑人和63万左右白人选民参加了各州制宪大会的选举，另外有10%至15%的白人因参加南部邦联而被剥夺了选民资格。黑人参加选举的比例很高，在佐治亚州，70%的黑人选民参加了投票，在弗吉尼亚州，几乎达到了90%。在密西西比、南卡罗来纳、路易斯安那、阿拉巴马和佛罗里达等州，黑人选民占了这些州选民的多数。在其他州，黑人与白人选民中的亲北部派（或亲联邦派）联合起来，组成激进派联合阵线，控制了州制宪大会和后来的州政府选举。黑人选民的投票保证了各州新宪法的产生，保证了南部对第十四条宪法修正案的批准。可以说，没有黑人选民的参加，南部不可能如此迅速地得以重建。此外，各州的新宪法相对内战前也有了重要的变动，除废除奴隶制、建立了平等的公民资格和选举权外，州政府的权力得到加强，州政府职位从原来的委派式变为选举式，各州还重新划分了州议会代表名额的分配，修改了财政和税收制度，并将发展和资助公共教育定为各州宪法的原则之一。在各州批准自己的新宪法后，国会在1868年6月至1870年年初逐步准允南部的10个州回归联邦。

### 弹劾约翰逊的始末

根据宪法，《重建法》的执行应该由总统负责。起初，约翰逊按照国会的法律，任命了各军事行政区的联邦军事官员，命令约两万联邦军队进入南部,执行国会的重建计划。但他从心底反对激进重建的做法,所以在执法时非常不得力。更令国会感到愤怒的是,约翰逊将那些支持和同情国会重建的联邦官员和将领解职或调离,代之以持反对和抵触态度的官员,以此来阻挠《重建法》的实施。为了保证国会重建计划的有效实施,反击约翰逊对国会重建的破坏,国会在 1867 年 3 月通过了两项重要的法律,其中的《联邦军队指挥法》规定:所有由总统签发的军事命令必须经由联邦军队总指挥部门的陆军将领尤里西斯·格兰特发出,而格兰特未经参议院的同意不能被调离首都华盛顿。国会同时规定未经参议院同意,约翰逊无权解除联邦军队将领的职务。① 同时通过的《联邦官员任期法》规定,未经参议院同意,约翰逊不得将经参议院同意而任命的联邦官员(包括联邦军队将领)解职。②

显然,这些法律意在阻止约翰逊随意将忠实执行国会《重建法》的联邦高级官员解职,为支持国会重建的联邦官员和联邦军队将领解除后顾之忧。在宪法意义上,这些法律对总统的行政官员任免权和调动权作了相当的限制。国会是否有权限制总统的任免权是一个悬而未决的问题,早在第一届国会时就出现过。约翰逊坚决反对国会的做法,认为这些法案严重地破坏了宪法中的三权分立的原则。但国会则利用宪法规定的三权相互制衡的原则(尤其是参议院对重要的联邦官员任命的同意权)来捍卫这些法律的合宪性。

事实上,约翰逊对国会重建的抵制和蓄意破坏早已引起了国会激进共和党人的极大愤怒。他们中的一些人在 1867 年初便开始在国会内谈论弹劾总统的话题。这些议员认为,约翰逊的许多做法已经严重地违背了宪法精神和原则,国会有权对其进行弹劾。这种谈论开始并没有得到国会多数人的支持,因为大部分议员认为,联邦官员只能在犯下了可在刑法上定罪的罪行的情况下才能被弹劾。但是,没有想到,约翰逊执意要与国会对抗,引火烧身,很快为激进派再次提出弹劾制造了

---

① U. S. Congress, An Act making appropriations for the support of the army for the year ending June, 20, 1868 and for other purposes, Section 2(2 March 1867), in *Statutes at Large*, vol. 14, 485-487. 同年 7 月,国会又将军官的任命和解职权从总统手中转移到格兰特手中。

② U. S. Congress, An Act regulating the Tenure of certain Civil Offices (2 March 1867), in *Statutes at Large*, vol. 14, 430-432.

机会。

1867年8月,约翰逊下令将支持和同情国会重建计划的战争部长艾德温·斯坦顿解职,任命格兰特将军暂时接替战争部长的职务。① 格兰特当时正在争取国会共和党人的支持,希望成为1868年总统大选的候选人,不愿因此事得罪国会,故拒绝接任。约翰逊只好又任命另一名联邦军队的将领接替斯坦顿。当时国会在休会期间,约翰逊的解职命令已经违反了当年3月通过的《联邦官员任期法》。

12月,当国会重新开会时,约翰逊向国会陈诉了他解除斯坦顿职务的理由,国会拒绝批准他的解职命令,重新恢复了斯坦顿的战争部长职务。但约翰逊认为国会的行动侵犯了总统的权力,坚持在1868年2月21日将斯坦顿再次解职。② 约翰逊这种故意违背《联邦官员任期法》的做法被国会认为是对其权威的蔑视,立即招致了国会议员的愤怒回应。许多先前对弹劾一事犹豫不决的共和党人此时也加入了激进派的阵营。就在约翰逊将斯坦顿再次解职的当日,国会的重建委员会向众议院提出了弹劾约翰逊的决议。次日,共和党控制的众议院以128—47票的压倒多数通过了弹劾约翰逊的议案。这是美国历史上第一次对弹劾总统的表决。随后,众议院起草了弹劾条款,其中列举了对约翰逊的11项指控,包括有意违反《联邦官员任期法》和《联邦军队指挥法》,蔑视和嘲弄国会的权威,有意破坏重建法案的实施等。③

根据宪法第二条第四款,总统和其他官员可因叛国、贿赂或其他重罪和轻罪而受到弹劾。弹劾的程序是沿袭英国传统,由众议院投票决定是否对指控犯有罪行的官员进行弹劾,然后由参议院决定对其实施赦免或定罪,如果三分之二的参议员认为被弹劾的官员有罪,参议院可对其进行弹劾,解除其担任的联邦职务。

1868年3月30日,弹劾审判在参议院开庭,由最高法院首席大法官蔡斯主持。审判首先要决定的问题是参议院的司法地位,即参议院应该是一个法院还是一个政治机构,如是前者,弹劾案的审理将遵循普

---

① Andrew Johnson, Executive Order (12 August 1867), in *Messages and Papers*, vol. 8, 3754.
② Andrew Johnson, Message to the Senate (21 February 1868), ibid., vol. 8, 3819-3825.
③ U. S. Congress, House of Representatives, Articles of Impeachment (2 March 1868), ibid., vol. 8, 3907-3916.

通法院的程序,而且不能审判政治敌人;如果是政治机构,对约翰逊的审判就是一种政治审判,可以不按正常的法律程序。这是一个重要的宪政问题,以前从来没有出现过,对这个问题的决议可以直接影响弹劾审判的结果,所以约翰逊的辩护班子与担任诉方的国会共和党激进派在这个问题上展开了一轮"斗智"。

约翰逊的主要辩护人约翰·斯坦伯雷(约翰逊的司法部长)在辩护中指出,对于约翰逊的"审判"只能依据普通法的传统,而不能按政治审判的方式;如果国会可以对总统进行政治审判,那就开了损害行政部门独立性的先例,今后的国会可以以此为例,在与总统发生政见冲突时任意对其进行弹劾审判,这种做法将对整个联邦宪法的权威造成致命的伤害,并威胁到国家政治的公正性。①

而起诉约翰逊的众议院共和党人则称,弹劾是一种免除无能行政官员的重要途径,其目的是为了惩罚那些超出普通法的罪行。最后参议院以 35—19 票通过对此问题的程序规定:由联邦最高法院首席大法官按一般法院的方式来主持审判、听证,并按法律的规定来决定问题的实质,但大法官的决定可因参议院的反对而失效;审讯之后,每个议员必须当众对约翰逊是否犯有应遭弹劾的重罪表达自己的意见,表达的方式是从自己的座位上站起来当众回答"有罪"或"无罪"。② 尽管双方此刻争论的是法律程序问题,但实际上这场审判早已成为一场政治性审判,一场国会激进共和党人与约翰逊之间关于重建性质与政策的政治较量。

在审判中,众议院共和党公诉人(managers)以约翰逊对斯坦顿的解职为对其提出弹劾的主要证据,控告约翰逊滥用总统权力,有意抵制和破坏国会政策。约翰逊的辩护人斯坦伯雷则认为,约翰逊并非有意忽视国会法律,而是正常行使宪法赋予的权力,此外,因为斯坦顿是由林肯任命的,并不为 1867 年的《联邦官员任期法》所涵盖,所以他的解职不算违法。斯坦伯雷还对宪法的弹劾条款作了非常狭义的解释,称

---

① U. S. Congress, Senate, Proceedings of the Senate Sitting for the Trial of the Impeachment of Andrew Johnson, President of the United States ( March 5-May 26, 1868) in Richardson, *Messages and Papers*, vol. 8, 3918-3955;斯坦伯雷为约翰逊的辩护见第 3924—3950 页。
② Ibid. , vol. 8, 3918-3924.

宪法规定弹劾总统的理由是总统犯有"重罪和渎职罪",这些罪行指的是那些可以依据联邦刑法而被起诉的罪行(indictable offenses),而不是任何抽象或意向性的罪行。他强调说,约翰逊将斯坦顿解职是为了制造一个机会来测试《联邦官员任期法》的违宪性,因为总统内阁的成员是否应该受到该法律的管辖仍然是一个有争议的宪政问题。众议院公诉人的回应是,即便约翰逊没有犯下联邦刑法上的罪行,他对国会重建的有意阻拦已经构成被弹劾的理由。这样的回应显然是无力的,也突显了国会发动弹劾的政治意图。

最后,参议院在5月26日对约翰逊是否有罪进行表决。按理说,共和党在参议院占有绝对优势,取得三分之二的多数应不是问题,但表决结果是35—19票,认为约翰逊有罪的人数仅以一票之差而未能达到需要的三分之二多数,弹劾审判失败,约翰逊被宣布无罪。在最后的表决中,有7名保守和温和派共和党人加入了国会民主党人的阵营,投了反对票,使约翰逊免遭弹劾。①

这些共和党人之所以在关键时刻背离党的意志,除不愿看到此案成为破坏宪法权力制衡原则的先例之外,也不愿见到激进共和党人因此而得到同时控制国会和白宫的机会。林肯去世后,当时的副总统约翰逊接任总统,联邦副总统的职位一直空缺,如果约翰逊被弹劾,根据1792年国会通过的总统继承法规定,接替总统的将是参议院临时议长韦德。韦德是激进派共和党人的领袖之一,共和党中的保守派和民主党人为了避免重建走向更为激进的方向,自然要加以阻挡。弹劾失败再次显示共和党人内部在重建方向上是有分歧的,但更说明了美国宪政体制中的另外一重内容:即便在拥有多数的情况下,政党意志也不是万能的,党内利益的分歧本身形成了对党的意志和意图的钳制。国会中的民主党人虽为少数派,但只要共和党内的极少数人背离党的旨意,少数派便可葬送多数派的政治计划。

此次总统弹劾审判之后,弹劾总统的事件要等到一百多年之后的

---

① *Messages and Papers*, vol. 8, 3953-3954.

1974年和1998—1999年才会再次出现。① 约翰逊弹劾案的失败说明了国会弹劾总统的困难程度，同时说明在1867—1868年间，国会与总统在重建问题上的对抗使两者的关系恶化到了前所未有的程度。约翰逊虽保住了总统职位，但他也由此体会到了国会中大多数人对他的敌视态度。他在弹劾审判期间表示要改变对国会重建的态度。1868年5月之后，约翰逊重新任命了一位忠实致力于执行重建法案的战争部长，并很快批准了阿肯色和南卡罗来纳两州按国会重建计划制定的新宪法。在他剩下的任期内，约翰逊再也没有有意与国会作对。

1868年6月，南部有7个州达到了国会提出的条件，返回了联邦。1868年7月，第十四条宪法修正案得到联邦四分之三以上的州的批准而正式成为联邦宪法的一部分。在南部各州中，一开始只有田纳西在国会的压力下批准了第十四条修正案，田纳西也因批准了这条修正案而在1866年7月回到联邦。其他的南部州，如得克萨斯、佐治亚、北卡罗来纳、南卡罗来纳、弗吉尼亚和路易斯安那最初都拒绝批准这一修正案，直到1868年6月国会明确指示，不批准第十四条宪法修正案，前邦联各州就不可能回到联邦、完成重建，这些州才被迫批准修正案。在其他地区，新泽西曾在1866年批准这一修正案，因当时州政府为共和党人控制。1868年，该州民主党人当政，又推翻了先前对修正案的批准。俄勒冈和俄亥俄也出现了类似的情况。虽然第十四条修正案在1868年得到足够多的州批准而成为宪法的一部分，但位于南北交界和西部的一些州（如肯塔基、特拉华、马里兰和加利福尼亚）直到20世纪才完成了批准的程序。所以，与第十三条宪法修正案的批准一样，南部各州及时的批准对第十四条宪法修正案的迅速生效极为关键。

---

① 1974年8月，在调查"水门事件"的过程中，民主党人控制的众议院曾通过了对尼克松的弹劾法案，但未等参议院开始行动，尼克松便主动辞职了。1998年12月，美国国会众议院司法委员会（共和党控制）投票决定，以伪证和妨碍司法程序等四项罪名向众议院提出弹劾克林顿总统的法案。众议院大会通过了司法委员会提出的议案。1999年2月，对克林顿的弹劾审判在参议院进行。经过两周的辩论，众议院提出的弹劾罪名没有一项得到三分之二参议员的赞同，弹劾失败。但克林顿却因此成为美国历史上第三位涉及弹劾的总统。关于尼克松弹劾案的始末，见第九章第二节。

## 黑人选举权问题的再度提出

在1868年总统大选开始前,居住在前邦联各州和还未组成州的联邦领地上的黑人公民都得到了选举权,而北部大部分州对黑人仍实行政治上的歧视。内战结束后,几个原自由州(包括康涅狄格、艾奥瓦等)的共和党人企图将黑人选举权写入本州宪法,但都遭到失败。北部的保守势力一方面坚持选举权的规定问题是州权,联邦不能干预;另一方面认为黑人在政治上没有判断能力,既没有受过教育,又没有财产,在投票时极可能为政客所利用。黑人领袖道格拉斯驳斥了这种说法,他认为,美国黑人比刚刚从欧洲来的移民更有资格获得选举权,如果黑人没有政治上的权利,一切在政治社会中保证个人的其他权利的说法都是空话。黑人群众在北部各州举行集会,向国会和著名共和党领袖人物递交请愿信或进行游说,施加压力,呼吁他们将黑人选举权的原则推向南部以外的地区,使其成为全国性的政治实践。①

对于激进共和党人来说,在《1867年重建法》实施后,北部的黑人选举权逐渐变成了一个重要的政治问题。联邦宪法对于公民选举权的来源是以十分间接的方式规定的。宪法第一条第二款中规定,各州派往国会的众议员将由各州有资格选举本州立法机构的下院(众议院)议员的选民选举产生,也就是说,凡有资格选举州的众议员的公民也有资格选举联邦众议员,或者说,有资格参加州的选举的人,也就获得了参加联邦选举的资格。这样,州公民的选举权成为联邦公民的选举权的基础;然而,州是决定选民资格或赋予选举权的政治实体,而联邦政府则不是,联邦政府也不能干预州对选民资格所作的规定,因为那是州权的一部分。这种理论与内战前以州主权为主体的联邦制思想是一脉相承的。但因为《重建法》的实施,这种理论依据实际上已经被否定,联邦政府已经直接对州的选民规定作了修改,取消了内战前南部各州不准黑人投票的限制性规定。而共和党人重建的宪法依据是宪法中的

---

① Frederick Douglass, "Emancipation, Racism, and the Work before US: An Address Delivered in Philadelphia, Pennsylvania, On 4 December 1863," in *The Frederick Douglass Papers*, eds. John W. Blassingame and John R. McKivigan, 5 vols. (New Haven: Yale University Press, 1971-1992), vol. 3, 605.

"共和政体"条款,赋予黑人选举权实际上改变和充实了这一宪政原则的内容,但也使北部各州黑人政治上无权的问题显得更为突出。

此外,共和党在1867年州一级选举中也遭遇了一些失利。更令共和党担忧的是1868年大选的结果。当年共和党的总统候选人是著名的联邦将领格兰特。作为内战英雄和国会重建的支持者,格兰特在竞选中击败了对手,但他得到的民选票仅比西摩多30万(当年的总投票人数是570万)。当年南部共有约50万黑人参加了总统选举的投票,共和党人当然认识到,格兰特的当选与黑人选民的支持是分不开的。与此同时,21个北部州和5个边界州的黑人却因各州的政治歧视无法参加投票。① 大选之后,解决北部黑人选举权的问题成为了国会共和党人的首要任务。

### 第十五条宪法修正案的制定与批准

1869年年初,共和党人立即在国会提出了新的宪法修正案,授权联邦政府对选举权的某些方面进行控制。经过一连串的妥协,1869年2月,国会通过了第十五条宪法修正案。该修正案的第一条规定:"合众国公民的选举权,不得因种族、肤色、或以前是奴隶而被合众国或任何一州加以拒绝和限制。"第二条规定,国会有权以适当立法来实施这一修正案。与第十三、十四条修正案一样,第十五条宪法修正案也是国会共和党中激进派与温和派妥协的结果。在辩论中,激进共和党人曾敦促国会采纳一个肯定语式的条款,给予联邦政府广泛的控制选举权的权力,宣布废除联邦公民行使选举权时在肤色、性别、民族血统、原国籍、和文化程度等方面的限制,并将被选举权(the right to hold office)也列入其中。但温和派反对过度修改联邦制的原始设计,只同意对州拥

---

① 在1868年的总统大选中,格兰特赢得了214张总统选举人票,民主党候选人霍雷肖·西摩(Horatio Seymour)赢得80票。当年的选民总数为5 722 440人,格兰特获其中52.7%的选票(3 013 650),西摩获47.3%(2 708 544)。根据1870年的联邦人口统计,当时的美国黑人的总人口数为4 880 009,其中男性人口总数为2 393 263,而其中南部的男性黑人人口为1 800 000左右。格兰特与西摩所获的民选票数仅差30万张,所以50万黑人选民的投票对格兰特的当选有关键作用。*Congressional Quarterly's Guide to U. S. Elections*, 379, 437; U.S. Bureau of the Census, *Ninth Census, 1870*, vol. II (Washington: Government Printing Office, 1872), 648.

有的管理选举权的权力作出具体的和有限的限制。如同第十四条宪法修正案一样,第十五条宪法修正案也在公民权利的保护与维护传统的联邦制之间作了一个妥协。该修正案没有直接宣示,将选举权赋予联邦各州的黑人公民,而只是宣称,州和联邦政府不得因肤色和种族的原因剥夺联邦公民的选举权。严格地说,第十五条修正案建立的不是黑人公民的选举权,而是黑人公民不得因种族原因被剥夺选举权的权利。事实证明,州仍可通过其他方式的限制(如财产、税收、文化程度和居住期限等)来取消黑人的选举权。19世纪90年代南部各州正是通过这种方式剥夺了黑人的选举权。

这里需要提到另外两个相关问题,即妇女和其他有色人种的政治权利问题。美国妇女争取选举权的运动始于1848年,但在内战前一直没有机会成为主流政治的议题。内战之后,随着黑人权利的问题成为重建政治的中心,女权运动者也要求将妇女的政治权利纳入激进派共和党的重建改革计划中去。但大多数共和党人(包括激进派的一部分人)虽然在道义上和理念上对妇女选举权的要求持同情态度,但认为在现实中加以实施还为时过早。一些黑人领袖也认为,重建的首要问题是解决黑人的权利问题,如果将妇女的权利问题掺杂进来,反而会给保守势力提供反对重建的借口,将问题变得复杂化,最终使国会重建功亏一篑。所以,在重建时期黑人选举权的立法辩论中,共和党人都将妇女选举权的问题排除在外,在讨论第十五条宪法修正案的时候,也不例外。

共和党的做法引起了女权运动者的强烈不满。她们曾在内战前为废奴主义运动和争取黑人的解放贡献了力量,此刻却有一种被出卖的感觉。妇女选举权运动的领导者苏珊·安东尼在1870年第十五条宪法修正案批准生效后,曾在纽约州的罗彻斯特市以身试法,去选举站投票,结果因违法被捕。其他的女权主义者也采取了类似的行动。在1874年的迈纳诉哈珀塞特案的判决中,联邦最高法院以9—0票的决定宣布,第十五条宪法修正案不适用于妇女的选举权,只适用于反对种族歧视。最高法院认为,妇女是否有权投票,应由各州自行决定,从而排除了联邦政府进行干预的可能。① 全国性的妇女选举权问题要等到

---

① *Minor v. Happersett*, 88 *U.S.* 162-178 (1874).

1920年第十九条宪法修正案生效之后才能得到最终的解决。

第十五条修正案也涉及了非黑人的有色人种的投票权的问题。国会共和党人在这个问题的辩论中表现出很大的意见分歧。除少数理想主义色彩浓厚的激进共和党人（如查尔斯·萨姆纳）提出了所有的有色人种都可因这条修正案获得同等的政治权利以外，绝大部分共和党人坚持此修正案不适用于黑人以外的其他有色人种，尤其不适用于来自中国的劳工移民。西部各州（如加利福尼亚和内华达）的议员认为如果中国劳工移民可以因这一修正案获得选举权，后果将是灾难性的。这些州的考虑不是没有理由的，当时大量来自中国和亚洲其他地区的移民正涌入西海岸各州，那里的亚裔人口远远超过黑人人口，当地的黑人即便有了选举权也不会对白人社会构成任何威胁，但中国移民的选票则可成为政治野心家的工具。在国会讨论的最后阶段，内华达州的州议会要求该州的参议院代表一定要在第十五条修正案的最后定稿中保留州对选举人原有国籍的限制权，否则该州将不会批准这条修正案。在参议院主持第十五条修正案讨论的威廉·斯迪沃特正是内华达的代表，在他的斡旋下，这条要求最终得到国会的默认。第十五条宪法修正案的法案得以通过后，国会立即要求还未回归联邦的南部州批准这条修正案。1870年，佐治亚、得克萨斯、弗吉尼亚和密西西比就是在国会的要求下，经批准第十五修正案后重返联邦的。1870年3月，修正案经27个州批准后正式生效（肯塔基、马里兰和田纳西当时曾拒绝批准这条修正案。特拉华、俄勒冈和加利福尼亚则等到1901、1959和1962年才分别批准了这条修正案）。

尽管第十五条宪法修正案只是间接地保护了黑人选举权，但禁止州和联邦政府以种族和肤色的名义剥夺公民的政治权利，的确代表了美国宪政史和民主制度史上的一个重要进步。在重建时期的政治环境下，它应该被解读为宪法对黑人公民的政治权利的认可（这一观点后来为最高法院在1884年所证实）。第十五条修正案将《1867年重建法》建立的南部黑人选举权原则推向全国，使黑人获得了政治斗争的武器，同时也极大地扩展了美国选民队伍的基础，改变了选民队伍的成分，在一定程度上修正了美国民主的内涵和规则。这个成果是战前共和党人和废奴运动者都没有想到的。

重建时期的宪政改革并没有否定联邦制的原则,但将联邦与州的权限范围作了具有关键意义的调整,建立了联邦政府保护公民权利的宪政机制。这个机制在当时的确是为了保证新解放的黑人的权利而建立的,但它后来将成为一种保护整个美国公民群体的权利的机制。如同我们所看到的,这个机制的建立是不同政治力量(包括领导重建的共和党内的各派)之间围绕美国宪政的传统和未来所进行的相互斗争和妥协的结果。第十三、十四和十五条宪法修正案的制定并没有脱离原宪法的立宪原则,如我们所看到的,它们是基于传统宪政原则基础上的创建。共和党人借助原宪法的原则(如"共和政体"条款等)制定出新的宪法原则。重建时期的三条宪法修正案开创了美国宪政的一个新进程,赋予了美国宪法新的生命力,因而被历史学家称为美国的"第二个联邦宪法"。

## 三　重建宪法修正案的实施

### 应对"三K党"的挑战

随着第十五条修正案的批准和南部各州的回归,宪政形式上的重建告一段落。1870 年 5 月,北部废奴主义先锋团体美国废奴协会在费城召开了最后一次会议,宣告解散。北部重要报纸《纽约时报》也认为第十五条修正案奠定了未来美国的政治格局。该报称,只要新获得选举权的 80 万黑人选民(其中 70 万来自南部)坚定不移地站在共和党一边,他们的选票"将决定未来许多年内联邦选举的结果"。①

然而,国会中的共和党人并不认为南部重建已经万事大吉。他们注意到新的宪法修正案虽对州的权力作出了一些限制,但它们只是一些原则性的条款,并不严谨,实际上留有很多州可利用的法律空隙,一旦南部各州的政权重新落入前南部邦联政客手中,他们可能进行政治上的反扑,无视修正案的存在。共和党人的担心不是没有理由的。1870 年左右,南部政治出现的不是安定和平,而是由"三K党"恐怖主

---

① "The Colored Vote," *New York Times*, 17 May 1870.

义分子和白人种族主义者发起的接连不断的政治暴力活动,目标直指支持共和党的黑人和白人选民。国会重建结束后,州内和地方政府的权力之争并未结束,反而变得更为严酷。1868 年后,南部各州虽然都建立了由共和党人控制的州政府,但在各州内的基层政权中,白人种族主义势力在很大程度上控制着地方政治,并有相当大的群众基础。随着越来越多的白人(包括前邦联官员)被允许重新参加选举,共和党与民主党争夺南部地方政权的斗争也就日益激烈,"三 K 党"的出现以及其对南部政治的介入反映了这种竞争的暴力性质。

"三 K 党"(The Ku Klux Klan)最初是一个由南部白人组织的民间秘密组织,于 1866 年由前邦联军队将领内森·贝德福德·福里斯特在田纳西州发起,宣称其目的是维持地方秩序,保护白人社区(尤其是白人妇女)的安全,打击获得自由后四处游荡的黑人的破坏活动。1867 年激进重建开始后,"三 K 党"在南部各州的白人中迅速蔓延,在政治上成为民主党在南部的一种恐怖主义势力,其成员多为前邦联的参加者和极端白人种族主义者。此时,"三 K 党"的活动不再是维持地方秩序,而是使用扰乱会场、纵火、绑架、私刑、恐吓和暴力攻击等各种手段来打击共和党的地方领袖和积极分子,尤其是打击敢于参与政治的黑人。"三 K 党"声称要推翻在《重建法》下建立的共和党州政府,并将黑人从南部政治中驱赶出去,让政权重新回到白人种族主义者手中。1869—1871 年间,"三 K 党"的恐怖活动十分猖狂,许多共和党的选民因受到"三 K 党"的威胁不敢在选举中投票,致使南部支持共和党的选民人数下降。黑人领袖也遭到"三 K 党"的人身攻击,财产遭到破坏。在有的地方,"三 K 党"教唆或强迫白人雇主将投票给共和党的黑人解雇,断绝他们的经济来源,这一招迫使黑人选民放弃自己的选举权。在"三 K 党"恐怖和暴力活动的配合下,田纳西和弗吉尼亚两州的政权在 1869 年先后落入民主党手中。北卡罗来纳的州议会也在同年为民主党人所控制。民主党人掌握政权后,便以种种理由限制和阻挠重建法律的执行,对"三 K 党"这类公开蔑视联邦权威、迫害黑人的组织听之任之,不予以及时有力的惩处,使得重建宪法修正案的效力大大减弱。

饱受打击的南部黑人纷纷投书国会,要求联邦政府采取行动,切实保障黑人的权利。南部各州的共和党人更是频频发出警告说,如果国会对此无动于衷,共和党在南部的力量将被"三K党"的暴力所瓦解,激进重建的原则与成果将付之东流,而共和党在联邦政府的领导权最终也将受到南部民主党人的挑战。

严峻的政治现实使共和党人意识到国会必须通过新的法令来强制实施新的宪法修正案。根据第十三、十四、十五条宪法修正案所规定的实施原则,国会有权为实施这些宪法修正案进一步立法。共和党人强调说,如果国会不通过具体的实施法,重建宪法修正案就不会成为有效的法律,因为各州的民主党人法官将根据自己的政治倾向和理解来解释这些宪法修正案的含义,并决定修正案适用的范围,等于将修正案的解释权交给了州和联邦低等法院的法官。参议院共和党人约翰·谢尔曼指出,只有"通过联邦法来进一步规定并实施宪法修正案的具体内容,联邦宪法才可能保证其效力,联邦的权威才能得到南部的尊重"。[①]另一名共和党参议员卡尔·舒尔茨也说,唯有使用"联邦政府的强大而具体的力量"才可改变南部"长期以来存在的狭隘的地方主义偏见",建立起"真正统一的美利坚民族"。[②]

共和党人在谈论实施第十四、十五条宪法修正案时,其动机中不乏理想主义的成分。他们中的一些人的确认为,保卫新的宪法修正案就等于是保卫内战的成果和新的美国宪政秩序。但共和党人不是政治天使,他们也有现实的政治考虑,那就是,通过实施新的宪法修正案,使用联邦政府的力量来支持和保卫南部各州的共和党政府,从而保卫共和党对联邦政府的长期控制。如同他们在制定宪法修正案时的思考一样,共和党人认为他们的党派利益与联邦的利益是一致的、相辅相成的。

1870年5月至1872年6月间,共和党人控制的国会相继通过了五个相关的《实施法令》,专门用于实施第十四、十五条宪法修正案和保障南部公民的公民权和政治权。第一个实施法(称为《1870年实施法》)于1870年5月31日生效。该法令禁止各州的选举执法和监督官

---

① John Sherman's statement, *Congressional Globe*, 41 Cong., 2 sess., 3568.
② Carl Schurz's statement, *Congressional Globe*, 41 Cong., 2 sess., 3608.

以种族和肤色为由拒绝接受黑人的选票,将结伙阴谋破坏选民权利的行动宣布为非法,将任何个人的或有组织的(后者是针对"三K党")对选民进行的贿赂、恐吓及暴力袭击的活动统统定义为触犯联邦法律的行为,罪行将由联邦法院来审理,排除了州法院审理相关案件的可能性。与此同时,该法还建立了一套联邦执法机构,命令各地的联邦执法官和检察官负责调查有关选民权利遭受侵犯的案件。①

《1870年实施法》从国会的角度提出了第十五条宪法修正案应该涵盖的具体内容,但同时也将该修正案的原则延伸和扩展了。例如,修正案并没有涉及个体(individual)公民对其他公民的选举权的侵犯,而只是阻止州政府对公民选举权的侵犯(而且仅限于阻止州以种族和肤色为理由剥夺公民的选举权);而《实施法》却允许联邦执法官和联邦法庭对个体公民侵犯他人选举权的行为进行起诉和惩罚。国会共和党人的理由是,如果单个的和有组织的白人(这里特指"三K党"成员)对黑人选民进行了攻击,而州政府不能有效地加以制止,等于放纵和支持这类行为,就等于违反了第十四、十五条宪法修正案的原则,在这种情况下,联邦政府必须履行职责,发挥宪法修正案所赋予的权力,对公民的投票权进行保护。共和党人的这种解释不是空穴来风,而是具有重要的现实针对性的。因为当时"三K党"组织都是以民间自发的名义组成,并不是由州或民主党出面组织的,但在民主党人控制的州内,州政府对"三K党"的活动基本上采取了宽容或默许的政策;而在共和党人控制的州内,州政府掌握的执法资源极为有限,没有足够的军事和执法力量来制止和打击本地发生的针对黑人选民的暴力活动。如果仅按宪法修正案的字面意思去立法,联邦政府显然不能有效地打击"三K党"的活动,但如果对宪法修正案做出广义的解释,也会给南部留下向联邦《实施法》的合宪性进行挑战的借口。无论如何,《实施法》最终都将受到联邦最高法院的质疑和限制。

同年7月,在修改联邦移民法时,共和党人在新的联邦移民法(即

---

① U. S. Congress, An Act to enforce the Right of Citizens of the United States to vote in the several States of this Union, and for other Purposes (31 May 1870), in *Statutes at Large*, vol. 16, 140-146.

《1870年移民法》)中加入了一项特别规定,授权联邦执法官在选举时对选民(尤其是新近移民美国的公民)的身份和资格进行选举前审查。① 这项法律主要是为制止北部民主党人利用新移民冒充公民参加选举的舞弊行为而制定的。但在讨论这项法律时,共和党人也重申了第十五条宪法修正案不适用于黑人以外的有色人种。1871年2月国会通过了第3个实施法(称为《1871年实施法》)。其中特别规定,人口在2万以上的城镇举行联邦选举时,必须有联邦执法官的现场监督,选举才能有效。这是一项专门为实施第十五条修正案而制定的实施法,因而十分细致和严明。它创造了一套联邦监督选举的机构,来保证选举的公平性,严惩选举中的舞弊行为。显然,共和党国会实施宪法修正案的目的不光是落实新的宪法原则,而是要借此与南部民主党人控制的州政府展开一场短兵相接的政治较量。这项《实施法》还将所有的因联邦和州选举法冲突而引起的案件从州法院转移至联邦法院进行审理,并要求各州在联邦选举中使用书写的选票(written ballot),禁止用传统的口头"亮票"的方式。②

两个月后,国会又通过了另外一项实施法,专门用于实施《1866年民权法》和第十四条宪法修正案,这就是颇有争议的《惩治三K党强制法》(The Ku Klux Force Act)。这项法案将所有违反《1866年民权法》的案件交由联邦法院审理,但它的主要目的是打击"个人行为式的"对其他公民的权利的侵犯和剥夺。这项实施法采用了《1870年实施法》建立的原则,即一个州内任何剥夺公民宪法权利的阴谋与暴力(包括一个公民对另一个公民的宪法权利的侵犯)都可被视为州未能有效地保护本州公民的权利,可被视为违反了第十四条宪法修正案中的"平等法律保护"的原则,联邦政府可以进行干预。此法列举了数十种具体的违法行为,授权总统在必要时使用联邦军队镇压任何阻止联邦法

---

① U. S. Congress, An Act to amend the Naturalization Laws and to punish Crimes against the same, and for other Purposes (14 July 1870), in *Statutes at Large*, vol. 16, 254-256.
② U. S. Congress, An act to amend an Act approved May thirty-one, eighteen hundred and seventy, entitled "An Act to enforce the Rights of Citizens of the United States to vote in the several States of the Union, and for other Purposes (28 February 1871), ibid., vol. 16, 433-440.

律实施的行动,并可以终止人身保护令状特权的使用。①

这项《实施法》是重建时期国会最大限度地得以运用立法权来保护黑人公民权利的例子。鉴于"三K党"的活动多发生在南部的乡村地区,在1872年的一项联邦拨款法案中,共和党人又将联邦执法官监督联邦选举的权限范围扩大到了乡村地区,进一步扩大了联邦政府对黑人选举权的保护面。除此之外,国会还在1870年立法组建了联邦司法部(Department of Justice),专门负责这些法律的执行。

我们可以看到,这一时期国会共和党人对重建宪法修正案的原则作了十分激进的解释和运用,他们认为在重建宪法修正案下,联邦政府对公民权利的保护机制应是一种积极的、具有能动性的机制,而不是一种被动的、仅具防御性质的机制。这种观点与美国20世纪50、60年代的国会通过积极的立法来保护公民权利的做法在本质上是一致的。

### 宪法修正案实施中的困难与障碍

这一系列实施法令为格兰特领导的共和党政府打击"三K党"提供了有力的法律武器。1871年,有300多件《实施法》的案件在各联邦法院等待受理,其中三分之二来自南部,将近三分之一在后来被判为有罪。1872年与《实施法》相关的案件数增至近900件,近90%的案件在联邦法院审理后以有罪而结案。②《实施法》保证了共和党在1872年大选中的胜利。格兰特几乎不费吹灰之力,以高于80%的选举人票的成绩击败了向他挑战的民主党对手,赢得连任。③ 1872年的总统大选也被认为是自内战以来最平静的一次。但在格兰特连任之后,联邦政

---

① U. S. Congress, An act to enforce the Provisions of the Fourteenth amendment to the Constitution of the United States, and for other Purposes (20 April 1871), in *Statutes at Large*, vol. 17, 13-15.
② Annual Report of the Attorney General of the United States, in U. S. Congress, *House Executive Documents*, 41 Cong., 3 sess., no. 90; 43 Cong., 1 sess., no. 6; 2 sess., no. 7; 44 Cong., 1 sess., no. 14; 2 sess., no. 20.
③ 1872年大选时,格兰特的对手是纽约报人霍勒斯·格里利(Horace Greeley)。格兰特赢得选举人票总数的81.9%,而格里利在选举人票还未来得及计算之前就去世。当年格兰特也获得了选民选票的55.6%,成为1828年至1904年间获最高选民选票的总统候选人。

府对实施宪法修正案的政治热情突然明显地降低。1875年后,与《实施法》相关的总案件数明显减少,被判有罪的案件数也减少,联邦司法部对《实施法》的执行因各方面的原因失去了效力。

联邦政府未能长期坚持执行《实施法》的原因是多方面的。首先,共和党内部在实施重建宪法修正案的力度问题上产生了分歧。虽然大部分共和党人赞成《实施法》,但他们不愿看到联邦政府过分侵犯州权,破坏原来的联邦制结构。其次,南部白人的地方势力过分强大,根深蒂固,而联邦的军事和法院力量有限,在打击犯罪活动时不可能做到面面俱到,万无一失;如果采取持久的军事管制的方式来监督南部的选举,维持南部的政治秩序,势必引起南北舆论的批评,加深南部(白人)民众对共和党政府的反感,共和党中有相当一部分人对此忧心忡忡。再者,派出军队到南部和任命大量联邦执法官都需要联邦财政的大力支持,而联邦政府在这方面的预算很有限,再加上民主党人的干扰,国会时常无法保证对《实施法》的执行提供足够的财政支持,致使联邦司法人员在南部执行法律时经常处于入不敷出的境地,对执法人员的士气有很大的影响。

但最具破坏性的原因是共和党内部的分裂。一些共和党人对格兰特政府内接连出现的政治腐败极为不满,要求对联邦政府进行改革,当他们的要求没有受到理睬时,他们便与共和党分裂,自命为"自由派共和党人"(Liberal Republicans),在政治上与北部民主党人站在一起,成为了格兰特派共和党人的反对派。自由派共和党人反对联邦政府继续在南部使用《实施法》,认为这种实施不过是为格兰特的支持者提供更多的政治腐败的机会。

当联邦政府处于进退两难的境地,共和党内部发生分裂的时候,南部民主党人则借机在南部展开宣传和恐吓攻势,利用地方政治的机制和资源,抵制联邦《实施法》的执行。臭名昭著的"密西西比计划"(The Mississippi Plan)就在此时发生。1875年在密西西比州州政府选举之前,民主党的支持者挨家挨户对黑人选民进行恐吓,威胁他们必须投民主党人的票,否则将遭到报复。白人雇主也以解雇来要挟黑人。在联邦执法力度日益减弱的情况下,这种地方恐吓和威逼方式效果明显,很快为其他州效法。1875年,前邦联的11个州中有8个州都为民主党人所掌握,共和党人仅控制着南卡罗来纳、佛罗里达和路易斯安那3个州。

1874年国会中期选举中国会党派力量的改变也直接影响了重建政策的制定。在这次选举中,共和党人不仅失去了对众议院的控制,在参议院的力量也有所削减。① 为了防止民主党人上台后将第十四条宪法修正案的实施打入冷宫,共和党人决定赶在新一届国会开幕(也就是1875年民主党人正式控制众议院)之前制定一部新的公民权利法案。当时,长期以来为黑人民权奋斗的激进共和党人萨姆纳刚去世,所以这部法案也带有纪念萨姆纳的意义。1875年2月,国会通过了《1875年民权法》。新的《民权法》规定任何人不得在公共场合和公共设施对其他公民进行种族歧视。② 这是继第十三、十四和十五条修正案后,共和党进行的又一个宪政改革:追求美国公民之间社会权利的平等。但此时,共和党内支持黑人权利平等的力量和热情已经大不如从前,该法通过后并没有得到联邦政府的有力实施。1875年后,共和党失去了同时控制国会两院和总统的机会,也就再没有机会通过任何有浓重党派色彩的法律,尽管这些法律并非仅仅是为了共和党的党派利益而制定的。

由于联邦政府不再有力地执行实施法令,南部民主党人迅速卷土重来,政党政治进入空前激烈的争夺状态,在1876年总统大选年达到高潮。这一年,总统选举产生了新的宪法危机,处理危机的方式导致了共和党国会重建计划的结束。

### 1876年总统选举与重建的结束

1876年总统大选时,民主党的候选人是纽约的塞缪尔·蒂尔顿,他曾在纽约州以反对政治腐败而备受尊重。共和党的候选人是俄亥俄

---

① 1874年中期选举中,众议院的民主党席位比上一届国会增加了94席,总数为181席,而共和党的席位减少了96席,总数为107席。民主党在参议院的席位为29席,比上届增加了10席,而共和党则减少了8席,但仍然以46席的总数成为多数党。*Congressional Quarterly Guide to U. S. Elections*, 1344.

② U. S. Congress, An act to protect all citizens in their civil and legal rights (1 March 1875), in *Statutes at Large*, vol. 18, pt. 3, 335-337.

的州长拉瑟伏特·B.海斯,也是以廉政闻名的共和党新秀。选举结果是,蒂尔顿获得了184张总统选举人票,只需再得1票就可当选;与此同时,共和党候选人得到165张选举人票,还需20张才能当选。此时,正好有20张选举人票处于受争议状态,其中的19票分别属于南卡罗来纳、佛罗里达和路易斯安那3个州,另1票来自俄勒冈州。因为这些州的民主党和共和党对这些相关的总统选举人的产生结果有争议,一时不能决定这20张剩余的选举人票应该投给哪一个总统候选人。南部3个州的基层选举都出现了大量的贿选、作弊和暴力活动,民主党和共和党尖锐对立,选举结束时,3个州的共和党人都宣布海斯获胜,而3个州的民主党人则宣布蒂尔顿获胜。双方都把自己登记的选票记录和总统选举人名单寄到国会,由国会定夺。如果此时国会是由共和党或民主党一党控制,那么事情就会比较简单,海斯或蒂尔顿中的一位将会立即当选。但此时的国会是两党各占一院,共和党是参议院的多数党,民主党则控制了众议院;如果国会将3个州的两份选举人名单交由两院中的任何一院来投票裁决,其结果必将是控制各院的多数党的候选人当选,最终还是无法得到一个可以共同接受的结果。

  1876年总统选举出现的情况是前所未有的,原宪法上也没有提供现成的解决方案。1877年1月29日,国会决定选举一个特别仲裁委员会对有争议的4个州的选举结果进行审查和裁决。这个委员会由15人组成,国会两院各选5名代表,再加上联邦最高法院的5名大法官。委员会先由5名众议员(3名民主党人和2名共和党人),5名参议员(2名民主党人和3名共和党人),以及4名最高法院的大法官(2名民主党人和2名共和党人)组成;然后由进入仲裁委员会的4名大法官提名第5位大法官。在第5名大法官未提名前,仲裁委员会里的民主党和共和党人数相等,各占7名。第5名大法官的预定提名人是来自伊利诺伊州的戴维·戴维斯,这位前总统林肯的挚友是一位名副其实的中间派。国会还规定,这个仲裁委员会的决定将被视为最终决定,只有在两院的一致反对下才可被推翻。民主党人接受了这个仲裁方案,因为他们相信无论如何这4个州里总有1个州的选举团票会被判给他们的候选人蒂尔顿,而蒂尔顿只需再获得1张选举人票就可当选总统。但民主党人还未来得及高兴,戴维斯突然宣布辞去大法官的职位,因为他所在的伊利诺伊州州议会突然选举他作为该州的联邦参议员。最终顶替戴维斯加入仲裁委员会的是来自新泽西州的大法官约瑟夫·布拉德利,此人是最高法院中的强硬派共和党人。挑选布拉德利也是无可奈何之事,因为剩下的最高法院大法官全都是共和党人。

仲裁委员会开始工作前达成了一项程序上的规定,此委员会将不再统计实际选民投票的结果,而只审查每个参加选举的总统选举人的资格是不是通过正当的合乎州宪法的方法确定的,只要选举人的资格是合法的,选举的结果就是有效的。而决定选举人资格合法与否只需经过委员会简单多数通过即可。结果,委员会以 8 名共和党对 7 名民主党的结果认定了南部 3 个州的共和党总统选举人产生的结果都是合法的,从而将 19 张有争议的选举团票判给了海斯,最后 1 张俄勒冈州的总统选举人票由国务卿判给了海斯。这样海斯获得了所有有争议的 20 张选举团票。①

共和党控制的参议院很快批准了仲裁委员会的决定,但民主党人占多数的众议院却迟迟不批准,有的民主党人打算以"冗长演说"的方式来阻挠众议院的表决,将此问题的决定推迟到法定的总统就职日之后。如果这种情况发生,根据宪法,总统将由众议院选举产生,既然民主党人控制了众议院和许多州政府,众议院选举总统的结果很可能是将总统大权交由一位民主党人来掌握。为了保证海斯的当选,一些共和党的领袖人物与南部的一些有影响的民主党人在华盛顿的一家旅馆进行了秘密谈判,双方达成了几项非正式的秘密协定。共和党人保证海斯当选后,撤除驻扎在南卡罗来纳和路易斯安那州议会所在地的联邦军队,允许南部恢复"自治"(home rule),南部则承诺不在众议院阻挠海斯当选的表决,不反对重建宪法修正案,并允许南部共和党的继续存在。这项秘密交易就是后来美国史上俗称的"1877 年妥协"。至于这项妥协的具体内容,仍然是历史学家争论的题目,但其中心思想是毫无疑问的:联邦政府将改变对南部的强硬军事管制的政策。在这样的安排下,众议院的一些南部民主党人在 1877 年 3 月 2 日对仲裁委员会的决定表决时,投票接受了委员会的决定,海斯因此而当选为总统。

---

① *Messages and Papers*, vol. 9, 4393-4394.

其实,秘密协定的具体内容如何并不重要,因为海斯本人在竞选期间已经意识到,共和党必须改变激进重建的政策。当时北部的民主党势力高涨,北部资本和工业势力曾经是共和党人有力的支持力量,现在要求共和党对南部采取一种和解的政策,以便他们将北部工业资本扩展至南部。所以,海斯当选后,马上宣布他将竭力寻求一种南北化解恩怨、寻求和解的新政策。1877年4月,他宣布撤除驻守在南卡罗来纳和路易斯安那州议会所在地的联邦军队。联邦军队撤出后,这两个州的共和党政府立刻落入民主党人的手中。在此之前,佛罗里达州政府已为民主党人掌握。至此,南部各州均成为民主党人的天下,激进重建就此结束。在1877年12月的国会咨文中,海斯为自己的撤军决定进行了辩护,认为这既是"一项宪法上的责任和要求",同时也是"一项为恢复地方自治和推动全国和解团结的必要措施"。[1] 一年之后,海斯发现他的新政策并没有换来南部的合作,相反,由于南部政权为白人种族主义者所掌握,加上联邦政府的无能为力,各州对黑人权利的剥夺更为肆无忌惮。海斯曾经力图改变政策,但因共和党已不再具备体制上的优势,为时已晚。控制了国会的民主党人先后数次提出法案,要废除联邦政府对选举的监督权,海斯单枪匹马,连续7次予以否决,才保住了这项原则。与此同时,联邦最高法院开始积极介入对重建宪法修正案和《实施法》的解释,对于重建政策的争议从国会和总统部门转到司法部门手中。

## 四 最高法院与重建宪政

### 重建初期的联邦最高法院

如同1876年总统大选特别仲裁委员会的表决结果所表现的,联邦最高法院的大法官们也深深卷入了重建政治。实际上,这并不奇怪,最高法院的法官们本来都是政治人物,他们进入最高法院是经总统提名、

---

[1] Rutherford B. Hayes, First Annual Message (4 December 1877), in *Messages and Papers*, vol. 9, 4410-4432, at 4411.

参议院认可的，这个提名和批准的过程本身就是一个政治过程。被总统提名为大法官的人选一般在政见上与总统或总统所在的政党一致或至少相近，很少有总统提名反对党的人选担任联邦最高法院的大法官。在重建这样政治分歧严重的情况下，最高法院的大法官更是摆脱不了政党政治的影响。尽管如此，如同任何时代的大法官一样，重建时期的大法官们虽有各自的政治信仰，但并不能不加掩饰地将自己的政治见解写入法院的判决中，他们的法律意见应该而且必须有令人信服的宪法依据的支持。

但如前所述，重建是美国宪政经历剧烈变革的时期，政党、地域、种族和政府部门之间的利益相互交错，政治斗争复杂；在这种形势下，联邦法律（包括宪法修正案）的制定过程高度政治化了，制定的法律自然也充满了争议性。这期间，共和党人国会制定的宪法修正案、《民权法》《重建法》和《实施法》等的目的都是为了改变原有的州权至上的联邦结构，加强中央政府的权力，加强对黑人权利的保护，简言之，是为了建立一个新的宪政秩序。

但是，联邦最高法院应该如何对待和接受这个新的宪政秩序？是支持还是反对？如果反对的话，是全盘反对还是局部反对？如果支持，应全盘支持还是局部支持？重建的种种法律无疑扩大了联邦政府对公民权利的保护，国会是否有权提供这样的保护？哪些公民权利是属于联邦政府保护的，哪些不属于？新的宪法修正案到底是不是建立了一个新的宪政秩序，还是只是传统宪政秩序的延续？这些问题是重建时期最高法院面临的主要问题。无论国会内部的斗争如何激烈，无论总统与国会的权力之争多么紧张，无论南北之间进行什么形式的政治妥协和安排，重建的所有重大宪政建树最终都要由联邦最高法院进行宪法意义上的审查，决定其与原宪法的宗旨和精神之间的关系。而最高法院的决定则是由多方面的因素决定的，包括大法官本人对于重建的政治意见、他们对于联邦宪法精神和原则的理解、他们对于现实的和未来的美国政治和法律的发展趋势的认知以及他们之间的相互钳制（即大法官内部多数与少数力量的变化）。

重建初期，联邦最高法院对共和党的重建政策一般都持支持态度。大部分大法官将重建看成是政治问题，不希望从司法的角度给国会制造麻烦。在1867年的密西西比州诉约翰逊案和1868年的佐治亚州诉斯坦顿案中,最高法院宣布国会的《(军事)重建法》与宪法的原则相吻合,不存在违宪一说。① 在1869年的麦卡德尔案中,大法官蔡斯坚持重建问题是政治问题,联邦政府有权终止人身保护令状特权的使用。②

## 屠宰场案的判决

到了重建后期,当最高法院开始涉及重建宪法修正案的意义时,尤其是审理涉及联邦与州在保护公民权利方面的权限划分的案件时,由共和党人大法官占多数的最高法院却表现出十分保守的态度。在这方面最著名和最有影响的案例是1873年的屠宰场案。③

此案的历史背景如下:1869年,路易斯安那州政府以改善城市的卫生条件为名,决定对新奥尔良市的屠宰行业实施统一管理。当时州政府没有资金建立统一的屠宰场,便先将两个私人屠宰场改为由州政府管理,同时要求新奥尔良市所有的屠宰场主必须到指定的屠宰场去开业。许多个体屠宰场主对这项法律十分不满。这些人中有的原来有自己的屠宰场,有的有参股的屠宰场,但现在被强行迁移到统一的地方去开业,他们感到非常不方便;况且,在新地方开业还必须缴纳摊位和场地费用,对他们来说也是一种额外的经济损失。于是,新奥尔良市的屠宰场主联合起来向州法院起诉,控告州政府这项管理屠宰行业的法律剥夺了他们的财产权,违背了州宪法中平等保护公民财产权的原则。但路易斯安那州的低等和高等法院都判定,这项州法是州政府对其拥有的"监管权"(police power,也译"公安权""警察权")的正常使用,即州有权通过合法的方式对州内的卫生、安全和社区的道德问题进行管理。

在前联邦最高法院大法官约翰·堪培尔的帮助下,屠宰场主们又将此案上诉到联邦最高法院。这次他们使用的理由是州整顿屠宰业的法律违反了第十三条宪法修正案(因为州法要求他们到统一指定的地

---

① *Mississippi v. Johnson*, 71 U. S. 475-502 (1867); *Georgia v. Stanton*, 73 U. S. 50-78 (1867).
② *Ex parte McCardle*, 73 U. S. 318-327 (1869).
③ *The Slaughterhouse Cases*, 83 U. S. 36-130 (1873).

方去开业,等于强迫他们从事违背他们意愿的工作,这种做法形同一种变相的奴役制)。屠宰场主还指控说,州法也违反了第十四条宪法修正案中的"特权或豁免权"条款(即州法剥夺了他们作为联邦公民应该享有的特权和豁免权,这些权利包括了他们谋生的工作权)。屠宰场主们的后一项指控具有十分重要的含义,因为第十四条宪法修正案虽然明确禁止州侵犯联邦公民的"特权或豁免权",但并没有详细说明或列举"特权"和"豁免权"的内容,更没有将"自由开业的工作权"作为联邦公民的权利。但是该修正案的确指出,州政府不得非经正当法律程序剥夺联邦公民的生命、自由和财产权。

这个案件显然要求联邦最高法院对第十四条宪法修正案的内容和使用范围做出一个权威性的解释意见。如前所述,该宪法修正案是为了保护新近获得解放的黑人的公民地位和公民权利不受州法律的歧视而建立的,但是它的合宪性从来没有在司法解释上被测试过,它的使用范围也没有一个清楚的界定。国会共和党人发动的激进重建曾引起众多的非议,在这种情况下,联邦最高法院对该案的判决自然将产生重要的影响。也许因为如此,在1873年的判决中,9名大法官的意见产生了严重的分歧,法院的最后裁决以5—4票的微弱多数勉强通过。

共和党人大法官塞缪尔·米勒代表多数派宣读了最高法院的判决意见。米勒首先否定了第十三条宪法修正案在此案中的作用,因为那条修正案只适用于奴隶制的情形。接着,米勒对第十四条宪法修正案的含义作了解释。根据米勒的判决,第十四条宪法修正案的目的是为了保护新获得自由的黑人公民的权利;该修正案建立了美国公民的"双重公民资格"(dual citizenship),即每个美国公民同时具有联邦和州公民的身份,"这两种公民资格是有区别的",两者的表现"取决于它们不同的性质或每个公民所处的不同情势";两种公民资格既是分离的,又是部分重合的;两种公民资格都包含属于各自的、特定的公民权利,联邦和州政府分别管理属于联邦和州公民资格的公民权利;属于联邦公民资格的公民权,即所谓"特权或豁免权",只有为数不多的几种(包括出入首都华盛顿、在公海上要求联邦政府保护、使用联邦水域、集会请愿和要求人身保护令状的权利),而属于州政府管理的公民权利则十分广泛和丰富,包括了个人自由、财产以及其他涉及日常生活与行为在内的许多基本权利;第十四条修正案的目的只是将属于联邦公民资格的权利置于联邦政府的保护之下,并无意将原来由州政府管理的、属于州公民资格的日常公民权利交由联邦政府管理;因此,联邦政府无权过问或改正州政府为管理本州人民的日常权利而制定的法律,自然也不能宣布路易斯安那州关于屠宰场的法律是违宪的,新奥尔良市的屠宰场主的诉求是无效的。①

米勒特别强调,最高法院(多数派)并不认为重建宪法修正案的目的是"打碎(旧的)联邦制的主要特征",即便内战之后联邦政治出现了"种种压力",但是"我们的政治家们仍然相信州的存在以及州(继续)拥有管理本州和地方政府的权力——包括对民权和财产权的管理——对于我们复杂政体进行完美的运作是至关重要的,尽管他们认为有必要对州施加一些额外的限制和赋予联邦政府一些额外的权力"。在米勒看来,重建宪法修正案的目的只是为了保护黑人的自由,而不是为了增加白人公民的权利;如果把第十四条宪法修正案理解为联邦政府可以管理原来由州管理的一切公民权利,那么就等于说该修正案彻底改变了"我们体制的结构和精神",就等于束缚了各州政府的权力,联邦最高法院则成为了"审查各州一切立法的永久性机构"。米勒认为,这绝不是第十四条宪法修正案制定者的初衷。②

## "实质性正当法律程序权利"

具有讽刺意味的是,对第十四条宪法修正案的宪法意义作广泛解释的是当时最高法院中仅有的两名民主党人大法官之一的斯蒂芬·菲尔德。在他的反对意见中,菲尔德指出,第十三条宪法修正案对奴役制的禁止"不能只局限于非洲人";而应该是"通用的和广泛的"(general and universal),包括禁止一切对黑人和对白人的奴隶制和强制性奴役。菲尔德对第十四条宪法修正案作了与米勒完全不同的解释。他说,这条修正案在"创造"联邦公民资格的同时,也开创了一系列与州公民权利同等的公民权利,这些权利正是在原宪法中防止联邦政府侵犯的权

---

① *The Slaughterhouse Cases*, 83 *U. S.* 36-130 (1873), 57-83.
② Ibid., 82.

利,如果不是这样的话,那么这条修正案就不过是"一项徒劳而无用的立法"。菲尔德宣称,第十四条修正案没有改变原来的联邦制理论,但是它为公民权利增加了一层保护机制,即当州(政府)侵犯了美国公民的基本权利时,联邦政府就有权(对州政府的行为和法律)进行干预和改正。菲尔德指出,联邦公民的"特权和豁免权"包括"以合法方式追求合法的工作机会的权利"(the right to pursue a lawful employment in a lawful manner),当一个公民在行使这种权利时,他不应受到区别于他人的限制。菲尔德还认为,路易斯安那的法律要求所有的屠宰场主到指定的地方去开业,等于是利用政治和法律渠道为某些特定的屠宰场业主制造了垄断本行业的机会,而第十四条宪法修正案中的"平等法律保护"原则正是反对这种垄断行为的。菲尔德认为,具有平等的、不受任何"歧视性和偏袒性"法律影响的、合法谋生的权利是"美国公民最显著的权利"。菲尔德坚持认为,路易斯安那州的法律违反了第十四条宪法修正案,剥夺了屠宰场主"自由劳动"的权利,而自由劳动权是人所拥有的"最神圣的和最不容被剥夺的权利之一"(one of the most sacred and imprescriptible rights)。①

在分析菲尔德对第十四条宪法修正案的解释时,我们首先应该意识到,菲尔德的目的与其说是支持该修正案对黑人权利的保护,不如说是为了维护和加强对私有财产权的保护。菲尔德在反对意见中提出的最有影响的理论是将生命权、自由权和财产权视为联邦公民最基本的权利,除非对所有人都一视同仁,这些具有实质内容的权利(substantive rights)不能为任何法律所剥夺;合法谋生的权利(包括选择工作的自由)是美国公民的最重要的一项"特权"(privilege),必须受到第十四条宪法修正案的保护。在某种意义上,菲尔德实质性权利理论是洛克的自然权利理论和内战前北部"自由劳动"理论的混合体。菲尔德的真实目的是捍卫美国经济生活中的"契约自由"(freedom of contract)和"企业自由"(liberty of enterprise),但他对第十四条修正案所做的极广义的解释无疑揭示了这条修正案在未来美国宪政中可资运用的巨大潜能。

---

① *The Slaughterhouse Cases*, 83 *U. S.* 36-130 (1873), 83-112.

共和党人大法官约瑟夫·布拉德利也对米勒的决定表示了异议。布拉德利启用第十四条宪法修正案的"正当法律程序"条款来说明路易斯安那州法的违宪性。布拉德利同意菲尔德对追求合法工作权的定义,并进一步说明美国政治传统中所谓"生命权、自由权和追求幸福的权利"实际上等于"生命权、自由权和财产权"。布拉德利认为,州虽然可以管理公民权利,但"只能管理这些权利运用的方式,而不能破坏(subvert)这些权利";既然这些权利是公民的"最基本的权利",非经"正当法律程序"不得被取消,对于这些权利的干预和修改,必须通过"合法的和适当的规定"来进行,并且这种规定必须是"有利于或适合于所有人的共同利益的"(necessary or proper for the mutual good of all);路易斯安那州的法律变相剥夺了屠宰场主的工作权利,等于剥夺了他们的基本公民权利,这种做法是违宪的。①

需要指出的是,布拉德利和菲尔德的意见虽然属于少数派,无法改变屠宰场案的判决结果,但他们关于正当程序和实质性权利的论述却有深远的影响。正是在他们论述的基础上,"实质性正当程序"(substantive due process)的概念(以及由此衍生的"实质性正当程序权利"的概念)得以产生,并在后来的工业化时期被最高法院广泛用来保护"自由竞争"和"契约自由"的原则。

"实质性正当程序"的概念包含了这样一种理论,即尽管立法的程序可能是正当的和合理的,但仍可能会产生不合理的和不正当的法律,尤其是出现那种武断地剥夺公民的最基本的权利(生命、自由和财产权等)的情况时,在这种情况下,法院有必要对立法的内容(substance)进行审查,而审查的方式是通过司法部门对立法的程序加以必要的限制,以保证对公民最基本权利的保护。换句话说,政府的立法必须与政府的目的相吻合,如果某项法律的实质性内容破坏了或损害了政府(保护公民基本权利)的目的,最高法院就有权对该法律的合理性进行审查和做出判断,而审查和判断的依据是大法官们自己对该法律的意见,而不是立法者的意见。这样做的目的是为了保证公民自由和基本权利不受一切武断和强制性法律的剥夺。实质性正当程序的理论被最

---

① *The Slaughterhouse Cases*, 83 *U. S.* 36-130 (1873), 111-124.

高法院使用时,也遭到了包括一些大法官在内的人的反对。反对者认为这种理论无疑等于将最高法院置于立法部门之上,使最高法院变成了事实上的最高立法机构。实质性正当程序理论将在19世纪后半叶美国工业化时期和20世纪初被最高法院有效地用来保护垄断自由竞争式资本主义的发展(详细讨论见第六、七章)。

### 屠宰场案对其他判例的影响

作为第一例涉及重建宪法修正案的判决,屠宰场案的影响很大。米勒对第十四条宪法修正案的狭义解释极大地限制了联邦政府对公民权利的保护,尤其束缚了联邦政府对黑人公民权利的保护,对当时共和党政府在南部实施重建修正案及相关法律有很大的消极影响,事实上将公民权利的管理交回到各州手中,对激进共和党人原本期望的宪政改革来了个釜底抽薪。当然,米勒的判决不是完全没有根据的,如我们从这条修正案制定的历史回顾中看到的,该修正案是共和党中各派力量妥协的结果。所以,米勒大法官此刻所表达的意见正是保守派共和党人(和民主党人)对第十四条修正案的理解,而菲尔德和布拉德利的意见则表达了激进共和党人的意图(菲尔德如此表达当然是"项庄舞剑,意在沛公")。无论如何,这项判决奠定了最高法院此后对一系列相关案件判决的基调,并影响到工业化时期的相关案件的审理。

1874年,在对迈纳诉哈珀塞特一案的判决中,刚接任的最高法院首席大法官莫里森·韦特借用米勒的逻辑,对第十五条宪法修正案的含义作了解释。如前面提到的,此案涉及一位妇女选举权的问题,争取妇女选举权的人要求最高法院对第十五条修正案是否包含了妇女的选举权做出判决。韦特的回答是否定的。韦特说,这条修正案"并没有增加一个公民的任何权利,只是为已经存在的权利多加了一层保护";如果说因为这条修正案,各州的选民有所增加,那也只能是通过州的规定,联邦政府无权增加新的选民。韦特还对选举权和公民权作了区别,指出选举权"并不是公民资格附带的一项必然权利",否定了妇女权利运动者提出的政治权利要求。①

---

① *Minor v. Happersett*, 88 *U. S.* 162-178 (1874).

1876年3月,最高法院又在美国诉克鲁克香克案的判决中进一步削弱了联邦政府保护公民权利的权力。① 克鲁克香克等人是路易斯安那州的白人种族主义集团的成员,他们在1873年的一次地方选举中,用暴力攻击一群正在举行政治集会的黑人,并放火焚烧用于开会的黑人教堂,结果造成一百多名黑人的死亡。克鲁克香克等3人被联邦地区法院判有罪后不服,上诉到联邦最高法院。联邦检查官指控克鲁克香克等人私自携带武器,用武力侵犯他人权利,违反了《1870年实施法》。但最高法院以联邦《实施法》本身违宪为由,推翻了地区法院的判决。

首席大法官韦特按照米勒在屠宰场案判决中建立的原则,指出克鲁克香克等人的主要罪行并不在联邦法的辖区内,因为他们侵犯的黑人权利不在联邦宪法规定的联邦公民权利范围之内,因此,联邦法不能保护那些不属于自己权限之内的公民权。韦特强调,第十四条宪法修正案只能用于惩罚州侵犯公民权的行为,而不能用以制裁个人的侵权行为,然而1870年的联邦《实施法》却含有对个体公民侵犯他人权利行为的惩罚,超出了第十四条宪法修正案赋予国会的权力,该法律中的相关条款因而也是违宪的,不能继续使用。虽然深知南部的州法院掌握在民主党人手中,韦特仍然宣布,类似克鲁克香克案的审理应由州法院来主持进行。② 这项判决为南部针对黑人的暴力行为开了绿灯,实际上使联邦政府强制实施重建修正案的工作陷于瘫痪。

在同时宣布的美国诉里斯案的判决中,最高法院同样限定了联邦政府的权力。③ 里斯是肯塔基州的一个州选举监察官,在一次地方选举中,因拒绝接受一个黑人选民的选票而被联邦执法官起诉,理由是里斯违反了《1870年实施法》中的有关规定(州官员不能拒绝合格选民的投票或为投票而办理的一切登记手续)。最高法院在判决中表示,第十五条宪法修正案并没有将选举权直接赋予黑人,所以黑人的选举权不是联邦政府管理的公民权利;《实施法》的第三条(禁止州官员拒绝

---

① United States v. Cruikshank, 92 U. S. 542-569 (1876).
② Ibid.
③ United States v. Reese, 92 U. S. 214-256 (1876).

黑人选民的选票)中并没有明确写有"(不得以)因种族和肤色的原因(拒绝接受选民的投票)"等字眼,所以该条的任意性太大,似乎一切拒绝黑人选民的行动都将受到联邦法的惩罚,这与第十五条修正案的原则不相吻合,因此,判定里斯违反了联邦法理由不足,因为联邦《实施法》本身就不严密,对里斯的定罪自然也不能成立。① 言外之意,第十五条宪法修正案只允许联邦政府干预那些带有明确种族歧视意图的剥夺黑人政治权利的行为,然而,要证明这一点,十分困难,所以,克鲁克香克和里斯两案等于为南部在 1880 年和 1890 年间开展大规模的"剥夺黑人选举权"(disfranchisement)活动开了绿灯。在最高法院的判决之后,国会对联邦《实施法》的条款作了调整,继续将其保留在联邦法典中,但最后大部分《实施法》的条款在 1894 年被民主党控制的国会废除。

### 公民权利与 1883 年民权案例

1880 年后,最高法院对保护黑人选举权的权力作了新的决定。在 1880 年的西博尔德案和克拉克案中,最高法院宣布州官员若干扰联邦选举可遭联邦法的惩处。② 随后又在 1884 年的亚布拉案中对第十五条修正案的宪法意义作了非常激进的宣示。亚布拉是佐治亚州的一名"三K党"人,因使用武力阻止一个黑人选民投票而遭起诉。米勒大法官在法院的判决意见中称,1870 年公民在联邦选举中行使的选举权是联邦政府通过第十五条修正案授予的,属于联邦公民政治权的一种,不能为州所侵犯。米勒还指出,联邦政府的选举是联邦政府组成的政治源泉,必须遵循联邦的法律,在选举权问题上,凡是州法与联邦法相冲突的必须以联邦法为准,以保证联邦选举的可靠性。③ 在当时十分保守的司法气候下,最高法院对重建宪法修正案作如此广义的解释十分罕见。

尽管最高法院在 19 世纪 80 年代开始有限度地支持联邦对公民选

---

① *United States v. Reese*, 92 U. S. 214-256 (1876).
② *Ex parte Siebold*, 100 U. S. 371-399 (1880); *Ex Parte Clarke*, 100 U. S. 399-404 (1880).
③ *Ex parte Yarbrough*, 110 U. S. 650-667 (1884).

举权的保护,但在民事权利(civil rights)的保护问题上,仍然坚持1873年屠宰场案的原则,严格限制联邦政府的管理权限。1878年,最高法院在霍尔诉德古尔案中宣布路易斯安那州的一项禁止在公共交通中实行种族歧视的法律无效,理由是该州的法律涉及了州际交通,属于越权。① 1882年,在美国诉哈利斯一案中,最高法院将一项打击"三K党"的《实施法》宣布无效,宣称凡个体公民侵犯他人权利的案件只能由州法院来审理,联邦法院只有在州(政府)侵犯和损害了公民权的时候,才有权干涉。②

1883年,在民权案例中最高法院更是将屠宰场案的原则推向极端。③ 民权案例包括五个相关的案件,都涉及黑人公民在公共场所和设施中遭到种族歧视的事件。根据1875年共和党国会制定的《民权法》,任何个人和州都不得在戏院、饭店、旅馆等公共设施内实行种族歧视。最高法院却在判决中宣布《1875年民权法》是违宪的,理由是联邦政府无权干涉私有企业、商业和个体公民的社会权利及社会行为。由布拉德利大法官宣读的多数派判决指出,国会不能利用第十四条宪法修正案来广泛立法保护公民权利,"这样的立法是无法适当地保护所有涉及生命、自由和财产方面的权利的",如果国会执意这样做,等于将"建立一个管理所有的人与人之间的个人权利(private rights)的民事法典",这是不可想象的。布拉德利认为,第十四条修正案并没有剥夺州在原宪法第十条修正案下保留的一切权力。对于联邦政府是否应对黑人进行保护的问题,布拉德利使用一种非常冷漠的语调说道:当前奴隶被解放出来,并在"一些特别有利的立法"的帮助下"摆脱了奴隶制的限制之后",他们"必须还要经历某种阶段,才能够成为(与白人)同等的公民"。言外之意,黑人必须要忍受目前的歧视,等待被白人社会自然接受为平等公民的一天,而联邦政府在这方面将只能是爱莫能助。④

来自南部的大法官约翰·马歇尔·哈伦提出了异议。哈伦在反对

---

① *Hall v. DeCuir*, 95 *U. S.* 480 (1878).
② *United States v. Harris*, 106 *U. S.* 629-644 (1883).
③ *The Civil Rights Cases*, 109 *U. S.* 3-62 (1883).
④ Ibid., 4-26.

意见中写道,第十三条宪法修正案早就"取消了"自由人行使基本权利的"种族界限"。他认为,《1875年民权法》并没有违宪,因为服务于公众的商业和行业在从州取得行业执照时已具备了公共性质,必须受到联邦反歧视法的管理。①

最高法院对《1875年民权法》的否决引起了共和党人和黑人群众的极大愤慨,认为这是大法官们倒行逆施、诋毁重建宪法修正案革命意义的表现。黑人领袖道格拉斯当时就曾愤怒地写道:最高法院所依据的所谓"双重公民资格"理论不过是一种为了维护旧联邦制而制造的托辞而已,这种理论实际上解除了联邦政府保护公民权利的法律权力,将联邦公民的最重要和最基本的权利的管理留在了州政府的手中。他说,"受联邦(政府)肯定和认可的(公民)权利却又遭到州(政府)的否定",最后的结果是黑人的权利得不到任何一级政府的保护。②

### 普莱西案与种族隔离原则的建立

与最高法院保守政策同步发展的是南部各州的种族隔离政策。自1881年起,南部许多州以维护社会秩序为名,制定了种族歧视和隔离的法律,规定黑人和白人必须分开使用公共设施。有些州允许私人店主拒绝为黑人顾客提供服务。最高法院对《民权法》的否定进一步助长了种族隔离法律在南部的蔓延。1890年,路易斯安那州议会通过了黑白公民"隔离乘车法"(the Separate Car Law),要求铁路公司在州内运行时将黑人和白人乘客分开,不准黑人与白人同在一辆车厢中乘车。新奥尔良市的黑人群众组织起来,向种族歧视法挑战。他们设计安排了至少两个试验案件,希望通过联邦法院的渠道,挑战州的种族歧视法。他们的行动得到了北部白人民权人士的支持和配合。在经过一系列努力之后,民权团体将一个试验案件上诉到联邦最高法院,这就是1896年的普莱西诉弗格森案。③

为了显示州歧视性法律的荒谬,民权团体在设计试验案件时,特地

---

① *The Civil Rights Cases*, 109 U. S. 25-63.
② Frederick Douglass's letter, 17 October 1876, in *The Frederick Douglass Papers*, Special Collections, Rush Rhees Library, University of Rochester.
③ *Plessy v. Ferguson*, 163 U. S. 537-564 (1896).

选了仅有八分之一黑人血统(看上去与白人并无明显的肤色差别)的荷马·普莱西(Homer Plessy)。普莱西持一等车厢客票上车,进入为白人一等客票持有者准备的车厢辖区,验票员令他离开,普莱西拒绝服从,因而遭到州警的拘捕。州法院指控他违反了路易斯安那州的隔离乘车法,普莱西则递交了一份抗辩书,反驳州法官弗格森对他的指控。普莱西随后向联邦最高法院提出审查要求,指出州的隔离乘车法违反了联邦宪法第十三、十四条修正案。

1896年5月18日,最高法院以7—1票的多数驳回了普莱西的上诉。大法官亨利·布朗宣读了判决。布朗认为,第十三条修正案根本不适用于本案,路易斯安那州的隔离乘车法也没有违反第十四条修正案中的"平等法律保护"条款,实施种族隔离法是州为了"保障(本州的)公共安宁和良好秩序"而正常行使的监管权,并不违反联邦宪法的原则。他同时强调说,那种认为种族隔离等于种族歧视的说法完全是一种"谬论",黑人觉得他们受到了歧视,是因为他们自己对法律的理解有误,并非是隔离乘车法的本意。布朗还进一步理论说,南部社会的社会习俗由来已久,单靠法律是不能改变社会偏见的,黑人和白人要做到融洽相处和绝对平等需要时间,那种想通过立法来强制性地改变社会偏见的做法不能为最高法院所接受。为了支持他的论证,布朗列举了南部自重建以来实行的种族隔离教育制度,以此证明种族隔离是重建时期就有、并为负责修宪的共和党人所熟悉和认可的现象。① 布朗大法官的判决肯定了南部种族隔离政策的合宪性,建立了"隔离但平等"(separate-but-equal)的种族关系法律范式。

具有讽刺意义的是,在普莱西案的判决中,唯一持异见的是来自南部的大法官哈伦。哈伦早在1883年的民权案例中就坚持《1875年民权法》是合宪的。在普莱西案的反对意见中,他再次强调,对第十三条宪法修正案的意思要作广义理解,不能只限于奴隶制本身;"奴隶制"(slavery)一词应作广义理解,将黑人强行与白人分离,对于黑人来说,实际上就是一种"受奴役的象征"。哈伦借用早年由布拉德利和菲尔德提出的实质性正当程序理论,指出最高法院有权决定州法律是否合

---

① *Plessy v. Ferguson*, 163 *U. S.* 537-564 (1896), 539-552.

理。哈伦在此案中提出的最重要的观点是:

> 从宪法的角度来看,在法律的眼中,我们国家并没有什么上等的、主导的、占据统治地位的公民阶层。在我们国家里,等级是不存在的。我们的宪法是(一部)色盲的(宪法)(Our Constitution is color-blind),既不承认、也不容忍在公民(地位和权利的享有)中有不同等级的存在。就公民权利而言,所有的公民在法律面前都是平等的。(在这方面)出身寒微的人与那些位高权重的人地位相等。①

普莱西案之后,南部 11 个州,加上西弗吉尼亚州和俄克拉荷马州,都相继通过了种族隔离法,强令州内一切公用设施中实行种族隔离。1899 年,最高法院又在卡明斯诉里士满学区委员会案的判决中,拒绝干涉公开歧视黑人的公共教育政策。②

19 世纪末,南部各州白人政权剥夺黑人选举权的活动也更为明目张胆。自 1876 年起,南部民主党政府便千方百计想把黑人从南部政治中排斥出去。19 世纪 80 年代,各州制定了一系列法律,故意为黑人选民登记和投票制造困难,譬如要求所有的选民在选举前交"人头税",这对许多生活在贫困之中的黑人来说不是一件易事;负责征税的州政府官员时常误导黑人,鼓励他们不按时交纳人头税;而民主党州政府又花钱替白人付税。选民登记时间经常变动,且时间很短,一年只有一天,错过便不能补登记。南部许多州还要求选民参加"文化水平测试"(literacy test),测试的方式通常是在州考试官面前朗读并解释指定的州宪法段落,能否通过,完全由州官员来决定。为了保证白人中的不识字者也能参加选举,大部分州还通过了所谓的"祖父条款"(Grandfather Clause),规定凡选民的先辈(祖父、父亲)或选民本人在 1867 年 1 月以前拥有该州选民资格即可在选民登记时免去文化水平测试的环节。"祖父条款"甚至规定,即便有的选民的先辈在 1867 年时还未到该州居住,但如果设想他们当时是该州的居民,按当时的法律应该拥有选举

---

① *Plessy v. Ferguson*, 163 U. S. 537-564 (1896), 559.
② *Cummings v. Richmond County Board of Education*, 175 U. S. 528-545 (1899).

权的话,他们的后辈也不参加文化水平的测试。① 这种规定显然是蓄意剥夺黑人公民的选举权,因为 1867 年 1 月以前南部没有一个州允许黑人参加政治选举。在 1898 年的威廉斯诉密西西比州案中,最高法院宣布支持密州设立的文化水平测试的选民登记程序,否定这种做法含有任何种族歧视的内容。最高法院还肯定了州对选民征收人头税的做法。② 由于民主党控制了各级政府及选举机构,这些具有强烈种族歧视并公然剥夺黑人政治权利的条款都可以光明正大地写进州宪法。这些做法极有效地降低了黑人参加选举的人数,而那些坚持参加选举的黑人随时都面临白人种族主义者的暴力打击。结果是,尽管黑人在南部的许多地区占了多数,但他们却无法选举出自己的代表,地方政府时常为白人控制。而州和联邦政府中的黑人代表更是稀少。在 1870—1890 年间,至少曾有 14 名黑人代表被选入了联邦国会。在 1867—1876 年间,南部各地选举出 1400 多名不同级别的黑人行政官员和议员。但在 1901 年后,南部在国会的席位全部为白人控制。1900 年后,能够继续参加选举的黑人选民人数仅占南部黑人选民总数的 2%,南部黑人再次被排斥在美国民主的程序之外。

重建增加了联邦政府的权力,第十三、十四和十五条宪法修正案扩大了联邦政府保护公民和政治权利的权力,州主权的理论被摧毁了,联邦主权的权威得以建立,州不再垄断公民权和政治权的管理,种族间的民主政治有了短暂的尝试。但随着北部理想主义的消失,共和党内部在意识形态方面的分化和成员方面的变化,加上联邦最高法院的保守主义的判决,联邦对于公民权利的保护并没有真正落实和兑现。南部不但没有出现一个真正的民主社会(或共和党人期望的跨种族的共和政府),反而出现了一个(由民主党)一党独大的、奉行白人种族主义意识形态的寡头政治体制,广大黑人和底层白人并没有充分享受到重建宪政改革的成果。除政治上无权和法律上受歧视外,绝大部分黑人在

---

① 在这方面的相关法律,可见 Constitution of South Carolina (1895), Article II, in Thorpe, ed., *Federal and States Constitutions*, vol. 6, 3309-3313; Constitution of the State of Mississippi (1890), Article XII, ibid., vol. 4, 2120-2121; Constitution of the State of Louisiana (1898), Articles 197, 198 and 200, ibid., vol. 3, 1562-1565。

② *Williams v. Mississippi*, 170 *U. S.* 213 (1898)。

经济上依旧处于极大的贫困之中。重建的改革没有真正有效地解决黑人经济权利的平等问题,虽然类似史蒂文斯和萨姆纳这样的激进共和党人曾提议将大奴隶主的土地划分给解放了的黑奴,以帮助他们在经济上逐步获得独立,但这种向美国资本主义社会基本原则挑战的主张不可能得到大多数国会议员的赞同。所以,内战结束后至20世纪早期,众多的南部黑人群众处于经济上贫困、政治上无权、社会地位上受歧视的状态。除了名义上的自由之外,他们并没有获得真实的和彻底的解放。

**妇女选举权运动（1916）**

  1916年,妇女选举权运动者在芝加哥举行集会,抗议威尔逊总统反对妇女获得选举权。标语牌上写着:"威尔逊总统,你还要我们等多久?"1920年,第十九条宪法修正案得到足够多的州的批准而生效,妇女选举权的实施扩大至全国范围。

  图片来源:美国国会图书馆:http://memory. loc. gov/cgi-bin/displayPhoto. pl?topImages =/service/mss/mnwp/276/276016r. jpg&topLinks =/service/mss/mnwp/276/276016v. jpg,/master/mss/mnwp/276/276016u. tif&displayProfile =1&type = xml&dir = ammem&itemLink = r? ammem/mnwp:@field( DOCID +@lit( mnwp000289))

# 第六章 工业化时期的宪政发展

美国内战是一场决定联邦命运的战争,也是一场南北经济体制之间的较量。内战以前,美国的经济形态基本上是以农业资本主义为主,尽管北部相对于南部而言,有较为发达的工业和商业,但其范围和程度仍属于工业资本主义的初级阶段。南部因实行奴隶制,经济体制中仍带有浓厚的前资本主义的特征,但种植园生产的棉花和其他农产品却能够进入北部和欧洲的市场,成为世界经济的一部分,所以,南部种植园主在市场和金融方面,与北部资本势力有着千丝万缕的联系。但总的来说,全国性的市场经济体制并没有形成,与世界经济的接轨也并不畅通,这与南北在经济政策(尤其是关税利益的分配、西部领土开发、联邦银行的设置等)上的冲突、联邦政府的相对弱小和美国在世界经济中的比重尚小都有直接的关系。经过内战,北部领导的联邦不仅挫败了南部邦联分裂国家的企图,也打破了前奴隶主势力对南部政治和经济的垄断,为北部的工业和商业资本进入南部创造了机会和条件。奴隶制的废除、战时联邦政府管制和引导经济的能力的增强、广袤的西部领土及其经济资源的开发和利用,战后大量涌入美国的移民,这一切都为自由竞争式资本主义成为战后美国经济生活的主流铺平了道路,为资本主义世界的第二次工业革命在美国的全面发展准备了比欧洲各国更为优越的自然和人为条件。

从内战结束至第一次世界大战爆发之间的50年内,美国经历了与欧洲同期的工业革命,完成了从农业资本主义社会向工业资本主义社会的转型,后来居上,成为了世界工业强国之一。这一时期内,美国的人口增加了将近3倍(从1860年的3100万人增至1910年的9200万人),农业产值翻了一番,工业产值持续增加了6倍,1865年至1914年间的国民生产总值的年增长率保持在4%,经济增长翻了8番。在这一时期,美国的铁路建设从 1862 年的 3 万英里增加至 1900 年的 19 万英里,超过了欧洲铁路里程的总和,并在 1916 年达到了 25 万英里。同一时期的钢产量也从 1860 年的 1.3 万吨提高到 1880 年的 140 万吨,并在 1914 年达到了 3000 万吨,超过了欧洲工业国家钢产量的总和。技术发明及其运用的速度、质量和数量也十分惊人。19 世纪 50 年代,美国每年的专利发明不到 2000 项,但在 19 世纪 80、90 年代,每年的专利发明都在 20 000 项以上。从 1790 年至 1860 年间,联邦专利局总共发放了 3.6 万份专利证书,但在 19 世纪的最后一个 10 年,发放的专利证书就将近 20 万份。这一时期的技术发明中自然也包括了由亚力山大·贝尔在 1876 年发明的电话。1895 年,美国的电话机数达到 31 万台,10 年后,又猛增至 1000 万台,相当于每 10 人就有一台电话。

工业化使美国的经济获得了长足的发展,但也带来了一些前所未有的政治、经济和社会问题,这些问题的出现以及不同美国力量对其的不同反应也深刻地影响了内战后美国宪政思想和制度的发展。战后工业化的初期,主导经济发展的意识形态是"自由竞争式资本主义"(laissez faire capitalism,又译"自由放任式资本主义")理论。自由竞争是工业化发展初期的主要模式,在某种意义上也是一种无序竞争,最终导致了大工业和商业资本对全国经济资源和市场的垄断。对自由竞争式经济进行管制,同时又不至于扼杀经济的活力、触动资本主义保护私有财产的金科玉律,成为各州政府在工业化时期需要面对的难题,最终也将成为联邦政府面临的挑战。此外,为了使既得利益合法化和永久化,垄断资本势力侵入政党政治,影响和左右联邦和州政府的经济立法,从中获取进一步垄断市场和资源的机会。政治腐败应运而生。如何控制和消除政治腐败、扩大立法的民主化程度、加强民众对政府的监督,成为新的宪政话题。

与此同时,美国宪政也面临了另外一个更为棘手的问题。工业化打破了传统的政治和经济秩序,对处于美国经济秩序底层的不同群体带来了巨大的冲击,对许多人来说,杰斐逊和林肯提倡的通过"自由劳动"成为独立自主的共和国公民已经成为历史的遗梦。一方面,丧失了独立经济地位的小工商业者和小农场主开始联合起来,组成利益集团,利用自己的宪法权利,通过选举等方式,对州和联邦政府施加压力,影响其决策,抵制垄断资本势力对经济生活的控制。另一方面,不同形式的劳工运动和组织也频频出现,以罢工和政治参与的形式,抗议大资本势力对劳工的剥削和对民主政治的腐蚀。与此同时,以不同利益为基础的社会改良运动也此起彼伏。美国社会内部的冲突模式从内战前的区域之争转化为跨区域的、以经济利益为界的群体利益之争。不同的经济利益群体都分别启用了联邦宪法的原则支持自己的立场。大资本势力坚持"经济自由"和"契约自由"是追求财产的重要手段,而财产权是受宪法保护的最重要的公民权利,不容侵犯,政府也不能立法进行干预。劳工和中小商业阶层则强调联邦宪法的基本原则包含了"公共福利"和"(社会)公正"的内容,这些是共和政体的价值观的一部分,政府有责任保护全体社会成员追求幸福和财富的权利,况且重建宪法修正案(尤其是第十四条宪法修正案)专门建立了平等法律保护的原则,政府有权对经济发展进行干预,以保障更为公平合理的竞争。

迫于劳工和中下经济阶层的压力,各州政府自 19 世纪 80 年代末起,开始对自由竞争式资本主义经济进行有限度的管制,调整劳资关系。联邦政府也在 19 世纪 90 年代通过立法,启用了"公共福利"和"社会公正"的宪法原则,对州际经济活动进行干预。然而,联邦最高法院从保护私有财产的角度出发,在一系列重要的经济案件中,坚持奉行自由竞争、契约自由的信条,反对政府过分干预经济,限制了联邦政府调节经济秩序的权力。无序竞争最终引发了大规模的社会利益冲突,劳工运动和由小农场主为主的"平民党"运动的激烈抗议震撼了美国政治,政治改革的呼声日益高涨,促成了 19 世纪末和 20 世纪初进步运动的兴起。进步运动的政治家提倡政府出面调整各经济利益群体之间的政治和经济关系,抑制垄断资本势力对美国政治的控制。尽管这场运动时间不长,但对于恢复调整美国宪政原则、促使政府(尤其是联邦政府)对经济和市场进行干预和管制起了重要的开拓作用。

## 一 自由竞争资本主义时期的宪政

### 政党政治与民主的蜕变

1877 年重建的结束对美国政党政治带来了两方面直接的影响。

首先,美国政治又恢复了战前的民主与共和两党对峙的局面。1877—1901年间,总统职位基本由共和党人掌握(民主党人只赢得了1884年和1892年的总统选举),虽两党都曾极为短暂地控制过国会两院(共和党人在1888—1890年,民主党人在1893—1894年),但都没有机会建立起对国会长期的、绝对的(即超过三分之二多数)控制权。这种两党相互钳制的局面显然给由纯党派利益推动的立法设置了障碍。

其次,有关联邦性质和宪政原则的意识形态之争逐渐在两党的政治竞争中降为次要的问题。自1800年美国第一个两党制体系形成以来,政党一直在美国政治中扮演了重要的角色,成为整合和组织政治力量的重要工具。在内战和重建期间,共和党更是充分利用其与民主党在意识形态方面的尖锐对立,有效地组织和动员北部的各派政治力量,成功地推动了重大的宪政改革。但随着重建的结束和工业化的全面展开,自由劳动制与奴隶制的对立消失,民主党和共和党之间的政见分歧从原来的事关联邦生死存亡的重大原则问题开始转换成为现实而具体的经济政策问题。先前由于内战和重建的发生而暂时被压抑的利益矛盾重新抬头,加上因重建和工业化而产生的新的利益集团的出现,民主党和共和党内都出现新的代表不同区域和经济利益的派别。这些利益集团的出现对政党整合和调整利益的功能提出了挑战。

尽管如此,重建之后,政党的功能并没有因此被削弱,反而因为要应对其他形式的利益集团的竞争,在组织构建和利益约束上变得更加专业化了。各个利益集团都认识到政党在联邦政治中的作用,并都希望通过政党争取和维持各自的政治和经济利益。政党运作的专业化程度比内战前大大提高,全国性的委员会得以建立,专门协调党内各派别之间的分歧,无论在联邦还是地方层次上,都出现了"铁杆党员"(stalwarts)式的忠诚党工。这些人负责政党的组织,在选举期间,通过宣传,争取选民对本党候选人的支持。在国会内,通过对议事日程和专门委员会的席位分配,党派领袖掌握了更多的控制本党议员的权力。在立法过程中,不同层次的党工负责集中本党议员的意志,确立本党在重大政策问题上的立场,拟定重大议案,领衔发言,并监督本党议员的投票。

政党政治的成熟与美国政治中的"分赃制"(spoil system)的广泛

运用有密切联系。所谓分赃制(也译"分肥制"),指的是在总统或国会选举中获胜的政党有权组织政府,选举国会的领袖(众议院议长和各重要委员会的主席等),并提名任命联邦政府的公职人员。分赃制是早期美国政治的特点,但在安德鲁·杰克逊1828年入主白宫后正式演变为一种不成文的政治实践。杰克逊的当选是当时民主党改革的结果,但同时也被认为是平民进入美国上层政治的开始。杰克逊对过去那种靠背景、出身和裙带关系为依托的"世袭精英式"政党政治十分反感,力主政治平民化。在第一份年度报告中,他曾说:"所有公职(public offices)的职责都规定得非常清楚明了,任何聪明的人(men of intelligence)都可能毫不费力地具备行使这些职责的资格……没有人可以说他比其他人更具有担任这些职务的天生权利(intrinsic right)。"① 杰克逊本人并没有大张旗鼓地更换联邦官员,但他坚持政府官员(随政党的更替)轮换的制度是政治民主的一种合法合理的表现形式。

因其将政党在竞选中的成功与该党支持者可期望获得的政治和经济上的好处直接挂钩,分赃制成为推动政党政治的重要动力,并且是动员助选力量的有效方式。许多人支持某个政党并不是因为对该党的思想和原则有深刻的理解或抱有始终不渝的信仰,而常常是希望在该党执政后能够谋得一官半职。但分赃制的弊病甚多。首先,因为官职分配的原则是论功行赏,政党任命政府官员时往往注重被任命者为本党工作的成绩,而不看此人是否能胜任,其结果是政府公职人员素质低劣。更糟糕的是,政府公职成了政党的囊中私物,可以随意分配和赐予。在一些地方,政府成了某些利益集团的工具,任人唯亲、行贿受贿、贪污腐化、以权谋私,均成为这一时期美国政治文化的当然内容。更有工业和商业资本的代理人通过向政党捐款和助选的方式进入政界。

在联邦政府一级,联邦官员的任命也基本按照分赃制的模式,自然也导致了政治腐败的频繁出现。内战与重建时期,联邦政府功能扩大,公职人员数量增多,政治腐败的面也就相应扩大。19世纪70年代格

---

① Andrew Jackson, First Annual Message (8 December 1829), in *Messages and Papers*, 20vols. (New York: Bureau of National Literature, Inc., 1897-1917), Vol. 3, 1005-1025, esp., 1012.

兰特政府中政治腐败丑闻频传,多名内阁高级官员以权谋私,被迫辞职。此外,分赃制阻碍了政府对自身腐败行为的控制。格兰特政府时期的司法部长阿莫斯·阿克曼曾因调查几桩铁路修建受贿案,触犯了与共和党有关的财团的利益,而被格兰特解职。

分赃制还带来了另外一个弊病。因为竞选的成功是取得对联邦和州政府资源控制的基础,分赃制要求政府官员在任职期间必须不断地投入时间和金钱去辅佐本党的各类政治活动,尤其是竞选活动,以争取该党连续执政,维持其对政治和经济资源的控制。这些政府官员在职期间,要组织本党的基层活动,照顾本党支持者的各种利益。此外,政府官员频繁地随政党轮流执政而更换,影响了联邦政府的效率,这种现象在内战前因民主党和辉格党经常性的隔届轮流执政而特别突出。内战和重建期间,虽然共和党把持联邦政府,但因党内有派别,换届总统也需重新任命联邦官员,政府官员频繁更换的现象并没有改变,反而因要不断满足和调整党内各派利益的均衡而变得更为严重。

## 19世纪的文官制度改革

自内战结束以后,改革文官制度的呼声日渐高涨。1865年,来自罗得岛州的众议员托马斯·詹克斯曾提议按照英国模式来改革联邦政府的公职人员聘用制度,即将联邦政府的官职分为两类:政治性任命职位和非政治性任命职位;非政治性任命职位包括那些不涉及政策制定的文官职位,对这类职位的官员,应采用考试的方法来公开招聘,而不以对党的贡献和忠诚为基础。但詹克斯的提议在当时未能得到共和党国会的支持。重建后期,格兰特政府本身腐败丑闻不断,声名狼藉,文官改革一事被搁置起来。

1872年,一些原来就不满意格兰特的自由派共和党人便以此发难,要求将文官制度改革(Civil Service Reform)作为共和党的施政纲领的一部分,提出将联邦政府官员的任命与政党分离,由联邦政府制定统一的规定来考核和录用文官,以选取优秀人才。自由派共和党人的要求遭到主流派共和党人拒绝后,便与共和党分裂,与民主党人结为盟友。自由派共和党人要求改革文官制度的动机是复杂的,他们中有些人本是共和党官场上的失意政客,希望通过推动文官制度改革来反对格兰特的激进重建计划。此外,他们对当时出现的南部共和党政府十分反感,对主流共和党人利用黑人选票来建立南部共和党的做法不以为然,对黑人参政更是充满恐惧,担心美国政治落入不懂政治、头脑简单、易为政治野心家利用的群氓手中。但他们势单力薄,而且因被格兰特政府排斥在主流政治之外,对文官制度改革的鼓动效果甚微,直到1876年总统大选时,才被共和党候选人海斯纳入他的竞选纲领。

1877年,海斯就任后,曾通过总统行政命令的方式,禁止联邦官员在任职期间从事党派政治活动,禁令任何上级主管部门"要求"其下属参加党派组织的竞选或党组活动,禁止"为了政治目的"对联邦官员及下属进行评估。① 但海斯的改革极为有限。共和党内部派系林立,加上民主党人控制了国会,使他无力兑现他对自由派共和党人的改革许诺。

文官制度改革问题也成为1880年总统大选的话题。当年,内部分崩离析的共和党在总统候选人上争执不下,结果俄亥俄州的詹姆斯·加菲尔德出人意料地作为"黑马"脱颖而出。加菲尔德当选后,因在联邦官员的任命上不得不时常考虑党内各派的利益平衡,深为分赃制带来的弊病所困扰。但当他打算要推动文官制度改革时,控制国会的共和党人却不予配合。1881年7月2日,一位名叫查尔斯·吉托的求职者,因求职不成,在华盛顿火车站开枪刺杀加菲尔德,以泄私愤。9月19日,加菲尔德不治身亡。总统职位由政治上毫无名气的副总统切斯特·阿瑟接任。加菲尔德的身亡和阿瑟的推动,促使国会中的两党议员联合起来,在1883年通过了《彭都顿文官制度改革法》(The Pendleton Civil Service Act)。

1883年的《文官制度改革法》的主要条款如下:(1)联邦政府建立一个专门委员会,负责主持文官制度改革的工作;(2)联邦文官职位将进行分类,有关雇员的聘任将通过"公开的、竞争的考试"对"申请人服务公众的能力"进行测试;(3)禁止带有政治目的的捐款;(4)任何联邦官员(无论是选举的还是任命的)都不得在任职期间以任何方式向联

---

① Rutherford B. Hayes, Executive Order (22 June 1877), in *Messages and Papers* (1899 edition), vol. 7, 450-451.

邦政府的任何部门中的任何级别的雇员以及"从联邦财政部领取薪金的任何人"处寻求"带有政治目的的捐赠";也不得接受来自这些方面的主动捐赠;(5)联邦政府内的任何雇员不得向联邦政府的其他任何雇员和国会议员"主动赠与或递交"(give or hand over)"任何金钱或有价值的物品"。①

文官制度改革的具体做法是,组织一个由民主和共和两党人士组成的委员会,负责按能力和业绩考核、审查和聘任政府官员;审查委员会由总统经参议院的咨询和同意后任命组成,有权制定考核制度,有权决定一个应试人是否有资格得到联邦的任职。根据改革法,国会从当时14万个联邦政府的职位中选出十分之一(近1.4万个位置)作为按能力聘用的职位,与政治任命职位分开;联邦政府(有50名雇员以上的)各部门对部门职位进行分类,将相当一部分职位划为考核招聘的职位;在招聘过程中,政党不得干预和影响;经考核而聘用的联邦官员不得利用其职权参加竞选或为政党利益服务;任职者的职位升迁由个人能力和任职成绩来决定。

从宪政角度来看,文官制度改革增大了总统部门的权力,因为可以通过行政命令的方式来延长文官人员的聘用期,总统实际上从国会手中夺得了一部分控制联邦公职人选的权力。同时因为联邦行政部门的文官分类权实际上由总统掌握,理论上,总统可以在离任前将一些联邦职位从政治任命类变成非政治任命类,不变动已经占据职位的任职者,从而保护本党已占据的文官职位。这样做有时也是对任职者的一种变相的政治回报。这样做自然导致了非政治任命文官职位的增多,间接扩大了政府官员非政党化的范围。到1900年时,约有8.6万个联邦文官职位(占当时联邦公职人员总数的一半左右)被纳入了1883年《文官制度改革法》的适用范围。文官制度改革后,联邦官员的专业化水平提高,地方政治的干扰和影响减少,行政管理的质量大有改善,相当数量的文官职位从政党的控制中解脱出来,不再为政党选举出钱出力,对当时的政治腐败现象有一定的遏制。

---

① U. S. Congress, An act to regulate and improve the civil service of the United States (16 January 1883), in *Statutes at Large*, vol. 22, 403-407.

## 劳工和农场主对旧宪政秩序的挑战

文官制度的改革只是联邦政府对随大工业化出现的政治弊病做的一种修补性的改革,对于工业化时期出现的重要经济和社会问题,尤其是各经济利益集团之间在经济资源的占有和分配方面的尖锐对立,联邦政府并没有提供有效的政策。重建以后,美国进入经济一体化和工业化时期。内战前后由政府资助修建的铁路将东北部、南部和西部的交通联网,通信联络也实现了全国联网,区域和行业的经济发展不再是孤立和单一的,生产和资本的高度集中促成了大公司、大企业和大财团的出现。这些大工业和商业资本实际上控制了美国经济发展的方向。伴随着经济权力的集中,政治权力也通过政党的运作开始高度集中,并为经济集权的发展服务。大资本势力通过对政党的资助和游说,有效地影响了政府的经济决策,工业和市场垄断应运而生。

垄断资本主义经济秩序的形成显然付出了很大代价。许多中小企业在自由竞争中被挤垮,许多手工匠人因此失去工作。但在竞争中受害最大的是工人和小农场主,他们的工资低,工作和生活条件十分艰苦;资本家为了赚取更多的利润,无视工人的工作条件,有意压低工资。而工人们没有足够的财力去游说政党和国会,直接向联邦政府施加政治压力的途径也十分有限,他们的声音很难被政府听到。与此同时,大量欧洲移民涌入美国,他们愿意接受收入微薄的工作和忍受艰苦的工作条件,加上童工和女工的使用,大工厂主有了足够的劳力资源。内战前,北部废奴主义者和共和党人曾描绘过自由劳动与共和政府相结合的美好理想,但劳工阶层却发现他们原本期望的经济独立的美梦在工业化的现实下变得粉碎。在这样的情形下,劳工阶层反抗剥削、争取和维护自身权益的工会组织开始兴起。

1869年,费城的纺织工人率先组织了命名为"劳工骑士团"的秘密工会组织。1873年经济萧条后,骑士团开始发展成为有影响的全国性工会组织。1879年后,劳工骑士团改变了秘密组织的性质,变成了公开的、全国性的、以工人为主体的社会改良性组织。会员人数在1882年达到4万人,3年后又扩大到11万人之多。劳工骑士团提出了一系列政治和经济改革的纲领,包括反对垄断,提倡劳资合作,保障工人的最低工资收入,保障工人的基本住宅权(当时很多工人居住在工厂或煤矿主提供的简易住宅区内,工人失业的同时也失去了住所),八小时工作制,严禁雇佣童工和囚犯来取代工人等。骑士团的政治目标是进行一种理想主义的社会改革,希望以美国传统政治中的"共和"思想为基础(这种"共和"思想不乏"共富"的理想成分),集中劳工的资源,建立以劳工资源为主导的工业,最终取消工资制。在斗争方式上,骑士团反对采用暴力对抗,反对采用罢工手段,主张通过选举和游说的渠道向国会和州议会施加压力,要求联邦政府介入劳资关系的管理,并推选自己的候选人,参加地方政府的选举。

在日益高涨的劳工运动的压力下,国会对工业化带来的问题做出反应,并开始进行相应的制度建设。1884年,国会立法组建了联邦劳工统计局,负责处理跟踪和出版劳工信息。次年,国会又通过了《弗兰法》,对违法进口外国合同劳工的雇主进行惩罚。① 但是,劳工阶级在新工业资本经济秩序下的不利地位并没有得到根本的改善。1886年,以熟练和技术工人工会为主体的美国劳联成立。与劳工骑士团不同的是,劳联排斥非技术工人,反对将工会政治化,仅要求实现非常具体和现实的以经济利益为中心的目标,包括提高工资、缩短工时、改善工作条件和保障安全的工作环境。在斗争策略上,劳联也有所不同。它不反对大资本势力的垄断,但要求给予熟练劳工阶层"公平"的工资和工作机会,它提倡使用罢工和抵制(boycott)作为主要的斗争手段,但在组织罢工时,只要能够争取到预定的目标,工会便与资本家达成妥协。这种较为现实和灵活的斗争方式更适合本身比较松散、背景多元化的美国工人队伍。劳联的人数在1886年只有14万人,1892年时达到了25万人,1901年时增加到100万人,成为当时美国最大的工会组织(劳工骑士团在19世纪80年代后期开始衰落)。自1877年铁路工人大罢工开始,罢工运动连绵不断。1892年发生在宾夕法尼亚州的霍门斯德特钢铁工人大罢工和1894年发生在伊利诺伊州的普尔曼大罢工更是震

---

① U. S. Congress, An act to prohibit the importation and migration of foreigners and aliens under contract or agreement to perform labor in the United States, its Territories, and the District of Columbia (26 February 1885), *Statutes at Large*, vol. 23, 333-334.

撼了大资本势力和联邦政府。各级政府对劳工运动的反应从一开始就是镇压和压制。联邦和州法时常被用来保护资本家的利益和禁止工人的罢工活动,有的州虽然允许工人罢工,但严禁工会阻挡雇主使用替代工人(strikebreakers)来破坏罢工。

19世纪90年代,美国工运出现了分裂。有的工会转向支持正在兴起的社会主义运动,有的则继续寻求通过立法程序要求政府干预劳资关系,有的则只注重保护本行业的经济利益,还有的工运加入了反移民的政治运动(如推动制定《1882年排华法》等)。但不容怀疑的是,这一时期的工会运动开创了以共同经济利益为支点的组织化抗争,这种方式对后来进步运动的兴起作了铺垫,提供了新的群体斗争模式。

19世纪90年代,在劳工运动达到高潮的同时,西部和南部的农民和农场主也开展了一系列的反对大工业和金融资本势力的活动。从大范围来看,内战后美国农业生产的困难与美国和欧洲的工业化、国际市场的扩展以及欧洲殖民主义的扩张有密切关系。直接引发了农场主和自耕农抗议运动的是战后联邦政府的金融政策和大资本势力对铁路运输的垄断。内战时期,联邦政府发行了大量纸币(俗称 greenbacks),解决战时集资问题。战后对如何兑现和处理纸币问题,东部和西部争执不休。东部希望取消纸币,恢复金币,而急需资金的南部和西部却希望继续保留纸币,刺激经济增长。1875年,共和党国会立法,规定在1879年停止使用纸币,只允许金币和少量银币的流通。这项法律对南部和西部的农场主打击尤其大,货币流通的困难,降低了农产品的价格,使原来借钱买地的农场主雪上加霜,农产品卖不出去,又无法偿还借债。高昂的借贷利息使农民望而生畏,因为当地银行无资本,只能从东部的银行输入资本。与此同时,农产品价格下跌,而生产成本却不断增高,尤其是运输费用提高。早在1876年,"绿背纸币(劳工)党"(The Greenback Labor Party)就曾要求联邦政府采取通货膨胀的措施,允许纸币重新进入流通领域,促成物价上涨,帮助农场主从危机中解脱出来,获得利润来偿还债务,同时还要求政府统一管理铁路货运价格,打破垄断资本对铁路运价的控制。绿背纸币党对民主和共和两党轮流执政、控制联邦政府的做法提出了挑战,宣称联邦立法兼顾"农业、矿业、制造业和商业等合法行业的全面发展是政府最重要的职责"。①

19世纪80年代,西部发现大量银矿后,西部各州又要求联邦政府将银币与金币等值,帮助刺激经济。在南部和西部农业人口较多的地区相继出现了半政党形式的政治组织,最有影响的是"农场主联盟"(Farmers' Alliance),并在1890年发展成为声势浩大的"平民党运动"(Populist Movement),在当年的国会中期选举中,对民主党和共和党提出了严峻的挑战,大有打破长期以来两党独霸美国政坛之势。平民党人提出了一系列经济和社会改革的主张,尤其要求联邦政府对农业产品进行保护,停止对农产品出口造成巨大伤害的贸易保护关税政策,建立联邦银行,并要求直选联邦参议员。1892年,平民党(The People's Party)在内布拉斯加的奥马哈正式成立。平民党人的要求已不再局限于经济政策,而是进一步提出联邦政治的改革。在该党1900年的竞选纲领中,平民党人提出各州选民有权罢免"那些不忠实于选民的公仆",有权将一些重要的通信、交通和生产行业,如铁路、电报和电话线、煤矿等,交由公众拥有和运作,并要求对包括总统、副总统、联邦法官和联邦参议员在内的官员"由人民进行直选"。②

### 社会达尔文主义与宪政改革的阻力

尽管有来自劳工和农业阶层的压力,联邦政府对于经济干预并不热心。在19世纪后半叶的美国,建立一个联邦政府为主导的对全国经济进行直接干预的政策面临重重的困难。主要的障碍来自于经济意识形态和体制两个方面。工业化之前的重建扩大了联邦政府保护公民的民权和政治权的权力,但并没有改变受到宪法保护的美国资本主义的一些基本经济原则,包括对私有财产权的坚决维护,对市场竞争和商业自由的保护,对州管理地方经济的"监管权"的尊重等。重建的宪政改革虽然对州与联邦之间的权限划分作了调整,但大部分人还没有或无法接受国家干预经济的思想和实践。

---

① Independent (Greenback) Platform of 1876, in Kirk H. Porter and Donald B. Johnson, comp., *National Party Platforms, 1840-1964* (Urbana, Ill.: University of Illinois Press, 1966), 51-52.

② People's (Middle-of-the-Road Faction) Platform of 1900, ibid., 118.

在意识形态上主导美国工业化的是亚当·斯密的自由竞争式资本主义理论。根据这种理论，经济发展需按市场供求的自然规律运行才能取得最大的效益，人为的政府干预只会阻碍经济增长；只有当社会所有成员都能不受限制地参加竞争，并因此不断扩大个人的财富时，社会的总财富才可能获得最大的增长，所以，政府不应设置种种规定，限制个人或私人企业的经济活动和经济决策的自由。自由竞争经济的鼓吹者尤其反对限制资本家和大资本势力集团的"契约自由"（也译为"签约自由"）权。言外之意，垄断资本势力之间为瓜分资源和市场定立的经济盟约是市场经济允许的；劳工与工业资本家之间也是一种契约关系，雇佣契约是双方自愿签订的，政府不能干预。自由竞争资本主义思想的本质是强调资本主义竞争规则的通用性，反对政府为惠顾社会某一阶层或阶级的利益的"阶级立法"（class legislation）。这种观点最早在1873年的屠宰场案中由最高法院大法官菲尔德作为少数派意见提出过，在19世纪末期，将成为最高法院维护自由竞争制度的金科玉律。①

当时十分流行的社会达尔文主义思潮也极大地助长了这种自由竞争经济理论的传播。耶鲁大学社会学教授威廉·G. 萨姆纳是社会达尔文主义创始人赫伯特·斯宾塞的积极追随者，他在1883年出版了《社会各阶级亏欠彼此什么？》，为社会达尔文主义思想辩护。他声称，政府不能干预经济，尤其不能通过立法手段将社会财富在所有成员之间实行平均分配，因为那样做的结果只会助长贫困阶级对政府的依赖，影响市场竞争的公正性，使社会财富以不公正的方式被一部分人通过政府从另一部分人手中（强行）偷去。萨姆纳对正在高涨的劳工运动十分反感，将之称为"可为政治阴谋家利用的紧迫的危险"。② 1907年，他又出版《民道》一书，进一步反对政府通过干预经济来解决贫富不均的做法。他说，一个社会的条件不是遵循自然法的规则建立的，而是由该社会的传统和习惯势力决定的，为了实现社会成员之间的绝对

---

① 关于屠宰场案的讨论和菲尔德的观点，见本书第五章第四节。
② William G. Sumner, *What Do Social Classes Owe to Each Other* (1883; reprint, Caldwell: The Caxton Printers, 1989), 76, 104, 113, 138-142.

平等而强行打破社会习惯和传统,是不明智的。① 他还对美国民主的理念提出了挑战,认为民主的基础不是空洞的理念,而是对自由土地的实实在在的占有,当可被占有和分配的自由土地越来越少的时候,民主就越来越成为一种临时性的政治形态。② 萨姆纳的思想是社会达尔文主义思想的集中反映,在19世纪后期的美国思想界很有市场。

在体制方面,联邦政府要想推行干预经济的政策也是困难重重。如前所述,1877年重建的结束也意味着共和党自内战开始以来的"一党执政"历史的结束。如表6.1所示,1877年至1901年间,民主党和共和党两党交替执政,没有一方能有较长的时间同时掌握立法和执法部门,或同时在国会两院长期保持三分之二的多数,这种情形对通过党派动议的经济立法十分不利。与此同时,两党内部的成员在重建后有了很大变化,在经济问题上也不能轻易达成一致意见。即便某个政党同时控制了总统和国会两院,也不见得就可以任意立法。1888年,共和党同时赢得了总统和国会两院的控制权,但因内部在一系列经济问题上的分歧,也迟迟不能制定出统一的经济政策。

此外,这一时期的联邦政府呈"弱总统、强国会"的态势。自1868年共和党激进国会对安德鲁·约翰逊实施弹劾以来,总统职位在林肯时代建立的权威跌落。格兰特时期有所恢复,但他后来的几任总统——海斯、加菲尔德、阿瑟、格罗弗·克利夫兰及本杰明·哈里森——基本上都受制于国会,没有发挥出有效的领导作用,与杰斐逊和林肯时代的那种创造性地运用总统权威的风格形成鲜明对比。

表6.1　1877—1901年间美国联邦政府和国会中的党派力量对比

| 总统(党派) | 国　会 | 国会任期 | 参议院多数党 | 众议院多数党 |
| --- | --- | --- | --- | --- |
| 海斯(共和党) | 45届 | 1877—1879 | 共和党 | 民主党 |
| | 46届 | 1879—1881 | 民主党 | 共和党 |
| 加菲尔德(共和党) | 47届 | 1881—1883 | 两党均等 | 共和党 |

---

① William G. Sumner, *Folkways: A Study of the Sociological Importance of Usages, Manners, Customs, Mores, and Morals* (Boston: Ginn, c1906).
② William G. Sumner, "Politics in America, 1776-1876," *North American Review*, no. 122 (January 1876), 47-87.

续 表

| 总统（党派） | 国 会 | 国会任期 | 参议院多数党 | 众议院多数党 |
|---|---|---|---|---|
| 阿瑟（共和党） | 48届 | 1883—1885 | 共和党 | 民主党 |
| 克利夫兰（民主党） | 49届 | 1885—1887 | 共和党 | 民主党 |
| | 50届 | 1887—1889 | 共和党 | 民主党 |
| 哈里森（共和党） | 51届 | 1889—1891 | 共和党 | 共和党 |
| | 52届 | 1891—1893 | 共和党 | 民主党 |
| 克利夫兰（民主党） | 53届 | 1893—1895 | 民主党 | 民主党 |
| | 54届 | 1895—1897 | 共和党 | 共和党 |
| 麦金利（共和党） | 55届 | 1897—1899 | 共和党 | 共和党 |
| | 56届 | 1899—1901 | 共和党 | 共和党 |

资料来源：Jeffrey B. Morris and Richard B. Morris (eds.), *Encyclopedia of American History*, 7$^{th}$ ed. (New York: Harper Collins, 1996), 1163-1186.

体制上的另一个困难在于，经济事务的管理属于基本的民生问题，向来是州的管理范围，加上工业革命前的经济活动大多在州内进行，联邦政府干预经济确属新生事物，没有前例可循。也许因为如此，工业化初期，州政府在经济管理和干预方面扮演了比联邦政府更为重要的角色。1869年，马萨诸塞州议会建立了第一个管理州内铁路的委员会，到1900年有28个州都建立了类似的管理机构。这些管理机构最初基本上带有咨询性质，代表公共利益对私营企业的发展计划提出意见，到后来逐步发展为有权制定价格。如1870年伊利诺伊州宪法规定，铁路属于与本州人民生活关系重大的公共交通枢纽，本州立法机关有权对经由本州的铁路的运价实行管理。1887年至1897年间，各州通过了1600多项法律，对劳资关系、工人的工时、童工的使用、工资、工厂的安全等一系列问题作出了规定。

## 联邦政府干预经济的开始

但是，随着工业化的深入，经济活动越来越多地跨越州的范围，大资本势力的垄断和剥削也已经超出了州的范围，州管理经济的权力已经远远不能适应实际的经济环境。19世纪90年代接连不断的中下阶层反抗剥削和垄断的运动充分说明了肆无忌惮的工业和商业垄断资本对社会的危害。在这种情况下，联邦政府被迫对此作出反应。应该强调的是，尽管在工业化时期自由竞争资本主义的经济思想占有主导地位，此时的美国宪政运作并没有完全放弃杰斐逊时代的共和政府的原则，即政府具有保护个人自由和社会共同福利的双重目的，有责任保障每个社会成员公平竞争的权利。事实上，这种思想与正在兴起的社会主义思潮合为一体，成为美国社会改革的重要思想力量。19世纪早期，为了维护联邦权威，马歇尔主持的最高法院曾强调过集权联邦制；坦尼任首席大法官时期，曾在查尔斯河桥案中强调过，当私人企业的经济权益与社会公共权益发生冲突时，政府有责任保护后者。这些原则在重建时期为第十四条宪法修正案中的平等法律保护的条款所肯定，不仅为联邦政府干预和管理经济提供了宪法根据，而且也丰富了这一时期美国宪政发展的哲学内容。在某种意义上说，这是借用反对干预的理论为干预服务。联邦干预经济的目的不是为了取消竞争，而是为了减少竞争中的不公平成分，创造一个更公平的竞争环境，提高竞争中的社会公正程度。所以，联邦政府对于经济的干预是一种程度有限的经济管理行为。这种管理与其说是联邦政府对社会群体之间的经济关系的一种主动积极的调整和重新安排，不如说是因为实行这种管理的宪法权力超出了州的权限范围而迫使联邦政府必须作出的一种反应。联邦政府19世纪80年代对铁路运输行业的管理就是其中的一例。

美国铁路建设从19世纪20年代开始，至内战发生时，全国铁路总长度近3万英里。内战打响后，共和党政府不再顾忌南部的反对，抓紧机会批准修建横跨北美大陆的铁路，并给予大铁路公司大量的补贴资助。内战结束时，美国铁路长度达到9万英里。1870年后，各主要铁路干线开始联网。与此同时，各大铁路公司在运输业方面的竞争加剧，最后各公司达成协议，在运费制定、市场共享、车皮编组等方面相互妥协，建立起一定的市场规范。但在实际操作过程中，大铁路公司在运费和运输市场方面实行垄断。它们经常采用的做法是将短途运费定得很高，对经常使用短途铁路运输的小农场主、小商业主和其他的私人企业进行经济上的剥削。在这种情况下，使用铁路的各社会和经济利益集团要求州政府出面制定公平的铁路运费。19世纪70年代末，至少有10个中西部州的州政府建立了特别的铁路管理委员会，专门管理铁路运费。但到19世纪80年代全国铁路联网后,铁路管理变成了全国性的政策问题,因为州只能对本州境内的铁路进行管理,无权管理跨州(或州际)铁路。1886年,联邦最高法院在维伯西—圣路易斯—太平洋铁路公司诉伊利诺伊州案中以6—3票的多数宣布伊利诺伊州的一项铁路运费管理法违宪,理由是该法涉足了属于联邦政府管理的州际贸易。最高法院虽承认州有权立法管理各州境内的铁路,但坚持州际铁路运输的管理属于联邦政府的权限范围。[①] 这一决定为联邦政府在1887年建立州际商业管理委员会(ICC)提供了机会。

  州际商业委员会是联邦政府的第一个专门经济管理机构。它实际上是应形势的要求而产生的。如上所述,19世纪80年代,各铁路公司之间的运费大战激烈,铁路公司为了招揽长距离运输业务,故意抬高短距离的运费,有时对100英里的短途运输收取与1000英里的长途运输同样的运费,并对某些地区和城市实行高运费的收费规定。各铁路公司还普遍采用运费回扣(即将规定运费的一部分回赠给顾客)的方法来击败对手。这种恶性竞争既损害了各公司的利益,又损害了公众的利益。然而,这种现象的改变显然不能单靠企业之间的协商来解决。铁路公司希望由联邦政府出面,制定一个比较合理的商业管理制度,遏制破坏性竞争,建立一个良性的竞争机制,稳定市场。广大铁路用户也要求联邦政府对铁路运输进行管理,他们认为铁路运输的弊病在于收费不公平,要求联邦政府采取措施。

  1887年,国会制定了《州际商业法》对这两种要求作了回应。该法宣布,所有铁路运输必须合理收费,不合理的收费为非法的商业行为。该法没有具体规定合法运费的标准,但严禁铁路公司以私下协议、回扣、强制性长短途等价收费等方式来制定运费。该法要求铁路公司协商制定一个统一的运费标准,但将决定运费的权力留给了各铁路公司。根据该法的要求,联邦政府成立了州际商业管理委员会,专门负责执行这项法律。委员会可举行听证会,并可以如同法院一样颁发命令。[②]

---

① Wabash, St. Louis, and Pacific Railway Co. v Illinois, 118 U.S. 557-596 (1886).
② U.S. Congress, An Act to regulate commerce (4 February 1887), in Statutes at Large, vol. 24, 379-387.

委员会的命令具有行政命令和半立法性的性质,但其任务只是执行法律,它的功能也主要是咨询式的。州际商业管理委员会是联邦政府创立的第一个专门委员会,但当其开始运作后,联邦最高法院通过一系列判决,限制了它的行动和权限范围(此点将在下一节中详细讨论)。

## 垄断资本对自由竞争资本主义传统的威胁

工业化时期联邦政府干预经济的另一个内容是限制托拉斯的发展。托拉斯(Trust)原指对某人财产或遗孤进行委托管理的一种法律安排;在工业化时期,托拉斯变成了商业集权和垄断的代名词。工业化初期,一些大的企业为了进一步扩大自己的商业范围和控制全国市场,力图向外州发展,但根据当时的州法,本州的公司不能在外州拥有财产,为了躲避州法的限制,一些大垄断企业组织采用托拉斯的方式来管理在外州获得的财产(包括公司在内),通常是指定本公司的高级雇员为托管人。约翰·D. 洛克菲勒的标准石油公司在19世纪70年代就是采取这种方式来发展在外州的业务。后来托管的方式又改进为由一个多名托管人(trustees)组成的董事会来负责集中管理公司在各地的业务。1881年,标准石油托拉斯(Standard Oil Trust)成立,明令该托拉斯的9名董事会成员有权"掌握、控制和管理"该企业的所有财产,等于建立了一个跨州的大型经济联合体。1889年,洛克菲勒又利用新泽西州法律之便(该州法律准允购买其他公司的商业行为),将标准石油公司的势力伸展到新泽西。但这种明目张胆的跨州商业很快遭到州法院的禁止。1892年,俄亥俄州最高法院命令标准石油公司必须解散其管理跨州商业的董事会。但州的管理法并不严格,虽然禁止本州公司拥有在外州的财产,但允许本州公司购买外州公司的股票,或以发行股票的方式取得外州公司的财产。这种法律的漏洞为标准石油公司这类大企业控制和发展外州市场开了绿灯。

19世纪末,类似标准石油公司的大资本企业纷纷成立了控股公司,将自己在本州和外州的公司股票合资,并购买和拥有其他公司大部分股票,从而控制这些公司;然后在所有受到控制的公司中,建立统一的商业运作和管理规定,使所有公司在生产方式、组织结构、产品质量、材料来源和市场价格方面都采用相同或相近的标准。这样做的结果使控股公司成为可以进行跨州商业活动的集权性商业集团。因此,托拉斯也就具有了新的词义,特指那些由控股公司控制的大型经济联合体。

因控股公司是经州批准创立的法人,其组织结构和运作,属于州的管辖范围,只有当这种公司的业务涉及州际间货物运输时,联邦政府才有权过问。19 世纪 80 年代中期,极少数的垄断企业大肆排挤中小企业,标准石油公司疯狂收购或挤垮石油生产的竞争者,垄断生产与价格,对公众利益和中小企业造成威胁。其他行业的大资本势力也相应跟进。到 1900 年时,美国 1% 的公司控制了全国工业产品产量的三分之一。1897 年,当洛克菲勒退休时,他拥有的财富达到 90 亿美元。

托拉斯的蔓延事实上将亚当·斯密自由竞争原则排挤出了美国的经济生活,垄断成了美国经济发展的主流。这种情况下,反托拉斯(anti-trust)和反垄断便成为了公众社会的一项政治要求,国会必须对此作出反应。1890 年,国会通过了共和党参议员约翰·谢尔曼提出的《反托拉斯法》。这是联邦政府的第一个反垄断法,得到国会两院的一致通过。该法的主要目的是打击限制正当市场竞争的行为和活动。该法宣布,"一切合约和由托拉斯方式组成的企业合并,只要其阴谋阻挠和限制州际和国际间的贸易和商业,都是非法的";其他在州际贸易和商业中出现的任何垄断活动也是非法的。该法对违反本法的垄断行为和垄断企图处以重罚,违反本法的个人可被罚款至 35 万元,违法的公司可被罚款 1000 万元;如发现违法行为,受到损害的公司(或联邦政府)可要求联邦法院对违法者发出禁令,并寻求三倍于所遭受损失的经济赔偿。① 尽管惩处严厉,但该法并不严谨,尤其没有对托拉斯和垄断这两个关键性的概念作准确清楚的定义,使人很难判断到底哪一种商业和企业合并算违法。显然,该法的目的是打击那些没有经任何州批准而组成的托拉斯,并不是全面禁止托拉斯。当时,大公司在生产组织和市场销售方面的经济和社会优势开始显示出来,在某种意义上,也为消费者带来方便并为其所接受,已经成为美国经济发展的一种需要了。所以国会只是希望有限地对其进行干预。

---

① U. S. Congress, An Act To protect trade and commerce against unlawful restraints and monopolies (2 July 1890), in *Statutes at Large*, vol. 26, 209.

在反托拉斯的问题上,国会采用了传统的立法限制、司法执行的方式——也就是说,由联邦法院在实际执行该法的过程中建立具体的规则——而没有采用 1887 年建立专门委员会来进行铁路管理的方式。但在该法实施的最初几年中,联邦最高法院采取保守的态度,对该法的功能和适用范围作了极大的限制,致使其象征意义大于实际功用。

1890—1901 年间,联邦法院总共审理了 18 桩涉及该法的案件,其中最著名的是 1895 年的美国诉奈特公司案。① 1892 年,美国糖业加工公司将自己主要竞争者的股票买下,从而垄断了全美的糖业加工生产,这种做法违反了谢尔曼《反托拉斯法》,该公司因而遭到联邦政府的起诉。1895 年最高法院公布了对此案的判决,因这是最高法院首次对《反托拉斯法》作出解释,自然引起了公众的极大注意。由首席大法官梅尔维尔·W. 富勒宣读的 8—1 票的判决意见重申,各州有权管理州内的商务,包括有权将本州公民"从垄断的重压之下解脱出来";管理各州内成立的托拉斯的权力。富勒承认,州内组成的以垄断生产制造业为目的的托拉斯可能对州际贸易和商业产生一些影响,但这种间接的和偶然的影响不足以构成国会限制某一州内的制造业托拉斯的理由。

根据富勒的逻辑,商品的"制造"(manufacturing)应与商品的"销售"(trade)区分开来,制造是一个将"原材料制作成一种用品"的过程,对这种用品的"买卖和运输"才构成了其商业(commerce)的部分;如果一个企业只是希望把自己生产的物资销往外州,那就不应该受到联邦政府的管理,如果允许联邦政府管理,就相当于说联邦政府有权对该企业每一个生产部门的每一个细节进行管理,联邦政府也就不得不制定"成摞成摞的只能用于某一地方的、完全不协调的法律",其结果必将使自己陷入困境,也将损害州对本州商业的监管权。因此,富勒宣布,《反托拉斯法》的意图是贯彻宪法允许的管理州际商业权的原则,而不是全面扫除托拉斯。②

大法官哈伦再次扮演了唯一的持异见者的角色。他认为,糖业公

---

① *United States v. E. C. Knight Co.*, 156 U. S. 1-46 (1895).
② Ibid., 9-18.

司不光是垄断了糖业加工的生产,而且还垄断了销往外州的产品的价格,后一种情况实际上已经限制了州际贸易的发展,损害外州人民的利益,这已构成阻碍州际贸易自由的原则,应该受到国会的管理。如果国会无权管理这类相关的垄断事务,美国人民就不能受到应有的保护,因为州政府并不具备管理州际商业的权力。① 哈伦的争辩固然有力,但最高法院的大多数法官并不理睬。奈特公司案的判决限制了联邦反垄断的努力,使垄断愈演愈烈,直到进步运动时期,最高法院才改变自己的立场,转而对国会反垄断的权力予以支持。

## 二 最高法院与自由竞争的经济秩序

### 关于政府干预经济的争论

关于联邦政府是否应该干预和管理经济的争论实际上是关于政府的目的和功能的争论,这是美国宪政发展中的一个具有永恒意义的题目,在联邦早期就出现过,工业化以后也不会消失。但在工业化时期,对这个问题的争论,尤为激烈。反对政府干预的人坚持认为,在资本主义社会中,政府的功能是创造一个自由竞争的经济环境,而无须插手具体的经济运作和财富的分配。他们推崇自由竞争式的资本主义,借用社会达尔文主义的学说,把富人财富的积累看成是个人努力和勤俭道德的结果,把穷人的贫困归结于个人品质和素质低劣(甚至人种的落后)。这些人反对联邦政府屈从来自劳工和农民阶层的政治压力,反对政府为保护这些阶层的利益立法。他们认为,为某一阶层利益的立法会破坏其他阶级的利益。这样的理论显然掩盖了一个基本的事实:所谓自由竞争从一开始就是不公平的,在已经取得了竞争优势之后,强调"平等法律保护"的原则显然是为了维护并继续发展已经占有的经济优势,并将这种优势转换成为政治特权。

要求政府对经济干预的人则认为,无序的自由竞争导致社会财富分配不均,从而带来贫困,并因此产生道德沦丧和犯罪的社会弊病;为

---

① *United States v. E. C. Knight Co.*, 156 U. S. 1-46 (1895). 42-46.

了消除贫困,国家必须限制不公平的竞争,消除贫困和建立公平的竞争环境是国家的责任。19世纪90年代兴起的平民党运动对垄断资本主义及其后果进行了强烈的抨击。平民党人认为,美国的经济命脉掌握在大企业和大银行手中,这些企业和银行通过财力的使用(包括对政党的捐助、行贿和游说)控制了政治,这种金钱控制政治的做法破坏了原来的美国民主理念和实践,在大资本的控制下,"人民的信仰被毁灭了,公众舆论被封杀了,商业一蹶不振,劳工一贫如洗"。①

双方的争论并不仅仅停留在抽象层面上,而且也通过实际政治运作表现出来。重建以后,由于选民范围的扩大,移民人口增多,各种职业和行业组织(如工会等)迅速发展,普通民众对政治的参与相对内战前更为直接,对于政府决策的影响也相对增大。19世纪70年代在中西部一带出现的格兰其运动就取得了一定的成功。格兰其(Grange)是一个全国性的农业保护者组织,会员曾在1875年时达到过85万人,格兰其社员认为农民是铁路资本家和银行业主的受害者,为了保卫农民的利益,他们自发组织农业合作社、互助银行,并向州政府施加压力,要求管理经济,还推选自己的代表参加州和联邦议员的竞选。1875年,在同情格兰其运动的议员的推动下,伊利诺伊州通过了《格兰其法》,对谷物仓库的操作价格作了限制。

平民党运动的目标则是要影响和改变联邦一级的政治行为。他们对民主、共和两党的金钱政治深恶痛绝,发起了第三党运动,并在1892年的总统大选中,喊出了"财富归创造财富的劳动者所有"的口号。平民党人在当年的党纲中提出了一系列相当激进的改革主张,包括将铁路公司国有化、征收所得税、工会合法化、建立信誉良好的货币制度。平民党人宣告:"美国的一切土地,包括所有的自然资源或财富,都是属于全体美国人民的遗产,决不能为投机的目的被垄断。"②当年选举中,平民党的候选人詹姆斯·韦弗得到一百多万选民的支持,并有18名平民党人赢得了国会的席位,对民主、共和两党长期独霸政坛形成了

---

① People's Platform of 1892, in Porter and Johnson, *National Party Platforms*, 89-91.
② Ibid.

有一定威慑力的钳制力量,迫使它们对"第三种力量"的要求予以重视。① 应该说,类似的组织起来的政治抗争有力地(尽管也是短暂地)阻止了大资本势力和特权阶层对美国政治和经济生活的彻底垄断(还应该注意的是,19世纪末也是美国商业利益开始向世界市场扩张的时候。海外市场的扩张,带来了新的利润渠道,在相当程度上,也帮助缓解了国内因经济利益的占有和分配极度不公造成的政治抗争)。

## "契约自由"与"公共福利"

正是在这样的政治背景下,联邦最高法院需要对围绕政府(包括州与联邦政府)的性质和功能的几个重要问题作出结论,这些问题包括:联邦政府是否可以干预经济,干预的底线和范围在哪里,工业化时期处理自由竞争和公共福利的标准是什么,如何区分个人权利(private rights)和公共权力(public power),"阶级立法"是否与美国宪法的原则吻合等等。最高法院在这一时期的立场并不稳定,来回摇摆,表现出大法官们对这些问题回答的不确定性。

1877年,最高法院在审理芒恩诉伊利诺伊州案时,开始涉及有关"阶级立法"的争论。② 芒恩一案源于上面提到的伊利诺伊州的《格兰其法》。当时芝加哥地区有9家谷仓电梯公司,它们串通一气,统一抬高机器操作费,在该地区运送谷物的农民对此叫苦不迭。1875年,在农民的要求和压力下,伊利诺伊州通过法律,对本州10万人以上的城市的谷仓电梯操作收费作了限制,因当时伊利诺伊州只有芝加哥的人口超过了10万,这项法律仅适用于该地区。电梯公司控告州政府未经正当程序剥夺了它们的财产,违反了联邦宪法的第十四条修正案。

最高法院在审理此案后,以7—2票的多数宣称,伊利诺伊州限制电梯操作收费的法律是合宪的,因为州有权就本州人民的健康、安全、

---

① 1892年总统大选中,韦弗获得了22张选举团票,赢得了肯塔基、科罗拉多和爱达荷州,并赢得了俄勒冈和内华达州的部分选举团票。韦弗获得的民选票(popular votes)为1 024 280,占全国民选票的8.5%。赢得当年选举的民主党候选人克利夫兰获得了233张选举团票,5 551 883张民选票,他的主要对手、共和党人哈里森得到了145张选举团票,5 179 244张民选票。Congressional Quarterly's Guide to U. S. Elections, 385, 443.

② Munn v. Illinois, 94 U. S. 113-154 (1877).

道德和社区福利问题而立法,这是州的监管权的一部分。最高法院还指出,根据普通法的传统,当一项私有财产(或事业)被用来服务大众时,它就不再是纯粹意义上的私有财产了,由于它的使用与公众的利益有关,它的使用方式自然也要受到公众社会(在这里指的是州政府)的管理。最高法院还宣称,州是一个社会契约,其中的每一个人与整个州都有一种默契,即不能用自己的财产来伤害他人的利益。在回答伊州的法律是否合适(proper)时,代表多数派宣读判决的首席大法官韦特说,最高法院只能决定一个法律的宪法性问题,至于该法是否最恰当地维护了州的各部分人民的利益,应该由州议会和该州的人民去决定。①

大法官菲尔德对多数派的意见表示坚决反对。他认为多数派的逻辑是荒谬的,如果一种私有财产因为被用于某种公众目的,从而就具备了公众利益的性质,并可以由政府以此为由进行管理的话,那就等于"一个州内所有的财产和商业都要听命于本州立法机关的任意摆布",因为几乎所有的私人财产都会与公众利益发生关系。菲尔德认为这种逻辑是不能被接受的,也是违反第十四条宪法修正案中的"正当法律程序"的原则的。菲尔德在他的反对意见中强化了他早期提出的"实质性正当法律程序权利"的观点,指出争取合法工作的权利是联邦公民特权的一部分,不能受到任何政府的剥夺。② 在这里,我们也可看出,菲尔德强调保护"实质性正当法律程序权利"在本质上是维护所谓"契约自由权",尽管这种"契约自由"是建立在签约双方地位极不平等的基础上的。

19世纪80年代后,最高法院在政府干预经济问题上开始转向保守。这一时期,劳工运动和农民运动相继达到高潮,最高法院企图平息社会动乱,竭力从司法的角度来维护大企业的利益和自由竞争的原则。1890年,在芝加哥—密尔沃基—圣保罗铁路公司诉明尼苏达州案中,最高法院宣布明尼苏达州的一项铁路管理法违宪,理由是该法律不准州法院审查由州铁路管理委员会制定的铁路运费,违反了第十四条宪

---

① Munn v. Illinois, 94 U.S. 113-154 (1877), 123-137.
② Ibid., 139.

法修正案中的正当法律程序原则。① 根据最高法院在 1877 年对芒恩诉伊利诺伊州案的判决,州政府对铁路运费的管理可以不受司法审查,但在此案中,最高法院以 6—3 票的多数推翻了芒恩案判决建立的原则,并对早先避免回答的州立法的合理性问题作了充分的讨论。

大法官塞缪尔·布拉奇福特在判决中说,虽然州政府有权对与公众利益有关的商业和经济进行管理,但这种管理必须是合理的;对铁路运费的限制必须同时考虑到对铁路公司和公众利益两个方面都合理的问题;决定州对铁路管理的法律是否合理,是否忠实于宪法,"只能通过正当的法律程序来决定",也就是说,必须通过检查州制定的相关法律的合理性(reasonableness)来决定;对于州法的审查是一个司法过程,换言之,州的司法机关有权审查和判断州立法部门制定的政策是否合理;而明尼苏达州的铁路管理法不准州司法机关审查其法律的合理性,而其法律又完全可能不合理地剥夺了铁路公司正当收费的权利,这项法律事实上也就未经正当程序剥夺了铁路公司的财产权。②

大法官布拉德利对于多数派意见表示了异议。他认为布拉奇福特的判决等于将本来属于立法机关的权力强行划分到司法机关名下,破坏了三权分立的原则。布拉德利说,此案的判决等于推翻了芒恩案的原则;当一个铁路公司从州政府接受运行的许可时,它等于是代表州在行使公共服务,州完全有权对其运作进行管理。布拉德利是"正当法律程序"理论的始作俑者,他在 1873 年的屠宰场案的反对意见中特别强调这一原则的重要性,但此时,他称"法律上的正当程序并不一定要有法院的参加";立法机关对自己的决定有"理所当然的判断权",它可以作出"最终的和结论性的决定",并非事事要经过法院的审查。布拉德利也提到,人们担心,立法机关会受到各种利益集团的影响,其制定的某条法律不见得公正,但"这就是我们的宪法,我们必须遵守这条法律,直到我们有机会通过合法的方式将其改正为止"。③

---

① *Chicago, Milwaukee and St. Paul Railway Co. v. Minnesota*, 134 U. S. 418-466 (1890).
② Ibid., 457-458.
③ Ibid., 461-466.

## 最高法院的保守主义判决

此案代表了最高法院在处理政府管理经济问题上的重要转变,显示出其限制政府管理权的决心。该判决也建立了一个新的原则,即司法审查最终决定行政法的合理性的原则。这个原则将在后来的案件中得到频繁的引用。通过这项原则,最高法院不仅可以审查政府的某一部门是否有权决定某一政策,而且还可以审查决策的合理性和实施政府决策的程序的合理性。在 1896 年和 1897 年两个涉及联邦州际商业管理委员会管理运费的案件中,最高法院都裁定该委员会不具备制定运费标准的权力,大大限制了联邦政府对州际铁路的管理能力。

在 19 世纪 80、90 年代的激烈劳资冲突中,最高法院坚决站在维护资方利益的立场上,对劳工运动采取了一种敌视的态度。1886 年 5 月 4 日,近 14 000 名工人在芝加哥秣市广场集会,要求八小时工作制。集会中,工人与警察发生大规模流血冲突,引起上层社会的极大恐惧。虽然州政府对参与罢工的工人进行了残酷镇压,但劳资双方的矛盾并没有因此平息。1894 年,以制造铁路卧车箱为主的普尔曼公司在经济萧条的情况下,决定解雇三分之一的工人,并将留用工人的工资降低 30%。在美国铁路工会(American Railway Union)的领导下,几千名普尔曼工厂的工人举行罢工,拒绝移动挂有"普尔曼公司制造"标识的卧车箱,造成交通线的阻塞,部分州际商业运输和联邦邮政运输被迫中断。联邦地区法院对工人发出罢工禁令,要求工人停止对铁路运输的干扰,停止对其他铁路公司的工人进行威胁和利诱。但罢工工人对法院的禁令不予理会,罢工继续扩大,并引起骚乱。最后,克利夫兰总统下令使用联邦军队和执法官,用武力驱散罢工者。与此同时,联邦地区法院以破坏联邦邮政和州际商业为名逮捕了工会领袖尤金·德布斯等人,以蔑视法院命令的罪名将他们判处 6 个月的监禁。德布斯等人不服,向最高法院申诉,要求赋予他们人身保护令状特权,理由是对他们的审判是在没有陪审团参加的情况下进行的,这种审判剥夺了他们的相应的宪法权利。

1895 年,在德布斯案的判决中,最高法院所有大法官都站在联邦政府一边,以 9—0 票的表决一致拒绝了德布斯提出的人身保护令状特权的要求。① 大法官戴维·布鲁尔在判决中采用了联邦最高主权说的理论,宣称"每个政府都有权保护自己的公众福利",对于德布斯等人领导的罢工,联邦政府有权使用"国家政府强有力的臂膀"(包括使用军队和州国民警卫队)来"摧毁任何阻碍州际商业或邮件运输的活动"。布鲁尔强调,工人的罢工是一种"公众性的骚扰"(public nuisance),破坏和威胁了普尔曼公司的私有财产权,必须受到惩罚;由于私有财产权是受衡平法法庭保护的,所以,德布斯等人的行为可以通过衡平法来审理,而为了保证衡平法的程序,法院有权对任何蔑视法律的行为进行惩处,所以联邦地区法院对德布斯等人的监禁并不存在违反工人领袖的宪法权利的问题。② 在普尔曼罢工后,联邦法院的禁令时常被大企业用来应对工人的罢工,直到20世纪30年代新政时期这种做法才被取消。

最高法院对于私有财产的维护还表现在抵制国会的所得税法案方面。1894年,在劳工运动和平民党运动的压力下,国会通过了《所得税法》,这是和平时期的第一个所得税法。自19世纪70年代起,就不断有国会代表提出征收所得税。1892年总统选举时,平民党人更是以此作为竞选口号大拉选票。1893年的经济萧条之后,西部和南部的民主党人联手在《威尔逊—戈曼关税法》中附加了所得税条款,对超过4000元的任何形式的年收入征收2%的税。4000元是一个很高的起点,所以大部分工人并不被包括在纳税人之列。③ 这项法律算是国会对1894年劳工运动的回应,用社会改良派的话来说,政府必须拿出点实际行动来减少贫富悬殊。但这项法律很快就引起了争议。

1895年,最高法院决定审理波拉克诉农民贷款和信托公司一案,对联邦《所得税法》进行审查。在辩论中,原告律师指出联邦《所得税法》不合宪,因为它征收的所得税中包括了地皮税,而地皮税是属于宪法中规定的"直接税";根据宪法,直接税只能根据各州人口总数按比例征收。其次,他们还指出,将收入在4000美元以下的个人和企业排

---

① *In re Debs*, 158 *U. S.* 564-600 (1895).
② Ibid., 577-584.
③ U. S. Congress, An Act to reduce taxation, to provide revenue for the Government, and for other purposes (27 August 1894), in *Statutes at Large*, vol. 28, 509-571, esp. 553.

除在《所得税法》之外的做法，既破坏了宪法中规定的联邦税收要统一的原则，又是对私有财产权的打击。最高法院在第一轮辩论后，无法作出判决，因有一名大法官生病缺席，在场的 8 名大法官在一个关键问题上表决的结果是 4—4 票，支持和反对税法的票数相等。此案需要决定的关键问题是：所得税是否属于直接税的范畴，如果属于的话，联邦《所得税法》就是违宪的。表决结果说明有一半的大法官同意原告的观点。在此之前，最高法院曾在 1796 年的希尔顿诉美国案中判决过对马车的征税不是直接税，也在 1881 年的斯普林格诉美国案的判决中支持联邦政府在内战期间征收个人税，并称个人所得税不是直接税。① 但此时最高法院却无法作出决定。

当年，先前缺席的大法官豪厄尔·杰克逊归来后，最高法院对波拉克案进行表决，5 名大法官认为所得税是直接税，联邦《所得税法》因而被宣布为违宪。② 该案的决定反映出最高法院对联邦征收所得税的政治含义的担忧和怀疑，相当一部分大法官害怕国会利用税收向富人宣战，更害怕普通民众利用国会的立法权来要求重新分配社会财富。需要指出的是，第一次投票时缺席的杰克逊大法官是支持《所得税法》的，因为第一次支持税法的 4 名法官中有 1 人改变主意加入了反对税法的 4 名法官，反税法派才成了多数。这种微妙的转变本身就说明这个问题的可逆性。

波拉克案除为民主党内的保守派在 1896 年选举中增加声势之外，并没有起到太大的作用。1913 年，第十六条宪法修正案在得到足够多的州批准后变成法律，该修正案明确宣布国会有权"对任何来源的收入规定和征收所得税，无须在各州按比例进行分配，也无须考虑任何人口普查或人口统计"。这条修正案终止了关于所得税是否应为直接税的争论，同时也成为国会用宪法修正案推翻最高法院判决的又一个重要案例。

最高法院在 19 世纪后半期的保守主义态度显然有其政治原因。

---

① *Hylton v. United States*, 3 Dallas (3 *U. S.*) 171 (1796); *Springer v. United States*, 102 *U. S.* 586 (1881).

② *Pollack v. Farmer's Loan and Trust Co.*, 157 *U. S.* 429 (1895).

民主党和共和党在立法与执法部门间的拉锯战,为最高法院出来填补权力真空创造了条件。这如同内战前夕,当其他的宪政机制无法应付社会发生的巨大变化和动乱时,最高法院力图通过司法机制对政治和政策进行干预。最高法院在这一时期的主要判决都围绕财产权进行,而使用的主要法律武器则是第十四条宪法修正案中的正当法律程序原则。什么程序才算是正当的,并无统一的标准,然而,通过强调正当程序及程序的合理性,最高法院将原属国会或立法机构的立法权的一部分转化为司法权,从而限制和控制了立法权的使用,获得了"变相立法"的空间。

## 三 工业化期间的公民权利

### 否定"摩门教"的一夫多妻制

除了在经济上开始实行有限的干预和管理外,联邦政府和最高法院在 19 世纪后期还开始介入对宗教教育、移民、印第安人以及美国殖民地居民的权利等方面的管理。这些管理都引发了一些重要的宪政问题。急速发展的工业化带来了贫富两极分化、贫困及道德沦丧等社会弊病,联邦政府认为自己有责任帮助公民培养道德精神,通过立法手段来建立道德感,联邦法院也承认在学校进行宗教教育是合宪的。联邦和州政府都支持在监狱中对犯人进行宗教教育,公开亵渎宗教和上帝的言论将以破坏安全罪而受到惩罚。在 1892 年的圣三一教会诉美国案中,最高法院以宗教事业十分重要为由,宣布联邦劳工管理法不得限制宗教组织为自己的雇员支付交通费用。① 1873 年,国会通过了《考莫斯多克法》,严禁利用联邦邮政和州际商业渠道进口、邮寄和运输任何淫秽文字和材料,传播有关堕胎的材料也都属于犯罪行为(虽然并不禁止"名誉良好的"医生将这类材料作为科学研究之用)。② 除该联邦

---

① *Holy Trinity Church v. United States*, 143 U. S. 457-472 (1892).
② U. S. Congress, An act for the Suppression of Trade in, and Circulation of, obscene Literature and Articles of immoral Use (March 3, 1873), in *Statutes at Large*, vol. 17, 598-600.

法之外，许多州也制定本地的道德管理法，在许多地方，不仅淫秽刊物被禁，甚至艺术性的裸体作品也遭到禁止。在一些地方，任何宣扬自由恋爱、堕胎及从事性教育的人会受到迫害。所有这些政策都是为了维护传统的文化价值和道德观念。在推行道德规范的过程中，联邦政府的政策受到了摩门教徒的挑战。

摩门教派（Mormonism）于1831年起源于纽约州，后移至伊利诺伊州，1847年落脚犹他的盐湖城，因该教拒绝废除一夫多妻制（polygamy），致使犹他领土迟迟不能加入联邦。1870年前后，联邦政府决心强行废除摩门教奉行的多妻制。1868年，格兰特总统命令犹他领土的总督和领土最高法院禁止一夫多妻制后，联邦执法官逮捕了数百名实践一夫多妻的摩门教徒，联邦政府同时取消了摩门教徒的选举权，并声称除非摩门教徒放弃一夫多妻制，否则将不接受犹他为新州。摩门教会决定用该教领袖布里格姆·杨伯翰的秘书乔治·雷诺兹作为一个试验案，来测试摩门教徒一夫多妻制生活方式的合宪性，这就是1879年的雷诺兹诉美国案的起源。①

雷诺兹因为实践一夫多妻制，被犹他领土联邦执法官逮捕，在领土法院被判有罪后，向联邦最高法院提出申诉。联邦检察官认为摩门教的多妻制具有社会破坏性，对美国的道德构成了威胁。而摩门教徒则认为一夫多妻制是摩门教的宗教习俗，宗教自由受第一条宪法修正案保护，联邦政府无权干涉。摩门教徒还宣称，多妻制不等于重婚，多妻制有独特的社会功能，能建立和培养家庭与精神环境，这与美国主流社会注重家庭的道德观是一致的，不但不破坏社会结构，反而有利于社区秩序的安定和谐。这是一个十分敏感和棘手的问题，涉及宗教自由和宪法第一条修正案的应用。

在最高法院的判决中，首席大法官韦特采用了非常巧妙的推论，驳斥了摩门教徒对一夫多妻制的辩护。韦特首先指出，一夫多妻制是一种受普通法禁止的"令人作呕的"习俗，绝不应受到美国宪法的保护，这不仅仅因为这种习俗为所有的欧洲文明所唾弃（而"几乎是一种只有亚洲人和非洲人才有的生活特征"），更因为美国宪法必须捍卫正常

---

① Reynolds v. United States, 98 U.S. 145-168 (1879).

的婚姻,"因为所有的人都是生而平等的";宪法对宗教自由提供了保护,但其前提是对"社会生活的最重要的特点"进行保护,这种特点之一就是婚姻。接着,韦特将婚姻定义为"一种神圣契约……一种受法律管理的民事契约(civil contract)",由于婚姻与社会责任有关,"政府必须对其进行管理";而一夫多妻制奉行的是"夫权社会的原则……将人们束缚在落后的暴君统治之下";如果美国容忍摩门教徒以宗教自由的名义在美国实行一夫多妻制,就等于美国容忍一种违反社会公德的犯罪行为,也就等于"把任何公开宣称的宗教原则置于宪法之上,实际上,等于允许每个公民按自己的意志制定法律,而联邦政府不过是徒有虚名而已"。这项 9 名大法官一致同意的判决强调,只要是损害公共利益的犯罪行为,无论犯罪者的宗教信仰如何,联邦政府都必须予以惩罚,任何有损公共利益的宗教活动和行为都不在第一条宪法修正案的保护之列。① 摩门教一夫多妻制的合法性遭到否决。

### 排华时期华工的权利抗争

这一时期,另一个与少数民族利益有关的宪政问题是华工的地位和权利问题。自 19 世纪 40 年代末起,中国劳工便开始漂洋过海来到美国,许多人是奔着正在兴起的加利福尼亚淘金热而来,但来后才发现淘金致富不过是一个梦想而已。淘金不成,很多人于是成为了铁路公司的廉价劳工。内战前后是美国铁路大发展的时期,需要廉价劳力;1868 年中美签订的《蒲安臣条约》允许华工入美工作,劳力贩子借机专门到中国招雇苦力工人,于是有更多的华工苦力来到美国,参加修建横跨美国大陆的铁路大干线。华人数量迅速增加,从 1850 年的 7 000 多人增至 1880 年的 10 万人左右。1869 年,横贯北美大陆的铁路完工后,几万华工失业,一些人到西部各州的工矿区寻找工作。遇到其他族裔的工人罢工时,工矿主时常廉价雇佣华工来作替补工人,因而引起其他移民劳工对华工的反感。文化上,华人的节俭被斥为降低美国工人生活水准的作法,华人对于传统文化的固守被认为是不能或拒绝融入美国主流社会的表现。从 1870 年起,大规模的反华、排华事件相继在

---

① *Reynolds v. United States*, 98 U. S. 145-168 (1879), 162-167.

西部各州发生。为了争取欧洲劳工移民的选票,西部各州的政党纷纷采取反对华工的立场,各州相继通过了排华和歧视华工的法律。

排华浪潮兴起初期,共和党主持的联邦政府还对此进行抵制,联邦法院也宣布相关的州法因不经正常法律程序剥夺个人权利而无效。但到1882年,在加利福尼亚等州的压力下,国会通过了《1882年排华法》,宣布在此后10年内禁止中国劳工进入美国,并宣布在美的华人不得归化成为美国公民。[①] 1884年,国会又通过一个修正案,要求所有1882年前开始在美国居住的华工离开美国再返回美国居住时必须出示"返回证明"。1888年,国会通过了《斯科特法》,禁止在海外的和准备回中国探亲的华工重新回到美国居住。[②] 大约有两万名华工因此法而不能返回美国。但《斯科特法》允许中国商人和学者在有合法的书面证明的情况下继续进入美国,许多华工只好想方设法以这种方式重返美国。1892年,国会又通过所谓《格利法》(The Geary Act),将《1882年排华法》的有效期延长10年,并加进了一些对华人的歧视性规定,包括取消华工的保释权(该权为人身保护令状程序中的基本权利)和对不随身携带身份证的华人予以驱逐出境的惩罚等。1893年的《麦考瑞法》(The McCreary Act)则将禁止入境的华工范围扩展到商人、洗衣工人、矿工、渔业工人。1902年,国会通过了新的排华法,全面禁止所有类型的中国移民。[③] 这一措施十分有效,在美华人的人数迅速下降。19世纪后期的排华法构成了美国移民史上规模最大、持续时间最长、以种族和民族血统为理由的歧视性反移民政策,为美国在20世纪初将其他所谓"不值期望"的民族(如印度人、中东人及日本人)排除在移民美国的队伍之外建立了先例。禁止华人归化成为美国公民的法律直到

---

[①] U. S. Congress, An act to execute certain treaty stipulations relating to Chinese (6 May 1882), in *Statutes at Large*, vol. 22, 58-61.

[②] U. S. Congress, A supplement to an act entitled "an act to execute certain treaty stipulations relating to Chinese," approved the sixth day of may eighteen hundred and eighty-two (1 October 1888), ibid., vol. 25, 504.

[③] U. S. Congress, An Act to prohibit the coming into the to regulate the residence within the United States, its territories, and all territory under its jurisdiction, and the District of Columbia, of Chinese and persons of Chinese descent (29 April 1902), ibid., vol. 32, pt. 1, 176-177.

1943年中国和美国成为抗击日本的盟友后才被废除,而对亚洲人移民美国的歧视性规定要到1965年后才逐步彻底取消(有关讨论见第八章)。

在排华运动时期,也有华工曾对排华法案的合宪性提出过质疑和挑战。1884—1893年间联邦最高法院至少审理了4起有关案件。在1884年的周衡(音译)诉美国案中,华工周衡胜诉。该华工1881年离开美国,在1884年返美时因不能出示返美签证而被拒绝入境。最高法院多数意见认为,周衡离开美国时,排华政策还未开始实施,他不可能得到1884年排华法案要求的返美签证,所以拒绝他入境是不合法的。① 一名叫钟阿龙(音译)的华工于1883年回中国探亲,1885年返回美国时,他持有的入境证明丢失了,因而被拒绝入境。他向法院请求人身保护令状的权利(即免遭联邦政府拘捕的权利),法院准允他享有这种权利,联邦检察官对此表示不满。在美国诉钟阿龙案的判决中,最高法院的大多数法官仍同意该华工应该享有人身保护令状的权利。②

但在此之后,最高法院便开始转为支持国会的排华法。1889年,在赵禅平(音译)诉美国案中,最高法院一致认为禁止华工返美的《斯科特法》是合宪的;为了保证联邦的安全,政府向来有权拒绝"乞丐、罪犯以及染有不治之症的人"入境,同样的权力可以用来拒绝那些"对国家来说是一种危险的来源"的外国人入境,这是联邦政府的权力。③ 1893年,在三桩相关案件中,三名华工因不能出具在美居住的证明而被捕,并面临被驱逐出境的惩罚,联邦最高法院拒绝考虑被捕华工的人身保护令状权利,而是声称国会有权立法要求华人出具居住证明并递解那些无证明的人出境。④ 最高法院态度的转变是对美国国内的反华情绪的屈服,也是对日益紧缩的联邦移民政策的呼应。在排华法实施后不久,联邦政府建立了专门管理移民事务的机构,并在20世纪初终止了无限制地自由移民美国的政策。

---

① *Chew Heong v. United States*,112 *U. S.* 536-580 (1884).
② *United States v. Jung Ah Lung*, 124 *U. S.* 621-639 (1888).
③ *Chae Chan Ping v. United States* (The Chinese Exclusion Case), 130 *U. S.* 581-611 (1889).
④ *Fong Yue Ting v. United States*, *Wong Quan v. United States*, and *Lee Joe v. United States*, 149 *U. S.* 693-763 (1893).

## 印第安人的公民权利问题

工业化时期,联邦政府的印第安人政策也充满了违背原始宪法精神的做法。从美洲殖民地建立起,白人与印第安人的关系便十分复杂,从未在法律中有过清楚的定义。在1831年的关于切诺基部落的判决中,首席大法官马歇尔曾将美国境内的印第安人称为一个不具备完全主权的、依附性(dependent)的、但又不完全属于联邦管理的民族(nation)。① 根据这种定义,联邦政府与印第安人的关系是一种监护人与被监护人的关系,虽然印第安人有权占有领土,但联邦政府可不考虑印第安人的意志而坚持对于印第安人领土的主权,所以印第安人实际上是美国境内的半主权、半自治的民族。美国内战前,印第安人如同黑奴一样,既不是美国公民又不是纯粹的外国人,但却受制于联邦和州政府的管理。重建中建立的第十四条宪法修正案虽宣布所有在美国出生的人都有资格成为美国公民,但印第安人的公民权并没有得到立即承认。尽管如此,最高法院承认印第安人部落在司法管理方面仍具有一定的主权性权力。1883年的克罗多哥案体现了这一原则。

克罗多哥(原名为Kang-gi-shun-ca)是一名居住在达科他领土的印第安人,他因杀害另一名印第安人而被联邦地区法院判处死刑,克罗多哥不服,要求以人身保护令状的权利得到释放,理由是联邦法院无权审理印第安人之间的刑事犯罪案件。最高法院同意了这一说法。法院的判决继续沿用当年马歇尔的观点,认为联邦与印第安人部落的关系是一种特殊的契约关系,联邦政府把印第安人视为一个受联邦政府监护的"尚未成年的群体",并赋予他们内部"自治"的权利;克罗多哥的犯罪应受印第安人部落法的审理,联邦法院不能干预。但是,最高法院并不限制国会对与印第安人相关的事务立法,只是要求国会通过清楚准确的法律来区分哪些权力应由印第安人保留,哪些则应为联邦政府所拥有;大法官们强调,在联邦政府制定出这样的法律之前,印第安人的

---

① *Cherokee Nation v. Georgia*, 5 Peters 30 *U. S.* 1 (1831). 关于此案的详细讨论,见本书第三章第四节。

部落司法制度将是唯一能被用来处理印第安人内部刑事犯罪的法律机制。①

对此,国会立即作出了回应。1885年,国会立法将联邦刑事管辖权推及居住在保留地上的印第安人部落,宣布联邦法院对印第安人内部的重大犯罪行为(如凶杀、盗窃、强奸及纵火等)都有审判和处置的权力。1887年,在马萨诸塞议员亨利·道斯的推动下,国会又通过了著名的《1887年道斯地权法》。这是一个企图改变印第安人生活方式和文化传统、强行将他们融入美国主流社会的法律设计。此法规定,联邦总统有权将印第安人部落占有的领土进行分割,并以个人为单位将划分的土地分给印第安人(一家之主可得到160英亩,其他成员略少);划分土地的所有权将由联邦政府代管25年,在印第安人成为美国公民后交还给他们;凡接受联邦划分地的印第安人将受到所在州和联邦领土的法律管制。② 1906年的《伯克法》又规定,凡是自动永远脱离部落隶属关系的印第安人都可成为美国公民,但坚持留居部落的印第安人不能享受公民资格。《道斯法》的目的是通过划分土地,将印第安人从游牧民族改造为定居的农业民族,但该法的实施实际上却使需要土地的其他美国公民获益甚多。联邦土地划分政策1890年起在西南部的阿肯色和俄克拉荷马领土实施。1901年,国会将公民资格授予了俄克拉荷马领土上的所谓"皈依了文明世界的"(civilized)印第安人,又在1919年将所有参加了第一次世界大战的印第安人纳入了美国公民的行列。直到1924年,联邦政府才无条件地将公民资格赋予了美国境内的所有印第安人。印第安人虽然在名义上成为了公民,但在经济上和社会地位上仍被排斥在主流社会以外。联邦政府企图将印第安人"文明化"的计划也基本上是失败的。1934年,联邦不得不停止《道斯地权法》的实施,而在1887年至1934年间,印第安人原来拥有的1.3亿英亩土地大约减少了8000万英亩,相当一部分土地最终落到了移居

---

① *Ex parte Crow Dog*, 109 U. S. 557-572 (1883).

② U. S. Congress, An act to provide for the allotment of lands in severalty to Indians on the various reservations, and to extend the protection of the laws of the United States and the Territories over the Indians, and for other purposes (8 February 1887), in *Statutes at Large*, vol. 24, 388-391.

西南部和中西部的白人居民手中。

## 美国占领地上居民的权利定义

在印第安人公民权利问题出现的同时,美国海外占领地上的人民的权利定义也成为一个重要的宪法问题。19世纪末,美国开始向外扩张。1898年美西战争后,美国获得了波多黎各、菲律宾、关岛、夏威夷等地区。海外占领地(或殖民地)的建立带来了一个宪政问题:联邦政府是否有权在一块占领地上建立一个违背当地人民意愿的政府?换言之,联邦宪法是否允许美国拥有海外殖民地?美国国内对此进行了激烈的辩论。支持殖民主义政策的人声称,美国是一个主权国家,有权通过购买、签订条约和战争的方式来获取土地,并有权在被美国占领的土地上实行任何形式的政治管理,而被占领地的人民也可享有美国人的权利。反殖民主义政策的人担心,建立殖民地有违美国宪法的原则,而将大量非白人的民族和文化并入美国将对美国原有的文化和民族整体性造成一种潜在的威胁。

20世纪初,在对由14个相关案件组成的海岛案件的判决中,联邦最高法院回答了当时因对外扩张带来的几个宪政问题。对于联邦政府是否有权通过条约来获取新的领土(这里主要指1899年参议院批准的美西战争的条约),最高法院的回答是肯定的。关于联邦法律是否可以在海外殖民地上实施,最高法院内部有严重的分歧。一部分法官认为只要是美国占领的土地,就是美国的一部分,宪法和联邦法可以立即使用;另一部分人则认为,占领地不是州,不是所有的法律都适用。对于联邦宪法中的《权利法案》是否自动地适用于占领地上的人民,最高法院的回答是否定的。在1901年的唐斯诉美国案的判决中,大法官亨利·布朗宣布,联邦宪法是否可适用于联邦刚刚通过战争取得的领土,宪法并没有现成的规定。他对一些"爱国者"(patriots)要求将联邦宪法推行到美西战争后得到的波多黎各领土的急切心情表示理解,但他警告美国政府不可贸然行事,理所当然地将这些领土当成联邦的一部分:"此时一步走错可能对⋯⋯美利坚帝国的发展酿成大错⋯⋯(试想)如果这些土地上居住的是异族,他们在宗教、习俗、法律、税收方式和思想方式等方面都与我们不同,按照盎格鲁—撒克逊的原则来推行我们的政府和法律目前是不可能的。"大法官爱德华·怀特则强调,在国会未将被占领的领土合并入(incorporated)美国之前,《权利法案》不能适用于当地人民。①

在迪里马诉比德韦尔案和杜利诉美国案判决中,大法官布朗同意美国有权在波多黎各实施统一的税法,但他强调,波多黎各不是外国,但也不是美国的一部分,因为美国是由联合的州(states)组成的,而波多黎各并没有州的地位。② 在1904年宣判的涉及美占菲律宾的多尔诉美国案中,大法官威廉·戴更进一步说,在美国占领的菲律宾变成美国的一部分前,当地人没有资格享受美国公民参加陪审团的权利。他一方面指出美国对菲律宾的管理,要尊重当地的习俗;另一方面强调,如果国会硬要将美国人享受的特权(如陪审团制)在菲律宾建立,"无论那里的人民的需要或能力如何……其结果可能是制造不公正或激发骚乱,而不会有助于建立公正的行政秩序"。③

这些决定反映出最高法院的一种意愿,即总统和国会在处理世界问题时应该享有最大的自由,而不应拘泥于传统的宪法限制。这些案件的判决一方面反映出大法官们潜在的种族主义思想,另一方面也真实反映出将美国法律推向世界其他地方的实际困难。随着美国海外扩张的包袱越来越重,美国政府不得不修改原来的立场,允许被占领地的人民拥有较多的自主权。但强行输出美国法律的思想和实践仍将成为20世纪美国外交的重要内容。

## 四 进步运动与美国宪政

### 进步运动的背景

19世纪90年代后期至第一次世界大战期间,美国进入了"进步时代"。这个时代实际上是因"进步运动"(Progressive Movement)而得名

---

① *Downes v. United States*, 182 U. S. 244-391 (1901).
② *DeLima v. Bidwell*, 182 U. S. 1-220 (1901); *Dooley v. United States*, 183 U. S. 151-176 (1901).
③ *Dorr v. United States*, 195 U. S. 138-158 (1904).

的。所谓进步运动，指的是 20 世纪初发生的一场借用道德诉求、科学管理和政府的力量对由急速工业化带来的种种社会弊端——包括政治腐败、经济垄断和社会道德沦丧——进行宣战和改革的声势浩大的全国性运动。进步运动是许多不同目标、不同形式、不同地区的改革运动的总称。在"进步运动"的旗帜下，集合了一大批在目标和意识形态上甚至相互冲突的改革者，进步运动同时也包含了一些在后来看来是反"进步"的分支，如种族主义和扩张主义等。但从宪政发展的角度来看，进步主义者追求的是启用和发挥联邦政府（尤其是总统部门）的能动性，敦促联邦和州政府在改善社会环境、促进公共福利、组织生产、在干预和管理与人民生活关系重大的经济问题上发挥主要的和积极的作用。这种以政府的能动主义和改良为核心的宪政实践与工业化早期那种墨守成规、恪守自由竞争式资本主义金科玉律的宪政实践形成了鲜明的对比。

19 世纪末 20 世纪初，美国工业化发展进入了垄断资本主义时期，工业化的速度和形式较早期有鲜明的不同之处。首先，大企业兼并成风，中小企业纷纷退出竞争，全国经济命脉为少数大型托拉斯所控制。这一时期里，6 家控股公司掌握了全国的铁路经济，洛克菲勒的标准石油公司占据了全国石油市场的 85%，摩根和洛克菲勒两大财团以两百多亿的总资产控制了全国数百家银行和公司。与此同时，工业管理的方式发生了变化，以弗雷德里克·温斯洛·泰勒命名的"泰勒制"被引入工业生产。在新的科学管理制度下，工人被视如机器，人性被忽略，个性被抹杀。生产的标准化降低了对个体工人技能的要求，大批妇女和儿童作为廉价劳动力被纳入工业生产大军，而工人的安全和福利却得不到相应的保障。① 虽然拥有 100 万成员的美国劳联在一些工厂得到承认，但工会的法律地位并没有得到完全的认可，而更多的工人（尤

---

① 1900 年，美国的工业成人劳动力人数达 500 万人，其中五分之一是妇女，三分之一受雇妇女的年龄在 14—24 岁之间。当年，美国童工的人数达到 300 万，其中 20% 的童工的年龄在 5—15 岁之间。根据调查，1907 年至 1908 年间，在匹兹堡工作的妇女中有 60% 的人的周工资在 7 美元（当时的最低生活保障线）以下，参阅 Leslie Woodcock Tentler, *Wage-Earning Women: Industrial Work and Family Life in the United States, 1900-1930* (New York: Oxford University Press, 1979)。

其是妇女、童工和农业工人)则连工会的保护也没有。

垄断资本的迅速发展及其对国家经济的控制引起了公众舆论的强烈关注。1903年至1909年在美国新闻和出版界出现一场"黑幕揭发运动"(muckraking,又译"揭黑运动"或"扒粪运动"),大量由于社会"进步"带来的问题——包括政府的腐败(尤其是官商勾结、行贿受贿、任人唯亲),华尔街的偷税漏税,妇女和童工的悲惨境遇,工会内部的腐败,城市贫民窟的生活等——被报纸杂志揭露出来,公诸于众。这些揭露引起了美国社会的强烈反响,尤其吸引了此时大量出现的各种全国性专业组织的关注。这些专业组织从社会科学的角度,对各种社会弊病的发生和发展的原因进行了大量分析,并提出了加强政府对经济的干预和管理、教育公众、改善工作环境、加强对妇女和儿童的保护、提倡道德教育等改革建议。这些基本代表中层阶级的主张构成了进步运动意识形态的核心内容,对整合当时美国社会的各种改革力量,并将其集中在进步运动的旗帜下有重要的作用。

### 进步运动的改革目标

具体来说,进步运动时期提倡改革的人士认为,在工业化资本主义时期,由于经济发展不平衡,社会中一部分人和企业聚积了大量财富,从而也有了相对强大的政治影响力。这些人要比一般的普通百姓更能左右和影响政府的决策,而普通百姓中的任何个人(无论是工人、农场主、小商业生产者或是顾客)都无法与大资本势力抗衡,也无法再享有独立小农或手工业资本主义经济时代那种公平契约——即在平等的基础上分享利益——的好处了。契约自由原是自由经济的核心内容,但在工业化时代只意味着有财有势的社会集团和个人强迫社会中的其他个人和群体接受按前者的条件制定的契约,契约自由实际上成了契约的不自由,或者成了有产阶级压迫无产阶级、强势群体压迫弱势群体的工具。自由竞争式资本主义不但没有能够保证市场的自由,相反损害了市场的自由。所谓"自由竞争"不过是"专制性经济秩序"的一块遮羞布而已。在这种情况下,唯一能够改变这种不公平竞争和不公平的社会契约的途径就是启用和发挥政府的功能,改变不平等竞争的现象。曾以进步运动为竞选口号的西奥多·罗斯福曾说:人类文明进步的主要目的是追求"机会的平等",进步运动就是要"均机会、灭特权",将政府从特权利益"邪恶的影响和控制下解脱出来"。① 另一位奉行进步运动主张的总统伍德罗·威尔逊也说,当垄断资本将自由竞争消灭了的时候,政府与法律必须对经济关系进行调整;"法律的责任在于建立平等的(竞争)条件(equalize conditions),使权利的通道变为安全和优势的通道,让每个人都有一个公平地生活和为自己服务的机会,废除(在竞争中)对任何人的不公平和伤害"。②

进步主义者认为,自由不能仅靠限制政府的权力来保证,对自由的真正保障还必须利用政府的(能动)权力去阻止一些人对另一些人的权利的侵害。他们要求政府从社会的"公共福利"出发,以"社会公正"为原则,制止大资本和大垄断势力危害公共福利的行为。他们要求政府立法保护消费者的利益,保证工作场所的安全卫生,并积极介入劳资双方的合同制定等,并要求在一定程度上进行社会财富的再分配。进步主义者并不赞成特别的"阶级立法"(指针对某一特定的阶级或群体的利益的立法),但他们认为政府必须管制经济,调和自由竞争和工业化带来的阶级和社会群体的对立,重新建立一个公平的竞争秩序,恢复共和社会的平等基础。在进步运动后期,进步时代的思想家赫伯特·克罗利曾经对进步主义者的政府观做过一个极为深刻的叙述。他说,在一个高度组织化和政治化的社会中,个人权利既不可能独立地存在,也不可能独立地得到实现;政府不是代表某个人或某群人的利益,而必须代表全社会的利益;如果政府只是保护一部分人的权利,必然牺牲社会上大部分人的利益;为此,对个人利益的保护必须与建设一个全国意义上的民主社会求得平衡;民主的前提是所有群体的利益都能得到代表,而不是"适者生存"。③ 这些主张和思想对于中下层阶级很有感召力。

---

① Theodore Roosevelt, Theodore Roosevelt on the New Nationalism, 1910, in Leon Fink, ed., *Major Problems in the Gilded Age and the Progressive Era*, 345-346.
② Woodrow Wilson, *The New Freedom*; *A Call for the Emancipation of the Generous Energies of a People* (c1913; reprint, Englewood Cliffs., N. J.: Prentice-Hall, 1961), 101-132.
③ Herbert Croly, *The Promise of American Life*, *Progressive Democracy* (c1914; reprint, New Jersey: Transaction Publishers, 1998).

## 州一级的政治改革

进步运动提倡的改革首先是在州一级政府展开的。在进步运动势力的推动下,1902年马里兰州首先通过了工人工伤赔偿法。1903年,俄勒冈州通过了第一个十小时工作法。1911年,伊利诺伊州第一个建立了由州向单身母亲提供补助的规定。1912年,马萨诸塞州议会建立了专门委员会,负责建立和监管妇女和童工的工资标准。1905年,纽约州对与公众日常生活有密切关联的企业——包括天然气、电力和保险业——进行了管制,制止在这些商业中长期盛行的官商勾结和腐败。同一时期,各州建立了专门的反腐败调查委员会,授权这些委员会审查各公司的账务。各州还相继建立了公开的听证会制度,增加重大决策决定过程的透明度,扩大公众对州政府的监督范围。州有时也对物价进行管理。1911年,位于纽约市曼哈顿下城区的三角制衣厂发生火灾,因缺乏防火设施,正在工作的500多名女工无法逃离火场,最后造成160多人的死亡。此事震惊了全国上下。在工会的抗议和舆论的压力之下,纽约州政府立即通过法律,要求各企业建立防火装置。至1916年,大约有三分之二的州都建立了对工伤的工人的保险制度,有25个州实行了企业主责任制的法律。

州一级的改革也涉及政治体制。进步运动者希望通过提高立法和决策过程中的"民主化"程度,以限制州政府官员对公共决策的垄断权。1900年,许多州开始采用"秘密投票"(secret ballot,或"无记名投票")——即采用由州或地方选举委员会印制的统一的选票或以保密的方式进行投票——的方式来取代过去由政党分发的彩色(以便于识别投票者党派)的选票,以保证选民的投票自主权不受政党的影响和骚扰。1903年,威斯康星州首先以州组织的直接预选来取代政党操纵的党代表大会。1915年,有三分之二州都采用了这种方式来产生候选人。1898年,南达科他州开始允许本州选民用请愿的方式直接立法,即由民众通过签名的方式将新的法律送至州立法部门,州立法机关可以接受并实施此法,也可提出另一种变通立法案。这种立法方式在1902年为俄勒冈州接受,但以这种方式产生的法案需在州大选时再通过"公民表决"(referendum)的方式予以接受或否决。1914年,有18个州采用了这种公民发起和公民表决的立法方式,而且有12个州还允许将此种方法作为修改州宪法的手段之一。在这一期间,为了限制政党对州政治的垄断和渗透,许多州还对州立法的权限加以限制,并允许在一定数量的选民要求下免除州行政官员和法官的职务。在州一级的改革中,一些具有改革思想的政府官员起了十分重要的作用。威斯康星州的州长罗伯特·拉福莱特成为当时著名的进步运动改革州长,他在1901—1907年间推行了一系列改革,包括建立工业管理委员会,对工厂的安全和卫生施行检查制度,控制公用事业的价格,提高教育质量,保护环境等。拉福莱特的改革使威斯康星州获得了"民主的实验室"的称号。

## "公平交易"与"新自由"

然而,对进步运动最大的推动来自联邦政府的政策和改革。1900年的总统大选中,共和党人威廉·麦金利赢得连选连任,共和党同时赢得国会两院。麦金利上任不足一年,便于1901年9月在纽约州布法罗遇刺身亡。总统重任落到年仅42岁的西奥多·罗斯福肩上。① 西奥多·罗斯福是进步运动的积极支持者,他决心利用这个机会,恢复总统部门的权威。1904年他又竞选成功,实际担任了两届总统职务。在1901—1909年间,西奥多·罗斯福大刀阔斧地利用总统职权,主动发挥联邦政府功能,干预经济,调节社会各集团之间的利益和矛盾,将总统的权力范围扩大到对全国的安全、繁荣和幸福负责。在1902年宾夕法尼亚北部的煤矿工人举行大罢工时,他利用自己的地位积极介入劳资谈判,促成协议达成。在任职期内,他任命了一大批不拿工资的专门收集信息的委员会,负责收集信息情报,并经常与各方面的专家建立联系,倾听他们对政府政策的建议。他甚至通过政党领袖来影响国会的立法倾向。

对于托拉斯,西奥多·罗斯福的态度比较暧昧。一方面他认为大规模的生产和销售的确带来不少便利和好处,另一方面他也深感托拉

---

① 西奥多·罗斯福与后来的富兰克林·D.罗斯福总统(1933—1945年在任)是第五代远房堂兄弟,为区分两人,本书中凡提到西奥多·罗斯福处,均使用全名。

斯对地方和个体经济造成的伤害太大,必须加以控制。他将托拉斯分为两类:好托拉斯和坏托拉斯,保证对前一类进行保护,对后一类进行控制。1901年12月,在给国会的第一份年度咨文中,西奥多·罗斯福建议国会通过进一步的法律来管理托拉斯。不等国会有行动,他便在1902年指示联邦司法部以违反了1890年谢尔曼《反托拉斯法》的罪名起诉北方证券公司(Northern Securities Company)。该公司控制了全国几条重要的铁路干线,其后台都是当时的著名财团,如摩根和洛克菲勒财团等。随后,联邦司法部又审理了其他40多桩反垄断案。但西奥多·罗斯福的反垄断政策并不稳定。在1907年经济危机时,他又停止谢尔曼《反托拉斯法》的法律效力,让大企业进行合并(如允许摩根的美国钢铁公司吞并其有力的竞争对手田纳西煤铁公司),以挽救经济颓势。西奥多·罗斯福的原则是:不消灭托拉斯,但要将它们置于公众福利之下。他要求美国社会各利益群体间应该有一个"公平交易"(square deal)。在某种意义上说,西奥多·罗斯福充分发挥了建国初期汉密尔顿的中央集权联邦主义观点,他认为总统有权作任何宪法或国会法案没有明确禁止他做的事。

西奥多·罗斯福的继任者威廉姆·塔夫脱继续执行反垄断的政策。在任期(1909—1913)内,塔夫脱政府审理的反垄断案件比西奥多·罗斯福执政时代多出一倍。塔夫脱虽强调行政部门的权力不是无边无际的,但在使用总统权力方面一点也不比他的前任逊色。他不仅是美国历史上第一个起草法案并将其送往国会的总统,而且还改革了联邦预算制定过程。他要求所有关于联邦财政的预算估计都必须首先由他过目批准,他提出的建立全国性的预算体制的设想虽没有成功,但为1921年联邦预算法案的通过作了铺垫。在塔夫脱任内,国会也通过了一系列经济管制的重要法律。

1912年总统大选,共和党分裂,西奥多·罗斯福作为进步党(Progressive Party)的候选人参加竞选,结果是民主党人伍德罗·威尔逊当选。威尔逊虽为民主党人,但对进步运动的意识形态极为认同。他提倡的所谓"新自由"(New Freedom)的口号,表达了强烈的恢复传统的市场自由和政治纯洁的愿望。在对待总统权力的问题上,威尔逊与西奥多·罗斯福和塔夫脱的观点相同。在实践中,他毫不犹豫地继续扩大共和党前任扩大了的总统权力。作为政治学家和宪法学家的威尔逊对美国宪政体制的利弊了如指掌。他准确地认识到,在美国工业化进入垄断时期、美国开始向外扩张的时候,联邦政府必须扮演更为重要的领导角色,而国会因其特别的代议性质和多元的结构,难以迅速、有效地集合意志,达成共识,不可能指望其在美国发展的关键时刻,担负起领导公众的重任,只有总统才有机会和能力发挥领导者的作用,解决现代社会复杂多样的矛盾。换言之,社会矛盾的复杂化和多元化,要求美国有一个有权威的行政中心。国会为杂乱无章的党派政治所困扰,很难成为一个意志统一的领导中心。而联邦最高法院的权力也只限于监察、钳制和调整,没有制定政策的能力。唯有总统部门才具备领导复杂社会的能力。威尔逊对总统权威的思考不能不说是对变化了的美国社会的一种现实思考。作为一个宪政学者,威尔逊对联邦宪法第二条第三款情有独钟,因为该款规定总统有权向国会推荐他认为必要的立法。依照塔夫脱先前的做法,威尔逊也主动起草法律,送交国会批准。为了保证他提出的立法得以顺利通过,威尔逊采取了一些配合措施,譬如,他提出的一些重要立法都是在与国会领袖协商后起草的,当国会计划讨论这些他推荐的法案时,他如同当年杰斐逊一样,亲自到国会去对法案作一些说明,阐述其必要性,并希望国会立即讨论和通过。在相当长一段时间内,他都能得到国会的支持。

## 进步运动与总统权力的变化

从西奥多·罗斯福到威尔逊,总统职位的宪政意义开始发生了根本的转变:总统不再仅仅是一个执行立法部门命令的高级执行官,而开始成为真正的国家领导人、国家的象征和国家权力的集中代表。总统有机会根据情况的需要建立联邦管理机构,能够利用和左右政党的运作。围绕总统选举,各政党必须准备一个面向全国的、更加公开和广泛的政党提纲,而总统候选人或总统通过选举和在职期间的工作,将本党的政治主张宣示出来,这种方式无形之中将总统变成了政党名义上和事实上的领袖(尽管总统仍继续受到各种新的因素的牵制),使政党政治从19世纪那种不加掩饰的、纯粹利益交换的地方行为逐步变成一种具有意识形态实质的、具有集中政治导向的、全国意义上的政治化运动。

总统权力的增大突出表现在总统执法的"任意性权力"(discretionary powers)的增大。根据宪法,总统是执法部门,没有立法权。但国会的立法不可能将法律执行的每一个细节都在法律中一一列出。在实际的立法过程中,国会总是自觉不自觉地给总统一些行政上的"任意性",允许总统有一定的空间来按照自己的方式执行法律。这种行政任意性权力(实际上是一种变相的立法权)在 1890 年至 1911 年间得到了扩大。任意权的扩大表现了进步时代的宪政思想,即立法机关在执法部门的指引下,进行一般的指导性的立法和政策制定,其政策的实施则由行政部门以一种灵活的、任意的、非政治的方式进行,立法只建立起一些抽象和通用的原则,而将执行的细节交由总统去制定。如 1903 年,国会建立了联邦企业署,将其划归新成立的商业和劳工部管辖,专门帮助总统处理政府与商界的关系。而在威尔逊时期,国会建立的联邦储备委员会更是具有广泛的管理银行和信贷的任意性权力。这个委员会控制 12 个地区的联邦储备银行,而这些银行又通过它们与国家银行(同时也都是联邦储备系统的成员)进行商业信贷的管理,从而影响商界。国会在 1914 年的《联邦贸易委员会法》中建立了一个联邦机构,并禁止竞争中的欺骗和不公平行为,但"公平竞争"应如何定义,则由这个委员会去决定。

对于总统权威的增大,联邦最高法院给予了重要的支持。在 1892 年的菲尔德诉克拉克案的判决中,大法官哈伦肯定了总统执法任意权的重要性。[①] 菲尔德案涉及 1890 年《联邦关税法》,该法授权总统在必要时停止从某些国家进口货物或对某些进口物资扣税,什么时候实行这种制度,由总统决定,总统可根据自己的判断来决定美国应对什么国家采取"互惠、平等和合理的"关税,并在这种关系不利于美国经济利益时,宣布终止这种关系。哈伦说,国会不能将立法权交给总统,但一定要给总统行政任意权;如果没有这种任意权,总统便无法执行法律;在决定是否停止对某一种外国进口商品征收关税时,总统需要对一个具体事实进行估计和判断,判断"该商品对美国商品的影响",这种判

---

① Field v. Clark, 143 U. S. 649-700 (1892).

断和由此衍生出来的决定权,就是任意性权力;这是一种介于对事实的评估和实际制定政策之间的权力,是应得到宪法承认的。① 通过此案,最高法院认可了事实上早已存在的行政任意性权力。

1911年,在美国诉格利姆德案的判决中,最高法院宣布,行政任意权原则具有法律效应,也就是说,总统部门的行政规定或裁决也具有法律效力,违反这些裁决时也可受到刑法的惩处。② 此案源于1891年的一个联邦法。该法规定,为了保护森林资源,总统有权将任何州的公共土地隔离保留(set aside)。1905年,这项权力转移到农业部长手中,由他来负责制定和执行使用这些隔离保留土地的规定。农业部就据此规定严禁在这些地区放牧,违者将受罚款或监禁的处罚。最高法院支持农业部的规定,但申明违反农业部规定而被处罚,并不意味着农业部的权力是立法部门给予的,也不等于农业部的规定具有立法的性质,这些规定的法律权力来源于总统部门执法任意权。大法官卢修斯·拉马尔承认对于这些牧区的管理也许与相关法律要达到的目的不同,但"对于这个问题的判断属于(农业部)行政权的内容"。③

在反垄断的问题上,最高法院也给予了联邦政府有限的支持。如前面提到的,1895年到1905年间,托拉斯大量出现,商业和工业合并达到了前所未有的程度。西奥多·罗斯福政府决定解散控制了3条铁路干线的北方证券公司。在1903年的北方证券公司诉美国案的判决中,最高法院以5—4票的比数对这一决定表示支持。④ 代表多数意见的大法官哈伦驳斥了北方证券公司关于联邦《反托拉斯法》侵犯了契约自由和州权的说法。哈伦对谢尔曼法作了广义的解释,称任何托拉斯的合约只要直接与州际贸易和商业有关,联邦就可对其进行管制。哈伦宣布,《反托拉斯法》既没有损害契约自由,也没有侵犯州的权力。在他看来:"契约自由决不隐含一个公司或一群个人有蔑视公开宣称的国家意志(national will)的自由;而实施一个国会制定的法律也不会在任何正常的意义上损害每个人争取和保持财产的那种普遍的自然权

---

① *Field v. Clark*, 143 *U. S.* 649-700 (1892), 662-700.
② *United States v. Grimaud*, 220 *U. S.* 506-523 (1911).
③ Ibid., 515-516.
④ *Northern Securities Co. v. United States*, 193 *U. S.* 197-406 (1904).

利,(因为)与所有其他权利一样,这种权利必须在法律的管理之下运用。"①

1911年,联邦地区法院解散了洛克菲勒创办的标准石油公司,该公司不服,上诉到最高法院。在标准石油公司诉美国案的判决中,首席大法官爱德华·怀特虽然同意低等法院的判决,认为石油公司违反了谢尔曼法。但他也借机对谢尔曼法的应用范围作了一种比较保守的司法解释。② 怀特说,反托拉斯的目的只在于禁止那些阻碍贸易发展的、不合理的企业和商业合并,"合理的"垄断则是合法的;为了保护有效竞争,联邦法院应依循习惯法的标准来判断谢尔曼法所禁止的商业行为中的合理性,即使用一种"理性标准"(rule of reason),也就是说,垄断有好坏之分,坏的垄断是那些"有意损害公共利益"和"限制贸易和商业自由流动"并"有可能带来邪恶"的垄断。最高法院要通过自己的理性判断来区分"好垄断"和"坏垄断",从而能保护前者,限制后者。③

哈伦大法官同意怀特的判决,但不同意他提出的理性标准的说法。哈伦认为,此说等于允许法院不使用宪法的标准,而是使用司法的标准,来解释国会的立法,这样的理论会"侵犯国会的权威"。哈伦反对最高法院"以司法方式来立法"(judicially legislate)的做法。他强调说:"法院的功能就是宣示(declare)法律,制定法律是属于立法部门的功能。"④依照怀特在标准石油公司案中建立的逻辑,最高法院也命令美国烟草公司按谢尔曼法的规定重新组织,但没有强迫该公司解散,只是要求其改变结构。

总之,这时期的最高法院力图寻求一条现实的和具有灵活性的途径,既能限制危害公共利益的托拉斯,又要保护私有产权为基础的资本主义经济制度。威尔逊政府对垄断并无好感,但同时也意识到,完全禁止垄断,既不现实,也损害经济利益,而大公司可以增加就业机会,有效组织生产,并在一定的时候降低物价,对公众社会来说也是有利可图

---

① *Northern Securities Co. v. United States*, 193 *U. S.* 197-406 (1904), 317-351.
② *Standard Oil Company v. United States*, 221 *U. S.* 1-106 (1911).
③ Ibid., 30-83.
④ Ibid., 83-106.

的。威尔逊政府通过司法部与各大企业和公司建立起"君子协定",让后者保证对它们的内部结构进行改造,以此换得不受《反托拉斯法》的起诉。从宪政角度上来讲,这也是总统施政的一个新的积极内容。

## "监管性国家"的出现

1914年,威尔逊政府又敦促国会相继通过两项重要的反托拉斯法案,对谢尔曼《反托拉斯法》进行补充。《联邦贸易委员会法》(The Federal Trade Commission Act)严格禁止对不同顾客实施价格歧视,严禁虚假不实的商业广告,并禁止企业购买竞争者的股票。该法取消了联邦的公司局(The Bureau of Corporations),而代之以联邦贸易委员会(Federal Trade Commission)。该委员会仿效联邦州际商业管理委员会的模式,建立了一个由两党参加的五人专门委员会,对贸易中出现的问题进行管理和解决。该委员会也有权接受控诉、控告、举行听证,并发出禁止商业活动的命令(此命令可由联邦法院审查),该委员会还发挥了一些特殊的作用,包括随时将政府《反托拉斯法》的内容告知商界,为其制定商业策略和决定提供参考。这对于促进有效率的公平竞争起了积极作用,也增加了联邦政府对于大规模经济的管理。[1]

同期颁布的克莱顿《反托拉斯法》禁止企业故意压价以制造垄断;对违反联邦法律的公司官员进行个人惩罚,进一步加强了1890年的谢尔曼《反托拉斯法》的力度。值得注意的是,这条法律也涉及劳工和农业问题。该法特别指出:"人的劳力不是一个商品或商业的一个内容;《反托拉斯法》中没有包含任何禁止劳工、农业和园艺组织的内容……这些组织或其成员也不能被认为是《反托拉斯法》下禁止的那种非法合并。"该法还规定在联邦的司法管理范围内罢工、组成和平的罢工线(peaceful picketing)以及开展和平的抵制活动将是合法的。法院只有在劳工纠纷即将对财产造成损害时才能使用罢工禁令。[2] 这项法律被劳联的领导人塞缪尔·龚珀斯称为劳工的"大宪章",但其效力在具体

---

[1] U. S. Congress, An Act to create a federal trade commission, to define its powers and duties, and for other purposes (26 September 1914), in *Statutes at Large*, vol. 38, pt. 1, 717-724.

[2] U. S. Congress, An Act to supplement existing laws against unlawful restraints and monopolies, and for other purposes (15 October 1914) ibid., vol. 38, pt.1, 730-740.

的实施中因为联邦法院的保守解释而遭到削弱。在铁路管理方面出现的是另外一种情形。1906 年,国会通过一项对 1887 年《州际商业法》进行修正的法律,允许州际商业管理委员会在有争议的情况下制定铁路运费的标准,1910 年,又将该委员会制定运费的权力扩大到正常情况下。这些法律都大大扩大了联邦管理铁路的权力和范围。1910 年的《曼恩—埃尔金斯法》建立了公开运费的做法,规定任何与公布的运费不相符的收费都是违法的。该法的目的在于禁止回扣和竞争削价,因而得到铁路公司的支持。该法授权州际商业管理委员会在必要时停止实施铁路公司的新运费,并建立专门的商业法庭来处理相关案件。① 这些扩权行为也都得到了最高法院的支持。

1909 年 7 月,国会两院通过了第十六条宪法修正案,赋予国会征收从所有渠道获得收入的所得税的权力。这条修正案在 1913 年 2 月 25 日被批准,正式纳入宪法,算是对 19 世纪 90 年代平民党运动要求的回应。

1906—1916 年间,国会还通过了其他一系列法律来弥补由于州立法漏洞导致的社会弊病。1906 年的《纯净食品和药物法》禁止任何与州际贸易有关的企业"制造、销售和运输掺假的和贴错标签的食物和药品"。该法还授权农业部建立食品和药品纯净的标准。② 同年的《肉类检查法》规定州际商业中不能运送未经检查的或未通过检查的肉类。1910 年的《曼恩法》禁止在州际和对外贸易中以不道德的目的运送妇女,以禁止娼妓业的发展。③ 1916 年的《欧文—基廷童工法》严禁使用童工,规定凡是由雇佣 14 岁以下童工(或要求 14—16 岁的童工工

---

① U. S. Congress, An Act to create a commerce court, and to amend the Act entitled "an Act to regulate commerce," …… and for other purposes (18 June 1910), in *Statutes at Large*, vol. 36, pt. 1, 539-557.

② U. S. Congress, An Act for preventing the manufacture, sale, or transportation of adulterated or misbranded or poisonous or deteriorate foods, drugs, medicines, and liquors, for regulating traffic therein, and for other purposes (30 June 1906), ibid., vol. 34, pt. 1, 768-771.

③ U. S. Congress, An Act to further regulate interstate and foreign commerce by prohibiting the transportation therein for immoral purposes of women and girls, and for other purposes (25 June 1910), ibid., vol. 36, 825-827.

作八小时以上)的工厂生产的产品,如进入州际商业,均为犯法。① 此法在1918年被最高法院以侵犯州的监管权为理由加以推翻(相关讨论见第七章)。

与此同时,国会也介入了劳资关系的调整。1898年国会通过了《尔德曼法》,禁止资方强迫工人签订"黄狗合同"(即工人必须承诺不加入工会,否则不予雇佣)。此法还禁止雇主对已是工会会员的工人进行歧视。1906年的《雇主责任法》要求从事州际运输的企业对工人因工受伤或丧生的事件负责。该法在1908年被最高法院推翻后,国会又再次通过此案,明确指出此案适用于州际商业。

进步时期联邦管理权扩大还表现在联邦通过商务和税收对州内事务进行管理。根据联邦宪法,管理社会健康、安全、福利和道德的立法权属于各州,对于这种通称"监管权"的权力,联邦政府只能进行某种限制,但不能取代或直接行使。随着全国经济的一体化,地方事务与公民权利的管理与全国意义上的政治经济变化越来越相关,州和地方政府的"监管权"与联邦立法权之间的冲突增多。在尊重州的"监管权"的同时,联邦开始建立一些直接涉及地方事务的法律,而最高法院对此予以支持。如在1895年,国会立法禁止在州际商业交易中运送彩票。但这项法律的合宪性在1903年查姆宾诉艾密斯案中受到了质疑。查姆宾因在州际贸易中转运彩票触犯了1895年的《彩票法》而被定罪,最高法院针对联邦政府管理州际事务的权限产生了分歧。主要分歧有两点:彩票是不是商品? 联邦对州际商业管理的底线在哪里? 在5—4票的多数意见中,大法官哈伦宣布,彩票是有真实价值的物品,属于州际商业的内容。他还对联邦的州际商业管理权作了广义的解释,他认为,管理商业的权力是政府的一项绝对权力,《彩票法》是为了满足联邦管理商业发展的需要,并不违反宪法的原则。而以首席大法官富勒为首的少数派则称,此彩票不属于商业管理范围,他认为,彩票使买卖彩票的人之间建立了一种"契约权",买卖彩票等于是履行合同,公民可以带着彩票进入另一州,国会无权限制这种流动;《彩票法》违反了

---

① U. S. Congress, An act to prevent interstate commerce in the products of child labor, and for other purposes (1 September 1916), in *Statutes at Large*, vol. 39, pt. 1, 675-676.

第十条宪法修正案,侵犯了州的"监管权"。但多数派的决定却建立了事实上的联邦"监管权"(最高法院在进步时期还作出了其他一些极有影响的涉及州一级改革的判决,因这些判决的内容与一战前后的法院政治有密切联系,故放在第七章第二节中详细讨论)。①

## 政治秩序的调整

进步运动也给联邦一级的宪政实践带来一些重要的改变。为了打击政治腐败,尤其是各政党内部出现的金钱政治、政党机器(political machine,指操纵政党事务的核心决策机制)、任人唯亲等现象,改革人士要求限制政党的权力。在联邦一级,一党专断的事在国会经常发生,而在党内,重大事务往往是由政党领袖人物说了算。譬如,众议院的议长通常是由多数党的领袖来担任的。议长往往利用职权,在安排议案的讨论日程时,将本党竭力推动的法案提前安排,通过操纵议会程序,间接扼杀反对党的议案。这种做法在19世纪90年代共和党控制众议院后就开始使用,1903—1909年约瑟夫·坎农任议长时,将其滥用到极点,被称为"坎农主义"(Cannonism)。为了防止多数党控制众议院的立法权,众议院的民主党和进步党议员联合起来,推动了众议院议事程序的修改。新的程序规定众议院每周至少要有一天需按众议院的法案秩序来讨论立法,而这一天不需要考虑规则委员会——众议院中最重要的委员会,负责制定辩论规则和程序,通常由多数党控制——所排出的议案讨论优先权。随后众议院又规定了规则委员会应由全体议员的选举产生,不能由议长指派,议长也不能在其中占有一席等。这些规定意在削弱议长对立法秩序的控制权,遏制国会内部的政党机器的恶性运作。

另一个更为重要的改革是将参议员由州议会推选的方式改为由民众直接选举。平民党人早在19世纪90年代就提出这项改革,1902年众议院为此通过了第十七条宪法修正案,但屡遭参议院否决。同一时期,有些州自动地改变参议员的选举方式,到1912年时,已有29个州采用了选民直选参议员的做法。1911年,参议院终于接受了本院议员

---

① *Champion v. Ames*, 188 U. S. 321-375 (1903).

选举方式的改革。1913 年,经足够数量的州批准后,第十七条宪法修正案正式成为联邦宪法的一部分。

必须指出,这些政治改革重在打击政治腐败,没有提出对少数民族(尤其是黑人)政治权利的保障。1890 年,国会共和党人曾试图通过一个新的联邦选举法,以保证各州和联邦选举的纯洁性,制止南部各州剥夺黑人选举权的行动,恢复第十五条宪法修正案的效力。但这项法案遭到了民主党人的竭力反对,西部各州的一些共和党人因在其他的经济立法上需要南部民主党的支持,故反对这项法案,以牺牲黑人的政治权利,来换取南部议员对西部经济要求的支持。从 1890 年开始,南部各州纷纷修改了重建时期制定的州宪法,在其中加入了种种刁难性的要求,剥夺了黑人的选举权,明目张胆地无视第十五条宪法修正案的原则。但联邦政府对此却无法干涉。共和党内能够继续为黑人争取权利的人已经寥寥无几。到 20 世纪初期,南部绝大多数的黑人选民都被排除在南部州和地方政治的运作之外,在政治上处于无权的地位,并没有分享到工业化带来的经济成果。极具讽刺意义的是,剥夺黑人选举权的运动是与进步运动同步发生的。

妇女选举权的问题在 19 世纪后半叶也是一个重要的政治问题。1869 年,怀俄明联邦领土首先准允妇女参加选举,并在 1890 年成立州时保留了这一传统,成为美国第一个授予妇女选举权的州。另外 3 个州——科罗拉多州、犹他州和爱达荷州——相继在 1893 年和 1896 年给予了本州成年妇女公民以选举权。到一战前夕,有 14 个州给予了妇女平等的政治权利。有关妇女选举权的宪法修正案早在 1868 年提出,但当时共和党人害怕讨论妇女选举权会影响第十五条宪法修正案的通过,以时机尚不成熟将此搁置。在一战期间,进入商业和专门职业的妇女人数增多,妇女选举权运动赢得了包括共和党在内的支持,但南部各州仍以选举权是州权为由,反对联邦政府出面以宪法修正案的方式将妇女选举权全国化。1918 年,众议院通过了第十九条宪法修正案,禁止州和联邦政府以性别为理由剥夺美国公民的选举权。但该修正案在参议院未能得到三分之二多数的同意,直到 1919 年,两名反对妇女选举权的死硬分子在参议院换届选举中落选、新的议员进入参议院后,第十九条宪法修正案才为参议院接受。1920 年 8 月,该修正案得到了足够多数州的批准而生效。在合众国政府建立131年之后,美国妇女的政治权利终于得到联邦宪法的承认。

  进步运动的目的不是要推翻资本主义制度,也不是要废除美国的宪政传统,而是要借助民主和政府的力量对工业化时期的不同利益群体之间的关系做出一种调整,修正自由竞争式资本主义恶性发展的负面影响,恢复理想的市场"自由"和"秩序"。从宪政发展的角度来看,进步运动对美国宪政的发展至少有两个方面的特殊贡献。首先,进步主义者启用了宪法导言中"公共福利"(general welfare)和"正义"(justice)两条原则,并以此作为改革的意识形态,但他们对这些原则的含义作了意义深远的语义转换。在立宪时期,"公共福利"指的是各州之间的共同利益,"正义"指的是殖民地有权抵制英国王室和议会的暴政,捍卫自己的权利;进步主义者提倡的"公共福利"是指所有公民的共同的福利,"正义"则是指美国公民必须是自由的、有尊严的,不能成为其他群体奴役的对象。第二个贡献是,进步运动改变了传统的限权政府观,将政府引入了市场,永久性地扩大了政府(尤其是联邦政府)在管理市场、干预经济、保护公共福利方面的职责范围,迫使其成为一种有道德和正义感的、协调和化解利益冲突的管理机制,而总统在联邦三权中开始扮演非常重要的角色。

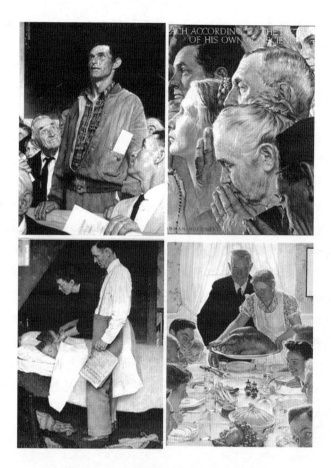

**罗克韦尔的画作"四大自由"(1943)**

画家诺曼·罗克韦尔(Norman Rockwell)从富兰克林·罗斯福总统1941年的演讲中获得灵感,创作了描述"四大自由"的4幅画:"言论自由"(左上),"信仰自由"(右上),"免于匮乏的自由"(右下),"免于恐惧的自由"(左下)。他先是打算把画作赠给联邦战争部,没有得到回音;就转交给《星期六晚间邮报》发表。画作于1943年2月20日刊出后,立刻引起了轰动,有2万多人要求得到画作。而此刻有11万日裔美国人因为战争的原因被关押在美国西部的集中营内居住,直至战争结束。

图片来源:美国国会图书馆:http://www.loc.gov/exhibits/treasures/trm142.html

# 第七章　罗斯福新政与美国宪政

20世纪上半叶是美国宪政实践发生革命性转型的历史阶段。在这一时期里,美国先后经历了"进步运动",卷入了两次世界大战,遭遇了前所未有的经济危机,进行了由富兰克林·罗斯福政府领导的"新政"改革,并通过第二次世界大战取代英法等老牌帝国成为了西方世界的领袖,开始对世界经济和政治秩序的构成发挥从前任何帝国都不曾有过的影响力。这些事件不仅左右了世界历史的进程和方向,也促进了新的美国宪政秩序的诞生。这一时期美国宪政发展最显著的特征是:以维护自由竞争式资本主义秩序为宗旨的宪政主义的影响大大减弱,以协调多元利益、注重公民权利保护的能动宪政主义理论和实践占据了主导地位,宪法开始走进普通公民的日常生活之中;与此同时,联邦政府的绝对权威无可争议地建立起来了,集权式联邦制(centralized federalism)开始出现,以回应美国经济发展的需要,并取代了19世纪的二元联邦制,成为了新世纪美国宪政纵向分权体制的主流;而在联邦政府的三权之中,总统的权力得到了空前的扩张。

自美国建国起,联邦与州之间的权限划分就是美国宪政发展的一个核心内容。内战和重建时期的许多宪政建树,包括第十三、十四、十五条宪法修正案,都是扩大联邦权力的举措。工业化和进步时代的改革也增强了联邦政府对经济事务的管制能力和范围,最高法院对此也表示了有节制、有限度的支持,这一切无疑都增强了联邦政府影响国计民生和缓解社会冲突的能力。但这些早期的改革是有限的和局部的,影响力往往也是短暂的,其结果也是不确定的。而在20世纪上半叶发生的联邦政府权力的扩大则是全面的,其影响是具有震撼性的。联邦政府的权力渗透到不断扩大的公共政策领域,从市场经济到社会福利、从股票交易到洪水治理等都被纳入联邦政府的管辖权限之内。如果说

19世纪的联邦政府还只是一个遥不可及的、带有神秘色彩的、只对上层政治精英具有感召力的机构的话,到20世纪中叶,联邦政府已经成为了与普通公民的衣食住行息息相关的机构了。新的集权联邦制也影响了联邦政府三权之间的制衡关系。与19世纪相比,总统的权威和权力无论从形式还是从内容上都有了实质性的增大。随着美国国家利益的范围扩展到世界范围,随着国内的经济发展和利益分配与国际经济和政治的关系日益密切,总统的领导作用日渐重要。经济和国际关系重大危机的发生都要求作为国家最高行政长官的总统发挥联邦政府的核心领导作用,以保证国家的稳定和发展。总统权力的增大也改变了传统的权力制衡模式,使总统、国会和最高法院之间的权力划分成为美国宪政的新的冲突点。

## 一　20世纪初期宪政发展的起伏

### 第一次世界大战与联邦政府权威的扩展

1914年8月,第一次世界大战爆发,欧洲各国拔刃相见,一时间厮杀得难解难分。战争初期,美国宣布保持中立,不介入欧洲的战事,但借机扩大国内的生产,为交战国提供军需物资和贷款,并用2500万美元从丹麦手中买下了位于加勒比海的维京岛屿(Virgin Islands),以防止德国人用此作为海军基地。① 直到1917年2月,眼看英法和沙皇俄国招架不住德国的攻势,加上德国对美国中立政策的一连串的侵犯和挑衅,威尔逊总统才要求国会批准向德国宣战。威尔逊提出,美国的参战不仅可以帮助英法同盟国,还可以帮助刚刚建立的由亚历山大·克伦斯基领导的俄国"民主政府"。用他的话来说,这场战争是为了争取

---

① 一战开始时,威尔逊政府曾提出禁止美国银行向任何交战国提供贷款,但后来迫于国内金融界的压力,对此政策作了修改,允许短期贷款。1915年,威尔逊又同意开放对交战国的通用贷款。1915年,美国银行界承诺向英法提供500万美元的贷款。在美国参战之前,美国投资人共从同盟国购买了230亿政府债券,而同期从德国购买的政府债券不过2000万美元。同一时期,美国与同盟国的贸易从1914年的8亿美元增至30亿,而与德国和奥匈帝国的直接出口贸易从1.6亿降至1.1亿美元左右。

最终的世界和平,"为了民主,世界必须首先争取安全"。① 1917年4月6日,美国国会两院分别以压倒多数通过了向德国宣战的决议。宣战决议在参议院的投票结果是85—6票,在众议院是373—50票。6月,美国军队14000人抵达法国,正式参战。

与美国内战一样,第一次世界大战也为联邦政府权力的扩大带来了一个极好的机会。但与内战不同的是,一战发生的时间是在美国和欧洲主要国家都完成了工业革命之后,战争的规模和使用的武器是前所未有的,资金、物资和人力的投入是空前的,战争的组织则是通过各国政府的机制,在欧洲主要参战国内都实行了全民动员。与内战相比,一战是近代世界史上的一场国际性"大战"(Great War),牵涉到复杂的外交和国际关系,因为国家是参与战争的基本单位,战争的进程与结局直接影响美国联邦整体的安全和美国在世界权力结构中的地位。在这种情况下,联邦政府——而不是州政府——必须发挥有效的领导作用,组织战争需要的政治、经济和人力资源,保证美国参战的顺利进行和成功。而总统更必须担负总协调、总指挥和总领导的作用。前所未有的世界性大战成为了美国国内宪政机制改革和调整的直接的"外部"原因和动力。

一战爆发后,美国虽然没有立即参战,但迅速采取行动,扩大了联邦军队的规模,为应对战事做好准备。1916年,国会通过了《国防法》,将美国军队从战前的9万人增加至22万人,并将各州的国民警卫队(National Guards)扩增至44万人。② 1917年,国会又通过了《选征服役法》,宣布联邦有权选择征召所有合格的公民入伍。③ 此法实施后,有280万人相继应征入伍,相当一部分人奔赴欧洲战场。一战开始时,美国的兵力(联邦军队加上各州的国民警卫队)不足35万人,至一战结束时,美国军队达到了470万人。战争也使联邦政府的军费开支大幅度地增加。1916年的《海军建设法》批准了联邦在3年内投入5—6

---

① Woodrow Wilson, Special Message to Congress (2 April 1914), in *Messages and Papers*, vol. 16, 8226-8233.
② U.S. Congress, An Act For making further and more effectual provision for the national defense, and for other purpose (3 June 1916), in *Statutes at Large*, vol. 39, part 1, 166-217.
③ U.S. Congress, An Act To authorize the President to increase temporarily the Military Establishment of the United States (18 May 1917), ibid., vol. 40, part 1, 76-83.

亿美元来强化美国的海军力量。① 同年的《税收法》将基本所得税从1%提高到2%,并将收入在200万元以上的个人所得税提高至15%。②联邦政府还建立了战时工业委员会(War Industries Board,简称WIB),对全国经济进行强制管理。该委员会负责制定工业生产的规范和标准,决定产品的优先性,有权调用生产的原材料,审查和批准新企业的兴建。联邦政府还加强了对其他与国计民生相关的事务的管理,包括食品卫生和燃料控制等。国会还通过了一系列法律,对公民权利的应用(尤其是言论自由权)作了严格的管制(详细讨论见第八章)。

总统权力的增大是战争时期联邦政府权力扩大的最突出表现。威尔逊不仅成功地说服了国会对德宣战,而且还雄心勃勃地设计了重建战后国际秩序的"十四点原则"(Fourteen Points)。威尔逊的"十四点原则"是一个宣示美国立场的战后重建计划,是威尔逊在咨询了美国学界和新闻界后形成的,其主要内容包括:公开外交,海上自由,解除贸易壁垒,争取最大的贸易自由,建立与自己安全最低要求相吻合的军备力量,对有争议的殖民地进行"绝对公正"的调整,从俄国撤军,归还被侵占的法国领土,调整意大利国界,恢复波兰的独立,建立一个国际组织来负责保证各国的政治独立和领土完整。③ 威尔逊的和平计划以及由此产生的《凡尔赛和约》体系最终因参议院内共和党人的反对未能完全得以实现,但他却成为美国历史上第一个以武力的方式把美国利益推进到世界范围,把美国理念带入国际政治,并期望以美国价值观统率全球的发展的总统。

最高法院对联邦政府的战时权力也予以坚决支持。1917年的《选征服役法》实施后,其合宪性很快受到挑战。有人称强制征兵的政策损害了个人自由,违反了第十三条宪法修正案(反对强制性奴役)和第一条宪法修正案(保护宗教自由)的原则,并称只有州政府才能征募各州公民,因为州政府的征兵权是先于宪法的,并属于各州保留的权力。

---

① U.S. Congress, An Act Making appropriations for the naval service for the fiscal year ending June thirtieth, nineteen hundred and seventeen, and for other purposes (29 August 1916), in *Statutes at Large*, vol. 39, pt. 1, 556-619.

② U.S. Congress, An Act to increase the revenue; and for other purposes (8 September 1916), ibid., vol. 39, pt. 1, 756-8001.

③ Woodrow Wilson, Address to Congress (8 January 1918), in *Messages and Papers*, vol. 17, 8421-8426.

最高法院对这种说法表示了坚决的反对。在1918年的阿维尔等诉美国案中,最高法院以9—0票的表决宣布,联邦政府征兵的权力不仅是合乎宪法原则的,而且是维护宪法的必要权力。首席大法官爱德华·怀特在判决意见中写道,宪法赋予了国会宣战、招募军队和提供军需的权力,这些权力本身就隐含了通过强制性征兵法的权力。怀特说,宪法之所以没有明确关于"强制性服役"的条款,是因为不愿意与宪法保护个人自由的精神相冲突,但绝不能因此以个人自由为名而逃避为国家服务的责任:"公正政府的概念及其对公民的责任本身就包括一种公民在需要时提供军事服务的互惠性责任,以及(政府)强迫(公民)履行这种责任的权力。"怀特还启用第十四条宪法修正案驳斥了所谓州公民权是主体公民权的说法。在他看来,第十四条宪法修正案将联邦公民资格"从次要的和衍生的地位上升至首要的和主导性的地位",从而"极大地扩展了联邦政府的(权威)范围",原宪法赋予联邦政府的权力也可以通过修正案得以行使。因此,当作为人民代议机关的国会宣战之后,"保卫国家的权利和荣誉就成为(联邦)公民的崇高的和高尚的职责",而绝不是"一种遭到第十三条宪法修正案所禁止的强制性奴役行为"。值得注意的是,怀特对第十四条宪法修正案所涵盖的政府权力作了一种非常宽泛的解释,与19世纪最高法院的狭义解释形成鲜明对比。他的意见中的另外一个重要内容是提出和强调了联邦公民资格所附带的义务,并将这种"互惠性责任"上升为一种具有隐性强制力的公民责任,这与19世纪最高法院只强调公民的权利(尤其是财产权)也形成鲜明的对比。最高法院与此同时还确认了国会和总统在战争时期管理铁路、通信和物价的权力。①

　　战时的集权管理是暂时的,但效果是明显的。一战结束时,美国的经济能力和效益大大提高,许多基础工业和制造业也都超过了欧洲,全世界40%的财富都掌握在美国人手中,美国成了事实上的经济强国。帮助美国经济起飞的是一战时期的战争订单,但组织和管理战时美国经济的是联邦政府。持续的经济增长和繁荣离不开联邦政府积极主动的参与和介入。美国在世界上地位的提高,与威尔逊积极主动的外交领导有

---

① *Arver et al. v. United States*, 245 U. S. 366-390 (1918), at 384, 389-390.

重要的关系。尽管"十四点原则"没有完全付诸于实践,威尔逊也未能说服参议院及时批准《凡尔赛和约》,但他在战时和战后和平外交中的努力建立了一种崭新的总统外交模式,开拓了总统行政权和立法权的广阔空间。① 这种以总统意图和意志为核心的外交模式将贯穿于20世纪美国的外交,并将深刻地改变美国宪政中原来的联邦权力分属和制衡模式。

## 总统权力增大与三权制衡模式的变化

随着美国在世界事务中的参与愈加深入,美国的外交内容也就将愈加丰富,国内利益与国际利益的联系也就愈加广泛,总统在制定外交政策方面的主导地位就愈加突出,总统对国内政策制定的发言权也随之相应增加。如果说林肯利用内战将联邦意志从北部推进到南部,从而完成了美国在意识形态和经济形态上的统一;威尔逊则利用一战的机会将美国的利益、意志和理想推进到了世界范围,揭开了近代历史上"美国世纪"的篇章。

一战带来了政府权力的扩大,关于这一点,继威尔逊后入主白宫的几任共和党总统并不否认,但如何使用这种扩大了的联邦政府的权力,他们却有不同的想法。1920年总统大选中获胜的沃伦·哈定就任后宣布,他的政府将奉行稳定持重的政治路线,因为他要追求的"不是英雄主义,而是愈合;不是(改革社会的)灵丹妙药,而是(社会的)常规状态;不是革命,而是复原"。② 哈定任期任内唯一有重要影响的外交事

---

① 围绕批准《凡尔赛和约》的问题,威尔逊与参议院之间展开了一场权力斗争。参议院的99名议员中,有49人是共和党人。共和党人对和约中的某些关键条款极为不满,尤其反对国联的建立,要求对和约进行修改。威尔逊拒绝向共和党人让步,而共和党人也不愿妥协。从1919年11月至1920年3月,参议院几次投票表决,和约都未得到需要的三分之二的多数。直到1921年7月,参议院方才批准了和约,此时距一战结束已有三年。这场政治恶战使民主党人大伤元气,在很大程度上影响了1920年总统大选的结果。

② 哈定的原话是:"not heroics but healing; not nostrums but normalcy; not revolution but restoration." 由于采用了修辞学上的对仗技巧,这段话让人记忆深刻,一度成为哈定政府和20世纪20年代美国政治特征的代名词。关于"normalcy"一词的使用,历史学家也有一些争议。因哈定是在波士顿一家俱乐部发表演讲时提到上面这段话,有人猜测哈定将"normality"念成了"normalcy", *New York Times*, 21 July 1920; Robert K. Murray, *The Harding Era: Warren G. Harding and His Administration* (Minneapolis: University of Minnesota Press, 1969), 69-70.

件就是召开了1921—1922年的华盛顿裁军会议。1923年8月哈定在旧金山突然病逝后,总统职位由副总统卡尔文·柯立芝接任。1924年柯立芝又因民主党的分裂赢得连任。1928年,共和党人赫伯特·胡佛又战胜民主党候选人阿菲尔德·斯密斯,继续维持共和党对总统职位的控制。所以,在整个20世纪20年代,联邦政府行政部门的领导权都掌握在共和党人手中。但在3名共和党人总统中,胡佛政府的影响是最大的。哈定声称要取消联邦对于经济的管制,恢复经济生活和社会秩序的"常规状态"(normalcy),而继任的柯立芝更是高声疾呼:"美国人民(从事)的首要事业就是商业"(The chief business of the American people is business),言外之意,联邦政府不能过分管制经济和商业。尽管如此,两人在任期内都未能完全取消政府对经济的管制。① 胡佛在就任总统前是哈定和柯立芝的商业部长,直接负责联邦商业政策的制定,他对20世纪20年代美国经济和宪政秩序的建立起了很大的作用。

胡佛在20年代初期就大肆鼓吹要恢复传统的美国价值观,包括提高效率,鼓励个人奋斗,减少政府干预,支持自由放任式的经济竞争。第一次世界大战后,列宁领导的苏维埃俄国成为了世界上第一个社会主义国家,被西方视为对资本主义制度的威胁。胡佛一方面积极支持"红色恐惧"(Red Scare)(相关讨论见第八章),打击美国国内的社会主义、无政府主义和其他被称为"激进主义"的力量;另一方面积极主张迅速恢复战后欧洲的重建,以形成对苏俄的对抗。他在1921年就明确提出,美国在战后的政策"应该是为了防止欧洲滑到布尔什维克那边去或被他们的军队所征服"。② 但胡佛和他的前任都清楚,将美国重新拉回到自由竞争的资本主义时代已经不可能了。他们认识到,美国如要保持在一战期间取得的经济优势,要在国际竞争中保持不败并最

---

① 柯立芝是在1924年1月17日对美国报纸编辑协会发表演讲时讲到这段被经常引用的话的。他的原意是指美国实际上是一个"理想主义者组成的民族"(a nation of idealists),但为了实现理想,美国人热衷于积累财富,所以美国人每时每刻都在全世界范围内从事商业性活动:制造、买卖、投资和发财致富(producing, buying, selling, investing, prospering in the world);引自 Clude M. Fuess, *Calvin Coolidge: The Man from Vermont* (Boston: Little, Brown and Company, 1940), 357-358。

② 引自 Richard Hofstadter, *The American Political Tradition and The Men Who Made It* (New York: Vintage Books, c1948, 1973), 376-377。

终完全领先正在复苏的欧洲,要钳制刚刚诞生的社会主义苏俄的话,必须有一个强大的、积极的中央政府。此外,他们也意识到,经济发展也不能完全不受限制和管理,财产的过分集中会产生法西斯主义,而且经济发展的过程和模式越来越复杂,牵涉的社会利益集团也越来越多,引发的社会冲突也会越来越激烈,加上开放的政治,弄不好会导致工会和农场主的权力增大,当中下层阶级控制了政府后,美国也就可能出现类似于社会主义式的激进变革。

在这种背景下,胡佛提出了"新个人主义"(New Individualism)的思想,即由个人自愿组合的形式,加上政府的资助,来发展经济和社会事业,让个人和社会同时受益,不同经济利益集团之间的自愿合作既可避免法西斯主义,又可避免社会主义。1922年,胡佛曾在他名为《美国的个人主义》的小册子中宣称:美国的个人主义不同于其他的个人主义,因为"我们在(强调)通过个人的成功来建设社会的同时,我们也将保证每个人在我们的社会中享有同等的机会(an equality of opportunity)来发挥和运用他的才智、特征、能力和雄心"。胡佛强调,他提倡的个人主义主张鼓励个人奋斗来改变自己的阶级地位,政府应协助个人争取成功,但不能消灭竞争;政府能向个人提供的是"自由、正义、智识福利(intellectual welfare)、机会的均等和鼓励"。①

20世纪20年代这几位共和党总统都是当年汉密尔顿经济理论的信奉者,大资本势力必须得到政府的支持,因为只有富人越富,经济才可能发展,国家的财富才可能增加,而国家也才可能有力量来推进公众福利。胡佛等人并非提倡将联邦政府的功能扩大到全面调整社会各利益集团间的关系的程度,并非指国家利用强制手段,对社会财富实行再分配;他们的管理概念指的是在企业(商业)之间、企业(商业)与政府之间建立一个合作关系,将企业(商业)之间的恶性竞争转变成一种良性竞争,把企业(商业)与政府之间的敌对关系转化为合作关系。

所以,一战之后,联邦政府虽调整了一些集权管理的政策,包括将

---

① Herbert Hoover, *American Individualism* (Garden City, New York: Doubleday, Page & Company, 1922).

铁路交还给私人企业管理,撤销政府对电力工业的管制,拍卖商船和减税等,但并没有放弃往管制性国家的方向发展。联邦政府在削减一部分政府功能的同时,又扩大了政府在其他方面的功能。譬如,国会通过法律,连续降低了高收入者的所得税率,取消了其他战时制定的杂税,大量削减政府开支,但与此同时,联邦政府又制定了高关税来保护美国制造业和农业,加大了在环境保护和农业补助方面的开支,增加了对州的直接援助。此外,联邦政府积极组织和参与教育和技术研究的开发,加强对科学技术开发和应用的管理,提供商业和技术信息的服务。

## 胡佛政府对联邦经济的监管

在任联邦商务部长时,胡佛曾有意识地将政府部门变成一种专门引导和监管经济计划和发展的机构,他的做法不是大规模地对经济进行直接的干预,而是为经济发展构建体制性的支持。在他的鼓励下,各种贸易协会相继成立。通过联邦人口调查统计局,联邦政府定期公布有关原材料、生产、市场及广告业的各种信息,还在某些特定行业允许企业保持一定价格。在胡佛主持的商业部的敦促下,许多行业的企业建立了贸易委员会,并对公平竞争和商业道德达成协定,建立规范。联邦标准局也帮助商业界和企业界将生产产品简化和理性化。1920年,国会通过的《交通法》将铁路交还给私有企业运行,但将运费的制定、修改及调整交由联邦州际商业管理委员会全权掌握。该法还允许州际商业管理委员会在铁路公司获得的利润超过6%时可收回全部利润的一半,这种规定的目的是为了强调合作,减少恶性竞争。[①] 1921年的《包装与储运法》将肉类包装工业置于联邦的控制之下,严禁在本行业进行不公平和欺诈性的市场行为,所有在牲畜场的交易必须是公平的,并授权农业部长对不正当竞争进行管理。[②] 后来,联邦政府还允许农

---

① U. S. Congress, Transportation Act of 1920 (28 February 1920), in *Statutes at Large*, vol. 41, pt.1, 456-500.

② U. S. Congress, An Act to regulate interstate and foreign commerce in livestock, livestock products, dairy products, poultry, poultry products, and eggs, and for other purposes (Packers and Stockyards Act) (15 August 1921), ibid., vol. 42, pt. 1, 159-169.

场主协会不受《反托拉斯法》的管制,建立了专为农民设置的联邦信贷银行,通过了法律防止物价浮动,以保护农民的利益。1920年,国会通过《水动力法》,建立了联邦电力委员会,并授权该委员会发放水力发电厂的执照和进行管理。① 1927年的《广播电台法》建立了联邦广播电台委员会,专门负责对广播电台进行分类,分配波段频率,以及管理联网广播。②

在胡佛经济发展和个人主义思想的指导下,这一时期联邦政府常用的经济管理手段是分配和发放"联邦赠款"(Grant-in-aid,也译"财政援助")。所谓赠款,就是联邦政府定期或不定期地向州和地方政府拨发的一种专门用来发展公用事业的资金,帮助州政府开发、引导和监管社会服务事业。因为这类赠款往往附带了限制性条件,一旦州接受了联邦赠款(通常由州的议会来决定是否接受),联邦政府就有权对各州使用这笔赠款的活动进行审批和监管。有时联邦还要求州共同出资,用于开发同一项目。当州违反联邦政府的规定时,联邦有权停发赠款。联邦对州进行财政支持在内战时期就有过,如1862年的《莫里尔土地赠与法》等。最初的联邦赠款模式是通过1911年的《威克斯法》建立的,数额不过20万美元,用于帮助各州建立防止森林火灾的计划。③ 随后,联邦政府又通过其他法律创建了一系列新的赠款项目,如用于帮助开展职业培训的1917年的《史密斯—休斯法》等。④ 1915年联邦赠款的数目为1100万美元,1925年达到9300万美元。赠款的大部分都

---

① U. S. Congress, Federal Water Power Act (10 June 1920), in *Statutes at Large*, vol. 41, pt. 1, 1063-1077.

② U. S. Congress, An Act for the regulation of radio communications, and for other purpose (23 February 1927), ibid., vol. 44, part 2, 1174.

③ U. S. Congress, An Act To enable any State to cooperate with any other State or States, or the United States, for the protection of the watersheds of navigable streams, and to appoint a commission for the acquisition of lands for the purpose of conserving the navigability of navigable rivers (1 March 1911), ibid., vol. 36, pt. 1, 961-963.

④ U. S. Congress, An Act To provide for the promotion of vocational education; to provide for cooperation with the States in the promotion of such education in agriculture and the trades and industries; …… (23 February 1917), ibid., vol. 39, part 1, 929-936; An Act To provide further for the national security and defense by encouraging the production, conserving the supply, and controlling the distribution of food products and fuel (December 1917), ibid., vol. 40, 276.

用于建设州际公路和发展教育。

需要指出的是,由州通过立法来接受联邦赠款是一个重要的体制安排,这样联邦可以避免被州控告用赠款来控制州的事务,尽管事实上州在接受赠款之后必然在某些方面要受到联邦政府的控制。1923年,在马萨诸塞州诉梅隆案中,马萨诸塞州控告联邦的谢泼德—汤尔赠款侵犯了州主权,但联邦最高法院以9—0票的判决称,马萨诸塞州是自愿接受赠款的,不存在侵权问题,赠款也并未对州权造成任何威胁和损害。①

**失败的宪法修正案案例:禁酒运动**

20世纪20年代联邦政府管制经济的戏剧性例子是1920年至1932年的禁酒运动(Prohibition)。这也是一个失败的管制案例。禁酒运动起源于19世纪早期,开始时带有强烈的道德重建的色彩。由于酗酒引起的家庭暴力、贫困、犯罪以及丧失工作能力的现象引起了社会的普遍关注。当时开展的禁酒节欲运动(Temperance)如同反对奴隶制运动一样,主要采用道德规劝和说教的方式。1851年,禁酒运动者向州政府施加压力,要求通过立法来禁酒。1855年,联邦内31个州里有13个州立法禁止在本州制造和销售酒水。1916年,在妇女禁酒运动积极分子的推动下,有21个州相继关闭了本州的酒吧业。1917年,国会先是通过战时的食品控制法接受了禁酒的主张,后来又在同年12月通过了第十八条宪法修正案,明令禁止在美国生产、销售和运输浓度过高的酒类。1919年1月,这项修正案得到各州的特别代表大会批准,变成联邦最高法的一部分。1920年1月,国会通过《沃尔斯特德法》正式禁酒,将包括啤酒在内的各种酒类的最大酒精度限制在0.5%以下。②

虽然禁酒运动在宗教气息浓厚的乡村地区很有成效,并被进步主义者视为一项意义重大的道德改良运动,但在挤满了来自欧洲的新移民的大都市中,禁酒被看做是一种对公民的个人自由的侵犯和干预。

---

① *Massachusetts v. Mellon*, 262 *U. S.* 447-489 (1923).
② U.S. Congress, National Prohibition Law (16 January 1920), in *Statutes at Large*, vol. 41, 305.

在整个20年代，农业地区的禁酒运动比较成功，低收入阶层的酒消费量大大减少。但在城市地区，情形则并不理想。饮酒成为都市中产阶级社交中的一种时髦，私制和外国走私进来的酒源源不断流入地下酒店和私人宴会，地下酒吧也长盛不衰。走私酒在1924年一年的商业量达4000万美元。为了执行禁酒令，国会建立起一个拥有1500人的禁酒局（Bureau of Prohibition），但国家之大，人口之多，政府不可能时时处处对每个饮酒的人进行监管，禁酒局一年500万元的经费显然不够。20世纪20年代中期，反禁酒的势力抬头，私运私卖酒的事频繁发生，非法酒店在大都市公开大量出现，这种现象使第十八条宪法修正案的效力在都市地区近似于名存实亡。与此同时，联邦法院也为大量的禁酒案压得喘不过气来。

1920年的几个禁酒案件向第十八条宪法修正案的合宪性提出了公开的挑战。① 因该修正案规定州与联邦政府对禁酒法的实施有"共同执法权"（concurrent power），但联邦的禁酒法却对应禁酒类的具体酒精含量作了细致的规定，按照这种规定，一些啤酒和果酒也将被包括在禁止范围之内，后者引起了争议。罗得岛州没有批准第十八条宪法修正案，指控该修正案侵犯了州管理内部立法的权力，并强调如果宪法修正案可用来限制州立法权，也可用来废止联邦的限制权。最高法院驳回了这种理论，支持联邦政府的禁酒权，维护了禁酒宪法修正案的合宪性。大法官威里斯·范德万特虽然支持多数派的意见，但强调州与联邦政府应在这个问题上加强合作。②

尽管如此，禁酒问题逐渐演变成为一个政治问题，1928年胡佛当选总统后，要求废除禁酒宪法修正案的呼声越来越高。1929年的经济危机显然加重了联邦的经济负担，压力集团乘机要求联邦政府开放酒禁，将酒的生产和销售合法化，以推动经济的发展。1933年，当民主党人富兰克林·罗斯福入主白宫、民主党人重新掌握国会后，国会通过了旨在废止第十八条宪法修正案的第二十一条宪法修正案。新的宪法修正案迅速为各州专门选民大会批准，第十八条宪法修正案于1933年

---

① *National Prohibition Cases*, 253 U. S. 350-411 (1920).
② Ibid., 388-389.

12月5日被宣布废除,成为美国宪政史上第一条被废止的宪法修正案。该修正案被废止说明,当一个宪法修正案的目标只是为了贯彻某一部分社会成员的道德价值观,只是为了禁止一种对社会绝大多数人的基本权利没有明显损害的行为的时候,修正案的效力非常低,并且不会得到尊重。

20世纪20年代联邦政府管理经济和社会的一些政策为后来的罗斯福政府处理经济危机提供了先例,但共和党政府并没有大刀阔斧地改革宪政,没有根本改变联邦政府在国民经济生活中的位置。联邦政府积极、主动、全面干预经济和社会问题的立法,还要等到罗斯福政府的新政来执行。这一时代的管制性政策是暂时性和协商性的,不可能、也无法产生永久性的效果。相反,由于其对美国经济的调节十分有限,助长了财富分配的极端不均,最终未能阻止1929年经济危机的发生。

## "实质性正当法律程序权利"与洛克纳案

一战后的保守的政治气候也通过最高法院的一系列判决表现出来。在进步运动时代,最高法院曾对联邦政府管理经济和调节社会矛盾予以了有限的支持,此刻却转向了反对和限制。当然,这与法院内部的人事变化有密切关联。哈定在职时间不长,但他却有机会任命了4名最高法院的大法官,包括担任首席大法官的卸任总统塔夫脱。塔夫脱是私有财产权的坚决维护者,宣称他到最高法院就是为了要"推翻几个(最高法院的)决定"。最高法院中另外8名大法官中,至少有6人(包括塔夫脱自己当总统时任命的两人)都对管制性法律抱有敌视的态度,只有奥利弗·温德尔·霍姆斯和路易斯·布兰代斯两人对联邦和州政府的经济监管表示支持。最高法院大法官组成人员的变化,与其在20年代做出的一系列保守性决定是有密切关联的。

在讨论塔夫脱法院审理的有关案例之前,有必要追述20年代之前的几个案例,因为它们在法理上与塔夫脱法院的重要案件有着密切的关联。如第六章所示,进步时代最高法院在审理政府管理经济的权力(即"监管权"问题)时,曾经提出过法院有权对政府监管权的"合理性"(reasonableness)问题作出判断。

"合理性"的概念是在1898年霍尔登诉哈迪案的判决中提出的。①此案涉及一个犹他州的矿场主违反该州有关采矿业八小时工作制的法律一事。一个矿主因令工人工作八小时以上,受到州法的惩罚;矿主认为州法损坏了他与工人的"契约自由"权,违反了第十四条宪法修正案的"特权或豁免权"条款。当时的最高法院驳回了矿主的理由。由布朗大法官宣布的判决指出,契约自由并不是不受限制的,相反,这项自由本身"必须受到州监管权所建立的合法规定的限制";而保护本州公民的生命健康和安全正是州立法机关合法行使的监管权的一部分;尽管签约的双方都是成年人(意即不存在强迫与欺诈之说),但州仍然有权进行干预。最高法院同时宣布,州法之所以合理是因为存在的事实和数据表明煤矿对工人身体健康确实有害,基于此"合理的"根据,州有权限制矿工的工作时间。② 这项判决在支持州的经济立法、解释州立法的合法性的同时,变相地使最高法院行使了一种"司法意义上的立法权"(judicial legislature),即司法部门(最高法院)解释立法部门制定的法律的合理性的权力。在后来的许多案例中,这一权力将被最高法院用来宣布其不接受的经济立法无效。

1905年,在洛克纳诉纽约州案的判决中,霍尔登案建立的司法审查合理性原则得到进一步的加强,但在此案中却被当作了最高法院反对州的经济干预法的武器。③ 洛克纳案的背景是:20世纪初,面包坊工人的工作环境极差,工作时间长达每周100小时,恶劣的工作条件和长时间地与面粉打交道,对工人的健康损害极大。1895年,纽约州通过了一个《面包坊法》(Bakeshop Act),规定面包制作业必须为工人提供卫生的工作环境,并减少工时。此项法律被认为是有利于工人健康和帮助工人寻求公平待遇。但自由放任经济秩序的鼓吹者反对这项法律,认为这是政府对市场经济的不正当干预。受此法打击最沉重的是小面包坊业主,他们的雇员总数通常不超过五人,所获得的利润也不算高。洛克纳正是这样一个小面包坊业主,他因允许他的工人每周

---

① *Holden v. Hardy*, 169 *U. S.* 366-398 (1898).
② Ibid., 391.
③ *Lochner v. New York*, 198 *U. S.* 45-76 (1905).

工作60小时以上而被州政府罚款50美元。洛克纳案先在州法院审理,败诉后,上诉到联邦最高法院。洛克纳控告纽约州的《面包坊法》不经正当程序剥夺了他的财产权,违反了第十四条宪法修正案的"正当法律程序"原则。

最高法院对此案分歧很大,最后以5—4票的微弱多数形成了判决意见。多数派的意见采用了早年民主党人大法官菲尔德在1873年屠宰场案(见第五章)和1877年芒恩案(见第六章)中建立的"实质性正当法律程序权利"理论,支持了洛克纳的上诉。此案的核心问题是纽约州限制工时的法律是否侵犯了面包坊主的"实质性正当法律程序权利",如果侵犯了,这项立法就违反了第十四条宪法修正案的"正当法律程序"原则。①

在讨论最高法院的判决之前,我们需要稍微回顾一下"实质性正当法律程序权利"(substantive due process of law rights)原则的背景。

---

① 在这里,有必要对"正当法律程序"(due process of law)作一个简单的说明。"正当法律程序"一词最早出现在14世纪中叶。当时英国议会在重新颁布王室与贵族之间于1215年签订的《大宪章》时,将《大宪章》中原来所用的王权必须受制于"王国的法律"(law of the land)改述为王室不能不经过"正当法律程序"随意剥夺自由人的财产或将他们任意监禁或处死。这时的"正当法律程序"指的是当时已经得以建立和遵循的法律或普通法惯例。这个概念和实践后来也为北美殖民地与普通法体系一同继承下来,1692年马萨诸塞的一项法律就使用了"正当法律程序"一词。当时的含义是一个人不能不经审判而被处以死刑,强调的是施行法律惩处之前的审判程序。1791年生效的《权利法案》中的第五条修正案吸收了这一用语,规定(联邦)政府不得"不经正当法律程序"剥夺任何人的"生命、自由或财产",从此使"正当程序"成为了宪法规定的司法正义原则的一部分,并且将受该原则保护的范围极大地扩展了。在"正当法律程序"的原则下,受到保护的不仅是人的"生命",而且也包括了"自由"和"财产",后两者的界定范围将随历史环境和条件的变化不断改变,"正当法律程序"因而也成为使用最宽泛、但定义最模糊的宪法原则之一。如第二章所指出的,《权利法案》主要是对联邦政府的权力进行限制,所以"正当法律程序"原则也是对联邦政府的一种限制,在内战以前经常被用来保护公民的财产权。如第四章所展示的,1857年的斯科特案判决就启用了这一原则来否定国会禁止奴隶制蔓延的权力。1868年生效的第十四条宪法修正案的第一条规定,各州"不经正当法律程序,不得剥夺任何人的生命、自由或财产",显然是将第五条宪法修正案对联邦政府的限制也变成了对州权的限制。至此,"正当法律程序"原则所强调的是立法、执法和司法过程中程序的重要性和公正性(fairness),它的目的是保证"公正的程序"。不尊重程序或程序不公正,法治将形同虚设,公民的基本权利也得不到真正的保护。所以,早期的"正当程序"概念和实践是从普通法传统衍续而来,并作为一种防范政府滥用权力的措施植入宪法的。

如第五章所指出的,"实质性正当法律程序权利"的概念最早来自菲尔德和布拉德利大法官在1873年屠宰场案对多数派判决的异见。它指的是公民(或任何人)拥有的至关重要的、不能为政府的任何法律轻易或任意剥夺的权利,如生命权、自由权和财产权。换言之,正因为这些权利是人在一个文明社会中赖以生存的最基本的——具有"实质性"的——权利,除非对所有人都一样,政府不能通过法律程序剥夺或限制某一部分公民(或人)对这些最基本权利的享有。菲尔德在1873年屠宰场案中的异见中提出这一概念时,目的是阻止州政府对市场经济的过分干预,他将屠宰场主开业的自由看成是个人追求合法的职业和工作机会的自由权,这种自由权是一种含有道德原则的"普通权利"(a "common right"),一种"与(人类)所有行为基础相关的、与生俱来的权利","没有它,(文明)社会是不可想象的"。① 通过这番论述,菲尔德实际上将屠宰场主自由开业(或追求财产、追求幸福的自由)的权利定义为一种即便是联邦或州宪法也不能限制和侵犯的权利;任何对这些具有"实质性的"权利的侵犯都违反了"正当法律程序"的原则。此刻"正当法律程序"中的"法律"不单是指实证法,同时也指普通法。"实质性正当法律程序权利"因此也包括了那些远在立宪之前就已经为"自然法"所承认的权利。毋庸置疑,"实质性正当法律程序权利"是自由竞争式资本主义发展时期的法律理论,其核心是保护"契约自由"和"企业自由",以保护联邦公民的权利为名,阻止州政府对公民的经济自由权进行干涉和管制。菲尔德提出这种理论时,并没有想到这一原则会在工业化的后期(垄断资本主义时期)成为大资本企业反对联邦政府和州政府进行经济管制的最具杀伤力的法律武器,也没有想到他在最高法院的"弟兄们"(brethren)会在后来将他这份曾经遭到否定的少数派意见奉若神明。

根据"实质性正当法律程序权利"的原则,由大法官鲁佛斯·佩卡姆宣读的多数派意见认为,纽约州的《面包坊法》不只是规定工时,而是"对雇主在某种情况下允许工人在他的作坊里工作十小时以上的一项禁令",这项法律也断绝了工人们要"挣一些额外收入"的机会,所以

---

① *The Slaughterhouse Cases*, 83 U. S. 36 (1873), 756.

这项法律侵犯了面包坊主洛克纳和他的雇工之间的契约自由。佩卡姆说,契约自由就是买卖劳动力的自由,是属于第十四条宪法修正案保护的"自由的一部分"。至于霍尔登案的原则是否适用于此案,佩卡姆持否定态度。他认为,常规的面粉作业不是一项对身体有害的行业,不能与煤矿环境中的工人健康相提并论。①

在4名少数派大法官的异见中,以霍姆斯的反对意见最为有力和著名。霍姆斯认为,多数派意见支持的契约自由是受自由竞争经济理论支持的,而自由竞争经济理论只是形形色色的经济理论或原则中的一种,这些理论或原则"包含了一些法官们可能分享的思想或偏见;但是……宪法并不是为了只包含一种经济理论而建立的,不管这种理论是父权式(paternalism)经济理论,还是公民与国家的有机关系理论,还是自由竞争理论。宪法是为具有根本不同观点的人(people of fundamentally differing views)建立的,而我们对某些理论的看法,不管我们认为这种观点多么自然熟悉或新鲜,甚至震撼,都不能用来作为我们在判定一条法律是否与宪法原则冲突的结论的依据。(我们的)决定只能依赖于比公然宣称的理论更深刻细微的判断和洞察力(judgment and intuition)"。② 根据霍姆斯的理论,如果将契约自由视为一种不可管制的权利,等于把一个由某个特殊经济理论衍生出来的权利变成了美国公民的一种宪法权利,等于把雇主在劳力市场中拥有的那种不合理的竞争优势变成了他们的一种受联邦宪法保护的权利,这是十分危险的。霍姆斯强调,联邦宪法要保护的不是某一特定的经济理论和由此理论衍生的经济特权,因为美国社会并不是人人都享有这种特权,只有一小部分人才可以享有;接受最高法院多数派的理论,就等于接受宪法可以在损害大多数人的权利的基础上保护少数人的特权的说法。③ 霍姆斯的意见实际上隐含了这样一种对多数派意见的批判:多数派以"实质性正当法律程序权利"为由来反对所谓"阶级立法",但其裁决的结果却是变相地保护了既得利益"阶级"的权利。

---

① *Lochner v. New York*, 198 U. S. 45-76 (1905), 52-57.
② Ibid., 75-76.
③ Ibid.

洛克纳案的判决对限时工作运动起了一定的阻碍作用,但并没有完全阻挡该运动进行。1912年,纽约面包行业的工人通过集体签约的方式争取到了每天工作十小时的权利。

### 法律现实主义与法律教条主义的对峙

1908年,洛克纳案判决宣布3年之后,最高法院在审理马勒诉俄勒冈州案时对州经济管制法的"合理性"问题做出了一个不同的新结论。① 与洛克纳案一样,马勒案也是依循审查州法合理性的程式进行。但在此案中,洛克纳案暴露出来的法院滥用司法审查权的做法受到了有力的限制。马勒是俄勒冈一家洗衣店的工头,因命令店中一名女工每日工作十小时以上而被地方法庭罚款10美元,理由是他违反了俄州十小时工作法。马勒向联邦最高法院申诉。为俄州十小时工作制法辩护的律师是布兰代斯,他将在1916年(经威尔逊总统提名)进入联邦最高法院,担任大法官。

在两名妇女权益保护者的帮助下,布兰代斯收集了大量关于妇女健康与长工时之间的联系的数据和报告等,他的目的是要用充分的社会科学的调查研究数据来说明妇女限时工作法的合理性。在给最高法院的诉讼摘要中,布兰代斯没有直接挑战洛克纳案的判决,而是巧妙地利用该案用过的另外一个观点(即州在证明长工时会影响工人的安全和健康后可以限制工时)来为州的限时工作法辩护。他只用了2页纸的篇幅来追溯案例的起源,随后用15页的篇幅来引用其他州和外国法律中有关长工时影响工人健康的报告和条例,然后用了95页的篇幅引用了美国和欧洲的工厂和医学报告,说明长工时对妇女健康的损害。布兰代斯的这一策略十分成功,他提出的大量"科学"证据和说明完全征服了最高法院。

在9—0票的判决中,最高法院宣布俄州的限时工作法是有效的。在布兰代斯收集和展示的丰富资料面前,大法官们一致认为,"妇女的身体结构及生育功能使她们在为生存的奋斗中处于十分不利的地位";长时间工作会导致妇女早亡;由于健康的母亲是健康后代的根

---

① *Muller v. Oregon*, 208 U. S. 412-423 (1908).

本,考虑到妇女本身的健康和"(我们)种族的健康","妇女的身体健康必须成为公众利益的一部分"。在此案的宣判中,最高法院将妇女看成是一个具有特征的群体,并提到妇女缺乏政治权利的问题,但指出这是一个更为深刻的问题,是"因妇女和男性在生活中扮演不同的角色而造成的"。①

马勒案在最高法院的历史上创造了一个重要的先例,即在法庭辩论中,为了证明立法的合理性,可以引用社会学和医学意义上的数据、资料和调查报告,可以引用政府的统计报告等,或者说,可以使用现实的、具体存在的、可以量化的"社会事实"(social facts)来说明立法的必要性和合理性,并以此来揭露和打击存在的社会不公正。这种基于改革社会现实的司法能动主义(judicial activism)在20世纪20年代将逐渐形成一个新的司法审查的理论和学科,即社会法理学(sociological jurisprudence)。

洛克纳案和马勒案反映出20世纪初最高法院在采用"司法性立法"这种做法上的模糊性和摇摆性。同为解释州法的合理性,但结果完全不一样,因为法官们对"合理性"的定义和解释很不一致,也很不稳定。如果说在20世纪初期最高法院对政府经济干预政策还持有相应的支持态度,进入20年代后,最高法院便开始转为注重保护企业主的财产权,企业生产和管理的自由,及签约的自由。1918年,在汉默诉达更哈特案的判决中,最高法院将1916年的《欧文—基廷童工法》(禁用童工)宣布为违宪。最高法院认为,使用童工是企业生产的事,属于州的管理范围,联邦不能侵犯,《欧文—基廷童工法》关于禁用童工的规定超出了联邦管理州际商业的权力,实际上全面禁止了童工的使用,侵犯了州政府对州内经济的管制权,因而违宪。② 根据这种推理,最高法院认为,即便联邦州际商业管理委员会能够证明童工的使用损害了公众利益,联邦法也因侵权而不能生效。这种判决仍然带有"二元联邦制"的痕迹,也代表了一种明显的从进步运动时代的倒退。

汉默案宣判9个月后,利用联邦的征税权,国会通过了第二个禁用

---

① Muller v. Oregon, 208 U. S. 412-423 (1908), 422-423.
② Hammer v. Dagenhart, 247 U. S. 251-285 (1918).

童工法。此法仍沿用1916年的《欧文—基廷童工法》对童工的定义，对任何使用童工的公司的纯利润征收10%的税，故此法被称为《童工税收法》。① 但此法很快被最高法院宣布为违宪。在1922年的贝利诉德克斯尔家具公司案中，新任最高法院首席大法官塔夫脱宣判，《童工税收法》侵犯了州法所管辖的领域，违反了第十条宪法修正案。塔夫脱对税和罚款作了区分。他认为，联邦有权征税，但不能将征税权用来管制经济和商业，也就是说，联邦政府不能为了要改正使用童工这个社会问题而对使用童工的雇主采用罚款的方式，因为罚款是一种对商业的管制性措施，行使这个措施的权力属于州，国会"不能完全无视州的主权"。② 塔夫脱的说法实际上是站不住脚的，因为在此案之前，最高法院已接受了管制性税收的联邦立法和政策。塔夫脱进而宣布，联邦法院对宪法问题的裁决，只能以宪法修正案的方式才能予以推翻。换言之，国会不能通过州际商业管理权或联邦税收权来禁止童工的使用。③

20世纪20年代最高法院对政府经济管制权的最保守的判决要算1923年的阿德金斯诉儿童医院案判决。④ 该案缘于1918年联邦政府的一项关于在哥伦比亚特区实行女工最低工资制的法律。在1908年的马勒案判决后，保护妇女健康已成为政府关注的社会问题，为此，受国会直接管辖的首都哥伦比亚特区也建立了最低工资法。儿童医院则称国会这项法律侵犯了雇主的契约自由权。最高法院以5—3票的决定宣布联邦法律违宪。大法官乔治·萨瑟兰引用洛克纳案判例，重申在经济事务中契约自由不能被侵犯。萨瑟兰认为，在"每一个雇工契约中都包含一种道德要求（moral requirement）"，即工人与雇主之间因为同意以前者的服务换取后者对前者工作的金钱支付，而在相互之间建立了"某种公正的对等关系"（some relation of just equivalence），但在

---

① U. S. Congress, Title XII: Tax on Employment of Child Labor, An Act to provide revenue, and for other purposes (Revenue Act of 1918) (24 February 1919), in *Statutes at Large*, vol. 40, pt. 1, 1138-1140.
② *Bailey v. Drexel Furniture Co.*, 259 U. S. 20-44 (1920).
③ Ibid., 38.
④ *Adkins v. Children's Hospital*, 261 U. S. 525-571 (1923).

国会最低工资法的要求下,这种雇主与雇工之间的"道德权利"(ethical right)被完全忽略了。萨瑟兰说,既然国会制定最低工资法是为了保护工人的宪法权利,同样的理论也可以用来限制其他工人(如建筑工人等)的最高工资限度,以保护雇主的宪法权利。他警告说:"一个错误的决定不会就此改正错误,它会成为一个前例,其坏的影响将随着(由此而起的)情绪的煽动,从一个极端跑到另一个极端。"萨瑟兰还进一步理论说,既然妇女已经在1920年获得了与男子同等的选举权(指第十九条宪法修正案的批准),她们就不应该再受到政府的特殊保护。①

萨瑟兰对自由放任经济秩序的维护已到了无以复加的地步,以致连保守的塔夫脱都觉得做得太过分了,不得不表示反对。塔夫脱在反对意见中写道:第十九条宪法修正案"并没有改变马勒案决定时期妇女所面临的体力方面的局限",不能以妇女有了选举权为理由来反对她们的必要保护。②

在20世纪20年代,最高法院还推翻了进步运动时代一些保护劳工的重要立法。在1923年的沃尔夫包装公司诉堪萨斯工业关系法院案中,最高法院宣布堪萨斯州的工业关系法违宪。该工业法规定,一切重要产业(如食品、布匹、燃料)的劳资纠纷将由一个特别法庭来仲裁,该法庭有权禁止罢工,有权禁止老板关厂,也有权调定工资和规定工作条件。塔夫脱代表9名大法官宣判说,州只能管理与公众利益有关的或具有公众服务性质的商业(如酒店、旅馆和出租车等),无权干预其他非服务性的企业。③

最高法院的判决对州的经济和商业管理权作了很大的限制,大大减低了1877年芒恩案的效力。据此判决,最高法院又相继宣布其他几个州的商业管理法违宪。在这一时期,大约有140多个州法被联邦法院宣布为违宪。

与此同时,最高法院还推翻了联邦政府关于禁止使用法院禁令来

---

① *Adkins v. Children's Hospital*, 261 U. S. 525-571 (1923), 558-561.
② Ibid., 567.
③ *Wolff Packing Co. v. Kansas Court of Industrial Relations*, 262 U. S. 522-544 (1923).

解决劳资纠纷的规定,认为这种规定等于剥夺了产业主的财产权。在最高法院保守态度的影响下,州和联邦法院在20世纪20年代不断发出禁令来制止工人的罢工活动,尤其是禁止工人在工作场所组织罢工纠察线和抵制雇主。在1917年的希契曼煤矿公司诉米歇尔案中,法院宣称工会虽有权罢工,但无权阻止工人与雇主签订"黄狗合同"。① 在1921年的美国钢厂诉三城中央贸易委员会案的判决中,最高法院认为罢工工人的纠察线对产业主的财产造成了威胁,法院可以动用罢工禁令来阻止罢工。②

从上述的案例可以看出,在20世纪初期,新旧两种法理思想并存于最高法院,这实际上代表了当时美国司法界存在的两种不同的宪法观。旧宪法观坚持维护自由竞争式的资本主义秩序,捍卫私有财产权,限制国家在经济管理和调节社会关系中的作用。而霍姆斯和布兰代斯等人提倡的社会法理学,或法律现实主义(legal realism),则提倡将法律看成是流动的,不是一成不变的;他们主张法律应对变化了的社会条件进行反应。正如霍姆斯所说,美国宪法如同人的生命一样,是一种"试验"(experiment)。③ 言外之意,法律并不是一堆僵硬的、丝丝入扣的逻辑推理,而是一种不断积累的、并能及时回应现实要求的经验的规范。

在两个意义上,法律现实主义的理论与进步时代的改革思想是一脉相承的。一方面,它认为宪政国家的基础不是传统的法治和法律,不是一堆死板的条文或案例,法律应该是一种调整和调节不断变化着的社会条件和关系的仲裁机制,这种对法律动态性的强调反映了"进步"社会的本质。另一方面,法律现实主义理论又强调,司法机构作为国家机器的一部分可以为社会不同阶级用来保护和推进自己的利益。既然法律可以成为有产阶级推进他们利益的工具,为什么不能被其他阶级(或阶层)用来为自己的利益服务呢?最高法院既然可以宣布雇主的契约自由不可侵犯,为什么不能被用来宣布工人的生命权和幸福权也

---

① *Hitchman Coal and Coke Co. v. Mitchell*, 245 *U. S.* 229-274 (1917).
② *American Steel Foundries v. Tri-City Central Trades Council*, 257 *U. S.* 184-213 (1921).
③ 霍姆斯语出自 *Abrams v. United States*, 250 *U. S.* 616-631 (1919), 630。

不能被侵犯？法律现实主义无疑代表了一种积极的和激进的法律改良思想，与 19 世纪早期的马歇尔和坦尼时代的司法能动主义在本质上相近，但两者在哲学目的上却是不同的。

## 二 罗斯福新政的宪政意义

### 新政的历史背景

20 世纪 20 年代的联邦经济管理与干预并未彻底解决美国经济资源和利益分配不均的问题，最高法院对于私有财产的竭力保护，及其对政府干预政策作出的种种限制，直接和间接地促使自由竞争宪政主义的继续发展。长期积累的经济问题终于在 1929 年爆发出来。20 年代经济出现了短暂的繁荣局面，这使商业界一度相信新的联邦储备系统有能力稳定经济。更多的人相信，只要保持技术的不断开发，市场就可不断扩大，生活水平就会不断提高，经济就会不断增长。实际上，1929 年的美国金融市场呈现的是一片虚假的繁荣。不到 300 万的美国人（1930 年的美国人口总数为 1.22 亿）拥有华尔街的股票，而其中只有不到 50 万人是经常性的交易者。1928 年至 1929 年间，联邦储备系统为了打击股票投机而提高利率，结果一度引起萧条。1929 年夏，金融界开始出现滑坡，但大多数人不相信危机就在眼前。到了 10 月，投资人终于挺不住了，开始失去信心，各大公司和金融机构停止购买股票；投资人和银行停止发放消费信用，导致消费市场衰退，进而引起股票交易市场的狂跌。股市的崩溃又引发了一连串的经济倒闭。工厂大幅度减产，并解雇工人或削减工时，进一步压制了消费需求。到 1932 年，美国工业总产值比 1929 年下降了 67%，失业人数高达 1200 万，占了就业人口的四分之一。

胡佛政府被迫进行直接干预，联邦政府组建了重建财团（Reconstruction Finance Corporation），并用国会特拨的 20 亿美元来借给银行、公司、保险公司及铁路，以维持经济的运行。但胡佛拒绝起用联邦政府为失业者提供救济，理由是这样做会打击个人自救，并有可能损害州在社会救济方面的权力。所以，联邦只能是有限度地配合州和地方政府进行救济,而不能担负主要的和独立的社会救济的责任。与此同时,胡佛也不反对大垄断企业借经济危机之虚趁机合并来逃避《反托拉斯法》的管制。虽然他也担心企业和财团的过分集中有可能导致法西斯社会的出现,但他始终不愿意让自由竞争经济的大旗从他手中倒下。结果,共和党人在1932年的总统大选中惨败。民主党总统候选人富兰克林·德拉诺·罗斯福在接受党内提名后宣布,他将致力于带给美国人民一个"新的施政"或"新政"(New Deal)。同年11月的总统大选中,罗斯福获得了全国性的支持,以472张总统选举人票远远领先胡佛得到的59票。①

　　1933年,罗斯福政府上任后,坚决地摆脱了传统的自由竞争经济理论对联邦政府权力的约束,采取了大面积的干预措施,将联邦政府从过去的只是进行边缘性的经济管制、调节各州之间经济利益的政府变成一个全面的行政国家的政府。这种在广度和深度上前所未有的政府职能转变也带来了一系列的宪政难题。通过这场转变,联邦政府将成为联邦政治和经济生活的中心,直接影响和控制着全国经济的发展,州则变成了附属于联邦的政治和经济实体。这个具有全面管制力、并担负重大社会救济和福利计划的联邦政府,与联邦宪法制定者们在1787年所设想的政府自然是极不相称的。

　　更会令制宪者们感到惊异的将是总统在这个新的联邦制中的中心位置和权威。总统将通过他所占据的特殊位置和拥有的特殊权力对各种社会利益集团之间的利益关系进行有效的调节,为所有的利益集团提供保护。而联邦政府(和总统)之所以必须调节和兼顾社会各种利益则是现实的要求,是历史发展强加给联邦政府的一种新的政治责任。与进步时代那种条件反射式的政府干预相比,新政时期的宪政更加强调联邦政府在组织和管理社会方面的主体作用。在意识形态上,新政的宪政改革者与重建时期激进共和党人之间有共同之处。这种具有社会责任感的联邦政府得以产生,在很大程度上是对经济危机的一种反

---

① 此次罗斯福就任总统的日期仍然是传统的3月4日。同年生效的第二十条宪法修正案对总统职务交接时间作了变更,规定卸任总统和副总统的时间为1月20日,新任总统和副总统同时接任。罗斯福1936年连选连任成功后,于1937年的1月20日宣誓就职。

应,也是20年代(或更早时期)以来美国宪政发展的必然结果。利益集团的复杂化和多元化、宪法对不同利益群体的逐渐认可、不同利益群体(包括被排斥在宪政体制之外的利益群体)要求获得平等法律保护的呼声以及国家经济的一体性和相依性,为一个集权性中央政府的出现创造了必要的条件。

新政以前,美国政界对联邦政府如何干预经济有两种意见。一种是通过国会立法、法院执行的模式,即由国会制定出关于公平竞争的法律(如《反托拉斯法》),然后由司法机构(如法院)来监督实行,以此来帮助市场进入良性循环。另一种模式注重和强调商业界与政府之间的合作关系,希望在实现国家目标的同时也照顾企业的利益,但联邦政府在这种合作关系中拥有管理经济的中心功能。罗斯福的新政比较倾向于第二种模式,因为这种模式会赋予执法部门较大的权力来处理经济危机。罗斯福把处理经济危机看成是一场挽救国家命运的斗争,他在就职演说中就表露了要扩大总统权力的意思。他说,如果宪法本身不能解决经济危机,他将要求国会赋予他"战胜危机所需要的巨大权力,相当于我们在遭到了外敌的侵犯时我应拥有的权力"。[1] 危机本身及其波及面之广,罗斯福本人的决心和他对宪政的理解,以及民主党国会的支持,使罗斯福上台后能迅速采取一系列果断措施,制止危机的深化。

## 第一个新政

新政从1933年3月罗斯福上任开始,一直延续到1938年第二次世界大战前夕,其中包括了两个主要的阶段:复兴(1933—1935)和改革(1935—1938)。在复兴阶段,罗斯福政府的主要目标是拯救危机深重的经济,阻止经济进一步恶化,恢复人民和企业对经济的信心。罗斯福上任后一百天内通过的一系列措施(即所谓"百日新政"),主要是为了实现这个目的。经济复兴初见成效后,尤其是1934年国会中期选举

---

[1] Franklin D. Roosevelt, Inaugural Address (4 March 1933), in *Inaugural Addresses of Presidents of the United States, from George Washington 1789 to George Bush 1989* (Washington, D. C.: Government Printing Office, 1989), 269-273.

后,罗斯福开始致力于比较全面和广泛的经济关系的调整或改革,希望通过利用联邦政府的中心协调和监管功能,调整和改革原有的经济关系,建立一个比较合理的、恶性竞争成分较低的、对中下经济阶层的基本利益有所保护的市场经济体制,从体制上防止类似1929年的经济危机的发生。

  在这一阶段,罗斯福政府采取了一系列紧急措施对金融、银行、商业和工业进行强制性管理。1933年3月就职后,罗斯福立即动用了宪法允许的非常时期的总统权力来稳定金融界的形势。他宣布采取临时的"银行假日",关闭所有银行,并暂停黄金出口和外汇兑换。这些措施的法律根据最初来自1917年的《对敌贸易法》。国会在罗斯福的要求下,召开了特别会议,在1933年3月9日批准了《紧急银行法》,给予了罗斯福相当广泛的任意权来管理金融和银行业,并规定所有银行需从联邦财政部获得认可后方能重新开业,违反联邦金融管理的银行将受到严厉的惩罚。该法还授权财政部对黄金市场进行统一管理。同年6月,国会又通过了另一项银行立法,建立了联邦银行储备保险集团,扩大了联邦储备委员会对金融市场的管理范围。① 国会还决定在发行政府债券和与私有企业签订合同时取消黄金交易。并规定了银行的操作,以保证存款人的利益。同年5月,国会又通过《联邦证券交易法》,对股票和证券进行管理。该法要求证券交易公司将一切涉及州际和公共交易的证券信息公诸于众,要求所有上市的新证券都必须向联邦贸易委员会登记(1934年后改为向联邦证券交易委员会登记)。② 1934年成立的证券交易委员会则是对股票市场进行统一管理的联邦机构。这些紧急措施对于恢复金融市场秩序起了重要的作用。

  与此同时,罗斯福政府建立起联邦对经济资源分配的控制和管理。

---

① U. S. Congress, Emergency Banking Relief Act (9 March 1933); U. S. Congress, An Act To provide for the safer and more effective use of the assets of banks, to regulate interbank control, to prevent the undue diversion of funds into speculative operations, and for other purpose (16 June 1933), in *Statutes at Large*, vol. 48, part. 1, 162-195.

② U. S. Congress, An Act To provide full and fair disclosure of the character of securities sold in interstate and foreign commerce and through the mails, and to prevent frauds in the sale thereof, and for other purpose (27 May 1933), ibid., vol. 48, part 1, 74-95.

联邦政府通过不同的联邦计划向企业主和农场主提供贷款,帮助他们恢复生产和商业运作。此时,联邦政府停止实施《反托拉斯法》,而是建立各种类型的有企业界、商界、劳工及政府代表参加的协调机制,共同制定出关于各产业的生产定额、产品质量、工资及工作条件等问题的规定或标准,其目的是帮助同行业的企业达成共识,减少恶性竞争,并保证工人的就业机会。通过这些规定,企业可以制定本行业的最低产品价格,而不至于担心其他企业通过无止境的降价来占领市场,从而再度引发经济危机。这些规定也包括了一些对社会公益和工人利益的要求,如禁止企业以降低产品的质量和拒绝改善工人的工作条件等手段来降低生产成本等。

指导这一改革的是1933年的《全国工业复兴法》(NIRA)。这是罗斯福新政初期的最重要的法律之一。该法案是由罗斯福的经济顾问起草,并听取和参考了各方面的意见,对所有企业间的公平竞争做出了规定,以"取消阻碍州际和对外贸易自由流动中的障碍",促进工业组织间"合作行动",以及在政府适当的支持和监督下"建立和维持劳资的联合行动","消除不合理的竞争"。该法要求:(1)各行业的贸易和产业协会负责制定本行业在生产与商业操作方面公平竞争的行为规则,如果规则是按该法律的原则制定的,总统必须予以批准;如果企业不能主动制定规则,总统将任命专门的班子来负责制定;(2)反对在生产和贸易中实行垄断,反对打压和挤垮小产业、小企业;(3)总统有权向企业签发行业执照,并在企业违反了本行业竞争规定时取消企业的行业执照;(4)承认劳工的权利,并允许劳工组织起来要求集体签约,总统有权在劳工和雇主签约时,就最低工资和最高工时以及工作环境等问题进行干预;(5)建立联邦公共事务局,负责管理河流港口的治理、军事工业设施的修建等;(6)加速开展再就业和减税的工作。①《全国工业复兴法》在宪政意义上有两层意思:首先,它授予了总统管理全国经济的权力。其次,它将原属于国会的许多立法权转移到总统手中。

---

① U.S. Congress, An Act To encourage national industrial recovery, to foster fair competition, and to provide for the construction of certain useful public works, and for other purposes (16 June 1933) in *Statutes at Large*, vol. 48, part. 1, ch. 90, 195-211.

这种做法依照了第一次世界大战时期的先例,但罗斯福此时拥有的权力要比威尔逊当时的权力大得多。

根据《全国工业复兴法》的要求,联邦政府建立了全国复兴管理局(NRA)。这是新政初期最有权威的联邦官僚机构,是罗斯福政府实施复兴法的最重要的工具。复兴管理局主要负责调整和管理劳工与企业之间、企业与企业之间、州与联邦之间的经济关系,但其实际功能绝不仅限于经济领域。它实际上也管理了上述各方之间的政治和法律关系。但是,稍微注意一下,就可发现《全国工业复兴法》在指导建立竞争规定时有一个刻意的安排,即允许私人企业主动发起协会,与劳工和政府部门协商建立本行业的竞争规范,这等于将市场竞争的立法权又间接转交到私有企业手中。这种安排使得企业界获得机会来建立一种新的市场经济模式,即在政府的支持和监督下,各企业协商建立一种于各方有利的市场秩序,实行竞争中的理性自治。这是企业界长期以来企图建立但又无法建立的经济模式。这种安排也解决了长期以来企业与政府管制间的冲突和敌意,将商业管理变成市场经济中的一种自觉的和必须加以考虑的原则,这对于改变自由竞争的经济实践有根本的决定作用。到1933年夏,有将近5000家企业接受或加入了《全国工业复兴法》规定的市场经济规则。

必须提到的是,全国复兴管理局的做法并不是新政才开始的,内战前辉格党人的"美国体制"及胡佛时期的自愿合作、政府辅助的经济管理方式都是前例,但新政中的全国复兴管理局将政府推行的公共政策与私人企业的利益紧密地联系起来,并在这个过程中,使政府管理经济的功能转为一种主导性的、积极的功能。全国复兴管理局制定的规则有很大的强制性,但其操作和实施机制却极其软弱,仅依靠司法部对违反的企业和个人起诉。与实施第十八条宪法修正案时一样,要想做到全面的联邦管理是不可能的,全国复兴管理局的管理者们是希望将全民在危机下的责任感和自愿行动作为贯彻此法的基础。政府号召各界"各尽所能"来实施这项法律。但这种执法放任主义却大大减低了《全国工业复兴法》的效力。一年之后,全国复兴管理局反而成了罗斯福政府的一个政治包袱。大小企业间的矛盾加剧,后者抱怨前者的垄断倾向,企业借机抬高物价、降低工资的事也有发生。罗斯福希望借此改变市场关系的勇气固然令人欣赏,但他显然低估了市场经济的原始惰性。

新政初期的另一项重要内容是调整农业政策。1933 年 5 月,在罗斯福的要求下,国会通过了《农业调整法》,以"建立和维持农业产品的生产和消费之间的平衡"。遵照这一原则,此法建立了农业调整局,对农作物的生产、价格和定额进行调整和制定,使农产品的销售价格与农场主的购买力持衡。① 农业调整局要求农场主减产或按联邦划分的定额进行农产品的生产,采用联邦补贴的方式来补助遵守联邦规定的农场主,同时提高农产品的价格。为了推行《农业调整法》,农业调整局鼓励农场主将已经播种的农作物毁坏,把超过定额的牲畜成群屠宰,牛奶倒入河里。1934 年后,《农业调整法》小见成效。由于生产量减少,农产品价格上涨,农业总收入从 1933 年的 20 亿美元上升至 1935 年的 50 亿美元。但《农业调整法》的最大受益者是大农场主,他们的资本雄厚,有能力购买机械和化肥。而中小农场主经济能力有限,又往往没有参加农会,无法形成集体讨价还价的力量;南部的黑人农工(尤其是那些分成租佃的佃农),更是无法确保自己的利益。农业调整局也没有作出关于劳工利益(如工资、工作条件等)的规定,许多农工只好四处流动,寻找工作机会。这些人没有固定的住所,也没有选举权,并没有享受到新政的帮助。1936 年联邦最高法院将把《农业调整法》宣布为违宪(见下一节的讨论)。

罗斯福的经济复兴计划的第四个重要内容是,由联邦政府出面,发起和主持各种渠道的社会救济和再就业项目。1933 年 5 月,联邦政府建立著名的田纳西河流域管理局,由联邦政府出资,在田纳西河流域的 7 个州内修建大坝和其他防洪设施,建造电站,向农业地区提供廉价电力,既解决一定的就业问题,又帮助这些地区实现农业电力化。同年 5 月,国会在罗斯福的要求下,拨款 5 亿美元,一部分分发至各州,帮助开展社会救济活动,另一部分用于建立联邦性的公用事业,开拓就业机

---

① U. S. Congress, An Act To relieve the existing national economic emergency by increasing agricultural purchasing power, to raise revenue for extraordinary expenses incurred by reason of such emergency, to provide emergency relief with respect to agricultural indebtedness, to provide for the orderly liquidation of joint-stock land banks, and for other purposes (12 May 1933), in *Statutes at Large*, vol. 48, part. 1, ch. 25, 31-54.

会。根据罗斯福的提议,联邦政府建立了民间资源保护队,雇佣了200万城市青年,参加公共设施的建设,包括修建公路、水坝、房屋和国家公园。同年,罗斯福政府又建立了公共工程管理局(通过《全国工业复兴法》而建立)和国民工程管理局,专门负责解决失业人员的再就业问题。国民工程管理局存在的时间很短(1933年11月至1934年3月),但主持了近20万个就业项目,用于支付这些项目的工资高达7.4亿美元。这些计划促进了公共设施的建设和环境的保护,参加这些项目的人的收入不是很高,但也为各自的家庭分担了经济困难。1935年,联邦政府拨款20亿美元,建立了工程振兴局,希望通过联邦的工程项目,来解决近千万失业者的就业问题,刺激经济的增长。许多失业的艺术家、演员和作家也被联邦政府纳入该项计划的辅助范围。

显然,早期新政的这些计划对于缓解失业带来的巨大社会压力有一定的帮助,也将一部分经济资源从纳税人身上转移到失业者身上,失业者的微薄收入也有限度地刺激了商业和工业的发展。但联邦的财政支持和帮助极为有限,即便是资金雄厚的工程振兴局,最多也只能解决300万人的失业问题,而且就业人员的收入十分有限,每月工资不超过52美元。这些临时性的应急计划显然不能成为长久之计。持续严峻的经济形势和居高不下的失业指数迫使罗斯福在1935年后开始寻求一些有长远和永久效果的改革计划。1934年的国会中期选举中,民主党人获得了对国会两院的绝对控制权,这种形势对罗斯福的改革创造了宪政体制上的有利条件。

## 第二个新政及其宪政意义

第二个新政(1935—1938)最重要的改革计划是建立社会保障制度。1935年,国会通过了《社会保障法》。这项意义重大的法律包括三方面的内容:(1)建立一套联邦与州合作的失业救济计划,以推动各州最终建立起对所有失业人员的保障计划;具体做法是由联邦政府对所有拥有8个或更多雇员的企业的职工总工资征收一定数量的社会保障税(1936年为1%,1937年为2%,以后每年为3%),这部分税的90%用于帮助各州建立失业保障制度;(2)建立联邦性的老年保险基金制度;联邦政府从1937年起向所有的雇主和雇工征收同等的老年保险税

(1937年的限度为1%,逐步升至1949年的3%),这笔税收用于建立一个联邦性的老年保险计划(从1942年1月开始实施),对所有年满65岁的个人提供每月10美元至85美元不等的退休金(数量多少根据个人的工作年限而定);(3)由联邦政府向州政府提供专项基金,并要求州政府提供同等数量的配合基金(matching contribution),解决各州法律下实施的老年退休金计划;(4)联邦政府向各州提供专项基金,帮助各州解决残疾残障人、孤儿和无家可归者的社会救济问题。①

  这项法案的改革意义是深远的。罗斯福的意图不是推翻传统的美国经济思想,而是建立一套联邦的保障制度。他希望通过征收社会保障税的方式,将所有参加美国经济运作的人(无论是雇工还是雇主)与社会保障计划联结起来,使双方都感到他们目前的工作与未来是联系在一起的,使雇工建立起经济安全感。因为其采用了税收的方式来建立联邦社会保障基金,任何后来的政府想要推翻这项计划几乎是不可能的。罗斯福对此十分清楚。

  这一时期的第二项重要改革是加强了对劳工权益的保护。1935年7月,国会通过的《全国劳工关系法》(又称《瓦格纳法》)建立了全国劳工关系局(NLRB),专门负责判断和阻止对待劳工的不公平做法,保护劳工组织的权利。《全国劳工关系法》的第七条明确规定雇员有权组成和加入工会,有权联合起来通过自己选出的代表就工资、福利、工作条件和环境等与雇主进行集体谈判(collective bargaining)。第八条对雇主的违法行为作了仔细的列举。这项法律对雇员的谈判权作了新的解释,指出雇员在与雇主的契约关系中"并不拥有完全的结社自由或真正的契约自由";而"经验证明对劳工组织工会和举行集体谈判的权利给予法律的保护可以保证商业免受伤害、破坏或干扰";所以未来

---

① U.S. Congress, An Act To provide for the general welfare by establishing a system of Federal old-age benefits, and by enabling the several States to make more adequate provision for aged persons, blind persons, dependent and crippled children, maternal and child welfare, public health, and the administration of their unemployment compensation laws; to establish a Social Security board; to raise revenue; and for other purposes (14 August 1935), in *Statutes at Large*, vol. 49, pt. 1, ch. 531, 620-648.

要保证"商业的自由流动",联邦政府必须保护雇工的谈判权利。① 同时,联邦政府还禁止法院对工人罢工和组成罢工纠察线发出禁令,从而推翻了 20 年代最高法院在工人罢工问题上作出的保守判决。同时全国劳工关系局也允许工会由跨行业的工人组成。这项规定使许多产业工人工会脱离由保守的技术工人组成的美国劳联,在 1938 年组成了美国产联。1935 年至 1941 年间,美国工会会员的数目从 375 万增至 870 万。到 1947 年,这个数目达到 1500 万。1938 年的《公平劳工标准法》建立了最低工资制(当时规定每小时工资不得低于 40 美分)与最高工时制(每周不超过 44 小时),并禁止使用十六岁以下的童工。② 这项法律实施后,大约有 75 万工人的工资得到了增长。

在同一时期,罗斯福政府和国会继续在社会财富的分配方面进行改革。1935 年,在给国会的咨文中,罗斯福曾指出,美国的税法在许多方面极不合理,"使少数人占了不公平的优势",未能"阻止财富和经济权力的不公正的集中"。③ 他建议提高对富人的税收。1935 年 8 月通过的联邦《税收法》对年收入超过 5 万美元的人征收附加税,将年收入超过 500 万的人的税收提高了 75%,同时提高一些高盈利公司的税收。④ 1935 年 5 月,国会建立了农村电力局,专门负责管理向贫困偏远的农村提供廉价电力供应。同年 8 月,国会又通过法律,指示联邦动力委员会对州际电力生产和市场使用进行管理,禁止电力和天然气公司对某一地区实行垄断。1937 年,国会又通过了《国民住房法》,为城市建造廉价房屋计划提供低息贷款。

---

① U. S. Congress, An Act To diminish the causes of labor disputes burdening or obstructing interstate and foreign commerce, to create a National labor Relations Board, and for other purposes (5 July 1935), in *Statutes at Large*, vol. 49, pt. 1, ch. 372, 449-457.

② U. S. Congress, An Act to provide for the establishment of fair labor standards in employments in and affecting interstate commerce, and for other purposes (26 June 1938), ibid., vol. 52, ch. 676, 1060-1069.

③ Franklin D. Roosevelt, A Message to Congress on Tax Revision (19 June 1935), in *Public Papers and Addresses of Franklin D. Roosevelt*, comp. Samuel I. Rosenman (New York: Random House, 1938), vol. 4, 270-277.

④ U. S. Congress, An Act to provide revenue, equalize taxation, and for other purposes (30 August 1935), in *Statutes at Large*, vol. 49, pt. 1, 1014-1028.

## 新政与联邦立法权的实质性转移

经济危机及其突如其来的大失业充分暴露了原有宪政体制在处理新的经济问题上的无能和严重不足。危机为罗斯福政府扩充总统权力扫除了障碍。为了制止危机，此时的国会对总统要求的立法都一一应允。在"百日新政"期间(1933年3月9日—6月16日)，罗斯福向国会提交了15项重要提案，国会几乎没有经过任何周折，全部予以批准，充分说明在国家面临危机时，美国宪政体制能够表现出来的团结和效率。在新政时期，罗斯福采取主动，通过自己的班子迅速起草制定各种他认为是必要的法律，然后交由国会批准。过去那种仅由总统建议、国会立法的做法完全被突然增大的总统立法权代替了。这是美国宪政上前所未有的局面。

在立法的效率方面，国会是无法与总统竞争的。总统拥有众多的专门机构来做调查，雇用专家求证、制定和起草新的法律，而国会则没有这样的人力和专业技术人才资源，这使得国会越来越依靠行政部门的专业委员会来作立法的建议和起草工作。与此同时，国会的立法程序也发生了重大变化。国会一般定出大的方向和程序，然后由行政部门的专门委员会按此方向和程序去制定专门的措施，这样形成了一种特殊意义上的小的分权，即国会建立立法原则，而行政部门的专门机构制定细则。这不能不说是对日益复杂的经济和社会进行管理的一种有意义、有效力的回应，它使立法程序变得更加合理，却又没有使国会丢失立法权，也保证了立法的实用性，同时还相应提高了立法质量和效率；但这也使立法权的界限变得比从前更为模糊，增加了行政部门的专门机构，使联邦政府变得庞大起来。为了应付突然出现的许多政府职责，联邦政府的总统部门也相应扩大。1933年，在华盛顿地区的联邦政府雇员总共有6万人，其中1万人是为国会工作的。到1970年时，居住在华盛顿市为联邦行政部门工作的人数增加至29万人，而其中为国会工作的只有3万人。行政部门权力的扩大由此可见一斑。

新政的指导理论是通过发挥和运用联邦政府拥有的中心组织、协调和指挥力量来处理经济危机。如前所述，罗斯福把1929年后的经济危机看成是一场威胁美国生存的战争危机,处理这种特殊的紧急状况一定需要特殊的、强大的、集中的权力。"百日新政"内发布的一系列法律和迅速增长的总统权力都是在这种理论的基础上建立的。换句话说,罗斯福把战胜经济危机与林肯处理内战和威尔逊处理一战的危机等同看待。对于罗斯福政府来讲,除了战争危机的因素外,新政的宪法权还来源于进步运动时代的两个武器:即联邦有权管理州际贸易和商业,有权征税。这两项联邦权力是进步运动时代联邦监管权的核心内容。正是在运用这些权力的过程中,法律现实主义的理论得以创造和发展,并成为社会学、法理学的外延理论。罗斯福新政在哲学上是法律现实主义的延伸。它不仅提倡为了联邦的共同利益,政府可大幅度地行使征税权和州际商业管理权,而且还可以通过政府的财政收入和支出来造福社会和人民,新政建立的一系列财政补贴和社会救济计划的目的就是为了联邦的安定。这种做法与联邦宪法导言中宣称的"公共福利"的原则是一致的。从经济学的角度讲,增加政府的行政开支,可以调节资本的流向,解决失业,创造就业机会。所以,新政的宪政基础不再是自由竞争式宪政主义,而是以联邦政府为主导的国家宪政主义。

## 三 最高法院对新政的限制

### 新政时期的联邦最高法院

尽管罗斯福处理经济危机时大刀阔斧,但他却无法享有林肯和威尔逊的宪政豁免特权。联邦总统权力的增大,国会的自动让权,并不说明原来的宪政模式就此取消,或新的宪政秩序可随总统意志而顺利建立。根据司法审查权的原则,一个法律的合宪性是由最高法院来作最终意义上的裁决。然而,新政的政治理想——建立一个由联邦政府来引导和组织的全民福利社会——并没有得到联邦最高法院的支持。

1934年至1936年,最高法院在一连串的案例判决中将新政的核心法律宣判为违宪,阻止了罗斯福改革美国经济和社会的步伐。1934年在最高法院任职的9名大法官中,除布兰代斯和詹姆斯·麦克雷诺兹外,都是由共和党总统任命的。9名法官在政治观点和法理原则上分为三派。大法官布兰代斯早在1908年的马勒一案中为维护妇女权益名声大振,1916年被威尔逊总统任命为大法官后,一直与霍姆斯大法官(1932年退休)一起,积极提倡法律现实主义的原则。布兰代斯与哈伦·斯通和来自纽约的本杰明·卡多佐一起可算作是最高法院内的"自由派"(liberals),对罗斯福的新政持同情和支持态度。① 其他的法官中,包括威利斯·范德万特,皮尔斯·巴特勒,萨瑟兰和麦克雷诺兹是强硬保守派,对新政十分反感。首席大法官查尔斯·伊万·休斯曾在1912年至1916年间当过大法官,在参加1916年总统大选失败后,当了纽约州长,又担任过国务卿,最后接替塔夫脱担任了首席大法官。休斯与来自宾州的欧文·罗伯茨可被称做中间派。保守派希望坚持原有的联邦主义原则,反对新政的政策,在判决中,他们经常引用第五条宪法修正案(保护财产权)和第十四条宪法修正案(正当法律程序条款和特权及豁免权条款)来向新政法律挑战。他们也引用宪法第十条修正案,以联邦不能侵犯州权为由推翻新政法律。保守派的反对并没有一致的模式,但中心思想是坚持19世纪的二元联邦主义,保证私有财产的不可侵犯性,阻止联邦集权政府的出现,阻止新政计划的实施。

### 保守派大法官对新政的抵制

1934年,最高法院开始审理与新政有关的案件,最先审理的是住宅建设和贷款协会诉布莱斯德尔案。② 此案例涉及明尼苏达州的一项房屋贷款延期偿还权法的合宪性问题。在正常情况下,贷款建房者如不能按期归还贷款,贷款机构可要求法院将房屋强行收缴抵押贷款。明尼苏达州考虑到经济萧条对农民归还房屋贷款的能力有影响,于是规定本州法院有权在经济危机尚未过去的紧急状态下继续免除对无法如期偿还贷款的人实行收缴抵押政策。根据此项州法,明州地方和州

---

① "自由派"一词有特殊的历史语境。此刻的"自由派"不再是主张传统的"自由竞争式经济"或"自由竞争式宪政"的人,而是主张政府以"公共福利"的原则对经济进行干预和管理。新政是美国自由主义原则发生重要转折的时期。所谓"新政自由主义"(New Deal Liberalism)与早期的以洛克和斯密学说为基础的"古典自由主义"是非常不同的,甚至可以说是对立的。

② *Home Building and Loan Association v. Blaisdell*, 290 *U. S.* 398-483 (1934)。

最高法院都允许布莱斯德尔夫妇延期偿还他们的房屋贷款。贷款协会将此案上诉到联邦最高法院，称州的贷款延期法与联邦宪法中的合同法条款（第一条第二款）及第十四条修正案的"正当法律程序"和"平等法律保护"两条原则是相违背的。

在此案的宣判中，首席大法官休斯、中间派的罗伯茨与布兰代斯等三名自由派法官站在一边，组成多数派，宣布贷款协会的理由站不住脚。休斯的判决仍带有浓厚的进步时代法律现实主义的色彩。他说，虽然"紧急情况不能产生新的权力，但却可以为权力的运用制造机会"。他指出，宪法中的合同条款并非是绝对的，州政府有权立法来保卫本州人民的关键利益。随即他用进步时代法官的语言宣布："合同条款问题不再是合同的一方反对另一方的问题，而是一个如何运用合理的方法来确保一个能使所有人受益的经济结构的问题"。① 四名保守派法官则坚持，无论有任何紧急情况都不能改变宪法的原意；宪法中保护合同的条款只能严格地去解释，不能因时而易；对宪法不能作此一时彼一时的解释。后来这四名法官对新政的所有案件都采取了一致的立场。他们反对休斯的解释，说如果紧急情况可以改变法律，那么紧急情况也可以停止宪法的使用。②

在同年的内毕亚诉纽约州案中，同样的两派对立阵营又出现了。罗伯茨宣读的5—4票的多数派意见指出，任何有损"公共利益的"商业和产业都应受到州的管制。他借用当年霍姆斯的理论，指出州有权对与人民利益休戚相关的产业进行管理。③ 但休斯与罗伯茨对新政的支持仅停留在对州法的支持上，当涉及联邦新政的案件来到最高法院时，他们便同保守派站在一起了。从1935年1月开始，最高法院对10个与新政有关的案件作了判决，相继将《全国工业复兴法》的第9条、《复兴法》本身、《铁路养老金法》《农场房屋贷款法》《农业调整法》《全国烟煤管理法》《城市破产法》等宣布为违宪，对1933年的《紧急货币管理法》和《田纳西河流域管理局法》作了有保留的赞同。

---

① *Home Building and Loan Association v. Blaisdell*, 290 U.S. 398-483（1934），416-448.
② Ibid., 449-483.
③ *Nebbia v. New York*, 291 U.S. 502-559（1934）.

保守派法官对新政最为反感的是新政表现的那种集权联邦制或集权宪政秩序的思想，他们担心当立法权被过多地转移或交与行政部门的各类机构时，原有的联邦制结构会遭到破坏，不同权力之间的制衡机制会被打破。保守派的这种担心也为自由派大法官们所分享。在1935年的谢克特家禽公司诉美国案中，自由派与保守派联合起来宣判《全国工业复兴法》违宪。① 《全国工业复兴法》的主要目的是减少失业、刺激商业的恢复，但它的主要工具是各行业内部的公平竞争规则。在贯彻《全国工业复兴法》的两年内，有750个与《全国工业复兴法》相关的规则建立起来，直接关系到2300万人的经济活动。《全国工业复兴法》用宪法中的州际商业管理权和公共福利条款作为宪法基础。这些商业规则大多是在匆忙之中建立起来的，时常有袒护大企业的倾向，而且大多数规则是各行业自发建立的，而总统只是签字批准。在这种情况下，反对《全国工业复兴法》的势力就利用谢克特案来测试该法的合宪性。

谢克特家禽公司是纽约布鲁克林区的一个肉食公司，被联邦检察官控告违反了《全国工业复兴法》的肉类商业规则。违规行为之一是该公司卖了一只"不合适的鸡"，而这只鸡又是从外州进口来的。这实际上是一个在法理上很弱的案件，但最高法院需要有一个机会来对工业复兴法作出判决。结果是全体法官一致认为《全国工业复兴法》违宪。

首席大法官休斯在判决中陈述了最高法院的三点理由。首先，《全国工业复兴法》的立法基础不牢，没有足够宪法依据，尽管休斯本人刚在明州住宅建设和贷款协会一案中为州的经济危机管理法开了绿灯，但此时，他却用同样的语言宣布："非常状态并不能创造和增加（联邦政府的）宪法权力。"其次，《复兴法》将大量的立法权交给了总统，总统并未直接使用这些立法权，而是将权力交给私人企业去使用。这里他指的是制定商业规则的权力，所以《复兴法》为商业集团借机参与国家法律的制定打了掩护，这种权力的转移与宪法的精神背道而驰。休斯宣布，尽管宪法授予国会制定一切必要的和适当的法律的权力，但法

---

① *Schechter Poultry Corp. v. United States*, 295 U. S. 495-555（1935）.

院不能容忍国会立法权的转移,这种转移"与国会的宪政特权和责任完全违背";而且《复兴法》对总统拥有的制定规则的权力也没有进行限制,这种毫无限制的权力转让是违宪的。休斯关于这个问题的理论实际上对新政使用的宪政手段提出了挑战,立法权非但不能大规模地交与总统,更不能转到私人企业手中去,用卡多佐大法官的话来说,这样做无疑是允许人民发生暴乱。再次,家禽行业的规则是地方经济行为,而不是国会能管制的州际商业行为。尽管国会有权管理与州际商业有"直接"联系的商业,但如果布鲁克林这家小小的家禽公司被看做是在从事州际贸易的话,那么等于说联邦法可以深入到州经济的每一个方面去了。①

谢克特家禽公司一案的判决对新政时期及后来的许多案例都有影响,据统计,到1988年为止,该案例至少被70多项最高法院的判决引用过。罗斯福对最高法院的判决十分不满,指责大法官用过时的原则来解释宪法。但是,到1935年时,《全国工业复兴法》的运作事实上已陷入困境,谢克特家禽公司案的判决实际上给罗斯福留了一个面子,使他不至于在该法完全失败之后才将其取消。同时,此案也为后来的新政法案的制定(如《全国劳工关系法》和《公平劳工标准法》)提供了前车之鉴。罗斯福并没有为法院的判决吓住。两个月后,国会通过了《全国劳工关系法》和《全国烟煤管理法》,继续对产业作了限制,明显无视了最高法院的最新判决。罗斯福敦促国会尽快通过新法,不要理会最高法院,也不要管这些法案是否真正合宪。为了维持和保护新政改革,罗斯福居然不怕担风险,公然对最高法院的判决进行挑战。

对新政打击最大的是最高法院在1936年1月对美国诉巴特勒案的判决。② 此案使最高法院内保守和自由两派严重对立,最后保守派以6—3票的多数宣布罗斯福的《农业调整法》无效。《农业调整法》是新政处理农业经济危机的重要法律,它通过限制生产来提高农产品的价格。农场主在同意减产后可从联邦政府处得到补贴,补贴的资金来源于对农产品的第一加工企业的课税。巴特勒正是这样的一个加工

---

① Schechter Poultry Corp. v. United States, 295 U. S. 495-555 (1935), 519-551, 553.
② United States v. Butler, 297 U. S. 1-88 (1936).

者,他声称联邦无权征收加工税,拒绝缴纳,被联邦司法机构以违反《农业调整法》起诉。联邦巡回法院先宣判巴特勒胜诉,将案件上诉到最高法院。

在大法官罗伯茨宣读的多数派意见中,最高法院首先承认联邦有权征税以用于"支付债务、公共防御及美国的公共福利",据此,征收加工税是合宪的。但罗伯茨立即从支持联邦使用税收权的立场转到另一个问题,他认为对农产品的补助违反了第十条宪法修正案,补助的目的应该是建立一种变相的对产品的自愿控制,在《农业调整法》的规定下农场主事实上没有什么选择的余地,而只能接受对谷物补贴的政策。罗伯茨的结论是,政府可以为实现公共福利而作出预算并有权使用税收,但决不能对接受资助的人附加条件。① 罗伯茨的判决实际上完全忽视早年联邦政府在赠与土地和资金赠款时附加条件的先例,也有意忽视了1923年的马萨诸塞州诉梅隆案的判决。

3名自由派的大法官发表了口气强硬的反对意见。斯通大法官为《农业调整法》辩护,他指出多数派意见是对宪法原意的"一种扭曲式的解释"(a tortured construction)。他宣称,法院不能自以为是"唯一拥有管理政府权力的机构",最高法院必须要对自己运用的权力有所钳制,而"唯一的钳制就是我们自我节制的感觉"。② 这段话被认为是对多数派一连串宣布新政政策违宪的判决的直接警告。同时罗斯福政府也为此得到一个准确的信号,在联邦最高法院中3名最有学识的大法官都是支持《农业调整法》的。国会没有将巴特勒一案的判决看成是农业调整的终止。几周后通过的《土壤保护法》仍旧是一个限制农业生产的法律,但在技术上作了安排,如不再征税,也不再支付福利补助。③

1936年,最高法院在艾西万德诉田纳西河流域管理局案中,对新

---

① *United States v. Butler*, 297 *U. S.* 1-88 (1936), 53-78.
② Ibid., 78-88.
③ U. S. Congress, An Act To promote the conservation and profitable use of agricultural land resources by temporary Federal aid to farmers and by providing for a permanent policy of Federal aid to States for such purposes (29 February 1936), in *Statutes at Large*, vol. 49, pt. 1, ch 104, 1148-1154.

政的《田纳西河流域管理局法》持保留的支持态度。① 但在 1936 年底卡特诉卡特煤矿公司案的判决中,将联邦《全国烟煤管理法》(《全国工业复兴法》的替代法)宣布为无效。②

## 四 改组最高法院的政治

### 罗斯福改组法院的计划

最高法院的判决给政治保守派准备了武器,且 1936 年总统大选临近,反对新政的呼声开始高涨。保守派把罗斯福的新政称为"邪政"(Pagan Deal)。他们认为新政是"社会主义式的"改革,有意制造劳工与资本家之间的对立,有意破坏宪法。但罗斯福以高票再次当选,说明美国社会对于新政的支持。大选结束后,罗斯福向国会提交了一份法案,要求改组联邦最高法院和联邦司法系统。在这份法案中,罗斯福提出四项法院改组的建议:(1)当一名联邦法官在年满 70 岁后 6 个月之内还没有退休的话,总统可以有权任命一名新法官到原法官的法院工作;新任命的法官不能超过 50 岁;(2)联邦最高法院的最多法官人数可由原来的 9 名增至 15 名;(3)首席大法官有权根据联邦法院的工作量调换地区和巡回法院的法官;(4)未经通知联邦司法部长,联邦法院不能就宪法问题发布禁令。

罗斯福的目的在于用强行替换的方式为联邦法院补充新的血液。1935 年 5 月 27 日最高法院三项判决使他备感改造联邦司法部门的必要。早在总统大选前,他就有此计划,但等到胜券在握后才提出。罗斯福比任何人都清楚,若想保证新政有效地进行下去,必须得到最高法院的支持(至少是同情)。大法官们个人的政治和法学观念对于他们审理新政政策有极其重大的影响。如果他们持有法律现实主义的原则,可能会对新政计划作出支持性的解释,如果他们笃信传统的自由竞争经济原则,就会反对新政。而唯一能改变当时最高法院保守势力大于

---

① *Ashwander v. Tennessee Valley Authority*, 297 U. S. 288-372 (1936).
② *Carter v. Carter Coal Co.*, 298 U. S. 238-341 (1936).

自由派势力的境况的方法就是在法院中加入新的、支持新政的法官,改变两派力量的组合。改组法院是国会的权力,根据宪法,国会可以根据需要决定联邦法院的规模数量,而总统又具有法官的提名权和任命权(任命需得到参议院的同意)。如果国会支持罗斯福改组法院的计划,最高法院将完全可能改变过去的保守主义。罗斯福曾说过,绝不能让成千上万人的命运控制在"九个老家伙的手中"。

历史上,国会改组法院不是没有先例的。1789 年联邦宪法开始实施时,最高法院有 6 名大法官,到 1801 年变成 5 名,次年又变成 6 名,1803 年增至 9 名,而在 1863 年变为 10 名,三年后变成 7 名,到 1869 年又变成 9 名。增加新法官的计划也早在 1913 年为保守派大法官麦克雷诺兹提出过。所以,改组法院、增加法官的建议并不奇怪。

但罗斯福的建议是在最高法院连续否定了新政重要法律之后提出的,这就使人怀疑他改组法院的真实动机。罗斯福的想法无疑是想及早替换当时最高法院中的 6 名 70 岁以上的大法官。表面上,他的理由是年高的法官体力不支,不能承担大量的审理工作,而他实际上想说的是,美国社会结构已经发生了变化,联邦政府需要采取新的政策来处理新的问题,而最高法院需要突破旧的法理学观念的束缚,需要对宪法的原则和含义作出新的解释,从而支持联邦政府的新政政策。最高法院的"停顿",死抱过时的规矩和教条,已经成为美国改革的重大障碍。但罗斯福的改组法院计划在国会遭遇到重大的挫折。首先是民主党人控制的众议院拒绝对此提出动议。担任众议院司法委员会主席的民主党议员哈夫登·萨默斯听完罗斯福的法案后,立即表示反对。法案只好改由一向比较保守的参议院司法委员会提出,结果也遭到猛烈攻击。反对派认为这是罗斯福用间接的、不光明正大的方式来胁迫最高法院改变自己的判决。参议院指出这项计划可能在宪政上造成极坏的后果,即宪法可以成为立法和执法部门任意摆弄、为自己的利益服务的工具,这样实际的效果就是:每届政府都可以改变上届政府对宪法的解释。罗斯福政府拒绝让步,坚持要国会讨论这项法案,使许多支持新政的民主党议员深感为难。

## 最高法院对新政态度的转向

正在此时，一连串的事件发生，改变了罗斯福改组法院的企图。1937年3月，国会通过了《最高法院退休法》，允许最高法院大法官在年满70岁后退休，为一些保守派大法官决定退休起了间接的推动作用。①

5月18日，保守派大法官范德万特宣布将退休。最高法院在1937年3月至6月，在一系列决定中一反常态，对包括《全国劳工关系法》和《社会保障法》在内的重大新政法律表示支持（将在后面讨论），这对罗斯福改变想法起了关键作用。原来动摇不定的罗伯茨大法官转向支持自由派，从而改变了力量的平衡。在1937年3月有关华盛顿州的一项最低工资法的西岸旅店诉帕里什案中，由于罗伯茨倒向自由派，支持新政的力量形成了5—4票的多数。② 此案与一年前的莫尔黑德诉纽约州案的性质是一样的（后者涉及纽约州一项最低工资管理法），但两案结论正好相反，而在两个判决中唯一改变立场的只有罗伯茨一人。③ 罗伯茨是不是受了罗斯福改组法院政治的影响而改变了立场，尚是宪法史学界争论的题目，但足以说明新政时期法院的动摇不定，也说明罗斯福改组法院的计划不是没有道理的。无论如何，罗伯茨立场的改变也改变了9名法官的命运。

1937年5月，大法官范德万特的退休使罗斯福有机会任命一名新的大法官，加上原有的3名自由派及不断滑向自由派的罗伯茨，最高法院中自由派力量得到了加强。随后罗斯福在参议院的支持者、参议院民主党领袖罗宾逊去世，从而使罗斯福失去了在参议院推动法院改组案的力量，改组法院的计划最终落空。国会仅在1937年通过一项司法改革法。这项改革法只规定凡是对国会法律的合宪性问题提出质疑的案件必须有联邦政府参加，并规定在联邦低等法院宣布国会法律违宪

---

① U.S. Congress, An Act to provide for retirement of Justices of the Supreme Court (1 March 1937), in *Statutes at Large*, vol. 50, pt. 1, 24.
② *West Coast Hotel Co. v. Parrish*, 300 U. S. 379-414 (1937).
③ *Morehead v. New York ex rel Tipaldo*, 298 U. S. 587-636 (1936).

后应直接向联邦最高法院上诉。①

　　罗斯福改组法院的失败有几个方面的原因:一是他对支持自己计划的政治力量(尤其是国会)估计过高;二是他的计划并非真心打算以改组法院来推动宪政改革,而是带有明显的、即时的政治目的,可以说是权宜之计。但是最大的失算在于他低估了美国社会对权力机构相互制衡这一宪法原则的信任和依赖。新政带来了一些革新意义的变化,这些革新对某些人的利益是一种限制,保守势力在控制不了国会和总统的时候,会转向最高法院,寻求第三种权力的支持。这本是美国宪政设计中最折磨人的一个精巧之处,当罗斯福企图改动这个体制中的重要环节时,他要改变的就不再是一个政策上的问题,而是体制的问题。无论国会多么支持新政,改变体制却是一个不易获得支持的行动。同时罗斯福改组法院计划的理论也是站不住脚的,难以为人接受。总统虽然有权提名大法官,将与自己政见相同的人安插到联邦各级法院和最高法院,但他无权也不可能要求自己任命的法官在每一项判决中表达与他完全一致的意见。在新政前,美国历史上多次出现过法官与任命自己的总统存在政见分歧的现象。重建时代的最高法院对重建法律及宪法修正案的狭义解释就是前例。所以,罗斯福即便能成功地改组法院,也不能保证新政会得到所有新任法官的支持,因为用他们自己的理论来讲,法官一定是根据法律的原则和自己的政治洞察力来解释法律的。

　　1937年3月后,最高法院出现了以自由派原则为主导来审查新政政策的局面。在前面提到的西岸旅店诉帕里什案中,最高法院完全抛弃"自由竞争式宪政主义"对"契约自由"权的解释。此案因华盛顿州一项最低工资法而起,帕里什是西岸旅店的一名妇女雇员,她控告旅店付给她的工资低于州的要求,违反了州的相关法律。此案的案情与1923年的阿德金斯诉儿童医院案极为相似,但最高法院的多数派意见却没有沿用阿德金斯案的原则。首席大法官休斯指出,宪法保证公民

---

① U. S. Congress, An Act To provide for intervention by the United States, direct appeals to the Supreme Court of the United States, and regulation of the issuance of injunctions, in certain cases involving the constitutionality of Acts of Congress, and for other purposes (24 August 1937), in *Statutes at Large*, vol. 50, part. 1, ch. 754, 751-753.

的自由,但这个自由是否包括契约自由,宪法并没有明确指出;即便受宪法的保护,契约自由也不是"绝对的和不受控制的"(absolute and uncontrollable);对自由的保护是由社会来提供的,而社会则必须反对任何有损人民的"健康、安全、道德和福利的种种邪恶";所以,"自由必须受制于正当程序的制约(subject to the restraints of due process)",凡是为了保护公众利益而采用的规定就是正当程序。休斯这种解释不仅推翻了阿德金斯的原则,也修正了1873年菲尔德和布拉德利建立的实质性正当法律程序权利理论。此案建立了一个新的模式:在审理政府对雇佣(employment)和经济进行管理的案件中,法院不再以"契约自由"作为主要基本原则。① 从此以后,新政期间内任何管理经济的联邦法和州法都没有再被最高法院以侵犯正当程序为由而推翻。这个转变在宪法意义上是意义深远的,它代表了最高法院对政府职责的重新认识,也表明在新的环境下,一度为"自由竞争式资本主义"和"契约自由"思潮所淹没的"公共福利"原则又重新被突显出来,成为美国宪政的重要内容。

  1937年4月,最高法院又在全国劳工关系委员会诉琼斯和劳克林钢铁公司案中,以5—4票的多数将19世纪占主导地位的二元联邦主义原则推翻,宣布《全国劳工关系法》是合宪的,驳斥了关于此法违反了第五条宪法修正案的说法。②《全国劳工关系法》是新政最激进的法律之一,它保障在与州际商业有直接和重要关系的产业中的工人组织工会的权利,严禁雇主因工人参加工会或工会活动而解雇工人。保守派坚持法院先前的原则,认为《全国劳工关系法》侵犯了雇主的财产权,对经济管制过多。休斯宣读的多数派意见同样将正当程序和契约自由的理论推到一旁,坚持政府有权保护工人组织工会的权利。在此案中,休斯将政府管制理论进一步发挥,称联邦政府有权保证工人组织工会的权利,以避免工人罢工导致生产和商业中断,从而影响州际商业。休斯特别强调,工人通过工会与雇主谈判往往是保证"工业界安定的基本条件之一,而拒绝工人组织工会以及拒绝与工人谈判则一直

---

① *West Coast Hotel Co. v. Parrish*, 300 U. S. 379-414 (1937).
② *National Labor Relations Board v. Jones and Laughlin Steel Corp.*, 301 U. S. 1-103 (1937).

是引发(工业界)纠纷的最经常的原因"。① 这项原则实际上针对过去法院在决定类似案件时在州际商业"直接"和"间接"影响这一问题上的纠缠不清作了广义性的决定:即联邦政府不仅可以管理州际商业,而且对影响州际商业的活动(包括工人组织工会的活动)也有权管理,等于说政府可以保护工人组织工会的权利。此案实际上将1875年奈特案判决中建立的原则推翻。与此同时,在其他相同案件中,最高法院也坚持《全国劳工关系法》的合宪性。

一个月后,最高法院又在斯图尔特机器公司诉戴维斯案中,对新政的另一个重大法律《社会保障法》表示支持。卡多佐大法官代表多数派(5—4票)宣布最高法院拒绝接受保守派关于第十条宪法修正案对州权的保护的理由,认为联邦政府有权征税,用以服务美国的公共福利,而对失业者提供救济补助是公共福利的一部分,正是属于联邦的宪法权力范围内的事。《社会保障法》不是对州权的损害,而是州与联邦为实现共同的国家目标进行合作的方式。② 1937年,在相关的赫尔维林诉戴维斯案的判决意见中,卡多佐以同样的原则宣布,联邦政府有权征收老年税和福利税,罗斯福的《社会保障法》并不违宪。他重申,为了"公共福利",联邦有权开支(spend)和使用所征来的税收。卡多佐的判决还解释了《社会保障法》的政治意义:这是一项对全国性灾难所作的回应,因为有的州有养老金保险,有的州没有,而如果联邦政府对此不采取任何有力措施,后果将是大量的移民会涌入实行《社会保障法》的州,大量的工业产业为逃避支付社会保障税而搬到其他州去;"只有全国性的权威才能为所有的利益服务"(Only a power that is national can serve the interests of all)。③ 卡多佐的解释说明,随着经济的复杂化,联邦政府必须采取措施保证各地区的经济利益平衡。这两项判决都推翻了1936年的巴特勒案的判决。

1937年至1941年,最高法院发生了一系列人事变动。保守派的范德万特退休后,腾出的位置由观点属于自由派的雨果·布莱克顶替。

---

① *National Labor Relations Board v. Jones and Laughlin Steel Corp.*, 301 U.S. 1-103 (1937), 22-49.
② *Stewart Machine Co. v. Davis*, 301 U.S. 548-618 (1937).
③ *Helvering v. Davis*, 301 U.S. 619-646 (1937).

1938 年，萨瑟兰辞职，卡多佐去世，罗斯福分别提名原联邦首席检察官（Solicitor General）斯坦利·里德和哈佛法学院教授费利克斯·法兰克福特接任，两人都是支持新政的。法兰克福特是布兰代斯的高足。布兰代斯本人则在 1939 年辞职，他的位置由支持新政的威廉·道格拉斯接任。同年，保守派成员之一的巴特勒去世，罗斯福又任命前密歇根州州长弗兰克·墨菲接任。当 1941 年最后一名保守派大法官麦克雷诺兹退休时，罗斯福将自己的司法部长罗伯特·杰克逊送进了最高法院。同年，休斯辞职，自由派的斯通接任首席大法官，南卡州的参议员詹姆斯·伯恩斯被补进最高法院接替斯通空出来的位置。至此，最高法院已完全掌握在自由派手中。所以在 1937 年至 1939 年间，通过任命新的法官，法院的保守与自由派力量对比发生了于自由派绝对有利的变化，从而也导致了最高法院对新政的支持。罗斯福本人则没有想到他会有任命 7 名大法官的机会。

　　1938 年，在圣克鲁斯水果包装公司诉全国劳工关系委员会案的判决中，最高法院宣布，虽然该公司只有 37% 的业务与州际商业有关，联邦全国劳工关系委员会仍然有权对其进行管理。① 同年，在爱迪生公司诉全国劳工关系委员会案中，爱迪生公司称该公司的电力生产完全在本州内进行，联邦无权插手管理该公司的劳资关系；但最高法院称，该公司的电力卖给了广播电台、飞机场等从事州际商业的企业，其劳资关系也将影响这些企业，所以联邦政府有权对该公司实施《全国劳工关系法》，有权对其进行管理。② 在 1941 年的美国诉达比木材公司案中，最高法院一致认为，联邦政府 1938 年实施的《公平劳工标准法》是合宪的。斯通大法官宣布由汉默案建立的案例原则无效，国会有权管理工资，有权采用绝对的禁止措施（如禁用童工等），并对那些对州际商业有重大影响的州内商业进行管理。③ 在 1939 年的马尔福特诉史密斯案中，罗伯茨代表最高法院宣布，联邦的第二个《农业调整法》（1938 年通过）并不违宪，因为该法的目的在于稳定棉花、小麦、玉米、

---

① Santa Cruz Fruit Packing Co. v. National Labor Relations Board, 303 U.S. 453 (1938).
② Consolidated Edison Co. v. National Labor Relations Board, 305 U.S. 197 (1938).
③ United States v. Darby Lumber, 312 U.S. 100-126 (1941).

烟草及稻米的价格,为这些产品的销售提供定额,以进行市场管理。有趣的是,罗伯茨曾在早些时候否决了第一个《农业调整法》,现转而认为只要任何产品最终将进入州际商业,联邦都有权进行管理。①

最高法院在1942年的威卡特诉费尔伯恩案中,进一步支持了《农业调整法》。② 费尔伯恩是一个小农场主,他因违反联邦《农业调整法》的定额生产规定,在自己的土地上种麦养奶牛,被联邦检察官起诉。费尔伯恩称他的农产品是自产自用,并没有进入市场,不应受到惩罚。大法官杰克逊宣布,决定联邦是否有权对某一地方商业进行管制的标准必须是看该产业活动对州际商业的经济影响程度;费尔伯恩种麦一事虽是"地方"事务,但因这种自家生产的小麦比起机械化生产的小麦更容易推销(more marketable),种小麦的人很容易为其可能带来的利润所吸引而将其出售;即便费尔伯恩不出售自己种的小麦而将其留为自食,也影响了小麦市场的流通,因为费尔伯恩不会再去市场上买小麦来食用,因此,费尔伯恩自种的小麦虽未进入市场,但却构成了"与商业流通领域内的小麦的竞争",联邦政府有权进行管理。③

最高法院这一系列决定不仅有力地支持了罗斯福的新政政策,而且改变了传统的对联邦制的解释,大大扩充了联邦政府的权力。经过这些判例,联邦政府管理商业和经济的权力不断加深加广,使得联邦政府能进入以前无法管理的领域,如劳资关系、社会保障、物价控制等。这些案例使得保守派启用过去的州权和实质性正当法律程序的宪法原则来限制联邦管理权变得十分困难。实质性正当法律程序权利的理论已经有了新的解释,而州权独尊和州权至上更是过时的理论,尤其是在面临巨大的经济危机的挑战时,州在政治上和财政上变得愈来愈依赖联邦政府。新政时代的判决是自由竞争式宪政主义与国家宪政主义思想与理论的大较量,其结果是前者被抛弃了。美国社会开始进入一个联邦和州政府对经济和商业进行大幅度的、全面的管理和管制的时代。

---

① *Mulford v. Smith*, 307 U. S. 38 (1937).
② *Wickard v. Filburn*, 317 U. S. 111-133 (1942).
③ Ibid., 113-134.

## 联邦政府规模与职能的扩展

与此同时,联邦政府的结构也有了相应的扩大。在经过一系列波折后,1939 年,国会通过了《行政部门重组法案》,对总统行政部门进行紧缩、合并或调整。在保留已经存在的部级机构和享受国会豁免权的一大批经济和商业管理机构的基础上,罗斯福又创立了总统行政办公室,并将原属财政部的联邦预算局转至这个新建的办公室;并扩大白宫人员班子。此法还允许总统对行政改组提出计划,如国会不反对,该计划即可成为法律。① 这项有效期为两年的重组法及后来的类似法对扩大总统的行政机构起了很大的作用,但也增加了国会与总统之间在控制国家经济和社会政策方面的争权。1939 年,国会的《哈奇法》则是对总统部门政治影响的一种限制,该法禁止行政部门除总统、副总统、部门首长及重要决策人员外的一切公职人员从事任何政治组织或政治竞选活动。② 这是早期《文官制度改革法》的变相延续。此案得到最高法院的支持。

国会在新政期间也增加了大量管理机构,从事对通讯、航空、原子能工业的管理,原有的管理银行、股票市场、农业、州际交通、公共设施的机构也得到扩展。所有这些机构都根据一套包括行政、立法和司法各种因素在内的程序来运作。它们可以提建议,向公众征集意见,举行听证会,调查违规违法的行为和活动;并对违法行为作出半司法性的裁决(被控的单位和个人可以向法院上诉)。这些机构成为国会和总统立法、执法的重要依赖力量,它们也因此受到格外的重视。大部分机构是为保护消费者的利益而设置的,联邦政府在交通、通讯等部门实行价格控制。新政后,联邦政府继续扩大对食物、药品等的管理。1944 年的《服役军人调整法》(俗称"G. I. Bill")对退伍军人的工作安排、住房、就学的权利作出规定,并通过退伍军人局开展修建房屋的计划,对

---

① U. S. Congress, An Act to provide for reorganizing agencies of the government, and for other purposes (3 April 1939), in *Statutes at Large*, vol. 53, pt. 2, ch. 36, 561-565; Reorganization Plans (25 April 1939), ibid., 1423-1436.

② U. S. Congress, Joint Resolution making an additional appropriation for work relief and relief for the fiscal year ending June 30, 1939 (2 August 1939), ibid., vol. 53, pt. 2, 507-509 (其中第三款和第四款包含了《哈奇法》的内容)。

老兵及其他美国中产阶级提供补助性的购买房屋的机会。① 与此同时,联邦的教育资助也逐年增加。1930年建立的国家卫生研究所专门支持公共卫生方面的研究,在20世纪60年代又加强了对环保的管理,60年代后期,又增加了对广告的管理。1972年国会建立了消费者产品安全委员会,专门负责从市场上追回不安全的产品。联邦政府的食物和药物管理局属于农业部,专门对食品和医药品进行质量安全检查制。联邦在其他方面的管理也扩大了。全国劳工关系委员会一直监管劳资之间的关系,国会不断对最低工资法进行调整;1970年又建立职业安全和卫生管理局,要求雇主为工人提供安全和卫生的工作环境。

新政是以拯救和改变美国经济秩序开始的,但在这一时期内,罗斯福建立了联邦对经济的广泛管理,开拓了社会保障制度,对美国的资本主义制度做了有关键意义的修正。但新政的许多经济改革措施是短期的、应急的,而不是长期的和深刻的。除了田纳西河流域管理局外,联邦出面主持的大型的、永久性的工程项目很少。美国经济的最终复兴要等到第二次世界大战的开始。

然而,新政在美国政治和历史上的影响是深远的。它扩大了联邦和州政府的社会责任,通过《社会保障法》和《全国劳工关系法》等法律,人民的经济和社会福利成为政府职责的一部分,开启了美国式福利社会的建设,这是一个令人意想不到的结果。新政也是一场由群众广泛支持的社会运动,罗斯福之所以可以史无前例地四次当选总统,与全国普通选民——尤其是过去被忽略了的政治群体,如黑人、妇女、劳工等——对他的支持是分不开的。而罗斯福的成功又帮助进一步改变了美国政治(尤其是选举的政治)的运作程序和内容。在罗斯福新政的旗帜下,民主党吸引了大量的中下阶层选民,城市选民(尤其是从乡村地区进入都市的黑人选民)开始成为总统和国会议员选举中举足轻重的平衡力量。可以说,新政开辟了美国宪政的新模式,即一个注重公民的权利的模式。

---

① U. S. Congress, An Act To provide Federal Government aid for the readjustment in civilian life of returning world War II veterans (22 June 1944), in *Statutes at Large*, vol. 58, part 1, ch. 268, 284-301.

**小石城种族合校危机(1957)**

1954年5月17日,联邦最高法院于"布朗诉托皮卡教育委员会案"的判决中宣布,州立学校中的种族隔离教育违反了联邦宪法第十四条修正案的"平等法律保护"原则,要求南部各州予以废除。1957年,阿肯色州小石城的教育委员会执行法院的命令,选择9名黑人中学生,在民权组织的帮助下,进入该市中心高中就读。秋季开学的第一天,15岁的伊丽莎白·埃克福特(Elizabeth Eckford)试图进入学校,遭到州长奥瓦尔·福伯斯(Oval Faubus)派出的州国民警卫队的拒绝,并受到一群愤怒的白人学生和民众的围攻与辱骂。艾森豪威尔总统最终决定派出空降兵101师,前往小石城为9位黑人学生进入学校护行。

图片来源:*Life*, vol. 43, no. 12(Sept 16, 1957), p. 24; reprinted from Nancy A. Hewitt, Steven F. Lawson, *Exploring American Histories: A Brief Survey with Sources* (Boston: Bedford/St. Martin, 2013), p. 821.

# 第八章 20世纪初至60年代美国公民权利的演变

19世纪美国宪政秩序的重要特征之一是二元联邦制。公民权利的大部分在州的管辖之下,联邦政府很少有机会插手。虽然重建时期的宪法修正案和实施法案建立了联邦政府保护公民权利的原则,但由于最高法院的保守态度和联邦政府的退却,重建宪政改革赋予联邦政府保护公民权的功能和权威并没有真正发挥出来。进入20世纪后,随着国民经济的"联邦化"和社会生活与矛盾的复杂化和多元化,联邦政府对经济和人民生活的管辖权也逐渐扩大,并开始更加频繁地涉及具体的、日常的公民权利的定义和管理。20世纪20年代,因为第一次世界大战及其结果的影响,加上美国开始卷入国际事务,联邦政府对公民权利开始采取了积极的、主动的管理,尤其是在言论自由方面。

20世纪20年代后期的经济危机及随后而来的罗斯福新政,将联邦政府的经济管理权力扩展到前所未有的程度,同时也扩展了联邦政府对公民自由和公民权利的干涉和保护。正是在这一时期,联邦宪法第十四条修正案得到了重新启用,成为了联邦政府对公民自由和权利进行管理的重要宪法依据和工具。但启动(或重新恢复)第十四条宪法修正案保护联邦公民权利的功能的过程是漫长的、缓慢的和艰苦的,并且不断出现反复。而原先被剥夺了平等公民权利的群体——尤其是黑人公民——从20世纪初就开始组织起来,利用第十四、十五条宪法修正案和联邦司法体制,向联邦政府和最高法院施加压力,并通过联邦政府,向南部各州的种族隔离、种族歧视制度挑战,争取获得和恢复自己的宪法权利。

第二次世界大战以及随后而来的冷战使美国更深地卷入了世界事务,同时也迫使联邦政府(包括最高法院)不得不正视国内的种族歧视问题。北部的黑人选民利用选举机制,从地方政府入手,开始重新进入联邦政治,并在 1936 年转为支持罗斯福领导下的民主党。黑人的政治转向和罗斯福的新政以及罗斯福、杜鲁门政府在第二次世界大战期间对黑人要求的回应,为 20 世纪 50、60 年代美国黑人的民权运动做了铺垫。在民权运动中,黑人公民采用非暴力的、群众性的、直接抗争的斗争策略,直接挑战美国国内的种族歧视制度,发动了美国宪政史上的一场前所未有的公民权利革命。在国际国内的压力之下,联邦政府和最高法院对公民权利和种族平等等问题作了现实而及时的回应,通过了新的《民权法》和《选举权法》,以联邦政府的名义,从法律上废除一切种族歧视的法律和法令,包括各州制定的类似法律。这些回应对于稳定美国社会、充实联邦公民权利的内容、实现不同种族的公民在法律上享有平等的(公民)权利起了正面和积极的作用,在宪政理念和机制上,将《权利法案》中的公民权利变成了名副其实的、同时受联邦和州政府保护的公民的宪法权利。

## 一 第一次世界大战期间的公民权利

### 二元联邦制与公民权利的差异

"自由"与"平等"是美国宪政思想中的重要内容,也是美国人最引以为豪的意识形态口号,但在实际的宪政发展中,作为公民权利的"自由"与"平等"的建立却经历了一个十分漫长和曲折的过程。绝对的自由和平等从来没有建立起来过。虽然《独立宣言》提出了"人人生而平等"的口号,但联邦宪法实际上未能真正保障每个美国公民的自由与平等。如前所述,不仅政治权利不平等,公民权利也并非是平等的,且不是随心所欲可以得到的。19 世纪的美国宪政机制在很大程度上是一部分美国人为了维护自己的自由和权利而剥夺另一部分美国人的自由和权利的工具。这种建立在其他社会成员的不自由、不平等基础上的自由与平等,或自由平等与不自由不平等平行共存的现象,并非是美国社会独有。但由于在美国民族的意识形态中,自由和平等始终被视为是一种极为重要的社会价值和民族价值,由于美国建国的基础就是要追求自由和平等,这种自由与不自由,平等与不平等并存的现象才显得格外的引人注意,而美国宪政机制如何解释和处理这种现实也就成为一个十分有意义的题目。

美国历史上的不自由与不平等现象的存在,并不仅仅是因长期以来的种族、民族和文化偏见所致,也不仅仅是因为资本主义社会的经济关系是美国社会一切关系的基础,美国的宪政体制对此负有相当的责任。在19世纪二元联邦制理论和实践的影响下,公民自由和公民权利的管理属于地方内政,由各州和地方政府负责。州与地方政府管理公民权利的权力不为联邦所侵犯,这是联邦宪法第十条修正案规定的。但州和地方政府又是根据本地大多数人的意见和价值观来决定公民自由的内容。这里的"大多数人"当然指的是有资格、有权力参与政治的人。而参与政治的机会并不是平等的、公正的。因此,公民自由的内容与范围、公民权利的内容与范围,甚至公民资格本身,在相当长一段时间里是由地方政治的运作而决定的,也就是说,是地方政治的结果。在这种地方政治自治为主的宪政结构下,在参与政治的机会极不平等的情况下,本州或本地公民所享有的自由和权利的内容与程度实际上是由控制了地方政权的人说了算,而二元联邦制又为地方政治对自由的"独断"提供了保护,这种情形在重建以前的宪政体制中尤其如此。1789年批准的宪法本身并没有明确地赋予联邦政府任何干涉或保护公民自由的权力。如前所述,1791年宪法增加《权利法案》的目的,不是为了鼓励联邦政府保护公民的自由和权利,而是为了防止联邦政府侵犯公民的自由和权利。

内战与重建开创了联邦政府对公民自由权进行干预的先例。解放奴隶虽然是出于战争的需要,但在宪政史上意义非凡。1865—1870年间制定和批准的重建宪法修正案(第十三、十四和十五条宪法修正案)对联邦制的结构作了重大修改,从宪法上明确地限制了州政府可能对公民权利的侵犯,建立了联邦政府对公民权利的保护机制。在重建后的美国宪政中,第十四条宪法修正案是联邦政府保卫公民自由和权利的最重要的宪法依据。虽然最初联邦政府对这条宪法修正案的运用仅限于保护公民的财产权,但启用这条修正案本身就开创了联邦干预公民自由和权利的历史,为后来20世纪联邦政府全面介入对公民权利、种族和性别平等的管理打下了基础。进入 20 世纪后，美国经济发展呈现高度的一体化，地区界限被打破，联邦制性质也发生了根本性的变化，随着联邦政府的功能在经济领域里的逐步扩展，联邦政府对公民自由和权利的管理也日益加强。

## 一战时期联邦政府对公民权利的管制

战争往往自动给予联邦政府管理公民自由和权利的机会。早在 18 世纪 90 年代亚当斯政府任期内，联邦政府就以战争为名，中止过言论自由权的使用。内战期间，林肯政府曾以保证联邦内部安全为名，中止使用人身保护令状特权，并允许军事法庭为了战争的需要，不经正常的"正当法律程序"审讯平民等。重建时期，为了打击南部"三 K 党"攻击和杀害黑人选民的暴行，格兰特总统也曾暂时中止了人身保护令状特权在南部某些地区的使用。这一切都为联邦政府在第一次世界大战期间管理公民权利和自由提供了先例，但它所管理的范围和深度远远超过了内战和重建时期，而且这种管理是以限制而不是以保护开始的。

1917 年 4 月美国宣布参战后，联邦政府立即颁布了《反间谍法》，明令联邦政府将有权检查所有的邮件、书籍、图画和印刷品，禁止任何公民利用联邦邮政寄送任何含带有"煽动背叛联邦、鼓励骚乱以及鼓动抵制联邦法律的内容"的邮件，违反者将受到严厉的惩罚。该法律尤其注重打击那些宣传叛国和煽动反政府反战的材料。这项法律的实施导致许多激进刊物被禁止发行。① 1918 年，国会又通过了《惩治煽动叛乱法》，对 1917 年的《反间谍法》进行修正。这项新的法律的目标是打击和镇压由激进工会和民间组织（包括亲布尔什维克分子）领导的各种反战活动。法律规定，任何人只要煽动和鼓励兵变，破坏征兵，或宣传印刷出版"任何带有对美国宪法、政府、军人、国旗以及美军服装

---

① U. S. Congress, An Act to punish acts of interference with the foreign relations, the neutrality, and the foreign commerce of the United States, to punish espionage, and better to enforce the criminal laws of the United States, and for other purposes (15 June 1917), in *Statutes at Large*, vol. 40, pt. 1, ch. 30, title I, 217-219.

表示不忠诚的、亵渎的、谩骂的和攻击性的语言"的材料,都将处以重罪。① 无疑,这些法案都带有强烈的政治色彩,矛头对准鼓吹反战的社会主义组织。

1917年俄国十月革命发生,西方世界大为震惊。1919年,美国工人党(即后来的美国共产党)成立,并开始与劳工运动联合起来,反对美国对苏俄进行武装干涉。虽然当时美共人数不过数千,但威尔逊政府和大有产者对此极为恐惧。联邦政府指责工人党和其他支持社会主义思想的激进组织有颠覆美国政府之嫌,决心利用《反间谍法》和《惩治煽动叛乱法》进行镇压。

自1919年7月至1920年5月,在司法部长米切尔·帕尔默的指示下,联邦司法部对美国社会主义党、工人党和激进工会的总部进行了一系列突然袭击式的搜查,逮捕了数千名涉嫌激进运动或组织的人,尤其是出身外国的美国公民和移民,并捣毁了激进刊物发行机构的办公室。1920年1月2日夜间,司法部在33个城市同时发动突袭式搜查,逮捕了2700多人。1919年12月,司法部将遭到逮捕的249人,不经任何司法程序,以异己分子的名义强行递解出境,送往俄国。1920年,国会通过法律,正式将持不同政见的外国人驱逐出境,并不准再进入美国。② 与此同时,各州通过了不同形式的新闻限制法,对激进言论进行控制。在这场后来被称作"红色恐惧"的打击激进势力的活动中,帕尔默的得力助手是后来长期担任美国联邦调查局(FBI)局长的埃德加·胡佛。

### 保障"言论自由"的困境

对于联邦政府打击激进分子的活动,联邦最高法院毫不犹豫地给予了坚决的支持。1919年的申克诉美国案是这方面最为突出的案

---

① U. S. Congress, An Act to amend the Act entitled "An Act to punish acts of interference…" approved June fifteenth, nineteen hundred and seventeen, and for other purposes."(16 May 1918), in *Statutes at Large*, vol. 40, ch. 75, 553-554.

② U. S. Congress, An Act to deport certain undesirable aliens and to deny readmission of those deported (10 May 1920), ibid., vol. 41, pt. 1, 593.

例。① 查尔斯·申克是美国社会主义党的总书记。第一次世界大战期间,他和社会主义党的其他成员印刷和分发了一些反对一战的传单。在传单中,申克等人表示反对强制服兵役的做法,鼓动被征兵的年轻人应坚持自己的个人权利,不要去为战争贩子充当炮灰,并希望他们加入社会主义党的反战活动。申克把反战传单寄给费城的一些将被征集入伍的青年。但这些传单被交到费城邮政总监手中。1917 年 8 月 28 日,联邦执法人员对社会主义党进行突袭,缴获了大量还没有来得及寄出的传单及该党的会议记录。申克同时被捕。同年 12 月,联邦地区法院将申克以违反 1917 年的《反间谍法》为由治罪。申克不服,称《反间谍法》侵犯了受第一条宪法修正案保护的言论和通信的自由权利,而联邦检察官则认为申克的传单是反对政府的征兵政策,与第一条宪法修正案无关。申克将案件上诉到联邦最高法院。最高法院以 9—0 票的判决一致支持联邦地区法院的原判。

在判决中,霍姆斯大法官对第一条宪法修正案保护的言论自由的限度作了解释。这是最高法院对言论自由的最早解释之一,对后来类似案例的影响极大。霍姆斯首先指出,表达意见的权利(the right of expression)不是绝对的,与其他行为一样,都将是有条件的:"即便是对言论自由最严格的保护也不会保护一个在剧院里谎报火警引起公众惊慌的人(的言论自由)。"那么,判断一种言论是否应受到第一条宪法修正案保护的标准是什么呢? 霍姆斯说,这个标准应根据每种意见表达的具体内容来决定,即必须考虑"在这种背景和环境下使用的这些言辞和这些言辞(本身所包含)的性质是否将制造一种清楚的和当前的危险(clear and present danger),以及这种危险是否将导致一种实在的、宪法有权制止的邪恶"。霍姆斯强调说,对于"清楚的和当前的危险"的判断实际上是"一个距离和程度的问题"(a matter of proximity and degree);如果一种言论距离可能因此而发生的(具有破坏性)非法行动太近,这种言论就应受到限制。霍姆斯认为,申克的反战传单包含了一种将对国家安全造成危害的、清楚而现实的危险,因为它在美国与敌国交战时,宣传抵制政府的征兵计划,破坏政府对于战争的组织和动员,

---

① *Schneck v. United States*, 249 *U. S.* 47-53 (1919).

瓦解美国军队的士气,不管申克的传单是否奏效,传单本身在实质上已成为反对征兵的直接的、真实的行动,所以,申克有罪,他的言论也不受第一条宪法修正案中言论自由原则的保护。①

霍姆斯在申克案中建立的"清楚的和当前的危险"的原则后来被最高法院广泛运用,在一些情况下,也成为最高法院压制正常的言论自由的一件武器。霍姆斯本人也注意到他在申克案中陈述的原则有可能被滥用,在同年的艾布拉姆斯诉美国案中,他对这项原则的使用作了重要的限制性界定。②

艾布拉姆斯是一名来自俄国的无政府主义者,因散发传单,反对美国派兵讨伐列宁领导的俄国,被控违反了1918年的《惩治煽动叛乱法》。联邦最高法院的多数派采用霍姆斯的"清楚的和当前的危险"原则,确认艾布拉姆斯有罪。大法官克拉克在多数派意见中写道,艾布拉姆斯的传单的目的是"在战争危机的紧张时刻,煽动不满、叛乱和骚乱",以及"为使政府难堪并在可能的情况下破坏政府军事计划的革命",这种带有"背叛和滥用性质的"语言很可能造成"直接反对总统和国会的行动"。③ 但霍姆斯与布兰代斯在此案中对多数派的判决意见持异议。

霍姆斯认为,艾布拉姆斯的传单并没有构成对美国的"近在眼前的威胁",他只不过是呼吁美国停止对俄国进行干涉而已,所以他的言论自由权利应受到第一条宪法修正案的保护。接着,霍姆斯对言论自由的重要性以及其与美国宪政的关系作了进一步的发挥:

> 当人们在经历了对各种对立的信仰数不清的争论之后,也许会逐渐认识到,争取所期望的终极意义上的美好(the ultimate good desired)的最佳方式便是(让)思想自由地交流(free trade in ideas);对于真理的最好检验是看(其包含的)思想是否有力量在市场(式)的竞争中为人接受;而只有在真理的基础上,人们的愿望才能得以实现。这实际上就是我们宪法的理论。这是一种试验,如同所有的生命都是一种试验一样……如果不是每日的话,至少

---

① *Schneck v. United States*, 249 U. S. 47-53 (1919), 48-53.
② *Abrams v. United States*, 250 U. S. 616-631 (1919).
③ Ibid., 616-624.

每年我们都在为了拯救自己而反对某种基于有缺陷的知识之上的预言。如果试验是我们体制的一部分的话,我认为,我们应该对所有的旨在限制意见表达的企图持有永久的警惕,即便某些意见是为我们所憎恨的和注定要灭亡的,除非是它们非常迫近地(imminently)威胁了法律的实施,(我们)为了拯救国家的命运而不得不对其加以限制。①

霍姆斯对自己提出的原则作出修正,说明他意识到了区分言论自由保护权的范围和程度的困难。必须指出的是,在《反间谍法》和《惩治煽动叛乱法》下,许多激进组织和个人因反战受到打击,霍姆斯本人在同年的其他案件中都是支持联邦政府的相关法律的。仅在《反间谍法》下,就有 2000 件案件在联邦低等法院受审,大部分案件涉及的都只是对政府战时政策的批评。与此同时,联邦政府还通过 1917 年和 1918 年的《移民法》,威胁将任何宣传以武力反对美国政府及其战时政策的外国人驱逐出境,而威尔逊政府的宣传机构则在战争时期通过联邦渠道散布大量支持战争的宣传材料。

第一次世界大战结束后,最高法院的多数派仍继续采用"清楚的和当前的危险"原则来打击美国社会的左倾组织和个人,具有讽刺意味的是,霍姆斯与布兰代斯两人此刻却站到多数派的对立面,抵制最高法院这种无止境地限制公民言论自由的做法。双方的对立在 1925 年吉特洛诉纽约州案的审判中表现得十分突出。②

吉特洛是一名美国社会主义党的成员,因写作了具有左派倾向的政治宣言、号召工人组织起来以罢工和阶级斗争的方式来建立社会主义,而被宣布违反了纽约州的反无政府主义法。吉特洛的律师在辩护中声称,吉特洛所为不过是在宣传一种抽象的理论,并没有采取任何实际的行动来推翻政府,他的行为是在表达自己的政治思想,而表达思想的自由是受第一条宪法修正案保护的。但最高法院的多数派却宣布维持纽约州法院对吉特洛有罪的原判。大法官爱德华·桑福特在判词中写道,纽约州的法律并不违反第一条宪法修正案,因为这条法律"并不

---

① *Abrams v. United States*, 250 U.S. 616-631 (1919), 624-631.
② *Gitlow v. New York*, 268 U.S. 652-673 (1925).

惩罚那些不带煽动和具体行动性质的纯教义和纯学术的言论和出版",也不反对"纯历史或纯哲学的文章",也不反对"那些鼓励用合法和宪法允许的方式来改变政府形式的主张",但坚决禁止的是"那些提倡、建议和教授关于如何使用不合法的手段来推翻政府的言论"。桑福特说吉特洛写作的左派宣言,言论虽然抽象,但其目的是鼓动宣传"用暴力和不合法的方式推翻政府",如不制止,最终将点燃"全面的和具有破坏性的大火"。①

霍姆斯对多数派的判决意见表示反对。比起他在艾布拉姆斯案中的异见,他在此案中对公民应享有的言论自由的尺度表达了比先前更为激进的观点。霍姆斯承认,他此刻所持的"异见"(dissent)与他在申克案中的立场相比是有区别的,这是因为吉特洛一案"并不具备企图用武力推翻政府的当前的危险"。霍姆斯认为,如果将吉特洛写的宣言看成一种"煽动"(incitement)的话,那么,"每一种思想都是一种煽动";每种思想都是在宣扬"一种信仰",除非有其他的信仰出来挑战它或胜过它,这种信仰就可能被用于实践。接着,霍姆斯对"意见的表达"和"煽动"作了区分:两者的唯一区别"在于宣扬者对(这种思想的)结果的热情程度(enthusiasm)";尽管"激情的言辞有可能烧毁理智",但目前这件案子所表现的并不是刻意的煽动。令整个最高法院感到吃惊的是霍姆斯的下面一段话:"如果将来有一天,关于无产阶级专政的种种信仰(beliefs)注定要为社会中的主要力量所接受的话,言论自由的唯一意义就是给予这些信仰一个机会,任它们存在和发展。"②

吉特洛案显然再一次涉及第一条宪法修正案中的言论自由的定义问题,并涉及州在这方面的管制。如同其在经济权利案例的判决一样,最高法院此时并没有打算推翻州的管理,全面干预公民的言论自由管理权。但是,吉特洛案又是一个重要的开端:最高法院在审理此案时,开始将第一条宪法修正案中所列举的各项公民权利列入第十四条宪法修正案的"正当法律程序"条款的保护范围之内。就公民权利发展的

---

① Gitlow v. New York, 268 U. S. 652-673 (1925), 654-672.
② Ibid., 673.

历史来说,这无疑是一个意义重大的开端。

## "自由"与"平等"的倒退

如前所述,第十四条宪法修正案虽然规定严禁州侵害联邦公民的权利的原则,但没有具体列举这些不能被侵犯的权利。虽然1791年《权利法案》中列举了数项联邦政府不能侵犯的权利,但这些权利是否就是第十四条修正案的制定者当初想要保护的公民权利,该宪法修正案并没有给予清楚的说明。在1920年之前,也没有许多可循的案例。而根据1873年最高法院在屠宰场案判决中建立的原则(多数派原则),联邦政府是不能干涉州对公民权利的管理的。在吉特洛一案中,最高法院的多数派意见虽支持州法的正确性,但同意以第十四条修正案的原则(即审查州的法律是否剥夺了联邦公民受《权利法案》保护的权利)来听取此案的辩论,这本身说明最高法院已开始将第一条宪法修正案保护的权利纳入了自己对州法审查的权限范围之内。通过此案的判决,言论自由被视为受第十四条宪法修正案保护的公民权利的内容之一,原来的"特权与豁免权"的条款增加了新的实质性的内容。这是一种对公民权利的转换,是一种对第十四条修正案的扩充,为后来最高法院推翻某些侵犯民权的州法奠定了法理上的基础。

一战期间的反左派政策不仅有效地打击了激进的工会和社会主义团体,也积极地回应了美国社会的种族主义思潮和排外活动。战前的进步运动在方向上矛盾重重,其中一些激进意义的改革也引起了保守势力的恐惧和憎恨。1915年,重建时期出现过的"三K党"死灰复燃,只接受"本土出生的白人基督徒美国人"(native born, white, gentile Americans)为成员。"三K党"使用私刑和暴力,打击黑人和外国出生的美国公民(尤其是犹太人),和来自俄罗斯、波兰、意大利等地的欧洲移民。1924年,"三K党"成员甚至进入了州一级政府,控制了得克萨斯、俄克拉荷马、俄勒冈和印第安纳等州的议会。"三K党"反对外国移民的活动在北部工业城市也有支持者。20年代初期,保守的劳工组织时常与国会的反移民力量结合起来,力图限制移民。亚洲的移民早在20世纪初已经被禁止,此时要限制的是来自东南欧国家的移民。在种族主义者的眼中,这些地区的欧洲人比起北欧和西欧的欧洲人来说是"次等民族",有色人种就更不用说了。1916年,纽约市自然历史博物馆馆长麦迪逊·格兰特在《伟大种族的消逝》一书中称,具有日耳曼血统(Nordic)的盎格鲁—撒克逊美国人应成为美国的主体民族,但由于大量斯拉夫和犹太移民涌入美国,日耳曼人种在美国的优势受到了威胁。他担心这些所谓的低等民族最终会通过选举而主导美国政治。① 类似的言论和思想对一战后美国限制移民政策的发展有直接的推动作用。

1917年,国会通过了法律,对所有移民实行文化水平测试,合格者方能移民美国。威尔逊否定了这项法案,但国会再次以三分之二的多数通过。一战时期,因为战争,欧洲移民数量减少,1914年至1918年间,只有11万人移民美国,而在1900年至1914年间,欧洲移民美国的人数达100万。一战结束后,移民数量有所回升,1920年进入美国的欧洲移民有81万人,相当一部分新移民来自东南欧地区。这种情形引起美国国内反移民势力的恐慌。他们害怕移民的增加会使他们的工作机会减少,工资和生活水平降低,因此强烈要求国会立法限制移民。1921年,国会通过了第一个《紧急移民法》,对进入美国的外国移民建立定额(quota)进入制,规定从欧洲任何国家准入美国的移民人数每年不得超过1910年该国在美国的人口总数的3%。② 但排外主义者并不满足。1923年,进入美国的移民仍高达55万人,有一半来自东欧和南欧。1924年,国会又通过了《原国籍配额移民法》,将美国接受移民的总数降低至每年15万人,并将大部分配额分配给来自英国、爱尔兰、德国和斯堪的纳维亚国家的移民。该法也全面禁止了亚洲移民。③ 从此,美国开始实行移民签证制度,统一的移民配额制得以建立。随着

---

① Madison Grant, *The Passing of the Great Race, or the Racial Basis of European History* (New York: Charles Scribner's Sons, 1916), 3-10, 74-5.
② U.S. Congress, An Act to limit the immigration of aliens into the United States (19 May 1921), in *Statutes at Large*, vol. 42, part. 1, ch. 8, 5-7. 关于移民定额制条文的原文是:"The number of aliens of any nationality who may be admitted under the immigration laws to the U.S. in any fiscal year shall be limited to 3 per centum of the number of foreign born persons of such nationality resident in the U.S...."
③ U.S. Congress, An Act to limit the immigration of aliens into the United States, and for other purposes (26 May 1924), in *Statutes at Large*, vol. 43, part. 1, ch. 190, 153-169.

1924年《移民法》的实施,自由移民美国的历史正式终结。

## 二 第十四条宪法修正案的"复活"

### 联邦政府的公民权利管理权的扩展

一战后期的吉特洛案开创了联邦最高法院利用第十四条宪法修正案的原则审理言论自由限度的先例,但真正将言论自由权利列入联邦政府保护范围之内的案例却是1931年的斯特龙伯格诉加利福尼亚案。① 此案最初起源于加利福尼亚在1919年通过的一条法律。这条法律禁止公民在公共集会时和公共场所使用和展示红旗,因为红旗象征着左倾激进主义,含有反对政府、煽动叛乱、鼓吹无政府主义等政治信息。这条法律诞生于"红色恐惧"时代,其本身的政治意义十分明显。但"红色恐惧"在1920年左右突然消失,这条法律通过后也就很少实施。1929年,加州的一位名叫雅达·斯特龙伯格的女教师组织了一次由左翼工人的子女参加的夏令营活动,在活动中,一个右翼组织的活动分子鼓动加州的警察对斯特龙伯格的夏令营进行了搜查,结果搜出了一面红旗。斯特龙伯格和夏令营的其他工作人员随即遭到逮捕,并被加州法院以违反1919年的红旗法为名判定有罪。斯特龙伯格上诉到联邦最高法院,称加州的红旗法禁止使用一个经法律承认的政党(即共产党)的旗帜,等于侵犯了公民的言论自由,违反了宪法的第一条修正案。在辩论中,斯特龙伯格的律师采用了霍姆斯的"清楚的和当前的危险"的原则,坚持认为红旗并没有构成任何霍姆斯界定的危险。

出人意料的是,最高法院以7—2票的多数宣布斯特龙伯格胜诉,并宣布加州的红旗法违宪。最高法院认为,以合法的方式举行政治讨论的权利是受宪法保护的;这项权利"对于联邦的安全是十分重要的";但加州的红旗法对这项权利如何得到"公平合理的使用"没有明确的规定;这种"过于含糊和漫无止境"的对公民政治讨论权利的限制

---

① *Stromberg v. California*, 283 *U. S.* 359-376 (1931).

等于禁止公民行使宪法保护下的言论自由权,而这些权利是联邦公民权利的重要内容,是受第十四条宪法修正案保护的,所以,加州的红旗法违反了联邦宪法,加州法院对斯特龙伯格的判罪必须予以推翻。①1933年,加州的红旗法被取消。

斯特龙伯格案是现代宪政史上的一个重要判决,因为它正式将第一条宪法修正案中保护的各项公民自由和公民权利列入了第十四条宪法修正案的保护范围内,使联邦政府开始承担起对公民自由和权利进行正面保护的责任。在同年的尼尔诉明尼苏达州案的判决中,最高法院也宣布明尼苏达州一项压制报纸的法律无效。②

1932年,在鲍威尔诉阿拉巴马州案的判决中,最高法院又将《权利法案》中的第六条宪法修正案保护的公民权利纳入第十四条宪法修正案的保护之列。③ 第六条宪法修正案的内容是,在刑事诉讼过程中,被告人有权得到(案件发生)当地的陪审团公正、公开和迅速的审判,有权被告知其被控告的理由和被指控的罪行的性质,有权在法庭上与原告公开对质,有权要求律师的辩护,有权获得对自己有利的证人的证词等。这些权利是普通法中的传统权利,自殖民地时期起,一直成为美国司法传统的一部分,但是对这些权利的保护向来是州政府的权力范围,联邦政府很少涉足。

鲍威尔案又名斯科茨伯勒案(Scottsboro Cases),缘起于1931年3月发生的一起谎报的强奸案。9名黑人青少年——最大的19岁,最小的13岁——被两名白人妇女指控犯了强奸罪,在阿拉巴马州的斯科茨伯勒被捕。在没有经过辩护人为其进行充分辩护的情况下,一个全由白人组成的陪审团将9名黑人全部判处死刑。这场公开违反第六条宪法修正案权利的审判引起了全国的关注,尤其引起了左派力量的反对。当时美国共产党支持的国际劳工辩护协会组织了声势浩大的抗议活动,将此案作为美国种族主义政策的例子在国际上广为批判。国际劳工辩护协会与全国有色人种协进会(NAACP)积极配合,将此案上诉到

---

① *Stromberg v. California*, 283 U. S. 359-376 (1931), 360-369.
② *Near v. Minnesota*, 283 U. S. 697 (1931).
③ *Powell v. Alabama*, 287 U. S. 45-77 (1932).

联邦最高法院。

最高法院以7—2票的多数推翻了阿拉巴马州法院的决定,令其重新审理此案。大法官萨瑟兰代表多数派宣判说,阿拉巴马法院在审理斯科茨伯勒案时,没有为被控有罪的黑人青少年提供正常的和足够的法律保护,没有给予他们"合乎情理的时间和机会"去寻求对自己有利的律师辩护,这种无视和忽视9名被告的正当法律权利的做法违反了第十四条宪法修正案中关于"正当法律程序"的原则。萨瑟兰说,无论第六条宪法修正案规定的权利中是否包含(或隐含)了法院必须为被告提供必要的法律辩护的意思,在审理类似斯科茨伯勒这样的可判死罪的案件(capital case)时,当被告无法雇佣律师或"因为无知、恐惧、文盲或生活经历而无法为自己进行有力的辩护时",法官必须为被告提供律师的咨询和辩护,这是满足(第十四条宪法修正案中规定的)正当程序要求的必要条件之一。① 此案经重审后,法庭仍宣布其中5名黑人青年有罪,并判处他们总共长达99年的有期徒刑。虽然后来两名白人妇女中有一人承认她们对这些黑人青少年的指控是捏造的莫须有罪名,被判刑的黑人仍直到1950年才被全部交保释放。显然,最高法院的审判对改变这些黑人的命运作用有限,但此案的重要意义在于它进一步扩展了最高法院对联邦公民权利保护的范围,为20世纪60年代沃伦法院全面扩展这种保护提供了非常重要的先例。

新政时期,随着联邦政府对美国经济事务的全面干预,联邦政府对于公民权利的保护范围也相应加大。这种扩大也反映了新政集权式宪政的思想:联邦政府和国家必须担负起积极主动保护公民权的义务,削弱州政府对人民权利的管制。罗斯福政府的新政政策多起源于对付经济领域内的管理,但对于经济的管理不可避免地要涉及许多日常公民权利的问题,如劳工组织工会、进行罢工、组成纠察线、集会、游行、散发传单的权利等。这些权利中的一部分在第一条宪法修正案明确规定的保护范围内,但对另一些权利,宪法却没有提供具体的、明确的规定。在这种情形下,联邦最高法院必须根据宪法原则和精神对这些权利的合法性和运用范围作出回答。如第七章所提到的,新政时期的最高法

---

① *Powell v. Alabama*, 287 *U. S.* 45-77 (1932).

院在罗斯福新政政策的合宪性问题上意见分歧,保守派对新政的抵制引发了罗斯福改革法院的风波。1937年3月以后的一系列人事变动改变了最高法院内新政反对派和支持派的力量对比,新政的主要政策得到了最高法院的有力支持。例如,1935年的《全国劳工关系法》规定工人可在联邦的监管下组织工会,并由全国劳工关系委员会负责保证工人的权利,但这项规定时常遭到地方企业的抵制。1937年,在全国劳工关系委员会诉琼斯案和全国劳工关系委员会诉弗里德曼—哈里·马克斯服装公司案中,最高法院以5—4票的多数对"商品的流通"作了极为宽泛的定义,认为联邦政府有权监管任何涉及州际贸易的劳资关系,有力地支持了《全国劳工关系法》。[1]

### 第十四条宪法修正案与联邦公民权的界定

新政后期的政治气候(尤其是罗斯福改组法院的风波之后)以及联邦政府在国民经济事务中扮演的愈来愈重要的角色,也推动了最高法院扩展第十四条修正案内容的进程。推动这一进程的主要力量是布兰代斯、卡多佐和斯通三名大法官。他们原为新政政策的支持者,在扩大联邦政府对公民自由和权利保护的问题上也一直坚持比较激进的立场,主张将《权利法案》中所保护的重要公民权利纳入到第十四条宪法修正案的管辖范围内,使联邦政府有效地承担起公民权利保护者的角色。布兰代斯等人的主张并没有立即为最高法院所接受。有的大法官认为所有属于《权利法案》保护的公民权利(即所有的防止联邦政府侵犯和剥夺的公民权利)都应同时属于联邦政府的保护之内,也就是说,属于第十四条宪法修正案的保护之内。另一些大法官则反对这种"全面纳入"(total incorporation)式的保护,主张实行有选择性的保护,即把那些"具有优先意义的自由(和权利)"(preferred freedom)纳入联邦政府的保护之列。在这种气氛下,最高法院扩充第十四条宪法修正案内涵和使用范围的过程不得不成为一个艰苦而缓慢的过程,不仅需要在法院内部积累支持"全面纳入"的力量(因为任何有关决定都需要多数

---

[1] NLRB v. Jones and Laughlin Steel Corp., 300 U.S. 1 (1937); NLRB v. Friedman-Harry Marks Clothing Co., 301 U.S. 58 (1937).

大法官的支持),同时需要在法理和逻辑上建立起令人信服的理论支持。1937年的波尔柯诉康涅狄格州案的判决在这方面起了重要作用。①

居住在康涅狄格州的波尔柯因杀人被以一级谋杀罪起诉,第一次审判时,陪审团裁定他的罪行为二级谋杀罪,判处他终身监禁。州检察官根据康州的一项法律(允许对个别重大刑事案件再次审理),提出再审波尔柯,并成功地将他的罪名定为一级谋杀罪。波尔柯不服康州法院对他的第二次判罪,上诉到最高法院,控告康州法庭两度以同样的罪名审判他,违反了第五条宪法修正案和第十四条宪法修正案中的正当程序的原则。最高法院以8—1票的多数驳回了波尔柯的上诉,维持原判,因为康州允许再审重罪的法律并没有违反"正当法律程序"。负责写作判词的卡多佐大法官注意到了最高法院利用第十四条宪法修正案管理《权利法案》的权利带来的复杂情况,便借此机会对两者之间的关系作了说明。

卡多佐在判词中追溯了有关《权利法案》的案例。他指出,言论自由已经被最高法院视为第十四条修正案的权利的一部分,为死刑罪被告人提供法律咨询和帮助也因鲍威尔案成为了第十四条修正案的权利;这种通过联邦政府机制对州权进行限制是因为《权利法案》中的某些权利"代表了我们(社会)有秩序的自由的核心"。卡多佐指出,《权利法案》中那些原来用于反对联邦政府侵犯公民自由和权利的规定,"通过第十四条宪法修正案,也变成了对州的合法限制",所以,《权利法案》中对联邦政府的限制也适用于对州政府的限制。关于《权利法案》中的权利如何变成了第十四条修正案的权利,卡多佐的回答是前者经历了为后者"纳入的过程"(a process of absorption);这个过程之所以发生是因为最高法院相信:"如果自由或正义中的任何一方被牺牲掉,两者都不会存在。"②

卡多佐通过波尔柯案建立了一个重要的新的宪政原则:最高法院有权通过第十四条宪法修正案来审查各州管理公民权利的法律,有权

---

① *Palko v. Connecticut*, 302 U.S. 319-329 (1937).
② Ibid., 321-329.

决定哪些权利对于国家的正义和自由至关重要而必须受到宪法保护。虽然最高法院在斯特龙伯格案(1931)和鲍威尔案(1932)已经采用这样的方式来处理公民权利的问题,但将这项原则以法院意见的方式正式宣示出来,意义深远。波尔柯案的原则开辟了一条联邦政府保护公民权利和自由的新的途径,推翻了1873年屠宰场案对第十四条修正案的狭义解释(但从与菲尔德大法官完全不同的角度,表达了对他的"实质性正当法律程序权利"理论的支持)。虽然卡多佐并没有直截了当地说《权利法案》中的所有公民权利都应该纳入第十四条修正案保护之列,但他至少确立了"纳入"(absorption)的重要原则。虽然最高法院中"全面纳入"和"优先纳入"两派还将僵持一段时间,联邦政府管理公民权利的趋势已不可阻挡。

### 斯通的脚注与"纳入"原则

这里必须提及有关《权利法案》权利转化为第十四条修正案权利上的一个不太为人注意的问题,即表面上民主的立法程序可能产生出本质上非民主的、甚至反民主的法律。这个问题是在1938年的美国诉卡罗林产品公司案时由大法官斯通提出来的。① 此案涉及联邦政府的一条关于在州际贸易中禁止销售某些牛奶制品的法律。卡罗林公司认为这条法律违背了第十四条宪法修正案,不经正当法律程序,剥夺了该公司的商业自由权。最高法院回答说,凡是与公共福利有关的法律都是与正当程序的要求相吻合的,不存在违宪的问题。

在代表最高法院写下该案的判词时,斯通在判词中加了一个脚注(即后来著名的 Footnote 4)。在这个脚注中,斯通提到司法部门有必要对某些法律和政府的政策进行严格的审查。他之所以提出这个问题,是因为他在论及《权利法案》与第十四条修正案的关系时,注意到一个实际存在但还未上升到司法审查的问题:即法律产生的过程可能并不是完全民主的,某些(甚至许多)法律的制定可能是在排除了某些社会群体(尤其是社会中的少数派)的参与的情况下进行的;有的州可能通过州法限制选举人的资格,不准组织政治活动,不准某些人集会,

---

① *United States v. The Carolene Products Co.*, 304 *U. S.* 144-155 (1938).

这些限制"极为严重地破坏了政治运作的过程",那些被排斥在立法过程外的人因无法参加立法,因而也不能利用正当的法律程序来反对或取消于己不利的法律,在这种情况下,法院应该采用更积极的态度来审查立法的动机,应该更为充分地利用第十四条修正案来保护那些被排除在立法过程以外的人的正当权利。斯通还特别指出在政治民主的过程中,法律是针对一些特别的宗教、民族和种族的群体而制定的,这些法律是否带有对这些"被区分的和孤立的"的少数群体(discrete & insular minorities)的歧视,是否阻碍他们参加正常的民主过程(而这种过程通常是保护少数群体利益所必需的),对于这些问题,最高法院必须要进行更深入的司法审查。①

斯通的脚注在当时并没有引起太大的注意,但它却建立了另外一个重要原则:即联邦政府有权对州制定的带有种族、民族和宗教及其他歧视性质的法律进行审查,并在第十四条修正案的原则下加以推翻。由于立法的过程是由有偏见的大多数人控制的,他们通过的法律也是有偏见。斯通所指出的立法过程的不民主正是当时美国存在的事实,南部各州的法律有效地将黑人排除在政治选举之外,西部的法律也将亚裔移民排除在某些职业之外,并不准他们获取财产,这些少数民族又没有其他的进入政治过程的通道,所以他们完全有可能始终成为多数人制定法律的受害者。这里主要指的是地方法和州法。斯通脚注的引申意义是联邦法院应对被排斥在正常政治渠道之外的少数群体提供特殊的保护。在某种意义上,这条原则为 20 世纪 70 年代的联邦政府为改正种族歧视而采取的"肯定性行动"(affirmative action)政策提供了一种极具前瞻性的法理支持。

在将《权利法案》的权利纳入第十四条修正案原则的指导下,最高法院在一系列案件中将第一条修正案中的权利引申发展,扩大了联邦政府对公民权的保护面。在 1937 年的德琼基诉俄勒冈州案的判决中,推翻了依据俄州言论管制法的定罪,宣布公民有权在正常有序的集会上发表政治见解。② 同年,最高法院又在赫恩登诉劳里案中以不存在

---

① *United States v. The Carolene Products Co.*, 304 U. S. 144-155 (1938), 152.
② *De Jonge v. Oregon*, 299 U. S. 253 (1937).

"清楚的和当前的危险"为由推翻了佐治亚州对一个美共组织者的定罪。① 在 1937 年的申恩诉砖瓦工工会案中,以布兰代斯为首的 5 名大法官指出,工会有权可以不经过州法的批准而将劳资纠纷公诸于众,工人组成抗议纠察线(picket line)是言论自由的一种表现方式,应该受到保护。布兰代斯在判词中强调,只要工人争取的目的不为联邦宪法所禁止,州就应该"允许他们以纠察线之类的集体联合的方式来争取他们的诉求,如同允许资本家和雇主以其他的方式联合起来争取他们的经济目的一样"。② 但在 1942 年的木匠工会诉里特咖啡馆案中,最高法院又认为,州有权禁止不涉及劳资纠纷的纠察线。以法兰克福特为首的多数派宣布,虽然工人有权组成纠察线,但州有权关注劳资纠纷发生地的"社区福利"(the well-being of the community),并为保护这种社区福利决定纠察线的范围,第十四条修正案并没有取消州所拥有的这项权力。③

值得注意的是木匠工会案的判决时间。1942 年,美国已经加入了第二次世界大战,联邦政府需要保持国内政治的稳定。在某种程度上,最高法院的判决反映了这种愿望。随着冷战开始,最高法院又将管理纠察线的权力交还给各州,因为组成纠察线已超过了言论自由想要达到的目的。

### 言论自由和表达自由的极限

最高法院对言论自由的保护的审慎态度也在 1942 年的查普林斯基诉新罕布什尔州案中表现出来。④ 查普林斯基因辱骂州政府官员,违反了新罕布什尔州的言论管制法而被治罪。最高法院支持新州法院的判决,并认为州有权制定惩罚谩骂政府官员行为的法律。墨菲大法官在判词中对宪法保护下的言论自由范围作了说明。他确认言论自由是受第十四条宪法修正案保护的一项重要公民权利,但言论自由不是一项不分场合地点可以任意使用的"绝对的"权利,言论自由绝不包括"使用那些会造成伤害和引起骚乱的污秽、下流、咒骂和诽谤性的语

---

① *Herndon v. Lowry*, 301 *U. S.* 242 (1937).
② *Senn v. Tile Layers Union*, 301 *U. S.* 468-492 (1937).
③ *Carpenters & Joiners Union v. Ritter's Café*, 315 *U. S.* 722-739 (1942).
④ *Chaplinsky v. New Hampshire*, 315 *U. S.* 568-574 (1942).

言",新州的言论管制法是为了保证"公共安定"而制定的,其目的是惩罚具体的罪行,这项法律并没有剥夺公民的言论自由权,也没有违反第十四条宪法修正案。①

最高法院在扩展第十四条修正案的含义时,也时常受到现实政治形势的影响。有的时候,为了迁就形势,不得不在极短的时间里作出自相矛盾的决定。1940年的迈纳斯维尔学区诉戈比蒂斯案和1943年的西弗吉尼亚州教育委员会诉巴内特案就是这方面最突出的例子。②

迈纳斯维尔学区案起源于宾夕法尼亚州的一项州法,该法要求本州所有公立学校的学生每日在学校向美国国旗致敬并宣誓效忠国家。这在1940年的美国是一种十分流行的日常活动。随着二战的展开和美国参战的可能性增大,各地的学区均把这种活动当成进行爱国主义教育的一种主要形式。但对于耶和华见证会的教徒来说,这项法律要求的活动是不能接受的,因为见证会的教义禁止教徒对除上帝以外的其他偶像表示崇拜。见证会的这种规定自然引起了其他许多基督教分支的不满。当在迈纳斯维尔学区就学的两名耶和华见证会教徒的孩子拒绝向国旗致敬时,该学区便以违反校规和州法为名,将这两名学生开除出校,学生家长也以违反学校纪律和地方学区法而被起诉。学生家长则称他们受宪法保护的宗教自由权利被学区和州的法律剥夺了。这是一个棘手的案件,涉及公民的宗教自由、言论自由应如何受到保护,宗教信仰与世俗的公民教育之间的关系等复杂问题。

最高法院以8—1票的多数对迈纳斯维尔学区的决定表示支持。大法官法兰克福特在判词中称,尽管参加国旗致敬的仪式及背诵向国家效忠的誓词可能违背学生的宗教信仰,但学校有权将拒绝参加这类活动的学生开除;他的理由是,宗教自由不是没有限度的,当社会感到需要时,宪法下保证的自由都可以被取消。接着,法兰克福特对国旗的重要性作了发挥。他说,一个自由社会的"最终基础"在于人民之间的那种"共同一致的情感的联结"(the binding tie of cohesive sentiment),

---

① *Chaplinsky v. New Hampshire*, 315 U. S. 568-574 (1942), 564-574.
② *Minersville School District v. Gobitis*, 310 U. S. 586-607 (1940); *West Virginia State Board of Education v. Barnette*, 319 U. S. 624-671 (1943).

这种情感是靠所有人民的精神与心灵的共同努力培养起来的,并成为代代相传的传统;国旗是"我们民族团结的象征",它超越"我们内部的所有分歧";既然人民的团结是国家安全的基础,国旗是国家的象征,学校可以要求学生向国旗致敬并将此作为强制性的活动,如果以宗教为由抵制参加这项活动,活动应该产生的效果就会大大减弱。①

　　法兰克福特的论理并不十分有力,与尊重自由的传统有悖。但面对正在进行的第二次世界大战,最高法院似乎没有别的选择。法兰克福特本人也不愿看到强制向国旗宣誓的法律,为此,他特意给在此案中唯一持异见的斯通大法官写信,说这只是特殊情形下最高法院"不能拒绝的决定",他保证在外部形势发生变化后可以更改或修正这样的决定。迈纳斯维尔学区案宣判后,民间对耶和华见证会教徒的打击事件不断发生,该教会的教堂被烧毁,教会领袖被当地居民赶出社区,教徒受到人身攻击的情形也日益严重,有的地方官员甚至威胁要将见证会教徒的子女送进少年管教所去改造。三年之内,联邦司法部接到了许多关于各地打击见证会教徒的报告。与此同时,学术界对迈纳斯维尔学区案也持批评态度,甚至连一向以保守政治观点著称的美国退伍军人组织也不欣赏最高法院对此案的判决。

　　正是在这种情况下,一名居住在西弗吉尼亚州的名叫沃尔特·巴内特的见证会教徒将一件与迈纳斯维尔学区案同样性质的案件带到了联邦低等法院。虽然西弗吉尼亚州的国旗致敬法完全是按照法兰克福特在迈纳斯维尔学区案中的理论为依据而制定的,联邦低等法院却推翻了最高法院对该案的判决,判拒绝向国旗致敬的学生的家长有理。此案在1943年上诉到最高法院,正式定名为西弗吉尼亚州教育委员会诉巴内特案。

　　审判结果,最高法院以6—3票的多数决定推翻了本院三年前对迈纳斯维尔学区案的决定,宣布西弗吉尼亚州的法律违宪。大法官杰克逊在判词中,采取了避重就轻的策略,绕开宗教自由一题,在言论自由上做文章。杰克逊指出,向国旗致敬是表现言论的一种形式(form of utterance),是一种象征意义的活动,也是思想交流的一种原始的但有

---

① *Minersville School District v. Gobitis*, 310 U. S. 591-600.

效的方式;当法律强制性地要求一个公民向国旗致敬时,该法律实际上是要求该公民赞成国旗所代表的象征意义,而根据第一条宪法修正案中的言论自由原则,州官员不能强制该州公民"说出他内心中并不存在的话",因此,政府不能强迫公民接受他内心并不赞同的思想或某种思想的象征,强制不接受国旗象征意义的公民向国旗致敬事实上侵犯了该公民的言论自由权。①

杰克逊的意见在宪法史上的地位不仅在于它对迈纳斯维尔学区案判决的否定,更在于它关于宪法下的言论自由的范围的一段论述。杰克逊说,如果人们认为不把爱国主义的活动从自愿的和自然的行动变成一种强制性的惯例,爱国主义就不会生长的话,只能证明这些人对提倡自由思想的美国体制缺乏信心。他认为:

> ……只有在付出容忍间或出现的极为古怪和极不正常的态度的代价基础上,我们才能得到由那些非常出色的心灵所带来的知识上的个人主义和丰富多彩的文化多元主义。当不同的思想和行为对其他人或国家没有大的损害时,这个代价并不大。但容忍差异的自由不应只限于那些无关紧要的事,如果是那样的话,对异见的容忍就只是一种自由的影子。②

杰克逊强调,对一个自称为自由的社会来说,对其所宣称的自由的实质性考验在于:"当(讨论的)问题涉及现行秩序的核心问题时仍然允许公民有权发表不同的意见。"③

### 对囚禁日裔美国人的政策的挑战

杰克逊的意见虽然掷地有声、气度非凡,但二战期间美国联邦政府对日裔美国人权利的处理却使其大为失色。1941 年 12 月 7 日,日军偷袭珍珠港,重创太平洋舰队,罗斯福和国会随即宣布对日作战。在珍珠港事件前后,国会通过了一系列重要措施,将很大一部分原属国会的权力交给总统。也就是在这一时期,罗斯福总统签署发布了行政命令,

---

① *West Virginia State Board of Education v. Barnette*, 319 U. S. 625-642 (1943).
② Ibid. , 641-642.
③ Ibid.

令战争部长和各军事指挥官将他们认为有必要转移走的居民强行移走。1942年3月,西防区指挥官下令对西海岸的日裔美国人、日侨,和德国、意大利侨民实行宵禁。5月,又将所有日侨和日裔美国人移至西部和南部10个集中营,共有11万左右的日裔美国公民被关入了集中营,其中的7 000人是出生在美国或已归化的美国公民。他们将在集中营里呆到战争结束。

从1943年到1944年,至少有三起日裔美国人诉联邦政府侵犯公民权的案件送到最高法院,对联邦的强制迁移法提出挑战。在1943年的平林诉美国案中,最高法院坚持在紧急情况下发布的宵禁令是合宪的,拒绝考虑被告提出的种族歧视的问题。① 在1944年的是松诉美国案中,最高法院大法官布莱克坚持,将日裔美国人驱除出军事区是军事需要。他承认强制性的转移和囚禁"与我们政府的基本原则并不一致",但是在现代战争中,敌人可以对美国的沿海造成威胁,因此"(对于国家的)保卫的力量必须与(国家面临的)威胁相对称"。布莱克称,被强行赶出家门对日裔美国人来说是一种"痛苦",但这是"战争的一部分",法院同样否认是松是因为种族的缘故而遭驱除的。② 大法官墨菲和罗伯茨表示了异议,他们认为多数派的决定是错误的,囚禁日裔美国公民是"对(他们)宪法权利的明显侵犯"。③ 同一天决定的远腾案中,最高法院准许远腾(一位日裔美国公民,曾在美国使馆工作过)享有人身保护令状特权,因为她虽为日裔,但对美国的忠诚无可质疑。但最高法院拒绝对战时迁移安置局的集中营计划是否合宪进行判断,只是将远腾从集中营放出来。④ 总之,最高法院在日裔集中营的问题上始终不作宪法意义上的裁决。最高法院对这些案件的决定再次说明,在遇到战争和紧急危机时刻,美国宪政机制的各部门能迅速有效地达成默契,密切配合,最高法院绝不会在这个时候出难题。无论在内战、一战、二战和后来的冷战期间,还是2001年"9·11"恐怖主义袭击事件后,均是如此。

---

① *Hirabayashi v. United States*, 320 U. S. 81-114 (1943).
② *Korematsu v. United States*, 323 U. S. 214-248 (1944), 215-224.
③ Ibid., 225-232.
④ *Ex parte Endo*, 323 U. S. 28-310 (1944).

值得引起注意的是,美国二战中的交战国除日本外,还有德国和意大利,而后两国的侨民或归化的公民都没有受到日裔的遭遇。在押的人中有相当一部分是土生土长、地地道道的美国公民,许多人甚至从未去过日本。美国政府的政策引起了被关在集中营的日裔美国人的反抗,当被要求宣誓效忠美国的时候,有一千多名日裔美国人为了抗议美国政府的歧视政策,宣布放弃美国国籍,要求到日本去为天皇效力。后因战争结束,此行未成。

在囚禁日裔美国人的同时,美国政府改变了对华裔美国人和中国移民的政策。1943年,国会废止了美国历史上的排华法律和实践,重新有限地开放中国移民。用罗斯福的话说,这样作是为了"改正一个历史的错误",因为"中国现在是我们的盟友";同时也是为了回击"日本人宣传机器的胡说八道"。①

但是,国会开放的中国移民的定额很有限,开始的时候,每年只有105个名额。国会同时也允许已经在美国的华人在出示了有效的入境证件和通过了入籍知识考试之后归化加入美国籍。从1944年至1952年,归化入籍的华人总共只有1400多人,其中包括一些上一个世纪就来到美国的老华工。

## 三 冷战初期的公民权利

### 冷战初期的肃共运动

二战结束后,冷战和朝鲜战争接踵而至,东西方两大阵营持续近半个世纪的对抗开始。联邦政府保护公民自由和权利的政策随着美国的外交政策而调整。1946年12月,杜鲁门总统宣布战事结束。次年7月,国会将一系列战时条款中止使用,但同时保留了一百多条战时法律继续有效。1948年,国会又通过了新的征兵法。朝鲜战争爆发后,国

---

① U. S. Congress, An Act to repeal the Chinese Exclusion Acts, to establish quotas, and for other purposes (17 December 1943), in *Statutes at Large*, vol. 57, part. 1, ch. 344 (1943), 600-601.

会又通过了国防生产法,再一次由总统执掌战争时期生产管理的大权。战后,大商业大企业因在战时与政府配合,此刻也要求联邦政府对激进的社会改革思想和共产主义性质的组织进行镇压,同时也将新政的一些计划视为社会主义倾向的政策;战后发现的几桩间谍案的确也使美国有些惊慌失措;加上苏联对东欧的占领,中国革命的胜利等,在冷战的意识形态的引导和推动下,美国刮起了一股反共飓风。国内安全的需要与维护美国公民的宪法权利的需要发生尖锐冲突,这是冷战时期宪政最突出的特点。

实际上,美国共产党从来没有得到西欧国家共产党那样的生长机会,直到20世纪50年代初,美共人数还不到6万人,但美国恐共之风之盛,大大超过1920年代的"红色恐惧"。许多不是共产党员的工运活动家被当作"激进分子"遭到解雇,有的企业还制作了"黑名单",不允许雇佣那些在政治上持左倾观点的作者、演员、歌唱家等。与此同时,联邦政府还采取了一系列的措施从政府机构中清除异己分子。

1947年3月,罗斯福病故后继任总统的哈里·杜鲁门签署了第9835号总统行政命令,指示建立一项全面的"忠诚计划"(loyalty program),对联邦政府所有雇员进行审查。罗斯福时代也实行过类似的计划,但规模有限。杜鲁门的计划范围很广,几乎涉及所有联邦工作人员。在这项计划下,联邦司法部长有权罗列任何在他看来是"极权主义的、法西斯的、共产主义的,或具有颠覆目的的组织",被指控参加了这些组织的人可以要求听证会,并寻求律师的帮助,但无权知道指控者的姓名,也不能查阅联邦调查局的材料,但可以向上司上诉,也可以向忠诚审查委员会上诉。① 从1947年至1953年,约有475万联邦雇员受到此计划的审查,结果有7人因此辞职或被迫收回求职申请,有500多人被免职或拒绝雇佣。在联邦政府的重要部门(如国务院、国防部、商业部、司法部及各军兵种总部),联邦政府对雇员实行了更为严格的审查。除此之外,各部门还建立了自己的安全审查程序和标准。1953年,有200个组织被宣布为"具有颠覆性"的组织。1953年接任的共和

---

① Harry Truman, Executive Order No. 9835 (22 March 1947), in *Federal Register*, vol. 12, 1935.

党人德怀特·艾森豪威尔继续了杜鲁门时代的做法,一上台就开始了新一轮的忠诚审查计划。

与此同时,国会也展开了大规模的肃共运动,频频通过法律和举行听证会,对美共和具有亲共、亲苏倾向的人士进行严酷打击和迫害,一时间,搞得人人自危,草木皆兵。二战后至冷战初期,使政客们能够一夜成名的最好的、最安全的话题就是反共。后来成为美国总统的理查德·尼克松就是靠所谓"希斯案件"(Hiss Case)在政治上发迹起家的。1945年成立的众议院"非美活动调查委员会"以其对艺术界和电影界左翼人士的迫害而臭名昭著,它实际上也参与了解雇联邦雇员和逮捕美共领导人的活动。1950年,国会通过了《内部安全法》(也称《麦卡伦法》),宣布"共产主义最近在其他一些国家的成功以及世界共产主义运动的性质和控制本身对美国的安全形成了一个清楚的和当前的危险",国会认为有必要通过立法来"阻止共产主义在美国实现其目的"。该法强迫美国共产党向联邦政府登记,并上交有关党内组织、成员、财政来源及活动的全部材料;该法同时要求共产党的外围组织也进行登记,并宣布禁止在美国建立(共产主义式的)"极权政治",宣布禁止参与共产主义运动的外国人入境。此法也宣布美国共产党员没有资格进入联邦政府或国防工业。① 1954年,国会又通过《共产党控制法》,宣布"既然共产党阴谋推翻美国政府,该党不再享有美国法律管辖下的合法组织所享有的一切权利、特权和豁免权"。此法将共产党定义为一个负有敌对国家使命的、阴谋反对美国政府的组织,因其对美国的国家安全构成了"清楚的和当前的危险",必须被视为非法组织。此案要求停止美国联邦和任何地方政府法律给予共产党组织的所有法律权利和保护。② 尽管此案没有明确宣布废除共产党,但其最终目的显然是要置其于死地。该法的这些规定涉及宪法第一条修正案和第五

---

① U. S. Congress, An Act to protect the United States against certain un-American and subversive activities by requiring registration of Communist organizations, and for other purposes (23 September 1950), in *Statutes at Large*, vol. 64, part. 1, ch. 1024, 987-1031.

② U. S. Congress, An Act to outlaw the Communist Party, to prohibit members of Communist organizations from serving in certain representative capacities, and for other purposes (24 August 1954), ibid., vol. 68, part 1, ch. 886, 775-780.

条修正案中的多项公民权利和自由,但是这项法律的合宪性问题(即该法的规定是否违反了宪法的原则)从未在最高法院测试过。

在20世纪50年代初期反共运动中最为臭名远扬的是威斯康星州的参议员约瑟夫·麦卡锡,他借反共为名,对在30年代曾支持罗斯福新政或同情苏俄共产主义的自由派人士大肆攻击和严酷迫害,并将反共当成党派斗争的武器,指责民主党亲共。在《麦卡伦法》《共产党控制法》和1940年通过的《史密斯法》的管理下,任何宣扬推翻政府思想的组织都可被宣布为非法。尽管艾森豪威尔总统任内没有在联邦政府中挖出一个共产党人,但由于朝鲜战争的背景,反共肃共的运动并没有因此停止。

## 最高法院与反共运动

反共法律引起的宪政问题在50年代也引起了社会的关注。一些关心公民自由的组织要求最高法院对这些法律作出宪法意义上的裁决。但是,由于政治大环境的影响,20世纪40年代末、50年代初的最高法院远不如新政后期那样激进。新政时代的司法激进主义的热情似乎消失了。最高法院对反共法律采取了一种保守的"司法节制主义"(judicial restraint)。对于国会的反共肃共的立法,最高法院基本上采取容忍和支持,不从宪法原则的角度对这些法律提出质疑,与先前那种用积极司法审查权来保护公民权益的做法正好相反,再次说明司法部门在重大外交和国家安全问题上始终保持一种低姿态。这也可以用来证明大法官们在意识形态上是同情并赞同国会和总统采取的反共政策的。司法自我节制是美国最高法院常用的一种审查策略,遇到棘手的宪政案件(尤其是那些涉及政治和外交问题的案件),大法官们尽量不与国会唱反调。

对反共法律的重要挑战开始于1950年的美国通讯协会诉杜德斯案。① 协会领导人对1947年的《塔夫脱—哈特利法》的第9条的合宪性提出质疑。该条款要求协会领导人宣誓他们不是共产党人,也没有参与任何阴谋推翻政府的活动,通讯协会认为这种要求侵犯了他们的

---

① *American Communications Association v. Douds*, 339 U. S. 382-453 (1950).

第一条修正案的权利。最高法院以 5—1 票(有 3 名法官未参加判决)的判决驳回了协会的理由。首席大法官弗雷德·文森称:第一条宪法修正案下保护的自由"不是绝对的"(not near-absolute),这些自由必须与社会秩序、安全与稳定保持平衡,而保持平衡的方法就是采用"清楚的和当前的危险"的原则来断定它们能否被使用,因共产党的行动可能会破坏经济和州际商务贸易事业,联邦政府有权防止这种现象的发生。① 布莱克大法官持异见,认为《塔夫脱法》的规定违反了第一条宪法修正案,因为这条修正案对"哪怕是最小的和最不正统的组织的成员"也具有保护的作用。②

更引人注目的肃共案件是 1951 年的丹尼斯诉美国案。③ 在这桩涉及 12 位美共领袖的案件中,最高法院以 6—2 票的多数宣布《史密斯法》有效。《史密斯法》是 1940 年制定的,将任何宣传和传播以暴力推翻美国政府的活动宣布为非法,任何从事这样活动的组织也是非法的,目的在于镇压共产党。④ 二战期间,美苏是盟友,罗斯福和杜鲁门政府都没有大张旗鼓地动用此法。冷战开始后,杜鲁门为争取公众对冷战政策的支持,同时也为了回击共和党人指责他们对国内共产党手软,在 1948 年 7 月将美共的 12 名领导人以违反《史密斯法》为由逮捕。最高法院明知联邦政府证据不足,却迫不及待地准允此案上诉。

联邦地区法院指控美共领袖企图以暴力推翻政府。对这项指控,首席大法官文森仍然采用了"清楚的和当前的危险"的原则来支持低等法院的宣判,但他对这个原则作了重大的修改。文森认为,法院有权判断"危险"的"严重程度和发生的可能性"(grave and probable danger)。尽管目前参加共产党活动的人并不多,该党在美国成功的希望也很渺茫,但其具备的潜在的破坏性的严重程度是不可低估的;既然共产党是一个为了推翻政府而成立的组织,并且该党在一旦有机会的时

---

① *American Communications Association v. Douds*, 339 U. S. 382-453 (1950), 385-415.
② Ibid., 445-453.
③ *Dennis v. United States*, 341 U. S. 494-592 (1951).
④ U. S. Congress, An Act to prohibit certain subversive activities; to amend certain provisions of law with respect to the admission and deportation of aliens; to require the fingerprinting and registration of aliens; and for other purposes (28 June 1940), in *Statutes at Large*, vol. 54, part 1, ch. 439, 670-676.

候就会将自己的政治纲领付诸实践,那么,它的一切活动在现在就已经构成"清楚的和当前的危险"。文森认为,"危险"的原则不是说政府"必须等到暴动将要发生的时候"才去控制对国家有害的言论;国家必须防止任何用暴力推翻政府的行动。文森的意思十分明白:对于共产党这样的组织,尽管其力量微弱,但一定要防患于未然。①

布莱克和道格拉斯两个大法官对多数派意见表示反对,他们认为《史密斯法》凶狠地压制了公民的言论和出版自由。道格拉斯不否认共产党是一个危险组织,但他认为美共没有任何煽动推翻政府的具体活动,而是组织一些人学学马列主义而已。② 丹尼斯一案为肃共反共的势头又加了一把火,从1951年到1958年,美共第二梯队的120多个领袖人物也被起诉,其中近100人被判罪。凡拒绝宣布与党脱离关系的被起诉者都被判有罪。

50年代早期的最高法院即便不是直接充当了麦卡锡主义的法律武器,至少也是积极助长和支持了麦卡锡主义的蔓延。直到50年代中期,在艾森豪威尔总统任命的首席大法官厄尔·沃伦的领导下,最高法院才开始从极端的保守主义立场慢慢滑向较为关注民权保护的立场。沃伦担任首席大法官近16年,他所领导的最高法院将对一系列有关公民权利和种族平等的案件作出与过去极为不同的判决,并强迫联邦政府正视公民权利的保护问题。这些判决将大大扩展现代美国宪政实践中公民权利的内容。艾森豪威尔后来对沃伦的任命感到十分后悔,认为这是他在总统任内犯下的一个天大的错误。

最高法院在1957年对耶茨诉美国案的判决预示了大法官们在肃共问题上立场的改变。③ 在此案的判决中,最高法院以6—1票的多数推翻了丹尼斯案建立的原则,认为仅仅因为美国共产党提倡和教育用暴力推翻政府的抽象理论,不足以构成《史密斯法》的欲治之罪。大法官托马斯·克拉克指出,《史密斯法》要惩治的是推翻政府的实际行动,其原始目的是惩罚1919年组织的美共,而1945年的美共已经过重

---

① Dennis v. United States, 341 U.S. 495-516 (1951).
② Ibid., 516-581, 581-592.
③ Yates v. United States, 355 U.S. 66-79 (1957).

组，不再是原来意义上的美共，不应再受《史密斯法》的管理。克拉克的后一个观点实际上是美共领导人的辩护律师提出的，最高法院予以接受，认为《史密斯法》对于"组织"一词定义模糊。① 最后，最高法院推翻了该案涉及的对美共领袖的控罪，但只有5人获释，另外9人被送回地区法院重审。司法部因无法满足法院要求的出示证据以证明美共有推翻政府的阴谋，只好放弃了对9名美共领袖的指控。

在1961年的史格尔诉美国案的判决中，最高法院对《史密斯法》中关于共产党组织成员的条款的使用作了进一步限制，要求区分革命组织中的"有意识"（或积极）成员与消极成员，前者虽可受《史密斯法》制裁，但需有足够证据说明该成员有意识地想要用暴力推翻政府。②

1961年，最高法院曾在美国共产党诉控制颠覆活动委员会案的判决中继续支持《麦卡伦法》的实施。③《麦卡伦法》建立了一个控制颠覆活动委员会，该委员会负责登记对国家安全具有危险性的组织，登记后的人将不发给护照，也不能被国防工厂所雇佣。美共人士拒绝向控制颠覆活动委员会登记，认为强制登记会使他们落入《史密斯法》的管制而失去许多权利。美共还认为，控制委员会强制登记的做法无异于强迫公民承认自己是"危险组织"的成员，这种要求违反了第五条宪法修正案中关于公民不得被迫自证有罪的原则。美共的这种看法在1965年艾伯登诉控制颠覆活动委员会案中为最高法院所接受。在这项9—0票的判决中，最高法院认为，控制颠覆活动委员会的登记要求违反了《权利法案》中的第五条宪法修正案（即公民不能被强迫自证有罪）。④ 此后，这个委员会再也无法强迫任何共产党人进行登记。1973年，该委员会因尼克松政府停止对其拨款而自动消亡。

在这之前，最高法院在1964年的阿普特克诉国务卿一案的判决中宣布，1950年《麦卡伦法》中对共产党员禁发护照的条款无效。⑤ 阿普

---

① Yates v. United States, 355 U. S. 66-79 (1957).
② Scales v. United States, 367 U. S. 203-289 (1961).
③ Communist Party v. Subversive Activities Control Board, 367 U. S. 1-202 (1961).
④ Albertson v. Subversive Activities Control Board, 382 U. S. 70-86 (1965).
⑤ Aptheker v. Secretary of State, 378 U. S. 500-529 (1964).

特克是美共主席,也是美共刊物的主编。他向国务院申请护照,但因为他是被登记了的共产党员,根据《麦卡伦法》,不得发放护照。联邦地区法院判阿普特克的申诉无效。最高法院以5—4票的多数推翻了地区法院的判决。亚瑟·戈德堡大法官宣布说,美国公民旅行的自由不能因其是某一组织的成员而被剥夺,也不能强迫某一组织的成员放弃他的组织关系,因为结社自由是美国公民的基本权利之一;尽管政府的目的是"合法的和有道理的",但其实现不得采用"那种广泛地损害个人自由的方式"。①

最高法院对《内部安全法》的态度变化除法院本身人事变动的原因外,也因为冷战趋于缓和。同时麦卡锡主义时代的政治迫害和反共斗士歇斯底里般的疯狂在人们的记忆中已不再是令人感到荣耀的事,而日渐成为令人尴尬的政治丑闻。最高法院的立场转变也许是带有为自己洗刷名声的成分。尽管如此,最高法院并没有宣布《麦卡伦法》和《史密斯法》等违宪。需要同时指出的是,在1969年的布兰登堡诉俄亥俄州案中,最高法院进一步对惩罚提倡非法行动的言论作出限制,认为政府只有在这些言论"意在或将要煽动和产生非法行动"时才能予以压制。② 这项判决是针对俄亥俄州的一项对该州"三K党"的起诉而作出的。可见,在放松对左派观点控制的同时,最高法院也依同一原则对极右和极端保守主义的言论予以容忍。

## 四 民权运动与宪政革命

### 民权运动的历史背景

20世纪50、60年代期间,由沃伦担任首席大法官的最高法院(The Warren Court)在处理左派组织的宪法权利问题上虽较以前的文森法院要开放和宽松一些,但仍显得十分谨慎。但在消除种族歧视、改善种族关系方面,沃伦法院则迈出了比较勇敢的步子。美国现代民权运动的

---

① *Scales v. United States*, 367 U. S. 203-289 (1961).
② *Brandenburg v. Ohio*, 393 U. S. 444 (1969).

胜利与最高法院的一系列判决有重要的联系。如第五章所述，重建虽建立了第十三、十四、十五条宪法修正案，使黑人获得了自由、公民地位和选举权，但到 19 世纪末，这些权利都为南部寡头政治逐步吞食和剥夺，黑人实际上并没有享受到平等的权利。1896 年的普莱西诉弗格森案的判决从宪法上肯定了南部对黑人实行的种族隔离和种族歧视政策。南部白人种族主义分子对黑人施用私刑成风，引起了美国及美国以外舆论界的关注。1910 年到 1917 年间，最高法院曾在几个案件的判决中，力图重新恢复重建修正案的原则，但并未能从根本上扭转黑人在法律上和现实中处于二等公民地位的状况。

　　1910 年，在一连串因种族问题而引起的城市骚动和暴乱之后，美国社会的白人和黑人民权组织领导人和积极分子开始走到一起，在纽约建立了全国有色人种协进会。有色人种协进会的宗旨是，开展合法斗争，利用法律手段为黑人争回宪法保障下的权利和平等。在协进会的发起人中有 19 世纪废奴主义者的后裔，也包括杜波伊斯这样的长期为黑人权利奋斗的黑人知识分子和黑人运动领袖，还有一些有声望的知识界领袖，如当时享有盛名的哲学家约翰·杜威等。协进会中的大部分成员为知识分子、律师和中上层人士。协进会早期的策略是依靠黑人和白人民权律师，将有关黑人权利的案件收集整理，逐级上诉到联邦最高法院，在法院里对南部各州的种族歧视法律提出挑战。1934 年，有色人种协进会接受了一笔数额巨大的匿名赠款，用此组建了专门用于帮助黑人争取平等教育权利的基金项目和相应的律师工作组。这个项目的首任首席律师是著名黑人学府霍华德大学（Howard University）法学院院长查尔斯·休斯顿。1938 年后，由瑟古特·马歇尔接任。马歇尔是休斯顿在霍华德大学法学院的得意门生，他领导一个由白人和黑人律师组成的工作组，从 1938 年开始到 1954 年，将一系列重大案件带入南部各州和联邦最高法院，利用第十四条宪法修正案，直接挑战种族歧视和种族隔离制度，不仅为 50 年代和 60 年代的民权运动作了法律上的铺垫，也推动了最高法院内部的改革（马歇尔最终将在 1967 年由约翰逊总统提名，成为联邦最高法院的第一名黑人大法官）。

　　20 世纪 30 年代新政前后政党政治的发展对黑人进入美国政治的

主流有相当重要的影响。在 1932 年的总统选举中,已经有相当一部分黑人开始放弃他们自重建时期就追随和拥护的共和党,转而支持以罗斯福为代表的民主党。罗斯福在执政期间任用了一批黑人领袖,让他们担任联邦政府的高级官员,并时常在有关种族的问题上听取他们的意见。联邦政府同时也雇佣了大量黑人。这一切显然赢得了黑人对罗斯福的好感。新政表现出来的政府积极主动干预经济、保护和调节人民权利的做法更使许多黑人感到高兴,使他们回忆起重建政治的特点。这一切使黑人领袖、全国有色人种协进会和其他黑人民权组织,以及普通的黑人民众感到,在他们争取平等权利的斗争中,联邦政府也许可以成为他们反对州政府实施的歧视政策、争取平等公民权的体制性工具。

20 世纪中叶民权运动的发生还得益于另一个重要的基础条件:黑人人口的城市化。随着 19 世纪末工业化的完成,大量农村人口流入城市,许多南部的黑人在农业急剧衰落的情况下,被迫移居到北部和西部的工业和商业城市,迅速转化为城市人口的一部分。仅 1900 年至 1920 年间,就有约 50 万南部黑人移居北部和西部城市,留在南部的黑人也流向南部的各大城市。这种向城市迁徙的趋势在二战后进一步加速。1940 年到 1950 年间,有 150 万南部黑人移居到北部和西部各州的城市里。1890 年时,美国黑人的 90% 居住在南部农村。到二战结束时,约三分之一的黑人移入了北部和南部的大城市(到 1980 年时,五分之四的黑人人口居住在城市,并大多集中在大城市)。大批黑人的到来,将原有的黑人社区扩大了,都市贫困化随即产生,但也增强了城市黑人的政治力量。

第二次世界大战也为黑人提供了一个新的争取权利的机会。二战期间,有 100 万黑人加入美国军队,相当一部分人被派往欧洲战场作战,二战结束后,又被派往朝鲜半岛参加朝鲜战争。许多黑人军人在转战南北中积累了经验和知识,成为战后反种族歧视的骨干力量。与此同时,二战期间,大量黑人进入工业队伍,原来持种族歧视的工会为了增加力量,也不得不吸收黑人入会。1941 年 6 月,黑人工运领袖菲力浦·鲁道夫曾准备发起一场进军华盛顿的活动,要求罗斯福政府出面干预工业界雇佣工人过程中的种族歧视行为。成千上万的黑人报名参加这项示威，最后罗斯福被迫在白宫约见鲁道夫，要求他取消进军华盛顿的活动。鲁道夫断然拒绝了。直到罗斯福答应立即采取措施将国防工业的就业机会向黑人开放，鲁道夫才同意放弃进军活动。1941年6月25日，罗斯福发布了第8802号总统行政命令，禁止接受联邦和国防工业合同的工业和企业在雇佣和招聘就业者的问题上以肤色、种族或民族血统为由对有色人种进行歧视，并建立了公平就业管理委员会，专门负责监督执行总统命令。① 这场运动在一定程度上为战后民权运动的开展提供了政治上的模式——向联邦政府施加压力，迫使其出面改正种族不平等和种族隔离的状况。

作为一场反法西斯主义的战争，二战在意识形态上对于民权运动的发生也有很大的影响。随后而来的东西方的对立为民权运动提供了一个意识形态上的优势。冷战迫使美国政府不得不考虑国内种族歧视对其国际政治形象的影响。当联合国于1945年成立后，美国全国黑人委员会还递交了声明，要求联合国关注黑人在美国受到的歧视。1946年，杜鲁门任命了一个民权状况调查委员会，对美国的民权状况进行调查，并提出改革的建议。这个委员会在给杜鲁门的报告中列举了种族隔离和种族歧视政策给美国在政治、经济和国际形象方面造成的一系列的伤害。报告警告说，在与共产主义世界的对抗中，美国如想要具备强大的道德和政治上的力量的话，必须解决国内的种族歧视问题，不然，美国将难以向那些要争取过来的"朋友"说明"我们思想和体制的长处"。②

### 联邦政府与种族关系的调整

1948年，杜鲁门在给国会的咨文中，建议国会及早建立一个永久性的管理民权的委员会，来处理种族问题。他毫不掩饰地指出，联邦政府有责任保证所有美国公民的宪法权利得到保护，"美国目前在世界

---

① Franklin D. Roosevelt, Executive Order No. 8802 (25 June 1941) in *Federal Regulations*, vol. 6, 3109 (1941).

② Harry Truman, Executive Order 9808 (5 December 1946), in *Federal Regulations*, vol. 11, 14153 (1946); Presidential Commission on Civil Rights, *To Secure These Rights* (Washington, D. C. : Government Printing Office, 1947), 139-73.

上的地位要求联邦政府承担这样的责任",因为"世界人民目前正面临着对自由或奴役制(两种制度)的选择","如果我们希望激发那些自由遭到了危险的人民,如果我们希望恢复那些已经失去了自由的人民对自由的期盼,如果我们希望实现自己的承诺,我们必须改正我们现行的民主中的不完美之处"。① 无论杜鲁门有多少诚意,他的讲话显然为民权运动的开展营造了较为有利的政治气候。

在全国有色人种协进会的推动下,最高法院自20世纪初开始,有限度地恢复了对重建宪法修正案对于黑人权利保护原则的支持。在1915年的吉恩诉美国案的判决中,最高法院宣布俄克拉荷马州一项限制黑人选举权的州法中的"祖父条款"违反了第十五条宪法修正案。② 如第五章所提到的,"祖父条款"是南部各州在19世纪末的一种法律手段,目的在于剥夺不识字的或识字不多的黑人选民的选举权。1915年时,这项条款在南部已不太使用,因为大部分的南部黑人在此时已经失去了选举权。所以,最高法院对吉恩案的宣判,象征意义大于实际效果。

1917年,最高法院又在布坎南诉沃雷案的判决中,将肯塔基州路易斯威尔市的一项居住隔离法宣布为违宪。③ 最高法院的判决没有推翻普莱西案"隔离但平等"的原则,只是说此原则不应无止境、无限制地使用。此案宣判后,南部一些州的居民采用了"种族限制居民盟约"(restrictive racial covenants)的方式来抵制最高法院的判决。这是一种以民间自发制定的面目出现的种族隔离条约,要求居住在特定地区(多为条件较好的郊区居住区)的房主相互承诺,不得将自己的房地产出卖、转卖或出租给黑人,也就是说,即便中产阶级的黑人有经济能力在这些居住区买房,他们也住不进来。对这种变相的歧视盟约,最高法院以不是政府行为而不予以制止。在1926年的科里根诉巴克利案的判决中,最高法院宣布,尽管这种盟约事实上对黑人的财产权造成了侵权和损害,联邦政府无权干涉这种完全由个人自发组成的盟约的实行,

---

① Harry Truman, Message to Congress (2 February 1948) in *House Executive Documents*, 80 Cong., 2 sess., No. 516.
② *Guinn v. United States*, 238 U. S. 347-368 (1915).
③ *Buchanan v. Warley*, 245 U. S. 60-82 (1917).

在此情况下,第十四、十三条修正案也不能用来保护黑人的利益;相反,如果政府强迫签约居住区的白人放弃盟约,等于违反第五条宪法修正案,未经正当法律程序,给白人的房地产价值造成了侵害。① 这样,最高法院把刚打开的反种族隔离的门又暂时地关上了。直到1948年,在居住区种族隔离的问题上,最高法院才又吞吞吐吐地通过哈德诉霍吉案和谢利诉克莱默案的判决表示,虽然居民盟约属于个体公民之间的行为,不受州法管制,但不能借助州的法律机器去实施,州也不能从司法程序上予以支持,如果州介入了这种盟约的实施和执行,该盟约就变成了州的行为,就必须受到第十四条宪法修正案的制约。②

从1941年到1950年,最高法院对公共交通方面的种族隔离政策也进行了纠正。1941年的米切尔诉美国案涉及一个黑人乘客乘坐火车时遭到拒绝的事件,最高法院认为州制定的隔离乘车法是对联邦州际商业管理权的侵犯。③ 1946年,有色人种协进会的律师们将类似的摩根诉弗吉尼亚州案上诉到最高法院。此案的主人公艾琳·摩根是一名黑人妇女,她乘坐灰狗长途汽车从弗吉尼亚的格拉斯特前往马里兰的巴尔的摩,这是一条州际商业的线路,根据弗吉尼亚州种族隔离法,她只能坐在汽车的后排,当司机要她往后坐时,她拒绝了,因而被捕。有色人种协进会的马歇尔律师在最高法院为摩根进行的申诉中指出,弗吉尼亚州在州际交通上实行隔离法等于侵犯联邦权力。最高法院接受了这种理论,宣布弗吉尼亚州种族隔离乘车法为非法。④ 依照摩根案的原则,最高法院在1950年的亨德逊诉美国案的判决中宣布,在州际铁路餐车上实行种族隔离也是非法的。⑤

所有这些案件的判决都是遵循州际商业管理联邦权的原则。从法律的角度来看,并非难以做到。但这些案件的影响有限,只涉及州际经济交往中的种族歧视问题,对广大黑人在日常生活中遭受到的大量歧视性待遇的改善没有多大影响。因大部分种族歧视的法律是由各州制

---

① Corrigan v. Buckly, 271 U.S. 323-332 (1926).
② Shelley v. Kraemer, 334 U.S. 1-23 (1948); Hard v. Hodge, 334 U.S. 24-36 (1948).
③ Mitchell v. United States, 313 U.S. 80-97 (1941).
④ Morgan v. Virginia, 328 U.S. 373-394 (1948).
⑤ Henderson v. United States, 339 U.S. 816-826 (1950).

定的,要根除种族歧视和种族隔离,必须找到一个突破口,证明种族歧视对受歧视者和歧视者都造成了巨大的伤害,从而将各州的种族隔离法彻底推翻。

## 挑战高等教育中的种族隔离

从20世纪30年代后期起,有色人种协进会就将教育选定为全面推翻种族隔离和歧视的突破口,这不仅因为教育涉及千家万户,影响面广,而且学校种族隔离在南部和北部都很普遍。1945年,美国有18个州对白人与黑人学生实行强制性的隔离教育;另外6个州允许由地方学区委员会决定是否实施种族隔离教育。二战前后,马歇尔及其他有色人种协进会的律师开始对教育方面的种族隔离和歧视制度进行挑战。在策略上,他们选取了"以彼之矛,攻彼之盾"的战术,即在种族主义者奉行的、最高法院准允的"隔离但平等"的原则中的"平等"(equal)一词上大做文章。马歇尔的逻辑是,根据现实和历史,种族隔离的结果自然是不平等,也不可能平等,在当时的南部,黑人学校的设备、师资、校舍及教师工资都远不如白人学区,而黑人群体因为被排除在州和地方政治之外,无法参与对州经济资源(包括用于教育的地方税收和财政)的分配;在这种情况下,必须先利用种族隔离主义者的口号,争取隔离情况下的平等,并且要求绝对的、全面的、一丝不差的平等。马歇尔和他的同事当然清楚,这种绝对的"平等"是无法实现的,也是南部各州在财政上无法承担的,无论从经济上和现实运作上,州政府都无法提供这种"绝对的平等"(absolute equality)。这项法律战术的目的是,通过证明绝对平等的不可能性和无法承受性,来迫使州政府废除"种族隔离"(racial segregation)的法律和实践。

为了达到这一目的,有色人种协进会的律师们首先选择了高等教育作为第一突破口。1938年,最高法院在盖恩斯诉卡纳达案中第一次对高等教育的种族隔离问题作出判决。盖恩斯是密苏里州的一名黑人,他曾申请进入密州大学的法学院学习,但因为该校实行种族隔离制度,拒绝了盖恩斯的入学申请。在有色人种协进会首席律师休斯顿的帮助下,盖恩斯的案件上诉到联邦最高法院。盖恩斯称密州的种族隔离教育法违反了第十四条宪法修正案,没有给予他受教育的权利平等的法律保护。当时的首席大法官休斯认为盖恩斯的理由充分,代表多数派,命令密州大学接受盖恩斯入学。① 但在法院命令宣布后,盖恩斯突然失踪,此后音讯全无,留下一个至今未解的悬案。

最高法院对盖恩斯入学的支持使有色人种协进会的律师信心大增。最高法院对盖恩斯入学权的承认说明第十四条宪法修正案中的"平等法律保护"条款可以用来打破南部的种族隔离教育。1948年,有色人种协进会又将赛普尔诉俄克拉荷马大学董事会案上诉到最高法院。赛普尔是一名居住在俄克拉荷马州的黑人女青年,她申请进入俄克拉荷马大学法学院,虽然她的成绩合格,但仍然遭到校方拒绝,理由是不久的将来俄州将专门建立一所黑人法学院。有色人种协进会的首席律师马歇尔在诉词中强烈谴责了"隔离但平等"的原则,指出种族隔离并不能保证平等。最高法院根据1938年盖恩斯案的判决,命令俄州立即为赛普尔提供平等的法学教育设施。② 为了应付最高法院的命令,俄州用绳子将州议会内的一块地方隔开,作为黑人法学院的临时校址。赛普尔(此时已结婚,改姓"费希尔")拒绝到州议会去上课。有色人种协进会以费希尔诉赫斯特案的名义再次上诉,但最高法院却认为俄州已完成法院的要求,表示无法再作进一步努力。③ 与此同时,俄州议会改变入学规定,准许大学在种族隔离的条件下招收黑人学生。

1950年,有色人种协进会又将两个涉及黑人教育权的案件上诉到最高法院。案件之一是斯韦特诉佩因特案。此案与赛普尔案的案情很相似。斯韦特是一名得克萨斯州的黑人,要求进得州大学法学院,但遭到拒绝。得州政府在联邦法院的命令下,为斯韦特临时开辟了一个简易法学院。这个所谓的黑人法学院设在一个地下室里,只有3间屋子,4名教授,不到100本图书资料,条件设施完全不能与拒绝斯韦特申请的得州大学法学院相比。马歇尔在为斯韦特申诉时指出,得州的这两所法学院在设备、师资、校友网络、名望和实力方面是极不平等的:得州大学法学院有近千名学生,16名正教授,6万册书籍,有供学生练习的

---

① *Missouri ex rel. Gaines v. Canada*, 305-354 *U. S.* 337 (1938).
② *Sipuel v. Board of Regents of University of Oklahoma*, 332 *U. S.* 631-633 (1948).
③ *Fisher v. Hurst*, 333 *U. S.* 147-152 (1948).

见习法庭设备,并出版一份颇有名气的法学期刊,也是全国法学院联谊会的会员;而新建的黑人法学院则设备简陋,师资短缺,既没有名气,也没有校友网络;这种差别说明黑人法学院的学生所接受的教育在质量上将远远不如得州大学法学院的学生,两者毕业生的工作前景也不一样,如此下去,同为得州公民,得到的是不平等的法律保护,所以,法学院隔离教育的做法违反了第十四条宪法修正案的"平等法律保护"原则,并且未经正当法律程序剥夺了黑人法学院学生(未来)的"财产权"。马歇尔在辩论中特别使用了"无形因素的平等"(intangible equality)的概念,指出在类似法学院这样的高等职业教育中,学校的名气、校友网络等无形因素直接影响到学生毕业后就业和发展的成功率。

最高法院以9—0票的一致意见接受了马歇尔的观点。首席大法官文森在宣判中,借用马歇尔的理论说,即便得州的两所法学院在学院的有形因素(如教学设施、图书馆、师资等)方面完全一样,它们之间也决无可能在名声、社会承认、校友网等无形因素方面做到绝对平等,而这种不平等的结果必然是使黑人学生接受一种带有歧视性的教育。最高法院令得州大学法学院接受斯韦特入学。① 这一案件是有色人种协进会的律师们充分运用"绝对平等"策略的成功例子,但是他们未能说服最高法院取消"隔离但平等"的原则。

同年,最高法院又对麦克洛林诉俄克拉荷马州案进行了判决。麦克洛林是俄州的一名黑人教师,他向俄州大学申请读教育学的博士学位,遭到拒绝。在联邦地区法院对俄州大学发出命令后,俄州大学接受了麦克洛林。但是,俄州大学对麦克洛林实行校内隔离教育,命令麦克洛林上课时不能与白人学生坐在同一教室里,而只能坐在主教室旁边的一个小过道里;命令他只能在规定的时间内使用图书馆,并只能在图书馆内指定的书桌上学习。在有色人种协进会的律师帮助下,麦克洛林一案得到最高法院的审理。首席大法官文森在9—0票的判决意见中指出,当州立大学在接受了一名学生之后,仅仅因为他的种族的原因,就拒绝让他享受与其他学生同等的待遇,等于学校对该学生进行种族歧视;俄州大学对待麦克洛林的做法违反了第十四条宪法修正案中

---

① *Sweatt v. Painter*, 339 U. S. 629-636 (1950).

的平等法律保护的原则,必须废止。在谈到最高法院作出此决定的理由时,一向保守的文森指出了种族隔离教育所包含的潜在危险:

> 我们的社会正在变得日益复杂起来,我们对于受过良好训练的、未来的领袖的需要也将更为迫切。这个案件正好充分表现了这种需要,因为他(麦克洛林)是在争取获得一个更高的、能够指导和教育他人的学位;他本人接受的教育必然要影响那些将来要成为他的学生的人;如果麦克洛林与他的同学所接受的教育是不平等的话,那他的未来的学生在教育与发展上也将不可避免地受到伤害。由州强制实施的这种(对麦克洛林在校内实行种族隔离教育)的政策将产生这种不平等,最高法院对此不能容忍。①

应该引起注意的是,文森这段话包含了极为明显的"非纯法理的内容"(non-legalistic elements)。他对麦克洛林所遭受的种族歧视的后果看得很重,并且将其与国家未来的发展和公民社会的建设联系起来,这在最高法院对种族关系的审理意见中是很少见的。长期以来,有色人种协进会的律师一直希望最高法院能够摆脱就事论事的传统,将种族歧视引起和造成的社会和心理伤害纳入法院奉行的法律思想之中,文森的论述说明,最高法院在这方面开始有所松动。这项判决为有色人种协进会在1954年赢得布朗诉托皮卡教育委员会案的判决奠定了法理基础。但是,尽管最高法院的大法官已经意识到种族隔离制度是一个充满危险、令美国在国际社会(尤其是在与共产主义的意识形态对抗中)极为尴尬难堪的制度,但如同对斯韦特案的判决一样,此时他们拒绝推翻普莱西案的决定。

## 布朗诉教育委员会案

这些涉及高等学校隔离教育案件的胜诉增强了有色人种协进会律师们的信心,他们决定将反种族隔离教育的斗争推向涉及千家万户的中小学公共教育领域。但是,要促使最高法院推翻中小学教育中的种族隔离是一项难度极大的挑战,因为中小学中的种族隔离教育自重建

---

① *McLaurin v. Oklahoma State Regents*, 339 U. S. 637-642 (1950).

以来便在南部实施,并一直得到州法律的支持和保护,推翻这种实施了近一百年的法律秩序势必引起南部的强烈反抗。此外,最高法院内部对种族隔离问题也有意见分歧,虽然在高等学校的问题上,大法官们态度坚决,但那多半是因为那些判决的影响有限,不会影响到无数基层的美国家庭的生活模式。而在中小学教育问题上,最高法院是否具备同样的勇气,是否愿意迈出激进的步伐,难以捉摸。为此,全国有色人种协进会自20世纪50年代初起便开始进行大量精心和周密的准备工作,并在1952年将一组关于中小学种族隔离教育的案件上诉到联邦最高法院,这就是后来举世闻名的布朗诉托皮卡教育委员会案。①

布朗案一共包括5个案件,分别选自南卡罗来纳、弗吉尼亚、堪萨斯、特拉华等州和哥伦比亚特区,以突出种族隔离教育的普遍性问题。这些案件都涉及黑人中小学生在就学、学校设施等方面因肤色不同而遭受的不平等待遇。当这些案件在联邦低等法院和州法院审理时,马歇尔和其他有色人种协进会的律师大胆使用当时一些黑人和白人社会学家和心理学家对种族隔离和种族歧视后果作的社会调查。这些调查资料显示,强制性的种族隔离教育对黑人学生的自尊心造成了极大伤害,相当一部分学生感到自卑,不喜欢自己的肤色和长相,甚至产生了下意识的"自憎"(self-hatred)感。在每个案件的审理中,马歇尔和他的同事们都召请了心理学家或教育学家出庭作证,从多种社会科学的角度说明隔离教育给黑人学生造成的难以修复的心理伤害。马歇尔使用的心理学和其他社会科学的调查资料最终将成为联邦最高法院的布朗案判决书的一部分。

1952年,最高法院对布朗案进行第一次审理。在陈述案情时,马歇尔指出,种族隔离教育严重违反了第十四条宪法修正案中的"平等法律保护"的原则,既然最高法院已将高等教育中的隔离政策宣布为非法,同样的原则也可适用于中小学教育。维护种族隔离的势力也对此案极为重视,聘请了当时美国最负盛名的律师、前美国司法部长约

---

① 此案一共包括五个案例: *Oliver Brown v. Board of Education of Topeka*; *Briggs v. Elliott*; *Davis v. County School Board of Prince Edward County, Virginia*; *Gebhart v. Belton*; *Bolling v. Sharpe*; 347 U. S. 483-496 (1954)。

翰·戴维斯为种族隔离法辩护。戴维斯避实就虚，不触及最高法院先前对高等教育隔离案的判决，称第十四条宪法修正案"平等法律保护"的权利中并不包括黑人和白人在同一学校就学的权利。他的证据是，国会在1866年通过第十四条宪法修正案的法案后，很快又通过了允许在哥伦比亚特区（华盛顿市）实行黑白隔离教育的法律，说明黑白合校的权利并不包括在国会意图保护的黑人权利之列。

最高法院听完辩论后，主张取消和保留种族隔离教育的法官各占一半，无法作出判决。唯一的中间派大法官法兰克福特提出由双方就此案再辩论一次，并要求双方：(1)用历史证据说明当年国会制定第十四条宪法修正案时曾明确禁止过种族隔离教育的行为；(2)用历史证据说明国会在其他的法律里曾明确禁止过种族隔离教育的行为；(3)如果无法找出上述证据，能否说明为什么最高法院必须推翻种族隔离教育制度？如同我们在第五章讨论过的，制定重建宪法修正案的过程是一个政治妥协的过程，正是为了避免内部在细节问题上的纠缠，共和党国会采用了非常宽泛和粗线条的语言来制定第十四条宪法修正案。所以，要找出最高法院要求的历史证据，非常困难。虽然有色人种协进会组织了25名优秀的白人和黑人历史学家日夜研读历史文献，但收效不大。在这样的情况下，马歇尔决定放弃引用历史根据的做法，改用强调种族隔离教育对黑人学生造成严重心理伤害的策略。

就在预定的布朗案第二次辩论即将开始前，最高法院首席大法官文森突然去世，因文森的立场是反对取消种族隔离教育法的，他的去世使保守派失去了重要的一票，势必影响到布朗案的最终判决。这种形势的突变使得一度犹豫不决的大法官法兰克福特不由得发出感叹："世上必有上帝的存在。"新任首席大法官厄尔·沃伦曾任加利福尼亚州州长，因在1952年总统大选中，为艾森豪威尔的当选立下过汗马功劳，被艾森豪威尔提名接任文森。沃伦虽为共和党人，却分享许多罗斯福新政时代的改革思想。他在听取了布朗案的第二次辩论后，深为马歇尔的雄辩所打动。为了保证最高法院的判决有足够的分量，沃伦运用了他极为擅长的斡旋技巧，耐心地说服几位对取消隔离教育持反对态度或犹豫不决的大法官。最后，最高法院终于以9—0票的一致意见作出决定：宣布州立中小学公共教育系统中的种族隔离教育违宪，推翻了1896年普莱西案建立的"隔离但平等"的原则。①

沃伦和最高法院接受了马歇尔的理论及其使用的社会学和心理学调查结果,认为种族隔离教育对黑人学生造成不可弥补的伤害,对美国的未来也造成了极大的负面影响。在判词中,沃伦避免去比较黑白学校在学校设施上是否做到了完全的平等,也不考虑南部提出的立即改善黑人学校条件的保证。相反,他采用了文森在1950年麦克洛林案中采用的思维逻辑:注重阐述教育的功能和影响,并且将其尽力发挥。沃伦说,对于种族隔离教育是否合理或合法的问题,不能靠从历史中寻找根据的做法来证明:"我们必须将公共教育放在其全面发展和其目前在美国生活中的地位的背景下来思考;只有这样,我们才能决定公共教育中的种族隔离制度是否剥夺了(宪法对)原告的平等保护的权利。"公共教育的地位和作用是什么呢?沃伦宣称:

> 当今,教育可能是州和地方政府最重要的功能之一。强制性的就学法律和巨额的教育花费都说明我们充分认识到了教育对我们民主社会的重要性。教育是我们履行基本公民职责(包括服兵役时)的基本条件,是(培养)优秀的公民品质的最重要的基础(the very foundation of good citizenship),是唤醒一个孩子对文化价值的认知、辅佐他为以后的职业训练作好准备以及帮助他正常地适应他所面临的环境的一种主要工具。在当代,我们怀疑,当一个孩子被剥夺了受教育的机会时,他还能有机会(在社会中)获取成功。(所以)接受教育的机会是一种权利,这种由州负责提供的机会必须平等地向(本州内)所有的公民提供。②

在阐述了教育的重要性后,沃伦进一步展开他的理论,如果教学设施平等,种族隔离教育是否剥夺了少数民族学生同等的教育权利?沃伦的回答是肯定的,这是因为"仅仅基于种族和肤色的原因,将少数民族的学生同与他们年龄和资格相同的其他学生隔离开来,将使被隔离的学生对自己在社区中的地位产生一种自卑感(a feeling of inferiori-

---

① Brown v. Board of Education of Topeka, 347 U. S. 483-496 (1954).
② Ibid. ,486-496.

ty)，这种自卑感将对他们的心灵和心智（hearts and minds）造成一种不可修复的伤害"。沃伦宣布，现代社会科学的研究充分说明了这种伤害的存在和严重性，普莱西案判决中任何与现代心理学研究结果相矛盾之处必须被抛弃，"隔离但平等"的理论不能在公共教育中实施，因为"分离的教育设施本身具有一种内在的不平等"（Separate educational facilities are inherently unequal）。①

　　布朗案的判决具有深远的影响。从宪法意义上讲，它不仅推翻了"隔离但平等"的原则，而且也运用了实用社会科学的研究结果和资料。沃伦的判词几乎就是一篇政治宣言，大有恢复当年布兰代斯等人开创的法律现实主义的传统之势。在本质上，最高法院在此案中也采用了类似1857年斯科特案（见第四章第二节）的司法能动主义的态度，都希望通过法院的意见来解决现实的宪政难题，但两者的后果是不一样的。在斯科特案中，最高法院的多数派在南北对峙的时刻，力图维护奴隶制，结果加速了南北的分裂，将国家推向内战的边缘。一百年后，最高法院以积极的态度面对改变了的历史环境，勇敢地作出了废除种族隔离的决定，推动了美国社会的进步。我们应该认识到，最高法院之所以最终能作出这样的决定，是诸多因素共同作用的结果。没有基层黑人群众的勇气，没有有色人种协进会的黑人和白人律师的精心策划与在法庭上有理有节的斗争，没有众多的社会科学工作者和他们的研究成果的支持，没有类似沃伦这样的大法官对政治问题的敏感和对美国社会前途的关切，布朗案不可能获得成功。准备和审理布朗案过程中的每一个环节都需要法律智慧，需要有对宪法的信心。如果说1857年的斯科特案的判决使黑人和许多北部的共和党人彻底失去了对最高法院和宪法本身的尊敬，1954年的布朗案则使最高法院赢得了黑人和大多数美国人的尊敬，它至少使这些美国白人和黑人相信最高法院在社会改革的某些关头是可以扮演一个正面的推动者的角色的。

### 南部民权运动的开始

　　但在贯彻实施这项判决时，最高法院却显得迟缓和软弱。1955

---

① *Brown v. Board of Education of Topeka*, 347 U. S. 486-496.

年,在第二个布朗案判决中,最高法院规定,取消种族隔离的具体工作和时间表由各州根据实际情况采取"立即的和合理的"措施,等于将执行法院命令的权力交回给州和地方政府。① 显然,这是最高法院对南部保守势力的一种妥协,它不希望以强制的手段命令南部各州迅速完成取消中小学种族隔离政策的工作。南部各州对布朗案的判决进行了大规模的抵制,不仅通过决议,抗议最高法院的决定,还采取各种变相的隔离措施来干扰和拖延黑白合校的进程。一些地区取消了强制性出勤制度,允许家长把学生带回家或转往其他学校,有的地区威胁从黑白合校的学校抽走资金,有的则采用"自由择校"的方式允许学生选择自己的学校。南部白人抵制合校的运动在1957年9月阿肯色州的小石城中心中学事件中达到高峰。该州州长公然命令州民兵阻止该校执行法院有关取消隔离的命令,成群结队的白人围集在学校周围,对第一批进入中心中学的9名黑人学生进行围攻谩骂。直到艾森豪威尔总统下令联邦军队到小石城进行干预,并将州的州国民警卫队转化为联邦军队预备队,接受总统指挥,履行起保卫黑人学生的责任后,黑人学生才得以进校。在这一时期的一系列联邦与州的对抗中,最高法院都坚决地站在联邦政府一边,积极支持政府采取立法反种族隔离的行动。1962年,当密西西比州议员罗斯·巴勒特将一名黑人学生强行赶出密西西比大学后,上任不久的约翰·肯尼迪总统向密州派出上千人的联邦军队,并将密州民兵联邦化,来维持治安,保证那位黑人学生的正常学习。尽管有这些努力,取消种族隔离的运动在南部的进程仍很缓慢。在布朗案判决宣布10年后,南部11个州内只有2%左右的黑人学生真正进入黑白合校的学校学习。

布朗案的宣判对民权运动的兴起起了催化剂的作用,而1955年至1956年蒙哥马利黑人抵制公车歧视的运动则为民权运动提供了有效的斗争模式。黑人是蒙市公共汽车的主要乘客(占该市公车乘客的70%以上),但该市公车一直实施种族隔离乘车制度。1955年12月1日,一位名叫罗莎·帕克斯的黑人妇女(她同时也是一位民权运动积

---

① *Brown v. Board of Education of Topeka*, 349 U. S. 294-301 (1955).

极分子)因拒绝为一个白人乘客让座而遭到逮捕,蒙市黑人立即在年轻黑人牧师小马丁·路德·金的领导和组织下,开展了一场非暴力的抵制公车运动。金出身于南部黑人牧师家庭,不久前刚从波士顿大学获得神学博士学位,曾经专门学习和研究过甘地的公民不服从运动(civil disobedience)的思想。当蒙市的抵制运动开始后,他立即意识到面对强大的南部的白人政治力量,最有效的抗争方法就是以非暴力的方式,对种族歧视和种族隔离的法律提出挑战。蒙市的黑人群众利用各种网络,互相帮助,解决乘车困难,保证无黑人乘坐公车,而金本人则利用他的教堂,对群众宣讲非暴力抵抗运动的思想,团结群众。经过长达380天的抵制,最后在最高法院的干预下,蒙市公车种族隔离制度被取消。美国黑人在战后第一个大规模的非暴力抗争运动取得了胜利,马丁·路德·金名声大振,成为民权运动的当然领导人。

## 公民不服从的理论与实践

在蒙市公车抵抗运动的基础上,金在1957年比较系统地提出了"非暴力的、大规模的、直接行动式的抗议"(nonviolent, massive, direct action protest)的思想。金的思想核心是鼓励受歧视的黑人群众团结起来争取属于自己的宪法权利。他使用了黑人和白人都熟知的基督教和美国政治语言来表达黑人的诉求。在他的理论中,黑人要追求的正是美国传统中引以为豪的自由、平等和正义。他提倡的非暴力原则,也是起源于基督教和西方文明的传统,因而能引起听众的强烈共鸣。金认为,非暴力抗争要成功,示威者必须做到从思想上真正接受非暴力的原则,要能做到即便被种族主义者或州政府执法人员打得头破血流也决不以暴力反击。他采用甘地的语言说,非暴力抵抗者要用自己的牺牲和痛苦来展示种族隔离制度的非正义性,要唤起许多人对种族隔离制度的谴责。在具体的策略上,金提出要通过大规模的、自愿的、有足够富有牺牲精神的人参加的非暴力抗争活动,在种族隔离严重的地区造成一种危机四伏(crisis-packed)的局面,利用媒体的广泛报道,引起公众(甚至国际社会)的关注,迫使州政府取消种族隔离和种族歧视的法律,迫使联邦政府出面对州施加压力。① 显然,金不仅熟悉如何组织和号召黑人群众,如何唤起具有同情心和正义感的白人群众的支持,而且深知如何熟练地利用美国社会的政治和法律资源。

金的理论在 1963 年阿拉巴马州伯明翰市的反种族隔离运动中得到了最有效的运用。在那次运动中,金通过黑人教会组织了近千名黑人儿童参加反种族隔离的公共行动,当白人警察动用高压水龙头冲击游行者时,各大电视台立即中断正常节目,实况转播警察对黑人抗议者施暴的场面。警用狼犬扑向孤立无援的黑人儿童的场面产生了巨大的效果,完全印证了金的预想。北部各地的白人纷纷行动起来,举行呼应性的抗议活动,要求联邦政府出面干涉,采取有力行动,废除南部的种族隔离制度。同时这些事件也由国际媒体广为报道,产生了极强烈的国际效应,当时的苏联和中国报刊都对此作了大量报道。最后,肯尼迪政府不得不出面干预,迫使伯明翰市取消种族隔离制度。

1960 年,黑人大学生发起了"入座抗议"(sit-in)的新的非暴力抗争方式,对种族隔离制度进行更主动的挑战。这项活动得到了全国各地大学生的支持和参加。1963 年,一群入座抗议者在路易斯安那州首府新奥尔良市举行抗议时,被市政府以扰乱治安为由加以逮捕定罪。联邦最高法院立即在隆巴德诉路易斯安那州案的判决中推翻了州的决定,沃伦大法官说,州法院的定罪完全没有道理。虽然新奥尔良市没有种族隔离的法律,但如果市府官员要求商业主实行种族隔离,这样的言论即构成州的政府行为,可被视为违反了第十四条宪法修正案,因此,路易斯安那州对入座抗议者的逮捕是违宪的。② 1964 年,在贝尔诉马里兰州案中,最高法院宣布,如果一个州逮捕入座抗议者就等于该州政府(变相)支持种族隔离政策,也就等于州的逮捕和判罪是违反宪法;当州政府取消了种族隔离的法律后,凡是在州过去的隔离法下被定的罪应该宣布为无效。③

民权运动对联邦政府形成极大压力。许多国会议员考虑到自己的

---

① Martin Luther King, Jr. "Letter from Birmingham Jail," in Martin Luther King Jr., *Why We Can't Wait* (New York: Harper & Row, 1964), 77-100.
② *Lombard v. Louisiana*, 373 U. S. 267-283 (1963).
③ *Bell v. Maryland*, 378 U. S. 226-285 (1964).

政治前途,也纷纷要求国会采取行动。1963年8月,由各民权团体组织的大规模进军华盛顿的游行和集会,将民权运动推向高潮。金在集会上发表了富有激情的演讲《我有一个梦想》,将黑人争取平等和正义的斗争与追求美国的政治理想结合起来,使民权运动成为深入人心的一场社会革命。金的演讲也因此成为了美国政治史上的重要文献。

### 民权运动的宪政成果

在各方面的压力之下,国会不得不采取行动。1957年,在艾森豪威尔执政期间,国会曾通过一个力度和范围有限的民权法,主要是加强联邦执法人员在南部监视和保护公民投票的权力,同时也建立了一个民权事务委员会。① 1960年,国会又通过了第二个民权法,仍以保护选举权为主,规定各州必须保留一切联邦选举的原始材料和选票(至少22个月),并要求联邦法庭负责审理有关剥夺选举权的案件。这是联邦政府企图重新开始贯彻在19世纪末没能坚持的《选举实施法》。② 但这两个民权法并没有解决真正的问题,南部许多黑人被其他的方式(如人头税、文化水平测试、白人预选大会)剥夺选举权,而南部的政治在排除黑人的参加的情况下不可能彻底消除州制定的种族歧视的法律。这正是斯通大法官早年提到的现象。1963年6月,肯尼迪总统向国会提出了一份新的民权法的草案。肯尼迪把民权问题看成是一个道德问题,警告国会不要推迟行动,以免让解决民权危机的机会从"理性的和负责任的人民手中错失,而使危机转到施用仇恨和暴力的人手中"。③ 肯尼迪此话不是没有道理,当时南部的"三K党"死灰复燃,攻击和暗杀民权领袖的事件时有发生,黑人内部也出现了主张以暴力对暴力来反对种族歧视的倾向和组织。1963年11月,肯尼迪在达拉斯的遇刺显然帮助扫除了国会内对肯尼迪提议的新民权法的阻挠。1964

---

① U. S. Congress, An Act to provide means of further securing and protecting the civil rights of persons within the jurisdiction of the United States (9 September 1957), in *Statutes at Large*, vol. 71, pt. 1, ch. 634-638.

② U. S. Congress, An Act to enforce constitutional rights, and for other purposes (6 May 1960), ibid., vol. 74, pt. 1, 86-92.

③ John F. Kennedy, Address to the Nation (11 June 1963), *The New York Times*, 12 June 1963.

年 6 月,新的民权法由继任总统林登·约翰逊签字后生效。

《1964 年民权法》是一个旨在全面禁止种族歧视的内容广泛的法律。此法允许联邦司法部门对凡是实行种族隔离的公共设施和学校进行起诉,并对继续进行种族歧视的公共性计划停发联邦资助,后者是极其有效的一个方法。在 60 年代,许多半盈利或非盈利单位,包括许多大学和研究单位,房屋建设计划等,都从联邦政府接受赠款。此案中的第二部分是《民权法》的核心,它全面禁止在旅馆、饭店、戏院、体育场所等公用设施里实行以种族、民族血统和宗教为理由的歧视行为,并宣布所有由州和地方制定的支持这种歧视的法律无效。《民权法》的第七部分禁止从事州际商业的任何企业在就业问题上对工人进行种族、民族血统和性别歧视。①

南部对《民权法》进行了抵制。《民权法》实施后刚四个月,最高法院便接到对《民权法》质疑的上诉案件。在 1964 年的亚特兰大之心汽车旅馆诉美国案的判决中,最高法院所有大法官无一例外地对《1964 年民权法》表示了支持。最高法院称,国会有权在州际商业中禁止种族歧视,为过往旅客服务的汽车旅馆(如亚特兰大这家汽车旅馆)自然在此之列,应受到管制。从而宣布《民权法》合宪。② 由此也可看出第十四条修正案和州际商业管理权仍是联邦政府制定和实施《民权法》的宪政基础。《1964 年民权法》的通过鼓励了民权运动的深入发展。1965 年,金领导的民权运动又转向选举权问题。先前通过的有关实施选举法的联邦法律都未能有效地解决黑人政治权利遭到剥夺的问题。1963 年,联邦民权事务局指出在南部至少有 100 个县的黑人选民的登记率在 10% 以下。1964 年,在民权运动的推动下,第二十四条宪法修正案得以批准生效。这条修正案规定在所有联邦官员(总统和副总统)和国会议员的选举中,州或联邦政府不得因公民未缴纳人头税或其他税收而拒绝选民的投票权。这是一个重要的进步,但仍然未能超越对联邦选举权的管理。

---

① U. S. Congress, An Act to enforce the constitutional right to vote, to confer jurisdiction upon... and for other purpose (Civil rights Act of 1964) (2 July 1964) in *Statutes at Large*, vol. 78, 241-268.
② *Heart of the Atlanta Motel v. United States*, 379 U. S. 241-292 (1964).

1964年夏天,北部白人和黑人学生联合发起和参加了"自由夏天"(freedom summer)的项目。几百名大学生冒着危险,深入密西西比州的乡村,挨家挨户,对黑人群众进行选举知识的宣传,帮助他们进行选民登记。但是,南部的许多黑人选民因在经济上要依靠当地白人雇主,不敢参加选民登记。民权运动组织者在1965年年初再次发动大规模的非暴力群众示威,约翰逊总统也努力给国会施加压力。国会终于在1965年8月通过了《1965年选举权法》。

《1965年选举权法》的目的是彻底消除南部各州对黑人选民设置的种种歧视性选举资格限制,尤其是文化水平测试的规定。根据这项法律,任何州和地方实行的文化水平测试将自动停止,任何州合格选民的登记率在50%以下的也不能使用这种限制。只要联邦司法部发现任何州违反了第十五条宪法修正案,政府就有权任命联邦选举监察官到该州或地方监视选举,并有权准备新的选民登记表,并在选举日观察选举的全过程;同时严禁使用人头税来剥夺选民的选举权。①

《1965年选举权法》带来的效果十分明显,南部黑人选民登记率迅速提高,最终达到与白人选民相等的程度。在1965年至1975年间,许多黑人担任了南部的地方官员,进入国会的黑人议员也增加了。1964年,有150万黑人在南部的11个州登记参加选举。1969年,黑人选民的人数达到310万。1963年,南部的黑人官员不过100人,到1973年时,仅密西西比一州的黑人官员就有近200人。最高法院也在一系列案件中支持了《1965年选举权法》的合宪性。

应该指出,《1965年选举权法》和60年代末的反战运动也直接推动了第二十六条宪法修正案的产生。这条修正案将美国公民拥有选举权的最低年龄从原来的21岁降低到18岁。在1971年7月这条修正案被批准前,已经有数个州降低了选民的最低年龄,但修正案的提出在很大程度上是政府对风起云涌的学生反战运动的回应。在反战示威中,青年学生提出,政府征兵的最低年限是18岁,许多没有选举权的青年被迫被派到越南去打仗,而他们因没有选举权而无法通过政治渠道

---

① U.S. Congress, An Act to enforce the Fifteenth Amendment to the Constitution of the United States and for other purposes (6 August 1965), in *Statutes at Large*, vol. 79, 437-466.

来反对政府的政策,所以他们的被征兵形同被奴役,基本的参与政治的权利遭到了剥夺。为了平息青年学生的愤怒,各州在这条修正案提出后,以异常迅速的速度予以批准。

早期的民权运动只注重解决法律权利的平等,并没有触及经济权利不平等的问题。《1964年民权法》和《1965年选举权法》对许多处于贫困线下的黑人来说,不过是政治上的奢侈品。在这些法律通过后,美国社会的种族歧视仍然十分严重,许多黑人因经济上得不到保障,对联邦政府失望,城市骚乱时有发生,要求以暴力抵抗暴力压迫的"黑权"(Black Power)运动应运而生,一些早期支持民权运动的白人力量逐渐与黑人组织疏远,金的非暴力抵抗运动思想渐渐失去了感召力。由于民权运动激发了其他各种政治和社会活动,如反战运动、妇女运动及反现代文化运动等,这些运动也分散了民权运动的力量和焦点,早期民权运动的联合阵线开始瓦解。1967年后,金等民权运动领导人开始将注意力转到黑人面临的经济不平等的问题上来。但是,对于这个触及资本主义社会中枢神经的问题,联邦政府和白人社会并不热心。如同重建时期一样,美国主流社会只崇尚人人有均等的机会,相信凭个人的能力去争取经济上的成功,拒绝考虑由于历史原因造成的巨大的经济不平等。约翰逊政府此时忙于越战,更无暇顾及黑人的经济要求。同时,主流社会要求恢复"法治"秩序的呼声增高。1968年,金和支持民权运动的前联邦司法部长罗伯特·肯尼迪相继遇刺,民权运动开始进入低潮。1968年,国会通过了民权运动时期的最后一个重要法案,禁止在租房和买卖房屋方面的种族歧视行为。①

尽管如此,民权运动对美国宪政的贡献是不能低估的。到60年代末,新的民权概念建立起来了。第十四条宪法修正案的内容得到了极大的充实,"平等法律保护"的原则得到了充分的运用,对于黑人和少数民族在法律上的歧视被排除了。民权运动最具永久意义的贡献是,它使民众争取权利的斗争变成了一种以群体为基础的斗争。它将一个

---

① U.S. Congress, An Act to prescribe penalties for certain acts of violence or intimidation, and for other purposes, Title VIII "Fair Housing" (11 April 1968), in *Statutes at Large*, vol. 82, 73-92.

以种族为整体的概念引入宪法中,把原来分散的、孤立的个人权利的概念变成一种集体权利,要求联邦政府对这些权利进行保护。民权运动的重要法律自然也扩大了联邦政府的功能,限制了州权。将联邦政府逐步变成保护社会中受歧视的少数群体的工具,是重建时代提出的重要宪政思想,但直到一百多年后才通过民权运动部分地得以实现。

**巴基接受学位(1982)**

1974年,艾伦·巴基(Allan Bakke)起诉加州大学戴维斯校区的医学院,认为该院实施的种族定额录取方式导致他虽然通过了入学考试却不能凭成绩进入医学院。联邦最高法院于1978年在"加利福尼亚大学董事会诉巴基案"的判决中宣布:州立大学在录取新生时可将"(种族)多元化"作为一个考量因素,但不能采用硬性定额(quota)方式、按种族背景来分配新生录取的名额。巴基(图中蹲立者)胜诉之后,进入该校医学院。1982年,巴基在妻子的帮助和儿子的注视下,接受医学博士学位。此案被认为是反"逆向(种族)歧视"的经典案例。

图片来源:Walt Zeboski/AP;http://www.newyorker.com/online/blogs/newsdesk/2013/06/affirmative-action-slide-show.html

# 第九章 冷战时代的美国宪政

新政是罗斯福政府为了拯救陷入严重经济危机之中的美国而被迫进行的一场回应性改革,但如同在内战和重建时期进行的宪政改革一样,新政也给美国宪政秩序和宪政文化带来了革命性和永久性的变化。新政对美国宪政的影响主要体现在三个方面。首先,新政改变了联邦政府在国民经济和社会生活中的地位,扩大了联邦政府的功能,迫使联邦政府对相当一部分原先无法或不愿介入的与公民权利相关的事务承担起责任,实质性地改变了原始联邦制对州和联邦政府的权力划分的设计,使联邦政府在国民生活中的重要地位无可争议地建立起来了。

新政给美国宪政结构带来的第二个重要变化是强化了总统在当代美国宪政中的重要位置,在联邦政府三权分立的结构中塑造了延续至今的"强总统"宪政模式。罗斯福总统于1933年就任,到1945年去世,任职12年,是美国历史上任职最久的总统。他在处理"大萧条"带来的经济危机和二战带来的战争危机时始终发挥了强有力的领导作用。内战时期的林肯和一战时期的威尔逊都曾扮演过强总统的角色,但新政时代所产生的强总统模式无论在规模和影响上都远远超过从前。与先前的强总统模式更为不同的是,新政所创立的强总统模式并没有随罗斯福的逝世而消失。林肯之后的安德鲁·约翰逊和威尔逊之后的沃伦·哈定都未能继续保持强总统的态势,而在罗斯福之后的杜鲁门、艾森豪威尔、肯尼迪、约翰逊、尼克松、里根乃至克林顿等各届政府中,总统的影响力常盛不衰,成为20世纪后半叶美国政体的当然特征。

二战以来的国际国内形势(尤其是冷战和民权运动等)为强总统和强联邦政府的深入发展创造了条件。随着美国在二战之后一跃成为世界强国和西方世界的领袖,美国"国家利益"和"国家安全"的概念在内涵和外延界限上发生了实质性的变化,扩展成为一个世界范围的概念,外交与国内事务之间的联系比战前更为紧密,国民经济的强弱与美国在世界上的地位及其对海外资源和市场的控制密切相关,冷战的大环境更是要求总统拥有高度的自主权来处理瞬息万变的国际事件,确保美国的国家安全,这一切无疑都助长了强总统政府模式的发展。

新政对美国宪政的第三个、也许是最为久远和深刻的影响,是它为一些先前被排除在联邦决策过程之外的群体打开了影响政府决策的通道。劳工、农场主、消费者、少数族裔(尤其是城市黑人)等先前政治影响微弱的群体开始联合起来,形成压力集团,利用联邦政府日益扩大的功能和影响,争取自己的利益,改变自己的政治和社会地位,提高自己的经济地位。这些新的压力集团的形成和对政治的积极参与反过来又促使联邦政府更深地卷入到对公民的经济和社会权利的管理之中,从而使联邦政府——而不是州政府——成为解决政治危机、调节社会群体利益冲突的主体宪政机制,联邦政府也因此肩负了更大的道德责任感和更为艰巨的政治和经济负担。

强总统和强联邦政府的宪政模式自然也带来了不少问题。战后,联邦政府对国民经济和社会生活的管理范围更为广泛,对于科学研究和教育的投资不断加大,州政府基本上失去了与联邦政府抗衡的力量,并在很多情况下,不得不依赖联邦政府的资助。这样,联邦政府便在美国政治中占有了无可争议的核心地位。大众传媒的现代化(尤其是电讯技术和产品的普及),更是推动了美国政治的"联邦化"或"国家化"。个人利益、企业利益、地方与州的利益更为密切地与美国的"国家利益"联结在一起,所以,"国家利益"在很大程度上成为无数的地方和个人利益的总汇,尽管联邦政府的利益本身也是国家利益中的重要内容。在这种情况下,国会和总统逐步成为全国性利益分配的中心机制,总统和国会的选举也往往成为不同利益集团进行较量的舞台。

与此同时,二战后的最高法院(尤其是1953年至1969年沃伦任首席大法官期间)奉行"司法能动主义"的哲学,不断采取积极的行动,将原属州管理的公民权利纳入联邦政府的管辖范围,扩大联邦政府对弱势群体的权利保护,推动了美国社会60年代的"权利革命"(rights revolution)运动。但这种积极司法主义也受到极大的挑战。民权运动唤醒了弱势群体对权利的意识,并在一定程度上改变了美国社会的种族歧视和性别歧视状况,但它引发的权利革命也给美国社会带来了极大的困惑。平等权利的思想虽有极大的感召力,可以鼓动人们投身到权利革命中,但权利平等的实现又是一个具体的政治过程,涉及不同利益群体之间的谈判与妥协,这既是一个利益融合的过程,也是一个利益分化的过程。多元和分离的群体利益在追求平等权利的旗帜下,往往陷入无止境的权利纠纷。20世纪80年代,随着新保守势力的兴起,"权利革命"及其遗产遭到质疑,面临了进退两难的困境,最高法院从司法能动主义立场的退缩也给美国社会实现真正民主和平等的前景蒙上了阴影。

## 一 冷战与总统宪政的出现

### 杜鲁门与强总统模式的延续

1945年4月12日,罗斯福因脑溢血病逝,副总统哈里·杜鲁门临危受命,接掌总统大权。① 杜鲁门是来自密苏里的民主党人,原先并没有什么名气,一开始并不被看好会成为一个强总统式的人物。但出人意料的是,他在任内作出了一系列重大决定,包括使用第一颗原子弹来结束对日战争,发动拯救和复兴欧洲的马歇尔计划,组建北大西洋公约组织(NATO),采用遏制战略与苏联为首的共产主义阵营全面对抗,出兵朝鲜半岛等,为战后美国霸权的建立奠定了军事和经济基础。罗斯福开辟的总统领导作用不但没有减弱,反而在杜鲁门任内扩展到影响

---

① 富兰克林·罗斯福是美国历史上唯一的一位四次连选连任的总统,他分别在1932、1936、1940、1944年四次总统大选中获胜。1787年联邦宪法对总统的任期有规定,四年一届,但对同一总统连选连任的次数没有作出明确的限制规定。因第一任总统华盛顿的任期未超过两届,他以后的连任总统一般都以两届为限,故形成了一个不成文的总统任期不超过两届的传统。罗斯福执政期间,正值美国遭遇前所未有的经济危机和第二次世界大战爆发,这种特殊的国内和国际局势以及他的新政政策使他得以连选连任四次(虽然他并未能够完成第四届的任期)。罗斯福逝世之后,国会提出了第二十二条宪法修正案,规定任何人担任总统职务不得超过两次;同时规定,凡接替总统职务(如副总统)或代理总统两年以上者,不得担任总统职务一次以上。这条修正案于1951年2月被批准生效,从此,总统职务连选连任最多两届成为一条宪法规定,此时距华盛顿担任第一届总统已经有162年之久。

世界命运的范围。这些外交上积极果断的出击帮助杜鲁门巩固了其在国内政治中的地位。冷战的大环境自然也帮了忙。所以1948年的总统大选中，尽管杜鲁门面临了左右势力的夹攻，仍然赢得了连任。①

在国内事务中，杜鲁门曾试图继续罗斯福的新政，提出了"公平施政"（Fair Deal）的新改革计划，包括加大联邦政府在健康、教育和民权方面的作用，但共和党把持的国会不予配合，结果并不理想。1950年，杜鲁门利用《行政改组法》，扩大了总统任命联邦机构负责人的权力，变相地把许多立法控制权转移到自己手中。与此同时，他以冷战的需要为名，继续保持联邦政府高预算、高开支的经济计划，国防开支从130亿美元增长至500亿美元。在改善种族关系方面，杜鲁门也继承罗斯福的传统，迈出了重要的一步。如第八章第四节讨论到的，二战刚一结束，他就利用总统权威，组建起专门的民权事务委员会，令其对美国国内的种族关系问题进行调查，提出政策建议。1948年7月，他在获得连任之前，发布了第9981号总统行政命令，宣布废止自内战以来在美国军队中实施的白人和黑人士兵种族隔离的制度。② 杜鲁门的这些政策在很大程度上是为了现实地回应共产主义阵营对美国鼓吹的民主自由和平等口号的抨击，也是迫于黑人民权势力的压力而作出的，但同样不可否认的是，这些政策在当时具有相当积极的意义，为20世纪五六十年代爆发的民权运动作了体制上的重要铺垫。

1952年，冷战气氛笼罩世界，朝鲜战争悬而未决。共和党说服二战时期担任盟军总指挥的艾森豪威尔接受了该党总统候选人的提名，并提名在50年代初的反共肃共活动中崭露头角的加利福尼亚州的国会参议员尼克松为其竞选伙伴，形成了一对解决所谓"K1C2"（即Kore-

---

① 1948年总统大选中，因对杜鲁门的保守的国内政策不满，前民主党副总统亨利·华莱士出任名为"进步党"（Progressive Party）的总统候选人，表示要继续罗斯福新政的传统。南部民主党的极右势力又嫌杜鲁门过于激进，提名南卡罗来纳州州长斯特罗姆·瑟蒙特以"州权党"（States' Rights Party）的名义参加竞争。共和党则提名纽约州州长托马斯·杜威为总统候选人。民主党找不出更为合适的人选，非常不情愿地提名杜鲁门。在竞选中，杜鲁门利用罗斯福新政的资本，加上对冷战形势的渲染，最终取胜。选举结果为：在531张选举团票中，杜鲁门赢得303张，杜威赢得189张，瑟蒙特赢得39张。杜鲁门与杜威的民选票仅相差200万张左右。

② Harry Truman, Executive Order 9981 (26 July 1948), in Federal Regulations, vol. 13, 4313.

an War、Communism、Corruption)难题的搭档。在当年的总统大选中,艾森豪威尔轻而易举地战胜了民主党人阿德赖·史蒂文森,结束了民主党人对总统职位长达 20 年的控制。但是,共和党对于国会的控制却非常微弱,在众议院不过比民主党人多 10 席,在参议院仅多 1 席。

艾森豪威尔上任后,一方面积极寻求途径结束朝鲜战争,另一方面提出了使用核威胁和核力量来遏制共产主义扩张的冷战思维。艾森豪威尔担心,继续使用传统的陆军和海军军力,联邦政府的国防开支会一直居高不下,改用核武力,可作为外交的后盾,也可降低军费开支。艾森豪威尔虽希望与苏联谈判,裁减军备,缓和紧张气氛,但美苏在核武器领域内的竞争却日益加剧,与此同时,美国又在台湾问题上插手,并在英法老牌殖民势力退出东南亚和中东之时,积极进入,并利用中央情报局插手外国事务,从事公开和隐蔽的颠覆活动,以希望全面阻挡共产主义在全球的蔓延。

### 艾森豪威尔时代总统权力的增长

艾森豪威尔虽不像罗斯福和杜鲁门那样具有强烈的改造社会的雄心,但他并没有主动让出由他的民主党前任所建立的总统强权,也没有推翻罗斯福新政的主要建树。1954 年,他将《社会保障法》福利享有者的人数增加到 700 万人,将联邦最低工资标准提高到一小时一美元,并增加了有资格领取联邦失业救济金的人数。艾森豪威尔在行政上重组了联邦福利管理机构,在 1953 年建立了卫生、教育和福利部,并任命了一名女性来担任该部的部长。艾森豪威尔任内最有影响的联邦立法之一是 1956 年的《联邦资助高速公路法》。该法批准拨款 320 亿在 13 年内修建 41 000 英里长的高速公路,联结全国各主要城市。[①] 这项法案早就提出来了,但迟迟未能获得通过。艾森豪威尔以冷战时期国防建设的需要为名,对国会施加压力,才使此案得以通过。1957 年,苏联的第一颗人造卫星(Sputnik)上天,引起美国政界极大的失望和恐慌。美国迅速在 1958 年年初发射了一颗卫星,帮助恢复国内民众的信心。与

---

① U. S. Congress, The Federal-Aid Highway Act of 1956 (29 June 1956), in *Statutes at Large*, vol. 70, 374-402.

此同时,国会批准建立了国家航空航天局(NASA),以保证美国在与苏联的空间技术竞争中赢得胜利。

在艾森豪威尔的催促下,国会还迅速通过了《国防教育法》,加大了联邦政府对尖端科研技术和高等教育的资助。艾森豪威尔对国会说:"如果美国希望保持领袖的地位,如果我们想增强我们社会的质量,我们必须致力于使今天的美国青年做好准备,使他们能为美国的将来作出最大的贡献,为此,我们必须致力于争取最优秀的教育水平。"①在《国防教育法》的支持下,联邦资助大量流入高校的科研和教学领域,高校建立了尖端科技研究项目和机构,一大批外语教学机构应运而生,训练掌握所谓关键和敌对国家语言的专门人才。1958年年底,艾森豪威尔又任命了一个专门委员会,令其对国内政策如何配合和支持美苏竞争的问题进行研究。该委员会建议,联邦政府应增加联邦军费开支,促进国内经济增长,推广范围广泛而质量优秀的高等教育,增加联邦政府对科学技术和人文学科(包括艺术)研究的支持力度。艾森豪威尔政府采纳了这些建议,自此政府、大学与工业界三者之间开始在军事、科学研究和人才培养方面进行密切合作。这些政策的实施迫使艾森豪威尔政府放弃了当初的缩减政府开支的计划。联邦预算从1950年的290亿美元增长至1960年的760亿美元。从历史的角度来看,这一时期联邦政府在基础科学研究和教育方面的巨大投资,以及大学科研与工业界的结合,对于后来美国在与苏联的竞争中占上风有着重要的影响。使美国在20世纪末高科技领域保持领先地位的王牌技术——电脑技术——也是得益于联邦政府在50年代对科技发展的大量投入和支持。事实上,自那时起,政府对高等学校的科研和教学的投入一直不断增长,成为美国高等教育质量始终领先的重要原因之一。

总统权力在杜鲁门和艾森豪威尔时代的增长,尤其是在外交事务上,达到前所未有的程度,在影响和权威方面都大大超过了国会,

---

① Eisenhower to Wainwright of New York on the National Defense Education Bill (8 July 1958), in *Public Papers of Presidents*: *Dwight D. Eisenhower* (Washington, D. C.: Government Printing Office, 1959), Item [162], 527-582; U. S. Congress, The National Defense Education Act of 1958 (2 September 1958), in *Statutes at Large*, vol. 72, 1580-1605.

传统的三权分立与制衡功能在这一时期几乎没有发挥出理想中的钳制作用。1787年费城制宪会议时,麦迪逊曾强调中央政府的权力不能为一个部门或一个人独揽,以防止专制和侵犯人民权利的情况出现。虽然在19世纪和20世纪早期,因为战争和危机,总统的权力都有过扩张使用的时候,如1812年战争时的麦迪逊、内战时期的林肯、重建时期的格兰特、一战时期的威尔逊等,但那都是短暂的,待形势恢复正常后,联邦权力之间的制衡又成为美国宪政运作的主要模式。但在杜鲁门和艾森豪威尔时期,因奉行遏制策略,美国与苏联和其他社会主义国家在全世界处处针锋相对,处于一种事实上的"准战争"的状态之中。美国在欧洲事务上的卷入、北大西洋公约组织的组建、朝鲜战争、越南战争等一连串的军事事件似乎证明,美国的国家安全始终面临着一种实实在在的军事对峙的威胁。置身于这种"准战争"状态的国际环境之中,国际事务不可避免地时常成为美国政治的中心事务,而作为执掌外交大权的总统,手中的权力则必然不断增大。

与此同时,为了在国际政治中获得外交方面的成功,联邦政府必须创造一个较为稳定的国内政治基础,必须面对长期积累的包括种族歧视、劳资冲突、社会公正等问题,并在经济利益的分配上进行必要的改革,以求在不损害大有产者利益的前提下也使中下阶层的美国人分享到一些经济好处。在这样的形势要求下,继续沿用传统的三权制衡模式显然不可能取得迅速和有效的成果。三权中的国会由于利益分散,矛盾重重,很难形成统一的意志,决策效率低。与此同时,国会内部议事程序纷繁复杂,各委员会的主席为保守力量把持,推动改革十分困难。国会的任何决定都须经过议事程序中的多次妥协才能作出,妥协过多,导致改革的原则不断被溶解销蚀,乃至最终丧失殆尽。而总统由于其地位的特殊性和决策过程的相对"单纯"和"独立",可以比较迅速有效地推行改革,这点在新政时代已得到充分的证明。在这种情况下,二战后,自由改革派人士通常将总统部门视为实现改革的最佳工具。这不仅因为总统有立法建议权,而且因为新政以来联邦执法机构扩大,对于政治和经济管理立法专业知识的要求增加,总统的实际立法权增加了。

但在艾森豪威尔政府期间,大企业、大商业利益集团与联邦政府的各管理机构相互利用,组成一种所谓的"工业—军事复合体"(Industrial-Military Complex)的特殊利益集团,利用联邦政府提供的资金和机会,借机扩大本集团在美国经济和政治中的影响,并达到左右美国国内和外交政策的目的。这种特殊利益集团渗透和影响联邦政府的做法在50年代受到"新左派"(New Left)的挑战。新左派的领衔人物之一赖特·米尔斯曾对当时主导美国政界、商界和军界的"权力精英"(power elite)人物作了研究,指出这些人的出身、家庭背景、教育与仕途经历等方面都极为相似,并且相互之间有着根深蒂固、盘根错节的交叉联系。他认为在日益复杂的政治经济事务中,美国政治和经济政策已由权力精英通过复杂的官僚系统所主宰,广大民众则被排斥在决策过程之外。他和其他一些新左派思想家曾在艾森豪威尔时代就呼吁改变联邦政府为少数大资本企业垄断的现象,鼓励人民使用手中的选举权,建立"参与性民主"(participatory democracy)。①

### 从肯尼迪到约翰逊时代的总统政治

1960年总统大选中,民主党候选人约翰·肯尼迪将新左派的一些政治理念借来,经过改头换面的包装之后,以"新边疆"(New Frontier)的口号提出,而他本人以年轻有为的新貌出现,也赢得了相当一部分反感权势集团的选民的支持,在大选中险胜共和党的强劲对手理查德·尼克松。② 从上任到遇刺身亡,他一共执政约1000天(1961年1月20日至1963年11月22日)。在短暂的任职期内,肯尼迪在外交上继续奉行冷战政策,在战略上采用了所谓"灵活反应"的策略,即在核武力的威慑下,美国可针对苏联或其他共产主义国家的扩张性质和程度采用不同等级和不同种类的军事反击。在这种思想指导下,肯尼迪政府

---

① 有关米尔斯的理论,见 C. Wright Mills, *The Power Elite* (New York: Oxford University Press, 1956); *White Collar: the American Middle Classes* (New York: Oxford University Press, 1951)。

② 1960年总统选举的结果是:在537张选举团票中,肯尼迪赢得303张,尼克松赢得219张;两人所得的民选票相差甚微,肯尼迪以34 227 096略略领先尼克松的34 108 546。*Congressional Quarterly Guide to U. S. Elections*, 3rd ed. (Washington, D. C.: Congressional Quarterly, Inc., 1994), 402, 460.

一方面注意保持美国已经取得的核优势,另一方面又注重快速和特种反应部队的发展。在柏林危机和古巴导弹危机中,肯尼迪政府均采取强硬态度。肯尼迪还在1961年下令向南越派遣美军顾问团,开始了美国在越南的军事卷入。这一切都继续扩大了新政以来的总统权力。这期间进行的几次武装侵略活动,如1961年的意在推翻卡斯特罗的猪湾事件和对越战的参与,都没有经过国会的同意。国防开支也骤然升高,仅1961年一年就达到60亿美元。肯尼迪继续加强联邦政府对高科技和空间技术研究的资助和引导。1962年联邦政府预算的一半以上用于空间技术和国防。肯尼迪在国内的"新边疆"政策推行得并不如意。他在就职演说中保证要恢复传统的民主政治价值观,提倡人民对政治的参与,并保证推动在医疗、住房、社会福利和教育等问题上的改革。但为保守民主党人控制的国会对他的改革计划并不感兴趣。肯尼迪在任内只促成了为数不多的几个法案,包括1961年的提高联邦最低工资标准和加强修建中低收入家庭住房的法案。① 肯尼迪曾力图推动国会在民权方面建立新的联邦法,在全国范围内禁止种族歧视和种族隔离,但《民权法》受到了国会内南部保守议员的联合抵制和拖延,迟迟无法通过。直到肯尼迪遇刺身亡后,在接任总统林登·约翰逊的催促和请求下,《民权法》才在1964年得以通过,正式成为联邦法律。②

接任总统时,约翰逊面临一个非常困难的局面:在内政和外交上,他必须继续推行肯尼迪提出的政策,以争取时间来建立自己执政的政治基础;但与此同时他又必须提出新的国内事务改革计划和外交政策,建立有自己特色的和有长久影响力的总统政治。换句话说,就是必须通过自己的一套富有新意的改革把肯尼迪的政治资本或凝聚在肯尼迪传统周围的力量转化为他自己的政治资本。这种要求对约翰逊来说,十分迫切。他必须同时战胜来自民主党内和共和党的挑战

---

① 如 An Act making appropriations for sundry independent executive bureaus, boards, commissions, corporations, agencies, and offices, for the fiscal year ending June 30, 1963, and for other purposes (3 October 1962), in *Statutes at Large*, vol. 76, 716-740, esp. 728-730。
② 肯尼迪的遇刺身亡加速了国会对有关总统职位继承问题的思考。关于特殊情况下总统职位接替问题的相关法律规定和讨论,见本章第二节。

者,来赢得1964年的总统选举。约翰逊的处理非常老练。一方面,他向国会宣称自己要"继续"肯尼迪的政治追求,积极促进国会通过肯尼迪时期就在酝酿的《1964年民权法》和《减税法》(后者将个人所得税税率从原来的21%—91%的范围降至14%—70%,将公司税率从52%降为48%)[1],另一方面,他不失时机地在第一份国情咨文中提出了"向贫困宣战"(war on poverty)的改革计划。约翰逊指出,许多美国人因为"贫困"和"肤色"的原因"生活在美国梦想的边缘",贫困已成为"一个全国性的问题"(a national problem),需要联邦政府出面来组织和帮助解决。他呼吁联邦政府采取主动,解决美国社会中的文盲、失业和公共服务短缺不足的问题,他认为这些问题是造成美国社会中某些成员(尤其是黑人、老人和单亲母亲家庭的儿童)长期贫困的原因。约翰逊称,他的计划的目的不仅仅是"缓解贫困的现象,而是为了消灭贫困,最终防止贫困的发生"。[2] 1964年8月,国会通过了《经济机会法》,拨款近10亿美元,由新成立的联邦经济机会办公室监管,建立10个专项资金,吸引地方和州政府投入相应资金,为贫困家庭的青年提供职业培训,建立工读相辅(work-study)项目,以"刺激和鼓励来自低收入家庭的学生"在大学学习。这些计划的目的是为了帮助贫困地区人民摆脱文盲,接受基本的训练,以求在现代经济生活中生存和自立。[3] 这一法案确立了约翰逊在国内政策问题上改革者的地位。

在外交上,约翰逊继续了自冷战以来的美国外交政策。1964年8月,"东京湾事件"(即"北部湾事件")发生后,约翰逊立即要求国会授权他"使用一切必要的措施来击退任何对美国军队的武装攻击和防止

---

[1] U. S. Congress, The Revenue Act of 1964 (26 February 1964), in *Statutes at Large*, vol. 78, 19-146.

[2] Lyndon B. Johnson, Annual Message to Congress (8 January 1964), in *Public Papers of the Presidents*, *Lyndon B. Johnson* (Washington, D. C.: Government Printing Office, 1965), vol. 1, 112-118.

[3] U. S. Congress, An Act to mobilize the human and financial resources of the Nation to combat poverty in the United States (Economic Opportunity Act of 1964) (20 August 1964), in *Statutes at Large*, vol. 78, 508-535.

进一步的侵犯行为"。① 国会以异常迅速的速度和压倒多数(在众议院的表决为416—0票,在参议院为88—2票)通过了决议,宣布亚洲的和平对美国的安全至关重要,总统有权决定"采取一切必要的行动,包括使用空军,应东南亚共同防御条约组织任何成员国的要求帮助其保卫它的自由"。② 国会的这项决议使约翰逊做到了一箭三雕:既使自己轰炸北越海军基地的行动得到了国会的认可,又从国会那里得到了处理越南问题的全权,更现实的是,表明了自己在越战上的强硬立场,驳回了共和党人在外交政策方面对他的指责,并且营造了一种非常迫切的战争气氛,使自己俨然成为维护美国国家利益不可或缺、不可更替的领袖人物,为自己赢得民主党内总统候选人的提名和大选胜利准备了他人无法企及的资本。1964年11月,约翰逊以绝对的优势击败共和党总统候选人巴里·戈德华特,顺利当选。同年,民主党人也在国会和州的选举中巩固了领导地位,为约翰逊推动他的改革准备了机会和条件。③

## "伟大社会"与美国式福利国家的成形

约翰逊赢得大选后,立即扩大推行他的"向贫困宣战"的社会改革计划,将其变成一项范围广泛的全面的改革工程。1965年1月,约翰逊在国会的演讲中,将他的这项具有第二个罗斯福新政气象的改革工程称为建设"伟大社会"(Great Society)的改革。④ "伟大社会"计划的

---

① "东京湾事件"起源于北越海军在1964年8月2日对一艘侵入东京湾(the Gulf of Tonkin)北越水域进行情报收集的美军驱逐舰发动的攻击。当时美舰逃脱,并没有受到伤害。8月4日,美军的两艘驱逐舰再次进入东京湾,遇到北越海军的声纳扫描后,立即对北越海军发动攻击,约翰逊也立即命令轰炸北越海军基地,以示报复。这一事件发生后,约翰逊要求国会授权他在越南事务上采取一切必要的行动,实际上等于美国在越南的全面武装卷入的开始。Lyndon B. Johnson, Special Message to the Congress on U. S. Policy in Southeast Asia (5 August 1964), in *Public Papers of Presidents*, *Lyndon B. Johnson*, vol. 9, 30-32.

② U. S. Congress, Joint Resolution to promote the maintenance of international peace and security in Southeast Asia (10 August 1964), in *Statutes at Large*, vol. 78, 384.

③ 1964年总统大选结果为:约翰逊赢得486张选举团票,囊括44个州及哥伦比亚特区;戈德华特仅获得6个州的支持,得到52张选举团票。民主党人同时赢得了33个州的州长位置,国会的力量也得以加强,民主党与共和党人在参议院的席位之比为68—32,在众议院为295—140。*Congressional Quarterly Guide to U. S. Elections*, 403, 595-596, 1249-1253, 1344.

④ Lyndon B. Johnson:"Annual Message to the Congress on the State of the Union," January 4, 1965. Online by Gerhard Peters and John T. Woolley, The American Presidency Project. http://www.presidency.ucsb.edu/ws/?pid=26907.

核心思想是利用联邦政府的权威和资源来改进美国社会的生活质量。这项计划的主要内容包括：有力贯彻执行《1964 年民权法》，从法律上消灭种族歧视，保证美国公民在政治和公民权利上的平等；向贫困宣战，尤其解决都市的贫困问题；建立全国性的医疗保险制度；联邦政府与地方共同投资改善中小学教学设施和教学质量；建立长期的由联邦资助的奖学金和助学金制度，帮助中低收入家庭的子女上大学；改革《移民法》；利用联邦政府的资助支持人文学科和文学艺术的研究和教学；改善公共设施的质量；提高联邦最低工资标准，使更多的人能摆脱贫困。

约翰逊充分运用总统的立法建议权，广开门路，采取主动出击的策略，敦促国会扩大立法范围。在任内，他向国会提出了创纪录的 439 项立法建议，国会通过了 323 项。在约翰逊的推动下，民主党人控制的国会在 1965 年至 1968 年通过了一大批表现"伟大社会"理想的立法，包括《中小学资助法》（联邦政府拨款 13 亿美元，用于资助地方学区为所有需要帮助的儿童提供教育）、《综合住房法》（联邦政府向低收入家庭发放租房补贴）、《生活用水质量法》（要求各州在 1967 年 6 月 30 日前建立生活用水质量标准）、《洁净空气法修正案》（对 1963 年的《洁净空气法》进行修改，建立汽车排放废气的污染限度，由联邦资助，开展废气、有毒气体、废物和垃圾的处理方法的研究）、《高等教育法》（建立联邦政府奖助学金制度，对大学本科生提供学费和其他资助）、《联邦交通和汽车安全法》（建立统一的汽车安全及其轮胎标准，各州若不执行联邦标准，将失去联邦对该州的资助）、《联邦最低工资法》（将最低工资标准从每小时 1.25 美元提高到每小时 1.40 美元）以及《控制犯罪和安全街道综合法》（由联邦政府投资，建立广泛的打击犯罪活动的网络，提高执法和检审犯罪案件的质量）。① 在这一段时间，国会还建立

---

① U. S. Congress, Elementary and Secondary School Act of 1965 (11 April 1965); Housing and Urban Development Act (10 August 1965); Water Quality Act of 1965 (2 October 1965); Motel Vehicle Air Pollution Control Act (20 October 1965); Higher Education Act of 1965 (7 November 1965); National Traffic and Motor Vehicle Safety Act of 1966 (9 September 1966); Fair Labor Standards of 1966 (23 September 1966); The Omnibus Crime Control and Safe Street Act of 1968 (June 19, 1968) in *Statutes at Large*, vol. 79, 27-58, 451-509, 903-909, 992-1001, 1219-1369; vol. 80, pt. 1, 718-730, 830-844; Vol. 82, 197-245.

了联邦房屋和城市发展部及联邦交通部,专门管理相关的联邦项目。国会还拨款建立了国家艺术和人文基金,专门向艺术创作者和表演者提供联邦资助;建立了公共广播公司,专门为公众提供非商业性的、教育性的电视和广播节目。

约翰逊"伟大社会"改革影响最为深远的是1965年的三项立法。第一项是《1965年选举权法》(相关讨论见第八章第四节),该法彻底清除了南部各州阻拦黑人选民参加投票的法律障碍,对改变美国选民队伍的结构有重要影响。其次是《1965年移民归化法》,对1924年建立的对有色人种移民带有严重歧视的定额进行了修改,允许每年从西半球接受移民12万人,不限国籍;从世界其他地区接受移民17万人,但一国移民人数每年最多不能超过2万人。① 第三项是1965年《医疗保障法》,这是迈向建立全国性医疗保障体系的第一步。该计划是在罗斯福《社会保障法》的基础上,加入对所有65岁以上的公民的医疗保健福利的计划。具体内容包括:(1)将社会保障基金的一部分为65岁以上的老人提供免费就医和医后费用,包括门诊、家庭护士和化验等费用;(2)建立辅助性的医疗保障制度,鼓励享受社会保障的人自愿投入部分款项,扩大对医生服务和家庭医疗费用的覆盖面;(3)建立医疗补助计划(Medicaid),对需要帮助、但又没有享受《社会保障法》福利、无力支付医疗费用的人和残疾人提供免费医疗保健,其费用由联邦和州政府分担。② 这项计划深得人心,1968年,参加医疗保障计划的人数达到近2000万,有30个州加入了医疗补助计划。

约翰逊的"伟大社会"是联邦政府自重建以来对美国公民权利提供的最重要和最全面的保护,永久性地扩大了联邦政府在社会福利、社会保障、环保、教育和人文艺术扶植方面的责任和功能。通过上述的法

---

① U. S. Congress, An Act to amend the Immigration and Nationality Act, and for other purposes (3 October 1965), in *Statues at Large*, vol. 79, 911-922.

② U. S. Congress, An Act to provide a hospital insurance program for the aged under the Social Security Act with a supplementary medical benefits program and an expanded program of medical assistance, to increase benefits under the Old-Age, survivors, and disability Insurance System, to improve the Federal-State public assistance programs, and for other purposes (Social Security Amendments of 1965), Title XVIII (30 July 1965), ibid., vol. 79, 286-423.

律,联邦政府介入了许多传统上属于州和地方管理的领域,如中小学教育、地方治安、防火装置等,还建立了成人职业培训、环境保护监测、社区反贫困以及健康计划等。1960 年至 1968 年间,联邦政府的资助计划从 132 项增至 379 项,资助金额从 1960 年的 7 亿美元增至 1970 年的 24 亿美元。联邦政府在资助州和地方的同时,也增加了许多强制性的关于使用资助的规定。

约翰逊的"伟大社会"与新政在主导思想上很接近,即在政治上,由联邦政府充任各种社会集团的利益冲突的协调人,通过调整社会各阶层的关系与矛盾,来稳定政治秩序,并在此基础上推动美国社会向更公平的方向发展;在经济发展上,遵循凯恩斯主义的经济思想,希望通过联邦政府的干预,扩大政府开支,实行赤字预算,刺激需求,实现充分就业和繁荣。不同的是,约翰逊的"伟大社会"计划是在美国经济繁荣的情况下提出的,他的干预不再是零星的和暂时性的。政治上,联邦政府对 50 年代中期兴起的民权运动作了积极的响应,在群众压力之下,将民权运动的主要诉求转化为法律。这种积极主动的干预(甚至领导)与美国在 20 世纪的经济发展模式是分不开的。由于美国国内的经济愈来愈依赖于美国在国际政治和经济事务中的地位和影响,联邦政府比州政府在主导国内经济发展方面有更直接的影响力。联邦政府职能的转变自然有其积极的效果。联邦资助促使许多落后的州和地方政府进入了现代化的管理阶段,帮助发达地区减少了快速发展带来的财政压力,减少了贫穷,并为许多地区提供了前所未有的现代服务设施。最重要的是为黑人和其他少数族裔在就职、就学和发展商业方面提供了较为具体的帮助。

## 冷战时期国内改革的困境

约翰逊的大政府模式也引起了许多问题。首先是扩大了联邦政府的开支,大幅度地增加了政府对社会福利承担的义务,约翰逊政府又深深地陷入越战之中,军费开支过大。结果,政府负担过重,开支超过国力,引起通货膨胀,导致该计划的许多项目在 1967 年后停止。此外,约翰逊的计划实施时间短,不易见效,并没有能如预期那样消灭贫困,也没有改变美国的经济制度,根深蒂固的种族不平等问题无法消除。此外,联邦政府的资助有限,无法解决生活在北部和西部城市贫民窟中的黑人的贫困问题;处于经济底层的黑人因为无法分享美国的经济繁荣本来就已经感到愤怒无比,市场的诱惑和白人社会消费文化的刺激更使他们感到处于孤立无助的地位。而民权运动为南部黑人争取的平等民权和选举权,对许多北部和西部的黑人青年来说,没有现实的解放意义,相反不过是一种无用的装饰品。就在约翰逊将《1965年选举权法》签署变成法律的几天之后,洛杉矶市的黑人居住区便爆发了长达数日的骚乱。此后的两年内,美国各大城市连续爆发了数百起大规模的种族冲突和暴乱。愤怒的暴乱人群捣毁了商店,掠夺财物,焚烧公共和私有建筑物,联邦政府不得不动用军队和警察镇压暴乱。这些频繁发生的社会动乱暴露了约翰逊反贫困政策的无力和局限性。

与此同时,原先支持约翰逊改革的力量逐渐分裂,并演变成反对他的越南政策的力量。社会运动频繁发生。如果说民权运动还为美国社会大部分人支持和参与的话,后来的反战运动及激进的学生运动对约翰逊的"创造性联邦主义"(creative federalism)政治形成了巨大的挑战。大规模的反战运动与校园政治遥相呼应,使美国社会陷入极大的无序和困扰之中,也彻底分离了早期由民权运动聚集起来的社会改革力量。与此同时,约翰逊的外交政策也受到各方面批判,民主党内为美国是否应继续卷入越战而产生巨大分歧。民权领袖小马丁·路德·金则在1967年公开谴责约翰逊为了越战拖延解决美国国内经济不平等的问题。至此,60年代早期建立的总统与民间权利运动的合作关系全面破裂,约翰逊不仅逐渐失去了党内的支持,也失去了其他政治盟友的支持。

在分析美国宪政在20世纪五六十年代的发展时,我们应该注意到,这一时期特殊的国际环境对美国宪政的运作有很大影响。这一点可用上面提到的"东京湾决议"来说明。这项决议实际上最终成为约翰逊进行越战的宪法权力来源。严格地讲,通过"东京湾决议",国会将原来属于自己控制的宣战权(进行战争的权力)变相地转移到总统手中,使约翰逊可以在不宣战的情况下,将美国带入一场事实上的大规模的国际战争。由于"准战争"状态的存在,传统的权力制衡原则不再发挥过去的作用,至少效力不如从前。从1964年至1969年,国会至少通过了20个相关法律支持总统的越南政策,直到1969年约翰逊去职之后,参议院才呼吁国会应该参与和介入在越南问题上的决策。"东京湾决议"本身直到1970年12月才作为一则夹带条款在一项对外军售法案中被宣布作废。①

　　冷战的特殊性质和总统特有的外交权也为总统在冷战期间施展权力创造了较大的(任意性)决策空间。总统可以随时以保卫美国国家利益的名义来制定外交政策(包括使用武力和入侵他国),因为美国国家利益的日益世界化,总统通过处理外交而成为真正意义上的国家领袖,这种新出现的机制上的机会往往成为总统推行国内改革的力量和资本。这种情形在约翰逊和尼克松时代表现尤为突出。

　　但外交上的失误往往也导致国内政策的失败。约翰逊的越战政策是他的"伟大社会"改革受挫的主要原因之一。总统的权威固然可以扩大,但终究不是万能的,尤其是当总统的角色并没有超出在一个社会各利益集团的谈判中充任协调者和仲裁者的时候。在某种意义上,各种利益集团是通过向联邦政府(尤其是总统)施加压力,利用其充当与其他利益集团谈判的中介力量,来争取自己的利益。在这样的谈判中,总统所拥有的筹码是有限的,更何况,总统也有自己的政治目的(如继续进行越战),而且他的首要任务是保证自己的目的的实现。这样,总统左右政治和领导政治的空间也就十分有限,即便有成果,其时效也很短暂。

## 二 "水门事件"与"帝王总统"宪政的衰落

### 尼克松的"新联邦主义"

　　约翰逊的越战政策不仅葬送了他的国内改革计划,也使民主党丢失了总统职位。1968年的总统大选中,曾在8年前被肯尼迪击败的尼克松,以结束越战和恢复秩序的承诺,赢得了胜利,终于以总统身份重

---

① U. S. Congress, An Act to amend the Foreign Military Sales Act, and for other purposes (12 January 1971), in *Statutes at Large*, vol. 84, pt. 2, 2053-2055.

返华盛顿。尼克松就任后,并没有立即推翻民主党人的政治建树,而是继续保留了约翰逊政府建立的多项改革。在外交上,尼克松利用"东京湾决议",将指挥战争的权力变成总统的专有权,拒绝国会在解决越战问题上插手。为了使北越向美国的武力屈服,保证美国体面地退出越战,尼克松命令对北越的主要水域布雷,轰炸柬埔寨,并在不通报国会的情况下,命令中央情报局开展一系列的秘密行动,使美国更深地卷入了越战。尼克松还利用总统行政命令的方式,绕过国会的宣战权,将越战扩大到柬埔寨,侵入一个至少名义上中立的国家,这种作法违反了宪法;但国会与总统之间并没有发生强烈冲突,最高法院对此也拒作任何宪法意义上的裁决,在两个有关案件的审理中都支持了总统的战争权。①

在国内问题上,尼克松继续执行民主党开创的对社会和经济政策的管理与干预。1971年,尼克松曾提出"新美国革命"(New American Revolution)的概念,其内容包括:继续进行社会福利的改革,保护环境,(联邦、州和地方进行)财政分享,政府机构改革与重组等。1970年成为法律的《国家环境政策法》,正式将环境保护列为联邦政府的职责。②同年,尼克松政府又推动了几项关于打击组织化犯罪的重要法律,建立对重大案件的证人实行保护的政策,加强了联邦政府对毒品走私和贩卖的打击力度。同年,尼克松提出了行政部门改组方案,将原来的预算局改组为行政管理与预算局,专门负责监管和审查联邦政府各部的预算,集中了对联邦预算的管理,并借机将一些联邦资助项目控制在白宫手中,这种作法引起了国会和其他利益集团的极大不满。尼克松的行政改革还包括,以行政命令的方式建立了联邦环境保护署,将原为内阁成员的邮政总监办公室变成了独立的联邦邮政总局。

同期,国会内部也进行了一些体制和程序方面的改革。1970年的《立法重组法》规定国会内各委员会的投票记录必须加以记录和公布,

---

① *Orlando v. Laird* (1971); *Holtzman v. Schlesinger* (1973).
② U. S. Congress, National Environmental Policy Act of 1969 (1 January 1970), in *Statutes at Large*, vol. 83, 852-856.

并简化了委员会的运作程序。①

1971年,国会通过了《联邦选举竞选法》,对政治选举中竞选基金的管理做了规定。该法限制了候选人本人、家庭和其他选民对其提供的金钱支持额度,并要求候选人如实报告所接受的所有的捐款,并公布捐款在100美元以上的人的姓名和住址。② 在尼克松"财政分享"(revenue sharing)思想的指导下,国会在1972年通过法律,建立了一个五年计划,将300亿美元的联邦税收有计划地分流回到州和地方,以补贴地方财政,同时也促使地方和州分担联邦的一些社会和经济计划的实施。③ 尼克松政府又将联邦最低工资标准从每小时1.60美元提高到2美元。在尼克松政府期间,国会至少通过了40多项有关民权、环保、能源保护、消费生产、工业卫生与健康方面的法律,并建立了相应的联邦机构来执行管理。管理的范围也开始涉及与人民日常生活相关的内容,如食品质量、药物应用、残疾人利益等。

尼克松政府期间通过的重要民权法律包括1971年的《选举权法修正法》,将《1965年选举权法》中对文化水平测试的禁止范围扩大到北部各州。④ 如第八章提到的,1971年3月,国会提出了第二十六条宪法修正案,将公民参加投票的年龄底限从21岁降至18岁。

## "帝王总统"模式的出现

20世纪70年代美国宪政的最大危机莫过于由"水门事件"引起的尼克松总统辞职。这一事件与尼克松滥用总统权力有关,但也反映出自新政以来日益增长的总统权对于传统宪政原则的威胁和伤害。在"水门事件"以前,尼克松和国会之间已有一些不快。尼克松对越战的

---

① U. S. Congress, Legislative Reorganization Act of 1970 (26 October 1970), in *Statutes at Large*, vol. 84, pt. 1, 1140-1204.

② U. S. Congress, Federal Election Campaign Act of 1971 (7 February 1972), ibid., vol. 86, 3-20.

③ U. S. Congress, An Act to provide fiscal assistance to state and local governments, to authorize Federal collection of state individual incomes taxes, and for other purposes (20 October 1972), ibid., vol. 86, 919-947.

④ U. S. Congress, Voting Rights Act Amendments of 1970 (22 June 1970), ibid., vol. 84, pt. 1, 314-319. 关于《1965年选举权法》的实施与更新,见本书第十二章第三节的详细讨论。

扩大,开始引起国会的反感。他的一系列国内政策更遭到国会的反对。尤其是,尼克松政府不但没有缩小,反而变大,白宫班子的人马从1700人增至3500人。最令国会愤怒的是尼克松拦截国会拨款的做法。

所谓"拦截拨款"(impoundment)指的是总统利用批准国会法案的机会,将国会拨款案中那些自己不同意的拨款予以否决,以此来强迫国会批准总统为推行行政部门的意志而要求的拨款。自30年代以来,联邦政府建立许多专门机构负责执行专门的法律,国会每年拨款给这些机构,同时允许总统任命机构的负责人,总统可通过控制这些机构扩大自己的权力,但国会常常在拨款时对这些机构的运作加以限制性的条件。拦截实际上是总统拥有的一种宪法意义上的选择性立法的权力,在某种意义上,这是总统否决权的一种表现形式。有时总统为了反对国会的某项立法或要求国会服从自己,可通过拦截国会的拨款来胁迫国会让步(当然,近年来我们经常看到国会也用同样的手段来对付总统,例如不批准总统提出的行政预算等)。这种做法在尼克松以前就有总统使用过。早年杰斐逊任职期间,因为要弄清国会拨款用于建造什么样的战舰,就曾拦截过国会的海军建设拨款。1879年至1880年,海斯总统曾连续7次否决国会对军事和司法部门的预算拨款,因为民主党人控制的国会在联邦军队和司法部门的拨款法中有"夹带"(rider)条件,利用削减经费的方式来阻止总统有效地实施重建法律。在20世纪,罗斯福以及其他几位尼克松的前任也有过拦截行动,但他们在使用这项权力时,非常谨慎,而且都是在宪法明示的总统控制的军事权下进行的。但尼克松要"拦截"的正是他的前任民主党人想推行的一些计划。1969年至1973年他拦截了100多个不同的联邦拨款项目,涉及环保、房屋、教育等。尼克松认为自己有权拦截国会拨款。与此同时,尼克松宣布停止实施《1964年民权法》的第六条(该条禁止接受联邦资助的项目实行种族、宗教和民族血统的歧视)。

与他的前任一样,尼克松力图凭借他在外交政策上的优势和突破,来推行他的国内政策和打击国内政治势力对他的批评。在他第一届任期内,他打破传统的冷战政策,出访中国,与苏联进行裁军谈判,并在亨利·基辛格的得力辅助下,成功地开展了与北越的停战谈判。这些出其不意的外交成果为尼克松在1972年总统大选中连选连任奠定了基础。从另一方面也说明,冷战时期的美国总统都极为重视借用外交上的得分来帮助自己赢得连选连任,换言之,借用国际政治来左右国内政治。这种模式和手段一直延续至今。

尼克松开始在政治上把自己看成是一位"全民总统",言外之意,他可以摆脱共和党的束缚,超越党派,赢得选举。1972年大选期间,他一反常规,自己组成竞选班子,不依靠共和党的助选机器。选举结果,尼克松大胜。凯歌声中,尼克松将竞选的胜利理解为全国大多数人民对他的政策的支持和肯定,得意非凡。但是,这场选举也使尼克松在党内树敌不少。

与他的前任不同的是,尼克松对于冷战时期膨胀的总统权力过于迷信,甚至将这种权力的使用范围从外交领域扩展到国内政治和正常的公民生活中。在某种意义上,他企图利用冷战带来的机会和总统的地位,在保卫国家安全的名义下,营造一个为所欲为的"帝王总统"的宪政模式以及与之相呼应的"警察国家"。在这个模式下,他不仅不容许国会的挑战,也不容忍反对党的挑战,更不允许来自党内的任何挑战;对于任何有敌意的挑战,他都可以用对付敌人的办法,抛开正常的法律程序,进行打击和镇压。尼克松对总统权力的滥用在"水门事件"的调查过程中,达到了登峰造极的地步。他对美国宪法传统的公开蔑视最终导致了自己在政治上的身败名裂。

## 水门事件

"水门事件"直接起源于1972年的一桩盗窃竞选情报的事件,但其根源可追溯到更早一些时候。1970年,尼克松上任不久后,指示其行政班子人员秘密建立一个广泛的监视系统,以保卫国家安全为名,对所有嫌疑人员进行监视和监听。尼克松指示这个班子尤其加紧对反对越战的激进学生组织和大学进行邮件检查,甚至派人打入这些组织内部,收集情报和证据。这个班子同时还对美国公民的国际邮件和通讯电话进行跟踪监察。国家安全委员会中的一些成员和几名新闻记者的电话也被列入窃听范围。尼克松授权这个班子在必要时可以对嫌疑人的办公室和私人住所进行"直接破入式"的搜查。所有这些行动都没有可靠的宪法和联邦法律的支持。在联邦调查局的抗议下,尼克松的这项广泛的监视计划未能进行。

1971年7月1日,美国国防部的一批有关美国卷入越战决策过程的绝密文件被《纽约时报》和《华盛顿邮报》公之于众,这就是著名的"五角大楼文件泄密案"。文件由国防部的一位前雇员泄露给报界,联邦司法部要求最高法院下令,禁止《纽约时报》和《华盛顿邮报》刊登这些文件。最高法院拒绝了司法部的要求。此后,尼克松立即批准建立一个白宫的反间谍班子(称为"管子工"),允许他们在国家安全的名义下,采取任何行动,对泄露国家机密的行为进行监视和打击。该班子在1971年年底解散后,其中的部分人员被派往尼克松的连任大选班子(Committee to Re-elect the President)中服务。1972年6月17日深夜,这个班子中的5名工作人员在破门进入设在华盛顿水门大厦内的民主党全国委员会办公室时,被警察拘捕。在作案者身上,搜出了与尼克松竞选委员会有关的证据。后来为世人所知的"水门事件丑闻"(Watergate Scandal)由此开始。

"水门事件"发生后,白宫当即矢口否认。尼克松本人也在8月29日声明他的政府中无人卷入此案。与此同时,白宫班子立即在背地里进行了一连串的掩盖行动,包括销毁证据,对联邦调查局施压,要求其缩小调查范围等。9月,《华盛顿邮报》的两名记者揭露了一个惊人的内幕:前联邦司法部长掌管一笔秘密基金,专门用于资助窃取民主党情报的工作,尼克松的一名助理被指控为与征召"管子工"有联系,这篇报道使公众舆论和国会开始关心"水门事件"。1973年1月,联邦司法部被迫对7名涉案分子起诉。审讯结果,5人认罪,2人被判刑。但在审讯结束时,联邦地区法院被告知此案与白宫有牵连。1973年2月,参议院组成了一个特别委员会对此案进行调查,得知尼克松的律师旁听了所有联邦调查局对此案的侦讯,并审阅了所有的有关档案。此事使参议院怀疑白宫进行了掩盖行动,要求进一步调查白宫有关人员。尼克松的白宫办公厅主任和司法部长抵挡不住,相继辞职,尼克松仍坚持自己对此事一无所知。

1973年5月至8月,参议院的特别委员会举行了公开的听证会,对"水门事件"进行广泛公开的听讯调查,许多前白宫官员被传讯。这些人的作证表明:(1)尼克松直接参与了"管子工"特别调查组的组建和行动计划,并参与了"水门事件"后的掩盖活动;(2)白宫建立了一份"政治敌人"的名单,这些人包括政界人物和记者等,白宫允许特别调查组建立秘密的情报系统,非法利用联邦税收局的情报资料,在必要的时候,以偷税漏税等罪名来打击尼克松的政治敌人和激进的非盈利组织;(3)尼克松在白宫装了窃听器,对所有的谈话都录了音。

公众舆论深为听证会揭露的内幕而震惊,要求扩大调查。在参议院的要求下,尼克松的新任司法部长埃利奥特·理查森只得任命一名特别检察官阿奇博尔特·考克斯对此案进行全面调查。7月,特别检察官命令尼克松交出调查需要的有关文件和录音磁带时,尼克松拒绝了,声称他享有"总统行政特权"(executive privilege),不受司法审查。8月,联邦地区法院判定特别检察官索取录音磁带的要求是合法的,令尼克松交出录音磁带。尼克松不服,上诉到哥伦比亚特区联邦上诉法院。10月,上诉法院对地区法院的命令表示支持,要求尼克松执行法院命令,将录音磁带交给特别检察官。尼克松提出,只交出录音磁带的文字材料。这个要求被特别检察官拒绝了。尼克松气急败坏,命令司法部长和副部长将特别检察官解职,两人拒绝执行命令,被迫辞职。新上任的代理司法部长罗伯特·博克终于执行尼克松的命令,将特别检察官解职。但此时,公众舆论已经怒不可遏,众议院也开始采取行动,提出了弹劾尼克松的决议案。

1973年11月,尼克松迫于国会和舆论压力,只好允许司法部任命新的特别检察官对"水门事件"继续进行调查。新任检察官利昂·贾沃斯基继续要求尼克松交出磁带。与此同时,众议院的司法委员会开始对弹劾议案进行听证活动,也命令尼克松交出磁带,尼克松仍然拒绝,只交出了经过剪辑的42盘录音磁带的文字副本。在审理了录音副本后,联邦地区法院大陪审团在1974年3月将尼克松列为"不予起诉的同谋者",并决定将此案转交给众议院司法委员会。

### 美国诉尼克松案

1974年6月,联邦地区法院法官约翰·西里卡向尼克松发出命令,要他交出与掩盖"水门事件"有关的录音磁带,以用于完成对有关人员的审讯。尼克松再次启用行政特权的理由,称录音磁带中含有国家军事机密,拒绝交出磁带。联邦特别检察官和地区法院将此案上诉到联邦最高法院。最高法院将此案命名为美国诉尼克松案。①

这个案子开创了美国宪政史上的一个先例:总统被自己(通过司法部长)任命的特别检察官起诉,实际上是被受总统本人管辖的联邦司法部起诉。总统能不能被特别检察官起诉,这是一个重要的宪政问题。自杰斐逊起,内阁成员一般必须在政治上与总统保持一致,更不用说一般的联邦官员了。但特别检察官处在一个十分特殊的位置上:他一方面是总统手下的司法部长任命的,是联邦政府的官员,是总统的下属;但另一方面,他又应该"独立"于行政部门首长(总统)的权威约束之外,负责调查和处理有关总统违反宪法的行为的问题,为了维护宪法的尊严,他必须有权力来检察总统,并在检察受阻时诉诸正常的法律渠道来将事情弄个水落石出,包括发出传票和强制令乃至以妨碍司法程序的名义对总统进行起诉。但特别检察官是否可以这样做,历史上没有先例,尼克松的律师称,特别检察官为行政部门的任命官员,他与总统之间的矛盾属于"部门内部的矛盾",联邦最高法院没有必要对此进行干预。

1974年7月24日,联邦最高法院打破常规,以异常迅速的速度审理了此案,形成了8—0票的决定(大法官伦奎斯特没有投票),由尼克松提名任命的首席大法官沃伦·伯格代表最高法院宣布了三条判决意见:(1)特别检察官有权对他名义上的上司起诉,因为他的职责准允他这样做,况且传统上审理类似尼克松案性质的案件是最高法院的事务之一;(2)尽管总统的录音磁带中包含有属于行政特权保护的内容,尤其是那些涉及国家军事和安全的机密,但当这些磁带被看做一桩犯罪案件调查的证据时,总统必须服从法院的命令,将磁带交出;总统的特权不能无止境地延伸到阻碍司法审查的正常程序的地步;(3)至于总统交出的材料是否与调查的罪行有关,不是由总统来决定,而只能由法院来决定。伯格引用了1803年马歇尔大法官在马伯里诉麦迪逊案中的经典判决,宣布只有联邦最高法院才能从司法意义上解释宪法;法院当然必须尊重总统的特权,但此特权是有条件的,为了保证司法系统的

---

① *United States v. Richard M. Nixon*, 418 U. S. 683-716 (1974).

完整性,尼克松必须交出录音磁带。①

与此同时,众议院司法委员会就弹劾问题进行了一次实况电视转播的辩论。在辩论中,共和党议员替尼克松辩护,认为众议院在没有确凿证据的情况下,不能弹劾尼克松,民主党议员则称尼克松可因滥用权力而被弹劾。这如同一百年前对安德鲁·约翰逊的弹劾案重演一样。民主党人认为,不管有无罪证,尼克松对司法部门要求的拒绝已构成对权力的滥用,为了维护国家制度的完整性,可以对其提出弹劾。

7月23日,在经过激烈的辩论之后,众议院司法委员会投票通过以三项罪名对尼克松提出弹劾。三项罪名分别是:(1)尼克松亲自参与和指示其下属参与了对"水门事件"的掩盖活动,对法律的实施进行了有意阻挠,违反了宪法赋予的职责;(2)尼克松滥用职权,以非法手段对公民进行调查打击,侵犯公民权利,违反了就任总统时的誓词;(3)尼克松无视国会要求交出磁带和其他证据的命令,严重阻碍了弹劾工作的程序。另外两项对尼克松的指控(未经国会允许,下令轰炸柬埔寨和逃税)被删除了。

1974年8月5日,尼克松交出了1972年6月23日的三盘录音磁带的文件副本。这些副本显示,尼克松早在1973年3月以前就参与了掩盖活动,他曾指示下属动用中央情报局来阻止对"水门事件"的调查。不管尼克松是否直接参与了"水门事件"的策划,他的这段指示已证明他直接参与了掩盖"水门事件"的阴谋,并力图利用职权阻止联邦司法机关的调查,这正是众议院司法委员会弹劾他需要的铁证。

在这种情况下,尼克松已经无法再继续留在白宫。1974年8月8日,尼克松发表电视讲话,宣布辞职。8月9日上午11时35分,尼克松向国务卿基辛格递交了辞呈,成为美国历史上第一位辞职的总统。30分钟后,尼克松的副总统杰拉尔德·福特在首席大法官伯格的主持下,宣誓就任总统,完成了权力交接。一个月后,福特宣布对尼克松"犯下的和可能犯下的(触犯联邦法律的)罪行"予以无条件的"赦免",并同意在法院使用三年之后,尼克松有权拥有以至于销毁所有的与"水门事件"有关的录音磁带和文字材料。但国会在同年12月通过

---

① *United States v. Richard M. Nixon*, 418 U. S. 683-716 (1974), 686-716.

法案,宣布将所有的相关录音磁带和证据置于联邦政府的控制之下,以便将来开放给公众使用(这些材料已在 1997 年全部开放,其中的录音部分也转化成了文字材料)。1978 年 7 月,纽约州宣布禁止尼克松在该州从事律师行业的工作。

### 强总统宪政模式的困境

在讨论"水门事件"的后果和意义之前,应该对福特的接任稍加说明,因为这涉及总统职务的接任问题,也是一个曾经长期悬而未决的宪政问题。原联邦宪法(第二条第二款第 6 段)只是规定,总统在不能或丧失了履行总统权力和职责的能力时,其职务应移交给副总统,并规定在总统和副总统都不能视事或履行职责的情况下,由国会宣布代理总统的官员,但宪法没有明确规定继承总统和副总统职位的官员来源和顺序。1947 年,国会曾通过法令,规定了接任总统职务的官员顺序,依次为:副总统、众议院议长、参议院临时议长(正式议长为副总统)、国务卿以及其他的内阁部长(依各部建立的时间为序)。即便如此,总统的继任问题仍有诸多历史上的漏洞。如 1881 年加菲尔德在遇刺后,处于昏迷状态达两个月之久,副总统阿瑟并没有能够立即接任,直到加菲尔德逝世后才接任总统。又如,威尔逊在第二届任期内,因中风而不能正常视事达数月之久,一些日常工作几乎由他的夫人代理。这些都是总统权力出现暂时"真空"的状态,在 19 世纪也许对国家安全不构成任何特别的威胁,但在美国利益全球化和核战争随时可能爆发的冷战时代,总统职务不容有任何"真空"状态的出现。艾森豪威尔的多病和肯尼迪的遇刺促使国会在 1965 年提出了第二十五条宪法修正案。修正案规定,当总统不能履行其职责时,由副总统接替其职务(将 1841 年来开始行使的惯例变成了宪法规定);当副总统职位出现空缺时,总统有权提名一名副总统,在国会两院批准后就职。但该条修正案更为重要的规定是:当总统以书面形式向参议院临时议长和众议院议长声明不能履行总统职务时、或副总统与多数内阁成员向国会提出同样的书面声明时,副总统应立即作为"代理总统"(Acting President)承担总统的权力和责任;此后,如总统向参议院临时议长和众议院议长以书面形式说明丧失能力的情况已经不存在后,如果副总统和多数内阁成员在

4天内不以书面形式提出异议,总统应该恢复其权力和责任;如果副总统和多数内阁成员有异议,国会将对此做出裁决,在国会裁决之前,副总统将继续行使代理总统的权力。这条修正案在1967年2月被批准生效。1973年,尼克松在他的副总统斯皮洛·阿格纽因受贿丑闻辞职后,曾利用这一修正案提名杰拉尔德·福特接任副总统一职。1974年,尼克松因"水门事件"被迫辞职后,福特接任总统,然后又根据这一修正案提名纽约州州长纳尔逊·洛克菲勒为副总统。福特—洛克菲勒政府也因此成为美国历史上唯一未经选举而产生的一对总统和副总统搭档。①

"水门事件"揭示了冷战时期的强总统宪政体制中潜藏的几个重大危机。首先,总统可以利用国家安全的名义建立自己的监察机关和系统,对自己的政治对手和其他激进组织进行打击。其次,总统采用对付外部敌人的方法来对待国内不同政见者(如尼克松制定的政敌名单所表现出来的情形),说明在民主体制的外表下,对政治权力的合法的、公开的竞争可以转化为阴谋式的、隐秘的、甚至可能是武装暴力的方式。"水门事件"使美国社会对美国宪政产生不同的评价,有人认为美国宪法体系是一个并不安全的体系,它有可能产生像尼克松这样独断的、滥用权力的总统,要不是因为"水门事件"的偶然发生,他的政治行径很难被揭发出来。有人认为正是由于美国宪政体制允许新闻自由,才使得新闻界穷追不舍,引起了公众的关注,迫使政界对此进行调查,而正因为国会和法院是另外两个独立的联邦权力的来源,它们才能对总统进行钳制,采取司法和弹劾的程序来制止尼克松的违法行为。

"水门事件"是对二战以来的美国宪政发展提出的一个严重挑战。随着社会多元化,各种利益集团矛盾冲突加剧,原有的联邦制格局打破,总统成为管理国民经济与政治生活的中心人物,而外交的需要又使总统有权(以国家安全名义)进行许多活动,总统权力增长可带来效率高的直接好处,但与此同时,也带来了危险。国会则为党派利益所分

---

① 与总统职务和接任相关的另外两条宪法修正案是第二十条宪法修正案(1933年生效)和第二十二条宪法修正案(1951年生效)。相关讨论分别见第四章第二节和本章的第一节。

化,不能有效地对总统形成钳制;总统不但对联邦和州的事务有影响控制的能力,而且还可以通过自己手中的利益分配间接控制国会中的政治力量。由于总统的功能变得多元和极为重要——国家元首、三军统帅、政党领袖、总执法官、立法人——他已将原来麦迪逊担心的派别之争的性质改变了,总统自成了一个权力源,一个权力中心,一个能比国会和法院产生更大影响的、具有更重分量的权力源。没有一个权威强大的总统,便不可能维持一个强大的、利益已经世界化了的美国的有效运转。

总统在二战后出现的这种特殊位置可以说完全打破了原有宪政设计的初衷。"水门事件"和尼克松的辞职为新政以来强总统的宪政模式画上了一个句号。但是,如何做到对总统权力有足够的约束力,但又不致损害他必须拥有的权力,并继续容忍这种权力随形势的需要有限度地和安全地得以增长,这是一个至今也没有解决的宪政难题。

### 对总统权力的限制

在尼克松辞职前,国会和法院都采取了一些行动,对总统权力进行限制。1972年在美国诉联邦地区法院一案中,最高法院宣布行政部门在国内安全检查中使用电子监听设备时必须受到限制。总统虽有权命令司法部在维护国家安全的前提下设置监听,但这不是行政部门本身的继承而来的权力,必须经司法部门批准后,才能运用,这是第一条和第四条宪法修正案要求采用的正当的宪法程序。[①] 1972年国会通过的《凯斯法》命令国务卿必须将总统部门签订的任何国际条约在条约签订后10天内送达国会。1969年至1973年,国会通过了将近10条法律或条款,力图对总统的战争权进行限制。1973年的辅助拨款法案曾规定,1973年8月15日后的拨款不能继续用于柬埔寨的战事。[②] 1973年11月,国会又通过《战争权力法》规定,在未经国会宣战的情况下,总统只能在四种情形下使用武力交战:当美国军队遭到攻击时;需要保护海

---

[①] *United States v. United States District Court*, 407 U. S. 297 (1972).
[②] U. S. Congress, An Act Making supplemental appropriations for the fiscal year ending June 30, 1973, and for other purposes (Second Supplemental Appropriations Act of 1973) (1 July 1973), Title III, Section 307, *Statutes at Large*, vol. 87, 99-129, esp. 129.

外美军;需要保护海外美国公民;需要完成美国签订的某些具体的军事条约的义务。该法还要求总统在使用军力后48小时内向国会报告,并在此之后,定期向国会通报情况;在国会未宣战的情况下,总统命令美军进行军事冲突的权限只有60天。① 1976年,国会又通过了《国家紧急状态法》,建立一系列宣布国家进入紧急状态的程序以及国会中止紧急状态的权力。该法废止了1933年至1970年的400多条紧急状态条文,规定今后每6个月要审查一次《紧急状态法》,要求总统向国会通报他采取紧急行动的法律基础。② 在经济权力方面,国会在1974年通过了《预算和拦截控制法》,要求总统对拦截的资金作出说明,或建议其延期发放,或永久地取消,但两者都需经国会批准。③

1978年,国会又通过了《政府部门道德准则法》,要求联邦政府官员(包括总统)、国会议员和联邦法官公布他们的财产、收入数量和来源、接受的礼物馈赠和分得的红利等;该法还建立了任命特别检察官的制度,授权该检查官在不受总统控制的前提下对行政部门被指控的不法行为进行调查。④ 这项法令规定,只要司法部有"合理的理由"(reasonable grounds)怀疑联邦政府的高级官员犯了罪,司法部长就必须任命一名独立的特别检察官对此官员进行调查,行政部门不得随意在没有"绝对令人信服的理由"(good cause)的情况下将独立检察官解职。在1988年的莫里森诉奥尔森案的宣判中,最高法院支持了这项立法,进一步强调了特别检察官的作用。大法官伦奎斯特宣读的7—1票的

---

① U. S. Congress, Joint Resolution Concerning the war powers of Congress and the President (War Powers Resolution) (7 November 1973), in *Statutes at Large*, vol. 87, 555-559.

② U. S. Congress, An Act to terminate certain authorities with respect to national emergencies still in effect, and to provide for orderly implementation and termination of future national emergencies (National Emergencies Act) (14 September 1976), in *Statutes at Large*, vol. 90, pt. 1, 1255-1259.

③ U. S. Congress, An Act to establish a new congressional budget process; ... to establish a procedure providing congressional control over the impoundment of funds by the executive branch; and for other purposes (Impoundment Control Act of 1974) (12 July 1974), in *Statutes at Large*, vol. 88, pt. 1, 297-339.

④ U. S. Congress, An Act to establish certain Federal agencies, effect certain reorganizations of the Federal Government to implement certain reforms in the operation of the Federal Government and to preserve and promote the integrity of public officials and institutions, and for other purposes (26 October 1978), in *Statutes at Large*, vol. 92, 1824-1885.

判决意见指出,相对于总统而言,特别检察官是一个"低级行政官员",但同时也可以由法院根据宪法第二条第二款来任命;言外之意,特别检察官是一种纯粹的法律程序意义上的任命,限制总统解除特别检察官的职务并不损害总统部门的权力。大法官斯卡利亚对多数派的决定表示反对。他认为,最高法院这样决定等于损害了行政部门的特权,违反了三权分立的宪政原则。①

这些措施对控制总统的权力有些约束力,但象征作用远远大于实际效力。如在战争权的问题上,由吉米·卡特领导的民主党政府在处理伊朗人质问题基本上继续使用尼克松时代的一些强制性作法。此后,共和党总统罗纳德·里根在1983年对出兵格林纳达的处理更是先斩后奏。1991年,里根的继承人乔治·布什(George H. W. Bush)发动第一次海湾战争时,也没有征求国会的意见。1998年夏,民主党总统比尔·克林顿在命令空袭阿富汗和苏丹前,曾与国会两院的领袖打招呼,并不一定是争取他们的同意,只是出于一种程序上的礼貌。1973年至1998年,大约有20多次战争的危机决定,只有一次(福特政府期间),总统遵照程序,向国会进行了报告。共和党总统乔治·W. 布什(George W. Bush)在"9·11"事件之后发动的阿富汗和伊拉克战争都采取同样模式,不经国会宣战,而由总统通过行政权予以发动和执行。但在这两次战争的发动问题上,国会以决议的方式支持了总统的行动。

在立法方面,尼克松以后的福特政府和卡特领导的民主党政府的权力都被削减,两届政府向国会提出的立法建议项目并不像以前那样容易被接受。因权力遭到国会的削减,福特和卡特政府处理经济问题的权限也受到限制,一时间公众怨声载道。1981年,里根上任后,利用声望和总统权力连续开展一系列的经济整顿,将原有的联邦资助金额进行调整,同时砍掉一些社会福利计划,力图恢复经济,重振美国人民对政府的信心。里根的作为对恢复总统的权威有一点作用。但总的来说,"帝王总统"时代在尼克松后再未出现。1993年上任的克林顿,曾

---

① *Morrison v. Olson*, 487 *U. S.* 654 (1988). 但在1998—1999年克林顿弹劾事件后,国会中有人就特别检察官的"中立性"问题质疑。他们认为,反对党完全可能竭尽全力,利用这一特殊的职位和机会,不顾一切地损害现任总统的威信,假公济私,以达到推翻政治对手的目的。

立志推动全国医疗保险制度等重大问题的改革,但无奈国会为共和党人把持,多项改革计划受挫。1997年克林顿连任后,美国社会的改革势力原指望能够大干一场,不料,克林顿丑闻不断,使白宫备受困扰,无法集中精力和资源来推动改革。不管人们是否承认,美国总统职位仍然具有相当程度的道德成分的要求,当总统丧失了道德感召力的时候,他也就失去了个人政治资本中最重要的一部分。

## 三　沃伦法院与公民权利的联邦化

### 沙利文案与言论自由的界限

民权运动后的美国政治出现了一种新现象,即人们开始以自己关心的社会问题组成新的利益集团。这些以解决某一特定社会式经济问题为目的的群体取代了60年代的以种族和社会阶层为基础的群体,并开始对联邦政策的制定发挥重要的压力作用。它们通过出示专家支持的证据,向联邦管理机构提出自己的要求,要求联邦政府通过立法对某一问题进行管理和干预,这种方式在本质上与从前的压力集团的功能是一样的,但它却打乱了过去的群体划分的基础,也将立法的重心从国会议员或委员会转移到联邦管理的各专业机构,无形之中,促成了专业人士立法的现象。但这些"问题群体"提出的问题仅仅是代表社会一部分人或一小部分人的利益,有些人的利益与另外一大部分人的利益直接发生冲突。于是这些利益的冲突便成为新的政治话题,也使美国政治更为复杂,统一改革的力量更不易集中。宪政改革和发展不再有60年代那样能动员和团结全国性力量的政治议题,而更多地集中在细致的、近似于琐碎的问题上。在这样的情况下,联邦最高法院的作用变得十分重要。

60年代,在首席大法官沃伦的带领下,最高法院继续采用能动主义的作法,借用民权运动给美国社会带来的政治气候,继续扩大对弱势群体的权利保护,并且同时扩大联邦公民权利的范围,深化公民权利的内容。这一时期,最高法院在有关公民权利的问题上——包括言论自由、隐私权、刑事拘审公正程序权——作出带有进步意义的裁决,对改变美国传统的权利观念和规范起了很大的作用。

1964年的《纽约时报》诉沙利文案是最高法院扩大新闻自由保护范围的经典案例之一。① 此案缘于1960年3月29日《纽约时报》刊登的一个整版文字广告。广告描述了南部黑人正在进行的反种族歧视的非暴力抗争运动,以及他们遭到地方警察残酷镇压的情形,其中尤其提到阿拉巴马州蒙哥马利市的警察对黑人学生施用暴力。广告呼吁读者捐款,以保释被捕的民权运动领袖小马丁·路德·金牧师。广告由一个民权组织出资刊登,84名签名者中包括了前总统罗斯福的夫人和4名来自阿拉巴马州的黑人牧师。

广告发表后,蒙哥马利当地的报纸对此作了报道,并指出广告中有两处与事实不符的内容,一是黑人学生在蒙哥马利举行抗议的地点有误,二是金牧师被捕的次数(广告称金在该市被捕7次,蒙市警察局称实为4次)。该市警察局长沙利文立即致函《纽约时报》,指责其刊登了有不实之词的广告,诽谤了蒙市警察和他本人,损害了他的名誉,要求《纽约时报》收回广告。但《纽约时报》认为,广告并没有具体提及沙利文的名字,只是泛指"警察"(police)或"南部的违宪者"(Southern violators of Constitution),因此拒绝了沙利文的要求。沙利文随后在阿拉巴马州巡回法院以诽谤罪名同时起诉《纽约时报》和4名在广告上署名的本州黑人牧师,要求两组被告分别赔偿50万美元的名誉损失费。一个由白人组成的陪审团在州巡回法院法官的指示下判沙利文胜诉,要求被告如数赔偿沙利文。在当时来说,50万美元不仅是阿拉巴马州历史上数额最大的一笔诽谤罪赔偿,在全国也是极为鲜见的。《纽约时报》表示不服,上诉到阿拉巴马州最高法院,被驳回后,又上诉到联邦最高法院。

沙利文状告《纽约时报》是别有用心的。通过抓住细小的、非关键性的事实出入,以诽谤和毁誉为名,起诉报纸和民权运动领袖,对其处以极高额的民事诉讼赔偿惩罚,有效地恐吓和阻止类似《纽约时报》这样有全国影响的大报介入南部黑人反抗种族歧视的民权运动,是沙利文诉案的真正用心。在阿州巡回法院判沙利文胜诉之后,包括蒙市市

---

① *New York Times v. Sullivan*, 376 *U. S.* 254-305 (1971).

长在内的其他政府官员也开始以同样理由起诉《纽约时报》，要求得到同等数额的赔偿。《纽约时报》被要求赔偿的费用累计达 300 万美元。所以，此案背后不光是一个法律问题，而是一个重要的政治问题了。正是在这种背景下，1963 年 1 月，联邦最高法院同意审查该案（阿州的 4 名黑人牧师也同时递交了复审的要求。两案同时得到复审）。

《纽约时报》要打赢这场官司，并非易事。主要障碍在于，诽谤案的审理素来在州法院按州法进行，各州通常依照普通法的惯例来审理涉嫌诽谤的案件，即只要证明被告对原告进行诽谤和诬蔑的事实存在，罪名即可成立，而无需讨论原告是在何种情况下（即原告是有意，还是无意或无知地）使用了涉嫌诽谤的材料和信息。这正是阿拉巴马州巡回法院判沙利文胜诉的方式。联邦宪法中与言论权利联系最紧密的是第一条宪法修正案；该修正案保障公民在宗教、言论、出版、和平集会和请愿方面的自由和权利，但在传统上，它将涉嫌诽谤的言论排除在所保护的言论和出版自由之外。所以，要争取最高法院的支持，《纽约时报》必须说明对政府官员的批评（即便有细小的事实出入），仍然属于言论自由的范围，应该受到第一条宪法修正案的保护。这正是《纽约时报》聘请的主要律师、哥伦比亚大学法学院的宪法学者赫伯特·韦克斯勒的思路。

在诉讼摘要中，韦克斯勒提出了几条界定言论自由、对政府官员的批评与诽谤之间界限的法律原则，其中包括：(1) 对政府及其官员的批评不能被随意视为诽谤行为；(2) 由此引发的诉讼必须遵循第一条宪法修正案的原则来审理；(3) 政治言论不能因伤害了政府官员的名誉而受到压制和惩罚。但韦克斯勒提出的最重要的原则是：如果政府官员要在诽谤诉讼中取胜，他们必须证明被告具有"实际恶意"（actual malice），即被告是以明知故犯或肆无忌惮的方式使用已经确知的虚假材料来攻击和诬蔑原告，如果不能证明这一点，诽谤的罪名不能成立。后来的事实证明，韦克斯勒的这些极有创见性的观点为联邦最高法院判决意见的形成，作了极为重要的铺垫。

1964 年 3 月 9 日，联邦最高法院就《纽约时报》诉沙利文案作出裁决，9 名大法官一致同意推翻阿拉巴马州最高法院关于沙利文胜诉的判决。大法官威廉·布伦南执笔写作了后来成为保护言论自由经典文献的沙利文案判决意见,建立了判断和裁决言论自由、舆论对政府官员的批评与诽谤罪之间的关系和界限的法律准则。

这些准则包括:(1)沙利文案涉及的是言论自由的问题,必须采用第一条宪法修正案的标准来审理;(2)对于公共事务进行"不受阻碍的、充满活力的和广泛的"的辩论是美国社会的一项基本原则,《纽约时报》刊登的广告是对"我们时代面临的一个主要问题"所表达的一种"怨愤和抗议",是一种政治言论,必须受到宪法的保护;(3)在自由的辩论中,难免出现"与事实有出入的陈述"(erroneous statement),这种情形在新闻界尤其如此;即便如此,宪法必须保护这种(可能出现错误的)自由辩论,因为这是表达自由(freedom of expression)存活下去所必须具有的一个"呼吸空间"(breathing space);同理,尽管自由辩论可能对政府官员的名誉造成伤害,但这也不能成为压制言论自由的理由,因为对于政府官员施政行为的自由的公共讨论是美国政府的一个根本性原则;阿拉巴马州最高法院的判决实际上是强迫人民和报纸自我约束对政府和政府官员行为的批评;(4)如果政府官员要在与其相关的名誉损失和诽谤案中胜诉,必须举证说明被告(媒体)在作出那些具有诽谤和诬蔑的报道时带有"实际恶意",即媒体在进行有关原告的报道时明明知道使用的材料或信息是"虚假不实的"(false)而执意使用,或对其使用的材料和信息的真伪予以"肆无忌惮的无视"(reckless disregard);(5)如同政府官员被赋予法律的保护而不会因执行公务遭到诽谤罪的起诉,公民也应具备同样的特权,即不会因为批评政府官员而被起诉。联邦最高法院最后认为,沙利文并没有出示令人信服的宪法所要求的证据,来显示《纽约时报》的广告对他进行了带有"实际恶意"的诽谤,原告的诽谤诉讼不能成立。①

这项判决建立了著名的"沙利文原则"(Sullivan rules),将言论自由保护的范围大大扩展了,但必须注意,此案与民权运动的发展和最高法院对民权运动的支持有关,沙利文案的判决带有强烈的时代色彩。当时的最高法院在首席大法官沃伦的推动下,在50年代中后期做出好几项否定南部种族隔离制度的判决,为民权运动的兴起做了法理上的

---

① *New York Times v. Sullivan*, 376 *U. S.* 254-305 (1964), 256-292.

铺垫。这个与时俱进的最高法院在沙利文案的判决中对公民权利表现出极为明显的重视和支持,应该说是意料之中、极为正常的。最高法院的这项判决不仅是对言论自由权利的支持,也可以被认为是对民权运动的一种支持。

### "沙利文原则"与言论自由的再辩论

"沙利文原则"为媒体和公众讨论政府官员的行为提供了保护,几年之后,这些原则又逐渐延伸到媒体对所谓的"公众人物"(public figures)的报道和言论方面。1967年,在《时代》杂志诉西尔案的判决中,首席大法官沃伦首次将"沙利文原则"推进到政治辩论以外的领域。他认为,第一宪法修正案对言论和新闻自由的保护并不只限于政治意见和对官员的评论,也可以延伸至公众生活的其他领域,尤其是那些可能将政府官员和个体公民暴露在公众视界(public view)内的领域;在一个重视言论自由的社会中,个人和政府官员必须充分意识到并面对这种被暴露于公众视界的危险。① 同年,在柯蒂斯出版公司诉巴茨案的判决中,沃伦大法官明确地将"沙利文原则"延伸至"公众人物"身上。他的理由是,现代社会的发展使得"经济和政治权力迅速地交汇融合",政府与私人领域之间的界限变得十分模糊,许多并不担任公职的个人实际上深深地卷入了"对重要公共问题的决策"之中,公民群体不仅对这些人的行为"拥有合法的和足够的兴趣",也对"他们对公共事务和事件的参与"拥有不受限制地进行讨论的自由,如同对待政府官员的行为一样。最高法院认为,社会名流不能仅因媒体报道的内容不属实就可以破坏名誉和诽谤罪控告出版者,如政府官员一样,他们也必须证明报道者具有"极不正当的"行为后才能胜诉。② 1971年,在罗森布洛姆诉大都会媒体公司案的判决中,布伦南大法官对第一宪法修正案保护下的涉嫌诽谤的言论自由测定原则作了修正,指出:无论是政府官员、公众人物还是个体公民,只要案件所涉及的事务与"公共的或

---

① *Time Inc. v. Hill*, 385 U. S. 374 (1967).
② *Curtis Publishing Co. v. Butts*, 388 U. S. 130-174 (1967); *Associated Press v. Walker*, 388 U. S. 130-174 (1967).

普遍的利益"(public or general interest)有关,都可以使用"沙利文原则"来保护言论自由。①

布伦南的激进观点在1974年的格兹诉韦尔其公司案中得到大法官鲍威尔的修正。鲍威尔宣称:在第一条宪法修正案下,没有所谓"不实的思想"(false idea)一说,言外之意,言论自由必须得到保护;但最高法院必须在对保护(可能出现错误的)言论自由与保护公民(包括政府官员、社会名流、其他公众人物和个人)的名誉之间求得一种平衡,决定这个平衡的原则应该是看名誉受到伤害的人究竟是一个公众人物(public figure)还是一个非公众人物(private person)。鲍威尔认为,相对于非公众人物来说,公众人物更有能力得到一个强有力的舆论空间来对媒体的攻击和批评予以回击,而且公众人物在接受显赫的社会地位和社会影响时应该对可能卷入公众争议的危险具有充分的思想准备。鲍威尔认为,非公众人物虽然可以以诽谤罪起诉媒体,但也必须承担举证责任,以证明媒体因"玩忽职守"(negligently)而造成了对其名誉上的损害。应该注意,鲍威尔虽然没有要求非公众人物举证显示"实际恶意"(这是对公众人物诽谤诉讼的要求),但仍然把举证责任归属于作为非公众人物的原告,这是对州诽谤法惯行的普通法实践的重要修正。②

最高法院在1968年对廷克诉得梅因独立社区学区案的判决中,对言论自由的范围作了更为宽松的解释。③ 在60年代后期风靡全国的反战运动中,一群得梅因的中学生为了表示对美国卷入越战的不满,在学校佩戴黑色臂章。校方下令禁止学生佩戴黑臂章,并不准继续佩戴臂章的学生到学校来上课。学生控告校方侵犯了他们受第一条宪法修正案保护的言论自由权。最高法院以7—2票的多数同意学生们的意见。大法官阿贝·福塔斯在判词中宣布,佩戴黑臂章是言论的一种无声表现形式,受第一条修正案保护;学校虽有权制定校规,但不能侵犯学生的言论自由的权利,尤其是当这种言论并没有对学校工作造成极大的破坏的时候。同时,法院认为学校的禁令是不公平的,因为其他学生可以佩戴其

---

① *Rosenbloom v. Metromedia*, *Inc.*, 403 *U.S.* 29 (1971).
② *Gertz v. Robert Welch*, *Inc.*, 418 *U.S.* 323 (1974).
③ *Tinker v. Des Moines Independent Community School District*, 393 *U.S.* 503-526 (1969).

他的标志(如宗教的十字架、竞选的证章及纳粹党的徽章等);学校的校规等于强迫学生接受学校指定的对某一主题(或事件)的观点。福塔斯采用当年霍姆斯的语言说,虽然学生佩戴臂章的行为会引起校方的不快,但这是一个住在自由社会的人必须付出的代价。①

大法官布莱克在此案中持不同意见。他认为,学校应该强调纪律,学校是提供静思默想、将学生培养成为"遵纪守法的公民"的地方,不能允许自由主义。布莱克显然对当时风起云涌的学潮十分反感和担忧。他说,"不受限制的自由是国内安定的敌人;我们不能对我们国家目前面临的许多由青年犯罪引起的问题视若无睹,学校的纪律,如同家长的纪律一样,是将我们的孩子训练成为优秀公民的一个基本的和重要的部分"。他认为,校方有权制定校规,因为学校的管理者比大法官们更知道如何根据当地的情形管理学校,而我们绝不能听由学生胡闹,由他们"来管理(美国)50 个州的 23 900 所公立学校"。②

### "隐私权"的纳入

20 世纪五六十年代的民权运动的主要目的是争取种族权利的平等,但这场运动也普遍增强和深化了人们对"权利"(rights)的敏感。60 年代至 70 年代,"权利"成了时尚的话题,要求取消或放宽对个人权利(包括个人信仰权、离婚权等)的限制的呼声此起彼伏,这些权利一直受到州和地方法律的严格控制。在 1962 年的恩各尔诉瓦特塔尔案中,最高法院宣布,政府不能要求公立学校的老师带领学生作祈祷;宪法不禁止宗教价值观在公共事务中流传,但公立学校不能支持(某一种)宗教价值观。③ 此案得到美国公民自由联盟和一些犹太教组织的支持,他们对公立学校实行强制性宗教祈祷的做法的合宪性提出了挑战。1957 年,在罗思诉美国案的判决中,最高法院又宣布,艺术家的作品不能因其中的一些污秽(obscene)内容而遭政府禁止。④ 在 1966 年

---

① *Tinker v. Des Moines Independent Community School District*, 393 U. S. 503-526 (1969), 540-514.
② Ibid. , 515-526.
③ *Engel v. Vitale*, 370 U. S. 421 (1962).
④ *Roth v. United States*, 354 U. S. 476 (1957).

的"《风尘女子回忆录》诉马萨诸塞州案"的判决中,最高法院宣布,以一位前妓女经历为基础的自传体英国小说(*Fanny Hill or Memoirs of a Woman of Pleasure*)不能被州政府随意禁止,只有那些完全没有社会价值的下流的作品才应遭禁。① 到20世纪60年代末,随着裸体和性内容在舞蹈、戏剧和电影中的表现逐渐成为家常便饭,政府对文学和艺术作品中的性表现方式和语言的禁令也大大减少了。至此,政府利用行政和法律对艺术作品进行审查、强制实行某种社会道德观的做法基本停止了。但近年来,社会压力又开始有所回升,要求政府采取措施,对下流淫秽和宣扬暴力的作品进入大众媒体进行限制。

60年代中期,最高法院将"隐私权"纳入到第十四条宪法修正案中的联邦公民权的保护范围之内。"隐私权"(privacy)是一个在早期的普通法中不存在的概念;19世纪90年代之后,才逐渐被承认是一种法律权利,但这项权利的具体内容却十分模糊。当时的隐私权通常指与一个人的名誉(和反诽谤权)有关的内容(即一个人有不受他人不负责任的攻击、指责的权利等)。原宪法的正文和《权利法案》都没有明确界定或提及隐私权的条文。显然,要将一个在宪法中没有明确列举的权利变成公民的一种宪法权利,是一件法律难度很大的工作。1965年,最高法院对格里斯沃尔德诉康涅狄格州案一案的判决便是克服这个困难的一次重要努力。在这项判决中,最高法院对隐私权的内容作了界定,并将其列为受第十四条宪法修正案和第九条宪法修正案保护的公民权利,解决了对隐私权进行保护的宪法程序问题。②

格里斯沃尔德案的背景是:康涅狄格州曾在1879年通过了一条反避孕的法律,宣布任何人使用药物和工具进行避孕的行为都属犯法。将近一个世纪后,根据这条法律,康州对州内的一个宣传计划生育的组织进行起诉,控告该组织为结婚夫妇提供了关于避孕的知识和方法,违反州法。康州最高法院将该组织的主管人员判罪。

最高法院却以7—2票的多数推翻了康州法院的判决。大法官道格拉斯宣读的多数派意见认为,隐私权虽未在宪法中明确列出,但并不

---

① *Memoirs v. Massachusetts*, 383 U. S. 413 (1966).
② *Griswold v. Connecticut*, 381 U. S. 479-531 (1965).

等于不存在。结社的权利并没有被宪法提及,但并不等于人们没有结社的权利;道格拉斯说,隐私权也是如此,它包含在具体列出的宪法权利之中和相交之处;《权利法案》中明确列举的具体权利都有"有一圈模糊的阴影地带"(penumbras),正是从这些明确指出的权利的(阴影地带)交错中,隐私权"具备了它的内容和生命"。那么,隐私权到底包含在哪些权利的"阴影地带"中呢?道格拉斯列举如下:第一条宪法修正案保障了结社的自由(保护了婚姻的不可侵犯性),第三条宪法修正案保护了民宅在未经主人的同意下不受军队干扰的权利(暗示家庭的隐私权),第四条修正案保护公民的人身、房屋、文件不受无理搜查的权利(再次说明隐私权的存在),第五条宪法修正案保护公民不被强迫作证反对自己的权利(说明个人内心那些不便言说的思想不受侵犯),这一切权利都包含了对隐私权的保护,更何况第九条宪法修正案还特别指出,凡未被宪法列举的权利不能被理解为不为人民所保留的权利;所以,道格拉斯认为,《权利法案》中的第一、三、四、五、九条修正案都具备对隐私权的保护的含义,而所有的《权利法案》又都是在第十四条宪法修正案保护下的。隐私权自然受宪法保护,康州的反避孕法实际上违反了结婚夫妇的隐私权,而计划生育组织的工作人员有权提醒他们的顾客注意他们自己的宪法权利,他们的宣传并不构成犯罪行为。①

最高法院的这项决定实际上否决了早期的《考莫斯达法》(用于禁止黄色刊物和禁止避孕工具,禁止性知识的教育等)。格里斯沃尔德案的原则影响很大,它大大扩展和丰富了联邦公民权利的内容,对60年代的权利运动的确是一个非常及时的法律回应。这项原则在70年代将进一步延伸到妇女堕胎权利的案例中。

### 关于刑事司法正当程序权的辩论

沃伦法院在1960年代的最大成就之一就是对刑事司法(Criminal Justice)程序的改革。早在20世纪二三十年代,第一条宪法修正案的权利就被纳入了第十四条宪法修正案的管辖范围,但《权利法案》中关于犯罪审理程序的条款仍未能从宪法上纳入第十四条修正案的管辖范

---

① *Griswold v. Connecticut*, 381 *U. S.* 479-531 (1965), 480-486.

围(虽在1932年的鲍威尔案涉及过这方面的权利)。在相当长一段时间里,在刑事司法程序权的管理方面,联邦政府始终被看做是被防止的侵权对象,而不是能对这些权利进行正面保护的主体。《权利法案》中涉及刑事司法程序的权利有4条:(1)除根据大陪审团的起诉外,任何人不得受死罪或其他重罪的审判;任何人不得因同一罪而两次受到名声和身体的伤害;在任何刑事案件中不能被迫自证有罪(第五条修正案);(2)在一切刑事诉讼中,被告有权由犯罪行为发生地的州和地区的陪审团予以迅速和公开的审判,被告有权得知控告的性质和理由,同原告证人对质;以强制程序取得对其有利的证人,并取得律师帮助为其辩护(第六条修正案);(3)陪审团裁决的事实不得重新审查(第七条修正案);(4)不得要求过多的保释金,不得处以过重罚金,不得施加残酷体刑的惩罚。在传统联邦制下,刑事司法的管理权从来是掌握在州的手中。在20世纪三四十年代,联邦最高法院对州在刑事司法程序方面的监管主要采用"公平审判"(fair-trial)的方法。所谓"公平审判",不是检查州规定的刑事检察和审理程序是否违反了《权利法案》,而是看这些程序是否与"该社区可以接受的正义的概念"相符合。通过这种方法,最高法院可以宣布那些与传统习惯法规定大相径庭的审理程序为非法。

在1949年的沃尔夫诉科罗拉多州案中,最高法院多数派意见指出,州通过不适当的强制搜查来获取罪证的做法违反了第四条宪法修正案和普通法的程序,但最高法院并没有要求州立即接受"排除法原则",将非经正当程序获取的证据宣布为无效,而是允许州用其他的方式来补偿受到不公正搜查的受害者。① 显然,多数派的意见是在避免宣布科罗拉多州的判罪是违宪的。沃尔夫案是以5—4票的多数决定的,是最高法院内"全面纳入"和"优先自由权"两派在对第十四条宪法

---

① *Wolf v. Colorado*, 338 U. S. 25 (1949). 所谓"排除法原则"(exclusionary rule)指的是非经合法司法程序获取的证据不能用于法庭审判,法庭审判必须排除未经合法手段获取的证据。这一原则是包含在《权利法案》的第四条(公民的人身、住宅和财产不准被非法搜查和扣押)和第五条(犯罪嫌疑人不得被强迫自证有罪)之中的。但在沃尔夫案之前,这一原则并未被严格地用于州法院的司法审判程序之中。

修正案的适用范围上争论不休的一个例子。法兰克福特代表的是狭义解释(第十四条宪法修正案)派的观点。利用公平审判的原则,最高法院还在 1960 年代以前纠正了其他一些非法的和明显违背司法程序的州法和规定。

但是对州刑事司法程序的改革是在 1961 年至 1969 年间进行的。在这一时期,沃伦法院几乎将《权利法案》所列举的关于刑事司法程序的权利都纳入到了第十四条宪法修正案的保护之下。这一时期后来被称为"《权利法案》的联邦化"(Nationalization of the Bill of Rights)的时代。1961 年,7 名克利夫兰市的警察在没有搜查证的情况下对一位名叫多利·马普的公民的住宅进行了突击搜查。警察声称他们在搜捕涉嫌一桩爆炸案的犯罪嫌疑人。搜查之后,没有发现犯罪嫌疑人,却发现了马普家里存放的一些黄色读物和图片。警察便以此为罪名将马普逮捕。马普不服州法院对其有罪的判决,上诉到联邦最高法院,称警察搜查她的住所的方式是非法的。在马普诉俄亥俄州案的判决中,最高法院启用了"排除法原则",对俄州刑事检查和拘捕的程序表示质疑,并宣布,第四条宪法修正案中对政府非法搜查和扣押的禁止原则同样适用于州,各州必须采用"排除法原则"来处理类似情况。马普案的判决对沃尔夫案的判例是一个重要修正。①

1963 年,最高法院又在吉迪恩诉温赖特案的判决中,将第六条宪法修正案中对被告寻求律师保护的权利纳入联邦保护的范围内。在 9—0 票的判决中,最高法院认为,律师咨询和代理权(the right to attorney)是"公平审判"的最基本的内容,应该纳入第十四条宪法修正案的正当程序保护之列。② 次年,在马洛伊诉霍根案的宣判中,最高法院又明确宣布,原告不得被强迫自证有罪的权利(即受第五条宪法修正案所保护的权利之一)也将受第十四条宪法修正案的保护,不受州的侵犯。③

此案的背景是:一名叫马洛伊的康州男子因参加非法赌博被康州法院判刑一年,90 天后释放作监外审查两年。在这期间,康州一个调

---

① *Mapp v. Ohio*, 367 *U. S.* 643 (1961).
② *Gideon v. Wainwright*, 372 *U. S.* 335 (1963).
③ *Malloy v. Hogan*, 378 *U. S.* 1-38 (1964).

查赌博和其他犯罪的听证会要传马洛伊作证,他拒绝了,称他拥有第五条宪法修正案保护的不毁灭自己名声的权利。康州法院即以蔑视法庭罪将他判处监禁,直至他愿意作证为止。马洛伊上诉到最高法院,告康州法院违反第十四条修正案。最高法院以5—4票的多数宣布,第五条宪法修正案保护的公民权利属于第十四条修正案的正当程序条款保护之列,联邦不能迫使任何一个公民自证有罪或作出毁灭自己声誉的供词,州也不能强迫公民这样作,因为这项权利是刑事司法程序中的基本权利。这项决定对于制止州法院采用不正当的手段胁迫、威胁原告作证反对自己起了很大作用。最高法院的判词还特别强调说,美国刑事诉讼制度的性质是"控告性质的"(accusational),而不是"审问性质的"(inquisitorial);"第五修正案保护的特权正是这个制度的主要特征"。①

## "米兰达原则"的建立

这一时期最有影响的刑事司法权利的改变可能要数在拘捕过程中执法人员必须遵守"米兰达原则"(Miranda warnings)程序的要求。这项原则是在1966年的米兰达诉亚利桑那州案中建立起来的。② 米兰达是一个23岁的亚利桑那州的居民,只有初中二年级的文化程度。1963年3月,他因被指控犯有强奸罪而被捕。在警察局的问讯室里,他一开始坚持自己清白无罪,但在两名警察连续两小时的审问之后,他自己手写了一份认罪书。这份文件后来被作为证据用于对米兰达的法庭审讯。审讯结果,米兰达被判犯有绑架和强奸罪。在警官问讯的整个过程中,米兰达没有被告知他有两项重要的权利:在没有得到律师保护前,他可以拒绝回答警察提出的任何问题;他有权只在律师在场的情况下回答警方对他的询问。按过去的惯例,对米兰达的取证可作为"自愿的证词"用于法庭审讯,但由于最高法院刚刚审理过马洛伊案,并将第五条宪法修正案所保护的刑事司法程序正义权纳入了联邦公民的宪法权利范围,最高法院多数派决定借此机会建立起一个统一的联

---

① *Malloy v. Hogan*, 378 *U. S.* 1-38 (1964), 1-32.
② *Miranda v. Arizona*, 377 *U. S.* 201 (1966).

邦规定,对法庭审判前犯罪嫌疑人的法律权利建立起程序性的保护。①

沃伦大法官在判词中宣布这样一些原则:(1)第五条宪法修正案的权利(不自证有罪)适用于正规法庭、法庭以外的任何正式程序以及其他任何场合,同样也适用于警察"审讯"犯罪嫌疑人的过程;(2)当一个犯罪嫌疑人被带到审讯场所接受审讯时,他事实上已经被置于一种有压力的环境之中,除非采取某种强制性措施对这种充满压力的环境加以缓解,否则,这种场合下所获得的对犯罪嫌疑人的取证不能用于法庭;(3)执法官员应使用下列事先警告来及时有效地提醒犯罪嫌疑人应拥有的权利和应注意的事项,这些"警告"的内容是:a)犯罪嫌疑人有权保持沉默;b)嫌疑人所讲的任何话都可能在法庭审讯时作为对自己不利的证词;c)嫌疑人有权寻求律师的帮助,并要求在受审时有律师在场;d)如果嫌疑人无钱聘请律师,法庭将在审讯前为其指派律师。② 这些警告词就是后来著名的"米兰达原则",执法人员在对犯罪嫌疑人实施逮捕时,必须高声宣读这一原则,已成为通用的刑事司法程序不能忽视的一部分。"米兰达原则"被认为对犯罪嫌疑人提供了过分的保护,而招致了批评,但最高法院称其决定是在仔细权衡了公众社会和犯罪嫌疑人两方面的权利后而作出的。③

---

① 米兰达案的判决并非仅指米兰达一案,实际上还覆盖了类似的一组案件。这些案件分别涉及发生在纽约、堪萨斯和加利福尼亚等州的刑事案件,在这些案件的审理中,犯罪嫌疑人的认罪都是在警察的连续审问下获取的,但他们没有被告知他们的刑事司法程序权(right to criminal justice)。
② *Miranda v. Arizona*, 377 *U. S.* 201 (1966).
③ 米兰达判决引发了很大的争议,尤其引起了警察队伍的不满,他们认为最高法院的规定将严重影响刑事犯罪案件的侦破工作。20世纪七八十年代,最高法院先后建立了一些"例外"原则。如在1971年最高法院宣布,如果犯罪嫌疑人在法庭审判时否认犯罪,他在受审时的认罪书仍然作为他在法庭撒谎的证明而出示,尽管他的认罪书是在没有受到警告的情况下取得的。见哈里斯诉纽约案(*Harris v. New York*, 401 *U. S.* 255 [1971])。后来最高法院又允许在法庭审判时使用犯罪嫌疑人对凶器隐藏地点的指认以及凶器本身,即便警方在获得这些证据时没有对犯罪嫌疑人宣读"米兰达原则"的警告词。最高法院认为,为了公众安全,必须建立一些"例外"的规定。见纽约诉夸尔斯案(*New York v. Quarles*, 467 *U. S.* [1984])。米兰达本人后来因为其他的罪证仍然被判罪,并服刑4年。1976年他在凤凰城的一家酒吧里因玩牌与人发生争吵,被人用刀捅死。警方在他的口袋里发现了两张"米兰达纸牌",上面印有"米兰达原则"的警告词。

## 四 20世纪末公民权利的困惑

### 伯格法院与"肯定性行动"政策

20世纪70年代初,最高法院仍能保持比较激进的势头,积极主动地介入对公民权利的保护和支持。1969年,尼克松上任后,联邦最高法院也经历了一场"一朝天子一朝臣"的变动。首先是首席大法官沃伦因年事已高,在领导最高法院16年后宣布退休。取代沃伦的是原联邦巡回法院的法官沃伦·伯格。伯格笃信"法律与秩序"的理念,他虽不像沃伦那样相信最高法院可以作为改造社会的工具,但也没有反对沃伦法院建立的原则。1970年,尼克松任命了哈里·布莱克门接任因贿赂丑闻而辞职的福塔斯。1971年,尼克松又任命了刘易斯·鲍威尔和威廉·伦奎斯特接替退休的布莱克和约翰·马歇尔·哈伦(1877—1911年间担任大法官的约翰·哈伦的孙子)。鲍威尔和伦奎斯特两人都是对沃伦法院的激进风格持批评态度的。70年代,伯格法院虽然逐步滑向保守,但并没有完全推翻沃伦法院建立的原则,这是因体制上的原因所致,虽然沃伦、布莱克两人退休,但约翰逊任命的黑人大法官马歇尔和艾森豪威尔任命的布伦南仍留在法院,这两人都是沃伦法院原则的坚定捍卫者,他们坚持在公民权利的问题上,对宪法原则作广义的解释,扩大对公民权利的保护。在伯格法院期间(1969—1986),两人始终是沃伦法院精神的象征。与此同时,即便是尼克松任命的带有政治保守主义倾向的大法官也并非事事采取保守主义的宪法原则。尼克松任命的布莱克门就是从温和保守派逐步转向温和自由派的典型。后来里根任命的第一位女性大法官桑德拉·戴·奥康纳在处理犯罪嫌疑人权利问题上十分严格保守、寸步不让,但对其他问题却采取宽松妥协的态度。1991年,马歇尔退休后,布什总统(第41任)任命了克拉伦斯·托马斯接替。托马斯是最高法院历史上的第二名黑人大法官,他在政治和宪政观上持保守立场,与他的前辈马歇尔形成鲜明对比。

伯格法院的前期实际上是沃伦法院自由派宪政主义的延伸。但到了70年代后期,最高法院的判决开始趋于保守。伯格法院在种族平等和"肯定性行动"方面的判决尤其能表现这种变化。

所谓"肯定性行动"(Affirmative Action),指的是一种以种族或性别优先为基础,分配就业、就学或获取政府商业合同的机会的联邦政策。具体讲,凡以前在美国历史上曾因种族、族裔和性别原因遭受过集体性和体制性歧视的群体(如黑人、印第安人、拉美裔人、亚裔、女性等),在同等条件下,拥有优先享受包括就业、就学和获得政府商业性合同在内的"社会福利"的资格。"肯定性行动"政策起源于1960年代的民权运动。《1964年民权法》的第七部分是这一政策的法律根据。《民权法》建立了平等就业机会委员会,该委员会要求各企业在雇佣工人时停止种族歧视的做法。与此同时,联邦劳工部要求凡是接受联邦资助或与联邦政府签订商务合同的企业和商业必须制定出具体的"肯定性行动",在规定的时间内将本企业的少数族裔雇员的人数增加到令联邦政府满意的标准,达到标准的企业将继续获得联邦政府的资助和合同。①《1964年民权法》通过以前,企业和其他用人单位可以根据种族或其他的标准来选择雇员。联邦政府实行"肯定性行动"政策的目的是希望在就业机会上,各企业和用人单位对过去受歧视的群体的成员给予比其他的群体(如男性白人)更优先的机会。显然,"肯定性行动"政策的目的是通过对过去受到全社会歧视的群体进行补偿性的辅助和支持,来帮助他们获取更多的机会参与美国社会的竞争。

从哲学意义上来讲,"肯定性行动"政策与强调"人人机会平等"的传统实践是相对立的,因为它注重强调群体的权利,而不是个人的权

---

① 1965年,约翰逊为实施《1964年民权法》颁布了第11246号总统行政命令,要求所有接受联邦政府商业合同的企业或机构必须"采取肯定性行动来保证所有的申请人以及就职者在应聘期间不因他们的种族、宗教信仰、肤色或民族血统等背景而遭受歧视"("take affirmative action to ensure that applicants are employed, and that employees are treated during employment, without regard to their race, creed, color, or national origin")。1967年,约翰逊又将"妇女"纳入"肯定性行动"政策的保护范围内。这种意义上的所谓"肯定性行动"的步骤就是接受联邦政府合同的用人单位制定具体的措施,保证在规定的时间内将少数族裔(主要是黑人)和妇女雇员人数增加到联邦政府可以接受的比例,如果做出的保证不能兑现,联邦政府可中止商业合同或停止经济资助。Lyndon B. Johnson, Executive Order No. 11246 (September 24, 1965), 30 *Federal Register* 12319, 12935, 3 CFR, 1964-1965, Comp., 339. 关于"肯定性行动"政策的更详细的讨论,见第十二章第一、二节。

利。此外,它追求的政策和程序的目的是利用政府的力量,改正由于历史性和体制性的歧视对少数族裔和妇女在就业、就学、升迁、领取贷款和政府合同等方面造成的不利状态。传统的"人人机会平等"的原则貌似公平,实际上掩盖了"人人"中的相当一部分人因为种族等原因集体受到歧视的现实。

## 围绕"肯定性行动"政策的辩论

显然,"肯定性行动"政策必然在宪政上要成为一个极具争议的难题:在重建时期,为了保证黑人的公民权不受州政府的剥夺,第十四条宪法修正案特别建立了"平等法律保护"的原则。自19世纪70年代起,黑人民权活动家便一直使用这一条原则,强调美国宪法是"色盲的宪法"(color-blind Constitution),来呼吁废除种族歧视。"肯定性行动"政策对于肤色、性别等因素的强调给人一种印象,似乎这些因素成为公民争取"平等法律保护"的一个优先性条件。如果实际政策如此的话,"肯定性行动"政策的宪法性何在?这个问题的困难在于,作为一项意在追求平等的民权政策,"肯定性行动"政策希望通过在经济利益和机会的分配方面给历史上受歧视的群体一个"优先"的机会,以期最终缩小这些群体与主流白人男性群体在利益分配和享有上的差距;但是,并不是每个白人男性或非少数族裔的人都在历史上获得了同等的发展机会或利益分享优势,这些人仍然希望奉行传统的"人人平等"或"色盲的宪法"的原则,并以此作为公平的标准。如果一个黑人因其肤色或一个妇女因其性别而可比其他资格相同的白人男性竞争者多一分得到录用或录取的机会的话,那是不是就意味着这个白人男性因为肤色或性别受到了另外一种意义上的歧视呢?如何避免矫枉过正?如何在纠正历史上的不公正和避免因此而造成现实的不公正之间掌握一个最佳的平衡点?两者之间是不是可以有妥协之处?这些问题对联邦政府实施"肯定性行动"政策提出了严峻的挑战,也突显了该政策在法律上、政治上和实际操作上的局限性。最高法院在20世纪70年代的相关案例中所表现出来的左右摇摆的态度反映出这项政策所带来的至今无法解决的宪政困惑。

## 最高法院对"肯定性行动"政策的支持

最高法院针对"肯定性行动"政策的早期决定之一是在1971年的格里格斯诉杜克电力公司案中作出的。① 杜克电力公司在《民权法》第七部分生效前,在雇佣工人、分配工种、雇员晋升等方面,一直采取带有种族歧视的方式。该公司的黑人工人全部在同一部门工作,该部门也全由黑人组成。黑人工人的最高工资比起白人部门的最低工资还要低,工人加薪也是根据种族进行的。《1964年民权法》生效后,该公司制定了一项新的部门晋升制度,要求所有申请白人部门工作的人(包括希望从黑人部门转入白人部门的人)必须首先出示高中学历证书,并通过两个能力测验。大部分的黑人工人虽然技术熟练,但却没有文凭,所以,他们无法晋升到收入高的部门去工作。该公司的新政策显然是一种阻挠黑人工人进入白人部门的歧视性措施。但是,联邦地区法院以杜克公司的新政策并非有意刁难黑人为由,判定其没有违反《民权法》。联邦最高法院以8—0票的表决推翻了地区法院的判决。伯格大法官在判词中肯定了联邦政府废止种族歧视的合法性,并强调了法院不能容忍变相歧视的做法。伯格认为,《1964年民权法》第七部分的目的,就是要消除长期以来在就业中实行的种族歧视政策,旧的就业程序实际上是在牺牲黑人工人的福利基础上使白人工人得利的(即企业和用人单位以公开歧视的方式有意压低黑人的工资或阻止黑人进入高工资的部门,而白人则因种族的理由可以得到加薪和晋升机会),这是种族歧视时代留下来的、极不公正的就业政策;电力公司要求所有人经过统一考试和出具同样的学历证明,表面上看来是合法合理的,实际上却是不合法的,因为这项政策实施的结果是继续维持旧的(对黑人工人进行歧视的)就业政策所产生的效果,致使该公司的黑人工人作为一个整体将永远处在低薪的位置上,因此,电力公司的新政策违反了《民权法》的相关条款。

伯格在判词中还就如何鉴别就业政策中的种族歧视提出了一个极有创意的思路。他说,格里格斯案的核心问题不是歧视的动机和目的,

---

① *Griggs v. Duke Power Co.*, 401 *U. S.* 424 (1971).

而是这项政策要产生的结果;电力公司要求的能力考试必须是与该公司的业务有关的、并与联邦平等就业机会委员会的指导方针保持一致,言外之意,要求工人出示高中文凭或参加与行业要求无关的考试实际上是不合理的要求;许多长期在该公司工作的黑人可能没有文凭,但他们凭其丰富的工作经验完全可以胜任高薪部门的工作。伯格宣布,《民权法》第七部分不仅禁止"公开的歧视",而且也禁止"那些形式上公平、但在执行过程中带有歧视性的做法"(practices that are fair in form but discriminatory in operation);一个企业的招聘或就业政策,不管其形式上多么中立,只要它的实施会对受《民权法》保护的各群体的利益带来(与《民权法》的原始动机)"不相一致的影响"(disparate impact),这些政策(或措施)就等于违反了《民权法》。① 伯格把就业过程中的种族歧视归咎于企业用人政策产生的结果(而不是其原来的动机)是经过深思熟虑的。歧视的动机很难被证明,但歧视的结果则比较容易得到证明。此案建立的"不相一致的影响"原则也产生了巨大的影响。格里格斯案判决实际上涉及一个如何消除美国经济和社会生活中的体制性种族主义(institutional racism)的问题。对黑人、妇女和其他少数族裔的长期歧视已经成为了一种不成文的、习以为常的规定,如何通过具体的政策来消除这种根深蒂固的习惯,是一个非常艰巨的工作。格里格斯案还提出了另外一个难题:即怎样鉴定就业考试的内容是与工作有关而不是有意为难少数族裔的(尤其是那些没有机会受到或完成正常和正规教育的黑人)?虽然最高法院建立了结果比动机更为重要的原则,那么,动机是否还有考虑的必要?另外,歧视的结果必然是有歧视的动机的证据,这两者是不可分的,但歧视的动机与歧视的后果(影响)应怎样区分?更重要的是,《民权法》所宣示的禁止在就业上实行种族歧视的做法(即公民在就业上不受种族歧视的权利)是不是属于第十四条宪法修正案的管理范围之内?或者说,第十四条宪法修正案中"平等法律保护"原则是否可以用来保护少数族裔和妇女在就业上的平等权利,或具备消除体制性种族主义的功能?

这些问题在1976年的华盛顿诉戴维斯案中得到了最高法院的解

---

① Griggs v. Duke Power Co., 401 U.S. 424 (1971).

答。① 此案起源于哥伦比亚特区警察局在 1970 年举行的一次警官就业和升级的考试。在这次考试中,较高比例的黑人申请者和黑人警官未能通过考试。黑人警官和考生控告警察局的考试政策带有歧视性。联邦巡回法院遵照联邦最高法院在格里格斯案中建立的原则,即看考试政策产生的结果,宣布既然未能通过考试的黑人人数比白人多 4 倍,而且考试的内容并不是完全与警察局的工作相关的,警察局进行这种考试就算违宪,违反了第十四条宪法修正案的平等法律保护条款。

联邦最高法院以 7—2 票的多数推翻了巡回法院的决定,认为巡回法院错误地运用了格里格斯原则。最高法院认为,考试产生了"不相一致的影响"的结果不足以构成(警察局)侵犯了黑人考生第十四条宪法修正案权利的理由;要证明这项指责,黑人考生必须出具警察局的考试政策带有歧视性的动机的证据。换言之,《民权法》第七部分下的种族歧视的内容与宪法意义上的种族歧视的内容不是完全等同的,只有当某就业政策同时具有歧视性的动机和结果时,该政策才算违反了第十四条宪法修正案;根据这样的逻辑,第十四条宪法修正案的"平等法律保护"原则不能用来改正体制性种族主义制度遗留的影响。②

这项判决没有明确界定什么是"歧视性动机和目的"的证据,也没有说明动机与结果之间的关系。更重要的是,法院的判决忽略了一个重要的事实,即现行的就职考试政策与历史上对黑人的体制性歧视有密切的关系,现行政策的歧视性动机完全可能是旧体制性歧视产生的结果之一。换句话说,由于长期受到种族歧视,广大黑人无法得到与白人同等的教育和职业训练机会,在语言的运用及其他学术知识的掌握上不如白人,然而,就业考试是根据所谓正常的(或标准的)知识构成来设计的,其内容可能正是黑人不熟悉或很少接触过的知识(因为他们被剥夺了学习这种"标准的"知识的机会),他们很有可能无法通过这种就业考试,从而得不到录用,其结果仍然是将黑人排除在外。考试看起来是公平的,不带种族歧视的,但这种所谓的"公平"的基础本身就是不公平的,所以,考试的结果绝不会是公平的。

---

① *Washington v. Davis*, 426 *U. S.* 229 (1976).
② Ibid.

## 巴基案与"肯定性行动"政策的困境

对"肯定性行动"政策更大的挑战来另外一个方向——"逆向歧视"(reverse discrimination)的指控。在1978年的加利福尼亚大学董事会诉巴基案的判决中,最高法院9名大法官出现了严重的分歧。[1]

此案的背景如下:巴基是一个38岁的白人退伍军人,1972年,他申请进入加州大学戴维斯校区的医学院。当年医学院收到2600多份入学申请,但只招收100人。医学院在录取新生时,建立了一个带有"肯定性行动"原则的做法,即将100名新生名额中的84名作为正常录取的学生,另外留出16个新生名额,专门用来录取那些具有"少数族裔"(racial minorities,即黑人、拉美裔及印第安人血统)背景的学生。校方认为,采用配额录取少数族裔学生的作法,可以帮助改正传统的种族歧视对少数族裔所造成的负面影响,反对至今仍然盛行的对少数族裔的隐性歧视,增强医学院学生队伍中的(族裔)多元性,同时也为少数族裔学生树立一些刻苦学习、奋发上进的榜样。学校还有一个现实的考虑,希望培养更多的具有少数族裔背景的学生,以促进少数族裔社区内的医疗条件的改善。巴基连续两年申请该医学院,都未能被录取。当他发现在通过预留的少数族裔定额得到录取的学生中有人的成绩不如他后,便控告学校定额录取少数族裔学生的政策违反了《1964年民权法》中的第六部分(该部分规定所有从联邦政府接受资助的研究和教育机构不能采用种族或民族血统优先录用的政策)。巴基称,加州大学的做法也侵犯了他的"平等法律保护"权(第十四条宪法修正案所建立的重要原则之一)。加州大学则反驳说,定额录取少数族裔学生的政策是不完美的、令人不快的,但这是学校必须采用的政策;学生的才智和成绩固然是进入大学的重要条件,但对于长期遭受种族歧视的压迫、而从未获得过同等机会接受同等质量教育的(少数族裔)学生来说,仅考虑才智和成绩是不公平的;除非学校在录取时采取措施,有意识地选择这些学生,并在录取时给予他们一个较为宽松和灵活的机会,否则,历史性的和事实上的种族歧视将会持续进行下去,因为进入医学

---

[1] *Regents of the University of California v. Bakke*, 438 U. S. 265 (1978).

院的竞争非常激烈,如果没有特殊的政策,少数族裔学生在竞争中将继续长期处于极为不利的位置。

巴基案引起了全国的关注,支持和反对"肯定性行动"政策的两派都拭目以待,看最高法院如何对此案进行判决。在法院判决前,两派的争论已十分尖锐。支持定额录取少数族裔的人认为,作为一项改正对少数族裔的长期歧视和补偿他们因歧视受到的伤害的政策,"肯定性行动"政策是必要的和正确的,是符合美国宪法精神的。他们强调,这种政策不是对某一个人的补偿,而是对整个被歧视的群体的补偿,是一种集体补偿的政策,而这种集体补偿的方式在美国历史上是有先例的。反对"肯定性行动"政策的人则称,这种补偿性的政策违背了美国宪法中"平等法律保护"的传统价值,破坏了对个人权利的尊重,抑制了个人奋斗,抹杀了对个人才能的认可,助长了不求上进和依赖政府的坏风气。毫无疑问,这些争论都带有强烈的政治色彩,早已超出了在政策问题上的分歧,而更是一种对美国社会政治性质和道德准则的辩论。

对于最高法院来说,此案的核心问题是:有色人种(即少数族裔)过去因种族的原因受到了歧视,现在州政府为了改正过去的歧视,采取特别的政策,同样地以种族为基础给予有色人种较多的机会,这样的政策是否违反了宪法关于平等保护的原则?这样的政策是否对白人进行了逆向的种族歧视?加州大学应该如何做才能处理好这个问题(既能保证对少数族裔的补偿又不产生逆向歧视的结果)?

最高法院在此案的决定上分成了两派。以伯格、伦奎斯特、斯图尔特和史蒂文斯为一派的大法官避开了宪法(第十四条宪法修正案所涉及的)歧视问题,强调判案的标准只能遵循《1964年民权法》的不带任何附加性或限制性条件的"原意"(plain meaning)。他们认为,《民权法》对任何形式的种族歧视都是禁止的,既禁止对黑人和其他有色人种的歧视,也禁止对白人的歧视;加州大学医学院定额录取黑人或有色人种,采用了种族作为录取的标准,违反了《民权法》。他们同意巴基的理由,认为既然他的成绩要高于定额录取的少数族裔学生,就应被录取。① 以布伦南、马歇尔、布莱克门和怀特为另一派的大法官部分同意

---

① *Regents of the University of California v. Bakke*, 438 *U. S.* 265 (1978).

伯格派的意见,但强调《民权法》与第十四条宪法修正案的目的是一致的,都是为了消除种族歧视,但在此案中对《民权法》的解释不能过于僵硬和狭隘。他们认为,为了使《民权法》的原则得以贯彻执行,只要所使用的方法不会对"那些在政治过程中最少得到代表的公民增加不适当的负担"(do not unduly burden those least well represented in the political process),宪法允许州(及其所属机构)采用一些具有种族意识或取向的做法来帮助那些(在过去)受到种族歧视的群体。

布伦南派的观点包含了这样一种意思:即《1964年民权法》中规定的公民"不受种族歧视的权利"与第十四条修正案中的公民享有"平等法律保护"的原则在立法意图上是一致的,政府有权在第十四条宪法修正案精神的指导下,扩展"平等法律保护"原则的运用,甚至可以采用类似"肯定性行动"的政策来"扩大"和"加强"对过去受歧视群体的权利的保护。这种对第十四条宪法修正案的解释当然不为伯格派接受。双方各不相让,四比四平。①

打破僵局的是鲍威尔大法官。他先是赞成了伯格派的说法,认为医学院的新生录取政策不应刻意排除某一种族,定额录取制违反了《1964年民权法》,巴基应被录取。但他对布伦南派的观点也表示了支持。他认为,学校可以在录取学生时将"种族"作为一个因素来考虑。鲍威尔没有采用布伦南派使用的原则和逻辑,而是采用了第一条宪法修正案中有关"学术自由"(academic freedom)的权利(此项权利是从言论自由权衍生而来的)来支持校方使用族裔标准的做法。他认为,为了增强学校的学术质量和丰富校园的学术及文化环境,校方有权实行一些旨在建立"多元化的学生队伍"的计划或政策,包括有意识地吸收一些传统上被排除在学校之外的或代表性不足的少数族裔学生。②

鲍威尔的意见表面上是判巴基胜诉,但实际上肯定了学校对少数族裔学生给予某种意义上优先录取权的做法。最重要的是,他肯定了在政府部门用人、就业和就学申请中,"种族"可以被用作一种标准,但其意义仅限于学校的录取这一个方面。他从侧面肯定了布伦南的观

---

① *Regents of the University of California v. Bakke*, 438 *U. S.* 265 (1978).
② Ibid.

点:在并非刻意伤害其他种族的情况下,政府在帮助过去受歧视的群体改变其不利的社会地位时,有权将种族作为一个因素来考虑。

1979年,在对美国钢铁工人联合会诉韦伯案的判决中,最高法院继续对"肯定性行动"予以支持。法庭意见认为,由雇主与工会签订的实行"肯定性行动"政策的协议并不违反《民权法》。①

在1980年的富里洛夫诉克卢茨尼克一案中,1977年联邦的《公共工作就业法》受到挑战。该法规定,为建造公共工程项目的联邦拨款至少有10%的份额应该保留给少数种族和族裔的企业。伯格法院认为,这项举措是为了改正少数族裔和族裔企业以往在争取联邦政府合同时所受到的传统歧视,对联邦合同加设限制性条件,是联邦州际商业管理和开支权的一部分,并不违宪。②

20世纪70年代,联邦最高法院之所以能够在种族问题上持比较一致的态度,与美国国内的政治背景有重要的关系。60年代民权运动产生了深远的影响,黑人和其他少数族裔赢得了投票权,他们的政治权力开始发挥作用,形成了美国政治秩序中的一股不容忽视的力量。最高法院在"肯定性行动"政策上的决定表现了大法官们对政治现实的较为实际和积极的反应。这些决定的作用不可低估,它们巩固和深化了民权运动的影响和结果。虽然这些决定是针对某一特定的企业和某一具体的事件,对全面改变黑人的生活状况起不了直接的作用,但由于最高法院的特殊地位,其做出的法律决定实际上是一种具有宪政意义的政治意见的表达,对公众舆论和政策制定有很大的影响。

### 妇女权利与罗伊案

在妇女权利平等的问题上,伯格法院也有一些建树,但不及在种族平等问题上态度坚决。美国妇女权利问题在19世纪从未成为主要的宪政问题。在进步运动时期,最高法院在马勒等案中曾就妇女的权利和福利问题做出判决,但影响十分有限。而且在当时的女权主义者看来,马勒等案的判决并不表示最高法院对妇女权利的真正的尊重和支

---

① *United Steel Workers of America v. Weber*, 433 U. S. 193 (1979).
② *Fullilove v. Klutznick*, 100 Supreme Court Reporter 2758 (1980).

持,更多的是一种对"无能为力的"妇女所作出的带有"照顾"性质的保护,本质上仍然表现出一种旧的男性优越的意识形态。1920年生效的第十九条宪法修正案使美国妇女在全国范围内获得了选举权,但并没有解决男女在社会和经济权利上不平等的问题。直到20世纪60年代民权运动兴起,妇女权利问题才进入了主流政治,引起公众和政治人物的注意。1963年,国会修正了《公平劳工标准法》,要求对妇女实行与男工同工同酬。《1964年民权法》的第七部分明确禁止了就业性别歧视。1967年,约翰逊下令,要求所有接受联邦政府商业合同的企业不得实行性别歧视,其做法与1941年罗斯福在国防工业中禁止种族歧视的行动十分相似。1974年,民主党在其党纲中第一次宣布,该党要实行"肯定性行动"政策,将少数族裔和妇女包括在所有的活动中。1978年,国会通过了关于男女公民平等权利的宪法修正案,回应妇女解放运动。此修正案需要得到50个州中的38个州批准,但因只得到了35个州的批准,始终未能变成联邦宪法的一部分。

在70年代早期的一些涉及妇女权利的案件中,最高法院旗帜鲜明地反对妇女在就业方面遭遇的歧视。1971年的菲利浦斯诉马丁·马里亚塔公司案的法庭意见中,最高法院宣布,雇主拒绝雇佣有学前年龄子女的妇女的做法违反了《1964年民权法》,因为同类的限制并不对男性应聘者实施。① 在同年的里德诉里德案的判决意见中,最高法院支持了来自爱达荷州的一位妇女公民的申述意见,宣布该州法律允许由她的丈夫来全权处理他们去世的儿子的财产是带有歧视性的法律,违反了第十四条宪法修正案的"平等法律保护"的原则。② 在1973年的弗龙蒂洛诉理查森案的判决中,最高法院又宣布联邦政府的一项军事法违宪。该法要求现役女军人必须出具证明,说明她的赡养人必须要由她来赡养后,才能从军队领取食品和物资。最高法院认为,既然这项规定并不要求处于同样状况下的男性军人这样做,它实际上就构成了对女性军人的一种歧视。③

---

① *Phillips v. Martin Marietta Corp.*, 400 *U. S.* 542 (1971).
② *Reed v. Reed*, 404 *U. S.* 71 (1971).
③ *Frontiero v. Richardson*, 411 *U. S.* 677 (1973).

在妇女权利问题上,引起较大争议的是堕胎决定权的问题。堕胎是美国社会中一个极有争议的问题,它起源于19世纪,但是在20世纪60年代后成为一个明显而紧迫的社会问题。60年代的性解放带来了避孕工具和避孕方法的开放以及避孕药物的开发,也助长了妇女希望堕胎的呼声。70年代的医学发现表明,某些妇女常用药物对孕妇和未出生的胚胎有致残影响,社会舆论也要求各州放松对堕胎的限制。有些州为保护妇女健康,放宽了对堕胎的限制,但许多州仍然禁止堕胎。这种情形带来的结果之一是不准堕胎的州的妇女不得不到其他州去做堕胎手术,而开放堕胎的州又不得不接受外州来的要求堕胎的妇女。70年代后,堕胎时常成为政治选举的一个棘手问题。支持和反对堕胎的社会团体冲突激烈,有些激进的反堕胎组织和个人甚至还使用了暴力来制止堕胎,枪杀堕胎医生、在堕胎诊所制造爆炸案的事件接连不断。面对这个充满火药味的问题,最高法院必须发表一个权威性的意见。1973年的罗伊诉韦德案的判决正是基于这一想法,但判决并未能平息关于这个问题的社会对立。①

罗案缘于一名叫诺尔马·麦科维的得克萨斯州妇女(当时采用化名简·罗伊[Jane Roe])的堕胎案。麦科维因不想生下一个由不满意的性关系产生的胎儿,要求堕胎,但得州法律又不允许她堕胎。最高法院以7—2票的多数支持麦科维的堕胎权利。这个案件牵连的问题包括:(1)州是否有权限制堕胎?(2)母亲是否有决定堕胎的权利?(3)胎儿是否能被看成是法律意义上的人?是否能因此而享有与新生儿同样的权利?得州政府称,胎儿虽未出生,但已具人形和人性,应被看成是一个人,应该享有公民资格,受州法律的保护;母亲无权作出堕胎的决定(言外之意,堕胎等于扼杀生命,其罪与谋杀同类)。

布莱克门大法官代表多数派作出判决,推翻了得州政府的理论。布莱克门认为:(1)州有一定的合法权力来管理堕胎,但这种管理并不是无限制的;(2)妇女的怀孕期可分为三个阶段,在第一阶段(受孕和胎儿生长初期)妇女有权作出堕胎的决定,这基本上属于妇女的隐私权的一种,得州要求妇女堕胎需得到委员会的批准是不合宪的;在第二

---

① *Roe v. Wade*, 410 *U. S.* 113 (1973).

个阶段,当堕胎可能对妇女的健康造成较大危害时,州有权对堕胎的程序作些规定;只有在第三阶段当胎儿已经相当成形的时候,州才可能以保护胎儿的理由对堕胎进行限制,而这种限制也必须以保护妇女的健康为前提。布莱克门认为,由于胎儿的医学和道德地位并没有一个准确的定义,州不能简单武断地采用一种生命理论(即胎儿的生命开始于受孕,权利也始于此)作为基础来限制堕胎。①

布莱克门的判决论述了妇女对胎儿的权利,但没有将堕胎问题与妇女权利问题联系起来,堕胎法大部分是由男性控制的立法机构制定的,妇女权利问题很少被列入考虑之中。布莱克门启用"隐私权"的原则来支持堕胎也被认为是站不住脚的。一些批评者认为,堕胎与避孕的性质不同,避孕是隐私性的行为,而堕胎必须涉及医学单位和人员,不再是纯粹的隐私行为,而变成公共行为之一种了。但学术界认为,判词建立了对妇女平等权利的保护。无论如何,此项决定在原则上决定了堕胎的合法性(虽然各州的具体法律不一样)。1987 年,里根总统企图利用提名大法官的机会,来改变最高法院对堕胎问题的立场(此举如同当年罗斯福希望在最高法院"掺沙子"来维护新政的做法),可当他提名以反对堕胎而闻名的罗伯特·博克为联邦最高法院大法官的候选人时,支持堕胎权的团体立即行动起来,展开游说攻势,对参议院的相关议员施加压力,要求他们投票反对博克进入最高法院,最后博克的任命果真被参议院否决了,成为里根政府的政治败笔之一。

但在 80 年代后期,最高法院在堕胎问题上开始转向。1989 年在韦伯斯特诉生育服务中心案中,最高法院以 5—4 票的多数坚持了罗案的基本原则,但容许州对堕胎进行较多的限制。② 密苏里州的堕胎法规定,妇女如在怀孕的第二阶段时进行堕胎,其决定需经医生的批准。最高法院认为,这项法律并不违反罗案的原则。最高法院还宣布,对胎儿的保护应该是自始至终都同样存在,并不是只在怀孕的后期才可能出现。布莱克门反对这个新的法庭意见,认为这实际上推翻了他当初建立的罗案原则,为各州建立各种名目的堕胎限制规定制造了借口和机会。

---

① *Roe v. Wade*, 410 U. S. 113 (1973).
② *Webster v. Reproductive Health Services*, 492 U. S. 490 (1989).

## 伯格法院与言论自由权

伯格法院在宪法领域中处理的第三个主要问题是言论自由和新闻自由。在这个问题上，其态度也远不如沃伦法院激进，但基本上还是支持和维护了沃伦时代的原则。在新闻自由方面，伯格法院作出了一些重要的决定。如在本章第二节中提到的《纽约时报》诉美国案，最高法院驳回了尼克松政府禁止《纽约时报》和《华盛顿邮报》刊登被泄露的五角大楼文件（约翰逊政府时代有关越战的文件）的要求。尽管尼克松政府警告说，这样会损坏美国利益，并违反了1917年的《反间谍法》，最高法院却认为新闻限制会违反第一条宪法修正案。①

但在此案后，在1980年的斯尼普诉美国一案中，最高法院支持联邦政府（中央情报局）加强对雇员使用政府资料的管制。在此案中，名为斯尼普的前中央情报局官员离职后，写了一本关于中央情报局内幕的书。联邦政府控告斯尼普违反了与政府的保密合同，要求没收其著作的利润，并禁止他在未经政府同意的情况之下发表任何有关中央情报局的文字作品。最高法院支持了联邦政府的立场，认为斯尼普在签订就职合同时，已经宣布放弃了自己的第一条宪法修正案的言论自由权，相反，他在离职后，利用在职时期获得的情报写作，将还属于政府机密的文件信息公之于众，等于违反了合同，有毁约之嫌，不但不能受到保护，还可能被判罪。② 在1980年的里士满报业公司诉弗吉尼亚州案中，最高法院宣布法庭无权将案件审讯对报界关闭，因为公众有知道案件审理情况的权利。与此同时，法院对新闻记者的特权又作了限制，认为记者无权以第一条宪法修正案的言论自由权为由拒绝公开所得消息的来源。③ 在1972年的布兰日伯格诉海斯案的判决中，怀特大法官宣布，新闻记者在大陪审团面前不能有特权，而必须与其他人一样将知道的情况如实交代。此案的判决争议很大，有4名大法官（斯图尔特、布伦南、马歇尔、道格拉斯）投了反对票，他们认为保护消息来源的秘密

---

① *New York Times Co. v. United States*, 403 U. S. 713 (1971).
② *Snepp v. United States*, 100 Supreme Court Reporter 1668 (1980).
③ *Richmond Newspapers, Inc. v. Virginia*, 100 Supreme Court Reporter 204 (1980).

性对于取得消息至关重要。①

伯格法院在一系列问题上力图求取平衡均势的做法,充分反映了法院内部两种不同宪法观的冲突,也非常准确地反映了 70 年代至 80 年代美国社会的政治气氛。1986 年,伯格退休,里根总统任命伦奎斯特接任首席大法官,任命安东宁·斯卡利亚接任伦奎斯特空出的位子。1988 年,里根又任命了安东尼·肯尼迪接替退休的鲍威尔。加上 1981 年任命的女性大法官奥康纳,里根一共任命了目前最高法院 9 名大法官中的 4 人。其余 5 名大法官中,斯蒂文斯是福特总统任命的,戴维·苏特由布什(第 41 任)任命,接替 1990 年退休的布伦南。黑人大法官托马斯是布什任命的另一位大法官,接替 1991 年退休的黑人大法官马歇尔(不能不使人认为这是"肯定性行动"政策在最高法院内部的生动写照)。1992 年,克林顿上任后,有机会任命了最高法院历史上的第二名女性大法官鲁思·巴德·金斯伯格,又在 1994 年任命了斯蒂芬·布雷耶接替退休的布莱克门。与伯格法院相比,目前的伦奎斯特法院保守倾向更为严重,但还没有出现完全逆转的现象。实际上,最高法院内部保守派与自由派之间的界限愈来愈模糊,远不像进步时期、新政时期和民权运动时期那样鲜明。

这种现象也恰如其分地反映了 20 世纪 80 年代以来美国宪政发展的特点。由于利益的组合总是在针对具体和现实的目标,利益结合的基础都不坚固,加上利益间的频繁交错,过于激进和过于保守的力量都不能得到广泛和持久的支持。除此之外,美国宪政还面临了一些新的问题,如国会与总统间的权力斗争(这种斗争最恶劣的结果是导致联邦政府关门)、政治选举中的金钱因素(选举基金的改革始终无法突破)、政治权势之间的利益交换(如总统为了推行自己的意志可利用手中的财权分化、收买国会议员,这在 19 世纪和 20 世纪早期是少见的,因为总统当时并没有能力这样做),已经逐渐形成所谓联邦政府"第四权"(the fourth branch of government)的媒体对政治的影响和对民意的左右,公民因无法有效控制国会代表或政治官员而产生的对政治的无力感和厌恶感(近年来公民投票率持续下降),政治人物的道德修养与

---

① *Branzburg v. Hayes*, 408 U. S. 665 (1972).

政治的关系及其与个人隐私的界限(莱温斯基绯闻只是众多类似事件中最为轰动的一例,而对克林顿的弹劾本身更暴露了宪政机制上的种种缺陷)等等,这些都是对美国宪法提出的新的挑战。在过去两百多年里,美国宪法总体上表现出一种令人吃惊的应变能力,这是它的力量所在。但是,如同我们通过本书的叙述看到的,任何宪政的进步和改革,都需要包括意识形态、制度、社会、经济和道德上的资源来推动和支持,当这些资源出现短缺时,进一步的改革便会遇到困难。美国宪法也许还没有遭遇到改革饱和的临界点,但它的确已经到了一个需要再创新的时刻了。

**佛罗里达州的人工计票(2000)**

在 2000 年总统大选中,共和党候选人布什与民主党候选人戈尔在佛罗里达州的得票十分接近,因该州部分地区使用了陈旧的投票机,至少有 3 个县的选票呈现出意向不明确的情况,戈尔提出要重新人工计票,以确认选民的真实意图。图为布劳沃德县选举委员会工作人员罗伯特·罗森伯格法官(Judge Robert Rosenberg)在人工计票时观察选票。布什与戈尔关于佛州选票计算的法律诉讼持续了 36 天,最终联邦最高法院下令停止人工计票,佛罗里达随即宣布布什在该州获胜,布什因此而赢得选举人团的多数,从而当选为美国总统。

图片来源:http://www.bloomberg.com/apps/data%3Fpid%3Davimage%26iid%3DixspG07B7mB8

# 第十章　2000年美国总统大选与美国宪政[①]

2000年11月7日,美国举行了第43任、第54届总统选举,共和党候选人乔治·W. 布什和民主党候选人艾伯特·戈尔在佛罗里达州竞争激烈,两人所得的民选票十分接近,布什仅领先数百票,双方就选票的计算方法、过程和结果发生了争执,致使佛州的选举结果迟迟不能获得定论。因为民选的胜负将决定佛州25张总统选举人票的归属,从而决定谁能当选总统,布什与戈尔之间围绕佛州民选票的计算问题,在电视媒体24小时的实况报道和全世界的关注下,展开了一场长达5个星期的法律诉讼大战。整个过程犹如一出情节曲折、悬念丛生的政治悲喜剧,对美国选举政治作了一次淋漓尽致的演绎。最后经联邦最高法院的干预,大选终于以布什的当选而尘埃落定,但其结局却给人留下了挥之不去的阴影,迫使人们重新审视美国总统选举制度的合理性以及美国选举政治的民主性问题。

总统选举是美国宪政制度的重要内容。如第八、九章的讨论所提到的,自20世纪初以来,随着原权力制衡体制的变化和美国国家利益的世界化,美国总统职位所具有的影响力和重要性远远超出了原宪政的设计,对它的竞争因而也格外激烈。为什么2000年美国总统选举会出现"难产"?导致"难产"的主要原因是什么?美国总统选举制度与这次"难产"的发生有什么关系?布什与戈尔的争执是如何通过法律程序解决的?即便最后"法治"占了上风,但"法治"是否最终摆脱了"(政党)政治"的影响?"法治"与"政治"的关系是什么?本章将详细叙述2000年大

---

[①] 本章根据《2000年美国总统大选述评》(刊于《美国研究》2001年第1期,第7—39页)一文充实和改写而成。在此特别感谢《美国研究》编辑部允许对原文的改写和使用。

选的过程及其选后的法律诉讼过程,并结合对总统选举相关的制度安排和政治化的讨论,提出一些对美国总统选举制度中的"民主性"问题的观察和思考。在此之前,有必要先简单回顾一下美国总统选举制度的历史演变。

## 一 美国总统选举制度的演变

### 1787年制宪会议关于总统选举程序的辩论

如本书第二章所提及的,美国独立后,在邦联时期并没有设立总统职位。1787年联邦制宪会议提出设立总统,有两个基本的意图:一是通过总统使国会通过的立法得以贯彻执行,二是利用总统对国会进行钳制。在考虑总统如何产生的问题时,制宪会议曾考虑过至少3种其他的方式:国会选举,州(议会或州长)选举,和选民直接选举,但这些方式最终都没有被采纳。国会选举总统势必使总统受制于国会;总统如果没有名副其实的独立性,联邦政府权力制衡的原则便不攻自破。此外,国会很可能为此产生分裂,引发派别活动、贿赂和政治交易等破坏性甚大的弊病。由州(议会或州长)来选举总统也有同样的弊病。各州(尤其是大州)可能就总统的选举相互之间进行利益交换,从而使总统沦为州(或联合起来的州)的御用工具,不仅损害联邦政府的崇高性和独立性,也将毁坏共和政治的基础。由人民直接选举总统虽然最能体现民主的精神,但操作起来很困难。美国地域辽阔,数百万人民散居在从北到南的13个州内,交通不便,通信不发达,普通选民无法了解全国的政情,他们在选举时往往以本地区的眼前利益为重,不会也不可能去考虑联邦的整体利益,因而可能造成选票分散,难以选出各州人民公认的总统。此外,各州的人口总数不等,所规定的选民资格各异,必然造成选举的优势不均。南部各州的人口中包括了不能投票的黑奴,如果民选总统,他们必然会因其自由人的数量少而处于劣势。①

---

① James Madison, *Notes of Debates in the Federal Convention of 1787* (Athens: Ohio University Press, 1984), 331-332, 358-363, 366-375; Clinton Rossiter, *1787: The Grand Convention* (London: MacGibbon and Kee, 1968), 199; Jack N. Rakove, *Original Meanings: Politics and Ideas in the Making of the Constitution* (New York: Knopt, 1997), 244-287.

经过长时间的辩论和讨价还价,制宪会议最后选择了选举人团制的方案。根据这个方案,总统每4年选举一次,选举分两个阶段进行,先由各州选举或任命一定数量的"总统选举人"(Elector),再由这些总统选举人组成一个虚拟的"选举人团"(Electoral College)来选举总统。① 因为总统是由各州的总统选举人选出,而不是由选民直接选出,总统选举人的名额分配便成为这一方案的要害问题。在这个问题上,制宪会议借用了早些时候在国会代表权问题上达成的妥协,规定:一州应有的总统选举人的人数为该州联邦参、众议员人数之和,但参、众议员和其他从联邦政府领取薪金的公职人员不得担任总统选举人。② 此方案为各州接受,成为了联邦宪法的第二条第一款的主要内容。

宪法的同一款还规定了总统选举的具体程序,包括:(1)总统选举人的产生方式由各州议会决定;(2)在全国统一的选举日内,总统选举人分别在本州集合,投票选举总统;(3)每位总统选举人可以投两票,其中一票必须投给来自本州之外的总统候选人;(4)总统选举人的选票经密封后寄送到参议院的议长处,由议长在国会两院议员面前当众拆封,宣布选举结果;(5)赢得选举人团过半数的最大多数票的候选人当选为总统,获得次多数票的候选人当选为副总统;(6)如无人获得选举人团过半数的选票,由众议院以每州一票的方式在得票最多的前五人中选举一人为总统,总统需获得所有州的过半数票才能当选;总统选出后,剩下的候选人中获得最多总统选举人票者当选为副总统;如果有两人得票相等,则由参议院投票选举其中一人为副总统。

就1787年的政治现实而言,选举人团制应是一个很有创意的设计,因为它解决了制宪会议面临的几个现实难题。首先,由总统选举人来选举总统,保留了"精英民主"的现状,免除了对"暴民政治"的后顾之忧。其次,禁止国会议员担任总统选举人,防止了国会插足和干扰总统选举,保证了立法与执法部门在权力来源上的分离,从而保证了两个

---

① 制宪会议代表采用选举人团制显然受到了古罗马"百人队议会制"(Centurial Assembly)模式的影响。在这种体制下,罗马的男性公民按财产划分成以百人为单位的团队,每队对罗马参议院提出的法律和法令拥有一票的集体表决权。
② 关于制宪会议在国会代表权问题的妥协,见本书第二章。

权力实体行使各自权力的独立性。再者,由州议会决定总统选举人的产生方式,不仅使各州获得了一定的影响总统选举结果的权力空间,而且保留州在决定选举方式和选民资格等问题上的传统权力,避免了面对建立全国统一的选举方式和选民资格的难题。与此同时,在总统选举出现僵局时——如无候选人赢得选举人团过半数的多数票时——大、小州有均等的(投票)权力来选择总统。此外,总统选举人在全国统一的时间内在各州分别投票,则可防范州与州之间在总统选举时相互之间进行幕后政治交易,损害其他州或全联邦的利益。

选举人团制解决的最关键的问题是大州与小州之间、自由州与蓄奴州之间存在的政治力量不均等的问题。作为新设置的联邦政府权力实体,总统独享执法权,统率联邦军队,有权任命最高法院法官,并(通过否决权)分享国会的立法权;其权势之大,既为各州所看重,也为各州所防范。所以,各州都希望在总统选举过程中拥有于己更为有利的施加影响力的机会。因此,无论采用人民直接选举、还是以州为单位的平等选举,都会破坏州权与人民权力之间的平衡。在这种情况下,借用国会两院议员名额分配的模式则成为最佳的、也是唯一的选择。因为这个模式是已经达成的妥协,各州接受起来比较容易,但更重要的是,这个模式将其所包含的两个重要因素——各州无论大小均要平等地分享至少一部分立法权(参议院),和蓄奴州拥有比自由州更大的人均投票权("五分之三条款"的妥协①)——带入了总统选举的程序。选举人团制最终能够为各州所接受,最根本的原因在于找到了各州都能接受的总统选举人名额的分配方式。选举人团制因而也成为美国总统选举制度的核心原则,沿用至今。

### 总统选举人名额的分配

选举人团制涉及总统选举人名额的分配问题。如何公平合理地在各州之间分配总统选举人的名额,这个问题貌似简单,实际上很复杂,可谓是一种关于"民主"的数学方程式问题。根据宪法,一州总统选举人的名额是该州在国会的参、众议员名额的总和。如我们已经知道的,

---

① 关于"五分之三"妥协条款的讨论,见本书第二章。

各州的参议员名额是平等的(每州两名),众议员名额则是根据人口的多少按比例分配。对于众议员席位的分配,宪法作了如下规定:国会第一次会议后三年内以及此后每十年进行全国人口统计,在统计的基础上,以每3万人选一名众议员的比例选举众议员。宪法并没有对众议员的总名额做出规定。美国的第一次人口统计在1790年进行和完成。此后每十年联邦政府都要进行一次全国性的人口普查和统计,为国会分配各州众议员名额提供依据。这是一个将"人民主权"从抽象概念转化为制度的重要程序,直接关系到各州的国会代表权的大小,也关系到各州总统选举人名额的多少。

根据原始的设计,一州的人口越多,拥有的众议员名额也就越多,总统选举人的名额也就相应地越多,在总统选举中的影响力也就越大。但随着人口的迅速增长,每3万人选一名众议员的设计很快变得不实用了。1790年美国全国人口共360万人,众议院共有105个席位,全国平均每3.4万人选一名众议员。到1860年内战前夕,全国总人口达到近3000万人,众议员席位增至241席,每12万人选一名众议员。到1900年,全国人口达到7400万,众议员人数增至386人,平均每21万人选举一名众议员。即便如此,众议员的议员人数不可能无止境地增加下去。1911年,国会将众议院人数定为435人,以后不再增加(20世纪中叶因阿拉斯加和夏威夷两州加入联邦,众议员人数曾短暂地上升至437人,但很快被调整回435人)。众议员总数的固定意味着总统选举人总数也不再增加。每十年一次的众议院议员名额分配(congressional apportionment),也即各州总统选举人的名额分配,便备受人口情况变化大的州的关注。

从1790年起,国会先后采用了至少4种不同的众议员席位分配方式。目前使用的"等额比例"(equal proportion)法是从1941年开始采用的。根据这个方法,435名众议员席位的第一个50名平等地分配到各州,保证每州至少拥有一名众议员,以满足联邦宪法的要求。从第51席开始按"优先值"(priority value)原则进行分配,即一州是否应该得到第50名之外的某个序数的众议员席位(如第51席),取决于该州对于该席位所拥有的"优先值"的大小。"优先值"是一州的人口总数与"优先乘数"(priority multiplier)相乘所得出的积,对第51席拥有最大优先值的州获得该席位,然后按相同的方式来计算各州对第52席的优先值,仍然是"优先值"最大的获得席位;依次进行下去,直到将第51席至第435席分配完毕。①

表10.1显示,各州众议员席位(和总统选举人名额)的多少受人口增减的影响。有些州的人口虽然有增长(如纽约、宾夕法尼亚等),但因增长幅度不及其他州(如加利福尼亚、佛罗里达、佐治亚等),其众议员席位反而会减少。但选举人团制引起的最大争议是各州选民在选举总统时人均票力不相等的现象。如同表10.1所显示的,在2000年总统大选中,佛蒙特州的每一名总统选举人平均代表该州18万人,而加利福尼亚州的每一位总统选举人则要代表该州55万人(尽管该州的总统选举人数量最多)。选举人团制是造成这种情形的主要原因。

众议员名额分配并不包括首都华盛顿所在地的哥伦比亚特区,所以该地区居民在相当长一段时期没有总统选举人,相当于没有参与总

---

① "优先乘数"的计算公式为:$\frac{1}{\sqrt{n(n-1)}}$,其中"n"代表一州在如果获得这个席位之后将拥有的众议员席位总数。为了说明问题,我们以第51席的分配为例,以2000年人口统计资料为基础,来观察"优先值"的计算和第51席以后的众议员席位的分配过程。因为各州已事先平等地分得了一席,所以,第51席众议员席位对所有州来说都应该是该州的第2席众议员席位。按上述公式计算出来的结果,这个"第2席"的"优先乘数"是"0.70710678",对各州都是一样的;50州的人口数与该乘数分别相乘的结果就是各州对第51席拥有的"优先值"。根据计算,"优先值"最高的是加利福尼亚州,它的人口数为3400万,"优先值"为"23992697";其次是得克萨斯州,人口数为2100万,"优先值"为"14781255";再其次是纽约州,人口数是1900万,"优先值"为"13438545"。人口数为121万的夏威夷州的"优先值"为"860295",远远落在上述各州后面,人口最少的怀俄明州(49万人)的"优先值"更低,为"350232"。这样,第51席应该属于加利福尼亚州。接下来继续分配第52席,但在计算方式上则开始有所不同。对于其他州而言,它们仍然在争取"第2席",所以它们对于这一席位的"优先值"与争取第51席时保持不变,但对于加利福尼亚来说则是在争取"第3席",所以它对这一席位的"优先值"必须按第3席的"优先乘数"(0.40824829)来计算。计算的结果为,加利福尼亚获得这一席的"优先值"为"13852190",这个数字仍然高于其他州争取第2席的"优先值",但低于得克萨斯州争取第2席的"优先值",因此第52席属于得克萨斯州。在分配第53席时,加利福尼亚州的"优先值"因高于其他各州(尽管这是它将获得的第3席,而除得克萨斯州外还没有其他任何一州获得了"第2席")而将获得这一席位。但人口总数排列第三的纽约州将在第54席时以对该州的最高"优先值"获得本州的第2席。夏威夷州的第2席则要等到分配第329席时才能获得,但330席又是属于加利福尼亚州(这将是该州获得的第40席)。怀俄明州始终不可能得到第2席。尽管加利福尼亚州最终将获得53席众议员席位,但它的每一位众议员平均代表该州的64万人,而怀俄明州仅有的1名众议员代表全州的49万人。关于2001—2010年国会第51—435名众议员的分配和排序,见:www.census.gov/population/censusdata/apportionment/00pvalues.txt。

统选举。1961年生效的第二十三条宪法修正案改正了这种情形。修正案规定,在总统选举时,哥伦比亚特区应被视为联邦的一州,至少应该拥有3名总统选举人的名额。这样,自1964年总统大选起,全国总统选举人的总名额上升至538人(具体分配见表10.1),并一直保持至今。赢得总统大选必须至少获得270张选举人票。

表10.1 美国各州总统选举人名额的分配(按加入联邦的时间排列)

| 序号 | 州名 | 2001—2010 | | 1991—2000 | | | | |
|---|---|---|---|---|---|---|---|---|
| | | 人口(2000) | 众议员名额 | 人口(1990) | 众议员名额 | 参议员名额 | 总统选举人名额 | 每位总统选举人所代表的人数 |
| 1 | 特拉华 | 785 068 | 1 | 668 696 | 1 | 2 | 3 | 222 899 |
| 2 | 宾夕法尼亚 | 12 300 670 | 19 | 11 924 710 | 21 | 2 | 23 | 518 465 |
| 3 | 新泽西 | 8 424 354 | 13 | 7 748 634 | 13 | 2 | 15 | 516 576 |
| 4 | 佐治亚 | 8 206 975 | 13 | 6 508 419 | 11 | 2 | 13 | 500 648 |
| 5 | 康涅狄格 | 3 409 535 | 5 | 3 295 669 | 6 | 2 | 8 | 411 959 |
| 6 | 马萨诸塞 | 6 355 568 | 10 | 6 029 051 | 10 | 2 | 12 | 502 421 |
| 7 | 马里兰 | 5 307 886 | 8 | 4 798 622 | 8 | 2 | 10 | 479 862 |
| 8 | 南卡罗来纳 | 4 025 061 | 6 | 3 505 707 | 6 | 2 | 8 | 438 213 |
| 9 | 新罕布什尔 | 1 238 415 | 2 | 1 113 915 | 2 | 2 | 4 | 278 479 |
| 10 | 弗吉尼亚 | 7 100 702 | 11 | 6 216 568 | 11 | 2 | 13 | 478 198 |
| 11 | 纽约 | 19 004 973 | 29 | 18 044 505 | 31 | 2 | 33 | 546 803 |
| 12 | 北卡罗来纳 | 8 067 673 | 13 | 6 657 630 | 12 | 2 | 14 | 475 545 |
| 13 | 罗得岛 | 1 049 662 | 2 | 1 005 984 | 2 | 2 | 4 | 251 496 |
| 14 | 佛蒙特 | 609 890 | 1 | 564 964 | 1 | 2 | 3 | 188 321 |
| 15 | 肯塔基 | 4 049 431 | 6 | 3 698 969 | 6 | 2 | 8 | 462 371 |
| 16 | 田纳西 | 5 700 037 | 9 | 4 896 641 | 9 | 2 | 11 | 445 149 |
| 17 | 俄亥俄 | 11 374 540 | 18 | 10 887 325 | 19 | 2 | 21 | 518 444 |
| 18 | 路易斯安那 | 4 480 271 | 7 | 4 238 216 | 7 | 2 | 9 | 470 913 |
| 19 | 印第安纳 | 6 090 782 | 9 | 5 564 228 | 10 | 2 | 12 | 463 686 |
| 20 | 密西西比 | 2 852 927 | 4 | 2 586 443 | 5 | 2 | 7 | 369 492 |
| 21 | 伊利诺伊 | 12 439 042 | 19 | 11 466 682 | 20 | 2 | 22 | 521 213 |
| 22 | 阿拉巴马 | 4 461 130 | 7 | 4 062 608 | 7 | 2 | 9 | 451 401 |
| 23 | 缅因 | 1 277 731 | 2 | 1 233 223 | 2 | 2 | 4 | 308 306 |
| 24 | 密苏里 | 5 606 260 | 9 | 5 137 804 | 9 | 2 | 11 | 467 073 |
| 25 | 阿肯色 | 2 679 733 | 4 | 2 362 733 | 4 | 2 | 6 | 393 789 |

续 表

| 序号 | 州名 | 2001—2010 | | 1991—2000 | | | | |
|---|---|---|---|---|---|---|---|---|
| | | 人口(2000) | 众议员名额 | 人口(1990) | 众议员名额 | 参议员名额 | 总统选举人名额 | 每位总统选举人所代表的人数 |
| 26 | 密歇根 | 9 955 829 | 15 | 9 328 784 | 16 | 2 | 18 | 518 266 |
| 27 | 佛罗里达 | 16 028 890 | 25 | 13 003 362 | 23 | 2 | 25 | 520 134 |
| 28 | 得克萨斯 | 20 903 994 | 32 | 17 059 805 | 30 | 2 | 32 | 533 119 |
| 29 | 艾奥瓦 | 2 931 923 | 5 | 2 787 424 | 5 | 2 | 7 | 398 203 |
| 30 | 威斯康星 | 5 371 210 | 8 | 4 906 745 | 9 | 2 | 11 | 446 068 |
| 31 | 加利福尼亚 | 33 930 798 | 53 | 29 839 250 | 52 | 2 | 54 | 552 579 |
| 32 | 明尼苏达 | 4 925 670 | 8 | 4 387 029 | 8 | 2 | 10 | 438 703 |
| 33 | 俄勒冈 | 3 428 543 | 5 | 2 853 733 | 5 | 2 | 7 | 407 676 |
| 34 | 堪萨斯 | 2 693 824 | 4 | 2 363 208 | 4 | 2 | 6 | 393 868 |
| 35 | 西弗吉尼亚 | 1 813 077 | 3 | 1 801 625 | 3 | 2 | 5 | 360 325 |
| 36 | 内华达 | 2 002 032 | 3 | 1 206 152 | 2 | 2 | 4 | 301 538 |
| 37 | 内布拉斯加 | 1 715 369 | 3 | 1 584 617 | 3 | 2 | 5 | 316 923 |
| 38 | 科罗拉多 | 4 311 882 | 7 | 3 307 912 | 6 | 2 | 8 | 413 489 |
| 39 | 北达科他 | 643 756 | 1 | 641 364 | 1 | 2 | 3 | 213 788 |
| 40 | 南达科他 | 756 874 | 1 | 699 999 | 1 | 2 | 3 | 233 333 |
| 41 | 蒙大拿 | 905 316 | 1 | 803 655 | 1 | 2 | 3 | 267 885 |
| 42 | 华盛顿 | 5 908 684 | 9 | 4 887 941 | 9 | 2 | 11 | 444 358 |
| 43 | 爱达荷 | 1 297 274 | 2 | 1 011 986 | 2 | 2 | 4 | 252 997 |
| 44 | 怀俄明 | 495 304 | 1 | 455 975 | 1 | 2 | 3 | 151 992 |
| 45 | 犹他 | 2 236 714 | 3 | 1 727 784 | 3 | 2 | 5 | 345 557 |
| 46 | 俄克拉荷马 | 3 458 819 | 5 | 3 157 604 | 6 | 2 | 8 | 394 701 |
| 47 | 新墨西哥 | 1 823 821 | 3 | 1 521 779 | 3 | 2 | 5 | 304 356 |
| 48 | 亚利桑那 | 5 140 683 | 8 | 3 677 985 | 6 | 2 | 8 | 459 748 |
| 49 | 阿拉斯加 | 628 933 | 1 | 551 947 | 1 | 2 | 3 | 183 982 |
| 50 | 夏威夷 | 1 216 642 | 2 | 1 115 274 | 2 | 2 | 4 | 278 819 |
| 51 | 哥伦比亚特区 | 572 059 | | 606 900 | | | 3 | 202 300 |
| 总计(1991—2000) | | | | 249 022 783 | 435 | 100 | 538 | 462 868 |
| 总计(2001—2010) | | | | 281 424 177 | 435 | 100 | 538 | 523 093 |

资料来源：U. S. Department of Commerce, U. S. Census Bureau, "Congressional Apportionment, Census 2000 Brief."

## 1800年总统选举的"难产"与第十二条宪法修正案的制定

与宪法本身一样,选举人团制也是制宪会议的一个妥协。准确地说,它是美国建国初期从州主权为核心的政体向联邦与州主权共存的政体转换过程中的产物。作为一种解决现实难题的设计,它不可避免地带有时代的局限性。制宪者们当时并没有考虑到全国性政党在总统选举中的角色和作用,没有想到会出现全国性组织的总统竞选活动,也没有将总统与副总统视为竞选的伙伴。这一切并非是有意的忽略,而是因为这些问题均不在制宪者当时的政治视界之内。但随着美国政治的发展,尤其是18世纪末政党政治的出现和对宪政机制的渗透,选举人团制的局限性便暴露出来了,并导致了1800年总统大选的难产(这也是美国总统大选的第一次难产)。

关于1800年总统大选,本书第三章第一节中已有较为详细的讨论,在这里只作简单的回顾,并注重讨论它对总统选举制度变化的影响。这场选举实际上是联邦党人和民主共和党人的一场对峙,也是政党政治进入美国总统大选的开始。当年民主共和党推举了两名候选人——托马斯·杰斐逊(在任副总统)和阿伦·伯尔,与联邦党人推选的约翰·亚当斯(在任总统)竞争。当年共有总统选举人票138票(其中民主共和党人掌握73票),赢得70票就可以当选。宪法规定每位总统选举人可投两票,但没有要求对总统和副总统候选人进行分别投票。结果,为了保证本党的候选人当选,所有民主共和党的总统选举人都将自己的两票分别投给了杰斐逊和伯尔,两人同时获得73张选举人票。根据宪法(第二条第一款第3段),出现这种情况时,应由众议院在两人中选举一人为总统。但由于失利的联邦党人从中作梗,众议院经过多次投票,仍不能在两人之间决一胜负。后来经伯尔的政治宿敌汉密尔顿的斡旋,在众议院第36次投票时,杰斐逊终于以10—4州的优势胜出而当选,化解了一场总统"难产"的危机。

这次总统"难产"暴露了原选举制度的最大弊病——总统与副总统的混合选举,即选举人不加区分地同时选举总统与副总统。此外,国会在投票"化解"选举难局时,出现了原宪法力图制止的各州在总统选举问题上的交易(虽然没有这些交易,此次"难产"就无法解决)。汉密尔顿在幕后的斡旋化解了难局,但也给此次总统选举蒙上了政治交易的阴影,使其成为政治交易的结果。① 为了防止再出现类似的情况,1803年国会通过了第十二条宪法修正案,规定在未来的选举人团投票时,选举人必须对总统和副总统候选人分别投票。这条修正案同时规定:如果无人获得过半数的选举人票,众议院以州为单位在得票最多的3人中选举总统,只要有三分之二的州出席投票和获得过半数的州的选票,候选人的当选即有效。第十二条宪法修正案于1804年得到各州的批准,从而成为总统选举制度上第一次重要的改革。

这条宪法修正案的关键意义不光在于避免了同一政党的候选人在未来的选举中相互撞车,而在于它为政党政治进入总统选举作出了一种体制上的承认和安排。在这个新的总统选举制度设计下,各政党必须首先对各自的总统和副总统候选人进行区分,也就是说,先要在政党内部达成妥协,事先决定谁是总统候选人。这样,总统竞选开始变成了事实上的政党竞争。② 尽管如此,这条修正案仍然没有把总统与副总统候选人看成一个竞选团队,仍然要求选举人对两者分开投票,但这种情形很快为政党政治的发展所改变。

## 政治政党化对总统选举程序的改变

19世纪上半叶的政党政治发展在几个关键的方面改变了美国总统选举制度的实践,尤其改变了总统选举人的功能和产生的程序。首先,政党政治推动了各州选民资格的改革,使得男性白人选民的基础在19世纪上半叶得以扩大。选民人数增多,政党组织和动员选民的功能也日趋重要,政治竞选超越传统的州和区域地理的局限,推动了总统选举全国化的趋势。③ 其次,各州在这一时期分别对总统选举人的产生方式进行了改革,从原来的议会选举或提名改为由选民直接选举。到

---

① 1804年,汉密尔顿在与伯尔的决斗中身亡,也算是为此付出的一种代价。
② 政党是在联邦立宪后出现的。原始宪法中没有对政党在宪政中的位置做出规定,直到今天也没有,但第十二条宪法修正案对政党政治的宪法性作了认可。关于政党政治的出现和宪政体制的"政治化",参阅本书第三章。
③ 如本书第三章所指出的,19世纪上半叶,各州在降低选民的财产资格要求的同时,通过增加种族和性别的限制,剥夺了自由黑人和妇女的选举权,所以这一时期选举权的扩大只限于男性白人成年公民。

19世纪40年代,除南卡罗来纳外,所有州均采用了选民在州范围内直选总统选举人的方式(南卡罗来纳最终在1860年改为直选制)。总统选举人在州范围内的直选制一直延续至今。①

随直选制而来的是"通票制"(general ticket)和"团体制"(unit rule)。"通票制"是直选制的另外一种表达方式,指的是一州的总统选举人候选人必须在赢得本州多数选民的支持后才能当选。"团体制"指的是一个政党将本党推举的总统选举人候选人——其人数与该州总统选举人的人数相等——捆绑在一起作为一个整体推出,以引导选民的投票;如果选民选举了该党团体名单(slate)上的某一人,就等于同时选举了名单上的所有人。"团体制"的采用是为了防止选民在不同政党提出的候选人中做选择,分散本党候选人的选票。它与"通票制"的结合使"胜者全得"(winner-take-all,又译"赢家通吃")的实践应运而生。

所谓"胜者全得",指当一个政党提出的总统选举人团体名单在赢得一州选民票的多数时,该党也就赢得了该州所有的总统选举人票,也就是说,该党赢得了该州的总统选举。即便反对党在民选时,仅以一票败北,仍然不能按其赢得的民选票的比例来分享该州的总统选举人票。"胜者全得"制在19世纪30年代出现,后为各州采用,成为总统选举人产生的通用模式。如今,除缅因和内华达两州外,美国其他48州和哥伦比亚特区都采用这种方式。

"团体制"和"胜者全得"从根本上改变了选举人团制原始设计的初衷,总统选举人不再具有原始的独立性,也不需要在政治经历、智慧或识见方面有过人之处,因为他们的功能不再是独立地行使选举总统的权力,而纯粹变成了政党的工具和本党选民的"传声筒"。② 在丧失独立性之后,总统选举人由谁来担任已经无关紧要,赢得选举的政党往

---

① 有两个例外需要提及:缅因州和内布拉斯加州分别在1969年和1991年规定,该州的两名总统选举人(相当于两名参议员的名额)由选民在全州范围内直接选举产生,剩余的总统选举人则在各国会众议员选区内由该区的选民选举产生。

② 在"团体制"的实践下,政党要求总统选举人保证支持该党的纲领和该党选定的总统候选人。美国历史上出现过几次"不信守承诺的选举人"(faithless electors)的情况,但他们的违规从来没有影响到总统选举的结果。就目前而言,有27个州(包括哥伦比亚特区)在法律上要求总统选举人按事先的承诺投票选举总统,不能违背选民意志,其他24州则没有在法律上做出这样的要求。

往是"论功行赏",将这一名誉性的位置指派给那些为本党获胜出钱出力最多的,但又不是国会议员和政府官员的"党代表"。与此同时,"团体制"和"胜者全得"也剥夺了普通选民通过选票对本州总统选举人进行组合的机会,选民不得不被迫在两大政党事先决定的组合中择一为伍。有的时候,选民对两党的主张都不满意,但因缺乏政党的组织机制,无法挑战这种既定程序和权势集团,只能权衡厉害,"两害之中取其轻"。①

与此同时,总统候选人的提名制度也因政党政治的发展而发生了变化。早期的总统候选人主要由各党的政治领袖通过国会"核心会议"的机制来协商和"内定"。但到了19世纪20年代中期,"内定"已不足以调和党内各派之间的分歧。1816年联邦党消失后,美国政治出现了民主共和党(即当今的民主党的前身)"一党独大"的情形。但因为早期政党尚未发展出全国性的组织和协调机制,随着建国时期各路领袖人物退出历史舞台,民主共和党内派系丛生、内斗不已,并在1824年总统选举时出现了多名候选人无视党内"内定"提名、公开角逐总统的场面。

那一年,民主共和党的"核心会议"提名克劳福特为总统候选人,但另外4人——包括马萨诸塞州的约翰·昆西·亚当斯、南卡罗来纳州的约翰·卡尔霍恩、田纳西州的安德鲁·杰克逊和肯塔基州的亨利·克莱——却拒不接受这项提名,执意角逐总统(最后只有卡尔霍恩退出了竞选),结果无一人得到选举人团的过半数票。根据第十二条宪法修正案,众议院在得票最多的前3人中选举总统,结果亚当斯赢得了24州中的13州而当选。② 杰克逊虽然在当时实行直选总统选举人的各州中获得了民选票的多数,但在众议院的投票中仅赢得了7州,未能当选。这是美国历史上总统选举的第二次"难产",也是众议院第二次投票选举总统。

---

① 在当代总统选举中,虽然选民实际上选的是各州的总统候选人,但因为"团体制"的程序,选票上往往直接列出总统和副总统候选人的名字,而将总统选举人候选人的名字列为注释性的文字,给人一种选民直接选举总统的印象。事实上,选民对总统的选举还是需要总统选举人的投票才能实现。

② 同时参见本书第三章第四节。

1824年总统选举的难产直接推动了总统候选人提名制的改革。1831年后,全国性政党代表大会(convention)被民主党采用,作为提名总统候选人的方式。党代会制的出现为各州政党领袖就总统候选人的人选进行谈判、消除分歧、达成共识提供了机会,同时也打破了党内上层精英对总统候选人提名程序的垄断,可以说是党内总统候选人提名程序的一项"非精英化"式的改革。但党代会提名制也使各州在总统候选人提名过程中的交易得以名正言顺,而选举人团制的初衷之一正是为了杜绝这种交易。

　　19世纪后半叶的总统大选分别在1860年、1876年和1888年出现过程度不同的"危机"①,但唯有1876年的大选"危机"对现行总统选举制度程序的演变有直接的影响。如第五章第三节所叙述的,在当年的选举中,民主党候选人蒂尔顿与共和党的海斯都未获得足够当选的选举人票,需国会对来自南部佛罗里达、南卡罗来纳和路易斯安那3州送交的两份总统选举人名单——分别选举海斯和蒂尔顿为总统——进行裁决。因为共和党人在临时组成的"选举仲裁委员会"中占有一票的优势,加上两党在幕后的政治交易,海斯得到了所有有争议的总统选举人票,以一票优势险胜当选。为了避免这种情形的再次出现,国会于1887年制定了相关的法律,规定当一州的总统选举人票出现争议时,州立法机关应在选举人团投票选举总统日的前6天内,按大选前制定的规则,解决争议,产生该州的总统选举人名单,避免国会卷入对州政治的仲裁。这项法律就是在2000年大选的选后诉讼中经常提到的1887年"安全期限"法。② 1876年后,这种情形极少出现,这条法律几乎被人遗忘,直到2000年大选出现难产,才被重新启用,并成为联邦最高法院处理布什与戈尔争端的重要法律依据之一。

---

① 在1860年的总统大选中,南部10个蓄奴州因为反对共和党制止奴隶制无限制蔓延的纲领,拒绝将该党候选人林肯的名字放在选票上供选民选举,尽管如此,林肯仍然赢得了全国超过半数的选举人票,合法当选为总统,南部则以退出联邦的行动来抗议,结果导致内战的发生。1888年总统选举中,共和党候选人哈里森的民选票少于他的民主党对手克里夫兰,但因为哈里森赢得的选举人票多于对手,从而当选。一般来说,赢得选举人团多数票的候选人同时也赢得了民选票的多数。1888年的选举是19世纪的一次例外,而2000年布什的胜利则是21世纪的一次例外。

② *United States Code*, Title 3, Chapter 1, Section 5.

## 党内预选制的建立及其后果

19世纪总统选举制度的另外一项改革是各州总统选举日的统一化。虽然宪法授权国会决定各州选举总统选举人的时间，但在相当长一段时间里，国会只是规定各州应在选举年12月的第一个星期三以前的34天内完成总统选举人的选举，至于具体在哪一天进行这样的选举，则由各州自行决定。随着通信状况的改善和竞选政治的全国化，选举日不统一的弊病就暴露出来了。先行选举的州的结果会影响其他州的选举，而最后举行选举的州则往往可能决定整个大选的结果。1845年，国会立法确定了选举年11月的第一个星期一之后的星期二为全国统一的选举总统选举人的日期，也就是总统大选的日期，从而避免因选举日不同步而造成的负面影响。

总统选举制度在20世纪的重要变化之一是党内预选制（primary）的出现。所谓党内预选，指的是各政党的选民在全国性政党提名大会召开之前，先在各州内以内部选举方式推选本党总统候选人。各政党根据各州人口多少，将一定的党代表（delegates）名额分配给各州（同时保留一些不以州为单位分配的"超级代表"名额），如果一位总统候选人资格的角逐者赢得了某州的党内预选，他也将在全国政党提名大会上得到该州所有党代表的支持。① 党内预选制也是一种"去精英化"的党内政治改革。在全国党代会提名制下，党代会的代表由各州政党领袖指派，未经本党选民的选举，也不代表党内普通选民的要求，仍然是一种"精英政治"。预选制则将总统提名权下放给以州为单位的党内

---

① 各州预选的形式不尽一致，大致分为"预选"（primary）和"党内会议"（caucus）两种，功能相同，都是由本党选民或支持本党的选民推选总统候选人或支持某一候选人的党代会代表。各州对参加预选的选民的资格规定不一致，有的要求选民必须是登记了的政党选民，有的则比较灵活，只要口头表态即可。这种情形与美国大选时的政党登记情形很相似。因为政党的功能主要是组织和赢得竞选，政党登记只是一种例行公事。登记手续因州而异，但都非常简单。基本上是一种政治态度的表示，并不限制选民投反对党的票，也不能阻止选民改变党派立场。在2000年大选后的法律诉讼大战中，担任布什阵营首席律师的巴利·理查德实际上是一个登记的民主党人。

普通选民,打破了党内精英对提名程序的绝对垄断。① 佛罗里达也是最早实行预选制的州之一。在 2000 年的大选中,举行预选的州多达 44 个。

预选制的出现对旧的总统竞选程序的冲击很大,在提名程序、竞选周期、竞选策略和竞选资金的筹集等方面都引起了一系列的连锁反应。因为提名程序不再为全国和各州党内精英所控制,州一级政客之间讨价还价的空间大大缩小,参与党内提名竞争的人数大大增加,最终赢得党内提名就更加困难。与此同时,预选使竞选周期变得更长,迫使竞选人提前一年(甚至两年)做准备。如此漫长的竞选必须要靠雄厚的选举资金来支持。于是,竞选资金的多寡和竞选人筹款能力的强弱便成为了赢得党内提名和总统选举的关键。1860 年林肯竞选总统时,竞选费用为 10 万美元。一个世纪后,总统大选的费用高达 3700 万美元(1968)。20 世纪中期,国会曾数次通过法案,对选举的筹款和花费作出限制,但收效甚微。1971 年的《联邦选举竞选法》要求竞选人定期公布选举开支和私人捐款的来源。② 同年的《财政法》建立了联邦选举竞选基金,用纳税人的钱来资助遵守联邦规则的候选人,消除候选人之间花费不均的弊病。③ 1974 年的《联邦选举竞选修正法》又对私人向总统选举的捐款作了限制(每人对预选和大选

---

① 应该指出,在 20 世纪初期,党内预选制也是南部各州用来阻止黑人选民参加总统选举的一种手段。许多州规定,只有登记参加了党内预选的人才可以在大选时投票,而党内预选是一种政党内部的选举,参加预选的选民资格由政党决定,不受州宪法或联邦宪法的管制,因此,在盛行种族歧视的南部,黑人选民一律被拒在党内预选之外,预选成为了名副其实的"白人预选制"(white primary),黑人也因而失去了参加总统大选的机会。即便在有的州,没有参加预选的选民可以参加大选,但他们只能在预选提出的候选人中选举总统,实际上没有真正的选择权。直到 20 世纪上半叶,联邦最高法院才分别在几个关于第十五条修正案权利的审判中,宣布了"白人预选制"的违宪。见 *Nixon v. Herndon*, 273 *U. S.* 536 (1927); *Nixon v. Condon*, 286 *U. S.* 73 (1932); *Grovey v. Townsend*, 295 *U. S.* 43 (1935); *Smith v. Allwright*, 321 *U. S.* 649 (1944)。

② The Federal Election Campaign Act of 1971.

③ 这项基金规定,如果一个候选人能在 20 个或 20 个以上的州筹得至少 10 万美元(至少在每州筹得 5000 元,但每位捐款人的捐款数额不得超过 250 美元),他就有资格获得该基金的配额资助(matching fund)。该基金的钱来自纳税人,每位纳税人每年报税时可指定所交税中的 1 美元用于这项基金。The Revenue Act of 1971。

的捐款分别不得超过 1000 美元)。①

## 总统竞选中的"软钱"

但所有这些法律都没有限制"软钱"(soft money)的募集和捐赠。所谓"软钱",指的是由私人或企业向政党组织捐赠的竞选资金。这些钱虽然没有直接捐给总统候选人,但它被州或地方政党组织用于制作竞选广告、动员和组织选民、构建基层党工联络网,实际上是在为本党候选人助选。一个候选人吸引的"软钱"越多,州和基层的政党组织就越能财大气粗地为其组织造声势,拉选票,而该候选人赢得预选和大选的机会也就越大。当代的美国总统竞选在相当大的程度上成为一种候选人筹款能力的竞争,这种情形在预选阶段尤其如此。政党的全国委员会一般不在预选阶段表态,待各方诸侯厮杀几轮、志在必得者初露端倪之后,才开始进行党内的斡旋和协商,保证在党代会前产生一个全党认可的候选人。也就是在这个阶段,党内各派别之间开始紧张的讨价还价,力求达成相互之间的妥协。这个过程往往是以封闭的、幕后的、广大普通选民无法参与和监控的方式进行的。总统候选人一经全国党代会的接受,即成为该党的领袖。

由此可见,经过两百多年的演变,美国总统选举制度的程序、运作和内容与 1787 年联邦宪法的原始设计相比已经发生了许多变化。有的变化通过宪法修正案或联邦法得以记录下来,成为了新的程序和规范;有的则是以联邦宪法上不成文的方式(如"胜者全得"制)得以长期实践。但总统选举制度的核心仍然是选举人团制。所以,当代的美国总统选举程序同时带有多重时代的内容,或者说,集多重历史之沉淀于一体,是一个复杂而矛盾的体制。一方面,虽然总统选举人产生的方式和职能已经发生了根本的变化,选举权已经全面普及,但总统选举却依然采用两百年前制定的间接选举制度,总统的产生并非是真实意义上的"一人一票"的结果;另一方面,政党政治已经非常成熟,渗透和主导了总统竞选的整个过程,其运作范围涵盖组织和动员选民、提名候选人、筹集资金、制定政策纲领等各个阶段,而政党在宪法秩序中又是一

---

① Federal Election Campaign Act Amendments (1974).

个私利性(即有政党自己的私利)的利益集团(准确地说,是不同的私有利益的集合体);与此同时,选举事务(包括总统选举在各地的举办、具体的选举程序和规则的制定与执行、选举设备的置办与监管,以及选举中纠纷的裁决)在很大程度上仍然由州或更低一级的县政府机构所掌握,联邦政府并不插手,在没有违宪的情况下,也没有干预的权力。虽然选举总统是一桩联邦性的选举,但其运作和操作过程却是非联邦性的。这种极为错综复杂的选举程序为2000年大选发生"难产"埋下了伏笔。

## 二 2000年总统选举的过程

### 布什与戈尔的背景与政策比较

与前几届大选相比,2000年的预选竞争相对和缓。共和党内一开始有五六位竞选人跃跃欲试,但在预选开始后,便纷纷退出竞争,只剩下布什和亚利桑那州的参议员约翰·麦凯恩两人。麦凯恩具有传奇的经历(参加过越战,当过5年的战俘),奉行保守主义政策,观点鲜明,言辞犀利,对普通选民非常具有吸引力,在新罕布什尔州的预选拔得头筹。但拥有强大财源作为后盾的布什后来居上,接连赢得南部几州的预选,迫使麦凯恩退出了竞争。在民主党内,副总统戈尔占尽天时地利,敢于挑战的人不多。他在预选中遇到的唯一的挑战者是新泽西州的前参议员约瑟夫·布拉德利。但后者在预选初期失利后马上退出了竞争。两党预选的提前结束,使戈尔和布什之间的竞争远在两党全国提名大会之前就展开了。

布什与戈尔都出自政治世家,在社会和家庭背景上相似。布什的祖父曾是国会议员,父亲是前总统。戈尔的父亲也曾长期担任国会参议员。两人都毕业于常青藤盟校。但在个人经历方面,两人有天壤之别。戈尔在28岁就当选为国会议员,先后在两院任职,有丰富的国会工作的经验。在担任副总统的8年间,他积极参与决策,还就环保等问题著书立说,在外交舞台上也相当活跃。布什当过公司老板,拥有过得州棒球队,虽然担任过得克萨斯的州长,并赢得连选连任,但缺乏联邦工作的经验,外交经验更是薄弱。也许因为两人在个人经历上有明显差别,戈尔阵营一开始并没有把布什看成是真正的对手,反而把布什的党内劲敌麦凯恩视为心腹之患。听到麦凯恩退出竞选的消息,戈尔阵营甚至感到一种庆幸,认为无论从外交经验、政治技巧还是演说能力等各方面来看,布什都不是戈尔的对手。事后证明,戈尔阵营显然低估了对手的实力和能力。

就竞选纲领而言,戈尔的国内政策基本上遵循新政以来的民主党的主流传统,强调联邦政府在引导经济增长、改善环保状况、管理能源、提高教育资助、提供社会保障和医疗保健方面的主导功能,强调对传统弱势群体(如黑人、妇女和老年人等)权益的保护,提倡对不同价值观和生活方式的容忍等等。布什则延续里根时代的政治方向,提出"同情心保守主义"(compassionate conservatism)的口号,强调减少联邦政府在经济、环保、能源开发等领域中的直接干预,强调恢复传统的道德价值观,反对对弱势群体实行特殊的权益照顾。①

两人的分歧在几个关键问题上表现比较突出。在对未来10年美国经济可能出现的4.56万亿的财政盈余的使用方面,两人的方案不同。戈尔主张将盈余主要用来加强和扩展现行的联邦医疗保健计划和其他的专项计划(如改造落后社区、向贫困地区提供必要的技术基础设施、减免低收入家庭的税收等),布什则主张将盈余主要部分用于减税(当时提的是10年减税1.3万亿),名义上采用"一视同仁"的原则,但真正的受惠者是中上层收入者。在社会保障政策方面,戈尔主张利用社保基金盈余加强现行基金,偿还其所欠债务,使其安全实施至2050年;布什则提出了社保基金部分私有化的改革方向,允许纳税人将其工资税的2%用于投资股票市场。在医疗福利政策方面,戈尔希望现行联邦儿童健康保险计划能够覆盖更多的生活在贫困线下的儿童,用财政盈余来改革医疗补助福利计划,支持通过"病患者权利法案",将看病和选择医疗保险等列为病人的宪法权利。布什则相对保守。尽管他支持对长期自费购买医疗保险的人实行减税,对低收入的

---

① 布什与戈尔政策的资料来源分别见:http://www.georgewbush.com/; http://www.algore2000.com/。

老年人提供用药补贴,但他无意改革现行的联邦儿童健康保险计划。在堕胎和弱势群体的权益问题上,两人的对立比较明显。戈尔坚决支持妇女决定堕胎的权利,布什则反对任意性的堕胎权。戈尔坚定地支持"肯定性行动"政策,布什虽没有公开反对这项有争议的民权政策,但表示反对实行(少数)种族优先制的做法。两人都反对同性婚姻,但戈尔认为对同性伙伴关系组成的家庭应该予以保护,布什则对此表示坚决的反对,强调传统的(异性)婚姻关系是一种"不可亵渎的体制"。在竞选基金改革方面,两人都反对完全禁止"软钱"捐款,但戈尔主张建立完整的公共财政来支持国会议员和总统的选举,对此布什表示反对。相反,布什提出将目前的个人捐款上限增加至3000美元左右,戈尔则表示反对。

从两人国内政策的比较中可以看出,戈尔的政策显然是希望争取少数族裔、老年人、劳工阶层、妇女、中低收入家庭、同性恋等群体的选民的支持,而布什的主张则对传统价值观较强、收入较高而且稳定的城郊选民和中西部各州的选民有较大的吸引力。后来的选举结果基本上证实了这种判断。①

国防和外交政策在2000年的大选中,分量不重。在外交政策的指导思想上,两人都强调美国利益至上,但布什主张保守和谨慎,认为只有当美国利益受到损害时,美国才应该动用军队,参与国际维和行动。戈尔则强调要利用机会,借助美国目前不受任何挑战的强势,将美国的理想推向全球,把用美国理想来建设和改造其他国家作为新时期美国外交的宗旨之一。在对待国家导弹防御体系(NMD)的态度上,布什支持部署大规模的NMD体系,并不惜以废除与俄罗斯签订的核裁军条约为代价。他提出增加国防开支(包括用10亿美元来增加军人的工资待遇),加强后冷战时期武器的研制。戈尔则主张采用一种"前瞻性的接触"(forward engagement)政策,建立一个有限的NMD体系,不至于威胁到与俄罗斯签订的反洲际导弹条约的有效性。在对华政策上,两人都支持给予中国永久正常贸易国的待遇;戈尔表示将延续克林顿政府"一个中国"的政策,反对《加强台湾安全法》;布什也表示支持"一

---

① 根据选后的统计,戈尔获得黑人选票的90%,而布什仅获得不到10%的黑人选票。

个中国"的政策,但对《加强台湾安全法》持支持态度。① 两人在对古巴、伊拉克和北美自由贸易协定的问题上,意见一致。

总体来说,两党的竞选纲领都是当代美国政治不断趋于"中间化"的典型之作。戈尔的激进是有限的激进,布什的保守也只是有限的保守。两人在许多问题上出现明显的立场重合。对于许多选民来说,两党在社保基金、教育、环保、医疗保健制度等问题上的差别只是政策力度和倾斜度的不同,并非根本原则之不同。但在另外一些问题上(如堕胎权、民权、同性恋的权益等),因为涉及不同的价值观,而价值观并非是以政党的意识形态来划线的,所以,选民感到很难在两人中作出选择。如果说布什对"肯定性行动"政策持保留态度可能令一些选民感到不快,他对传统道德和家庭的强调则可能赢得同一类选民的赞同。戈尔虽在民权问题上立场鲜明,但他对同性恋的宽容(尽管他本人并不赞成同性恋的行为和生活方式)很难为相当一批即便在其他问题上支持他的选民所接受。不同价值观的冲突和重叠同在的情形是造成2000年大选时戈尔与布什在许多州(包括佛罗里达)得票非常接近的主要原因之一。

### 两党的竞选策略

虽然全国参加总统竞选的各政党候选人共14人,但布什和戈尔只把对方作为主要对手。② 两人的竞选策略很相似,都把重点放在中西部各州。这样做是有原因的。要赢得大选,必须在538张选举人票中

---

① 应该注意到,在整个竞选过程中,戈尔并没有沿用克林顿政府那种与中国建立所谓"战略伙伴"关系的提法,只是在对台湾关系问题上,比布什稍微有所保留。而布什及他的外交班子在大选尘埃落定之后,对一些在竞选初期提出的外交立场(如中国政策)提出了修正。如国务卿鲍威尔提出的美国与中国和俄罗斯之间的"竞争性伙伴关系"(competitive partnership),但这一切都在"9·11"事件之后做出了重大调整。
② 除布什和戈尔之外,获得全国性竞争资格的其他候选人还包括:绿党(Green Party)的纳德尔(Ralph Nader)、改革党(Reform Party)的布坎南(James Buchanan)、自由意志党(Libertarian Party)的布朗(Harry Brown)、宪法党(Constitution Party)的菲利普斯(Howard Phillips)和自然法党(Natural Law Party)的哈格林(John Hagelin)。布什和戈尔被所有50州和哥伦比亚特区列为总统候选人,将布朗、布坎南、纳德尔和哈格林列为总统候选人的州数分别为50、49、44和38。其他候选人只为少数几州或一州承认,完全没有全国意义的影响力。

赢得过半数的票(即至少270票)。从选举人票数的分布来看,两党分别拥有传统的势力范围:共和党在南部占有优势,而东北部各州以及西部的加利福尼亚则是民主党的囊中之物。但传统的"势力范围"都不足以保证胜利,只有在中西部的十几个州以及东部的宾夕法尼亚和南部的佛罗里达取胜,才有希望获胜。而在这些地方,两人获胜机会相对均等,因为这些州的"尚未决定的选民"的比例很高,不到大选日,很难准确判断其最终投票意向。所以,争取赢得中西部、宾夕法尼亚和佛罗里达,便成为布什和戈尔阵营的共同的目标。

在双方争夺的"摇摆州"中,佛罗里达州的情况更为特殊一些。该州州长是布什的胞弟杰布·布什,州议会为共和党控制,可组织有效的助选阵容。但该州老年选民和少数族裔居民较多,戈尔的政策对这些人具有相当的吸引力。与此同时,戈尔可在多元化形象方面打副总统搭档、犹太裔的约瑟夫·利伯曼这张牌;但杰布·布什的妻子本人就是墨西哥裔,他的儿子(即乔治·W. 布什的侄子)则利用自己的多元背景,在拉美裔选民中竭力为布什拉票。在竞选的最后几天里,布什和戈尔在佛罗里达几进几出,足见对该州的重视。戈尔在佛州发表最后一场竞选演说时,距离全国大选投票的开始仅有几个小时之遥。可以说,在大选开始以前,佛罗里达已成为各方关注的焦点。在大选前一天,当被问到赢得大选的关键何在时,NBC的资深电视评论人拉塞尔接连说:"Florida, Florida, Florida"。对佛罗里达的这种关注无形之中为大选之夜增加了无尽的悬念。

## 大选之夜的悬念

11月7日大选日东部时间晚8时,各大电视网和美联社根据"选民消息社"(Voters News Service,一家专门从事投票站出口抽样调查的中立性组织)的出口抽样统计结果报道说,戈尔赢得了佛罗里达。此时,尽管中西部和西部各州还在继续投票,但失掉佛罗里达,对布什及其支持者来说,显然是一个沉重的打击。10时左右,布什方面提出抗议说,佛州计票刚刚开始,布什的得票在上升。稍后,"选民消息社"也通告各电视网,说其先前的统计因过于偏重对民主党选区的统计,可能不准。10时30分,各大电视网纷纷改口,将佛州的结果从"戈尔获胜"

改为"胜负难分"(too close to call)。

在随后的 3 个多小时中,其他各州的投票相继结束,佛州的结果却一直处于未知状态。如选前双方所估计的,布什赢得南部的大部分州(包括戈尔的家乡田纳西和克林顿的家乡阿肯色),并赢得原为民主党人控制的西弗吉尼亚。戈尔除如愿赢得东部各州(除新罕布什尔外)、加利福尼亚和夏威夷外,也意外地将宾夕法尼亚收入囊中。在中西部各州,两人各有斩获。戈尔赢得伊利诺伊、威斯康星、密歇根、明尼苏达、华盛顿和艾奥瓦等州,布什则赢得了俄亥俄、科罗拉多、印第安纳、堪萨斯、肯塔基、密苏里和怀俄明等州。随着各州选举结果不断公布,电视屏幕上的选举人票分布图不断变化,布什和戈尔的获胜州交替增多;每公布一州的选举结果,气氛便紧张一分,整个过程充满悬念。到当晚东部时间 12 时左右,全国投票结束,根据当时的结果,戈尔在 18 个州和哥伦比亚特区获胜,共得 255 张选举人票;布什赢得了 29 州,得 246 张选举人票。两人都没有赢得当选要求的 270 票。此时,还有 3 个州的选举结果处于"胜负难分"的状态。在这 3 个州中,新墨西哥和俄勒冈两州共有 12 张选举人票,即便两人中的谁同时赢得这两个州,也无法当选(这两个州的统计在稍后几天结束,戈尔赢得了这两个州);但无论谁赢得佛罗里达(即赢得该州民选票的多数),该州所拥有的 25 张选举人票就能保证胜利者当选。因此,两人在佛罗里达州民选票上的胜负,不仅成为决定两人的政治命运的关键,也成为决定此次大选结果的关键。

11 月 8 日凌晨 2 时左右,根据已经完成的 98% 的佛州选票的统计,各大电视网相继宣布,布什赢得了佛州的民选票(当时报道说布什领先戈尔 29 000 票),当选为下一届美国总统。消息公布后不久,戈尔打电话给布什,对他表示祝贺,并动身前往纳什维尔的田纳西州州议会大厦,准备公开表示认输。就在戈尔的车队行进到距州议会大厦只有两条街的地方,戈尔在佛州的助选班子打来电话,告知佛州的计票还没有最后完成,而且布什的领先票已下降至几千票。戈尔接到这一消息后,决定收回认输电话,取消认输演说,等待佛州计票的最后结果。3 时左右,各大电视网再次改口,将佛州选举结果从"布什获胜"改回到"胜负难分"。大选的结果又一次处于悬念之中。

11月8日下午,佛州的67个县都完成了计票,结果为:在近600万张选民票中,布什赢得2 909 135张,戈尔赢得2 907 351张,其他候选人共得139 616张,布什仅比戈尔多得1784张选民票(相当于佛州选票总数的0.0299%)!① 如此小的选票差距在美国总统选举史上是没有前例的,也远远小于一般意义上的计算误差率,这也是为什么在计票完全结束以前双方难分胜负的原因。这个不到2000票的差距对于戈尔阵营来说,显然是一个极大的诱惑。在选票如此接近的情况下,民主党人当然愿意相信,通过对选票的重新计算,选举结果可能会改变。但对于布什来说,已经到手的胜利,自然不能轻易放弃。所以,当佛州计票还未结束时,关于佛州选票的争执即起。但没有人料到,这场选后的计票纠纷竟会引发几十桩法律诉讼案,卷入佛州的各级法庭乃至联邦最高法院,并对美国总统选举制度提出前所未有的挑战。

## 三　选后诉讼的政治

### 佛罗里达州的选举机制与运作

根据佛州的选举法规定,如果两位候选人的得票差距等于或小于选票总数的0.5%,各县选举委员会必须自动重新机器计票一次;如候选人或选民仍然认为重新计票有误,可在大选结束5日内(或选举结果上报至州务卿办公室之前)要求再一次重新机器计票;另外,候选人或政党有权在大选结束后72小时以内提出人工重新计票(manual recount)的要求,县选举委员会"可以"(may)决定进行人工计票。至于选举结果上报的程序,佛州选举法规定,各县选举委员会应在大选结束后7日内将选举结果上报州务卿办公室,由州务卿将各县选举结果

---

① 其他总统候选人得票的大致分布为:绿党候选人纳德尔获得9.7万张(占选票的2%),改革党候选人布坎南获1.7万,自由意志党候选人布朗获1.6万张,哈格林获2千多张,菲利普斯获得1千多张。媒体对布什与戈尔的具体得票数字报道有出入,如CNN列出布什和戈尔所得选民票为2 902 661和2 907 877。引自:"President Results Summary for All States," http://www.cnn.com/ELECTION/2000/results/president/index2.html (12/14/2000). 此处所引的数字来自布什阵营2000年11月11日向联邦地区法院提出的请求停止人工计票的申请书。

(包括大选日后10日寄达的"缺席选票"[absentee ballots])汇总、确认和签署后,宣布全州的正式选举结果,从而决定本州25张总统选举人票的归属。①

这个过程看似简单有序,实际上漏洞甚多。首先,州选举法允许进行人工重新计票,但对计票标准却没有统一的细节规定,只是笼统地规定由县选举委员会负责制定。而县选举委员会通常为控制该县政府的多数党控制,在出现了涉及党派利益的计票争执时,选举委员会不同政党的成员的"党性"可能作祟,干扰委员会作出公正的决定。② 其次,因州法没有对人工重新计票的要求做出明确的限制,留有漏洞,失败的候选人或政党完全有可能只要求在那些于己有利的县进行人工重新计票,忽略那些反对党占优势的县,这种做法在客观上会造成对本州不同地区选民的选票的不公平待遇,从而引发反对党候选人提出类似的选择性重新计票的要求。另外,负责州选举事务的州务卿属于政治性任命,通常由政党骨干担任,拥有一些任意性权力(如解释计票的程序、决定各县计票结果上报的宽限期等),在选举无争议的情况下,州务卿的工作无非是例行公事,对选举结果并不能产生任何具有关键意义的影响;但是,如果选举出现争议,需要重新计票,州务卿则可能因为"党性"的影响,通过自己掌握的对重新计票程序的解释权,来影响计票结果的公正性。

由于布什与戈尔的得票差距非常接近,每一个计票或可以影响计票的环节都可能成为阻止人工重新计票顺利进行的潜在障碍。具体到佛罗里达来说,州长杰布·布什虽在计票出现争议后采取了主动回避的做法,但他的影响力仍在。州议会掌握在共和党人手中,州务卿凯瑟琳·哈里斯是布什在佛州助选班子州一级的联席主席。但州的总检察长却是民主党人,同时也是戈尔在佛州的助选干将。佛州最高法院的7名大法官中有6名都是由民主党州长提名和任命的(另外1名是民

---

① *The 2000 Florida Statutes*, §97.021(2)(c), 101.5603, 102.141(4), 102.166(3)(e), 166(4)(a), (c); 102.111(1), 102.111(2).
② 选举委员会(canvassing board)由3人组成,包括县法院的一名法官、县选举事务监督官(supervisor of elections)和县执政委员会(board of county commissioners)的主席,后两人虽为地方行政官员,但同时也是政党的地方领袖或骨干。在裁决有争议的选举问题时,多数党往往能够占有优势。

主党州长提名,杰布·布什任命的)。67个县中,共和党在北部占有优势,南部的几个大县(包括戈尔阵营首先要求人工重新计票的县)则是民主党的大本营,这些县的选举委员会中民主党势力也是占上风的。政党在佛州各级组织的全面渗透决定了布什和戈尔阵营在计票问题上将有一番恶战。所以,大选刚一结束,双方马上建立了专门班子,聘请了大量精通选举法的律师,并积极筹款。布什和戈尔还分别请出前国务卿贝克尔和克利斯托福进驻佛州首府塔拉哈西,负责制定和执掌各自在诉讼阶段的战略方针。

布什阵营最初的目标是力保已有选举结果的合法性,阻止民主党人进行人工重新计票,要求州务卿按法定时间签署佛州选举结果。戈尔阵营则希望在民主党选民占多数的几个南部大县进行人工重新计票,从中获取足够的被机器漏记的、有利于戈尔的选票,推翻布什获胜的选举结果。

### 重新计票与戈尔的悲喜剧

首先引起法律争执的是佛州棕榈滩县的"蝶式选票"(butterfly ballots)。① 大选日后两天内,至少有8件诉讼状分别投递到棕县县法院,控告该县选举委员会使用了设计不当的选票,导致相当一批选民(尤其是老年选民和黑人选民)把本来应该投给戈尔的票错投给了改革党候选人布坎南。这些选民要求法庭宣布"蝶式选票"是非法的,并要求

---

① 这种选票的设计为:在选票的中线处由上到下列有一行孔印,候选人的名字交叉分列在孔印的两边,在候选人名字内侧有一个箭头标示应该打孔的地方,选民在投票时,需在与自己选择的候选人名字相对应的孔印处打孔。布什和戈尔的名字依此列在中线(孔印行)的左边,另外一些总统候选人的名字列在中线右边,其中改革党候选人布坎南的名字(中线之右)正好列在布什和戈尔之间;选民在投票时,如果只看左边的候选人名字,则可能把中线上的第一孔看成是选布什的孔,将第二孔看成是选戈尔的孔,而事实上,第二个孔属于列在右边的布坎南,为戈尔投票的孔位于中线上的第三个。如果选民只看左边,不看右边,有可能把给戈尔的选票误投给布坎南。民主党人认为,选票因设计不当而对选民有误导性作用,从而导致选戈尔的人误打了布坎南的孔。另外,有的选民打完孔之后,可能意识到了错误,又下意识地再给戈尔投一票,按照规定,选民只能选择一位总统候选人,如果选择了两名候选人(即在选票上的中线孔印上打了两个孔),该选票就算是作废。

举行重新选举。① 戈尔阵营没有参与"蝶式选票"的诉讼案,但在11月9日提出要在棕县和其他3个县——布劳沃得、沃卢夏和迈阿密—戴得——进行人工重新计票。除沃卢夏外,其他3县均为民主党占优势的县。显然,戈尔希望在民主党人占优势的县速战速决,以免时间拖得过长,失去民意的支持。

11月10日,在各县完成了州选举法要求的机器重新计票后,布什所得票仍然领先,但与戈尔的得票差距缩小为327票。对于布什方面来说,这种情形对保住现有的胜利非常不利,况且戈尔方面已开始人工重新计票,如果继续按兵不动,等于拱手让出已经到手的胜利。于是,布什阵营在11月12日率先向佛州的联邦地区法院提出紧急申请,要求法院命令棕榈滩等县立即停止人工计票,理由是:(1)只在部分县进行人工重新计票造成了州内选票统计事实上的不平等,违背了联邦宪法第十四条修正案中"平等法律保护"的原则;(2)相对机器计票来说,人工计票出错的可能性要"大得多",计票结果更不可信;(3)选择性的人工重新计票势必引发全州性的重新计票,甚至导致全国性的重新计票,这将否定已有的大选结果,损害"大选的严肃性和选民对选举结果的信心"。② 布什方面最初尽量避免法庭斗争和纠纷,此刻主动要求联邦法院进行干预,实在是一个迫不得已的战略转变。

但是,联邦地区法院以人工计票属于州法管辖的范围、联邦法院不能随意干预为由,拒绝下令停止人工计票。联邦法院法官同时指出,人工计票刚刚开始,布什方面无法出示有效证据来证明人工计票可能对其他的选民和候选人的宪法权利造成"不可弥补的损害",所以,联邦法院没有进行干预的理由。③ 布什方面决定向位于亚特兰大的联邦巡

---

① *Fladell v. Palm Beach County Canvassing Board* (*PBCCB*); *Rogers v. Election Commission of Florida*; *Horowitz v. LePore*, *Elkin v. LePore*. 布坎南在该县得到了3407张选票,远远高出他在佛州其他县的票数,也超出了他1996年在棕县所得的票数。"蝶式选票"的诉讼案在整个诉讼过程中并没有发挥重要影响。因为设计选票的是民主党人,而且选票在大选前一个月就公布了,没有人提出异议。相关案件最终都以败诉告终。

② *Siegel v. LePore* (Case No.00-9009, filed in United States District Court for Southern Florida).

③ "Orders on Plaintiffs' Emergency Motion for Temporary Restraining Order and Preliminary Injunction," *Siegel v. LePore* (Case No.00-9009, filed in United States District Court for Southern Florida).

回上诉法院提出上诉。

同一天,佛罗里达州州务卿哈里斯宣布 11 月 14 日(大选日后第 7 天)为各县上报选举结果的最后期限,过时报来的结果一律不予承认。表面上,哈里斯是在依法办事,但因为棕榈滩等县的人工计票刚刚开始,而且各县的选票数量大,要在剩下的法定计票期限内完成人工计票显然是不可能的。为此,戈尔阵营认为,哈里斯是在滥用职权,为人工计票设置障碍,以帮助布什保住选举结果。棕榈滩等县立即分别向州法院提出紧急申诉,要求法院下令允许它们完成人工计票并推迟上报最终结果的期限。棕榈滩县选举委员会在申诉中特别强调说,因为该县的人工重新计票已经与全国大选的结果紧密地联系在一起,州务卿在此时不能随意无视其结果。① 州巡回法院却认为,哈里斯的决定符合州法,同时强调州务卿在处理各县上报选举结果的问题时可以行使一定的任意权。州巡回法院事实上回避了对此事的卷入,但同时以旁敲侧击的方式提醒州务卿不要过于僵硬。根据这一意见,哈里斯要求棕榈滩、布劳沃得和迈阿密—戴得 3 县(此时沃卢夏县已经完成了人工计票)陈述其要求推迟上报选举结果的理由。在收到 3 县的陈述之后,哈里斯以理由不足为由,拒绝了它们延期的要求。哈里斯对佛州选举法的规定解释为:只有当涉及选举的机器(包括计票机器或软件)出现故障和失误而影响计票时,才可推迟上报结果的时间。②

为了阻止哈里斯在 11 月 18 日(即所有"缺席选票"抵达和计算截止日的后一天)签署佛州选举的正式结果,戈尔方面向州巡回法院发出紧急申请,遭到拒绝后,又立刻向佛州最高法院提出上诉。③ 佛州最

---

① 当时,棕榈滩县的选举委员会曾一度中止人工计票,后来又决定恢复计票,耽误了计票时间。迈阿密—戴得县则仅完成了该县 60 万张选票的 1% 的重新计票。关于各县的请求延期的申诉书,见 *Palm Beach County Canvassing Board v. Harris* ( Case No. SC00-2346, in Florida State Supreme Court); *McDermott v. Harris* ( Case No. SC00-2349, in Florida State Supreme Court)。
② *Harris v. Circuit Judges etc.* ( Case No. SC00-2345 in Florida Supreme Court); "Order Denying Emergency Petition" ( Florida Supreme Court)。
③ 巡回法院认为,哈里斯作为州负责选举事务的最高执政官员,有权行使任意权。"Order Denying the Emergency Motion to Compel Compliance with and for Enforcement of Injunction," ( Judge Terry Lewis) in *McDermott v. Harris* ( Case No. 00-2700 in the Circuit Court for Leon County)。

高法院立即作出反应,决定举行法庭审理,并命令哈里斯不得在法院判决之前签署任何选举结果。① 虽因州最高法院的介入,哈里斯没有进行预定的对佛州选举结果的认证和签署,但据媒体报道,加上"缺席选票"之后,布什领先戈尔930票(佛州"缺席选票"中有相当一部分来自在海外服役的美国军人,其中共和党的支持者居多,故布什的领先票有所上升。在一般情况下,"缺席选票"对选举结果的改变非常小)。

11月20日,佛州最高法院听取了法庭辩论。辩论集中在两个问题上:(1)县选举委员会是否可以决定进行人工重新计票?(2)州务卿是否有权拒绝超过规定时间后上报的计票结果?戈尔的律师认为,人工重新计票是"客观地判断选民意图的最准确的方式",目的是保证每个选民的选票都得到尊重,其核心问题是"合法选票是否应该被算在选举结果中"的重大问题,直接关系到公民的政治权利是否得到保障,州务卿没有权力拒绝接受人工计票的结果。② 布什方面回应说,州务卿忠实地执行了州选举法的有关规定,对于这个属于执法部门权限范围内的事,州最高法院没有管辖权。③ 州务卿哈里斯在回答对她的指控的陈述中声称:人工计票只能在机器计票出现失误的情况下采用,而不能在选民在选举时出现错误而致使选票漏记的情况下使用,"选民的错误不是进行有选择的人工计票的理由"(voter error is not the basis for selective manual recounts)。④

法庭辩论后的第二天,佛州最高法院以7—0票的表决作出了裁决。裁决包括两个内容:其一,如果机器计票和抽样人工计票的结果出现差异,说明机器计票在统计选票中有错误,在这种情况下,县选举委

---

① Florida Supreme Court, "Stay Order" (Friday, 17 November 2000, for Cases Nos. SC00-2346, SC00-2348, SC00-2349); "Order Accepting Jurisdiction, Setting Oral Arguments and Setting Brief Schedule."
② "Joint Brief of Petitioner/Appellants Al Gore and Democratic Party" (filed in Florida Supreme Court, 18 November 2000 for *Palm Beach County Canvassing Board v. Harris*, *Volusia County v. McDermott*, and *Florida Democratic Party v. McDermott*).
③ "Answer Brief of Intervenor/Respondant George W. Bush" (filed in Florida Supreme Court, November 19, 2000 for *Palm Beach County Canvassing Board v. Harris*, *Volusia County v. McDermott*, and *Florida Democratic Party v. McDermott*).
④ "Answer of the Secretary of State and The Elections Canvassing Commission" (filed in the Florida Supreme Court on 19 November 2000).

员会有权按佛州选举法的规定,进行人工重新计票;其二,州选举法对州务卿是否应该接受各县过时报来的选举结果的问题上存在相互矛盾的规定,在这种情况下,州务卿对过时报来的计票结果的任意权是有条件的,不是绝对的,因为选举权是州宪法所保护的最重要的公民权利,是公民的一项最基本的自由,"没有这个基本的自由,其他一切自由都将消失殆尽";所以"硬性法律规定不能凌驾于选举权的实质内容之上"(Technical statutory requirements must not be exalted over the substance of the right)。州最高法院宣布:棕榈滩等县可以继续进行人工计票,但计票结果必须在5日内(11月26日下午5时前)上报到州务卿办公室,州务卿必须将这些结果包括在州大选的最后结果之中。①

显然,州最高法院接受了戈尔方面的观点,给了戈尔方面一个重要的胜利。但戈尔一方还来不及庆祝,一个意想不到的新障碍又出现了。11月23日(佛州最高法院做出决定的第二天)上午,迈阿密—戴得县的选举委员会出人意料地决定:因无法在州最高法院规定的5日内完成对该县拥有的60万张选票的人工计算,该县将停止人工重新计票。这一决定对于戈尔阵营犹如晴天霹雳,因为自人工重新计票开始后,戈尔在沃卢夏、布劳沃得和棕榈滩县所获的净增选票比预想的要少,不足以超过布什的领先票,而戴得县才完成了该县选票总数的1%的人工计算,停止人工计票,等于放弃争取胜利的机会(应该指出,当天早上在戴得县选举委员会讨论人工计票时,一批布什支持者在县政府大楼内发动了一场示威活动,这场活动也许对选举委员会的决定有一定的

---

① 州选举法关于州务卿接受过时报来的选举结果规定的矛盾之处如下:州法第102.111条称,如果县过时不报选举结果,该县的选举结果"将被忽略不计"(shall be ignored);但在第102.112条中,对同一问题,州法又使用了"可被忽略不计"(may be ignored)的字眼。到底应该以哪一条为准?州务卿哈里斯和戈尔方面各执一词。在整个判决中,州最高法院明显地感到裁决相冲突的州法的困难,但因其"不愿意改写州选举法",只能诉诸于"启用法院的衡平法权力(equitable powers)来提供一个补救性措施",所以作出了上述的决定。这项决定后被布什方面认为是不正当地超越了法院的权限范围。"Opinion of Palm Beach County Canvassing Board v. Harris, Volusia County v Harris, and Florida Democratic Party v. Harris"(Case Nos. SC00-2346, SC00-2348, SC00-2349 in Florida Supreme Court, 21 November 2000)。

影响)。于是,戈尔阵营立即又向佛州最高法院提出紧急申请,请其命令戴得县立即恢复人工重新计票。但这一次州最高法院没有满足戈尔方面的要求。就在戈尔方面经受悲喜交加的折磨时,布什阵营向联邦最高法院提出了上诉,要求推翻佛州最高法院的决定。这是一个冒险的举动。联邦地区法院和联邦巡回法院对布什方面请求干预的要求都予以拒绝,更为保守的联邦最高法院是否愿意卷入此事,开创由司法部门来裁决执法部门的选举结果的先例,承担历史责任,大多数人并不看好。① 然而联邦最高法院出人意料地宣布,同意在12月1日听取布什阵营提出的上诉。② 虽然同意审理并不等于作出有利的决定,但对于布什阵营来说,这已是一个"柳暗花明"的福音了。

## 人工计票的希望与痛苦

与此同时,布什阵营加强在棕榈滩等县计票现场对计票标准的挑战。在正常情况下,投票人在自己要选的候选人名字旁边的孔印处打孔,孔印被击穿,一块微型的方形纸块("chad",暂且译作"孔芯")脱离选票,选举即算完成。正常的选票(即孔芯完全脱离的选票)能为机器阅读和计算,但机器计算将两类选票排除在外:一类是"多选票"(overvotes,即超出了规定选举的候选人数量的选票),另一类是"少选票"(undervotes,即没有明确选择任何候选人的选票)。人工重新计票的主要内容是决定"少选票"的归属。

但这并非易事,因为"少选票"有多种不同的形式,如悬挂式(hanging chad,孔芯一角与选票联结,类如飘荡的风筝)、摇摆式(swinging chad,孔芯两角与选票联结,类如门窗)、三角式(tri-chad,孔芯三角与选票联结)、孕妇式(pregnant chad,孔芯四角均与选票联结,但中心部分凸起,对准光亮处,可见孔芯边缘透过的光线)和酒窝式

---

① 在11月16日,联邦巡回上诉法院以与联邦地区法院相同的理由,驳回了布什阵营要求干涉佛州人工计票的申请,布什方面在寻求联邦法院干涉方面再次受挫。*Touchstone v. McDermott* (Case No. 00-15985 in the United States Court of Appeal for the Eleventh Circuit).
② U.S. Supreme Court, "Certiorari Granted," (Order List 531, *U. S.*) 00-836, *Bush v. Palm Beach Canvassing Board et al.* (24 November 2000). 联邦最高法院在调案令(certiorari)中明确指出,双方在辩论时,必须回答一系列具体的问题,包括:如果联邦最高法院发现佛州最高法院的判决违反了1887年的联邦法,其后果将是如何等。

(dimpled chad,孔芯四角与选票联结,只是在孔芯上或孔芯附近有一个尖细的凸点或凹点)。这些不同状态的孔芯让人难以断定投票人的真实意图。譬如,如果戈尔名字旁边的孔印处有"孕妇式孔芯",导致这种情形产生的原因可能有好几种:或因为机器故障(打孔机过于陈旧,投票人虽用力打孔,但孔芯未脱),或因为投票人的错误(打孔时没有按规定用力,孔芯未脱),也可能是因为投票人改变了主意(即不想选戈尔了,故没有继续打孔,所以孔芯仍然与选票联结)。如前所述,如何裁定"少选票"的归属,州选举法没有统一的规定,通常由县选举委员会或县法院来决定。但各县的标准也有很大出入,即便在同一县中,裁定标准也不尽一致。县选举委员会也经常变更标准,其间的混乱可想而知。① 于是,电视上出现了双方党工睁大眼睛查票、每票必争的情形。这一切都为布什阵营反对人工计票提供了重要的理由和材料。在向联邦最高法院提出的申诉书中,布什的律师指出,棕榈滩等县的人工计票过程"充满了严重的和四处可见的不正规行为,包括操纵和损害(被重新计算的)选票本身,使用不同的计票方法,以及在计票时表现一种政治性强烈和党派意味浓厚的气氛等,所有这一切加在一起,导致了一种近乎于无政府状态的四处蔓延"。②

11月26日下午5时,佛州最高法院规定的人工重新计票截止时间到点,只有布劳沃得县完成了人工重新计票并按时将结果报到了州务卿办公室。当天晚上,哈里斯正式签署了佛州选举的正式结果:在佛州600万民选票中,布什赢得2 912 790票,戈尔赢得2 912 253票,布什以537票领先,成为胜者。哈里斯签署的结果中没有包括迈阿密—戴得和棕榈滩县人工计票的结果(戈尔在两县已经完成的人工计票中共得净增票383张)。她的理由是:迈阿密—戴得县报来的结果是不完整的(该县虽然按时上报了结果,但没有完成全部人工计

---

① 佛州的低等法院和州最高法院在11月15日和16日分别裁定,县的选举委员会有权建立人工计票的标准。棕榈滩县的人工计票一开始并没有包括"酒窝式孔芯",但州地方法院在11月22日命令该县必须将"酒窝式孔芯"包括在人工计票之中,所以,棕榈滩县不得不将改变其原来的计票标准。

② "Petitioners' Motion to Expedite Consideration of Petition for a Writ of Certiorari and to Set Expedited Schedule for Briefing and Argument," *Siegel v. LePore* (Case No. 00-837, filed in the United States Supreme Court, 22 November 2000).

票),棕榈滩县的结果是在规定上报的时间终止后报来的(棕榈滩县事先曾要求延期两个小时,以完成计票统计,但哈里斯对此予以拒绝)。戈尔阵营则在11月27日向佛州巡回法院提出紧急请求,要求法院命令哈里斯接受棕榈滩和迈阿密—戴得两县人工计票的结果,并命令戴得县完成人工计票。① 巡回法院负责审理的法官索尔斯虽答应在12月2日开庭审理戈尔方面的上诉,并命令将迈阿密—戴得和棕榈滩两县的"少选票"运到巡回法庭现场,留待备查,但他没有命令恢复戴得县的人工计票。

此刻,一直保持低调的佛州州议会开始介入这场纠纷,使问题变得更加复杂。11月30日,共和党议员在州议会提出议案,要求按1887年"安全期限"法的规定召开州议会特别会议,保证在12月12日(也就是12月18日选举人团投票日前6天)之前,以议会选举的方式,产生佛州的25名总统选举人。从策略上讲,这项举动的目的明显地是为布什提供一种当选的保险机制:即便布什在法律诉讼中失利,由共和党人控制的州议会仍可"合法地"为布什当选"产生"出必要的25张总统选举人票。民主党议员称这是反民主、无视民意的做法,但他们人少势弱,不足以阻止共和党人的行动。

### 联邦最高法院的第一次介入

12月1日,联邦最高法院进行了法庭辩论。针对佛州最高法院的决定是否违反了联邦法律的问题,布什与戈尔的律师展开了唇枪舌剑的辩论。布什方面称,根据联邦宪法和1887年联邦法,各州总统选举人产生的方式应由州议会决定,当选举人的产生出现纠纷时,应按大选前制定的法律解决,保证如期产生总统选举人,为此,佛州议会通过州选举法对选票的统计和公布时间做了规定,州最高法院的决定强行改变了原定的计票程序和时间表,不仅违反了1887年联邦法和联邦宪法,而且也违反了第十四条宪法修正案中的正当程序的原则(即州不

---

① "Emergency Motion To Shorten Time and Request for Emergency Hearing," *Gore v. Harris* (filed in Circuit Court for Leon County, Florida, 27 November 2000).

能未经正当法律程序剥夺公民享有的联邦权利)。① 戈尔的律师反驳说,人工计票是佛州选举法认可的正常计票程序的一部分,目的是为了获取一个公正的结果;但因为州选举法的有关规定相互重叠,造成了各方理解和运用上的冲突,为此,州最高法院有权对其进行解释,这种做法既没有损害州法律和公民的权利,也没有违反正当的法律程序,所以不存在州法院侵犯州立法权和行政权的问题,也不存在联邦最高法院进行干预的理由。②

三天后(12月4日)公布的联邦最高法院的判决意见对布什和戈尔的分歧不置可否,只是宣布将佛州最高法院的判决予以"取消"(vacate)和"退回"(remand),原因是州最高法院没有说明其决定的法律基础以及其与联邦相关法律之间的关系。③ 联邦最高法院并没有直接推翻佛州最高法院的决定,也没有裁决人工计票的合法性,但强调了对此案的关注,发出了可能进行再干预的警告。这个9—0票的决定表面上看来用心巧妙,但实际上是最高法院内自由和保守两派大法官间的一种暂时的妥协。但这种妥协很快将为佛州急剧变化的形势所摧毁。

同一天公布的州巡回法院索尔斯法官的判决使戈尔大失所望。此案进行了连续两天的审理,双方都出具了大量的物证和人证(证人中包括了统计学教授和参加人工计票的法官等),来说明人工计票的是非曲直。但索尔斯认为,戈尔方面未能出示"足够的统计学意义上的证据"来说明人工计票有可能改变现有的州选举结果,州法中也没有可以接受不完整的计票结果的规定,所以,法庭不能强迫迈阿密—戴得

---

① 见"Transcripts of Oral Arguments,"*Bush v. Palm Beach County Canvassing Board*(in the United States Supreme Court, 1 December 2000);同时参见:"Brief for Petitioner,"*Bush v. Palm Beach County Canvassing Board*, et. al. Case No. 00-836(filed in the United States Supreme Court, 28 November 2000)。

② 见"Transcripts of Oral Arguments,"*Bush v. Palm Beach County Canvassing Board*(in the United States Supreme Court, December 1, 2000);同时参见:"Brief for Respondents Al Gore, Jr. and Florida Democratic Party,"*Bush v. Palm Beach County Canvassing Board*, et. al. (Case No. 00-836, filed in the United States Supreme Court, 28 November 2000)。

③ "Per Curiam Opinion,"*Bush v. Palm Beach County Canvassing Board et al*,531 U.S. (2000) (4 December 2000)。

县恢复人工计票,也不能否定哈里斯已签署的选举结果。① 索尔斯话音未落,戈尔方面便开始向佛州最高法院提出上诉。州最高法院再次迅速作出回应,决定在12月7日举行法庭辩论,审理此案。州最高法院的决定为戈尔方面又带来一线生机。刚在巡回法院取胜的布什立即又受到另外两桩案件的困扰。这两桩案件分别来自佛州的马丁县和塞米诺尔县,性质相同,都牵涉到两县选举委员会的官员(共和党人)在处理"缺席选票"申请程序中的违章做法,即允许共和党党工在"缺席选票"的申请表上补填申请人遗漏的信息(如选民登记号之类)。支持民主党的选民对此提出诉讼,称这种做法违反了州选举法,要求将两县所有的"缺席选票"宣布为作废。马丁和塞米诺尔县都是共和党人控制的县,布什在"缺席选票"上分别以2915和4797票领先戈尔。如果将两县的"缺席选票"宣布作废,布什拥有的537票领先优势将顷刻瓦解。布什律师在法庭上竭力抗争说,党工帮助填写漏填的选民登记号是为了帮助选民获得"缺席选票",并没有操纵选票本身或影响选民的投票意愿,不能以此为由,宣布"缺席选票"作废。② 此案虽然对戈尔极为有利,但他抱着敬而远之的态度。因为两案牵涉的不是选票本身,而只是申请选票的手续问题。戈尔一贯声称要保证每个选民的投票权,支持此案,无疑会引起民意的反感。

12月8日晚,法律诉讼战再度出现悬念四起的场面,布什和戈尔再次交替经历了大喜大悲的折磨。先是佛州巡回法院就马丁和塞米诺尔两县的"缺席选票"作出了有利于布什的判决。巡回法院的两名法官认为,虽然两县出现了不合程序的做法,但并没有证据显示"缺席选票"本身受到了破坏或操纵,因此诉方要求废除"缺席选票"的理由不

---

① "Transcripts of Judge Sauls's Ruling," *Gore v. Harris* (Case No. 00-2808, filed in the Florida Circuit Court for Leon County, 3 December 2000).
② "Bush and Cheney Motion for Summary Judgment," *Taylor v. Martin County Canvassing Board* (Case No. CV-00-2680) (December 6, 2000); "Plaintiff's Memorandum in Opposition to Defendants' Motions to Dismiss and for Summary Judgment," *Jacob v. Seminole County Canvassing Board* (Case No. CV-00-2816, filed in Second Circuit Court, Florida, December 5, 2000).

足。① 佛州最高法院紧跟着发布了对戈尔诉哈里斯案的判决。这项以4—3票表决作出的裁决推翻了巡回法院索尔斯法官的决定,命令迈阿密—戴得县和全州其他县(除已经完成人工计票的棕榈滩、布劳沃得和沃卢夏县外)立即对本县的"少选票"进行人工重新计票。② 这项判决显然注意到了联邦最高法院对此案的关注,为了公正起见,命令人工重新计算全州范围内的"少选票"。将人工计票限制在"少选票"之内,说明州最高法院想尽快结束这场纠纷,争取在12月12日前完成计票,避免为州议会抛开民选结果、提名总统选举人制造借口。但这项裁决在客观上再次修改了各县上报选举结果的时间,无视了联邦最高法院的意见。布什方面立即向联邦最高法院的肯尼迪大法官提出紧急上诉。

## 联邦最高法院的再度介入

12月9日上午,人工计票在佛州各县展开。遵照佛州最高法院的命令,原被哈里斯排除的戈尔在棕榈滩和迈阿密—戴得两县的净增票被重新计入州的选举结果,布什的领先优势从11月26日的537票一下降至154票。随着各县人工重新计票的开始,这个数字有可能会继续下降。人工计票每延续一分钟,布什的优势就有可能减少一分。然而,在佛州人工计票开始两小时后,联邦最高法院突然发出了紧急停止令(stay),命令佛州的人工重新计票立即停止。最高法院同时宣布,将于12月11日再次举行法庭辩论,并将此案正式定名为布什诉戈尔案。最高法院的紧急停止令的表决结果是5—4票,与5天前的9—0票判决形成鲜明对比,说明9名大法官在这个问题上的对立最终公开化了。赞成停止计票的5名法官中,除首席大法官伦奎斯特、大法官斯卡利亚和托马斯3名著名的保守派之外,还有中间偏保守的肯尼迪和奥康纳。反对停止计票的大法官是史蒂文斯、布雷耶、金斯伯格和苏特。4人在意识形态上都倾向于自由派,注重对公民权利的保护,同情民主党政府

---

① "Final Judgment for Defendants," *Taylor v. Martin County Canvassing Board* (December 8, 2000); "Final Order," *Jacob v. Seminole County Canvassing Board* (December 8, 2000).
② "Per Curiam Opinion," *Gore v. Harris* (Case No. SC00-2431, Florida Supreme Court, December 8, 2000).

的大政策方向(虽然其中的苏特是由老布什提名的)。史蒂文斯在少数派意见中写道,在涉及联邦政府另一权力部门的人选问题时,联邦最高法院应信守三权分立的原则,干预佛州的人工计票是"不明智的",违反了司法节制的原则。史蒂文斯还指出:"计算每一张合法投下的选票并不会(对上诉人的利益)构成一种不可弥补的损失。"① 斯卡利亚对史蒂文斯的意见做了回应。他称,人工计票的核心问题不是要不要计算合法选票的问题,而是被人工计算的选票本身是否"合法",如果选票本身并不合法,其计算必然给上诉人成功的机会造成不可弥补的伤害;而人工计票缺乏统一的标准,本身就构成了一个宪政问题。②

史蒂文斯和斯卡利亚的对立基本上预示了两派在这个案件上的最后决定。12月11日,联邦最高法院再次听取了双方的辩论。布什方面提出的主要意见为:(1)佛州最高法院命令在全州范围内有选择地进行人工计票(即只计算"少选票")、并由巡回法院来制定计票标准的决定,违反了联邦宪法和1887年联邦法的基本原则(选举人的产生方式应由立法机关在大选前来决定);(2)因为缺乏统一的标准和程序,人工重新计票本身违反了第十四条宪法修正案的平等法律保护的原则。③ 另外,布什的律师还借用了斯卡利亚大法官的思路,称所谓"少选票"是因为"那些不遵守投票指南的人而造成的";"如果一张选票不是正当地投下的,它就不应该算是合法的"。④ 戈尔的律师则强调,佛州最高法院的决定是对佛州选举法的合理解释,并没有制定新的法律(即没有改变原定的选举规则,只是提供了补救措施),联邦最高法院应该尊重州法院的判决。⑤

12月12日是联邦法律规定的各州产生总统选举人的日期。中午时分,佛州议会众议院通过了支持布什的总统选举人的提名,参议院也保证将迅速表决。这是一项象征意义大于实际意义的举动,给布什方面吃了一颗定心丸,同时也给各级法院传递信息:如果法律纠纷不能迅

---

① Paul Stevens, "Dissenting Opinion," *Bush v. Gore*, 531 U. S. (9 December 2000).
② Anthony Scalia, "Concurring Opinion," Ibid.
③ "Brief of Petitioners," *Bush v. Gore*, 531 U. S. (10 December 2000).
④ "Transcript of Oral Argument," *Bush v. Gore*, 531 U. S. (11 December 2000), at 30, 31.
⑤ Ibid.

速得到解决,议会将抛开大选和人工重新计票的结果,直接产生总统选举人名单。下午,佛州最高法院驳回了马丁和塞米诺尔两县"缺席选票"的上诉案,维持巡回法院的原判,终止了两案的审理,在这方面,免除了布什的后顾之忧。

晚上10时10分左右,联邦最高法院公布了判决意见。多数意见(per curiam opinion)宣布,联邦最高法院的7名大法官认为,佛州人工重新计票一案的确涉及了联邦宪法和联邦法律问题,宪法明确规定各州产生总统选举人的方式和程序为州议会制定,并且每个选民的投票权以及行使投票权的方式都受平等的法律保护,但佛州最高法院的判决未能提供一个"符合联邦宪法最低要求的"统一的计票标准,因而导致了"在不同的方面对(同等)选票的不平等的衡量"(包括只命令重新计算"少选票",而不计算"多选票"),在这种情况下,继续进行任何形式的人工计票都是违宪的,为此,联邦最高法院决定推翻佛州最高法院关于恢复人工重新计票的决定。① 在多数派的意见之后,伦奎斯特、托马斯和斯卡利亚3人还附加了意见,说明联邦最高法院之所以采取这个特别的举动,实在是因为这是一个非常特殊的案例,必须要求最高法院的干预。②

但在如何采取补救措施的关键问题上,联邦最高法院的9名大法官分成两派。其中5名保守派大法官认为,佛州的人工重新计票必须遵循一个统一的标准,州法院也要建立一个裁决有争议性的选票的审判标准,而且人工计票也不能只是考虑"少选票"的问题,但是,要在1887年联邦法规定的12月12日前(也就是联邦最高法院裁决的当日)解决所有这些问题,显然是不可能的了,所以佛州的人工重新计票无法再继续进行下去。③ 另外两名大法官(布雷耶和苏特)虽然在人工计票案具有宪法性的问题上与多数派站在一起,但他们认为联邦最高法院不必死守12月12日"安全期限",而应该允许佛州建立统一的计票标准,保证在12月18日选举人团投票前完成人工计票即可。布雷

---

① "Per Curiam opinion," *Bush v. Gore*, 531 *U. S.* (12 December 2000).
② "Concurring Opinion," (by Renquist, Thomas, and Scalia), *Bush v. Gore*, 531 *U. S.* (12 December 2000).
③ "Per Curiam opinion," *Bush v. Gore*, 531 *U. S.* (12 December 2000).

耶与苏特加入了史蒂文斯和金斯伯格,在补救措施问题上一起发表了少数派意见,形成了在这个关键问题上的5—4票的裁决。少数派认为,佛州最高法院的决定只是对州立法机构的意愿的解释,并没有改写佛州的法律,人们对法官工作的公正性的信心是"法治的支柱",但多数派的决定只能助长那些对法官工作的最不以为然的蔑视。① 布雷耶、苏特和金斯伯格也分别发表了自己的不同意见。②

联邦最高法院的决定公布后,戈尔遭受到来自各方面的极大压力,民意调查显示,相当一部分选民认为事到如今,戈尔应该接受现实。一些民主党人也劝戈尔为了国家,放弃进一步抗争的希望。12月13日晚,戈尔在与布什通话之后,发表了全国电视讲话,表示自己虽然不同意联邦最高法院的判决,但尊重和接受其判决,并表示将尽力支持布什。稍后,布什也发表了电视讲话,号召全国人民放弃竞选时期的党派对立,团结起来。与此同时,佛州议会也终止了提名总统选举人的行动。持续36天的选后诉讼正式结束。

### 诉讼大战之终结

12月18日,各州总统选举人投票选举总统。除哥伦比亚特区的一位保证投票给戈尔的选举人投了空白票之外,没有其他意外发生。2001年1月6日,107届国会开幕后对选举人团投票的结果进行了确认:在选举人团的538张选举人票中,布什和钱尼赢得271张,戈尔和利伯曼赢得266张。③ 在全国范围内,布什共得民选票49 820 518张,戈尔共得50 158 094张,布什比戈尔少33.7万张左右。④ 虽然没有赢

---

① "Dissenting Opinion," (by Justice Stevens), *Bush v. Gore*, 531 *U. S.* (12 December 2000).
② "Dissenting Opinions," (respectively by Justice Breyer, Ginsburg, and Souter), ibid.
③ 按照惯例,国会两院召开联席会议,由仍为参议院议长的戈尔宣读选举人团的投票结果。当戈尔宣布佛罗里达州选举人票的结果时,约有20名黑人众议员分别提出动议,要求国会拒绝接受佛州的选举人票,以抗议佛州对黑人选民投票的干扰和压制。但联邦法要求任何对选举人票质疑的动议必须同时由至少一名参议员和众议员同时联署,方可为国会接受。黑人众议员的动议没有得到任何参议员的联署,因而被看成一种象征性的政治抗议。*The New York Times*, 19 December 2000.
④ 数字统计来自 http://www.cnn/ELECTION/2000/results/national.html(2000年12月14日)。

得选民票的多数,但在选举人团制的规定下,布什因赢得了选举人团的多数票而当选为总统。

至于佛州那18万张被最高法院命令停止计算的"少选票",美国历史学会已要求将其作为历史文献加以保存。包括《纽约时报》和《华盛顿邮报》在内的一些新闻机构已决定联合出资,委托一个中立机构对佛州的"少选票"和"多选票"进行全面审查和检索,以求获得一个"最终的历史性档案资料"。[①]

检索的结果自然不可能改变最高法院裁决的结果。从这一点上看,保守派大法官在12月9日下令停止人工计票的举动是极有远见的:如果等到人工计票完成,结果为公众所知,最高法院再作出裁决,不仅会给布什当选的合法性蒙上阴影,也将使最高法院处于十分尴尬的地位;但如果首先宣布人工计票是违宪的,宣布"少选票"本身的合法性有争议,即便再继续计票,其结果也是不能当真的。这样,2000年美国总统大选的真实结果——即布什与戈尔两人究竟谁真正赢得了佛州民选票的多数——将永远是美国历史上的一个无底之谜。

## 四 关于美国总统选举制度民主性的思考

### 总统选举难产的原因

从表面上看,在面临大选难产的时候,美国的宪政机制表现出了一种难得的稳定和成熟。布什和戈尔双方虽然针锋相对,但基本上是进

---

① 这项活动将委派附属于芝加哥大学的"全国民意研究中心"(National Opinion Research Center)来进行,并将采用"最高标准的科学精确度和透明度"。根据2001年1月15日的报道,在已经计算完毕的10600张的"少选票"中,布什得251票,以6票多于戈尔的245票。在这些"少选票"中,至少有7600多张选票没有标示对任何总统候选人的选择,个别选票有超出一人的选择。在其他2257张选票中,虽然选票上有清楚的打孔痕迹,但打孔的位置与所有总统候选人的名字都不对应,所以无法计算。"Review by newspaper gives gain to Bush," The Associate Press, 14 January 2001, http://www.cnn.com/2001/ALL-POLITICS/stories/01/14/miami.dade.ballots.ap/index.html(2001年1月15日)。同见:"News Groups Organize Florida Ballot Review," The Los Angeles Times, in Tribune-Review(Pittsburgh), 10 January 2001, A4。

行有序的法律斗争。戈尔并不同意最高法院多数派的最后判决,但他表示必须尊重这项裁决,因为美国是"一个法治的国家",人们必须尊重法律与秩序。在布什就职典礼的游行中,曾出现了较大规模的抗议活动,但在整个选后诉讼阶段,美国社会基本上秩序井然,没有出现因选举而引发的社会动乱和暴力事件。但是,这种表面上的稳定和成熟并不能掩盖现行美国总统选举程序中的种种弊病和漏洞,选后的诉讼政治则更进一步暴露出非民主机制和因素对美国选举政治的影响。

在选举程序和制度方面,2000年大选暴露的首要问题是全国各地总统选举的具体程序和投票方式的不统一。这种情况实际上是地方自治传统的副产品。虽然州和联邦政府对选举法有统一的规定,但具体的选举事务则是由地方政府来管理实施,举办选举的经费也是由地方和州政府支付。即便在同州内的不同县里,选举机制也并不统一。在全国50个州内,只有6个州使用了全州统一的投票机器,其他44个州所用的投票机器五花八门,从老式的打孔式投票机到新式的电脑扫描机都有。在佛州的67个县中,约有15个县仍然使用20世纪60年代的打孔式投票机。这些机器因质量问题,造成计票的失误,是众所周知的问题,但地方政府因为没有足够的资金而无法更新落后的投票设备。如果2000年大选难产发生在伊利诺伊或俄亥俄州,情况将更糟,因为前者的绝大部分县仍然使用打孔式投票机,后者的88个县中有70%也是使用打孔式机器,人工计票将引起更多的争执。①

州法对选举程序所作出的相互矛盾和模棱两可的规定也是长期以来存在的问题。如同佛州选举法所示,一方面,州允许各县进行人工重新计票,但另一方面又要求各县在大选后7天内上报选举结果,对拥有几十万选民的大县(如棕榈滩和迈阿密—戴得县)是否能按时完成计票,没有充分予以考虑。对州务卿处理过时上报的选举结果的权力,在同一法律中做了非常不明确的规定,为不同的法律解释制造了机会。与此同时,许多州的选举法都没有建立一个统一的人工计票的判断标准。许多州的判票标准与佛州选举法所规定的一样,以"投票人的意愿"为准,但如何决定"酒窝式孔芯"所表示的投票人意愿,各州均无具体的规定。

---

① *USA Today*, 15 December 2000, 25A.

但 2000 年大选暴露的最严重的问题是选举纠纷处理过程中的政治化问题。这里讲的政治化主要指党派政治对政府和法律体系的渗透和影响,从而导致法律决定的党派意志化或党派意识形态化。在佛州的法律诉讼过程中,州务卿哈里斯与棕榈滩等县选举委员会之间的选举法权限之争、州最高法院对哈里斯决定的两次否定、州议会与州最高法院在选举人产生问题上的明争暗斗等,在多大程度上是一种纯粹的法律技术之争,在多大程度上是一种党派意志的较量,是一个非常值得讨论的问题。

### 最高法院干预的动机分析

联邦最高法院多数派的最终决定究竟是基于对宪政原则严格而忠实的理解,还是曲解和滥用了宪法原则,将成为学术界长期辩论的话题。但在目前来看,至少在三个方面,多数派对这些宪政原则的使用是极有争议性的。首先,在没有事先听取双方辩论的情况下,最高法院便先禁止人工计票的继续进行;根据保守派大法官斯卡利亚的解释,这样做是为了避免对上诉人(布什)成功当选的可能性造成"不可弥补的伤害";但这样做的代价却给戈尔成功当选的可能性造成了事实上的"不可弥补的伤害"(因为通过人工重新计票,戈尔也有可能取胜)。其次,多数派对"平等法律保护"原则的使用也是站不住脚的。多数派称,有选择性的人工计票将会剥夺对其他选民的选举权的平等保护,但在佛州选举中出现的真正的不平等的法律保护却是发生在人工计票之前,即因为选举设备在技术上的差异,不同县的选民的选举权并没有得到平等的认可。换言之,棕榈滩等县因使用了落后的投票和计票机器,相当一部分在正常情况下可被算作合法的选票被排除在外,造成了事实上的对选民平等选举权的压制或剥夺。① 这才是"平等的法律保护"原则应该面对的问题,但多数派对此视而不见,对唯一有效的补救措施

---

① 根据研究,打孔式投票机(punch card readers)要比激光扫描机(optical scanner ballot readers)的计票准确率差很多,前者不能识别的选票比后者高出 3 倍之多,而在少数族裔选民集中居住的迈阿密—戴得县和棕榈滩县使用的正是打孔式投票机。在使用打孔式投票机的地区,选民投票的实际计算率低于使用较先进的机器的地区。*USA Today*, 15 December 2000, 25A.

(人工重新计票)予以否定。再者,佛州是否必须遵照12月12日的"安全期限",州是否为了这个期限必须牺牲寻求准确公正选举结果的原则,州对本州大选规则的解释权应该由谁来掌握,多数派似乎都不予考虑。多数派将自己对佛州法律的解释强加于佛州最高法院,否定了后者对本州法律的最终解释权。

联邦最高法院多数派为何不惜打破自己传统的保守主义立场,迫不及待地介入此案,也将是一个长期争论的问题。但多数派作的是一个政治性决定这一点却是不言而喻的。5名多数派大法官不仅都为共和党总统任命,而且在处理一系列有关堕胎、民权等问题的案例上,所采取的立场与共和党主流思想非常一致。此外,本次大选的结果将决定今后几年内最高法院内部大法官的结构。在目前的9名大法官中,"保守派"与"自由派"的比例是5比4(奥康纳和肯尼迪虽在某些问题上处于骑墙状态,但基本上属于保守派阵营)。① 在任大法官中有几人已公开表示过退休之意,也就是说,新总统将有机会任命新的大法官,对最高法院内自由派和保守派的力量对比产生影响。布什和戈尔在竞选中都曾声明过,在有机会任命大法官时,将挑选那些在价值观认同方面相同或相近的人。所以,从某种意义上说,最高法院大法官对总统大选的裁决实际上也是一种对自己未来同事的间接选择。无论这是不是驱使多数派作出决定的原因,在客观上,介入总统选举本身已经侵犯了原始的权力制衡的宪政原则。史蒂文斯大法官在少数派的异见中专门提到多数派对此案的介入,将对最高法院应有的尊严和政治中立造成严重的损害。他说:"在这次事件中,真正的失败者是不言而喻的,那就是人民对法院的信任。"布雷耶大法官也认为,多数派的决定将始终是最高法院"自作自受的一个创伤",不仅损害了最高法院本身,也对整个国家造成了伤害。②

---

① 应该说明的是,以"保守派"和"自由派"的标签来为最高法院的大法官定性并不科学,甚至并不能准确地反映现实。因为最高法院每年决定的众多案件中涉及的问题非常多,而这些问题都不能以简单的"保守"或"自由"来划界。作为政治概念的"保守派"与"自由派"与作为法律概念的"保守派"和"自由派"并不是丝丝入扣、对号入座的。

② Stevens, "Dissenting Opinions;" Breyer, "Dissenting Opinion;" *Bush v. Gore*, 531 *U. S.* (12 December 2000).

## 金钱与体制的障碍

除选举机制多元化、选举法律无序、法律仲裁机构政治化之外,导致大选难产的还有一些深层的体制上的原因,包括金钱对总统选举的影响,选举人团制的历史局限性,以及两党制对选举机制的控制等。如前所述,2000年大选是美国历史上最昂贵的大选,总共耗费(不算选后的诉讼和人工计票费用)高达30亿美元,其中相当一部分钱来自"软钱"。自20世纪90年代起,软钱是影响总统竞选的一个关键因素,在2000年的选举中,更是达到了登峰造极的地步。据《华盛顿邮报》的报道,到2000年10月中旬,共和党已经接受了2.11亿的软钱,比1996年同期增长74%,民主党也接受了1.99亿美元,比1996年增长85%。布什本人更是创下历史纪录,仅在初选阶段的筹款就高达1亿美元。[①]如此昂贵的选举自然会改变理论上制定的竞选规则。候选人的筹款能力(以及其背后的广泛的关系网络)而不是其政策和思想,成为决定总统选举胜负的关键。在很大程度上,竞选成为候选人背后的不同金钱力量的组合之间的竞争。对于普通选民来说,他们对总统的选择范围被局限在两个最有筹款能力的候选人之间。如何限制软钱捐款对总统选举的影响,已经成为美国选举政治面临的最大挑战。

另外一个体制上的尴尬难题是选举人团制。这个为解决两百多年前的政治僵局而采取的总统选举程序是否还有继续存在的必要,是否能够现实地反映当代美国民主政治的要求,是否应该进行必要的改革,这些问题在过去辩论过多次,但都没有结果。在过去200年中,共有

---

① 软钱主要来自富有的个人、大企业或大的工会组织。从表面上看,软钱与候选人似乎没有直接的联系,其实不然,软钱常常被不同政治组织通过巧立名目,为自己的候选人拉选票和扫清障碍。如在2000年共和党的预选中,布什的主要挑战者麦凯恩就遭到一则电视政治广告的攻击,广告的赞助者打的招牌是"争取洁净空气的共和党人"(Republicans for Clean Air),但实际上出钱的人却是两名与布什关系甚为密切的得克萨斯阔佬。他们花了200万美元来制作和播放这则广告,而这笔钱是"自愿"捐赠,并且没有直接捐给布什,不算布什的筹款,但实际用途却是帮助布什打败麦凯恩。捐助软钱的方式为不同政治观点的利益集团采用,如支持妇女堕胎权的电影演员简·方达(Jane Fonda)就曾捐款1200万,支持制作这方面的广告。Ruth Marcus, "Costliest Race in U. S. History Nears End," *Washington Post*, 6 November 2000, A01.

700多项针对选举人团制改革的议案提出,但无一得到国会的赞同,成为法律。在选举人团制下,美国公民并不享有平等的总统选举权,而"胜者全得"更是一种忽视民意的实践。如在2000年佛州的选举中,布什在600万选民票中仅比戈尔领先几百票,却获得了代表该州所有选民的意志的25张选举人票;戈尔虽然得到了该州一半选民的支持,却得不到该州的任何一张选举人票。除此之外,在选举人团制下,居住在美国所管辖的"领土"上的美国人没有总统选举权。2000年大选难产再次引起了关于选举人团制改革的辩论。反对选举人团制的人称,这个制度从一开始就不合理,现在更是一种过时的程序,既然联邦制的结构已经发生了变化,总统已经成为事实上的人民和联邦利益的"监护人",总统应该由选民直选,才能体现一人一票的民主原则。① 但维护选举人团制的人则称,选举人团制是美国的独创,在过去绝大部分时间里运作良好,并不是经常出错;选举人团制可保持州在联邦政府中的代表权,保持美国联邦制的特色,并促进政治稳定。② 因为选举人团制是宪法机制的一部分,其修改需经过漫长而繁杂的程序,并会受到小州的坚决抵制。所以,公民在总统选举权方面的不平等将继续下去。

## 两党制与民主的无奈选择

与选举人团制紧密相关的是两个大党对联邦和州政治的垄断。这是一个不太为人注意的问题。如前所述,州是总统选举程序和规则的制定者,为了保证两个大党能够有较大的机会在相互的竞争中取胜,各州对第三党或独立候选人参加总统竞选都做了严格和苛刻的规定。总统候选人要想参加竞选,必须在各州的州选举委员会申请和登记,得到批准后,其名字才能出现在州的选票上,否则便不能参加竞选。为了获取参选资格,候选人必须在一州得到一定数量的本州选民的签名支持,并缴纳一笔可观的申请费,按照州法律规定的程序和时间表提出申请。因为州的选举法是由长期交替控制州政府的两大党制定的,法律对两

---

① 例如:Akhil Reed Amar, "The Electoral College, Unfair From Day," *The New York Times*, 9 November 2000。
② 例如:George F. Will, "Electoral College System Still Best Way to Choose President," *Tribune-Review* (Pittsburgh), 2 January 2001, A6。

大党的候选人获取竞选资格的要求相对宽松,对第三党或独立候选人的要求则十分苛刻和复杂。譬如,佐治亚州规定,第三党候选人要在征得本州选民总数5%的支持后才可望参选。在马里兰和宾夕法尼亚州,第三党的候选人分别需3.6万和2.3万选民的签名支持,才有资格在该州竞选。① 这些规定在很大程度上限制和消除了第三党或独立候选人的参选,维护了两大政党对联邦和地方政治的长期控制。②

2000年美国总统大选开创了由联邦最高法院裁决总统大选争执的先例,打破了美国宪政中三权分立的神话。这次大选在什么方面和多大程度上会对美国宪政的演变带来影响,是否会引起对总统选举程序的深刻改革,我们暂时还不能得到准确的答案。③ 但通过观察和分析2000年大选及其选后的诉讼政治,我们不能不注意到美国总统选举制度和实践中的非民主或反民主的内容和机制。选举是民主政治的基础,是人民影响政治的最直接、现实和有效的方式。如果选举程序和机制并非是民主的,选举的民主性也就无形之中被降低了或抵消了。尊重选举的程序是必要的和重要的,但是程序本身必须首先是民主的,否则,被称为"民主"的政治很可能是不民主的,甚至会成为一种对真正的民主原则和权利的程序化的剥夺和侵犯。在一个财富分配并不民主、但在政治理想上又信奉民主的社会中,如何建立一种选举机制以帮助广大普通的选民对政治施加有效的影响力,将越来越成为美国宪政必须面对的问题。

---

① *Ballot Access News*, Vol. 16, No. 9 (5 December 2000).
② 应该指出,2000年大选对两党制也形成了一种冲击。戈尔本来自称是注重环保的候选人,但他因为必须兼顾多方面的利益,无法满足类似绿党这样的特殊利益集团的要求,因而失去了纳德尔领导的绿党的支持。纳德尔在全国的民选票中仅得2%左右,但他在佛州得到了97 419张民选票,可以说是帮助布什击败了戈尔。
③ 2000年大选将在一定程度上推动美国选举制度在技术和程序上的改革。大选结束后,佛州州长杰布·布什任命了一个专门委员会,研究如何改进佛州的投票机器的问题。这个委员会建议将全州的投票机全部改为电脑扫描式投票机,佛州议会也在考虑如何解决更新机器的经费。其他州也组成了类似的委员会。据报道,全国各州议会和联邦国会在佛州计票结束后,总共提出了300多项有关改进选举设备和计票机制的法案。加州理工学院和麻省理工学院的院长还商定,两校将携手研制最先进和标准的投票机。*New York Times*, 15 December 2000, A25.

**自由女神像与9·11中遭到袭击的世贸大厦**

  2001年9月11日上午,遭恐怖主义者劫持的美国联合航空公司175班机撞入纽约世界贸易大厦的南楼,发生爆炸,楼内燃起熊熊大火。在此之前,北楼已经遭到同样的袭击。袭击发生之后,美国国会迅速通过并开始实施《爱国者法》,允许联邦执法人员以反恐和保护国家安全为由,截取或检查美国公民的个人信息。

  图片来源:Alan Brinkley, *American History*: *A Survey*, McGraw-Hill, 2008, p. 915.

# 第十一章　9·11时代的爱国主义与选举民主

至少在两个方面,20/21世纪之交的美国继续生活在上一个世纪之交所发生的历史事件留下的阴影之中。一个方面是美国与世界的关系,另外一个方面是金钱对美国选举政治的冲击。两个世纪之交相隔一百年,历史并没有重复,但两种不同的历史发展却给美国宪政秩序带来了相似的冲击。

在美国与世界的关系方面,19世纪末、20世纪初的美国放弃了曾坚守一个多世纪的"孤立主义",采用了扩张性质的外交路线,利用军事力量,通过美西战争和第一次世界大战,将美国的利益范围推进到拉美和太平洋地区。这一举动也带来了内部治理方式的改变。如第八章所讨论的,一战期间,联邦政府实施了《反间谍法》和《惩治煽动叛乱法》,将战争时期的反战言论和行为定为联邦罪。一战之后的"红色恐惧"(Red Scare)又对同情苏俄社会主义革命的国内激进力量进行镇压,同时结合"美国化"运动,在公民中推行强制性爱国主义。自此,维护国家安全、维护美国价值与公民政治和公民生活紧密地联系在一起,一种新的公民政治文化得以产生:在对外战争时期,公民的自由将要受到限制,权利将受到约束,公民必须对国家表示绝对的忠诚与服从。与此同时,以国家安全的名义,对政治异见进行打击和压制,也成为联邦和州政府的常规职能,负责国内安全的联邦调查局就是这个时代的"国家(制度)建设"的成果之一。①

2001年9·11事件的发生再度改变了美国与世界的关系,也再度

---

① 18世纪末的法国革命期间和19世纪中叶的内战时期,联邦政府也曾压制过公民的言论自由,但在规模和程度上,这些先例不足以与一战时期及之后的"红色恐惧"相提并论。

复活了一个世纪之前的"强制性爱国主义"文化和"国家安全"与公民自由、公民权利之间的冲突。9·11恐怖主义袭击使美国本土遭受了自1812年战争以来首次来自外部的攻击,将美国带入了一场遥遥无期的反恐战争之中。为铲除策划和发动袭击的基地组织及其领导人本·拉登,布什政府于2001年10月发动了阿富汗战争,随后又以伊拉克拥有大规模杀伤性武器、支持恐怖主义活动为名,于2003年3月发动了入侵伊拉克的战争。伊拉克战争以萨达姆·侯赛因被处以绞刑而告一段落,但对本·拉登的追杀却用了将近10年的时间,而阿富汗战争至今尚未彻底结束。与一个世纪之前一样,对外战争催生了新的内部治理。9·11之后,联邦政府组建了国土安全部(这是一个比联邦调查局更大规模的负责国内安全的政府机构),国会通过了《爱国者法》,"国土安全"被视为维系美国国家和美国价值观生存和延续的关键,这一切对公民自由和公民权利的"绝对性"和"普遍性"再度提出了挑战。反恐战争还将美国宪法带入到一种新形式的国际冲突中,并引发了一些前所未有的宪政问题:自愿加入"敌方"阵营的美国公民是否继续享有公民权利?美国政府是否可以不受国际法和国内法的约束任意处置并不属于某一"敌对主权国家"的"敌方战斗人员"?这些被羁押在美国管辖领土范围内的"敌人"是否应该享有美国宪法规定的相关司法程序的保护?联邦政府三权在处理反恐战争的问题时权力应该如何划分?无论是国会还是总统对于回答这些问题都没有做好准备,而最高法院在回答这些问题上的避实就虚也凸显了宪法在处理全球化时代的战争问题上的尴尬与无力。

19/20世纪之交留下的另外一笔遗产是金钱对选举政治的左右。这笔遗产不仅得到忠实的继承,而且还被发扬光大,成为当今美国选举制度的挥之不去的阴影。1896年,大商业集团的金钱正式而公开地进入了总统竞选程序。当年共和党总统候选人威廉·麦金利(William McKinley)之所以赢得大选,在很大程度上得益于大银行家和大企业家捐赠的大量的竞选资金。在随后的一个世纪里,竞选资金的问题与美国选举程序形影不离,成为一种弃之不能、挥之不去的噩梦。随着竞选经费的数额不断高涨,筹集资金的手段也不断更新,利益集团的干预和介入也日益深刻和复杂。"一人一票"的原则被"稀释"和"虚空化"。

面对金钱对选举结果的威胁,国会在 20 世纪进行了多次努力,企图规范竞选资金的筹集和使用。这种努力一直没有间断,并在 20 世纪后期达到高峰,但结果并不十分理想。相反,在传统宪政框架的约束下,对公民言论自由和结社自由的保护、两大政党对美国政治机制的熟练操纵、最高法院因内部力量的变化而导致的左右摇摆,都为竞选资金的改革设置了诸多的障碍,致使这一问题成为对 21 世纪美国选举政治的"民主性"和"公正性"的最大挑战。

本章将针对反恐战争和竞选资金两个问题带来的宪政冲击展开叙述,主要讨论下列问题:9·11 之后的"国土安全"建构与传统公民自由之间的张力,反恐战争中对"敌方战斗人员"的处理引发的宪政难题,联邦政府在 20 世纪为规范竞选资金做出的种种努力以及选举民主在新世纪遭遇的挑战。

# 一 9·11 与全球化时代的"爱国主义"

## 9·11

2001 年 9 月 11 日是一个极为寻常的秋日,美国东部地区艳阳高照,风和日丽。上午 8 时左右,美利坚航空公司(American Airlines)和联合航空公司(United Airlines)的四架班机分别从波士顿、华盛顿和纽瓦克的机场起飞,飞往西海岸的洛杉矶和旧金山。四架飞机起飞后不久,均遭到基地组织成员的劫持。8 点 46 分左右,被劫持的第一架飞机出现在纽约市曼哈顿岛上空,不等人们反应过来,飞机便以每小时 500 英里的速度撞入位于曼哈顿下城的世界贸易大厦双子楼北楼。飞机随即发生爆炸,机上的乘客、机组成员与劫机者当场死亡,满载的航空汽油倾泻而出,北楼内从上到下顷刻之间燃起熊熊大火。17 分钟后,被劫持的第二架飞机径直飞入双子楼的南楼,发生了同样的爆炸,并引发了南楼内部的燃烧。9 点 59 分,北楼在足足燃烧了一个多小时后轰然倒塌。29 分钟后,南楼倒塌。两座摩天大楼倒塌时,尘土四起,吞没了半个曼哈顿岛,给人一种世界末日来临的感觉,全世界数以亿计的电视观众目睹了这一悲剧的发生。然而,灾难并不就此止步。9 点

37 分,第三架被劫持的飞机出现在美国首都华盛顿上空,几秒钟后撞入美国国防部所在的五角大楼西南角,当场导致 125 人死亡和多人受伤。正在飞往华盛顿的第四架飞机意图攻击白宫,但机上乘客在得知地面发生的情况后与劫机分子展开了搏斗,飞机于 10 点零 3 分在宾夕法尼亚州中部的萨默赛特县坠毁,机上所有人无一生还。

9·11 事件发生两年之后,美国政府公布了 9·11 恐怖主义袭击调查委员会(The National Commission on Terrorist Attacks on the United States)的最终报告。① 根据这一报告,9·11 事件是位于阿富汗的极端主义组织(al-Qaida,基地组织)经过精心策划和长期准备之后对美国本土发动的一次恐怖主义袭击事件。报告指出,参与劫持飞机的 19 名基地组织成员多为年轻、激进的伊斯兰教原教旨主义分子;他们当中只有 4 人接受过专门的飞行训练,相当一部分人甚至不会讲流利的英文;然而他们仅凭随身携带的小刀、毒气罐和辣椒喷雾剂等不起眼的武器,就劫持了四架载满航空汽油的商业客机,将其变成了致命的攻击性武器,在不到两个小时的时间内,几乎是天衣无缝地执行了由基地组织领导人奥萨马·本·拉登(Osama bin Laden)策划的恐怖主义活动,导致来自几十个国家近 3000 人的死亡,制造了美国历史上伤亡最大的恐怖主义袭击事件。

9·11 的历史影响是多重的。当天死亡的人数超过了 1941 年的"珍珠港事件",成为美国历史上人员伤亡最为惨重的一天。② 9·11 也是自 1812 年战争以来外部势力对美国大陆国土的第一次武力袭击。袭击发生之后,美国人长期以来习以为常的地理安全感顿时消失殆尽。9·11 给美国造成的直接经济损失高达 11 万亿美元。袭击发生之后,曼哈顿区有 10 万人立即失去了工作,另外 23 万从事旅游业及相关业务的人在随后 5 个月中也面临失业。然而,9·11 给美国造成的伤害远不止是人员伤亡和经济损失,而是精神打击。世界贸易大厦、五角大楼以及最后一架飞机意图攻击的白宫都是美国经济、军事和政治实力

---

① The National Commission on Terrorist Attacks on the United States, *The 9/11 Commission Report*, Executive Summary (2004). See http://www.9-11commission.gov/report/911Report.pdf.

② *The 9/11 Commission Report*.

的象征,此刻悉数遭到公然的袭击,这一事实极大地震撼了美国人的心理安全防线。19名年轻基地组织成员的自杀行为更是令无数美国人反复追问:"这是为什么?""他们为什么这样恨我们?"

## 9·11与政府重组

9·11事件调查报告对美国国土安全状况提出了严厉的批评。袭击事件发生前,情报部门曾接到情报,但没有引起足够的重视。袭击发生时,全国处于一种毫无戒备的状态之中。当第一架飞机撞入世贸大厦北楼时,布什总统正在佛罗里达州的一所小学观摩教学,他随即被特工人员带走,送上飞机,在天上来回转悠好长时间,不断被转移到不同的地方,但在转移过程中,他乘坐的总统专机竟然接收不到准确的卫星电视讯号。全国航空防卫系统的反应也非常迟缓,直到第四架被劫持的飞机在宾夕法尼亚州坠毁之后,空军才接到起飞拦截和击落被劫持飞机的命令,而且军事打击的命令也没有被准确及时地传达给飞行员。① 调查报告指出,基地组织为实施9·11袭击经过了长时间的准备和预谋,但联邦政府的情报和安全部门之间未能有效和迅速地分享信息,事件发生后,政府也未能及时有效地进行应对、指挥和协调。

这样,从"国家建设"的角度来看,9·11事件给布什总统带来了一个在上任前不曾想象过的大规模重组政府的机会。在美国历史上,只有内战时期的林肯、新政和二战时期的罗斯福与冷战时期的杜鲁门获得过这样的机会。对于布什总统来说,这个机会具有特殊的政治意义。他在2001年1月的就任是最高法院对陷入计票困局的2000年总统大选进行司法干预的结果,因此他需要一个机会,来摆脱富有争议的大选的阴影,树立自己作为国家领袖的形象,并推动共和党人的政治方案。9·11正是这样一个意外的机会。9·11当晚,在对全国的演讲中,布什将袭击事件称为是一种对无辜民众的"大规模的谋杀行为",随后又在对国会的讲话中将9·11事件定性为"自由的敌人"对美国发起的

---

① The National Commission on Terrorist Attacks on the United States, *The 9/11 Commission Report*, *Executive Summary*; George W. Bush, *Decision Points* (New York: Crown Publisher, 2010), 126-151.

一种"战争行动"。在捍卫国土安全的名义下,布什指示他的国家安全团队,设计和实施了一次自二战以来关于美国国内安全的最大规模的制度建设,并通过随后发动的阿富汗战争和伊拉克战争,将美国拽入了后冷战的反恐战争状态之中。①

9·11事件发生几天之后,布什宣布组建一个"国土安全办公室"(Office of Homeland Security),负责协调有关国土安全紧急情况的处理,要求其制订一个"综合性国家安全战略计划",确保美国不再受恐怖主义的威胁与袭击。② 宾夕法尼亚州州长汤姆·里奇(Tom Ridge)被任命为国土安全办公室的主任,直接向总统报告,成为总统在国土安全事务方面的主要助手。2002年3月,布什在国土安全总统指令中指示,为应对未来的恐怖主义袭击,美国需要建立一个国土安全的顾问和咨询体系,以全面、有效的方式在联邦政府各相关部门之间分享和传播信息,该体系将整合现存相关部门,针对未来可能发生的威胁的性质,"创造一种通用的词汇、语境和结构",描述不同程度的"威胁状况",并提出应对措施。③ 2002年11月25日,布什正式签署了《国土安全法》(Homeland Security Act of 2002),任命里奇为国土安全部部长。2003年1月,国土安全部正式开始运转。它整合了现存20多个联邦部门机构,拥有将近18万联邦雇员,成为举足轻重的一个大部门,国土安全部部长也升为总统内阁的正式成员。④

新的国土安全战略目标被定义为六个方面:情报与预警;国界和交通安全;国内反恐活动的协调;保护关键的国家机构与财产;防止灾难性恐怖主义的发生;紧急状态的准备与回应。国土安全部的组建是为

---

① George W. Bush, *Address to the Nation* (September 11, 2001), http://georgewbush-whitehouse.archives.gov/news/releases/2001/09/20010911-16.html; George W. Bush, *Address to a Joint Session of Congress and the American People* (September 20, 2001), http://georgewbush-whitehouse.archives.gov/news/releases/2001/09/20010920-8.html.

② George W. Bush, *Executive Order 13228—Establishing the Office of Homeland Security and the Homeland Security Council* (October 8, 2001), http://www.gpo.gov/fdsys/pkg/WCPD-2001-10-15/pdf/WCPD-2001-10-15-Pg1434.pdf.

③ George W. Bush, *Homeland Presidential Directive 3* (March 2001), http://georgewbush-whitehouse.archives.gov/news/releases/2002/03/print/20020312-5.html.

④ Jane A. Bullock, et al., *Introduction to Homeland Security*, Second Edition (Burlington, MA: Elsevier, 2006), 11-12.

了应对突如其来的大规模的国土安全的问题。9·11 恐怖主义袭击调查委员会曾指出美国国内安全体制方面一系列缺陷和漏洞,包括应对机制的陈旧、部门之间情报分享的体制壁垒、航空管理反应能力的迟缓、统一协调和指挥中心的缺乏等。该委员会还指出了情报部门的经费严重不足、部门之间存在着严重的利益竞争以及国会对跨国犯罪打击不力等问题。① 由此可见,布什组建国土安全部的目的是要对国土安全管理进行一次机构改造,重新认识和定义国家安全的概念。布什政府的迅速反应也表现出在国家遭遇危机的时刻行政部门有能力做出迅速的调整,而国会在这个方面也给予了有力的配合,印证了政治社会学家查尔斯·蒂里关于"战争制造国家"的论述。

### 《爱国者法》的制定

与此同时,在布什政府的要求下,国会以异常迅速的速度通过了《美国爱国者法》(USA Patriot Act)的立法提案。② 该提案由威斯康星州共和党众议员提出,但真正的起草者是联邦司法部。9·11 事件发生一周之后,司法部起草了立法提案,直接送交国会两院讨论。众议院在听取了司法部长阿什克拉夫特(John Ashcroft)的唯一听证之后,以 337—79 票通过了提案。参议院也打破了常规,提案没有经过参议院司法委员会的讨论,而是由行政部门官员与两党领袖闭门讨论之后,直接送交全院表决,并以 96—1 票的压倒多数获得通过。提案于 10 月 26 日经布什签署而生效。从国会的议事程序来看,《爱国者法》的通过极不寻常。该提案长达 400 页,总共修订了 15 部现行联邦法律,但从起草到生效前后只用了一个月左右的时间。提案的内容之多,涉及的范围之广,远远超出议员们的想象。许多议员根本甚至没有时间来通读全文,就被迫参与了投票表决。一位众议员称,当众议院开始投票

---

① The National Commission on Terrorist Attacks on the United States, *The 9/11 Commission Report*, *Executive Summary*.
② *USA Patriot Act of 2001*, Public Law, 107-56 (October 26, 2001);该法全称为 *Uniting and Strengthening America by Providing Appropriate Tools Required to Intercept and Obstruct Terrorism (USA PATRIOT Act) Act of 2001*。文本见:http://www.gpo.gov/fdsys/pkg/PLAW-107publ56/pdf/PLAW-107publ56.pdf。

时,提案才刚刚送到他的案头,甚至还带有复印机的余温。在9·11事件的巨大压力之下,事实上也没有多少议员敢于站出来质疑该提案的合宪性和可能带来的后果。① 参议员布莱德(Robert Bryd)曾警告说,这部立法提案将会导致执法部门篡夺许多国会的权力,但在该院表决的时候,只有来自威斯康星州的民主党人范戈德(Russ Feingold)投了反对票。② 在众议院表决时,曾有议员提出需要对提案进行辩论,但众议院议长居然直接予以否定,推动全院直接进行表决。这种违反议事程序的做法事后被批评者称为是一种"高层政治的游戏"。③

《爱国者法》共分10个部分,覆盖与国土安全和打击国内恐怖主义活动相关的领域,包括执法部门之间的情报分享、提高刑法效率、监控潜在恐怖主义分子、防止国际洗钱活动、加强国界的保护、加强对外国人出入境的管理、为9·11袭击的受害者提供帮助等。核心条款是为联邦执法部门在打击和调查恐怖主义活动时提供法律上的正当性,放松或解除先前的限制,赋予执法部门——如司法部、联邦调查局等——足够的执法权力和空间,使它们能够及时、广泛、尽可能不受限

---

① David Cole and James X. Dempsey, *Terrorism and the Constitution: Sacrificing Civil Liberties in the Name of National Security*, 2nd ed. (New York: New Press, 2002), 151.
② 范戈德后来解释说,他之所以投反对票是因为担心这部提案会严重损害公民自由和公民权利,尤其担心政府执法人员可以名正言顺地获取公民的个人信息、入侵公民的住宅、监听公民的电话、截获公民的电子邮件等。在《爱国者法》2006年更新和延期时,范戈德仍然投了反对票。此外,布莱德和来自佛蒙特州的参议员杰福兹(Jim Jeffords)也投了反对票。布莱德对第一次投赞成票感到十分后悔,他认为,《爱国者法》在2001年的迅速通过成为一个立法程序被"追求速度的危险、随声附和的直觉和缺乏警惕"所劫持的经典案例,布什政府利用这部法案公然践踏了国会的权威和公民的自由。"Byrd says he regrets voting for Patriot Act," February 28, 2006, Associated Press, http://www.commondreams.org/headlines06/0228-07.htm.
③ Robert O'Harrow Jr., "Six Weeks in Autumn," *Washington Post*, October 27, 2002, http://www.washingtonpost.com/wp-dyn/content/article/2006/05/09/AR2006050900961.html; Christopher M. Finan, *From the Palmer Raids to the Patriot Act: A History of the Fight for Free Speech in America* (Boston: Beacon Press, 2007), 270; Beryl A. Howell, "Seven Weeks: The Making of the USA PATRIOT Act," 72, *George Washington Law Review*, 1145 (2004); Laura K. Donohue, *The Cost of Counterterrorism: Power, Politics, and Liberty* (New York: Cambridge University Press, 2008), 1-2.

制地搜集和分享相关信息,并对嫌疑人展开必要的、迅速的拘捕。① 该法案还增加了对恐怖主义分子和各种形式的恐怖主义活动——包括使用核武器、生化武器、炸毁政府财产、劫持航空器、放火、杀害联邦官员、袭击通讯设施等——的惩罚力度,并严禁任何人隐藏、辅助和资助恐怖主义分子。

从字面上看,《爱国者法》的目的是加强安全控制,提高执法效率,增强情报部门的监控能力,但实际上该法对"国土安全"做了重新的定义:恐怖主义行为不再只是一种犯罪行为,而是一种威胁美国安全的战争行为;政府的反恐活动在性质上也发生了变化,从制止犯罪活动提高到进行战争。在新的逻辑下,恐怖主义者不再被视为普通的罪犯,而变成了威胁美国国家安全的敌人,性质也发生了变化。《爱国者法》将国家安全置于最重要的位置,与国家的存亡联系起来,在这种情况下,政府对公民自由和公民权利的保护就变成是有条件的了。联邦法律从注重对公民权利的保护转移到对国家生存的考虑。"自由"和"权利"不再是理所当然的公民权,而变成了一种由政府来决定谁可以享有和何时可以享有的"特权"。

《爱国者法》也将美国的反恐策略从回应危机的反应式策略,转换为先发制人式的预防式策略,即政府应将重心放在阻止和防止恐怖主义事件的发生,而不再是在恐怖主义袭击发生之后对犯罪分子进行侦办和起诉。因此,收集犯罪嫌疑人的证据升级为对敌对分子情报的搜集,原先处于隔绝状态的联邦调查局与中央情报局需要分享情报,两者的关系将从竞争变为合作,国内安全与国际安全需融为一体,通盘考虑。这种认知是全球化时代美国政府对国土安全问题思考的一个重要转向。

---

① 在这方面,具体的条款包括:将故意隐藏恐怖主义分子的行为定为联邦罪;允许联邦执法人员针对被认为可能从事恐怖主义活动的嫌疑人进行定人式(而不是定点式)电话窃听;允许司法部门对外国嫌疑人进行无需举证的、长达7日的拘捕行动,允许联邦执法人员获取嫌疑人的电子邮件信息,允许执法人员在嫌疑人尚未有所警惕的情况下对其进行调查,并获取其银行存款和购物信息,允许执法人员从任何法院获取全国通用的搜索许可证,以应对电子时代的犯罪行为和恐怖主义活动(此前搜索许可的获取需要经过多重的和地区的审批程序)。

## 《爱国者法》的实施

《爱国者法》极大地扩大了执法部门在几个方面的权力。在监测方面，《爱国者法》赋予联邦调查局和司法部所有可以使用的监测权，扩大了联邦调查局的活动空间，减少了对该局行动的法律限制。《爱国者法》第505条规定，联邦调查局可无需经过联邦法院的许可，直接从互联网经营商处获取用户的私人信息，包括信用卡号码、银行账号、交易记录、对互联网的使用情况（包括用户访问的网址和访问时段等）。获取这些信息的理由被笼统地包括在"国家安全需要"的名义之下。也就是说，只要联邦调查局认为被调查对象与对国际恐怖主义活动或秘密情报的监控有关，就可以对其进行监控和获取相关情报，无需经司法机构的审查和批准。这项看似平淡无奇的规定实际上牵涉到范围广泛的机构和行业，包括了所有提供电子邮件和互联网服务的运营商，也包括所有提供互联网设施和服务终端的图书馆、学校、公司、企业等。在《爱国者法》的庇护下，联邦调查局的执法人员可以任意搜查和获取电脑使用者的信息，可以向任何图书馆索取使用者的图书查询记录或网页浏览记录，可以向任何旅馆等场所发出提供客人信息的要求。[①] 以这些方式获取的涉及个人权利和隐私的信息如何得到监控和管理，则完全处于公众和司法机关的监控之外。联邦政府执法人员可以十分便捷地获得法院命令，搜集任何值得或受到怀疑的人（包括公民和非公民在内）的私人信息。法案也给予执法人员以无需法院搜查命令而进入私人住宅进行搜查的权力。

在《爱国者法》的允许下，国防部下属的"北部指挥系统"（Northern Command）新建了两个国内情报收集中心，国防部也批准了反情报体系的建立，负责搜集和分析从司法部门、军方和情报系统获取的情报。国防情报系统等机构开始对互联网的行动进行扫描。全国地理空间情报局（National Geospatial-Intelligence Agency）开始在133个城市搜集情报，并具备了获知每一户居民的详细信息——包括居住者的家庭人数、关系及背景，他们的政治倾向以及原始国籍（如果是新移民的话）——

---

[①] Donohue, *The Cost of Counterterrorism*, 238.

等情报的能力。除国防部外,其他的联邦机构,如司法部、国土安全部、财政部、交通部也都创造了情报监测和搜集系统。① 《爱国者法》还对1978年《外国情报监测法》(Foreign Intelligence Surveillance Act, FISA)做出了重要的修改。② 《外国情报监测法》原先准允联邦执法部门使用秘密监测的手段对外国势力进行监视,但其实施受到立法和司法部门的严格限制,执法部门需要出具足够的理由,并征得法院的同意后才能实施;《爱国者法》则将这项法律的适用范围开放到对国内情报的监测,允许执法部门只需说明外国情报构成其调查过程中的"一个重要目的"之后,就可以对怀疑对象实施搜查和监测,包括获取电脑存储的信息。按照联邦司法部长阿什克拉夫特的说法,只要政府监测的目的与普通的犯罪相关,该法都可以实施。这等于打通了联邦调查局的刑事检控与情报搜集两个领域之间的障碍。③ 在《爱国者法》的规定下,联邦执法部门可以根据需要,任意界定对个人或组织进行搜查的理由,只要与反恐有关,个人电脑中的信息可以随时被搜查与监控,无需通过审查程序、申报和司法批准。这意味着,那些与外国政府毫无关系、不担任外国政府代理人的公民或在美国居住的人,只要被执法部门怀疑与恐怖主义活动有联系,其个人电脑的讯息可以处于政府的监控之下。这些规定大大扩展了《外国情报监测法》的实施范围,而在这之前,该法只是秘密地在有限的范围内实施。

除此之外,司法部还建立了自己的监控系统。2002年1月,司法部建立了恐怖主义信息与预防体制(Terrorism Information and Prevention System, TIPS)项目,即"一种对犯罪嫌疑活动的全国性报告体系"(a national system for concerned workers to report suspicious activity),目标是招募数百万美国卡车司机、邮递员、火车检票员、轮船船长、公用设施管理者等作为司法部的线人(informant),随时向政府报告任何不同

---

① Donohue, *The Cost of Counterterrorism*, 184.
② 《爱国者法》的功能之一是修订情报分享的法律。中央情报局在1947年成立时,国会将其活动范围限制在搜集外国情报,禁止其在国内对美国公民进行情报收集工作。1960年代,国会的特别委员会(Church Committee)曾严格禁止中央情报局和联邦调查局分享情报。《爱国者法》排除了这种障碍。
③ Donohue, *The Cost of Counterterrorism*, 233.

寻常和值得怀疑的行动。这项计划被媒体曝光后,引起了国会的极大愤怒,国会要求司法部立即关闭类似的项目。一家澳大利亚的报纸称,如果这个项目得以实施的话,"美国将拥有比前东德更高的线人公民的比例"。①

在住宅搜查方面,《爱国者法》也放宽了原有的限制性规定。根据原有的法律程序,对公民住宅实施搜查,需要从法院获得搜查许可令(search warrant),而获得搜查许可令本身需经过严格的申报和批准程序;在搜查时,必须采用"敲门与通报"(knock and announce)的程序。但在《爱国者法》的规定下,只要执法人员事先向法院通告,执法人员就可以在不通知嫌疑人的情况下,对嫌疑人住宅进行所谓"隐秘式搜查"(sneak and peek)。虽然这种被称为"延迟通报"(delayed notice)的住宅搜查以前也曾为法院所允许,但《爱国者法》允许执法部门无期限地这样做,并将这种针对个人住宅的无通报式的搜查变成了一种政府的合法行动。令人感到尤其不安的是,这种做法可以被用于几乎任何形式的犯罪调查过程。连联邦司法部都承认,在153桩类似的搜查事件中,只有12%的搜查与反恐有关。② 2006年《爱国者法》获得延期之后,国会开始要求司法部门须在"延迟通报"式搜查发生后的30天内向联邦法院行政办公室(Administrative Office of the Courts)通报与搜查申报程序和搜查本身相关的情况。

## 《爱国者法》与公民自由

布什总统在回忆录中曾认为,他当时采取的一些措施,包括推动和实施《爱国者法》,使美国避免遭受新的恐怖主义袭击,是他在9·11事件之后最值称道的政绩之一。③ 然而,《爱国者法》的实施很快引发了一场旷日持久的关于公民"自由"与国家"安全"之间的平衡度的辩

---

① Ritt Goldstein, "U. S. Planning to Recruit One in 24 Americans as Citizen Spies," *Sydney Morning Herald*, July 15, 2002, quoted in Donohue, *The Cost of Counterterrorism*, 251-52.
② *The Torture Papers: The Road to Abu Ghraib*, eds. Karen J. Greenberg and Joshua L. Dratel (New York: Cambridge University Press, 2005), 29; Donohue, *The Cost of Counterterrorism*, 235.
③ Bush, *Decision Points*, 169.

论。布什政府的支持者声称,9·11事件之后,自由与安全是相对立的,不可能做到两全,为保证国土安全,美国人必须放弃一部分自由;但反对者则认为,《爱国者法》及相关的反恐法律扩大了执法部门的权力,打破了联邦政府三权之间的制衡,国会(立法机构)和州政府原本拥有的保护公民权利的功能被大大削弱。更令人担心的是,《爱国者法》允许执法部门对"恐怖主义"行为和活动做符合自己意愿的宽泛解释,为其监测、搜查、拘捕行动提供法律上的方便,其结果必然是执法部门将根据自己的标准来界定和管制公民的政治、经济、商业和社会生活,对美国公民的自由和权利带来实际上无处不在的联邦管制。

9·11袭击之后,国会对于执法部门给予的迅速配合是可以预料的。在9·11袭击发生之后的3个月内,国会通过的立法提案95%以上都与反恐有关,两院提出的400多部提案中有30多部在4个月内变成了法律。这样的立法速度是前所未有的。[①] 但国会并不心甘情愿将属于自己的权力转移给执法部门,这也就是为什么在讨论《爱国者法》时,众议院提出将16条充满争议的"日落条款"(sunset provisions,即受时间限制的、并非永久性的条款)置于法律之中,以便国会届时有权修订。许多赞成《爱国者法》的国会议员相信,在国家遭遇危机的时刻,立法部门可以赋予总统一些处理危机的任意性权力,但这种权力的"转让"不是永久性的,而只是暂时性的,并最终要为立法部门所收回。然而,事实证明,这只是国会的一厢情愿。恐怖主义袭击在一个相对自由和开放的社会中可以说是防不胜防,只要这类袭击不终结,执法部门的权力就不可能为国会所收回。更令相当一部分美国公民担忧的是,执法部门会利用这种任意性权力在"国土安全"的名义下推动自己的政治计划,威胁公民自由和公民权利。事实上,一份国会的报告称,执法部门通过《爱国者法》而从事的许多案件与恐怖主义活动并没有关系。[②]

---

① Donohue, *The Cost of Counterterrorism*, 10-11.
② Eric Lichtblau, "U. S. Uses Terror Law to Pursue Crimes from Drugs to Swindling," *New York Times*, September 28, 2003 (National Edition).

《爱国者法》的实施反映出美国历史上反复出现的政治模式：即在国家遭遇威胁时，执法部门总是借机以"国家安全"为名，扩大部门权力。执法部门的权力得到增强的同时，立法和司法部门的权力就会相对减弱，甚至消失。政府部门掌握的任意性权力隐含着巨大的威胁，因为它可以被用来打击恐怖主义，也可以被用来镇压持不同政见者，实施社会控制，这种情况在美国历史上并不是没有先例的。如前面各章所提到的，18世纪末的亚当斯政府曾通过《外侨与惩治煽动叛乱法》来压制杰斐逊为首的民主共和党人，内战时期的林肯也曾准允联邦军队利用军事法庭审判那些公然破坏内战的反对派势力，一战期间的联邦司法部曾在《反间谍法》的掩盖下抓捕亲苏俄的激进分子，冷战时期的杜鲁门政府也通过联邦忠诚计划要求所有联邦雇员宣誓效忠美国。在整个20世纪，美国政府对从事激进活动的人一直采取了严格的监测措施，包括民权运动、学生运动、工运以及"三K党"等活动都在联邦政府的长期监控之下。

对于生活在21世纪的美国人来说，《爱国者法》让他们回忆起这些早期的言论限制。唯一对《爱国者法》投反对票的参议员范戈德说：战争状态会对我们的《权利法案》的适用性带来"最大的考验"："当然，如果我们是生活在一个警察国家，抓捕恐怖主义分子可能会相对容易一些……但是，我们可能并不希望生活在那样一种国度之中……我们之所以进行这场新的反恐战争，主要原因之一是为了保护我们的自由。如果我们牺牲美国人民的自由，我们将在未发一枪的情况下输掉这场战争。"范戈德认为，《爱国者法》赋予了联邦执法人员过多、过大的调查任何罪行的权力，包括任意搜查住宅、强行获取公民的商业和银行信息，以及准允联邦政府任意关押非法移民。他认为，这种松散的、不准确的对"恐怖主义"的定义可以将许多其他无辜的活动包括在内。①

《爱国者法》也对美国大学奉行的"学术自由"传统再次带来了直

---

① Russ Feingold, Statement on the anti-terrorism bill from the Senate Floor, October 25, 2001; quoted in Kam C. Wong, *The Impact of USA Patriot Act on American Society* (New York: Nova Science Publishers, Inc., 2007), 75-76.

接和明显的限制。外国留学生在获取签证方面受到了限制,"关键的研究领域"对某些国家的学生和学者实行关闭,敏感的研究领域及其成果将受到政府的监控。1990年代早期,联邦司法部曾启用了用于跟踪非法移民的"学生与交换学者情报体系"(Student and Exchange Visitor Information System, SEVIS),要求各大学报告来访外国学者的行踪,遭到许多大学的反对后,未能得到有效的实施。《爱国者法》重新启用这种跟踪计划。联邦调查局也将工作重点从先前的检控和起诉转移到"预防"。司法部在2001年底向来自中东地区的数千人发出信件,要求他们向联邦调查局报到,分别进行面谈,目的是获取与反恐相关的信息。如果有人拒绝自愿前来参加面谈,则有可能被怀疑为与恐怖主义有联系。①

### 容忍政治异见的限度

9·11袭击发生之前,布什总统并没有拿出具有特定历史意义的施政纲领,9·11的发生为他提供了一个意想不到的机会,帮助他迅速界定了任内的政治目标与计划,并利用应对危机的机会,将"善恶之争"的思维方式带入对国土安全和反恐战略的制定与诠释之中。他抓住9·11之后美国民众的"恐惧+愤怒"的复杂心理,以反恐和国家安全为名,从国会获得了巨大的权力。应该说,布什成功地运用了9·11带来的"恐惧文化"(culture of fear)的效应,来争取民众和国会的支持。2001年《爱国者法》在国会获得如此迅速的通过和如此众多的支持,在当时的震撼和情绪之下,也许是可以理解的。但该法在2006年延期时,仍然得到众多国会议员的支持,充分说明了"恐惧文化"的效力。② 布什也许并没有意识到,9·11袭击也宣布了"公民自由"黄金时代的终结。《爱国者法》使美国的"开放"与"自由"变成是有限制的,有条件的。美国也从一个曾经无比自信的、对世界张开双臂的国家,加入到那些它曾经批评和鄙视过的国家的行列,为了国内安全,对外界充满警

---

① Amitai Etzioni, *How Patriotic Is the Patriot Act? Freedom versus Security in the Age of Terrorism* (New York: Routledge, 2004), 33-34.
② 众议院以280—138票、参议院以96—3票批准了《爱国者法》实施期限的延长。

惕,对内强调绝对忠诚和一致。①

《爱国者法》的实施给美国社会带来一种明显的政治压力。"爱国主义"成为衡量公民思想、言论和行为的最高标准,"言论自由"的尺度和内容被置于执法部门的监督和判断之下。《爱国者法》在赋予执法部门监测和获取公民信息的权力的同时,也严重侵犯了公民的隐私权。《爱国者法》第411条禁止宣传和鼓吹恐怖主义,也禁止那些利用其显赫地位在美国之外鼓吹恐怖主义的个人进入美国。同条还扩大了将外国人递解出境的范围,即便是人道主义机构或慈善组织,一旦被定义为恐怖主义组织,相关人员会以恐怖主义分子之名遭到拘捕和递解出境,定性和拘捕由联邦司法部所掌握的行政任意性权力来决定。

然而,"爱国主义"的内涵是什么,对政府的批评(包括对某一届政府的某项具体政策的批评)是否可被视为一种"不爱国的"言论,"不爱国"是否就等同于"恐怖主义"并要受到《爱国者法》的管制,这些问题充满了争议。在白宫的一次记者招待会上,布什政府的发言人曾笼统地将批评布什政府的政策的言论视为"不爱国的",要求媒体"管住自己的嘴巴"。司法部长阿什克拉夫特则警告那些质疑《爱国者法》的国会议员不要用"丧失自由的惊悚言论"来恐吓"热爱自由的人们",因为这种做法"只会给恐怖主义分子提供帮助……腐蚀我们的国家团结,化解我们的决心……给美国的敌人提供弹药,令我们的盟友感到不知所措",并且会"鼓励那些善良的人在面对邪恶时保持沉默"。②

与此同时,保守派智库在2001年11月出版了名为《捍卫我们的文明:我们的大学如何导致美国走向失败以及我们应该如何应对》的长篇报告,其中摘编了100多段美国大学的教授和学生公开发表的"不爱国"的言论。该报告称这些言论"不具备足够的爱国主义……充满

---

① William Michaels, *No Greater Threat: America after September 11 and the Rise of a National Security State* (Algora Publishing 2002), 299-300.

② Neil A. Lewis, "Ashcroft Defends Antiterror Plan and Says Criticism May Aid Foes," *The New York Times*, December 7, 2001; Nancy Chang, *Silencing Political Dissent* (New York: Seven Stories Press, 2002), 94.

了(对美国的)自我谴责"。① 显然,在布什政府的反恐活动中,美国国内政治激进主义或批评政府活动的成本增高,风险增大,以争取社会正义为目的的活动有可能被界定为"恐怖主义"活动,以公开抗争方式(包括公民不服从运动、非暴力抵抗运动)来争取权利的运动也可被视为是潜在的不爱国运动,而政府则可以凭借《爱国者法》公开收集针对政治异见分子的情报。

如前所述,9·11带给布什政府一个难得的机会来整合利益、扫清执政的障碍。凭借总统的战争权力,布什利用反恐战争在国际上重新界定了美国与世界的关系,在国内则以"爱国主义"重组政治联盟和重新界定"国家利益"。② 9·11之后,布什的行动曾一度使他的民意支持率飙升到90%,而那些敢于对布什政府提出批评的人则受到了打击。任何要求美国人进行反思的言论都被视为是大逆不道和违背民意的。一个名曰"美国人争取反恐怖主义胜利"(Americans for Victory over Terrorism)的组织还公布了那些"谴责美国的"的立法者、作家和专栏作者的名单。前总统卡特对布什总统的"邪恶轴心"之说提出批评后,他的名字也被列到这个"不爱国"的名单之中。③

## 关于《爱国者法》的辩论

《爱国者法》似乎迫使美国人在"自由"与"安全"之间做出选择:为了安全,人们需要放弃或牺牲自由。但问题在于,所谓的"安全"是谁给予的、由谁来界定?提供"安全"的政府是否经由真正民主的程序产生?其权力是否受到人民的监管?如果没有了必要的言论自由,人们也就无法去质疑政府及其政策的正当性,并将失去更多的自由。在

---

① Jerry L. Martin and Anne D. Neal, *Defending Civilization*: *How Our Universities Are Failing America and What Can Be Done about It* (A project of the Defense of Civilization Fund and American Council of Trustees and Alumni, revised and expanded edition, February 2002), www.goacta.org/Reports/defciv.pdf; Matthew Rothschild, "The New McCarthyism," *The Progressive*, January 2002, 18, 23; Chang, *Silencing Political Dissent*, 98-100.

② Marcus Raskin and Robert Spero, *The Four Freedoms Under Siege*: *The Clear and Present Danger from Our National Security State* (Westport: Praeger, 2007), 34-42.

③ Christopher M. Finan, *From the Palmer Raids to the Patriot Act*: *A History of the Fight for Free Speech in America* (Boston: Beacon Press, 2007), 271-272.

批评者眼中,《爱国者法》同时在几个方面挑战了美国宪政的传统和公民自由。该法允许政府在无需出示法院许可的情况下获取和搜查公民的个人信息,并不允许公民将此事告知他人(包括自己的亲属和律师);允许司法部秘密拘留和关押被视为敌人的外国人,并剥夺他们获取律师和法律援助的权利,所有这些做法都违反了《权利法案》。

哈佛大学法学院教授特里博(Laurence H. Tribe)在对《爱国者法》表示支持的同时,担心联邦执法机构会滥用职权和情报。他不无深意地提醒《华尔街日报》的读者注意 20 世纪 60 年代联邦调查局对民权运动和反战运动领袖马丁·路德·金的打击。为了破坏金的反战活动,联邦调查局将窃听到的私人电话录音公诸于众,打击金的道德形象。特里博也反对给予行政部门过于广泛的权力来拘捕和关押外国人,并认为在《爱国者法》下遭到拘捕和关押的嫌疑人缺乏必要的法律保护。他反对联邦政府任意将某些组织定义为恐怖主义组织,因为这将给予联邦政府拘捕和关押长期居住在美国的外国人的权力。如果这些人参加或支持反对堕胎的组织,他们有可能被递解出境,这样的话,"政治结社的自由"就会"遭到威胁并受到极大的限制"。他强调说,宪法是以"我们人民"的名义制定的,即便"将宪法弃之不用的诱惑看似达到了无法抵御的地步,我们仍须坚持遵从宪法的责任";不管历史上或目前的美国是否存在"一个坚定地致力于保护公民权利和公民自由的最高法院",每个公民"必须紧紧跟随自己心中那枚指向宪法真谛的指南"。① 特里博的担忧在于,如果行政部门可以在宪法的名义之下,任意剥夺公民的自由,而立法和司法机构对此保持容忍,公民就会失去对自由的信任,而这种信任一旦失去,很难再得到恢复。特里博的这种担忧,让人想起曾经担任联邦法官的勒尼德·汉德(Learned Hand)在 1944 年写下的关于自由的话:"自由珍藏于男人和女人们的心中,当人们心中的自由死亡之时,没有任何宪法,没有任何法律,没有任何法院,

---

① Laurence H. Tribe, "We Can Strike a Balance on Civil Liberties," *The Wall Street Journal*, September 27, 2001; 同见:*Rights vs. Public Safety after 9/11: America in the Age of Terrorism*, eds., Amitai Etzioni and Jason H. Marsh (Lanham: Rowman & Littlefield, 2003), 15-18。

可以拯救自由。"①

联邦法院法官波斯纳(Richard A. Posner)对特里博的担忧则不以为然。他认为,那种将现行的"公民自由"(包括言论自由、出版自由、犯罪嫌疑人的隐私和权利)视为"神圣而不可侵犯"的权利的看法是彻底错误的,误区在于将"自由"与"安全"本末倒置。他认为,公民自由不是凭空而来的,美国公民享有的公民自由是经过宪法和其他法律而变成法律权利的;宪法的制定者在大部分针对公民权利的宪法条款中采用了模糊不清的用语,将这些权利的具体界定交由法院来裁决,所以,公民权利是通过宪法文本和司法解释在不同的、相互竞争的利益之间妥协和平衡的结果。所以,在"公共安全利益"(public safety interest)和"自由利益"(liberty interest)之间,"没有哪一种利益占有优先权,两者都很重要,它们各自的相对重要性因时因地而异。当国家感到安全时,法官会比较偏向于保护权利,当国家的安全受到威胁时,国家会采用更强烈的措施来制止反国家的行为,即便需要以牺牲某些自由为代价。这种流动的方式是众所周知的"。波斯纳指出,林肯在内战期间曾实施过违宪的法律,但他这样做是为了保存美国的其他基本价值。"不错,我们是一个法治的国家",波斯纳宣称,"但我们首先必须是一个国家"。在他看来,法律的本质不是僵硬的,而是可塑的,具有现实关怀的:"法律不是绝对的,所谓如果违反法律将天下大乱的说法是十分危险的胡说八道。"在某种意义上,波斯纳成为复活20世纪初法律现实主义学派的代言人:"法律是人为行动的结果而不是什么神圣的恩赐,它是推动社会福利的工具,而不是一种神秘莫测之物;如果支撑社会福利的条件变化了,法律也必须改变。"②

《爱国者法》呈现了一种难局:即人们需要牺牲某些"自由"以便保护另外一些"自由"。在逻辑上,这与洛克的社会契约论有些相似:为了保护自己最重要和最基本的权利(自由、生命和财产),人们必须将管理自己的权力交给政府。但问题的关键在于:如果"政府"被或公开

---

① Learned Hand, *The Spirit of Liberty* (New York: Alfred A. Knopf, 1974), 189-190.
② Richard A. Posner, "The Truth about Our Liberties," in *Rights Vs. Public Safety After 9/11: America in the Age of Terrorism*, 25-28.

或隐秘的方式转换成了特定利益集团的代表时,政府(或它所代表的特殊利益集团)也就会堂而皇之地以"国家安全"为名来剥夺公民的自由和权利了。

2013年6月,美国中央情报局和国家安全局(National Security Agency)的前雇员爱德华·斯诺登(Edward J. Snowden)将美国政府实施的全球电话监听和网络信息监测计划公诸于众,在美国国内和国际上引起轩然大波。斯诺登声称,他泄露这一信息的唯一目的是告诉公众:政府"借用他们的名义",但所做的事情是"针对他们"。[①] 斯诺登泄密事件也引起了联邦法院的关注。2013年12月16日,在克莱曼诉奥巴马案的备忘录中,哥伦比亚特区联邦地区法院的法官理查德·里昂(Richard J. Leon)宣布,斯诺登所揭露的国家安全局的电话监测规模令人震惊,这种"几乎等于奥威尔式的技术"(almost-Orwellian technology)的使用允许联邦政府"储存和分析在美国打的每一通电话",这种情形在过去是无法想象的(言外之意,类似的事情过去只出现在英国作家乔治·奥威尔[George Orwell]于1948年发表的讽刺极权主义政治的小说《1984》之中)。里昂法官认为,国家安全局的做法"几乎可以确定是违反了(美国公民)对隐私权的期望"。[②] 但10天之后,纽约联邦地区法官威廉·保利(William H. Pauley III)在美国公民自由联盟诉克拉珀案中宣布,斯诺登的非法泄密引发了公众对于政府电话监测计划的辩论,但他认为联邦政府的监测行为是"合法的"(lawful),是否应该继续实施下去的问题应该由立法和执法部门来决定。[③] 这两个相互冲突的联邦地区法院意见进一步凸显了美国社会在寻求国家安全和个人权利保护之间的平衡上面临的困境,也迫使本不愿插手的联邦最高法院对这一问题作出判决。

---

① Glenn Greenwald and others, "Edward Snowden: The Whistleblower behind the NSA Surveillance Revelations," 9 June 2013, *The Guardian* (London).
② Judge Richard J. Leon, Memorandum Opinion for *Klayman v. Obama*, Civil Action Nos. 13-0851, 13-0881 (RJL), December 16, 2013. United States District Court, District of Columbia, at 13-14.
③ Judge William H. Pauley, Memorandum & Order for *ACLU v. Clapper*, U. S. District Court of Southern New York, Civ. 3994 (WHP), December 27, 2013, at 2.

## 二 布什的战争与宪法约束力的限度

9·11事件也将美国宪政带入布什政府发动的反恐战争之中。9·11袭击发生之后,布什总统宣布全国处于紧急状态,国会通过两院联合决议(joint resolution)的方式授予布什使用"所有必要的、适合的力量来打击那些策划、实施和援助制造恐怖主义袭击的国家、组织和个人",同时授予布什以"宪法权威"(constitutional authority)来"阻止和防止针对美国的国际恐怖主义行动"。① 布什的司法部官员将此国会的联合决议解释为国会的"战争权决议"(War Powers Resolution),意即国会赋予了总统"广泛的宪法权力",包括对任何实施恐怖主义的组织和国家实行报复性打击和发动战争的权力。② 国会的联合决议后来成为了布什政府发动阿富汗战争和伊拉克战争的宪法依据。

### "敌方战斗人员"的问题

2001年10月7日,布什政府策划的阿富汗战争拉开序幕。包括美国军队在内的多国部队被派往阿富汗,打击那里的塔利班政权和基地组织。为了粉碎基地组织的国际网络,清除散布在世界各地的基地组织成员,布什政府实施了一系列经济制裁和军事打击措施,其中包括拘捕和关押一切被认为是基地组织成员的人。战争打响6周之后,布什政府提出,为了国家安全,美国政府需要对一些非美国公民的嫌疑人进行无限期的拘留,其中包括基地组织成员和"任何参与了或计划参与"针对"美国、美国公民、美国国家安全、美国外交政策或美国经济"的恐怖主义活动的人。布什政府同时宣布,在这场国际反恐战争中,那些在美国法院体系中"通常实施"的"法律原则和证据规则"不再适用

---

① U. S. 107th Congress, Joint Resolution to authorize the use of United States Armed Forces against those responsible for the recent attacks launched against the United States, September 18, 2001, *Public Law* 107-40, 115 *Stat.* 224; also see: http://www.gpo.gov/fdsys/pkg/PLAW-107publ40/pdf/PLAW-107publ40.pdf.

② Memorandum from John Yoo, Deputy Assistant Attorney General, Office of Legal Counsel, to Timothy E. Flanigan, The Deputy Council to the President (September 25, 2001), reprinted in *The Torture Papers*, 4.

于军事法庭。① 2001 年 12 月,国防部部长拉姆斯菲尔德(Donald Rumsfeld)宣布,被拘留的基地组织成员和在阿富汗战争中被俘的塔利班战俘将被关押在美国在古巴关塔纳摩海湾(Guantanamo Bay)的军事基地。

关塔纳摩位于古巴岛的南端,面临海洋,关押者难以逃脱,外部力量也无法偷袭。关塔纳摩的主权属于古巴,但自 1899 年以来作为美军基地一直处于美国控制和管辖之下,用拉姆斯菲尔德的话来说,这是布什政府所能选择的"最不坏的地方"(the least worst place)。② 战俘们戴着脚镣手铐,布袋蒙头,从阿富汗运往关塔纳摩,监禁在条件十分恶劣的牢房之中。他们每个人都被认为是"对美国的威胁",但很快军方不得不承认,被关押的人中有相当一部分并非是死心塌地的基地组织成员,而只是在错误的时间出现在了错误的地方,被当成恐怖分子受到拘捕。关塔纳摩引发了国际和美国国内的关注。批评者认为,这种关押违反了《日内瓦公约》。布什政府认为,《日内瓦公约》虽然适用于阿富汗战争,但对于基地组织是不适用的,因为基地组织并非是公约的缔约方之一;《日内瓦公约》也不适用于并非国家的塔利班,不能用来保护塔利班战俘的权利,因为阿富汗战争并不具备公约所要求的国际冲突的性质。所以,塔利班战俘只能被当成是"敌方战斗人员"(enemy combatants),不受公约的保护。但布什承诺,美国军队将以人道方式来对待这些战俘,与《日内瓦公约》的原则保持一致。③

尽管如此,选择关塔纳摩来关押基地组织成员和塔利班战俘构成了美国法律上的一个棘手问题。根据第十四条宪法修正案,凡是居住在美国领土上的人,无论是否为美国公民,其生命和自由权都不得不经正当程序而被剥夺。关塔纳摩的"敌方战斗人员"是否应该享有这种"正当程序"的保护?如果关塔纳摩是美国司法管辖的领土的话,美国

---

① George W. Bush, *Military Order of November 13, 2001, Detention, Treatment, and Trial of Certain Non-Citizens in the War Against Terrorism*, Executive Orders, Federal Register:Nov. 16, 2001. vol. 66, no. 2, Presidential Documents, 57831-57836;also see:http://www.gpo.gov/fdsys/pkg/FR-2001-11-16/html/01-28904.htm

② George Bush, *Decision Points*;Steve Vogel, "Afghan Prisoners Going to Gray Area," *Washington Post*, January 9, 2002.

③ George W. Bush, *Memorandum*, February 7, 2002;reprinted in *The Torture Papers*, 134-135.

的国内法——尤其是人身保护令状特权——是否适用于他们？联邦司法部称,因为被关押者不是美国公民,国内法不适用于他们,同时因为关塔纳摩不在美国本土,联邦司法部门也无权过问,言外之意,执法部门有权对这些在押人员做出任何处置,而不受国内法和国际法的限制。

2003年伊拉克战争打响之后,美国军队还在世界各地设置许多非法的"黑监狱",用来关押在阿富汗和伊拉克战争中拘捕的"敌方战斗人员"。至2005年11月,美国在世界范围内拘捕了大约7万人,其中有1万人是在美国的管辖之中。除了伊拉克阿布格拉布（Abu Ghraib）监狱之外,美国军方和中央情报局还在其他一些国家组建起一个巨大的拘留网络,在伊拉克设有17个拘留中心,在阿富汗的拘留中心多达25个。布什政府称,建立拘留中心的目的是避免将被拘留者交给美国或国际法院系统去审理。犯罪嫌疑人的引渡（rendition）的规模和频率也大大增加,尤其是所谓"不同寻常的引渡"（extraordinary rendition）——即将犯罪嫌疑人转移到另外一个国家去实施审讯,从而获取情报。通过这种方式,美国军方避免自己亲手对犯罪嫌疑人动用酷刑,而让其他国家的审讯人员实施酷刑,获取情报。有多少人以这种方式遭到转移,至今为止还无法获知准确的数字。①

## 拉塞尔案:人身自由权的局限

布什政府最终未能做到一手遮天。在公众舆论的压力之下,联邦最高法院最终对关塔纳摩囚犯的案例进行了干预,但这种干预的意义更多地表现为联邦政府执法与司法部门在反恐战争中的权力博弈,而不是为了真正保护"敌方战斗人员"的权利。这种用意在拉塞尔诉布什案、哈姆迪诉拉姆斯菲尔德案和哈姆丹诉拉姆斯菲尔德案等几个著名案例中表现得尤其充分。

拉塞尔诉布什案源于阿富汗战争。② 拉塞尔（Shafiq Rasul）是英国

---

① Donohue, *The Cost of Counterterrorism*, 104-105.
② *Shafiq Rasul, et al., Petitioners v. George W. Bush, President of the United States, et al*; *Fawzi Khalid Abdullah Fahad al Odah, et al., Petitioners v. United States, et al.*, 542 U. S. 466（2004）.

出生的英国公民,父母原为巴基斯坦人,后移民英国。拉塞尔和另外两名澳大利亚公民在2001年10月阿富汗战争爆发之前分别在巴基斯坦和阿富汗被捕,没有以任何罪名遭到起诉,也未经任何司法程序的审判,被运送到关塔纳摩关押,并不准与律师见面。拉塞尔等于2002年初分别向在哥伦比亚特区的美国联邦巡回法院起诉,声称他们没有参与恐怖主义活动或塔利班武装,美国军方对他们的长期关押剥夺了他们的人身保护令状特权,违反了美国宪法第五条修正案。与此同时,在关塔纳摩关押的12名科威特人也声称,他们在巴基斯坦和阿富汗从事人道主义救援工作,被当地村民抓捕后作为人质"卖给"了美国军方,然后被送到关塔纳摩关押。联邦巡回法院将这些案例合并审理,命名为拉塞尔诉布什案。因为关塔纳摩关押的数百名囚犯中主要是外国人,此案必须回答美国军方是否有权不经正当程序而长期关押外国人的问题。联邦巡回法院审理非常快捷,于2002年1月30日作出判决,称因为关塔纳摩不是美国领土,美国对它不拥有主权,所以联邦法院不能就当地发生的案件作出司法审判。巡回法院声称,美国法院的司法管辖权只能适用于美国享有主权的领土范围之内,既然美国不拥有关塔纳摩的主权,因此也不能审理拉塞尔等人提出的获得释放的要求。哥伦比亚特区的联邦上诉法院对巡回法院的判决予以支持。

  联邦最高法院于2004年4月听取了拉塞尔案的辩论,两个月后以6—3票的决定做出判决,宣布拉塞尔等人享有人身保护令状特权,有权对无限制拘押他们的合法性提出质疑。而美国军方在联邦最高法院作出判决之前已经将拉塞尔等5人移交给英国。英国政府很快将5人无罪释放。

  联邦最高法院在拉塞尔案中要处理的核心问题是,被关押在关塔纳摩的外国人是否有权启用"人身保护令状"(habeas corpus)的特权来抗议美国军方的长期关押?这个问题涉及布什政府是否有权将塔利班战俘、基地组织成员或其他被误抓的外国公民长期关押在关塔纳摩。布什政府声称,美国对关塔纳摩海军基地拥有"完全主权"(complete sovereignty),但该岛的"最终主权"(ultimate sovereignty)却是掌握在古巴手中,因此美国宪法中的人身保护令状特权并不适用于这种情形。

拉塞尔等人则称,不管美国与古巴的租借协议措辞如何,美国拥有对关塔纳摩的事实上的和完全的主权,关塔纳摩的确处于美国司法管辖的范围之类,所以美国法律应该适用于该岛。联邦巡回和上诉法院的判决主要依赖1950年的约翰逊诉艾森特兰格尔案①和1948年阿伦斯诉克拉克案建立的原则。阿伦斯案涉及二战后期被关押在美国本土的外国人是否可以启用人身保护令状特权来寻求司法保护的问题。当时的最高法院曾以6—3多数作出决定,否定了被关押在美国的德国人的诉求。② 在阿伦斯案的异见(dissent)中,大法官拉特利奇(Wiley Blount Rutledge)曾对司法管辖权与关押地点之间的关系提出质疑。他指出了一个可能发生的现象,即如果一个美国公民在美国领土之外某个地方被外部势力有意或无意地剥夺了自由,而美国政府的管辖权事实上可以延伸到该地区,在这种情况下美国政府是否应该对被剥夺自由的美国公民提供人身保护权的救助。③拉特利奇的质疑在当时并没有起到任何作用,但在1973年的布雷登诉肯塔基第30司法巡回法庭案的审理中却被启用。最高法院在布雷登案中宣布,领土的司法管辖权最终来自于公民的"管理者的所在地"(location of the custodian),即那些负责定罪的责任方所在地,而不是嫌疑人被关押的地方。④ 布雷登案的判决削弱了艾森特兰格尔和阿伦斯两案建立的原则。更为巧合的是,参与审理拉塞尔案的斯蒂文斯(John Paul Stevens)大法官当年曾是拉特利奇大法官的法律秘书,也是拉特利奇在阿伦斯案中的异见原稿的起草人,他对布雷登案的判决也十分熟悉。所以,在他负责起草的拉塞尔案多数派意见中,斯蒂文斯大法官重新启用了拉特利奇的异见和布雷登案的原则,认为美国法院有权受理拉塞尔的申述,因为关塔纳摩处在美国的完整、有效的管辖之下,联邦的司法管辖权可以延伸到那个海岛。斯蒂文斯的意见为拉塞尔等人的最终移交和释放扫清了法律

---

① *Johnson v. Eisentrager*, 339 U. S. 763 (1950). 该案涉及美国联邦法院是否对被关押在德国境内的美国监狱中的德国战犯拥有司法管辖权的问题。
② *Ahrens v. Clark*, 335 U. S. 188 (1948). 该案涉及被关押在纽约艾利斯岛上的120名德国人的权利问题。联邦司法部部长克拉克命令将他们递解出境,当这些德国人起诉时,最高法院曾以艾利斯岛不在联邦司法部部长的管辖权限之内而不予理睬。
③ 关于拉特利奇的异见,见:*Ahrens v. Clark*, 335 U. S. 188 (1948)。
④ *Braden v. 30th Judicial Circuit Court of Kentucky*, 410 U. S. 484 (1973)。

障碍,拉塞尔案也因此成为21世纪处理主权与在押外国人的权利关系的一个里程碑案例。

## 哈姆迪案与帕蒂拉案:"敌人公民"的罪与罚

比拉塞尔案更为棘手和复杂的是哈姆迪诉拉姆斯菲尔德案和帕蒂拉诉拉姆斯菲尔德案。两案都涉及关押在关塔纳摩的美国公民的权利问题,这种情形完全出乎布什政府的意料之外。阿富汗战争开始后,亚萨尔·伊斯玛·哈姆迪(Yaser Esam Hamdi)与侯赛·帕蒂拉(Jose Padilla)被当成"敌方战斗人员"关押在关塔纳摩,军方希望通过侦讯,从他们那里获取关于基地组织的情报。虽然两人是美国公民,但在关押期间他们没有获得与律师或家人接触的机会,也没有以任何罪名遭到起诉。

哈姆迪于1980年出生于美国路易斯安那州,3岁时随家人返回沙特阿拉伯居住,成为沙特阿拉伯公民。2001年夏,20岁的哈姆迪前往阿富汗,据说是去参加人道救援工作,但不到两个月就被阿富汗北方联盟军队俘虏,随后被转交给美国军队,于2002年1月被运送到关塔纳摩关押。当军方发现他拥有美国国籍后,于2002年4月将他转移至弗吉尼亚州诺福克的海军基地关押,但仍然不允许他与律师和家人接触。同年6月,哈姆迪的父亲以人身保护令状特权为由,向弗吉尼亚东部联邦地区法院起诉,要求释放哈姆迪。哈姆迪究竟应该被当成"敌方战斗人员"、战俘,还是美国公民,他应该在哪一级或者哪一种法院内受审,他是否应该享有公民权利等,此刻,这一切都是未知数。

帕蒂拉则是一位出生在纽约市的埃及人,曾因谋杀和无证持枪分别在芝加哥和佛罗里达遭到起诉并被定罪,据称2001年在阿富汗与基地组织骨干成员见过面,参与了"肮脏炸弹"的制作,并准备在华盛顿引爆。2002年5月,帕蒂拉从巴基斯坦返回美国时,在芝加哥机场被捕,被转移到纽约市关押。布什政府在2002年6月将帕蒂拉宣布为"敌方战斗人员"。国防部将他转移到南卡罗来纳州的查尔斯顿海军基地关押,剥夺了他见律师和家人的权利。帕蒂拉的律师随即向纽约联邦地区法院提出申请,要求给予帕蒂拉以人身保护令状特权的权利。①

面对哈姆迪和帕蒂拉的起诉,国防部行政顾问莫布斯(Michael H. Mobbs)提交了一份声明,称他阅读和审查了两人的材料,认为有足够理由确认他们是"敌方战斗人员"。莫布斯引用国会的两院联合决议,称国会授权总统使用一切宪政的和必要的手段来进行反恐战争。他要求联邦法院驳回哈姆迪和帕蒂拉提出的获释要求。联邦地区法院法官罗伯特·杜马(Robert G. Doumar)于2002年8月宣布,布什政府提供的证据不足以说明拘押哈姆迪的理由,因为政府声明中没有确切显示将哈姆迪划为"敌方战斗人员"的法律来源和标准,没有说明将哈姆迪转移关押的过程是否违反了正当程序的权利等。法院要求政府出具关于哈姆迪审讯的所有文字记录、参与审讯者的名单,以及将哈姆迪定为"敌方战斗人员"的文件等。布什政府则向联邦第四巡回上诉法院提出申请,要求驳回地区法院的判决。

与此同时,纽约联邦地区法院法官穆卡瑟于2002年12月宣布,虽然对帕蒂拉的关押是合法的,但他是否应该被定性为"敌方战斗人员",则需要有一个法庭审判的机会,政府必须证明这样的定性是合理的,换言之,帕蒂拉应该拥有获得辩护律师的帮助的权利。

2003年1月8日,第四巡回法院驳回了哈姆迪的人身保护令状特权的申请,认为布什政府方面已经提供足够的拘捕理由,并且哈姆迪也的确是在阿富汗战场上被俘虏的,无需进一步的证明。布什总统行使的权力是根据宪法第二条中的战争权力条款,所以,哈姆迪是作为敌人被关押的,不应享有寻求律师救助的权利。②

布什政府立即使用第四巡回法院对哈姆迪的判决,要求穆卡瑟法官重新考虑对帕蒂拉的判决,并出示了国防情报局(Defense Intelligence Agency)写作的关于对关押者进行审讯的必要性的说明,声称如果允许帕蒂拉获得律师帮助的权利,政府将面临"失去一个关键的情

---

① H. L. Pohlman, *Terrorism and the Constitution: The Post-9/11 Cases* (Lanham: Rowman & Littlefield Publishers, Inc., 2008), 76-77.

② *Hamdi v. Rumsfeld*, 316 F.3d 450 (4$^{th}$ Cir. 2003); Pohlman, *Terrorism and the Constitution*, 85.

报来源的危险",这将影响"我们抓捕其他具有重要价值的恐怖主义分子和破坏以及防止其他恐怖主义袭击发生的能力"。① 但穆卡瑟法官对政府的请求不予理睬。

与此同时,弗吉尼亚地区法院杜马法官要求重新听取关于哈姆迪的辩论,他反对巡回法庭的决定,理由是哈姆迪只是居住在阿富汗,而不是在阿富汗战场上被抓捕,并不能证明他是"敌方战斗人员"。第四巡回法院再次拒绝了杜马的意见。

在帕蒂拉一案方面,他的律师纽曼和布什政府都向巡回法院提出上诉。2003年12月18日,联邦第二巡回法院以2—1的结果推翻了穆卡瑟法官的决定,称布什总统"既没有宪法赋予的权力、也没有联邦法赋予的权力,来拘留那些位于战场范围之外的美国领土上的公民"。换言之,除非布什政府能够以某种罪名起诉帕蒂拉,否则他应该被释放。②

就在联邦低等法院裁定哈姆迪和帕蒂拉案时,反恐战争有了新的发展。2003年3月19日,布什政府开始了入侵伊拉克的战争,声称要销毁萨达姆政权拥有的大规模杀伤性武器。5月1日,布什政府宣布"伊拉克自由战役"(Operation Iraq Freedom)获得成功。当年12月,萨达姆被活捉,但美国军队未能找到想象中的大规模杀伤性武器,与此同时,美军也面临了伊拉克内部不同教派武装力量的反对和袭击,伤亡人数直线上升,伊拉克民众对美国占领伊拉克的支持率也直线下降,与此同时,国际恐怖主义活动仍然在发生,2003年3月11日,基地组织在西班牙的马德里制造了城际列车爆炸事件,导致191人死亡和1500人受伤。联邦最高法院在这种背景下开始听取关于两案的辩论。

哈姆迪和帕蒂拉两案的关键问题是:总统是否有权关押作为"敌方战斗人员"的美国公民?国会是否有权在不暂停人身保护令状特权的情况下命令或准允类似的关押?对两人的关押是否违反了《日内瓦公约》?如果公民被指认为非法的"敌方战斗人员",指认的程序是什

---

① Jacob Declaration, 222. pegc.us/archive/Padilla_vs_Rumsfled/Jacoby_declaration_20030109.pdf. Pohlman, 85.
② *Padilla v. Rumsfeld*, 352, F.3d 695 (2${}^{nd}$ Cir. 2003); Pohlman, *Terrorism and the Constitution*, 87-88.

么?他们是否应该具有法庭庭审所应提供的权利,是否有权得到律师的帮助?谁应该在这种情况下举证?是由政府来证明嫌疑人有罪还是由嫌疑人证明自己是清白的?两案呈现的是一个复杂的新问题,涉及在新的环境下如何界定美国公民权利的适用、法官如何平衡司法审查与尊重总统战时权威,最终涉及如何在国家安全和公民权利的保护之间寻求最佳的平衡点。两个案件吸引了全国不同团体的关注,光是"法庭之友"的附议书(提出者不直接参与案件的上诉,但对诉辩一方的立场表示支持)就达35份,其中大部分是反对布什政府关押美国公民的政策的。二战期间曾被关押在集中营的日裔美国公民是松(Fred Korematsu)也递交了附议。①

两案的辩论于2004年4月28日进行。在辩论中,最高法院大法官曾询问政府方面是否曾对嫌疑人使用酷刑以获取情报,政府的辩护律师回答,政府和军方严格遵守了相关的国际规定,并称使用酷刑是在侦讯过程中最迫不得已时才采用的方法。然而,就在法庭辩论的当天晚上,哥伦比亚广播公司的电视网在著名的时事专栏节目《60分钟》中报道了发生在伊拉克阿布格拉布监狱中美军虐待伊拉克战俘的丑闻。随后几天内,虐囚事件的照片在互联网上广泛传播,赤身露体的伊拉克战俘们或被强迫用身体叠成金字塔状,或套上狗链被开怀大笑的美军士兵捉弄,或被戴上黑头罩站在接有电线的木箱上等,这些照片使得美国公众极为震惊,也使全世界公众感到意外,迫使国会立刻就此展开听证调查,布什政府的支持率也因此而骤然下降。国会在调查之中发现白宫曾使用前司法部法律顾问柳淳(John Choon Yoo)和司法部长阿什克拉夫特写作的备忘录为依据,将反恐战争视为一场"新型战争",《日内瓦公约》将不适用于这类战争中被抓捕的敌人。②司法部长也否认了布什曾经批准使用酷刑。③为了抵消虐囚事件带来的负面影响,布

---

① 关于是松诉美国案(*Korematsu v. United States*)的讨论,见第八章第二节。
② Pohlman, *Terrorism and the Constitution*, 117-119.
③ 若干年后,布什在回忆录中承认,他不仅知晓中央情报局使用酷刑来获取情报,而且还批准了使用包括水刑(waterboarding)在内的酷刑,以获取情报。他认为这种做法对于获取情报是有用的,而他的批准是出于对国家安全的考虑,"作为总统,我最为神圣的职责是保卫美国"。Bush, *Decision Points*, 169.

什政府被迫公布了一些关于帕蒂拉的背景材料，包括他与基地组织成员之间的接触以及基地组织为他进行恐怖主义活动而提供的现金资助情况等，企图影响最高法院的决定。

2004年6月28日，最高法院对两案作出判决。在帕蒂拉一案中，最高法院避实就虚，以5—4票的多数判决回避了总统是否有权拘捕帕蒂拉的问题，而是以法律程序上的技术问题宣布此案无效。伦奎斯特大法官写作的多数派判决意见指出，因为帕蒂拉的关押地是在南卡罗来纳州，而庭审法官穆卡瑟的法院是在纽约州，穆卡瑟的司法管辖权无法覆盖南卡罗来纳，所以该案诉讼不合程序。大法官斯蒂文斯在该案的异见中写道，穆卡瑟法官和纽约地区法院享有对帕蒂拉案的司法管辖权，因为帕蒂拉被转移到南卡州关押是联邦政府的决定，事先并没有告知帕蒂拉的律师。斯蒂文斯认为，帕蒂拉应该至少获得一个法庭听证的机会。①

最高法院对哈姆迪案的决定远比想象的复杂。该案要决定的核心问题是：执法部门是否有权拘捕参与"敌方"战斗的美国公民、并在审讯过程中剥夺其公民权利。四位大法官（奥康纳、肯尼迪、布雷耶和首席大法官伦奎斯特）认为，联邦法赋予了总统拘押所谓成为"敌方战斗人员"的公民的权力，但遭到拘押的公民应该有权在一个"中立"机构面前来挑战政府的决定。另外两位大法官——苏特和金斯伯格——则认为，联邦法并没有授权给总统拘押所谓"敌人公民"的权力，对哈姆迪的拘押因而是违法的。虽然他们不同意前四位法官在总统权限问题上的判决，但他们同意对哈姆迪权利的判决，因而加入了前者，构成了最高法院的6—3票的多数派。持反对意见的三名大法官是斯卡利亚、斯蒂文斯和托马斯。斯卡利亚和斯蒂文斯两人认为，政府不能在没有终止人身保护令状特权的前提下对公民进行无止境的关押，对犯有支持恐怖主义活动之罪的公民，应该是以联邦罪来起诉，而不是通过战争权的方式对其实施关押。托马斯认为最高法院不应该质疑执法部门对

---

① 持不同意见的其他大法官包括苏特、金斯伯格、布雷耶；相关判决意见见：*Rumsfeld v. Padilla*, 542 *U. S.* 426 (2004)。

"敌人公民"的判断和定性。①

在她写作的多数派意见中,奥康纳大法官再次强调,在反恐战争的背景下,最高法院有责任保护公民的权利并维护美国的法治价值。她写道,当"国家面临最大挑战和最不确定的方向的时候,我们致力于正当程序的决心将受到最严厉的考验"。正是在这样的时刻,"我们必须在国内坚持那些我们在海外战斗中(力图捍卫)的原则";因此,一个"受到拘押的公民"(a citizen-detainee)要想挑战政府赋予他的所谓"敌方战斗人员"的身份时,需要获得机会,在"一个中立的裁决者面前"(a neutral decision maker),来反驳政府出具的事实根据。奥康纳强调,执法部门企图以权力分立为理由来限制司法部门对此问题的干预,这种做法是站不住脚的;"权力分立"并不意味着法院无权审理这类案例或质疑拘押计划的合法性,如果接受执法部门的说法,国家权力就会集中在一个部门手中。她最后宣称:"当美国与外国或敌对组织发生战争冲突的时候,无论宪法预示处于这种情形下的执法部门将具有何种权力,只要个人的自由处在危险之中,宪法毫无疑问地预示着政府的三个部门都将在这种情形中扮演一个角色。"②奥康纳还写道:即便美国公民被认为是"敌方战斗人员",在被捕和遭到拘押后,他也应该享有公民的人身保护令状特权;即便在紧急状态下,国家也必须尊重对正当程序原则的认可和坚持,换言之,"在涉及这个国家公民的权利问题上,战争状态绝不是一张(可由政府任意消费的)空白支票。"(A state of war is not a blank check when it comes to the rights of the nation's citizens.)③

哈姆迪案后来成为反恐战争中的又一个里程碑案例。它的意义在于它是在反恐战争仍在进行之时做出的,实际上对布什政府的战争权力做了有效的限制。对以保守派力量为重的最高法院来说,做出这个决定并不容易。但因为判决做得极为小心翼翼,并将主要的问题分解

---

① 斯蒂文斯对斯卡利亚的异见表示赞同,托马斯则单独写作了自己的异见。Scalia, Dissenting Opinion, 1-27; Thomas, Dissenting Opinion, 1-22; *Hamdi v. Rumsfeld*, 542 U. S. 507 (2004).
② *Hamdi v. Rumsfeld*, 542 U. S. 1-33 (2004), at 29.
③ Ibid.

开来，所以最高法院的判决并没有回答其他的关键问题，包括布什政府是否有权拘捕类似帕蒂拉这类没有出现在阿富汗战场上的"敌人公民"，以及"敌人公民"如何挑战政府权威、洗刷罪名，谁来举证，如何举证等。此案在宪政上的最大意义应该是对战时的三权分立和分享的问题作了清楚的说明，遏制了执法部门将所有处理"敌人公民"的权力集中在自己手中的趋势。

最高法院宣判之后不久，布什政府与哈姆迪达成协议：哈姆迪宣布放弃美国国籍，返回沙特阿拉伯居住5年，在此期间不再进入阿富汗、伊拉克、以色列、巴基斯坦和叙利亚等地，并不就自己遭到美国政府拘捕一事起诉美国政府，宣布放弃恐怖主义，在承诺上述要求之后，布什政府宣布他不再成为一种威胁，予以释放。

帕蒂拉的命运则十分不同。联邦巡回法院在最高法院宣判之后，仍然坚持帕蒂拉是"敌方战斗人员"，他被拘捕的地方并不重要，因为证据显示他曾接受恐怖主义组织的训练，并得到了支持，属于联邦法管辖范围。当帕蒂拉准备向联邦最高法院上诉时，布什政府却决定将他从军事法庭转移到普通法庭进行关押审理，以避免最高法院再次审理而进一步限制总统的权威。2006年，最高法院批准了帕蒂拉的转移，并拒绝听取帕蒂拉的上诉。帕蒂拉在被转移到普通法庭之后，以谋杀和劫持罪被起诉，面临终身监禁的处罚。①

为了避免联邦最高法院的干涉和限制，布什政府一方面敦促军方调整政策，另一方面借助共和党控制的国会通过立法缩小最高法院决定的适用范围。2006年，共和党国会在当年的拨款法案中加入一部新的《关押人员待遇法》，对被美国拘留者的待遇问题做了规定，也对司法复审的程序做了限制，禁止美国法院审理任何关塔纳摩囚禁者提出的人身保护令状案件。该法案将"敌方战斗人员"的案件交给哥伦比亚特区联邦巡回法院来审理。②

---

① Pohlman, *Terrorism and the Constitution*, 133.
② 《关押人员待遇法》(Detainee Treatment Act of 2005)包括在2006年国防部一项针对卡特里娜飓风的紧急补充预算法案中，见该法"TITLE X—MATTERS RELATING TO DETAINEES," in [http://www.gpo.gov/fdsys/pkg/PLAW-109publ148/pdf/PLAW-109publ148.pdf]; Donohue, *The Cost of Counterterrorism*, 86.

## 哈姆丹案:军事法庭的权限

《关押人员待遇法》很快在最高法院审理哈姆丹一案时受到反击。哈姆丹(Salim Ahmed Hamdan)是一位也门公民,曾做过本·拉登的司机和保镖,在阿富汗战争中被俘并被关押在关塔纳摩。2003年,在被关押一年多之后,他被军事法庭以犯有"可由军事法庭审判的预谋罪"的名义被起诉。鉴于哈姆迪案建立起的人身保护令状的原则,哈姆丹获得了要求审查身份的机会,他向位于哥伦比亚特区的联邦地区法院起诉,称国防部长拉姆斯菲尔德等人在没有出示足够证据的情况下将他关押,违反了起码的审判程序。联邦地区法院同意了他的上诉理由,认为他不能被军事法庭审判,而应该根据《日内瓦公约》的战俘原则受审。2005年7月1日,联邦上诉法院推翻了地区法院的审判,确认了军事法庭的合法性,并称《日内瓦公约》不适用于基地组织及其成员,美国的联邦法院也不能实施《日内瓦公约》。[1]

虽然布什政府认为联邦最高法院无权过问,最高法院仍然受理了此案的上诉,并于2006年3月以5—3票作出判决。[2] 最高法院推翻了巡回法院的判决,否定了布什政府建立的军事法庭。斯蒂文斯大法官在多数派判例意见中写道,国会的《关押人员待遇法》并没有剥夺最高法院审理类似案件的权力,根据联邦政府三权分立的原则,司法审查的目的就是防止行政部门过度滥用权力。总统虽然是美国军队的总指挥,但宣战权却掌握在国会手中,国会同时还掌握管理战争获得的土地和河流的权力、筹建和支持军队的权力、以及界定和惩罚各国法律罪行的权力。斯蒂文斯否定了国会将相关案件交由哥伦比亚特区巡回法院单独审理的决定。

斯蒂文斯在多数派意见中引用了1866年米列根案(*Ex parte Milligan*)的判决,指出国会和总统的权力包含了许多附属的辅助性权力,相互不得侵权。国会不能指挥军事战略,但总统不能在没有国会立法

---

[1] Salim Ahmed Hamdan, Appellee v. Donald H. Rumsfeld, United States Secretary of Defense, et al., Appellants, 415 F. 3d 33 (2005), No. 04-5393.

[2] Hamdan v. Rumsfeld, Secretary of Defense, et al., 548 U. S. 557 (2006)。首席大法官伦奎斯特没有参加此案的审理。

的情况下,自行制定构建法庭的程序。布什总统针对反恐战争在押人员的行政命令超出了国会的授权,《关押人员待遇法》"最多也只是承认"总统有权召集军事委员会,即便如此,也只是在战争的紧急情况下,并必须在战争法律范围内进行。但布什政府的军事法庭违反了军事法和《日内瓦公约》,在审理中纳入了于哈姆丹不利但又拒绝让他知道的证据,而且除了向执法部门申诉之外他无法获得司法上诉的渠道。① 斯蒂文斯认为,军事法庭不能审理所谓"预谋"性质的案例。

布雷耶大法官写作了协同意见,肯尼迪、苏特、金斯伯格大法官对此表示赞同。布雷耶在协同意见中重申了奥康纳在哈姆迪案中建立的原则:国会并没有给总统开出一张反恐战争中任意使用权力的"空白支票"。他再次强调联邦政府三权分立的重要性:"国会否定了总统拥有创建此案涉及的军事委员会的立法权力","总统还会继续要求拥有他认为是必须的权力",但最高法院认为总统必须征询国会的意见,即便在战争时期也必须这样做。布雷耶宣称:"司法部门对这种征询程序的坚持并不会削弱我们国家应对危机的能力。相反,这种司法坚持会增强国家的能力——通过民主的方法——来决定如何做得最好。宪法对这些民主方式充满信心。最高法院今天所做的也是表示同样的信心。"②

斯卡利亚、托马斯和阿利托大法官表示异议。斯卡利亚的异见指责多数派意见对国会《关押人员待遇法》的立法历史做了错误的解读,多数派只是强调了参议院辩论时一方(民主党人)的观点,多数派对这些观点进行有选择的引用,无视国会的大部分人的理解。斯卡利亚认为多数派否定通过军事法庭来审理在押人员的做法是危险的,因为这将引发数百名关塔纳摩关押者的上诉,法院将在未来几年内不堪重负。他最担心的是,这项判决会影响布什政府的反恐战争的效力。③

这次交锋仍然没有结束。白宫又推动共和党人控制的国会通过了2006年《军事委员会法》(2006 Military Commission Act)。该法禁止联

---

① *Hamdan v. Rumsfeld, Secretary of Defense*, et al., 548 *U.S.* 557 (2006), at 591-92.
② Ibid., at 636.
③ Ibid., at 666-70.

邦法院或法官审理任何由(身为外国人的)"敌方战斗人员"提出的要求获得"人身保护令状"法庭审理的案件。① 哈姆丹最终在 2008 年被军事委员会判处 66 个月的监禁,同年 11 月,他返回也门,继续服刑。2012 年 10 月,联邦巡回法院推翻了所有对他的指控。

### 反恐战争与公民自由的代价

除了哈姆迪和帕蒂拉案例之外,事实上,还有上千名反恐战争的战俘被关押在全球不同的监狱之中,不经审判,不准见律师,也没有国际法庭的干预。反恐战争的刑事犯罪程序和政府滥用权力的问题成为一个明显的国际问题。在英美法传统中,人身保护令状特权是一项为不同群体的人民所争取的最基本的公民特权之一。在联邦宪法的第一条第九款中,人身保护令状特权被认为是公民最重要的权利之一。与此相关的是,关押在关塔纳摩海湾军事基地的"敌方战斗人员"是否有权获得人身保护令状特权或《日内瓦公约》的保护?他们是否应该接受公开的审讯、面对对自己的指控?是否有权得到律师的帮助?这些都直接涉及审判的公正性和公开性,也是美国国内司法审判的正常程序,但这些问题始终没有一个清楚的答案。反恐战争发生在后冷战的国际环境中,这个环境缺乏具有实效的、并受到各国尊重的法治秩序。布什政府对"敌方战斗人员"的处理正是在这种背景下进行的。

布什政府、美国国会和联邦最高法院在这个问题上的权力博弈使我们看到美国在反恐战争中保护公民权利的困境。人身保护令状特权虽然可以在英美法的长期传统中使用,并随着英美政治体系的扩展而扩大适用的环境,但在 9·11 之后,这项以"国家"为基础的法制传统在"非国家形式"的武装力量开展的战争中遭遇了麻烦。即便是在美国国内,这项传统特权的"普世性"也成为了问题,布什政府的做法实际上否定了这项公民权利的"普世价值"。最高法院极力坚持自己的"咨询权",启用宪法来保护作为"敌方战斗人员"的公民的权利,但对

---

① U. S. 109th Congress, *Public Law* 109 - 366, An Act to authorize trial by military commission for violations of the law of war, and for other purposes (October 17, 2006), Sec 7(e)(1), codified at 28 USCA § 2241. See:[http://www.loc.gov/rr/frd/Military_Law/pdf/PL-109-366.pdf].

于其他国籍的或无国籍的"敌方战斗人员"的权利却是爱莫能助,或者这些人的权利原本就不在他们思考的范围之中。与此同时,这些案件的审理还凸显了最高法院内部的政治化问题,这点在哈姆迪案的判决中表现得尤其明显。要求对布什政府在反恐战争中的权力进行限制的主要是自由派的大法官们,而类似斯卡利亚、托马斯和阿利托等则强调总统应该拥有足够的权力。政治进入司法审理程序并不是21世纪才有的现象,但将立法和执法部门的党派政治毫无顾忌地引入司法审理的程序中,大大抵消了司法程序的"中立性"。

## 三 竞选资金的改革与选举"民主性"的修补

9·11事件造就了布什政府的政治遗产,但要评估这个遗产的历史地位和影响,现在还为时过早,毋庸置疑的是,"布什主义"成为美国历史的一个转折点,迄今为止,整个美国社会仍在承受阿富汗战争和伊拉克战争对国内政治和经济秩序带来的负面影响。布什政府的那种"要么与我们站在一起,要么是我们的敌人"的两分法(either-or)意识形态暴露出9·11后美国政府决策上的短视与急功近利,由此做出的决策则消费了美国原本拥有的领导后冷战时代新国际秩序构建的机会和能力。追根溯源,人们在反思9·11危机的处理的同时,也对2000年总统大选的结果进行反思。这种反思并不意味着质疑布什是否具有处理国家重大危机的能力,而是探讨如果当代总统选举程序不是如此深刻地受到金钱的影响,2000年大选的结果会是如何,而9·11之后的危机处理又会是如何。事实上,早在9·11发生之前,要求改革总统大选程序的呼声一直没有停止过。9·11事件发生之后,这种呼声也没有停止。2002年《两党竞选资金改革法》(Bipartisan Campaign Finance Reform Act)的通过与实施就代表了一种新的限制金钱对总统选举过程的影响、修复选举政治的"民主性"的努力。但在不同利益集团制造出来的五花八门的"对策"的夹击下,改革的效果十分有限。

### 对选举民主的历史追求

如本书第二章所提到的,参加1787年费城制宪会议的建国者们对美国政体的设计并非以追求"民主"为目标,相反,他们对"民主"的看法是相当负面的。在他们看来,"民主"是一种危险的制度,对拥有财富的人来说尤其如此,所以他们希望建立的是一个"共和制政府",而不是"民主制政府"。根据联邦宪法第四条,合众国和各州的政体形式必须是"共和制政府"(republican form of government),它不同于当时欧洲大陆国家的君主制,但绝不是现代意义上的民主制。共和制政府的核心是防止个人(当时主要指君主)、特殊利益群体(包括世袭的贵族)或掌握多数的大众(经选举产生的"选民多数")对政治权力的垄断。正是因为看到了邦联时代在一些州出现的多数人对少数人的"暴政",麦迪逊和他的主张"国家主义"的同伴们才在制宪会议上处心积虑地提出了分权体制,希望通过制度设计为不同的(尤其是拥有财富的)利益群体提供一种坚实的国家保护。尽管宪法称联邦政府的权力基础是"人民主权","人民"却因为政治和经济地位的不同被分解成为不同的利益群体,宪法体制的设计——尤其是联邦制,立法、执法与司法之间的分立与制衡,复杂多层的选举程序等——则是为了追求不同的"人民"之间的"共和",而不是一种简单多数的"民主"。

即便如此,自18世纪末以来,美国政治制度已经不可阻挡地走向了"民主化"。政治"民主化"最重要的内容是选民队伍的扩展。这个过程从制宪时代开始,在19世纪上半叶安德鲁·杰克逊执政时代达到第一个高潮,当时几乎所有的州都废除了对选民的财产资格的要求,仅保留了种族和性别的限制,实际上将投票权赋予了美国所有的白人男性公民。内战后的重建到20世纪初是选民队伍扩大的第二个高潮。1870年生效的第十五条宪法修正案将包括前奴隶在内的非裔美国男性公民纳入到选民队伍中来,1920年生效的第十九条宪法修正案则废除了对选民的性别限制。这两条修正案合在一起,带来了美国历史上最大的一次选民队伍的扩展。19世纪末、20世纪上半叶南部各州的非裔美国人的选举权曾再度遭到剥夺,60年代民权运动时期生效的第二十条宪法修正案和《1965年选举权法》废除了州选举法中对人头税和文字能力测试等的限制,将选举权重新赋予非裔美国人。1971年生效的第二十六条宪法修正案将选民的最低年龄在全国统一规定为与征兵的最低年龄相吻合的18岁,这是选民队伍的最近一次大规模的扩展。

毫无疑问，几乎每一次选民队伍的扩展都是经过长期而艰苦的抗争所获得的结果，但正是这些抗争推动了选民队伍的民主化，它们本身也构成了美国政治民主化过程中的精彩故事。

政治"民主化"的另外一个内容是选举制度的"民主化"，这一点在本书的第三章和第十章中都有讨论，这里仅作一个简单的回顾，为讨论20世纪后期、21世纪初期的竞选资金的改革做一个背景铺垫。19世纪上半叶政党政治的出现和常规化是推动早期美国选举制度改革的主要动力。19世纪30年代民主党创立的由全国党代会提名总统候选人的做法终结了早期的由党内大佬"内定"本党总统候选人的传统，这一做法为后来出现的辉格党、共和党等仿效和接受，从而开始了现代意义上的总统竞选。19世纪末、20世纪初的总统候选人党内预选制也是政党政治发展的结果。预选在决定本党公职候选人程序中赋予基层党员更有分量的影响力，同时也对候选人的政治主张形成了更大的现实利益的牵制力。第十七条宪法修正案(1917年生效)将联邦参议员的选举从各州议会选举产生改为由各州选民直接选举产生，以增加参议员选举的"民主性"。第二十二条宪法修正案(1951年生效)规定连选连任总统的任期不得超过两届，从体制上杜绝了总统任职"终身制"和"超长任期"的可能。第二十三条宪法修正案(1961年生效)赋予了哥伦比亚特区的公民参加总统选举的权利。20世纪最高法院的一系列有关投票权的判决，旨在制止各州以"种族"为由来剥夺黑人或其他少数族裔公民的选举权的做法，促进选举程序的公正与民主。① 《1965年选举权法》则将联邦执法权直接引入选举程序，防止南部各州对黑人选民投票权的剥夺。到1970年左右，经过近两百年的持续努力，选举制度中的"一人一票"(one person, one vote)的宪政原则基本得以在法律上建立起来。

---

① 譬如，1915年，最高法院在吉恩诉美国案(Guinn v. United States)一案中宣布剥夺黑人选举权的"祖父条款"是违宪的；在1944年的史密斯诉奥尔莱特(Smith v. Allwright)案中宣布得克萨斯州民主党白人预选制违宪；在1962年的贝克诉卡尔案(Baker v. Carr)案中确立联邦法院有权审理州立法机关建立的不合理选区制度的原则；在1963年的格雷诉桑德斯案(Gray v. Sanders)与雷诺兹诉西姆斯案(Reynolds v. Sims)两案中对州立法机构有意让人口稀少地区在州立法机构中长期占据不合比例的代表席位提出挑战。

## 选举的"民主性"的消失

然而,到了 20 世纪末,美国选举政治却出现了一种令人堪忧的"危机":选举不再具有竞争的活力,这点在国会众议院的选举中表现尤其明显。无竞争的选举使得选举的结果变得可以预见,在任议员可以轻松赢得连任。据统计,1998 年,全国五分之一的国会选区(覆盖全国 5000 万人口)的结果是不选而知的。在这些选区内,当选议员的根底深厚,反对党即便推出自己的挑战者,也无法挑战盘根错节并已经固化的利益网络,所以反对党不愿意浪费时间、金钱和精力,做无谓的竞争。同年,佛罗里达州内 78% 的国会众议员选区的参选人都是在无竞争对手的情况下当选的。2000 年马萨诸塞州一半的选区和得克萨斯州 30% 的选区的情形也是如此。当选举失去竞争的时候,候选人就会无视反对党选民的要求。在这些选区内,"一党制"成为现实。一些学者甚至揶揄道,某些国会选区的竞争程度如此之低,以至于那里的选举看上去如同前苏联"人民议会"的选举一样,不过是一种形式而已。[1]

"选民多数的消失"(disappearance of electoral majorities)是选举"民主性"丧失的另外一种现象。即便是总统大选,参与的选民人数也大为降低。总统选举的获胜者往往不再拥有超过半数的多数选民的支持。19 世纪末的总统大选能吸引全国 75% 以上的选民参与,到 20 世纪末,这个数字降低到 50% 左右。1992 年克林顿获得民选票的 43%。2000 年总统选举的竞争看似激烈,但布什并没有赢得民选票的多数。如果只有一半的选民投票选举总统,而当选总统只获得其中不到一半的支持,实际上总统是在接近或不到四分之一的选民的支持下当选的。"选民多数的消失"的情形在国会中期选举时更甚。1994 年国会中期选举的选民参与比例在 50% 以下,1998 年这个数字降低到 34%。[2] 选

---

[1] Todd Donovan and Shaun Bowler, *Reforming the Republic: Democratic Institutions for the New America* (Upper Saddle River: Pearson/Prentice Hall, 2004), 40-42.

[2] Donovan and Bowler, *Reforming the Republic*, 9; Erik Austin and Jerome Clubb, *Political Facts of the United States since 1789* (New York: Columbia University Press, 1986), 378-79; Michael P. McDonald and Samuel L. Popkin, "The Myth of the Vanishing Voter," *American Political Science Review*, vol. 95, no. 4 (December 2001), 963-974; Theodore J. Lowi and Benjamin Ginsberg, *American Government: Freedom and Power* (New York: W.W. Norton, 1995), 418.

民的多数到哪里去了,成为困扰政治学家的一个问题。

有人将这种情况归咎于第三党的出现,如1992年的佩罗(Ross Perot)和2000年的纳德尔(Ralph Nader)对总统大选的参与在某种程度上吸走了民主、共和两党候选人的选票。但事实上更重要的原因恐怕是许多选民因对选举制度的失望而拒绝参与投票。① 2002年的统计显示,仍然相信政府是在代表美国大多数人的利益的选民不到三分之一(33%),而在1964年,将近三分之二(64%)的选民相信政府是在代表所有人的利益。人们普遍认为,国会已经为特殊利益所影响和控制,党派议题和议事程序成为国会政治的主要内容,国会的辩论不再是为了制定有利于公众的政策,而是为议员们提高自己的知名度提供机会。再者,选民对参与竞选的政治人物感到不满,认为他们中的大部分人并不具备诚实的品质,其竞选并不真正是为了代表选民的利益,而是为了谋求名利。选民还对政党对政府(尤其是联邦政府)的控制表现出极大的反感。联邦政治的党派化致使经济决策、预算制定、联邦法院的法官任命,乃至外交决策都夹带了大量党派"私利",政客的丑闻和因党派斗争而造成的立法僵局则使越来越多的选民对党派主导的竞选政治感到厌恶。人们普遍感到,普通选民的选票分量在消失,选民在政府决策中没有声音,选民与官员之间的纽带已经断裂,议员的人民或选民"代表性"已经丧失。人们对民主政治的真诚信仰为政治犬儒主义的情绪所代替,许多人因无法单独挑战庞大的政党机器而感到沮丧,但也不希望为政党政治所劫持,所以采取中立和独立的态度,放弃参与成为选民对选举程序表示不满的一种方式。②

"选民多数的消失"也影响了政党竞选运作方式的改变,为了赢得选举,政党将大量的金钱和精力投放在那些具有关键意义的"摇摆

---

① 两党制也是致使选举过程出现垄断的重要原因之一。第三党的出现受到选举制度设计上的障碍。美国历史上曾经有过多次第三党的企图,虽然第三党候选人有可能在地方和州的选举中获胜,但要进入国会是非常困难的,长期坚持下来的几乎没有。第三党候选人从未赢得过总统选举。1992年的选举中,第三党候选人佩罗获得了18%的民选票,算是相当不错,但无法赢得大选。

② Center on Policy Attitudes, "Expecting More Say: The American Public on Its Role in Government Decisionmaking, 1999," [www.policyattitudes.org]; 同见: Donovan and Bowler, *Reforming the Republic*, 17-31.

州",甚至这些州内的"摇摆选区",而这些地区的选民往往成为决定总统选举结果和平衡国会政党势力的力量。的确,美国选举制度的某些特殊性——单一议员选区、胜者全得等——也打击了选民参与政治的热情。譬如,在"单一议员选区"(single-member-district)体制下,一名国会众议员候选人只要获得简单多数(plurality)就可当选。当一个政党在某个选区长期地拥有绝对优势时,反对党不会做无谓的竞争,更不用说第三党了,所以这个选区会长期为某一政党所控制,而不必担心反对党的挑战。"胜者全得"的竞选规则迫使政党权衡利弊,尽量在可能取胜的选区内投入人力和财力,选举政治丧失了应有的活力,而纯粹成为政党操纵的结果。

选区重划(redistricting)也是政党操纵选举程序的重要手段,对选民参选的热情也有影响。根据联邦宪法,美国每 10 年进行一次全国人口普查,各州的国会众议院议员名额要根据人口普查的结果重新分配,而掌握州政府的多数党往往会利用这个机会来重新划分本州国会议员的选区,因为这些选区往往与州议会议员的选区重合,所以如果能够通过选区划分构建有利于本党支持者的阵地,多数党至少可以在未来相当长一段时间内控制本州各级选举结果以及联邦选举在本州的结果。① 20 世纪早期南部各州曾利用选区划分来阻止黑人选民选举产生黑人议员。②《1965 年选举权法》实施之后,一些州也通过以种族为基础的选区划分来鼓励和支持少数族裔议员的选举,这种做法被称为

---

① 选区重划的操作程序是:在 10 年一次的人口普查完成之后,联邦人口普查局将根据人口的变化使用特定数学模式来决定各州国会众议院议员席位的分配,无论是增加还是减少议员席位的州都需要进行选区调整。各州的主要政党会立即根据本州议员席位的变化在州内进行选区设计,并将自己中意的方案交由州立法机关讨论。在此之前,主要政党会对本州某些州议员的选举增加支持力度,以保证本党在州立法机构的竞选中获胜,为选区重划奠定立法的基础。与此同时,本州的国会议员也会反过头来游说州议员,请求他们帮助自己获得一个有利的选区,争取连选连任。选区重划的方案通过之后,州长可采取行动,予以批准或否决。新选区变成法律之后,对手还可以提出上诉,州法院可对此进行裁决,败诉之后,新选区方案才可正式得以实施。在这个过程中,州政府中的立法、执法和司法三权都能扮演一定的角色,政党需要对三权都有足够的控制力,整个过程充满了不同利益集团之间的谈判与妥协。
② 譬如,1965 年南部各州的黑人选民重获选举权之后,密西西比州曾将本州某个黑人选民占大多数(66%)的选区重新划分,肢解原本集中的黑人选民多数,使他们无法利用数字上的优势选举产生黑人议员代表,这种情况直到 1986 年才得到改变。

"仁慈性选区划分"(benign gerrymandering),目的是增加少数族裔候选人的竞争力、提高少数族裔议员在国会和州议会中的代表比例,但这种做法受到联邦最高法院的限制。①

20世纪后期,传统的政党动员机制和方式受到了新的竞选技术的挑战。这些技术包括民意测验、使用无线电广播和电视媒体、召开城镇选民会议、逐个拨打选民电话、寄送针对性竞选材料、以及使用专业公关团队等。这些技术和方法使候选人能够比较准确地了解选民的问题意向,并以此为基础来设计竞选纲领,同时将竞选信息传播给最大范围内的选民。这些方法直接影响了竞选的组织方式,竞选不再仅仅依赖本地的具有传统忠诚感的选民,而转化为争取更大范围内的选民动员。但新的竞选手段需要金钱的支持,选举因此变得极为昂贵。播放电视竞选广告、参加电视直播的辩论、举办城镇选民会议等,都需要大量经费。即便是拨打电话和寄送邮件等也需要用大笔金钱来购买选民的通信信息。除此之外,还要支付党员义工的工时费用。根据公民研究基金会(Citizen's Research Foundation)的调查,1956—1960年,全国性竞选的费用增加了13%,从1.55亿增加到1.75亿美元;1960—1964年间又增加了14%,1976年超过了5亿美元,1988—1992年间达到了10亿美元。② 金钱越来越成为赢得竞选的关键,应验了加利福尼亚州一

---

① 这方面的著名案例为肖诉雷诺案(Shaw v. Reno)。该案源于1990年人口普查之后北卡罗来纳州的选区重划。黑人占北卡罗来纳人口的22%左右,在《1965年选举权法》的原则指导下,联邦司法部希望能够增加黑人在国会的代表权,建议该州重划选区。1991年控制州议会的多数党是民主党人,他们便利用这个机会,重新划分了选区,组成了一个黑人选民占多数的"多数—少数选区"(majority-minority district),即组建一个少数族裔居民占多数的选区,使少数族裔有机会构成选区的选民多数)。为了争取少数族裔选民的多数,这个选区企图囊括不同地区的少数族裔,最后这个新划的选区成为一个形状弯弯曲曲、在该州中部蔓延了长达约160英里的选区。最高法院对这种做法提出了质疑。在5—4票的多数判决意见中,奥康纳大法官指责该选区的划分实在是"令人不可思议的荒唐",纯粹以种族为基础的选区重划是违宪法平等保护的原则的。她没有直接反对"多数—少数选区"的做法,但警告说,以种族为基础的选区划分"会强化一种传统的偏见,即无论他们的年龄、教育程度、经济地位或居住的社区有何差别,同一种族的成员具有同样的思想,分享同样的政治利益,并会在投票站选举同样的候选人",而这种做法本身是一种"政治隔离"(political apartheid)实践,对白人选民来说是不公平的。*Shaw v. Reno*, 509 *U. S.* 630 (1993).

② Lowi and Ginsberg, *American Government*, 487.

位政客的名言:"金钱是政治的母乳。"①

## 早期的"金钱政治"及其管制

金钱与政治的联姻最早可以追溯到殖民地时代,竞争议会议员职位的人在选举日用酒水和烤肉招待选民的做法相当普遍,当时并不被认为是一种贿选行为。建国初期,竞选公职的人需要在报纸宣扬政见或散发传单,其费用一般由本人或亲属来承担。18世纪末,副总统杰斐逊也曾私下解囊,资助反对总统亚当斯政府的党派报纸。19世纪上半叶,随着大众政治和政党的出现,竞选变得激烈,花费增加,政党开始有意识地筹集竞选经费。在1832年总统大选中,实为私有商业的合众国银行为保证自己的合同(1836年到期)得到联邦政府的更新,不惜花费4万美元(相当于今天的100万美元)来资助对更新表示支持的亨利·克莱的竞选,不料,持反对态度的安德鲁·杰克逊总统连任成功。杰克逊拒绝更新合众国银行的合同,导致其在1836年解散。

也正是在杰克逊任职期间(1829—1837),"分赃制"(spoil system)及其孪生兄弟"预留金制"(assessment)被同时引入美国选举政治。在分赃制下,政党的竞选获胜者(如总统或州长)在当选之后将掌握的政府公职"奖励"给本党支持者担任,但要求他们"预留"一定比例的收入,贡献给本党候选人的连选连任。1837年,辉格党国会议员曾提出禁止政府雇员为联邦和州政府公职人员支付竞选资金的法案,但没有得到讨论。1868年《海军拨款法》明确禁止政府公职人员向海军部雇员和工人征带有政治目的的强行捐赠。这是国会第一次针对政治捐赠立法,但这部法律并没有得到有效的实施。1876年,国会禁止非经总统任命的联邦官员(即政治任命官员)向政府雇员征收"预留金"。次年,力图进行政治改革的共和党总统海斯颁布行政命令,禁止官员利

---

① 此话的原文为"Money is the mother's milk to politics",据说出自原加州州议会议员杰西·昂鲁(Jesse Unruh)。另外一种类似的说法源自1896年麦金利的竞选班子负责人马克·汉纳(Mark Hanna)。他曾说:"政治中有两件重要的事情。第一是金钱,我记不得第二件事是什么。"见:Joel Rogers and et al. , *Are Elections for Sale*? (Boston: Beacon Press, 2001), 3。

用职权，向雇员收取政治捐赠，但效果有限。直到1883年《文官制度改革法》实施，在任政府官员向联邦雇员索取"预留金"捐赠的做法才得到全面禁止。此刻正值美国工业化进入高潮阶段，政党将筹集竞选资金的对象从联邦雇员转向了正在大肆聚敛财富的大企业和大公司。①

1896年，共和党总统候选人威廉·麦金利赢得了选举，主要归功于竞选经理马克·汉纳（Mark Hanna）。竞选中汉纳曾要求华尔街的大银行和大公司为共和党的竞选贡献资金：各公司应根据"各自在国家的总体繁荣中所分享的利益和在各自地区所享有的特殊利益"按比例地给共和党全国委员会捐赠资金以帮助其竞选。当年共和党募集到了350万美元的捐赠（其中包括洛克菲勒的标准石油公司捐赠的25万元），开创了大商业资本与政党竞选活动公开结合的历史。② 1890年代，有四个州（内布拉斯加、佛罗里达、密苏里和田纳西）反对麦金利当选总统的州立法，禁止大公司向联邦公职候选人的选举进行捐赠。但联邦政府迟迟没有行动，直到1905—1906年间，西奥多·罗斯福总统才将金钱对政治的渗透视为"自由政府"的最大敌人，两次要求国会立法禁止大公司向联邦政府官员和机构做带有政治目的的捐赠。③ 在罗斯福和进步时代政治改良势力的推动下，国会终于在1907年通过了《蒂尔曼法》（Tillman Act），禁止"任何经国会法律批准成立的公司或国民银行对任何与政治公职相关的选举进行金钱捐赠"。该法同时禁

---

① Congressional Campaign Finance: History, Facts, and Controversy (Washington, D. C.: Congressional Quarterly, 1992), 29-30; Anthony Corrado, "Money and Politics: A History of Federal Campaign Finance Law," in Anthony Corrado, et al., The New Campaign Finance Reform: A Sourcebook (Washington, D. C.: Brookings Institution Press,1997),8-9; 22 Stat. 403 (1883).

② Herbert Croly, Marcus Alonzo Hanna: His Life and Work (New York: Macmillan,1912),325; Congressional Quarterly, Dollar Politics (Washington, D. C.: Congressional Quarterly Press, 1982), 3; Herbert E. Alexander, Financing Politics: Money, Elections and Political Reform (Washington,D. C.: Congressional Quarterly Press, 1976), 4; Corrado, "Money and Politics,"10.

③ Theodore Roosevelt, "Fourth Annual Message," in The State of the Union Messages of the President 1790-1966, vol. 2, ed. Fred L. Israel (New York: Chelsea House, 1966), 2128; Theodore Roosevelt, "Fifth Annual Message," in Israel, ed., The State of the Union Messages, vol. 3, 2161; Corrado, "Money and Politics," 11.

止公司对总统选举人的选举和参议员、众议员的选举进行金钱捐赠。①这项法律是1971年之前联邦政府管理竞选资金的一部基本法,但因为其只适用于大选,既没有要求候选人公布受捐的相关信息,也没有限制富有个人对候选人的捐赠数额,更没有建立监管和实施机构,所以实施的效果非常有限。

在进步运动改革力量的持续压力之下,民主、共和两党于1910年共同推出了一部新的竞选资金管理法,称为《(竞选资金)信息公布法》(Publicity Act)。该法企图补漏,设定了联邦选举过程中众议员候选人的竞选花费限制,并要求候选人及其竞选委员会在选举前后公布竞选资金的筹集与花费信息。1911年之后,该法律也适用于参议员的竞选。② 但在1921年的纽伯里诉美国案的判决中,最高法院以党内初选不是直接竞争公职为由,否定了国会对竞选经费实行管制的权力。③

为回应最高法院的判决,国会于1925年通过了《联邦反腐败实践法》(Federal Corrupt Practices Act),将对联邦竞选资金的管制明确限于大选,将贿赂、任人唯亲和大公司捐赠等视为违法,要求政党公布竞选花费,要求报告每笔超过100美元的捐赠。但这部法律仍然是漏洞百出,既没有建立专门机构来负责接受和公布竞选资金的报告,没有对

---

① 此法案由南卡罗来纳州参议员民主党蒂尔曼(Benjamin Tillman)推动提出,但最初的法案是由共和党参议员钱德勒(William Chandler)提出的。34 *Stat.* 864 (Jan 26, 1907); Robert E. Mutch, *Campaigns, Congress, and Courts: The Making of Federal Campaign Finance Law* (New York: Praeger, 1988), 5-6.
② 此法对所有国会议员的竞选花费上限做了规定,众议员的竞选花费不得超过5000美元,参议员不得超过1万美元,或不得超过州规定的数字(如果这个数字低于1万美元的话)。36 *Stat.* 822 (1910); 37 *Stat.* 25 (1911)。
③ 此案的起源是:密歇根州共和党人纽伯里(Truman H. Newberry)在1918年的联邦参议员竞选中击败了福特(Henry Ford),但他被控告违反了州法规定的竞选花费上限,遭到判罪。纽伯里认为国会无权监管预选阶段的候选人花费,1911年《信息公布法》针对的是竞选委员会,并不限制参与竞选的个人和他的支持者,所以,国会的规定是违法的。最高法院在判决中支持了纽伯里这一立场,宣布国会无权监管预选和提名阶段的候选人花费。最高法院的这一判决直到1941年才被推翻。在美国诉卡拉斯克案(*United States v. Classic, et al.*)中,最高法院肯定了国会监管预选竞选资金的权力,为后来1971年《联邦选举竞选法》中类似规定奠定了法律基础。*Newberry v. U. S.* 256 *U. S.* 232 (1921); *United States v. Classic*, 313 *U. S.* 299 (1941)。

违法行为提出具体的惩罚措施,没有设定总捐赠的限额,也没有要求将政党报告向社会公布。主要政党则利用这些漏洞,组织起多个竞选委员会,绕过法律的限制,行使多次捐赠,可谓"上有政策,下有对策"。大公司也以支付"奖金"的方式通过候选人亲属向候选人进行间接或变相的捐赠。① 与先前的相关法律一样,此法的实施也很不得力。

富兰克林·罗斯福的新政、劳工捐赠的兴起以及罗斯福连选连任的成功刺激南部保守派和共和党推动新一轮的竞选资金改革。保守派担心,罗斯福的新政政策在劳工和中下阶层中颇得人心,这些原先与竞选捐赠并不沾边的群体会成为罗斯福的永久性支持者,并会对他连选连任慷慨解囊。的确,在新政时代,有组织的全国性劳工捐赠成为美国政治的一个新现象。罗斯福在 1936 年的连任成功在很大程度上归功于劳工的支持。当年美国工会一共向民主党捐赠了 77 万美元,其中 47 万来自煤矿工人联合工会(United Mine Workers)。② 1939 年《哈奇法》(Hatch Act)及其 1940 年修正法就是在这种背景下出台的。《哈奇法》宣布,国会有权对预选阶段的候选人花费资金进行管制,严格限制联邦雇员参与政治竞选活动,严禁公职人员利用公共财政来资助政党竞选,禁止联邦官员通过对下属承诺给予就职、晋升和其他福利的恩惠来强制性地获取对方的竞选捐赠。立法的用意十分明显,要求新政受益者与罗斯福的连任竞选进行利益切割,但这项法律也彻底终止了从 19 世纪延续而来的"惠顾"(patronage)制度。③

---

① 该法也修订了参议员、众议员竞选花费的上限,前者提高到 2.5 万元,后者提高到 5000 元; 43 *Stat.* 1070 (1925); Mutch, *Campaign, Congress, and Courts*, 27-35; Louise Overacker, *Money in Elections* (New York: The Macmillan Company, 1932), 249-271。

② Louise Overacker, *Presidential Campaign Funds* (Boston University Press, 1946), 50; Corrado, "Money and Politics," 17.

③ 《哈奇法》也被称为"清扫政治法"(Clean Politics Act),将那些没有被 1883 年《文官制度改革法》纳入管辖范围的低等职位的联邦雇员的政治捐赠行为纳入联邦政府的管辖范围之内。该法禁止联邦雇员以自愿或非自愿的方式对联邦公职候选人进行捐赠。1940 年,国会曾对《哈奇法》进行修订,对向联邦公职竞选人和政党全国委员会的个人捐赠上限设定为 5000 美元,将主要政党接受捐赠的上限设定为每年不超过 300 万美元,但因为并没有对委员会的数量进行限制,超额捐赠的事情在两党内都有发生。53 *Stat.* 1147 (1939); 54 *Stat.* 767 (1940)。

为了进一步压制工会的捐赠,国会于1943年否定了罗斯福的否决,通过了《史密斯—康拉利法》(Smith-Connally Act),禁止工会在战争期间进行政治捐赠。[①] 工会立即做出反应,建立起一种名为"政治行动委员会"(Political Action Committee,简称PAC)的组织,以自愿捐赠为名,组织工人"自愿捐赠",以资助那些支持工人权益的联邦公职候选人的选举以及用于进行选民动员和选民教育等"政治活动"。1943年,全国产联(CIO)组成了第一个"政治行动委员会",并在1944年总统大选中筹得140万美元。1946年,共和党重新赢得国会的控制权后,立刻将《史密斯—康拉利法》中对工会捐赠的限制条款纳入《塔夫—哈特利法》(Taft-Hartley Act),并宣布,任何大公司、企业或工会针对联邦选举活动的捐赠和花费都是违法的,这些活动包括初选、大选、党代会和党的委员会活动等。[②] 其他工会纷纷仿效产联,建立起自己的政治行动委员会,用作政治性的筹款和捐款。在1956年的总统选举中,17个全国性工会通过政治行动委员会一共筹得210万美元的捐赠。[③] 企业界和商业界随后也仿效劳工组织,建立了为竞选筹款的政治行动委员会。如今,政治行动委员会成为了最有效的组织性政治捐赠的工具。

总结而言,联邦政府早期对竞选资金的监管主要集中在几个方面:限制富有的个人或特殊利益集团对联邦选举施加超出比例的影响力,禁止某些渠道的资金进入联邦选举程序,限制竞选花费,要求公布竞选经费等。这种监管方式有几个重大的缺陷。首先,联邦政府始终没有建立一个专门的执法机构,所有法律的实施依赖于传统的"政党—法院"体系,所以执法不得力。其次,所有的法律都是"修补性立法"(patchwork),所以法律之间缺乏整体性和连贯性,给候选人和政党留下许多可以利用的漏洞。最重要的是,国会立法者的动机是复杂的,他们要制止和防止选举中的腐败、遏制金钱对选举公正性的影响,但实际

---

① 该法的实际做法是将1907年《蒂尔曼法》的原则——禁止联邦法批准建立的公司和银行对政治选举捐款——用于对劳工捐赠的限制。57 *Stat.* 167 (1943)。
② 61 Stat 136 (1947); Corrado, "Money and Politics," 17-19.
③ Joseph E. Cantor, *Political Spending by Organized Labor: Background and Current Issues*, Report for Congress 96-484 GOV (Congressional Research Service, May 29, 1996), 1-2.

上他们本身的当选必须有金钱的支持,所以,立法者的动机中带有打击对手、限制对手的成分,立法无法获得彻底的公正性,执法的力度也将受到影响。

## 《联邦选举竞选法》的制定与实施

20世纪中叶,美国的选举政治在运作方式上发生了几个重要的变化。一是竞选从以政党为基础(party-based)的活动转向为以候选人为基础(candidate-based)的活动,二是无线电广播和电视等"新媒体"进入到竞选过程之中,第三是富人的个人捐赠在筹款来源方面扮演越来越重要的角色,所有这些都促成竞选费用和捐赠数额的飙升,也更迫切地推动了国会立法,对联邦竞选资金进行监管。政党仍然是筹集竞选资金的主要工具,但许多强势候选人开始以自己的名义筹款,并有意识地为自己培育和构建固定的资金捐赠群体。电视广播等媒体的介入一方面使竞选变得非常有效,另一方面也使竞选变得极为昂贵。1956年的全国选举花费加在一起达到了1.55亿美元,其中980万美元为无线电广播和电视的广告费用。1968年的竞选费用翻了一倍,达到3亿美元,媒体花费占了将近6千万美元。[①]

电视广告的有效性在大选中得到证明,同时也将竞选资金改革问题再度推到国会面前。不同的联邦委员会在20世纪50、60年代得以建立,寻求对联邦竞选资金进行规范,但没有取得多少成效。1966年国会曾制定法律,限制富有个人对总统选举进行无限制的捐款,但法案的实施被推迟。直到1971年,在经过漫长、无数的讨价还价之后,国会终于通过了《联邦选举竞选法》(The Federal Election Campaign Act of 1971),从而开启了对联邦选举过程中竞选活动和竞选资金的新的管理。从表面上看,推动国会立法的直接原因是1968年总统竞选中出现的大量"负面宣传",但更深层的原因恐怕是国会议员们对金钱左右美国政治的现实和前景的深深担忧。一旦想到他们要在未来的竞选中面对能不受节制地动用自己资金的富有竞争者,许多国会议员深感恐惧。民主党议员尤其感到担忧,因为共和党候选人在1968年的选举中筹得

---

① *Dollar Politics*, 8; Herbert E. Alexander, *Financing Politics*, 11.

大笔捐赠,该党的总统大选花费是民主党候选人花费的两倍。①

《联邦选举竞选法》于1972年2月经尼克松总统签署后,于同年4月开始生效。该法主要包括三方面的内容:(1)限制个人对候选人捐赠的数额;(2)对竞选过程中候选人的媒体花费(主要为电视、广播和报纸的竞选广告的花费)设置上限;(3)要求候选人公布竞选资金的筹措和花费的信息。具体而言,总统和副总统候选人本人和近亲对竞选资金的直接投入不得超过5万美元,参众议员个人投入的上限分别为3.5万和2.5万元;媒体花费不得超过5万元,其中广播和电视花费不能超过媒体花费的60%。在信息公布方面,该法要求候选人或政治行动委员会定期报告竞选资金的筹集和花费,要求公布的信息包括所有款项在100美元或以上的捐赠以及捐赠人姓名等信息。竞选参众两院议员的候选人要向本院书记员报告相关信息,总统候选人则要向联邦司库(General Accounting Office)报告;所报告的信息在收到48小时之后应向公众开放。②

尽管这部法律对竞选捐赠与花费做了具体的规定,但仍然没有建立一个独立的监管和执行机构,负责收集和公布相关信息的是国会参众两院的书记员和联邦政府的财政总监,违法行为则由联邦司法部来负责处理。1972年司法部收到了7000多件相关案件,但得到处理的案件为数甚少。更为严重的是,1972年的"水门事件"暴露了竞选资金管理因法律漏洞和监管机构的缺失而产生的许多其他问题,包括候选人接受非法捐赠,建立不入账的秘密基金,用于资助非法活动,以捐赠购买公职(尤其是驻外使节的职位)和获取立法方面的优惠和好处等。国会被迫对1971年《联邦选举竞选法》进行全面修订。

《1974年联邦选举竞选法修正案》(Federal Election Campaign Act Amendments of 1974)强化了1971年《竞选法》规定的信息公布措施,建立了更严厉的竞选花费限制,保留了对候选人及近亲自投资金资助竞

---

① Alexander, *Financing Politics*, 5; Herbert E. Alexander, *Financing the 1968 Election* (Lexington: Lexington Books, 1971), 79-86.
② *Federal Election Campaign Act of 1971*, Public Law 92-255, 86 *Stat.* 3 (February 7, 1972), codified at 2 U. S. C. §431 et seq; reprinted in Anthony Corrado, *Money and Politics* (1997).

选的规定,继续禁止公司、银行、工会等对候选人的直接捐赠。为了防止富有个人的大量捐赠造成腐败后果,该法将个人对候选人的资金捐赠限定在预选与大选阶段各1000美元以内①,将个人对候选人和政治行动委员会的年度总捐赠限定在2.5万元,将政治行动委员会对每位候选人的捐赠限定在5000美元之内。该法还规定:总统候选人争取提名竞选的花费不得超过1000万美元,大选花费不得超过2000万美元;政党委员会为参、众议员大选的助选花费分别被限制在2万和1万美元之内,政党全国党代会的花费不得超过200万美元。②

该法弥补了1971年竞选法的漏洞,建立了一个独立的联邦选举委员会(Federal Election Commission,简称FEC),授予它监管和实施《竞选法》的权力。委员会负责接收信息、公布信息、制定规则、进行审计,向国会和总统定期报告,并且拥有审理相关案例的司法权、解释《竞选法》和制定细则的权力。委员会由6名委员组成,分别由众议院议长、参议院代议长和总统提名。③ 该法还要求候选人建立竞选中心委员会,负责向联邦选举委员会报告资金筹集和花费的情况。

《1974年联邦选举竞选法修正案》最具有原创意义的修正是创建了一种由公共财政来支持竞选的选择,即在联邦一级,建立一个专门用于资助总统大选的公共财政,减少联邦竞选人的筹款压力,鼓励从大数量的小额捐款人那里获得支持,从而减少大额捐款对竞选的影响力。按修正案规定,如果一个主要政党(民主党或共和党)的总统候选人同意放弃其他方式的筹款,他或她将在大选中获得高达2000万美元的公共竞选财政的支持,其他党的候选人也可按先前大选的得票比例获得部分的资助。在预选阶段,如果候选人接受联邦选举委员会的条件,也

---

① 具体讲,联邦法律对个人捐赠(individual contributions)的规定是:个人可以在每次选举中对每位候选人给予不超过1000美元的捐款,但是因为每次选举包含初选、大选和决胜选举(run-off),所以,如果一位候选人同时参加了这三种竞选,捐款人可分别对三种选举各捐1000美元,也就是个人捐赠可一共达到3000美元。

② *Federal Election Campaign Act Amendments of 1974*, Public Law 93-443; reprinted in Anthony Corrado, *Money and Politics* (1997); Document 2.9.

③ 如同后面的讨论提到的,联邦选举委员会的委员产生方法在1976年将受到最高法院的挑战。最高法院认为让国会两院领袖提名委员会成员的做法违反了立法权和执法权分立的宪法原则。

可以获得公共财政的配套资金。① 公共竞选资金财政则通过全国所有纳税人在每年报税时自愿捐赠一定数额(1974年的限额为单独报税者每人1美元,夫妻联合报税者2美元)的款项来构成。国会也通过减税优惠的待遇鼓励公民为大选提供小额捐赠(25—50美元不等)。必须提及的是,该法继续准允工会和公司以"政治行动委员会"的名义募集自愿捐赠,准允它们将钱用于资助公民教育、选民动员以及其他竞选活动。这项认可将在1980年代和1990年代产生严重的后果。

从立法程序上看,《1974年联邦选举竞选法修正案》似乎是对1971年《竞选法》的修订,实际上它是一部内容全面和丰富的法律。但它的实施并不顺利。先是因为福特总统没有及时任命选举委员会的成员,该法的实施受到延误。选举委员会于1975年开始运作之后,该法很快在1976年巴克利诉瓦莱奥案的判决中受到最高法院的质疑和挑战。②

巴克利(James L. Buckley)是纽约州的联邦参议员,他与前总统候选人麦卡锡(Eugene McCarthy)等于1975年1月起诉,以质疑《1974年联邦选举竞选法修正案》违反了第一条修正案和第五条修正案为名,起诉担任联邦选举委员会成员的瓦莱奥(Francis R. Valeo),要求联邦法院宣布该法违宪。联邦地区法院拒绝巴克利的要求之后,此案上诉到联邦巡回上诉法院,并最终上诉到联邦最高法院。因为1976年是总统大选年,最高法院迅速审理此案,并于1976年1月公布判决意见。

最高法院对《1974年联邦选举竞选法修正案》的几个重要内容表

---

① 参与竞选联邦总统的各政党候选人或独立候选人在预选和大选时可以申请从联邦选举委员会获得公共竞选资金——即所谓的配套资金(matching fund)——的支持,但需要满足几个前提条件才符合申请资格:(1)主要政党的候选人需从20个州凑集到10万美元(至少在每州凑集5000元,每笔捐款不应超过250元);(2)候选人必须承诺遵守联邦选举委员会的花费上限规定(1974年为1000万美元);达到要求之后,候选人可以得到相应的公共资金的补贴,补贴最高额为500万美元。如果候选人不申请公共资金的资助,花费时不必受联邦选举委员会的限制,唯一的限制是个人捐款数额不得超过1000美元。在2000年的总统大选共和党的初选中,布什和亿万富翁福布斯(Steven Forbes)就选择了不申请公共资金的资助。布什筹集到了将近1亿美元的预选经费,福布斯是用自己的钱参加竞选。与布什竞争共和党提名的约翰·麦凯恩将自己未能赢得初选归咎于布什在预选阶段的无限制花费。Corrado, "Money and Politics," 25.

② *Buckley v. Valeo*, 424 U.S. 1 (1976).

示支持,包括对个人捐助数额的限制、捐赠信息的公布和报告以及公共竞选资金的计划。最高法院多数派意见认为,这些规定是针对候选人过于依赖主要捐赠者而可能产生的不正当的影响而制定的对策,它们"是为政府利益服务的,它们既保护选举程序的公正,又没有直接侵犯个体公民和候选人参与政治辩论和讨论的权利",应该予以支持。但最高法院将修正案对竞选花费的限制宣布为违宪,理由是竞选捐赠与花费是一种政治讨论和结社的表现方式,候选人使用"个人资金"(personal funds)来参加选举和表达政见是在行使自由讨论的权利,而进行政治讨论是受第一条宪法修正案保护的权利,政府不能因为想要平衡所有候选人的竞选资金而对自助的候选人的花费进行限制,这种做法违反了第一条宪法修正案。最高法院提到,政府的规定目的是为了防止"腐败或腐败的出现",因为捐赠者与受捐者之间的确会出现"利益交换"(quid pro quo)的捐赠协定,所以,政府可以对捐赠实施限制,但自我资助的候选人并不接受他人的捐赠,他们在选举中花多少钱不应受到政府的管制。①

最高法院还就对"候选人的支持"(candidate advocacy)和对候选人的"立场或政策的支持或主张"(issue advocacy)做了区分。最高法院认为,对竞选捐赠的限制应针对那些带有明确的(express)"投票支持某人"(vote for)或"投票反对某人"(vote against)等字样的广告;而对那些支持或反对某一政策或立场的捐赠应该放宽限制,从言论自由的角度给予更多的保护,因为这涉及政治讨论的自由。最高法院还否定了联邦选举委员会的组成程序,指出由国会两院来提名委员会的成员的做法是违宪的,因为联邦选举委员会是一个事实上的执法机构,由立法机构来决定4名执法部门的官员的做法违反了三权分立的原则。②这样,1974年修正案在全面实施之前就面临了再修订的命运。

国会针对最高法院的判决,于1976年5月完成了对《1974年联邦选举竞选法修正案》的再修订,形成了《1976年联邦选举竞选法修正案》(Federal Election Campaign Act Amendments of 1976),将联邦选举

---

① *Buckley v. Valeo*, 424 U.S. 1 (1976).
② Ibid.

委员会成员改为一律由总统提名、参议院批准的程序。1976年修正案同时赋予了选举委员会单独处理违反联邦竞选法案件的权力,并将对联邦候选人的竞选资金的筹措和花费的限制限定在那些承诺接受公共竞选资金的候选人范围内。考虑到一些"富人"(fat cats)的捐赠需要和捐赠能力,1976年修正案将个人向主要政党和其他政治行动委员会的年捐赠总额提高到2.5万美元,而使用自己的钱参加竞选的人可以不受限制地花费。这些修订仍然代表了一种进步,至少竞选资金信息的公布增加了竞选经费的透明度,公共竞选资金财政的建立也广受欢迎,但1976年修正案仍然受到了地方和州一级政党组织的抨击。它们认为,繁琐的信息公布和报告制度增加了政党的行政开支,对竞选花费的限制影响了政党的助选活动,阻碍和削弱了传统的"党建"工作(party-building),尤其选民教育、选民动员之类,实际上损害了基层选民的利益,破坏了基层民主。

与此同时,就1978年的波士顿第一国民银行诉贝洛蒂案联邦最高法院以5—4票达成的判决中再次重申了巴克利案的原则。此案涉及马萨诸塞州的一部禁止银行或公司向政治候选人捐款的法律,核心问题是具有"公司身份"(corporate identity)的发言者(speaker)是否享有第一条修正案保护的言论自由权。鲍威尔大法官在判决意见中写道,"言论自由和其他的第一条修正案保护的自由始终是为正当程序原则所保护的基本内容";公司拥有的言论自由不只限于与商业有关的事务;如果州议会可以限制商业机构的言论自由,也可以限制其他机构(包括教会、慈善或公民事务等)的言论自由,这种形式的"言论压制"是违反第一条宪法修正案的。马萨诸塞州议会则认为,公司参与公众议案的讨论会施加不平衡的影响,并最终以它们的财富和权势"破坏人民对民主制度程序的信心和政府的公正性"。最高法院认为,商业公司发布政治广告目的也许是打算影响公众决定,但不能因为有这样的企图就剥夺它的言论自由,也没有证据显示公司的言论影响了马萨诸塞公民表决的结果。① 这桩对于州法的判决对联邦政府对竞选资金的管制也施加了负面影响。

---

① *First National Bank of Boston v. Bellotti*, 435 U. S. 765 (1978).

所以,1976年修正案实施之后不久,国会立即着手修订,从而形成了《1979年联邦选举竞选法修订案》,这是对1971年《竞选法》的第三次大的修订,其有效性延续至2002年。1979年修正案的主要内容包括:进一步完善竞选资金捐赠的公布程序,扩大政党在竞选中的作用,允许州和地方政党组织在帮助该党候选人竞选联邦一级公职方面不设上限地筹集和花费资金,并允许地方的政党组织为"动员选民参与投票"(get-out-the-vote)而不受限制地筹集资金(即接受捐赠)和将钱花在类似的党建活动上。这些新的修订为州和地方政党组织大幅度地投入竞选创造了条件,它们开始扮演比先前更重要的角色,并成为筹集和花费竞选资金、开展各种形式的助选活动的主要平台,有的时候其重要性甚至超过了政党的全国委员会。与此同时,1979年修正案也无意之中为"软钱"(soft money)在1980、1990年代的大量泛滥打开了法律上的方便之门。① 其他的修订内容包括:厘清《竞选法》实施的程序,简化捐赠报告手续,剥夺联邦选举委员会任意抽查候选人竞选账务的权力,禁止候选人将剩余资金挪为私用等。②

## 四 软钱政治与选举民主的博弈

### 政治行动委员会和软钱的出现

政治行动委员会在1971年《联邦选举竞选法》实施后开始大量增长。1974年,在联邦选举委员会登记的政治行动委员会有1146个,1986年增加到4157个;因为《竞选法》对政治行动委员会捐赠的上限设定高于个人捐赠的上限,所以刺激了政治行动委员会的大量出现,它

---

① 竞选资金改革史研究者安东尼·科拉多(Anthony Corrado)指出,在1979年修正案的原则下,政党全国委员会可从各地无限制地募捐,然后将这些钱分配到各州(尤其是那些允许接受这类资金的州),以帮助州的政党组织开展助选活动,而州和地方党组织也可不受限制地为党建活动募捐。所以,1979年修正案可能并没有直接制造"软钱",但该修正案对花费管制的放松使得地方党组织在影响联邦选举的结果方面扮演了更大的角色。Corrado, "Money and Politics," 29; *Campaign Finance Reform*, 172-173.
② *Federal Election Campaign Act Amendments of 1979*, *Public Law*, 96-187.

们为候选人贡献的竞选资金也从1200万美元增加到1亿美元①,与政治行动委员会密切相关的"软钱"随之而起。②

在联邦选举委员会于1970年末发布的意见的指导下,政党组织可以接受和花费软钱,并用来支付自己的行政费用和其他活动,这种规定先是适用于州,随后扩展到全国政党委员会。于是,国会放松了对政党花费的限制,联邦选举委员会放松了对政党筹款的限制,两种新的竞选资金管理体制汇合在一起,为软钱的泛滥创造了条件。政党组织利用这个新体制不受限制地筹款,并将筹款用于支持本党的联邦职位候选人。几个竞选周期下来,软钱成为联邦职位竞选过程中最重要的一种资金构成。到1980年代末,软钱甚至成为竞选成功的不可或缺的组成部分。1992年民主、共和两大政党筹集的软钱达到了8600万美元,1996年达到了2.6亿美元,2000年则达到了4.95亿美元。两大政党都用软钱来支付党工的工资、推动选民动员和选民教育以及其他的党派活动,目的只有一个:影响选举的结果,尤其是总统大选的结果。软钱没有直接、公开地用于为某位候选人造势,但其资助的所有基层活动都是实质上的助选活动。③

软钱的出现和使用再度改变了联邦选举的竞选方式。各种名目的政治行动委员会被公司或工会组建起来筹集、接受和花费软钱,间接地对候选人及其问题立场表示支持。联邦法规定,一个政治行动委员会可对一个国会议员选区捐赠5000美元,但对于可捐赠的国会选区总数却没有限制,也就是说,如果一个工会或公司的政治行动委员会愿意同时向20个国会议员的竞选进行捐赠,也是被允许的。此外,一个政治行动委员会可以与任何公司或工会组织毫无关系,仅仅因为要表达某一政见或政策立场而组建起来,可以旗帜鲜明地支持某一候选人,也可以向某一政党捐款。政党组织和政治行动委员会还可以将不同的个人

---

① Frank J. Sorauf, *Money in American Elections* (Glenview, Ill: Foresman, 1988), 78-79.
② 所谓"软钱"(soft money),就是为选举筹集并最终使用于竞选的、不受《联邦选举竞选法》管制的资金。与之相对地,那些受联邦法律管制的竞选捐赠被称为"硬钱"(hard money)。详见本书第十章第一节的相关讨论。
③ Corrado, "Money and Politics," 31-33.

捐款"捆绑"(bundle)在一起,捐赠给某个候选人。① 根据这种模式,虽然政党捐赠的上限为5000元,但它们可以利用强大的组织功能来组织各种活动,制造捐赠的机会,动员个人捐赠者的大量参与,所以政党仍然是竞选资金的主要筹集工具,在软钱筹集方面,它更多地是扮演幕后推手的角色。② 软钱也可以被两大政党通过全国委员会无止境地向州和地方党组织转移使用,用于地方的党建活动。包括:动员选民(主要是支持本党的选民)参与选举登记和投票,资助州立法机构和州长席位的竞选(从体制上保证控制选区重划的实权,并通过选区重划保证本党的长久的竞选优势乃至影响全国选举的结果)。所以,对于主要政党的全国委员会来说,软钱具有多重的功能和效用。

### "政策广告"与竞选方式的改变

软钱和政治行动委员会也催生了另外一种竞选手段,即在电视上发布所谓的"政策广告"(issue ad)或"立场广告"(position ad)。这些广告与公开支持某候选人的电视广告不同的是,它们并不指名道姓地支持或反对某一候选人,所以它们不算是竞选广告,也不受联邦《竞选法》的管制,但"政策广告"所鼓吹的"问题立场"或"政策立场"却与某政党候选人在相关问题上的立场是完全一致的,所以,这些广告实际上是一种变相的竞选广告。从1996年开始,这种手段被两党候选人在不同层次的选举中广泛使用。

为"政策广告"推波助澜的是所谓的"527组织"(527 organizations)。根据联邦税务法规(Internal Revenue Code)第527条的规定,政党委员会、候选人委员会和登记的政治行动委员会可以免纳联邦所

---

① 在这种方式中,政党或政治行动委员会鼓励个人直接将支票的接受者写成某候选人的名字,集体捐给某候选人,联邦法将这种捐赠视为个人捐赠,但政党或政治行动委员会是这种行动的组织者,并负责递送支票,因而被视为候选人获赠的贡献者。这种"捆绑"式捐赠的数额往往相当大,可达成千上万美元。一些特殊利益组织,会利用演唱会等场合,请名人来演出,借机筹措资金,并以某利益组织的名义将筹来的资金集体送给某候选人(虽然捐赠的支票来自个人)。

② Robert L Dudley and Alan R. Gitelson, *American Elections: The Rules Matter* (New York: Longman, 2002), 61-68; Paul Allen Beck, *Party Politics in America*, 8th ed. (Washington, DC: Congressional Quarterly Press, 1997), 296.

得税。联邦税务局后来又将那些从事"影响联邦选举结果"活动的、但不受联邦选举委员会规则限制的组织也纳入 527 免税条款的范围。① 这些新的 527 组织可以接受上限为 1 万美元的捐赠而不必缴纳联邦馈赠税。527 条款是在"政策广告"变成一种时髦的竞选战术之前制定的,因此该条款没有要求这些组织公布捐款人的信息和花费信息,税务局认为这些信息都已告知联邦选举委员会和各州的相关机构,而这类组织则并未在联邦和州的相关机构进行登记。于是,联邦选举委员会与联邦税务局两者制定的法规之间出现了一个模糊地带,这就成为"政策主张"(issue advocacy)群体可以利用的空子。② 在 2000 年大选之前,一些国会议员和个人利用 527 条款迅速建立起专门的"政策主张"委员会,筹集大量资金,制作和发布"政策广告",影响选举结果。其中一个名曰"争取洁净空气的共和党人"的 527 组织制作了一个变相攻击参加共和党总统候选人预选的约翰·麦凯恩的电视广告,在几个州的预选之前播放,麦凯恩认为这些广告导致了他在这些州预选的失败。此事也成为他后来推动《两党竞选资金改革法》的原因之一。③

---

① Milton Cerny and Frances R. Hill, "Political Organizations," *Tax Notes* (April 29, 1996), 651; see Corrado, "Money and Politics," 34-35.
② Donovan and Bowler, *Reforming the Republic*, 157-159. 这些利益集团利用 527 条款建立起所谓"非盈利的、不属于某候选人的、教育性的"组织,私人或公司向这些组织捐款可以享受减税的待遇,这些组织也无须公开捐赠的数额。一旦建立起所谓的 527 组织,个人、公司、工会和利益集团等就可以无止境地进行捐赠,不受追踪,它们可以掩藏自己的真实意图,并花费数百万资金来制作攻击或推动候选人的政策广告。电视政策广告的花费大大超过了候选人的竞选经费。
③ 国会立即做出反应,通过法律,要求那些不在联邦选举委员会登记的、收入在 2.5 万美元以上的 527 组织公布捐赠者信息和收入来源,而且必须报税,必须公布所有捐赠在 200 元或以上的捐赠人的姓名,并要报告 500 元以上的花费的内容和种类。"争取洁净空气的共和党人"这一组织出资 250 万元制作了攻击麦凯恩的环保政策的广告,在共和党预选前在俄亥俄、加利福尼亚等州播放,结果导致了麦凯恩的失败(布什获得提名)。2000 年民主党和共和党一共筹集了将近 5 亿的软钱,其中共和党筹集了 2.5 亿美元,比 1996 年增加了 81%,民主党 2.43 亿,比 1996 年增加了 98%。大部分的软钱都转移到地方的政党委员会。在 2000 年地方政党委员会本身也筹集了将近 6 亿的软钱。Common Cause, *Under the Radar: The Attack of "Stealth PACs" on Our Nation's Elections* (Washington: 2000), and "McCain Camp Files FEC Complaints Charging 'Clean Air' Ads Violate Law," *BNR Money and Politics Report* (March 7, 2000), 1.

软钱为富有的个人和利益集团无限制的竞选捐赠打开了通道。著名烟草公司飞利浦莫里斯在1990年代捐给共和党的软钱高达620万。许多个人、公司和工会的软钱捐款都超过了10万。① 2000年,约有1000个组织向政党捐赠了每笔10万元的款项,最大额的捐款都在百万美元以上。这些捐款的一小部分用在选民动员的活动上,绝大部分用于支付打击对手的负面广告。②

软钱捐赠者当然不是免费赠与。他们要求受捐者在成功之后给予政治和经济利益的回报。辉瑞生物制药公司(Pfizer Inc)在2000年的大公司捐赠者名单中排名第19位,它当年得到的回报是1亿美元的减税回扣。礼来制药公司(Eli Lilly and Company)在2002年捐赠了上亿元的硬钱和软钱,百分之八十都捐给了共和党,得到的回报是在当年《国土安全法》中加入了一条保护该公司不受起诉的"搭便车"条款(rider),因为它生产的疫苗被人指责有可能会导致自闭症。没有国会议员承认自己是这条荒唐而具体的条款的作者,但它被写进了联邦法律之中。③ 2000年排名第37位的捐赠者是洛克希德公司,该公司花费了1000万美元的公关游说费,最终击败波音公司,获得了制造下一代军用飞机的政府合同,数额高达2000亿美元。④

竞选资金的捐赠造成了公民政治参与的不平等。1998年,收入排在前9%的公司负担了所有竞选捐赠的一半以上,而它们的选票不过是所有选民的十分之一。处在收入最低的两个等级的美国人占了人口的56%,构成了46%的选民,但他们提供的竞选资金捐赠只是所有捐赠的16%。⑤ 在"一人一票"原则的背后,美国的选举制度存在一种

---

① Corrado, *Campaign Finance Reform*, 167; Dudley and Gitelson, *American Elections: The Rules Matter*, 71.
② Craig B. Homan, *Buying Time 2000: Television Advertising in the 2000 Federal Election* (2001), quoted in Donovan and Bowler, *Reforming the Republic*, 157.
③ Sherly Gay Stolbert, "Provision in New Security Law Helps Drug Giant Eli Lilly," *New York Times*, 29 November 2002, quoted in Donovan and Bowler, *Reforming the Republic*, 160.
④ Donovan and Bowler, *Reforming the Republic*, 162.
⑤ Data from Kay Schlozman, Henry Brady, and Sidney Verba, *Voice and Equality: Civic Voluntarism and American Politics* (1996), quoted in Donovan and Bowler, *Reforming the Republic*, 163.

事实上的双轨制:受限制的选举和不受限制的选举。能够筹集到软钱的人和拥有足够个人资产、无需依赖公共竞选资金的人可以享受一种不受限制的选举;绝大部分美国公民并不具备用钱来影响政治或发表政见的能力,他们的影响力只限于他们手中的选票。而在现实中,捐赠越多的人,也有可能拥有更多和更大的发言权,这种情形导致选民丧失对选举的信仰和信心,也推动国会再启竞选资金制度的改革。

## 2002年《两党竞选资金改革法》

在20世纪后期的几届国会中,民主、共和两党都没有同时控制国会两院并占据总统职位的机会,这也是竞选资金改革停滞不前的原因。现任议员的改革愿望是有限的,因为他们需要为连选连任筹款,要求改革的动力不大。但进入21世纪后,竞选耗费越来越大,致使包括在任国会议员在内的许多候选人都感到难以承受。与此同时,1997年,国会、司法部和联邦选举委员会经过调查发现,竞选经费的筹集和花费中有许多不规范和违规的行为,例如,民主党曾从非法和来路不明的渠道接受了300万美元的政治献金,副总统戈尔曾从自己的办公室打筹款电话等。此外,软钱数额飙升的趋势愈演愈烈,2000年选举为国会带来一些愿意支持选举改革的议员,推动了《两党竞选资金改革法》的制定与通过。①

《两党竞选资金改革法》(Bipartisan Campaign Finance Reform Act)是美国在21世纪关于竞选资金制度的最主要改革,最初于1996年提出,但在参议院为共和党议员利用"冗长辩论"的议事规则所击败。2001年国会复会后,国会内部改革者凝聚共识,由共和党参议员麦凯恩(曾参加了2000年共和党总统候选人提名角逐)和民主党参议员费恩戈德(Russ Feingold)联名提出立法提案,经过多轮磋商和妥协,提案最终得到参众两院的批准,并由布什总统于2002年3月27日签署生效。

---

① 软钱数额飙升的同时,"政策主张"的广告数量也大幅度增长,刺激了软钱数额的增长。Corrado, "Money and Politics," 36-37.

该法的主要目标是将软钱的筹集和花费与竞选过程中政策主张的广告两大问题纳入《联邦选举竞选法》和联邦选举委员会的监管范围之内。主要内容包括：禁止政党的全国性组织以及联邦公职竞选者通过州和地方政党组织的渠道来筹集和使用软钱，对资助"竞选性质的传播"（即政治广告）的捐赠做出严格的限制，禁止公司或工会动用自己的行政财政来资助制作和播放竞选广告（这类广告通常在初选前30天、大选前60天内播放），要求政党公开1万美元以上的捐赠信息，并要求公布捐赠金额在1000元以上的个人或团体的名字。①

该法最重要的内容是杜绝联邦一级的软钱问题，包括禁止政党的全国委员会筹集和花费软钱，禁止在任联邦官员、候选人及其他们的代理人为527组织筹款或将筹款转给该类型的组织使用。在州一级，该法禁止州和地方政党委员会为527组织筹集软钱；由州和地方政党委员会资助的公然支持或反对某联邦职务候选人的竞选广告必须使用"硬钱"（即受到联邦选举委员会监管的资金），而不能使用软钱，此举的目的在于杜绝州和地方政党组织无止境地使用软钱来影响联邦选举的漏洞。与此同时，作为禁止这方面的软钱使用的补偿，该法将个人对候选人、政治行动委员会和政党的捐赠（硬钱）额度提高到每个选举年度10万元左右。为了应对富有的、自我资助的竞选人与其他竞选人在资金花费上的不平衡问题，《两党竞选资金改革法》设计了一个"百万富翁条款"（the millionaire's provision）来应对：一旦自我资助的竞选人在竞选花费上超过一定的额度，非自助的竞选人需要筹集的硬钱的额度可以相应提高，以保证两者的差距不会太大而致使后者在钱的问题上丧失优势（对此麦凯恩是深有体会的）。

在竞选广告的控制方面，《两党竞选资金改革法》加大了管制的力度和范围。最高法院在巴克利案的判决中对"候选人支持"和"政策支持"两种广告做了区分，要求放宽对后者的监管，但许多政党或政治行动委员会资助的"政策主张"广告实际上是变相的"候选人支持"广告，所以该法力图杜绝这方面的漏洞。具体讲，该法对明确涉及联邦候选

---

① *Bipartisan Campaign Reform Act of 2002*（BCRA），*Public Law* 107-155（codified as amended at 2 U.S. 431 et seq.）；Corrado，"Money and Politics，" 39-40.

人的"竞选性质传播"(electioneering communications)做了严格限制,建立了一个预选前 30 天、大选前 60 天的"管制期"(blackout),即凡是"政策主张"类的广告在这段时间播放时在用语方面不能带有明确的支持或反对某一候选人的字样,并且必须公布广告资助人的信息。该法同时禁止公司或工会资助这类广告。①

《两党竞选资金改革法》尚未表决,肯塔基州国会参议员米奇·麦康奈尔(Mitch McConnell)便对其合宪性提出质疑。该法实施后不久,十几桩相关案件相继递送到联邦法院,涉及 80 多个组织和个人,包括民主党全国委员会等。联邦地区法院应国会的要求,迅速组成了 3 人审判法庭,审理这些案例。相关案例被合并成"麦康奈尔诉联邦选举委员会案"。联邦地区法院于 2003 年 5 月写作了一部长达 1600 页的审判意见,对《两党竞选资金改革法》的原则和大部分条款予以支持,但同时也宣布该法的某些条款是违宪的。鉴于此案意义重大、2004 年总统大选的时间迫近,联邦最高法院决定不等此案经过巡回上诉法院而直接听取麦康奈尔案的辩论。2003 年 12 月,最高法院宣布了对此案 5—4 票的判决意见。

此案需要回答的问题是:《两党竞选资金改革法》对"软钱"的规范是否超出了宪法赋予国会规范选举程序的权力?《两党竞选资金改革法》对政治广告的资金来源、内容和播放时间的规范是否违反了第一条宪法修正案的言论自由的原则?最高法院对两者的回答都是否定的。

由奥康纳和斯蒂文斯联合执笔写作的多数派意见认为,《两党竞选资金改革法》规范的主要是软钱,而软钱主要是用来动员选民,比起竞选花费来说,并不是一个直接表达政治观点的过程。所以,对软钱进行规范和限制,并不影响言论自由。与此同时,对软钱的规范和限制是服务于政府的合法利益的,因为政府需要禁止大宗捐赠可能带来的腐败或腐败的现象。基于此,最高法院对该法的主要条款予以支持,包括禁止政党委员会接受和使用软钱,禁止政党组织及其代理人为 527 组

---

① 即便如此,该法没有将"管制期"之外的政治广告纳入监管范围,也没有对资助这些广告的软钱进行限制。Corrado, "Money and Politics," 41-43.

织筹款或将筹款转移给它们使用,禁止使用"软钱"来制作支持或反对联邦候选人的政治广告等。最高法院认为,这些条款旨在保护政府的利益不受竞选中"腐败行为"的侵犯,并对禁止非法捐赠提供一种防范机制。多数派意见写道:"金钱,如同流水一样,总是会找到一个缺口的,所以政府必须处处对可能的腐败进行防范。"

最高法院同意将"竞选性质传播"广告纳入联邦选举法的限制之内,反对公司或工会利用自己的行政财政来资助"政策主张"广告的制作。但最高法院认为,公司或工会可以使用从另外的、分离的其他渠道获取的资金来支持这类广告的制作。对于该法要求候选人公布竞选捐赠的花费的信息以及政治广告资助者的信息,最高法院表示支持,并不认为信息的公布会对捐赠人或赞助者造成伤害。在判决意见中,最高法院以违反言论自由为名,推翻了该法对未成年人捐赠的限制。《两党竞选资金改革法》要求,当一个联邦候选人接受本党的提名之后,政党必须在协同和独立花费(coordinated and independent expenditures)之间做出选择,最高法院对此表示反对,认为这项要求对政党在行使不受限制的竞选花费的权利时增加了不符合宪法的负担。①

### 公民联合组织诉联邦选举委员会案
### 对《两党竞选资金改革法》的挑战

最高法院对《两党竞选资金改革法》的支持是短暂的,并在 2007 年的威斯康星生命权组织一案判决中发生了变化。在 2005—2006 年间,最高法院大法官的组合及其政治立场也发生了微妙的变化。2005 年,首席大法官伦奎斯特去世,布什总统任命了立场偏保守的约翰·罗伯茨(John Roberts)接任首席大法官。2006 年,长期在最高法院扮演决定性角色的奥康纳大法官退休,布什总统任命了另外一名保守派法官塞缪尔·阿利托(Samuel Alito)接任。这些变动对最高法院在 2007 年后对《两党竞选资金改革法》的审理应该是有影响的。

威斯康星生命权组织案起源于一则"政策广告"。该组织是一个

---

① *McConnell v. Federal Election Commission*, 540 U. S. 93 (2003); Corrado, "Money and Politics," 38.

非盈利的利益集团组织,它希望在联邦选举委员会的管制期内播放一个与参议员选举相关的电视广告,但因为该组织具有公司(corporate)性质,并接受了其他公司的捐赠,所以受到《两党竞选资金改革法》的管制。该组织声称,自己的广告并没有明确地"支持或反对"(vote for or vote against)某一候选人,不是竞选广告,不应该受到限制,联邦政府无权干预该组织的言论自由权。看得出来,该组织是借用了最高法院在巴克利案中采用的立场。首席大法官在5—4票作出的判决的意见中写道:只要政治广告没有使用明确的"支持或反对"候选人的语言,均可以作为"可以实施的"(as applied)例外在"管制期"内播放,因为这关系到公民的言论自由和表达自由的问题。罗伯茨说,"我们可以对某种言论表示怀疑,但我们不能管制它"。① 这一判决利用巴克利案的原则,推翻了最高法院对麦康奈尔案的部分判决,为2010年的"公民联合组织诉联邦选举委员会案"做了铺垫。

一年之后,在戴维斯诉联邦选举委员会案的判决中,5名保守派大法官组成的多数派将《两党竞选资金改革法》中的"百万富翁条款"宣布为违宪。如上所述,该条款意在缩小自助与非自助候选人之间在筹款和花费方面的差距,所以要求自助候选人报告自己的花费情况。最高法院认为,这项条款限制了候选人使用自己的资金、按自己的方式来花费的权利;候选人用自己的钱参加竞选,从根本上减少了政治腐败的可能性,这样的限制并不推进政府反腐败的"紧迫利益";相反,政府为了提高非自助候选人的声音来压制自助候选人的花费,这是一个"不祥的征兆"。② 这些早期的判例对《两党竞选资金改革法》来说的确是一种"不祥的征兆",2010年的公民联合组织诉联邦选举委员会案③的判决将再度打击该法的实际效力。

公民联合组织是一家位于首都华盛顿的保守派智库,其宗旨是恢复"公民对政府的控制",恢复包括"有限政府、自由企业、坚实的家庭和国家主权与安全的美国价值观"。④ 2008年1月,美国总统选举预选

---

① Federal Election Commission v. Wisconsin Right to Life, Inc., 551 U. S. 449 (2007).
② Davis v. Federal Election Commission, 554 U. S. 724 (2008).
③ Citizens United v. Federal Election Commission, 558 U. S. 310 (2010).
④ 关于该组织的自我介绍,见:http://www.citizensunited.org/who-we-are.aspx。

拉开帷幕,该组织制作了名叫《希拉里》(Hillary: The Movie)的纪录片,对时任纽约州联邦参议员、并正在争取民主党总统候选人提名的希拉里·克林顿是否适合担任总统提出了尖锐的质疑。该组织希望通过有线电视网和"视频点播"的方式发行和传播影片,但担心受到《两党竞选资金改革法》有关条款的限制,于是向联邦法庭寻求允许传播和发行该影片的法院命令。该组织挑战的主要条款为《两党竞选资金改革法》的第441(b)条款,即禁止"竞选性质传播"在"管制期"播放的条款。该组织同时要求最高法院宣布《两党竞选资金改革法》要求公布广告制作捐款人的信息的条款违宪。公民联合组织声称,影片《希拉里》不是竞选性质的传播,也没有公开发行,不应该受第441(b)条款的限制。该组织沿用巴克利案和威斯康星生命权组织案的判决原则,认为第441(b)条款应该允许非盈利组织表达政治言论,尤其是当这种言论的制作资金来自竞选之外的独立资金的情况下。最高法院因此必须审查该条款是否违反了第一条宪法修正案。

在审理此案之前,最高法院对非盈利公司(或以利益群体诉求为基础组成的、具有公司性质的团体)能否发布"政策广告"的问题做过数次审查,建立起相互冲突的两套先例原则。一套是前面讨论过的巴克利案原则,即联邦政府不能禁止具有"公司身份"的发言者参与政治讨论。巴克利案之后,在1978年的贝洛蒂案中,最高法院更为明确地宣布公司身份的发言者拥有参与公共事务讨论的言论自由权。① 第二套原则来自1990年奥斯汀诉密歇根商会案。在此案的判决中,最高法院宣布,州法可以禁止公司使用库存资金(treasury money)来资助支持或反对公职候选人的当选,因为"公司财富可以不公平地影响选举",防止和打击公司与候选人之间的利益交换是为政府反腐败的"紧迫利益"服务的,所以这样的限制并不违反第一条和第十四条宪法修正案。② 在审理公民联合组织一案中,最高法院到底应该遵循哪一条先例的原则呢?

---

① First National Bank of Boston v. Bellotti, 435 U. S. 765 (1978).
② Austin v. Michigan Chamber of Commerce, 494 U. S. 652 (1990). 此案的判决意见书是由瑟古德·马歇尔大法官写作的,持赞同意见的包括伦奎斯特、布伦南、怀特、布莱克门、斯蒂文斯;持不同意见的大法官有斯卡利亚、肯尼迪和奥康纳。

最高法院最终决定采用巴克利、贝洛蒂案的原则,否定奥斯汀案的原则。为什么呢?理由是:(1)政治言论是一个民主社会决策机制中的"不可或缺的一部分",所有的发言者都是使用市场积聚的财富来资助他们的言论发表,具有公司身份的团体发言者也是如此,"对媒体或其他公司实行不同的待遇,是违反第一条宪法修正案的",而奥斯汀案的判决干扰了受第一条宪法修正案保护的思想的"开放市场"[①];(2)为防止利益交换的政治腐败,联邦政府可以对竞选捐赠设限,但不能将资金管制延伸到"独立花费"(independent expenditures)。所谓"独立花费"指的是经费来源不受联邦选举法管制的、也不直接用于支持或反对候选人竞选活动的花费。最高法院宣布:"独立花费,包括来自公司的独立花费,并不导致腐败或腐败的出现。发言者也许对当选的官员有影响或获得了接触当选官员的通道,但这并不意味着那些官员是腐败的。这种影响的表现或通道也不会导致选民对这个民主体制丧失信心。"[②]多数派意见还称,政治言论已经如此深入地融合在国家的政治文化之中,传播技术上的进步以及"表达自由的概念所包含的内在创造性动力"将始终鼓励人们与限制言论自由的法律进行着针锋相对的较量,所以,奥斯汀判决应该被推翻,最高法院应恢复巴克利案和贝洛蒂案的原则,即政府"不能以发言者的公司身份为理由压制其政治言论"。[③]至于政府要求公布影片资助者的信息,最高法院认为,这对于言论自由来说,也许是一种负担,但它没有对竞选活动造成不良的影响,也没有阻止任何人讲话,公民联合组织也没有出示任何证据显示其成员面临和遭遇了威胁、骚扰或打击报复。所以公布信息的要求并不违宪。[④]

公民联合组织案的判决破坏了《两党竞选资金改革法》的核心目标,冠以"独立花费"之名的软钱筹集实际上没有受到限制,公司或公会资助的"政策主张"的广告仍然可以得到在"管制期"内播放的空间,富有个人的自助竞选并不受到任何节制。

---

① *Citizens United v. FEC*, 558 *U. S.* (2010), 32-40.
② Ibid., 40-45.
③ Ibid., 47-50.
④ Ibid.

## 寻求"其他途径的政治"？

《两党竞选资金改革法》遭遇的一系列挑战再次说明选举程序改革的困难。18世纪末的制宪者最初对代表制政府的期望是,这将是一个具有活力的政治体制,普通选民能够通过经常性的选举而直接参与地方、州和联邦的政治。事实上,大规模的政治参与也是19世纪美国政治的重要特征之一,是当时美国民主的活力的表现。正是通过定期、公开和有序的选举,政府官员执政的合法性得到承认,其执政也获得了民意的支持。在国家遭遇危难的时刻,政治领袖可以理直气壮地动员人民,来捍卫国家制度及其所代表的政治价值。大众对于政治的参与不光是希望自己的权利和自由得到政府的保护,而且也帮助改进了政府的治理能力,"制度建设"与"公民建设"成为并行的历史进程。

但如前所述,当选民不再有兴趣参与政治、甚至甘愿放弃手中的选举权时,说明选举制度乃至政治制度本身出了问题。当金钱真的成为"政治的母乳"之后,政治和民主就变味了,竞选本身也就失去了它本来的意义。选举原本是一个展示、比较和选择不同的政治主张的过程,是一个将分散的政治愿望凝聚成为政治共识的过程,是一个将个体公民的权利转化成为公民们共同的政治权力的过程;然而,当这个过程的最基本原则——公平与公正——被金钱"劫持"之后,它变成了一种事实上的"非民主的"程序。选民与自己的代表之间出现了政治"断裂",候选人和政客们被迫更多地关注自己的和现实的利益。竞选也不再是针对选民真正关心的问题做深入讨论,而变成了一种事先安排好的表演,充斥着华而不实的承诺、竞争者之间的敌视与诋毁,以及目不暇接的负面广告。对选举程序信心的丧失迫使政治发生转向,人们更经常地诉诸于"其他途径的政治"(politics by other means)来获取希望的政治结果,包括影响最高法院大法官的提名与任命、对竞争对手丑闻的揭露、对异见者的无情打击等。当经选举产生的国会时常陷入僵局、而非经选举产生的机制(如最高法院)拥有越来越大的权力时,选举也越来越无法决定谁能真正从选民的角度出发来治理国家。赢得了选举的人往往为体制所约束而不能真正地掌权和用权,而输掉选举的人则可能通过其他渠道获得需要的结果,选举因此成为一种越来越不吸引人的活动。

金钱主导选举也直接影响到政府的治理能力。政治人物在赢得选举之后,相互之间必须进行利益交换,从而维系和扩展自己的利益,即便在党内也是如此。在上层政治中,利益谈判与交换成为常态,而无需顾及基层选民的感受,因为基层选民也已经被问题所分化。所以,国会通过的法案往往包含了目标完全冲突的内容。因为缺乏一个有长期影响力的、巨大而稳定的选民基础,政府变得十分脆弱和不稳定,政治人物既没有勇气、也没有本钱对大的金钱利益提出挑战,在这种情况下,一种被政治学家洛伊(Theodore Lowi)和金斯伯格(Benjamin Ginsberg)称为"不健康的和本质上非民主的政治过程"便应运而生了。① 的确,9·11的发生可以短暂地团结人民、凝聚民心,但它不能解决政治程序中的深层的"不健康"和"不民主"的问题。事实上,许多选民对布什政府在9·11后的政策充满反感,甚至认为,这是共和党政府巧妙地利用9·11的危机和国家机器来贯彻保守主义的意识形态和价值观。

选举曾经是美国政治的核心程序,这个核心程序是否已经变成了一种"死亡中心"(dead center)? 这是许多关心美国民主前途的人所担忧的。2008年奥巴马的当选曾经给人们带来了短暂的希望,毕竟他的当选在很大程度上要归功于无数小额捐赠的选民的帮助(许多年轻的选民甚至是通过网络来进行捐赠的)。但人们很快意识到,奥巴马的理想主义和改革愿望在深受金钱和党派政治困扰的体制之中几乎没有成功的机会。如何恢复美国民主的活力,如何重新激发选民的信心,如何在全球化时代更新民选政府的治理能力并保持选民的高度参与,如何弥合和修补选民与民主政治的断裂,这是21世纪的美国政治改革家们必须解决的问题。

---

① Lowi and Ginsberg, *American Government*, 569, 598.

奥巴马与帕克斯雕像(2012)

1955年12月,阿拉巴马州蒙哥马利市的非裔美国女性罗莎·帕克斯(Rosa Parks)因在公共汽车上拒绝给白人让座而被指控违反该市的种族隔离乘车法,遭到逮捕。在年仅27岁的黑人牧师马丁·路德·金的领导下,该市黑人群众举行了长达381天"拒乘公车"(bus boycott)的抗议活动,迫使联邦最高法院最终宣布种族隔离乘车法违宪。"拒乘公车"的活动开启了大规模的、以非暴力方式抗议种族歧视的民权运动,最终迫使美国国会通过《1964年民权法》和《1965年选举权法》,重新赋予南部黑人公民以平等的公民权和选举权。帕克斯于2005年去世后,为了纪念这位"民权运动之母",美国国会决定在国会大厦安放她的雕像。2012年6月,几乎在联邦最高法院对谢比尔县案作出宣判的同时,帕克斯雕像在国会大厦揭幕。图为出席揭幕典礼的奥巴马总统与帕克斯雕像的合影。

图片来源:http://reenied.wpengine.netdna-cdn.com/wp-content/uploads/2013/02/Rosa-Parks-Statue-5.jpg

# 第十二章 "色盲"宪法中的种族政治

2008年11月4日在美国历史上是一个值得记忆的日子。当晚10时左右,美国各大电视网相继宣布,民主党总统候选人、47岁的非裔美国人巴拉克·奥巴马(Barack Obama)战胜共和党对手约翰·麦凯恩(John McCain),当选为美国第44任总统。消息传出,早已聚集在芝加哥市格兰特广场的数十万人立刻欢声雷动,庆祝奥巴马竞选成功。奥巴马无疑是一位优秀的候选人,他以冷静和卓越成功地应对了来自党内外对手们的挑战。尽管奥巴马的当选是意料中的事情,但当他和妻子、女儿们出现在格兰特广场的庆典上时,许多美国人仍然十分感慨,那些亲身参与过20世纪50、60年代民权运动的老将更是止不住热泪盈眶。人们不敢相信在有生之年能够看到美国出现一位黑人总统。奥巴马在致辞中感谢了他的支持者们,并提到一位来自亚特兰大、名叫库伯(Ann Nixon Cooper)的106岁的黑人妇女选民。他说,库伯夫人曾因为是女性和黑人而被长期剥夺了选举权,但她始终没有放弃希望,一直在争取和行使参与政治的权利,因为她相信"改变美国是可能的"。"如果有人还对我们民主的力量表示怀疑的话",奥巴马对他的支持者们说道,"今天晚上就是(对)你的回答"。①

奥巴马想用库伯夫人的故事说明,即便是在种族歧视最猖獗的年代,非裔美国人也没有放弃争取公民权利的努力,但这个故事同时也说明,在争取平等公民权利方面,非裔美国人经历了一个漫长而艰辛的历程,付出了极为高昂的代价。1868年,第十四条宪法修正案生效,前奴

---

① Barack Obama, *Election Night Victory Speech*, Grant Park, Illinois, November 4, 2008. See: http://obamaspeeches.com

隶的公民地位得到了联邦宪法的承认;也就是在这一年,南部的男性黑人第一次参加了总统选举,为全国意义上的"跨种族民主"拉开了序幕。然而,此后不到 10 年,南部白人重新掌握了州政府的权力,开始了对黑人的公民权利和政治权利的系统性的剥夺,到 19 世纪末、20 世纪初,南部黑人丧失了选举权。直到 20 世纪 50、60 年代民权运动将《1965 年选举权法》写入联邦法典之后,库伯夫人这一代黑人才开始获得选举权。从 1868 年南部黑人第一次参加总统选举到 2008 年奥巴马的当选,美国历史走过了整整 140 年,其间有无数的黑人和白人公民为了在美国实现"一人一票"的民主而无声无息地奋斗,也有更多的黑人终其一生都没有机会在世界上最古老的民主国家中投票参加选举,而这一切并不是十分遥远的历史。在他的第一次就职演说中,奥巴马提到,他的父亲在 60 年前也许无法在华盛顿的餐馆里谋到一个工作机会,而如今他却在这座城市进行着"最为神圣的宣誓"。

然而,奥巴马的当选并不意味着美国进入了"后种族"时代,这一点奥巴马自己也十分清楚。在整个竞选过程中,"种族"几乎成为一个挥之不去的幽灵,时时刻刻威胁着他的竞选。尽管他的外祖父母是爱尔兰移民的后裔、他的母亲是出生在堪萨斯州的"纯粹"白人,但媒体和选民固执地将奥巴马定位为"黑人"总统候选人。他开始一直避免打"种族牌",直到他从前的牧师曾发表的一段抨击白人的言论被曝光、危及他赢得总统候选人提名的机会之后,他才被迫正视种族问题。① 即便在奥巴马当选之后,反对派舆论也丝毫不放弃关于他的出生地的炒作,竭力渲染他的"非美国"特征。从竞选开始,奥巴马力图追求一种"超越种族"的政治,但他的当选似乎没有带来期望的种族"和谐",反而是刺激了保守势力,激化了种族政治。

这里我们看到了一个极具讽刺意义的现象:奥巴马的当选在展现 20 世纪民权运动的成果的同时,也给了 21 世纪的保守势力(包括最高法院的保守派大法官们)一种更为紧迫的理由和动力,来重新审视民权运动的遗产。首当其冲的是"肯定性行动"政策和联邦政府对黑人选举权的持续保护。这两者被普遍认为是民权运动时代留下的最重要

---

① 王希:《奥巴马:美国能突破种族僵局吗?》,《第一财经日报》2008 年 3 月 31 日,A11 版。

的遗产,然而在奥巴马时代,它们却成为了最受争议的宪政问题之一。2013年6月的最后一个星期,联邦最高法院公布了一系列重要的判决意见,其中的费希尔诉得州大学奥斯汀校区案判例和谢尔比县诉霍德尔案判例就分别针对"肯定性行动"和联邦政府对黑人选举权的保护。两个案例都不是突发事件,各自背负一段复杂的历史,挑战者使用的宪政武器是美国还要不要坚守"色盲宪法"的原则——即在宪法面前所有公民不会因种族或肤色的原因而在权利待遇上遭受歧视——这曾是民权运动时期为白人和黑人民权运动领袖们用来反对种族歧视法律的最有力的武器,此刻却被保守派用来挑战民权运动的遗产。① 所有这些都迫使最高法院和美国人重新思考"公平"(fairness)与"正义"(justice)在新的不断种族化的宪政秩序中的解释与实践。

本章的前半部分将简述"肯定性行动"政策的起源与1990年代以来引发的宪政争论,重点讨论21世纪的几桩有影响力的案例。后半部分将叙述《1965年选举权法》的制定与更新过程,在此基础上,分析最高法院关于这部法律的最新判决所包含的历史与现实的宪政含义,以帮助我们理解和观察种族问题对21世纪美国宪政秩序的影响。

# 一 围绕"肯定性行动"政策的争议:1990年代

## 早期的"肯定性行动"实践

当代意义上的"肯定性行动"政策可以追溯至1960年代肯尼迪、约翰逊总统执政时代,但类似的实践和思想还可追溯到更早的时候。在罗斯福新政时期,1933年3月的《失业救济法》就曾宣布联邦政府在

---

① "色盲宪法"(colorblind constitution)的概念最初是由约翰·马歇尔·哈伦(John Marshall Harlan)大法官在普莱西诉弗格森案(*Plessy v. Ferguson*)中提出的。哈伦用这个原则来反对1890年路易斯安那州实施的种族隔离乘车法,认为美国公民不能因为肤色和种族的原因而受到不同的权利待遇(详细讨论见第五章第四节)。后来,"色盲宪法"成为一项宪政原则被广泛使用,"色盲"也覆盖了性别、宗教信仰、原始国籍等内容,即美国公民也不能因为这些原因受到权利上的歧视待遇。

实施本法时"不得以种族、肤色和信仰为由对任何公民实行歧视"。①同年9月,罗斯福的内政部长伊基斯(Harold Ickes)发出行政命令,宣布他属下的联邦公共工程管理局(Public Works Administration)将实施"机会平等"(equal opportunity)的原则,要求各地建筑工程承包商或合同签署者要保证雇佣一定比例的黑人熟练工人。具体讲,伊基斯要求在由联邦公共工程管理局资助的建筑工程中,接受联邦合同的雇主必须在每项工程中雇佣至少10%的黑人工人。雇主们虽然对此规定十分不满,但迫于联邦政府的经济制裁的压力,最终接受了政府的要求。伊基斯的做法很有可能受到汽车大王亨利·福特在一战期间在底特律推行的一项用工政策的影响。当时福特在自己的汽车工厂里实施了一种"比例雇工"制,即位于底特律市的福特汽车工厂所招募的黑人工人的数量要与黑人居民在底特律市总人口中所占的比例持平。公共工程管理局是一个应对经济危机的短期项目,而且黑白工人在工资待遇上并不平等,尽管如此,它给部分遭到经济危机严重打击的黑人工人带来了就业的机会,伊基斯的"定额制"也被视为"肯定性行动"政策的最早实践。②

伊基斯的实践在1941年为罗斯福总统所采纳。1941年6月,罗斯福发布了著名的《第8802号行政命令》,宣布凡接受联邦政府国防合同的企业和公司在雇佣工人时不得"以种族、信仰、肤色或原始国籍为由实施歧视性雇佣"。③ 正如本书第八章曾提到的,这项命令是在罗斯福迫于黑人劳工领袖要组织一场进军华盛顿的示威的压力之下发布的。但它却成为罗斯福政府的种族政策转向的起点。两年后,罗斯福

---

① *Act of March 31, 1933* (Unemployment Relief Act), *Public Law* 73-5, 48 Stat 22 (National Archives Identifier: 299830).

② Marie W. Kruman, "Quotas for Blacks: The Public Works Administration and the Black Construction Worker," *Labor History* 16, no. 1 (1975), 37-51; Terry Anderson, *The Pursuit of Fairness: A History of Affirmative Action* (New York: Oxford University Press, 2004), 12; Eric Schnapper, "Affirmative Action and the Legislative History of the Fourteenth Amendment," *Virginia Law Review* 71 (1985), 753-798. 联邦政府法律最早使用"Affirmative Action"一词是在1935年的《全国劳工关系法》中,当时是为了规范雇主与加入工会的工人之间的关系。该法要求雇主停止对加入工会的工人施加歧视,并要求他们拿出"肯定性行动"来将工人安排到不受歧视的工作环境中。见:*National Labor Relations Act of 1935*, 29 U. S. C. §§ 151-169, under "Prevention of Unfair Labor Practice."

③ Franklin D. Roosevelt, Executive Order 8802, 6 *Federal Register* 3109, June 27, 1941.

将这项政策的实施范围扩展到所有"与战争相关的工业"之中,并任命了两名黑人官员参加联邦公平就业管理委员会,负责监督这项政策的实施。《第8802号行政命令》是对美国企业和商业的实践传统的重大修正。作为企业主的私人财产,包括大公司在内的私人企业的运营传统上不受政府的管制,尤其在劳工雇佣方面。但罗斯福以战争状态的名义和联邦政府握有工业和商业合同的优势,将政府对劳工雇佣的管制强行带入市场经济秩序之中。罗斯福将政府手中的国防合同解释为是由纳税人的钱构成的经济资源,如果私人企业希望获得这种经济资源,必须将工作机会向所有的纳税人开放,包括黑人公民在内。罗斯福的行政命令并没有、也不可能立即和彻底地改正美国工业领域中的种族歧视,但它在当时为犹太裔、非裔、亚裔以及其他的少数族裔进入主流劳工队伍打开了机会的大门。杜鲁门总统延续了罗斯福的实践,将公平就业管理委员会设置为永久性的联邦机构,并于1948年发布了《第9981号行政命令》,宣布废除美国军队中长期实施的种族隔离制度,要求黑人与白人士兵进行混合编制。[①] 杜鲁门的决定当然与当年的总统大选和冷战的大背景有密切的关系,但它关键性地开启了在包括军队在内的联邦政府雇员中废除种族隔离的进程,为肯尼迪和约翰逊在1960年代实施"肯定性行动"政策奠定了先例的基础。

1961年3月,肯尼迪发布了《第10925号行政命令》,宣布联邦政府将建立一个由副总统约翰逊领导的专门委员会,负责平等就业的工作。肯尼迪在命令中提出:联邦政府将"考虑和推荐进一步的积极措施,以更完全地贯彻无歧视(nondiscrimination)的国家政策",所有接受联邦政府合同的企业或商业都要"采取肯定性行动来保证申请人的就业和雇员在就业期间的待遇不因种族、信仰、肤色或原国籍而遭受歧视"。[②] 肯尼迪延续了罗斯福和杜鲁门的思路,但他往前迈进了一步,将不带歧视的平等就业视为一种私人企业必须服从的"国家政策"(national policy)。两年之后,肯尼迪提出了一部全面的民权法案(即后来的《1964年民权法》),但他没有看到该法的通过。他的"肯定性

---

[①] Harry S. Truman, Executive Order 9981, 13 *Federal Register* 4313, July 28, 1948.
[②] John F. Kennedy, Executive Order 10925, 26 *Federal Register* 1977, March 8, 1961.

行动"建议也因为缺乏联邦政府的强制性推动而被搁置。

## "国内马歇尔计划"的思想

"肯定性行动"政策的全面启动始于约翰逊总统执政期间,约翰逊本人也是这项政策的最有力的推动者,但是这项政策的核心思想却是来自非裔美国思想家和政治领袖。1964年,全国都市同盟(National Urban League)的执行主任惠特尼·杨(Whitney M. Young, Jr.)发表了《争取平等》一书,提出了"自由预算"的思想,要求联邦政府出面,建立特殊预算,做出"特殊的努力",为长期在经济体制中遭到种族歧视的非裔美国人提供补偿。①

杨指出,民权运动正在为黑人争取法律上的权利平等,但即便美国立即在就业、住房、教育和使用公共设施方面取消所有的歧视——无论是法律上的、现实的还是隐性的种族歧视——"黑人仍然不可能在我们有生之年获得完全的平等",因为白人与黑人之间的"歧视差距"(discrimination gap)并非一日之寒,而是由"长达三个多世纪的滥用权力、屈辱、种族隔离和偏见所制造的";如此长久的体制性歧视和剥夺给黑人群体戴上了极为沉重的不利条件的枷锁,致使他们在与白人竞争的时候始终处于不利的地位。杨比喻说,黑人与白人在美国社会的竞争,如同"一个打着赤脚、只在沙地上跑过步的短跑选手"与"一个装备良好、穿着跑鞋、并长期使用炭渣跑道的训练有素的选手"竞争,即便给黑人选手穿上跑鞋,他也赶不上自己的对手。美国的平等不能只是停留在动听的口号上或法律文字上,"平等的机会……必须同时意味着(拥有)获得平等的机会"(Equal Opportunity……must also mean the opportunity to be equal)。② 杨指出,长期的种族歧视使黑人的整体生活状况十分凄惨,他们的经济地位低下、居住条件恶劣、健康状况糟

---

① Whitney M. Young, Jr., *To Be Equal* (New York: McGraw-Hill Book Company, 1964). 在1961年成为全国都市同盟的执行主任之前,杨曾经担任过亚特兰大大学(著名的黑人大学)社会工作学院的院长,并是联邦政府经济机会办公室的成员。他曾在麻省理工学院和明尼苏达大学学习,获得过社会工作硕士学位,对都市贫困和黑人就业问题有过长达20年左右的观察和研究。在这方面,杨也深受杜波伊斯(W. E. B. Du Bois)的早期著作的影响。

② Young, *To Be Equal*, 23.

糕,黑人男性的收入只是白人男性的 60%,而黑人女性的收入只是白人女性的一半。因为糟糕的生活环境和破碎的家庭,黑人青少年更容易掉队或"被学校、雇主、家庭"推出去,陷入一种没有未来的虚无主义生活状态之中。美国有一百万在街上无聊地浪荡的青年人,其中一半是黑人青年,如果这种情形蔓延下去,影响到其他美国人,我们将要见证的"不再是和平的示威,而是一场剧烈的革命"。①

这种状况要求联邦政府采取一种大规模的、覆盖全国都市社区的"紧急行动"(emergency action),即实施一项"前所未有的、针对国内的'马歇尔计划'"(an unprecedented domestic "Marshall Plan"),联合起政府的、民间的和自愿组织等多方面的努力,形成"一种对经济和社会疾病的大规模的打击"。② 他强调说,黑人不是在要求一种特权,而是政府的一种特殊努力,国内马歇尔计划的目的是阻止都市家庭的经济和社会状况的恶化,帮助发展自立和争取平等的工具,防止未来恶化的产生。杨的特殊计划包括:解决黑人的饥饿问题,肯定黑人的价值,为黑人社区提供最好的教育和教师,为黑人创造获得"入门工作"的机会、给予他们获得晋升的机会,雇主需要拿出"创造性的热情和想象力",把黑人吸纳到各个层次的职位上;政府要拿出"有效的、正面的行动"来消灭"种族贫民窟"(racial ghetto),将各种住房不带歧视地对所有人开放;公共和民间医疗、保健机构必须对贫民窟居民提供服务;够资格的黑人应该被纳入制定就业、住房、教育、健康和福利政策的各种委员会中任职;向黑人提供最全面的教育和技术训练,黑人公民本身必须拥有成为第一流公民的急迫感;所有的慈善机构应该携手起来,为黑人获得平等机会的努力提供支持;黑人自身必须充满活力地行使作为公民的责任,并有意识地参与社区生活的构建。③ 他提出在未来 10 年之内,联邦政府应拨款上百亿美元,用于资助经济重建、社会政策以及废除种族歧视等项目。

杨强调说,黑人面对了各种不利因素,但"肤色的因素使他们面临

---

① Young, *To Be Equal*, 23-25.
② Ibid., 26.
③ Ibid., 28-31.

的不利变得更加复杂和更加恶化",而相对于黑人来说,白人则因为种族歧视的法律长期并继续占有太多的福利、惠顾和"优先待遇",为了改正这种长期的不公正,黑人群体有理由要求在美国历史上开放一个短暂的时期,以刻意的、大规模的政府努力,为黑人公民提供经济和机会上的支持,帮助他们获得经济独立,帮助他们进入到美国主流生活之中。杨说,黑人并不要求这个对黑人实行优惠的开放期如同白人曾占有过的时期一样长,不需要长达300年,而只需要10年左右的时间,但这10年必须是认真的和诚实的。杨同时指出,国内马歇尔计划,如同二战后对欧洲的马歇尔计划一样,是防御性的,是一种长远的投资。如果说二战后的马歇尔计划是为了预防共产主义势力夺取西欧、为美国建立起繁荣和强大的同盟军,国内马歇尔计划则是为了将被社会边缘化的黑人纳入主流社会之中,化解他们的无助和怨恨,给他们的生活注入公民的责任感和能力,为解决美国的种族关系问题提供"一种有意义的、有建设性的方案来取代连续不断的示威、骚乱、绝望、紧张和直截了当的种族冲突"。①

### 约翰逊与"肯定性行动"政策

杨的思考对肯尼迪的继任者约翰逊产生了深刻的影响。作为新政时代成长起来的政治家,约翰逊对罗斯福的"新政自由主义"抱有特殊的喜好,他感到联邦政府仅仅做到开放机会是不够的,政府必须拿出"肯定性行动"来,从政策上倾斜,解决黑人公民普遍贫困的根源问题。约翰逊对"肯定性行动"的思考也与他在1964年宣布的"伟大社会"改革计划有密切的联系,甚至可以说,解决黑人贫困、改造衰败都市和废除种族歧视都是他"向贫困宣战"计划的一部分,也是"伟大社会"改革的核心内容。② 约翰逊就职后,全力以赴,利用他在国会的政治网络,

---

① Young, *To Be Equal*, 32-33.
② 在"伟大社会"的演讲中,约翰逊指出,美国不光有机会成为"一个富裕的和强大的社会",而可以上升成为"一个伟大社会"(the Great Society),而"伟大社会"的基础是"(物质上的)富足和所有人的自由"(abundance and liberty for all),"伟大社会"要求美国必须"终止贫困与种族关系上的不正义"。Lyndon B. Johnson, Commencement Speech at University of Michigan, May 22, 1964, *Public Papers of the Presidents of the United States*, *Lyndon B. Johnson*, Book I (1963-64), 704-707. 相关讨论见本书第九章第一节。

首先确保了肯尼迪的政治遗产《1964年民权法》的通过,然后开始处理黑人的经济权利和贫困问题,这些问题随着非裔美国人开始获得法律上的平等权利而变得更为紧迫(事实上,就在国会于1964年7月通过《1964年民权法》两周之后,美国北部和中、西部的都市都因黑人与警察的冲突爆发了大规模的骚乱),约翰逊也对此有清醒的认识。1965年6月,约翰逊应邀对黑人大学霍华德大学的应届毕业生发表演讲,他用自己的语言表述了惠特尼·杨在1964年发出的呼吁:

> ……(仅有)自由是不够的。你不能指望只是说一句,现在你可以自由地去想去的地方,做希望做的事情,选择你期望的领袖,然后就把几个世纪留下的伤痕一把抹去。
>
> 你不能把一个被镣铐禁锢了多年的人解放出来,把他带到一场比赛的起点,对他说"你现在可以自由地与其他人竞争了",然后继续相信你所做的是绝对的公平。
>
> 所以,仅仅打开机会的大门是不够的。我们所有的公民都必须拥有走过那些机会的大门的能力。
>
> 这是民权运动斗争的下一个和更深刻的阶段。我们追求的不仅仅是自由,而是机会,不仅仅是作为权利和理论的平等,而是作为结果的平等。①

在约翰逊看来,要使美国两千万黑人公民获得"结果的平等",必须要帮助他们发展体力、智力和精神方面的能力,但"能力并不是与生俱来的产物",能力的养成必然受到家庭和环境的影响,也受到"就学的学校和所处环境的富裕或贫困的影响",一个人的能力是"数百种看不见的力量在一个婴儿、一个儿童乃至最终在一个成人身上作用的结果"。② 然而,因为普遍的失业和贫困,绝大多数的黑人公民生活在没有根基的、被隔绝的、完全被遗弃的状态之中,根本不能分享美国社会

---

① Lyndon B. Johnson, Commencement Address at Howard University, June 4, 1965. *Public Papers of the Presidents of the United States: Lyndon B. Johnson, 1965. Volume II* (Washington, D. C.: Government Printing Office, 1966), 635-640.
② President Lyndon B. Johnson's Commencement Address at Howard University: "To Fulfill These Rights", June 4, 1965, Ibid.

的富裕,也无法享有真实的"自由"与"正义";为帮助黑人摆脱长期的贫困,政府必须要帮助他们从经济上站立起来,让他们拥有固定的工作、稳定的家庭和社区以及良好的教育,只有这样他们才能拥有通过"机会的大门"、分享美国的繁荣与正义的能力。

1965年8月15日,约翰逊签署了《1965年选举权法》(见本章第三节的讨论),但几天之后,洛杉矶便爆发了沃兹骚乱(Watts Riot)。骚乱的时间长达6天,造成30多人死亡,上千人受伤,还有近千幢建筑物被损害。这次骚乱说明,仅仅给予黑人民权和选举权,无法解决都市贫困的问题。沃兹骚乱也使解决黑人贫困的问题显得更为急迫。沃兹骚乱发生几周之后,约翰逊颁发了《第11246号行政命令》,取代了所有先前的相关行政命令,要求所有联邦政府机构和部门(包括在联邦劳工部下接受政府合同的企业)终止其就业方面的种族歧视行为,建立联邦合同保障办公室(Office of Federal Contract Compliance),并授权联邦公平就业管理委员会调查并终止私有企业的就业歧视。约翰逊在行政命令中使用了肯尼迪在1961年使用的词句:接受联邦政府合同的合约者(contractor)一定要"采取肯定性行动来保证申请人的就业和雇员在就业期间的待遇不因种族、信仰、肤色或原国籍的原因而遭受歧视"。①

当时的"肯定性行动计划"(affirmative action plan)指的是一种政策性的文件,要求列举的内容包括:对本企业少数族裔工人在主要职位分类中的聘用情况分析、对本企业过少使用少数族裔工人的原因的解释、本企业为提高少数族裔工人数量而制定的目标和时间表、为实现此目标和时间表而准备实施的步骤等。联邦经济机会办公室要求接受政府合同的、员工数量在50人以上的公司都必须制定这样的计划,做出承诺,并按计划表行事,违规者将遭到法律的处罚。1967年,约翰逊又将"性别"加入到行政命令中,禁止在就业中实施性别歧视。到目前,"肯定性行动"计划覆盖的反歧视种类已经扩展到"种族、性别、原始国

---

① 原文为:"Each Government contractor with 50 or more employees and $50,000 or more in government contracts is required to develop a written *affirmative action* program (AAP) for each of its establishments."(斜体为作者所加)Lyndon B. Johnson, Executive Order 11246 (September 24, 1965), 30 *Federal Register*, 12319.

籍和宗教信仰"。

然而,约翰逊的"向贫困宣战"受到另外一场战争——越南战争——的影响。国内国外两场"战争"同时进行,入不敷出。越南战争的花费巨大,并在60年代后期引发了全国范围的反战运动,包括马丁·路德·金在内的民权运动领袖也对约翰逊的越战政策提出了强烈批评(参加越战的黑人士兵在美国军队中的比例大大高于黑人人口在全国人口中的比例,民权领袖们认为约翰逊没有彻底解决黑人的贫困,迫使众多黑人青年不得不通过加入美国军队这一途径来摆脱经济上的贫困)。越战给约翰逊带来了极大的政治困扰,最终葬送了他连选连任的机会,并导致他雄心勃勃的"伟大社会"的改革半途而废。

## 尼克松的"费城计划"

反而是在以极端保守立场上台的尼克松总统手中,联邦政府的"肯定性行动"政策得到创造性的实施,并达到了高潮。1969年入主白宫之后,尼克松批准了劳工部长提出的"费城计划"(the Philadelphia Plan)。该计划后来成为尼克松政府的"肯定性行动"政策的代名词。计划最初由劳工部长助理提出,大致想法与前面提到的一战时期福特汽车工厂的"按比例雇佣"相似。"费城计划"提出,为帮助黑人摆脱贫困、接受政府商业合同的企业需要制定具体的、可以实现的目标,使在本企业中就业的少数族裔工人在规定的时间内达到可测量的、有比例的标准。具体讲,费城人口的百分之三十是黑人,如果当地企业希望获得联邦政府的商业合同,该企业需要考虑如何在企业的就业人员中雇佣相当比例的费城黑人,并制定出一个切实可行的"少数族裔计划"(a minority plan)。费城计划的想法其实起源于约翰逊时代,但"定额"(quota)分配的做法遭到国会的否决。尼克松的劳工部对该计划做了调整,再次提出,尼克松又通过政治斡旋,获得了国会的支持,使计划得以推行。① 在解释为什么保守的尼克松会竭力推动"肯定性行动"政策

---

① Judith Stein, "Affirmative Action and the Conservative Agenda: President Richard M. Nixon's Philadelphia Plan of 1969," in Glenn T. Eskew, ed., *Labor in the Modern South* (Athens, GA: University of Georgia Press, 2001).

的时候,一位学者认为,尼克松的动机十分复杂,他希望利用民权(或者种族)问题来分化和打击劳工力量,同时也希望争取黑人选民的支持。这位对约翰逊不无同情的学者认为,约翰逊是"用权力来追求民权",而尼克松是"用民权来追求权力"。①

"费城计划"的最初构想是扩大在少数族裔居住区域招收劳工,但使用了"搁置"或"预留"的做法而变相地实施了"定额制"。后来"定额"(quota)的做法被扩大到高等教育领域,使得"定额制"一度成为"肯定性行动"的代名词,影响延续至今。1971年,联邦健康、教育和福利部(Department of Health, Education and Welfare, HEW)发布行政命令,要求凡是接受联邦资助的大学和研究机构不得以性别为由在录取、选课、公用设施和其他服务设施方面对女性实施歧视,并要求各校制定"肯定性行动"计划来招聘少数族裔和女性教员。联邦相关部门甚至截留相关合同拨款,要求一些重要大学在申请联邦基金之前拿出"肯定性行动"计划来,表明要增加少数族裔和女性教员的决心和具体措施。②

1977年,卡特总统签署了《公共工程法》(Public Works Act),将40亿联邦拨款"预留"(set aside)十分之一,分配给工程实施当地的少数族裔的企业和商业。在《第12067号行政命令》中,卡特扩大了"肯定性行动"计划的覆盖范围,将禁止歧视的内容从原来的种族、肤色、信仰、性别和原始国籍扩展到年龄和身体残障。③

从1960年代到1970年代,联邦政府的国会、总统和最高法院三个部门对"肯定性行动"政策都是持支持立场的(尽管国会从来没有专就这一政策立法)。相对而言,这一政策的实施主要是通过执法部门(总统领导下的预算办公室、司法部)和联邦法院系统来进行的。主要的政策法令和指导意见是通过总统行政命令的方式来颁布的。如本书第九

---

① David Hamilton Golland, "'Only Nixon Could Go to Philadelphia,' The Philadelphia Plan, the AFL_CIO and the Politics of Race of Hiring" (Unpublished paper, November 2003).
② 比如,联邦健康、教育和福利部分别掌握了密歇根大学6000万美元和加州大学7000万美元的拨款。如果学校没有拿出相关计划,它们的基金可以被联邦部门截留。显然,这种做法与早期的经济制裁做法完全一样。Anderson, *The Pursuit of Happiness*, 143.
③ Jimmy Carter, Executive Order 12067 (July 5, 1978), 43 *Federal Register* 28967.

章所讨论的,最高法院在1970年代初对这一政策也是持支持态度,正因为如此,1978年的巴基案判决成为了一个具有关键意义的立场转折点。

## 里根时代的"肯定性行动"

本书对巴基案的历史和判决已经做了较为详细的讨论(见第九章第四节),这里不再重复。需要强调的是,巴基案判决是最高法院内自由派和保守派两派大法官之间的妥协。处在中间位置的鲍威尔大法官一方面对"肯定性行动"的用意抱有同情之心,但他反对使用具体的、生硬的、按种族背景分配的定额制,所以他在模棱两可的判决中建立起两项基本原则:一是大学在录取新生时,不能采用以种族身份为基础的"定额"制;二是大学为了提高教学质量和增强学生队伍的多元化,可以将申请人的种族背景作为录取决定的参考因素之一。这个解释给支持和反对"肯定性行动"政策的人都留下了极大的想象的空间。自1978年后,州一级的公共政策和州立大学的相关政策按各自的理解和政治角力的结果不断对高校的录取程序进行调整和修订,从而导致了连续不断的宪政争论。

对于反对"肯定性行动"政策的人来说,巴基案的判决具有一种里程碑式的意义,因为它判定对白人公民的"逆向歧视"也是违反第十四条宪法修正案的"平等法律保护"的原则的。在他们看来,"肯定性行动"政策——无论是"优先"(preferential)录用或录取的待遇,还是"预留"(set side)或"定额"分配的做法——都会使白人种族的成员在与同等情况的少数族裔候选人竞争同一职位或录取名额的时候处于受"歧视"的状态,从根本上违犯了"公平竞争"的市场原则和"平等法律保护"的宪法原则。这种说法在1981年上台的共和党总统唐纳德·里根(Ronald Reagan)那里得到了完全的支持。里根别有用意地借用马丁·路德·金当年在《我有一个梦想》的著名演讲中使用的原话来反对"肯定性行动"政策:在一个自由社会,对一个人的判断"不应该是他的肤色,而应该是他的素质"。"肯定性行动"政策的前提是以种族或肤色作为区分公民待遇(或公民权利)的基础,但一个公正的美国社会应该是一个"无肤色区别的社会",或者用直白的话来说,应该是一个"色盲的社会"(colorblind society)。在他就职期间,里根命令取消用统计方式来判断各地或各行业是否存在着歧视行为的做法,他要求劳工部长推翻约翰逊总统建立的相关规定,将"肯定性行动"的实施从强制性的要求还原为企业或行业自愿服从的状态。他的原则是,联邦合同的接受者既不能以种族和性别等理由对某些群体进行歧视,也不能以此给予他们任何优先待遇。①

最高法院对1981年威甘特诉杰克逊学区案的判决表示出同样的反对情绪。温迪·威甘特(Wendy Wygant)是密歇根州杰克逊学区的一名幼儿教师,在一次裁员的过程中她与其他6名教师失去了工作。该学区在裁员决定中考虑了留用教师队伍中的种族平衡的因素,即留用的教员中要保证一定比例的白人和黑人教师。威甘特认为她之所以被裁员是因为她是白人,于是与其他被裁员的教师联名起诉学区委员会,认为其按种族定额裁员的做法违反了第十四条宪法修正案的平等法律保护原则,但她并没有直接挑战该学区的"肯定性行动"政策的合宪性。

联邦最高法院以5—4票做出判决,判威甘特等人胜诉,认为杰克逊学区的裁员政策违宪。这次宣判也是里根总统任命的女性共和党人桑德拉·戴·奥康纳大法官第一次参加审理和判决,出乎保守派人士的意料之外,她对"肯定性行动"的原则表示支持。她在判决意见中写道,为了改正由于州在过去所实施的种族隔离法对黑人公民造成的(集体性)错误和伤害,最高法院应该同意使用一种谨慎建构的"肯定性行动"计划作为补救措施。但多数派并不赞同这一立场。最终还是鲍威尔大法官作出了权威的判决:为获取最为恰当的结果,"肯定性行动"计划需要"极为精准地设计"(narrowly tailored),在招募教员时采用"优先录用"的做法是可以考虑的,但以种族为由做出裁员的决定则是"将实现种族平等的全部责任强加给某些特殊的个人来承担,其结果是打乱了他们的生活";这样的做法实在是"过于牵强",伤及了那些无辜的人,所以,杰克逊学区的裁员方案并没有根据自己的目标而"精

---

① Ronald Reagan, "Remarks on Signing the Bill Making the Birthday of Martin Luther King, Jr., a National Holiday, November 2, 1983"; Proclamation 5431, Martin Luther King, Jr. Day, 1986, January 18, 1986.

准地设计",因此违反了"平等法律保护"的宪法原则。①

但在1987年约翰逊诉圣克拉拉县交通局一案中,最高法院对非政府强制的、自愿性的"肯定性行动"表示了支持。该案涉及的是一桩与性别相关的"肯定性行动"计划。1978年,在"肯定性行动"政策实施的高潮时期,加利福尼亚州圣克拉拉县交通局制定了一部计划,希望在局内雇员中增加妇女、少数族裔和残障人士的数量。该计划没有采用建立硬性的量化指标的做法,而只是将此作为年度工作的方向,在做员工招聘或晋升决定的时候作为一种参考,最终希望本局员工中的女性、少数族裔和残障人士数量能够与他们在同类劳工队伍中的比例相当。次年,该局一个属于技术性工种的调度职位出现空缺,需要递补,申请该职位的共有12人,考核之后名列前茅的两人是女工戴安娜·乔伊斯(Diana Joyce)和男工保罗·约翰逊(Paul Johnson)。约翰逊的面试分数略高于乔伊斯,遴选委员会推荐他递补空缺的调度职位。但交通局考虑到全局238个技术工作职位中没有一名女性,决定由乔伊斯递补晋升。约翰逊因此起诉,控诉交通局的晋升决定违反了《1964年民权法》的第七款(严禁在就业实践中实行性别歧视)。

这是第一桩涉及性别歧视的"肯定性行动"案例,最高法院需要决定的是:自愿建立的"肯定性行动"政策是否违反了第十四条宪法修正案的平等保护原则。自由派大法官的领袖人物布伦南写作了多数派意见。他认为,交通局的"肯定性行动"计划并不违宪,因为它并没有建立一种硬性的量化指标,而且"性别"只是作为晋升决定所考虑的因素之一,而不是唯一的因素,此外,该计划并不是永久性的,是为了改正历史错误的一项临时性措施。②

在此案中持异议的大法官包括拜伦·怀特、安东宁·斯卡利亚和威廉·伦奎斯特。斯卡利亚指责多数派的判决篡改了《1964年民权法》的原意。他认为,该法的原意是要考虑就业过程中的种族和性别因素,然而多数派完全无视先前做出的威甘特案的判决,采用了另外一

---

① *Wygant v. Jackson Board of Education*, 476 *U. S.* 267 (1981).
② William J. Brennan Jr., Majority Opinion, *Johnson v. Transportation Agency of Santa Clara County*, 480 *U. S.* 616 (1987).

套标准,实际上是允许"用(新的)种族歧视和性别歧视来消除过去的种族和性别歧视造成的影响"。① 但多数派反驳说,《1964 年民权法》并没有放弃将种族和性别作为就业过程中的正面因素来考虑,事实上,该法的"逻辑"要求对第七款的司法解释为雇主自愿实施"肯定性行动"的行动"留下一个呼吸的空间",而巴基案的原则也对此予以肯定。② 此案的判决在某种意义上悄然改换了"肯定性行动"的目标:从争取一个无歧视社会转换为争取种族和性别在就业场所拥有一定比例的代表权。

两年之后,在沃德科夫包装公司诉安东尼奥一案中,最高法院遭遇了另外一个相关问题:如何处理白人与黑人工人在工作待遇上的"差别影响"(disparate impact)问题。位于阿拉斯加州的沃德科夫公司是一家渔业加工公司,在该公司工作的非白人工人从事的主要是非技能型工作,技能型职位多由白人工人担任。两类职位的雇员的工资差别很大,而且技能型工人的居住区也与非技能型工人分开,条件要比后者优越。该公司的非技能型工人向联邦法院起诉,称沃德科夫公司对两类工人的区别待遇所产生的"差别影响"违反了《1964 年民权法》的第七条款。联邦巡回上诉法院认为非白人工人的控告有理,并用数据显示,非白人工人在非技能型职位的比例高于白人工人,而在技能型职位的比例低于白人工人,所以造成了事实上的歧视状态。这其实是一个老问题,涉及雇佣过程中的体制性歧视,早在 1970 年代的格里格斯案中就出现过,并被最高法院判为违宪。③

但这一次最高法院多数派在判决中,认为巡回上诉法院使用的数据是错误的,应该使用的比较数据是劳动力市场中的合格工人内部的种族比例与那些涉及该案工作的人的种族比例。最高法院的理由是:

---

① Antonin Scalia, Dissenting Opinion, *Johnson v. Transportation Agency of Santa Clara County*, 480 *U. S.* 616 (1987).
② John Stevens, Concurring Opinion, *Johnson v. Transportation Agency of Santa Clara County*, 480 *U. S.* 616 (1987).
③ 在《1964 年民权法》的原则下,如果一种用工的方法对少数族裔产生了"负面影响"(adverse impact),这种做法就被视为是导致种族"差别影响"的实践,应属违法。换言之,有些用工的方法从表面上看是公平的、无歧视的,但在实际运用时,它产生的结果却是歧视性的,也被认为是"差别影响"的做法。

(1)技能工人中缺乏非白人是因为没有合格的非白人申请者,与雇主选择工人的方式无关,所以雇主的做法并不涉及"差别影响"的问题;如果按巡回上诉法院的判决,雇主将不得不在雇佣工人时采用黑白工人定额制的做法,这就必然违反最高法院反对"定额制"的原则;(2)为了建立一个真实可信的案例,原告必须出示证据,显示某一个特别和具体的雇佣实践造成了"差别影响";(3)如果原告能够出示另外一种可行的、并能达到不产生种族区别结果的方案,仍然可以胜诉,但目前该案的证据不足。多数派决定将此案退回巡回上诉法院重新审理。①

沃德科夫包装公司案判决(尤其是要求工人出示被歧视的证明的做法)直接导致了国会采取行动。《1991年民权法》的第七款宣布:当一个原告提出证据显示,种族、肤色、宗教、性别或原始国籍成为雇佣决定的一种动机因素时,该雇佣实践可被视为是非法的。在这部法律中,国会第一次在立法文件中使用了"肯定性行动"一词,虽然国会没有对其进行界定。这也是国会第一次正式表态支持"肯定性行动"政策。②在讨论该民权法的时候,里根的继任者、(老)布什(George H. W. Bush)总统本来并不打算签署,他把讨论的法案称为"定额制法案",但当时布什提名的大法官候选人克莱伦斯·托马斯(Clarence Thomas)正在参议院因为性骚扰的问题饱受参议员们质询的煎熬,为了保证托马斯过关,并帮助托马斯的提名获得批准,布什签署了该法,从某种意义上,推翻了里根总统对"肯定性行动"政策的否定。《1991年民权法》对身体有残障的美国人提供了"肯定性行动"权利的保护,并扩大了对那些遭受歧视和性骚扰的受害者的保护。

## 政治氛围的变化

1990年代初,冷战结束,苏联的威胁不再存在,美国政治讨论的重心开始集中在国内事务上。保守派将苏联的终结视为美国体制的胜利,滋生出一种强烈的自豪感,宣布历史的终结,并对国内的左翼势力展开了猛烈的抨击。但在另一方面,经民权运动和"权利革命"孕育而

---

① *Wards Cove Packing Co. v. Atonio*, 490 U. S. 642 (1989).
② *Civil Rights Act of 1991*. http://www.eeoc.gov/eeoc/history/35th/thelaw/cra_1991.html.

成长起来的新左翼和多元文化主义也日臻成熟,"肯定性行动"政策也成为两者致力推动的联邦政策之一。在1992年的总统大选中,民主党人克林顿(William Jefferson Clinton)意外地击败了赢得海湾战争的现任总统(老)布什,当选总统。克林顿上台后,任命了多名女性、非裔美国人、拉美裔美国人担任其内阁成员,给总统内阁带来了前所未有的"多元化"。这一切令保守势力大为恼火,将其斥为"政治正确"。当克林顿提名著名民权运动律师拉尼·杰尼尔(Lani Guinier)为联邦司法部长候选人的时候,保守派主导的参议院否决了这一提名。多元文化主义迅速发展的势头和克林顿政府貌似左翼的政策引起了美国社会中白人保守势力的焦虑与不满。共和党极为有效地利用了这种焦虑与不满,赢得了1994年的国会中期选举,同时控制了国会两院的多数,获得了与克林顿总统对峙的体制资本。共和党控制国会后,立即提出了"与美国的契约"(Contract with America)的口号,声称要"变天",推翻自由派提出的"多元文化主义"和"政治正确",恢复传统的美国价值观,反对联邦政府强制性地在企业、大学和发放政府合同方面实施"肯定性行动"政策。

此刻关于"肯定性行动"的争论集中在"公平"问题之上。反对派认为,"肯定性行动"的做法破坏了美国资本主义秩序的核心精神和美国宪法中个人权利平等的基本原则,导致了对白人公民的不公正和不公平。另一方面,"肯定性行动"在不同的地区、行业和体制中有着完全不同的实践,实践者的动机也非常不同。谁是"少数族裔",少数族裔中的哪一类人应该首先享有政策的惠顾,在这些问题的界定上,各地更是五花八门,莫衷一是。这一切不仅强化了白人社会的不满情绪,一些少数族裔对此也颇有微词。尼克松的"费城计划"的最初动机是通过"预留"或"定额"分配的做法帮助少数族裔进入市场,积累财富,逐渐获得经济独立的能力。到了1980年代,"预留"成为联邦政府发放政府合同的一种政策实践,如联邦政府的国防合同和交通项目合同分别要"预留"出5%和10%的份额给少数族裔为主的企业或公司。但在界定"少数族裔"的时候又有许多争议,譬如,从"种族"的概念来看,亚裔美国人(Asian Americans)应该属于"少数族裔",但他们的平均受教育程度、经济收入和生活水平普遍高于其他少数族裔,在有的方面甚至超过了白人的平均水平,他们在分享"肯定性行动"政策时就要受到一些限制。另外,居住在佛罗里达州的古巴裔美国人也多为技术型和专业型人才,其中很多人属于典型的中产阶级,但从"肤色"或"种族"来看,他们也应该是"有色人种"。这类少数族裔与非裔美国人的历史经历显然有着很大的不同。"肯定性行动"政策是要对所有的"少数族裔"一视同仁,还是只是针对某一些"少数族裔"?另外,20 世纪后期来到美国的新移民中绝大部分属于"有色人种"(people of color),理论上讲,这些人在变成美国公民后就可在人口统计时被视为"少数族裔",可以为"肯定性行动"政策所覆盖,或者说,得享"肯定性行动"政策提供的"便利",但这些人中的许多人接受过良好的教育,且始终拥有母国文化的支撑,他们的生活经历与本土出生的少数族裔极为不同,能够迅速地融入主流社会。有的大学为了达到政府合同要求的少数族裔雇员的指标,以"肯定性行动"政策之名,延揽来自非洲、亚洲和拉美国家的优秀知识分子进入美国大学任教,一举两得。[①] 虽然这样的做法并不多见,而以此进入美国大学的人数也不多,但的确暴露出"肯定性行动"政策实施中的漏洞,更为该政策的批评者增加了反对的理由。

## 加利福尼亚州"209 号公决提案"

反对"肯定性行动"的声音最终在少数族裔人口众多的加利福尼亚州形成了公民政治行动。来自加州州立大学系统的两位教授认为该州实施的"肯定性行动"政策对本州的白人和亚裔美国人学生构成了"逆向歧视"(加州大学的"肯定性行动"政策所覆盖的"少数族裔"不包括亚裔美国人),因而联名起草了一份所谓"加利福尼亚州民权立法动议"(Californian Civil Rights Initiative),也称 Proposition 209(209 号公决提案)。该公决提案要求在州宪法中加入一条修正案:"在实施公共就业、公共教育和(签署)公共合同的时候,禁止州以种族、性别、肤色、族裔或原国籍为由,对任何个人或群体实行歧视,或给予优先待遇"。209 号公决提案得到了加州大学董事会的非裔美国人成员沃德·康

---

① 相关讨论见:Anderson, *The Pursuit of Happiness*, 237。

拉利(Ward Connerly)和加州州长的支持。209号公决提案使用了《1964年民权法》的语言:禁止在就业和就学中实施种族歧视。1996年11月,该公决提案得到参与投票的加州选民的54%的支持而成为法律。①

1996年11月,联邦地区法院法官亨德森(Thelton Henderson)企图阻止209号公决提案的实施,但他的决定被联邦第九巡回上诉法院的三人法庭所否定。面对209号公决提案引发的许多法律诉讼,加州最高法院和联邦法院坚持该公决提案是合宪的。根据一项对加州大学系统和加州州立大学系统1997—2006年的入学和毕业数据的研究,209号公决提案并没有给少数族裔的入学带来多少负面的影响,也没有对少数族裔和妇女在加州的就业造成障碍。但同样的研究承认,在整个加州大学系统,1999—2006年,各族裔的学生人数都有所增加,亚裔增加了33%,非裔3%,拉美裔33%,白人17%,全系统共增加28%,增长幅度最大的是亚裔和拉美裔,最小的是非裔美国人。在加州大学的9个校区中,黑人学生的人数在竞争性最强的伯克利和洛杉矶校区都大幅度减少,但在同系统的其他院校中,非裔和拉美裔学生的人数均有增加。与此同时,非裔与拉美裔转入社区院校的人数也增加了。②

1990年代,联邦最高法院在对阿达兰达建筑公司诉佩纳案的判决中对联邦政府的"预留"做法提出了挑战。③ 1980年代,联邦政府在就政府合同举行招标时,通常会在合同中加入资金激励的优惠条件,鼓励主要合同承包商(prime contractor)在接受政府合同时将次级包工合同分发给那些处于劣势地位的少数种族、族裔或妇女所拥有或控制的小

---

① 参加209号公决提案投票的共有10 261 639位选民,其中5 268 462人赞成(54.55%),4 388 733人反对(45.45%),投票者占加州选民人数的65.53%。November 5, 1996, General Election Statement of Vote;[http://www.sos.ca.gov/elecitons/sov/1996-general/1996-general-sov.pdf]。
② 1984年,加州大学伯克利校区(加州大学系统中竞争最为激烈的校区)的学生中60%是白人学生,25%为亚裔学生,5%为非裔美国人,另有5%为拉美裔(Hispanic)。实施"肯定性行动"计划后,到1994年,伯克利的白人学生为35%左右,亚裔美国人为40%,14%为拉美裔美国人,6%为非裔美国人。Anderson, *The Pursuit of Happiness*, 248-249; Charles L. Geshekter, "The Effects of Proposition 209 on California: Higher Education, Public Employment, and Contracting," *Academic Questions* 21 (2008), 296-318, at 300-301, 302.
③ *Adaranda Constructors v. Pena*, 515 *U. S.* 200 (1995).

企业,如果主要合同承包商做到了这一点,他们可从政府合同中得到一些优惠和奖励。1989年,联邦交通部将在科罗拉多州修建高速公路的合同授予一家名叫山石建筑公司(Mountain Gravel and Construction Company)的企业,该公司将建造高速公路安全护卫栏的次级合同授予冈察雷斯建筑公司(Gonzales Construction),而没有授予报价更低的阿达兰达公司,因为冈察雷斯公司被联邦小商业公司局划归为"处于不利地位的企业"(disadvantaged business),山石公司因此可以从联邦政府那里获得合同优惠。阿达兰达公司则认为,联邦合同中的次级合同激励条款是致使本公司竞标失败的原因,在这种政府规定下,它无法平等地与被界定为"处于不利地位"的公司竞争,联邦政府的政策造成了事实上的不公正。联邦地区和巡回上诉法院均认为交通部的规定没有错,阿达兰达公司上诉到最高法院,联邦交通部长佩纳成为被告。

最高法院需要回答的问题是:以种族为唯一的界定"不利地位"的标准、并以此作为分发或获取有利待遇的基础,这样做是否构成了歧视,或是否违反了第十四条宪法修正案的平等法律保护的原则和第五条宪法修正案的正当程序原则? 在此之前,最高法院曾在里士满市诉克罗森公司案中审理过类似的案例。在这个案例中,里士满市的"少数族裔商业用途计划"(Minority Business Utilization Plan)规定该市商业合同的30%必须发放给少数族裔合同承包商。最高法院认为这种规定违反了私有合同承包商的权利,该规定并没有显示出是在为"紧迫的政府利益"(compelling government interest)服务。[①] 通过这个案例,最高法院建立起对"肯定性行动"政策要进行司法上"严格审查"(strict scrutiny)的原则,除非类似的规定是为政府"紧迫利益"的需要,否则不能任意实施。阿达兰达案的判决将把这一原则延伸到对联邦政府的"预留"政策的管理之中。

最高法院最终以5—4票做出判决。多数派包括了奥康纳、伦奎斯特、斯卡利亚、肯尼迪和托马斯五名大法官。多数派的意见重申了"严格审查"的原则,强调"所有由联邦、州或地方政府及其代理人强行实

---

[①] *City of Richmond v. J. A. Croson C.*, 488 *U. S.* 469 (1989).

施的种族分类(racial classifications)必须经由审理法院按'严格审查'的标准进行分析",而最高法院对"种族分类"进行审核的底线是,它们只能是为了推进"紧迫的政府利益"并按实际需要而"极为精准地设计"(narrowly tailored)政策的时候才能是合宪的。① 多数派在这里传达的信息十分明确:以"种族分类"为基础的"肯定性行动"政策因内在的不合法性很难通过最高法院的违宪审查。奥康纳大法官在判决意见中写道,平等法律保护的原则"是针对个人的,不是针对群体的",联邦政府不能在"没有特别紧迫的理由的情况下以种族为理由对其他人给予不同的待遇"。在此案中持异见的有斯蒂文斯、金斯伯格、苏特和布雷耶四位大法官。斯蒂文斯和苏特分别起草了自己的异见。斯蒂文斯认为,交通部的规定是为了改正历史上对少数族裔进行长期歧视的后果。② 值得注意的是,奥康纳的多数派意见并没有直接否定交通部的政策,而是强调法院需要对此类政策进行严格的审查,在允许"肯定性行动"政策继续存留的同时,限制了它的生存空间。

面对不利的政治氛围,克林顿总统在1995年7月的一次谈话中对"肯定性行动"发表了意见。他认为,"当肯定性行动行使得当的时候,它是灵活的,公平的,而且也是有效的";但"肯定性行动"既不是"一种鼓励给予不合格的人一种不合理的优先待遇的做法,无论他们具有什么样的种族或性别背景",也不是"一些数字化的配额"。他本人也不赞成那种"不看个人能力而仅凭其种族和性别背景"就做出雇佣或录取决定的做法。他认为"肯定性行动并不总是完美的……也不应该永久地实施下去",但废除这一政策的时间"还没有到来","消灭种族歧视的工作还远没有结束",所以,我们应该"修补它,但不要终结它"。③

---

① 在1980年的 *Fullilove v. Klutznick*, 448 U. S. 448 和1990年的 *Metro Broadcasting, Inc. v. FCC*, 497 U. S. 547 判决中,最高法院都是支持"肯定性行动"的,但此时却对先前的决定表示否定。奥康纳大法官解释说,我们不是在抛弃法律的构架,而是在恢复它。
② *City of Richmond v. J. A. Croson C.*, 488 U. S. 469 (1989)。
③ William Jefferson Clinton, "Mend It Don't End It," speech at the National Archives, July 20, 1995.

## 二 "肯定性行动"遭遇的新挑战:1990—2013

### 霍普伍德案

克林顿拒绝终止"肯定性行动"政策,但在1996年3月,他同意两年内暂停"预留"计划的实施。而在同一年,联邦巡回上诉法院通过对霍普伍德案的审理,再度削弱了联邦政府对"肯定性行动"政策的支持。

霍普伍德(Cheryl Hopwood)是一位居住在得克萨斯州的32岁的白人女性,高中毕业之后,曾获得著名大学的录取,但因无力承担学费,转读社区大学,边工作边学习,用了6年的时间,获得出纳专业的职业证书。随后她结了婚,嫁给一个现役军人,并有了孩子,因女儿出生后的健康问题,她不得不花大量时间照看,但并没有放弃进法学院的愿望。1992年,她申请进入得州大学法学院,起初被告知"等待录取",但最终没有获得录取。1994年,在位于华盛顿的"个人权利中心"(Center for Individual Rights)的帮助下,霍普伍德和其他四人联名向联邦地区法院起诉,控告得州大学法学院采用的以种族为标准的"双轨制"录取程序违反了第十四条宪法修正案的"平等法律保护"的原则。她要求联邦地区法院命令得州大学法学院立即录取她,并要求获得130万美元的经济损失赔偿和150万美元的情感损失赔偿。其他原告也作出了类似的要求。同年,位于奥斯汀的联邦地区法院审理了霍普伍德案。

在地区法院的审理中,得州大学法学院对自己的录取程序做了解释:所有申请人按"得州指标"(Texas Index)——即将申请人的本科成绩与法学院入学考试成绩综合后得出的分数——进行录取排名,排名之后的申请人分成三类:直接录取、直接拒绝、可录可不录。可录可不录的申请人一般被放在所谓"任意性地带"(discretionary zone),一个专门的录取委员会将对他们的申请材料进行重新审查,得到录取委员会的有力推荐的人可望获得录取。霍普伍德的排名一开始在"直接录取"类,但因她的"得州指标"分数(199分)处于"直接录取"线的底部,而且她的本科学位来自社区大学(通常被认为是没有竞争力的大学),

所以她的材料被转移到可录可不录的"任意性地带"。复审的时候,她只得到录取委员会中一位成员的支持,故未被录取。

但霍普伍德认为,她之所以没有被录取,是因为法学院在复审可录可不录的申请人时对白人和少数族裔采用了不同的复审标准。法学院将需要复审的人分成"白人"和"非白人"两个组,所谓"白人"组里也包括了不受保护的少数族裔,而"非白人"组里主要是非裔美国人和墨西哥裔美国人两个少数族裔的申请人。在复审"白人"组的材料时,录取委员会不需要沟通和讨论,采取个人推荐制,如果一个申请人能够得到2—3票的推荐,便可以进入"录取"范围。对"非白人"组的复审则是由一个专门的委员会来负责,该委员会对每位申请人的材料都要阅读和集体讨论,并最终做出推荐。该委员会只需报告讨论的整体结果,而无需像对待白人申请人那样报告申请人所获得的审查委员会的支持票数,该委员会的推荐决定几乎就是最终的决定。在这种制度下,位于可录可不录地带的"非白人"获得录取的机会很大。除此之外,白人和不受保护的少数族裔申请人获得直接录取的最低"得州指标"分数是199分,而黑人和墨西哥裔申请人则只需192分。霍普伍德认为,在复审阶段,一些分数不如她的少数族裔申请人因为"双轨制"的录取和复审程序获得了录取,她却遭到了淘汰,这种"双轨制"是一种基于种族理由之上的分类,以"种族分类"来决定公民权利的享有是违反"平等法律保护"的宪政原则的。

至于为何采用"双轨制"的录取程序,得州大学法学院的解释是,巴基案的原则允许大学为提高教学质量在录取新生时将种族作为一个因素来考虑,所以"双轨制"的做法并不违法;此外,这样做也是为了改正长期以来得州教育系统从小学到大学事实上存在的对少数族裔学生的歧视,该法学院希望通过这种方式来修正历史上的种族歧视对少数族裔学生造成的伤害,这也是政府的一种"紧迫利益"。

联邦地区法院在审理此案时支持了得州大学法学院的立场。地区法院认为,尽管得州大学在近年来做出努力,改正过去的种族歧视,但这个学校仍然是一所"白人学校",因此法学院的双轨制是一种"肯定性行动"计划,其目的是为"一种紧迫的政府利益"服务的。法学院的"肯定性行动"政策是不是为了实现声称的目的而"精准地设计"的呢?

地区法院认为不是。法院并不认为法学院的"双轨制"录取程序是一种定额制,但指出该程序缺少一个将被复审而录取的"少数族裔"申请人与其他同样合格的申请人进行比较的程序;法院认为,由于缺乏比较,一个因为考虑了种族因素而被录取的少数族裔申请人可能在质量上不如一个被拒绝的非少数族裔的申请人,这样,"种族"或"族裔"就成为少数族裔申请人获得录取的唯一理由,而这种做法是违反"平等法律保护"的原则的。地区法院因此宣布,1992年法学院的"双轨制"实际上是违宪的。①

尽管地区法院认为"双轨制"录取程序违反了霍普伍德的"平等法律保护"权,但并没有满足霍普伍德提出的补救要求。地区法院没有要求得州大学法学院立即录取原告,并认为法学院无需承担赔偿的责任,因为法学院是得州大学的一部分,而得州大学也是接受得州议会的指导,况且法学院已经自动改正了录取程序。地区法院给予霍普伍德的唯一实质性补救是她可重新申请得州大学法学院而不必缴纳申请费。霍普伍德表示不服,将此案上诉到联邦第五巡回上诉法院。

巡回上诉法院在审理时强调,因为"肯定性行动"涉及个人权利问题,需要"严格审查",而"多元化"的理由已经不能满足这种审查的要求,事实上,除了鲍威尔在巴基案中称多元化是政府的"紧迫利益"之外,其他的最高法院判决中找不到类似的表述;利用种族和多元化的理由来选择学生与平等法律保护的目标是冲突的,"多元化培育了、而不是减少了对种族的使用";这种做法"将少数族裔当作一个群体、而不是个人来对待",会促使新的"种族模式"(racial stereotypes)的产生,并会"给种族仇恨火上浇油"。与此同时,出于某种"仁慈"的理由对少数族裔进行"种族分类"(benign racial classification)给少数族裔群体的成员造成的伤害事实上更大、更深,因此,使用种族来获取学生队伍的多元化"不能成为一个足够紧迫的满足(司法)严格审查要求的政府利益"。② 巡回法院还驳斥了地区法院关于法学院录取程序中有补救功

---

① Cheryl J. Hopwood, Douglas W. Carvell, Kenneth R. Elliott, and David A. Rogers, Plaintiffs, v. the State of Texas, 861 F. Supp. 551 (1994).
② Hopwood, et al., v. State of Texas, United States Court of Appeals, Fifth Circuit (1996), 78 F. 3d 932 (1996), 945, 948.

能的说法,并认为地区法院对原告的赔偿要求的否定是一种对法院任意性权力的滥用,要求地区法院重新考虑赔偿的问题。最后,巡回上诉法院命令,得州大学不能将种族作为理由纳入新生录取的程序之中。①

第五巡回上诉法院的决定留下了许多空白。这个决定是只针对得州大学法学院(因为在此案审理之前,得州大学已经终止了原来的做法),还是针对该法院辖区内(包括得克萨斯、密西西比和路易斯安那三州)的所有大学,不得而知。得州的司法部长认为,这项判决适用于得州内的所有州立大学,但联邦教育部的指令却说,该判决只适用于得州大学法学院,如果得州大学要推翻自己的"肯定性行动"政策,该大学将丧失来自联邦政府的5亿美元的科研资助。

对于这个案例,联邦最高法院没有发表意见,只是由金斯伯格大法官签署了一个不予考虑的回复,理由是得州大学法学院已经不再使用具有争议的录取程序,所以第五巡回上诉法院的判决成为此案的最终判决。第五巡回上诉法院在霍普伍德案判决中所表现的保守派立场虽然引人注目,但反对和支持"肯定性行动"政策的人仍然希望从联邦最高法院那里获得最终的裁定。然而,此刻的最高法院选择了回避。

## 格拉茨案与格鲁特尔案

联邦最高法院的回避是短暂的。进入21世纪后不久,格拉茨诉博林杰案和格鲁特尔诉博林杰案便摆到了联邦最高法院各位大法官的面前,对两案的审理也成为自巴基案以来最高法院对"肯定性行动"政策在大学录取中的合法性的一次最重要的表态,立刻引起了全国的注意。

格拉茨案的原告詹妮弗·格拉茨(Jennifer Gratz)是密歇根州居民,1995年申请进入本州最好的大学——密歇根大学安阿伯校区(University of Michigan at Ann Arbor)——就读。她的高中成绩属于优秀,大学入学考试(SAT)的成绩也不错,担任过学生会的领袖职务,参与过许多公益活动,自认为资历优秀,进入安阿伯校区应该是志在必得。但

---

① *Hopwood, et al. , v. State of Texas*, United States Court of Appeals, Fifth Circuit (1996), 78 F. 3d 932 (1996), 958, 961.

她最终没能如愿,而是被密歇根大学系统的另一校区录取。她同时发现,同样被放在"等待录取"名单上的少数族裔申请人因为密大录取程序中的"加分"制度而获得录取,于是她与另外一名学生一起于1997年状告密歇根大学,称该校的新生录取程序违反了第十四条宪法修正案的"平等法律保护"原则,以种族为理由剥夺了她进入安阿伯校区就读的公民权利,密歇根大学校长博林杰(最高法院审理此案时已转任哥伦比亚大学校长)成为被告。

格鲁特尔案也聚焦于密歇根大学,但争端源自该校法学院的录取程序。芭芭拉·格鲁特尔(Barbara Grutter)是一名40岁的女性,也是两个孩子的母亲,拥有优异的大学成绩和法学院入学考试的高分,但未被密歇根大学法学院录取。得知"种族"是法学院录取程序的一个考量因素后,格鲁特尔认为这种做法是不公正的,不能成为"政府的紧迫利益",故而起诉。两桩案例所涉及的问题与霍普伍德案十分相似,而密歇根大学安阿伯校区不仅是密歇根州最好的大学,在全国也是名列前茅的一流大学,所以两案的审理立刻成为重要的案例。联邦最高法院需要面对的问题是:(1)将种族作为高校新生录取的参考因素是否违反了第十四条宪法修正案的"平等法律保护"原则?(2)如果这个原则适用于大学录取程序的话,应该如何使用?

从本质上,这两个问题实际是最高法院对1978年鲍威尔大法官的巴基案原则的"合宪性"的一场自我审判,也可以说是对联邦第五巡回上诉法院对霍普伍德案判决的"复审"。

鲍威尔在巴基案中建立了促进学生队伍多元化是政府的"紧迫利益"的原则。根据这一原则,许多大学制定了带有促进多元化色彩的不同录取政策,而且在多元文化主义的冲击之下,校园的多元化程度也成为衡量大学质量的一项重要指标。此外,促进教师和学生队伍的多元化与联邦政府对研究基金的发放也有密切的联系,所以,类似密歇根大学这样的著名大学十分重视学生队伍多元化的建设,其新生录取也为此做了程序上的安排。

安阿伯校区每年收到的本科入学申请有25000份,但该校区每年只能录取5500人,为选择最理想的学生,该校建立起一个150分制的录取制度。获得录取至少需要达到100分,位于90—99分的人有可能被录取,也有可能被置于"等待录取"的名单上。在 150 分的结构中,高中成绩所占的比例最大。另外,根据学生的不同背景,还有"加分"的规定,如非裔美国人、拉美裔美国人、土著美国人(印第安人后裔)等因种族或族裔背景可加 20 分,运动员、来自"经济困难地区"和来自"少数族裔占多数的中学"的申请人也可加 12 分,密歇根州的居民加 10 分,高中教学质量加 2—10 分,家庭传统(即父母是该校校友)加 4 分,具有艺术天赋加 5 分等。在这种加分制度下,一位非裔美国人或拉美裔美国人的申请者即便在考试成绩上稍逊于白人或亚裔美国人申请者,但可能会因为 20 分的加分而拥有更大的获得录取的机会。① 密歇根州是中西部的一个典型的白人居民占多数的州,该州的白人居民占人口总数的 83%,非裔美国人占 14%,亚裔人口所占的比例很小,但在安阿伯校区,少数族裔学生(包括亚裔在内)占学生总数的 25%,尤其是亚裔学生,所占的比例超出亚裔人口在该州总人口比例的 10 倍以上。对于许多密歇根的白人居民来说,密歇根大学的学生人口比例与该州的人口比例非常不相称,看上去一点不像白人人口为主的密歇根州。该州一些中下阶层和乡村小镇的白人居民也对密歇根大学的录取政策十分反感,认为按种族背景加分的规定伤害了他们作为本州公民接受本州最好大学的教育的权利。格拉茨挑战的正是密大的新生录取制度。

格鲁特尔挑战的是密歇根大学法学院的录取制度。法学院每年收到 5000 份申请,但只录取 350 人。法学院录取委员会做决定时主要通过大学成绩(GPA)、法学院入学考试成绩、推荐信和个人陈述等材料来评估申请人的质量及其可能为法学院学生群体作出的贡献。录取政策的目标之一是争取学生群体的"种族和族裔多元化"。尽管如此,法学院没有采用打分制的做法,而是强调通过录取在学生群体中构建一种少数族裔学生的"关键体积"(critical mass)或"有实质意义的代表性"(a "meaningful representation")。这种目标的背后隐含着一种逻辑,即进入该法学院的少数族裔新生应该达到一定的规模,这个规模的大小不是用特定的数字来衡量的,但至少应该使少数族裔学生在教室或校园里不至于感到过于孤独和隔绝。换言之,如果只是象征性地录

---

① Anderson, *The Pursuit of Happiness*, 268-269.

取几个少数族裔学生,即便他们进入了法学院,但因为人数稀少,很可能会被淹没在白人学生之中,连象征意义也不能显示出来,更谈不上感到自信。如果新生班的少数族裔学生能够达到一定规模,对学校的多元化建设和少数族裔学生的自信感和舒适感都是重要的。格鲁特尔认为,即便法学院的录取没有使用具体的数字,但实际上考虑了"种族"因素,因此这样的程序也违反了"平等法律保护"原则。

这两桩案例吸引了众多利益群体的关注,曾为霍普伍德代理的"个人权利中心"成为格拉茨和格鲁特尔的代理人。大约三百多个组织一共向最高法院递交了60份"法庭之友"的文件,对密歇根大学的录取政策表示支持。支持密大"肯定性行动"政策的还包括一百多位国会议员、七十多个名列世界500强的大公司以及三十多名美国军队的退役将领等。1991年海湾战争的美军总司令诺曼·施瓦茨科夫(Norman Schwarzkopf)甚至认为,"肯定性行动"政策应该在美国所有的军事院校强制性实施,但乔治·W. 布什总统则声称反对密歇根大学的录取政策,因为这项政策是"具有分裂性的、不公正的、与我们的宪法格格不入的"。他的非裔美国人国务卿科林·鲍威尔(Colin Powell)和国家安全事务顾问康德丽莎·赖斯(Condoleezza Rice)在这个问题上与总统的立场正好相反。①

格拉茨案和格鲁特尔案先是上诉到联邦第六巡回上诉法院,巡回法院对密歇根大学的录取政策表示了支持,与联邦第五巡回上诉法院对霍普伍德案的判决相左。来自低等法院的两个不同的判决迫使联邦最高法院介入两案的审理。

在格拉茨案的判决中,首席大法官伦奎斯特写作了6—3票的多数派意见。他引用阿达兰达案判决的原则——即所有的"种族分类"必须以"推进紧迫的政府利益"为目的,而且必须要经过"极为精准地设计",据此,他认为密歇根大学本科部的录取政策违反了"平等法律保护"的原则,给少数族裔申请人加分的做法使得非少数族裔的申请人处在了相对不利的位置之上,"种族"成为达到最低录取资格的少数族裔申请人获得录取的"关键因素",这种形式的"肯定性行动"政策看上

---

① Anderson, *The Pursuit of Happiness*, 267.

去更像是一种"定额"制,经不起法院的"严格审查"。伦奎斯特并没有否定大学新生录取过程中使用"肯定性行动"的措施,但强调其前提必须是,种族只是综合考虑的多种因素之一,不能取代对申请人的个别审查;如果一个申请人仅以"种族"为由获得了相对于另外一个申请人的优势的话,"肯定性行动"政策就违反了宪法的原则。①

格鲁特尔案的5—4票的多数判决意见是由奥康纳大法官写作的。她认识到此案直接涉及大学录取程序中是否可以继续使用"种族"作为考虑因素的问题,因此一开始就对鲍威尔在巴基案中建立的原则予以肯定,强调为了争取多元的学生组合("the attainment of diverse student body"),种族可以作为录取程序中的重要参考因素。接着,她肯定了密歇根大学法学院采用的"关键体积"的做法,指出这并不是一种定额制,相反,密歇根大学法学院对每位申请人材料都做了一种"高度个人化的、角度全面的"阅读,而不是追求事先预定的、机械地基于种族之上的多元化"奖金"制,该学院也经常接受分数低于少数族裔的白人申请者,这表明法学院所考虑的录取因素并不只限于种族。奥康纳指出,是否使用种族作为录取因素,取决于对州的利益的考量。她宣称,当今,我们认为法学院在获取一个多元化的学生群体方面拥有一种"紧迫的利益"(a compelling interest):25年前,大法官鲍威尔曾批准使用种族因素来推动学生构成的多元化,自从那个时候起,成绩优异和拥有出色考试分数的少数族裔学生的人数的确是增加了;"我们预计从现在起的25年之后,为推动今日所批准的这种利益(指学生队伍的多元化),种族优先待遇的做法将不再有此必要"。为此,多数派坚持了在阿达兰达案和巴基案中宣示的原则:经过严格限定的"肯定性行动"政策仍然是合宪的,但前提是它们必须有非常严密的限定、是众多考量因素中的一个,并能经得起法律的检验。奥康纳指出,最高法院收到如此多的支持"肯定性行动"的法律文献说明,这项政策和这种实践对各行各业都是有用的;一个多元化的学生队伍和工作队伍对于美国的国内和国际安全来说,其好处不光是停留在理论上,而是实实在在的。密歇根大学法学院的学生队伍多元化是一个"必要的利益"所在,学生队

---

① *Gratz v. Bollinger*, 539 *U. S.* 244 (2003).

伍的多元化可以帮助打击人们持有的种族偏见，可以保证在国家的精英队伍中始终保持少数族裔的参与，所以密歇根大学法学院的录取程序并不违宪。①

格拉茨案和格鲁特尔案两案的判决看上去似乎有些相互冲突，但实际上并不矛盾。事实上，两案以非常圆滑的共盟形成了关于"肯定性行动"政策的新指导性原则：最高法院重申了巴基案的原则——"种族"可以作为大学录取新生时考虑的一个因素，但强调"种族"不能是唯一的因素，而且使用"种族"因素的唯一目的是为了实现学生队伍的多元化，只有在这样的前提之下，"肯定性行动"计划才能经得起宪法审查。值得注意的是，奥康纳大法官是格鲁特尔案多数派判决意见的作者，同时也是格拉茨案判决意见的多数派中的一员。她在两案中扮演的角色是十分微妙的。我们甚至可以说，正是因为有奥康纳大法官的存在，两案才能够以看似不经意的配合做出这样的结论。但随着2005年伦奎斯特首席大法官的去世和奥康纳的退休，布什总统将任命两位新的大法官，他们的到来是否会改变最高法院内部意识形态派别的组成，2003年达成的新的指导原则能够坚持多久，也成为人们关心的问题。

### 费希尔诉得州大学案（2013）

果然，远没有等到奥康纳大法官所说的25年的期限，新一轮的对"肯定性行动"计划的挑战便来临了。新的案例名为费希尔诉得克萨斯州大学奥斯汀校区案，源自得克萨斯州，案情与格拉茨案十分相似，但挑战的是得州大学奥斯汀校区的录取政策。联邦最高法院于2012年听取了辩论，并于2013年6月23日宣布了判决意见。这次虽然没有推翻"肯定性行动"计划，但对"种族"的使用做了更加严格的限制，同时也将最高法院内部的深刻分歧再度暴露出来。

如同密歇根大学安阿伯校区一样，得州大学奥斯汀校区（University of Texas at Austin）同为得州和全国最好的大学之一，新生录取的竞争性很强。2008年，申请入学的新生有将近3万人，但该校只能录取

---

① *Grutter v. Bollinger*, 539 U. S. 306 (2003).

6715 人。阿比盖尔·费希尔(Abigail Noel Fisher)是一名家住得州的白人女生,希望进入奥斯汀校区就读,但没有被录取。费希尔认为,她之所以没有被录取是因为得州大学的录取程序将"种族"作为重要的考虑因素,她因为是白人而没有得到公平的机会,故控告该校的录取程序违反了第十四条宪法修正案。

事实上,在 1996 年霍普伍德案宣判之后,得州议会通过了一项新的州法,规定凡本州州立高中的毕业生,只要毕业成绩排名属于前百分之十,可自动被得州大学录取;奥斯汀校区属于得州大学系统,受州法的管制,所以必须服从。但该校为了继续推动校园"多元化",设计了一套称为"个人成就指数"(Personal Achievement Index, PAI) 的录取政策,与州政府规定的"十分之一法律"(Ten Percent Law)并用。PAI 方案的目的是为了"识别和奖励那些素质与优点并不能为高中成绩排名和考试成绩所准确反映的申请人"。虽然这个方案并没有明确使用"种族"因素,但它在实施中是向少数族裔倾斜的,学生队伍的多元化与大学的教学质量、大学在国内和国际的名声,以及获取联邦科研经费的奖励,都有密切的关系。尽管如此,得州大学的少数族裔申请人的数量在霍普伍德案之后大幅度下降,全校申请人的总数也下降了 13%,获得录取的新生中非裔美国人和拉美裔美国人下降,而白人和亚裔的人数增加。

2003 年格鲁特尔案的宣判实际上推翻了霍普伍德案的判决,得州大学大受鼓舞,决定重新将种族作为新生录取的一个考虑因素,于 2004 年启动了一种模仿密歇根大学法学院的录取程序的做法,即追求少数族裔学生在人数上的"关键体积"。得州大学之所以将种族重新纳入录取方案,是因为考虑到,在一个 5—24 人规模的课堂上,如果少数族裔学生无法达到一个"关键体积",他们与白人学生之间就无法展开有效的互动。没有这样一个"关键体积",大学内的多元化就是形同虚设,而没有学生队伍的多元化,该校学生所受的教育就不能称为是"多元化"的或最优秀的,学校也就不能给予学生最真实、最充分的训练,以帮助他们在毕业之后适应和改造现实。得州大学采用的"个人成就指数",尽管并没有实行定额制或百分比,但种族无疑是一个重要的考虑因素。至 2008 年时,得州大学的少数族裔学生的数量明显增加,与 1998 年相比,非裔美国人学生数从 165 人增至 335 人,拉美裔学生从 762 人增至 1228 人;亚裔学生增幅不大,从 1034 增至 1228 人。在少数族裔学生获取本科学位的美国大学排名中,得州大学名列第六,充分说明了该校推动多元化的成就。

在费希尔申请的 2008 年,该校新生的 81% 是通过"十分之一法律"获得录取的,也就是说,绝大部分新生是凭借高中的优异表现进入该校的。所以,录取竞争主要集中在排名在百分之十之外的学生中。在审查这一部分学生时,除了成绩之外,学校还需要考虑他们的"个人成就指数"所包含的内容,其中包括申请人的领导才能、工作经历、获奖情况、课外活动经历、社区服务经历,还包括"因其背景而给学生带来特别见解的其他环境"(other special circumstances that give insight into a student's background),这些"特殊环境"包括:在单亲家庭长大、家庭使用的主要语言是非英语的语言、承担了重要的家庭责任以及家庭的社会经济地位等。显然,"特殊环境"因素明显偏向于那些处在不利地位的家庭及其子女。费希尔的高中毕业成绩排名在 12%,大学的入学考试成绩刚过得州大学的录取线,她在高中曾参加过交响乐队和数学比赛,还做过一些社区志愿者的工作。她认为得州大学录取程序中的"个人成就指数"规定包含了明显的"种族"因素,她因为不具备这样的种族背景而被不公正地拒之门外。

2009 年,联邦地区法院在听取辩论之后,认为得州大学的录取程序符合格鲁特尔案的判决原则,并不违宪,并称"只要格鲁特尔判例是一部好法,得州大学现行的录取方案就是合宪的"。[①] 费希尔将此案上诉到联邦第五巡回上诉法院。这次巡回法院肯定了地区法院的判决,并称格鲁特尔案判决要求法院在界定多元化利益和为实现多元化而采用的具体措施方面应该尊重大学的判断和决定,根据这一原则,得州大学拥有对自己的目标和程序的最终发言权。[②] 费希尔又将此案上诉到联邦最高法院。

---

[①] *Fisher v. University of Texas at Austin*, 645 F. Supp. 2d 587 (2009), United States District Court, W. D. Texas, Austin Division, August 17, 2009.
[②] *Fisher v. University of Texas at Austin*, 631 F. 3d 213, Court of Appeals, 5th Circuit, 2011.

最高法院于2012年10月听取了辩论。大法官索尼娅·索托迈耶尔(Sonya Sotomayor)和金斯伯格对案例的有效性提出了疑问,因为原告费希尔被得州大学拒绝后已经选择到路易斯安那州州立大学就读,并即将毕业,也就是说,得州大学的拒绝录取给她造成的"实际伤害"只是当年的100美元申请费。但斯卡利亚大法官认为,种族歧视的伤害违反了法院早期宣示的平等法律保护的原则。

肯尼迪大法官写作了多数派意见。多数派还包括了首席大法官罗伯茨和大法官斯卡利亚、托马斯、布雷耶、阿利托和索托迈耶尔。罗伯茨和阿利托为乔治·W. 布什总统所任命,均被视为持保守派观点的大法官。索托迈耶尔为奥巴马总统于2009年任命,是第一位拉美裔女性大法官。另外一位由奥巴马于2010年任命的女性大法官艾琳娜·卡根(Elena Kagan)因在担任联邦总检察长的时候曾接触过此案,故以避免利益冲突为由回避了对本案审理的参与。在此案的审理中,唯一表示异议的是金斯伯格大法官。

肯尼迪首先回顾了巴基案的判决,重新确认了鲍威尔大法官关于种族与多元化的关系:一个多元化的学生群体对于教育质量是很关键的,不光是对种族有利,也与其他的国家利益有关系,对种族之外的国家价值观有关系,可以增加课堂内的对话,减少种族隔绝和偏见。大学需要培养具有创造性的人才,所以学生群体的多元化是一个"紧迫的政府利益",在大学录取时考虑种族的因素是合法的,这一点在格拉茨案和格鲁特尔案的判决中都得到了确认。但格拉茨案和格鲁特尔案并没有给大学打开绿灯,允其使用任何标准来推动多元化的目标,任何涉及"种族分类"的政策必须是"为服务极为紧迫的政府利益而极为精准地设计的",必须要经得起法庭的"严格审查"。格鲁特尔案的判决明确地禁止使用定额制,要求录取新生的政策必须要"有足够的灵活性,保证对每个申请人的评估是以他或她的个人背景、而不是以他或她的种族或族裔背景作为决定性因素加以考虑的"。①

什么叫做"严格审查"呢?在格鲁特尔案判决中,最高法院称:大学必须清楚无误地展示,它追求的目的或利益是宪法所允许的,并有足

---

① *Fisher v. University of Texas at Austin*, Case No. 11-345, 570 *U. S.* (2013).

够的宪政上的理由,证明它使用的分类对于实现自己的目的是必要的。对不同种族的学生进行区分只有在一种情况下是宪法允许的,那就是,这些区分是"非常严格地为了推进紧迫的政府利益而制定的",推进学生群体的多元化是宪法所允许的高等教育机构的目标,所以"在格鲁特尔案判决原则之下,所有使用种族区分或分类的录取方案都必须进行严格审查"。①

在本案中,联邦地区和巡回法院虽然认可了格鲁特尔案的原则,却将"严格审查"的工作留给了大学;但格鲁特尔案判决明确地指出:"是法院,而不是大学的行政官员,有责任来确保大学采用的方案是具体而严格地为实现其声称的目的而制定的。"法院在审查时需要询问:如果学校不使用种族分类是否可以实现其目标。"学校的考虑是必要的,但不足以满足严格审查的要求",大学需要向法院举证说明"任何其他种族中立的替代方案都无法产生多元化的教育效果",而法院是这种说法的最终审判者。② 但在审理费希尔一案时,巡回法院没有仔细和严格地审查得州大学的录取方案,而是采取了先入为主的立场,判定得州大学制定录取方案的动机是好的,将对其做严格审查的责任让给大学,并以此得出结论说,因为得州大学的做法"是经过研究的,严肃的和出于高尚的目的",所以它的录取方案并没有超出"受到宪法保护的任意性权力的范围之外"。③

因此,多数派意见认为,巡回法院的这种判决与格鲁特尔案的原则是矛盾的;大学的动机不能满足严格审查的要求。最高法院决定撤销低等法院的判决,出于对原告和低等法院的公平起见,决定"将本案退回最初审理此案的(地区和巡回)法院,以便在正确的分析框架下对录取程序进行考虑和判断"。④ 肯尼迪最后指出:严格审查绝不能只是"在理论上是严格的,在事实上却是糟糕的"(strict in theory, but fatal in fact),同样,"严格审查绝不能在理论上是严格的,在事实上却是软弱

---

① *Fisher v. University of Texas at Austin*, Case No. 11-345, 570 *U. S.* (2013), at 9.
② Ibid., at 10-11.
③ *Fisher v. University of Texas at Austin*, 631 F. 3d 213; *Fisher v. University of Texas at Austin*, Case No. 11-345, 570 *U. S.* (2013), at 11.
④ *Fisher v. University of Texas at Austin*, Case No. 11-345, 570 *U. S.* (2013), at 12-13.

无力的"(Strict scrutiny must not be strict in theory but feeble in fact)。①

此案审理最大的意外是黑人大法官托马斯的表现。托马斯是老布什总统任命的大法官,在就任之前,曾在布什政府中担任负责实施"肯定性行动"计划的联邦官员。他从内心对这项计划十分反感,在联邦最高法院的相关案例中始终站在反对的立场上。在过去相当长一段时间内,他很少发表意见,但这次破天荒地写作了一份情绪激昂的协同意见。

托马斯在赞同多数派意见的同时,主张最高法院应该立刻推翻格鲁特尔案判决,将州立大学在录取新生时使用种族因素的做法宣布为违宪。托马斯使用了里根的言论,强调任何以种族为界的群体分类都是违反第十四条宪法修正案的,"这种做法将我们所有人都贬低了"。在他看来,推动多元化不是政府的紧迫利益,只有防止无政府主义或制止暴力的发生才能构成"紧急的公共需要";多元化不过是大学用来增进教育收益的一种手段(means),而不是目的(end),这种手段曾在1950年代为白人种族主义者用来为种族隔离的教育体制辩护,曾被最高法院在布朗案中加以否定,但今天得州大学却拾起种族主义者的说法来为多元化辩护。种族主义者认为种族隔离教育可以创造一种对黑人学生具有正面意义的教育环境,可以培养出像布克尔·华盛顿这样优秀的黑人领袖人物;得州大学所说的学生群体多元化能够改善种族间的关系,用的是同样的逻辑,所以"得州大学重复了曾经用来支持种族隔离的观点"。事实上,"肯定性行动"并不能帮助废弃种族歧视,反而加深了种族偏见。他斥责道:"这个国家最糟糕的歧视形式总是伴随着那种歧视帮助了少数族裔的一本正经的说法。"得州大学所声称的良好愿望无法掩盖它所包含的赤裸裸的种族歧视,正如奴隶主和种族主义者曾以同样的企图来掩饰他们已经遭到唾弃的观点一样。他认为,"肯定性行动"政策的结果是强迫黑人和拉美裔学生与白人和亚裔学生进行竞争,因为黑人和拉美裔学生在学术上没有白人和亚裔学生准备得那样充分,所以这种"错误的配对"(mismatching)只会对黑人和拉美裔学生的自信造成更多的打击,他们可能学到的东西会更少,而不

---

① *Fisher v. University of Texas at Austin*, Case No. 11-345, 570 *U.S.* (2013), at 13.

是更多。所以,"在良好动机的掩饰下,得州大学的种族政策伤害了它声称要帮助的那些人"。①

费希尔和得州大学都认为自己是这场官司的获胜者。巡回法院如何重新严格审查得州大学的入学录取程序,不得而知,但至少在目前看来,要想彻底废除种族在大学录取中的考虑是不现实的。无论司法审查的程序如何严格,种族仍然是最高法院允许考虑的因素之一,从这个意义上讲,费希尔的原始目的并没有达到。但与此同时,得州大学的录取程序也受到更多的限制,种族所占的分量越来越少,最高法院给予的时间和耐心都越来越有限。反对"肯定性行动"的力量穷追不舍的起诉迫使最高法院不断收紧绳索,法院内部自由派与保守派之间相互妥协的余地也越来越少。格鲁特尔案判决已经是巴基案原则的一种退步,费希尔案判决则将举证责任置于大学、将审理权交给了法庭,而法庭(尤其是低等法庭)的政治态度往往会导致类似霍普伍德案那样的解释。最高法院对"肯定性行动"政策的支持,只能用"来日不多"来形容。

### 现实障碍与法律障碍

格拉茨案、格鲁特尔案和费希尔案再次凸显了推动"肯定性行动"政策的法律困境。1990年代,在里士满案和阿达兰达案的判决之后,大约有200多项联邦合同项目被终止。许多大学也修订了自己的录取程序,不再使用打分制的做法。加利福尼亚、佛罗里达、佐治亚、密西西比、得克萨斯和华盛顿州都采取行动,禁止或减弱了"肯定性行动"的政策,尽管全国大部分的州、学校和大企业仍在实施这项政策。

"肯定性行动"政策遭遇了两种困境:法律上的和现实中的。从法律上看,"肯定性行动"本身包含了一种与"平等法律保护"原则相冲突的逻辑,直接涉及对"公平"的理解和实施。这种困境在该项政策提出来的时候就已经为人们所意识到。惠特尼·杨专门讨论过这种困境,

---

① Justice Thomas, concurring opinion, *Fisher v. University of Texas at Austin*, Case No. 11-345, 570 *U. S.* (2013), at 2, 4-6, 9-10, 14, 17-20.

但他认为在经历了长达 3 个世纪的压迫之后,白人社会应该对此予以支持和理解。黑人并不要求 300 年的"特殊惠顾",只需要实实在在的 10 年。① 1965 年,约翰逊将"肯定性行动"称为是对少数族裔"助一臂之力"(a hand up),尼克松的说法是"在(少数族裔)起步时推一把"(little extra start),鲍威尔大法官认为是"加把油"(a "plus"),奥康纳大法官则认为是"某种奖金"(some sort of bonus)。② 无论怎么称呼,人们只是将它看成一种暂时性政策,并非永久性的。但在实施过程中,原本期待的结果并没有立即得到实现。大部分非裔美国人和拉美裔美国人在经济上长期处于贫困状态,他们无法以整齐和整体的方式得享这种"惠顾"或"一臂之力"。享受"肯定性行动"政策"惠顾"的门槛实际上是很高的——至少需要有良好的高中学历和学习成绩以及较高的入学考试分数,或者需要拥有自己的企业等。少数族裔中的绝大部分人是做不到这一点的。由于经济上的贫困和居住及社区环境的恶劣,真正能够完成高中学历并有实力去竞争一流大学的非裔美国人和拉美裔学生并不多。对于无数黑人家庭来说,最需要的是一份起码和体面的工作、一份合理的收入、一个质量上有保证的学区、一个安全的社区和一个完整的家庭,因为这些是进入大学、获得经济独立自主的前提条件。能够通过"肯定性行动"的"惠顾"进入一流大学的少数族裔中有不少人已经达到了中产阶级的地位。正因为如此,类似格拉茨和费希尔这样的白人才觉得自己遭受了"肯定性行动"政策的"伤害",他们并不认为,他们的肤色帮助他们分享了白人上层所拥有的机会和福利,相反,他们却要因为自己的肤色和种族而屈就于已进入中产阶级的黑人之下。这种情形在传统的种族关系模式下既是不可思议的,也是不能接受的。

1978 年,大法官布莱克门(Harry Blackmun)曾在巴基案判决意见中写道,"肯定性行动"计划带有一种真诚的希望,那就是,将来有一天美国不再需要"肯定性行动"计划,它将变成一种真实意义上的"历史遗俗"(relic of the past);但此刻美国必须经历这样一个充满遗憾、但必

---

① Young, *To Be Equal*. 33.
② Anderson, *The Pursuit of Happiness*, 273.

须带有"过渡性不平等"(transitional inequality)的阶段,他希望这个阶段最多延续 10 年,美国社会"必须而且将会进入一个成熟的阶段,到时将不再需要这样的政策"。①

但是,这个"成熟阶段"的标准是什么?在利益竞争如此激烈的情况下,美国如何能够达到这样的阶段呢?如果"肯定性行动"必须继续实施的话,谁将是它的受惠者?少数族裔中的中上层还是底层?处在中下层社会地位的白人家庭和他们的子女在多大的程度上能够接受或支持"肯定性行动"?在一个注重"个人权利"的国度,他们是否有权对"逆向歧视"提出挑战?除此之外,女性(尤其是白人女性)在过去 30 年中已经在美国大学的学生中占了多数,进入高等教育行业的女性也越来越多,改正性别歧视的"肯定性行动"计划是否还要继续实施下去?亚裔是否将一直处于目前的尴尬位置?在 2000 年人口统计时,大约有一半拉美裔并不认可自己属于这个群体,那他们到底应该被计算为白人还是少数族裔?这些都是"肯定性行动"正在面临的现实问题,也是 21 世纪美国公民权利与社会正义必须面对的问题。

## 三 《1965 年选举权法》与选举民主

2013 年 6 月 25 日,几乎在发布费希尔一案判决的同时,联邦最高法院也公布了对谢尔比县诉霍德尔案的判决。因为这一案例直接关系到《1965 年选举权法》(以下简称《选举权法》)——可以说是民权运动最为重要的立法成果——的关键条款的合宪性,所以立刻引起了各界的强烈关注和反响。在这项判决中,最高法院先是声明坚守《选举权法》的核心原则——所有美国公民的投票权不得因种族因素而遭到政府或任何人的剥夺,但随即宣布该法中最为关键的第四款为违宪,等于废了该法的武功,令其不再具有往常的威力。南部一些州立刻表示欢迎,并立即启动了修订州选举程序的工作,但包括全国有色人种协进会在内的许多非裔美国人组织立即提出抗议,认为最高法院是在开历史的倒车。奥巴马总统也对最高法院的判决表示谴责。为什么这项判决

---

① Anderson, *The Pursuit of Happiness*, 283.

会引起如此大的争议？最高法院为何决定宣判《选举权法》的第四款违宪？为什么这项条款在 1965 年是合宪的，到 2013 年就变成违宪了呢？隐藏在法院判决背后的政治是什么？这项决定是否会影响到非裔美国公民对州和联邦政治的参与？是否会像一些人所担心的那样再度丧失选举权？另外一个问题是，这项决定对于美国民主意味着什么？本节希望在此先扼要叙述《选举权法》制定和实施的历程，为在第四节解读和分析谢比尔县案判例做一个铺垫。

## 《1965 年选举权法》的历史背景

1858 年在竞选联邦参议员的时候，林肯曾发表过一段著名的"分裂之家"（House Divided）的演说，提到奴隶制将美国分成"一半是奴隶制、一半是自由制"的两个国家，并导致了两种体制之间你死我活的斗争。内战期间，他签署了《解放宣言》，宣布了南部奴隶获得自由的原则，并以此作为美国人获得"自由的新生"的基础。林肯将《解放宣言》视为他所签署的最重要的总统文件，因为他相信《宣言》将彻底改变美国自由的含义——它不再是一个仅为白人所享有的特权，而是人人应该享有的权利。一个世纪之后，"自由的新生"留给美国的仍然是一个"分裂之家"。至 1960 年代初，南部许多州有高达 90% 的黑人公民无法享有第十五条宪法修正案所保障的政治权利，长期处于白人政权的统治之下。用政治学者瓦勒里的话来说，此刻的美利坚共和国是一个"一半是民主制、一半是白人种族至上和威权制"的国家。① 与林肯一样，约翰逊总统也有强烈的历史感（他本人在从政之前，做过中学历史教师）。他认为，《1965 年选举权法》将是他总统生涯中签署的最重要的法律。因为他深知，这部法律将改变美国民主的命运——选举民主不再是只是白人公民独享的权利，而是所有美国公民都享有的权利。《1965 年选举权法》与《解放宣言》的宪政追求在本质上是一致的：都是为了挽救美国作为一个自由与民主体制的生存和延续，但这两个文件的宣布相差将近一个世纪。换言之，林肯在 1863 年对获得解放的奴

---

① Richard M. Valelly, *The Voting Rights Act, Securing the Ballot* (Washington, D. C.: CQ Press, 2006), ix.

隶许下的承诺直到一个世纪之后通过《选举权法》才得到彻底的兑现。

的确,《选举权法》的起源可以追溯到内战之后的重建时代。如第五章所讨论的,1869年,共和党人主持的国会提出了第十五条宪法修正案的法案,规定联邦和州政府不得因种族、肤色或先前受过奴役等原因剥夺美国公民的投票权(the right to vote)。1870年,修正案获得足够多的州的批准,开始生效,南部和北部的黑人都获得了政治权利,全国范围内的跨种族的选举民主得以开始。但这场"民主的实验"未能坚持许久。1876年的总统大选出现难局,最终以北部共和党与南部政客的妥协而结束,但也意味着共和党将不再插手南部的事务,南部的州政权很快全部重新回到白人政客手中。虽然直到1890年代仍有相当一些南部黑人坚持参加投票,甚至在一些州还赢得职位,但这些都成为例外情况。随着种族隔离法在南部的普遍实施,各州剥夺黑人选举权的活动也加速展开,并在19/20世纪之交达到高潮。① 各州通过修宪的方式,在州宪法或选举法中不断加入各种新的选举程序规定,目的是逐步并彻底地将重建时期赋予黑人的政治权利废除。因为不能公然否定第十五条宪法修正案(即不能公然使用"种族"的理由来剥夺黑人的选举权),州宪法便对选举程序(包括登记和投票)做了诸多限制,包括:较长的居住时限(限制那些时常流动的黑人劳工投票)、提前缴纳人头税(通常要求在选举之前一年缴纳,对于贫困家庭是一种负担)、文化或理解能力测试(阻吓受教育不多的黑人前去登记投票)、"祖父条款"(免除白人文盲的文化能力测试)、白人预选(仅允许白人选民参加有竞争力的党内预选)。除此之外,白人种族主义者还直接诉诸武力,阻止黑人联合起来投票。1896年,路易斯安那州实施新的选举资格规定之后,黑人选民的登记率从先前的95%下降到10%。阿拉巴马州黑人选民的登记人数也从1900年的18万人下降到1903年的3000人。密西西比州在1888年仍有29%的黑人参加投票选举,这个数字

---

① 关于这段历史的背景,见:Xi Wang, "Building African American Voting Rights in the Nineteenth Century;" Robert C. Lieberman, "Disenfranchisement and Its Impact on the Political System;" Michael Klarman, "The Supreme Court and Black Disfranchisement;" Paula D. McClain, et al., "Rebuilding Black Voting Rights before the Voting Rights Act;" and Stephen Tuck, "Making the Voting Rights Act;" in Valelly, *The Voting Rights Act*, 1-94。

在1892年降低为2%,到1895年降为零,也就是说,该州的绝大部分黑人不再参与投票。① 这种情况将一直延续到1960年代初期。共和党人曾在19世纪末企图通过联邦立法来恢复黑人公民的选举权,但因为内部在种族问题上分崩离析,无法达成共识,再加上两大政党交替控制国会,他们无法拥有重建时期的体制控制优势。此外,最高法院也对重建宪法修正案所赋予的联邦政府保护公民政治权利的权力做了极为保守的解释,给予南部黑人夺回选举权的努力以十分沉重的打击。②

直到1915年,联邦最高法院才在吉恩诉美国案中宣布所谓"祖父条款"是违宪的。③ 1927年,又在尼克松诉赫恩顿案的判决中宣布得克萨斯禁止黑人参加预选的州法违宪。④ 1944年,最高法院又在著名的史密斯案中宣布,由政党组织的排斥黑人选民的白人预选也是违宪的。⑤ 尽管有这些判决,但影响力十分有限,选民登记和选举事务都控制在州和地方政府手中,联邦政府无力监管,绝大多数南部黑人公民仍然无法参加投票,收效甚微。1939年,联邦司法部创建了民权局(Civil Rights Section),开始对各州违反民权的行为进行调查。1948年,杜鲁门的民权事务委员会建议在司法部下组建一个民权分部,专门负责实施民权,但这个主张直到1957年才得以实现。《1957年民权法》建立了民权委员会(Civil Rights Commission),负责调查和报告民权问题,但该委员会并没有实权来挑战州法,尤其无法挑战那些剥夺黑人选民投票权的州法。《1960年民权法》也受到同样的限制。虽然全国有色人种协进会这样的民权组织和联邦司法部也不断将违反第十五条宪法修正案的案例带到联邦法庭之上,但法庭审理过程极为繁琐漫长,花费巨大,效果并不理想。即便相关法庭受理了相关案件,那些任职于南部的

---

① Michael Klarman, "The Supreme Court and Black Disfranchisement," in Valelly, *The Voting Rights Act*, 38.
② 如:在1898年的威廉姆斯诉密西西比案中,最高法院并不认为人头税和文字能力测试是违法的做法。在1903年的贾尔斯诉哈里斯案中,最高法院表示选举程序是政治问题,法院无力帮助黑人。*Williams v. Mississippi*, 170 U. S. 213 (1898); *Giles v. Harris*, 189 U. S. 475 (1903).
③ *Guinn v. United States*, 238 U. S. 347 (1915).
④ *Nixon v. Herndon*, 273 U. S. 536 (1927).
⑤ *Smith v. Allwright*, 321 U. S. 649 (1944).

联邦低等法庭的法官也往往因个人的政治偏见而导致司法部的努力前功尽弃。

20世纪50年代中期爆发的民权运动为黑人夺回选举权的运动带来了前所未有的基层动力。长期受制于种族隔离制度的普通黑人民众克服对白人政权的恐惧心理,开始走上街头。面对南部黑人的大规模的非暴力抗争运动,南部白人政权第一次感到了真正具有威胁性的挑战。与此同时,几乎所有的民权组织都将争取投票权作为民权运动的最终目标之一。马丁·路德·金领导的南部基督教领导同盟于1957年建立之后,立刻将争取黑人参加选民登记和投票的权利作为自己的最终目标。1960—1964年间,学生非暴力行动协调委员会(SNCC)与全国有色人种协进会一起,在南部腹地的佐治亚州和密西西比州开始了以推动选民教育和选民登记为目的的政治攻势,帮助那些在过去几十年中没有机会参与投票、地处偏僻乡村地区的黑人公民恢复政治意识,学习如何应对地方政府中白人选民登记官员的刁难,勇敢参与投票。民权领袖们意识到,只有让黑人掌握投票权和政治参与权,黑人的平等民权才能获得永久和持续的保护,南部黑人也才能有机会表达自己的声音,将手中的选票变成对白人政客的钳制,并渴望选出自己的代表,进入各级政治机构。

但来自基层战线的黑人政治呼声如何转换成联邦政府的政策,这是一个宪政意义上的挑战。联邦政府是否能够重新恢复"激进重建"的传统,打破旧式"二元联邦制"的影响,发挥联邦政府的权力,帮助南部黑人选民重获政治权利,这既是60年代民权运动第二阶段的任务,更是对1961年和1963年相继入主白宫的民主党人总统肯尼迪和约翰逊的考验。

肯尼迪就任之后,将推动民权立法作为重点,在政治权利方面,他希望南部黑人能够以诉诸选举的方式来获得平等的民权,不必采用激烈的、以制造危机状态为目的的街头抗议等极端手段。肯尼迪政府曾考虑采用重建时代的做法,从司法部派遣官员到南部各州巡查选民登记和投票的情况,尤其是到那些黑人选民的登记率在15%之下的地区,但国会对此提议予以否定,所以《1964年民权法》的法案初稿中并不包括对选举权的强制性条款,即便在该法变成法律、得以实施之后,南部黑人选民中的大多数在 1964 年底仍然因州法的限制无法登记和参加选举。

1963 年 11 月 22 日,肯尼迪遇刺身亡,约翰逊接任总统,推动肯尼迪政府的民权立法成为他执政初期的承诺和重点。① 约翰逊成功地推动了《1964 年民权法》的立法,这项立法虽然废除了就业和使用公共设施方面的种族歧视,但在推动黑人选举权方面没有关键性的突破。1964 年,3 名民权活动积极分子在密西西比州因参与选民教育活动而被白人种族至上主义者(white supremancists)杀害。② 一系列的暴力事件表明,南部白人种族至上主义者决心坚决守住对州选举程序的控制。他们感到,如果不能继续将黑人选民排除在政治决策程序之外,他们对南部政治长达半个多世纪的控制将逐步丧失。

南部白人种族至上主义势力的暴力行为不但没有达到阻止民权运动的目的,反而激发了民权运动积极分子的进一步抗议。1965 年初,各民权运动组织决定不再等待约翰逊政府采取行动,联合起来在白人种族主义政治的心脏地区——阿拉巴马州的塞尔玛市(Selma)——举行一场要求获得选举权的示威战役,给州政府和联邦政府施加压力。当地的白人"公民委员会"宣称决不退让:"如果我们让步一寸,他们将要得到所有的权利。"③1965 年 1 月,马丁·路德·金宣布塞尔玛选民登记战役开始,他带领几百名黑人选民向塞尔玛县法院进发,很快遭到当地警察的镇压。一周之后,包括金在内的 2400 多名抗议者遭到地方警察的逮捕。2 月 18 日,抗议者吉米·李·杰克逊(Jimmie Lee Jackson)在参加示威时被州警察杀死,民权运动领袖决定利用这个机会举行一次从塞尔玛向阿拉巴马州首府蒙哥马利市进军的大规模抗议活动,以唤起全国民众对南部白人暴力的注意。3 月 7 日,约 600 名进军者在跨越塞尔玛市的埃德蒙·佩德斯桥(Edmund Pettus Bridge)的时候,遭到州警察使用暴力和催泪弹的攻击,将近 60 人受伤,制造了民权运动史上的"血腥的星期日"。塞尔玛的暴力事件被电视实况转播,包

---

① Stephen Tuck, "Making the Voting Rights Act," in Valelly, *The Voting Rights Act*, 77.
② Ibid. 80. Also see Mark Stern, *Calculating Visions: Kennedy, Johnson and Civil Rights* (New Brunswick, NJ: Rutgers University Press, 1992), 215.
③ Quoted in Tuck, "Making the Voting Rights Act," 80.

括约翰逊总统在内约5000万人看到了当天的血腥场面。美国许多城市随之爆发了支持塞尔玛进军的游行示威。此刻,运动不再只限于黑人参与的抗议,而变成了一场全国性的抗议运动。1965年3月15日,约翰逊总统对国会两院发表讲话,要求国会立即通过正在讨论的《选举权法》法案,用联邦的权威废止州政府对黑人公民行使选举权的种种刁难和限制。面对国会和数百万电视观众,约翰逊要求国会对法案"不要推迟,不要犹豫,不要妥协"。在结束演讲时,他出人意料地借用了民权运动中最有名的一句口号:"我们终将克服万难"(We shall overcome)。此刻,约翰逊已经比他的任何前任都更现实地感到,要想从根本上推翻白人种族至上主义思想和政治控制,联邦政府必须出面,使用强权,赋予黑人公民以第十五条宪法修正案所保障的公民投票权,"只有赋予黑人以选举权,从南到北和从东到西的政客们才会买他们的账,祈求他们的帮助"。[①] 1964年的大选也给约翰逊的政党民主党带来了控制众议院的绝对多数(395—140),这个局面对于他推动《选举权法》和"伟大社会"的立法都十分有利。

## 《1965年选举权法》的制定

关于联邦政府如何介入、如何干预的问题,约翰逊政府曾考虑过几种方案。其中一个建议是通过制定一条新宪法修正案的方式,直接宣布所有美国公民都拥有投票权(除了对年龄、居住期限、犯罪以及精神状况等的限制之外)。这种方案的优点是比较彻底,并且难以被以后的国会否定或修订,也可以避免最高法院的负面判决;但缺点是通过和批准宪法修正案的时间会拖得很长,可能会遭遇诸多不确定的因素而导致立法失败。另外一个建议是通过一部新的联邦法,赋予现存联邦执法机构(如司法部)以专门权力,并专门针对那些选民登记率极低的州或地区,通过由联邦政府监管当地的选民登记和选民投票程序的方式来有效地废除州政府设置的种族障碍。[②] 这种方式并不立即涉及其

---

[①] Quoted in Tuck, "Making the Voting Rights Act," 87.
[②] Tuck, "Making the Voting Rights Act," 89; Hugh Davis Graham, *The Civil Rights Era: Origins and Development of National Policy, 1960-1972* (New York: Oxford University Press, 1990), 164.

他州,而是有针对性地瞄准南部各州(尤其是那些肆无忌惮地利用"州权"阻止黑人投票的州)。但采用这种方案的困难在于需要找到一个在立法上无懈可击的中立"公式"(formula),或者说,一种适用于所有种族的(race-neutral)的执法标准,以保证其实施之后能够使南部各州的黑人公民重新获得投票权,但又不被当成是以种族利益为基础的立法(尽管事实上这样的立法是为了推动黑人选举权)。从立法技术上看,这是一个难题。因为联邦法一旦通过,必须在全国实施,具有普遍性,但该法的目的是要废止南部各州对黑人选民登记和投票的限制,具有针对性,如果不能达到这个效果,这部法律会与先前的民权法一样,最终只成为一种"没有牙齿"的摆设。

最终,约翰逊的司法部长尼古拉斯·卡曾巴赫(Nicholas B. Katzenbach)提出了一个设想:以1964年的选举作为计算基础,凡当年选民登记率或选民参加投票率低于本地选民总数的50%的地区(包括州、县和其他的次级政治单位),其现行的、州选举法要求的"文化能力测试"程序或类似的限制性条款将自动终止,不得实施,各地的选民可直接参加选民登记并在选举日参加投票,州和地方的选举官员不得拒绝和阻止;此外,联邦司法部将派出官员前往上述地区督察,以确保相关地区的所有合格选民能够不受阻碍地顺利登记和参加选举。①

卡曾巴赫起草的法案送到国会,经两院的民主党议员协商之后,形成了最后的版本。1965年8月初,参众两院分别以79—18、328—74票通过了法案。8月6日,经约翰逊总统签署后,《1965年选举权法》正式生效。在国会讨论期间,曾有议员提出各种修正案,但最后的版本几乎与司法部最初的设想完全一致,充分显示了卡曾巴赫作为执法官员所拥有的熟练的立法技能。这种通过行政部门起草立法文件的做法在20世纪后期被广泛使用,第十一章讨论的《爱国者法》和奥巴马总统的医疗改革立法也都是采用这种方式。行政部门的立法虽然最终必须经过国会的讨论和批准,但它们往往更准确地表现执法部门的意愿和更有效的执法方式。在这个意义上,美国宪法体制下的立法有非常

---

① Tuck, "Making the Voting Rights Act," 90.

接近英国议会立法的地方,但前提是总统所在的政党必须同时控制国会两院的多数。

## 《1965 年选举权法》的内容

《1965 年选举权法》共有 19 个条款。① 第一款宣布本法的主要目的是"实施合众国宪法的第十五条修正案";第二款宣布"各州或州内的次级政治行政区(political subdivision)②不得强加或实施任何形式的投票资格或参与投票的前提条件、标准、实践或程序"来达到"以种族或肤色的原因剥夺美国公民的投票权"的目的;第三款赋予联邦司法部和联邦法院任命联邦检查官的权力,并授权司法部和联邦法院终止带有种族歧视的目的或效果的选民登记"测试和要求"在州或次级政治行政区的行使;第四款宣布:州或次级政治行政区不能以未通过州所要求的选民登记"测试"(test)或未满足选民登记的"要求"(device)为名剥夺美国公民的投票权③;如果一州或一个次级政治区在 1964 年 11 月 1 日时其选民登记的人数不足本地选民总数的 50%,或参与 1964 年总统大选的选民人数不足本地选民总数的 50%,该州正在实施的选民登记"测试"或"要求"立即自动终止五年,这些地区也因此被纳入本法的监管之下,联邦司法部长和联邦法院有权决定其选民登记所要求的"测试"或"要求"是否带有种族歧视的目的与后果。第五款规定,为本法第四款"所覆盖的区域"(州或次级政治行政区)如果需要实施(新的)对选民资格的要求,必须向位于哥伦比亚特区的联邦地区法院提出申请,所建议的改动须经联邦法院确认不带种族歧视的目的或不会产生种族歧视的后果、并经联邦司法部长的同意之后,才能实施。

该法的第六至第九款是关于联邦选举检查官的任命程序、职责、权

---

① *Voting Rights Act of 1965* (August 6, 1965), *Public Law*, 89-110.
② 根据该法第十四款的解释,"次级政治行政区"指的是一州内的县(county 或 parish)和"举行选举登记手续"的行政区域。
③ 第四款对"测试和要求"的界定包括"文字能力测试"(literacy test)、教育程度(educational achievement)测试、良好道德品质(good moral character)测试和选民登记手续要求(voucher of registered voter)。

限和执法程序,其中尤其提到联邦检查官有权将被州法排除在外、但符合联邦宪法和联邦法要求的选民视为合格选民,而如果州或地方政府要继续排斥这些选民,必须在规定的时间内向联邦文官委员会(Civil Service Commission)提出请求,文官委员会有权举行听证会,并强迫证人作证或出示证据。第十款对某些州以征收人头税为选民登记的前提条件的做法提出质疑,并宣布本法的执法权来自第十四、十五条宪法修正案。第十一、十二款严禁任何官员对选民和意图参与选举的公民进行恐吓、威胁和打击,将有意提供虚假信息或毁坏、修改选举材料的行为定为联邦罪,并授权司法部长采取措施防止此类行为的发生。第十三款允许次级政治行政区向联邦司法部长"请求"解除对本地区的监管(换言之,获得"保释",不再受到监管)。① 第十四至第十七款提供了程序性的补充条款(包括废止军队中可能存在的歧视性选举规定)。第十八款指示国会拨款支持该法的实施。第十九款宣称,即便本法某一条款被宣布违法,其他的条款及其实施将不受影响。

从这个结构中,我们至少可以从这样几点来观察。第一,该法意在恢复重建宪政的改革传统,第一款将本法的目的与第十五条宪法修正案的原则清楚无误地联系在一起,第二款以更加明确的语言宣示了不得以种族或肤色剥夺公民选举权的宪政原则。第二,该法采用了1870年代共和党国会通过的实施法案的做法,直接授权联邦司法部和联邦法院废止相关州法,并派出联邦检查官前往被监管的州或地区,保证被剥夺投票权的选民能够得以登记和参加选举,这是该法区别于1957年、1960年民权法最为关键的地方。第三,该法赋予位于首都华盛顿的联邦地区法院专门的司法权来审理与本法相关的案件,从而避免州

---

① 同时规定,一个被列为"覆盖"的地区在废止使用任何带有种族歧视的选举程序或方法的五年之后,可以向联邦政府申请,请求从该款的管制中获得"保释"(bail out),获得"保释"的州或地区,将不再受到该款的约束。这些条款的针对性很强,是专门针对南部州的。Tuck, "Making the Voting Rights Act," 93; Brian K. Landsberg, *Enforcing Civil Rights: Race Discrimination and the Department of Justice* (Lawrence: University Press of Kansas, 1997), 8. 譬如1964年5月3日,在密西西比州的达拉斯县(Dallas County),只有320名黑人选民能够登记,1967年10月31日,该县有10 644黑人选民登记,占该县具有选民资格的人的70%。

法院和在南部的联邦地区法院可能对执法的干扰。①

该法的核心内容是第四、第五款。第四款通过设定所谓"启动设置"（triggering formula）界定了为联邦司法部监管的"覆盖行政区"（covered jurisdictions），冻结了这些地区中旨在剥夺黑人选民选举权的歧视性"测试和要求"的实施。第五款是一个实施性条款，将"覆盖行政区"的选民资格的界定掌握在联邦司法部和联邦法院手中，而不是留给各州掌握，任何选民登记程序的变更都需要经司法部或联邦地区法院的批准，而批准的前提是所有改动都不带有种族歧视的目的，也不会产生种族歧视的后果。这一款很快就将成为该法最重要的条款，因为第四款所覆盖的区域如果需要修订选举程序，必须事先向司法部长或位于华盛顿的联邦地区法院申请，获得"事先批准"（preclearance）之后，才能修订。虽然这两个条款是暂时性条款，有效期为5年，但它们改变了联邦政府与州政府在控制选民资格（乃至选民最终得以投票的权利）方面的力量均势。

## 《1965年选举权法》的实施与更新

如同它的设计者所期待的，《选举权法》将阿拉巴马、佐治亚、路易斯安那、密西西比、南卡罗来纳、弗吉尼亚6个南部州列为该法的"覆盖行政区"，此外还将北卡罗来纳州的39个县和亚利桑那州的一个县也包括在其中。在该法实施的头两年内，联邦检查官在60个县进行监管。在《选举权法》实施的第一个10年内，联邦政府共派出6500个观察员，一半以上是前往对黑人选举权剥夺最彻底的密西西比州。② "覆盖行政区"内所有针对选民登记和投票的带有种族歧视的考试或其他规定都被禁止实施，任何相关的法律修订须得到联邦司法部或联邦法

---

① 与以前的做法不同的是，司法部不再针对相关违反案例——举证，而是反过来，要求地方选民登记官举证说明他们的登记程序不具有种族歧视的内容或目的，如果地方或州希望避免受到联邦司法部的监管的话。国会的民主党人相信，这部法律可以杜绝所有南部州法的欺骗、狡诈的对策和可以利用的法律漏洞。

② Howard Ball, et al., *Compromised Compliance: Implementation of the 1965 Voting Rights Act* (Westport, Conn: Greenwood Press, 1982), 49-50; U. S. Commission on Civil Rights, 1975; Colin D. Moore, "Extension of the Voting Rights Act," in Valelly, *The Voting Rights Act*, 96.

庭的"事先批准"之后才能实施,而为了获得"事先批准","覆盖行政区"必须证明自己提出的选举程序修订方案不带有种族歧视的目的、并不会造成种族歧视的后果。①《选举权法》是美国历史上最严厉的规范选举程序的法律,也是20世纪60年代联邦政府在建立新型联邦主义方面的意图展示,但南部各州并不愿意善罢甘休,就此接受《选举权法》。

1966年,6个被覆盖的南部州对《选举权法》提出挑战,认为其过分扩大了联邦政府的权力、破坏了传统的联邦制的原则。在南卡罗来纳州诉卡曾巴赫案和摩根诉卡曾巴赫案两案的判决中,联邦最高法院将《选举权法》的立法和执法判定为"合法的方式",并"希望数百万非白人的美国人能够借此第一次在平等的基础上参与政治"。② 联邦司法部长卡曾巴赫随后采取行动,否定了阿拉巴马、密西西比、得克萨斯和弗吉尼亚州对选民的人头税要求。最高法院将选民登记过程中的任何种族性障碍视为非法,并认为国会有权废除这类障碍。

自1965年开始实施之后,《选举权法》先后得到四次更新和延期（renewal）。第一次是在1970年,当时的更新规定,《选举权法》中第四、第五款的期限延长5年,"事先批准"的规定也得以保留,"文字能力测试"这类做法在全国范围内被禁止。这次修订将1968年总统大选的投票记录作为鉴定"覆盖行政区"的基础。1975年国会第二次批准了《选举权法》的更新,该法的有效期限延长7年,并以1972年总统大选年为标准,将那些选民登记和投票率低于50%的行政区纳入第四款的"覆盖"范围之内。③ 在来自得克萨斯州的黑人女议员芭芭拉·乔丹（Barbara Jordan）的提议下,国会修订了限制选民投票的"测试或要求"的概念,在新的法律中规定,当一个地区有5%的适龄选民讲同一种非英语的"少数"语言时,州或地方政府在选举时如果只提供英语的选举资料,这种做法将被视为"语言歧视",该地区将被纳入《选举权法》监管的"覆盖行政区"范围之内。根据这条规定,阿拉斯加、亚利桑那、得

---

① *Shelby County v. Holder*, 570 U. S. (2013), at 4 (electronic version).
② *South Carolina v. Katzenbach*, 383 U. S. 301 (1966).
③ *Voting Rights Act Amendments of 1975*, §§101, 202, 89 Stat. 400, 401.

克萨斯,以及加利福尼亚、佛罗里达、密歇根、纽约、北卡罗来纳和南达科他州的一些县也变成了"覆盖行政区"。与此同时,该法永久性地禁止了文字能力测试。①

1982年,国会再次批准了《选举权法》有效期的延长,期限为25年。修订法没有对第四款的"覆盖方案"进行修订,但修订了被覆盖行政区"保释"——即从联邦《选举权法》的管制下解脱出来——的条件,允许"覆盖行政区"和它们的次级政治行政区在下列条件下申请"保释":该区域在过去10年中没有使用过被禁止的歧视性选举"测试或要求",在过去10年没有被联邦政府拒绝"事先批准"的记录(即该地区所有的选举程序的变动都得到了联邦政府的认可),从未在《选举权法》第二款引起的诉讼中败诉过(即法庭从未发现其实施过为《选举权法》禁止的带有种族歧视的选举程序或法律)。② 此刻,联邦最高法院仍然一如既往地对《选举权法》表示支持。③

2006年是1982年《选举权法》延期25年终结的期限,国会再度面临是否给该法延期的问题。经过一系列的听证活动,国会通过了《选举权法》的更新和修订法,并以几位卓越的民权运动女性领袖人物的名字来命名这部更新法④,将该法的有效期延长25年,至2031年。这次延期和更新,也没有修订该法的第四款,即"覆盖方案"的标准,但修订了第五款的内容,禁止实施任何带有歧视目的的对选举程序的修改,包括损害选民们选举中意的候选人的能力的程序改变。⑤

## 四 谢比尔县案与《选举权法》的虚空化

《选举权法》的实施明显地改变了南部政坛的生态环境。1970年,

---

① *Voting Rights Act Amendments of 1975*, §101, 102, 203, 206, 89 Stat. 400-402.
② *Voting Rights Act Amendments of 1982*, §2, 96 Stat. 131-133.
③ 参见:佐治亚诉美国案(*Georgia v. United States*, 411 *U. S.* 526[1973])、罗马市诉美国案(*City of Rome v. United States*, 446 *U. S.* 156[1980])、洛佩兹诉蒙特利尔县案(*Lopez v. Monterey County*, 525 *U. S.* 266[1999])的判决。
④ *Fannie Lou Hamer, Rosa Parks, and Coretta Scott King Voting Rights Reauthorization and Amendments Act*, 120 Stat. 577.
⑤ 42 U. S. C. §§1973c(b)-(d).

也就是《选举权法》实施 5 年之后,旧南部(即内战时期加入南部邦联、退出联邦)的 11 个州的州议会上院(或参议院)共有 457 个议员,有 6 位是黑人,在 1325 名州议会的众议员中,有 34 人是黑人(见表 12.1)。① 当年,全国拥有通过选举产生的公职的非裔美国官员共 1469 人,其中三分之一多的人(565)来自南部各州。从 1970 年到 2000 年,南部黑人通过选举而获得公职的人数增长了 10 倍,从 565 人增加到 5579 人,在阿拉巴马、密西西比、佐治亚、南卡罗来纳州的增幅最大,而且大部分的黑人官员是在黑人选民比较集中的选区当选的,这充分说明黑人选票发挥了重要的作用。②

表 12.1  南部州议会中非裔美国人议员所占比例的变化,1970—2004(%)

| 州 | 上议院/参议院 | | 下议院/众议院 | |
|---|---|---|---|---|
| | 1970 | 2004 | 1970 | 2004 |
| 阿拉巴马 | 0 | 22.9 | 1.9 | 25.7 |
| 阿肯色 | 0 | 8.6 | 0 | 13 |
| 佛罗里达 | 0 | 15 | 1.7 | 15 |
| 佐治亚 | 3.6 | 17.9 | 7.2 | 21.7 |
| 路易斯安那 | 0 | 23.1 | 1 | 21.9 |
| 密西西比 | 0 | 19.2 | 0.8 | 29.5 |
| 北卡罗来纳 | 0 | 12 | 1.7 | 15 |
| 南卡罗来纳 | 0 | 17.4 | 2.4 | 19.4 |
| 田纳西 | 6.1 | 9.1 | 6.1 | 15.2 |
| 得克萨斯 | 3.2 | 6.5 | 1.3 | 9.3 |
| 弗吉尼亚 | 2.5 | 12.5 | 2 | 11 |
| 总计 | 1.3 | 15.3 | 2.6 | 18.2 |

资料来源:David A. Bositis, "Impact of the 'Core' Voting Rights Act on Voting and Officeholding," in Richard M. Valelly, ed. *Voting Rights Act: Securing the Ballot* (Washington, D. C. : CQ Press, 2006), 123.

---

① David A. Bositis, "Impact of the 'Core' Voting Rights Act on Voting and Officeholding," in Valelly, *The Voting Rights Act*, 121-123.
② Ibid.

这些成果并不意味着南部黑人的投票权问题彻底解决了,黑人与白人种族主义者之间围绕选举权的较量并没有结束。相反,在南部的某些州,围绕选举进行的基层斗争还比较激烈。南部各州或次级政治行政区只要有可能,就会"发明"和采用各种方法来降低、抵消或"稀释"(dilute)黑人选票的效力。

### "第二代障碍"

在后来被称为"第二代障碍"(second generation barriers)的抵消黑人选民的方式中,最常用的是改变选区的划分,将单个议员或多议员的选区变成一种"海选"或"混选"的选区(at large elections),这样做的目的是打散单一选区制下黑人选民有可能构成的选民多数。黑人的选票在某一个区域可能是多数,但一旦分散,占大区人口多数的白人选民便可成功阻止黑人代表的当选。其他的方式包括将原本通过竞选获得的某些公职予以废止或取消,或者将这些职位从选举产生改为由任命产生;延长在任的白人官员的任期;还有的"招数"是增加申请人参加竞选的费用;增加对独立参选的候选人的财产资格要求等。

还有一些更为明显的做法,比如说,在地方政府组织投票时,每次选举变换不同的投票地点,给选民造成不便,打击他们的投票热情;或者将投票站故意设置在白人种族主义者"三K党"经常组织聚会和活动的地方;或在投票站周围部署警察力量,名曰维持选举秩序,实际上给黑人选民施加心理压力。一些地方选举委员会在黑人选民集中居住的区域制造原本可以避免的障碍,以选票不足等方式致使选举不能按时顺利进行。这种方式在竞争激烈的地方选举中往往十分有效。只要做到让一部分黑人选民无法投票或不愿意投票,就可抵消黑人选票的效力。政党组织为了保证本党候选人当选,时常采取一种"选票安全"(ballot security)的战术,由党工有意识地向本地的少数族裔选民发出措辞强烈的信件,警告他们如果在"选民登记表"中填写不实信息或犯了填写错误的话,他们的行为有可能被视为一种犯罪。这样做的目的是威胁文化程度不高的少数族裔选民,打击他们参与选举的热情和积极性。

还有一个在近期引起重视的方法,即剥夺已经被释放的犯罪人(ex-felon)的选举权的做法,称为"剥夺犯罪人的选举权"(felony disfranchisement)。即便犯罪人完成了"保释"要求,恢复了正常的社会和法律地位,南部一些州也继续禁止他们参加投票,等于终身剥夺他们的政治权利。这个看似公正、合理而合法的做法实际上带有复杂的政治用心,并掩饰了深刻的社会问题。青年黑人的犯罪率较高,关押在美国监狱里的黑人囚犯所占的比例也相对较高,曾一度达到黑人男性人口总数的四分之一(每四个黑人男性中就曾有一人有过被囚禁的经历)。根据1998年的一项研究,黑人成年男性中有13%的人因为犯罪(140万)而丧失了选举权;1996年,参加选举的黑人男性有460万人,但还有140万人因犯罪而被剥夺了投票权。这种情况在南部尤其严重。①黑人男性犯罪率高的原因十分复杂,与美国社会长期存在、至今未能有效解决的经济不平等、社会地位不平等和体制性种族主义有深刻的联系。联邦和州对前罪犯的改造和他们释放之后的经济与社会融入都没有有效的安排,致使这些人中相当一部分陷入"贫困—犯罪—监禁—贫困—再犯罪—再监禁"的恶性循环之中。这些人成为了美国社会中永久性无选举权的公民人口。

虽然南部黑人选民能够参选,担任公职的黑人官员在州议会和国会占有的比例也在增长,但对于民权运动的领袖们来说,选举中的种族歧视并没有完全消失。为了防止白人种族主义行为死灰复燃,再度发生重新剥夺黑人选举权的情况,国会需要不断更新和延长《选举权法》,以此作为一种法律上的警戒线,以保证黑人不会再次丧失选举权,与此同时,"覆盖行政区"的白人选民则声称,《选举权法》的第四、第五款最初是作为暂时性措施,时效只有5年,但经过4次延长(1970,1975,1982,2006),已经实施了将近半个世纪,而且在后来几次的延期与更新中,第四款的所谓"启动设置"——即决定将某一行政区纳入《选举权法》监管之下的违法标准——所使用的数据仍然是基于1960、1970年代的选举情况,而在过去几十年里,南部的政治版图已经发生了巨大的变化,非裔美国人不仅参与了选举,而且参加选举的人数比例

---

① Bositis, "Impact of the 'Core' Voting Rights Act on Voting and Officeholding," 121.

在有的州已经超过了白人选民,这个时候再继续按照旧的标准来延长《选举权法》的有效期限和实施范围,在联邦内就造成了事实上的州与州之间在政治地位上的极大不公正,破坏了联邦制的原则,损害了州根据本州具体情况来管理事务的原则。为此,南部"覆盖行政区"的白人选民对《选举权法》的第四、第五条款的合宪性提出挑战,要求联邦最高法院对其进行裁决,终止其宪法效力。谢尔比县案就是在这个背景下发生的。

事实上,在2006年国会重新批准《选举权法》之后不久,得克萨斯州的西北奥斯汀市政公用设施行政区就提出了诉讼,开启了对《选举权法》的挑战。这个行政区是一个因公用设施的管理和使用而设置的、具有选举功能的行政区,其管理人员的产生和相关经济政策的制定需要通过选举决定,该区希望改变本地的选举程序。因该区属于《选举权法》第四款的"覆盖行政区","获得"保释"需要经联邦法院和司法部的批准,但联邦地区法院认为,只有州和次级政治行政区才可以在《选举权法》之下提出"保释"的要求,而"次级政治行政区"只包括县和实施选民登记的地区,不包括"公用设施区"。联邦最高法院在审理此案时,宣称《选举权法》的"保释"条款可以适用于公用设施行政区。正是在此案的判决中,最高法院对《选举权法》第五款的合宪性提出了"严重的质疑",称这一款违背了"各州享有平等主权的历史传统",将"高昂的联邦主义代价"和"州与州之间的差别待遇"强加给了某些州,违法了传统的宪政原则,对州法的限制也"远远超出了第十五条宪法修正案允许的范围"。[①] 这项判决由8—1票作出,说明大法官们对此问题具有高度的共识。判决意见认为,南部的情况较之40年前已经大为改善,黑人与白人选民参与选民登记和参加选举的人数比例已经平衡,对少数族裔的登记和投票公然带有歧视性的州法案例变得极为稀少,担任公职的少数族裔政治人物的数量达到了前所未有的水平,在这种背景下,第五款是否还应该继续使用,值得思考。此刻,最高法院只是提出了疑问,并没有立即审理《选举权法》的合宪性问题。这项判决

---

① *Northwest Austin Municipal Utility District Number One v. Eric H. Holder*, 129 S. Ct. 2504 (2009), at 2511, 2513.

被认为是谢尔比县案的前例,用首席大法官罗伯茨的话来说,这是对国会的一次警告,希望引起国会的重视,修订《选举权法》的"启动设置"。但国会内部因为党派政治在其他问题上争执不下,无法顾及最高法院的"警告"。

### 谢尔比县诉霍德尔案①

谢尔比县是阿拉巴马州的一个次级政治行政区,其中的白人居民占该县人口的绝大多数,因处于《选举权法》的监管之下,属于第四款的"覆盖行政区",修订选举程序需得到联邦司法部的"事先批准"。当该县修订选举法的申请遭到联邦司法部的否定之后,该县决定起诉联邦司法部长霍德尔(Eric Holder)。谢尔比县认为,在21世纪的南部,《选举权法》使用的"启动设置"的标准早已过时,要求联邦地区法院宣布《选举权法》第四、第五款违宪。地区法院驳回了谢尔比县的要求,以国会在2006年批准该法延期时所收集的大量证据为由,称带有种族歧视的政治行为在南部依然严重地存在,《选举权法》的原则仍然是合宪的。谢尔比县将此案上诉到联邦巡回上诉法院,巡回上诉法院认为第四款呈现了"一个难以辨清的问题"(a close question)。但巡回上诉法院将该县的诉讼数据与其他地方相比,并与第五款具有的威慑性功能结合起来,支持了地区法院的判决。巡回上诉法院的威廉斯法官对此提出了异议,他认为第四款的"覆盖方案"与黑人选民登记和参加选举的人数少之间没有实证意义上的因果关系,他同时发现,在"覆盖行政区"内,担任公职的黑人人数远远超过未为《选举权法》覆盖的地区,所以第四款的"覆盖方案"是"非理性的"和违宪的。②

此案最终上诉到联邦最高法院,使得最高法院有了再次面对《选举权法》的机会。最高法院需要决定的关键问题是:《选举权法》的第四、第五款是否在目前仍然具有宪法意义上的合理性和合法性? 换言之,以40年前的标准而划分的第四款所覆盖的区域是否应该在制定和

---

① *Shelby County, Alabama v. Holder, Attorney General, et al*, 570 U. S. (2013) (electronic version).
② Ibid., 8.

修订本地选举程序时继续受到联邦政府司法部的监管?《选举权法》的实施条款是否可以被废除? 最高法院的判决最终以5—4票做出。首席大法官罗伯茨写作了多数派意见。

罗伯茨首先回顾了《选举权法》的立法史,指出这部法律是在联邦政府建立种族政治平等的努力遭到"失败之后通过的法律",它改变了联邦政府在保护黑人公民选举权方面无能为力的状况,但因其是针对某些州制定,因此也构成了"一种同等的对所有州享有平等主权的原则的严重背离"。① 罗伯茨说,在1960年代当黑人公民的选举权遭到南部州政府普遍而肆无忌惮的剥夺时,联邦政府必须"采用特殊手段(extraordinary measures)来解决一个特殊问题(extraordinary problem)",而这部法律正是这样"一剂剂量强大的药品"。在《选举权法》实施初期,最高法院对其表示支持,这是因为"特殊情况可以为原本并不适当的立法提供正当的理由"(exceptional conditions can justify legislative measures not otherwise appropriate)。但将近半个世纪之后,该法不仅仍在实施,而且还变得更为严厉,南部各州的情况已经发生了变化,"覆盖行政区"的老黄历不再适用了。罗伯茨引用西北奥斯汀市政公用设施行政区案的判决说,原为《选举权法》第五款覆盖的州内,选民登记和选民参与所表现的种族差异率(racial gap)"比全国的平均差异还要低",在这种情况下,《选举权法》的继续实施(或者说,对"覆盖行政区"的继续监管)构成了对某些州的歧视,其合宪性必须受到最高法院的审查。② 如果国会认为《选举权法》需要继续实施,就必须要举出"当前证据"(current burdens)来说明继续实施的"当前需要"(current necessity)。

在论述"当前证据"时,罗伯茨启用了原始联邦制原则的理念和逻辑,将州与州之间的"主权平等"追溯到1791年生效的第十条宪法修正案。他指出,这条修正案允许各州保留未授予合众国的权利和权力,其中包括管理州内选举事务的权力。罗伯茨引用西北奥斯汀市政公用设施行政区案的判决说,州不仅保留了原有的主权,而且各州之间的主

---

① *Shelby County v. Holder*, 570 *U. S.* (2013), at 1.
② Ibid.

权是完全平等的,而这种平等对于联邦共和体制的"和谐运作是极为关键的"①;《选举权法》的第四、第五款只适用于一部分州和一些州内的部分县或地区,这种立法从根本上是违背联邦制原则的,也是"一种并不常见的国会权力的运用"。最高法院在1966年卡曾巴赫案判决中对《选举权法》表示支持,是因为当时南部数州的黑人选民受到州法的阻挠而无法参与投票。但是将近半个世纪之后"事情已经发生了很大的变化",明目张胆的种族歧视已经变得越来越稀少,少数族裔选民的登记率提高了,参与选举的人数也增加了,在有的地方甚至超过了白人选民。他同时列举了2006年国会公布的数据,指出2004年总统大选的数据显示,在最初为《选举权法》所覆盖的6州内的5个州,黑人选民的登记和投票率都超过了白人选民,此外,在《选举权法》实施的第一个10年内,联邦司法部对南部各州提出的"事先批准"申请的拒绝率是14.2%,但1996—2005的10年内,拒绝率只有0.16%,这都说明,《选举权法》发挥了很大的作用。②

为了说明他的观点,罗伯茨追述了1964年"自由夏天"运动中3名民权运动积极分子因为推动黑人选举权而在密西西比州的费勒德费亚(Philadelphia)遭到白人种族至上主义者的杀害以及1965年塞尔玛市发生的州警殴打示威者的事例,但"今天这两座城市都是由非裔美国人的市长在管理"。尽管种族问题仍然在美国存在,罗伯茨说,"但不能否认的是,由于有了《选举权法》,我们国家已经向前大大地迈进了"。③

然而,当黑人选举权的情况发生巨大变化之后,国会并未改变自己的立法,反而在2006年将那些"非常特殊的和史无前例的"规定再次延长25年,"如同什么事情也没有改变一样",而且这些"不同寻常的救助规定的权力也变得愈加强大",这样,加上之前的40年,《选举权法》一共要至少行使65年,大大超过了最初的5年年限的设计。罗伯茨再次重申,《选举权法》的实施必须通过提供"当前证据"来证明"当

---

① *Shelby County v. Holder*, 570 *U. S.* (2013), at 10-11.
② Ibid., at 14-15; for the original, see S. Rep. No. 109-295, 11 (2006); H. R. Rep. No. 109-478, at 12.
③ *Shelby County v. Holder*, 570 *U. S.* (2013), at 16.

前需要",该法对任何"有地区差异的覆盖"必须与其"希望解决的问题联系在一起",而半个世纪前的数据"已经不再适用于现在",联邦政府拒绝以目前的现实为出发点,而是以1965年的"现实"为出发点,但"历史并不止步于1965年"。至于南部各州出现的"第二代障碍"的问题,罗伯茨认为,这与选民参与投票的障碍并没有直接的关系,《选举权法》提出的"事先批准"针对的是投票过程中的种族歧视问题,与选票分量的计算无关,它要解决的是公民获得行使选举权的权利的问题,而不是"选票稀释"(vote dilution)的问题,"我们并不忽视这些记录;我们只是认为这些数据在改变我们当前面临的法律方案方面并不扮演任何角色"。①

罗伯茨说,最高法院并不是随意宣布国会的立法违宪。在2009年的西北奥斯汀市政公用设施行政区一案中,最高法院已经发出警告,但国会的不作为"使我们没有别的选择",只能宣布《选举权法》的第四款违宪,不过他强调,多数派决定并不否定《选举权法》中第二款对选举程序任何种族歧视做法的禁止,也不否定第五款的实施效力,而只是否定将州和地方纳入联邦司法部监管的"覆盖方案"。国会可以根据当前的需要制定新的"覆盖方案",但新方案必须说明是何种"十分例外"的情况要求国会制定如此的立法,以允许州与联邦政府的关系以如此特殊的方式偏离"传统的(联邦制)轨道"。② 非裔大法官托马斯发表了协同意见,不仅赞同罗伯茨的多数派意见,而且认为最高法院也应该直接否定《选举权法》的第五款。③

## 金斯伯格的异见

持自由派观点的四位大法官——金斯伯格、布雷耶、索托迈耶尔、卡根——对多数派决定表示异议,写作异见的是资深自由派大法官金斯伯格。细读金斯伯格和罗伯茨的判决意见,现代读者不能不联想到150年前在制定重建宪法修正案时国会内部针对联邦制的辩论。在某

---

① *Shelby County v. Holder*, 570 *U. S.* (2013), at 18, 20-21.
② Ibid., at 24.
③ Clarence Thomas, Concurring opinion, *Shelby County v. Holder*, 570 *U. S.* (2013), at 3.

种意义上,谢尔比县判决中两派的争论是19世纪国会关于重建宪政改革的争论在21世纪的再现和延续。

金斯伯格也回顾了自重建以来黑人争取选举权的历史,她特别指出《选举权法》在美国宪政历史上具有的特殊地位:对非裔美国人选举权的长期歧视是"一个地地道道的政治问题",必须诉诸政治手段来解决,在20世纪早期的法律诉讼和先前的民权法都不能达到目的之后,国会制定了1965年的《选举权法》,这部法律通过其第五款的"事先批准"原则赋予了联邦政府强大的实质性权力,凭借这种权力,联邦政府帮助非裔美国人重新获得了选举权,改观了美国政治,所以《选举权法》是"我们国家历史上最有成效、最灵验和受到最足够理由支持的运用联邦立法权的典范之一"。在经过了一个世纪的失败之后,《选举权法》"终于在这条战线上带来了象征性的改进"。①

尽管如此,《选举权法》"还没有消除所有的对少数群体选举权的歧视"。联邦司法部收到大量的来自"覆盖行政区"的改变现行选举程序的立法要求,因为司法部长的否定而未能变成法律,"一旦'事先批准'(的钳制程序)被废止,阻止少数族裔参加选举的程序障碍将会迅速复活";国会的调查还发现,随着少数族裔选民参与选举的人数的增加,"覆盖行政区"也频繁地诉诸"第二代障碍"的手段"来稀释不断增强的少数族裔选票的票力",由此看来,只是"保证拥有走向投票箱的平等机会不足以根除其他的带有种族歧视的投票实践"。虽然《选举权法》消除了"第一代障碍",促成了少数族裔选民登记率、投票率和当选公职官员的数量明显增长,但更为隐秘的"第二代障碍"继续存在,并正在阻止少数族裔选民全面参与选举过程。如果在这个时候终止联邦监管"覆盖行政区"的权力,少数族裔选民行使投票权的机会有可能会再次被剥夺,他们的投票效力会遭到"稀释",过去40年取得的成果将遭到破坏。金斯伯格认为,这是为什么国会再度延长《选举权法》有效期25年的原因。②

金斯伯格对罗伯茨的州主权平等的理论进行了反驳。她认为选举

---

① Ruth Bader Ginsburg, Dissenting opinion, *Shelby County v. Holder*, 570 U. S. (2013), at 3-4.
② Ibid., at 5-8.

权是"所有权利的保障","当面临宪政上最邪恶的歧视形式和我们民主体制中最基本的权利的时候,国会拥有至高无上的权力。"①她走进宪政历史的深处,直接引用约翰·马歇尔大法官在麦卡洛诉马里兰案判决中宣示的著名原则——"只要目的是合法的,并在宪法允许以内,所有纯粹用于实现此目的的手段,只要不被宪法所禁止,并与宪法的精神和文字相吻合,都是合宪的。"依此逻辑,"内战宪法修正案的明确目的是用权力和权威武装国会,让其保护美国境内的所有人,保证他们的权利不受州的侵犯",为了这样的目的,国会有权制定和实施所有合适的立法,《选举权法》是为落实第十五条宪法修正案而制定的实施法,并不存在违宪之说。② 这番理论与重建宪政秩序的构建者的思路如出一辙,而罗伯茨的理论则似乎也是从当时的新秩序的反对者那里直接借用而来的。两人的针锋相对似乎在重新演绎重建宪政的辩论。历史再现的脉动以少有的生动方式在一向严肃而枯燥的最高法院判词里显现出来。

对于多数派意见对国会使用过时的数据的批评,金斯伯格承认延长《选举权法》面临一种"两难局面","如果一部法律是有效的,种族歧视的证据会较少,反对者就会说国会不应该再核准这部法律。相反,如果法律没有效力,将会找到大量的歧视证据,但却没有什么理由来更新一部失败的管理规则";正因为这是一部有效的法律,所以必须坚持下去,历史和逻辑决定了延长此法的要求应该较为容易,而要挑战它的难度应该更大。国会同时认识到,"事先批准"比起事后诉讼来说更为有效——诉讼的时间长,费用高,效率低——并减少了"覆盖行政区"和诉讼人的费用。所以"选举上的歧视在'覆盖行政区'依然是严重的和盛行的",延长《选举权法》的期限是必要的。③

关于"各州主权平等"原则,金斯伯格指出,州主权平等的原则只是适用于州进入联邦的时刻,意即州在加入联邦时不应受到主权上的歧视;但在进入联邦之后,联邦政府有权针对各州内出现的"邪恶"进

---

① Ruth Bader Ginsburg, Dissenting opinion, *Shelby County v. Holder*, 570 U. S. (2013), at 8.
② Ibid., at 10.
③ Ibid., at 11-12, 15-18.

行法律上的遏制,在这种情况下,州主权平等的原则并不适用(即此类法律并不需要在所有州同等实施)。这个原则曾经是得到最高法院认可的,但在谢尔比县案的判决中,多数派弃这个原则不用,反而使用了西北奥斯汀市政公用设施行政区案的原则,并用"州主权平等"的原则悄然替代了卡曾巴赫案中对州主权平等原则的限定,从而与形成了与卡曾巴赫案宣称的原则"截然矛盾"的判决。金斯伯格称,这种扩大州主权平等原则适用范围的做法将会带来许多"麻烦"。最高法院将被证明是有效的、并正在行使的"事先批准"的规定予以废除的做法,在她看来,"无异于一个人因为自己没有被打湿衣裳就在滂沱大雨之中扔掉(保护)自己的雨伞一样"。①

最后,金斯伯格敦促国会采取行动,继续推动"事先批准"原则的实施,只有这样,才能保住《选举权法》的收获不至于丧失,防止种族歧视选举规则在南部和其他地方的死灰复燃。金斯伯格将这场战斗比喻成一场面对九头蛇的战斗,"一旦一种形式的歧视被识别和禁止之后,其他形式的歧视又在同样的地方冒出来",所以,"当我们在与宪政上最不公正的歧视形式展开斗争的时候,在我们面对我们民主体制中最基本的权利的时候,国会采取行动的权力是极为重要的"。②

## 难以抹杀的种族烙印

罗伯茨与金斯伯格在谢尔比县案中的对决暴露出最高法院自由派和保守派大法官在如何继承民权运动遗产问题上的重大分歧。罗伯茨的多数派意见看似公正有理,力图捍卫州主权平等的联邦制原则,并留有相当的余地——没有否定《选举权法》的第五款,也没有否定第十五条宪法修正案的原则。但在最后一点上,多数派的"手软"连同一阵营的托马斯都认为十分虚伪。③《选举权法》第四款被否定的同时,第五

---

① Ruth Bader Ginsburg, Dissenting opinion, *Shelby County v. Holder*, 570 U. S. (2013), at 31-33.
② Editorial, "An Assault on the Voting Rights Act," *New York Times*, June 25, 2013.
③ 托马斯在他的协同意见中写道,最高法院多数派实际上认为,废止了第四款,第五款的生命也已经结束,但因为最高法院"对不可避免的结果保持沉默,毫无必要地延续了这一条款死亡的时间"。Clarence Thomas, Concurring opinion, *Shelby County v. Holder*, 570 U. S. (2013), 3.

款的实施也就失去了对象,除非国会能够通过一个新的"启动设置"来决定哪些州或选区需要纳入联邦政府的监管,否则《选举权法》将会名存实亡。多数派心里非常清楚,目前的国会在为党派政治撕裂的情况下,根本无法就"启动设置"问题达成一致意见。事实上,2006 年国会在批准延长《选举权法》时之所以未能采用修订"覆盖方案",原因就在于对峙的两党无法就此达成一致的意见。罗伯茨称,在国会没有采取行动改正违宪法律的情况下,最高法院没有理由继续容忍这种法律的继续实施。在他看来,《选举权法》是一部为了黑人的权利而通过的特殊法律,是一部带有"肤色"特征的联邦法,长期实施会导致另外的种族歧视,而"禁止以种族为基础的歧视的方法是禁止以种族为基础的歧视"(The way to stop discrimination on the basis of race is to stop discriminating on the basis of race)。这里,我们看到了与削弱"肯定性行动"政策的法院判决同样的逻辑,都是采用"色盲宪法"(color-blind constitution)的原则,但其传递的信息是:对黑人选民的歧视已成为历史,《选举权法》的历史使命已经终结。

另外的美国人则会分享金斯伯格的担忧:谢尔比县案的判决在剥夺了联邦司法部对"覆盖行政区"的"事先批准"的监控权的同时,将为南部的"覆盖行政区"推动"第二代障碍"的实施打开方便之门。谢尔比县案判决宣布几天之后,得克萨斯等州宣布开始考虑修订本州的选举程序,要求所有选民必须出示有效的选民证件(Voter ID)后才能参加选民登记和投票,但要获得选民证件,许多人必须旅行 250 英里以上。另外一些州也在考虑重新划分选区,将黑人和拉美裔的选民分散在不同的选区内,降低他们手中选票的效力,减少少数族裔候选人获胜的机会。全国有色人种协进会佛罗里达分会的一位会员称,谢尔比县案判决是"21 世纪最糟糕的决定之一"。[①] 最高法院已经在 2010 年公民联合组织一案的判决中,允许金钱不受限制地进入利益集团的竞选花费之中;在谢尔比县案的判决中,又"摘走了民权运动的御宝(crown

---

[①] "NAACP mobilization against Supreme Court voting act ruling." See:http://www.mysuncoast.com/news.

jewel)"①,这两项判决已经掏空了"一人一票"的选举民主的实质性内容。

　　国会将如何反应?目前不得而知。如果国会共和党人打算争取少数族裔的选票,挽回他们在 2008 年、2012 年两次总统大选的败局,他们有可能支持通过新的选举权法来应对最高法院的判决,但这种希望极为渺茫。作为第一位非裔美国人总统的奥巴马虽然对这项判决表示"极为遗憾",并敦促国会制定新的"覆盖方案",但面对一个执意要在所有重要立法上给他设置障碍的国会,他可以动用的体制资源十分有限。2013 年正好是马丁·路德·金的《我有一个梦想》演说发表 50 周年纪念,最高法院的多数派似乎想通过谢尔比县案来表达一种政治意见:金的梦想通过《选举权法》的实施已经收到了成效,白宫已经迎来了一位非裔美国人总统,应该是回归到"色盲宪法"的时候了。然而,奥巴马时代的政治——从保守势力对他的改革计划设置的种种障碍到对他个人的政治诋毁——无一不带有"种族政治"的色彩。美国宪法和美国政治并没有因为一位非裔美国人入主白宫而漂去历史留下的"种族"的"肤色"。

---

① Richard L. Hasen, "The Chief Justice's Long Game," *New York Times*, June 25, 2013.

**温莎与斯派尔(1963 与 2007)**

伊迪丝·温莎(Edith Windsor)(右)与西娅·克莱拉·斯派尔(Thea Clara Spyer)于1963年在纽约相识(上图),随后成为同性伴侣,同居四十多年后,于2007年在加拿大的多伦多市正式结婚(下图)。两年后,斯派尔因病去世,将遗产留给温莎继承。因为联邦《捍卫婚姻法》不承认同性婚姻,温莎不能享受配偶遗产继承的免税待遇。温莎因此起诉联邦政府,要求退还已缴纳的遗产税36万美元。2013年6月26日,联邦最高法院在"美国诉温莎案"的判决中宣布《捍卫婚姻法》违宪,温莎胜诉。

图片来源:上图:http://static.guim.co.uk/sys-images/Guardian/Pix/pictures/2013/6/26/1372262341631/edith-windor-010.jpg

下图:Source:http://i2.cdn.turner.com/cnn/dam/assets/130327103251-pkg-edie-windsor-doma-profile-carroll-00004611-horizontal-gallery.jpg

# 第十三章 在 21 世纪追求幸福
——关于福利权、健康权和婚姻平等权的宪法争论

1776 年,杰斐逊在起草《独立宣言》时,对洛克的政府理论做了一个看似不经意的改动。洛克在《政府论》(1690)中列举了人所拥有的三项"与生俱来"的"权利"——"生命权、自由权和财产权"(life, liberty and estate),杰斐逊将其改为了"生命权、自由权和追求幸福的权利"(Life, Liberty, and the pursuit of Happiness)。杰斐逊为什么要做这样的改动?他所指的"幸福"是什么?"追求幸福的权利"又包括什么?杰斐逊没有说明,给后人留下了一个巨大的想象空间[①],但无人否认这一改动具有深远的意义,正如历史学家方纳(Eric Foner)指出的,它将新生美国的命运与一个"开放的、民主的过程"(an open-ended, democratic process)联系起来了。无数代美国人在"追求幸福"的激励下,按自己的"幸福"想象,发挥自己的潜能,追求个人和国家的成功。[②]

"开放性"是"追求幸福"概念的关键内容。如同"自由"一样,"幸

---

[①] 洛克在《政府论》和其他著作中也曾使用过"幸福"的概念,其内涵不光是指对财富占有和感官满足的追求,而更指在享有公共智慧、公共道德和品质之后的满足感和自由感。在洛克看来,幸福是自由的基础。历史学家普遍认为,杰斐逊的改动是受到乔治·梅森起草的《弗吉尼亚人权宣言》的影响,因为这份比《独立宣言》早一个月颁布的文献使用了人们有权"享有生命和自由、获取和占有财产、追求和获得幸福与安全"的思想,而这些思想也都来自洛克的《政府论》。参见:Arthur M. Schlesinger, "The Lost Meaning of the 'Pursuit of Happiness'," *William and Mary Quarterly* 21, no. 3 (1964), 326-327; Joseph J. Ellis, "The Spring of '76: Texts and Contexts," in *What Did the Declaration Declare?*, edited by Joseph J. Ellis (Boston: Bedford/St. Martin's, 1999), 88-90; Scott Douglas Gerber, ed. *The Declaration of Independence: Origins and Impact* (Washington, D. C.: CQ Press, 2002); Pauline Maier, *American Scripture: Making the Declaration of Independence* (New York: Knopf, 1997)。

[②] 〔美〕埃里克·方纳:《给我自由!一部美国的历史》(上卷),王希译(北京:商务印书馆,2010),第251页。

福"也是一个富有弹性、可以延伸和扩展的概念。不同历史时期的美国人对"幸福"有不同的理解,即便生活在同一时期,因地位和背景的不同,美国人对"幸福"也有着完全不同的界定。不同的"追求幸福"构成了不同的美国故事,但对"幸福"的所有追求都对美国宪政构成了挑战。"幸福"不是一种抽象的存在,而必须要有"权利"的支撑。在一个宪政的国家,"对幸福的追求"必须首先成为一种权利,"幸福"才有可能实现。然而,"幸福"的内涵是变化的,对新的幸福的追求必然带来新的权利诉求,从这个意义上看,杰斐逊的改动为"权利"后来在美国历史上的扩展开辟了空间,为"新权利"的创造提供了永恒的理由。

20世纪60年代民权运动之后,对"社会权利"(social rights)的追求成为"追求幸福"的主要内容。相对于政治权利和公民自由而言,"社会权利"是一系列与公民的经济安全和社会地位挂钩的"新权利",包括享有经济保障、在无助时获取政府的救助,拥有健康身体并能享受良好的医疗保障,拥有安全、干净的居住与生活环境,不因种族、性别、宗教信仰或性取向而遭受法律和社会歧视,能够自由选择性伴侣并组成同性婚姻家庭等。这些"新权利"在18世纪并不存在,也不是19世纪公民权的主要内容,即便在20世纪的大部分时间内,它们也没有构成引人注目的宪政问题。然而,在20/21世纪之交,它们成为了美国"权利政治"的重要内容。与传统的"权利政治"不同的是,新的权利诉求超越了民主、共和两党的意识形态,也跨越了性别和地域的分野。如何应对新的"追求幸福"的权利诉求,成为了当代美国宪政无法回避的挑战。

本章将讨论新的权利诉求中争议较大的三种:福利权(the right to welfare)、医疗健康保障权(the right to health care)和(同性)婚姻平等权(the right to marriage equality)。围绕这些"权利"的争议从20世纪中叶开始出现,到20世纪末、21世纪初时愈演愈烈,并将在未来相当长的一段时间里影响美国的政治走向。本章将扼要叙述这些"新权利"的演进,描述联邦最高法院做出的相关判决,分析和讨论当前困扰美国公民权政治的司法和政治原因。

# 一　不是赠与,而是权利:"福利权"与公民的社会权利

## "社会公民权"与福利国家

1949年,英国社会学家马歇尔(Thomas Humphrey Marshall)在剑桥大学发表了一篇名为《公民权与社会阶级》的演讲,对英国公民权的演进做了精辟的描述,并提出了"社会权利"的思想。① 马歇尔指出,"公民权"(citizenship)的内容包括三个部分(parts)或要素(elements):民权、政治权和社会权。"民权"(civil rights)指的是支撑个人自由的一系列相关权利,包括人身自由、言论自由、思想和信仰自由、拥有财产的自由和能够得到公正的司法程序的保护等。② 政治权(political rights)指的是公民作为一个国家成员参与政治决策、担任民选官员的权利。什么是社会权利呢?马歇尔认为,"社会权利"(social rights)的内容包括:公民应该享有"获取一定的经济福利和保障的权利",应能够拥有一种"尽可能完整地分享全社会积累的权利"和一种"按通行的社会标准过文明人的生活的权利"。③ 在他看来,英国人争取公民权的历史经历了三个阶段,18世纪争取的是"民权",19世纪争取的是"政治权利",到了20世纪中叶(也就是马歇尔发表演讲的时候),英国人需要争取的是"社会权利"。④ 需要强调的是,"Citizenship"是近现代西方国

---

① T. H. Marshall, *Citizenship and Social Class, and Other Essays* (Cambridge: Cambridge University Press, 1950).
② 马歇尔在这里指的"民权"同时包括了"公民权利"(civil rights)和"公民自由"(civil liberties),还包括财产权和受司法公正保护的权利。马歇尔将"civil rights"看成是一种"普遍的"(universal)、给予个人在公民社会中行动和法律能力的权利,公民的政治权利是他的"民权"产生的结果。换言之,一个公民首先需要有 civil rights,然后才谈得上有 political rights。
③ 原文为:"By the social element I mean the whole range from the right to a modicum of economic welfare and security to the right to share to the full in the social heritage and to live the life of a civilized being according to the standards prevailing in the society. The institutions most closely connected with it are the educational system and the social services." Marshall, *Citizenship and Social Class, and Other Essays*, 11-12.
④ Ibid., 25.

家演进史中的一个重要内容,但在中文研究中该词的翻译是一个棘手的问题,因为它一词多义,同时包含了"国籍""公民权利"和"公民品质"等意思。就作为"公民权利"的 citizenship 而言,马歇尔的"公民权利"概念指的是"基于公民身份基础上的权利"(citizenship-based rights 或 citizenship rights),内容要比 civil rights("民权"或"市民权利")更加宽泛。①

马歇尔的描述赋予了"公民权"一种新的内涵,也重新界定了公民与国家之间的关系。"公民"不再只是一种法律身份或国籍归属,也是一种带有特定社会价值的成员地位,但公民身份的社会价值需要通过公民享有的权益来体现,如果一个公民不能享有国家的"社会积累"和"社会福利",便不具备完全、平等的"公民资格"。"社会公民权"还包含了另外一层意思,即国家有责任为自己的公民(尤其是那些在市场经济的竞争中不占优势地位的公民)提供最基本的经济安全和保障,赋予他们作为国家成员的基本尊严。用马歇尔的话来说,国家应该建立起一种不以市场价值为基础的、使每个公民都能获得真实收入的"普遍性权利",从而消减因贫富悬殊、阶级对立而带来的国内动荡。在他看来,"社会公民权"的功能之一正是"弱化阶级冲突"(class-abatement)。②

马歇尔对"社会公民权"的思考为二战之后西欧国家正在进行的福利国家建设提供了理论支持。早在二战期间,英国社会保障委员会主席威廉·贝弗里奇(William Beveridge)就对战后构建国家与公民的新合作关系进行了设想。贝弗里奇在 1942 年写作的《贝弗里奇报告》(Beveridge Report)中提到,战后英国公民与国家的新关系需要通过一系列的体制来支持和维系,包括:统一的社会保障机制、最低工资制、全国性医疗保险制度和一个对公民从生到死都负责的福利制度。③

---

① 关于 citizneship 的翻译问题,参见:郭台辉:《Citizenship 的内涵检视及在汉语界的表述语境》,《学海》2009 年第 3 期,第 68—72 页。同见:王希:《美国公民权利的历史演变》,《读书》2004 年第 3 期,第 24—31 页。
② Marshall, *Citizenship and Social Class*, *and Other Essays*, 47.
③ 王希:《英国政治制度的演变》,载《西方国家政治制度》(武寅、王希、吴国庆、景德祥著,南昌:江西人民出版社,2012),第 112—113 页。

《贝弗里奇报告》也漂洋过海,在美国销售了数千份,对罗斯福总统有多大的影响力,不得而知,但罗斯福的确在1944年《国情咨文》中对战后美国公民与国家的关系提出了类似的思考。罗斯福提到,美国在战后将追求一种长久的世界和平,但"无论我们的总体生活水平有多高,只要我们的人民中有三分之一、五分之一、甚至十分之一的人吃不饱、穿不暖、住不好和没有安全感,我们都无法感到满意";美国人曾经享有的"政治权利"随着"国家规模和地位的成长",已经不足以在工业化时代"保证我们在追求幸福的时候做到人人平等了",当我们认识到"真实的个人自由在缺乏经济安全和独立的情况下无法存在"的时候,美国便到了需要制定"第二个权利法案"的时候了。罗斯福设想的"第二个权利法案"实质上是一个"经济权利法案",它保证美国公民拥有"在工厂、农场和矿山获得有用的和收入丰厚"的工作的权利,拥有"能够挣取足以支付食物、衣物和强身健体需要的收入"的权利,农场主可以种植和出售产品并能为自己和家庭挣得体面的生活水平,商人可以在自由的环境中从事贸易而不受国内外不公平竞争或垄断的干扰,每个家庭都应该拥有体面住房,在遭遇老年、疾病、事故和失业等"恐惧"时能获得足够的保护,每个人都有获得良好质量的教育的权利等。显然,这些"新权利"旨在给美国公民提供一种经济上的"安全感"。罗斯福呼吁道,战后的美国必须"通过这些权利的实施,迈向人类幸福和美好生活的新目标"。[①]

从罗斯福对"经济权利法案"的描述来看,他的思想激进程度并不亚于他的英国盟友,甚至比马歇尔更早地提出了"社会公民权"的思想。他的"经济权利法案"也不是空穴来风,而是对经济大萧条带给美国的惨痛经历的反思。然而,迫于国内保守势力的压力,罗斯福在1944年总统大选中没有将对"经济保障权"情有独钟的副总统亨利·华莱士(Henry Wallace)选作连选连任的副手,而是选择了名不见经传的哈里·杜鲁门(Harry Truman)。1945年罗斯福去世之后,杜鲁门接

---

① Franklin D. Roosevelt,"State of the Union Message to Congress," January 11, 1944. Online by Gerhard Peters and John T. Woolley, The American Presidency Project. http://www.presidency.ucsb.edu/ws/? pid = 16518.

任,冷战接踵而至,"经济权利法案"无疾而终,美国人建设福利国家的努力虽然并没有止步,但却走上了一条与西欧国家不同的道路。

## 美国式福利国家的起源与特征

若干年后,一些学者仍然不愿意承认美国是一个真实意义上的"福利国家"。的确,相对于欧洲福利国家而言,美国的贫困儿童在人口中的比例更大,国家对失依儿童家庭(families with dependent children)的补助有限,国家没有提供给每个家庭一份保证基本生活的月收入,也没有为所有的穷人提供廉价的公租房等。此外,美国政府在福利政策方面——提供养老保险、失业保险、医疗和健康保险等——的花费低于西方福利国家,至今为止还没有建立起一个全国性医疗健康保障制度。历史学家迈克尔·卡茨(Michael B. Katz)指出,美国式福利体制与西欧国家福利体制最大的不同之处在于,它保留了市场经济的核心,其运作受到美国宪政体制的影响,并不为联邦政府所单独控制,而是保留了大量地方化(受州和地方政府的牵制)的特征,所以,美国式福利国家最多只能算是一种"半福利国家"(semi-welfare state)。[①] 美国的福利制度是如何起源的,在其形成过程中如何受到联邦制和市场经济的影响,传统的社会价值观以及制度性的种族和性别歧视在它的发展过程中又留下了什么样的烙印,我们可以做一个简短的回顾。

美国人对"福利"(welfare)一词并不陌生。1787年的联邦宪法曾在导言中使用"General Welfare"来描述各州之间的"共同福利"。在18世纪的政治词汇里,welfare指一种"良好的状态",与well-being的意思相近。19世纪末、20世纪初,在劳工和进步主义者的推动下,州和联邦政府开始针对工人(尤其是女工和童工)的工作环境和工时问题,以及

---

[①] Michael B. Katz, *The Price of Citizenship: Redefining the American Welfare State*, updated edition(Philadelphia: University of Pennsylvania Press, 2008), 14-16, 404. 戈斯塔·埃斯佩—安德森提出有三种福利国家的模式——自由式(liberal)、合作式(corporatist)和社会民主式(social democratic),美国属于"自由式",其特征是低水平的公共救助、有限的财富转移支付和有限的社会保障。Gosta Esping-Anderson, *The Three Worlds of Welfare Capitalism* (Princeton: Princeton University Press, 1990), 26-27.

食物和药品的安全问题进行立法管制,这类立法在当时被称为"社会立法"(social legislation),即旨在解决"社会问题"的立法。也就是在这个时候,"welfare"一词开始进入"社会政策"的范畴。州政府下属的"公共福利部"(department of public welfare)逐渐取代了民间性质的"慈善委员会"(board of charities),负责管理赈灾、救济和抚恤等活动。Welfare 也具有了新的含义,专指政府为特殊人群——孤儿、少年罪犯、残障者、精神病人、穷困潦倒者——提供的救助,履行职责的政府官员被称为"公共福利官员"(public welfare officials),救助贫困成为一种政府和社会的"公共"责任,而不再是"施舍"或"行善",接受公共救助也开始成为一种公民的"应享权益"(entitlement)。① 在新政之前,"福利"一词很少单用,常与"公共"(public)或"社会"(social)合用,并且不带有贬义。

"福利"要解决的核心问题是贫困以及贫困带来的后果。19 世纪工业化之前,贫困被视为是因个人的失败或坏运气而导致的,与市场或法律无关,因此贫困救助并不是政府的责任。从殖民地时代到 19 世纪中叶,贫困救助通常是由社区或教会来承担,采用"户外救济"(outdoor relief)的方式——即在济贫院之外免费发放食物、衣物等。19 世纪上半叶,联邦政府在公共救助方面只是为个别州(如康涅狄格和肯塔基)提供了土地赠与,帮助它们集资建立收养聋哑人和治疗精神病人的机构。1818 年的《独立战争荣休金法》(Revolutionary War Pension Act)对参加过独立战争的老兵或其遗孀发放荣休金,在某种意义上也是一种济贫的做法,算是一种早期的政府福利实践。②

内战之后,联邦政府建立了两项具有现代福利性质的机制,一项是负责安置和救助在内战中获得解放的黑人奴隶和因内战而流离失所的

---

① Clarke A. Chambers and Esther Wattenberg, eds. , *To Promote the General Welfare* (Minneapolis: University of Minnesota, Center for Urban and Regional Affairs, 1988), 2; also see, Katz, *The Price of Citizenship*, 2;同见:王希:《美国进步时代的改革:兼论中国制度转型的方向》,载胡鞍钢、王绍光、周建明主编:《第二次转型:国家制度建设》(北京:清华大学出版社,2003),第 141—142 页。

② Walter I. Trattner, "The Federal Government and Social Welfare in Early Nineteenth-Century America," *Social Service Review* 50 (June 1976),243-55; John P. Resch, "Federal Welfare for Revolutionary War Veterans," *Social Service Review* 56, no. 2 (June 1982),171-195.

南部人口的"自由民局",另一项是联邦退伍军人抚恤金制度。自由民局存在的时间很短(1865—1870),享受退伍军人抚恤金待遇的人群也相对有限,两者都不是一种普遍性的社会福利,但为新政《社会保障法》中的养老金和老年救助等建立了先例。①

州政府对福利事业的介入是在19世纪后期工业化时代。这一时代的贫富悬殊、失业、工伤事故和都市贫困成为日益严重的社会问题,远远超出了民间救助的能力。虽然"科学化"的慈善和救助事业开始起步,但收效甚微。真正在后来的美国福利体制上留下永久性烙印的是进步时代的"拯救孩子"(Saving Children)的社会改造运动。工业化带来的失业和贫困危及无数家庭的稳定,直接影响到儿童的身心健康。进步主义者认为,儿童是国家的未来,需要在亲生父母的陪伴下成长,而不能因为家庭贫困的原因将他们强制性地转移到其他家庭中去生活。所以,为了"保护家庭"(family preservation),州政府一方面在教育、劳工政策、少年犯罪改造和公共卫生方面开始立法,另一方面开始给贫困家庭发放所谓的"母亲津贴"(mother's pensions),实际上是对失依贫困儿童的一种救助。到一战结束时,39个州都实施了"母亲津贴"法。新政前夕,除佐治亚和南卡罗来纳州之外,其余各州都至少有20万儿童的家庭在不同程度上接受州发放的"母亲津贴"的救助。② 接受"母亲津贴"需要出示贫穷的证据并得到州的批准,津贴领取者的行为将受到相关规定的限制。这种做法将为后来的《失依儿童家庭救助法》(Aid to Family with Dependent Children,现统一简称为AFDC)所继承,并一直延续到1990年代。

工业化时代日益频繁的劳资冲突也推动了所谓"福利资本主义"的发展。资本家在对激进劳工运动进行镇压的同时,也发明出一些期

---

① 根据卡茨的研究,从内战到第一次世界大战期间,退伍军人抚恤金(veterans' pensions)是联邦政府运营的最重要的"社会保障",到1913年时,该项目的费用占了联邦政府开支的18%。抚恤金到后来演变为一种对无助老人和寡妇的经济资助。见:Michael B. Katz, *In the Shadow of the Poorhouse: A Social History of Welfare in America*, 10th anniversary edition (New York: Basic Books, 1996), 44-45. Also see: Megan J. McClintock, "Civil War Pensions and the Reconstruction of Union Families," *Journal of American History* 83, no. 2 (1996), 456-480。

② Katz, *In the Shadow of the Poorhouse*, 28。

望赢得工人忠诚、提高生产力的"福利"政策,以期建立长期、稳定的劳工队伍,减少罢工带来的经济损失。资本家会为工人提供价格低廉的住房,为工人子弟开办学校、教堂和娱乐中心等设施,但一旦遭遇经济危机,这种福利便难以为继。新政之前,经州政府的推动,有43个州建立了工伤赔偿法,强制性地要求资方对工人予以工伤赔偿。一些大的私人企业也开始实施有限的养老金制度,但只有15%的美国工人能够享有这类"福利",事实上只有5%领取了养老金。大部分的州虽然通过了养老金法,但覆盖的人群十分有限。联邦政府仅在1920年通过了《联邦雇员养老金法》。①

1929年的经济大萧条使人们清楚地认识到两点:贫困和对他人的依附(dependence)完全可能是市场失灵和政策失误所导致的;贫困也不再是一种个别现象,如不遏制,很快会演变成一种普遍现象。罗斯福比任何人都更清楚地认识到美国当时面临的危机,但在新政初期,因为美国体制的特殊性——联邦立法的难度、联邦制的牵制和羸弱的联邦官僚机构——他无法建立起欧洲式的福利体制,而只能首先通过使用"联邦经济救助署"(FERA)这类行政机构行使公共救助,遏制贫困的大面积蔓延和恶化。在1933—1936年内,该署共花费了将近30亿美元来实施贫困救助,采用的方式是"联邦赠款"(grant-in-aid),即联邦政府将经费以"赠款"方式转移到各州,通过各州政府来发放给需要救助的人。接受赠款的州必须按联邦政府的要求制定新的或修订旧的救助标准,需雇佣受过专业训练的职员,提高救助效率和公平程度,以达到公共资助的效果。②"联邦赠款"将成为20世纪美国联邦制的新内容,也成为延续至今的美国式福利体制的鲜明特征之一。

面对前所未有的经济危机和普遍贫困,罗斯福政府最初的想法是建立一种新式社会保障体制来取代传统的济贫法及与之相伴的社会歧视,以比较长久地预防贫困(尤其是老年贫困)的大面积和经常性发生。领导新政社会保障体制设计工作的劳工部长弗朗西斯·珀金斯(Frances Perkins)认为,美国的社保体系与西欧国家在20世纪初建立

---

① Katz, *In the Shadow of the Poorhouse*, 40-48.
② Ibid., 51-52.

的社保体制十分相似,内容包括养老金和失业保障制度,目标是建立一个永久性的社会保障体系,使大部分人今后不再依赖政府的施舍和救助,做到老年时也能够拥有经济上的独立。① 社保委员会的顾问布朗(J. Douglas Brown)也认为,社保体制的最终目的是防止个人对政府救助产生无止境的依赖性,因为对政府的过分依赖会使政府变成"慈父主义"(paternalism)实践的化身,而"慈父主义"式福利制度会腐蚀美国的自由。②

基于这种思路,1935 年《社会保障法》建立了"贡献式"和"非贡献式"两类不同的"福利"政策。所谓"贡献式"(contributory)是一种由个人和雇主共同提供存款而构成的养老金体制,与收入和财产相连接,内容包括退休金和失业保障。贡献式福利包含了强制性储蓄——即由雇工和雇主共同定期缴纳雇员的养老金。这样的设计造成了一种印象,即社会保障将是永久性的,社保领取人未来的收入来自早期的贡献,在领取社保时会得到加倍的回报。换句话说,雇员必须为自己老年时的经济收入买单,以减少公共花费,同时也预防对福利要求期待过高。贡献式福利还有一个原则:"福利必须反映收入工资水平",所以,这种福利制度不但不追求或保障社保水平的平等,而且还继续保留工资等级的差别。

"非贡献式"(non-contributory)福利则是由联邦和州政府发放的"公共救助"(public assistance)。根据需救助者的需要,经调查核实后(means-tested)发放,主要内容包括老年资助和对失依儿童家庭的现金补贴。公共救助通过 1935 年《失依儿童救助法》(Aid to Dependent Children,简称 ADC,1962 年改为《失依儿童家庭救助法》)来实施。③ 如前所述,该资助的发放是联邦政府赠款于州,由州来发放。这种做法继续强化了公共救助发放的地方性和多样性,并继续保留了州对公共

---

① Lucy Komisar, *Down and Out in the USA: A History of Social Welfare* (New York: Franklin Watts, 1973), 60.
② Ibid., 60-61.
③ Aid to Dependent Children (ADC) (Act of August 15, 1935, ch. 531, 49, Stat. 627); Aid to the Families with Dependent Children (AFDC) (Act of July 25, 1962, Pub. L. No. 87-543, Title I, §104(a)(4), (c)(2), 76 Stat. 185-186); Also see: 42 U.S.C. §601 (1964); 42 U.S.C. §606 (a) (Supp. III, 1968).

救助进行控制的传统。《失依儿童家庭救助法》保留了"母亲津贴"的传统做法:鼓励母亲留在家中,抚养子女,不外出工作,并要求她遵守社会道德规范,如有违规,将会遭到停发资助的惩罚。因为救助领取人的资格由各州来决定,一些州往往利用对"合适家庭"(suitable home)资格的界定,将包括种族歧视在内的地方偏见变相纳入资格界定之中,变相地将救助贫困的范围局限于白人贫穷家庭之内。①

在这种体制下,贡献式的"社会保障"(social security)最终成为一种名正言顺的"应享权益",而非贡献式的"公共救助"则成为用纳税人贡献而构成的"恩赐"。两种不同性质的"福利"反映了两种不同的社会地位和公民身份,它们的并列共存也加剧了两种不同的社会公民权的紧张关系。中产阶级通过"社会保障"体制名正言顺地领取"福利",而不用担心背负穷人在领取"公共救助"时所背负的依赖他人的"污名"。但不可否认的是,贡献式"福利"体制将"公民资格""公民权利"与"社会福利"连接起来,形成一个"利益锁链",使"公民权"具有了新的内涵。罗斯福曾经预言,在他之后,国会或最高法院也许会否定新政的其他法律,但永远无法废除《社会保障法》,因为该法建立了公民与国家之间的永久性经济联系,获取经济保障成为公民必须拥有的应享权利。从这个意义上看,我们不能否认 1935 年《社会保障法》在开创美国式福利国家方面的贡献,但我们必须同时承认,美国式福利国家体制从一开始就包含了不可克服的内在缺陷。这种缺陷最终将导致"福利"的异化。

### "福利"的异化

应该指出的是,1944 年开始实施的《退伍军人调整法》(即所谓"G. I. Bill")本质上也是一种"社会公民权"的展示。该法的主要目的是为即将从二战中退役的美国军人提供就学、就业和住房方面的优惠和补贴,帮助他们重新进入平民生活。但在种族歧视盛行的时

---

① Katz, *In the Shadow of the Poorhouse*, 247; Komisar, *Down and Out in the USA*, 64-65; Jason DeParle, *American Dream: Three Women, Ten Kids and a Nation's Drive to End Welfare* (New York: Viking, 2005), 86.

代,非白人很少有机会平等地分享到这些"公共福利"。在二战后期和冷战初期,联邦政府的"公共救助"扩展到了教育、健康、就业等领域,1947年国会对"公共福利"(public welfare)的定义包括了范围广泛的活动和政策。当时"福利"一词仍然是充满了正面和肯定的意义。

到了20世纪50年代,"福利"一词的含义开始发生变化,原有的"社会保障"内容逐渐淡出,剩下的是"公共救助"的内容。"福利"逐渐变成了专为救助穷人而设的政府项目的代名词,接受政府的"公共救助"不再被视为公民的"应享权利",而被视为一种无能的表现。接受救助的人感到在社会地位上低人一等,如同遭受种族歧视的人一样,成为了事实上的"次等公民"。譬如,"老年救济项目"(Old Age Assistance)曾是联邦政府在1930年代发放的公共救助的主要内容,1940年领取此项救助的人曾经高达200多万,而当年的"社会保障"所覆盖的人数不过13万。10年之后,接受"公共救助"的人数仍然超过领取"社会保障"的人。1955年时,接受《失依儿童家庭救助法》的"福利"的人超过了接受"老年救济项目"的人。20年之后,接受"老年救济项目"的人下降了99%,乃至最后消失;而接受《失依儿童家庭救助法》援助的人数继续攀升。① 而且接受者主要为未婚或离异的妇女,非裔和拉丁裔美国妇女占的比例也在增大。1980年代在里根总统发动的"向福利宣战"的战役中,这些人将成为被攻击的主要目标。

进入20世纪60年代之后,肯尼迪和约翰逊两人都企图延续罗斯福的新政自由主义传统,扩大政府的社会责任。民权运动和冷战也从内外两个方面形成了改革压力。种族冲突、都市骚乱、都市贫困和社会道德失序,迫使政府做出反应。此外,技术的提高和普及带来了大量的失业、功能性文盲以及不充分教育状态。1965年《选举权法》使长期被剥夺选举权的南部黑人获得了参与政治的机会,福利政策因而也成为政治动员、争取选票的一种工具和资源。约翰逊的"伟大社会"既是对内外政治压力的一种回应,也是一种将拥有选票的贫困人群纳入民主党阵营之中的努力。

---

① Katz, *The Price of Citizenship*, 4-5.

"伟大社会"将几项意义重大的"社会立法"带入美国福利体制中，包括《食品券法》(Food Stamp Act, 1964)、《中小学教育法》(Elementary and Secondary Education Act, 1965)、(贫困者)"医疗补助"(Medicaid)等。与此同时，联邦政府不断扩大开支，覆盖不断增加的各类福利项目。"社会保障"的福利标准提高很快。1965年，约翰逊将享有"医疗保险"(Medicare)福利的范围扩展至那些已在原始"社会保障"计划下享有老年救济、抚恤金和残障福利的人。1972年尼克松执政期间，国会将贡献性的福利项目与消费者价格指数挂钩，"社会保障"金的发放随生活价格指数的增加而自动增幅。

在"非贡献性"的福利方面，1965年建立的"医疗补助"将医疗和健康费用救助的福利延伸到所有享受《失依儿童家庭救助法》福利的低收入家庭。约翰逊的"向贫困宣战"希望将所有的"非贡献式"福利项目通过"社区行动项目"直接带入所有的城市社区中，以根除都市贫困。在民主党看来，都市贫困是造成20世纪60年代美国城市骚乱的主要原因之一。1970年代，"医疗补助"与"食物券"成为"非贡献式"福利中开支最大的两项，并与《失依儿童家庭救助法》项目联系在一起，构成了非贡献式福利的主要内容。

"社会保障"与"公共救助"的福利双轨制的分野也越来越大。原来的"社会保障"体系含有"失业保障"和"老年保障"，1956年加入了"残障保障"，1965年又加入了"医疗保险"。联邦政府为这些项目支出的费用也在增加。[①] "社会保障"和"医疗保险"都是联邦项目，它们提供的福利远比"公共救助"优厚和慷慨，因为它们的财政来源并不是受惠者过去纳税的积累，而主要来自正在工作的纳税人的工资税。这两个项目对美国式福利国家来说十分重要。因为它们是普遍使用的，并不因州而异；它们也使得许多老年人摆脱了贫困生活的困扰和不幸。"医疗保险"也使得许多老年人有了接受医疗救治的保障。所以"社会保障"项目很受欢迎。早期的"社会保障"并没有包括大部分非裔美国人和大部分妇女，这些人在遭遇贫困时不得不寻求"公共救助"的帮

---

① 到1990年代中叶，联邦政府在社会保障方面的补偿费用每年高达430亿美元，比《失依儿童家庭救助法》的费用高出两倍。Katz, *The Price of Citizenship*, 11.

助。在"社会保障"逐渐帮助许多白人工人和老年人摆脱贫困的时候,非裔美国人却发现他们从这项福利计划中受惠极少。

贡献式福利(社会保障)项目与非贡献式福利(公共救助)项目还有一个重要的不同,前者提供的是"现金"福利(即福利是用现金方式支付的),后者提供的主要是"非现金"福利,前者的享有者是退休人员,他们拥有自己的住房和消费的自由,可以不受约束地出国旅游度假;而后者的享有者主要是穷人和贫困老人,因为公共救助的发放要经过需求调查和核实,所以他们并不享有多余的现金,缺少行动的自由,更缺乏尊严。

联邦福利开支在尼克松政府时期继续增加,1974 年通过的《社会保障修正法》(Social Security Amendments)的第二十条(Title XX)扩大了接受福利的人群范围,降低了标准,将近 30% 的福利接受者都无需经过需求情况调查和核实的过程。① 尼克松的"新联邦主义"放松了对州使用联邦资源的限制,大量的联邦赠款流向州政府,福利资金也被用于购买私人机构的福利产品上,公共资源被变相地转移到私人企业手中,福利享有者真正得到的只是很少的一部分。在老年"医疗保险"和医疗补助方面,1965—1972 年,穷人看医生的次数增加,非裔美国人的死亡率也有所下降,美国人的生命预期提高了。但医疗费用也增加了,滥用经费和谎报医疗费用的事情经常发生。大量的经费实际上流向医生、护士、病理康复中心和医保专家囊中。②

在所有的福利项目中,接受《失依儿童家庭救助法》和"社会保障"的人数增加最多。1960 年,接受"公共救助"(主要是《失依儿童家庭救助法》)的人数为 700 万人,到 1974 年,变成 1400 万人。但美国式福利体制的最大赢家是享受"社会保障"的老年人。1970 年,联邦政府用于支付"社保"的资金是 300 亿美元,这是联邦政府在《失依儿童家庭

---

① 该法规定,全国的"社会保障"的底线必须统一,各州可根据本州的情况,提高救助的待遇,但不得低于联邦规定的最低标准。而《失依儿童家庭救助法》一直由各州来运行,所以各州的差别很大。如 1990 年该法在阿拉巴马州的发放底线是 114 美元,在阿拉斯加州则是 647 美元,全国的中等水平是 428 美元。Clarke E. Cochran, et al., *American Public Policy—An Introduction*, 2nd edition (New York: St. Martin's Press, 1993), 222-23.
② 联邦的福利开支增加,从 1963 年的 1.94 亿增至 1972 年的 17 亿美元,到 1975 年达到 25 亿美元。Katz, *In the Shadow of the Poorhouse*, 60, 270-272.

救助法》项目上的花费的10倍。到1984年,与通货膨胀率挂钩的"社保"开支达到了1800亿美元,而不与通货膨胀率挂钩的《失依儿童家庭救助法》开支为83亿。按照卡茨的说法,1965年至1971年间,联邦政府的福利开支主要花费在了非贫困者(nonpoor)身上。①

### "福利权"概念的提出

约翰逊的"向贫困宣战"得到了民权运动领袖的支持。事实上,在争取平等公民权利的斗争中,反对福利体制中的种族歧视也是民权运动的重要内容之一。自1940年代以来,南部白人种族势力一直将福利政策作为种族歧视的工具,有意识地拒绝给予需要救助的黑人贫困家庭必要的福利资助。在北部城市,福利发放中也存在着其他形式的歧视现象。最让福利领取人难以承受的是政府通过发放福利而对他们实施的社会控制。"福利权"(the right to welfare)概念的提出正是针对这种近乎专断的政府权力的一种抗议。

福利领取者的抗议活动始于1966年6月。俄亥俄州的一群《失依儿童家庭救助法》福利的领取者发起了一场155英里的游行,抗议州福利机构推迟发放或减少发放福利。在"贫困者权利行动中心"(Poverty-Rights Action Center)的协调下,包括纽约在内的其他城市也举行了抗议。示威者甚至占领了福利发放办公室等机构。同年8月,福利权积极分子在芝加哥集会,组建了全国福利组织联络委员会(National Coordinating Committee of Welfare Rights Groups),这个组织后来变成了"全国福利权组织"(National Welfare Rights Organization,简称NWRO)。该组织制作并散发了"福利权利法案"(Welfare Bill of Rights),要求政府尊重福利领取人的权利,在做出削减福利待遇的决定之前应该举行公开的听证会,在拒绝发放福利时需要出具书面理由。福利领取者还要求州政府停止对福利领取人家庭的"半夜突袭"(midnight raid)搜查,并要求废除"家有男人"(man-in-the-house)这类约束性的禁令。福利权组织协调了一系列的抗议活动。积极分子们走家串户,将应享权

---

① Katz, *In the Shadow of the Poorhouse*, 63-64.

利告知福利领取人。①

"家有男人"是各州实施《失依儿童家庭救助法》时常用的一种规定,具体的内容是,接受《失依儿童家庭救助法》福利的"母亲"不能与男性朋友有亲密的交往,更不能与其同居,否则该男性将被视为该家庭的"失依儿童"的"代理父亲"(substitute father),并因此必须支付子女抚养费,与此同时,该家庭也将丧失公共救助的福利。1960 年代,"家有男人"的禁令在 18 个州得以实施。其他的限令包括福利接受者需在本州居住一年以上才能领取福利,这是为了防止邻州的穷人涌入本州来领取福利。一些州也禁止福利接受者到外州去旅行等。②

1935 年《失依儿童家庭救助法》的目的是"鼓励失依儿童在他们自己的家庭或他们亲戚的家庭中得到照顾,帮助维持家庭生活,帮助该儿童的父母或亲戚恢复最大限度的自食其力和个人独立,从而继续发挥家长的关爱和保护作用"。该法对"失依儿童"的界定是:因父母中一方的去世或长期缺席、或因父母中一方患有身体和精神疾病,而失去了家长的支持或照顾的、需要帮助的孩子。1968 年,这个范围又扩大到那些与指定亲戚居住在一起的"失依儿童",以及父母失业的儿童。③

《社会保障法》本身并没有明确要求州政府对福利领取人进行"道德"或"需要"方面的事实调查,而只是在两院的法案报告中提到国会允许州根据需要在类似"需要"和"道德品质"等方面对福利领取人提出"资格要求"。④ 各州在实施《失依儿童家庭救助法》的时候,根据本州的政治和法律传统,加入了各种资格要求。譬如,该法建议此项救助只发放给那些"合适的家庭"(suitable family home),但各州对"合适的家庭"的定义并不统一。有的州要求家庭为儿童提供宗教教育,大部

---

① Komisar, *Down and Out in the USA*, 108-110.
② Ibid., 120-121.
③ 失依儿童的定义原文为:"a needy child … who has been deprived of parental support or care by reason of the death, continued absence from the home, or physical or mental incapacity of a parent"。Aid to Dependent Children, *Act of August 15*, *1935*, ch. 531, 49, Stat. 627.
④ H. R. Rep. No. 615, 74th Cong., 1st Sess., 24 (1935); S. Rep. No. 628, 74th Cong., 1st Sess. 36 (1935). Quoted in Roger E. Kohn, "AFDC Eligibility Requirements Unrelated to Need: The Impact of King v. Smith," *University of Pennsylvania Law Review* 118, no. 8 (July 1970), 1220.

分则强调家庭的道德规范,反对非婚生育等。"合适的家庭"的规定也将许多黑人家庭挡在了该法福利的门外。虽然联邦政府规定,只要州的资格要求不带种族歧视就可以被认为是合理的,但事实上各州的规定常常带有隐性的种族歧视。直到1950年代,联邦政府才宣布,如果州拒绝为非婚生子女的家庭提供《失依儿童家庭救助法》的福利,联邦政府将截留该项目的资金。1961年,联邦福利部(HEW)又宣布,即便儿童居住在"不合适的家庭"之中,州也不应拒绝或停止提供救助。

但各州在多大程度上可以规范福利领取人的道德行为,成为了一个需要最高法院裁决的问题。联邦最高法院1968年对金诉史密斯案的审理正是在这个背景下进行的。

该案涉及阿拉巴马州的"代理父亲"规定。《社会保障法》允许州在实施《失依儿童家庭救助法》时判断接受福利的儿童是否有其他的经济来源。阿拉巴马州在资格审查的规定中加入了"代理父亲"的规定:与领取《失依儿童家庭救助法》福利的母亲同居的男性将被视为"代理父亲",需负责为该家庭提供经济支持。州的逻辑是:既然该男性与失依儿童的母亲保持性关系,他就应该承担起抚养她的子女的责任,政府没有必要继续提供公共救助的福利。

史密斯夫人(Sylvester Smith)是一个居住在阿拉巴马州达拉斯县的寡妇,也是四个孩子的母亲,过去几年一直在领取《失依儿童家庭救助法》福利。1966年秋,州政府取消了她的福利,理由是她与一名名叫威廉斯的男性保持着性关系。威廉斯自己有妻子和孩子,并不是史密斯的孩子的父亲,也没有给予过史密斯家庭任何经济支持,未来也做不到这一点。所以,史密斯提出控告,指控阿拉巴马州的做法违反了第十四条宪法修正案的平等法律保护原则,要求州恢复对她的孩子的福利供应。①

阿拉巴马州认为,州有权界定《失依儿童家庭救助法》中的"家长"(parent)的含义,确立"代理父亲"的规定是为了减少非法性关系和非婚生育,也是为了对合法婚姻家庭表示公平,因为后者家中有父亲的存

---

① *King v. Smith*, 392 U. S. 311.

在故而不能申请获得《失依儿童家庭救助法》的福利。然而,联邦地区法院却认为阿拉巴马州的规定违反了"平等法律保护"原则,州不能以母亲的"不道德"为理由来惩罚她的子女。①

联邦最高法院的判决意见由沃伦首席大法官写作。沃伦指出,在19世纪的公共救济,包括"母亲津贴"中,州政府时常加入对被救助者的道德品质的限制,将需要救助的人区分为"值得救助"和"不值得救助"。虽然国会允许州对《失依儿童家庭救助法》附加资格限制,但类似"合适的家庭"这类限制遭到了许多挑战,因为这种限制进一步打击了母亲争取独立和自立的信心,致使她们长期处于不能自立的境地。联邦政府在1962年已经规定,州不能再将儿童从不合适的家庭中迁出,对于不道德和非婚生养的问题,国会决定通过其他方式来解决,不能以此为理由中断福利发放。② 沃伦指出,最高法院已经认识到,贫困导致了"大量的和广泛的社会疾病";贫困的原因和治理贫困的方法如今都面临巨大的争论,但国会的决心是清楚的:"那些从法律上讲是没有父亲的、孤立无助的儿童不能因为他们拥有一个明显虚构的代理父亲,而被拒绝得到联邦政府的资助。"③

最高法院否定了阿拉巴马州对"代理父亲"规定的辩护。沃伦写道,《失依儿童家庭救助法》对"父亲"的界定是指法律上应该承担支付子女抚养费用之责任的人,它保护的是那些失去了父母中一方的儿童,其他儿童可以通过其他方式获得资助,他们的命运与失去父亲这一家庭主要经济来源的儿童的命运是不一样的,但因为阿拉巴马州并没有明确地在州法中将抚养儿童的经济责任强加于"代理父亲"头上,所以不能将与史密斯同居的威廉斯视为《失依儿童家庭救助法》中的"父亲"角色,州应该恢复对史密斯子女的救助供应。④

尽管在金诉史密斯案和其他几桩相关案例中,最高法院对州剥夺本州公民领取福利的权利的做法做出了限制,但对公民是否拥有"福利权"却没有做出明确的认可。事实上,类似阿拉巴马州的"代理父

---

① *Smith v. King*, 227 F. Supp. 31, 38-39 (D.C. Ala. 1967).
② *Smith v. King*, 392 U.S. (1968), 326.
③ Ibid., 334.
④ Ibid., 328-333.

亲"的规定代表了一种明显的道德强制力,这种强制力事实上已经直接威胁了福利领取人的"自由"和"自主"。随之而来的是一个很严肃的问题:福利领取人是否因为要从政府那里获得"救助"而必须牺牲自己的自由和自主呢？马歇尔的"社会公民权"思想将公民领取国家的救助视为一种当然的"权利",但在阿拉巴马州的规定之下,公民必须为"福利"付出"权利""自由"和"自主"的代价。接受政府的"福利"是否应该成为政府不能随意剥夺的公民权利？在福利权组织和福利权律师的眼中,这是一个宪法意义上的公民权利问题。

## "新财产"的概念与福利权

最先讨论这个问题的是耶鲁大学法学院教授查尔斯·赖克(Charles Reich)。他在1964年4月(几乎是在约翰逊总统宣布"伟大社会"改革计划的同时)发表了一篇名为《新财产》(The New Property)的论文,在其中提出了"公共救助"也是一种个人"财产"的思想。赖克首先指出一个事实,即现代美国人的"财产"的产生和积累与政府有密切的关系。在他看来,政府是"一个巨大的虹吸管(siphon)",利用国家机器,占有和吸入国家资源,并通过发放各种商业合同、特权、行业执照、土地、资金等"赠与"(largess)将财富分发给群体(企业)或个人。在赖克看来,这种做法改变了传统的财富获取和积累方式,"越来越多的美国人的财富取决于与政府的关系",为了得到政府的"赠与"也必须遵从政府以"公共利益"(public interest)为名制定的各种条件。[①] 但赖克强调,政府在分发社会"福利"的时候不能削弱对个人权利的宪法保护,个人也不能以牺牲自身的宪法权利作为接受政府的合同、执照或社会救助的前提条件;政府在发放和分配社会福利的时候,必须只能考虑附加相关的限制,接受福利的个人则必须受到宪法程序的保护(包括需要听证、对质、司法审查、权力制衡等)。赖克同时指出,在一个所谓的"公共利益国家"中,那些对于个人自由来说至关重要的"福利"(benefits)应该被视为一种"权利"(right),而不能被当成是一种"赏赐"(gratuity)。在他看来,一个人的社会地位主要取决于他的生活来

---

① Charles A. Reich, "The New Property," *Yale Law Journal* 73, no. 5 (April 1964), 733.

源,个人地位与人格交织在一起,没有经济来源,便没有社会地位,也就没有人格和做人的尊严,所以,对于一个接受政府"恩赐"(包括合同、专业执照、经济补贴、公共救助、社会福利、退休军人福利、食物券等)的人来说,当政府以自己的标准拒绝发放这些"恩赐"的时候,也就损害了这个人的生活来源,因此在管理类似失业补助、养老金等社保福利的时候,那种带有拒绝、怀疑和终止威胁的制度是不合适的。在这里,赖克提出了一个新的问题,即在所谓的"公共利益国家"中,个人对于政府的"赠与"是否拥有一种"应该享有"的权利,即"赠与中的个人权利"问题(individual rights in largess)。① 赖克在这里所指的不光是福利领取人的"权利"问题,而是指一种相当普遍的历史现象,即政府通过分发"福利"获得了控制个人和商业的权力,将自己的意志强加于个人和群体。② 随着政府的任意性权力的扩大,政府的行政机构变相地获得了立法权或管理权,按自己的意志来管理市场和经济,任意推迟或改变合同条件,侵犯了公民权利。③ 他建议实施一系列的"程序上的保障"(procedural safeguards),包括司法审查和法庭审判之类。

赖克对"公共利益国家"表示出极大的不信任,担心它会腐蚀个人的独立性和自主性,因为个人或公司在接受政府合同或好处的时候必须接受相应的条件,包括政府的管制权力和压力。④ 赖克还注意到,公

---

① Reich, "The New Property," 744.
② 赖克指出,一个工厂主在接受政府合同的时候,必须遵守关于童工的限制规定。加州政府在发放销售酒品的营业执照时,要求店主不得实施歧视。与此同时,政府也利用手中的福利发放权来实现自己的政府目的,譬如《联邦经济救助拨款法》(Emergency Relief Appropriation Act)就明确地限制共产党人或纳粹分子借此获得工作。一些州还限制与共产党有关系的人从事某些职业,如律师、电话公司的接线生、码头装卸工等。Reich, "The New Property," 746-748.
③ Ibid., 748-750.
④ 赖克指出,大学在接受政府资助或研究资金时,不得不服从政府的指示,这实际上是损害了大学研究活动的独立性,并限制了大学原本应该从事的活动。他举例说,哈佛大学为了获得政府的资助,必须按照政府的要求,向政府报告每个班上有多少黑人学生。哈佛并不想对学生进行种族背景的调查和统计,但因为要接受政府的研究资金,不得不这样做。Reich, "The New Property," 756-757. 赖克在这里指出的政府"赠款要求"是非常有争议的问题,至今如此。本书第十二章讨论的"肯定性行动"和本章第二节讨论的奥巴马医疗改革法中的"医补扩展"都与此相关。从联邦政府的角度来看,利用赠款的附加条件,可以管理赠款的用途,也可以推行社会改革。从联邦制的角度看,这种安排也是为了阻止各州"滥用"联邦资金,但有些州对此安排十分抵触,如同在"医补扩展"中所表现出来的。

私混合的联盟常常会带来权利受损的后果。一些大的私人企业利用和政府的合作关系占据了公共资源,并以公共利益的名义来行使公共权力为自己谋利,譬如一个行业中的龙头老大也许会将自己的标准强加于其他企业头上。① 赖克还使用了纳粹国家和苏联的例子作为比较,感到美国的所谓新联邦主义体制正在走向一个与旧时的君主制相似的方向,即财产的概念是由"君主掌握的崇高权利"(the superior right of the overlord)来决定的。② 在这个新的"公共利益国家"中,人民不断地将政府视为财富与权利的来源;公私利益不断混合在一起,私有产权的界限不清,是否能拥有和使用政府福利与一个人的法律地位挂钩;个人不再绝对地、而只能有条件地拥有财产,而且,个人拥有财产的权利可能会被政府取消;国家主权不断为私人企业所分享。他认为,"公共利益国家"的目的是通过资源的分配和福利的发放"制造和维系(公民对政府的)依赖感"。③ 为此,他强调,私人财产不仅重要,而且是"一种法律体制",其存在是为了划清公私之间的权力界限。《权利法案》是否有效"取决于私人产权的存在",有效的政治权利的前提是"个人或私人团体有意愿和能力来独立地行动",所以,公民的福利"必须首先是独立的……公民自由必须基于财产之上,否则《权利法案》无法保护它"。④ 因此,政府的"赠与"必须要转换成"权利"。⑤ 赖克呼吁,在针对"失业救济、公共救助和老年保障这类福利方面,(美国)紧迫地需要(产生)一种权利的概念",因为"这些福利所基于的认知是:个人的不幸和陷入困境经常是超出个人控制之外的力量引起的,比如技术的变化,对商品要求的多样化,或战争等。这些福利的目标是保护个人的自立能力,帮助他在需要的地方恢复正常的生活,允许他成为家庭和社区中有价值的成员;在理论上,它们(这些福利)代表了个人在国家中(对

---

① Reich,"The New Property,"767.
② Ibid.,770.
③ Ibid.
④ Ibid.,771.
⑤ Ibid.,785.

公共利益)的一种理所当然的分享"。①

赖克的核心思想是：一旦政府的"赠与"控制了个人，个人的独立自主和意志也就被摧毁了，因为"一种控制了个人食物的权力等于控制个人意志的权力"。因此，美国人决不能将自己的生活交给福利资格审查委员会、道德检查委员会、执照发放委员会等政府部门去掌管，不能允许官方机构假装成唯一的掌握"公共利益"的机构，"不能将我们的独立……完全地置于其他人的手中"，为此，我们必须创造一种"新的财产"。②

赖克的"新财产"思想的出发点仍然是古典自由主义的立场，多年后导致了许多批评。一些批评者认为他完全忽视了当时的经济现实：许多人在市场经济中除了接受政府的"赏赐"及其附带的条件，根本没有别的选择。③ 赖克担心人们会因为接受政府的资助而变得依赖政府，但事实上许多人连进入市场的资格都没有，更谈不上选择和竞争了。但在1960年代，赖克的思想引起了轰动，尤其得到一些律师和联邦法官的重视。耶鲁大学法学院的学生克里斯托弗·梅(Christopher May)受赖克的影响，发表了关于福利接受人应拥有"(福利)停发前听证会"(pretermination hearing)的文章，提出福利接受人应该在福利支票被政府中断之前拥有一种要求举行听证会的"宪法权利"的观点。梅认为，虽然福利是一种政府"赠与"，但既然国家承认救助贫困是一种政府的责任，福利接受人就应该受到与他人同等的法律程序上的平等待遇。④

赖克和梅的观点很快为联邦最高法院所注意到。在1970年戈德伯格诉凯利案的审理中，两人的思想都得到了引用。戈德伯格案也成

---

① 原文为："[T]he concept of right is most urgently needed with respect to benefits like unemployment compensation, public assistance, and old age insurance." Reich, "The New Property," 785.

② Ibid., 787.

③ Paul R. Verkuil, "Revisiting the New Property After Twenty-Five Years," *William and Mary Law Review*, 31, no. 2 (1990), 367.

④ Christopher May, Note, "Withdrawal of Public Welfare: The Right to a Prior Hearing," 76 *Yale Law Journal*, 1234 (1967).

为最高法院对"福利权"表示最明确、最有力支持的一桩判例。①

## 戈德伯格诉凯利案

对于支持福利权的律师组织来说,戈德伯格诉凯利案是一个十分理想的案例。约翰·凯利(John Kelly)是一位29岁的纽约市民,既不是单身母亲,也不是吸毒者(这两种人是抨击"福利"项目的人对福利领取人的典型描述),而是一个因他人过失而致残的前卡车司机。在变成残障人之后,他丧失了工作,纽约州和纽约市的福利救助项目成为他唯一的收入来源。如果没有每两周一次的政府福利支票,他将无法生活下去。1967年底,市政府的福利管理者要求凯利搬迁到另外一家旅馆去居住,新的旅馆里住了许多的吸毒、酗酒者,凯利十分不情愿,但为了领取福利支票,不得不服从。后来,凯利决定搬到一位朋友家去住,但仍然保留旅馆的地址,以便领取支票。最终福利局知道了此事,立即终止了凯利的福利。凯利走投无路,决定向一个名叫"青年动员组织"(Mobilization for Youth)的团体寻求法律帮助。这是由年轻律师、社会工作者和商人组成的一个公民权益组织,主要目标是帮助解决都市贫民窟中的少年犯罪问题。该组织法律分部在公益律师爱德华·斯帕尔(Edward Sparer)的领导下,希望以"全国有色人种协进会"和"美国公民自由联盟"为榜样,用法律为工具,改造那些制造和延续贫困的社会体制。② 斯帕尔接受凯利案之后,认为纽约市福利官员要求凯利必须居住在指定旅馆的做法带有明显的"胁迫"(coercive)性质,侵犯了凯利的公民自由权。

为了打赢这场官司,斯帕尔领导的法律部提出了"生存权利"(the right to live)的概念——即"每一个美国人都应拥有为保障自己的食物、衣物和住房而获取足够资源的一个起码的机会"③,他们希望以此建立先例,将"福利权"的概念转化成为公民的"生存权"。他们提出纽

---

① *Kelly v. Wyman*, 294 F. Supp. 893, 900 (S.D.N.Y., 1968).
② Martha F. Davis, *Brutal Need: Lawyers and the Welfare Rights Movement, 1960-1973* (New Haven: Yale University Press, 1993), 27-37.
③ Deborah J. Cantrell, "A Short History of Poverty Lawyers in the United States," *Loyola Journal of Public Interest Law* 5 (Fall 2003), 20-23.

约州、市福利发放机构在没有事先通报凯利等福利接受人的情况下中断了他们的福利供应,违反了这些人拥有的正当程序权利。州、市政府随即制定了相关的听证程序:(1)当福利工作人员对福利接受人的资格产生怀疑时,需首先与福利接受人讨论;(2)如果福利案例主管人员(case worker)向上司作出终止发放福利的建议,他/她必须利用写信的方式告知福利接受人停发福利的原因,并给予对方7天时间向上级管理机构提出复审的要求,要求复审的理由可以由律师代写;(3)如果复审官员同意案例工作人员的建议,福利将立即停止发放,但必须告知福利接受人,福利接受人可提出举行听证会的要求,但这是在福利终止决定之后,也就是福利被停止之后;(4)在事后听证会上,福利接受人面对一个独立的州听证官员,可以个人出席,也可寻求律师的帮助,提供口头陈述,与对自己不利的证人对质,并获得听证的记录,如果福利接受人在听证会上获胜,他/她的福利应该恢复并补发。但凯利的律师认为,这种事后听证会的做法不符合第十四条宪法修正案的正当程序原则。

联邦地区法院反驳了纽约州和纽约市政府的理由,认为政府提出的"事后听证会"将福利接受人置于劣势地位,当他面临"最要紧的需求"(brutal need)时,他的福利被中断,失去了唯一的经济资源,无法获得法律帮助,政府的这种做法是违宪的。① 地区法院还驳斥了政府方面提出的需要保护公共财政的理由。② 地区法院认为,保护公共财产的确是政府方面的"最重要的考虑"(overwhelming considerations),但这种考虑比起福利接受人的那种攸关生死、不被错误地剥夺公共救助的"最重要的需求"(overpowering need)而言,是次要的,这种考虑不能成为拒绝事先听证会的理由,事后听证会不能满足宪法正当程序原则的要求。③ 纽约市政府对地区法院的判决表示不服,将此案上诉到联邦最高法院。

最高法院需要裁决的问题包括:(1)在政府决定终止发放福利之前,福利接受人是否拥有第十四条宪法修正案的正当程序原则所保障的听证权?(2)纽约州所提出的"非正式听证会"(informal hearing)是

---

① *Goldberg v. Kelly*, 397 U.S. 254 (1970); *Kelly v. Wyman*, 294 F. Supp. 893,899,990 (1968).
② Davis, *Brutal Need*, 93.
③ *Goldberg v. Kelly*, 397 U.S. 254 (1970); *Kelly v. Wyman*, 294 F. Supp. 901 (1968).

否可以满足第十四条宪法修正案的正当程序原则?(3)第十四条宪法修正案是否要求在终止发放福利之前举行一个正式的"举证听证会"(evidentiary hearing)?(4)福利接受人在举证听证会上是否有权获得律师的帮助?(5)发放福利的行政机构在何种程度上需要保持中立?

最高法院的判决是以5—3票做出的。多数派意见由布伦南大法官写作,站在他这一边的有道格拉斯、哈兰、怀特和马歇尔大法官。布伦南的意见不长,但非常重要,因为它第一次直接面对"福利"与"福利权"的宪法地位问题。① 布伦南首先指出,美国国家的目的从一开始就是为了培育在美国领土范围内的所有人的"尊严"(dignity)与"安康"(well-being),贫者因自身不能控制的力量落入贫困之中,福利(Welfare)的目的则是通过满足贫者的最基本的生活需求,帮助他们获取与其他人一样的"有意义地参与社区生活"的机会。② 福利同时也是为了防止"社会抑郁症"(societal malaise)的发生,这种"社会抑郁症"往往是由一种四处弥漫的"无法解释的失望和不安全感"所引起的③;"因此,公共救助不只是一种恩赐,而是一种促进公共福利、确保我们及后代得享自由的恩赐的方式"。④ 因此,在促进公共福利方面,政府与福利接受人的利益是一致的,事前的举证听证会是为了实现这一目的不可缺少的一种正当程序。在保护公共财政的问题上,布伦南认为福利接受人的需要比州政府对州财政的考虑更为紧要。在听证司法程序

---

① 若干年后,布伦南称,戈德伯格案是他写作的最重要的判例意见。William J. Brennan, Jr., "Reason, Passion, and 'The Progress of the Law'," 10 *Cardozo Law Review*, 3, no. 20 (1988), 20.
② "Welfare, by meeting the basic demands of subsistence, can help bring within the reach of the poor the same opportunities that are available to others to participate meaningfully in the life of the community." *Goldberg v. Kelly*, 397 *U. S.* 254 (1970), at 265.
③ Ibid.
④ 原文为:"Public assistance, then, is not mere charity, but a means to promote the general Welfare, and secure the Blessings of Liberty to ourselves and our Posterity." Ibid. 在这里,我们需要特别注意,布伦南使用了大写的"Welfare",以区别于他先前使用的小写的"welfare"。有关公共福利(General Welfare)和后代得享自由一段是从1787年联邦宪法的导言中直接引用过来的,当时的意思是指各州之间的公共福利,布伦南在此刻将它作为美国公民群体的"共同福利",与进步时代改革者对welfare一词的改造是一致的。这是对"General Welfare"概念的最细微、最深刻,但又最不易为人察觉的语义转换。同时需要提醒的是,布伦南在判决意见(脚注8)中引用了赖克的《新财产》一文。

上,布伦南强调听证的目的是保护福利接受人的正当程序权利,让他们的声音有"被听到的机会",所以听证活动必须以"有意义的方式"和"在有意义的时间内"举行,才能达到效果。①

　　首席大法官伯格与布莱克和斯图亚特三位大法官持异议。布莱克在异见判决书中指责多数派为了支持解决贫困的社会政策,滥用了司法审查的权限,"侵入了宪法赋予国会和人民的(权力)领域"。他反对多数派对第十四条宪法修正案的过于宽泛的解释。政府的福利项目是一种对救助者的"赠与"的承诺,而多数派把这种"承诺"视为福利接受人理所当然应该得到的一种财产,这在布莱克看来,简直就是不可理喻的荒谬之谈。② 布莱克警告说,多数派的意见并不会使穷人受益,反而会强迫政府不得拒绝发放承诺的福利,政府不得不对福利接受人的资格进行严格审查,不仅浪费大量的资源,还会推迟将需要福利的人纳入福利管理系统的时间;其结果是,许多需要救助的穷人永远无法进入福利系统,并将长期处于贫困之中。③

　　尽管最高法院在戈德伯格案的多数派意见中几乎承认了"福利权"的存在,但同年宣布的丹德里奇诉威廉斯案的判决使得戈德伯格判决的效力大打折扣。④ 该案涉及马里兰州的一项福利领取规定。该州规定,不管领取《失依儿童家庭救助法》福利的家庭有多少儿童,每个家庭领取福利的上限都是 250 美元。拥有 8 个子女的威廉斯家庭认为,在此规定下,孩子多的家庭中每个孩子得到的平均资助相对较少,因而造成了不公平,违反了第十四条宪法修正案的正当程序原则。

　　这次是由斯图亚特大法官写作多数派意见。他宣称,最高法院不承担为一种潜在的不合理的福利政策设定上限的权力,尽管马里兰州的福利领取规定看似不合理,但只要州能够出具合理的理由,而且没有实施明显的歧视,州的做法就没有违宪。斯图亚特写道,因为公共福利引发的经济、社会和哲学问题"不是最高法院应关心的问题"(not the

---

① *Goldberg v. Kelly*, 397 U. S. 254 (1970), at 266-269.
② Ibid., at 274-276.
③ Ibid., at 279.
④ *Dandridge v. Williams*, 397 U. S. 471 (1970).

business of the Court),最高法院也许会对福利发放的行政管理施加一些程序上的保障,如戈德伯格案所决定的那样,但宪法没有赋予最高法院对州福利官员的决定进行猜测的权力。[①] 非裔美国人大法官马歇尔对多数意见表示反对。他坚持认为,第十四条宪法修正案的权利中实际上包含了一个"获取食物的权利"(right to subsistence),马里兰州不加区别地实施福利上限规定,等于拒绝为大家庭的儿童提供足够维持生存的食物,因此是违宪的。尽管马歇尔有布伦南的支持,但他们无法说服多数派。

## 福利制度的困境与改造

在最高法院审理戈德伯格和丹德里奇案时,关于美国式福利社会的争论已经变得十分政治化。新上任的共和党人尼克松并没有推翻约翰逊在民权方面和"向贫困宣战"的建树,但他的"合作联邦主义"赋予了州政府更多的控制福利的权力,福利发放的多样性和不平等性日益严重。

但问题远远不止这些。两种不同的福利制度制造了两种不同的"社会公民权",一种是"挣来的"(earned),另外一种是"被赐予的"(given)。两者的区别在于接受福利的公民是否为社会财富的积累作出过贡献。前者是纳税人,有全日制的工作,有正常的、固定的收入,通过税收的方式,将自己收入的一部分交给国家去管理,对社会"福利"的积累做出了贡献。后者没有固定的、全日制工作,没有固定的收入,也没有对社会财富的积累做出贡献,只是从政府那里领取"福利",成为了国家福利的依赖者和负担。这样,"welfare"一词就具有了两种含义,一种是"权益"(benefits),即一个公民理应享有的社会红利,包括退休金、养老金、失业救济金、"医疗保险"和带薪假期等。另外一种是"福利"(welfare),指的是政府发放的贫困救助、食物券、"医疗补助"、失依儿童救济金等。看上去,两种"福利"都是"社会公民权"内容的体现,但展示的却是两种不同的公民地位以及由此衍生的在实质性权利的享有和公民尊严上的等级差别。

---

[①] *Dandridge v. Williams*, 397 U. S. 471 (1970).

这种福利体制带来的另一后果是社会公民权的"商品化"。因为福利被与就业联系起来,社会公民权(包括与之相关的社会地位、社会权利以及个人尊严)变成了一种事实上的商品。然而,市场秩序绝非是民主的、平等的,它的基调是不平等的、有差异的和弱肉强食般的竞争,这与民主政体的公民权所追求的平等与良知的原则是相对立的。①当社会公民权与就业挂钩时,"无业公民"就被推到"次等公民"的行列,那些没有纳入市场经济核算体制中的工作,如家政服务、农场、抚养孩子等被贬为没有经济价值的工作,而从事这些工作的又多为女性和有色人种,他们本身就是市场经济中种族歧视和性别歧视的受害者,无法冲破就业体制中的偏见与障碍,无法做到完全的"自食其力",始终享受不到"社会保障"的福利。所以,福利的"商品化"不仅延续和加深了传统的社会偏见与歧视,还延续和加深了美国政治价值观的内部撕裂。

20世纪80、90年代美国政治的发展则将这种撕裂变成了选举政治的武器,并最终导致了新政建立的福利制度模式在1990年代中期的重大改造。60年代后期的民权运动将非裔美国人争取民权和投票权的斗争扩展到争取"经济权"和"社会权",约翰逊的"伟大社会"应该是对这种要求的回应。他希望借助民权运动和冷战,大幅度地改造新政的社会保障体系,构建一个新的福利国家的体制,但这项雄心勃勃的社会改革受到越战的影响而未能坚持下去。尽管如此,"向贫困宣战"的确被认为是成功的。有学者认为美国式福利体制是美国"不为外界所知的成功"(hidden success)之一。福利项目帮助消灭了相当一部分贫困现象,使许多穷人得到了解脱,摆脱了营养不良、缺医少药、居住环境恶劣的境况,并通过工作技能的训练,获得了再就业的机会,成为了自食其力的人。②

---

① 如拉夫·达伦多尔夫所说:"公民权不能被市场化。"(Citizenship cannot be marketed.) Ralf Dahrendorf, "Citizenship and Social Class," in Martin Bulmer and Anthony M. Rees, eds., *Citizenship Today: The Contemporary Relevance of T. H. Marshall* (London: UCL Press, 1996), 32-33.

② John E. Schwarz, *America's Hidden Success: A Reassessment of Public Policy from Kennedy to Reagan* (New York: Norton, 1988), 19, 49-51.

然而,批评福利计划的人却不这样认为。一些人批评《失依儿童家庭救助法》的福利领取标准非常苛刻,因而未能将公共资助送给最需要的人。更多的批评者则认为该项目实际上造成了穷人对政府救助的依赖性,使他们不再愿去做那些低收入、无技能和强体力的工作。他们认为,以"公共救助"的方式来"向贫困宣战"最终失败了,不但未能根除都市贫困,反而加剧和扩大了贫困,助长了穷人的"自我毁灭的行为"。①

贡献式福利享有者对那些依赖政府"福利"而生存的人也产生了越来越明显的敌视态度。就业情况的恶化使许多人不得不加时工作,工薪阶层的夫妇双方都需要工作,以维持日益增加的家庭开支;全球化的影响导致美国制造业规模缩减、工作机会流失海外,这种全球化带来的经济冲击也使得普通工薪阶层的成员更加迁怒于那些免费接受政府的福利资助的人,后者通常被描述成不劳而获、不愿劳动的人,而对他们的救助则更加重了国家的财政负担。严峻的经济现实把更多的人带入"无工作"(jobless)的境况之中,失去工作的人又不断地被抛入福利接受者的行列之中,于是在美国出现了一个日益庞大的"底层社会"(underclass),其中的成员似乎终身无法摆脱贫困。

在这些围绕"福利"的争论中,"种族"的幽灵一直不散。许多中低阶层的白人公民将政府的"福利"与少数族裔争取权利的斗争混为一谈,认为"福利"政策对美国传统价值观是一种诋毁。他们认为,白人工人家庭辛苦地工作、挣钱并忠实地纳税,即便在经济困难的情况下,他们也必须想办法付清自己的购房贷款、支付子女的大学学费,而非裔、拉美裔或其他有色人种"福利"享有者却可以"不劳而获"、按月领取政府救助。联邦政府的公共救助项目因而成为白人蓝领工人阶层发泄不满的攻击对象,这个阶层在政治上也顺理成章地成为保守派共和

---

① 譬如,公共救助项目要求接受"福利"的人必须处于"无收入"的贫困状态才有资格接受救助。换言之,一个单身母亲,只有在不工作和不再婚的情况下,才可能领取到"福利"。这种要求实施了40年之久。有些批评者认为,福利体制最终是鼓励不工作、不结婚,而对于那些循规蹈矩、结婚生子、过"正常生活"的人,则是一种惩罚。参见:Robert Rector, "Requiem for the War on Poverty: Rethinking Welfare after the L. A. Riots," *Policy Review Magazine*, no. 61 (summer 1992), 40-46。

党候选人力争的对象。与此同时,有色人种在政治上的崛起(非裔、拉美裔、甚至亚裔当选为地方政府官员)更令一些地区(尤其是中西部)的白人选民感到紧张和愤怒。白人中产阶级为保持传统的竞争优势,对非裔美国人官员提出的扩大公共救助的主张十分反感。这一阶层的白人选民构成了20世纪后期美国政治保守势力的基础力量。

事实上,福利政策的抨击者所描述的情形并不是完全真实的。有色人种在福利接受人中占有相当的比例,但白人福利领取者人数也在不断增长,在有的地区甚至成为多数。所以,贫困以及贫困文化不是有色人种的专属特征。然而,在政治选举中,贫困和福利问题被保守派描写成是只与有色人种(尤其是与非裔和拉美裔)相关的问题。从1970年代后期到21世纪,福利体制的改革始终是民主、共和两党在国会和总统选举中争论的一个重要话题。一个重要的变化是,基层劳工选民在1980年代向右转,不愿意无止境地支持民主党的大政府和福利社会的政策。里根之所以赢得1980年的总统选举,主要原因在于他成功地整合了几股保守派力量。后来的民主党人为了赢得选举,也不得不对中产阶级的白人选民进行妥协,克林顿执政时期的政策——包括终结新政福利体制的决定——与当今奥巴马医保体制改革(详细讨论见下一节)所做的妥协,都说明了福利国家的建设在美国始终缺乏一种长期、坚定的政治支持。

### 新政福利体制的终结

1980、1990年代围绕"福利权"和贫困问题的辩论最终导致了美国式福利制度的改造。改造的第一目标是终结"依赖型福利"(dependence welfare)实践,第二目标是下放福利管理的权限(devolution),将管理福利发放的权力从联邦政府转移到州政府手中,从州政府转移到县政府手中,从公共领域转移到非公共领域,第三个目标是将市场模式(market model)引入到社会保障政策的管理与实施中来。在这些改造之后,约翰逊的"向贫困宣战"(War on Poverty)变成了里根的"向福利宣战"(War on Welfare)。

这个改造运动从里根开始,到克林顿执政时告一段落,其核心指导思想来自1980年代出版的两部影响巨大的著作:查尔斯·默里

(Charles Murray)的《丧失阵地》和劳伦斯·米德(Lawrence Mead)的《超越应享权利:公民权的社会责任》。默里认为,约翰逊的"伟大社会"改革计划的动机是好的,但范围过于宽泛,其扩大社会福利的做法也是错误的。扩展的福利项目助长了单亲家庭和非婚生儿童数量的急速增长,穷人对政府的依赖性大大增加。他认为,政府应该从无止境地发放福利中退出,将注意力放在改变福利接受人的动机上。[1] 米德不否认政府对穷人负有救助的责任,但认为政府要做的事不光是提供资助,而是要改变穷人的社会责任感,鼓励他们进入市场,而不是将他们庇护在市场规律之外。他强调说,"政府是一种机制,人们通过它强迫自己以必要的方式做到相互服务和相互服从"。换言之,如果公民要享有社会权利,政府应该帮助他们首先走向社会化。在米德看来,美国的问题不是经济不平等的问题,而是如何解决处于社会底层的依赖性群体的问题,而美国大城市出现的普遍性衰败之所以发生正是因为有一个日益扩大的依赖型阶级的存在。[2] 传统基金会的研究报告称,福利项目造成了一种不负责任的行为模式,对个人意味着失败,对儿童具有极大的伤害力,对社会也构成了一种威胁。[3] 体制转型的另一指导原则是"天下没有免费的午餐",任何市场的商品都需要付出努力或牺牲才能得到。所以,只有那些挣得了福利的人才有资格接受福利,所以"福利"(benefits)是一种奖励,而不是一种"应享权利"。在市场社

---

[1] Charles Murray, *Losing Ground: American Social Policy, 1950-1980* (New York: Basic Books, 1980).

[2] Lawrence Mead, *Beyond Entitlement: The Social Obligations of Citizenship* (New York: Free Press, 1986), 15-16. 里根在1986年的一次全国广播中复述了米德的许多观点。里根认为,现有的福利体制将会在美国造就"一种贫困文化的永久性结构",它将像锁链一样把穷人捆绑在一起,构成一个由"失去梦想的和成长受阻的"美国人组成的"另外的和分离的美国"。里根宣布,"伟大社会"的动机是向贫困宣战,但"贫困赢得了战争",并将那些维系家庭整体的价值观撕得粉碎。Ronald Reagan, "Radio Address to the Nation on Welfare Reform," February 15, 1986. Online by Gerhard Peters and John T. Woolley, *The American Presidency Project*. http://www.presidency.ucsb.edu/ws/?pid=36875. 同见:Katz, *The Price of Citizenship*, 24; Michael Katz, *The Undeserving Poor: From the War on Poverty to the War on Welfare* (New York: Pantheon, 1989),其中有对默里和米德著作的批评(pp.151-165)。

[3] Robert Rector and William Lauber, *America's Failed 5.4 Trillion War on Poverty* (Washington, Heritage Foundation, 1995), 23-25.

中,个人的经济保障最终是个人的责任,是个人控制自己生活的结果,而不是慈善机构、雇主或政府的责任。① 市场规则被重新启用,取代社会公民权的思想,成为90年代福利制度改革的指导原则。

里根执政时期,许多本来由联邦政府管理的福利和救助项目逐步转移到了州政府手中,联邦政府默许各州按自己的标准来发放福利和制定享有福利的规则。尽管如此,福利体制从政府到市场的转移是在民主党人克林顿执政之后完成的。

1996年,克林顿与共和党国会通过妥协和谈判,通过了两部法律,基本上终止了自新政时期开始的公共救助项目。其中的《个人责任与工作机会协调法》将公共救助与工作训练和向就业转移的方向联结起来,政府提供救助的目的是为了使获得救助的人最终进入工作市场,成为自食其力的公民,从而废弃了"福利"是一种当然的政府津贴(或当然的社会公民权)的逻辑。② 对于福利国家的批评者来说,废除"应享权利"的概念十分重要,它帮助政府和美国人抛弃了福利国家制造的"道德困境"——即鼓励一种与工作脱钩的、对经济支持的依赖性,并带给那些不值得同情的穷人一种不应有的期待。《个人责任与工作机会协调法》还废除了《失依儿童家庭救助法》提供的现金资助,而代之以《对需要家庭的暂时救助》(Temporary Assistance for Needy Families, TANF)。根据后者,联邦政府向州发放两笔资金,一笔用于为需要的家庭提供现金和其他福利(benefits),以帮助它们抚养未成年子女,但接受福利的家庭需拿出实际行动,早日脱贫,回归就业,避免婚外生育,做到自食其力。第二笔资金用于为低收入家庭提供救助,要求接受资助的家庭必须登记参加工作技能的培训项目,并需尽快找到工作。该法还取消了先前曾赋予新近合法移民的福利。③

"向福利宣战"虽然暂时平息了对新政福利体制的批评,但新的福利制度并没有收到明显的效果。2005年卡特里娜飓风再一次把美国

---

① Katz, *The Price of Citizenship*, 30-31.
② *Personal Responsibility and Work Opportunity Reconciliation Act of 1996*. See: http://www.gpo.gov/fdsys/pkg/BILLS-104hr3734enr/pdf/BILLS-104hr3734enr.pdf.
③ *Grants to states for aid and services to needy families with children and for child-welfare services*. http://www.ssa.gov/OP_Home/ssact/title04/0400.htm.

社会存在的都市贫困和贫富悬殊生动地展现在美国人面前。遭受飓风袭击最重的新奥尔良市是美国最为贫穷的城市之一,该城28%的市民生活在贫困之中,在全国245个中等规模的城市中,该市的贫困率居第6位。新奥尔良的贫困带有深刻的种族烙印。该市三分之二的居民是非裔美国人,他们中的三分之一的收入位于贫困线以下。种族隔离的居住模式将大量非裔美国人长期局限在贫困区内。飓风来临之前,一半以上的穷人和多数老人没有汽车和其他交通工具,也没有购买食物的现金,所以当飓风来临之后,约有3万人躲在该城的体育馆内逃生,另有1万人在该城的会议中心躲避。飓风造成了700多人死亡。然而,联邦紧急管理局的反应非常缓慢,地方和州政府的资源有限,州国民警卫队的行动也十分迟缓。国会最终提供了620亿美元的资助,所有50个州和将近70个国家也对该市提供了援助。① 但对许多美国人来说,这次飓风带给他们的最深刻的印象是,在美国这个世界上最富裕的国家的内部,存在着令人震惊的"集体性贫困"(collective poverty)和"集中型贫困"(concentrated poverty)。卡特里娜灾难不仅显示了美国公共救助体制的诸多局限和弱点,也宣示了里根时代开始的"向福利宣战"的失败。

卡特里娜灾难还带来了宪政方面的启示。从20世纪30年代的新政开始到90年代克林顿的"福利终结","社会公民权"的思想和实践在美国似乎经历了一个令人不可思议的"异化"过程。"福利"从一种公民的应享权益和国家应承担的责任最终变成了一种人人痛恨的东西:对福利接受者来说,它是一种人格遭受贬损的"污名";对政府来说,它是一种难以承受的财政负担;对中产阶级来说,它是一个令人唯恐避之不及的陷阱。为什么美国无法建立一种带给人以尊严、自豪感的"社会公民权"?在全球化的21世纪,美国所具有的市场优势已经越来越有限,而都市贫困及其所带来的社会问题并没有丝毫的减轻,美国如何走出"福利异化"的困境,仍然是需要回答的问题。

---

① Katz, *The Price of Citizenship*, 367, 362-367.

## 二 围绕医疗保障的"权利"与"权力"之争

与"福利权"密切相连的是"医疗保障"(health care)权的问题。①这也是一个充满争议的美国"社会公民权"问题。2010年,民主党人总统奥巴马兑现竞选承诺,推动国会通过了美国历史上第一部联邦政府主导的、全面覆盖的医疗保障法——《患者保护暨合理医疗法案》(Patient Protection and Affordable Care Act,PPACA②,通常简称为《合理医疗法案》[Affordable Care Act,ACA],俗称"奥巴马医改法"[Obamacare])。这部医改法距离建立一个真实意义上的、统一的、优质的全民医疗保健制度还有不短的距离,但从美国历史的角度来看,这已经是一个十分难得的成果。与"福利权"相比,"医保权"呈现出一种更复杂的情况:一方面,联邦政府有责任来为穷人提供起码的医疗保障,并通过医保的提供赋予穷人一种获得"医保"的公民权利;另一方面,对于那些并不主动购买医保的人,联邦政府需使用"权力"来强制性地要求他们购买(或者说,用政府"权力"强制性地要求公民行使获得医保的"权利")。政府是否具有这样的权力?公民是不是可以放弃这样的"权利"?购买医保到底是一种为帮助他人追求幸福而必须承担的"责任"还是一种为自己追求幸福而必须拥有的"权利"?这些都是"新权利"带来的新问题。事实上,从奥巴马医改法生效的一刹那起,反对势力对它的合宪性的挑战就一直没有停止过。虽然联邦最高法院没有宣布该法违宪,但该法能有多长久的生命力,至今仍然是一个未知数。

### 建立全国性医保体制的历史回顾

美国"联邦公共卫生局"(U.S. Public Health Service)建立于1798年,但这并不意味着联邦建立全国性医保体制的开始。公共卫生局的

---

① "Health care"有时翻译成"健康保障",但因为含有"医疗救治"的内容,通常翻译成"医疗保健",实际上同时包含了"medical care"(医疗保健或医疗救治)和"medical insurance"(医疗保险)的含义。

② *Patient Protection and Affordable Care Act* (2010). http://housedocs.house.gov/energycommerce/ppacacon.pdf.

职责不是负责公共卫生或公共医疗,而主要是为军人(尤其是联邦海军)提供防治疾病传染的服务。正如上一节提到的,在联邦历史上的大部分时期,对精神病人和聋哑人、失明者的救助主要是由州政府来承担的。1867 年,纽约市建立了卫生委员会(Board of Health),负责研究和处理与公共健康相关的问题,其他各州纷纷仿效,"公共卫生"(public health)的概念和实践开始出现。

建立全国性医疗保险制度的努力始于 19 世纪末 20 世纪初。最先提出这一设想的是美国社会主义党(Socialist Party)。该党在 1901 年的建党大会上提出了要为工人争取包括工伤事故赔偿、养老金、失业救济金以及医疗费用等在内的福利。这一主张在该党 1904—1912 年间的党纲中重复出现过。这是对全国性医保体制的最早讨论。[①] 进步党(Progressive Party)在 1912 年总统竞选中也提出要"建立一种社会保障体制,对因疾病、非常规就业和年迈而带来的家庭困境提供保护"。[②] 20 世纪初,在美国劳工组织、社会学家、经济学家等的游说下,各州政府相继建立起工伤赔偿制度和病假保障制度。美国医学学会(American Medical Association)——美国最大的医师行业协会——曾对类似活动予以过支持,但在 1917 年俄国十月革命发生之后立刻改变了立场,反对在美国建立任何形式的强制性医疗保障(health insurance)体系。加利福尼亚州和纽约州曾分别在 1918 年和 1919 年就建立州医保制度问题举行过公决投票,但都遭到失败。

争取建立全国性医保体系的努力在 1930 年代重新复活。当时美国正处于大萧条之中,罗斯福的经济安全委员会在讨论解决老年救助、失业救助和贫困救助等问题时,也提到了建立医疗健康体系的问题。议案得到了包括美国共产党、美国社会主义党和工运组织的支持。支持这一提案的还有妇女权益积极分子。她们提出了不同的妇女健康条款,包括开发节制生育和 16 周的女工产假福利等。但医保体系的建议

---

[①] Anne-Emanuelle Birn, et al., "Struggle for National Health Reform in the United States," *American Journal of Public Health* 93, no. 1 (January 2003), 86. Also see: *Proceedings of Socialist Unity Convention: held at Indianapolis, Indiana beginning July 29, 1901.*

[②] *A Contract with the people: platform of the Progressive Party adopted at tis first national convention*. Chicago, August 7, 1912.

最终被排除在《社会保障法》之外。美国医学学会及其盟友组织起强大的游说活动,以担心医生会失去对医疗救治的自主权为理由,反对建立任何形式的强制性医疗保健体系。①

1948年,杜鲁门总统敦促国会通过一个全国性法律,确立公民享有医疗保障的权利,并将此作为他的"公平施政"的一部分。但包括工会在内的支持者未能联合起来,加上南部民主党人的反对——民主党人虽然在国会占有多数,但共和党却成功阻止了这一努力。反对者借冷战政治的背景,将全国性医保体制描述成"社会(主义)化的医疗体制"(socialized medicine)。美国医学学会斥资帮助反对医保体制的议员候选人竞选,意在改变国会内部的党派力量对比,从立法渠道上杜绝建立全国性医保体系的可能性。②

1950年代,在缺乏强制性医保体制的情况下,一种将医疗保险与就业挂钩的私有性医保体制逐渐出现。不同的行业和企业通过集体谈判的权利和渠道为全职雇员(full time employees)争取到程度不同的医疗保险。到1960年代初,大约75%的美国人都有了程度不同的医保,但医保费用的覆盖水平很低,只有27%左右。③ 另外四分之一的工作者没有医保,包括那些没有全职就业的人、退休人员和自谋职业者。

1960年代初,医保体制推动者将目标缩小,选择老年公民的医疗保险作为突破口。罗得岛州众议员弗兰德(Aime Forand)提出了一个提案(Forand bill),即后来的(老年)"医疗保险"(Medicare)计划的雏形。作为总统候选人的肯尼迪曾表示支持。但肯尼迪并没有亲眼见到该法变成现实。约翰逊在肯尼迪遇刺身亡之后接任总统,并在1964年总统大选中成功当选。1964年选举将国会两院变成了民主党控制的天下,从体制上为约翰逊推动包括"伟大社会"在内的一系列计划的实

---

① Daniel S. Hirshfield, *The Lost Reform: The Campaign for Compulsory Health Insurance in the United States from 1932 to 1943* (Cambridge, Mass: Harvard University Press, 1970), 42-79.
② Anne-Emanuelle Birn and others, "Struggle for National Health Reform in the United States," *American Journal of Public Health* 93, no. 1 (January 2003), 87.
③ Numbers R., "The Third Party: health insurance in America," in Leavitt JW. Numbers R. eds., *Sickness and Health in America: Readings in the History of Medicine and Public Health*, 3$^{rd}$ ed. rev. (Madison: University of Wisconsin Press, 1997), 277.

现提供了保障。1965年,国会通过了《(1965年)社会保障法》,其中包含两项与医保相关的法案:"医疗保险"和"医疗补助"(Medicaid)。

"医疗保险"项目是为所有65岁或65岁以上的公民提供医疗费用的保险制度,它分成两个部分,计划A用来覆盖医院的就诊费用和专业护理费用,计划B用于覆盖医生的费用。计划A是强制性的,由联邦政府征收的工资税来支付;计划B是通过联邦开支和个人的额外保险费来支付的。两个计划不能覆盖所有的费用。为了减少反对派的阻拦,"医疗保险"要为医院和医生提供一定的补贴。这种开放式的资金安排将使得"医疗保险"项目的费用不断增高。

"医疗补助"是一个州与联邦政府共管的项目,服务对象主要是"无助的穷人"(indigent),尤其是那些领取联邦"公共救助"(如《失依儿童家庭救助法》福利)的人。该项福利的经费由联邦政府以"赠款"方式转移到州,由州政府制定标准进行资格审查和发放,运作方式与《失依儿童家庭救助法》类似。州的管理规定甚多,也很复杂,福利接受人需出示需要得到公共救助的证据,并经州政府调查和核实之后才能发放。

如同"社会保障"和"公共救助"构成的福利制度一样,"医疗保险"和"医疗补助"事实上也构成了一个享受医保的"双轨制",将公民分成两个大的部分:老年人(65岁以上)享有"医疗保险"的覆盖,领取"公共救助"的穷人享受"医疗补助"的覆盖。① 在大企业、政府机构或其他机构(如大学)中有全职工作的人可以通过"集体谈判"的方式与雇主协商获取医保。但还有大约数千万人处于这些群体之外,没有任何医保体系可以依靠。

"医疗保险"和"医疗补助"的花费在1970年代迅速增长,从1965年占联邦财政预算的4%增加到1973年的11%。此外,许多65岁以下的人继续处于不为任何医保计划所覆盖的境况之中。尼克松执政期间曾提出一个"综合健康保险计划"(Comprehensive Health Insurance Plan, CHIP)的覆盖全民的医保计划,来取代"医疗补助",但"水门事件"的发生导致两党已经达成的共识破裂。从1970年代末到1992年

---

① Katz, *The Price of Citizenship*, 260-261.

克林顿就任之前,国会和总统提出过不同的医保方案,但都因经济和政治原因而未能进入到正式的立法程序之中。总结而言,早期医保计划改革屡遭失败的原因包括:医保问题本身的复杂性(涉及企业、雇员、医疗机构、保险业、医生、护理、专业性、政府的监管、市场价格等),类如美国医学学会这类强大的利益集团的游说攻势,立法体制的牵制,在医保问题上的意识形态分歧,以及国会权力的"下放"。

1993年,克林顿就任之后,希望创建一种能够覆盖全国所有公民的医疗保险体制,同时限制不断上涨的医疗费用。克林顿希望,这个项目能够为政治利益集团的重组提供动力,通过全民医保的实施,分化反对派,构建一个能够长期支持民主党的多元利益联盟。1996年,在民主党赢得了参议院的多数之后,克林顿启动了他的"医疗保障计划"(Health Security Plan)改革。他任命妻子希拉里领导一支600人的专业团队,负责设计医保法案。为了回避不必要的争论,希拉里的团队采用闭门设计的方式,设计出一种与加拿大医保模式非常相似的方案。主要内容包括:将个人的就业与医保体系分离,病人可以任意选择医疗机构,联邦政府使用工资税来支付医疗机构的费用。该计划承诺要提供全民医保,并会因取消保险公司的中间环节费而大大降低费用开支。政府可以规定最高收费。雇主可以选择为雇员支付医保费用或是通过缴纳税收(即所谓的"play or pay")以支持那些没有医保的人在使用医疗设施时所需要的花费。克林顿计划还设置了"强制性竞争"(mandated competition),即允许和鼓励不同的私有性医保计划在政府设定的价格框架中相互竞争,为公民提供价格合理、质量优秀的医保选择。克林顿政府对"强制性竞争"计划情有独钟,认为它与美国市场经济的形态十分相称,能够修复美国的制度,为美国人提供最高质量的医疗保险,同时将医疗花费降到最低水平。① 希拉里团队提出的医保法案长达1324页,志在必得,但因触及美国医学学会等利益集团的切身利益,遭到强大的抵制,最终归于失败。这样,民主党人建立全国性医保体制的梦想只能留待2008年赢得总统大选的奥巴马来实现。

---

① Katz, *The Price of Citizenship*, 269-270.

## 《合理医疗法案》(奥巴马医改法)

在奥巴马 2009 年就任总统之前,一些州已经开始实施州内全民医疗健康保障计划。譬如,马萨诸塞州在 2006 年通过了立法,要求本州所有居民必须购买医疗健康保险,并要求个人、雇主和政府三方合作,分享医保的财政负担。该法实施两年后,州内无医保的人数减少了一半。佛蒙特州也实施了类似的医保改革。但根据联邦人口调查统计局的报告,2008 年美国仍然有 4500 万人(占全国人口的 15.3%)没有得到医保的覆盖。

奥巴马上任之后,兑现竞选承诺,着手改革医保方案。2009 年,国会批准了《儿童医疗健康保险计划》(The Children's Health Insurance Program, CHIP),向各州提供资金,帮助 410 万儿童通过"医疗补助"和儿童医保计划获得医保,避免他们在 2013 年后丧失"医疗补助"提供的福利。2010 年 3 月 21 日,经过无数的谈判与妥协之后,国会两院终于通过了《患者保护暨合理医疗法案》。两天之后,这一所谓的"我们时代一部具有里程碑意义的立法成果"经奥巴马签署后,成为法律,标志着美国在建立"综合性全民医保制度"的征程上终于迈出了重要一步。①

从表面上看,《合理医疗法案》的主要目的是要求所有美国人都要购买医疗保险,以保证每个美国公民都能够为某种形式的医保所覆盖。该法的另外一个目的是为了降低联邦和州政府在医保方面的开支。不堪重负的医疗花费可以说是推动医保制度改革的更为主要的动力。身体健康的年轻人一般不愿意购买医保,相对贫穷的人因医保费用过高一般也买不起,但一旦发生健康问题,医院对两者(或任何人)都必须给予救治,这时,救治的费用就不得不转嫁给政府或其他购买医保的人,医保费用因而居高不下。《合理医疗法案》并不打算覆盖那些最贫困的人,因为这部分人的医保将继续通过已经实施多年的"医疗补助"来覆盖;它力图覆盖的是低收入家庭和一部分所谓的"高危人群"

---

① Stephen H. Gorin, "The Affordable Care Act: Background and Analysis," *Health & Social Work* 36, no. 2 (May 2011), 83.

(high-risk pool)——指那些身体状况不好、患有慢性病或不治之症的、年龄在 65 岁以下的人。这些人还不具备享受"医疗保险"福利的资格(65 岁),但又无力购买其他形式的医保,保险公司也因潜在的高费用拒绝为他们担保或者会收取极高的投保费用(premium)。《合理医疗法案》提供了一个联邦补助的项目,供低收入家庭选择,如果他们无法从受雇单位购买到合适的医保,可以从"美国医保福利交换"(American Health Benefit Exchanges)项目中通过不同的医保方案做出购买决定。

《合理医疗法案》并不强制性地要求雇主为自己的雇员提供医疗保险,但如果一家有规模的企业(雇员在 50 人以上)不为员工提供可承受的医保计划而迫使员工选择联邦的医保方案,它将面临罚款(为每位不得不自购医保的员工向联邦政府缴纳 2000 美元的罚款)。对于不提供医保的小企业(雇员在 50 名以下),联邦政府从 2014 年开始实施"医保福利交换"项目,帮助那些雇主不提供医保、自谋职业的个人,以及小商业、小企业选择合适的医保方案。所谓"交换",指的是识别和选择合乎资格的医保计划,并以它们的质量和费用为基础来评估,观察它们的"投保费用"的涨幅,联邦政府则将保证这些医保计划的透明化和公开化。那些选择加入"交换"的医保计划有责任决定"医保费减税抵免"的资格(eligibility for "premium tax credits")以及"降低成本分摊费用"(cost-sharing reduction payments)。这种"交换"的选择是为那些无法获得"医疗补助"和儿童医保计划的个人提供的。那些参与联邦"医保福利交换"项目的医保提供商需要满足一系列的标准。《合理医疗法案》不允许任何保险公司以任何理由拒绝为任何人提供保险,包括他们的健康状况,也不能因为投保人的身体状况或性别额外提高保险费用。18—26 岁之间的年轻人可以为其父母的医疗保险所覆盖(过去通常限定在 18 岁或 22 岁)。到 2014 年时,任何在 65 岁以下、年收入在联邦贫困线 133% 之下的人,均可接受"医疗补助"的覆盖。

《合理医疗法案》最有争议的内容之一是所谓"个人强制(购买)"(individual mandate)的规定。根据该规定,从 2014 年起(现推迟到 2015 年),所有个人都必须购买医保,否则将面临缴纳"医保税"的惩罚。个人可以从雇主支持的医保机构购买,也可以从医保法所提供的方案中选择,或者从联邦政府支持的"医疗保险"和"医疗补助"两项方案中选择。《合理医疗法案》要求所有人购买医保,目的在于强制性地将那些不愿意或拒绝购买医保的人纳入到医保的覆盖之内。换言之,获取医保成为公民的一项"义务性的"权利,而联邦政府是这种"权利"的监督者和实施者。

其实"个人强制"的规定并不是奥巴马医改法的原创。这一想法最初是由宾夕法尼亚大学经济学家马克·波利(Mark Pauly)在1991年提出的。当时波利等人在为老布什总统的医改努力出谋划策。波利回忆说,他们当时的动机是希望阻止政府过多地插手医保制度,但因为不愿意看到为数不多的人将医保费用转嫁给社会和其他人,于是提出"个人强制"的建议,希望以此作为一种激励人们购买医保的措施。波利说,他们当时要覆盖的并不是《合理医疗法案》关注的"高危人群"。[①] 与奥巴马在2012年竞争总统职位的米特·罗姆尼(Mitt Romany)在担任马萨诸塞州州长期间也曾推动过该州的医保计划,该计划也包含了"个人强制"的条款。

根据国会预算办公室的估计,在2009年,没有医保的美国人达到5400万人。[②] 到2019年,《合理医疗法案》将使这一数字减少3200万,没有医保的人数将保持在2300万左右。而如果没有"个人强制",到2019年时,无医保的人数将保持在3900万人左右。[③]

《合理医疗法案》的财政将通过几个渠道来支付,包括医保公司、制药公司等相关企业缴纳的费用,这些公司将因为新的顾客加入医保体制而增加收入;另外,享受"医疗保险"福利的人群中那些收入在前2%的人的医保税收(medicare tax)将提高;《合理医疗法案》也将降低"医疗保险"项目支付给医院或其他医疗设施的费用,但不会降低支付给医生的费用。联邦政府希望这些费用的降低能够刺激管

---

① 《华盛顿邮报》记者克莱因(E. Klein)对"个人强制"之父马克·波利的采访。E. Klein, *An Interview with Mark Pauly, father of the individual mandate*. Washington Post, February 1, 2011. http://voices.washingtonpost.com/ezra-klein/2011/02/an_interview_with_mark_pauly_t.html.

② "Insurance Coverage Under the Health Care Reform Proposal Approved by the Senate Finance Committee," October 25, 2009; http://www.cbo.gov/publication/24981 (20131207).

③ Gorin, "The Affordable Care Act: Background and Analysis," 84.

理方提高生产效率,改革或重新设计现有体制,为医保工作者提供更好的支持。①

## 联邦最高法院与《合理医疗法案》

如果《合理医疗法案》得以顺利实施,目前尚未被医保覆盖的大约4500多万美国人将必须加入医疗保险体系。支持者认为,这将降低所有美国人的医疗费用。奥巴马政府表示,该法案已经帮助了数百万美国人。自2010年9月以来,超过两百万年轻人留在了父母的"医疗保险"计划之内。在此之前,许多年轻人在离家或达到一定年龄后(如18岁)就失去了医保覆盖。但该法案的反对者也不在少数,有些人甚至将它描绘成社会化医疗的实践。《合理医疗法案》刚一生效,就遭遇了来自一些州和小企业主的挑战。

2012年3月23日,《合理医疗法案》生效当天,佛罗里达州在联邦地区法院起诉,对该法的"个人强制"和"医补扩展"两个条款的合宪性提出质疑。

"个人强制"要求所有美国人必须在2014年为自己和由他/她抚养的人(即报税表上所谓的dependents)购买最低医保,否则将被征收医保税。购买医保可从雇主支持的保险公司购买,也可以通过法案提供的医保交换渠道购买,也可以从联邦或州政府资助的"医疗保险"和低收入家庭"医疗补助"计划中购买。"个人强制"将其他一些人排除在外:无合法证件的(非法)移民、宗教反对者(religious objectors)、囚犯等。为了帮助没有医保的人购买能够承担的医保方案,《合理医疗法案》提供了不同的医保方案和提前减税(advance payment of premium tax credits)等优惠条件。② 如果一个没有医保的人不购买基本医保,将在报税时受到缴纳所谓"责任分担税"(shared-responsibility payment)的惩罚。2014年的罚款金额将是家庭收入的一个百分点(1%)或者

---

① Gorin, "The Affordable Care Act: Background and Analysis," 85.
② 如:一个收入在联邦贫困线100%—133%之间的人,需支付的基本投保费用是他/她收入的2%,超出部分在报税时可以申请"税收减免"的优惠。新合法移民在五年内不能享有老年医保和低收入医补的待遇,根据《合理医疗法案》的规定,购买医保,也可以享有"税收减免"的优惠。

95美元,2015年为家庭收入的两个百分点(2%)或325美元,到2016年为695美元或家庭收入的2.5%。2016年之后,罚款的指数将根据当年的生活指数(cost of living)来计算和调整。但有几类人被免除在罚款惩罚之外,包括年度医保费用超过收入8%的家庭,印第安部落的居民,因财政困难而被免除税收的人,以及收入在报税底线以下的人。

"医补扩展"(Medicaid expansion)指的是将现行的为低收入家庭提供医疗福利的"医疗补助"的覆盖范围扩大。"医疗补助"计划于1965年开始实施,向低收入和贫困家庭提供基本水平的医疗保险,资金由联邦政府和州政府共同提供,其中联邦政府的资金占主要部分;"医疗补助"的实施和管理由各州负责,曾被看成是联邦和州合作的一个典范。州对"医疗补助"的参与是自愿的,一旦参与并同意接受联邦政府的赠款,州必须同时接受赠款的附带条件。因为联邦政府的"医疗补助"赠款数额巨大,有的时候会在一个州的"医疗补助"经费中占到80%,所以,州一般都不会放弃,而选择遵守联邦赠款的先决条件。

先决条件之一是覆盖的人群。在《合理医疗法案》实施之前,"医疗补助"覆盖的人群包括:家庭年收入在联邦贫困线133%以下的家庭中的孕妇和6岁以下的儿童,年收入在联邦贫困线100%或以下的家庭中的未成年子女(6—18岁);享有原《失依儿童家庭救助法》福利的儿童的父母和负有抚养责任的亲戚;低收入的老年人或残障人(享有补助保障收入福利的人)等几类。《合理医疗法案》则要求参与各州将年收入在联邦贫困线133%或以下的家庭中所有年龄在65岁以下的人都纳入"医疗补助"的覆盖范围之内。换言之,只要是收入在这个标准之下——按2012年标准,个人年度总收入低于14 856美元,或四口之家的年度总收入低于30 657美元——都必须为"医疗补助"所覆盖,或者说,都可以获得"医疗补助"的福利。65岁以上的人则可通过"医疗保险"项目享受医疗和健康保障。而在当时,大部分接受"医疗补助"赠款的州并没有覆盖《合理医疗法案》所要求的这些人群。

为了资助"医补扩展"的费用,《合理医疗法案》将在2014—2016年提供100%的补贴费用来覆盖新增加的人群;此后将逐年减少,至

2020年减少至90%。根据国会预算办公室的估计,《合理医疗法案》的"医补扩展"方案将覆盖1700万没有医保的低收入人群。①

佛罗里达州的起诉得到了其他25个州的响应。② 佛罗里达州起诉的同时,全国独立企业联盟也向联邦法院起诉。③ 最终,这些相关案例合并在一起,被命名为"全国独立企业联盟诉西贝利厄斯案"。④

全国独立企业联盟提出,"个人强制"和"医补扩展"两项条款超出了宪法规定的联邦权力范围。联邦政府则提出,"个人强制"是合宪的,并举出宪法中的三条原则来支持国会制定《合理医疗法案》的权力:州际商业管理权力(interstate commerce clause)、征税和支付权力(taxing and spending clause)、必要的和适当的权力(necessary and proper clause)。

2011年1月31日,联邦法官罗杰·文森(Roger Vinson)宣判"个人强制"条款对那些未购买医保的人强加了一种"责任分担的惩罚",超越了宪法规定的权力。他同时宣布,"个人强制"条款不能与整部法案相分离,如果该规定是违宪的,整部《合理医疗法案》必须被宣布为无效。⑤ 联邦卫生与人类服务部不接受文森的判决,遂向联邦第十一巡回上诉法院提出上诉。

---

① Congressional Budget Office, Updated Estimates for the Insurance Coverage Provisions of the Affordable Care Act (March 2012), http://www.cbo.gov/sites/default/files/cbofiles/attachments/03-13-Coverage%20Estimates.pdf.

② 包括阿拉巴马、阿肯色加、亚利桑那、科罗拉多、佐治亚、爱达荷、印第安纳、艾奥瓦、堪萨斯、路易斯安那、缅因、密歇根、内布拉斯加、内华达、北达科他、俄亥俄、宾夕法尼亚、南卡罗来纳、南达科他、得克萨斯、犹他、华盛顿、威斯康星、怀俄明等州。

③ 全国独立企业联盟(National Federation of Independent Business)成立于1943年,现有35万会员,是一个与共和党关系密切、影响巨大的保守派游说集团。

④ 凯瑟琳·西贝利厄斯(Kathleen Sebelius)是联邦卫生与人类服务部(Department of Health and Human Services)部长,主管"医疗补助"项目。在该案中同时被起诉的还有联邦财政部和联邦劳工部。

⑤ 文森认为,国会无权要求每个美国人都购买医保,如同无权要求每个人都必须吃健康食品一样。他指出:"美国的诞生是从反对英国议会强行征收茶税的斗争开始的。东印度公司垄断了北美殖民地的茶叶进口,议会不仅给了该公司垄断权,还要求征收茶税。很难想象我们会建立一个新的政府来强迫人们购买茶叶。如果国会可以惩罚不从事某种商业活动的人的话,宪法中列举的各种权力将等于空话。" Judge Roger Vision, *State of Florida v. U.S. Department of Health and Human Serivces*, U.S. District Court for Northern Florida(Case 3:10-cv-00091-RV), January 31, 2011, at 42-44.

巡回上诉法院同意将"个人强制"规定宣布为违宪，但认为该条款可以与整个法案相分离(severed)，换言之，"个人强制"条款的违宪并不影响《合理医疗法案》其他条款和整部法律的合宪性。至于"医补扩展"的问题，巡回上诉法院并不认为该条款超越了宪法赋予国会的权限。①

联邦卫生与人类服务部又向联邦最高法院提出上诉。与此同时，其他的联邦地区法院也受理了与《合理医疗法案》相关的案例，但判决意见非常不一致。联邦最高法院必须做出回应。

2011年11月14日，联邦最高法院决定听取此案。鉴于此案的重要，有13个州向联邦最高法院提交了"法庭之友"意见书(amicus briefs)，对"个人强制"和"医补扩展"条款表示支持。口头辩论之后，最高法院需要决定的问题主要集中在：(1)《合理医疗法案》中的"个人强制"条款是否违宪？(2)《合理医疗法案》的"医补扩展"条款是否对州构成了"胁迫性"(coercive)压力——即是否强迫各州接受"医疗补助"赠款的附加条件？(3)如果"个人强制"或"医补扩展"条款被宣布为违宪的话，《合理医疗法案》是否还能合法地得以实施，还是整部法律必须被宣布为违宪？显然，最高法院的判决关系到《合理医疗法案》的命运，在某种意义上，也关系到过去数十年来围绕建立全国性医保体制的政治辩论的结果，9名大法官对此非常清楚。但他们在这些问题上的立场只能用"分崩离析"来形容，即便在所谓的"保守派"和"自由派"阵营之内也很难在所有问题上达成一种坚定一致的共识。最高法院是否能够从宪法解释上找到一条途径来比较平稳地化解这个具有爆炸性的政治难题，成为各方关注的问题。

2012年6月28日，在2011—2012工作年度的最后一天，联邦最高法院发布了审判意见。

在关于"个人强制"规定的问题上，5名大法官——首席大法官罗伯茨和布雷耶、卡根、金斯伯格、索托迈耶尔(后4人通常被认为是自由派大法官)——构成了多数派。由罗伯茨写作的多数派判决意见认为，《合理医疗法案》中的强制个人购买医保的规定并不违宪，理由是

---

① *NFIB v. Sebelius*, 567 U. S. (2012), at 8.

国会有权通过征税权做出这样的规定。这一判决出乎许多人的意料之外,因为在低等法院的审理中,征税权的问题并没有被考虑。"个人强制"规定引起争议之处在于,在《合理医疗法案》之下,如果一个人不为自己或不为自己未成年的子女购买医疗保险,就等于违反了"个人强制"的规定,他因此必须支付"责任分担税",这笔带有惩罚性的款项将由联邦税务局在个人报税的时候通过税收方式来收取,额度取决于纳税人的收入、未成年子女的人数和报税时选择的报税地位等。"责任分担税"将为政府产生某些收入,预计在 2017 年可为联邦政府带来 40 亿美元的收入。①

为什么"个人强制"及征收"责任分担税"是合宪的呢?罗伯茨的回答采用了欲擒故纵的方式。他首先强调,在联邦制下,联邦政府只拥有有限的权力,其他权力由州和人民保留,即便在过去两个世纪中,联邦政府的权力已经扩大了许多,"但它的每一个行动仍然需要获得宪法的授权";但州并不受这样的约束,"因为宪法不是它们的权力来源";联邦宪法可以限制州的行为,但"只要这种限制不存在,州可以无需宪法的授权而采取行动",包括行使管理公民的生命、自由和财产权利的"公安权",而州对"公安权"的行使对联邦政府的权力形成一种"钳制"。② 罗伯茨这段话应该是在展示他的保守主义立场,即强调州权的重要性和联邦权力的有限性。他接着指出,宪法赋予了联邦政府几种重要的权力,包括管理州际商业的权力、征税和支付(spending)的权力,以及制定所有"必要的和适当的法律"的权力,而联邦最高法院的责任则是以"阻止那些超越了宪法授权权限的国会法"来"实施对联邦权力的限制"。③

罗伯茨认为,在宪法允许的几项权力中,管理州际商业的权力并不适用于此案,因为"个人强制"的规定"不是管理现存的商业活动……而是强迫个人通过购买产品而参与商业",理由是他们如果不购买(医保),将影响到州际商业的活动;但如果允许国会对那些在市场上"无

---

① *NFIB v. Sebelius*, 567 U. S. (2012).
② Ibid., at 3-4.
③ Ibid., at 6.

作为"(doing nothing)的人进行管制的话,就将"为国会权力(的扩展)打开一个新的、可能会变得极为巨大的领域";但州际商业管理权不是"一项通用权力",负责管理公民的日常权利的公安权"始终留在州的手中"。至于"必要的和适当的法律"原则是否适用于此案,罗伯茨明确表示否定。他认为,如果允许国会使用这一原则,无疑等于国会管理州际商业的权力将不再受到限制,国会会"超出自己权限的自然界限,将那些本来不受自己管辖的人划入自己管制的范围之中"。①

这样,在"个人强制"规定的合宪性问题上,唯一可以使用的原则是宪法赋予国会的征税权。多数派意识到,实行"个人强制"是为了解决医保领域中长期存在的"成本转移问题"(cost-shifting problem)——州和联邦政府要求医院必须对无力支付医疗费用的人实施救治,但医院无法收回所有的救治花费,于是便将这类费用转移到医保公司,医保公司又将费用转移到医保购买者身上,结果导致医保费用上涨。强制个人购买医保可以阻止无医保者引起的成本转移问题,也会通过将身体健康、但不愿意购买医保的人纳入医保人群而总体降低医保公司花在不健康人群上的保险费用。② 在"个人强制"条款下,不购买医保并不等于犯罪或构成一种犯罪行为,"责任分担税"也不是一种惩罚违法行为的惩罚性税收,因为"责任分担税"的数额比医保的费用要低许多;多数派意见解释说,"责任分担税"的目的是希望通过收取一笔数量有限的税收,来影响个人的行为,鼓励人们购买医保,给不购买医保的人留下一种合法的选择,让他们来决定是否购买医保以及是否愿意支付因不购买医保而需缴纳的联邦税。这样,"个人强制"不是一项强迫个人购买医保的法律命令,而是政府征收的"另一种税收",如同政府对汽油或个人收入所收的税收一样;如果"宪法允许这种税收,我们不能禁止它,也不能评判它是否得当或者是否公平"。③ 罗伯茨承认,启用征税权的原则并不是对"个人强制"的合宪性做出的"最自然的解释",而是提供一种"极有可能"的解释。他进而引用一

---

① *NFIB v. Sebelius*, 567 *U. S.* (2012), at 20-30.
② Ibid., at 16-17.
③ Ibid., at 44.

桩1895年的判例说,这样的解释是为了"将一部法律从违宪的境地中拯救出来"。①

通过这样的解释,"个人强制"条款得以通过合宪性的审查。但斯卡利亚、肯尼迪、托马斯和阿利托4名保守派大法官表示异议。他们认为,"责任分担税"是违宪的,因为该条款实际上构成了对拒绝购买医保者的惩罚,这在宪法的征税权的原则下是不能成立的。

在"医补扩展"的问题上,以罗伯茨为首的多数派宣布此规定部分违宪。但这个多数派的构成却是相当的微妙和复杂。我们先来看一下多数派在这个问题上的判决论述。审查"医补扩展"条款的基础是国会的"支付权"。最高法院承认,国会有权通过支付权,将联邦资金以"赠款"方式"分发"给州使用,并可对州接受联邦赠款提出一些以推进和实现联邦政策为目的的附加条件。在审理《合理医疗法案》之前,最高法院曾两次审理过支付权附加条件的案例,曾对国会利用赠款附加条件作为"财政诱导"(financial inducement)对州施加压力的做法表示质疑。② 但在此案之前,最高法院从未使用过"胁迫理论"(theory of coercion)来宣布这种做法的违宪性。

"胁迫理论"的使用来自《合理医疗法案》中"医补扩展"条款的一项规定。根据1965年《医疗补助法》(Medicaid Act),联邦卫生部长有权审查州对联邦医补赠款条件的遵守情况,并以此来决定是否发放医补项目的配套赠款(matching funds),尽管这一规定写在《医疗补助法》中,但从未被联邦政府使用过。《合理医疗法案》增大了"医疗补助"福

---

① *NFIB v. Sebelius*, 567 *U. S.* (2012), at 32.
② 支付权(spending power,也译作"开支权力")条款来自宪法第一条第8款。该款规定,国会有权规定和征收各种税款,"以偿付国债、提供合众国共同防务和公共福利"。"支付权"隐含在这一条款之中。1936年在巴特勒一案的判决中,联邦最高法院虽然做出了一个反对新政《农业调整法》的决定,但在判决中肯定了国会的"支付权"。见 *U. S. v. Butler*, 297 *U. S.*, 1-88 (1936); 又见:本书第七章第三节的讨论。通过"支付权"条款,国会可以在赋予各州联邦资金的时候规定相关的花费限制或要求(requirements),州只有在满足(或接受)这些要求之后,才能使用联邦资金。1987年在另外一项判决中(*South Dakota v. Dole*, 483 *U. S.* 203 [1987]),最高法院针对一项联邦高速公路修建赠款对州做出的规定进行了判决,指出联邦政府对任何赠款项目规定的先决条件必须要清楚表述,不可含混,这些赠款是为了服务于联邦的"公共福利"。联邦不能强迫州接受先决条件。

利对贫困人口的覆盖范围,作为各州接受联邦医补赠款的一项条件,授权联邦卫生部长审查各州的遵守情况,并做出发放或截留联邦医补赠款的决定。也就是说,如果州不接受联邦政府的赠款条件,卫生部长有权截留联邦医补赠款。

在这个问题上,曾在"个人强制"问题上达成一致的5人多数派发生了分裂。罗伯茨、布雷耶、卡根认为"医补扩展"事实上构成了对州的"胁迫",对州施加了威胁性压力,迫使州屈从于联邦政府的意志,这种做法是违宪的。因为《合理医疗法案》没有给予州足够的时间和机会来考虑是否自愿接受新增的赠款附加条件,如果它们拒绝接受这些条件(即拒绝扩大"医疗补助"福利覆盖的人口),它们的医补赠款就有可能为联邦卫生部长截留,州也将因此失去医补项目中的一大部分资金,从而给州的医补项目带来困难,甚至造成其中断或停止。① 罗伯茨强调,联邦的支付权立法在本质上是联邦与州之间的"一项契约",国会使用支付权的合法性在于州"是否在知晓和自愿的前提下接受'契约'的条件",州在联邦体制中一直保持了自己的主权身份,联邦对支付权的使用并不损害州在美国体制中"作为独立主权的地位",因此"国会可以使用自己的支付权来创造激励因素,吸引州按照联邦政策来行动。但是当'压力变成强制'的时候,立法就背离了我们的联邦制体制"。② "医补扩展"威胁州如果不接受赠款条件将丧失州预算10%资金的做法是"一种经济恐吓"(economic dragooning)③,是"一支顶着脑门的枪"(a gun to the head)④,对此,最高法院不能容忍,所以"医补扩展"条款是违宪的。

而金斯伯格和索托迈耶尔则并不这样认为,她们认为"医补扩展"条款是合宪的,是联邦政府对支付权的正常使用。在"个人强制"问题上持异见的4名保守派大法官则一致同意"医补扩展"条款对州构成了威胁,破坏了联邦制的原则。他们不仅认为"医补扩展"是违宪的,

---

① 如果州不接受医补扩展,就可能丧失所有医补补贴,相当于丧失2%的州预算经费,和50%—80%的州医补经费。*NFIB v. Sebelius*, 567 U. S. (2012), at 51.
② Ibid., at 46-47.
③ Ibid., at 52.
④ Ibid., at 51.

而且希望将整部《合理医疗法案》宣布为违宪。

这样,对于"医补扩展"问题的决定变得复杂起来,赞成"医补扩展"条款对州构成了"胁迫"的大法官实际上有7人(罗伯茨、布雷耶、卡根、肯尼迪、斯卡利亚、托马斯和阿利托),而支持这一条款合宪性的只有金斯伯格和索托迈耶尔2人。按理,7—2票可以构成宣布"医补扩展"条款违宪的多数,但7票多数在《合理医疗法案》是否还能够继续实施的问题上是分裂的——3票赞成,4票反对。所以,关于"医补扩展"的决定最终要与另外一个问题捆绑在一起,这就是"法律可分性"(severability)的问题。① 换言之,如果"个人强制"或"医补扩展"被宣布违宪,是否会影响到《合理医疗法案》整部法律的合宪性问题,该法是否可以继续合法地实施。正是在这个问题上,新的5人多数派得以形成,最终保住了《合理医疗法案》的有效性。

罗伯茨的决定如下:"医补扩展"实际上是在1965年《医疗补助法》的框架下建立的一个"新的方案"(new program),如果州不接受这个新方案,它们将受到惩罚,丧失所有的联邦医补赠款,包括已经在实施的部分,这种做法在支付权原则和第十条宪法修正案的原则下是违宪的。罗伯茨写道,国会虽然有权向州提供赠款,并提出附加条件,但国会不能将已经在各州实施的医补资金与新的"医补扩展"的附加条件捆绑在一起,要求州全盘接受。②

但《合理医疗法案》的违宪条款是否会影响到该法案的可实施性呢?宣布"医补扩展"条款的违宪是否必然导致整部法律的违宪?罗伯茨认为,《合理医疗法案》可以"完全地修补(自身的)违宪条款"(fully remedies the constitutional violation)。③ 补救的措施就是限制联邦卫生部长截留联邦赠款的权力,即联邦卫生部只能截留那些与"医补扩展"规定相关的联邦赠款,而不能截留已经实施多年的"医疗补助"赠款。换言之,如果一个州拒绝接受或实施《合理医疗法案》的"医补

---

① "法律可分性"的核心内容是,如果法律的一部分因为被宣布违宪而无效、不能继续实施,该法的其他部分能否继续有效并得以实施。决定"法律可分性"的关键在于法院如何解读立法机关的立法意图。
② *NFIB v. Sebelius*, 567 *U. S.* (2012), at 50.
③ Ibid., at 56.

"扩展"规定,它要承受的资金损失只是联邦医补赠款中的新增部分,而不是全部。做出这个限定之后,《合理医疗法案》将仍然是有效的、可实施的。

对于罗伯茨的妥协案,在"个人强制"问题上的多数派重新形成了一个5人多数派(罗伯茨、布雷耶、卡根、金斯伯格、索托迈耶尔),战胜了4名保守派大法官,从而将《合理医疗法案》从可能被宣布为违宪的危险境地中拯救出来。外界的人将永远不会得知"罗伯茨+4名自由派大法官"这个奇特的多数派形成的真实原因,尤其是无法得知罗伯茨内心的真实想法,但无人否认多数派的决定是一个政治决定——即不能否定《合理医疗法案》的可实施性。此案所承载的政治分量太重,否定它,等于否定无数美国人将近一个世纪的努力和追求。有人将此案称为"世纪案例"(the case of the century),也许有些夸张,但此案的确生动地展示了最高法院大法官们的"政治正确"与妥协技巧。

## 三 关于同性婚姻权的宪法争议

也许,20世纪末21世纪初最有争议的美国公民权问题是同性婚姻(same-sex marriage)的平等权。它的突然来临与突然"成功"以及它给美国宪政秩序带来的强烈冲击,都远远超出了它的支持者和反对者的想象。与20世纪60年代的"权利革命"不同的是,同性婚姻平等权的诉求跨越了传统的以阶级、种族、族裔、性别、地域或行业为基础的群体界限,在某种意义上,甚至也超越了政党意识形态的分野。在反对者看来,同性婚姻权的诉求直接挑战了传统文明社会的伦理底线,对"正常的"家庭和婚姻秩序构成了一种"清楚的和当前的"威胁。从宪政的角度看,它将少数人追求个人幸福的愿望(个人权利)与大多数人对社区道德秩序的约定与期待("公共"权利)之间存在的紧张关系更直白地呈现出来。正是这种紧张关系引发了美国上下对公民权利、婚姻、联邦与州的权力分割等问题的辩论。这种辩论在21世纪初愈演愈烈,将联邦和各州的政治与司法机构都深深卷入其中,联邦最高法院也未能幸免。2013年6月,在其公布的霍林斯沃思诉佩里案和美国诉温莎案的判决中,最高法院明确承认同性婚姻伴侣享有与异性婚姻夫妇一样平等的公民权益,并确认各州有权管理本州的婚姻事务,包括赋予本州同性婚姻以合法婚姻的地位。然而,最高法院回避了将同性婚姻权宣布为公民的一种新的宪法权利。促使同性婚姻权运动在20世纪后期迅速崛起的原因是什么?各州和联邦政府在立法和司法上做出了何种反应?最高法院在2013年的判例中是如何解释同性婚姻的"合法性"的?这些判决对同性恋权利、美国社会和美国宪政意味着什么?这是本节关心的问题。

### 同性恋权益运动的历史回顾

1950年马塔辛社(The Mattachine Society)在洛杉矶的组建标志着美国同性恋活动的公开化和组织化。该组织曾一度被认为是美国共产党的一个外围组织,其领导成员在麦卡锡时代遭受过政治迫害。事实上,马塔辛社并不是美共的同路人,在政治上更强调使用美国宪政机制来争取自己的权利。① 1952年,马塔辛社提出了捍卫"有权成为同性恋者"(the right to be homosexual)的口号,并随后创办了自己的杂志和基金会。20世纪50、60年代,同性恋组织在美国东、西部的大城市里相继出现,也就是在这一时期,"宗教与同性恋委员会"(Council on Religion and the Homosexual)第一次使用了"同性恋"(homosexual)的称谓。

1960年代的民权运动和"权利革命"也给同性恋权利运动带来了新的动力,同性婚姻的要求也随之而起。1970年,明尼苏达大学的一位男性学生与他的同性恋人向州政府机关申请婚姻登记证,遭到拒绝。明尼苏达州最高法院在审判意见中宣布,婚姻的定义是"男人和女人之间的结合",这个"与《创世记》的故事一样古老"的体制具有的独特功能就是"在家庭中生育和抚养子女"。根据历史学家乔治·昌西(George Chauncey)的研究,同性婚姻权其实并不是同性恋权利运动最初争取的目标。许多早期的同性恋者都把婚姻看成是一种压迫性的社会体制,不愿受其约束。1980年代艾滋病的大面积传播及其对同性伴

---

① Martin Dupuis, *Same-Sex Marriage, Legal Mobilization, & the Politics of Rights* (New York: Peter Lang, 2002), 14-15.

侣带来的影响改变了同性恋者对婚姻的态度。① 对艾滋病人的医治和看护以及患者去世之后的安葬与财产继承等都牵涉到病人、逝者和他们的亲属的权利与义务问题。这个时候同性恋者突然发现,他们在法律上不能成为自己伴侣的合法配偶,也不能享有传统婚姻关系中的"配偶权"(spousal rights),也不受配偶的义务和责任的约束。在伴侣生病的时候,他们没有法律上的探视权,也不具备作出对伴侣生死攸关的医疗决定的参与权,他们的医疗保险也无法覆盖到患病的伴侣。两个同性伴侣尽管共同生活多年,并共同构建了"家庭"财富,但一方去世之后,另一方不能合法继承遗产,甚至可能因失去财产而不得不流落街头。对于女同性伴侣而言,两人共同抚养的孩子在生母去世之后,其监护权可能被转移到与孩子有血缘关系的家庭成员身上,她们的"家庭"从此终结,活着的一方将丧失子女的监护权。同性伴侣"离婚"之后,拥有子女抚养权的一方可以否认前伴侣拥有探视孩子的权利,因为当时所有的州法都不承认同性婚姻。这样,与日常生活密切相关的"配偶权"迫使同性伴侣从法律上寻求援助,争取平等的权利。

从1980年代开始,一些州和地方政府曾对同性伴侣的权益问题作出过不同程度的回应。如1984年加利福尼亚州伯克利市就对同性婚姻关系予以委婉的承认,准允市政府雇员中的同性伴侣以"家庭伴侣"(domestic partners)的身份享有一些异性配偶享有的家庭福利,包括医疗保险和丧事休假等。马萨诸塞州在1992年做出了类似的决定。同性恋者还效法黑人民权运动的做法,在1987年发起了一场"进军华盛顿"的活动,并在哥伦比亚特区政府的支持下,为2000对同性伴侣举行了一场集体婚礼。但同性婚姻开始形成声势的时间是在1990年代初。此刻,争取平等的婚姻权成为了新一代同性恋者的集结号,也是一种法律上的有效策略。

从美国宪政的历史来看,婚姻权总是与公民权利密切联系在一起的,一个在法律上被剥夺了婚姻权的人并不享有完整的公民权利。奴隶制时代的南部各州一律否定奴隶拥有结婚的权利(虽然奴隶主为了管理

---

① George Chauncey, *Why Marriage?: The History Shaping Today's Debate over Gay Equality* (New York: Basic Books, 2005), chapter 3.

的需要会促成男女奴隶之间的结合)。获得解放之后,南部黑人争取的首要权利便包括了合法结婚的权利。联合国的《世界人权宣言》(1948)也将婚姻权视为一项基本人权。所以,对于同性恋者来说,争取"结婚的平等权利"(equal right to marry)和"婚姻的平等"(marriage equality)是一种正当的、地地道道的、遵循美国宪政传统的公民权利运动。①

  争取平等婚姻权的法律诉求首先在夏威夷州取得了突破性的胜利。1991年,夏威夷州的3对同性伴侣(包括两对女同性伴侣和一对男同性伴侣)向夏威夷州最高法院提出上诉,控告州政府拒绝向他们颁发婚姻证书(marriage license),从而剥夺了他们结婚的权利,违反了第十四条宪法修正案的平等法律保护的原则。虽然州低等法院对州政府的立场表示支持,但州最高法院却要求低等法院重新审理此案。1993年,在这桩后来十分著名的贝尔诉卢恩案的判决中,夏威夷州最高法院称,除非州能出示证据,说明拒绝同性婚姻的做法是为了维护州的"紧迫利益"(compelling interest),否则州没有理由拒发婚姻证书,因为拒绝同性恋伴侣的婚姻权事实上构成了另外一种形式的性别歧视。② 即便是对于起诉的同性恋伴侣们来说,州最高法院的决定也是一个意想不到的结果。贝尔案也使同性恋者立即意识到,司法机构也许是他们可以利用来争取婚姻权的最有效通道。这种考虑不无道理,因为同性恋者毕竟是人口中的少数,无法在短时间内动员起足够强大的选民力量来对立法机构施加压力。

  夏威夷州最高法院的判决也立刻引起一系列的政治反弹。夏威夷州的立法机构立即对州婚姻法做了重新说明,明确地将"婚姻"界定为"一个男人与一个女人之间的结合"。其他州也立即采取相应的行动,阻止同性婚姻获得合法地位。1995年,犹他州通过了《捍卫婚姻法》(Defense of Marriage Law),以维护本州公共政策的理由为名,宣布本州将不会被迫承认那些得到外州承认的同性婚姻。一些联邦国会议员也如惊弓之鸟,情绪激昂地要求国会立即通过一条新的宪法修正案,从宪法上将"婚姻"界定为异性结合,彻底断绝同性恋者利用宪法来争取权

---

① George Chauncey, "The Long Road to Marriage Equality," *New York Times*, June 27, 2013.
② *Baehr v. Lewin*, 852 P. 2d 44; 852 P. 2d 74 (Ha. Sup. Ct. 1993).

利的念想和可能。1996 年，克林顿与国会两党领袖磋商后达成共识：为避免社会震荡，不提出新的宪法修正案，而是制定一部联邦《捍卫婚姻法》(The Defense of Marriage Act, DOMA)。因为当时同性伴侣要求获得的是大量以家庭和婚姻关系为基础的权利(rights)与福利(benefits)，这些婚姻权益又多为联邦政府的法律所规范；在同性恋者提出挑战之前，谁有权享有这些权益本不是问题，但在夏威夷州最高法院的判决之后，联邦政府不得不对婚姻关系做出清楚的说明，并以此建立起联邦福利政策的实施依据。《捍卫婚姻法》因此将"婚姻"界定为"一个男人与一个女人以夫妻名义的合法结合"，并将"配偶"界定为"一个被称为丈夫或妻子的异性"。促使国会急于通过《捍卫婚姻法》的还有另外一个原因，即阻止一些州通过州法对同性婚姻予以承认。如果《捍卫婚姻法》将联邦法定的各项婚姻福利和家庭福利限制在异性婚姻关系的夫妇之中，那么同性伴侣无论身在何处都不能享有这些福利，这等于宣判了同性婚姻在联邦范围内的不合法地位。《捍卫婚姻法》的用意是要保护传统的婚姻关系，但它的规定将同性婚姻贬低到一种"次等婚姻"的位置。

各州的反响并不一致。有相当一部分州通过州议会立法或制定州宪法修正案的方式来禁止同性婚姻。另一些州则面对同性伴侣家庭已经存在的现实，采取妥协的方式，为同性伴侣提供了某种程度的州福利。譬如，1997 年夏威夷对同性伴侣提供了"家庭伴侣"享有的福利待遇。1999 年，佛蒙特州最高法院要求本州政府对同性伴侣提供本州婚姻法规定的通用福利待遇。2000 年，佛蒙特州的《公民结合法》(Civil Union Law)将异性夫妇家庭享有的所有福利同等地赋予了同性伴侣家庭。虽然该法律并不以"婚姻"来称呼同性伴侣家庭，但佛蒙特事实上成为美国第一个从法律上认可"公民结合"形式的州。

进入 21 世纪后，各州关于同性婚姻的法律继续呈现五花八门的趋势。2002 年内华达州以宪法修正案的方式禁止同性婚姻。2003 年马萨诸塞州最高法院以 4—3 票宣布对同性伴侣实施歧视的做法违反了州宪法。次年，新泽西也赋予了同性伴侣一部分异性婚姻夫妇享有的权利。2004 年，马萨诸塞州成为美国第一个允许同性婚姻的州。2005 年，康涅狄格州批准了同性伴侣的"公民结合"，得克萨斯、阿拉巴马、佐治亚、华盛顿等州则禁止同性婚姻。至2009年,佛蒙特、缅因和新罕布什尔等相继承认同性婚姻是合法的,但加利福尼亚州的第8号公决提案则禁止同性婚姻(但这项动议案在2010年被联邦地区法院宣布为违宪。详细讨论见霍林斯沃思案的判决)。在2013年6月26日联邦最高法院对霍林斯沃思诉佩里案和美国诉温莎案两案宣判前,有13个州分别以州选民公决、州立法或州最高法院判决的途径,承认了同性婚姻在各自境内的合法地位(霍林斯沃思案和温莎案两案判决的公布极大地推动了州对同性婚姻合法性的承认,到2014年10月9日为止,承认同性婚姻的合法性的州的数量达到了26个。关于各州对同性婚姻的法律规定,见表13-1)。

与此同时,在2000—2013年间,至少有14个国家相继承认了同性婚姻的合法性。① 这些发展都推动了美国人对同性婚姻的态度的转变。2004年的民意测验显示,41%的美国人认为同性伴侣家庭应该拥有"公民结合"的地位,虽然更多的人(59%)认为婚姻应该是异性之间的结合。到2013年,各种民意测验数据都显示,支持同性婚姻平等权的人数已经超过了一半,成为多数,连在同性恋问题上持保守态度的共和党内部也出现了同样的趋势。② 2011年,奥巴马总统宣布联邦《捍卫婚姻法》违宪,指示司法部停止实施该法。2013年,美国军队开始将异性婚姻的配偶权益部分地赋予现役军人中的同性伴侣。③

表13-1 美国各州关于同性婚姻的法律规定④

| 日期 | 承认同性婚姻为合法体制<br>(州及特区) | 法律上禁止同性婚姻<br>(州) |
| --- | --- | --- |
| 2014 | 西弗吉尼亚、弗吉尼亚、威斯康星、俄克拉荷马、印第安纳、科罗拉多、犹他、宾夕法尼亚、奥勒冈、伊利诺伊 | |

① 这些国家是:荷兰(2000)、比利时(2003)、加拿大(2005)、西班牙(2005)、南非(2006)、挪威(2009)、瑞典(2009)、葡萄牙(2010)、阿根廷(2010)、丹麦(2012)、法国(2013)、巴西(2013)、乌拉圭(2013)、英国(2013)。如同美国一样,墨西哥只有部分地区对同性婚姻的合法性予以承认。
② 详细统计报告见"民意测验报告"的统计。该报告综合了包括盖洛普在内几个民意测验机构的数字。见:http://www.pollingreport.com/civil.htm
③ http://www.afer.org/blog/hawaii-becomes-16th-state-with-marriage-equality/
④ 统计截止时间为2014年10月9日。资料来源:http://www.freedomtomarry.org

续 表

| 日期 | 承认同性婚姻为合法体制（州及特区） | 法律上禁止同性婚姻（州） |
|---|---|---|
| 2013 | 新墨西哥、夏威夷、新泽西、加利福尼亚、明尼苏达、特拉华、罗得岛 | |
| 2012 | 缅因、华盛顿、马里兰 | 北卡罗来纳 |
| 2011 | 纽约 | |
| 2010 | 新罕布什尔、哥伦比亚特区（华盛顿市） | |
| 2009 | 哥伦比亚特区（华盛顿市）、新罕布什尔、佛蒙特、艾奥瓦 | |
| 2008 | 康涅狄格 | 亚利桑那、佛罗里达 |
| 2006 | | 爱达荷、科罗拉多（禁同性婚姻法被否决，2014）、南达科他、威斯康星（禁同性婚姻法被否决，2014）、田纳西、阿拉巴马、弗吉尼亚（禁同性婚姻法被否决，2014）、南卡罗来纳 |
| 2005 | | 得克萨斯、堪萨斯 |
| 2004 | 马萨诸塞 | 俄勒冈（禁同性婚姻法被否决，2014）、蒙大拿、犹他（禁同性婚姻法被否决，2014）、北达科他、俄克拉荷马（禁同性婚姻法被否决，2014）、路易斯安那、密苏里、阿肯色、密歇根、印第安纳（禁同性婚姻法被否决，2014）、肯塔基、俄亥俄、密西西比、佐治亚 |
| 2002 | | 内华达（后准允"家庭伴侣"，2009） |
| 2000 | | 内布拉斯加、西弗吉尼亚（禁同性婚姻法被否决，2014） |
| 1998 | | 阿拉斯加 |
| 1997 | | 怀俄明 |
| 1996 | | 宾夕法尼亚（禁同性婚姻法被否决，2014） |

注：新墨西哥州的法律对同性婚姻既没有禁止，也没有承认。

从表13-1可见,在50个州内,到2014年10月为止,至少仍然有相当一部分州的法律对同性婚姻予以禁止,它们无一例外地将"婚姻"界定为"一个男人和一个女人之间的结合"。另外26个州和哥伦比亚特区在法律上承认同性婚姻的合法性,同性婚姻伴侣享有异性婚姻夫妇同等的配偶和家庭权益。一些州在禁止同性婚姻的同时对所谓"公民结合"或"家庭伴侣"的关系予以承认,用变通的方式赋予同性伴侣组成的家庭以异性婚姻夫妇享有的部分或全部法律权益。

尽管如此,在同性婚姻遭到禁止的州内和在联邦《捍卫婚姻法》的规定之下,同性伴侣在权利享有方面仍然是事实上的"次等公民"。譬如,在遗产继承方面,温莎案的主角伊迪丝·温莎在伴侣去世之后无法享有财产继承权,反而被联邦政府征收高达36万美元的遗产税(见下文的详细讨论)。除遗产税之外,同性恋者还在领取社会保障方面遭受歧视。异性婚姻夫妇在双方在世时,可以选择享受收入较高的一方的税收优惠,收入低的一方即便没有收入,也可以享有所谓的"50%的配偶福利"——即获得配偶福利的50%的收入;当收入较高的一方去世之后,收入较低的一方可以100%(而不是50%)的标准领取过世配偶的社保收入,作为养老之用。而同性伴侣则无法享有这样的福利权。同性伴侣中的低收入或无收入的一方没有资格申请社会保障体制中的"配偶福利",也不能享有高收入一方的高福利,无论他们在一起生活多久——而一对新婚异性夫妇可立即享有"配偶福利"。在这种情况之下,"公平"与伦理传统发生了冲突。在医疗健康保险和领养孩子的资格和权限方面,同性伴侣也遭遇诸多尴尬。他们的医保不能相互覆盖,购买医保的费用也不能在报税时申请减免(异性夫妇可以)。同性伴侣领养的子女得不到领养"母亲"或"父亲"的医保覆盖,需要另外为领养子女支付医保。

对同性恋者逐渐宽容的社会氛围、权利不平等的现实和寻求正常家庭生活的愿望也促使更多的同性恋者开始"出柜"(公开自己的同性恋身份),利用司法渠道来寻求权利。一个值得注意的现象是,在2013年最高法院审理霍林斯沃思案和温莎案之前,涉及同性婚姻的诉讼越来越多,而且这些案例大多与公民的权益、责任与义务相关,对于道德和伦理问题的争论似乎变成了较为次要的问题。这是早期的同性恋权利运动没有预想到的。

## 历史上联邦和州法院对婚姻权的审理

同性婚姻涉及的关键问题是对"婚姻"和"婚姻权"的界定。但什么是"婚姻"?谁拥有结婚的权利?同性恋者认为,只有当同性婚姻获得与异性婚姻同等的法律地位时,同性恋公民才可能获得与其他人同等的权益和社会尊重。所以,对于他们来说,争取婚姻权的平等就是争取公民权的平等。

但恰恰是在"婚姻"的定义上,支持和反对同性婚姻的人有着不可调和的冲突。传统的定义将"婚姻"视为一种"一个男人和一个女人结合的体制",婚姻的目的是为了组成家庭,传宗接代,延续文明。传统婚姻的捍卫者将婚姻视为一种比国家的历史更为久远的社会体制,也是人类文明的最基本的组织形式。

支持同性婚姻的人则称,在美国历史上,"婚姻"的概念始终是在演进和变化的,而"婚姻权"更是与公民权利和公民地位密切相关。什么人有权结婚?结婚权是不是一种公民的权利?应不应该受到政府的保护?都与美国宪政体制有着密切的关系。的确,1787年宪法、《权利法案》和1868年的第十四条宪法修正案都没有明确地提到"婚姻权"是一种公民权利,但重建初期南部各州赋予黑人的第一项权利就是婚姻权,并被作为"奴隶解放所取得的最伟大的道德成就之一"[1],事实上得到了第十四条宪法修正案的承认,当该修正案宣称美国联邦公民的"特权与豁免权"不得为州任意剥夺时,也将婚姻权包括在内,所以,婚姻权实际上通过第十四条宪法修正案变成了美国公民的一种宪法权利。

同性婚姻的支持者还举出最高法院关于婚姻权的相关判例,来说明婚姻权是一种公民权利。如早在1888年,联邦最高法院就将"婚姻"定义为"家庭与社会的基础",没有婚姻,人类便"既没有文明也没有进步"[2]。1923年,最高法院又指出,一个公民"结婚、建立家庭和抚

---

[1] George Chauncey, *Why Marriage?*, 62.
[2] *Maynard v. Hill*, 125 *U. S.* 190, 205, 211 (1888).

养孩子"的权利是受"正当法律程序"保护的自由的一部分。① 在1942年的斯金纳诉威廉森一案中,最高法院宣称:婚姻权是美国人享有的"基本民权的一种",对于"种族的存在和存活是最为根本的"。② 在著名的1965年格里斯沃尔德案中,最高法院宣布,婚姻权要比《权利法案》更为久远,是一个高尚的体制。③ 1967年,在洛文诉弗吉尼亚一案中,最高法院宣布弗吉尼亚州的禁止种族通婚法违宪,并再次将"结婚的自由"视为"一项基本的个人权利,对于自由人有秩序地追求幸福至关重要"。④ 在1978年的扎布洛茨基诉雷德霍尔案中,最高法院宣布,州不能因为父亲无法支付子女抚养费就剥夺其再结婚的权利。⑤ 1987年,最高法院又在特纳诉萨夫利一案中宣布,州不能任意剥夺监狱囚犯的婚姻权。⑥ 这些都说明,最高法院一直认为,婚姻权是一种无可争议的、受第十四条宪法修正案保护的公民权利。

尽管如此,此时的"婚姻"指的是异性婚姻,而不是同性婚姻。最高法院的宣判也时常援引婚姻所带有的宗教意义及其承担的构建家庭和生育子女的目的,而很少讨论婚姻与追求个人幸福之间的联系。20世纪后期,最高法院对婚姻的理解开始发生变化,加入了感情和个人选择的内容。如在特纳诉萨夫利一案中,最高法院指出,婚姻的权利是一种基本权利,也是结婚双方相互投入感情和决心的公开表达。⑦ 这个内容在1992年的宾夕法尼亚西南部计划生育中心诉凯西案的宣判中再次表现出来。最高法院称,婚姻不再只是一种为了生养子女的结合,而是涉及个人选择和个人尊严的自由问题。⑧ 最令同性婚姻支持者感到兴奋的是最高法院2003年对劳伦斯诉得克萨斯案的判决。最高法院宣称:"我们的法律和传统负有宪法上的职责,必须保护与婚姻、生育、节育、家庭关系和教育相关的个人选择……同性关系中的个人可以

---

① *Meyer v. Nebraska*, 262 U. S. 390, 399 (1923).
② *Skinner v. Oklahoma ex rel. Williamson*, 316 U. S. 535, 541 (1942).
③ *Griswold v. Connecticut*, 381 U. S. 479, 486 (1965).
④ *Loving v. Virginia*, 388 U. S. 1, 12 (1967).
⑤ *Zablocki v. Redhall*, 434 U. S. 374 (1978).
⑥ *Turner v. Safley*, 482 U. S. 78 (1987).
⑦ *Turner v. Safley*, 482 U. S. 78, 95 (1987).
⑧ *Planned Parenthood of Southeastern Pennsylvania v. Casey*, 505 U. S. 833, 851 (1992).

像异性婚姻中的个人一样,寻求这些问题上的自主权。"①

在2013年之前,州法院是关于同性婚姻合法性的争论的主要战场。1971年,在贝克尔诉纳尔逊案中,明尼苏达州最高法院对州政府禁止同性婚姻的决定予以坚决的支持。② 尽管两位同性恋者援引第九条宪法修正案和第十四条宪法修正案作为宪政原则,但州最高法院以州婚姻法中的"丈夫和妻子""新娘与新郎"的定义为由,声称同性婚姻不在州立法者的立法意图的范围之内。该案的原告甚至援引了沃伦大法官在洛文案中关于"婚姻是人的基本民权之一"的观点,但州最高法院认为对同性婚姻的限制与对种族间通婚的限制之间存在着"清楚的区别",因为前者涉及"性别的根本差异",与人为的种族歧视不能等同。③ 1973年,两位来自肯塔基州的女同性恋者也因州政府拒绝发放婚姻证书而起诉州政府,她们认为自己的结婚权、结社权和宗教自由权遭到州政府的剥夺,并认为自己遭遇到为第五条宪法修正案所禁止的"酷刑和非正常惩罚"的迫害。但州上诉法院认为,两人不具备进入婚姻体制的能力,州也没有施加任何事实上的酷刑,而且宗教表达自由的权利在这个案件中也站不住脚,因为宗教自由不能高于国家法律。④

1980年代,联邦低等法院对受理的同性婚姻案例也持否定的立场。在1980年的亚当斯诉豪尔顿案中,联邦地区法院拒绝承认一位与美国男性公民结婚的澳大利亚男性拥有"至亲"(immediate relative)地位从而可以移民美国。在判词中,联邦法官追溯了婚姻在英国法律体系中的历史,尤其提到,美国的婚姻法深深扎根于英国的普通法传统之中,而普通法又深受宗教法庭遵循的教会法的影响,所以,同性婚姻在这些法律传统中是"不可思议的,也是无法界定的"。⑤ 1995年,哥伦比亚特区法院在迪恩诉哥伦比亚特区案中也使用同样的理由否定了同性恋者迪恩(Craig Dean)和他的男性伴侣提出的结婚要求。与其他的

---

① *Lawrence v. Texas*, 539 U.S. 558, 574 (2003).
② *Baker v. Nelson*, 191 NW 2d. 185 (Minn. 1971).
③ Dupuis, *Same-Sex Marriage, Legal Mobilization, & the Politics of Rights*, 35-36.
④ *Jones v. Hallahan*, 501 S.W. 2d. 588 (Ky. pp. 1973).
⑤ *Adams v. Howerton*, 486 F. Supp. 1119 (C.D. Cal. 1980); 1123.

州法审判一样,特区法院也引用了《创世记》来说明传统婚姻的社会基础,并提到,对于同性婚姻的禁止是出于两点考虑:一是生育子女,二是拒绝对鸡奸之类的性行为予以变相的合法承认,因为社会对这类性行为的看法是负面的,认为它是一种道德上的犯罪行为,而"宪法并不禁止政府以道德考虑作为立法的起点"。[1] 正如社会学家迪普伊(Martin Dupuis)观察到的,无论是州还是联邦低等法院,在对相关案例的审理中,采用的法律策略都是将同性婚姻的问题缩小和限制成"同性恋婚姻"(gay marriage),使用传统的婚姻定义,而不去考虑同性恋者提出的"公民基本权利"的论点。只要这些案例被界定为"同性恋婚姻",法院就可以不必理睬"权利"的问题。[2]

实际上,在州和联邦低等法院对同性婚姻的否定中隐藏着一种对美国社会道德走向的焦虑。这种焦虑来自于对20世纪美国社会进行的"文化战争"(cultural war)的情绪化的反应。保守派将同性婚姻视为对传统家庭价值观的最大威胁。在他们看来,同性婚姻本身就是被腐化的美国文化的产物,而"政治正确"的提倡者不但容忍它,还要将这种原属不堪入目的"变态"生活方式(aberrations)变成一种人人必须接受的"文化规范"。其结果是,同性婚姻与其他的文化"异类"(包括毒品、家庭中父亲角色的缺失、便捷易行的堕胎、不分青红皂白的政教分离等)结合在一起,构成了破坏美国传统家庭及其价值观的力量。但对于那些希望结婚的同性恋者而言,传统家庭生活及其所代表的"社会常态"(the social normalcy)正好是他们所期望得到的,他们需要获得合法的社会承认和社会尊重,需要使他们的家庭生活正常化,他们并没有犯罪,他们争取的是个人应该享受的公民权利。[3]

由此,我们看到,在最高法院2013年的宣判之前,美国社会关于同性恋的争论处于一种极度分裂的状态。异性婚姻捍卫者要保护传统家庭、家庭与社会的正常延续,以及维系这一传统的伦理和道德;而同性

---

[1] *Dean v. District of Columbia*, 653 A. 2d 307 (D. C. App. 1995).
[2] Dupuis, *Same-Sex Marriage, Legal Mobilization, & the Politics of Rights*, 42.
[3] Robert M. Baird & Stuart E. Rosenbaum, "Introduction," *Same-Sex Marriage: The Moral and Legal Debate*, eds., Robert M. Baird & Stuart E. Rosenbaum (Amherst, New York: Prometheus Books, 1996), 11-12.

恋者强调的是个人追求幸福的权利以及与个人幸福和尊严联系在一起的公民地位与权益。双方的动机是不一样的,而且双方的论点都可以从西方文明史的传统中找到可资佐证的历史经验。最高法院究竟应该保护和支持哪一方的权利呢?更为根本的问题是:美国在何种程度上能够容忍一个公民不顾多数人的反对而自由地追求自我希望的生活方式?在尊重个人选择和追求社会道德共识之间,如何找到一个最佳的平衡点?所以,在审理霍林斯沃思案和温莎案的时候,最高法院面临的绝不仅仅是法律问题。

## 霍林斯沃思案的背景与判决

联邦最高法院面临的问题是要在个人权利和社区利益(包括主流社会奉行的道德规范)之间寻求平衡点。两者之间的冲突与紧张关系始终是存在的,司法部门的功能是想办法调和及减缓这种冲突。最高法院通过格里斯伍尔德案和罗伊案已经建立起了关于节育和堕胎等涉及个人隐私的保护原则,这些原则对于法院作出关于同性婚姻的判决应该是有重要的参考价值的。但最高法院同时也必须考虑其决定将带来的后果和社会效应。当避孕成为一种受保护的权利时,妇女选择避孕就不再惧怕受到社会的指责。堕胎也是如此。同性恋者当然希望最高法院也能做出有利于同性婚姻的决定,推动社会对同性恋生活方式的接受,使同性恋者能够合法地、光明正大地与其他美国家庭生活在一起,追求自己的美国梦想,抚养自己的子女等。[①] 但在霍林斯沃思诉佩里案中,最高法院多数派选择的却是一套避实就虚的法律策略。

霍林斯沃思诉佩里案起源于 2009 年 5 月,最初为两个案例,分别名为佩里诉布朗案(*Perry v. Brown*)和佩里诉施瓦辛格案(*Perry v. Schwarzenegger*),主要针对 2008 年 11 月加利福尼亚州通过的"第 8 号公决提案"(Proposition 8,以下简称"8 号提案")的合宪性问题。"8 号提案"由前州议员霍林斯沃思(Hollingsworth)牵头的公民团体提出,要

---

[①] Robert M. Baird & Stuart E. Rosenbaum, "Introduction," *Same-Sex Marriage: The Moral and Legal Debate*, 13.

求对州宪法进行修正,恢复将"婚姻"限制在异性伴侣之间的法律规定。这些提案实际上是针对州最高法院在当年早些时候的一项判决做出的反应。州最高法院曾宣布将结婚权限制在异性伴侣之间的州法是违宪的。判决宣布之后,加州的同性恋者短暂地获得了合法结婚的权利。"8号提案"提出将"一个男人和一个女人之间的结合"作为"婚姻"的定义写入州宪法,从而永久性地禁止同性恋者在加州合法结婚和组成家庭的可能。该提案在公民投票表决中得到了全州52%的选民(约700万人)的支持而生效。①

两对同性伴侣(分别为一对男同性伴侣和一对女同性伴侣)随即向联邦地区法院提出诉讼,对"8号提案"的合宪性提出挑战。女同性伴侣克里斯·佩里(Kris Perry)和桑迪·斯蒂尔(Sandy Stier)居住在旧金山市,两人共同养育着4个子女,但她们在申请结婚证书时遭到县政府登记处工作人员的拒绝。男同性伴侣保罗·卡坦米(Paul Katami)和杰夫·扎里洛(Jeff Zarrillo)相识已经14年,在洛杉矶申请结婚证书时也遭到拒绝。所以,此案的最初被告为加州的政府官员,包括州长施瓦辛格(Arnold Schwarzenegger)和州司法部长布朗(Jerry Brown)。原告得到美国争取平等权利基金组织(American Foundation for Equal Rights)的支持,该组织雇佣了曾在2000年总统大选的诉讼大战中分别代表布什和戈尔的戴维·博伊斯(David Boies)和西奥多·奥尔森(Theodore Olson)任领衔律师。虽然州长和州司法部长是被告,但他们均是"8号提案"的反对者,所以他们拒绝为"8号提案"辩护。布朗认为,该提案违反了联邦宪法第十四条修正案。施瓦辛格希望将这个烫手山芋交给联邦法院去处理。因此,此案从一开始就遇到了一个宪法问题:被告所持的政治立场与原告一致。2010年,正在竞选加州州长的布朗宣布,如果当选,他也不会为"8号提案"辩护。在这种情况下,前州参议员霍林斯沃思领导的公民团体和另外一个公民团体站出来作为该案的应诉人(defendants)。

---

① "第8号公决提案"(Eliminates Rights of Same-Sex Couples to Marry. Initiative Constitutional Amendment)的投票结果是:赞成票7 001 084(52.24%),反对票6 401 482(47.76%)。合格选票13 402 566(97.52%)。Source: http://www.sos.ca.gov/elections/sov/2008-general/maps/returns/props/prop-8.htm.

2010年8月4日,联邦地区法官沃恩·沃克尔(Vaughn Walker)作出判决。他宣布,加州州政府没有任何理由拒绝对同性恋者发放婚姻证书,"8号提案"是违宪的。沃克尔指出,"8号提案"是由选民投票通过的立法提案,值得受到很大的尊重;但该提案提议者对同性恋的反对不是基于坚实的证据,而是基于推测(conjecture)、预测(speculation)和恐惧(fears)。在缺乏证据的情况下,"8号提案"对同性婚姻的反对变得十分脆弱,无法为选民和他们的代表所理解。沃克尔在长达50页的判决书中,阐述了他对同性婚姻的看法:(1)性取向通过个人识别、行为和吸引力来表现,有意识的选择、医疗干预或其他方法并不能轻易改变;(2)州没有任何利益或兴趣需要同性恋者改变自己的性取向;(3)"家庭伴侣"的关系缺乏与婚姻相关的社会意义;(4)历史上曾有过富有争议的其他种类的婚姻(包括不同种族和族裔之间的婚姻),但这些争议没有降低婚姻作为社会体制的重要性和活力;(5)个人的性取向不是评判父母称职与否的决定因素,同性恋者领养子女的做法在加州十分普遍,并得到州的支持。他同时指出,同性恋者在历史上曾长期遭受歧视。① 在他看来,本案的核心问题是同性恋者是否应该享有"结婚的权利"的问题。他援引格里斯沃尔德案和洛文案的原则,指出"在种族和社会性别不平等的时代,种族和社会性别成为决定婚姻的因素,但这种限制从来不是婚姻体制历史的核心内容",而如今"8号提案"经不起基本的理性推理,更无法通过司法意义上的"严格审查"。② 沃克尔虽然宣布"8号提案"违反了第十四条宪法修正案的平等保护原则,但他决定暂不实施此案的判决命令,而是等待上诉的结果。

应诉人随即向联邦第九巡回上诉法院提出上诉。一个保守派法律组织也要求法院命令加州州长和州司法部长出庭为"8号提案"进行辩护,但继续遭到加州州政府官员的拒绝。州最高法院最终允许霍林斯沃思为代表的"8号提案"支持者作为一种"特殊利益"群体,来替代加州政府在上诉法院应诉。2012年2月7日,第九巡回上诉法院作出了

---

① *Perry v. Schwarzenegger*, 704 F. Supp. 2d 921 at 940 (N. D. Cal. 2010).
② Ibid.

2—1 票的判决,宣布"8 号提案"违宪。多数派意见对沃克尔法官的裁决表示支持。霍林斯沃思等要求联邦最高法院复审此案。联邦最高法院于 2013 年 3 月 23 日听取了口头辩诉,并在 6 月 26 日发布了判决意见。

最高法院的判决以 5—4 票做出,多数派的组合令人大跌眼镜,因为它同时包括了最高法院中的保守派(罗伯茨、斯卡利亚)和自由派(金斯伯格、布雷耶、卡根)大法官。持异见的大法官组合也是如此,包括了中间派(肯尼迪)、保守派(托马斯、阿利托)以及自由派(索托迈耶尔)。

在他写作的多数派判决意见中,罗伯茨首先指出美国的公众正在就同性婚姻进行"一场激烈的政治辩论","8 号提案"的提议人希望最高法院就将婚姻限制在异性之间是否违反了第十四条宪法修正案做出裁决,而同性伴侣则希望回答另外一个问题:即公决提案是否可以逆转或终止加州先前对同性婚姻的承认。① 罗伯茨指出了问题的实质,但他并不打算回答这些问题,而是抓住一个"程序"问题——即上诉人是否有上诉"资格"(standing)——大做文章。如果上诉人不具备,最高法院和第九巡回上诉法院就无权审理此案。②

罗伯茨认为,霍林斯沃思等人没有资格提出上诉。理由是:上诉人只是"8 号提案"的发起者和支持者,而不是州政府官员,他们之所以上诉不是为了从法院获得对"个人的和确凿的伤害"(a remedy for a personal and tangible harm)的补偿,而是希望敦促最高法院认可"8 号提案"的合宪性;然而,"8 号提案"经选民批准后就变成了州宪法的一部分了,原发起人不再扮演任何角色,也不再具备任何资格来为该提案的实施而辩护,更不能作为"加州人民的代理人"(agents of the people of California)来上诉;州最高法院曾准允霍林斯沃思等人"在联邦法院里为捍卫州的利益而陈述自己的法律观点",但并没有说这个私人性的公民团体可以为州的利益代言;"8 号提案"的发起者只是代表自己的私利,而不是州的利益,他们也不能代表州的利益,因为他们并不受任

---

① *Hollingsworth v. Perry et al.*, 570 U.S. (2013), at 1.
② Ibid., at 2.

何人或任何责任的约束。罗伯茨强调,最高法院并不质疑州对公决提案的程序进行管理的主权,也不质疑公决提案发起人在州的司法系统为提案进行辩护的权利,但联邦法院的上诉权受联邦法律的管辖,州法院不能用州法来替代联邦司法程序,也无权"对那些缺乏理由的私人团体发放进入联邦法庭的通行证",从而改变联邦司法部门本应扮演的角色。① 罗伯茨认为,在联邦法院解决纠纷,起诉方必须要针对所遭遇的"个人的和确凿的伤害"寻求"补偿",并必须具备起诉权,这些原则正是为了"防止司法程序被用来篡夺政治部门的权力",换言之,如果联邦法院在上诉人无上诉权的情况下对有争议的案例做出裁决,等于篡夺了立法或执法部门的权力。② 罗伯茨最后说,"最高法院从来没有在州政府官员拒绝捍卫州法的合宪性的时候准允(本州的)一个私人团体来代行州政府的职责,这次也不会开这个先例"。③ 他随即宣布将此案撤销并退回至联邦第九巡回上诉法院。

大法官肯尼迪写作的异见对多数派的决定表示担忧。他认为,公民通过公决提案来立法的做法表达了强烈的公民意志,州政府官员不能以个人或政治的原因不为公决提案进行辩护,因为这样做等于将公决提案宣布为事实上的无效。在他看来,最高法院的多数派未能真正认清并接受公民立法行动所包含的核心价值——"民主的根本在于制定法律的权利掌握在人民手中,并从人民那里流向政府,而不是反过来。自由首先存在于人民之中,无需得到政府的赐予"。④

联邦最高法院的判决撤销第九巡回上诉法院的决定之后,联邦地区法院沃克尔法官的判决随即被视为本案的终审决定。2013年6月28日,第九巡回上诉法院撤销了对沃克尔法官判决暂停实施的禁令,允许加州的同性婚姻恢复合法性。同一天,原告佩里和她的伴侣在加州司法部长的主持下正式登记结婚,此举象征着同性婚姻在该州取得了合法地位。

---

① *Hollingsworth v. Perry et al.*, 570 *U. S.* (2013).
② Ibid., at 6.
③ Ibid., at 17.
④ Justice Anthony Kennedy, Dissenting opinion, *Hollingsworth v. Perry et al.*, 570 *U. S.* (2013).

沃克尔法官于2011年2月退休。他告知记者,他本人就是一名同性恋者,曾与一位男性医生有过长达10年的同性伴侣经历。"8号提案"的支持者得知此事后,认为沃克尔因利益冲突应事先回避此案。他们于4月25日提出联邦地区法院必须撤销沃克尔的判决的要求,但被地区法院和巡回上诉法院驳回。至此,围绕同性婚姻在加州的合法性的政治大戏正式落幕。因为加利福尼亚州是同性恋伴侣人数最多的州,这场胜利对于全国的同性恋者来说意义非凡,他们没有想到的是,最高法院会在同一天给他们送上另外一个、更加意想不到的惊喜。

### 温莎案与联邦《捍卫婚姻法》

2013年6月26日,最高法院也公布了美国诉温莎案的判决意见。与霍林斯沃思案一样,温莎案也涉及同性婚姻的平等权问题,但最高法院对它的处理非常不同,大法官们在两案中的立场也不尽一致。这两项判决都没有明确地宣布同性婚姻在宪法意义上的合法性,但又都巧妙而间接地准允同性婚姻在宪法体制下的合法存在,并承认同性伴侣享有与异性伴侣同等的婚姻和家庭权益。

因温莎案涉及1996年联邦《捍卫婚姻法》的合宪性问题,我们先扼要回顾一下该法的起源和内容。如前所述,《捍卫婚姻法》是国会针对1996年夏威夷州最高法院对贝尔案判决的回应。当时部分国会议员提出要以制定新宪法修正案的方式来彻底禁止同性婚姻,为避免国会采取这种分裂性极强的极端做法,克林顿总统与国会两党领袖达成协议,决定制定和实施一部联邦法律,就享受联邦权益的问题重新界定"婚姻"和"配偶"的含义,从而否定同性婚姻的合法性,并允许各州拒绝承认他州承认的同性婚姻。① 这是《捍卫婚姻法》的初衷。该法要求联邦政府和州政府在解释联邦法律的时候采用新的"婚姻"和"配偶"定义,即"婚姻"是"一个男人与一个女人以夫妻名义的合法结合","配

---

① *The Defense of Marriage Act* (DOMA), 110 Stat. 2419; 28 U.S.C. §1738C.

偶"指"一个被称为丈夫或妻子的异性"。① 根据这个定义,同性婚姻不是联邦政府认可的合法婚姻,同性婚姻伴侣也不能享有异性婚姻夫妇享有的权益。《捍卫婚姻法》生效之后,被作为联邦政府法律解释和实施的行政准则,涵盖了1000多部联邦法或联邦项目的实施,不符合该法界定的"婚姻"或"配偶",便不能享有相应的联邦福利。在该法第3款的规定之下,所有联邦政府项目以及相关的跨州婚姻福利——包括"医疗保险"、养老金、社会保障金继承权、移民福利以及税收减免等——只限于异性婚姻夫妇。《捍卫婚姻法》并没有明确禁止各州制定或实施准允同性婚姻的法律,也没有禁止各州向本州居民(包括同性婚姻伴侣)提供州的福利,但因为该法的覆盖面非常宽广,州的福利法与联邦法又多有重合之处,或受到联邦福利法的牵制,所以,《捍卫婚姻法》事实上同时将同性"配偶"排除在联邦和州的许多婚姻和家庭权益之外。

奥巴马在竞选总统时,曾毫不犹豫地对同性恋者的权利表示支持,2009年就任之后,作为总执法官,不得不继续实施《捍卫婚姻法》,他因而处在了一个极为尴尬的位置上——即必须执行一项他认为是违宪的法律。2011年,奥巴马运用总统解释宪法的权力,宣布《捍卫婚姻法》是违宪的,并指示联邦司法部不再为《捍卫婚姻法》进行辩护。这种情形与霍林斯沃思案中加州官员拒绝为"8号提案"辩护的情况十分相似。奥巴马政府在联邦低等法院胜诉后,向最高法院提出上诉,希望由最高法院宣布该法违宪。

审理此案的困难在于,如果执法部门(总统)对此法不支持,很难构成一个诉讼案例,最高法院也就很难进行审理和做出判决。谁来为《捍卫婚姻法》辩护成为了一个问题。最终国会的共和党议员决定站出来进行辩护。首席大法官罗伯茨认为奥巴马的决定充满了矛盾:联邦司法部一方面在继续实施《捍卫婚姻法》的某些条款(如否认同性婚

---

① 原文如下:"In determining the meaning of any Act of Congress, or of any ruling, regulation, or interpretation of the various administrative bureaus and agencies of the United States, the word 'marriage' means only a legal union between one man and one woman as husband and wife, and the word 'spouse' refers only to a person of the opposite sex who is a husband or a wife." 1. U. S. C. §7.

姻伴侣享有"夫妇"之间的财产继承权免税福利),另一方面又在要求最高法院对该法从宪法上予以否定。但包括肯尼迪在内的大法官则认为,《捍卫婚姻法》涉及成千上万美国公民的权益伤害的问题,最高法院不能回避。

伊迪丝·温莎的经历正好构成了挑战《捍卫婚姻法》的一个理想案例。温莎于1929年出生于费城,到2013年最高法院审理她的案件时已经是84岁高龄。1963年,34岁的温莎在纽约市格林威治村的同性恋社区中与西娅·斯派尔相遇,两人一见钟情,坠入爱河。温莎当时是IBM公司的程序员,拥有坦普尔大学和纽约大学的学位,有过一段短暂的失败婚姻;斯派尔是心理咨询师,两人都属于都市白领阶层。在相遇后的44年里,她们共同生活在曼哈顿的一所公寓里。斯派尔在45岁时被诊断患多发性硬化症之后,温莎决定提前退休,全职照顾斯派尔。2007年,斯派尔已经瘫痪,只剩下一年左右的生命。此刻斯派尔向温莎提出求婚,因纽约州当时不承认同性婚姻,坐在轮椅上的斯派尔与温莎不得不前往加拿大,在多伦多机场的一家旅馆里登记结婚,她们的婚姻得到加拿大法律的承认。在去世之前,斯派尔决定将自己的房产遗留给温莎继承。2009年斯派尔去世,温莎继承了她在曼哈顿的公寓。但联邦税务局要求温莎支付363000.53美元的遗产税。温莎缴税之后,向联邦法院起诉,要求联邦政府退还税款,理由是纽约州承认同性伴侣的权益(在2011年正式承认同性婚姻为合法婚姻之前,纽约州曾赋予同性伴侣"家庭伴侣"的地位,允许他们享受异性夫妇的婚姻权益),而她是以遗孀身份继承斯派尔的房产的,所以应该获得继承配偶遗产免税的待遇。但联邦税务局援引《捍卫婚姻法》,说温莎不属于"遗孀"(surviving spouse)的范围,拒绝退还税款。温莎于是对《捍卫婚姻法》提出挑战,认为该法违反了第五条宪法修正案的正当法律程序原则。位于纽约的联邦第二巡回上诉法院裁定《捍卫婚姻法》的第三款违宪,要求美国政府将所征收的遗产税退还给温莎。最高法院在2012年底决定审理此案。2013年3月最高法院听取了法庭辩诉,并于2013年6月28日作出判决。

最高法院决定审理此案在很大程度上是因为《捍卫婚姻法》涉及众多民众的权益,但该法却为司法审理出了一道程序上的难题。按照行政法传统,联邦司法部可以不从政府的立场来为联邦法辩护,但这种情况通常是在联邦法院宣布该法违宪之后发生。《捍卫婚姻法》面临的情况是,联邦法院尚未否定该法,司法部就宣布不再为它辩护①,但总统同时又命令行政部门继续实施该法的第三款(征收遗产税)。在接到司法部拒绝辩护的通知之后,国会两党法律顾问小组(Bipartisan Legal Advisory Group)决定介入此案,进行干预,捍卫《捍卫婚姻法》的合法性。但联邦地区法院否定了该小组的干预权,理由是联邦政府已有司法部作为代表,但准允该小组以"感兴趣的一方"(an interested party)参与此案的上诉和审理。地区法院还判定《捍卫婚姻法》违宪,要求联邦财政部将收缴的遗产税连同利息退还给温莎。司法部(作为《捍卫婚姻法》的执行者)和国会两党法律顾问小组都提出了上诉。联邦第二巡回上诉法院对地区法院的判决表示支持,但判决没有得到联邦政府的实施,温莎也没有收到联邦税务局的退款,行政部门仍然在继续实施《捍卫婚姻法》的第三款。最高法院的介入显得十分紧迫。

从另外一个角度来看,同性婚姻已经成为一个最高法院越来越无法回避的问题。在温莎案之前,美国已经至少有 9 个州赋予同性婚姻以合法婚姻的地位,加利福尼亚州已经有 18 000 个同性婚姻家庭。州法与联邦法律、州法与州法之间因承认或否认同性婚姻的问题产生了许多冲突。《捍卫婚姻法》的实施更加剧了这种冲突。最高法院需要采取什么样的法律策略才能做到一箭双雕——既要保护同性恋伴侣的权益,又要避免建立全国性的对同性婚姻的宪法承认(因为后者将引起巨大的政治反弹和动荡)?

此外,还有一个程序问题:如果执法部门在此案中与温莎的立场相同(事实如此),对此案的司法审查是否还有必要?既然巡回上诉法院已经否定了国会两党法律顾问小组为《捍卫婚姻法》辩护和上诉的权利,谁能作为此案的上诉方呢?没有上诉,就不会有最高法院的复审。最高法院最终决定任命哈佛大学法学院的杰克逊教授(Vicki Jackson)以"法庭之友"的身份陈述上诉方的立场,说明最高法院无权审理此

---

① *U. S. v. Windsor*, 570 *U. S.* (2013), at 4.

案,从而给最高法院一个审理此案的机会。① 换言之,最高法院为了给自己一个审理此案的机会而刻意创造出了一个抗辩方。

最高法院9名大法官在温莎案中分为5—4两派,多数派是肯尼迪加上4位自由派大法官(金斯伯格、布雷耶、索托迈耶尔、卡根)。持异见者包括斯卡利亚、阿利托、托马斯,以及首席大法官罗伯茨。肯尼迪通常扮演中间派的角色,时常在自由派和保守派之间游离不定,但这种游离往往使他能在重大问题的判决上投下关键的一票。在温莎案之前,肯尼迪曾在2003年劳伦斯诉得克萨斯案的判决中写作了多数派意见,否定了得克萨斯州将同性恋性行为列为犯罪的州法。在更早的罗默诉埃文斯案的判决中,他和多数派宣布,科罗拉多州的一条州宪法修正案(禁止通过任何保护同性恋者权益的法律)是违宪的。② 但这些似乎不足以说明他在这个问题上的坚定立场。温莎案呈现了一个历史性的机会,肯尼迪对自己在其中可能发挥的作用看得很清楚。我们甚至可以说,他希望通过此案判决意见的写作,创建一个里程碑式的判例,在同性婚姻司法审查的历史上留下一份影响力长久的遗产。

在多数派意见中,肯尼迪首先肯定了即便在联邦政府不支持此案、国会两党法律顾问小组不能代表联邦政府立场的情况下,最高法院仍然有权来审理此案,因为此案涉及真实的伤害:如果联邦政府支付了退款,财政部是受害者;如果没有支付,温莎就是受害者。③

接下来,肯尼迪讨论了《捍卫婚姻法》的合宪性问题。他指出,当温莎和斯派尔希望结婚的时候,纽约州尚没有承认同性婚姻,她们只能去加拿大办理婚姻登记手续。异性婚姻曾被认为是天经地义的,但同性婚姻的出现导致公民开始考虑"同性的两个人享有合法婚姻中的男人和女人一样的地位和尊严的可能性";纽约等11个州就重新界定了"婚姻"的定义,但与《捍卫婚姻法》产生了矛盾和冲突。公民的婚姻权利究竟属于哪一级政府来管辖?在他看来,当然应该是州政府。肯尼

---

① *U. S. v. Windsor*, 570 *U. S.* (2013), at 5.
② *Lawrence v. Texas*, 539 *U. S.* 558, 574 (2003); *Romer v. Evans*, 517 *U. S.* 620 (1996).
③ *U. S. v. Windsor*, 570 *U. S.* (2013), at 6, 8.

迪援引(他自己写作的)劳伦斯案判决说,"宪法并没有将管理婚姻和离婚的权力赋予合众国政府",但《捍卫婚姻法》却违背了这个传统,强制性地对州内的婚姻"施加限制",并"剥夺结婚者的权利"。然而,婚姻自由受到第五条宪法修正案的保护,纽约州之所以承认同性婚姻,"是为了给予这种关系进一步的保护","对于想要结合的同性伴侣来说,州的作用是赋予他们的结合一种合法的地位"。在纽约州的眼中,同性婚姻与其他婚姻一样,都是具有尊严的,这种承认"同时反映出了一个社会对婚姻体制的历史根源的认知,以及它对平等之意义的不断演进的理解"。① 然而,《捍卫婚姻法》则企图伤害纽约州法律对同性恋群体的保护,它产生的结果是"将劣势、一种不同的地位和社会污名强加给了那些进入同性婚姻关系的人,尽管同性婚姻在州权力的认可下是合法的"。《捍卫婚姻法》传递的信息是:"即便州承认同性婚姻,同性婚姻在联邦法中也只能被视作一种次等婚姻";这就提出了第五条宪法修正案所保护的公民自由的问题。纽约州的婚姻法是为了消除婚姻关系中的不平等,但《捍卫婚姻法》却"将不平等写进了整部美国法典之中"。②

接下来,肯尼迪继续发挥,抨击《捍卫婚姻法》"在同一州内制造了两种彼此矛盾的婚姻体系……强迫同性婚姻伴侣在州法之下可以像异性结婚伴侣一样生活,而在联邦法之下却如同未结婚的伴侣一样,这等于毁坏了个人关系之中最基本的稳定性和预期性,而这些正是州权所承认的和所保护的"。因为拒绝承认同性婚姻的平等地位,《捍卫婚姻法》将同性伴侣置于一种次等婚姻的不稳定状态之中,贬低了他们受宪法保护的道德和性关系选择,损害了他们的尊严,使那些在同性婚姻家庭中成长的孩子蒙羞,破坏了这些家庭的亲密关系。因为有《捍卫婚姻法》的压力,同性伴侣在公共场合里也承受着巨大的社会压力,他们不能获得政府的医疗和健康保障福利,不能享有破产法中有关家庭支持责任的权益,不能在退伍军人墓地中合葬。《捍卫婚姻法》还给同性伴侣带来了巨大的经济损失。他们家庭需要付出额外花费来购买

---

① *U. S. v. Windsor*, 570 *U. S.* (2013), at 13, 16-20.
② Ibid., at 21-22.

家庭成员的医疗保险,而家庭福利是家庭经济安全的重要组成部分。联邦法对联邦雇员的福利和职业道德都有规定,当同性配偶被排除在享有福利的范围之外时,他们也就被排除在联邦政府对雇员的道德和素质的管辖之外,即便违反了职业道德也不会受到惩罚。肯尼迪最后得出结论,国会有权按自己对良好的国家政策的理解来制定法律,但国会不能"否定受第五条宪法修正案的正当程序原则保护的自由"。《捍卫婚姻法》剥夺了公民受第五条宪法修正案保护的自由,因此是违宪的。① 但他强调说,"这一判决及其推理只适用于那些合法的婚姻"②,即只适用于那些将同性婚姻视为合法婚姻的州。这个限定十分关键,其目的是安抚那些不承认同性婚姻的州(在联邦内占多数),避免引起这些州的反弹。

持异见的4位大法官也都意识到此案的历史意义,故都发表了反驳意见,其中以斯卡利亚的写作最为激烈。斯卡利亚认为,本案的根本问题涉及联邦与州政府之间的权力划分问题。多数派为了将所谓的"司法崇高性"强加于国会和行政部门内"人民的代表"的身上,制造了本案的抗辩方,这样做是有违司法传统的。他提到,审理州与联邦法律之间的冲突并不是最高法院的主要职责,只能是偶尔为之。③ 多数派意见以"联邦制"问题误导了关注此案的人,因为在本案中并不存在联邦对州管理婚姻的权力的挑战。在他看来,联邦《捍卫婚姻法》的目的是为了解决各州在同性婚姻问题上法律不一致时的现实问题,该法只是明确宣示了哪种婚姻关系适合于为实现联邦政府的目的而推进的政策,这样的做法也是为了保护最初的立法目的不受州法变更这类不可预见的情况的干扰。换句话说,如果一个州决定宣布同性婚姻在本州为合法婚姻,联邦政府关于婚姻福利的法律将继续有效,不受干扰。④ 他反对多数派对《捍卫婚姻法》的定性,认为该法并没有羞辱同性恋者。事实上,同性婚姻的问题仍然处在公众的辩论之中,多数派却将此简化成一个黑白分明的故事:"要么憎恨你的邻居,要么与我们站在一

---

① *U. S. v. Windsor*, 570 *U. S.* (2013), at 22-26.
② Ibid., at 26.
③ Justice Anthony Scalia, Dissenting opinion, *U. S. v. Windsor*, 570 *U. S.* (2013), at 2, 4.
④ Ibid., at 20.

起。"对于这样意义重大的事情,最高法院应该让人民自己来决定如何处理,而不是强制使用司法权威来推行大法官们自己的意旨。所以,多数派的意见"欺骗了(持有争议的)双方,剥夺了胜者问心无愧的胜利和输者因公平的失败而应有的平静"。①

真正面对同性婚姻这一实质性问题的是阿利托。他指出,最高法院当日做出的两个判决实质相同,但在霍林斯沃思案中,多数派以最高法院没有司法审查权为由拒绝审理,从而使低等法院的宣判得以生效;但在此案中却人为制造出"法庭之友"的陈述,为多数派表示对同性婚姻的支持提供机会。② 阿利托暗含的批评是:多数派的判决是政治性的,为了达到自己的目的,他们可以操纵司法程序和司法解释。

他同意斯卡利亚对多数派使用的法理原则的批评。他认为,宪法并没有保障那些进入同性婚姻关系中的公民的权利,因为第五条宪法修正案的正当程序原则保护的是"实质性正当法律程序权利"——即那些深深扎根于美国历史和传统中的权利和自由,而同性婚姻权并不属于这类权利,因为同性婚姻的合法性在国内和国外的历史十分短暂。温莎和联邦政府企图通过此案建立起对这个"新近的权利"的承认,但他们寻求的路径是错误的,"他们寻求的途径不是通过一个由人民选举的立法机关,而是通过非经选举的法官们",而法官们在面对这种情况时"理应慎重和谦卑"。③

阿利托对多数派意见将带来的后果十分担心:"如果宪法中有条文说人们有权与同性结婚,那我们的责任是必须实施这样的条文,但如果宪法中没有这样的条文,在我们的政府制度下,最终的主权是留在人民手中的,人民有权掌握他们自己的命运",所以"关于如此根本的问题的任何改变必须由人民通过他们选举的官员来做出"。因为温莎和联邦政府无法将同性婚姻列为"宪法之下的一种根本权利",他们企图启用"平等法律保护"原则,指责《捍卫婚姻法》对不同性取向的人实施

---

① Justice Anthony Scalia, Dissenting opinion, *U. S. v. Windsor*, 570 *U. S.* (2013), at 21, 25-26.
② Justice Samuel Alito, Dissenting opinion, *U. S. v. Windsor*, 570 *U. S.* (2013), at 2.
③ Ibid., at 7-8.

了歧视,要求对该法进行高度的严格审查。事实上,围绕《捍卫婚姻法》的争论反映的是美国社会中存在的"两种相互竞争的婚姻观":一方认为,婚姻是"将异性之间的交往规范成为一种可以支持生育孩子的体制",所以婚姻是"将一种广泛的、排他性的、永久性的结合加以神圣化"的过程,而这种结合的目的是为了"产生新的生命"(尽管婚姻并不总是能够达到这样的目的);另外一种观点则强调"共识基础之上"(consent-based),即将婚姻界定为"将双方的忠诚和承诺神圣化"的过程(the solemnization of mutual commitment),其特征是强调"两人之间的感情依赖和性吸引"的内容和程度。阿利托认为,后一种观点"在我们的文化中扮演重要的角色,至少对异性恋来说如此"。他承认,在同性恋者看来,"性别差异"(gender differentiation)与这种婚姻观并不冲突,不应该成为歧视同性婚姻的理由。① (换言之,异性伴侣之间的感情依赖和性吸引同样可以发生在同性伴侣之间,也可以成为同性婚姻的基础。)但阿利托强调,宪法在这个问题上是保持沉默的,所以,我们的争论应该到此为止;然而,温莎和联邦政府却要求法院"来支持共识基础之上"的婚姻观并"推翻传统的婚姻观",这样做等于让大法官们"非常自以为是地来决定一个本应由更合格的哲学家、历史学家和社会科学家来探讨的问题"。他认为,在宪政的司法体系下,司法部门无权将两种观点的任何一种神圣化(enshrine),此事应该由各州的人民自己来决定。②

不同立场的各方对温莎案判决的反应几乎是在意料之中的。奥巴马总统认为,最高法院的判决"改正了"《捍卫婚姻法》对同性恋者和同性婚姻的歧视,"我们的国家因此而变得更好"。众议院议长、共和党人约翰·贝纳(John Boehner)则对判决感到失望,他希望州能继续将婚姻界定为男性和女性的结合。美国天主教主教协会的主席则将温莎案和霍林斯沃思案判决的公布之日宣布为"对于婚姻和我们的国家来

---

① Justice Samuel Alito, Dissenting opinion, *U. S. v. Windsor*, 570 U. S. (2013), at 10, 11, 13-14.

② Ibid., at 14-15.

说都是悲剧性的一天"。① 温莎本人在得知获胜之后,立即宣布将支持女同性恋者、现任纽约市市议会议长克莉丝汀·奎恩(Christine Quinn)竞选下届纽约市市长。奎恩则利用这个机会,来到格林威治村的石墙酒吧(20世纪初纽约市同性恋权益运动的发源地)发表讲话,称感觉自己成为了"一个更为完整的美国人"(more fully an American)。② 她赞扬温莎这位看似弱小的纽约女性有着不寻常的勇气,敢于将不可一世的《捍卫婚姻法》拉下马。③ 温莎也被《时代》周刊列为2013年"年度人物"的候选者之一。同年,在最高法院的判决宣布之前,纽约大学授予温莎"2013年度校长荣誉勋章",以表达对这位高龄校友只身挑战联邦法律、捍卫个人宪法权利的勇气的敬意。

温莎案宣判之后,奥巴马总统立即指示联邦司法部审查相关的联邦福利和责任项目,"迅速而稳妥地实施"法庭的判决。白宫表示将从行政部门的角度出发,寻求如何在无需经过国会同意的前提下改善同性恋者的权益和待遇。奥巴马深知,由共和党人控制的国会众议院将不会在这个问题上配合由民主党人掌控的参议院提出的任何议案,所以指望国会来采取改正行动是不现实的。但正如《纽约时报》的编辑部文章指出的,问题的复杂性在于,各州的法律不一样,如何确认同性婚姻的合法性?依照哪一个州的标准——同性恋者现居住的州,还是结婚的州,还是纳税的州?联邦法律的标准也不统一。所以在未来相当长的一段时间内,即便是同性恋者之间的权益也不会完全平等。④ 另外,温莎案提出的是"婚姻平等"的问题,这不可避免地涉及"婚姻"的重新定义:如果婚姻不再只是为了生育和繁衍后代、而是也要满足双方的感情依赖和性需要的结合。实际上,婚姻也是一种同时与公民权利和政府权力有关的社会体制。它处理的是人类的关系,谁的意志、谁

---

① Elizabeth Dias, "Religious Groups React to Gay Marriage Rulings," *Time*, June 26, 2013; http://swampland.time.com/2013/06/26.
② Michael Howard Saul, "Quinn Weeps Speaking About Supreme Court Decision," *New York Metropolis*, June 27, 2013.
③ Lisa Fleisher and Alison Fox, "Woman who Sued to End DOMA Cheers Decision," *The Wall Street Journal*, June 26, 2013.
④ Editorial, "Federal Court Speaks, but Couples Still Face State Legal Patchwork," *New York Times*, June 26, 2013.

的界定应该是正确的？这是保守派大法官担心的问题,但自由派大法官的意见中并没有提供答案。

温莎案的判决将使许多同性伴侣获得原先被剥夺的公民权益,同性婚姻也不会再在联邦政府的政策中遭到歧视。但正如历史学家昌西所预测的,同性恋者仍然将面临许多挑战,仍将遭遇社会偏见,并在住房和就职方面遭受不公正的待遇,同时他们还必须面对艾滋病的危险等。① 另外,最高法院在温莎案中回避了一个实质性问题,即宪法是否允许州禁止同性婚姻。既然最高法院根据联邦制和第五条宪法修正案的原则,允许州将同性婚姻合法化,那么最高法院又应该如何面对在不同州的同性伴侣之间的权利不平等呢？第十四条宪法修正案中的平等法律保护原则为什么不可以被启用来保护全国所有的同性伴侣的权利平等呢？显然,在温莎案中,多数派无法、也不敢使用这一法律逻辑。相反,多数派是利用了十分陈旧的联邦制原则来支撑其对"新权利"的支持。也就是说,温莎案判决是一个不彻底的、虚实并存的、漏洞甚多的判决。支持和反对同性婚姻的公民力量都将继续利用这个判决对最高法院施加新的压力,迫使其做出一个更为明确和终极意义上的判决。

然而,我们不能否认的是,温莎案判决对"婚姻平等"原则的认可将深刻地影响21世纪美国人对家庭和婚姻体制的认知。历史也许可以证明,它对美国社会的冲击力不亚于布朗诉托皮卡教育委员会案(1954)、格里斯沃尔德案(1965)和罗伊案(1973)。它的更重要的意义在于,它启动了又一次关于公民权利的宪法革命。我们并不知道这场革命的结果,也不确定所有的美国人会拥抱这场革命或接受它的结果。我们唯一可以确定的是,无论它的结果如何,它都将是美国宪法生命力的延续。

---

① George Chauncey, "The Long Road to Marriage Equality," *New York Times*, June 27, 2013.

# 附录一　美利坚合众国宪法

我们合众国人民,为建立一个更完善的联邦,树立正义,确保国内安宁,提供共同防务,促进公共福利,并保障我们自己及后代得享自由之恩赐,特为美利坚合众国制定本宪法。

## 第一条

**第一款**　本宪法授予的所有立法权,属于由参议院和众议院组成的合众国国会。

**第二款**　众议院由各州人民每两年选举产生的众议员组成;各州选举人须具备本州立法机构人数最多一院之选举人所必需的资格。

凡年龄不满二十五岁,成为合众国公民不足七年,在一州当选时不是该州居民者,不得担任国会众议员。

〔众议员名额和直接税税额,在本联邦可包括的各州中,按照各自人口比例进行分配。各州人口数,按自由人总数加上所有其他人口的五分之三予以确定。自由人总数包括必须服一定年限劳役的人,但不包括未被征税的印第安人。〕①人口的实际统计在合众国国会第一次会议后三年内和此后每十年内,依法律规定的方式进行。每三万人选出的众议员人数不得超过一名,但每州至少须有一名众议员;在进行上述人口统计以前,新罕布什尔州有权选出三名,马萨诸塞州八名,罗得岛

---

① 这一段即为1787年制宪会议就奴隶制问题达成的妥协之一的"五分之三条款"。此款已由1868年批准的第十四条修正案第二款和1913年批准的第十六条修正案修正。关于"五分之三条款"的讨论见第二章。

州和普罗维登斯种植地一名,康涅狄格州五名,纽约州六名,新泽西州四名,宾夕法尼亚州八名,特拉华州一名,马里兰州六名,弗吉尼亚州十名,北卡罗来纳州五名,南卡罗来纳州五名,佐治亚州三名。

任何一州代表出现缺额时,该州行政当局应发布选举令,以填补此项缺额。

众议院选举本院议长和其他官员,并独自拥有弹劾权。

**第三款** 合众国参议院由〔每州州立法机构选举的〕①两名参议员组成,任期六年;每名参议员有一票表决权。

参议员在第一次选举后集会时,立即分为人数尽可能相等的三个组。第一组参议员席位在第二年年终空出,第二组参议员席位在第四年年终空出,第三组参议员席位在第六年年终空出,以便三分之一的参议员得以每二年改选一次。〔在任何一州州立法机构休会期间,如因辞职或其他原因而出现缺额,该州行政长官在州立法机构下次集会填补此项缺额前,得任命临时参议员。〕②

凡年龄不满三十岁,成为合众国公民不足九年,在一州当选时不是该州居民者,不得担任国会参议员。

合众国副总统任参议院议长,但除非参议员投票时赞成票和反对票相等,无表决权。

参议院选举本院其他官员,并在副总统缺席或行使合众国总统职权时,选举一名临时议长。参议院独自拥有审判一切弹劾案的权力。为此目的而开庭时,全体参议员须宣誓或作代誓宣言。合众国总统受审时,最高法院首席大法官主持审判。无论何人,非经出席参议员三分之二的同意,不得被定罪。弹劾案的判决,不得超出免职和剥夺担任和享有合众国属下有荣誉、有责任或有薪金的任何职务的资格。但被定罪的人,仍可依法受起诉、审判、判决和惩罚。

**第四款** 举行参议员和众议员选举的时间、地点和方式,在每个州

---

① 已由第十七条修正案修正。
② 同上。

由该州立法机构规定。但除选举参议员的地点外,国会可随时根据法律制定或改变这类规定。

国会每年至少开会一次,除非国会以法律另订日期,此会议在〔十二月第一个星期一〕①举行。

**第五款** 每院是本院议员的选举、选举结果报告和资格的裁判者。每院议员过半数,即构成议事的法定人数;但不足法定人数时,得逐日休会,并有权按每院规定的方式和罚则,强迫缺席议员出席会议。

每院可规定本院议事规则,惩罚本院议员扰乱秩序的行为,并经三分之二议员的同意开除议员。

每院应有本院会议记录,并不时予以公布,但它认为需要保密的部分除外。每院议员对于任何问题的赞成票和反对票,在出席议员五分之一的请求下,应载入会议记录。

在国会开会期间,任何一院,未经另一院同意,不得休会三日以上,也不得到非两院开会的任何地方休会。

**第六款** 参议员和众议员应得到服务的报酬,此项报酬由法律确定并由合众国国库支付。他们除犯叛国罪、重罪和妨害治安罪外,在一切情况下都享有在出席各自议院会议期间和往返于各自议院途中不受逮捕的特权。他们不得因在各自议院发表的演说或辩论而在任何其他地方受到质问。

参议员或众议员在当选任期内,不得被任命担任在此期间设置或增薪的合众国管辖下的任何文官职务。凡在合众国属下任职者,在继续任职期间不得担任任何一院议员。

**第七款** 所有征税议案应首先在众议院提出,但参议院得像对其他议案一样,提出或同意修正案。

众议院和参议院通过的每一议案,在成为法律前须送交合众国总统;总统如批准该议案,即应签署;如不批准,则应将该议案连同其反对

---

① 已由第二十条修正案第二款修正,国会每年会期从一月三日开始。

意见退回最初提出该议案的议院；该院应将此项反对意见详细载入本院会议记录并进行复议。如经复议后，该院三分之二议员同意通过该议案，该议案连同反对意见应一起送交另一议院，并同样由该院进行复议；如经该院三分之二议员赞同，该议案即成为法律。但在所有这类情况下，两院表决都由赞成票和反对票决定；对该议案投赞成票和反对票的议员姓名应分别载入每一议院会议记录。如任何议案在送交总统后十天内（星期日除外）未经总统退回，该议案视同总统已签署，即成为法律，除非因国会休会而使该议案不能退回，在此种情况下，该议案不能成为法律。

凡须由参议院和众议院一致同意的每项命令、决议或表决（关于休会问题除外），须送交合众国总统；该项命令、决议或表决在生效前，须由总统批准，如总统不批准，则按照关于议案所规定的规则和限制，由参议院和众议院三分之二议员重新通过。

**第八款** 国会有权：

规定和征收直接税、进口税、捐税和其他税，以偿付国债、提供合众国共同防务和公共福利，但一切进口、捐税和其他税应全国统一；

以合众国的信用借款；

管制同外国的、各州之间的和同印第安部落的商业；

制定合众国全国统一的归化条例和破产法；

铸造货币，厘定本国货币和外国货币的价值，并确定度量衡的标准；

规定有关伪造合众国证券和通用货币的罚则；

设立邮政局和修建邮政道路；

保障著作家和发明家对各自著作和发明在限定期限内的专有权利，以促进科学和工艺的进步；

设立低于最高法院的法院；

界定和惩罚在公海上所犯的海盗罪和重罪以及违反国际法的犯罪行为；

宣战，颁发捕获敌船许可状，制定关于陆上和水上捕获的条例；

招募陆军和供给军需，但此项用途的拨款期限不得超过两年；

建立和维持一支海军；

制定治理和管理陆海军的条例；

规定征召民兵，以执行联邦法律、镇压叛乱和击退入侵；

规定民兵的组织、装备和训练，规定用来为合众国服役的那些民兵的管理，但民兵军官的任命和按国会规定训练民兵的权力，由各州保留；

对于由某些州让与合众国、经国会接受而成为合众国政府所在地的地区（不得超过十平方英里），在任何情况下都行使独有的立法权；对于经州立法机构同意、由合众国在该州购买的用于建造要塞、弹药库、兵工厂、船坞和其他必要建筑物的一切地方，行使同样的权力；以及制定为行使上述各项权力和由本宪法授予合众国政府或其任何部门或官员的一切其他权力所必要的和适当的所有法律。

**第九款** 现有任何一州认为得准予入境之人的迁移或入境，在一千八百零八年以前，国会不得加以禁止，但对此种人的入境，每人可征不超过十美元的税。①

不得中止人身保护令状的特权，除非发生叛乱或入侵时公共安全要求中止这项特权。

不得通过剥夺公民权利的法案或追溯既往的法律。

〔除依本宪法上文规定的人口普查或统计的比例，不得征收人头税或其他直接税。〕②对于从任何一州输出的货物，不得征收税金或关税。

任何商业或税收条例，都不得给予一州港口以优惠于他州港口的待遇；开往或开出一州的船舶，不得被强迫在他州入港、出港或纳税。

除根据法律规定的拨款外，不得从国库提取款项。一切公款收支的定期报告书和账目，应不时予以公布。

---

① 此款为"进口奴隶条款"，文中"现有任何一州认为得准予入境之人"的原文为"such persons as any of the States now existing shall think proper to admit"，含有当时在联邦内的各州认为"合适"或"恰当"而准予输入或迁入的意思。

② 已由第十六条修正案修正。

合众国不得授予贵族爵位。凡在合众国属下担任任何有薪金或有责任的职务的人,未经国会同意,不得从任何国王、君主或外国接受任何礼物、俸禄、官职或任何一种爵位。

**第十款** 任何一州都不得:缔结任何条约,参加任何同盟或邦联;颁发捕获敌船许可状;铸造货币;发行纸币;使用金银币以外的任何物品作为偿还债务的货币;通过任何剥夺公民权利的法案、追溯既往的法律或损害契约义务的法律;或授予任何贵族爵位。

任何一州,未经国会同意,不得对进口货物或出口货物征收任何税款,但为执行本州检查法所绝对必需者除外。任何一州对进口货物或出口货物所征全部税款的纯收益供合众国国库使用;所有这类法律得由国会加以修正和控制。

任何一州,未经国会同意,不得征收任何船舶吨位税,不得在和平时期保持军队或战舰,不得与他州或外国缔结协定或盟约,除非实际遭到入侵或遇刻不容缓的紧迫危险时不得进行战争。

# 第二条

**第一款** 行政权属于美利坚合众国总统。总统任期四年,副总统的任期相同。总统和副总统按以下方法选举:

每个州依照该州立法机构所定方式选派选举人若干人,其数目同该州在国会应有的参议员和众议员总人数相等。但参议员或众议员,或在合众国属下担任有责任或有薪金职务的人,不得被选派为选举人。

〔选举人在各自州内集会,投票选举两人,其中至少有一人不是选举人本州的居民。选举人须开列名单,写明所有被选人和每人所得票数;在该名单上签名作证,将封印后的名单送合众国政府所在地,交参议院议长收。参议院议长在参议院和众议院全体议员面前开拆所有证明书,然后计算票数。得票最多的人,如所得票数超过所选派选举人总数的半数,即为总统。如获得此种过半数票的人不止一人,且得票相等,众议院应立即投票选举其中一人为总统。如无人获得过半数票,该院应以同样方式从名单上得票最多的五人中选举一人为总统。但选举总统时,以州为单位计票,每州代表有一票表决权;三分之二的州各有一名或多名众议员出席,即构成选举总统的法定人数,选出总统需要所有州的过半数票。在每种情况下,总统选出后,得选举人票最多的人,即为副总统。但如果有两人或两人以上得票相等,参议院应投票选举其中一人为副总统。〕①

国会得确定选出选举人的时间和选举人投票日期,该日期在全合众国应为同一天。

无论何人,除生为合众国公民或在本宪法采用时已是合众国公民者外,不得当选为总统;凡年龄不足三十五岁、在合众国境内居住不满十四年者,也不得当选为总统。

〔如遇总统被免职、死亡、辞职或丧失履行总统权力和责任的能力时,总统职务应移交副总统。国会将以法律规定在总统和副总统两人被免职、死亡、辞职或丧失任职能力时,宣布应代理总统的官员。该官员应代理总统直到总统恢复任职能力或新总统选出为止。〕②

总统在规定的时间,应得到服务报酬,此项报酬在其当选担任总统任期内不得增加或减少。总统在任期内不得接受合众国或任何一州的任何其他俸禄。

总统在开始执行职务前,应作如下宣誓或代誓宣言:"我庄严宣誓(或宣言)我一定忠实执行合众国总统职务,竭尽全力维护、保护和捍卫合众国宪法"。

**第二款** 总统是合众国陆军、海军和征调为合众国服役的各州民兵的总司令。他可要求每个行政部门长官就他们各自职责有关的任何事项提出书面意见。他有权对危害合众国的犯罪行为发布缓刑令和赦免令,但弹劾案除外。

总统经咨询参议院和取得其同意有权缔结条约,但须经出席参议

---

① 已由第十二条修正案修正。
② 已由第二十五条修正案修正。

员三分之二的批准；他将提名，并经咨询参议院和取得其同意，任命大使、公使和领事、最高法院法官和任命手续未由本宪法另行规定而应由法律规定的合众国所有其他官员。但国会认为适当时，得以法律将这类低级官员的任命权授予总统一人、法院或各部部长。

总统有权委任人员填补在参议院休会期间可能出现的官员缺额，此项委任在参议院下期会议结束时期满。

**第三款** 总统应不时向国会报告联邦情况，并向国会提出他认为必要和妥善的措施供国会审议。在非常情况下，他可召集两院或任何一院开会。如遇两院对休会时间有意见分歧时，他可使两院休会到他认为适当的时间。他接见大使和其他使节。他负责使法律切实执行，并委任合众国的所有官员。

**第四款** 总统、副总统和合众国的所有文职官员，因叛国、贿赂或其他重罪和轻罪而受弹劾并被定罪时，应予免职。

## 第三条

**第一款** 合众国的司法权，属于最高法院和国会不时规定和设立的下级法院。最高法院和下级法院的法官如行为端正，得继续任职，并应在规定的时间得到服务报酬，此项报酬在他们继续任职期间不得减少。

**第二款** 司法权的适用范围包括：由于本宪法、合众国法律和根据合众国权力已缔结或将缔结的条约而产生的一切普通法的和衡平法的案件；涉及大使、公使和领事的一切案件；关于海事法和海事管辖权的一切案件；合众国为一方当事人的诉讼；两个或两个以上州之间的诉讼；〔一州和他州公民之间的诉讼；〕① 不同州公民之间的诉讼；同州公民之间对不同州让与土地的所有权的诉讼；一州或其公民同外国或外

---

① 已由第十一条修正案修正。

国公民或国民之间的诉讼。

涉及大使、其他使节和领事以及一州为一方当事人的一切案件,最高法院具有第一审管辖权。对上述所有其他案件,不论法律方面还是事实方面,最高法院具有上诉审管辖权,但须依照国会所规定的例外和规章。

除弹劾案外,一切犯罪由陪审团审判;此种审判应在犯罪发生的州内举行;但如犯罪不发生在任何一州之内,审判应在国会以法律规定的一个或几个地点举行。

**第三款** 对合众国的叛国罪只限于同合众国作战,或依附其敌人,给予其敌人以帮助和鼓励。无论何人,除根据两个证人对同一明显行为的作证或本人在公开法庭上的供认,不得被定为叛国罪。

国会有权宣告对叛国罪的惩罚,但因叛国罪而剥夺公民权,不得造成血统玷污,除非在被剥夺者在世期间,也不得没收其财产。

## 第四条

**第一款** 每个州对于他州的公共法律、案卷和司法程序,应给予充分信任和尊重。国会得以一般法律规定这类法律、案卷和司法程序如何证明和具有的效力。

**第二款** 每个州的公民享有各州公民的一切特权和豁免权。

在任何一州被控告犯有叛国罪、重罪或其他罪行的人,逃脱法网而在他州被寻获时,应根据他所逃出之州行政当局的要求将他交出,以便解送到对犯罪行为有管辖权的州。

〔根据一州法律须在该州服劳役或劳动的人,如逃往他州,不得因他州的法律或规章而免除此种劳役或劳动,而应根据有权得到此劳役或劳动之当事人的要求将他交出。〕①

---

① 此款为"逃奴条款",已由第十三条修正案修正。

**第三款** 新州得由国会接纳加入本联邦；但不得在任何其他州的管辖范围内组成或建立新州；未经有关州立法机构和国会的同意，也不得合并两个或两个以上的州或几个州的一部分组成新州。

国会对于属于合众国的领土或其他财产，有权处置和制定一切必要的条例和规章。对本宪法条文不得作有损于合众国或任何一州的任何权利的解释。

**第四款** 合众国保证本联邦各州实行共和政体，保护每州免遭入侵，并应州立法机构或州行政长官（在州议会不能召开时）的请求平定内乱。

# 第五条

国会在两院三分之二议员认为必要时，应提出本宪法的修正案，或根据各州三分之二州立法机构的请求，召开制宪会议提出修正案。不论哪种方式提出的修正案，经各州四分之三州立法机构或四分之三州制宪会议的批准，即实际成为本宪法的一部分而发生效力；采用哪种批准方式，得由国会提出建议。但〔在一千八百零八年以前制定的修正案，不得以任何形式影响本宪法第一条第九款第一项和第四项；〕①任何一州，不经其同意，不得被剥夺它在参议院的平等投票权。

# 第六条

本宪法采用前订立的一切债务和承担的一切义务，对于实行本宪法的合众国同邦联时期一样有效。

本宪法和依本宪法所制定的合众国的法律，以及根据合众国的权力已缔结或将缔结的一切条约，都是全国的最高法律；每个州的法官都应受其约束，即使州的宪法和法律中有与之相抵触的内容。

---

① 已经过时。

上述参议员和众议员,各州州立法机构成员,以及合众国和各州所有行政和司法官员,应宣誓或作代誓宣言拥护本宪法;但决不得以宗教信仰作为担任合众国属下任何官职或公职的必要资格。

# 第七条

经九个州制宪会议的批准,即足以使本宪法在各批准州成立。

本宪法于耶稣纪元一千七百八十七年,即美利坚合众国独立后第十二年的九月十七日,经出席各州在制宪会议上一致同意后制定。我们谨在此签名作证。

| | |
|---|---|
| 主席: | 弗吉尼亚州代表乔治·华盛顿 |
| 新罕布什尔州(2): | 约翰·兰登,尼古拉斯·吉尔曼 |
| 马萨诸塞州(2): | 纳撒尼尔·戈勒姆,鲁弗斯·金 |
| 康涅狄格(2): | 威廉·塞缪尔·约翰逊,罗杰·谢尔曼 |
| 纽约州(1): | 亚历山大·汉密尔顿 |
| 新泽西州(4): | 威廉·利文斯顿,威廉·帕特森,戴维·布里尔利,乔纳森·戴顿 |
| 宾夕法尼亚州(8): | 本杰明·富兰克林,托马斯·菲茨西蒙斯,托马斯·米夫林,贾雷德·英格索尔,罗伯特·莫利斯,詹姆斯·威尔逊,乔治·克莱默,古维诺尔·莫利斯 |
| 特拉华州(5): | 乔治·里德,理查德·巴西特,小冈宁·贝德福德,雅各布·布鲁姆,约翰·迪金森 |
| 马里兰州(3): | 詹姆斯·麦克亨利,丹尼尔·卡罗尔,圣托马斯的丹尼尔·詹尼弗 |
| 弗吉尼亚州(3): | 约翰·布莱尔,小詹姆斯·麦迪逊 |
| 北卡罗来纳州(3): | 威廉·布朗特,休·威廉森,理查德·多布斯·斯佩特 |
| 南卡罗来纳州(4): | 约翰·拉特利奇,查尔斯·平克尼,查尔斯·科茨沃斯·平克尼,皮尔斯·巴特勒 |

佐治亚州(2)：　　　威廉·费尤，亚伯拉罕·鲍德温
证人：　　　　　　威廉·杰克逊(秘书)

(另有16名代表未签署宪法)①

---

① 这16人是：马萨诸塞州(2)：埃尔布里奇·格里、凯莱布·斯特朗；康涅狄格州(1)：奥利弗·埃斯沃斯；纽约州(2)：约翰·兰辛、罗伯特·耶茨；新泽西州(1)：威廉·丘吉尔·休斯顿；马里兰州(2)：路德·马丁、约翰·弗朗西斯·默瑟；北卡罗来纳州(2)：威廉·戴维、亚历山大·马丁；弗吉尼亚州(4)：詹姆斯·麦克勒格、乔治·梅森、埃德蒙·伦道夫、乔治·怀特；佐治亚州(2)：威廉·休斯顿、威廉·皮尔斯。罗得岛州的代表没有参加制宪会议。

# 【按照原宪法第五条、由国会提出并经各州批准、增添和修改美利坚合众国宪法的条款(宪法修正案)】

〔前十条修正案于1789年9月25日提出,1791年12月15日批准,被称为《权利法案》。〕

## 第一条修正案

国会不得制定关于下列事项的法律:确立国教或禁止信教自由;剥夺言论自由或出版自由;或剥夺人民和平集会和向政府请愿申冤的权利。

## 第二条修正案

管理良好的民兵是保障自由州的安全所必须的,因此人民持有和携带武器的权利不得侵犯。

## 第三条修正案

未经房主同意,士兵平时不得驻扎在任何住宅;除依法律规定的方式,战时也不得驻扎。

## 第四条修正案

人民的人身、住宅、文件和财产不受无理搜查和扣押的权利,不得侵犯。除依据可能成立的理由,以宣誓或代誓宣言保证,并详细说明搜查地点和扣押的人或物,不得发出搜查和扣押状。

## 第五条修正案

无论何人,除非根据大陪审团的报告或起诉书,不受死罪或其他重罪的审判,但发生在陆、海军中或发生在战时或出现公共危险时服役的民兵中的案件除外。任何人不得因同一犯罪行为而两次遭受生命或身体的危害;不得在任何刑事案件中被迫自证其罪;不经正当法律程序,不得被剥夺生命、自由或财产。不给予公平赔偿,私有财产不得充作公用。

## 第六条修正案

在一切刑事诉讼中,被告有权由犯罪行为发生地的州和地区的公正陪审团予以迅速和公开的审判,该地区应事先已由法律确定;得知控告的性质和理由;同原告证人对质;以强制程序取得对其有利的证人;并取得律师帮助为其辩护。

## 第七条修正案

在习惯法的诉讼中,其争执价额超过二十元,由陪审团审判的权利应受到保护。由陪审团裁决的事实,合众国的任何法院除非按照习惯法规则,不得重新审查。

## 第八条修正案

不得要求过多的保释金,不得处以过重的罚金,不得施加残酷和非常的惩罚。

## 第九条修正案

本宪法对某些权利的列举,不得被解释为否定或轻视由人民保留的其他权利。

## 第十条修正案

宪法未授予合众国、也未禁止各州行使的权力,由各州各自保留,或由人民保留。

## 第十一条修正案

〔1794年3月4日提出,1795年2月7日批准〕

合众国的司法权,不得被解释为适用于由他州公民或任何外国公民或国民对合众国一州提出的或起诉的任何普通法或衡平法的诉讼。

## 第十二条修正案

〔1803年12月9日提出,1804年6月15日批准〕

选举人在各自州内集会,投票选举总统和副总统,其中至少有一人不是选举人本州的居民。选举人须在选票上写明被选为总统之人的姓名,并在另一选票上写明被选为副总统之人的姓名。选举人须将所有被选为总统之人和所有被选为副总统之人分别开列名单,写明每人所得票数;在该名单上签名作证,将封印后的名单送合众国政府所在地,交参议院议长收。参议院议长在参议院和众议院全体议员面前开拆所有证明书,然后计算票数。获得总统选票最多的人,如所得票数超过所选派选举人总数的半数,即为总统。如无人获得这种过半数票,众议院应立即从被选为总统之人名单中得票最多的但不超过三人中间,投票选举总统。但选举总统时,以州为单位计票,每州代表有一票表决权。

三分之二的州各有一名或多名众议员出席,即构成选举总统的法定人数,选出总统需要所有州的过半数票。〔当选举总统的权力转移到众议院时,如该院在次年三月四日前尚未选出总统,则由副总统代理总统,如同总统死亡或宪法规定的其他丧失任职能力的情况一样。〕①得副总统选票最多的人,如所得票数超过所选派选举人总数的半数,即为副总统。如无人得过半数票,参议院应从名单上得票最多的两人中选举副总统。选举副总统的法定人数由参议员总数的三分之二构成,选出副总统需要参议员总数的过半数票。但依宪法无资格担任总统的人,也无资格担任合众国副总统。

## 第十三条修正案

〔1865年1月31日提出,1865年12月6日批准〕

**第一款** 在合众国境内受合众国管辖的任何地方,奴隶制和强制劳役都不得存在,但作为对于依法判罪的人的犯罪的惩罚除外。

**第二款** 国会有权以适当立法实施本条。

## 第十四条修正案

〔1866年6月13日提出,1868年7月9日批准〕

**第一款** 所有在合众国出生或归化合众国并受其管辖的人,都是合众国的和他们居住州的公民。任何一州,都不得制定或实施限制合众国公民的特权或豁免权的任何法律;不经正当法律程序,不得剥夺任何人的生命、自由或财产;在州管辖范围内,也不得拒绝给予任何人以平等法律保护。

**第二款** 众议员名额,应按各州人口比例进行分配,此人口数包括一州的全部人口数,但不包括未被征税的印第安人。但在选举合众国

---

① 已由第二十条修正案第三款代替。

总统和副总统选举人、国会众议员、州行政和司法官员或州立法机构成员的任何选举中,一州的〔年满二十一岁〕①并且是合众国公民的任何男性居民,除因参加叛乱或其他犯罪外,如其选举权遭到拒绝或受到任何方式的限制,则该州代表权的基础,应按以上男性公民的人数同该州年满二十一岁男性公民总人数的比例予以削减。

**第三款**　无论何人,凡先前曾以国会议员、或合众国官员、或任何州立法机构成员、或任何州行政或司法官员的身份宣誓维护合众国宪法,以后又对合众国作乱或反叛,或给予合众国敌人帮助或鼓励,都不得担任国会参议员或众议员、或总统和副总统选举人,或担任合众国或任何州属下的任何文职或军职官员。但国会得以两院各三分之二的票数取消此种限制。

**第四款**　对于法律批准的合众国公共债务,包括因支付平定作乱或反叛有功人员的年金和奖金而产生的债务,其效力不得有所怀疑。但无论合众国或任何一州,都不得承担或偿付因援助对合众国的作乱或反叛而产生的任何债务或义务,或因丧失或解放任何奴隶而提出的任何赔偿要求;所有这类债务、义务和要求,都应该被认为是非法和无效的。

**第五款**　国会有权以适当立法实施本条规定。

## 第十五条修正案

〔1869年2月26日提出,1870年2月3日批准〕

**第一款**　合众国公民的选举权,不得因种族、肤色或以前是奴隶而被合众国或任何一州加以拒绝或限制。

**第二款**　国会有权以适当立法实施本条。

---

① 已由第二十六条修正案修正。

## 第十六条修正案

〔1909年7月2日提出,1913年2月3日批准〕

国会有权对任何来源的收入规定和征收所得税,无须在各州按比例进行分配,也无须考虑任何人口普查或人口统计。

## 第十七条修正案

〔1912年5月13日提出,1913年4月8日批准〕

合众国参议院由每州人民选举的两名参议员组成,任期六年;每名参议员有一票表决权。每个州的选举人应具备该州州立法机构人数最多一院选举人所必需的资格。

任何一州在参议院的代表出现缺额时,该州行政当局应发布选举令,以填补此项缺额。但任何一州的议会,在人民依该议会指示举行选举填补缺额以前,得授权本州行政长官任命临时参议员。

本条修正案不得作如此解释,以致影响在本条修正案作为宪法的一部分生效以前当选的任何参议员的选举或任期。

## 第十八条修正案

〔1917年12月18日提出,1919年1月16日批准〕

**第一款** 本条批准一年后,禁止在合众国及其管辖下的一切领土内酿造、出售和运送作为饮料的致醉酒类;禁止此类酒类输入或输出合众国及其管辖下的一切领土。

**第二款** 国会和各州都有权以适当立法实施本条。

**第三款** 本条除非在国会将其提交各州之日起七年以内,由各州立法机构按本宪法规定批准为宪法修正案,不得发生效力。①

## 第十九条修正案

〔1919年6月4日提出,1920年8月18日批准〕

合众国公民的选举权,不得因性别而被合众国或任何一州加以拒绝或限制。

国会有权以适当立法实施本条。

## 第二十条修正案

〔1932年3月2日提出,1933年1月23日批准〕

**第一款** 总统和副总统的任期在本条未获批准前原定任期届满之年的一月二十日正午结束,参议员和众议员的任期在本条未获批准前原定任期届满之年的一月三日正午结束,他们继任人的任期在同时开始。

**第二款** 国会每年应至少开会一次,除国会以法律另订日期外,此会议在一月三日正午开始。

**第三款** 如当选总统在规定总统任期开始的时间已经死亡,当选副总统应成为总统。如在规定总统任期开始的时间以前,总统尚未选出,或当选总统不合乎资格,则当选副总统应代理总统直到一名总统已合乎资格时为止。在当选总统和当选副总统都不合乎资格时,国会得以法律规定代理总统之人,或宣布选出代理总统的办法。此人应代理总统直到一名总统或副总统合乎资格时为止。

**第四款** 国会得以法律对以下情况作出规定:在选举总统的权利转移到众议院时,而可被该院选为总统的人中有人死亡;在选举副

---

① 已由第二十一条修正案废除。

总统的权利转移到参议院时,而可被该院选为副总统的人中有人死亡。

**第五款** 第一款和第二款应在本条批准以后的十月十五日生效。

**第六款** 本条除非在其提交各州之日起七年以内,由四分之三州立法机构批准为宪法修正案,不得发生效力。

## 第二十一条修正案

〔1933年2月20日提出,1933年12月5日批准〕

**第一款** 美利坚合众国宪法修正案第十八条现予作废。

**第二款** 在合众国任何州、领地或属地内,凡违反当地法律为在当地发货或使用而运送或输入致醉酒类,均予以禁止。

**第三款** 本条除非在国会将其提交各州之日起七年以内,由各州制宪会议依本宪法规定批准为宪法修正案,不得发生效力。

## 第二十二条修正案

〔1947年3月21日提出,1951年2月27日批准〕

**第一款** 无论何人,当选担任总统职务不得超过两次;无论何人,在他人当选总统任期内担任总统职务或代理总统两年以上,不得当选担任总统职务一次以上。但本条不适用于在国会提出本条时正在担任总统职务的任何人;也不妨碍本条在一届总统任期内生效时正在担任总统职务或代理总统的任何人,在此届任期结束前继续担任总统职务或代理总统。

**第二款** 本条除非在国会将其提交各州之日起七年以内,由四分之三州立法机构批准为宪法修正案,不得发生效力。

## 第二十三条修正案

〔1960年6月16日提出,1961年3月29日批准〕

**第一款** 合众国政府所在的特区,应依国会规定方式选派:一定数目的总统和副总统选举人,其人数如同特区是一个州一样,等于它在国会有权拥有的参议员和众议员人数的总和,但决不得超过人口最少之州的选举人人数。他们是在各州所选派的选举人以外增添的人,但为了选举总统和副总统的目的,应被视为一个州选派的选举人;他们在特区集会,履行第十二条修正案所规定的职责。

**第二款** 国会有权以适当立法实施本条。

## 第二十四条修正案

〔1962年8月27日提出,1964年1月23日批准〕

**第一款** 合众国公民在总统或副总统、总统或副总统选举人、或国会参议员或众议员的任何预选或其他选举中的选举权,不得因未交纳任何人头税或其他税而被合众国或任何一州加以拒绝或限制。

**第二款** 国会有权以适当立法实施本条。

## 第二十五条修正案

〔1965年7月6日提出,1967年2月10日批准〕

**第一款** 如遇总统免职、死亡或辞职,副总统应成为总统。

**第二款** 凡当副总统职位出缺时,总统应提名一名副总统,经国会两院都以过半数票批准后就职。

**第三款** 凡当总统向参议院临时议长和众议院议长提交书面声

明,声称他不能够履行其职务的权力和责任,直至他向他们提交一份相反的声明为止,其权力和责任应由副总统作为代理总统履行。

**第四款** 凡当副总统和行政各部长官的多数或国会以法律设立的其他机构成员的多数,向参议院临时议长和众议院议长提交书面声明,声称总统不能够履行总统职务的权力和责任时,副总统应立即作为代理总统承担总统职务的权力和责任。

此后,当总统向参议院临时议长和众议院议长提交书面声明,声称丧失能力的情况不存在时,他应恢复总统职务的权力和责任,除非副总统和行政各部长官的多数或国会以法律设立的其他机构成员的多数在四天之内向参议院临时议长和众议院议长提交书面声明,声称总统不能够履行总统职务的权力和责任。在此种情况下,国会应决定这一问题,如在休会期间,应为此目的在四十八小时以内集会。如国会在收到后一书面声明后的二十一天以内,或如适逢休会期间,则在国会按照要求集合以后的二十一天以内,以两院的三分之二的票数决定总统不能够履行总统职务的权力和责任,副总统应继续作为代理总统履行总统职务的权力和责任;否则总统应恢复总统职务的权力和责任。

## 第二十六条修正案

〔1971年3月23日提出,1971年7月1日批准〕

**第一款** 年满十八岁和十八岁以上的合众国公民的选举权,不得因为年龄而被合众国或任何一州加以拒绝或限制。

**第二款** 国会有权以适当立法实施本条。

## 第二十七条修正案

〔1789年9月25日提出,1992年5月7日批准〕

改变参议员和众议员服务报酬的法律,在众议员选举举行之前都不得生效。

美国宪法中译文取自:李道揆:《美国政府和美国政治》(北京:商务印书馆,1999年),下册,第775—799页。本书作者对个别词句略有修订,并根据美国国家档案馆公布的资料对第十二、十六、二十二、二十七条修正案的提出和批准日期进行了修订。

# 附录二　美国各州加入联邦的日期

| 顺　序 | 州　名 | | 加入联邦时间 |
|---|---|---|---|
| （原始州） | | | |
| 1 | 特拉华 | Delaware | 1787 年 12 月 7 日 |
| 2 | 宾夕法尼亚 | Pennsylvania | 1787 年 12 月 12 日 |
| 3 | 新泽西 | New Jersey | 1787 年 12 月 18 日 |
| 4 | 佐治亚 | Georgia | 1788 年 1 月 2 日 |
| 5 | 康涅狄格 | Connecticut | 1788 年 1 月 9 日 |
| 6 | 马萨诸塞 | Massachusetts | 1788 年 2 月 6 日 |
| 7 | 马里兰 | Maryland | 1788 年 4 月 28 日 |
| 8 | 南卡罗来纳 | South Carolina | 1788 年 5 月 23 日 |
| 9 | 新罕布什尔 | New Hampshire | 1788 年 6 月 21 日 |
| 10 | 弗吉尼亚 | Virginia | 1788 年 6 月 25 日 |
| 11 | 纽约 | New York | 1788 年 7 月 26 日 |
| 12 | 北卡罗来纳 | North Carolina | 1789 年 11 月 21 日 |
| 13 | 罗得岛 | Rhode Island | 1790 年 5 月 29 日 |
| （18 世纪） | | | |
| 14 | 佛蒙特 | Vermont | 1791 年 3 月 4 日 |
| 15 | 肯塔基 | Kentucky | 1792 年 6 月 1 日 |
| 16 | 田纳西 | Tennessee | 1796 年 6 月 1 日 |
| （19 世纪） | | | |
| 17 | 俄亥俄 | Ohio | 1803 年 3 月 1 日 |
| 18 | 路易斯安那 | Louisiana | 1812 年 4 月 30 日 |
| 19 | 印第安纳 | Indiana | 1816 年 12 月 11 日 |
| 20 | 密西西比 | Mississippi | 1817 年 12 月 10 日 |
| 21 | 伊利诺伊 | Illinois | 1818 年 12 月 3 日 |
| 22 | 阿拉巴马 | Alabama | 1819 年 12 月 4 日 |
| 23 | 缅因 | Maine | 1820 年 3 月 5 日 |
| 24 | 密苏里 | Missouri | 1821 年 8 月 10 日 |
| 25 | 阿肯色 | Arkansas | 1836 年 6 月 15 日 |

续　表

| 顺序 | 州名 | | 加入联邦时间 |
|---|---|---|---|
| 26 | 密歇根 | Michigan | 1837年1月26日 |
| 27 | 佛罗里达 | Florida | 1845年3月3日 |
| 28 | 得克萨斯 | Texas | 1845年12月29日 |
| 29 | 艾奥瓦 | Iowa | 1846年12月28日 |
| 30 | 威斯康星 | Wisconsin | 1848年5月29日 |
| 31 | 加利福尼亚 | California | 1850年5月9日 |
| 32 | 明尼苏达 | Minnesota | 1858年5月11日 |
| 33 | 俄勒冈 | Oregon | 1859年2月14日 |
| 34 | 堪萨斯 | Kansas | 1861年1月29日 |
| 35 | 西弗吉尼亚 | West Virginia | 1863年6月20日 |
| 36 | 内华达 | Nevada | 1864年10月31日 |
| 37 | 内布拉斯加 | Nebraska | 1867年3月1日 |
| 38 | 科罗拉多 | Colorado | 1876年8月1日 |
| 39 | 北达科他 | North Dakota | 1889年11月2日 |
| 40 | 南达科他 | South Dakota | 1889年11月2日 |
| 41 | 蒙大拿 | Montana | 1889年11月8日 |
| 42 | 华盛顿 | Washington | 1889年11月11日 |
| 43 | 爱达荷 | Idaho | 1890年7月3日 |
| 44 | 怀俄明 | Wyoming | 1890年7月10日 |
| 45 | 犹他 | Utah | 1896年1月4日 |
| (20世纪) | | | |
| 46 | 俄克拉荷马 | Oklahoma | 1907年11月16日 |
| 47 | 新墨西哥 | New Mexico | 1912年1月6日 |
| 48 | 亚利桑那 | Arizona | 1912年2月14日 |
| 49 | 阿拉斯加 | Alaska | 1959年1月3日 |
| 50 | 夏威夷 | Hawaii | 1959年8月21日 |

# 附录三 美国历任总统和历届国会两院党派力量对比(1789—2022)

本附录体例说明:

(1)每届国会任期两年,每届总统任期为四年,故在每一届总统任期内有两届国会,如乔治·华盛顿的第一届总统任期是1789—1793,他任期内的两届国会分别是第1届国会(1789—1791)和第2届国会(1791—1793)。

(2)早期的总统就职时间一般在任期开始之年的三月四日,国会同时开会。1933年批准的第二十条宪法修正案规定:现任总统和副总统的任期在届满之年的一月二十日的正午结束,当选总统和副总统同时就任。现任参议员和众议员的任期在届满之年的一月三日的正午结束,他们继任人的任期在同一时间开始。这条修正案同时规定:国会每年至少开会一次,除国会以法律形式另定日期外,每届国会开会时间为任期开始之年的一月三日。

(3)参众两院分别列出历届国会中的力量对比。如第1届国会参议院的力量对比为:该届参议院共有参议员26人,其中17人为支持行政部门派别的,另外9人是反对行政部门派别的。因为当时政党还没有形成,两派之间的界限划分以是否经常性地支持或反对行政部门(也就是华盛顿政府)的政策为界。当代国会的政党力量对比以民主党和共和党两党制为基础,如第102届国会(1991—1993)的参议院共有100名参议员,其中56人宣称是民主党人,44人是共和党人。

(4)总统和国会两院议员政党或政治派别属性名称的缩写如下:Ad—Administration(行政部门);AM—Anti-Masonic(反共济会派);C—Coalition(联合派);D—Democratic(民主党人);DR—Democratic-Republican(民主共和党人);F—Federalist(联邦党人);J—Jacksonian(杰克逊派);NR—National Republican(国民共和党人);Op—Opposition(反对派);R—Republican(共和党人);U—Unionist(支持联邦派);W—Whig(辉格党人)。

| 国会(届) | 国会任期 | 总统(政党) | 参议院 多数党/少数党/其他 | 众议院 多数党/少数党/其他 |
|---|---|---|---|---|
| 1 | 1789—1791 | 乔治·华盛顿 George Washington(F) | 17(Ad)/9(Op)/0 | 38(Ad)/26(Op)/0 |
| 2 | 1791—1793 | 乔治·华盛顿 George Washington(F) | 16(F)/13(DR)/0 | 37(F)/33(DR)/0 |
| 3 | 1794—1795 | 乔治·华盛顿 George Washington(F) | 17(F)/13(DR)/0 | 57(DR)/48(F)/0 |
| 4 | 1795—1797 | 乔治·华盛顿 George Washington(F) | 19(F)/13(DR)/0 | 54(F)/52(DR)/0 |
| 5 | 1797—1799 | 约翰·亚当斯 John Adams(F) | 20(F)/12(DR)/0 | 58(F)/48(DR)/0 |
| 6 | 1799—1801 | 约翰·亚当斯 John Adams(F) | 19(DR)/13(F)/0 | 64(F)/42(DR)/0 |
| 7 | 1801—1803 | 托马斯·杰斐逊 Thomas Jefferson(DR) | 18(DR)/14(F)/0 | 69(DR)/36(F)/0 |
| 8 | 1803—1805 | 托马斯·杰斐逊 Thomas Jefferson(DR) | 25(DR)/9(F)/0 | 102(DR)/39(F)/0 |
| 9 | 1805—1807 | 托马斯·杰斐逊 Thomas Jefferson(DR) | 27(DR)/7(F)/0 | 116(DR)/25(F)/0 |
| 10 | 1807—1809 | 托马斯·杰斐逊 Thomas Jefferson(DR) | 28(DR)/6(F)/0 | 118(DR)/24(F)/0 |
| 11 | 1809—1811 | 詹姆斯·麦迪逊 James Madison(DR) | 28(DR)/6(F)/0 | 94(DR)/48(F)/0 |
| 12 | 1811—1813 | 詹姆斯·麦迪逊 James Madison(DR) | 30(DR)/6(F)/0 | 108(DR)/36(F)/0 |
| 13 | 1813—1815 | 詹姆斯·麦迪逊 James Madison(DR) | 27(DR)/9(F)/0 | 112(DR)/68(F)/0 |
| 14 | 1815—1817 | 詹姆斯·麦迪逊 James Madison(DR) | 25(DR)/11(F)/0 | 117(DR)/65(F)/0 |
| 15 | 1817—1819 | 詹姆斯·门罗 James Monroe(DR) | 34(DR)/10(F)/0 | 141(DR)/42(F)/0 |
| 16 | 1819—1821 | 詹姆斯·门罗 James Monroe(DR) | 35(DR)/7(F)/0 | 156(DR)/27(F)/0 |
| 17 | 1821—1823 | 詹姆斯·门罗 James Monroe(DR) | 44(DR)/4(F)/0 | 158(DR)/25(F)/0 |
| 18 | 1823—1825 | 詹姆斯·门罗 James Monroe(DR) | 44(DR)/4(F)/0 | 187(DR)/26(F)/0 |
| 19 | 1825—1827 | 约翰·昆西·亚当斯 John Q. Adams(C) | 26(Ad)/20(J)/0 | 105(Ad)/97(J)/0 |
| 20 | 1827—1829 | 约翰·昆西·亚当斯 John Q. Adams(C) | 28(J)/20(Ad)/0 | 119(J)/94(Ad)/0 |

续 表

| 国会(届) | 国会任期 | 总统（政党） | 参议院 多数党/少数党/其他 | 众议院 多数党/少数党/其他 |
|---|---|---|---|---|
| 21 | 1829—1831 | 安德鲁·杰克逊 Andrew Jackson（D） | 26(D)/22(NR)/0 | 139(D)/74(NR)/0 |
| 22 | 1831—1833 | | 25(D)/21(NR)/2 | 141(D)/58(NR)/14 |
| 23 | 1833—1835 | 安德鲁·杰克逊 Andrew Jackson（D） | 20(D)/20(NR)/8 | 147(D)/53(AM)/60 |
| 24 | 1835—1837 | | 27(D)/25(W)/0 | 145(D)/98(W)/14 |
| 25 | 1837—1839 | 马丁·范布伦 Martin Van Buren（D） | 30(D)/18(W)/4 | 108(D)/107(W)/24 |
| 26 | 1839—1841 | | 124(D)/118(W)/0 | 28(D)/22(W)/0 |
| 27 | 1841—1841 | 威廉·哈里森① William Harrison（W） | 28(W)/22(D)/2 | 133(W)/102(D)/6 |
| | 1841—1843 | 约翰·泰勒 John Tyler（W） | | |
| 28 | 1843—1845 | 约翰·泰勒 John Tyler（W） | 28(W)/25(D)/0 | 142(D)/79(W)/1 |
| 29 | 1845—1847 | 詹姆斯·波尔克 James Polk（D） | 31(D)/25(W)/0 | 143(D)/77(W)/6 |
| 30 | 1847—1849 | | 36(D)/21(W)/0 | 115(D)/108(W)/4 |
| 31 | 1849—1850 | 扎卡里·泰勒② Zachary Taylor（W） | 35(D)/25(W)/2 | 112(D)/109(W)/9 |
| | 1850—1851 | 米勒德·费尔莫尔 Millard Fillmore（W） | | |
| 32 | 1851—1853 | 米勒德·费尔莫尔 Millard Fillmore（W） | 35(D)/24(W)/3 | 140(D)/88(W)/5 |
| 33 | 1853—1855 | 富兰克林·皮尔斯 Franklin Pierce（D） | 38(D)/22(W)/2 | 159(D)/71(W)/4 |
| 34 | 1855—1857 | | 40(D)/15(R)/5 | 108(R)/83(D)/43 |

① 威廉·哈里森于1841年4月4日（就职后一个月）因患肺炎去世，未能完成任期，总统职务由副总统约翰·泰勒接任。
② 扎卡里·泰勒于1850年7月9日（就任一年又4个月）因病去世，总统职位由副总统米勒德·费尔莫德·费尔莫尔接任。

续表

| 国会(届) | 国会任期 | 总统(政党) | 参议院 多数党/少数党/其他 | 众议院 多数党/少数党/其他 |
| --- | --- | --- | --- | --- |
| 35 | 1857—1859 | 詹姆斯·布坎南 James Buchanan(D) | 36(D)/20(R)/0 | 118(D)/92(R)/26 |
| 36 | 1859—1861 | | 36(D)/26(R)/4 | 114(R)/92(D)/31 |
| 37 | 1861—1863 | 亚伯拉罕·林肯 Abraham Lincoln(R) | 31(R)/10(D)/8 | 105(R)/43(D)/30 |
| 38 | 1863—1865 | | 36(R)/9(D)/5 | 102(R)/75(D)/9 |
| 39 | 1865—1865 | 亚伯拉罕·林肯① Abraham Lincoln(R) | 42(U)/10(D)/0 | 149(U)/42(D)/0 |
| | 1865—1867 | 安德鲁·约翰逊 Andrew Johnson(R) | | |
| 40 | 1867—1869 | 安德鲁·约翰逊 Andrew Johnson(R) | 42(R)/10(D)/0 | 143(R)/49(D)/0 |
| 41 | 1869—1871 | 尤利塞斯·格兰特 Ulysses S. Grant(R) | 56(R)/11(D)/0 | 149(R)/63(D)/0 |
| 42 | 1871—1873 | | 52(R)/17(D)/5 | 134(R)/104(D)/0 |
| 43 | 1873—1875 | 尤利塞斯·格兰特 Ulysses S. Grant(R) | 49(R)/19(D)/5 | 194(R)/92(D)/14 |
| 44 | 1875—1877 | | 45(R)/29(D)/2 | 169(D)/109(R)/14 |
| 45 | 1877—1879 | 拉瑟福特·海斯 Rutherford. B. Hayes(R) | 39(R)/36(D)/1 | 153(D)/140(R)/0 |
| 46 | 1879—1881 | | 42(D)/33(R)/1 | 149(D)/130(R)/14 |
| 47 | 1881—1881 | 詹姆斯·加菲尔德② James A. Garfield(R) | 37(R)/37(D)/1 | 147(R)/135(D)/11 |
| | 1881—1883 | 切斯特·阿瑟 Chester Arthur(R) | | |
| 48 | 1883—1885 | 切斯特·阿瑟 Chester Arthur(R) | 38(R)/36(D)/2 | 197(D)/118(R)/10 |

① 亚伯拉罕·林肯于1865年4月14日(第二次就职后一月又10天)遇刺,次日身亡,未能完成第二届任期,总统职位由副总统安德鲁·约翰逊接任。
② 詹姆斯·加菲尔德于1881年7月2日遇刺,9月19日不治身亡。总统职位由副总统切斯特·阿瑟接任。

续 表

| 国会(届) | 国会任期 | 总统（政党） | 参议院 多数党/少数党/其他 | 众议院 多数党/少数党/其他 |
|---|---|---|---|---|
| 49 | 1885—1887 | 格罗夫·克里夫兰 Grove Cleveland(D) | 43(R)/34(D)/0 | 183(R)/140(D)/2 |
| 50 | 1887—1889 | 格罗夫·克里夫兰 Grove Cleveland(D) | 39(R)/37(D)/0 | 169(D)/152(R)/4 |
| 51 | 1889—1891 | 本杰明·哈里森 Benjamin Harrison(R) | 39(R)/37(D)/0 | 166(R)/159(D)/0 |
| 52 | 1891—1893 | 本杰明·哈里森 Benjamin Harrison(R) | 47(R)/39(D)/2 | 235(D)/88(R)/9 |
| 53 | 1893—1895 | 格罗夫·克里夫兰 Grove Cleveland(D) | 44(D)/38(R)/3 | 218(D)/127(R)/11 |
| 54 | 1895—1897 | 格罗夫·克里夫兰 Grove Cleveland(D) | 43(R)/39(D)/6 | 244(R)/105(D)/7 |
| 55 | 1897—1899 | 威廉·麦金利 William McKinley(R) | 47(R)/34(D)/7 | 204(R)/113(D)/40 |
| 56 | 1899—1901 | 威廉·麦金利 William McKinley(R) | 53(R)/26(D)/8 | 185(R)/163(D)/9 |
| 57 | 1901—1901 | 威廉·麦金利① William McKinley(R) | 55(R)/31(D)/4 | 197(R)/151(D)/9 |
| 57 | 1901—1903 | 西奥多·罗斯福 Theodore Roosevelt(R) | | |
| 58 | 1903—1905 | 西奥多·罗斯福 Theodore Roosevelt(R) | 57(R)/33(D)/0 | 208(R)/178(D)/0 |
| 59 | 1905—1907 | 西奥多·罗斯福 Theodore Roosevelt(R) | 57(R)/33(D)/0 | 250(R)/136(D)/0 |
| 60 | 1907—1909 | 西奥多·罗斯福 Theodore Roosevelt(R) | 61(R)/31(D)/0 | 222(R)/164(D)/0 |
| 61 | 1909—1911 | 威廉·塔夫托 William H. Taft(R) | 61(R)/32(D)/0 | 219(R)/172(D)/0 |
| 62 | 1911—1913 | 威廉·塔夫托 William H. Taft(R) | 51(R)/41(D)/0 | 228(D)/161(R)/0 |
| 63 | 1913—1915 | 伍德罗·威尔逊 Woodrow Wilson(D) | 51(D)/44(R)/1 | 291(D)/127(R)/17 |
| 64 | 1915—1917 | 伍德罗·威尔逊 Woodrow Wilson(D) | 56(D)/40(R)/0 | 230(D)/196(R)/9 |

① 威廉·麦金利于1901年9月6日遇刺，14日身亡，未能完成第二届任期。总统职位由副总统西奥多·罗斯福接任。

续 表

| 国会(届) | 国会任期 | 总统（政党） | 参议院<br>多数党/少数党/其他 | 众议院<br>多数党/少数党/其他 |
|---|---|---|---|---|
| 65 | 1917—1919 | 伍德罗·威尔逊 | Woodrow Wilson(D) | 53(D)/42(R)/0 | 216(D)/210(R)/6 |
| 66 | 1919—1921 | 沃伦·哈定① | Warren Harding(R) | 49(R)/47(D)/0 | 240(R)/190(D)/3 |
| 67 | 1921—1923 | 沃伦·哈定① | Warren Harding(R) | 59(R)/37(D)/0 | 303(R)/131(D)/1 |
| 68 | 1923—1925 | 卡尔文·柯立芝 | Calvin Coolidge(R) | 51(R)/43(D)/2 | 225(R)/205(D)/5 |
| 69 | 1925—1927 | 卡尔文·柯立芝 | Calvin Coolidge(R) | 56(R)/39(D)/1 | 247(R)/183(D)/4 |
| 70 | 1927—1929 | 卡尔文·柯立芝 | Calvin Coolidge(R) | 49(R)/46(D)/1 | 237(R)/195(D)/3 |
| 71 | 1929—1931 | 赫伯特·胡佛 | Herbert Hoover(R) | 56(R)/39(D)/1 | 237(R)/195(D)/1 |
| 72 | 1931—1933 | 赫伯特·胡佛 | Herbert Hoover(R) | 48(R)/47(D)/1 | 220(D)/214(R)/1 |
| 73 | 1933—1935 | 富兰克林·罗斯福 | Franklin D. Roosevelt(D) | 48(R)/47(D)/1 | 310(D)/117(R)/5 |
| 74 | 1935—1937 | 富兰克林·罗斯福 | Franklin D. Roosevelt(D) | 69(D)/25(R)/2 | 319(D)/103(R)/10 |
| 75 | 1937—1939 | 富兰克林·罗斯福 | Franklin D. Roosevelt(D) | 76(D)/16(R)/4 | 331(D)/89(R)/13 |
| 76 | 1939—1941 | 富兰克林·罗斯福 | Franklin D. Roosevelt(D) | 69(D)/23(R)/4 | 261(D)/164(R)/4 |
| 77 | 1941—1943 | 富兰克林·罗斯福 | Franklin D. Roosevelt(D) | 66(D)/28(R)/2 | 268(D)/162(R)/5 |
| 78 | 1943—1945 | 富兰克林·罗斯福 | Franklin D. Roosevelt(D) | 58(D)/37(R)/1 | 218(D)/208(R)/4 |
| 79 | 1945—1945 | 富兰克林·罗斯福② | Franklin D. Roosevelt(D) | 56(D)/38(R)/1 | 242(D)/190(R)/2 |
|  | 1945—1947 | 哈里·杜鲁门 | Harry Truman(D) |  |  |

① 沃伦·哈定于1923年8月2日在访问阿拉斯加后返回旧金山的途中突然去世，总统职位由副总统卡尔文·柯立芝接任。
② 富兰克林·罗斯福是唯一一位四次连选连任的美国总统。他于1945年4月12日因脑溢血突然病逝，总统职位由副总统哈里·杜鲁门接任。

续 表

| 国会(届) | 国会任期 | 总统（政党） | 参议院 多数党/少数党/其他 | 众议院 多数党/少数党/其他 |
|---|---|---|---|---|
| 80 | 1947—1949 | 哈里·杜鲁门 | Harry Truman(D) | 45(D)/38(R)/0 | 245(R)/188(D)/1 |
| 81 | 1949—1951 | 哈里·杜鲁门 | Harry Truman(D) | 54(D)/42(R)/0 | 263(D)/171(R)/1 |
| 82 | 1951—1953 | | | 49(D)/47(R)/0 | 234(D)/199(R)/1 |
| 83 | 1953—1955 | 德怀特·艾森豪威尔 | Dwight Eisenhower(R) | 48(R)/47(D) | 221(R)/211(D)/1 |
| 84 | 1955—1957 | | | 48(D)/47(R)/1 | 232(D)/203(R)/0 |
| 85 | 1957—1959 | 德怀特·艾森豪威尔 | Dwight Eisenhower(R) | 49(D)/47(R)/0 | 233(D)/220(R)/0 |
| 86 | 1959—1961 | | | 65(D)/35(R)/0 | 284(D)/153(R)/0 |
| 87 | 1961—1963 | 约翰·肯尼迪① | John F. Kennedy(D) | 65(D)/35(R)/0 | 263(D)/174(R)/0 |
| 88 | 1963—1965 | 林登·约翰逊 | Lyndon B. Johnson(D) | 67(D)/33(R)/0 | 258(D)/177(R)/0 |
| 89 | 1965—1967 | 林登·约翰逊 | Lyndon B. Johnson(D) | 68(D)/32(R)/0 | 295(D)/140(R)/0 |
| 90 | 1967—1969 | | | 64(D)/36(R)/0 | 247(D)/187(R)/0 |
| 91 | 1969—1971 | 理查德·尼克松 | Richard Nixon(R) | 57(D)/43(R)/0 | 243(D)/192(R)/0 |
| 92 | 1971—1973 | | | 54(D)/44(R)/2 | 254(D)/180(R)/0 |
| 93 | 1973—1973 | 理查德·尼克松② | Richard Nixon(R) | 56(D)/44(R)/0 | 239(D)/192(R)/0 |
| | 1973—1975 | 杰拉尔德·福特 | Gerald Ford(R) | | |

① 约翰·肯尼迪于1963年11月22日遇刺身亡，副总统林登·约翰逊接任总统职位。

② 理查德·尼克松因"水门事件"丑闻于1973年8月7日宣布辞职，未能完成第二届任期，副总统杰拉尔德·福特接任总统。尼克松是美国历史上唯一一位主动辞职的总统。

续 表

| 国会(届) | 国会任期 | 总统(政党) | | 参议院 多数党/少数党 | 众议院 多数党/少数党/其他 |
|---|---|---|---|---|---|
| 94 | 1975—1977 | 杰拉尔德·福特 | Gerald Ford(R) | 60(D)/37(R)/2 | 291(D)/144(R)/0 |
| 95 | 1977—1979 | 吉米·卡特 | Jimmy Carter(D) | 61(D)/38(R)/1 | 292(D)/143(R)/0 |
| 96 | 1979—1981 | 吉米·卡特 | Jimmy Carter(D) | 58(D)/41(R)/1 | 276(D)/157(R)/0 |
| 97 | 1981—1983 | 罗纳德·里根 | Ronald Reagan(R) | 53(R)/46(D)/1 | 243(D)/192(R)/0 |
| 98 | 1983—1985 | 罗纳德·里根 | Ronald Reagan(R) | 54(R)/46(D)/0 | 269(D)/165(R)/0 |
| 99 | 1985—1987 | 罗纳德·里根 | Ronald Reagan(R) | 53(R)/47(D)/0 | 252(D)/182(R)/0 |
| 100 | 1987—1989 | 罗纳德·里根 | Ronald Reagan(R) | 55(R)/45(D)/0 | 258(D)/177(R)/0 |
| 101 | 1989—1991 | 乔治·布什 | George H. W. Bush(R) | 55(D)/45(R)/0 | 259(D)/174(R)/0 |
| 102 | 1991—1993 | 乔治·布什 | George H. W. Bush(R) | 56(D)/44(R)/0 | 267(D)/167(R)/1 |
| 103 | 1993—1995 | 威廉·克林顿 | William Clinton(D) | 57(D)/43(R)/0 | 258(D)/176(R)/1 |
| 104 | 1995—1997 | 威廉·克林顿 | William Clinton(D) | 52(R)/48(D)/0 | 230(R)/204(D)/1 |
| 105 | 1997—1999 | 威廉·克林顿 | William Clinton(D) | 55(R)/45(D)/0 | 228(R)/206(D)/1 |
| 106 | 1999—2001 | 威廉·克林顿 | William Clinton(D) | 55(R)/45(D)/0 | 223(R)/211(D)/1 |
| 107 | 2001—2003 | 乔治·W. 布什 | George W. Bush(R) | 50(R)/50(D)/0 | 221(R)/221(D)/2 |
| 108 | 2003—2005 | 乔治·W. 布什 | George W. Bush(R) | 51(R)/48(D)/1 | 229(R)/204(D)/1 |
| 109 | 2005—2007 | 乔治·W. 布什 | George W. Bush(R) | 55(R)/44(D)/1 | 232(R)/202(D)/1 |
| 110 | 2007—2009 | 乔治·W. 布什 | George W. Bush(R) | 49(R)/49(D)/2 | 233(D)/202(R)/0 |
| 111 | 2009—2011 | 巴拉克·奥巴马 | Barack Obama(D) | 57(D)/41(R)/2 | 257(D)/178(R)/0 |
| 112 | 2011—2013 | 巴拉克·奥巴马 | Barack Obama(D) | 51(D)/47(R)/2 | 242(R)/193(D)/0 |

续表

| 国会(届) | 国会任期 | 总统（政党） | 国会 多数党/少数党/其他 参议院 | 国会 多数党/少数党/其他 众议院 |
|---|---|---|---|---|
| 113 | 2013—2015 | Barack Obama(D) 巴拉克·奥巴马 | 53(D)/45(R)/2 | 234(R)/201(D)/2 |
| 114 | 2015—2017 | | 54(R)/44(D)/2 | 247(R)/201(D)/0 |
| 115 | 2017—2019 | Donald J. Trump (R) 唐纳德·特朗普 | 51(R)/44(D)/2 | 247(R)/194(D)/0 |
| 114 | 2019—2021 | | 53(R)/45(D)/2 | 233(D)/199(R)/0① |
| 117 | 2021—2023 | Joseph Biden Jr. (D) 约瑟夫·拜登 | 48(D)/50(R)/2② | 222(D)/212(R)/0③ |

资料来源：*Encyclopedia of American History*, 7<sup>th</sup> ed., ed. Jeffrey B. Morris and Richard B. Morris (New York: HarperCollins Publishers, 1996); *The Concise Columbia Encyclopedia*, ed. Judith S. Levey and Agnes Greenhall (New York: Columbia University Press, 1983); *Congressional Quarterly's Guide to U. S. Elections*, 3<sup>rd</sup> ed. (Washington: Congressional Quarterly, Inc., 1994); 第 104—117 届国会党派力量资料来源见：https://www.senate.gov/history/partydiv.htm; https://history.house.gov/Institution/Party-Divisions/Party-Divisions/。

① 北卡罗来纳州在本届国会开幕前尚未提交第 9 国会议员选区的选举结果的认证。
② 两位独立派（Independent）参议员参与参议员民主党党团会议，加上民主党人副总统哈里斯（Kamala Harris）作为参议院院长握有打破 50/50 僵局的关键一票，故民主党为此届国会参议院的多数党。
③ 纽约州在本届国会开幕前尚未提交第 22 国会议员选区的选举结果的认证。

# 附录四 美国联邦最高法院法官（1789—2022）

（黑体标示者为首席大法官）

| 大法官 | | 任命时居住州 | 任期 | 任期年数 | 任命总统 |
|---|---|---|---|---|---|
| 约翰·杰伊 | **John Jay** | 纽约 | 1789—1795 | 6 | 华盛顿 |
| 约翰·拉特利奇 | John Rutledge | 南卡罗来纳 | 1789—1790 | 2 | 华盛顿 |
| 威廉·库欣 | William Cushing | 马萨诸塞 | 1789—1810 | 21 | 华盛顿 |
| 詹姆斯·威尔逊 | James Wilson | 宾夕法尼亚 | 1789—1798 | 9 | 华盛顿 |
| 小约翰·布莱尔 | John Blair, Jr. | 弗吉尼亚 | 1789—1796 | 7 | 华盛顿 |
| 罗伯特·哈里森 | Robert H. Harrison | 马里兰 | 1789—1790 | 1 | 华盛顿 |
| 詹姆斯·艾尔德尔 | James Iredell | 北卡罗来纳 | 1790—1799 | 9 | 华盛顿 |
| 托马斯·约翰逊 | Thomas Johnson | 马里兰 | 1791—1793 | 2 | 华盛顿 |
| 威廉·佩特森 | William Paterson | 新泽西 | 1793—1806 | 13 | 华盛顿 |
| 约翰·拉特利奇 | **John Rutledge**① | 南卡罗来纳 | 1795—1795 | | 华盛顿 |
| 塞缪尔·蔡斯 | Samuel Chase | 马里兰 | 1796—1811 | 15 | 华盛顿 |
| 奥利弗·埃尔斯沃思 | **Oliver Ellsworth** | 康涅狄格 | 1796—1800 | 4 | 华盛顿 |
| 布什罗德·华盛顿 | Bushrod Washington | 弗吉尼亚 | 1798—1829 | 31 | J. 亚当斯 |
| 艾尔弗雷德·莫尔 | Alfred Moore | 北卡罗来纳 | 1799—1804 | 5 | J. 亚当斯 |
| 约翰·马歇尔 | **John Marshall** | 弗吉尼亚 | 1801—1835 | 34 | J. 亚当斯 |
| 威廉·约翰逊 | William Johnson | 南卡罗来纳 | 1804—1834 | 30 | 杰斐逊 |
| 亨利·利文斯顿 | Henry B. Livingston | 纽约 | 1806—1823 | 17 | 杰斐逊 |
| 托马斯·托德 | Thomas Todd | 肯塔基 | 1807—1826 | 19 | 杰斐逊 |

① 代理首席大法官（acting chief justice），任命最终未被参议院批准。

续 表

| 大法官 | | 任命时居住州 | 任期 | 任期年数 | 任命总统 |
|---|---|---|---|---|---|
| 约瑟夫·斯托利 | Joseph Story | 马萨诸塞 | 1811—1845 | 34 | 麦迪逊 |
| 加布里埃尔·杜瓦尔 | Gabriel Duvall | 马里兰 | 1811—1835 | 25 | 麦迪逊 |
| 史密斯·汤普森 | Smith Thompson | 纽约 | 1823—1843 | 20 | 门罗 |
| 罗伯特·特林布尔 | Robert Trimble | 肯塔基 | 1826—1828 | 2 | J. Q. 亚当斯 |
| 约翰·麦克莱恩 | John McLean | 俄亥俄 | 1829—1861 | 32 | 杰克逊 |
| 亨利·鲍德温 | Henry Baldwin | 宾夕法尼亚 | 1830—1844 | 14 | 杰克逊 |
| 詹姆斯·韦恩 | James M Wayne | 佐治亚 | 1835—1867 | 32 | 杰克逊 |
| **罗杰·坦尼** | **Roger B. Taney** | **马里兰** | **1835—1864** | **28** | **杰克逊** |
| 菲利浦·巴伯 | Philip P. Barbour | 弗吉尼亚 | 1835—1841 | 5 | 杰克逊 |
| 约翰·卡特伦 | John Catron | 田纳西 | 1837—1865 | 28 | 范布伦 |
| 约翰·麦金利 | John McKinley | 阿拉巴马 | 1837—1852 | 15 | 范布伦 |
| 皮特·丹尼尔 | Peter V. Daniel | 弗吉尼亚 | 1841—1860 | 19 | 范布伦 |
| 塞缪尔·纳尔逊 | Samuel Nelson | 纽约 | 1845—1872 | 27 | 泰勒 |
| 利瓦伊·伍德伯里 | Levi Woodbury | 新罕布什尔 | 1845—1851 | 6 | 波尔克 |
| 罗伯特·格里尔 | Robert C. Grier | 宾夕法尼亚 | 1846—1870 | 24 | 波尔克 |
| 罗伯特·柯蒂斯 | Benjamin R. Curtis | 马萨诸塞 | 1851—1857 | 6 | 费尔莫尔 |
| 约翰·坎贝尔 | John A. Campbell | 阿拉巴马 | 1853—1861 | 8 | 皮尔斯 |
| 内森·克利福德 | Nathan Clifford | 缅因 | 1857—1881 | 23 | 布坎南 |
| 诺厄·斯韦恩 | Noah H. Swayne | 俄亥俄 | 1862—1881 | 20 | 林肯 |
| 戴维·戴维斯 | David Davis | 伊利诺伊 | 1862—1877 | 15 | 林肯 |

续 表

| 大法官 | | 任命时居住州 | 任期 | 任期年数 | 任命总统 |
|---|---|---|---|---|---|
| 斯蒂芬·菲尔德 | Stephen J. Field | 加利福尼亚 | 1863—1897 | 34 | 林肯 |
| **萨蒙·蔡斯** | **Salmon P. Chase** | 俄亥俄 | **1864—1873** | 9 | 林肯 |
| 威廉·斯特朗 | William Strong | 宾夕法尼亚 | 1870—1880 | 10 | 格兰特 |
| 约瑟夫·布拉德利 | Joseph P. Bradley | 新泽西 | 1870—1892 | 22 | 格兰特 |
| 沃德·亨特 | Ward Hunt | 纽约 | 1872—1882 | 10 | 格兰特 |
| **莫利森·维特** | **Morrison R. Waite** | 俄亥俄 | **1874—1888** | **14** | 格兰特 |
| 约翰·马歇尔·哈伦 | John Marshall Harlan | 肯塔基 | 1877—1911 | 34 | 海斯 |
| 威廉·伍兹 | William B. Woods | 佐治亚 | 1880—1887 | 7 | 海斯 |
| 斯坦利·马修斯 | Stanley Matthews | 俄亥俄 | 1881—1889 | 8 | 加菲尔德 |
| 霍勒斯·格雷 | Horace Gray | 马萨诸塞 | 1881—1902 | 21 | 阿瑟 |
| 塞缪尔·布拉切福特 | Samuel Blactchford | 纽约 | 1882—1893 | 11 | 阿瑟 |
| 卢修斯·拉马儿 | Lucius Q. C. Lamar | 密西西比 | 1887—1893 | 5 | 克里夫兰 |
| **梅尔文·富勒** | **Melville W. Fuller** | 伊利诺伊 | **1888—1910** | **22** | 克里夫兰 |
| 戴维·布鲁尔 | David J. Brewer | 堪萨斯 | 1889—1810 | 21 | B. 哈里森 |
| 亨利·布朗 | Henry B. Brown | 马萨诸塞 | 1890—1906 | 16 | B. 哈里森 |
| 小乔治·夏伊拉斯 | George Shiras, Jr. | 宾夕法尼亚 | 1892—1903 | 11 | B. 哈里森 |
| 豪厄尔·杰克迹 | Howell E. Jackson | 田纳西 | 1893—1895 | 2 | B. 哈里森 |
| 爱德华·怀特 | Edward D. White | 路易斯安那 | 1894—1910 | 16 | 克里夫兰 |
| 鲁弗斯·佩卡姆 | Rufus W. Peckham | 纽约 | 1895—1909 | 14 | 克里夫兰 |
| 约瑟夫·麦克纳 | Joseph McKenna | 加利福尼亚 | 1898—1925 | 27 | 麦金利 |

续 表

| 大法官 | | 任命时居住州 | 任期 | 任期年数 | 任命总统 |
|---|---|---|---|---|---|
| 小奥利弗·温德尔·霍姆斯 | Oliver Wendell Holmes, Jr. | 马萨诸塞 | 1902—1932 | 29 | T.罗斯福 |
| 威廉·戴迪 | William R. Day | 俄亥俄 | 1903—1922 | 19 | T.罗斯福 |
| 威廉·穆迪 | William H. Moody | 马萨诸塞 | 1906—1910 | 4 | T.罗斯福 |
| 霍勒斯·勒顿 | Horace H. Lurton | 田纳西 | 1909—1914 | 5 | 塔夫托 |
| 查尔斯·休斯 | Charles E. Hughes | 纽约 | 1910—1916 | 6 | 塔夫托 |
| **爱德华·怀特** | **Edward D. White** | **路易斯安那** | **1910—1921** | **11** | **塔夫托** |
| 威利斯·范德温特 | Willis Van Devanter | 怀俄明 | 1910—1937 | 26 | 塔夫托 |
| 约瑟夫·拉马尔 | Joseph R. Lamar | 佐治亚 | 1910—1916 | 6 | 塔夫托 |
| 马伦·皮特尼 | Mahlon Pitney | 新泽西 | 1912—1922 | 12 | 塔夫托 |
| 詹姆斯·麦克雷诺兹 | James C. McReynolds | 田纳西 | 1914—1941 | 26 | 威尔逊 |
| 路易斯·布兰代斯 | Louis D. Brandeis | 马萨诸塞 | 1916—1939 | 22 | 威尔逊 |
| 约翰·克拉克 | John H. Clarke | 俄亥俄 | 1916—1922 | 6 | 威尔逊 |
| **威廉·塔夫托** | **William H. Taft** | **康涅狄格** | **1921—1930** | **9** | **哈定** |
| 乔治·萨瑟兰 | George Sutherland | 犹他 | 1922—1938 | 16 | 哈定 |
| 皮尔斯·巴特勒 | Pierce Butler | 明尼苏达 | 1922—1939 | 17 | 哈定 |
| 爱德华·桑福德 | Edward T. Sanford | 田纳西 | 1923—1930 | 7 | 哈定 |
| 哈伦·斯通 | Harlan F. Stone | 纽约 | 1925—1941 | 16 | 柯立芝 |
| **查尔斯·休斯** | **Charles E. Hughes** | **纽约** | **1930—1941** | **11** | **胡佛** |
| 欧文·罗伯兹 | Owen J. Roberts | 宾夕法尼亚 | 1930—1945 | 15 | 胡佛 |
| 本杰明·卡多佐 | Benjamin N. Cardozo | 纽约 | 1932—1938 | 6 | 胡佛 |

续 表

| 大法官 | | 任命时居住州 | 任期 | 任期年数 | 任命总统 |
|---|---|---|---|---|---|
| 雨果·布莱克 | Hugo L. Black | 阿拉巴马 | 1937—1971 | 34 | F. D. 富兰克林 |
| 斯坦利·里德 | Stanley F. Reed | 肯塔基 | 1938—1957 | 19 | F. D. 富兰克林 |
| 菲利克斯·法兰克福特 | Felix Frankfurter | 马萨诸塞 | 1939—1962 | 23 | F. D. 富兰克林 |
| 威廉·道格拉斯 | William O. Douglas | 康涅狄格 | 1939—1975 | 36 | F. D. 富兰克林 |
| 弗兰克·墨菲 | Frank Murphy | 密歇根 | 1940—1949 | 9 | F. D. 富兰克林 |
| **哈伦·斯通** | **Harlan F. Stone** | 纽约 | **1941—1946** | **5** | **F. D. 富兰克林** |
| 詹姆斯·伯恩斯 | James F. Byrnes | 南卡罗来纳 | 1941—1942 | 2 | F. D. 富兰克林 |
| 罗伯特·杰克逊 | Robert H,. Jackson | 纽约 | 1941—1954 | 13 | F. D. 富兰克林 |
| 威利·拉特利奇 | Wiley B. Rutledge | 艾奥瓦 | 1943—1949 | 6 | F. D. 富兰克林 |
| 哈罗德·伯顿 | Harold H. Burton | 俄亥俄 | 1945—1958 | 13 | 杜鲁门 |
| **弗雷德·文森** | **Fred M. Vinson** | 肯塔基 | **1946—1953** | **7** | 杜鲁门 |
| 汤姆·克拉克 | Tom C. Clark | 得克萨斯 | 1949—1967 | 18 | 杜鲁门 |
| 谢尔曼·明顿 | Sherman Minton | 印第安纳 | 1949—1956 | 7 | 杜鲁门 |
| **厄尔·沃伦** | **Earl Warren** | 加利福尼亚 | **1953—1969** | **16** | 艾森豪威尔 |
| 约翰·哈伦 | John M. Harlan | 纽约 | 1955—1971 | 16 | 艾森豪威尔 |
| 威廉·布伦南 | William J. Brennan | 新泽西 | 1956—1990 | 33 | 艾森豪威尔 |
| 查尔斯·惠特克 | Charles E. Whittaker | 密苏里 | 1957—1962 | 5 | 艾森豪威尔 |
| 波特·斯图尔特 | Potter Stewart | 俄亥俄 | 1958—1981 | 23 | 艾森豪威尔 |
| 拜伦·怀特 | Byron R. White | 科罗拉多 | 1962—1993 | 31 | 肯尼迪 |
| 阿瑟·戈德堡 | Arthur J. Goldberg | 伊利诺伊 | 1962—1965 | 3 | 肯尼迪 |

续 表

| 大法官 | | 任命时居住州 | 任期 | 任期年数 | 任命总统 |
|---|---|---|---|---|---|
| 阿贝·福塔斯 | Abe Fortas | 田纳西 | 1965—1969 | 4 | L. 约翰逊 |
| 瑟古德·马歇尔① | Thurgood Marshall① | 纽约 | 1967—1991 | 24 | L. 约翰逊 |
| **沃伦·伯格** | **Warren E. Burger** | **哥伦比亚特区** | **1969—1986** | **17** | **尼克松** |
| 哈里·布莱克门 | Harry A. Blackmun | 明尼苏达 | 1970—1994 | 24 | 尼克松 |
| 路易斯·鲍威尔 | Lewis F. Powell | 弗吉尼亚 | 1971—1987 | 17 | 尼克松 |
| 威廉·伦奎斯特 | William H. Rehnquist | 亚利桑纳 | 1971—1986 | 15 | 尼克松 |
| 约翰·史蒂文斯 | John P. Stevens | 伊利诺伊 | 1975—2010② | 35 | 福特 |
| 桑德拉·戴·奥康纳 | Sandra Day O'Connor③ | 亚利桑纳 | 1981—2006 | 25 | 里根 |
| **威廉·伦奎斯特** | **William H. Rehnquist** | **亚利桑纳** | **1986—2005** | **19** | **里根** |
| 安东宁·斯卡利亚 | Antonin Scalia | 弗吉尼亚 | 1986—2016 | 30 | 里根 |
| 安东尼·肯尼迪 | Anthony M. Kennedy | 加利福尼亚 | 1987—2018 | 31 | 里根 |
| 戴维·苏特 | David H. Souter | 新罕布什尔 | 1990—2009 | 19 | G. 布什 |
| 克拉伦斯·托马斯 | Clarence Thomas④ | 弗吉尼亚 | 1991— | | G. 布什 |
| 鲁思·巴德·金斯伯格 | Ruth Bader Ginsburg⑤ | 哥伦比亚特区 | 1993—2020 | 27 | 克林顿 |

① 联邦最高法院的第一位非裔美国人大法官。
② 在首席大法官伦奎斯特逝世(2005年9月3日)之后,新任首席大法官罗伯茨上任(2005年9月29日)之前,史蒂文斯曾担任代理首席大法官,尽管这一时期联邦最高法院并未开庭。
③ 联邦最高法院的第一位女性大法官。
④ 联邦最高法院的第二位非裔美国人大法官,在塞古德·马歇尔退休后被提名和确认。
⑤ 联邦最高法院的第二位女性大法官。

续 表

| 大法官 | | 任命时居住州 | 任期 | 任期年数 | 任命总统 |
|---|---|---|---|---|---|
| 斯蒂芬·布雷耶 | Stephen G. Breyer | 马萨诸塞 | 1994—2022 | 28 | 克林顿 |
| **约翰·罗伯茨** | **John G. Roberts**① | **马里兰** | **2005—** | | **G. W. 布什** |
| 塞缪尔·阿利托 | Samuel Alito② | 新泽西 | 2006— | | G. W. 布什 |
| 索尼娅·索托迈耶尔 | Sonia Sotomayor③ | 纽约 | 2009— | | 奥巴马 |
| 艾琳娜·卡根 | Elena Kagan④ | 纽约 | 2010— | | 奥巴马 |
| 尼尔·戈萨奇 | Neil M. Gorsuch | 科罗拉多 | 2017— | | 特朗普 |
| 布莱特·卡瓦诺 | Brett M. Kavanaugh | 马里兰 | 2018— | | 特朗普 |
| 艾米·巴内特 | Amy Coney Barrett | 印第安纳 | 2020— | | 特朗普 |
| 克坦吉·杰克逊 | Ketanji Brown Jackson⑤ | 哥伦比亚特区 | 2022— | | 拜登 |

资料来源：*Encyclopedia of American History*, 7th ed., edited by Jeffrey B. Morris and Richard B. Morris (New York: HarperCollins Publishers, 1996); http://www.supremecourt.gov/about/biographies.aspx.

① 直接任命为首席大法官，接替去世的伦奎斯特。
② 接替退休的奥康纳大法官。
③ 联邦最高法院的第三位女性大法官，也是联邦最高法院的第一位拉丁裔美国人大法官，接替退休的苏特大法官。
④ 联邦最高法院的第四位女性大法官，接替退休的史蒂文斯大法官。
⑤ 联邦最高法院第一位非裔美国人女性大法官，接替退休的布雷耶大法官。

附录四 美国联邦最高法院法官（1789—2022） 839

# 参考文献和书目

有关美国宪法和宪政发展的著作浩如烟海,不可能一一列举。此处所列书目包括作者写作本书时参阅的部分书目,也包括一些作者认为对有兴趣进一步研究美国宪法的读者有用的书目。修订版(2005)增写的第十章和第三版(2014)增写的第十一、十二、十三章的参考书目也包括在内。

## 基本文献和通史性著作

从殖民地时期到当代的重要宪法文献及其变化被包括在下列两部重要的资料集之中:Francis Newton Thorpe, ed., *The Federal and State Constitutions, Colonial Charters and Other Organic Laws*, 7 vols. (1909); William F. Swindler, comp., *Sources and Documents of United States Constitutions*, 10 vols. (1973-1979)。国会制定的所有重要法律都包括在:*Statutes at Large of the United States of America*, 1789-1874, 18 vols. (1853-1875), *United States Statutes at Large* (1874- ); *United States Code*。关于历届国会的立法辩论、表决记录、以及总统对国会法案的否决意见等,见:*Annals of Congress*, 1789-1824 (原名为:*The Debates and Proceedings in the Congress of the United States*); *Register of Debates in Congress*, 1825-1837; *Congressional Globe*, 1833-1873; *Congressional Record*, 1873-1877。这些文献目前均已为美国国会图书馆制作为向公众开放的电子资源,可从网上直接获取:如:http://memory.loc.gov/ammem/amlaw/lwaclink.html#anchor1 (1789—1824 年国会两院会议记录); http://memory.loc.gov/ammem/amlaw/lwrd.html (1825—1837 年国会两院会议记录); http://memory.loc.gov/ammem/amlaw/lwcg.

html（1833—1873 年国会两院会议记录）；http：//memory. loc. gov/ammem/amlaw/lwcrlink. html（1873—1877 年国会两院会议记录）；近期的国会记录也可从国会图书馆网址获取。*American State Papers*；*Documents, Legislative and Executive*, 38 vols.（1789-1838）也可从网上获得：http：//lcweb2. loc. gov/ammem/amlaw/lwsp. html。20 世纪以前的行政部门的重要的公共文件被收编在 James D. Richardson, *A Compilation of the Messages and Papers of the Presidents, 1789-1897*（1897-1911）；从杜鲁门政府起的行政部门文件收编在：*Public Papers of the Presidents of the United States*（1958- ）。此外，重要的联邦法律可见：*Code of Federal Regulations*（1938- ），*Federal Register*（1936- ）。早期的联邦司法部门的重要宪法性意见和文件，可参见：A. J. Bentley, ed., *Digest of Official Opinions of the Attorneys-General, 1789-1881*（1885）；James A. Finch, ed., *Digest of Official Opinions of the Attorneys-General, 1881-1906*（1908）。联邦最高法院的案例判决意见是研究美国宪法史的最基本的史料来源，所有案例意见和异见均收集在：*United States Supreme Court Reports*（一般简引为"U. S."；本书采用的是 *United States Supreme Court Report*（*Lawyers' Edition*）。近年来，联邦最高法院的判决意见大部分均能直接从网上获得。1893 年以来的判决意见可直接从 http：//www. findlaw. com/casecode/supreme. html 获得；联邦最高法院的网址也提供了自 1991 年以来的判决意见集：http：//www. supremecourt. gov/opinions/boundvolumes. aspx。关于联邦低等法院的案例意见，可参阅：*Federal Cases, 1789-1879*；*Federal Reporter, 1880-1924*；*Federal Reporter, 1924-* 2d ser.；*Federal Supplement, 1932-* ；*American Law Reports-Federal, 1969-* 。

一些重要的工具书和文献集也包含极为有用的宪法研究资料，如：Leonard W. Levy, Kenneth W. Karst, and Dennis J. Mahoney, eds., *The Encyclopedia of the American Constitution*, 4 vols.（1986），Edward S. Corwin et al., eds., *The Constitution of the United States：Analysis and Interpretation*（1952-1978, various editions）；Melvin I. Urofsky, ed., *Documents of American Constitutional and Legal History*, 2 vols.（1989）；Henry Steele Commager, ed., *Documents of American History*,

9th edition (1973); Allen Johnson and William T. Robinson, eds., *Readings in Recent American Constitutional History, 1876-1926* (1927); Stanley I. Kutler, ed., *The Supreme Court and the Constitution: Readings in American Constitutional History*, 2d edition (1977); Kermit L. Hall, William M. Wiecek, Paul Finkelman, eds., *American Legal History: Cases and Materials* (1991). Congressional Quarterly Inc., ed., *Congressional Quarterly's Guide to U.S. Elections*, 3rd ed. (1994) 记录了美国历次总统和国会选举的详细结果。关于国会众院的发展，见 Congressional Quarterly, Inc., *Origins and Development of Congress* (1976). Congressional Quarterly, *Guide to the U.S. Supreme Court* (2d ed., 1990) 则是一本了解和研究最高法院的必不可少的案头参考书。关于美国政府立法汇编(U.S. Statues at Large)的组织、分类、历史沿革和网络资源的研究指南，可参见：http://www.llsdc.org/statutes-code/。

希望系统而全面了解美国宪法发展历史的读者，不妨从下面几部通史性著作入手：Melvin I. Urofsky, *A March of Liberty: A Constitutional History of the United States* (1988); Alfred H. Kelly, Winfred A. Harbison, and Herman Belz, *The American Constitution: Its Origins and Development*, 7th edition, 2 vols. (1991); Michael Les Benedict, *The Blessings of Liberty: A Concise History of the Constitution of the United States* (1996) (该书还附有一本资料集，编辑方式和选材都非常适合于初学者使用); Daniel A. Farber and Suzanna Sherry, *A History of the American Constitution* (1990); Leonard W. Levy, *Original Intent and The Framers' Constitution* (1988); Bruce Ackerman, *We the People, Foundations* (1991) and *We the People, Transformation* (1998)。关于联邦最高法院与美国宪法的关系史的研究，可参阅：David P. Currie, *The Constitution in the Supreme Court: The First Hundred Years* (1985); *The Constitution in the Supreme Court: The Second Century, 1888-1986* (1990); Page Smith, *The Constitution: A Documentary and Narrative History* (1980)。

专业性更强的宪法史专题著作包括：Johnny H. Killian and Leland H. Beck, eds., *The Constitution of the United States: Analysis and Interpretation* (1987)，以及此书的 *Supplement* (1991); Philip B. Kurland

and Ralph Lerner, *The Founder's Constitution*, 5 vols. , (1987); Laurence H. Tribe, *American Constitutional Law* (1988); Wayne R. LaFave and Jerold H. Israel, *Criminal Procedure* (1991); William Lockhart, et al. , *Constitutional Law: Cases, Comments, Questions* (1991)。关于权利法案的新近研究,可参阅: Akhil Reed Amar, *The Bill of Rights: Creation and Reconstruction* (1998); William W. Van Alstyne, *First Amendment: Cases and Materials* (1991)。

美国政治和法律文化不同侧面的研究对理解宪法的发展也极有帮助, 如: Eric Foner, *The Story of American Freedom* (1998)(中文版《美国自由的故事》[2002, 2013]); Kermit Hall, *The Magic Mirror: Law in American History* (1989); Harry N. Scheiber and Lawrence M. Friedman, eds. , *American Law and the Constitutional Order: Historical Perspectives* (1988); Michael Kammen, *A Machine That Would Go of Itself: The Constitution in American Culture* (1986); Rogers M. Smith, *Civic Ideals: Conflicting Visions of Citizenship in U. S. History* (1997); Lawrence M. Friedman, *A History of American Law* (1973) and *American Law: An Introduction*, rev. ed. (1998)。

种族问题对美国宪政秩序的发展和演变有很大关系,关于美国黑人与美国宪法的关系,参阅 Donald G. Nieman, *Promises to Keep: African Americans and the Constitutional Order, 1776 to Present* (1991); A. Leon Higginbotham Jr. , *Shades of Freedom: Racial Politics and Presumptions of the American Legal Process* (1996); Mary Frances Berry, *Black Resistance, White Law* (1971)。美国历史上与种族相关的12个重要宪法案例的历史与分析在最近出版的 *Race on Trial: Law and Justice in American History*, ed. , Annette Gordon-Reed (2002) 中有详细叙述。

传统的研究联邦最高法院的经典性著作包括: Charles Warren, *The Supreme Court in the United States History*, 2 vols. (1922); Henry J. Abraham, *Justices and Presidents: A Political History of Appointments to the Supreme Court*, 3rd edition (1992) and *Freedom and the Court: Civil Rights and Liberties in the United States* (1972); Benjamin F. Wright, *The American Judicial Tradition: Profiles of Leading American Judges* (1976);

Robert J. Steamer, *The Supreme Court in Crisis: A History of Conflict* (1971); William M. Wiecek, *Liberty under Law: The Supreme Court in American Life* (1988); Bernard Schwartz, *A History of the Supreme Court* (1993). 其他有很好参考价值的著作包括: Robert H. Jackson, *The Struggle for Judicial Supremacy* (1941); Charles L. Black, *The People and the Court* (1960); Walter F. Murphy, *Elements of Judicial Strategy* (1964); Bob Woodward and Scott Armstrong, *The Brethren* (1980); Archibald Cox, *The Court and the Constitution* (1987); John A. Garraty, ed., *Quarrels That Have Shaped the Constitution* (1966)。

Leon Friedman and Fred L. Israel, eds., *The Justices of the United States Supreme Court 1789-1969*, 4 vols. (1969) 是一部关于最高法院大法官的学术性传记集。另可参考新近的研究: Jan Crawford Greenburg, *Supreme Conflict: The Inside Story of the Struggle for Control of the United States Supreme Court* (2007); Jeffrey Toobin, *The Nine: Inside the Secret World of the Supreme Court: The Personalities and Rivalries That Defined America* (2007)。

关于宪法修正案历史的研究,可参阅: Alan P. Grimes, *Democracy and the Amendments to the Constitution* (1978); Clement E. Vose, *Constitutional Change: Amendment Politics and Supreme Court Litigation since 1900* (1972); George Anastaplo, *The Amendments to the Constitution* (1995)。

李道揆的《美国政府和美国政治》(c1990, 1999) 对美国政府结构和政治运作作了细致的专题论述,是一本了解美国宪政的重要的中文著作。

对有兴趣了解著名宪政案例的历史的读者,可关注堪萨斯大学出版社出版的系列著作 Landmark Law Cases & American Society。该系列从 1990 年代至今已经出版案例故事 60 多种,多为历史学者写作,讲述著名案例的历史背景、判决分析和对美国宪政秩序与社会的影响。

# 第一章 美国宪政的起源和基础

关于殖民地时期的政治发展以及英国法律传统对殖民地政治的影响，可参阅：Donald S. Lutz, *The Origins of American Constitutionalism* (1988), Jack P. Greene, *Peripheries and Center: Constitutional Development in the Extended Politics of the British and the United States, 1607-1788* (1986); John E. Pomfret, *Founding the American Colonies, 1583-1660* (1970); Herbert L. Osgood, *The American Colonies in the Seventeenth Century*, 3 vols. (1904-1907); Edmund S. Morgan, *Inventing the People: The Rise of Popular Sovereignty in England and America* (1988), John Phillip Reid, *The Concept of Liberty in the Age of the American Revolution* (1989)。

关于重要殖民地的宪政发展，可见：Edmund S. Morgan, *American Slavery, American Freedom* (1975); Warren Billings, "The Growth of Political Institutions in Virginia, 1634 to 1676," in *William and Mary Quarterly*, vol. 31 (1974); Richard S. Dunn, *Puritans and Yankees: The Winthrop Dynasty of New England, 1630-1717* (1962); T. H. Breen, *The Character of the Good Ruler: A Study of Puritan Political Ideas in New England, 1630-1730* (1970); Robert C. Ritchie, *The Duke's Province: A Study of New York Politics and Society, 1664-1691* (1977); Gary B. Nash, "The Framing of Government in Pennsylvania: Ideas in Contact with Reality," *William and Mary Quarterly*, vol. 23 (1966); Bernard Bailyn, "Politics and Social Structure in Seventeenth Century Virginia," in James M. Smith, ed., *Seventeenth Century America: Essays in Colonial History* (1959); Michael Kammen, *Deputyes and Libertyes: the Origins of Representative Government in Colonial America* (1969); Jack P. Greene, *Peripheries and Center: Constitutional Development in the Extended Polities of the British Empire and the United States, 1607-1788* (1986)。中国留美历史学者满云龙（Man Yunlong）的博士论文 *English Colonization and the Formation of Anglo-American Polities, 1606-1664* (Ph. D. diss., Johns Hopkins University, 1994) 对弗吉尼亚、马萨诸塞、马里兰和牙买加等英国殖民地早期政体的形成作了深入的研究。

要了解殖民地时期的权利的概念和实践,应读一下 Thomas J. Curry, *The First Freedoms* (1986); Leonard W. Levy, *Emergence of a Free Press* (1985), Leon Higginbotham, *In the Matter of Color* (1978); Donald R. Wright, *African Americans in the Colonial Era* (1990), Marylynn Salmon, *Women and the Law of Property in Early America* (1986); Cortlandt F. Bishop, *History of Elections in the American Colonies* (1893); Peter Charles Hoffer, *Law and People in Colonial America* (1992); Marylynn Salmon, *Women and the Law of Property in Early America* (1986)。

关于美国革命及其对美国宪政发展的影响的研究,种类和数量都极多,但最重要的必读书应该包括:Bailyn Bernard, *The Ideological Origins of the American Revolution* (1967) and *The Origins of American Politics* (1967); Edmund S. Morgan, *Birth of the Republic* (1956), *Inventing the People: The Rise of Popular Sovereignty in England and America* (New York: Norton, 1988); John Phillip Reid, *Constitutional History of the American Revolution*, 4 vols. (1986-1993); Joyce Appleby, *Liberalism and Republicanism in the Historical Imagination* (1992); Gordon Wood, *The Creation of the American Republic, 1776-1787* (1969); Eric Foner, *Tom Paine and Revolutionary America* (1976)。研究大陆会议的原始材料是 *The Journal of the Continental Congress, 1774-1789*, 34 vols. (1904-1934)。

更专业性的研究包括:Andrew C. McLaughlin, "The Background of American Federalism," *American Political Science Review*, vol. 12 (1918); Charles M. Andrews "The American Revolution: An Interpretation," *American Historical Review*, vol 31 (1926); Paul Maier, *From Resistance to Revolution: Colonial Radicals and the Development of American Opposition to Britain, 1765-1776* (1972); Ronald Hoffman and Peter J. Albert, eds., *The Transforming Hand of Revolution: Reconsidering the American Revolution as a Social Movement* (1995); Jack P. Greene, ed., *The Reinterpretation of the American Revolution, 1763-1789* (1968)。

## 第二章 联邦宪法的形成

美国革命后各州的立宪运动与过程在下列著作中得到了相当详尽的描述：Donald S. Lutz, *Popular Consent and Popular Control: Whig Political Theory in the Early State Constitutions* (1980)；由德国学者 Willi Paul Adams 写作的 *The First American Constitutions: Republican Ideology and the Making of the State Constitutions in the Revolutionary Era* (1980)；较早的 Allen Nevins, *The American States During and After the Revolution, 1775-1789* (1924) 仍然是一部经典。

具体的州宪法的研究很多，可参阅：John N. Shaeffer, "Public consideration of the 1776 Pennsylvania constitution," *Pennsylvania Magazine of History and Biography* vol. 98 (1974)；Fletcher Green, *Constitutional Development of the South Atlantic States, 1776-1860* (1930)；Ronald M. Peters, *The Massachusetts Constitution of 1780: A Social Compact* (1974)。中国留美历史学者李岩（Li Yan）的 *The Transformation of the Constitution of Massachusetts, 1780-1860* (Ph. D. diss., University of Connecticut, 1991) 是研究马萨诸塞州宪政发展的专著。

在关于邦联时期的宪政发展的研究中，Merrill Jensen, *The Articles of Confederation: An Interpretation of the Social-Constitutional History of the American Revolution, 1774-1781* (1940) 和他的 *The New Nation: A History of the United States during the Confederation 1781-1789* (1950) 仍然占有重要地位。其他重要著作包括：Forrest McDonald, *E Pluribus Unum: The Formation of the American Republic 1776-1790* (1965)；Claude H. Van Tyne, "Sovereignty in the American Revolution: An Historical Study," *American Historical Review* vol. 12 (1907)；Joseph L. Davis, *Sectionalism in American Politics, 1774-1787* (1977)；Jack N. Rakove, *The Beginnings of National Politics: An Interpretive History of the Continental Congress* (1979)。

研究联邦立宪过程的重要原始资料是：James Madison, *Notes of Debates in the Federal Convention of 1787* (various editions)（中文译本已

出版); Max Farrand, ed., *The Records of the Federal Convention of 1787*, 4 vols (1911-1937); 也应参考 *Journals of the Continental Congress*。对立宪过程和 1787 年宪法意义进行研究的著作难以计数, 但最重要的代表不同时期的成果的著作应包括: Andrew C. McLaughlin, *The Confederation and the Constitution, 1781-1789* (1905), Max Farrand, *The Fathers of the Constitution* (1913); Charles A. Beard, *An Economic Interpretation of the Constitution* (1913); Clinton Rossiter, *1787: The Grand Convention* (1966); Forrest McDonald, *We the People: The Economic Origins of the Constitution* (1958) and *Novus Ordo Seclorum, The Intellectual Origins of the Constitution* (1985); Jackson Turner Main, *The Antifederalists: Critics of the Constitution, 1781-1788* (1961); Staughton Lynd, "Capitalism, Democracy, and the U. S. Constitution," *Science and Society*, vol. 27 (1963); Robert E. Brown, *Reinterpretation of the Formation of the American Constitution* (1963); Gordon S. Wood, *The Creation of the American Republic, 1776-1787* (1969) and "Ideology and the Origins of Liberal America," *William and Mary Quarterly*, vol. 44 (1987); Merrill Jensen, *The American Revolution within America* (1974); Rozann Rothman, *Acts and Enactments: The Constitutional Convention of 1787* (1974); S. Rufus Davis, *The Federal Principle: A Journey through Time in Quest of Meaning* (1978); Peter S. Onuf, *The Origins of the Federal Republic: Jurisdictional Controversies in the United States, 1775-1787* (1983); Calvin C. Jillson, *Constitution Making: Conflict and Consensus in the Federal Convention of 1787* (1988); Jack N. Rakove, *Original Meanings: Politics and Ideas in the Making of the Constitution* (1996)。

  研究宪法批准的原始文献集有 Jonathan Elliot, ed., *The Debates in the Several State Conventions on the Adoption of the Federal Constitution*, 5 vols., (1936); Herbert J. Strong, ed., *The Complete Anti-Federalist*, 7 vols. (1982); 以及为中国读者熟知的《联邦党人文集》(*The Federalist Papers*, 参阅商务印书馆的中文译本); Jackson Turner Main, *The Anti-Federalists: Critics of the Constitution, 1781-1788* (1961)。除上述著作外, 还可阅读 Cecelia Kenyon, "Men of Little Faith: The Anti-Federalists on the Nature of Representative Government," *William and Mary Quarterly*, vol. 12 (1955); Alpheus T. Mason, *The States Rights Debate: Antifederalism and the Constitution* (1964); Charles W. Roll, Jr., "We Some of the People: Apportionment in the Thirteen State Conventions Ratifying the Constitution," *Journal of American History*, vol. 56 (1969); Stephen R. Boyd, *The Politics of Opposition: Antifederalists and the Acceptance of the Constitution* (1979); Michael Allen Gillespie and Michael Lienesch, eds., *Ratifying the Constitution* (1989)。同时参阅: John P. Kaminski and Richard Leffler, eds., *The Response to the Federalist* (1990)。

关于权利法案的专门研究，可参阅 Robert A. Rutland, *The Birth of the Bill of Rights* (1955); Donald Lutz, "The States and the U.S. Bill of Rights," *Southern Illinois University Law Journal*, vol. 16 (1992)。

# 第三章 早期宪政的演进

有关早期宪政发展(1789—1860)的历史背景，可参阅 Stanley M. Elkins and Eric L. McKitrick, *The Age of Federalism* (1993); John C. Miller, *The Federalism Era, 1789-1800* (1960); Marshall Semlser, *The Democratic Republic, 1801-1915* (1968); Marcus Cunliffe, *The Nation Takes Shape, 1789-1837* (1959); Lance Banning, *The Jeffersonian Persuasion* (1978) and "Republican Ideology and the Triumph of the Constitution, 1789 to 1793," *William and Mary Quarterly*, vol. 31 (1974); Rosemarie Azgarri, *The Politics of Size: Representation in the United States, 1770-1850* (1987)。

研究合法反对党起源的最好著作仍是 Richard Hofstadter, *The Idea of a Party System: The Rise of Legitimate Opposition in the United States, 1780-1840* (1969); 其他重要著作有 Joseph Charles, *The Origins of the American Party System* (1956); William N. Chambers, *Political Parties in a New Nation: The American Experience, 1776-1809* (1963); William N. Chambers and Walter Dean Burnham, eds., *The American Party Systems: Stages of Political Development* (1967); John Zvesper, *Political Philosophy* and Rhetoric: *A Case Study of the Origins of American Party Politics* (1977)。

关于联邦党人政治和政策的研究，可参阅 Forrest McDonald, *The Presidency of George Washington* (1974); Leonard D. White, *The Federalists: A Study in Administration* (1948); Clinton Rossiter, *Alexander Hamilton and the Constitution* (1964); John R. Howe, Jr., *The Changing Political Thought of John Adams* (1966); E. P. Willis, ed., *Fame and the Founding Fathers* (1967)。有关民主—共和党人政府的宪政研究，可参阅 Robert M. Johnstone, Jr., *Jefferson and the Presidency: Leadership in the Young Republic* (1978); Leonad D. White, *The Jeffersonians: A Study in Administrative History* (1951); David Hackett Fisher, *The Revolution of American Conservatism: The Federalist Party in the Era of Jeffersonian Democracy* (1965); Charles M. Wiltse, *The Radical Politics of Thomas Jefferson: A Revisionist View* (1984); Irving Brant, *James Madison: The President, 1809-1812* and *Commander in Chief, 1812-1836* (1961)。

近年来关于联邦党人与(民主)共和党人宪政冲突的重要著作包括 Joyce Appleby, *Capitalism and a New Social Order: The Republican Vision of the 1790s* (1984); Ralph Ketcham, *Presidents Above the Party: The First American Presidency, 1789-1829* (1984); Linda K. Kerber, *Federalists in Dissent: Imagery and Ideology in Jeffersonian America* (1970)。关于这一时期的权利研究，可参阅 William E. Nelson and Robert C. Palmer, *Liberty and Community: Constitution and Rights in the Early American Republic* (1987); Leonard W. Levy, *Legacy of Suppression: Freedom of Speech and Press in Early American History* (1960) and *Jefferson and Civil Liberties: The Darker Side* (1963); Chilton Williamson, *American Suffrage; from Property to Democracy, 1760-1860* (1960)。

关于早期司法审查的重要研究包括 Charles Warren, *The Supreme Court in the United States History* 中的有关章节; Edward S. Corwin, *The Doctrine of Judicial Review* (1914); Charles Grove Haines, *The Role of the Supreme Court in American Government and Politics, 1789-1835* (1944);

R. Kent Newmyer, *The Supreme Court under Marshall and Taney* (1968); G. Edward White, *The Marshall Court and Cultural Change, 1815-1835* (1988)。司法审查原则建立的重要研究专著还包括 Donald O. Dewey, *Marshall Versus Jefferson: The Political Background of Marbury v. Madison* (1970); Gerald Gunther, *John Marshall's Defense of McCulloch v. Maryland* (1969) Roberty Lowry Clinton, *Marbury v. Madison and Judicial Review* (1989); Sylvia Snowiss, "From Fundamental Law to Supreme Law of the Land: A Reinterpretation of the Origin of Judicial Review," *Studies in American Political Development*, vol. 2 (1987)。

这一时期的重要案例研究, 可见 C. Peter Magrath, *Yazoo: Law and Politics in the New Republic: The Case of Flecther v. Peck* (1966); Gerald Gunther, ed., *John Marshall's Defense of McCulloch v. Maryland* (1969); Francis N. Stites, *Private Interest and Public Gain: The Dartmouth College Case, 1819* (1972); Michael Les Benedict, "Laissez Faire and Liberty," *Law and History Review*, vol. 3 (1985); Joseph Burke, "The Cherokee Cases: A Study in Law, Politics, and Morality," *Stanford Law Review*, vol. 21 (1969); Samuel J. Konefsky, *John Marshall and Alexander Hamilton: Architects of the Constitution* (1964); Felix Frankfurter, *The Commerce Clause Under Marshall, Taney, and Waite* (1937)。

对杰克逊时代宪政特点的直观描述见 Alexis de Tocqueville, *Democracy in America*, 2 vols. (1840)。这一时期的宪政变化的背景研究可参阅 Clinton Rossiter, *The American Quest, 1790-1860: An Emerging Nation in Search of Identity, Unity, and Modernity* (1971); Major L. Wilson, *Space, Time and Freedom: The Quest for Nationality and the Irrepressible Conflict, 1815-1861* (1974); Lee Bensen, *The Concept of Jacksonian Democracy: New York as a Test Case* (1961); Arthur M. Schlesinger, Jr. *The Age of Jackson* (1945); Harry L. Watson, *Liberty and Power* (1990); Lawrence Frederick Kohl, *The Politics of Individualism: Parties and the American Character in the Jacksonian Era* (1989); Charles Sellers, *The Market Revolution* (1991); Richard E. Ellis, *The Union at Risk* (1987) 是研究废止国会法令运动的近作。

杰克逊时期的权利和重要案例研究,可参阅 Chilton Williamson, *American Suffrage* (1960); Stanley I. Kutler, *Privilege and Creative Destruction: The Charles River Bridge Case* (1971); Max Lerner, "The Supreme Court and American Capitalism," *Yale Law Journal*, vol. 42 (1933); Harry N. Scheiber, "Federalism and the American Economic Order, 1789-1910," *Law and Society Review* 10 (1975); Morton J. Horwitz, *The Transformation of American Law, 1780-1860* (1977); Tony A. Freyer, *Forums of Order: The Federal Courts and Business in American History* (1979)。关于美国公民资格和公民身份的起源与演变,应参阅: James H. Kettner, *The Development of American Citizenship, 1608-1870* (1978); Douglas Bradburn, *The Citizenship Revolution: Politics & the Creation of the American Union, 1774-1804* (2009)。

# 第四章 奴隶制、内战与美国宪法

内战前奴隶制与美国宪法之关系的重要研究包括: Robert M. Cover, *Justice Accused: Anti-Slavery and the Judicial Process* (1975); Don E. Fehrenbacher, *The Dred Scott Case: Its Significance in American Law and Politics* (1978)(简写本为: *Slavery, Law, and Politics: The Dred Scott Case in Historical Perspective*); Harold M. Hyman and William M. Wiecek, *Equal Justice Under Law: Constitutional Development, 1835-1875* (1982); Robert A. Goldwin, *Why Blacks, Women, and Jews Are Not Mentioned in the Constitution, and Other Unorthodox Views* (1990); Paul Finkelman, *An Imperfect Union: Slavery, Federalism, and Comity* (1981) and *Slavery and the Founders: Race and Liberty in the Age of Jefferson* (1996); William Wiecek, *The Sources of Antislavery Constitutionalism in America, 1760-1848* (1977) and "The Origins of the Law of Slavery in British North America," *Cardozo Law Review*, vol. 17 (1996); Arthur Zilversmit, *The First Emancipation: The Abolition of Slavery in the North* (1967); David Brion Davis, *The Problem of Slavery in the Age of Revolution* (1975)。其他涉及奴隶权利的案例史著作包括: Paul Finkelman,

*Dred Scott v. Sandford*: *A Brief History with Documents* (1997); Melton A. McLaurin, *Celia*: *A Slave* (1991)。

近年内出现的关于奴隶制的研究层出不穷,比较重视奴隶制与法律之关系的研究可见: Eugene Genovese, *Roll, Jordan, Roll*: *The World the Slaves Made* (1972); Donald L. Robinson, *Slavery in the Structure of American Politics, 1765-1820* (1971); David Brion Davis, *The Problem of Slavery in the Age of Revolution, 1770-1823* (1975)。关于联邦政府实施逃奴法的研究,见: Stanley W. Campbell, *The Slave Catchers*: *Enforcement of the Fugitive Slave Law, 1850-1860* (1968)。

关于内战前反对奴隶制的政治发展的重要专著包括: Eric Foner, *Free Soil, Free Labor, Free Men*: *the Ideology of the Republican Party before the Civil War* (1970); William E. Gienapp, *The Origins of the Republican Party, 1852-1856* (1987); Peter S. Onuf, *Statehood and Union*: *A History of the Northwest Ordinance* (1987); Richard H. Sewell, *Ballots for Freedom*: *Antislavery Politics in the United States, 1837-1860* (1976); David M. Potter, *The Impending Crisis, 1848-1861* (1979); Harry V. Jaffa, *Crisis of the House Divided*: *An Interpretation of the Lincoln-Douglas Debates* (1959); Don E. Fehrenbacher, *Prelude to Greatness*: *Lincoln in the 1850s* (1962); Thomas D. Morris, *Free Men All* (1974)。

内战前奴隶和黑人的权利研究见 Higginbotham, *In the Matter of Color* (1978); Leon Litwack, *North of Slavery* (1960); James H. Kettner, *The Development of American Citizenship, 1608-1870* (1978); Mark Tushnet, *The American Law of Slavery, 1810-1860*: *Considerations of Humanity and Interest* (1981). Helen T. Catterall, ed., *Judicial Cases Concerning American Slavery and the Negro*, 5 vols. (1926-1937)也是一部重要的原始材料文献集。

内战时期宪政变化的通史性权威著作包括 Harold M. Hyman, *A More Perfect Union*: *The Impact of the Civil War and Reconstruction on the Constitution* (1973); James G. Randall, *Constitutional Problems under Lincoln* (rev. ed. 1951); Phillip S. Paludan, *"A People's Contest"*: *The Union and Civil War 1861-1865* (1988); Mark E. Neely Jr., *The Fate of*

*Liberty* (1991); Herman Belz, *A New Birth of Freedom: The Republican Party and Freedmen's Rights 1861-1866* (1976)。

关于林肯宪政研究的专著也很多,上列著作都有专节讨论,但一般也不应忽视 Herman Belz, *Lincoln and the Constitution, The Dictatorship Question Reconsidered* (1984); Michael Les Benedict, "Abraham Lincoln and Federalism," *Journal of the Abraham Lincoln Association*, vol. 10 (1988-1989); David Donald, *Lincoln Reconsidered: Essays on the Civil War Era* (1961); James A. Rawley, "The Nationalism of Abraham Lincoln," *Civil War History*, vol. 9 (1963); William F. Dukes, *A Constitutional History of Habeas Corpus* (1980)。Gary Wills 的 *Lincoln at Gettysburg: The Words that Remade America* (1992) 对葛底斯堡演讲的始末和内容作了非常详尽的分析。此外, *The Collected Works of Abraham Lincoln*, ed. Roy P. Basler, 8 vols. (1953) 是研究林肯的宪政观时必读的原始资料。

关于奴隶解放的研究,除上述著作外,还可参阅下列专门研究: Herman Belz, *Emancipation and Equal Rights: Politics and Constitutionalism in the Civil War Era* (1978); Mary F. Berry, *Military Necessity and Civil Rights Policy: Black Citizenship and the Constitution, 1861-1868* (1977); V. Jacque Voegeli, *Free But Not Equal: The Midwest and the Negro during the Civil War* (1967); La Wanda Cox, *Lincoln and Black Freedom: A Study in Presidential Leadership* (1981); George M. Fredrickson, "A Man but Not a Brother: Abraham Lincoln and Racial Equality," *Journal of Southern History*, vol. 41 (1975)。Eric Foner, *The Fiery Trial: Abraham Lincoln and American Slavery* (2010) 是迄今为止讨论林肯的废奴思想与政策演进的最详尽、最权威的著作。马里兰大学南部和自由人研究项目所编纂的 *Freedom: Documentary History of Emancipation*, 4 vols. (1992-1997) 收集了大量关于内战时期奴隶解放的原始材料,尤其反映了非裔美国人在这个过程中所发挥的作用。

# 第五章　重建与新宪政秩序的建立

有关重建的最新、也是最重要的通史性著作仍然是 Eric Foner, *Reconstruction: America's Unfinished Revolution, 1863-1877* (1988)。有着重要参考价值的专著还包括：W. E. B. Du Bois, *Black Reconstruction* (1934); Kenneth M. Stampp, *The Era of Reconstruction* (1965); William R. Brock, *An American Crisis: Congress and Reconstruction, 1865-1867* (1963); Eric McKitrick, *Andrew Johnson and Reconstruction* (1960); David Donald, *The Politics of Reconstruction, 1863-1867* (1965); William D. Dunning, *Reconstruction, Political and Economic, 1865-1877* (1907)。

关于重建时期宪政演变的专题研究，见：Harold M. Hyman and William E. Wiecek, *Equal Justice under Law: Constitutional Development, 1835-1875* (1975); Herman Belz, *Reconstructing the Union: Theory and Policy during the Civil War* (1969); Michael Les Benedict, *A Compromise of Principle: Congressional Republicans and Reconstruction, 1863-1869* (1974); La Wanda Cox and John H. Cox, *Politics, Principle, and Prejudice, 1865-1866: Dilemma of Reconstruction America* (1963); James E. Sefton, *The United States Army and Reconstruction, 1865-1877* (1967)。讨论公民权利联邦化过程的著作见：Robert J. Kaczorowski, *The Nationalization of Civil Rights: Constitutional Theory and Practice in a Racist Society, 1866-1883* (1987); "To Begin the Nation Anew: Congress, Citizenship, and Civil Rights after the Civil War," *American Historical Review* 92 (1987)。

有关重建时期宪法修正案(第十三、十四和十五修正案)的专题研究，见：Michael Voreberg, *The Final Freedom: The Civil War, the Abolition of Slavery, and the Thirteenth Amendment* (2001); Michael P. Zuckert, "Completing the Constitution: The Thirteenth Amendment," *Constitutional Commentary*, 4 (1987); Earl M. Maltz, *Civil Rights, the Constitution, and Congress* (1990); William E. Nelson, *The Fourteenth Amend-*

ment: *From Political Principle to Judicial Doctrine* (1988); Michael Kent Curtis, *No State Shall Abridge: The Fourteenth Amendment and the Bill of Rights* (1986); William Gillette, *The Right to Vote: Politics and the Passage of the Fifteenth Amendment* (1965); Xi Wang, *The Trial of Democracy: Black Suffrage and Northern Republicans, 1860-1910* (1997, 2012)。

安德鲁·约翰逊弹劾案的最重要的著作仍然是 Michael Les Benedict, *The Impeachment and Trial of Andrew Johnson* (1973)。关于重建时期的自由、公民权利和公民资格问题的研究，见 Donald G. Nieman, *To Set the Law in Motion: The Freedmen's Bureau and the Legal Rights of Blacks, 1865-1868* (1979); Theodore B. Wilson, *The Black Codes of the South* (1965)。

关于重建法案的实施及其面临的困难的重要研究包括：Michael Perman, *The Road to the Redemption: Southern Politics, 1868-1878* (1984); William Gillette, *Retreat from Reconstruction, 1869-1879* (1979); George M. Fredrickson, ed., *A National Divided: Problems and Issues of the Civil War and Reconstruction* (1975); C. Vann Woodward, *Reunion and Reaction: The Compromise of 1877 and the End of Reconstruction* (1951); Keith Polakoff, *The Politics of Inertia: The Elections of 1876 and the End of Reconstruction* (1973); Lou Falkner Williams, *The Great South Carolina Ku Klux Klan Trials, 1871-1872* (1996); Stanley P. Hirshoson, *Farewell to the Bloody Shirt: Northern Republicans and the Southern Negro, 1877-1893* (1968); Robert M. Goldman, "*A Free Ballot and A Fair Count*": *The Department of Justice and the Enforcement of Voting Rights in the South, 1877-1893* (2001)。

对重建时期最高法院研究的最详尽有力的著作是 Charles Fairman, *History of the Supreme Court of the United States, vol. 6: Reconstruction and Reunion, 1866-1888* (1971)。其他重要著作包括：Stanley I. Kutler, *Judicial Power and Reconstruction Politics* (1968); Michael Les Benedict, "Preserving Federalism: Reconstruction and the Waite Court," *Supreme Court Review* (1978); Charles A. Lofgren, *The Plessy Case* (1987)。

关于重建后期的政治发展、种族隔离制度和权利问题的研究，参阅：Joel Williamson, *The Crucible of Race: Black-White Relations in the American South since Emancipation* (1984); Howard N. Rabinowitz, *Race Relations in the Urban South, 1865-1890* (1978); Eric Foner, *Nothing But Freedom: Emancipation and Its Legacy* (1983); C. Vann Woodward, *The Strange Career of Jim Crow* (1955); Ellen Carol Dubois, *Feminism and Suffrage: The Emergence of an Independent Women's Movement in America* (1975)。

# 第六章　工业化时期的宪政发展

描述工业化时期的宪政发展的通览性著作包括：Morton J. Keller, *Affairs of State: Public Life in Late Nineteenth Century America* (1977); Loren Beth, *The Development of the American Constitution 1877-1917* (1971); Charles E. Merriam, *American Political Ideas: Studies in the Development of American Political Thought, 1865-1917* (1920); Leonard D. White, *The Republican Era: A Study in administrative History, 1869-1901* (1958); David Rothman, *Politics and Power: The U. S. Senate, 1869-1901* (1966); Robert D. Marcus, *Grand Old Party: Political Structure in the Gilded Age, 1880-1896* (1971); Robert F. Himmelberg, *Growth of the Regulatory State, 1900-1917* (1994); 以及 Donald G. Nieman, *The Constitution, Law, and American Life* (1992) 的有关章节。

相关的通史背景著作，可参阅：Vincent P. DeSantis, *The Shaping of Modern America* (1977); Richard L. McCormick, *Progressivism* (1983); Robert H. Weibe, *The Search for Order* (1967); Alan Trachtenberg, *The Incorporation of America* (1982); Charles W. Calhoun, ed., *Origins of Modern America* (1995); Richard Hofstadter, *Social Darwinism in American Thought* (rev. ed. 1955); Morton J. Horowitz, *The Transformation of American Law, 1870-1960* (1992); George E. Mowry, *The Era of Theodore Roosevelt* (1958); Arthur S. Link, *Woodrow Wilson and the Progressive Era* (1954); Sidney Fine, *Laissez Faire and the General-Wel-*

fare State: *A Study of Conflict in American Thought*, 1865-1901（1956）。有关政府体制发展和反对政治腐败的专著, 见: Ari Hoogenboom, *Outlawing the Spoils: A History of the Civil Service Reform Movement 1865-1883*（1982）; Stephen Skowronek, *Building a New American State: The Expansion of National Administrative Capacities*, 1877-1920（1982）; William E. Nelson, *The Roots of American Bureaucracy*, 1830-1900（1982）; David P. Thelen, *The New Citizenship: Origins of Progressivism in Wisconsin*, 1885-1900（1972）。

对于这一时期政府与经济发展的关系的研究, 可参考 Leslie E. Decker, , *Railroads, Lands, and Politics: The Taxation of the Railroad Land Grants*, 1864-1897（1964）; George H. Miller, *Railroads and the Granger Laws*（1973）; Ari Hoogenboom and Olive Hoogenboom, *A History of the Interstate Commerce Commission: From Panacea to Palliative*（1976）; Gabriel Kolko, *Railroads and Regulation*, 1877-1916（1965）; William Letwin, *Law and Economic Policy in America: The Evolution of the Sherman Anti-trust Act*（1965）; Sidney Ratner, *American Taxation*（1942）; Stanley P. Caine, *The Myth of Progressive Reform: Railroad Regulation in Wisconsin 1903-1910*（1970）; Arthur M. Johnson, *Government-Business Relations: A Pragmatic Approach to the American Experience*（1965）。

围绕这一时期公民权利主题而发展的政治和社会运动, 在下列专著中得到重点讨论。J. Morgan Kousser, *The Shaping of Southern Politics: Suffrage Restriction and the Establishment of the One-Party South*, 1880-1910（1974）与 Michael Perman, *Struggle for Mastery: Disfranchisement in the South*, 1888-1908（2001）叙述了19世纪后期南部各州剥夺非裔美国人选举权的历史。David Montgomery, *Beyond Equality*（1967）; Melvyn Dubofsky, *Industrialism and the American Worker*（1975）; William E. Forbath, *Law and the Shaping of the American Labor Movement*（1991）; Lawrence Goodwyn, *The Populist Moment*（1978）; Bruce Palmer, *"Man over Money": The Southern Populist Critique of American Capitalism*（1980）; Linda Gordon, *Woman's Body, Woman's Right:*

A Social History of Birth Control (1976); Philip S. Foner, History of the Labor Movement of the United States: The Policies and Practices of the American Federation of Labor, 1900-1909 (1964); Thomas Haskell, the Emergence of Professional Social Science (1977); William E. Forbath, Law and Shaping of the American Labor Movement (1991); Ronald T. Takaki, Iron Cages: Race and Culture in Nineteenth-century America (1982); Charles Wilkinson, American Indians, Time, and the Law (1987)。

工业化和进步时期的最高法院的通史性研究可参阅 William F. Swindler, Court and Constitution in the Twentieth Century, vol. 1: The Old Legality, 1889-1932, (1969); Alexander M. Bickel and Benno C. Schmidt Jr., The History of the Supreme Court, vol. 9: The Judiciary and Responsible Government (1984); Charles Fairman, Mr. Justice Miller and the Supreme Court, 1862-1890 (1939), C. Peter Magrath, Morrison R. Waite: The Triumph of Character (1963); Christopher Wolfe, The Rise of Modern Judicial Review (1986)。

具体的法学理论和案例研究，见 Alan F. Westin, "John Marshall Harlan and the Constitutional Rights of Negroes: The Transformation of a Southerner," Yale Law Journal, vol. 16 (1957); Wallace Mendelson, "Mr. Justice Field and Laissez-faire," Virginia Law Review, vol. 36 (1950); Charles W. McCurdy, "The Knight Sugar Decision of 1895 and the Modernization of American Corporation Law, 1869-1903," Business History Review, vol. 53 (1979); Morton White, Social Thought in America: The Revolt against Formalism (1949); Bruce Bringhurst, Antitrust and the Oil Monopoly: The Standard Oil Cases, 1890-1911 (1979)。

# 第七章　罗斯福新政与美国宪政

关于 20 世纪 20 年代至新政时期的通史性著作包括：Barry D. Karl, The Uneasy State: The United States from 1915 to 1945 (1983); Alfred U. Romasco, the Poverty of Abundance: Hoover, the Nation, the Depress (1965); William E. Leuchtenburg, The Perils of Prosperity (1958) and Franklin D. Roosevelt and the New Deal: 1932-1940 (1963); James MacGregor Burns, *Roosevelt: The Lion and the Fox* (1956); Paul L. Murphy, *The Constitution in Crisis Times* (1972); Arthur M. Schlesinger, *The Age of Roosevelt*, 3 vols. (1957-1960); Laura Kalman, *Legal Realism at Yale* (1986); Paul Conkin, *The New Deal* (1992) and *FDR's and the Origins of the Welfare State* (1967); David E. Kyvig, *Repealing National Prohibition* (1979); Harry N. Scheiber et al., *The New Deal Legacy and the Constitution* (1984); Harvard Sitkoff, ed., *Fifty Years Later: The New Deal Evaluated* (1985); John A. Rohr, *To Run a Constitution: The Legitimacy of the Administrative State* (1986)。

重要的新政宪政的专门研究包括：William E. Leuchtenburg, "The New Deal and the Analogue of War," in John Braeman et al., eds., *Continuity and Change in Twentieth Century America* (1965); Grant McConnell, *Private Power and American Democracy* (1966); Peri E. Arnold, *Making the Managerial Presidency: Comprehensive Reorganization Planning 1905-1980* (1986); Barry D. Karl, *Executive Reorganization and Reform in the New Deal: The Genesis of Administrative Management 1900-1939* (1963); Benard Bellush, *The Failure of the NRA* (1975); Roy Lubove, *The Struggle for Social Security: 1900-1935* (1968); James T. Patterson, *The New Deal and the States* (1969)。关于新政政策的研究，除上述著作外，还可参阅：Ellis W. Hawley, *The New Deal and the Problem of Monopoly: A Study in Economic Ambivalence* (1966); Thomas K. McCraw, *TVA and the Power Fight, 1933-1939* (1971); Estabrook Kennedy, *The Banking Crisis of 1933* (1973); Donald A. Ritchie, *James M. Landis: Dean of the Regulators* (1980)。

有关罗斯福与最高法院的冲突的研究，见 William E. Leuchtenburg, "The Origins of Franklin D. Roosevelt's 'Court-Packing' Plan," *Supreme Court Review* (1967); Charles A. Leonard, *A Search for a Judicial Philosophy: Mr. Justice Roberts and the Constitutional Revolution of 1937* (1971); Michael Nelson, "The President and the Court," *Political Science Quarterly*, vol. 103 (1988); Harry N. Scheiber et al., *The New*

Deal Legacy (1984)。其他相关研究见: Paul L. Murphy, *The Constitution in Crisis Times, 1919-1969* (1972); Merlo J. Pusey, *Charles Evans Hughes*, 2 vols. (1951); Howard Gillman, *the Constitution Besieged* (1993); C. Herman Pritchett, *The Roosevelt Court: A Study in Judicial Politics and Values, 1937-1947* (1948); Edward S. Corwin, "The Passing of Dual Federalism," *Virginia Law Review* 37 (1950)。最高法院的案例分析专著包括: Edward S. Corwin, *The Commerce Power Versus State Rights* (1936); William F. Swindler, *Court and Constitution in the Twentieth Century, Vol. 2: The New Deal Legality, 1932-1968* (1970); Leonard Baker, *Back to Back: The Duel Between FDR and the Supreme Court* (1967)。

进步时期至新政时期联邦政府对经济秩序和公民权利的管理曾引起许多争议,这一时期的许多案例为后来沃伦法院对权利法案的扩展使用作了铺垫,有关这方面的研究,见 Harry N. Scheiber, "The Road to Munn: Eminent Domain and the Concept of Public Purpose in the State Courts," *Perspectives in American History*, vol. 5 (1971); Robert B. Highsaw, *Edward Douglas White: Defender of the Conservative Faith* (1981); Wallace Mendelson, "Mr. Justice Field and Laissez-faire," *Virginia Law Review*, vol. 36 (1950); Thomas K. McCraw, "Regulation in America: A Review Article," *Business History Review*, vol. 49 (1975); Alexander Meikle John, *Political Freedom: The Constitutional Powers of the People* (1965); O. K. Frankel, *The Supreme Court and Civil Liberties* (1960); Michael Les Benedict, *Civil Rights and Civil Liberties* (1987); Lee C. Bollinger, *The Tolerant Society: Freedom of Speech and Extremist Speech in America* (1986); Henry J. Abraham, *Freedom and the Court: Civil Rights and Liberties in the United States* (1967); Alexis J. Anderson, "The Formative Period of First Amendment Theory, 1870-1915," *American Journal of Legal History* vol. 24 (1980); Paul L. Murphy, *World War I and the Origins of Civil Liberties in the United States* (1979)。

# 第八章 20世纪初至60年代美国公民权利的演变

关于公民权利与公民自由的概括性研究,见:Paul L. Murphy, *The Constitution in Crisis Times*, 1918-1969 (1972) and *The Meaning of Freedom of Speech*:*First Amendment Freedoms from Wilson to FDR* (1972);Samuel Walker, *In Defense of American Liberties* (1990);William F. Swindler, *Court and Constitution in the 20th Century*:*The New Legality*, 1932-1968 (1970);Tony A. Freyer, *Hugo L. Black and the Judicial Revolution* (1977);Michael Les Benedict, *Civil Rights and Civil Liberties* (1987);John P. Roche, *The Quest for the Dream* (1963);Eleanor Flexner, *Century of Struggle*:*The Woman's Rights Movement in the United States* (1959)。

关于近现代最高法院及重要大法官的研究见:Alpheus T. Mason, *The Supreme Court from Taft to Burger* (1979);Richard C. Cortner, *The Supreme Court and the Second Bill of Rights* (1981);James F. Simon, *The Antagonists*:*Hugo black*, *Felix Frankfurter*, *and Civil Liberties in Modern America* (1989);Milton R. Konvitz, *Expanding Liberties*:*Freedom's Gains in Post-War America* (1966)。

关于一战时期的民权问题,见:Robert K. Murphy, *Red Scare*:*A study in National Hysteria* (1955);Harry N. Scheiber, *The Wilson Administration and Civil Liberties* (1960);William M. Tuttle, *Race Riot* (1970);Richard Polenberg, *Fighting Faiths*:*The Abrams Case*, *the Supreme Court*, *and Free Speech* (1987);Paul L. Murphy, *World War I and the Origins of Civil Liberties in the United States* (1979);William Preston Jr., *Aliens and Dissenters*:*Federal Suppression of Radicals*, 1900-1933 (1963)。

具体权利的专题研究见:Louis Smith, *American Democracy and Military Power*:*A Study of Civil Control of the Military Power in the United States* (1951);Peters Irons, *Justice at War* (1983);Roger Daniels, *Concentration Camps U. S. A.*:*Japanese Americans and World War II*

(1971); David F. Manwaring, *Render Unto Caesar: The Flag Salute Controversy* (1962); Stanley I. Kutler, *The American Inquisition: Justice and Injustice in the Cold War* (1982); Dan T. Carter, *Scottsboro: A Tragedy of the American South* (1969); James Goodman, *Stories of Scottsboro* (1994)。

冷战时期对美共的迫害案例的研究见 Michal R. Belknap, *Cold War Political Justice: The Smith Act, the Communist Party, and American civil Liberties* (1977); David M. Oshinsky, *A Conspiracy So Immense* (1983); Harold M. Hyman, *To Try Men's Souls: Loyalty Tests in American History* (1959)。

黑人民权运动专题的研究,见 Hugh Davis Graham, *The Civil Rights Era: Origins and Development of National Policy, 1960-1972* (1990); Mark V. Tushnet, *The NAACP's Legal Strategy Against Segregated Education 1925-1950* (1987) and *Making Civil Rights Law: Thurgood Marshall and the Supreme Court, 1936-1961* (1994); Catherine A. Barnes, *Journey from Jim Crow: The Desegregation of Southern Transit* (1983); Harvard Sitkoff, *A New Deal for Blacks: The Emergence of Civil Rights Movement as a National Issue* (1978); Derrick A. Bell, Jr., ed., *Race, Racism, and American Law* (1973); Marry F. Berry, *Black Resistance/White Law: A History of Constitutional Racism in America* (1971)。

重要案例研究包括: Daniel T. Kelleher, "The Case of Lloyd Lionel Gaines: The Demise of the 'Separate-but-Equal' Doctrine," *Journal of Negro History* vol. 56 (1971); Richard Kluger, *Simple Justice: The History of Brown v. Board of Education and Black America's Struggle for Equality* (1975); Dennis Hutchinson, "Unanimity and Desegregation: Decision-making in the Supreme Court, 1948-1958," *Georgetown Law Journal* vol. 68 (1979)。关于瑟古德·马歇尔的最新研究,参阅: Mark Tushnet, *Making Civil Rights Law: Thurgood Marshall and the Supreme Court, 1936-1961* (1994)。也可参见堪萨斯大学 Landmark Law Cases & American Society 系列中的相关案例故事。

对民权运动法律的实施及其成果的评估,可参阅 Numan V. Bartley, *The Rise of Massive Resistance* (1969); Jack R. Peltason, *58 Lonely Men: Southern Federal Judges and School Desegregation* (1961); Michal R. Belknap, *Federal Law and Southern Order: Racial Violence and Constitutional Conflict in the Post-Brown South* (1987); Stephen Lawson, *Black Ballots: Voting Rights in the South, 1944-1969* (1976); Ward Y. Elliott, *the Rise of Guardian Democracy: The Supreme Court's Role in Voting Rights Disputes, 1845-1869* (1974)。

## 第九章 冷战时代的美国宪政

1945年以来的政治变化，见 Samuel Huntington, *American Politics: The Promise of Disharmony* (1981); James L. Sundquist, *Politics and Policy: The Eisenhower, Kennedy, and Johnson Years* (1968); A. James Reichley, *Conservatives in an Age of Change: The Nixon and Ford Administrations* (1981); Joseph A. Califano, *The Triumph and Tragedy of Lyndon Johnson* (1991); Barbara G. Jordan and Elspeth D. Rostow, eds., *The Great Society: A Twenty-Year Critique* (1986)。此外，关于这一时期总体历史概况的近期著作有 James T. Patterson, *Grand Expectations: The United States, 1945-1974* (1996); Charles Morris, *A Time of Passion: America, 1960-1980* (1984)。有关总统权力发展的专著，可参阅 Arthur M. Schlesinger Jr., *The Imperial Presidency* (1973); Forrest McDonald, *The American Presidency* (1994); Theodore J. Lowi, *The Personal President: Power Invested, Promise Unfulfilled* (1985); Louis Fisher, *Constitutional Conflict between Congress and the President* (1984); John A. Rohr, *The Presidency and the Public Administration* (1989)。

关于尼克松与"水门事件"的讨论，可参阅 Philip S. Kurland, *Watergate and the Constitution* (1978); Michael A. Genovese, *The Nixon Presidency* (1990); Joan Hoff, *Nixon Reconsidered* (1994); Richard P. Nathan, *The Plot that Failed: Nixon and the Administrative Presidency* (1975); Stanley I. Kutler, *The Wars of Watergate: The Last Crisis of Richard Nixon* (1990); 当然，也不能忽略已经成为研究"水门事件"第

一手资料的 Robert Woodward and Carl Bernstein, *All the President's Men* (1974) 和 Leon Jaworski, *The Right and the Power* (1976)。有关"水门事件"的近作有 Len Colodny, *The Silent Coup: The Removal of a President* (1991)。

同一时期的宪政思想和实践的发展,见 Francis D. Wormuth and Edward B. Firmage, *To Chain the Dogs of War: The War Power of Congress in History and Law* (1989); Raoul Berger, *Executive Privilege: A Constitutional Myth* (1974); Louis Henkin, *Foreign Affairs and the Constitution* (1972); Barton J. Bernstein, "The Road to Watergate and Beyond: The Growth and Abuse of Executive Power since 1940," *Law and Contemporary Problems*, vol. 40 (1976); Abner J. Mikva and Michael Hertz, "Impoundment of Funds-the Courts, the Congress and the President: A Constitutional Triangle," *Northwestern University Law Review*, vol. 69 (1974); John W. Dumbrell and John D. Lees, "Presidential Pocket-Veto Power: A Constitutional Anachronism?" *Political Studies*, vol. 28 (1980); John R. Labovitz, *Presidential Impeachment* (1978); James L. Sundquist, *The Decline and Resurgence of Congress* (1981); Bernard Schwartz, *The New Right and the Constitution: Turning Back the Legal Clock* (1990)。关于最高法院职能与限制的研究,可参阅 Christopher Wolfe, *The Rise of Modern Judicial Review: From Constitutional Interpretation to Judge-Made Law* (1986); Robert F. Nagel, *Constitutional Cultures: The Mentality and Consequences of Judicial Review* (1989); William Lasser, *The Limits of Judicial Power: The Supreme Court in American Politics* (1988)。

有关 1960 年代沃伦法院的主要研究,见 Ward Y. Ellitt, *The Rise of Guardian Democracy* (1974); David J. Bodenhamer, *Fair Trial: Rights of the Accused in American History* (1992); Richard C. Cortner, *The Supreme Court and the Second Bill of Rights* (1981); Louis Henkin, "Selective Incorporation in the Fourteenth Amendment," *Yale Law Journal*, vol. 73 (1963); Robert E. Cushman, "Incorporation: Due Process and the Bill of Rights," *Cornell Law Quarterly*, vol. 51 (1966); Kristin Bumiller, *The Civil Rights Society: The Social Construction of Victims* (1988); Samuel Walker, *Taming the System: The Control of Discretion in Criminal Justice, 1950-1990* (1993); Anthony Lewis, *Make No Law: The Sullivan Case and the First Amendment* (1991)。Melvin I. Urofsky, *The Continuity of Change: The Supreme Court and Individual Liberties, 1953-1986* (1989) 对沃伦法院和伯格法院的历史作了深入的讨论。

关于伯格和伦奎斯特法院的专题研究,可参阅 Wallace Mendelson, "From Warren to Burger: The Rise and Decline of Substantive Equal Protection," *American Political Science Review*, vol. 66 (1972); Vincent Blasi, ed., *The Burger Court and the Counterrevolution That Wasn't* (1983); Archibald Cox, *The Role of the Supreme Court in American Government* (1976); Walter Berns, *The First Amendment and the Future of American Democracy* (1976); Robert Woodward and Scott Armstrong, *The Brethren* (1979); John F. Decker, *Revolution to the Right: Criminal Procedure Jurisprudence during the Burger-Rehnquist Court Era* (1992); Edward V. Heck, "Civil Liberties Voting Patterns in the Burger Court 1975-1978," *Western Political Quarterly*, vol. 34 (1981); Stanley H. Friedelbaum, *The Rehnquist Court* (1994); Robert Popper, "De-Nationalizing the Bill of Rights," in *The Courts, The Pendulum of Federalism* (1979)。

重要案例的专题研究包括:David J. Garrow, *Liberty and Sexuality: The Right to Privacy and the Making of "Roe v. Wade," 1923-1973* (1994); J. Harvie Wilkinson III, *From Brown to Bakke: The Supreme Court and School Integration: 1945-1978* (1979); Linda Gordon, *Woman's Body, Woman's Right: A Social History of Birth Control in America* (1977); Stanley Kutler, *The American Inquisition: Justice and Injustice in the Cold War* (1982); James T. Patterson, *Brown v. Board of Education: A Civil Rights Milestone and Its Troubled Legacy* (2001)。关于"肯定性行动"政策引起的宪政争议,见 Michael W. Combs and John Gruhl, eds., *Affirmative Action: Theory, Analysis, and Prospects* (1986); Herman Belz, *Equality Transformed: A Quarter Century of Affirmative Ac-*

tion (1991); Melvin I. Urofsky, *A Conflict of Rights* (1991); Howard Ball, *The Bakke Case: Race, Education, and Affirmative Action* (2000)。

# 第十章 2000年美国总统大选与美国宪政

关于2000年总统大选的史学研究最近开始出现，叙述最为详尽的是 Charles L. Zelden, *Bush v. Gore: Exposing the Hidden Crisis in American Democracy* (2008)，其中尤其分析了宪政体制与这次总统大选难局的关系，以及诉讼政治所反映的制度缺陷；同时参见：Robert P. Watson, ed., *Counting Votes: Lessons from the 2000 Presidential Election in Florida* (2004)。政治学学者和宪法学学者的研究注重宪法程序的分析和大选难局对美国政治的影响，但他们的著作也呈现了选举和诉讼过程的重要细节，可参阅：Jack Rakove, ed., *The Unfinished Election of 2000: Leading Scholars Examine America's Strangest Election* (2001); Cass R. Sunstein and Richard A. Epstein, eds., *The Vote: Bush, Gore and the Supreme Court* (2001); Richard A. Posner, *Breaking the Deadlock: The 2000 Election, the Constitution, and the Courts* (2001); Howard Gillman, *The Votes That Counted: How the Court Decided the 2000 Presidential Election* (2001); Robert Zelnick, *Winning Florida: How the Bush Team Fought the Battle* (2001); Julian M. Pleasants, *Hanging Chads: The Inside Story of the 2000 Presidential Recount in Florida* (2004); Larry J. Sabator, *Overtime: The Election 2000 Thriller* (2002); Robert P. Steed and Laurence W. Moreland, eds. *The 2000 Presidential Election in the South: Partisanship and Southern Party Systems in the 21$^{st}$ Century* (2002); Jamin B. Raskin, *Overruling Democracy: The Supreme Court vs. the America People* (2004)。

关于选后诉讼政治的论文还包括：Jack M. Balkin, "Bush v. Gore and the Boundary between Law and Politics," *Yale Law Journal* 110 (2001); Lynne Rambo, "The Lawyers' Role in Selecting the President: A Complete Legal History of the 2000 Election," *Texas Wesleyan Law Review* 8 (Spring 2002)。Mark Tushnet, *A Court Divided: The Rehnquist Court* and the Future of Constitutional Law（2005）对最高法院内部的政治和意识形态分歧做了分析。

新闻记者的分析性叙事对宪政历史学家也有诸多参考价值，包括：Washington Post, *Deadlock: The Inside Story of America's Closest Election*（2001）；Jack Tapper, *Down and Dirty: The Plot to Steal the Presidency*（2001）；Jeffrey Toobin, *Too Close to Call: The Thirty-Six-Day Battle to Decide the 2000 Election*（2001）；David A. Kaplan, *The Accidental President: How 413 Lawyers, 9 Supreme Court Justices, and 5,963,110 Floridians Landed George W. Bush in the White House*（2001）；Bill Sammon, *At Any Cost: How Al Gore Tried to Steal the Election*（2001）。这些作品内容丰富，文笔生动，但时常带有强烈的政治感情色彩。

史料方面，关于2000年总统大选的历史资料（包括选举的统计结果），可参考联邦竞选委员会（Federal Election Commission）的网站：http://www.fec.gov，其专题数据库提供了详细资料。对于选举中违规做法的调查，见：U. S. Commission on Civil Rights（USCCR）, *Voting Irregularities in Florida during the 2000 Presidential Election*（2001）。两部重要的研究索引为：Abner Green, *Understanding the 2000 Election: A Guide to the Legal Battles That Decided the Presidency*（2001）；Lance deHaven-Smith, *The Battle for Florida: An Annotated Compendium of Materials from the 2000 Presidential Election*（2005）。

关于总统选举制度（包括选举人团制度）历史的研究数不胜数，入门阅读可参考：Arthur M. Schlesinger, Jr., ed., *History of Presidential Elections 1789-1968*（1971）；*Congressional Quarterly's Guide to U. S. Elections*, 2nd ed.（1985）；Walter Berns, ed., *After the People Vote: Steps in Choosing the President*（1983）；Alexander M. Bickel, *Reform and Continuity*（1971）；Michael J. Glennon, *When No Majority Rules: The Electoral College and Presidential Succession*（1992）；Neal R. Pierce and Lawrence D. Longley, *The People's President: The Electoral College in American History and the Direct-Vote Alternative*（1981）；Thomas H. Neale, *The Electoral College: How It Works in Contemporary Presidential Election*（2004）。

对早期总统大选难局的研究,见: Joanne B. Freeman, "The Election of 1800: A Study in the Logic of Political Change," *Yale Law Journal* 109 (June 1999); Tadahisu Kuroda, *The Origins of the Twelfth Amendment: The Electoral College in the Early Republic, 1787-1804* (1994); William H. Rehnquist, *Centennial Crisis: The Disputed Election of 1876* (2004); C. Vann Woodward, *Reunion and Reaction: The Compromise of 1877 and the End of Reconstruction* (1956, reprint 1991); Lloyd Robinson, *The Stolen Election: Hayes versus Tilden, 1876* (2001); Roy Morris Jr., *Fraud of the Century: Rutherford B. Hayes, Samuel Tilden, and the Stolen Election of 1876* (2003)。

# 第十一章 9·11时代的爱国主义与选举民主

*The 9/11 Commission Report* 是一个独立的委员会对9·11袭击和政府反映情况的综合性报告,对"9·11事件"有详细的描述。关于《爱国者法》及相关的公民自由问题的资料与研究,参见: Ball and Mildred Vasan, eds., *The USA Patriot Act: A Reference Handbook* (2004); Stewart A. Baker, *Patriot Debates: Experts Debate the USA Patriot Act* (2005); Howard Richard C. Greg and Anriq Leone, eds., *The War on Our Freedoms: Civil Liberties in the Age of Terrorism* (2003)。关于《爱国者法》的实施过程及其带来的影响,见: Kam C. Wong, *The Impact of USA Patriot Act on American Society: An Evidence Based Assessment* (2007); Amitai Etzioni and Jason H. Marsh. eds., *Rights vs. Public Safety after 9/11: America in the Age of Terrorism* (2003); Nancy Chang and the Center for Constitutional Rights, *Silencing Political Dissent* (2002)。John Yoo, *War by Other Means: An Insider's Account of the War on Terror* (2006) 因为作者的特殊背景(曾任布什政府的法律顾问),可被视作为布什发动反恐战争正名的一种"官方"解释。

关于布什政府在9·11之后的反恐战争中的执法权和战争权的讨论,*Presidential Studies Quarterly* 在2007年3月发表过一期专刊,其中Louis Fisher, "Invoking Presidential Powers: A Primer" 对总统执法权的

历史做了梳理，并分析了布什扩充总统执法权的法理思想与逻辑；Richard M. Pious, "Inherent War and Executive Powers and Prerogative Politics"和 Jack N. Rakove, "Taking the Prerogative out of the Presidency: An Originalist Perspective"则从历史的角度分析了布什的"总统特权"的违宪性；Jules Lobel, "The Commander in Chief and the Courts"梳理了历史上总统与联邦司法部门因总统战时权力而展开的长期的权力博弈；Neil Kinkopf, "Inherent Presidential Power and Constitutional Structure"指出了所谓不受钳制的总统战时权力与制宪者的真实意图之间的冲突。Philip Bobbitt, *Terror and Consent: The Wars for the Twenty-first Century* (2008) 从国家治理和全球化的角度讨论了 21 世纪的战争对国内政治的影响。

关于反恐战争的宪政问题研究，见：H. L. Pohlman, *Terrorism and the Constitution: The Post-9/11 Cases* (2008) 搜集整理了与反恐战争相关的几个重要案例，包括 *In re Sealed Case*, *Hamdi v. Rumsfeld*, *Rumsfeld v. Padilla*, *Rasual v. Bush*, *U. S. v. Moussaoui*, 以及 *Hamdan v. Runsfeld* 等重要案例。

近期出版或再版的关于选举政治的工具书和参考书可见：Kevin J. Coleman, Joseph E. Cantor and Thomas H. Neale, *Presidential Elections in the United States: A Primer* (2000); Stephen J. Wayne, *The Road to the White House*, 9$^{th}$ ed. (2012); Gary L. Gregg, ed., *Securing Democracy: Why We Have an Electoral College* (2001); William H. Flanigan and Nancy Zingale, *Political Behavior of the American Electorate* (10$^{th}$ ed. 2002); John F. Bibby, *Two Parties - Or More? The American Party System*, 2$^{nd}$ ed. (2002); L. Sandy Maisel, *The Parties Respond: Changes in American Parties and Campaigns*, 4$^{th}$ ed., (2002); Nelson W. Polsby and Aaron Wildavsky, *Presidential Elections: Strategies and Structures of American Politics*, 10$^{th}$ ed. (2000); Michael Traugott and Paul J. Lavrakas, *Election Polls, the News Media & Democracy* (2000)。

一些专业的公民组织的网站也提供了关于竞选资金历史及改革的资料性信息，包括：Center for Responsive Politics, http://www.opensecrets.org/home; Center for the American Woman and Politics, http://

www. rci. rutgers. edu/~cawp; Center for Voting and Democracy, http://www. fairvote. org/; Committee for the Study of the American Electorate, http://gspm. org/csae; Federal & State Election Resources, http://www. llrx. com/columns/roundup25. htm; League of Women Voters, http://www. lwv. org; Project Vote Smart, http://www. vote-smart. org; U. S. Federal Election Commission, http://www. fec. gov。

关于选举程序的变化,见：Martin P. Wattenberg, *The Rise of Candidate-Centered Politics: Presidential elections of the 1980s*（1980）, Paul S. Herrnson, *Party Campaigning in the 1980s*（1988）; Robert Ritchie and Steven Hill, *Whose Vote Counts?*（2001）。讨论宪政与选举民主的著作,可参阅：Daniel Mazmanian, *Third Parties in Presidential Election*（1974）; Thomas Edsall, *The New Politics of Inequality*（1984）; Benjamin Ginsberg, "Money and Power: The New Political Economy of American Elections, " in *The Political Economy*, ed. Thomas Ferguson and Joel Rogers（1984）。Todd Donovan and Shaun Bowler, *Reforming the Republic: Democratic Institutions for the New America*（2004）针对当前美国选举制度的弊病进行了颇有见地的分析,并参照其他民主政体的选举程序,提出了改革建议。

关于竞选资金改革的历史与现实问题的讨论,见：Anthony Corrado and others, eds. , *Campaign Finance Reform: A Sourcebook*（1997）; George Thayer, *Who Shakes the Money Tree? American Campaign Practices from 1789 to the Present*（1974）。Frederick A. Slabach, ed. , *The Constitution and Campaign Finance Reform: An Anthology*（2006）收集了关于竞选资金改革的不同观点和相关重要案例的文章; Elizabeth Drew, *The Corruption of American Politics: What Went Wrong and Why*（2000）从《华盛顿邮报》记者的角度,生动描述了选举政治的腐败现象以及竞选资金改革的体制和政治障碍。另见：Lillian R. BeVier, "Money and Politics: A Perspective on the First Amendment and Campaign Finance Reform," *California Law Review* 73(1985); Cass R. Sunstein, "Political Equality and Unintended Consequences," *Columbia Law Review* 94（1994）。

# 第十二章 "色盲"宪法中的种族政治

Terry Anderson, *In Pursuit of Fairness: A History of Affirmative Action* (2004) 是一部关于"肯定性行动"计划历史的清楚叙述。关于"肯定性行动"计划和政策的争议,见: S. N. Colamery, *Affirmative Action: Catalyst or Albatross?* (1998); Paul E. Peterson, ed., *Classifying by Race* (1995); Marie W. Kruman, "Quotas for Blacks: The Public Works Administration and the Black Construction Worker," *Labor History* 16 (1975)。Thomas J. Sugrue, *The Origins of the Urban Crisis: Race and Inequality in Postwar Detroit* (Princeton: Princeton University Press, 1996) 是研究民权时代的都市政治、贫困与种族关系的经典著作。关于肯定性行动政策的起源,参见: Davis Graham, *The Civil Rights Era: Origins and Development of National Policy, 1960-1972* (1990); Melvin I. Urofsky, *A Conflict of Rights: The Supreme Court and Affirmative Action* (1991); James E. Jones Jr., "The Rise and Fall of Affirmative Action," in Herbert Hill and James E. Jones, Jr., eds., *Race in America: The Struggle for Equality* (1993)。

关于肯定性行动与经济权利的关系,见: David Hamilton Golland, *Constructing Affirmative Action: The Struggle for Equal Employment Opportunity* (2011); Kevin Yuill, *Richard Nixon and the Rise of Affirmative Action* (2006); John David Skrentny, *The Ironies of Affirmative Action: Politics, Culture, and Justice in America* (1996); Anthony S. Chen, *The Fifth Freedom: Jobs, Politics, and Civil Rights in the United States, 1941-1972* (2009); Jennifer Delton, *Racial Integration in Corporate America, 1940-1990* (2009)。还有一些专门研究,讨论最高法院对肯定性行动案例的处理,如: J. Harvie Wilkinson III, *From Brown to Bakke: The Supreme Court and School Integration, 1954-1978* (1979); Bernard Schwartz, *Behind Bakke: Affirmative Action and the Supreme Court* (1988); Winton H. Manning, *Beyond Bakke: The Unfinished Agenda in Admissions* (1978); Michel Rosenfeld, *Affirmative Action and Justice: A Philosophical and Constitutional Inquiry (1991); Barbara Ann Perry, *The Michigan Affirmative Action Cases* (2007)。

关于"肯定性行动"遭遇的新挑战，参见：Paul E. Peterson, ed., *Classifying by Race* (1995); Richard D. Kahlenberg, *Tough Liberal: Albert Shanker and the Battles over Schools, Unions, and Race, and Democracy* (2007); Richard D. Kahlenberg, *America's Untapped Resource: Low-Income Students in Higher Education* (2004)。Michael K. Brown, et al., *Whitewashing Race: The Myth of a Color-Blind Society* (2003) 讨论了公共政策在民权、政治权、教育权等方面对非裔美国人的隐性歧视。

关于种族与选举政治的关系，参阅：Marsha J. Tyson Darling, ed., *Race, Voting, Redistricting, and the Constitution: Sources and Explorations on the Fifteenth Amendment* (2001); Dewey M. Clayton, *African Americans and the Politics of Congressional Redistricting* (2000); Maurice T. Cunningham, *Maximization, Whatever the Cost: Race, Redistricting, and the Department of Justice* (2001); Sean M. Theriault, *Party Polarization in Congress* (2008)。David B. Magleby and J. Quin Monson, eds., *The Last Hurrah?: Soft Money and Issue Advocacy in the 2002 Congressional Elections* (2004); Jamin B. Raskin; *Overruling Democracy: The Supreme Court vs. the American People* (2003) 则讨论了"软钱"与国会选举和最高法院的关系。

# 第十三章　在 21 世纪追求幸福

关于美国式福利国家的形成与演进，Michael B. Katz 的两部著作——*The Price of Citizenship: Redefining the American Welfare State* (updated edition, 2001) 和 *In the Shadow of the Poorhouse: A Social History of Welfare in America* (1986)——做了详尽、透彻的描述，是研究美国式福利国家历史的入门著作。政治学者 Theda Skocpol 的 *Protecting Soldiers and Mothers: The Political Origins of Social Policy in the United States* (1992) 也是这个领域的经典著作。同时参见：Margaret Weir, Ann Shola Orloff, and Theda Skocpol, eds., *The Politics of Social Policy*

(1988); Lucy Komisar, *Down and Out in the USA*; *a History of Social Welfare* (1973), Walter I. Trattner, *From Poor Law to Welfare State: A History of Social Welfare in America* (1974); Edward D. Berkowitz, *America's Welfare State: From Roosevelt to Reagan* (1991); Blanche D. Coll, *Safety Net: Welfare and Social Security 1929-1979* (1995); Stanley Wenocur and Michael Reisch, *From Charity to Enterprise: The Development of American Social Work in a Market Economy* (1989); Christopher Howard, *The Hidden Welfare State: Tax Expenditures and Social Policy in the United States* (1997)。

对早期福利体制的讨论,见:Benjamin Joseph Klebaner, *Public Poor Relief in America, 1790-1860* (1976); Edward Berkowitz and Kim McQuaid, *Creating the Welfare State: The Political Economy of Twentieth-Century Reform* (1980); Stuart D. Brandes, *American Welfare Capitalism, 1880-1940* (1976); Matthew A. Crenson, *Building the Invisible Orphanage: A Prehistory of the American Welfare System* (1998); Jeff Singleton, *The American Dole: Unemployment Relief and the Welfare State in the Great Depression* (2000)。

关于阶级、种族、性别与福利体制的关系见:Jill Quadagno, *The Transformation of Old Age Security: Class and Politics in the American Welfare State* (1988); *The Color of Welfare: How Racism Undermined the War on Poverty* (1994); Robert C. Liberman, *Shifting the Color Line: Race and the American Welfare State* (1998); Linda Gordon, *Women, the State, and Welfare* (1990); *Pitied But Not Entitled: Single Mothers and the History of Welfare* (1994); Mimi Abramovitz, *Regulating the Lives of Women: Social Welfare Policy from Colonial Times to the Present* (1988). Gwendolyn Mink, *The Wages of Motherhood: Inequality in the Welfare State, 1917-1942* (1995); Seth Koven and Sonya Michel, eds., *Mothers of a New World: Maternalist Politics and the Origins of Welfare States* (1993)。

关于当代福利权的争议的讨论见:Ellen Reese, *Backlash Against Welfare Mothers: Past and Present* (2005); William Voegeli, *Never Enough: America's Limitless Welfare State* (2010); Charles Noble, *Welfare* as We Knew It: A Political History of the American Welfare State (1997)。Guida West, The National Welfare Rights Movement: The Social Protest of Poor Women (1981); Gosta Esping-Anderson, The Three Worlds of Welfare Capitalism (1990); Thomas Byrne Edsall and Mary D. Edsall, Chain Reaction: The Impact of Race, Rights, and Taxes on American Politics (1986); William Berman, America's Right Turn: From Nixon to Clinton, 2$^{nd}$ ed. (1998); Godfrey Hodgson, The World Turned Right Side U: A History of the Conservative Ascendancy in America (1996); Charles Noble, Welfare as We Knew It: A Political History of the American Welfare State (1997)。

关于福利权与最高法院的论述,见: Bridgette Baldwin, "In Supreme Judgment of the Poor: The Role of the United States Supreme Court in Welfare Law and Policy," Wisconsin Journal of Law, Gender & Society, 23 (2008)。

关于与公民身份相关的经济与社会权利问题的讨论,见: Judith Shklar, American Citizenship: The Quest for Inclusion (1991); Lawrence M. Mead, Beyond Entitlement: The Social Obligations of Citizenship (1986) and The New Politics of Poverty: The Nonworking Poor in America (1992); Jocelyn Pixley, Citizenship and Employment: Investigating Post-Industrial Options (1993); Michael K. Brown, Race, Money, and the American Welfare State (1999); Amy Gutmann, ed., Democracy and the Welfare State (1988); Julia Parker, Citizenship, Work, and Welfare: Search for the Good Society (1998); Harry C. Boyte, The Backyard Revolution: Understanding the New Citizen Movement (1980); Robert Kuttner, Everything for Sale: The Virtues and Limits of Markets (1997); Barbara Cruikshank, The Will to Empower: Democratic Citizens and Other Subjects (1999)。

关于医疗保障制度的起源与演进,参见: Howard H. Quint, The Forging of American Socialism: Origins of the Modern Movement (1953); Daniel S. Hirshfield, The Lost Reform: The Campaign for Compulsory Health Insurance in the United States from 1932 to 1943 (1970); R. Numbers, *Almost Persuaded: American Physicians and Compulsory Health Insurance, 1912-1920* (1978); R. Hoffman, *The Wages of Sickness: The Politics of Health Insurance in Progressive America* (2001); J. W. Leavitt and R. Numbers, eds., *Sickness and Health in America: Readings in the History of Medicine and Public Health* (1997); T. R. Marmor, *The Politics of Medicare* (2000); F. D. Campion, *The AMA and US Health Policy Since 1940* (1984); Theda Skocpol, *Boomerang: Clinton's Health Reform and the Turn Against Government* (1997)。

关于婚姻权、同性恋权利问题的史学研究已经出现了一批著作，George Chauncey, *Why Marriage: The History Shaping Today's Debate over Gay Equality* (2004) 是其中研究最为深入的一部，也是一部了解当代同性婚姻运动起源的入门著作。同见：Stephanie Coontz, *Marriage: A History, from Obedience to Intimacy, or How Love Conquered Marriage* (2005); John Boswell, *Same-Sex Unions in Pre-Modern Europe* (1995); Margaret Cruikshank, *The Gay and Lesbian Liberation Movement* (1992)。关于种族通婚和禁止种族通婚的历史，见：Randall Kennedy, *Interracial Intimacies: Sex, Marriage, Identity, and Adoption* (2003); Peter Wallenstein, *Tell the Court I Love My Wife: Race, Marriage, and Law – An American History* (2002); Renee Christine Romano, *Race Mixing: Black-White Marriage in Postwar America* (2003)。从宪法角度来讨论婚姻权的著作包括：Evan Gerstmann, *Same-Sex Marriage and the Constitution* (2004), Mark Strasser, *Legally Wed: Same-Sex Marriage and the Constitution* (1997); Patricia A. Cain, "Litigating for Lesbian and Gay Rights: A Legal History," *Virginia Law Review* 79 (1993); Martha C. Nussbaum, *From Disgust to Humanity: Sexual Orientation and Constitutional Law* (2010)。

关于同性恋权利运动的研究，还可参考 Carols A. Ball, *From the Closet to the Courtroom: Five LGBT Rights Lawsuits That Have Changed Our Nation* (2010)。这部著作讲述了五个同性恋权利案例的故事，展现了同性恋者在家庭、工作关系、歧视、婚姻和性别关系方面的特殊经历。历史性的叙述，见：Martin Dupuis, *Same-Sex Marriage, Legal Mo-*

bilization & the Politics of Rights（2004）；Evan Wolfson，*Why Marriage Matters：America，Equality，and Gay People's Right to Marry*（2004）；Eskridge，Jr.，*The Case for Same-Sex Marriage*（1996）；Michael Mello，*Legalizing Gay Marriage*（2004）。

关于同性婚姻的政治和法律讨论，可以见：Craig A. Rimmerman and Clyde Wilcox，eds.，*The Politics of Same-Sex Marriage*（2007）；该书收集了14篇论文，对同性婚姻在美国的发展、反对同性婚姻的运动、同性婚姻对美国价值观的冲击，以及世界范围内的同性婚姻状况都做了深入的讨论，是一部非常有价值的入门读物。也见：David Deitcher，ed.，*The Question of Equality*（1995）；John Corvino，*What's Wrong with Homosexuality?*（2012）；John Corvino and Maggie Gallagher，*Debating Same-Sex Marriage*（2012）；Richard Mohr，*The Long Arc of Justice：Lesbian and Gay Marriage，Equality，and Rights*（2005）；Robert M. Baird & Stuart E. Rosenbaum，eds.，*Same-Sex Marriage：The Moral and Legal Debate*（1996）。

关于同性婚姻与州的关系，见 Andrew Koppelman，*Same，Sex，Different States：When Same-Sex Marriages Cross State Lines*（2006）。关于权利与幸福的讨论：见 Morris B. Kaplan，*Sexual Justice：Democratic Citizenship and the Politics of Desire*（1997）。

# 案例索引

为方便读者,案例名称以中文译名拼音排序,译名之后为案例的英文名及材料来源。英文案例名中的"U. S."是 *United States Supreme Court Reports*(美国联邦最高法院案例判决报告)的缩写。"*Marbury v. Madison*, 5 U. S. 137(1803)"读为:"1803 年联邦最高法院对马伯里诉麦迪逊案的裁决意见,引自《联邦最高法院案例报告》的第 5 卷,第 137 页始"。案例名称的数字代表该案例在本书中出现的页码。

## A

阿达兰达建筑公司诉佩纳案 Adaranda Constructors v. Pena, 515 U. S. 200(1995):674-675, 683-684, 691

阿德金斯诉儿童医院案 Adkins v. Children's Hospital, 261 U. S. 525(1923):396, 419, 420

阿伦斯诉克拉克案 Ahrens v. Clark, 335 U. S. 188(1948):611

阿米斯达特号案 U. S. Appellants v. The Libellants and Claimants of the Schooner Amistad, 40 U. S. 518(1841):199-201

阿普特克诉国务卿案 Aptheker v. Secretary of State, 378 U. S. 500-529(1964):456-457

阿维尔等诉美国案 Arvel et al. v. U. S., 245 U. S. 366(1918):381

艾伯登诉控制颠覆活动委员会案 Albertson v. Subversive Activities Control Board, 382 U. S. 70(1965):456

艾布拉姆斯诉美国案 Abrams v. U. S., 250 U. S. 616(1919):433-435

爱迪生公司诉全国劳工关系委员会案 Consolidated Edison Co. v. National Labor Relations Board, 305 U. S. 197(1938):422

艾西万德诉田纳西流域管理局案 Ashwander v. Tennessee Valley Authority, 297 U.

S. 288（1936）:415

安特罗普案 The Antelope, 23 U. S. 66（1823）:199-200

奥斯汀诉密歇根商会案 Austin v. Michigan Chamber of Commerce, 494 U. S. 652（1990）:650-651

奥斯汀西北市政公用设施1号行政区诉霍德尔案 Northwest Austin Municipal Utility District Number One v. Eric H. Holder, 129 S. Ct. 2504（2009）:709-713, 716

## B

巴基案，见：加利福尼亚大学董事会诉巴基案

巴克利诉瓦莱奥案 Buckley v. Valeo, 424 U. S. 1（1976）:637, 639, 646, 649-651

鲍威尔诉阿拉巴马州案 Powell v. Alabama, 287 U. S. 45（1932）:439, 442-443, 519

拜伦诉巴尔的摩案 Barron v. Baltimore, 32 U. S. 243（1833）:187

贝尔诉卢恩案 Baehr v. Lewin, 852 P. 2d 44; 852 P. 2d 74（Ha. Sup. Ct. 1993）:774

贝尔诉马里兰州案 Bell v. Maryland, 378 U. S. 226（1964）:473

贝克尔诉纳尔森案 Baker v. Nelson, 191 NW 2d. 185（Minn. 1971）:781

贝利诉德克斯尔家具公司案 Bailey v. Drexel Furniture Co., 259 U. S. 20（1922）:396

贝洛蒂案，见:波士顿第一国民银行诉贝洛蒂案

北方证券公司诉美国案 Northern Securities Co. v. U. S., 193 U. S. 197（1904）:365, 368

标准石油公司诉美国案 Standard Oil Company v. U. S., 221 U. S. 1（1911）:340-341, 369

波尔柯诉康涅狄格案 Palko v. Connecticut, 302 U. S. 319（1937）:442-443

波拉克诉农民贷款和信托公司案 Pollock v. Farmers' Loan & Trust Co., 157 U. S. 429（1895）:349-350

波士顿第一国民银行诉贝洛蒂案 First National Bank of Boston v. Bellotti, 435 U. S. 765（1978）:639, 650-651

宾夕法尼亚西南部计划生育中心诉凯西案 Planned Parenthood of Southeastern Pennsylvania v. Casey, 505 U. S. 833, 851（1992）:780

布坎南诉沃雷案 Buchanan v. Warley, 245 U. S. 60（1917）:461

布兰登堡诉俄亥俄州案 Brandenburg v. Ohio, 393 U. S. 444（1969）:457

布兰日伯格诉海斯案 Branzburg v. Hayes, 408 U. S. 665（1972）:536

布朗诉教育委员会案 Brown v. Board of Education（I）, 347 U. S. 483（1954）:426, 466-471

布朗诉教育委员会案 Brown v. Board of Education (Ⅱ), 349 U.S. 294 (1955):471

布雷登诉肯塔基第 30 司法巡回法庭案 Braden v. 30th Judicial Circuit Court of Kentucky, 410 U.S. 484 (1973):611

布什诉戈尔案 Bush v. Gore, 531 U.S. (December 2000):575-577

C

查尔斯河桥梁公司诉沃伦桥梁公司案 Charles River Bridge Co. v. Warren Bridge Co., 36 U.S. 420 (1837):188-190, 338

查姆宾诉艾姆斯案 Champion v. Ames, 188 U.S. 321 (1903):372

D

大都会广播公司诉联邦通讯委员会案 Metro Broadcasting, Inc. v. FCC, 497 U.S. 547 (1990):514

达特茅斯学院诉伍德沃特案 Dartmouth College v. Woodward, 17 U.S. (4 Wheaton) 518 (1819):171-172, 188

戴维斯诉联邦选举委员会案 Davis v. Federal Election Commission, 554 U.S. 724 (2008):649

丹德里奇诉威廉斯案 Dandridge v. Williams, 397 U.S. 471 (1970):746-747

丹尼斯诉美国案 Dennis v. U.S., 341 U.S. 494 (1951):454-455

德布斯案 In re Debs, 158 U.S. 564 (1895):348-349

得克萨斯诉怀特案 Texas v. White, 74 U.S. (7 Wallace) 700 (1869):257

德琼基诉俄勒冈案 De Jonge v. Oregon, 299 U.S. 253 (1937):444

迪恩诉哥伦比亚特区案 Dean v. District of Columbia, 653 A. 2d 307 (D.C. App. 1995):782

迪里马诉比德韦尔案 De Lima v. Bidwell, 182 U.S. 1-220 (1901):359

杜利诉美国案 Dooley v. United States, 183 U.S. 151-176 (1901):359

多尔诉美国案 Dorr v. United States, 195 U.S. 138-158 (1904):359

E

恩各尔诉瓦特塔尔案 Engel v. Vitale, 370 U.S. 421 (1962):516

F

方粤廷(音译)诉美国案 Fong Yue Ting v. United States, 149 U.S. 693-763 (1893):355

菲尔德诉克拉克案 Field v. Clark, 143 U.S. 649-700 (1892):367

菲利浦斯诉马丁·马里亚塔公司案 Phillips v. Martin Marietta Corp., 400 U.S. 542 (1971):533

费希尔诉得克萨斯州大学奥斯汀校区案 Fisher v. University of Texas at Austin, Case No. 11-345, 570 U.S. (2013):657, 685-691

费希尔诉赫斯特案 Fisher v. Hurst, 333 U.S. 147 (1948):464

《风尘女子回忆录》诉马萨诸塞州案 Memoirs v. Massachusetts, 383 U.S. 413 (1966):517

弗莱切尔诉培克案 Fletcher v. Peck, 10 U.S. (6 Cranch) 87 (1810):169-171

富里洛夫诉克卢茨尼克案 Fullilove v. Klutznick, 100 Supreme Court Reporter 2758 (1980):532

弗龙蒂洛诉理查森案 Frontiero v. Richardson, 411 U.S. 677 (1973):533

## G

盖恩斯诉卡纳达案 Missouri ex rel. Gaines v. Canada, 305 U.S. 337 (1938):463-464

戈德伯格诉凯利案 Goldberg v. Kelly, 397 U.S. 254 (1970):742-747

格拉茨诉博林杰案 Gratz v. Bollinger, 539 U.S. 244 (2003):680-685

格里格斯诉杜克电力公司案 Griggs v. Duke Power Co., 401 U.S. 424 (1971):526-528, 670

格里斯沃尔德诉康涅狄格州案 Griswold v. Connecticut, 381 U.S. 479 (1965):517-518, 780

格鲁特尔诉博林杰案 Grutter v. Bollinger, 539 U.S. 306 (2003):680-685

公民联合组织诉联邦选举委员会案 Citizens United v. Federal Election Commission, 558 U.S. 310 (2010):648-652, 718

## H

哈德诉霍吉案 Hard v. Hodge, 334 U.S. 24 (1948):462

哈姆丹诉拉姆斯菲尔德案 Hamdan v. Rumsfeld, Secretary of Defense, et al., 548 U.S. 557 (2006):609, 619, 621

哈姆迪诉拉布斯菲尔德案 Hamdi v. Rumsfeld, 542 U.S. 1-33 (2004):609, 612-614, 616, 68-622

汉默诉达更哈特案 Hammer v. Dagenhart, 247 U.S. 251 (1918):395

赫恩登诉劳里案 Herndon v. Lowry, 301 U.S. 242 (1937):444

赫尔维林诉戴维斯案 Helvering v. Davis, 301 U. S. 619 (1937):421

亨德逊诉美国案 Henderson v. U. S, 328 U. S. 816 (1950):426

华盛顿诉戴维斯案 Washington v. Davis, 426 U. S. 229 (1976):527

霍尔诉德古尔案 Hall v. DeCuir, 95 U. S. 480 (1878):315

霍尔登诉哈迪案 Holden v. Hardy, 169 U. S. 366 (1898):390

霍林斯沃思诉佩里案 Hollingsworth v. Perry et al., 570 U. S. (2013):771, 776-778, 783-789, 795-796

霍普伍德诉得克萨斯州案（地区法院）Cheryl J. Hopwood, Douglas W. Carvell, Kenneth R. Elliott, and David A. Rogers, Plaintiffs, v. the State of Texas, 861 F. Supp. 551 (1994):677, 686

霍普伍德诉得克萨斯州案（巡回上诉法院）Hopwood, et al., v. State of Texas, United States Court of Appeals, Fifth Circuit (1996):677, 686

# J

吉迪恩诉温赖特案 Gideon v. Wainwright, 372 U. S. 335 (1963):520

吉恩诉美国案 Guinn v. U. S., 238 U. S. 347 (1915):461, 696

吉特洛诉美国案 Gitlow v. New York, 268 U. S. 652 (1925):434-436, 438

贾尔斯诉哈里斯案 Giles v. Harris, 189 U. S. 475 (1903):696

加利福尼亚大学董事会诉巴基案 Regents of the University of California v. Bakke, 438 U. S. 265 (1978):480, 529-530, 660, 670, 678-681, 684-685, 688,691-692

金诉史密斯案 King v. Smith, 392 U. S. 311(1968):737-738

禁酒案 National Prohibition Cases, 253 U. S. 350 (1920):388

# K

卡明斯诉里士满学区委员会案 Cummings v. Richmond County Board of Education, 175 U. S. 128 (1899):318

卡特诉卡特煤矿公司案 Carter v. Carter Coal Co., 298 U. S. 238 (1936):416

柯蒂斯出版公司诉巴茨案 Curtis Publishing Co. v. Butts, 388 U. S. 130 (1967):514

科恩兄弟诉弗吉尼亚案 Cohens v. Virginia, 19 U. S. 264 (1821):173-174

克拉克案 Ex parte Clarke, 100 U. S. 399 (1880):314

克莱曼诉奥巴马案 Klayman v. Obama, Civil Action Nos. 13-0851, 13-0881 (RJL), 2013, United States District Court, District of Columbia:606

科里根诉巴克利案 Corrigan v. Buckley, 271 U. S. 323 (1926):461

克罗多哥案 Ex parte Crow Dog, 109 U. S. 557-572 (1883):356

**L**

拉姆斯菲尔德诉帕蒂拉案 Rumsfeld v. Padilla, 542 U. S. 426 (2004):612, 614, 616, 618, 621

拉塞尔诉布什案 Rasul v. Bush 542 U. S. 466 (2004):609-611

劳伦斯诉得克萨斯案 Lawrence v. Texas, 539 U. S. 558, 574 (2003):781, 792

雷诺兹诉美国案 Reynolds v. U. S., 98 U. S. 145 (1879):352

雷诺兹诉西姆斯案 Reynolds v. Sims, 377 U. S. 533 (1964):624

里德诉里德案 Reed v. Reed, 404 U. S. 71 (1971):533

李九(音译)诉美国案 Lee Joe v. United States, 149 U. S. 693 (1893):355

里士满报业公司诉弗吉尼亚州案 Richmond Newspapers, Inc. v. Virginia, 100 Supreme Court Reporter 204 (1980):536

里士满市诉克罗森公司案 City of Richmond v. J. A. Croson C., 488 U. S. 469 (1989):675-676

联邦竞选委员会诉威斯康星生命权组织案 Federal Election Commission v. Wisconsin Right to Life, Inc., 551 U. S. 449 (2007):648-650

隆巴德诉路易斯安纳州案 Lombard v. Louisiana, 373 U. S. 267 (1963):473

洛克纳诉纽约州案 Lochner v. New York, 198 U. S. 45 (1905):389-396

罗马市诉美国案 City of Rome v. United States, 446 U. S. 156 (1980):705

罗默诉埃文斯案 Romer v. Evans, 517 U. S. 620 (1996):792

洛佩兹诉蒙特利尔县案 Lopez v. Monterey County, 525 U. S. 266 (1999):705

罗思诉美国案 Roth v. U. S., 354 U. S. 476 (1957):516

洛文诉弗吉尼亚案 Loving v. Virginia, 388 U. S. 1, 12 (1967):780-781, 785

罗伊诉韦德案 Roe v. Wade, 410 U. S. 113 (1973):532, 534-535, 783, 798

**M**

马伯里诉麦迪逊案 Marbury v. Madison, 5 U. S. 137 (1803):164-168, 503, 878

马尔福特诉史密斯案 Mulford v. Smith, 307 U. S. 38 (1937):422

马勒诉俄勒冈州案 Muller v. Oregon, 2.08 U. S. 412 (1908):394-397, 411, 532

马洛伊诉霍根案 Malloy v. Hogan, 372 U. S. 335 (1963):520-521

马普诉俄亥俄州案 Mapp v. Ohio, 367 U. S. 643 (1961):520

马萨诸塞州诉艾威斯案 Commonwealth v. Aves, 18 Pick, 193 (1836), 4 Catterall:207

马萨诸塞州诉梅隆案 Massachusetts v. Mellon, 262 U. S. 447 (1923):387

麦卡德尔案 Ex parte McCardle, 73 U. S. 318 (1869):307

麦卡洛诉马里兰案 McCulloch v. Maryland, 17 U.S. 316 (1819):140, 172-173

麦康奈尔诉联邦选举委员会案 McConnell v. Federal Election Commission, 540 U.S. 93 (2003):647, 649

麦克洛林诉俄克拉荷马州高等教育董事会案 McLaurin v. Oklahoma State Regents for Higher Education, 339 U.S. 637 (1950):465-466, 469

迈纳诉哈珀塞特案 Minor v. Happersett, 81 U.S. 162 (1875):293, 312

迈纳斯学区诉戈比蒂斯案 Minersville School District v. Gobitis, 310 U.S. 586 (1940):446-448

迈耶尔诉内布拉斯加案 Meyer v. Nebraska, 262 U.S. 390, 399 (1923):780

芒恩诉伊利诺伊州案 Munn v. Illinois, 94 U.S. 113 (1877):345, 347, 391, 397

梅里曼案 Ex parte Merryman, 17 Federal Cases 144 (Circuit Court Md. 1861, No. 9487):242

美国钢厂诉三城中央贸易委员会案 American Steel Foundries v. Tri-City Central Trades Council, 257 U.S. 184 (1921):398

美国钢铁工人联合会诉韦伯案 United Steel Workers of America v. Weber, 433 U.S. 193 (1979):532

美国共产党诉控制颠覆活动委员会案 Communist Party v. Subversive Activities Control Board, 367 U.S. 1 (1961):456

美国诉巴特勒案 U.S. v. Butler, 297 U.S. 1 (1936):414

美国诉达比木材公司案 U.S. v. Darby, 312 U.S. 100 (1941):422

美国诉格利姆德案 U.S. v. Grimaud, 220 U.S. 506 (1911):368

美国诉哈利斯案 U.S. v. Harris, 95 U.S. 480 (1878):315

美国诉卡拉斯克案 United States v. Classic, 313 U.S. 299 (1941):631

美国诉卡罗林公司案 U.S. v. Carolene Products Co., 304 U.S. 144 (1938):443

美国诉克鲁克香克案 U.S. v. Cruikshank, 92 U.S. 542 (1876):313

美国诉联邦地区法院案 U.S. v. U.S. District Court, 407 U.S. 297 (1972):507

美国诉尼克松案 U.S. v. Nixon, 418 U.S. 683 (1974):502-503

美国诉里斯案 U.S. v. Reese, 92 U.S. 480 (1878):313

美国诉奈特公司案 U.S. v. E. C. Knight Co., 156 U.S. 1 (1895):342

美国诉温莎案 U.S. v. Windsor, 570 U.S. (2013):720, 788-798

美国诉钟阿龙案 U.S. v. Jung Ah Lung, 124 U.S. 621 (1888):355

美国通讯协会诉杜德斯案 American Communications Association v. Douds, 339 U.S. 382 (1950):453

梅纳德诉希尔案 Maynard v. Hill, 125 U.S. 190, 205, 211 (1888):780

米兰达诉亚利桑那州案 Miranda v. Arizona, 377 U. S. 201（1966）:521-522

米利根案 Ex parte Milligan, 71 U. S. 2（1866）:243-244

民权案 Civil Rights Cases, 109 U. S. 3（1883）:314-315, 317

米切尔诉美国案 Mitchell v. U. S., 313 U. S. 80（1941）:462

密西西比州诉约翰逊案 Mississippi v. Johnson, 71 U. S. 475（1867）:307

莫尔黑德诉纽约州案 Morehead v. New York ex rel. Tipaldo, 298 U. S. 587（1936）:418

木匠工会诉里特咖啡馆案 Carpenters & Joiners Union v. Ritter's Café, 315 U. S. 722（1942）:445

## N

南卡罗来纳州诉卡曾巴赫案 South Carolina v. Katzenbach, 383 U. S. 301（1966）:704

内毕亚诉纽约州案 Nebbia v. New York, 291 U. S. 502（1934）:412

尼尔诉明尼苏达州案 Near v. Minnesota, 283 U. S. 697（1931）:439

尼克松诉赫恩顿案 Nixon v. Herndon, 273 U. S. 536（1927）:696

纽伯里诉美国案 Newberry v. U. S. 256 U. S. 232（1921）:631

《纽约时报》诉美国案 New York Times Co. v. U. S., 403 U. S. 713（1971）:501, 536

《纽约时报》诉沙利文案 New York Times Co. v. Sullivan, 376 U. S. 254（1964）:510-515

纽约州诉米恩案 New York v. Miln, 36 U. S. 102（1837）:187-188

## P

帕蒂拉诉拉姆斯菲尔德案 Padilla v. Rumsfeld, 352, F. 3d 695（2nd Cir. 2003）:612

佩里诉施瓦辛格案 Perry v. Schwarzenegger, 704 F. Supp. 2d 921 at 940（N. D. Cal. 2010）:784

平林诉美国案 Hirabayashi v. U. S., 320 U. S. 81（1943）:449

普莱西诉弗格森案 Plessy v. Ferguson, 163 U. S. 537（1896）:316-318, 458, 461, 466, 468, 470, 657

普利格诉宾夕法尼亚案 Prigg v. Pennsylvania, 41 U. S. 539（1842）:308-209

普林斯基诉新罕布什尔州案 Chaplinsky v. New Hampshire, 315 U. S. 568-574（1942）:445

切诺基部落诉佐治亚州案 Cherokee Nation v. Georgia, 30 U. S. 1（1831）:180-181, 356

## Q

奇赫姆诉佐治亚案 Chisholm v. Georgia, 2 U.S. 419 (1793):162-163

琼斯诉哈拉汉案 Jones v. Hallahan, 501 S.W. 2d. 588 (Ky. pp. 1973):420

全国劳工关系委员会诉弗里德曼—哈里马克服装公司案 National Labor Relations Board v. Friedman-Harry Marks Clothing Co., 301 U.S. 58 (1937):420

全国独立企业联盟诉西贝利厄斯案 National Federation of Independent Business (NFIB) v. Sebelius, 567 U.S. (2012):764-770

全国劳工关系委员会诉琼斯和劳克林钢铁公司案 National Labor Relations Board v. Jones & Laughlin Steel Corp., 301 U.S. 1 (1937):764-770

## S

赛普尔诉俄克拉荷马大学董事会案 Sipuel v. Board of Regents of the University of Oklahoma, 332 U.S. 631 (1948):464

桑门塞特诉斯图尔特案 Somerset v. Stewart, 4 Douglas 300, 99 English Reports 891 (King's Bench. 1785):207-208

申恩诉砖瓦工工会案 Senn v. Tile Layers Union, 301 U.S. 468 (1937):445

申克诉美国案 Schenck v. U.S., 249 U.S. 47 (1919):431-433, 435

圣克鲁斯水果包装公司诉全国劳工关系委员会案 Santa Cruz Fruit Packing Co. v. National Labor Relations Board, 303 U.S. 453 (1938):422

圣三一教会诉美国案 Holy Trinity Church v. U.S., 143 U.S. 457 (1892):351

史格尔诉美国案 Scales v. U.S., 367 U.S. 203 (1961):456

斯金纳诉威廉森案 Skinner v. Oklahoma ex rel. Williamson, 316 U.S. 535, 541 (1942):780

斯科茨伯勒案 Scottsboro Case, 见:鲍威尔案

斯科特诉桑弗特案 Scott v. Sandford, 60 U.S. 393 (1857):223-230, 233, 470

史密斯诉奥尔莱特 Smith v. Allwright, 321 U.S. 649 (1944):696

斯尼普诉美国案 Snepp v. U.S., 444 U.S. 507 (1980):536

斯普林格诉美国案 Springer v. U.S., 102 U.S. 586 (1881):350

是松诉美国案 Korematsu v. U.S., 323 U.S. 214 (1944):449, 615

斯特龙伯格诉加利福尼亚州案 Stromberg v. California, 283 U.S. 359 (1931):438-439, 443

斯图尔特诉戴维斯案 Stewart Machine Co. v. Davis, 301 U.S. U.S. 548 (1937):421

斯韦特诉佩因特案 Sweatt v. Painter, 339 U.S. 629 (1950):464-466

## T

唐斯诉美国案 Downes v. United States, 182 U.S. 244-391 (1901):358
特纳诉萨夫利案 Turner v. Safley, 482 U.S. 78 (1987):780
廷克诉得梅因独立社区学区案 Tinker v. Des Moines School District, 393 U.S. 503 (1969):515
屠宰场案 Slaughterhouse Cases, 83 U.S. 36 (1873):307-313, 315, 335, 347, 391-392, 436, 443

## W

王全(音译)诉美国案 Wong Quan v. United States, 149 U.S. 693-763 (1893):355
韦伯斯特诉生育服务中心案 Webster v. Reproductive Health Services, 109 S. Ct. 3040 (1989):435
维伯西—圣路易斯—太平洋铁路公司诉伊利诺伊州案 Wabash, St. Louis, and Pacific Railway Co. v. Illinois, 118 U.S. 557 (1886):339
威甘特诉杰克逊学区案 Wygant v. Jackson Board of Education, 476 U.S. 267 (1981):668-670
威卡特诉费尔伯恩案 Wickard v. Pilburn, 317 U.S. 111 (1942):423
威廉斯诉密西西比州案 Williams v. Mississippi, 170 U.S. 213 (1898):696
沃尔夫包装公司诉堪萨斯工业关系法院案 Wolff Packing Co. v. Kansas Court of Industrial Relations, 262 U.S. 522 (1923):397
沃尔夫诉科罗拉多州案 Wolf v. Colorado, 338 U.S. 25 (1949):516
沃德科夫包装公司诉安东尼奥案 Wards Cove Packing Co. v. Atonio, 490 U.S. 642 (1989):670
五角大楼文件案 Pentagon Papers Case, 见:《纽约时报》诉美国案
伍斯特诉佐治亚州案 Worcester v. Georgia, 31 U.S. 515 (1832):181

## X

西博尔案 Ex parte Siebold, 100 U.S. 371 (1880):314
希尔顿诉美国案 Hylton v. United States, 3 U.S. 169 (1796):165
西弗吉尼亚州教育委员会诉巴内特案 West Virginia State Board of Education v. Barnette, 319 U.S. 624 (1943):446-447
希契曼煤矿公司诉米歇尔案 Hitchman Coal and Coke Co. v. Mitchell, 245 U.S. 229 (1917):398

西岸旅店诉帕里什案 West Coast Hotel Co. v. Parrish, 300 U. S. 379 (1937):418-420
肖诉雷诺案 Shaw v. Reno, 509 U. S. 630 (1993):628
谢尔比县诉霍德尔案 Shelby County v. Holder, 570 U. S. (2013):657, 693-709-718
谢克特家禽公司诉美国案 Schechter Poultry Corp. v. U. S., 295 U. S. 495 (1935):
　　413-414
谢利诉克莱默案 Shelley v. Kraemer, 334 U. S. 1 (1948):462

## Y

亚布拉案 Ex parte Yarbrough, 110 U. S. 650 (1884):314
亚当斯诉豪尔顿案 Adams v. Howerton, 486 F. Supp. 1119 (C. D. Cal. 1980):
　　781-782
亚特兰大之心汽车旅馆诉美国案 Heart of Atlanta Hotel v. U. S., 379 U. S. 241
　　(1964):475
耶茨诉美国案 Yates v. U. S., 355 U. S. 66 (1957):455
约翰逊诉艾森特兰格尔案 Johnson v. Eisentrager, 339 U. S. 763 (1950):610-611
约翰逊诉圣克拉拉县交通局案 Johnson v. Transportation Agency of Santa Clara
　　County, 480 U. S. 616 (1987):669
远腾案 Ex parte Endo, 323 U. S. 284 (1944):449
战利品案 Prize Cases, 67 U. S. 635 (1863):239

## Z

扎布洛茨基诉雷德霍尔案 Zablocki v. Redhall, 434 U. S. 374 (1978):780
赵禅平(音译)诉美国案 Chae Chan Ping v. U. S., 130 U. S. 581 (1889):355
芝加哥—密尔沃基—圣保罗铁路公司诉明尼苏达州案 Chicago, Milwaukee and St.
　　Paul Co. v. Minnesota, 134 U. S. 418 (1890):346
周衡(音译)诉美国案 Chew Heong v. U. S., 112 U. S. 536 (1884):355
住宅建设和贷款协会诉布莱斯特案 Home Building and Loan Association v. Blais-
　　dell, 290 U. S. 398 (1934):411
佐治亚州诉美国案 Georgia v. United States, 411 U. S. 526 (1973):705
佐治亚州诉斯坦顿案 Georgia v. Stanton, 73 U. S. 50 (1867):307

# 总索引

1812 年战争 War of 1812：156-157，159，174-175，177，487

1850 年妥协 Compromise of 1850：216-219

《1965 年选举权法》Voting Rights Act of 1965：428，476-477，493，495，498，623-624，627-628，654，656-657，664，699，700-703；历史背景,694-699；制定与内容，699-703；实施与更新，703-705；与最高法院的审理，703-717；同见：谢尔比县诉霍德尔案，"第二代障碍"，"伟大社会"，民权运动

209 号公决提案（加州）Proposition 209（California Civil Rights Initiative）：673-674

527 组织 527 organizations：643，646，648；同见：软钱

9·11（恐怖主义袭击事件）9·11 terrorist attacks：588-593，598-599，601，603-606，613，621-622，653，869-870；同见：《爱国者法》

## A

阿格纽，斯皮洛 Agnew, Spiro：506

阿肯色 Arkansas：205，233，238，251，261，267，290，357，471，547，562，706，777，822

阿拉巴马 Alabama：与民权运动，473，511，654，695，703-704；同见：斯科茨伯案（鲍威尔案），《纽约时报》诉沙利文案，谢尔比县诉霍德尔案，《1965 年选举权法》

阿利托，塞缪尔，Samuel Alito：620，622，688，768，770，786，792，795-796

阿瑟，切斯特 Arthur, Chester：329，336-337；与总统继任制度，505

爱达荷 Idaho：345，548，764，777，823；与妇女选举权，374，533

艾森豪威尔，德怀特 Eisenhower, Dwight D.：452-453，471，474，481，502，523；与总统宪政的出现，484-488；与民权运动，455，468，471；与总统继任制度，505

《爱国者法》（2001）USA Patriot Act：586，588，593-605，700；同见：9·11

埃斯沃斯，奥利弗 Ellsworth, Oliver：80-90，93，96，101

安德罗斯，埃德蒙 Andros, Edmund：30，34；同见：光荣革命

安纳波利斯会议 Annapolis Convention：77

奥巴马，巴拉克 Obama, Barack：606，655-657，688，700，718；740，750，754，761-762，776，789，796-797；同见：《合理医疗法案》，2008年总统选举，《捍卫婚姻法》

奥狄斯，詹姆斯 Otis, James：46，48

奥康纳，桑德拉·戴 O'Connor, Sandra Day：523，537，575，582，616-617，620，628，647，651，668，675-676，684-685，692；同见："肯定性行动"

# B

巴特勒，本杰明 Butler, Benjamin：246；同见：奴隶解放

巴特勒，皮尔斯 Butler, Pierce（南卡罗来纳州制宪会议代表）：93，103，809

巴特勒，皮尔斯 Butler, Pierce（联邦最高法院大法官）：411

《邦联条例》Articles of Confederation：59，108，237；制定，70-73；内容分析，71-72；实施效果，72-73；对联邦制宪的推动，77-78；与联邦制宪大会，78-88；与联邦宪法比较，108

鲍威尔，科林 Powell, Colin：683

鲍威尔，路易斯 Powell, Lewis F.：523

《包装与储运法》(1921)：385

《贝弗里奇报告》Beveridge Report：724-725

贝茨，爱德华 Bates, Edward：242

北达科他 North Dakota：548，777，823

北卡罗来纳 North Carolina：殖民地的建立，7，34；与奴隶制，85，91-92，95，198，202，233；与州制宪运动，62，64-65；与联邦制宪，83，85，92，94-96，117-118；与退出联邦，238；与重建，270，290，296；同见：卡罗来纳基本法

宾夕法尼亚 Pennsylvania：殖民地的起源，8，27；《宾夕法尼亚政府基本法》，27-28，39，122；与美国革命，49，52，62；与州立宪，63-65，67；与联邦制宪，74-75，78-83，91-94，117；与奴隶制，69，206，逃奴问题，同见：普利格诉宾夕法尼亚案

伯恩斯，詹姆斯 Byrnes, James：422

伯尔，阿伦 Burr, Aaron：148-150，549

波尔克，詹姆斯 Polk, James K.：212-213

伯格法院 Burger Court：523-524，532，536-537；与"肯定性行动"政策，523-532；与妇女权利，532-535；与言论自由，536-537；同见："水门事件"

伯格，沃伦 Burger, Warren E.：503

伯克，埃德蒙 Burke, Edmund：49

伯克莱，约翰 Berkeley, John：7

博克，罗伯特 Bork, Robert：502，535

博林布罗克子爵 Bolingbroke：47

布坎南，詹姆斯 Buchanan, James（第 15 任总统）：222-223，228-229，234

布坎南，詹姆斯 Buchanan, James（2000 年改革党总统候选人）：560，563，565-566

"不可容忍的法令" Intolerable Acts（1774）：51

布拉德利，约瑟夫 Bradley, Joseph P.（最高法院大法官）：304，311，315，347；与第十四条修正案，311-312；与"实质性正当法律程序权利"，311，315，317，347，392

布拉德利，约瑟夫 Bradley, Joseph（前新泽西州参议员）：557

布拉奇福特，塞缪尔 Blatchford, Samuel：347

布莱克，雨果 Black, Hugo L.：421，449，454-455，516，523，746

布莱克门，哈里 Blackmun, Harry A.：523，530，534-535，537，651，692；与"隐私权"的启用，535；同见：罗伊诉韦德案

布兰代斯，路易斯 Brandeis, Louis D.：389，410-412，422，433-434，441，445，470；与马勒诉俄勒冈案，394-395，411；与社会法理学，394-398，470；与第十四条修正案，433，441，445

布兰德，理查德 Bland, Richard：50-51

布朗，亨利 Brown, Henry B.：317，358-359；与"契约自由"原则，390

布雷耶，斯蒂芬 Breyer, Stephen G.：537，575，577-578，582，688，765，769-771，792

布鲁克斯，普雷斯顿 Brooks, Preston S.：222

布伦南，威廉 Brennan, William J.：512，514-515，523，530-531，536-537，651，669，745，747；与言论自由的原则，512，514-515，536；同见：《纽约时报》诉沙利文案，巴基案，戈德伯格诉凯利案

布什，乔治 Bush, George H. W.（第 41 任总统）：509，523，537，557，671-672

布什，乔治 Bush, George W.（第 43 任总统）：540-541，553-585，588，591-594，598-599，601-603，606-610，612-622，625，637，643，645，688；与最高法院大法官任命，648，同见：2000 年总统大选，布什诉戈尔案，9·11，反恐战争

## C

财产权 Property rights：52，66-67，721，723，766；与"天赋人权"，32；马歇尔法

总索引　891

院与，169-171，189；坦尼法院与，226；与奴隶制，208-210，266；与奴隶解放，224，254，266；与重建，275-279；与"签约自由"，389-392，395，398；与实质性正当程序，307-312，389-392；与工业化时期，334，347，349-351；与公民权利，66-67，275，325，429，461，465；与新政，411，420；同见：弗莱切尔诉佐治亚案，达特茅斯学院诉伍德沃特案，查尔斯河桥梁案，斯科特案，屠宰场案，第五条宪法修正案，第十四条宪法修正案，"新财产"，福利权

《彩票法》Lottery Act（1895）：372

蔡斯，萨蒙 Chase, Salmon P.：244

蔡斯，塞缪尔 Chase, Samuel：164

参议院 Senate：63-65，104，106-107，113，120，149，154，157-158，184，202，262，306，330，358，373，380，282，417-418，485，491，496，505，535，578，593，601，620，636，639，645，671-672，706，758，797；与制宪会议，89-90，93-94，98-99；与弹劾，164，287-290；与奴隶制，202，205，210，212，214，216，219，222；与重建，282-283，286，294，297，302；参议员选举方法的改革，373-374；与妇女选举权，374，379；与外交政策，379；与"水门事件"，501-502；与总统选举，303-304，543，576

查尔斯河 Charles River：15，50，188-189，338；同见：查尔斯河桥梁公司诉沃伦桥梁公司案

查理二世 Charles II：7，24-27，30

查理一世 Charles I：18，24-25

《茶税法》(1773) Tea Act：50

《惩治煽动叛乱法》(1798) Sedition Act（1798）：146

《惩治煽动叛乱法》(1918) Sedition Act（1918）：430

《惩治三K党强制法》(1871) Ku Klux Force Act：299

重建 Reconstruction：与"共和政体"原则，261-263；的"理论"问题，260-266；与林肯，266-269；与第十三条宪法修正案，269-271；与安德鲁·约翰逊，271-276；激进重建，277-285，329，697，713；与第十四条宪法修正案，278-283，356，与约翰逊弹劾，285-290；与黑人选举权（及第十五条宪法修正案），291-294，714；与妇女选举权，623；重建法案的实施，295-302；与1876年总统选举，302-305；与最高法院，305-319，419；与美国宪政的改革，319-20，326，336；与新政的关系，377-378；与20世纪的公民权利，325，344，429-430，525；同见：内战，奴隶解放

重建财团 Reconstruction Finance Corporation：399

《纯净食品和药物法》(1906) Pure Food and Drug Act：371

# D

大不列颠(英国) Great Britain：与北美早期的殖民活动的关系，3-24；英国内战与清教革命，24-30；宪政模式对殖民地的影响，32-36，63；"光荣革命"与殖民地宪政，30-37；与美国革命，44-56；与美国制宪，61-67，73，87-88，97-98，108，127，287，701；与美国早期外交事务，73-76，140-141，157；与美国法院传统，165，189，207-208，224，391；与美国政府改革的关系，328；同见：1812年战争

大陆会议 Continental Congress：78，80，87，95，135，236；第一届，51-52；第二届，53-54 与州和联邦制宪运动，60-62，70；对黑人的政策，68-69；转换为邦联国会，71

《大宪章》Magna Carta：36-37，391

戴纳，内森 Dana, Nathan：74

戴维斯，戴维 Davis, David：243

戴维斯，约翰 John Davis：468

代议制 Representative government：26，99，112-113，115

党建 party-building：639；同见：软钱

党团核心会议，见：政党核心会议

道格拉斯，弗雷德里克 Douglass, Frederick：244，291，316

道格拉斯，斯蒂芬 Douglas, Stephen A.：217，219，231；与林肯的辩论，229-230；与1860年总统选举，230-231

道格拉斯，威廉 Douglas, William O.：422，455，517，536，745；与"隐私权"的原则，518

《道斯地权法》(1887) Dawes Severalty Act：357

得克萨斯 Texas：的兼并，211-214；与1850年妥协，217；与重建，257，285

《敌产没收法》(1861) Confiscation Act (1861)：248-251，253

《敌产没收法》(1862) Confiscation Act (1862)：240，251，253

《敌国外侨法》Alien Enemies Act (1798)：146

《第10925号行政命令》Executive Order 10925：659

《第8802号行政命令》Executive Order 8802：658-659

第二次世界大战 World War II：377，401，425，427-428，445，447，459，483；与公民权利，427-428；对民权运动兴起的影响，459，483；与联邦政府职能的转换，427-428

"第二代障碍"Second generation barriers：707，713-714，717

"敌方战斗人员"Enemy combatants：2014 年前言；588-589, 607-609, 612-614, 616-618, 621；同见：反恐战争, 哈姆迪诉拉布斯菲尔德案, 哈姆丹诉拉布斯菲尔德案

帝国 Empire：4-5, 9, 27, 377；与殖民地的主权：44-45, 48-49, 61；

迪金森, 约翰 Dickinson, John：70, 78, 809

第一次世界大战 World War I：323, 357, 359, 378-379, 383, 404, 427, 430, 432, 434, 728；与宪政改革, 357, 379, 404, 430；与公民权利和公民自由, 427-431；与联邦政府职能的转换, 378-379；与最高法院, 431-438；与移民政策, 437

《独立宣言》Declaration of Independence：写作, 54；内容与意义, 54-56；与联邦宪法, 59, 78；与权利, 66, 68；与奴隶制, 68；与重建, 270；同见：杰斐逊

杜鲁门, 哈里 Truman, Harry S.：450-452, 454, 461, 481, 483-487, 659, 696, 726, 756；与总统宪政的出现, 428, 483-485；与肃共运动, 450-452；与公民权利, 460, 696

## E

俄亥俄 Ohio：作为西北土地的一部分, 95, 222；以自由州身份加入联邦, 95

俄克拉荷马 Oklahoma：318, 357, 436, 461, 465, 548, 777, 823

俄勒冈 Oregon：213-214, 232, 303, 345, 363, 436, 444, 548, 562, 823；与经济管制, 394

《尔德曼法》(1898) Erdman Act：372

二元联邦制 Dual federalism：174, 179, 186-187, 190, 274, 377, 395, 427-429, 697；理论, 186-187；同见：联邦制, (联邦)主权, 卡尔霍恩

## F

法国 France：与美洲殖民活动, 5, 25；与美国独立, 4, 60；法国革命, 140, 145；与早期联邦外交事务, 145；同见：七年战争, 路易斯安那购买

法国与印第安人战争, 44；同见：七年战争

法兰克福特, 费利克斯 Frankfurter, Felix：422, 445-447, 468, 520

法律现实主义 Legal realism：394, 398-399, 410-412, 416, 470, 605；同见：社会法理学

《反间谍法》(1917) Espionage Act：430-432, 434, 536, 587

范布伦, 马丁 Van Buren, Martin：186, 201；对民主党的改造, 178

范德万特, 威利斯 Van Devanter, Willis：388, 411, 418, 421

范戈德，罗斯 Feingold, Russ：594，600

反恐战争 War on Terror：588-589，592，600，603，606-607，609，613-615，617，620-622

反联邦党人 Anti-federalists：111-117；与《权利法案》122-125；与政党制度的兴起，141，144，146，161；同见：联邦宪法的批准，联邦党人

《反煽动叛乱法》Sedition Act（1918）：430-431，433-434

反托拉斯 Antitrust：341-342，369，386，401；与进步运动，365-372；与新政，403；同见：《反托拉斯法》（谢尔曼），《反托拉斯法》（克莱顿）

《反托拉斯法》（克莱顿）（1914）Clayton Antitrust Act：370

《反托拉斯法》（谢尔曼）（1890）Sherman Antitrust Act：341-342，365，368，370，386，400-401，403

菲尔德，斯蒂芬 Field, Stephen J.：309-311，367，420；与"实质性正当法律程序权利"原则，309-317，346，392，420；与财产权，346；同见：屠宰场案

"费城计划" The Philadelphia Plan：665-666，672

非裔美国人 African Americans，见：黑人

废止联邦法令 Nullification：148，186；同见：卡尔霍恩，关税

分赃制 Spoil system：326-329，629；同见：文官制度改革

福利权 right to welfare：721-723，735，738-739，742-746，750，754，778；同见：戈德伯格诉凯利案；社会公民权

佛罗里达 Florida：与1876年总统大选，305，553；与2000年总统大选，504，555，560-567

佛蒙特 Vermont：69，92，150，158，203，231，546-547，594，759，775-777，822

否决权 Veto power：134，183-184，499，544；英国宪政中的，51；与联邦宪法，90，99，101，107，121；州对联邦法律的，94；同见：卡尔霍恩，搁置否决

弗吉尼亚 Virginia：殖民地的建立，6-15，23，25；殖民地时期的政治发展，18-20，38，40-42；与奴隶制，40-42，70；与州制宪，51-52，60-65，67-68；与联邦制宪，77-80，82-87；90-92，94-97，99-102，104，113；对联邦宪法的批准，117-19，122-123；州议会决议（1799），146-148；退出联邦，238；与重建，270，281，285，290，294-296；同见："培根反叛"

弗吉尼亚方案 Virginia Plan：82-87，90，97，99-100；同见：制宪大会

富兰克林，本杰明 Franklin, Benjamin：54，60，79-80，138，809；与制宪大会，95，104

富勒，梅尔维尔 Fuller, Melville W.：342

弗里蒙特，约翰 Fremont, John C.：222，250-251

妇女权利 Women's rights：40，312，755，394，411；殖民地时期的规定，40-41；与州制宪运动，65；与进步运动，394，411；与伯格法院，532-535；与"肯定性行动"政策，524-525，529，533，666，668-669，677；同见：妇女选举权，隐私权

妇女选举权 Women's suffrage：293，312，322，374；殖民地时期的，40-41；革命时期，65；与第十五条宪法修正案，293；的最终获得，374-375；同见：第十九条宪法修正案

福特，杰拉尔德 Ford, Gerald R.：504，506

《福特小丘演讲》Fort Hill Address：183

## G

戈德华特，巴里 Goldwater, Barry M.：491

戈尔，艾伯特 Gore, Albert：540-541，553，557-576，578-582，584-585，645，784

格兰特，尤里西斯 Grant, Ulysses S.：286-287，292，300-301，328-329，336，430，487

戈勒姆，纳撒尼尔 Gorham, Nathaniel：79，101，809

格里，埃尔布里奇 Gerry, Elbridge：78，97，810

"隔离但平等"原则 Separate-but-equal rule：317，461，463，465，470；同见：民权运动，普莱西诉弗格森案，布朗诉教育委员会案

哥伦布，克利斯多夫 Columbus, Christopher：4-5

格伦维尔，乔治 Grenville, George：45

搁置否决 Pocket veto：269

公安权 Police power，见：监管权

（美国）共产党：The Communist Party of USA：431，438-439，451-457，740，755，772；成为反共主义的打击目标，439，451-452，455-457，740；与黑人的民权，439-440；与最高法院，455；同见：《共产党控制法》，452；《史密斯法》，453-456；《麦卡伦法》，453，456

《共产党控制法》(1954) Communist Control Act：452-453

"公共福利"（共同福利）原则 General welfare：105，112-113，126，137，325，345，410-411，413，415，420-421，443，727，732，745-746，768；作为宪法的原则，105；与进步运动，325，360，362，375；与新政，411；与联邦政府的权力，415，421；同见：福利权，社会公民权

共和党 Republican party：建立，215，220；意识形态，220-221；与奴隶制问题，221，244-250；与内战中联邦权力的扩展，241-244；与重建，260-295；与文官

制度改革，328-329；与国会议事程序，373-374；与20世纪的经济发展，383-384，389；同见：林肯，奴隶解放，重建，第十四条宪法修正案，安德鲁·约翰逊，《解放宣言》

共和思想 Republicanism：115，136，144，186；同见：民主

"共和政体"原则 Republican form of government：105，295，325；内涵，66；作为联邦及各州的政府原则，108；麦迪逊和汉密尔顿的理解，115；与联邦宪法的关系，116，126；坦尼的狭义解释，225；作为重建的理论基础，257，261，263，266，292，295，325

公民结合 Civil Union：775-778；同见：同性婚姻，同性恋者权利

公民权利 Civil rights, citizenship rights, or, rights of citizen：23，168-169，176，187，231，239，293，295，300，302，318-319，325，351，372，481-482，492-493，504，510，518，521，523，569，575，588，655-656，723-724，731，735，739-740，754，771，773-774，779-780，783，797-798；与"天赋人权"的关系，33；与州制宪运动，66-67；与联邦制宪，82，110，113；与《权利法案》，122-125；作为联邦宪法的基本原则，126，128；与二元联邦制，147，168；与奴隶制，206，225；坦尼法院的限制，225；与内战，239，242，246；重建时期黑人的，260，274-280；与第十四条宪法修正案，278-80；与"双重公民资格"和"双重公民权利"的原则，306-316；工业化时期的，356，358；与能动宪政，377；第一次世界大战时期对公民权利的管制，428-438；与第十四条宪法修正案的"复活"，438-450；冷战时期的，450-457；与20世纪的民权运动，457-478；与"伟大社会"，492-493；的联邦化，510-522；当代的，523-538；与《爱国者法》，588，594-595，599，604-605；与反恐战争，612，615-617，621；与"反向歧视"，667，678，681，693；同见：言论自由，宗教自由，隐私权，民权运动，公民资格，实质性正当程序权利，选举权，财产权，沃伦法院，"肯定性行动"，妇女权利，福利权，社会公民权，同性婚姻

公民资格（又译公民身份、公民权）Citizenship：225，228，259-260，285，312，316，381，429，534，724，731；与《邦联条例》，71，109；与联邦宪法，110；与1866年《民权法》，275；与第十四条宪法修正案，278-280；与"双重公民资格"原则，308-309，316；与印第安人，357；同见：斯科特案，坦尼法院，福利权

公民自由 Civil liberties：33，280，311，427，429-430，439-441，450，453，516，588，589，594-595，598-599，603-606，621，722-723，741，743，793；同见：公民权利，《权利法案》，言论自由

公平就业管理委员会 Fair Employment Practices Commission：460

《公平劳工标准法》(1938) Fair Labor Standards Act: 408, 414, 422, 533

公司殖民地 Corporation colonies: 9, 15, 23, 34

《雇主责任法》(1906) Employer's Liability Act: 372

"关键体积" critical mass: 682, 684, 686; 同见: "肯定性行动", 格拉茨诉博林杰案

关税 Tariff: 45, 72, 86, 109, 137, 159, 176, 179, 221, 256, 323, 334, 349, 367, 385, 503; 与杰克逊政府的宪政危机, 182-186; 内战时期的, 241, 256; 与总统权力, 367; 同见: 宣布联邦法令无效, 卡尔霍恩

《广播电台法》(1927) Radio Act: 386

"光荣革命" Glorious Revolution: 24, 28, 44, 63, 79, 124, 133; 对北美殖民地政治的影响, 27, 30-32, 35; 对英国宪政的影响, 32-33

《国防法》(1916) National Defense Act: 379

《国防教育法》(1958) National Defense Education Act: 486

"国内马歇尔计划" "domestic Marshall Plan": 660-662

国土安全 Homeland Security: 588, 589, 591, 595, 597, 599, 601, 644

过渡契约 Half-way Covenant: 18; 同见: 过渡信徒

国会 Congress: 邦联时期的, 71-77, 80; 制宪会议对国会结构、功能、组成、权力的讨论, 84-95, 101; 与联邦宪法, 106-107; 第一届联邦国会的产生和作用, 118-124; 与政党的出现, 142-147; 与1800年总统大选, 149-150; 与杰斐逊政府的关系, 152, 154; 与1824年总统大选, 177-178; 内战时期的, 236-243; 与奴隶解放, 244-246, 248, 250, 252, 253, 256, 262; 与重建, 257-302; 与1876年总统大选, 302-305; 与进步时期的改革, 370-375; 与新政, 409-411; 与冷战时期的总统宪政, 452-453, 473-477; 与约翰逊政府的"伟大社会", 491-495; 与"拦截拨款", 499; 与水门事件, 501-505; 与战争权, 507-509; 在20世纪70年的改革, 537; 与总统选举制度, 542-544; 众议员席位的分配, 544-548; 与"9·11", 599-601; 与"肯定性行动", 666; 历届国会的党派力量对比, 824-832; 同见: 参议院, 众议院

《国家环境政策法》(1969) National Environmental Policy Act: 497

《国家紧急状态法》(1976) National Emergencies Act: 508

国民共和党 National Republican party: 160, 176, 178, 180, 824; 同见: 民主共和党, 民主党

国旗致敬案件 Flag salute cases: 446-448; 见: 迈纳斯维尔学区案, 西弗吉尼亚州诉巴内特案; 同见: 第一条宪法修正案, 言论自由

国务院 State Department: 120, 240, 457

# H

哈定，沃伦 Harding, Warren G.：382-383，389，481

哈里森，本杰明 Harrison, Benjamin：336，553

哈里森，威廉·亨利 Harrison, William Henry：186，211

哈伦，约翰·马歇尔 Harlan, John Marshall（1877-1911）：315，317-318，342-343；提出"色盲的宪法"的观点，318

哈伦，约翰·马歇尔 Harlan, John Marshall（1955-1971）：523，657

《哈其法》/《哈奇法》Hatch Act（1939）：424，632

哈钦森，安妮 Hutchinson, Anne：38

海军部 Naval Department：120，145

海斯，拉瑟福特 Hayes, Rutherford B.：303，305，329，336，499，536，553，629；与1876年选举，302-305；与文官制度改革，329，629

海外殖民地 Overseas colonies：5，358；与宪政，358-359

《航海条例》Navigation Acts：29，34

汉考克，约翰 Hancock, John：73

汉密尔顿，亚历山大 Hamilton, Alexander：与制宪会议，77-80，87-89，99，105；与联邦宪法的批准，114-117；与《联邦党人文集》，114-117；与政党制度，117，121，134，141-142；奉行的宪政和经济思想，135；对联邦宪法"隐含性权力"的论述，139-140；与1800年总统大选，549；对司法审查权的论述，173；对进步时代改革的影响，365；对20世纪20年代经济管制的影响，384

《捍卫婚姻法》（1996）The Defense of Marriage Act（DOMA）：720，774，776，778，788，794，796，797

黑人（非裔美国人）Blacks（African Americans）：与殖民地的奴隶制，40-44；与独立战争，68-69；人口统计，91-93，193，231-233；与制宪大会，92，96；内战前，175，206，225-226；与19世纪的美国民主，175，244；最高法院与，201；与内战，244-246，270；与自我解放，246-248；与重建，271-281；参与重建政治，282-295，319；重建后期被剥夺选举权，296-314，319，624，与20世纪早期的权利斗争，458；与新政，440，459；与民权运动，428，459-472；474-478，654；与公民不服从理论和实践，472-474；与冷战，484，494-495；与"伟大社会"，494；与总统大选，559，565，578；重新获得选举权，627，656-657，664，695-707，712；同见：斯科特案，普莱西案，鲍威尔案；布朗诉教育委员会案；奴隶制，第十三条宪法修正案，第十四条宪法修正案，第十五条宪法修正案，"肯定性行动"

黑人法典 Black codes：273-274，282

荷兰 The Netherlands：5，8，10，20，25-26，29-30，42，776

"合理性"原则 Reasonableness：389-390，394-395；概念的提出，390；同见：霍尔顿诉哈迪案，马勒诉俄勒冈州案，洛克纳案

《合理医疗法案》（奥巴马医改法）The Affordable Care Act：754，759-766，768-771；同见：全国独立企业联盟诉西贝利厄斯案

亨利，帕特里克 Henry, Patrick：51

亨特尔，戴维 Hunter, David：251

哈特福特会议 Harford Convention (1815)：158

合同（权）Contract：12，23，42，170，171，175-176，188-189，273，275，332，362，372，398，402，412，460，524-525，532-533，536，629，644，658-659，664，666，668，672，675，691，739-740；同见：弗莱切尔案，达特茅斯学院案，查尔斯河桥梁公司案，财产权，契约自由

合同权条款 Contract clauses，见：合同（权）

合众国银行（又译"合众国银行"）Bank of the United States：137，140，153，159，172，173，176，179，182，629

"红色恐惧" Red Scare：431，438，451，587

怀俄明 Wyoming：214，374，546，548，562，777，823

怀特，拜伦 White, Byron R.：669

怀特，爱德华 White, Edward D.：669

华人 Chinese：258，353-354，450；与第十五条宪法修正案，294；同见：《排华法》

华工 Chinese labor：353-355，450

华盛顿，乔治 Washington, George：51，60，79，174，809，824；与独立战争，60，与联邦制宪，76-80，104；就任总统与组建联邦政府，119，121，135-138，140，176；对政党的态度，142，145；与总统任期，使用否决权，121

胡佛，J. 埃德加 Hoover, J. Edgar：431

胡佛，赫伯特 Hoover, Herbert C.：383，388，400，404；提出"新个人主义"，383-384；与20年代的经济管制，385-386，399；同见：重建财团

辉格党 Whig party：138，160，186，194，211，213，216，219，221，328，404，624，629，824

胡克，托马斯 Hooker, Thomas：38

（英国）"混合政府"模式 Mixed government：对殖民地的影响，28-29；与美国分权的区别，31，61，63，107；潘恩的批判，53；同见：英国宪政

霍夫斯达特，理查德 Hofstadter, Richard：134

霍姆斯，奥利弗·温德尔 Holmes, Oliver Wendell：389，411-412；对签约自由宪法性的意见，393；与法律现实主义理论，393；与言论自由，432-435，516；提出"清楚的和当前的危险"原则，432，438

霍普金斯，斯蒂芬 Hopkins, Stephen：46

婚姻平等权 right to marriage equality：721-722，771，776，873；同见：同性婚姻

## J

加菲尔德，詹姆斯 Garfield, James A.：329，336，468，480，484，522，546，548，561-562，643；与总统继任程序，505

加利福尼亚 California：213-214，232，353，691，705，755，773；加入联邦，216；与第十四条修正案，290；与第十五条宪法修正案，294；与《排华法》，354；与"红色恐惧"，438；与同性恋者权利，773，776-777，784，791，823；同见：209 号公决议案；

加里森，威廉·劳埃德 Garrison, William Lloyd：196，211

教会 Church，见：宗教，雷洛兹诉美国案，迈纳斯学区案

监管权 Police power：307，317，334，342，346，372，373，389，390，410；定义，307，317；的合理性问题，389；联邦的，410

《交通法》(1920) Transportation Act：385

贾沃斯基，利昂 Jaworski, Leon：502

吉尔伯特，汉弗莱 Gilbert, Humphrey：6

杰斐逊，托马斯 Jefferson, Thomas：51，54，60，121，549，147，165，174，176，336，600，629；与殖民地政治，54，60；起草《独立宣言》，32，54-56，68，721-722；与联邦制宪，122-123；担任国务卿，121，135，141；与政党制度，121，135，138，144，177，629；早期的宪政观，136，138，147，338；与1800年总统选举，148-151，549；总统任内的宪政实践，121，151-156，159，169，366，499，503；与路易斯安纳购买，153-55，203；敦促禁止国际奴隶贸易，199；起草《西北土地法令》，198；对共和党意识形态的影响，220，324，

"阶级立法"（又译"群体立法"）Class legislation：335，345，362，393

杰克逊，安德鲁 Jackson, Andrew：174，177，327，552，623，629；当选总统，174-178；与二元联邦制，174-176，179-182；总统任内的宪政实践，179-186；与"分赃制"，326-327

"杰克逊式民主" Jacksonian Democracy：174-178

杰克逊，豪厄尔 Jackson, Howell：350

杰克逊，罗伯特 Jackson, Robert H.：422；与言论自由，447-448

杰伊，约翰 Jay, John：51, 60, 114, 140, 162

杰伊条约 Jay Treaty：141, 143-144

进步运动 Progressive Movement：325, 333, 343, 359, 366, 373, 375, 377, 389, 395, 397, 410, 436, 532, 631；与美国宪政, 359-375；与最高法院, 367-370

《紧急移民法》Emergency Immigration Act（1921）：437

《紧急银行法》Emergency Banking Act（1933）：402

禁酒运动 Prohibition：387-388；同见：第十八条宪法修正案，第二十一条宪法修正案

禁运 Embargo（1807-1812）：157-158

禁运法 Embargo act：156-157

金，鲁弗斯 King, Rufus：87, 809

金，（小）马丁·路德 King Jr., Martin Luther, Jr.：472, 495, 511, 604, 665, 667, 697, 698, 718

《经济机会法》(1964) Economic Opportunity Act：490

经济管制 Regulatory movement：365, 420；与工业化时期, 389-392；第一次世界大战时期的, 381；20世纪20年代的, 394, 396；与新政, 400；同见：洛克纳案，马勒案

金斯伯格，鲁思·巴德 Ginsburg, Ruth Bader：537, 575, 578, 616, 620, 653, 676, 680, 688, 713-717, 765, 769-771, 786, 792

# K

卡伯特，约翰 Cabot, John：5

卡多佐，本杰明 Cardozo, Benjamin N.：411；与第十四条宪法修正案的启用, 441-443

卡尔弗特，塞思利斯 Calvert, Cecilius：19

卡尔弗特，乔治 Calvert, George：18

卡尔霍恩，约翰 Calhoun, John C. 148, 177, 178, 183, 552；与废止联邦法令运动,148, 183；与州主权理论,148, 183-186, 214-215, 226；与1850年妥协, 216-217

卡罗来纳 Carolina：7, 9, 设立殖民地议会, 25-26；见：北卡罗来纳，南卡罗来纳

《卡罗来纳基本法》Fundamental Constitution of Carolina：26, 33

卡洛维，约瑟夫 Galloway, Joseph：52

卡梅伦，西蒙 Cameron, Simon：246

《凯斯法》Case Act（1973）：507

康涅狄格 Connecticut：殖民地的起源，7，9，21；与新英格兰自治领，30；与州制宪，62；与联邦制宪，78，83-85，89；与哈特福特会议，157-158；与奴隶制的废除，200，202，232

康涅狄格妥协方案 Connecticut Compromise：90，94，96，117，118；又见：制宪大会

《康涅狄格基本法》Fundamental Orders of Connecticut：21，23，33

坎农主义 Cannonism：373

堪萨斯 Kansas：219，222，224，229，397，467，522，548，562，656，777，823，844，863；的建州，219-222，224，229

《堪萨斯—内布拉斯加法》Kansas-Nebraska Act（1854）：219-220，222，229

卡根，艾琳娜 Kagan, Elena：765，769，771，786，792

卡特，杰米 Carter, Jimmy：509，603，666

卡特列特，乔治 Carteret, George：7

卡曾巴赫，尼古拉斯 Katzenbach, Nicholas B.：700

柯蒂斯，本杰明 Curtis, Benjamin R.：227

柯蒂斯，塞缪尔 Curtis, Samuel：251

克利夫兰，格里弗 Cleveland, Grove：336

克莱，亨利 Clay, Henry：159，177，552，629；与"美国体制"，159，176，180；与1850年妥协，216-217

克劳福特，威廉 Crawford, William H.：177

克林顿，威廉（比尔）Clinton, William J.：290，481，509-510，537-538，559-560，562，625，672，676-677，750，752-753，757-758，775，788；与弹劾，509，538

克林顿，希拉里 Clinton, Hillary：650，758

克里滕登，约翰 Crittenden, John J.：326

柯立芝，卡尔文 Coolidge, Calvin：383

哥伦比亚特区（华盛顿）District of Columbia：166，174，198-199，209，217，233

科罗拉多 Colorado：214，283，345，374，519，548，562，675，777，792，823

"肯定性行动" Affirmative action：444，523，526，529，533，537，559-560，656，660，662，664，680，683，685，690，693，717，740；起源，524，657-658，660-662 与最高法院，526-532；与1990年代，671-676；面临的挑战，692-694；与政府的监管，740；同见：巴基案，国内"马歇尔计划"，"费城计划"，霍普伍德案，格拉茨诉博林杰案，格鲁特尔诉博林杰案，费希尔诉得州大学案

肯尼迪，约翰 Kennedy, John F.：471，481，488，496，698，732，756；与民权运

动，473-474，477，663，697；与总统宪政，481，488-489，505；与"肯定性行动"，657，659，664；

肯尼迪，罗伯特 Kennedy, Robert：477

肯尼迪，安东尼 Kennedy, Anthony M.：537，575，582，616，620，651，675，688-689，768，770，786-787；与同性恋者权利，790，792-794

肯塔基 Kentucky：92，146，159，179，187，203，232，236-237，245，290，294，313，345，461，547，552，562，611，647，727，777，781，822

肯塔基和弗吉尼亚决议 Kentucky and Virginia Resolutions (1798-1799)：146，148，158，173，183

## L

拉福莱特，罗伯特 La Follette, Robert M.：364

拉姆齐，戴维 Ramsay, David：74

拉特利奇，约翰 Rutledge, John：79，100，102，809

赖克，查尔斯，Reich, Charles：739；同见：新财产

拦截拨款 Impoundment：499；同见：尼克松

劳工运动 Labor movement：325，332-335，344，346，348，349，431，370，632，666，726，728；与"契约自由"，335；与最高法院，348，370，416，418，420-421；禁止华工移民，333，353-354；与进步运动，349，370；与新政，403-404，407，414，440；的保守性，333，436，750；与政治捐赠，633；同见：劳工骑士团，德布斯案，《全国劳工关系法》，《全国工业复兴法》

劳工骑士团 Knights of Labor：331-332

雷康普顿宪法 Lecompton Constitution：229

雷利，沃尔夫 Raleigh, Walter：397，519，520

冷战 Cold War：427，445，449，460，481，485，487，491，497，499，559，592，621-622，659，671，726，732，756；与公民权利，450-457；时期的宪政特点，494-496；与总统宪政的形成，483-491，498-500，505-507

利伯尔，弗朗西斯 Lieber, Francis：247

里德，斯坦利 Reed, Stanley F.：422

《立法重组法》(1970) Legislative Reorganization Act：497

立法机构 Legislative：8，21，28，46，49，64，84，98，101，109，114，118，132，144，148，170，171，184，188，198，202，291，312，351，535，578，599，627，638，642，774；同见：国会

里根，罗纳德 Reagan, Ronald：481，509，535，537，558，668，690；与"肯定性行

动"；667-668，671；与福利权，732，750-753

李，理查德·亨利 Lee, Richard Henry：54，70

利文斯顿，罗伯特 Livingston, Robert R.：54

利文斯顿，威廉 Livingston, William：79，809

联邦 Union：70，72，87-88，105，132，135，215，225，259，265，270，290，368，377，482，769；殖民地时代的设想，52；与《邦联条例》，70；其定义与制宪大会，80，84，86-89，99-100；在联邦宪法中的定义，105；与邦联的区别，83，87-88；性质的转换，88，105，147；关于性质的争论，148，160，172，210，256，林肯的解释，230，237；与国家利益，482；同见：二元联邦制；废止联邦法令，林肯，内战，主权

联邦储备委员会 Federal Reserve Board：367

联邦党人 Federalists：111，117，122，123，126，127，135，140，141，143，151，153，154，156，159，161，166，173，176，177，185，190，212，264，549；与宪法的批准，113-117；与政党的出现，141-148；与亚当斯政府，145-149；与早期宪政，145-148；消失，158；同见：《联邦党人文集》，1800年总统大选

《联邦党人文集》The Federalist Papers：114-115，165

《联邦反腐败实践法》(1925) Federal Corrupt Practice Act：631

联邦调查局 Federal Bureau of Investigation：431，451，500，501，587，588，594，597，601，604

《联邦官员任期法》(1867) Tenure of Office Act：286-289

《联邦贸易委员会法》(1914) Federal Trade Commission Act：367，370

《联邦选举竞选法》(1971) Federal Election Campaign Act：498，555，631，634，635，638，641，646

《联邦选举竞选修正法》(1974) The Federal Election Campaign Act Amendments：555

联邦选举委员会 Federal Election Campaign Commission (FCC)：636，638，640，641，643，645，647，649

联邦赠款 Federal grant-in-aid：386，387，729，734，763，768，770

《联邦证券交易法》Federal Securities Act：402

联邦制 Federalism：与《邦联条例》，72；与制宪大会，78，87-89，96，99；与宪法，109，112，115，123，126，128；与最高法院，131-132，162，187，226，238，309-310，316，413，423，713，766，769，794；与内战，194，214，238，256-257；与重建，259-260，263-264，274，279，285，291-292，295，301，429；"集权式联邦制"，338，377，400，413，584；与新政，413；与选举，704，709，712；同见：二元联邦制；第十四条宪法修正案，卡尔霍恩

总索引 905

联邦最高法院 Supreme Court：与制宪大会，101，106-107，113；与司法审查权，101，160-167；与奴隶制（见：斯科特案）；与内战，239-244，257；与重建，305-318；与自由竞争式经济秩序，343-351；与工业化时期的公民权利，351-359；与总统权力，382-385；与经济管制，343-351，389-399，410-416；与新政，410-416；与罗斯福的改组法院计划，416-425；与公民权利，441-450，453-457；463-472，510-537，710-717，783-798；与2000年总统大选，572-578；与反恐战争，609-621；同见：马歇尔法院，司法审查，沃伦法院，伯格法院，1876年总统大选，进步运动，"水门事件"，斯科特案，普莱西诉弗格森案，普利格诉宾夕法尼亚案

《两党竞选资金改革法》Bipartisan Campaign Finance Reform Act：622，643，645，650，652；同见：软钱

两院制 Bicameralism：18-19，64，198；同见：制宪会议

林肯，阿伯拉罕 Lincoln, Abraham：192，231，288-289，324，553，555，694；与（斯蒂芬）道格拉斯辩论，229-230；与内战，233，236-238，239-244；与奴隶解放，244-246；251-256；与重建，260-261，266-271；与公民权利，108，600，605；与总统权威，336，382，410，430，481，487，591，605；同见：《解放宣言》，联邦制，第十三条宪法修正案，共和党

伦道夫，埃德蒙 Randolph, Edmund：82，100，121，810

伦奎斯特，威廉 Rehnquist, William H.：523，669

罗伯茨，欧文 Roberts, Owen：411-412，415；422-423，433；新政时期的转向，418

罗伯茨，约翰，Roberts, John G.：648-649，688，710-717，765-771，786-787，789，792；被任命为首席大法官，648；同见：威斯康星组织生命权组织案，谢比尔县诉霍德尔案，全国独立企业联盟诉西北里厄里斯案，《合理医疗法案》，霍林斯沃思诉佩里案

罗得岛 Rhode Island：9，19，30，38，45-46，52，62，69，74，78，85，91-92，94，96，117，119，158，328，388，547，756，777；殖民地的起源，7，22，25；与宗教自由，25，38；与州制宪运动，62；与联邦制宪，78；宣布废除奴隶制，69-70，202，231

洛克，约翰 Locke, John：26，32，721；与"社会契约"思想，32-33，47；对美国宪政的影响，50，54-55，62，66，136；对于财产的定义，310

洛克菲勒，纳尔逊 Rockefeller, Nelson A.：506

洛克菲勒，约翰 Rockefeller, John D.：340-341，360，365，369

罗斯福，富兰克林 Roosevelt, Franklin D.：364，376-377，388，407-408，422，427，453，468，481，632，657-658，729，732，755；提出"新政"，138；与经济干

预与管制, 389, 401-406; 与集权联邦制, 400, 409-410; 与最高法院, 410-411, 414-419, 423, 441, 535; 对选举政治的影响, 425, 427-428; 与第二次世界大战, 448; 与公民权利, 407, 450, 454, 493, 725-726, 731; 与黑人, 428, 459-460, 533, 658-659; 与总统权力的改革, 424-425, 499, 591; 与总统职位接任制度, 400, 451, 483; 同见: 新政

罗斯福, 西奥多 Roosevelt, Theodore: 361, 364, 366, 368, 630; 与总统权力的改革, 364-366; 同见: 进步运动

路易斯安那 Louisiana: 152, 154, 156, 205, 207, 232, 290, 307, 309, 311, 313, 473, 547, 553, 612, 657, 680, 688, 695, 703, 706, 777, 822; 加入联邦, 203; 退出联邦, 236; 与内战, 236, 252; 与重建, 261, 267, 270, 285; 与1876年总统选举, 302-305; 与种族隔离制度, 315, 317; 同见: 屠宰场案, 普莱西诉弗格森案

路易斯安那购买 Louisiana Purchase (1803): 151-152, 154, 156, 203, 219, 223; 与奴隶制问题, 203; 同见: 密苏里妥协, 杰斐逊

# M

马丁, 路德 Martin, Luther: 88, 90, 101, 102, 810

马里兰 Maryland: 殖民地的建立, 7, 9; 殖民地时代的权利规定, 18-19, 40, 42; 与美国革命, 62; 与州制宪运动, 64-66; 与联邦制宪, 71, 77, 83; 与奴隶制, 42, 102, 208; 与内战, 237; 与重建, 290, 294; 与进步运动, 363; 同见: 麦卡洛诉马里兰案, 普利格诉宾夕法尼亚案

马萨诸塞 Massachusetts: 殖民地的建立, 7; 早期政治自治的发展, 10, 15-18; 与英国关系, 22-24; 政教合一的模式, 17-18; 殖民地居民的权利, 24, 36-41; 与美国革命, 45-53; 与州制宪运动, 62-68; 与奴隶制, 42, 69, 207; 与联邦制宪运动, 75, 78, 96, 118; 与1812年战争, 157-158, 175; 与经济管制运动, 188-189; 与密苏里妥协, 205; 同见: 谢斯反叛, 查尔斯河桥梁公司案

马萨诸塞海湾公司 Massachusetts Bay Company: 15-18

《马萨诸塞自由法规》Massachusetts Body of Liberties (1641): 42, 122

马歇尔, 瑟古德 Marshall, Thurgood: 458, 523, 530, 536, 651, 745, 747; 与全国有色人种协进会, 462-465; 与布朗诉教育委员会案, 467-470; 同见: 布朗诉教育委员会案

马歇尔, 托马斯·汉弗莱, Marshall, Thomas Humphrey: 723-724, 739

马歇尔, 约翰 Marshall, John: 130, 140, 164, 176, 715, 182, 188, 190, 338, 356, 399, 503; 与司法审查权的建立, 164-168; 对财产和合同权的态度, 169-172;

早期对联邦制的定义，172-174；与二元联邦制理论，172-174，186-187；与印第安人权利，180-181；与奴隶制，199-200；同见：马伯里诉麦迪逊案，弗莱切尔诉培克案，达特茅斯学院诉伍德沃特案，麦卡洛诉马里兰案，安特罗普案，切诺基部落诉佐治亚州案

马歇尔法院 Marshall Court：169，172，175，180-181，187，200

马歇尔计划 Marshall Plan：483，660，662

麦迪逊，詹姆斯 Madison, James：推动联邦制宪，78；与制宪会议，79-80，85-85，89-97；的立宪思想，105，114-115，487；注意到奴隶制对制宪的干扰，93-97，103-104；对总统权力的意见，97-100，120；对设置联邦法院的意见，100-101，165；与联邦宪法的批准，111；与《权利法案》的制定，122-123；与政党制度，134-135，138，141，143，174，177；起草"弗吉尼亚议会决议"（1799），147-148，158；任总统，157，159；同见：1812年战争，马伯里诉麦迪逊案

麦金利，威廉 McKinley, William：588，630

《麦卡伦法》：452-453，456-457；同见：《内部安全法》

麦卡锡，约瑟夫 McCarthy, Joseph R.：453；同见：麦卡锡主义

麦卡锡主义 McCarthyism：455，457

麦克莱恩，约翰 McLean, John：227

麦克莱伦，乔治 McClellan, George B.：253

麦克雷诺兹，詹姆斯 McReynolds, James：410-411，422

《曼恩—埃尔金斯法》（1910）Mann-Elkins Act：371

美国革命 American Revolution：4，11，22，36，42，44，54，56，61，69，76，80，125，135，193，225，227，230，497；同见：《独立宣言》，潘恩，杰斐逊

美国共产党 Communist Party of U.S.A.：439，451，740，755，772；成立，431，451；与冷战，452-457；与最高法院，453-457；同见：《共产党控制法》，阿普特克诉国务卿案

美国社会主义党 Socialist Party：431，432，434-755

"美国体制" American System：159，176，180，404

美国宪政（主义）Constitutionalism：3，18-19，23，31，33，55，67，68，98，121，127，131，132，135，142，151，156，164，168，186，193，194，223，228，238，256，259，260，263，289，294-295，297，306，310，324-325，338，343，359，366，375，377，379，382，389，401，409，419，420，425，427，429，433，449，455，477，481，482，487，495，498，503，506，537，541，585，587，603，606，657，714，722，726，771，774，779；同见：《邦联条例》，联邦

宪法，司法审查原则，联邦制，重建，进步运动，新政，民权运动，第十四条宪法修正案，冷战，公民权利

梅里麦克河 Merrimac River：15

美墨战争 Mexican War：211，213-214，216，224

梅森，乔治 Mason, George：84，104，721，810

门罗，詹姆斯 Monroe, James：151，159，174；使用否决权，160

门罗主义 Monroe Doctrine：213

"米兰达原则" Miranda warnings or Miranda rules：521，522

米勒，塞缪尔 Miller, Samuel：308-309，311-314；同见：屠宰场案，第十四条宪法修正案

密苏里 Missouri：的创建，203-205，220；与内战，237；同见：密苏里妥协，斯科特案

密苏里妥协 Missouri Compromise（1820）：202，206，210，216-217，220，223，225，227-228，236

密西西比 Mississippi：与印第安人关系，180；加入联邦，203；退出联邦，236；与内战，251；与重建，273，285，294，307；与黑人权利，319，627，696，697，699；与民权运动，471，476，697-698，703；同见："密西西比计划"

"密西西比计划" Mississippi Plan：301

密歇根 Michigan：加入联邦，95，197；同见：格拉茨案，格鲁特尔案

缅因 Maine：92，205，231，547，551，776，777，822；同见：密苏里妥协

《民权法》（1866）Civil Rights Act of 1866：274-280，299，306；同见：第十四条宪法修正案，激进重建

《民权法》（1875）Civil Rights Act of 1875：302，315-317；同见：民权案

《民权法》（1957）Civil Rights Act of 1957：428，474，696

《民权法》（1960）Civil Rights Act of 1960：428，474，696，702

《民权法》（1964）Civil Rights Act of 1964：47-75，477，489-490，492，499，524，526-528，530-533，659，663，669-671，674，697；同见："肯定性行动"

民权运动 Civil Rights Movement：428，461，470，478，481，600，604，623，654-655，657，660，663，665，672，693，699，705，708，712，716，718，735，773；与宪政，457-478；与"权利革命"，482，533，537，600，672，732，748；的动力与基础，697-698；与联邦政府，484，494-495，660；与最高法院，510-513，516-524；同见：最高法院，黑人（非裔美国人），马丁·路德·金，《1964年民权法》，《1965年选举权法》

民主 Democracy：55，105，115，174，257，319，379，443，489，541，543-544；与

"共和思想"的区别，66；早期各州对民主的限制，61-67；与联邦宪法，55，82-97；与重建，257，260，294；与社会达尔文主义，336；与进步运动，362-364；与民主化，24，175，179，324，587，625；作为政府制度，27，66，80，106，115，135，294，378；的腐蚀与蜕变，325-328，344，443-444，542，579-585，625-629；与选举，622-640，641-652；同见：选举权，杰克逊式民主，斯通脚注，2000年总统选举，软钱，公民联合组织案

民主党 Democratic party：与民主共和党的关系，144，180；与奴隶制，194，211，213-216，220；与内战，222，231，237，239；与重建，262，271-274，283，292，292-298；与进步运动，326，365，374；同见：民主共和党，1824年总统选举，安德鲁·杰克逊，安德鲁·约翰逊，1876年总统选举；富兰克林·D.罗斯福

民主共和党 Democratic-Republican Party：兴起，143-148；的宪法观，146-147；分裂成为"国民共和主义派"和"民主共和党"派，159-160；同见：1800年总统选举，杰斐逊，路易斯安那购买，民主党，政党制，马伯里诉麦迪逊案，马歇尔法院

墨菲，弗兰克 Murphy, Frank：422，445，449

《莫里尔土地赠与法》Morrill Land Grant Act (1862)：241，386

莫里斯，古维诺尔 Morris, Gouverneur：78，83，809；与联邦制宪，83-88；莫里斯原则，84；与"五分之三"妥协，93

莫里斯，罗伯特 Morris, Robert：78

"母亲津贴" mother's pensions：728，731，738；同见：福利权

# N

纳德尔，拉夫 Nader, Ralph：560，626

南部邦联 Confederate States of America：232，233，238-240，250，252，257，259，262，264，265，268，271-272，277-278，285，295，303；的组成，236；的宪法与宪政，236；与黑人，245，247-249；同见：内战，重建，奴隶解放，联邦制，第十四条宪法修正案

南达科他 South Dakota：548，705，777，823

南卡罗来纳 South Carolina：殖民地的建立，7，34；与奴隶制，43，68，102，210；与州制宪运动，64，68，101-103，117，123；与联邦制宪，85，96；与废止联邦法令运动，182-186；与退出联邦，234，238，251；与重建，270，273，290，302；与黑人选举权，703，706

《内部安全法》(《麦卡伦法》)(1950) McCarran Internal Security Act：452，457

内布拉斯加 Nebraska：219，220，222，229，283，334，548，551，630，777，823；与内战的发生，219-222

内战 Civil War：的起因，194-228，230-236；与战时的宪政，240-244；与最高法院，243；与公民权利，242，244-252；的宪政意义，253-258；与重建的关系，262，272，275，292-293；同见：林肯，奴隶解放，南部邦联，重建，黑人

尼克松，理查德 Nixon, Richard：290，452，456，481，484，488，496-498，523，635-636，665，733-734，757；与"帝王总统"宪政，496-497，498-500，509；与总统弹劾，502-504；与"水门事件"，500-504；同见：美国诉尼克松案，费城计划

纽黑文 New Haven，7，9，19，21，22，25；见：康涅狄格

纽约 New York：成为英国殖民地，7，30；殖民地议会的建立，27；与州制宪运动，62；与联邦制宪，83，94-96；与奴隶制，202；与内战，222；在进步时代的改革，363；与工业化时期的经济管制，363，418；同见：温莎诉美国案

《农业调整法》(1933) Agricultural Adjustment Act：405，412，414，415，768

《农业调整法》(1938) Agricultural Adjustment Act：422-23

奴隶法典 Slave codes：43

奴隶解放 Emancipation：244，256，263，266，267，779；过程与意义，244-257；同见：林肯，内战，黑人，第十三条宪法修正案，逃奴

奴隶制 Slavery：在殖民地时期，27，41-43；与美国革命，48；在北部的废除，68-70，95；制宪大会，95-96；与联邦宪法，95-96，102-103，128，194-197；与最高法院，194-197，208-209，223-228；与共和党，227-230，233-238；同见：《西北土地法令》，安特罗普号案，阿米斯达特号案，普利格诉宾夕法尼亚案，密苏里妥协，卡尔霍恩，威尔莫特附文，1850年妥协，斯科特案，林肯—道格拉斯辩论，逃奴，奴隶解放，第十三条宪法修正案

# O

《欧文—基廷童工法》Owen-Keating Child Labor Act (1916)：371，395-396

# P

《排华法》(1882) Chinese Exclusion Act：333，354-355；同见：华人

潘恩，托马斯 Paine, Thomas：53-55

排除法原则 Exclusionary rule：519-520

佩恩，威廉 Penn, William：8，27-28；建立宾夕法尼亚殖民地，8；提出宾夕法尼亚基本法，27；与宗教自由，39

佩罗·罗斯 Perot, Ross：626

"培根反叛"（1676）Bacon's Rebellion：40，42

佩卡姆，鲁弗斯 Peckham, Rufus W.：392-393

佩特森，威廉 Paterson, William：79，86，92

《彭都顿文官制度改革法》，329；见：《文官制度改革法》

皮尔斯，威廉 Pierce, William（佐治亚州制宪会议代表）：80

"平等法律保护"（原则）Equal protection of the laws：280，317，401，412，465，468，525，527，531，576，677，679，681，691，737，738，774，796，798；原则的提出，299，310，325；意义的扩展，338，343，466，531，737，774，798；与黑人的权利，466，477，737；与"肯定性行动"政策，525，528，667-668，689；与"逆向种族歧视"，528，530，675-676，683，688；与2000年总统选举，576；同见：第十四条宪法修正案，《1866年民权法》

平等就业委员会 Equal Employment Opportunity Commission：524，527

平等权利宪法修正案 Equal Rights Amendment：533

平克尼，查尔斯 Pinckney, Charles：79，149，809

平克尼，查理·科茨沃斯 Pinckney, Charles Cotesworth：85，809

平克尼，约翰 Pinckney, John：164

平民党运动 Populist Movement：325，334，344，349，371；兴起，334；政治主张，334；对垄断资本主义的批判，334；对美国宪政的影响，371

平民党 People's party：325，334，344，349，373

普尔曼大罢工 Pullman strike：332

普利茅斯殖民地 Plymouth Colony：2，6-7，11，13，15，20，21；同见：《五月花号公约》

普通法 Common Law（也称"习惯法"customary law）：10，26，39，41，43，46，49，61，63，67，167，346，352，515，517，613，618；定义，36，349，391；与殖民地时期的法律传统，37，46；与美国革命，61，63；与州制宪运动，66，108；与联邦制宪，110；与《权利法案》，122-124；与宪法的关系，127；与司法程序，147，165，288，391，512；与公民权利，346，439，512，519，781；与"正当法律程序"，391-392，618

# Q

七年战争 Seven Years' War (or French and Indian War)：4，5，44

《实施法令》（1870-1871）Enforcement acts：297

契约奴工 Indentured servants：12，24，41，44，95

契约殖民地 Compact colonies：9，19，20，22-23，25；同见：康涅狄格，罗得岛，普利茅斯

契约自由 Liberty of contract：310-311，325，335，345，346，368，390，392；与最高法院，347-351，389-390，389-394，396；与"公共福利"原则的冲突，345-347；与"实质性正当程序权利"，389-394；与专制性经济秩序，393；与宪法的关系，398；与新政，407，419-420；同见：合同（权），合同权条款，经济管制，斯蒂芬·菲尔德

签约自由，335；同见：契约自由

《强制兵役法》（1863）Conscription act：242

"清楚的和当前的危险"原则 Clear and present danger rule：452；的提出，432；霍姆斯的修正，433-434；与言论自由，432-444；见：（奥利弗·温德尔）霍姆斯

全国复兴管理局 National Recovery Administration（NRA）：404

《全国工业复兴法》（1933）National Industrial Recovery Act：403-404，406，412，414，416

全国有色人种协进会 National Association for the Advancement of Colored People（NAACP）：439，458-459，461，467，693，696-697，717，743；同见：黑人，民权运动，（瑟古德）马歇尔

《全国劳工关系法》（1935）National Labor Relations Act：407，414，418，420，422，425，441，658

《全国烟煤管理法》（1935）National Bituminous Coal Conservation Act：412，414，416

权利 Rights：见：政治权利，公民权利，选举权，民权运动，权利法案，普通法，第十四条宪法修正案，福利权，政治权利

《权利法案》Bill of Rights：60，68，118，125，163，358-359，391，428，429，436，439，456，517，520，741，780；与州制宪运动，65-67；的制定，122-124；内容分析，124；能否在美国海外殖民地实施，358；与联邦制，187；被纳入第十四条宪法修正案，274，279，441-444，518-520，779；与"隐私权"的创造，516；与《爱国者法》，600，603；同见：重建，第十四条宪法修正案，斯通的脚注

《权利法案》（1689年英国光荣革命的结果）Bill of Rights：30-31，124

权力分立 Separation of powers：617；同见：联邦制

权力制衡 Checks and balances：31，127，289，378，495，541-542，739；英国的影响，31；作为宪政原则，126；与2000年总统选举，581-82；同见：联邦制

## R

（美国）人口 Population：殖民地人口的组成，8；1651 年，24；1788 年，85；1790 年，10，91，193；1819 年，203；1860 年，231-233；1870 年，292；1933 年，399；2000 年，547

人民主权 Popular sovereignty：55，59，60，62，63，65，66，68，106，107，116，126，184，261，545，623；作为州制宪的原则，59-63；与联邦制宪，68，107，116，126；与州主权，184；与重建，261；与民主，623

《人身保护令状权法》（1863）Habeas Corpus Act：242

人身保护令状特权 Habeas corpus：110，300，307，348；与普通法传统，37；与联邦制宪，108；与逃奴案件，206；与内战，238-239，242-244；与重建，300，308；与劳工运动，348；与华人，354-356；与公民权利，430，449；与反恐战争，608-621

《人身自由法》Personal Liberty Law：206，208

"日落条款" sunset provisions：599

《肉类检查法》（1906）Meat Inspection Act：371

软钱 soft money：556，559，583，640，648，652，873

## S

萨姆纳，查尔斯 Sumner, Charles：222，248，282，294；同见：重建

萨姆纳，威廉 Sumner, William Graham：335；同见：社会达尔文主义

萨瑟兰，乔治 Sutherland, George：396-397，411，422，440

"三 K 党" Ku Klux Klan：277，295，300，314-315，430，486，457，474，600，707

塞尔玛 Salem：698-699，712

《社会保障法》Social Security Act（1935）：406，418，421，425，485，493，728，730；同见：新政

社会法理学 Sociological jurisprudence：395，398；同见：司法能动主义

社会公民权 social citizenship：723-725，731，739，747-748，752，754；同见：马歇尔（托马斯·汉弗莱）

"社会立法" social legislation：727，733

社会契约 Social contract：4，54-55，62-63，79，361；与洛克思想的联系，32-33；与殖民地的政体，33，47；在美国中转换，47；与州制宪运动，66，68；与公共福利，605；与契约自由，346

史蒂文斯，约翰·保罗 Stevens, John Paul：530，573，576，578，582；同见：布什

诉戈尔案

史蒂文斯，塞迪亚斯 Stevens, Thaddeus：282，320

《史密斯—休斯法》(1917) Smith-Hughes Act：386

"实质代表权" Virtual Representation：49-50，65

《史密斯法》(1940)：452-457

《史密斯—康拉利法》(1943) Smith-Connally Act：632-633

《实施法》Enforcement Acts（1870-1872）：298，301，305，313，315

《失依儿童家庭救助法》Aid to Family with Dependent Children（AFDC）：728，730，738，746，749，752，757，763

实质性权利 Substantive rights：55，310-311，747；同见：（斯蒂芬）菲尔德，实质性正当程序权利，屠宰场案，契约自由

实质性正当程序 Substantive due process：311-312，317

实质性正当法律程序权利 Substantive due process rights：309，317，346，389，391-392，420，423，443，795；定义：311；被修正，420；同见：屠宰场案，芒恩案

"水门事件" Watergate affair：290，496，498，500，502，504，507，635，757，的发生过程，500-501；与尼克松，500-504；对宪政的影响，504-508；同见：尼克松，弹劾

司法部 Justice Department：建立，300；与重建，301-305，499；与"红色恐惧"，431；与反共主义，451，453，456；与民权运动，475，477，700，703，789；与监控，597，599；与反恐战争，602，608，635

司法 Judiciary：与制宪大会，97，100-101；与联邦宪政，132，160-161，387-389，452-453；同见：司法审查，最高法院，司法部；罗斯福

《司法法》Judiciary Acts：1789年《司法法》，161，163-164，168；1801年《司法法》，166

司法节制 Judicial restraint：453，576

司法立法 Judicial legislature：390；同见：斯通，霍尔登案，洛克纳案

司法能动主义 Judicial activism：395，399，470，482，483

司法审查（原则）Judicial review：101，110，130，132，160，166，390，410，443，444，502，503，615，619，691，739，740，746，791，792；原则的起源与确立，110，164-168；定义，164；行政部门的挑战，182；与司法立法的关系，184，347-348；与社会法理学，394-395；与司法能动主义，395；同见：马伯里诉麦迪逊案，约翰·马歇尔，司法立法，司法节制，司法能动主义

斯卡利亚，安东宁 Scalia, Antonin：509，537，575-576，581，616-617，620，622，651，669，688，768，792；被任命为大法官，537

斯坦顿, 艾德温 Stanton Edwin M. : 287; 同见: 弹劾

斯通, 哈伦 Stone, Harlan F. : 411, 415, 447, 474; 任首席大法官, 422; 推动全面纳入《权利法案》, 441; 写作卡罗林案的著名脚注, 443; 同见: 司法立法

斯托利, 约瑟夫 Story, Joseph: 169, 188, 201, 208-209; 同见:普利格诉宾夕法尼亚案

斯图尔特, 鲍德尔 Stewart, Potter: 530, 536

索托迈耶尔, 索尼娅, Sotomayor, Sonia: 687-688, 713, 765, 769-771, 786, 792

苏厄德, 威廉 Seward, William H. : 254

苏特, 戴维 Souter, David H. : 537, 575-578, 616, 676

所得税 Income tax: 344, 349-350, 371, 380, 385, 490; 同见: 第十六条宪法修正案

《所得税法》(1894) Income tax law: 349-350

《所得税法》(1916) Revenue Act: 380

《所得税法》(1935) Revenue Act: 408

## T

塔尔梅奇, 詹姆斯 Tallmadge, James: 205

《塔夫脱—哈特利法》(1947) Taft-Hartley Act: 453-454

塔夫脱, 威廉 Taft, William Howard: 365, 366, 396-397, 411; 任总统, 365; 任首席大法官, 389

泰勒, 约翰 Tyler, John: 211-212; 与得克萨斯兼并, 212

泰勒, 扎卡里 Taylor, Zachary: 216

泰勒制 Taylorism: 360

弹劾 Impeachment: 殖民地议会, 64; 联邦宪法规定的程序, 120, 163-164; 对安德鲁·约翰逊的弹劾 (1868), 271-290; 国会提出弹劾尼克松, 502-504, 506; 对克林顿提出弹劾的企图, 509; 的滥用, 538

坦尼, 罗杰 Taney, Roger B. : 187, 209, 227-228, 230, 242, 244, 399; 任首席大法官, 187; 对州主权联邦制理论的支持, 188-190; 对公民资格的定义, 225-226; 与第五条宪法修正案, 226; 与内战, 242; 同见: 二元联邦制, 达特茅斯学院案, 查尔斯河桥梁公司案, 斯科特案

坦尼法院 Taney Court: 187, 230; 与马歇尔法院的区别, 188-190; 与逃奴问题, 308-309; 与奴隶制问题, 230; 与内战, 242

谈判 Negotiation: 36, 60, 73, 94, 126, 140, 145, 150, 152, 157, 158, 178, 179, 212, 213, 223, 260, 304, 364, 407, 408, 420, 483, 485, 496, 499, 553,

627，653，752，756，757，759

《汤森税法》(1767) Townshend Acts：50

《糖税法》(1764) Sugar Act：45-46

逃奴 Fugitive slaves：207，209，217，253；与制宪会议，102-103，195；引起南北法律的冲突，195-96，198，206；与《西北土地法令》，198；与内战，244-248；同见：普利格诉宾夕法尼亚州案，斯科特案，《敌产没收法》(1861，1862)，奴隶解放

"逃奴条款" Fugitive slave clause：195-196，198，208-209

《逃奴法》(1793) Fugitive slave law of 1793：198，205，207，209，217

《逃奴法》(1850) Fugitive slave law of 1850：209，217，234，246，249-250

特别检察官 Special prosecutor：502-503，508-509

特拉华 Delaware：殖民地的建立，7；殖民地居民的权利，28，34；与州制宪运动，62；与联邦制宪，78，94；与奴隶制，96，202；与1812年战争，157；与内战，237；与重建，290

特蕾西，菲尼亚斯 Tracy, Phineas L. ：153

"特权或豁免权"原则（也作"特权和豁免权"）Privileges or immunities：11，48，66，162，452，779；与1787年联邦宪法，109-110；第十四条宪法修正案的规定，278-279；与最高法院，308-310，390，411；增加实质性内容，436；同见：第十四条宪法修正案，屠宰场案

田纳西 Tennessee：加入联邦，203；退出联邦，238；与内战，261，267，271；与重建，283，290，294

《童工税收法》(1919) Child Labor Tax Act，396；见：《欧文—基廷法》

同性婚姻 same-sex marriage：559，720，722，771，783，785-786，788，798

同性恋者权利 rights of homosexuals：772-779，781-785，788-793，796-798

《土壤保护法》Soil Conservation Act（1935）：415

退出联邦 Secession：与1787年宪法，110，128；与州主权理论，184-186；与1812年战争，158；与卡尔霍恩州权理论，184-186；与废止联邦法令运动，184-186；自由党的反对，211；与内战，232-236，238；林肯对退出联邦合法性的否定，236-237，239，244，260；最高法院的否定，256-257；与重建理论，259-265；同见：得克萨斯州诉怀特案

退伍军人局 Veterans Administration：425

《退伍军人调整法》G. I. Bill：731

托克维尔，阿历克斯 Tocqueville, Alexis de：175

托拉斯 Trust：340，342，360，364-365，368，370，386，400；作为新的经济体出

现，340-341；对自由竞争的破坏，360；联邦政府的管制，365-366；与最高法院，342；同见：谢尔曼反托拉斯法；克莱顿反托拉斯法，进步运动

托马斯，克拉伦斯 Thomas, Clarence：523，537，575，577，616，620，622，768，770，786，792；作为黑人大法官接替瑟古德·马歇尔，523，671；与"肯定性行动"，675，688，690；与《1965年选举权法》，713，717

## W

《外侨法》Alien Act（1798）：145

韦伯斯特，丹尼尔 Webster, Daniel：217

韦德，本 Wade, Ben F.：289，534

韦德—戴维斯重建法案 Wade-Davis Bill：268

威尔莫特，戴维 Wilmot, David：214

威尔莫特附文 Wilmot Proviso：214-15

威尔逊，伍德罗 Wilson, Woodrow：与进步时期的宪政，365，367，369；与总统权力的扩展，366，481，487，505；与第一次世界大战时期的宪政改革，381-382；对美共的镇压，431；与战时的政府宣传活动，380，434；与总统继任制度，505

《威尔逊—戈曼关税法》：349

威尔逊，詹姆斯 Wilson, James：49，79，80，88，101，162；与联邦制宪，49，80，88-93，101；与奴隶制问题，93；与最高法院，162

《威克斯法》(1911) Weeks Act：386

威廉斯，罗杰 Williams, Roger：22，38；同见：罗得岛

威斯康星 Wisconsin：95，197，223，225，232，364，453，548，562，593，594，648，650，777，823；加入联邦，95；与进步运动，363-364

韦特，莫里森 Waite, Morrison R.：312-313，346，352-353

文官制度改革 Civil Service Reform：328，330；同见：分赃制

《文官制度改革法》(1883) Civil Service Act：329，330，424，629，632

文森，弗雷德 Vinson, Fred M.：454-455，457，465-466，468-469；同见：麦克洛林案

温斯罗普，约翰 Winthrop, John：16

《沃尔斯特德法》(1919) Volstead Act：387

沃克尔·沃恩，Walker, Vaughn：785-788；同见：霍林斯沃思诉佩里案

沃伦，厄尔 Warren, Earl：440，455，468-469，481，513，523；被任命为首席大法官，455，457，与布朗诉教育委员会案，468-470；与"沙利文原则"，510，

513-514；与刑事司法正当程序权，518-522；与福利权，738；与婚姻权，781

沃伦法院 Warren Court：440，457，510，518，520，523，536；与公民权利的联邦化，510；与司法能动主义，482；与伯格法院的比较，523，536

"五分之三"条款 Three-fifths clause：95，96，196，205，281，544；同见：制宪大会，90，93-95；奴隶制，205，281

"午夜法官" Midnight judges：163，166，168；同见：马伯里诉麦迪逊案

《五月花号公约》Mayflower Compact：2，7，19，21，33；同见：契约殖民地，普利茅斯

## X

《西北土地法令》Northwest Ordinance：95，154，197，198，202，223，224，226

夏威夷 Hawaii：358，545，546，548，562，774，775，777，788，823；作为美国占领地，358；加入联邦，545；与同性婚姻权利，774-775，777，788

（联邦）宪法 Constitution（U.S.）：起源与基础，3-36；美国革命的影响，44-50，54-55；与州制宪运动的关系，61-68；与《邦联条例》的关系，70-72；制定的过程，77-104；批准过程，111-118；内容分析，104-111；与权利法案，122-125；立宪的历史意义与缺陷，125-128；同见：《联邦党人文集》，司法审查原则，内战，奴隶制，重建，进步运动，公民权利，冷战，宪法修正案

宪法修正案 Constitutional amendments：95，109，124，150，154，160，162，163，180，236，269，270，277，279，292，295，301，304，307，312，314，316，325，350，374，387，389，396，419，427，429，436，461，468，506，533，550，556，696，713，715，775，776，788；同见：联邦宪法，《权利法案》（具体修正案索引如下）

　　第一条宪法修正案 First Amendment：124，147，163，187，210，352-353，380，432-433，435-436，438-439，440，444，448，452，454，512-513，515，518，531，536，638，639，647，650-651，811；同见：言论自由，宗教自由

　　第二条宪法修正案 Second Amendment：124，811

　　第三条宪法修正案 Third Amendment：124，518，811

　　第四条宪法修正案 Fourth Amendment：124，507，519，520，812

　　第五条宪法修正案 Fifth Amendment：124，187，210，227，391，411，420，442，452，456，462，518，520，521，675，781，790，793，795，798，812

　　第六条宪法修正案 Sixth Amendment：124，439，440，520，812

　　第七条宪法修正案 Seventh Amendment：124，812

　　第八条宪法修正案 Eight Amendment：124，813

第九条宪法修正案 Ninth Amendment：124-125，280，517，518，781，813

第十条宪法修正案 Tenth Amendment：124-125，138，187，396，415，421，429，711，770，813

第十一条宪法修正案 Eleventh Amendment：162-163，813

第十二条宪法修正案 Twelfth Amendment：119，150，177，549，550，552，813-814

第十三条宪法修正案 Thirteenth Amendment：95，192，256，260，269-274，290，297，302，307，309，316-317，319，377，380-381，429，458，814；同见：内战，奴隶解放

第十四条宪法修正案 Fourteenth Amendment：125，260，277，278-285，290，293，297，299，302，308-310，312-313，315，317，319，325，338，345-346，351，356，377，381，390-391，393，411，426-427，429，435-436，438，441-446，458，462，463，464，465，467，468，473，475，477，517，518，520，525，527-528，531，533，572，576，608，651，655，667，669，675，677，681，686，690，737，744，747，774，779，781，785，798，814-815；同见：重建，屠宰场案，沃伦法院，实质性正当程序权利，联邦制

第十五条宪法修正案 Fifteenth Amendment：110，258，260，290-295，297-299，302，312-314，319，374，377，391，427，429，458，461，476，623，695-696，699，702，709，715-716，815-816

第十六条宪法修正案 Sixteenth Amendment：350，371，816

第十七条宪法修正案 Seventeenth Amendment：373-374，624，816

第十八条宪法修正案 Eighteenth Amendment：387，388-389，404，816

第十九条宪法修正案 Nineteenth Amendment：110，294，302，322，374，397，533，623，817

第二十条宪法修正案 Twentieth Amendment：400，506，623，817-818

第二十一条宪法修正案 Twenty-first Amendment：388-389，818

第二十二条宪法修正案 Twenty-second Amendment：483，506，624，818

第二十三条宪法修正案 Twenty-second Amendment：547，624，819

第二十四条宪法修正案 Twenty-fourth Amendment：110，475，505，819

第二十五条宪法修正案 Twenty-fifth Amendment：211，505-506，819

第二十六条宪法修正案 Twenty-sixth Amendment：110，476-477，498，820

第二十七条宪法修正案 Twenty-seventh Amendment：820-821

限制规定 Gag rule：209-210

"向福利宣战" war on welfare：750，752-753；同见：里根

谢尔曼, 罗杰 Sherman, Roger: 54, 78, 84, 809

谢尔曼, 约翰 Sherman, John: 297, 341

《谢尔曼反托拉斯法》: 341-342, 365, 368, 370, 386, 400-401, 403; 见反托拉斯法

谢斯, 丹尼尔 Shays, Daniel: 76

"谢斯反叛" Shays's Rebellion (1786): 75-76, 78

《新财产》 New Property: 739-745

新罕布什尔 New Hampshire: 作为王室殖民地, 7, 30; 制定州宪法, 62-64; 与达特茅斯学院案, 171-172

新闻出版自由 Freedom of the press, 见: 言论自由, 《纽约时报》诉沙利文案

新英格兰自治领 Dominion of New England: 30, 34

新泽西 New Jersey: 殖民地的建立, 7, 9; 殖民地居民的权利, 36-44; 与州制宪运动, 65; 与奴隶制, 69-70; 与制宪会议, 86-89, 94, 100-101, 117; 与重建, 290

新泽西方案 New Jersey Plan: 86-87, 89, 100, 101

新政 New Deal: 138, 377, 389-399, 401, 403, 406, 425, 427, 428, 440-441, 451, 453, 458-459, 468, 481, 485, 487, 489, 491, 494, 498, 507, 535, 537, 558, 632, 657, 662, 727, 729, 731, 732, 748, 750, 752-753, 768; 与宪政改革, 409-410; 与最高法院, 410-416, 418-423; 同见: 富兰克林·D. 罗斯福

刑事司法正义程序 Criminal Justice: 510, 519, 521; 殖民地时期, 36-37; 与《权利法案》, 123-124, 519; 与沃伦法院, 510, 518-522; 同见: 米兰达原则, 第六条宪法修正案, 第十四条宪法修正案, 沃伦法院

《行政部门重组法》(1939) Executive Reorganization Act: 424

休斯, 查理·伊万斯 Hughes, Charles Evans: 411-412; 对新政的否定, 412-414, 419-420; 对新政态度的转变, 419

选举 Elections: 见: 选举权, 总统选举, 选区重划, 选举人团, 妇女选举权, 黑人(非裔美国人), 第十四条宪法修正案, 第十五条宪法修正案, 第十九条宪法修正案, 第二十四条宪法修正案, 第二十六条宪法修正案, 《1965年选举权法》

选举权 Suffrage or voting rights: 314, 318, 319, 458, 474, 477, 488, 495, 533, 550, 556, 569, 581, 584, 623-624, 627, 652, 655, 657, 664, 694, 700, 702, 703, 707, 711, 715, 718, 732; 殖民地时期的规定, 17, 21, 24, 28, 39, 40; 州立宪时期的规定, 65, 67, 96; 与联邦宪法, 110-111; 与杰克逊式民主, 175-176, 179; 黑人的选举权被剥夺, 96, 175, 461, 474; 与重建, 256, 258, 260, 264, 267-268, 270, 272-273, 277-278, 281, 285, 291, 296, 298, 300;

与妇女公民，293，312，322，374，597；与华人，294；与自由夏天运动，476；同见：杰克逊式民主，重建，民权运动，第十四条宪法修正案，第十五条宪法修正案，第十九条宪法修正案，第二十四条宪法修正案，第二十六条宪法修正案，《1965年选举权法》

选区重划 redistricting：627-628，642

选举人团 Electoral College：149，176-177，231，543-544，546，549，551，553，556，572，577，579，583-584；名额的分配，544-548，549；与"胜者全得"，550-551

## Y

亚当斯，约翰 Adams, John：49，51，54，60，177；作为副总统的，119；总统任期，145-147，163；对反对党的压制，同见："午夜法官"

亚当斯，约翰·昆西 Adams, John Quincy：174，177，201，210，552；就任总统，178

言论自由 Freedom of speech：31，35，122，187，376，380，427，430，436，438，439，442，445，448，510，512，515，531，536，587，589，602，604，638，639，647，651，723；同见：《权利法案》，第一条宪法修正案，霍姆斯，第十四条宪法修正案，迈纳斯案，西弗吉尼亚诉巴内特案，《纽约时报》诉沙利文案，沃伦法院，伯格法院

杨，惠特尼 Young Jr., Whitney：660，663，691

耶茨，亚伯拉罕 Yates, Abraham：144，455，810

业主殖民地 Proprietary colonies：8，9，18-19，22，25，28，34-35

议会（英国）Parliament：133，193，391，701，704；其模式对殖民地议会的影响，14，19；与殖民地的关系，25-26，29-30，34-35，48-50，52；与"光荣革命"，24，30，34-35；向殖民地征税，30，45-48，50；见：美国革命，"实际代表权"，大宪章

伊基斯，哈罗德 Ickes, Harold：658；同见："肯定性行动"

伊利诺伊 Illinois：175，178，217，219，220，223，227，232，304，332，339，344，352，363，547，562，580，776，822；加入联邦，95，197，203；与经济管制，337，345-347

医疗保障 health care：492-493，510，529，558，560，700，722，724，726，733，754-756，758，778，793-794；医疗保障权，722，754，756；《合理医疗法案》（奥巴马医改法），759-762；与最高法院，762-771

医疗保险 Medicare：492，510，558，724，733，747，754，763，766，773，789，794

医疗补助 Medicaid：558，733-734，747，757，759，765，768，770

移民 Immigration：与殖民地的发展，3，10，12；早期联邦的政策，137，154，175，225；与内战，245，276；与工业化，323；与华工，294，298-99，353-354；联邦终止自由移民美国，434，437；20世纪初的反移民活动，333，434，436-437；实行定额移民制度，437；20世纪60年代的改革，493；同见：华人

《移民归化法》(1790) Naturalization law of 1790：225

《移民归化法》(1870) Naturalization law of 1870：299

《移民归化法》(1918) Naturalization law of 1918：434

《紧急移民法》(1921) Immigration Act of 1921：437

《原国籍配额移民法》(1924)：437

《移民归化法》(1965) Immigration and Nationality Act of 1965：493

印第安纳 Indiana：95，157，175，197，203，220，232，243，436，547，562，777，822

印第安人 Indians or Native Americans：与早期欧洲殖民者，4，12，25，36，40，41，44；与美国革命，44，74；被宪法排除，127；与联邦政府和政策，157，179，182；与最高法院，180-82；被第十四条宪法修正案排除公民范围，275，356；公民地位的建立，357-58；与"肯定性行动"政策，529，682；同见：道斯地权法

"隐含性权力"原则 Implied power：140；与路易斯安那购买，124；与得克萨斯兼并，172；与强制兵役制，314；南部邦联宪法中的，191

《印花税法》Stamp Act (1765)：45，50

隐私权 right to privacy：510，516，518，535，602，606；概念的创立，517

英国宪政 English Constitutionalism：3，4，14，15，46，49，51，65，79，127；与"光荣革命"，24-28；殖民者的认识，28，31-32，47；潘恩的批判，53-54；与州制宪运动，63；与制宪会议代表，79

犹他 Utah：214，216，374，390，548，744，777，823；作为摩门教徒居住地，352

"优先纳入"原则 Preferred freedoms doctrine：443；同见：第十四条宪法修正案

有限政府（限权政府），见：权力分立，权力制衡，权利法案，联邦制

约翰逊，安德鲁 Johnson, Andrew：262，265，271，336，481，504；与总统重建，273-76；与共和党国会的分裂，277；遭到弹劾，285-89；同见：重建

约翰逊，林登 Johnson, Lyndon B.：475，489，699，735，751，756；继任总统，756；与民权运动，458，475，489，494，664，694，698-700；与总统宪政的形成，481，488，490，提出"创造性联邦主义"，495；与"伟大社会"，491-494，496，665，732；与越战，488，495，665；与"肯定性行动"政策，659-660，

662-664；同见：民权运动

越南战争 Vietnam War：477，487，489，491，494-498，500-501，515，665，748

### Z

《宅地法》Homestead Act（1862）：241

詹姆斯二世 James II（Duke of York）：26-27，30，34

詹姆斯一世 James I：7，11

"战时敌产" Contraband，见：巴特勒，本杰明；《1861年敌产没收法》；《1862年敌产没收法》

战时工业委员会 War Industries Board：380

战争部 War Department：120

（发动）战争权 War Power：109，239，262，266，497，507，509，616

《战争权力法》(1973) War Powers Act：507

《征兵法》(1917) Selective Service Act：381，450

正当程序 Due process：概念的起源，7；概念的演变，311-312，347，351，443；与财产权，171，345，347，391；与公民权利的保护，420，435，440，443，518-521，617，675，744-746，780，794-95；与2000年总统选举，572；与反恐战争，608，610，613，617；同见：第五条宪法修正案，第十四条宪法修正案，实质性正当程序

（政党）核心会议（又译"党团核心会议"）（Party）Caucus：176-178；起源，143；早期功能，176；与1824年总统选举，177，552

政党制 Party system：98，110，121，127，131，164，260，266，284，289，306，330，363，364，373，438，556，589，624，626，627-629，633，636，639，696，707；合法反对党制的形成，133-151；在1820年代的变化，156-160；第二个政党制度的出现，174-177；与总统选举，178-179，549-553；在内战前夕的发展，219-223；工业化时期功能的变化，324-328；与总统关系，366-370，549，701；对选举的影响，330-331，373，550-553；20世纪的发展，458，554；同见：1800年总统选举，2000年总统选举，第十二条宪法修正案，联邦党人，联邦党，反联邦党人，民主共和党，共和党，民主党，文官制度改革，软钱，分赃制，《联邦选举竞选法》，《两党竞选资金改革法》

《政府部门道德准则法》(1978) Government Ethics Act：508

政治代表权 Political representation：4，65，90，96，196，205；与美国革命，4；"实质代表权"，49-50，65；州宪法与，65；联邦制宪会议关于州在联邦中的代表权的讨论，89-97；与联邦宪法，82-97；州政治代表权与联邦政治，196；与

重建，270-271，275-276，278，281-285，291-294；与总统选举，97-99，546-548；同见："五分之三"条款，第十四条宪法修正案，第十五条宪法修正案

政治权利 Political rights：17，19，36，39，40，43-44，46，66，82，110，127，175，255，268，269，272，276，278-279，284，293-294，312，314，319，374-375，395，428，475，568，656，694，697，708，722-723，725，741；同见：选举权，第十五条宪法修正案，第十九条宪法修正案，第二十三条宪法修正案，第二十四条宪法修正案，第二十六条宪法修正案

政治行动委员会 Political Action Committee（PAC）：633，635，637，639，642

执法部门 Executive branch：47，84，86，97，99，142，149，151，152，154，157，182，194，336，351，367，401，417，543，568，570，594，596，600，602，606，608，616，618，620，622，638，666，701，787，789，791；同见：总统

殖民地 Colonies：2，31，33，56，59，71，73，76，78，80，88，94，113，122，124-125，127，133，157，171，184，200，234，237，351，356，358，375，380，391，439，629，727，764；同见：光荣革命，美国革命，殖民地议会

殖民地议会 Colonies-assemblies：起源，12-13，15-16，18-22，25-26；在殖民地政体中的位置，22-24，34-36；殖民地议会与英国议会的区别，34-36；与州立宪，61-68；与美国革命，45-53；同见：大陆会议

殖民地居民的权利：26，36-44，61，351；在美国革命中的转换，65-66，68-69，123-124；同见：美国革命，《独立宣言》

殖民地宪章 Colonial Charters：7，8，22，25，27，46，51，62，94

制宪会议（制宪大会）Constitutional Convention（1787）：与《邦联条例》的关系，72-77；代表及其背景，77-80；程序与纪律，81-82；要解决的问题，81-82；对"弗吉尼亚方案"的辩论，83-85；对"新泽西方案"的辩论，86-87；关于联邦主权的辩论，87-89；接受"康涅狄格妥协案"，88-89；对国会代表权的辩论与妥协，89-97；关于总统职位和总统选举方式的辩论，97-99，542-544；确定"最高法"原则，99-100；对司法部门权力的辩论，100-101；在奴隶制问题上的重大妥协，90-92，101-103；宪法的签署，103-104；同见：州制宪运动，《邦联条例》，莫里斯原则，"五分之三"条款

中国 China：5，294，353-355，450-451，473，499，559-560

重商主义 Mercantilism：16，29，144

众议院 House of Representatives：64，65，89，91，93，96，98，105，106，112，113，115，119，120，123，143，144，149，150，157，164，177，203，205，212，214，262，278，281，283，287，291，302，304，327，336，337，373，374，379，417，452，485，491，502，504，505，543，545，549，550，552，576，

593，594，599，601，625，627，636，699，706，796，797；同见：国会，参议院，总统选举，奴隶制，重建，弹劾，进步运动，新政

州际商业 Interstate Commerce：385，395，396，410，413，420，462，764，766-767；早期的，73，77；与制宪会议，77，102，104；与工业化时期的联邦管制，342，343，348-349，351，371-372；与新政，414，422，462；作为联邦改善公民权利的杠杆，421-423，766-767；同见：州际商业管理委员会，《州际商业法》，全国独立企业联盟诉西贝利厄斯案

州际商业管理委员会：339，348，370

《州际商业法》Interstate Commerce Act（1887）：339，371

州制宪运动：60-70

州主权 State sovereignty：《邦联条例》的定义，70-71；与制宪会议，77，85-86，87，104；反联邦党人的观点，148；马歇尔大法官的意见，173；的转移，209，549；与内战，256，259；与重建，285，291，319；与经济管制，387；与《1965年选举权法》，715-716；同见：1798-1799年肯塔基和弗吉尼亚决议，奇赫姆诉佐治亚案，麦卡洛诉马里兰州案，杰克逊，卡尔霍恩，二元联邦制，谢比尔县诉霍德尔案

住民自决 Popular sovereignty：215，217，220，223，229；同见：林肯—道格拉斯辩论

主权 Sovereignty：英国对北美主权的起源，5；殖民地与英国的主权之争，9，48-49；《邦联条例》的定义，70-71；制宪大会提出联邦主权，82-89，105-106；与"人民主权"的关系，105，126；处于分裂状态，106-109，128；与州主权的关系，113，148，154，174，183-85；与杰克逊政府，182-90；与内战，194；林肯的主权观，237；崇高性的建立，256，261，279；同见：人民主权，制宪会议，二元主权论，州主权，肯塔基和弗吉尼亚决议，联邦制

自然法 Natural law：与"光荣革命"，32；与美国革命，46，54-55；与联邦宪法，127；被用来反对奴隶制，199；与奴隶的自我解放，248，250；与社会达尔文主义，335；与"实质性正当程序权利"，392；同见：洛克

自由放任（自由竞争）Laissez faire：137，324，338，340，383；理论来源，335；与工业化的发展，311，324-25；与"实质性正当程序"，311-312，392-393；以自由竞争经济为基础的宪政主义，323，340；与垄断资本主义经济秩序，331，341，343；与政府干预，343-345；360-362，375，377，383，397，399-400；与罗斯福新政，404，410-411，与最高法院，397，411-415，423；同见：契约自由

自由领土党 Free-Soil party：215，220，221

自由民局 Freedmen's Bureau：274，276，728

《自由民局法案》Freedmen's Bureau Act（1866）：274，276，277；同见：激进重建

自治（殖民地）Self-rule：10，181，304，356；见：殖民地议会

宗教 Religion：宗教自由，3，23，25，29，39，122，124，198，351-353，446-447；与契约思想，9-10，19；宗教殖民地，17，20-22；与政治，20，23-24，38，109；与联邦和州宪法，62，67，198；与公民权，40，175，221，516，665，722，781；与奴隶制，102；与政府管理权力，20，198，351-353，475，512；与最高法院，351-353，380，446，780；宗教反对者（良心派），762；同见：宗教契约，第一条宪法修正案，迈纳斯维尔学区案

宗教契约 Covenant：9，16，17，20，23

总统 President：职位的设立，97-99，542；同见：执法部门，总统权力，总统宪政，总统选举

总统权力 presidential power：99，154，156，211，238，239，288，365，367，378，380，382，401，402，409，410，485，486，489，498，500，505，507，509；制宪会议的讨论，97-99；与内战，238-240；进步时代的，365-367，378；与新政，401-402，409-410；与冷战，485-486，489；与"帝王总统"模式，498；与政府效率，506，509；同见：杰斐逊，林肯，西奥多·罗斯福，威尔逊，富兰克林·D. 罗斯福，杜鲁门，尼克松，弹劾

总统宪政 presidential constitutionalism：483，505-506；同见："水门事件"，总统选举

总统职位继任程序 procedures for presidential succession：211，505；同见：第二十条宪法修正案，第二十二条宪法修正案，第二十五条宪法修正案

总统行政命令 Executive-executive orders：329，451，460，484，497，524；林肯政府，253；海斯政府，329，629；与文官制度，330；富兰克林·罗斯福政府，448，460，658-659；杜鲁门政府，451，484，659；肯尼迪政府，659，664；林顿·约翰逊政府，524，664；尼克松政府，497；卡特政府，666；布什（George W. Bush）政府，620

总统选举（总统大选）Presidential elections：与制宪会议，81，97-99，543-544；方式的改变，150，178-79，549；日期的统一，544，554；与预选制，554；同见：选举人团制

1789 年总统选举：119

1796 年总统选举：145

1800 年总统选举：148，149，151，179，549

1804 年总统选举：150

1824年总统选举：160，178，179，552，557
1828年总统选举：179
1844年总统选举：211
1856年总统选举：222
1860年总统选举：230-231，266
1868年总统选举：287，291-292
1872年总统选举：300
1876年总统选举：302-305 329
1880年总统选举：329
1888年总统选举：553
1892年总统选举：344-345，349
1900年总统选举：364
1912年总统选举：365，755
1916年总统选举：411
1912年总统选举：765
1920年总统选举：382
1932年总统选举：400
1936年总统选举：416
1948年总统选举：484
1952年总统选举：468，484
1960年总统选举：488
1964年总统选举：490-547
1968年总统选举：496，634
1972年总统选举：499
1980年总统选举：750
1992年总统选举：672
2000年总统选举：557-563 637
2008年总统选举：653，655-656

"最高法"（原则）Supreme law：22，89，99，113，187，236

佐治亚 Georgia：殖民地的建立，8-9；与美国革命，51-52；与州立宪运动，62，64；与奴隶制，68-69，199，202；与联邦制宪，80，85，91-92，94，96，102，117；与第十一条宪法修正案，162-163；退出联邦，232，236；与重建，270，285，290，294，307，314；与民权运动，697，703，706；同见：弗莱切尔案，切诺基案，安特罗普案

# 2000 年版后记

1990—1993 年,我在哥伦比亚大学历史系写作博士论文,题目是美国宪法第十五条修正案(也即美国黑人选举权)从内战至 20 世纪初的兴衰过程。在搜集材料的过程中,我有机会在美国各地大大小小的档案馆和图书馆读到大量原始文献,其中包括各类政治人物的未公开发表的手稿档案、普通民众(包括刚获得解放的前奴隶)写给政府官员的信件、近半个世纪的国会两院的会议记录、联邦各级法院的判例、不同政党的政治传单和广告、党团会议的秘密协议等。这些文献出自生活在 19 世纪后半叶的背景和立场完全不同的美国人,但几乎所有的人都使用同一种宪法语言来表述自己的政治理念。这一阶段的阅读和思考使我萌生了撰写本书的想法。回想起来,我当时确有这样一种冲动:能不能通过历史来解读美国民主这个时常令人眼花缭乱的谜团?

本书初稿写成于 1996 年年底,随后进行了两次大的修改和充实。1998—1999 年,我应邀分别在南开大学历史研究所和北京大学历史学系开设专题讲座,以本书书稿作为蓝本,讲授美国宪法史。事后,我又第三次修改了书稿。虽三易书稿,我仍有诚惶诚恐之感。因题目宏大,写作中难以面面俱到,很可能顾此失彼,也很可能难以同时兼顾普及与提高。为了勾画美国宪政发展的全貌,我在书的结构上采用了粗线条的组织方法,但在讨论关键性的概念、案例和事件时,力求仔细和清楚。如果读者能通过阅读本书掌握美国宪政发展的历史轨迹,了解美国宪法中重要概念的成因及其历史内涵,我的基本目的也就达到了。

在本书的构思、材料收集、写作和出版的艰苦过程中,我有幸得到了许多学界前辈、老师和朋友的帮助与支持。我要特别感谢哥伦比亚大学历史系的诸位老师——尤其是我的论文导师埃里克·方纳(Eric

Foner)教授——正是他们观点各异但内容丰富的课程,为我认识和把握美国宪政发展的历史主线、构思本书打下了基础。在哥大期间,我也有机会与法学院的 Louis Henkin 和 Patricia Williams 教授、政治学系的 Andrew Nathan 和 Charles Hamilton 等教授就美国宪政交流意见,从中受益匪浅。美国宪法史学界的其他学者——包括 Michael Les Benedict, Paul Finkelman, Donald G. Nieman, Kermit Hall 等——在专业上给予我许多的指导。我在美国宾州印第安纳大学 (Indiana University of Pennsylvania) 的同事——Irwin Marcus, Neil Lehman, Larry Miller, John Lerner, W. Wayne Smith, Theresa McDevitt——不仅为我提供资料,还及时为我释疑解惑。我还要深深感谢一批来自不同领域的朋友和同事:包括香港大学法学院李亚虹博士、南开大学李剑鸣教授、麻省理工学院崔之元教授、耶鲁大学王绍光教授、清华大学胡鞍钢教授、北京师范大学杨玉圣教授,他们在繁忙的研究中,拨冗审读了本书的初稿或修改稿,并提出了宝贵的修改意见。我尤其要感谢中国社会科学院美国研究所李道揆教授对本书的关心和支持。在过去三年里,李先生与我就美国宪法进行了数次长谈,并在带病审读本书的第三稿后,提出了许多独到精辟的议论和建议(想起他抱病深夜来电话与我探讨"谈判"一词是否用得恰当的事,我至今仍有一种不能自已的感动)。此外,在本书写作的不同阶段,我有机会与其他的学者——包括杜克大学史天健教授、日本神户大学季卫东教授、耶鲁大学齐海滨博士、北京大学牛大勇教授、中国社会科学院民族研究所翁乃群博士——讨论(有时甚至是辩论)了书中涉及的相关问题,并从中获得了许多极为有益的启发。我要特别感谢南开、北大听课的同学们,正是他们的许多提问和质疑深化了我对美国宪法史的认识。在修改的最后阶段,齐玉霞和林凤藻教授从千里之外寄来了《英语姓名译名手册》,保证了本稿译名的规范化。

我非常钦佩北京大学出版社的学术精神和勇气,并为有机会与之合作深感荣幸。几年来围绕本书出版的风风雨雨,可自成一本故事,也许将来有机会讲出来。但在此我必须列出如下一些背景极为不同的热心人的名字,包括祝立明、蔡定剑、方生、甘阳、黄葳葳、冯世则、张克福、王启尧、徐敦潢、陈兼、陈达凯、黄平、郁奇虹、李希光、王进,他们曾经为本书的出版操心和奔走。我希望书的出版令他们感到欣慰。

最后要说明的是,庞瑾承担了本书稿的打字和校对工作。在整个过程中,没有什么能比得到她给予的那种同时包含了无私、善良、冷静和理解的支持更令我感到幸运的了。

1999 年 6 月 28 日于 Indiana, Pennsylvania

# 2014 年版后记

一本书,一旦完成之后,便有了自己的生命,不再在作者的掌握之中。给予作品生命的,不光是作者,还有出版社。两年前的一个夏日,我在北大校园碰到田雷教授,他告诉我,他正在进行几本美国宪法史经典著作的翻译,并无意之中提到他进研究生院时读过《原则与妥协》。今年7月,我在母校河北大学开会,见到一位来自保定师院的老师,她给我展示了使用了十多年的《原则与妥协》的初版,上面标出了我的错误,我很是感动。这些细小的事情提醒我,如果没有北大出版社的努力和勇气,当年就不会有这本书的问世。

但如果没有本版的编辑陈甜女士,可能也不会有本书的第三版,至少不会这么快。陈甜是我见过的最优秀的责任编辑,具有无与伦比的敬业精神和专业素质。她的细致阅读将我从令人汗颜的错误中拯救出来,她的耐心与宽容让我在交稿时间的压力之下时常看到"柳暗花明"的希望。

我由衷地感谢北京大学历史学系和美国宾州印第安纳大学(IUP)历史系,是它们的慷慨、理解和支持为我提供了一种跨国教学和研究的独特经历。我很珍惜这种经历,因为它赋予我观察和思考美国宪政的多种视角,并教会我从不同的学术文化中寻找和欣赏那些同质的理想与力量。

读者和听众带给我最直接的鼓励。即便是最苛刻的批评,我也视为一种善意的鞭策。近年来,我曾应邀在西南政法大学、中国政法大学、陕西师范大学、复旦大学、北京海淀区教师进修学院、兰州大学、北京大学、河北大学、清华大学、首都师范大学、东北师范大学和国家图书馆等单位举行讲座,讨论美国宪法及其历史,每次都会从与听众的交流中获得极大的帮助和灵感。

我的同事和学生对我构思和写作新版的前言有至关重要的帮助。在 IUP 的同事中，我与 Joe Mannard、Wayne Bodle 的每次谈话几乎都不离美国宪法。包安廉（Alan Baumler）与我一起主编《中国历史评论》（*The Chinese Historical Review*）达 12 年之久，他从来不会忘记随时将他认为是有用的美国宪政研究的文章寄给我阅读。2010 年，我有幸与北大法学院的强世功教授一起，为北大法学院的同学开课讲美国宪法，他讲案例，我讲历史，这样的配合别开生面，让我受益良多。我在北大历史系的美国史同事李剑鸣、王立新、牛可从来都是不吝赐教，一直非常慷慨地与我分享他们的专业知识与见解。在构思新版前言的过程中，我还从相当一批国内学者的近期写作中汲取思想，包括资中筠、刘军、韩铁、李宏图、胡晓进和章永乐等。我的几位学生——乌兰、于留振、邵声、邬娟——在写作论文的时候，经常在办公室与我长久地交谈，分享他们对美国历史的见解。在修订本版前言时，我正好在北大开《美国公民权史研究》的阅读课，选课同学——高曦、郭思桐、焦姣、刘争先、刘祥、孙宏哲、王沁鸥、滕凯炜、邢承吉、徐天、许翔云、薛冰清——围绕公民权研究而展开的讨论，带给我许多新鲜的思想和意想不到的启发。

庞瑾是本书的第一个读者，也是第一个批评者。我无法尽述她在整个过程中对我的帮助，但我深知她的贡献超过任何人。本版前言的初稿是在她生病住院的时候完成的。我仍然记得，她从手术的昏迷中醒来后问我的第一句话是："写得怎么样了？"十多年前，本书的初稿完成时，丹还是一个孩子，中文尚不流利，但这似乎不影响他与我讨论书中的问题。他在我的"忽略"和"缺席"中长大，并在另外一个领域开始了自己的学术写作，但他问我的问题仍然是："What is your next project?"

2014 年 7 月 31 日于 Indiana, Pennsylvania